自由中國

FREE CHINA

合訂本 第三集

(第四卷)

中華民國四十年六月三十日出版
社　址：臺北市金山街一巷二號

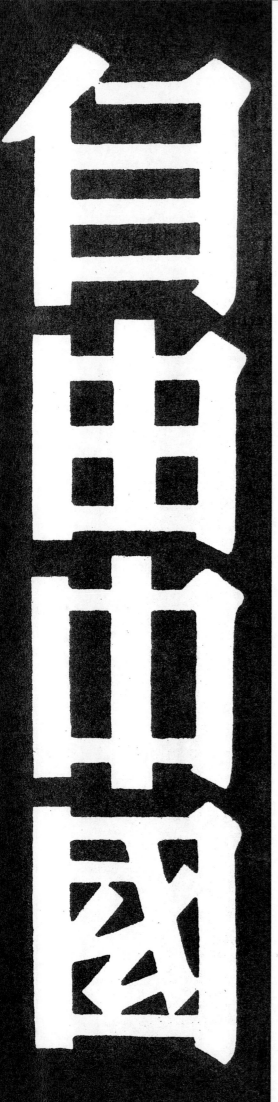

自由中國合訂本第三集要目

第四卷　第一期

第四卷　第二期

第四卷　第三期

第四卷　第四期

第四卷　第五期

第四卷　第六期

第四卷 第七期

第四卷 第八期

第四卷 第九期

第四卷 第十期

第四卷 第十一期

第四卷 第十二期

定價：精裝每冊陸拾元 平裝每冊伍拾元

自由中國

FREE CHINA

第四卷 第一期

新年特大號

要目

中華民國四十年一月一日出版
社址：臺北市金山街一巷二號

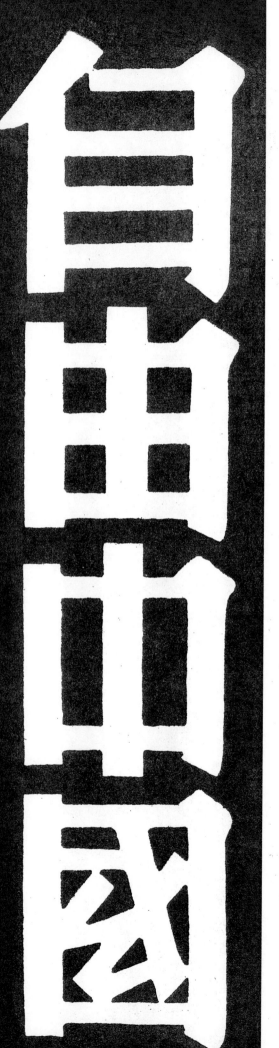

半月大事記

十二月十日（星期日）

澳門合衆社訊：中共首領毛澤東及北韓外蒙共黨首領，在過去十日中曾逗留莫斯科，商討遠東方面熱戰與冷戰的戰略，毛澤東定於今日返國。

十二月十一日（星期一）

聯合國軍統帥麥克阿瑟將軍第七次飛赴韓國前線視察。同日飛返東京，發表公報，强調聯合國軍戰鬥力未受若何損害。

近東及亞洲十三國出席聯合國代表團完成一項建議草案，建議由七國（美、英、法、蘇、中共、印度、埃及）舉行會議，討論和平解決韓國問題的辦法。建議內容包括兩要點：（一）在北緯三十八度上立刻停火；（二）沿北緯三十八度建立一個非武裝區以待談判。

香港文化界爲廣州中共當局以「文化特務」的罪名，槍殺香港華僑日報、工商日報、星島日報記者趙非、羅金泉、陳廣平、葉雲笙、駱樹萬、及同日上海中共當局槍殺前中華時報記者黃誠，向全世界提出控訴。

十二月十二日（星期二）

代表其他十二國家的印度代表勞氏表示，他將向聯大政委會提出兩個建議：（一）要求設一個三人委員會，由聯大主席恩第擔任主席，並指派其他二人爲委員，安排韓境停戰辦法；（二）由聯大推選七個人組織委員會，研究如何解決全部遠東問題，包括越南戰爭及台灣地位問題在內。

聯大選定七國（印度、加拿大、墨西哥、菲律賓、波蘭、伊拉克、厄瓜多爾）組織特別委員會，研究所謂「中國代表權」問題。（參考九月十九日大事記）

十二月十三日（星期三）

菲律賓反對對中共姑息政策，退出十三國提案集團。

聯大政委會通過「組織三人委員會研究韓境停戰辦法案」。

英國官方宣佈，北大西洋公約會員國外長與軍事委員會對於德國參加西歐聯軍之政治及軍事提案，已達成完全協議。

美英兩國政府聯合聲明，自一九五一年一月一日起暫停馬歇爾計劃對聯合王國之援助（按馬歇爾計劃於一九四八年四月開始實施，實施以來，分配給聯合王國之援助達二十六億九千餘萬美元）。

十二月十四日（星期四）

聯大以五十二票對蘇聯集團五票（中國棄權）通過十三日政委會所通過之「組織三人委員會研究韓境停戰辦法」案。該委員會（亦名停戰委員會）由聯大主席恩第擔任主席，並由主席邀請印度代表勞氏及加拿大外長皮爾遜爲其他二委員。

聯大通過關於會員國代表權問題的會議（按即十月二十九日特別政委會所通過的決議）。

十二月十五日（星期五）

聯大休會（政委會繼續開會討論屬於遠東危機的若干問題，就中有蘇俄控美「侵台」案、美國侵犯東北邊境案、七國建議中共退出韓戰案、蘇俄建議「一切外國軍隊」退出韓國案，及近東和亞洲十二國（原爲十三國菲律賓已退出）建議舉行和會討論一切遠東問題案）。

十二月十六日（星期六）

美國杜魯門宣佈美國進入緊急狀態。

韓境美第八軍總部宣稱，共軍先哨部隊已强力越過三十八度線，攻陷漢城西北五十哩之延安城。

聯合國停戰委員會去電北平中共政權，提議在成功湖或任何一處談判終止韓戰。

美政府宣佈，與中共及北韓斷絕一切交易，並將中共及北韓在美之資產，全部凍結。

十二月十七日（星期日）

中共列席聯合國的所謂「首席代表」伍修權發表頑强聲明。表示解決韓國問題，必須（一）聯合國軍隊退出韓國，（二）中共加入聯合國，（三）美第七艦隊退出台灣。

十二月十八日（星期一）

聯合國停戰委員會（即三人委員會）向政委會提出報告稱，關於委員會要求中共舉行會談以安排結束北韓戰事，委員會迄未獲得答覆。

北大西洋公約十二國國防部長會議（亦稱北大西洋公約國防務委員會）在比京開幕。

北大西洋公約國防務委員會正式決議聯防計劃三事：（一）建立一支五十或六十師兵力的北大西洋聯軍，（二）任命一位美籍最高統帥，（三）將德國部隊包括入大西洋聯軍。

台灣銀行宣佈自今日起暫停接受民間自由申請結匯。

十二月十九日（星期二）

艾森豪威爾將軍受任爲大西洋聯軍最高統帥。

北韓電台廣播：「中共軍已獲增援，彼等將與韓國人民軍隊並肩作戰，直至韓國統一與美國侵略部隊退出韓國，贏得最後勝利之一日爲止。」

中共「代表團」離美返國。（他們將經過英國、捷克、莫斯科返北平）。

十二月二十日（星期三）

西歐聯盟五國（英、法、荷、比、盧。亦稱布魯塞爾公約國）決定改組其聯防機構，使與大西洋聯軍最高統帥部合併。

美國參議院撥款委員會通過追加國防撥款法案，同時在該法案附則中投權杜魯門總統得就原已撥予執行歐洲復興計劃的專款中提款一億一千二百萬元轉用於經濟援助「中國一般地區」。

越南共軍猛攻河內外圍，波雷法軍撤守。

台灣大學校長歷史語文研究所所長傅斯年先生逝世。

十二月二十一日（星期四）

大韓民國駐華大使李範奭抵台。

華盛頓合衆社訊，印度正活動美國邀請中共參加草擬對日和約。

十二月二十二日（星期五）

中共由周恩來發表聲明，拒拖聯合國停戰委員會停戰建議。

美、英、法三國照會蘇俄，答覆其召開四强會議之提議（按本年十一月三日蘇俄提議召開此項會議），建議舉行初步會商，並討論全世界問題，而不以德國及其重整軍備問題爲限。西德與英美法商獲協議，設立兩個聯合委員會，分別研究西德主權與人力問題。

十二月二十四日（星期日）

麥帥總部發表公報，宣稱中共軍隊已越過三十八度線。聯合國軍撤守興南港。

社論

展望民國四十年

金日成之進攻南韓是突如其來的，實出乎舉世的觀察家意料之外，南韓當局及聯合國駐韓委員會更不待論。史大林以為美國派兵出國外必須得國會同意，而六月廿五日當時美國國會正在休會期間，俟集會討論再談出兵，則金日成必已席卷全韓無疑；不料杜魯門却乘蘇俄杯葛安理會的空隙，而將韓戰提出安理會，馬上獲得通過而派兵援韓。當聯合國軍隊越過北緯三十八度線之際，東京、華盛頓，以及成功湖的逆料都說中共必不敢公然干涉，至多亦不過暗中派出少數部隊以協助而已；豈知麥帥結束戰爭的攻勢，却碰到百萬大軍的反攻，使進攻的聯軍潰敗而倉皇退却，成功湖方面又高唱和平解決的調子，這種戲劇式的變化快要完結了吧。總之，一九五〇年是一個估計錯誤的年頭，兩方都因不能知彼而發生許多錯誤的舉動，遭遇到意料不到的挫折。現在一九五一年已經到來了，今年的國際形勢會有甚麼變化呢？

表面上艾其遜和維辛斯基兩位外長都異口同聲地說：三次大戰並非無可避免。但是由各國的行動看起來，他倆的這句外交詞令還有誰相信呢？成功湖上十二國的停戰呼籲，共黨集團却報之以譏笑，同時金日成業經下令驅逐聯軍下海，可見蘇聯決心在朝鮮作戰到底了。他方杜魯門已聲明在韓聯軍，除非被迫決不撤退，而且宣布美國進入緊急狀態，幾於全部動員起來了，大西洋公約國家也追隨美國之後加緊動員，建立六十師部隊的協議也已成立了。兩方都是磨拳擦掌，準備斬殺，則所謂維護和平，還不是漂亮動聽的謊言嗎？

由此我們可以斷定，韓國的戰爭今年一定繼續打下去，不論誰勝誰負都不會結束。韓戰為甚麼發生，現在無暇討論，也不必深究。但是一經打起來了，兩方都有不能放手的理由。大韓民國是聯合國派員去建立起來的，必不能任令共黨的馬前小卒金日成蹂躪破壞而坐視不救。金日成敗後中共公然出兵，雖有十二個亞洲國家呼籲停戰，而杜艾會議的公報猶是標明不姑息共產主義。艾德禮雖有十二分的熱忱對中共求和，也不得不聲明，英軍處處必和美軍共同作戰。假使以五十三國的旗幟，碰到中共便要屈膝求和，則除向蘇俄投降外還有別法嗎？以美國力量之雄，追隨國家之衆，何怕區區中共？其所以不再增兵朝鮮的理由，實因要布置對俄全盤戰略，不為局部所累，故既不撤兵亦不增兵，寧可戰敗決不求和，乃是美國目前對韓戰的策略。今後唯有多設幾重防線，逐步退却，以消耗中共的人力，而拖延時間以俟準備之完成。縱使韓國的陣地完全失守，仍可以海空軍進攻，使中共韓共不能苟安旦夕，俟其精疲力竭，再行登陸攻之。然由共黨集團方面觀之，韓戰也是其征服亞洲乃至征服世界的大關鍵之所在。他們以為：美國此次巧妙地利用聯合國的旗幟把金日成打垮；如果統一全韓徹底成功，則他國亦必繼起仿效，一遇共黨戰勝，便提出聯合國的安理會或大會，又用聯合國的旗幟把共黨擊破。這麼一來，世界各國的共黨，豈不是永遠沒有成功的希望了嗎？故非將聯合國的招牌徹底粉粹，決不能打開通路以達成世界革命的目的，而打擊聯合國的聲望者莫過於促使大韓民國之崩潰。小小的李承晚政權實在是聯合國站得起與站不起的試金石，故非全力擊破它不可。那麼双方相激相盪的結果，會不會促進全面大戰之爆發呢？

先從反面說起，則全面大戰在本年（一九五一）以內決定不會發生，並沒有人敢說了。前匈牙利財長奈爾拉地說，蘇俄在一九四七年時，預定戰爭準備於一九五一年底完成，這自然是比較可靠的報導。史毛條約也載明大連旅順之歸還不遲於一九五二年末。據此以斷蘇俄之發動侵略當在明年者，自有其相當充足的理由。但是戰爭是要估計双方的，所謂戰備完成並不能僅由自己單方決定。現在西歐聯軍議論粗定，建軍的實現牛步遲遲的時候，蘇俄若來一個突襲，豈不是大好的機會嗎？所以今夏爆發全面大戰之說，也無人能予以斷然的否定。

那麼今年以內是否必然發生大戰呢？我們相信社會上將來的事件並沒有必然發生的，尤其是要確確鑿鑿預知發生的時間是不可能的，我們逆料將來的工夫只能計其可能性之高低罷了。就世界兩大壁壘之對立形勢而論，全面大戰之爆發越來越近已是毫無疑問了，則今年以內爆發自有相當高度的可能性。艾登謂一九五一年是最危險的年頭，因一九五〇年估計錯誤之多越發增加危險來臨的程度。如果允許我們推測，則今年秋冬之際正是俄國兵士墨戰的好時期，或者便是史大林開始冒險的時候吧。我們希望民主國家當局臨事而懼，好謀而成，切勿再蹈去年錯誤的覆轍！如能制敵於機先，弭戰於未萌，使史大林不敢發動，自然是最好的上策；即使他發動了，能够迎頭痛擊，使敵軍不能越境而趨於潰敗，也還不算失策。過去如中共之出兵侵韓，我們曾屢次指出其必然性，而民主國家當局竟不予置信，以致遇到意外的挫敗。惟戰爭限於局部，得失均無關於大計；至於全面大戰，乃人類今後數百年運命的關頭，小有錯誤，便可招致大禍而難於補救。大家均應以戒慎恐惧的心情，迎接今年多變的歲月。

時事述評

行政院籌組設計委員會

　最近報載，行政院正籌組一個設計委員會，爲將來光復大陸後的建設工作研擬方案。這件事，必要，絕對地必要。不過，我們得提醒當局一句話：要切實！

　籌組中的設計委員會，據報紙透漏，委員名額爲二百四十餘人。以中國大陸之大，光復後可能想像到的問題之繁多和複雜，以二百多個人來事先分途研擬對策，也可說不算太多。可是，今天在台灣的人，有多少是可以勝任這種設計工作的？—說到這裡，尤請黨政當局深思其故—如果人才不夠，我們主張：與其濫，無寧缺。

　報紙上的消息，朋友間茶餘飯後的閒談，使我們知道，胎孕中的設計委員，大別可分爲二類：一類是黨政方面鼎鼎大名之士，而今日沒有做到甚麼主管的；另一類是行憲後才「出人頭地」的「時代」人物當中的一部份，而這些人當中，上焉者腦子裏只有教條，沒有學識；下焉者連教條的意義都不懂。自然，除掉這兩類人以外，總還有些夠得上說是學者專家或富有行政經驗的人才在人選的考慮中。我們試想想，一個龐大的委員會，如果是這樣拚湊起來，能夠希望它做出甚麼呢？

　有人說，行政院設計委員會是個地位很高的機構；當然要些鼎鼎大名的人物才配稱得住。又有人說，在台灣的人有些忠貞之士，行憲以來已經不再是普通的老百姓了，今天流落台灣，生活無着，政府正好藉這個籌組設計委員會的機會來安頓安頓。這兩種說法，或不失爲所謂「理由」。如果這個「理由」可以成立的話，我們主張將當局意會中的設計委員會改名爲全國最高救濟委員會。因爲是「最高」，所以要些大人物來裝門面；因爲是「救濟」，所以可安生活無着的忠貞之士；又因爲是「最高的救濟」，所以忠貞的普通老百姓雖轉移溝壑，也可名正言順地不去管。

　至於我們理想中的設計委員會，必須是另外一套：第一、設委會不是個哇哇啦啦的開會機構；開會開不出甚麼道理來，眞正的設計，是求專家和通人在研究和決策方面的配合；第二、委員的名額；要把報紙所透露的數目打個七折八扣，七八五六折以後，也許還嫌太多。第三、行政院長至多只能任該會名義上的主任委員，部長不應該是相關組的組長。我們如此主張，并不是對「人」，而是對「事」。理想中的設計，應該從遠大處着眼，儘量減少現實政治的牽紓，尤其不能以現實政治來支配設計工作。但各院部會的首長對於設委會應有提供資料說明實行政策的義務。第四、設委會內部的組織和人事安排，似可斟酌損益抗戰時期中央設計局的前例。委員的人選必須限於學識上夠稱爲專家或通人的，人數不嫌其少；做研究工作的人員，必須是相關科系畢業的專科以上畢業生，而富有研究精神和興趣的，人數不妨稍多。

　歸根究底地說，關於籌組設計委員會的問題，就是一個人才問題。我們於對人才問題，向來有一個看法，今天藉這個機會說出來：

　國家的人才不一定是私人口袋中裝得住的；私人口袋中裝得住的，不見得都是國家人才。（萍）

祝北大西洋聯軍統帥部的成立

——還望百尺竿頭再進一步——

　緊隨着上月中旬在北京布魯捨爾開會的大西洋公約理事會的決議，美國杜魯門總統正式任命第二次大戰時西歐盟軍總司令艾森豪威爾元帥爲大西洋聯軍最高統帥，艾氏於接受上述的任命後，並宣佈他將盡速在巴黎近郊設立他的永久總部。至此，一個正眞統率西歐聯軍準備迎擊紅軍侵略的最高統帥部可算已經成立了。

　大戰結束後，西歐和南歐幾近兩萬萬的人民，始終徘徊在天主教黨和共產黨之間的社會民主黨的橋上，瞻前顧後而左右搖擺。杜魯門主義、馬歇爾計劃、甚至於北大西洋公約，都不能安定西歐和南歐過甚恐懼的人心。直到杜魯門正式任命艾豪威爾元帥爲聯軍總司令，「北大西洋公約」不再是紙上談兵，歐洲人民在漫漫的長夜裡看到一點火花之後才不禁感到興奮一時。然而這種一時的興奮仍然不能掩蓋他們內心的憂戚，歐洲人雖信任艾森豪威爾元帥的將才，然而他們却不能相信艾帥隻手可以抗拒紅色狂瀾。計劃中置於聯軍統率下的各國軍隊，將爲八十至一百師，據艾元帥估計其兵力總數約爲一百五十萬至一百七十萬人，任何人都能看出這區區之一百幾十萬的「雜牌」軍隊和蘇俄的千萬紅軍相較，不過是像徵的點綴而已，歐洲人豈無自知之明？

　上月廿號美國前總統胡佛曾發表了一篇關於美國世界戰略原則的談話，被若干民主黨的要人痛斥爲孤立主義。誠然胡佛的觀點不無孤立主義的色彩，但却也不能忽略其若干有價値的提示。事實上美國永遠不能派遣巨量的陸軍到歐洲作戰，未來對蘇俄地面上的仗必須歐洲人自己去打。今天美國當局若祇憑北大西洋公約現下的措施而一味地攻擊胡佛計劃，恐怕也與事實無補。反之，今天的美國當局若能把胡佛計劃的觀點略加修正，變成一「軍事的馬歇爾計劃」使歐洲人能不受條件的限制而自己盡量地擴軍。目前限制了歐洲人擴軍的主要因素是：法國人的恐德心理，德國人不能以奴隸的身份打仗，意大利受了和約的約束，而各國更普遍地受了經濟條件的限制。因此要促成「軍事的馬歇爾計劃」，美國人必須拿出大量的錢來，先促成「政治的馬歇爾計劃」。若歐洲各國能組成一個聯邦政府，則上述限制歐洲人大量擴軍的因素就都不存在了。

　無論如何，北大西洋公約各國能夠成立一個實際指揮作戰的最高統帥部，也不能不說是歐洲反共軍事佈署的一大進展，我們謹在此爲文祝賀它的誕生，然而還望其百尺竿頭更進一步。（白）

爭取人民

王雲五

立國之道，縱然在今日，縱然在局促一隅的台灣，最先要爭取的，不是外國的援助，而是自國的人民。處今日的局勢，外援誠然很重要，人民尤其重要。惟能獲得大多數人民的效忠，外援方能發生充分的效用；也惟能獲得大多數人民的效忠，外援方有其可能。國民政府在過去數年間的失敗，除了種種原因外，人心之向背占了很重要的成分，我們不當諱言，平心而論，過去政府失人心之處，由於共黨之虛偽宣傳，惡意破壞者半，而由於政府之措施失當，尤其是由於親民之公務員及準公務員之執行不善或變本加厲者亦居其半。今幸共黨的眞相畢露，大陸上受共控制的人民，目擊共黨的言行不符，身受共黨的種種壓制，比較之下，人心思漢，確已成爲事實，但從前人民之不滿於政府，既因共黨的惡意宣傳而加重，今日人民之傾向於政府，也因共黨的毒辣事實而加重；因此，人心之向背，由於政府內在原因與由於共黨的宣傳與其表現者各半。我們爲着爭取民心，必須把內在的因素特別加强，不當以外來的因素而自足。須知共黨向來不擇手段，而其手段也隨時可以改變；過去彼既可以宣傳欺人，今後又何嘗不可以暫時的表現而欺人。一般人民多乏遠見，且狃於現實，好惡亦轉變不常。惟有內在的重大表現，始能永久維繫人心。總之，中華民國今日對中共的戰鬥，實際上當爲爭取人民的戰鬥。我國數千年來的政治理想，至今不僅沒有失效，而且由於民主意識的加强，此種理想的效力也隨而加强。正如爭取土地有賴於武力與戰略一般，爭取人民則有賴於政治與政略。這種政治與政略完全是老生常談；在人民方面所希望於自身者不外是基本自由與公平待遇；而其希望於政府者不外是施政有效與杜絕貪劣。可是老生常談，說起來很容易，行起來却不如是之容易。且就這幾項分別言之。

（一）基本自由　人民基本自由之有無，係民主與不民主的最大區別。蘇聯圈子的冒牌民主最大的考驗，就是人民沒有基本自由。因此，民主國家用以對抗蘇聯圈子的政治武器便是眞正的基本自由。無論處於任何緊急局勢之下，人民的基本自由除可藉合法的人民授權而作暫時的限制外，根本上是不能取消的。否則以暴易暴，人民何去何從，亦祇有屈於暴力，安於現狀而已。基本自由之最基本者，爲人身權。英國爲憲政之母，而其人民首先爭取之基本自由爲人身權。因爲身體如不得法律的保障，任何其他自由，如言論自由集會自由等，均將失其保障，而人民沒有言論的自由，政府便缺了人民的監督，結果不失諸獨裁，將流於腐化。人身權之最關重大者，尤其是生命權。死者不可復生，亡者不可復續；在開明專制的時代，猶以愼刑爲主，況在民主之世，更安可因亂世而用猛。不嗜殺人者能一之；古有明訓，於今尤然。中共勝利之初，以不濫殺爲號召；曾幾何時，馬脚畢露。其不經審判而殺人無數無論矣，卽所謂經過公審者，不依法律，不許辨護，羣衆叫囂之下，遽行定讞殺人。這簡直是原始時代的狀態，實爲中共政權莫大的恥辱。我政府當此危急之際，處於蘇俄與中共間諜脅迫之下，對於危害國家的首惡，殺一人而活萬千人，祇要依法審判，絕無寃枉，誰得而非之。惟是無知附從，情有可原者，是否能盡本死者不可復生之意而予量減，俾刑罰得以達到制裁與遏亂之目的，而非出以報復，此則不能不望政府深切注意者。此外尤關重要者，則逮捕必須依法，審判必須依法，結案必須迅速，株連必須審愼；因這些都與廣大民衆的自由攸關，較諸罪狀眞確者之處刑寬嚴所關尤鉅。政府對此如能多加注意，則與中共之非法逮捕非法濫殺相較，在人民心目中將益覺白黑分明。人民有了這樣的人身保障，始能發揮其言論自由。處於今日的關頭，祇要在反共的大前提下發揮其意見，對於政府縱有批評，不外出於善意的愛護，言者無罪，聞者足儆。我們到了今日，全國上下惟有同存罪己之心，始有獲致改進之望；我深信政府當局定有此種雅量也。

（二）公平待遇　此項特關重大者爲法律的與經濟的兩方面。在法律方面，無論制裁是寬是嚴；但如能『在法律之前，人人平等』，則人民將無不公平之感。中共政權於其控制大陸之初，把中華民國的法律一筆勾銷，同時又沒有代以另行制定的法律；於是人民的身家生命，權利義務，全由其所謂「政府」，所謂「法院」憑主觀的喜怒而爲裁奪，以致人民無所適從，身命權利毫無保障，這種無法的世界爲我們所不齒。但是表面上已有完備的法律者，如果不能切實執行法律或執行法律因人而異，則法律之效用將失其泰半。記得今春香港開辦人口登記，其條例規定登記者一律按指模；我國僑民以與我國習慣不符，紛起反對，嗣由港政府輔政司聲明，此係全港居民不分國籍，不論地位一律照辦的手續，政府人員並無例外，隨卽由彼以身作則，率先依法按指模，政府其他人員繼起照辦；於是全港居民翕然不復有異議。此一小節足以證明法律平等執行，即可風行無阻。在經濟方面，有需於公平待遇正與法律無殊。在非常時期，爲着國家生存的必要，人民對於課稅的負担，如得其公平，縱然加重一點，將不致有怨言。英美民主國家，在第二次大戰時期，其所得稅稅率之高，有達於百分之九十五者；然因取之合理而公平，祇要平民生計不致有礙，富人負担量力遞增，這正是國民應盡的義務。又爲着保持實力，節約消費之故，對於人民的生活亦不妨嚴格限制，祇要全國一致，並無例外，則受此非常時期的約束者當無異言。至於國家量入爲出，節約開支，因而對公務人員緊縮其待遇，祇要同工同酬，待遇悉依標準，則受之者如能維持最低之生活，將不致有何不滿。蘇聯圈子夙以暫行約束人民政治的自由而强調實施經濟的平等爲號召，實際上已完全言行不符。當代法國文豪吉特、安達里氏，惑於蘇聯的宣傳，醉心共產主義，於其應邀訪蘇，目擊事實與宣傳之不符，乃極度失望，在所著蘇聯歸來記中，述其迭次所受招待的筵席，每客需費至二三百盧布，而其所親見的許多工人每天祇有五盧布的工資；這眞是『富人一席酒，貧人半年糧』，那裡說得上經濟平等？至於中共初時雖亦以經濟平等爲宣傳，及其得勢以後，高級人員的享用日趨奢靡，其實際待遇與下級人員及士卒相差幾許，雖無從獲得確實數字，然其差別不止如膳食之小灶中灶大灶的等級殆可斷言。我政府前此士兵往往不得一飽，而軍官每多囊橐充盈，實爲致敗之源。今悉在台士兵待遇大有改善，而軍官私肥之弊矯正已多，實爲最可喜之一事。但望循此推行，貫徹到底，則待遇縱薄，苟得其平，自可減除許多的不滿也。

（三）施政有效　這是行政上積極的條件。政府作用不外制定政策與執行政策兩部門。除政策之良否別爲一問題外，執行之有效與否大足以影響政策。平心而論，我政府過去的政策固不乏優良者；但由於施政之效率甚低，有政策往往等於無政策，甚至由於執行之不當，結果竟得其反。此種事例，不勝枚舉。執行之效率，一在切實，一爲迅速；兩點如均辦到，國家才眞是一個有機體，能如身之使臂，臂之使指；否則政策自政策，執行自執行，殆如癱瘓不靈，失去有機體的作用。查國民政府自統一全國以迄對日抗戰之十年期間，生氣蓬勃，國勢日有起色，其施政效率，雖未能臻於理想，亦尚可觀。抗戰復員以後，由於八年戰事之破壞，一切基礎動搖，益以勝利突然來臨，諸事皆無準備，施政效率也就較戰前有遜色，無可諱言。道路傳言，中共控制大陸以來，初以懷柔騙人，繼則毒辣現形，已爲人民所深知；但其施政效率與令出必行，雖深惡痛絕之人亦不免稍有稱道。這或者祇就復員後政府治下的施政情形以爲比較，既忘却抗戰前十年間政府的施政成績，更無從知遷台後政府施政效率的改進。談者嘗舉一事爲例，謂國家銀行等機構人員的特殊待遇，南京時代的行政院曾三令五申，企圖矯正，俾與一般公敎人員同其標準，乃各機構或則置若罔聞，或則陽奉陰違，甚至遷台以後，此等機構等於無事可爲，而仍保持其數倍於最高級公務員的待遇。堂堂政府之命令，竟不能實施於其所轄機構，殊不可解。但此類機構之投共人員今已一律取消其特殊待遇，多年積習因而盡改。我以爲對敵必須知彼，自省尤須知己。爲着爭取人民，對於這些可爲敵我競賽的目標，似皆值得特別注意也。

（四）杜絕貪劣　國家之敗，由官邪也；古今中外，原無二致。貪污必枉法，庸劣必僨事；故杜絕貪劣係政府的基本要素，也是人民的重大期望。我國公務人員奉公守法，廉能並著，而在待遇菲薄之時仍能勤愼以公者實占多數；然而少數貪污庸劣之輩固所不免，卽在任何國家亦不能免，所不同者程度而已。我國近年以來，由於中共之乘瑕抵隙，大肆渲染，藉以破壞政府的信譽，友邦惑於此種惡意的宣傳，更以成敗論是非，遂痛詆我國官吏之貪污無能，一若無官不貪，盡人庸劣者，殊足爲我國大多數公務員叫屈。然友邦之責備雖嚴，究係出自愛護之意。我政府亦惟有深自警惕，整飭官常，以一洗過去之恥辱。庸劣之進用，責在政府，尚可從容甄別，愼之於將來。貪污則由本人負責，爲害更大，自宜從速根絕。縱使一時不能廓清，至少對於貪污著稱之人不宜重用。猶憶半年以前某外交人員卸職後升任要職，香港華僑以僉壬重用，對於力圖革新之政府不無失望。今其人已見彈章矣。惟望政府澈底嚴究，勿予姑息，庶可一新耳目。又憶東北危殆之時，長春某將領以糧價『滾皮球』，浪費國帑，紊亂金融以自肥，實屬罪不容誅；然彼時政府或因軍事緊張，姑予寬容，乃不久卽變節降敵矣。在其變節未證實以前，嘗有盡節之謠，我那時候絕不之信。岳武穆强調文官不要錢，武官不怕死；我則認爲惟不要錢者乃能不怕死，此兩語實二而一也。環顧國內從政多年，位高多金，夙爲國府所信任者，或則變節投共，或則臨難苟免，蓋指不勝屈，甚至有特任大員，臨時改入外籍以謀安全者，尤使人啼笑皆非。至於淸廉自矢，始終度其寒士生活者，也多是始終反共，不計個人利害之人，尤足證貪污與氣節不並存也。

最後，尚有一言，卽爭取人民不當以國境爲限。海外華僑之總數，較諸我國政府目前能直接治理的人民多至數倍。華僑愛國情緒特高，觀其贊助革命之熱誠可爲明證。然而離國日久，對國內情形難免隔閡；我如不設法維繫，勢將爲中共的宣傳所煽惑。故爭取人民之努力，在今日對於海外僑民的關係特別重要。政府對於華僑所在地大都沒有使領館；除重要國家之使館尚有對駐在國關係的任務外，一般國家的使館與一切國家的領館當然以僑務爲主。然就事實而論，我國駐外使領館與僑民保持密切聯繫者究有幾何，政府似應切實檢討。又如最近留美學生一批批取道香港返國，因事先未獲准許登陸，遂被迫轉入共區，以爲共黨効力；在港愛國人士聞之無不痛心，乃經某君轉請政府注意挽救。然使領館事前未能注意及此，致中共駐美地下人員得以肆其誘惑。卽此一事，亦可概見其他。現在與我政府維持外交關係之國家迭有減少，已撤退使節者應如何繼續維繫僑民，尚駐有使節者應如何加强維繫僑民，實爲政府應盡之責。今日之使領人員不是能說外國語與能從事交際者便可勝任。除貪劣著名足使僑民離心者宜絕對淘汰外，卽安分謹愿之流亦無

（下轉第八頁）

中國民族之克難精神

錢　穆

中國文化綿延四千年，在全世界各民族中，擁有最悠久的歷史，因此其所經艱難困苦，亦特豐富，遠非其他短演民族可比。由此養成了中國民族特有的克難精神，常能把它從驚險艱難的環境中救出。在中國歷史上，這種事例，舉不勝舉。夏少康有田一成，有衆一旅，中興夏業，可算是中國史上最先的一位克難英雄。此下如春秋時衛文公，大布之衣，大帛之冠，復興衛國，又綿延了它五百年的國運。其次如春秋末越王勾踐，十年生聚，十年教訓，終滅强吳。稍後到戰國，如燕昭王用樂毅，復興燕國，卒報齊仇，而齊亦有田單，困守卽墨孤城，終亦收復失地。如此之類的歷史實例可稱俯拾卽是。但這些尚都在中國民族還未凝成一大統一的國家之前，比較是偏於地方性的小範圍以內事。下到秦始皇創建統一政府，此後中國所經內憂外患，兩千年來，種種驚濤駭浪，更屬艱險，更屬巨大，但中國民族終能逐步加以克服，直到今天，依然在全世界各民族所有歷史中完整依然，屹立無恙，所以說到克難精神，中國民族之偉大表現，就今天而論，可說是舉世無匹。

現在要問的，上文所謂克難精神，究竟是那樣一種的精神？換言之，中國人慣常憑藉着何種樣的精神來克服諸艱？我們可以直截了當地說，主要的是憑仗着一股氣。氣不壯，氣不足，非難亦難，氣壯氣足，難亦非難。舊說稱之爲一股氣，新說則稱之爲一般精神。我們要克服困難，最重要的還是憑仗這一股氣。人生也只憑仗一口氣，沒有那一口氣，又如何克得難？宋末文天祥國亡被俘，在牢獄中寫了一首正氣歌，中間列舉許多歷史人物，全是在極度艱難的處境下發揚正氣，雖然在當時只是大節不移，臨危授命，但天地間只要有正氣流行，自然邪不克正，一切艱難只是由邪惡之氣所鼓盪，所激成，正氣發揚了，邪氣自然消散。這一種天地正氣，在孟子書裏則稱之爲浩然之氣。浩然之氣由積義所生，至今在中國社會上還流行着「義氣」二字，我們可以說，義氣便是我們今天所要提倡的克難精神。

何以說義氣便是克難精神呢？這裏便應該先明白義字的界說與內涵。要明白義字的界說和內涵，先該明白得義利之辨和義命之辨。本來人的本性，全都是希望捨害趨利，捨失趨得，捨危趨安，捨死趨生的。但有時却外面環境不讓許我們有利有得有安有生，四面八方，滿眼滿身，所遭所遇，只有害有失有危有死。這一種局面，正是我們之所謂難。最難的在於只見害不見利，只見失不見得，只見危不見安，只見死不見生，使人無可趨避無可抉擇。在此環境下，叫你轉身不得，無路可走。我們一旦遇此環境，一切利害得失安危死生的計較與打算，全用不上，那時則只有另作計較，再不在利害得失安危死生的抉擇上用心，因爲在這方面用心也全成白費，於是我們只有另闢一道路，另作別一種的打算，只問我對這事該不該如何做，却再不去問如此做了是利是害是得是失是安是危是生是死。這該不該如何做，便是一個義的問題。我該如何做卽如何做，至於做了是利是害是失是得是安是危是生是死，那是外面環境的力量，現在則此種力量壓迫得太緊張太嚴重了，使我無從努力，無可用心，則只有諉之於命，說這只是一種外在的命，根本容不到我去考慮，這裏便是所謂義命之辨。義只是盡其在我，只是反身內求，我究該如何做，至於做了後的外面影響，我只有置之不問，說這是命，非人力所預。列子書中會有一篇題名力命。命是外在的，我一時奈他不得，力量在我的，我只問這番力該如何使便如何使。所以中國傳統教訓，特別看重知命。論語二十篇的最後一句便說不知命無以爲君子，君子知命，便可不顧外面，一切利害得失安危死生，把一切打算，一切計較，擱置一旁，專問此事該不該，義不義，如此心歸一線，更沒有多打算，多計較，自然氣壯氣足，外面一切困難，也不覺是困難了。困難的在於謀利而不得利，轉反得害，喜得而不易得，轉反易失，求安而不得安轉反得危，貪生而不見生轉反見死，那纔是爲難的局面。若我能把這一局面根本推在一邊，不去多理會，專一反身來問這刻的我究該如何，這便是所謂義命之辨，內外之辨。人能如此用心，自然只見有我不見有外面，只有我沒有外面，自然唯我所欲，更無困難可以阻擋，那外面儘多困難，也自然克服了。

但這是說到極端的話，外面環境很少遭遇到只見有害不見有利只見有死不見有生的境界。惟其有利害可別，有得失可較，有安危可商，有生死可擇，人人遂一意在此上用心打算計較，却忽忘了該不該，義不義。然而外面環境究竟是複雜的，變動的，我見爲利而轉成爲害，我見爲得而轉成爲失，我見爲安而轉反是危，我見可生而轉反得死的，隨時隨處有之。人的聰明有限，外面變化，那裏能全部預見，全部肯定？如是則轉增惶惑，轉多顧忌，本來並不難，卻見荆棘叢生，寸步難行。何如你在並不十分困難的處境下，早當作十分困難的環境看。你早就不要在利害得失安危死生那些並無十分確切把握的計較上計較，那些並無十分確切憑據的打算上打算。你早就心歸一線，只問我此事該不該，義不義，更不要計較外面那些利害得失安危死生，豈不更單純，更直捷，更簡易，痛快。如此你氣自壯自足，外面眞實有難也不見難，何況外面眞實並不甚難，你自多計較，多打算，心亂氣餒，反而不難也見其難。現在則心定氣足，義無再慮，義不反顧，那樣則轉而不謀利而自得利，不求安而自得安，不欲得而自無失，不惜死而自有生。這是所謂義利之辨。利義之辨，並不叫人捨利求害，只是指點人一條正眞可靠的利害別擇的正道與常規。

人若明白得義利之辨，義命之辨，一切事都問個該不該，義不義，更不問利害得失安危死生，如此積而久之，自然心定氣壯，便見有所謂浩然之氣。孟子又說：「浩然之氣，至大至剛以直，養而無害，可以塞於天地之間」，何以說浩然之氣是至大呢？因爲利害得失安危死生的計較打算，是人人而殊的，你見爲利，別人或許是害。你見爲得，別人或許是失，這些打算全是小打算，這些計較全是小計較。只有義不義，該不該，你如此，我亦如此，任何人都如此，這是大計較大打算。你一人在計較，不啻是爲大衆計較。你一人在打算，不啻是爲大衆打算。任何人處此環境，遇此事變，也只該如此計較，如此打算。心胸大氣魄大，面前的道路亦大，所以說是至大。何以又說是至剛呢？因爲你若專爲得失利害安危死生打算，本來如此打算見有利，若覺無利有害，你豈不要再作計較，再有打算？你若專爲該不該義不義着想，不論前面利害得失安危死生種種反復，種種變化，你早打算定了，該做卽做，不該做卽不做，勇往直前，再也不搖惑，不游移，豈不是剛嗎。何以又說是至直呢？惟其心歸一線，面前只有一條路可走，便是義，四圍的利害得失安危死生全不顧，那條路自然直的，不是曲的邪的了。

利如此，害來也如此。得如此，失來也如此，安如此，遇危也如此，生如此，臨死還是如此，你如此，我如此，任何人到此境界，遇此事變全該如此，所以說塞於天地之間，正見其無往而不如此。若爲私人利害得失安危死生打算，卽一人一打算，一時一打算，你的打算與我不相關，此刻的打算與前一刻後一刻不相關，那眞是渺小短暫之極，又何能塞於天地之間呢？試問那渺小短暫的打算處處隔閡，時時搖動，豈不要不難亦難。那種至大至剛以直而塞乎天地之間的大打算，豈不可以難亦非難，克服一切困難而浩然流行呢？

這種義氣，亦可說是公道，這是一條人人都該如此走的路道。照着這一條公道走路的人，便是有義氣的人。只有這種人纔可克服一切困難。換句話說，正因人不肯照這一條公道走，沒有義氣，所以纔有種種困難發生。可見只要人人照此公道走，人人知重義氣，一切困難也就自然消散，自然克服了。中國人的傳統文化，中國的社會風尚正因爲一向就看重這一種公道與義氣，所以遂養成了舉世無匹的一種克難精神。

但這一種氣，却貴能「養而無害」，個人如是，全社會更如是。此刻我們的國家社會正遇到空前大難，這一種大難之來臨，正爲人人先失掉了正義感，人人不照公道走，人人都從自己個人利害得失安危死生上計較打算，社會沒有公道，沒有正義，各個人的利害得失安危死生，那能一致？人人爲自己打算，不爲公正道義打算，人人在目前環境上計較，人人認爲自己可以創造自己的命運，把握自己的前途，結果則前途愈窄，命運愈慘，大難當前，莫之奈何。那些全是邪氣，非正氣，全是私道，非公道。此刻要回頭克難，只有大家覺悟，大家莫再在個人利害得失安危死生上打小算盤，作私計較。大家崇奉公道，獎勵正義。歷史上那些守死善道激揚正氣的人物，像文天祥正氣歌中所舉，皆當衷心崇拜，刻意推敬。社會上朋輩中只要是守公道奉正義的人，吾們都該竭力敬重，加意闡揚。只有大的剛的直的可以發生力量，打破難關。一切小計較，陰柔氣，歪曲相，都該掃除。如是由一人推到十人百人，由團體推到十百團體，社會正氣日張，公道日宏，一切難關，無不可以打破，無不可以克服。人心感召，極快速，極堅强。捨此之外，更無其他妙法奇計，命運永遠將擺布人，捉弄人，人人只得面對着害的失的危的死的路上一步步的挨近。這是當前事實，明白告人，還不値得我們的警覺嗎？

這不是一人兩人的責任，却是大家的責任，所謂天下興亡，匹夫有責。我們要提倡克難精神，只有發揚民族正氣。

（上接第六頁）

補於目前的局勢。政府集中無量數人材於局促一隅的台灣，以爲六七百萬的人民施政；然而對於三倍此數的海外僑民所資以維繫者，不是居留海外數十年對國內現勢隔閡的人員，便是對國內政治無甚關係，因循資格而升遷的職業外交人員；甚至有僑民極多，今後關係特別重要的國家，或以暫代之人久權館務，或以嫌疑之人濫竽要職。難道國內才難一至於此乎？苟非囿於門戶，則誠百思而不得其解也。又外交人員因邦交斷絕而撤退者，除或因特別任務有須暫留原地者外，其能返台共赴國難者羅家倫氏一人而已；其他則變節者縱無多，而度其海外寓公生活者實占多數，對於僑民觀感亦未嘗無影響也。

骨骾在喉，欲吐者何止十倍於此。自由中國索稿，因便吐其一二。知我罪我，所不計也。

民國三十九年十二月七日

臺灣在政治上與文化上抗日的回顧

方　豪

一、政治上的抗日運動

抗日社團的紛起

台灣人被日本統治二十年以後，武裝力量已逐漸被消滅，於是不得不轉入地下工作，或打算在政治方面求解放。但從民國四年起，最初十年內，祖國被軍閥鬧得天昏地黑，使台胞非常失望；那時西方的各種主義和學說湧向東方來，在大陸上也有許多人盲目鼓吹，台灣自然也免不了有這種現象。尤其因為台胞渴望逃脫日本所加的桎梏，精神上非常苦悶，更不暇精選細擇，於是無政府主義、社會主義、共產主義、國家主義，無不接受，以那時的環境來說，是很應該寄以同情而加以原諒。當時五花八門的社團，雨後春筍似的在各地出現。比較著名的如下：

民國九年	東京	台灣青年雜誌社（新民會）
民國十年	台北	台灣文化協會
十一年	北京	台灣青年會（其前身為高砂青年會）
十二年	廈門	台灣尚志社
	台北	新台灣聯盟
	東京	台灣議會期成同盟會
十三年	北京	新台灣安社
十四年	上海	台灣同志會
十五年	台北	農民組合
十七年	上海	台灣共產黨
	台北	台灣民黨
十八年	台北	台灣民衆黨

但亦有很正確的觀念的，如仲農在台灣新青年發表的一篇小宣言，他說：「……我們自救的方法：若要救台灣，非先救祖國着手不可。欲致力於台灣革命運動，非先致力於中國革命成功不能；待中國强大的時候，台灣纔有回復之日；待中國有勢力的時候，台灣人纔能脫離日本强盜的束縛。…」

日本懷柔政策的失敗

在日本以恐怖手段鎮壓台灣人時，一二親日的上層份子，即建議設立「保良局」，這一機構固然多少也發生了一些保護良民的作用，但日本反用以搜捕抗日志士；然而其中也有包庇抗日份子的。因此成立一年後即遭封閉。此後又一度舉辦「訴箱」，勸誘台胞告密，其目的在使台胞自相攻訐，幸台胞並未中計，不久即撤消。民國二年後，又有人提倡日台同化主義，目的是改良台灣政治現狀，三年十二月二十日成立「台灣同化會」，日本方面倡導而支持的是一些自由民權主義者，台胞借此機會，即展開民族運動，但表面所看到的，只是政治社會改良運動，不過，總督府已大感不安，成立只二月零二日，即下令强迫解散。

第一次世界大戰和中國的五四運動，對於台灣的民族運動當然有很大的影響。民國七年，東京台灣留學生會集議，議題為「對台灣當如何努力」，當時有主同化論者、非同化論者、祖國論者、大亞細亞主義論者，最後乃成立啓發社，但次年即被撤銷。九年，新民會誕生，所發行「台灣青年」遠銷南洋。十年，台胞向日本帝國議會提出民選議會的請願書，被退回；次年又提出，請願人更多二倍；十二年在台北組織台灣民選議會期成同盟會，但在成立前即被解散；不得已，乃到東京開會，在台灣成立支部；是年十二月十六日晨，全台灣參加民族運動的一千人被捕；最後有四十九人被判有罪下獄。但其時日本的野心已逐漸擴張，為了實現「北進南圖」，台灣便被指定為「日本帝國國防第一線」；民國二十年九一八事變後，到七七全面抗戰止，這一時期中，日本又一再對台灣施行其糖衣的毒藥政策，那就是二十三年民政黨系所發起的自治運動，竟獲得日本當局的接受，但其目的只在緩和九一八以後台人的愛國熱心；二十四年請求設置議會，可是公佈的辦法，各級議會議員半數為官派，半數為民選，而日本人居住當地六月以上者，亦有選舉和被選舉權。於是台灣人認清日本人的欺騙，少數人的對日妥協，不僅不是民族運動的成功，反而是最大的失敗。

民衆運動領袖蔣渭水

在台灣淪陷於日本的五十年中，和日本當局抗爭最力，在台灣同胞中最受擁護，而又直接參加祖國革命事業的，不能不推蔣渭水先生。

他是宜蘭人，字雪谷，原籍漳州。畢業於台灣醫學專校。袁世凱稱帝，他即與友好組織暗殺團，同志二人為上海鎮守使鄭汝成所捕，幸免於難。又募款三萬元接濟福建都督許崇智，作為革命軍軍餉。民國五年創大安醫院，貧病多受其惠，乃深得社會人心。民國九年籌組台灣議會，爭取自治；十年十月，在靜修女中成立台灣文化協會，展開台灣解放運動。十二年組織「新台灣聯盟」，又擴充台灣民報，完全採用國文。是年十二月十六日被捕，次年二月十八日出獄，被判徒刑四月，於十四年二月二十日下獄執行。第一次入獄，他在獄中寫日記、背古文、讀綱鑑易知錄。又作遊戲文章日送王君入監獄序，載十三年三月二十一日發行民報二卷五號，但被日本禁止而剪去。十四年他又在民報發表幾篇遊戲文章，對總督田健次郎譏諷得很厲害。又有一篇「五個年中的我」，載十四年八月廿六日發行，民報第六十九號，是一篇自傳，但也是當時台灣政治、文化、社會運動的重要歷史紀實。十五年春，文化協會分裂，他便特別注意於農工、小市民、小資產階級，以「同胞須團給」「團結眞有力」爲口號。十五年七月二十九日成立台灣民黨，剛滿一月，即被日政府解散。次年七月十五日再創設台灣民衆黨，此時，他曾致電國際聯盟，呼籲制裁日本對台灣的鴉片毒化政策；在日本用毒瓦斯殘殺霧社高山族時，他又發電控告。更號召組織無產大衆團體，如台灣工友總聯盟、台灣農民協會、青年會、學生會、小商民協會等，多至四十八團體。日政府乃利用「以台制台」的陰謀，嗾使反動派阻擾，即所謂「公益會」。後又宣布禁止結社，他被捕達十餘次，憂憤之餘，竟於民國二十年八月五日，以腸窒扶斯病逝世，享年四十二歲。安葬之日，執紼者達三萬餘人。全省愛國志士，無不同聲一哭，不愧爲台灣民族英雄。光復後，入祀忠烈祠。

二、文化界的抗日表示

風起雲湧的詩社

日本佔領台灣後，武裝的抗日運動，逐漸被消滅，但人民的愛國心反而比前更濃厚，這在讀書明理的士大夫表現得更顯著。其中最普遍的一種表現便是做詩，而且大多加入了有組織的團體——詩社。據連雅堂先生在民國十三年的統計，當時共有六十六社；後來續有增加，最發達時多至一百左右，像新店、瑞芳、汐止、景尾、松山、宜蘭頭圍這些市鎭，也各有詩社，台北一地多至十餘處，台南城區和高雄亦各有五六處。光緒二十九年新竹鄭鵬雲編師友風義錄，自序中就說過：「烏乎！士生今日，亦何所取而言詩也耶？然士生今日，亦何所取而必不言詩也耶？」連雅堂先生在櫟社第一集序上說：「滄桑以後，士之不得志於時者，競逃於詩，以寫其侘傺無聊之感，一倡百和，南北並起。」宣統三年梁任公遊台灣後也說：「滄桑後，遺老侘傺無所適，相率以詩自晦，所至有詩社。」。見台灣雜詩注。後來日本的統治者想出抵制的妙法，派來的官吏，都也會一點「漢詩」，索與由他們來邀請詩人雅集，舉行「揚文會」等，他們的方法是很險毒的。

國文國語的提倡

台灣落於日人手後，日人想逐漸消滅漢文，這是近代侵略別人國土者所一致採用的方法。但在光緒二十二年（一八九六）一月一日，愛國志士即將日本總督府學務部所設以傳習日本語爲主要之士林芝山巖學堂搗毁，殺死學務部員六人。只可惜當時義憤塡膺，親手殺敵的烈士，被敵寇誣爲「暴徒」，「盜匪」，至今姓名不彰，至爲遺憾！此後台灣士人便努力倡導漢文，以爲抵抗，而連雅堂先生對此最熱心、最出力。民國十三年三月，他主編的台灣詩薈第二號，在索報費的告白中他大聲疾呼說：「鄙人發刊詩薈，原非營業之計；良以台灣今日漢文廢墜已極，非藉高尙之文字，鼓舞活潑之精神，民族前途，何堪設想？」在十九號餘墨中，他說：「今之青年多不讀書，但閱二三講義，便以通人自命，且欲舉至美至粹之文字而破壞之，人不滅我而我自滅，天下之喪心病狂，莫甚於此，吁可哀矣！」在第二十號餘墨中，他更正言厲色，反對日本當局限制私塾消滅漢文的政策。連氏之所以如此提倡漢文，實因民國十二年一月，「台灣」月刊第四年第一號忽有兩篇提倡白話的文字，這當然是受祖國新文學運動的影響，這也是台灣新文學運動的急先鋒，是很好的現象，同年四月十五日，又有「台灣民報」週刊創刊，實爲新文學運動的重要刊物，發刊詞中間接說出提倡白話文，也是爲保存漢族文字。此外又有人提倡羅馬字。但後來便有人攻擊連雅堂先生和他的「台灣詩薈」，當然也有很多人回擊。台灣不僅詩社發展，後來也有文社，創始於民國七年十月，由櫟社發起：次年又創刊「台灣文化叢誌」，繼續發行七年。林南强先生的弁言中有警句說：「夫適異國者，入境猶問其土風；詎居是邦者，數典反忘其初祖！」「梓桑必敬，是爲父母之邦；陵谷不移，終待名賢之筆。」當時還有一種風氣，即回國去學國語，再回台灣宣傳國語排斥日語，但必須先到長崎，然後再到上海，這樣就可以不要護照。當時台灣學生的足跡遍於北京、南京、天津、漢口、上海、福州、廈門、汕頭、廣州、香港以及東三省等處。有的就研究其他外國語，他無非是表示排斥日語。民國二十六年一月十五日，總督府令各校廢漢文科；六月，台灣各報紙和期刊，一律不許有「漢文欄」。從此新舊文學都不能抬頭，直到光復，祖國的文字，也在台灣獲得解放。同時我們也不能忘記那些書房——私塾教師，他們雖是爲了糊口，但也爲了祖國文字盡了保存的功。而佛道寺廟中的經籤和天主教徒的祈禱文，五十年來，一直採用着國文，並使不少人寄託着對祖國的嚮往。又如譚嗣同、梁啓超、章炳麟諸先生的來台，也給予台灣文化界不少刺激。譚嗣同的「仁學」，且題爲「台灣人著」；章炳麟並於光緒二十四五年間任台灣日日新報社漢文記者；鄭鵬雲所輯師友風義錄也收譚、康、梁等詩，台灣學人與內地學人可說已融爲一體了。

愛國詩人洪棄生

正像連雅堂先生不僅是史學家，並且還是詩人，洪棄生先生不光是詩人，同時也是史學家。他是鹿港人，清同治六年（一八五六）生，比雅堂先生大十二歲；本名攀桂，學名一枝，字月樵；割台後，改名繻，字棄生。從不和日人接觸，並且以率直痛快的詩，發洩他的悲憤感慨，對於暴力壓迫，無所顧忌。當時頗有人採用倭式打扮，他有詩一首曰：「倭製衣冠短髮裁，喜歡生面一朝開，豈知此是無顏帢，我輩如何戴得來？」著有瀛海偕亡記，民國十一年由哲嗣炎秋改名台灣戰紀，與中東戰紀，均託北京大學出版部印行，用洪棄父名；三十五年八月至十二月，圖書月刊一卷一期至五期連續登載；十二月，台灣書店重印。又中西戰紀、寄鶴齋詩集、寄鶴齋古文集、寄鶴齋駢文集、寄鶴齋詩話、八洲遊記、八洲詩草，都充滿反抗精神，且多記述敵人虐政。民國十年，將詩文集中，一部份無礙者，在南投活版社印行，分寄鶴齋詩譽四卷、寄鶴齋文譽六卷。他的「台灣淪陷紀哀詩」是最值得一提的。民國十八年二月初九日卒。

台灣割讓後，富有故國之思的吟咏極盛，僅以台灣籍的詩人來說，如丘逢甲、蔡國琳、林朝崧、王松、胡殿鵬、許蔭亭、林星垣亦名薇臣、魏紹昊等，不能備舉。傳誦的名句亦不少。如丘逢甲春愁詩曰：「四百萬人同一哭，去年今日割台灣」；往事云：「不知成異域，夜夜夢台灣」；席上作曰：「相逢欲灑青衫淚，已割台灣十四年」。內地來台人士所作詩，可以梁任公「台北薈芳樓答台灣父老詩爲代表作，有句曰「尊前相見難啼笑，華表歸來有見非」；又舟泊馬關詩：「明知此是傷心地，亦到維舟首重回；十七年中多少事，春帆樓下晚濤哀」。不能備舉。

愛國史家 連雅堂

日本佔領台灣後，他們的官方和私人都想出一部台灣史，以歪曲史實，矇蔽人民；幸在淪陷後二十五年，台南連雅堂先生的巨著台灣通史三册便相繼出版，使日人的妄想歸於幻滅。但卷四獨立紀竟被改爲過渡紀（書口未改）目錄中對此有說明。這是一部完全以中國人立場寫出的台灣史，在自序中說：「史者民族之精神，而人群之龜鑑也」。「國可滅，而史不可滅」。全書特別值得注意的自序之外，有建國紀跋、風俗志序、藝文志序、諸老列傳序、朱一貴列傳序、文苑列傳序、孝義列傳序。

連先生名橫，原字武公，號劍花。光緒四年（一八七八）生。早歲就讀上海共學社。民國以後，回國多次，終以二十五年六月二十八日卒於上海。他的著作，鄉土史以外，也很注意華僑史，遺有「南洋拓殖傳」稿本。又爲證明台灣語卽中國古語，著有台灣語典；此外有劍花室文集、詩集、台灣詩乘、台灣叢刊等。民國十三四年，發行「台灣詩薈」月刊，共出二十二期，他利用所有篇幅，灌輸愛國思想。他說過：「台灣文化，今消沉矣！振興之策，雖有各種，而發皇詩敎，鼓吹詩風，以造成完全之人格，則詩薈之責任，而不佞所欲求敎於邦人諸友也。」在他的遺詩中，「登雨花台吊太平天王」，「延平郡王祠古梅歌」，「柴市謁文信國公祠」，「招俠」，「却隱」，「遺懷」幾首，尤爲千古不朽之作。在日本人强迫學習「國語」時，他提倡漢文又開辦雅堂書局，專賣中國書和中國文具。三十九年三月二十五日，總統明令褒揚，稱他的著作「足以振起人心，裨益世道，爲今日光復舊疆，中興國族之先河。」

（附識）

凡曾經參加抗日運動而現尚生存者，一概從略。又本文爲避免枯燥起見，史料出處亦盡量少引，並乞　讀者鑒諒。

徵稿簡則

一、本刊歡迎：
(1)凡能給人以早日恢復自由中國的希望，和鼓勵人以反共的勇氣的文章。
(2)介紹鐵幕後各國和中國鐵幕區極權專制的殘暴事實的通訊和特寫
(3)介紹世界各國反共的言論，書籍與事實的文字。
(4)研究打擊極權主義有效對策的文章。
(5)提出擊敗共黨後，建立政治民主、經濟平等的理想社會輪廓的文章。
(6)其他反極權的論文、談話、小說、木刻、照片等。
二、翻譯稿件請附原文或註明其出處。
三、投稿字數，每篇請勿超過四千字。
四、賜稿務望用稿紙繕寫清晰，並加標點。
五、凡附足郵票的稿件，不刊載即退回。
六、稿件發表後，每千字致稿酬新臺幣十五元至卅元。
七、來稿本刊有刪改權，若不願受此限制，請先說明。
八、惠稿經本社刊載，版權卽爲本刊所有，非經同意不得轉讓。
九、來稿請寄臺北市金山街一巷二號本社。

一切殖民政策的理論均應銷盡廢絕

吳鐵山

本文作者早年追隨先烈蔣渭水先生從事抗日運動，是臺灣革命領袖之一，曾與蔣渭水先生創組民衆黨（該黨是當年在臺灣公開活動最有力量的抗日政黨，嗣因遭日本政府嫉忌，被迫解散。），並負該黨組織責任，多年來致力於民族革命的工作。現在臺灣重回祖國懷抱，這位當年革命志士的壯志已酬；他以「半世紀淪陷者」慘痛的經驗痛斥一切殖民政策的理論，眞是用血淚寫出的文章，令人倍覺痛切。——編者

這個世界是爲造成人類全體的福利的，所以這個地方和那個地方，這個民族和那個民族都有互相幫助的義務。知識，技能，財富，勞力都應該互相幫助，發揮高度的合作，使人們共同享受其產品。現代的文明强國把未開發的地方佔領着，憑其知識技能而開發之，是使那些廢棄的物資變爲有用，使那些沒有知能的人們變爲有知能，而爲人類全體造成共存共榮的世界。故强國佔領着無力自立的國家，將其不能自治的人民敎導之，啓發之，實爲不幸者造幸福，爲世界發揚文化與保護安寧，是其應有的權利。——這便是所謂殖民政策之理論的根據。

這些鬼話說來似乎也有片面的理由。沒有知識的人們需要智者去敎誨，不知道利用物資的人們也需用技術人員去啓發。如果有兩個國家，一方舉國皆賢智，而他方則全國皆愚魯。則賢智者去敎導啓發愚魯者，當然是理所應有的事體。但是利己與利他，權利與義務的分別乃是顯然的鴻溝。如果賢智者以敎導爲義務，以有利於愚魯者爲目的，便是敎育家或宗敎家之偉大的胸懷。如果以敎導爲權利，只求有利於己而不顧他人之害，這便是侵略與榨取的罪行。兩相比較起來，其爲善爲惡乃是背道而馳的。

試觀近世殖民地統治史，統治者大權在握，自命爲優越，而視被統治者爲劣等民族，對於其原來的風俗習慣濫施壓制，盡量榨取其經濟的利益以自肥，依然是搶刼土產，征服奴隸的變相，其與野蠻人的征服行爲相去幾何？縱使地利被開發，使被統治者的物質享受少有增加，然若與精神上受壓迫的痛苦比較起來，實在是渺乎其小的。同爲人類，誰不欲自作主人而甘爲奴隸？與其爲奴隸而多享受一點點的物質，孰若自作主人而少些享受？上面那些爲殖民政策辯護的理由，不外是自欺欺人的鬼話而已。在殖民地下生活的被統治者，何曾有幸福來？進一步講，那些統治者，憑藉暴力征服了他人於是傲慢的態度，奢侈的生活乃成爲習慣。但是暴力畢竟不可恃，一朝失敗，而貧困隨之，比起一向貧窮的人們尤爲困苦難堪。故不論統治者與被統治者均沒有幸福可言，殖民政策所謂爲人類全體造福利，事實的證明都是假的。

愛護祖國是人類的本能。對於熟習的事情只見其好，對於不熟習的總以爲沒有價値，乃是人類的常態。所以移風易俗向來都不是易事，即統治者是本族人都是如此。至於外族人借武力征服以爲統治，以自己的是非爲是非，强迫被治者以必從，而以禁錮殺戮隨其後，則唯有激起被治者的拚命抵抗而已。且被治者將因反感而更加固執其傳統文化及生活習慣。你以爲鐵路，電氣等等物質文明爲幸福，他們却偏偏不要；你以爲現代的制度禮儀怎樣有價値，他們却以爲不値一錢。壓迫愈甚則反抗愈强，鬥爭因此而繼續，戰亂無時而或已，這不是驅人類於地獄嗎？由此可見，殖民政策總是要不得的。

至於我們中國古代對於治理外民族的方法便大不相同。「禮記」中言及治戎夷之法時說道：

「凡居民材，必因廣谷大川異制，民生其間者異俗，剛柔輕重遲速異齊，五味異和，器械異制，衣服異宜。修其敎不易其俗，齊其政不易其宜，中國戎夷五方之民皆有性也，不可推移」。

好個「修其敎不易其俗，齊其政不易其宜」的政策，確能表現我們泱泱大國的風度，較之近世的殖民政策，豈可同日而語？

所以我們今日要謀落後民族的開發，應該提倡「啓蒙的義務」，在「聯合國文敎委員會」之類的組織主持下，先從敎育着手。即於未開發國家中，選拔其優秀子弟到文明先進國來受敎育，學成使之歸國，自任諸般開發建設之責。同時給與技術人員及機器設備等等的援助，使各種建設漸次成功。開發的地區愈擴大，物資的交流亦愈頻繁，各國可以有無相通，則眞眞可以共享繁榮之樂了。如果以武力爲後盾，濫施壓迫，唯有一榮而一枯，一利而一害，怎能够共榮兩利呢？現在的文明國家要談開發落後民族，還是學學我們中國古代的政策吧。

好了，第二次世界大戰以後，大多數的殖民地都獲得了解放，獨立的獨立了，歸還祖國的也歸還了，所謂殖民政策也應該銷毀了吧。但是强國的心理態度是否變更了呢？在鬥爭哲學和功利主義的指導之下，强有力的國家便發生征服他族爲殖民地的現象，我以爲這是西洋文明的病狀。唯有互助始能共榮而兩利，亦唯有兩利才是眞利，這是我們的信念。只以某一國的利益爲着眼點，而犧牲他國之利益以自肥者，都不是文明而是野蠻，不論宣傳的口號說得如何漂亮動聽，都是不能驅人於久遠的。舊日的帝國主義已經歿落了，今日另一種帝國主義又慢慢抬起頭來，其理論似乎很新鮮，可以欺騙無知的群衆。最近蘇俄的侵略行爲，形式雖有變更，而奴隸他族，箝制其活動，而剝奪其經濟利益，和往日的帝國主義初無二致。但是我們聽慣了昔日殖民政策的理論的人們，對於新帝國主義的理論，一聽而知其爲欺騙無疑。爲甚麼呢？解放事業只能當作義務，而不應當作權利；兩利才是眞利，利已都是掠奪；敎育群衆只應說服而使之潛移默化，絕不應憑藉暴力以强人必從。——以此三者爲尺度，一切是非善惡都可以計量得正確無誤的。

（半世紀淪陷者，草於民國三十九年十月臺灣光復紀念日）

「解放區」、香港、自由中國（上）

——三個世界的比較觀——

張力行

一、標題釋義

所謂「解放區」，就是已經被共產黨赤化了的中國大陸，在那裡，人民沒有言論、出版、結社、集會、宗教信仰、和思想的自由。尤其是任何人沒有生命安全的保障，那兒幷且沒有法律，由於秘密警察的統治，代替了一般性的司法程序。同時，人民的財產和勞力，被共產黨剝削得一乾二淨，眞的到了山窮水盡的境地，無錢一身輕的悲局。共產黨發明了這個名辭——無錢一身輕，意思是說「敵人」（共產黨把人民當做敵人）的武裝被解除了，幷且放逐他們到處流浪逃亡，有家歸不得。這就是「解放」的意義，也就是今日中國大陸「解放區」的一般現象。

香港是英國的殖民地，與大陸接壤，爲今日中國反攻的重要橋樑，也是英國遠東的重要商務基地。她是中國大陸與海洋物資運輸的吐納口，同時是過去列强對華進行經濟侵略的國際市場，英國人把香港譽爲東方的直布羅陀，和英王冠冕上的寶石，如英國放棄香港，就會失去英王的「光彩」。在第二次大戰期間，中國廢除了一切不平等條約，取銷了外國人在華的治外法權，唯獨香港沒法收回，至今還在英國人的統治之下。她是一八四〇年著名的鴉片之戰永遠割讓給大英帝國的一片土地。去年十月中共在大陸建立所謂「中華人民主共和國」的僞政權以後，英國政府爲了保全香港，和在華的商業投資與利益，就未顧到國際情勢的一般發展，而宣佈承認了中共政權。如今香港仍擁有百分之八十五的中國僑民，循規蹈矩的服從英國殖民地法律，這樣就叫做殖民地的香港。

自由中國，便是指的臺灣。台灣是民族復興的最後基地，由國民政府統治。台灣位於東海與南海之間，北望琉球，南窺菲律賓，西隔台灣海峽，與福建省對峙，西南與廣東省的海南島遙遙相對，全島呈狹長葉狀，南北長三九五公里，最闊處一二三公里，面積一三，四二五方公里。她是我國領土的一部份，也是我國最富庶的一個省份。今天，全世界的目光都集中在台灣這個美麗的綠島上，因爲她正是西太平洋一艘不沉的航空母艦，一座海上長城，她是自由的燈塔，和平的象徵，反侵略爭自由和反極權爭民主的神聖土地。自從國民政府撤至台灣，積極整軍經武，刷新政治，改良經濟，肅清共諜，幷實行三七五減租，鼓勵生產，從此朝氣勃勃，以反攻大陸爲當前急務。大陸人民，都把希望寄託在台灣，於是台灣便成爲自由中國的精神堡壘和人民最心嚮往之的唯一棲身之所在。

二、我的看法

一九四九年四月廿四日，共產黨佔領南京以後，我無法脫逃，在那個「解放區」我遭受了十個月零六天的悲慘命運。但也冷靜的考察了十個月零六天，直到今年三月初才自南京潛抵香港。在香港又流落五個月，七月底才從香港到了台灣。在台灣，又觀察了將近四個月。因此，就我個人所體念和瞭解的，將上面這三種政治形態，經濟制度，和人民的情緒等等顯然不同的三個世界，作一個客觀的比較與分析，藉以提供讀者參考。

第一、我認爲逃出了「解放區」、是人生一件最幸福的事情。因爲沒有在解放區呆過，眞不知道自由是何等的可貴。尤其是不知道自由可貴的人，對共產主義社會不免存着一種幻想。

第二、我認爲凡是了解共產黨的人，尤其是身歷其境，親自領略過共產黨的迫害剝削，清算，和爭鬥的人，才是眞正的反共專家。政府如果忽略了這些人，尤其是忽略了自「解放區」脫險逃出來的那些人，對於反共工作是一種極大的損失，對自由和民主世界是一個重大的諷刺。

第三、我認爲在一般的情形下，大陸「解放區」人民反共的情緒比香港高，而香港僑民反共的情緒又比台灣高。依此類推，亞洲反共的情緒比歐洲高，而歐洲反共的情緒又比美洲高。雖然乍看好像是一種反常的現象，但仔細分析起來並不足奇，因爲台灣比香港安全，而香港又比大陸安全，自然，美洲又比歐洲安全，而歐洲又比亞洲安全，在事實上，最不安全就是大陸「解放區」，他們感受威脅最爲嚴重，人民的反共情緒自然非常强烈了。

第四、我認爲大陸人民的普遍心理和唯一的希望，便是寄托在這蕞爾小島的台灣，希望台灣爭一口氣，發奮圖强，配合大陸的反共力量，猛烈地打回去，救他們跳出火坑。當然大陸人民對於民主美國的希望也是非常强烈的，他們殷切的希望美國對蘇聯勿再讓步，爭取時間，痛快的予蘇聯一擊，幷扼制它的心臟，毀其四肢。

第五、我深切的體念到聯合國糧農署長陶德（Norris E, Dodd）先生的一句名言：在餓着的肚皮上，沒有法子建立和平。因爲有飢荒，就有政治動亂，或已眞正爆發或在醞釀爆發。因此，要建設一個未來的理想世界，和解決人類的生存問題，在這次大戰結束後，一方面固然應該放棄殖民地政策，提高人民的智識水準，另一方面必須根本消滅飢餓的威脅。今日史達林赤色世界和奴役人類的侵略後面，帶來了飢荒、瘟疫、和戰爭。政治的最高理想是人類共同生存，大家有工做，大家有飯吃。「共產」祇是一種政治的手段，大多數人瀕於饑餓，餓着的肚皮，沒有法子建立和平的。

以上是我的基本認識。這種認識完全是我個人一連串的不幸遭遇和痛苦的體驗得來的。

三、遭遇與體驗

在「解放區」，由於共產黨的迫害，我和不計其數的人一樣，遭受失業的痛苦。在南京「解放」的最初幾個月，一般人還有一點隔宿之糧可以苟延殘喘，但到後來，大家就簡直活不下去了。社會上的生產關係，被共產黨徹底的破壞。個人的生產能力，被共產黨予以剝削。有思想的人，共產黨指為舊社會的寄生蟲，和反革命的頑固份子或罪徒。有技術的人，因為工廠全部倒閉，無法謀生，許多妓女，也由於「購買力」的關係，而感受到生活的威脅。各色汽車，被共產黨以四十担米一季（三個月）的捐稅壓榨，而無條件向「軍管會」繳銷，被共產黨無代價的拿去享受。黃包車夫，和三輪車夫，馬車夫一樣，因顧客不敢而且無能力坐他們的車，和領一張牌照需繳納將近一担米的牌照稅，宣佈失業。所有商店，因營業稅，資本額稅，印花稅等等名目繁多的苛捐雜稅而關門大吉。尤其是社會上的購買力，普遍地降低到接近零點，大家都祇顧柴米油鹽，一般稍帶享受性的商品，再減價犧牲賤賣也找不到受主。因此，像上海四大公司（永安、先施、新新、大新等公司）就祇好賣鹹魚攤小菜攤了。

最感痛苦的，一般人除生活無法解決之外，又加上一層搜查戶口的麻煩。共產黨搜查戶口是沒有時間性的，無論白天或半夜三更，公安員都要來搜查。共產黨每「解放」一地，首先是搜查私藏武器，解除「敵人」的武裝，和封鎖言論，取締人民的自由；後來是搜查「反人民」和「反革命」的行動與思想。我在南京十個月零六天當中，至少被公安員搜查過二百次，有時深夜兩三點鐘，公安員破門而入，態度似乎很「誠懇」的和你聊天，談談「解放」後的觀感。他并且告訴你以蘇聯為首的「民主」集團一天天的「壯大」，不應再存「幻想」。公安員有時安慰你說：「解放祇是萬里長征第一步，目前雖然苦一點，以後實行共產主義就變好了」。有時候請你到「軍管會」去談話，種種威脅與恐佈，令人不能忍受。這樣，誰也不敢含有反抗的意志和表情，否則立刻被捕入獄。

因此，我體驗到天下最委曲的事情，除失業外，沒有比做俘虜再痛苦的了。我對於這種遭遇，自然是生平以來第一次，就因為是第一次，所以心理上的刺激，特別強烈，到處謹慎小心，猶不免觸犯共產黨的「規矩」。於是我發覺精神監獄，遠比肉體監獄為痛苦：一個判了徒刑的罪犯，對於他的前途，似乎有鐵窗子監獄來保障，但是，深陷在「解放區」泥淖的人們，却沒有這種「優待」。我又漸漸發覺犯罪心理的形成；愈是謹慎，神經愈加緊張，行為就沒有一定的規律，因此，反而容易蹈入法網。從前，我認為犯罪祇是一種不合乎理想的政治形態下的特殊產物，在資本主義的國家法律是資產階級的護身符，凡貧窮即屬犯罪，不料在共產主義的國家，法律是統治階級的政治工具，凡違犯統治者的意志，即為犯罪。職是之故，我對於法律的概念，嘗存着一種高度的卑視心理，并認為真正的法律，不單是調和社會各級階層的利益的一種高度正當手段，而且應該是人權的最高保障。然而在共產黨的「解放區」，根本沒有法律的，槍桿子代替了法律，出言不慎就是犯罪。而且在共產黨的「解放區」，沒有緘默之自由，人人都要對「政府」和政治表示意見，還要歌功頌德，稍一疏忽就成犯罪了。

譬如南京益世報的經理彭古丁，因感失業的痛苦擺了一個測字攤在中山東路，今年春有個便衣密探跑到他那裡去測字，信口拈來一個「美」字。據彭古丁分析，美字的上半部是一個「羊」字，下半部是一個「大」字，如同一隻羔羊在大沙漠裡迷失了方向，因此抑鬱沮喪，痛苦不堪。那個便衣密探認為這是侮辱共產黨，隨即一腳用力把他的測字攤踢翻，并把人抓去。彭古丁「胡說八道」的罪名宣告成立，後來吃過許多苦頭，才被釋放出來。

我自己也吃過這個苦頭，因失業無法生活，也擺了一個雞蛋攤子在太平路文昌巷菜市場，結果因「妨礙交通」被科巷公安局派駐所的公安員一腳踢來，一百廿個雞蛋，打碎六十幾個，我含着滿眶淚水，不敢作任何表示，我知道這就是「犯罪」了，因為所謂「妨礙交通」而犯了罪！

在「解放區」許多犯人是沒有罪名的，自己也不明白究竟犯了甚麼罪。因為，那兒沒有法律。至此才知道，法律不論壞到如何程度，總比沒有法律好。惡法勝於無法這句名言，這一次才深深體驗到了。

四、恐怖與威脅

至於恐怖，更是共產黨一種最有力的政治武器，這種恐怖是隨沒有法律以俱來的。

在「解放區」，我從來沒有發覺過有人高聲的談任何政治性的問題，也沒有發覺過一個動人而含有情調的笑臉，大家都很緊張，惶恐萬狀。因為共產黨跑到那裡，恐佈的氣氛也就跟到那裡，真是人人自危，朝不保夕，歇斯底里不斷襲來，整個心房作劇烈的跳動，生存與死亡其間不能容髮。這裡，舉一實例為證，在去年｜民國卅九年五月八日（共軍佔領南京後約半個月），我在白下路口中南銀行的街簷下踱着方步，心情非常煩悶，我猛然一抬頭，恰好林森路一七九號「新聞雜誌」的工友張棟材迎面而來，他氣勢兇兇的質問我為什麼不去「自首」。他後面還跟一群「解放小流氓」，我還未來得及回答他，他就舉起粗糙的拳頭，向我猛烈地痛擊，一羣「解放小流氓」也跟着拳打腳踢，把我打得五癆七傷，躺在地下動彈不得。他們并且高聲喊着打「國特」，於是持槍的八路擁上來；馬路上也麕集許多人看熱鬧，一時交通阻塞，打聲震天，夾雜着瘋狂的吶喊，如臨大敵；一些公安員飛也似地的奔來，問我是不是「國特」。公安員說，「如果你是國特，就坦白的承認」。另一公安員說：「管他是不是國特，先把他關起來」。因此，不由分說，我被他們送到白下路一六五號城防部隊的駐地關了起來，受盡侮辱，吃夠苦頭，唉聲嘆氣的躺了半個月，後來經過嚴密的審訊，卒因無證據，并保證不作「反人民」的舉動，才被釋放出來。以後到處發生類似的事情，真是司空見慣，大家並不以為異了。我痛苦的體念到，共產黨製造恐怖的手段，包括兩種方法

：一是利用人類的仇恨心理，來鼓勵寃怨相報，而造成它統治的許多便利；一是濫造謠言，陷害忠良，俾減少對它的反抗性。并且，在他們的統治下，凡是誣告即視同檢舉，而不加以追問理由，因為在共產黨的字典中，查不出誣告罪這個辭兒來。

我深深感覺到，共產黨依靠製造恐怖，確實獲得便利統治的許多效果。在「解放區」，由於高度恐怖的結果，竟找不出公開的反抗行動，如罷工罷課示威遊行等等反抗性行動。但是，必須注意，關於製造恐怖的工作，是由公安局（特務機構）來執行的。因為公安局和羣衆經常接近，他隨時供給你許多謠言，隨時威嚇你，隨時請你去開會，或者向你鬥爭，向你清算，并且要你檢舉別人，製造矛盾，復利用這些矛盾，而獲得許多「法律證據」來循環清鬥。由這樣而課以罪名，或送到集中營去，或暗殺掉。

在南京集中營是借用四牌樓後面老虎橋漢奸監獄和太平路娃娃橋犯人看守所。被關進集中營的人，伙食是自備的，繳不起伙食錢，就罰苦工，因此在「解放區」的交通恢復得很快，原來就是這些「犯人」完成的一樁偉舉。

許多「民主」人士，因與共產黨還有一些「距離」，也被關進集中營，像「國民黨革命委員會」南京支部負責人之一的陳乃賓，他是李濟琛部下一名親信，因「解放」後失業而牢騷滿腹，觸怒了共產黨「軍管會」，竟亦被逮下獄。共產黨當權，其他黨派被關在監獄裡甚多，並不算甚麽一回事。

我後來發現，共產黨把製造恐怖列入政治鬥爭當中最重要的一部份。共產黨徒靠了它，已經統治了半個世界，剩下半個世界也正在半恐怖狀態中。這種半恐怖狀態，是共產黨採取滲透戰術的結果，同時也是今日自由世界的危機！

五、清算鬥爭一例

關於清算和鬥爭，是共產黨其次一個有力的政治武器，共產黨猜透了人民如果有了財產和剩餘的生活資料，就很容易充作政治資本用來對付它，并且顛覆它的强力統治。因此，共產黨每「解放」一地，先釀成普遍的失業，製造經濟破產，然後開始清算和鬥爭，一步緊接一步的把人民的財產收歸共產黨掌握。

共產黨的清算和鬥爭是一件非常可怕的事。記得在去年十一月間，共產黨命令東北四平街的人民，向「起義將領」陳明仁進行清算，因為陳明仁在東北四平街一戰，「得罪」了人民，做了「反人民」的極端行為，必須清算。那時，陳明仁在北平共產黨中央的卵翼下，被人冷落，正是最不開心的時候，忽然看見新華日報（共黨機關報）登載着清算他的驚人消息，他氣得要自殺。後來另一「起義將領」程潛去安慰他，叫他忍耐。但忍耐與清算是兩回事，結果陳明仁因清算而遭受軟禁。今年一月間，「起義將領」李默庵的父親在湖南被清算弔頸而死。南京建康路「張泰和藥店」老板的張泰和，在「解放」後僅兩個月功夫，就因清算繳不起四千擔米而自殺。結果共產黨徒還不准他的家屬聲張和哭泣，在「解放區」，連哭的自由也被剝奪了。

上面不過說明千千萬萬人民被共產黨清算鬥爭的一兩個簡單例子而已。我必須鄭重指出的，就是向共產黨靠攏的那班「起義將領」和投機政客通通在被清算鬥爭之列，也許遲早不同。

但是，共產黨因清算鬥爭所獲得的大量財產，并不拿來分配給窮人，譬如糧食，小部份「支援前線」，維持共產黨自身的生存，大部份都是用汽油桶裝運東北送到蘇聯去了，即南京一地，就運走兩萬五千噸糧食。不過，我必須說明共產黨因清算鬥爭而養成的一種「節約」習慣。共產黨在上海中國銀行進行一項清算抽櫃運動，結果從中國銀行辦公桌裡清出兩噸半完整無損的廢紙，包括公文紙、信紙、和打字機用紙。當然，共產黨是講究「唯物論」的，他們對於任何具有使用價值的東西，通通收歸「公有」。共產黨「解放」南京不到十個月功夫，所有城內建築物，如房產一項，在南京「軍管會房產管理處」的號召下，百分之八十五以上已經收歸「軍管會」所有，人民住自己的房屋，需要向共產黨的「人民政府」簽訂租約，繳納租金，如果繳納不起繁重的租金，就被驅逐「回鄉生產」。

我漸漸地發覺，當共產黨把清算鬥爭工作做得非常徹底以後，人民的反抗力確實被解除了，我很耽心，如果共產黨長久統治下去，人民反共的意志也將慢慢消滅，這是我們必須爭取時間反攻大陸的一個重要理由，也是我在「解放區」獲得的深刻印象。

（未完）

『自由中國』的宗旨

第一、我們要向全國國民宣傳自由與民主的真實價值，並且要督促政府（各級的政府），切實改革政治經濟，努力建立自由民主的社會。

第二、我們要支持並督促政府用種種力量抵抗共產黨鐵幕之下剝奪一切自由的極權政治，不讓他擴張他的勢力範圍。

第三、我們要盡我們的努力，援助淪陷區域的同胞，幫助他們早日恢復自由。

第四、我們的最後目標是要使整個中華民國成為自由的中國。

傅孟眞先生傳略

毛子水

傅孟真先生生前神采

傅先生，名斯年，字孟眞，於清光緒二十二（耶曆一八九六）年生於山東省聊城縣北門裏。祖父名淦，字笠泉，是一個拔貢生；父名旭安，字曉麓，是一個舉人。在傅先生九歲的時候，他的父親逝世；他的祖父，性孤介而學問淵博，便做了這個孫子的老師。到了十三歲的時候，他隨了侯雪舫（名延爽）先生赴天津入官立中學。這個侯先生，爲山東省東平縣人，是傅曉麓先生的學生；平日對他的老師很爲尊敬。侯先生到北京會試，中了進士；回到家鄉，則三十九歲的老師已因病過去了。他便把老師兩個兒子的撫養和敎育當作他自己的責任。（傅先生的兄弟，名叫孟博。）傅先生幼時文史的根柢，除他的祖父外，受到侯先生培養的益處很多。就是他生平樂於幫助故人的子弟，恐怕侯先生的榜樣亦不會沒有幾分影響的。

民國二年，傅先生進了北京大學預科。那時的大學預科分甲乙兩部：甲部偏重數學及自然科學；乙部偏重文史。傅先生入乙部，雖身體羸弱，時常鬧病，但成績仍是全部的第一。就筆者所記到而言，當時全校學生中，似乎沒有比他天姿更好的。

他於民國八年畢業於國立北京大學中國文學系。在這年的秋天，他考上山東省的官費而留學英國。他在北京大學念書的時候，雖習中國文學系，他於文學史學哲學各方面，都有很濃厚的興趣；他心中以爲治科學是治哲學的基礎，所以赴英以後，卽進倫敦大學治生理學，打算從生理學以通心理學而進於哲學。在英三年，於生理心理以外，亦兼治數學。十二年，他從英赴德進柏林大學；聽講的餘暇，最初專研讀馬黑(Ernst Mach)的著作，於感覺的分析(Analyse der Empfindungen)和力學(Mechanik)二書尤爲用心。他後來囘國在北平任歷史語言研究所所長的時候，好幾次勸筆者把馬黑的力學譯成中文，大概是因爲他自已在哲學上的成就，很得力於這部書的緣故。

傅先生於民國十五年由歐洲返國；於十六年赴廣州任國立中山大學文科學長。十八年，改任中央研究院歷史語言研究所所長；這個職務，他一直担任到他生命完畢的時候。中間曾兼任北京大學名譽教授，北京大學代理校長等職。民國三十七年的冬天，受命長國立台灣大學，遂於三十八年一月十九日來台。三十九年十二月二十日，因台灣大學的事情，出席台灣省參議會；在會場中，於下午六時，猝患腦溢血，到了十一時二十二分逝世。

傅先生在學術上的成就，可以說從年紀很輕的時候便很有可觀了。記得民國三年的時候，他對筆者說道：「張臯文在淸代學者中，什麼學問都在第一流，而都不是第一人。」那時候的傅先生，還是一個十七八歲的青年學生；筆者聽了這句話，雖然沒有十分贊同他的意旨，但很驚奇他讀書的廣博，識見的高超。到了民國五年的秋天，他由大學預科畢業而進入中國文學系的時候，於中國文史各科，至少可以說是「升堂矣」了。

在筆者的意見，他那時的志願，實在是要通當時所謂「國學」的全體；惟以語言文字爲讀一切書的門徑，所以託身中國文學系。三十餘年以來，筆者雖然沒有把這個意思問過他，但這個推測可以說和實在情形差不多。當時北京大學文史科學生讀書的風氣，受章太炎先生學說的影響很大。傅先生最初亦是崇信章氏的[七]一人。終因資性卓犖，不久就衝出章氏的樊籠；到後來提到章氏，有時不免有輕蔑的語氣。與其說是辜負啓蒙的恩德，毋寧說是因爲對於那種學派用力較深，所以對那種學派的弊病也看得淸楚些[二]，遂至憎惡也較深。

傅先生進中國文學系一年後，胡適之先生來北京大學任教；胡先生於應用科學方法以研究學問以外，兼提倡白話文，—亦被稱爲新文學。當時在北京大學師生中，文言文寫得不通或不好而贊成新文學的很多，文言文寫得很通很好而贊成新文學的很少。傅先生便是後一類中的一個。只有這一類人，才可以說眞正能够懂得用白話文的意義和道理。

民國七年暑假後，傅先生約集了二十位同學，創立了新潮社，籌備發行一種雜誌，叫做「新潮」。這個雜誌的創刊號，是民國八年一月一日出版的。我們現在試一翻讀「新潮發刊旨趣書」，便可以知道傅先生那時對於學術思想的抱負和見解了。下面幾節的意旨，到現在還値得注意：

「羣衆對於學術無愛好心，其結果不特學術銷沉而已，墮落民德爲尤巨。不會研詣學問之人，恆昧於因果之關係，審理不瞭而後有苟且之行。又，學術者，深入其中，自能率意而行，不爲情牽。對於學術負責任，則外物不足縈惑；以學業所得爲辛勞疾苦莫大之酬，則一切犧牲儘可得精神上之酬償。試觀吾國宋明之季，甚多獨行之士，雖風雅墮落，政治淪胥，此若干「阿其所好」之人，終不以衆濁易其常節。……若是者豈眞好苦惡樂異夫人之情耶？彼能於眞理眞知灼見，故不爲社會所征服；又以有學業鼓舞其氣，故能稱心而行，一往不返。中國羣德墮落，苟且之行徧於國中。尋其由來，一則原於因果觀念不明，不辨何者可爲何者不可爲；二則原於缺乏培植「不破性質」之動力，國人不覺何者爲「稱心爲好」。此二者又皆本於羣衆對於學術無愛好心。同人不敏，竊願鼓動學術上之興趣。此本誌之第三責任也。

本誌同人皆今日之學生，或兩年前曾爲學生者，對於今日一般同學，當然懷極厚之同情，挾無量之希望。觀察實情，乃覺今日最危險者，無過於青年學生。邇者惡人模型，思想厲鬼徧於國中，有心人深以爲憂。……本誌發願協助中等學校之同學，力求精神上脫離此類感化。於修學立身之方法與途徑，盡力研求，喻之於衆。……此本誌之第四責任也。」

這兩段裏邊所指出的弊病，到現在還更厲害起來。最近傅先生在「中國學校制度之批評」一文（大陸雜誌第一券第十一期）裏說得好：

「抗戰十年，兵疲民敝，於是共產黨得到了溫床。政治上共產黨是乘釁而入，國民經濟上共產黨是乘敝而入，教育思想上共產黨是乘虛而入。教育界的千不是萬不是，是在一個懶字。假如學會日本人之努力，四十年中，譯成有影響于思想文化的大作千部，作成百部，最不濟，打個對扣，……那麼，文化教育界也不至于如當代之眞空狀態，共產黨挾其馬恩列史的邪說，新民主主義之縱橫捭闔論，也不容易浸潤進來。只是教育學術界未免太懶，讀書只在怡然自得；青年心中的問題，不給他一個解答，時代造成的困惑，不指示一條坦途，于是共產黨乘虛而入。」

我們把這段和三十年以前所說的那兩段比較，則現在大陸國土上中共的禍國殃民，我們的教育界和學術界實在要負相當大的責任。

在新潮的頭五號裏面，我們很可以看出這個青年編輯者思想和學術的造詣。在「人生問題發端」（第一號）一文裏面，傅先生說道：

「人人都有自己的哲學；……我對於人生，不能沒有一番見解。這見解現在却切切實實相信得過，也把他寫了出來，請大家想想罷。

人生的觀念應當是——

爲公衆的福利，自由發展個人。

怎樣能實行這個人生觀念，就是努力。」

這個「努力」「爲公」的人生觀，是傅先生的人生哲學，亦是傅先生三十年來立身的準繩。我們如果可以把四個字當作一篇偉人的傳記，那麼，這四個字就可以說是傅先生的自傳。

在文學方面，則「怎麼做白話文」，「中國文學史分期之研究」（都在第二號）和「白話文與心理的改革」（第五號）三篇文章裏，儘可看得出傅先生對於文學的見解。在「怎麼做白話文」裏面說：

「我們所以不滿意於舊文學，只爲他是不合於人性，不近人情的僞文學；缺少「人化」的文學。我們用理想上的新文字代替他，全憑這「容受人化」一條簡單的道理。……所以我們對於將來的白話文，希望他是「人的文學」。」

近來傅先生在「自由中國」第三卷第十期上所發表的批評蕭伯納的文章，亦可以說是這個「人化」文學的主張的表現。違反人性的文學不是「人化」的文學：空洞無物的文學亦不是「人化」的文章；「七寶樓臺」，僅可作爲茶餘酒後的賞玩的，更不是「人化」的文學。作者在傅先生逝世前一天曾對他說：「這篇批評蕭伯納的文章，可以說是三十年讀書的心得。」這並不是過譽。總之，這篇文章，不特是可以代表傅先生「人化」文學的見解，並且是在世界文學批評史中有極高地位的作品。

新潮第一卷第五號中載他的「對於中國今日談哲學者之感念」一文，現在固然許多人都知道那些道理，在民國八年則可以說是「開風氣」的文字。

新潮一卷五號出來後，「五四運動」便發生了。傅先生在當時北京大學學生中，無疑的是新思想運動的領袖。但「五四運動」那樣的發展和結果，以及後來的影響，則或許不是傅先生所預期所願望的。他是憎恨腐朽的舊社會的；他是贊成改革的；他是主張人民在緊要關頭應當作「人性」的表示的。但是用長久罷課等等的手段，似乎不合他的脾胃。他平日在談話或文字中，似乎沒有十分顯揚「五四」的意思，難道是孔子所謂「成事不說」的意思

（本文下接第廿七頁）

憶孟眞

伍俶

「以直養而無害，則塞於天地之間」的傅孟眞，誰料得到在兩天之中，會變做了一匣子的灰呢。孟眞的死，無論識與不識，都覺得是可惜。甚至我有幾個親戚朋友，向來沒有見過他的，也下了淚。孟眞爲什麼感人之深，一至於此，這決不是學術問題。他高尙的人格，實在有令人景仰的地方；我同他做了三十多年的朋友，沒有看見他向人低過一次頭。在政界搞了十幾年，沒有絲毫官僚政客的氣味；在北平學術界幾十年，也沒有絲毫受風行一時的整理國故的影響，他這種「獨往」「特立」的精神，處處表現出人格的偉大。孟眞是不朽的。淺識者只知道他文章的厲害，有摧枯拉朽的功能，但這不過是孟眞的餘事而已。

我認識孟眞，是在民國五年下半年，在北大上課的第一天，大約在一個上午，上什麼歷史，一位有長鬍子的教員來了，分到三張講義，仿佛都是四個字一句的。上課半小時，黑板上寫滿了講義校勘記，感覺到乏味，於是開始注意班上的同學，發現第二排當中一位大胖子有點特別，因爲教員的眼睛，老是注意他的身上。退了課，這位胖子同一位像阿拉伯馬一樣的同學在課堂的角落譚起天來了，圍起一班同學來聽，議論風生，夾雜些笑聲，我就很欣賞他的風度，到他檯子上一看，放了幾本檢論，上面有了紅色的批點，却沒有仔細去看他。下了課，回到宿舍，纔打聽到他就是山東傅斯年。有幾個老同學就說：「他是孔子以後第一人」，這是我對於孟眞的第一個印像。

以後我就常常走近他的身邊，想同他打招呼，他總是若理不理。一天，我是忍不住了，很唐突的同他譚起天來，說不到幾句，他回過頭去，背起書來了，我也只好很不高興地走開，這種不可一世的神情，有點吃不消，再加上他不大上課，所以碰頭譚天的機會也很少。接著蔡先生來長校，陳仲甫、胡適之幾位先生都來了，學校起了很大的變化，同時劉先生申叔也來了，弄得我五體投地的佩服，而孟眞却同羅志希等人創辦新潮月刊，有幾個同學組織國故月刊來反對他們，其中以劉先生同黃季剛先生做台柱，我自然跟劉先生走的，所以我的加入國故社與其說是「守故」，不如說是「依劉」。因此對於傅孟眞仿佛是敵國，同時已經發覺他的學問文章，在一般教員之上，不可輕視，自己就閉門讀書，不再問外事了。國故出版之後，我在上面登了三首詩，當時苦摹杜甫，中間有「安危四海重，生死一身輕」兩句，自以爲得意，後來一個朋友從孟眞那裏來，他笑笑的對我說：「孟眞罵起你了」，我就驚訝的問：「我並沒有同他打交道，他如何罵起我來呢」？我的朋友說：「他在你的詩上，批了『不出校門，焉知四海』八個大字」，當時我眞難受，自此以後我對于律詩，發生了厭惡，這也是一個原因，於是更覺得傅孟眞的見解應該接受，越發對他起了敬心。一次，在東安市場買醬麻雀，抬頭看見他，點了一個頭，他就走了，手裏拿了好幾本厚厚的外國書，也不知是什麼書，還記得當中第二本是紅色的，心裡又怪，我正在趕孟眞的中文，怎的他又弄起外國的學問來了，「天之蒼蒼，其正色邪，其遠而無所至極邪」！「瞻之在前，忽焉在後」，這是我當時對於孟眞的看法。

「所謂畢業」以後，我回到本鄉，孟眞出國去了，我到處打聽他在國外讀些什麼，在上海聽到他學的是數學，我心裏很安慰，只要他不同我走一條路就好了，在旁的一位同學說：「同孟眞同班也好，人家問你同誰同班，回答起來便當點，同時也倒楣，不能出頭的」，我是不肯說這些洩氣的話，但是心裏有點默認。過了幾年，一個人從英國回來，我自然記掛起他。打聽打聽他的起居言動，當然最重要的還是打聽他學些什麼？這個人說：「學的物理」，我又吃了一驚，同時又想，不是越學同我越遠了麼。民國十四年的春天，我由姜伯韓先生的介紹，進了廣州大學，過了幾個月，顧孟餘先生做了中山大學委員會的副委員長，提議聘請孟眞做文學院院長，當時我兼任中央政治會議秘書，本來決計從軍北伐，隨張靜江，周伯年，狄君武諸先生過大庾嶺，到前方去的，轎子也僱好了，臨時因孟眞要來中大，我決計留在廣州，很多朋友勸我從軍，我總覺得同孟眞同事是光榮的，不肯去。以後革命軍下武漢、定南京，成了統一之局，「向之憂患人盡安樂矣」，予之久爲在野之身，而窮餓以終老，並非我的人品特別高尙，實在是孟眞害了我的！孟眞進了中山大學的第一天，校長請客，我在作陪，他低聲問了一位熟人，默默地指着我說：「他教些什麼」？我是氣極了，他仍舊是這樣無禮，但是他海外歸來以後，一頂黑帽子，意氣之盛，猶十倍於往昔，望上去眞似神仙中人，我也自慚形穢，望塵莫及了。一次我在案子上寫字，他經過我身邊，看了我一篇文章，他也莫名其妙的說我幾句好，此後十餘年，他總是到處說我是一個會寫文章的人，無論我的文章好不好，總而言之，說我好的，就是我的知己，我是感激的。而孟眞之愛才重學，一詩一文之善，且稱之不絕於口，

（本文下接第二五頁）

值得青年們效法的傅孟眞先生

李濟

要是把所有中國過去的名人及學者排在一起，請大家選幾位最值得作現代中國青年人榜樣的模範人物，我必定投傅孟眞先生一票。我的理由如下：

他是一位最明白現代中國人在現世界所處的地位的人。一個中國人，尤其是年輕的中國人，要在這世界過日子，應該曉得他的環境，也應該曉得他自己的應付能力；自己有什麼？必須向別人學習些什麼？若專靠自己的「本能」，不識不知地活下去，一定有活不了的時候。現在是什麼環境？我們中國人的應付能力何如？自從他學成歸國以來，他時時刻刻在想，並尋求一個答案。自然問這些問題的不止他一個人，解決這些問題的方法，也不限於一種。但是，他所選擇的入手辦法，就我個人看來，是最合理的。他在中央研究院，創辦歷史語言研究所的中心目的，固然是由求純知識的觀點出發，但是潛在他的下意識內，所以幫助他推動這一學術事業的眞正的力量，還是一個「愛」字。因爲他愛中國及中國的文化，他就先從研究中國的歷史開始；他想澈底的明瞭中國文化的本體，原來的長處及短處。他提倡新文化，正是要扶植舊文化裡好的，燦爛的及有益全體人類的一面。但是，中國固有文化的長處在哪裡？短處在哪裡？却不是單憑幾個主觀所能斷定的。這一類的判斷，若要作得準確可靠，必須建築在眞正的知識上。他所以以畢生的精力用功史學，並提倡語言學，考古學，民族學，都是要找這一類的知識。

並世的朋友，與他具同一理想，有同一見解的，當然不止他一個人；但在別人僅能托於空言的，他能實際地把這一理想發揮出來。這固然有若干偶然的成分在內，最大的原因還是因爲他具有超人的組織能力，及對於現代學術的深切了解。他最知道，現代的學術，尤其是科學的工作，如現代的戰爭一樣，是集團的，不是個人的。在他領導下的一切工作，都從選拔人才，及組織入手。無論是辦研究所或大學，他總是像一個設計的總建築師經營一個偉大的建築一樣，有一套完整的藍圖，並且與他的工程師充分地合作。按步就班，一段一段地，完成他的計劃。困難總是有的，並且常常地遭遇很大的困難，但他總有法子渡過去。他眞是克難英雄中的第一把手。

他的確爲中國的現代學術奠定了一個新的基礎。這是一件非常的勞績，他所以能完成這一使命，據我看來，是因爲他不但具有過人的辦事能力，基本的原因，還是因爲他具有下列的幾種品德。

(一)他的高度的責任心：無論什麼事，只要他答應辦，他不但要把這事辦得好，並且要把它辦得頂好。爲達這一目的，他總是全力以赴。歷史語言研究所建置的初期，各大學歷史系的高材生，每年都被他羅致去了。他的「拔尖主義」（這是他鑄造的一個名詞）往往使各大學主持歷史系的先生們頭痛。但是等到他自己辦大學的時候，他又設法子把一羣人帶回大學去。這是矛盾吧？這並不是矛盾。假知別人都有他同樣的責任心，同樣的熱誠辦各人所經營的事，天下事豈不都辦好了吧！

(二)極端的認眞。尋求眞理，固是他作學問的精神，辦事認眞更是他的天性。無論是作學問，或做事，他都是絕對的不苟且，那一種整齊嚴肅的氣象，可以使懦夫們都挺身直立起來向前進。大家都知道他寫作的天才，但是在他的專門著作裡，他却能把他的才華完全收斂起來，作純粹的考據文字。與他共事的朋友，都知道他要錢的本領很大；却是一文也不肯浪費。至於他的私人生活的質樸，可以說完全同蔡孑民先生一樣。

(三)沒有偏見。他的沒有固執的偏見，可以從一件事情看出。在沒有認識丁在君先生以前，他很厭惡丁先生的政治立場；曾公開地說過「此人可殺」一類的話。但是等到他們兩人在北平見面以後，却成了莫逆。這件事，胡適之先生知道最清楚。他受了在君先生的影響，把他早年的豪邁癖氣改了不少。

孟眞先生得天甚厚，也許有好些地方是一班人所趕不上的。但是他的愛國心，他的對於現代學術的見解，作學問的方法及作事作人的標準——這些都是極值得學的，並且是極需要的。對於中國前途抱悲觀的人，見了孟眞先生，往往可以改變他的觀點。他手創的及畢生領導的歷史語言研究所過去的工作成績，已能使歐洲的漢學家，再也不敢低視中國學人的工作能力。十餘年前，有一個美國學者曾告訴我說：你們中國有傅所長這種人，你們的前途是無限量的！愛慕傅先生的青年們，切莫要，因爲傅先生去世，使外國的觀察家換一種說法。

卅九年十二月廿五日晨

敬悼傅孟眞先生

屈萬里

可敬的傅孟眞先生，溘然與世長辭了！他那淵博的學問，卓越的識見，浩大的氣魄，堅强的毅力，和守正不阿的精神，人們有其一，已屬難能可貴，他兼而有之。毛子水先生說他是「天下奇才」，絕不是過譽。他這才學，豈但並世無双；求之於古人中，眞也少見。然而，他竟在國家風雨飄搖，台大基礎未固的時候，而辭謝人世了！『人之云亡，邦國殄瘁』。這怎能不使人悲慟呢！

十二月二十日——這個不祥的日子——的夜裏，近十一時了，一陣緊急的敲門聲，把我催下床來。我得悉了孟眞先生突然患腦溢血的消息，匆忙地趕到省參議會時，已是十一點二十五分。當我踏上樓梯，剛要進入會議室時，迎面碰到了一位同事。他含着眼淚對我說：『傅先生已經不行了』！

會議室裏，騰起一片啜泣的聲音。我走到靈床前面，注視着他的遺容，莊嚴而和藹。我這時異常鎭靜，鎭靜得使我現在想來，感覺着有些奇怪。我沒有流淚，也似乎沒有什麼感想，我似乎是對着他生前的面容，聆受着他的聲音笑貌。我的神經似乎並沒麻木，我還能給治喪委員會作紀錄，開名單；次晨二時半從殯儀館囘到宿舍時，我還能和李孝定先生商量天明後應作的事務，還能草擬治喪委員會召集開會的函稿。之後，躺在床上，雖然很久沒能入睡，雖然棖觸萬端，但我始終沒落下一滴眼淚。

早晨七點鐘，剛吃下兩口稀飯，新生報來了，我遙遠地看到它那行大字的標題，那觸目驚心的標題，針一樣的刺着我的心弦，一陣陣的酸氣從胸中湧上來。我勉强用稀飯來壓抑住了這酸氣，我足然忍着了眼淚。

離開宿舍走向學校，好像天地都變色了。慘淡的愁雲，淒凉的悲風，和矇矓的山色，襯出一幅悲慘的畫圖；鳥兒在唱着輓歌。甚至於一向天眞活潑趕早班的小學生們，今天的面色也似乎變得愁苦欲絕了。當我進入學校路過我上課的教室時，已經有幾個學生在那裏徘徊。我告訴他們：『校長病故了！今日停課誌哀』。我還告訴他們校長病故的經過時，抬頭瞥見了學生們哀戚的面孔，悲哽阻塞了我的喉頭，我再也說不下去了。『啊！可憐的孩子們，你們再也看不到你們慈母似的傅校長了』！我想到這裏，熱淚一滴一滴地流下來。

我走上辦公大樓，那使人傷感的「校長室」的牌子，首先映入了眼簾。我故意把視線轉移，用以淆亂我的悲哀情緒；但當我踏進校長室看到工友陳廿正站在窗前啜泣時，我的心彷彿爆炸了，不自主地聲淚俱下。

時鐘的短針指向九點了，樓下傳來一陣汽車的喇叭聲，悠揚而柔和，和往日一樣；但走上樓來的却不是孟眞先生那沉重的脚步聲。校長室裏員工們甫經停息了的抽咽聲，這時又沸騰起來。淒風搖撼着窗子上不牢固的玻璃，天色更陰沉了。三三五五的學生散立在樓下，不少人用手帕擦着眼睛。『你們還在癡望着你們愛戴的傅校長來臨嗎？他不會來了，他永遠不會來了』！

二

孟眞先生雖然是聊城的世家，但當他幼年時，家產已經衰落了，他是一個窮苦的孩子，他那天縱的聰明，使大家目爲神童。他旣肯用苦功，又因爲和同城的楊家有親戚關係，馳名海內的海源閣藏書，可以任他閱覽。所以在未進入北京大學之前，他已經『讀書破萬卷』了。

株守着一個題目，矻矻孜孜的做上幾年，然後博得一個學位，這在他是看不起的。所以他在倫敦大學，在柏林大學，都不專攻一種科目。他研究歷史，研究心理學，研究物理學，研究數學，研究醫學，都有湛深的造詣。抗戰期間，一位中央醫院的醫師，在重慶和他初次晤面後，很驚訝地對人說：「傅先生的醫學知識，比我豐富得多』。去年台大教員們討論大一數學課程時，他也參加。散會後工學院長彭九生先生像發現了什麼奇蹟似的對人說：『我沒想到校長先生對於數學也有這麼深的造詣』。

我在未認識他之前，由於拜讀他那些關於文史的著作，而激發了我治學的志趣；但到旣認識他之後，爲他那淵博的學問、高明的見解所威脅，好幾次使我神志沮喪，幾乎拋棄了治學的路子。他總喜歡說：『老了，記憶力不行了』。但當聽到他談學時，羣經固不必說，就像國語、國策、重要的先秦諸子、史記等書，和三都兩京之類冗長而不爲人所喜的辭賦，他都能成段的背誦。二十四史，他徹頭徹尾看過兩遍，三千年來的中國史實，他說來如數家珍。歷代名家的詩文，他記誦得那麼多。你聽了他那胸羅萬象的談吐，不能不驚怖其言，若河漢之無極。我幾次在想：像他這樣對自然科學、世界史都有高深造就的人，而於本國文史，還有這樣驚人的成就；像我這點「小知」，還有什麼希望去治學呢？

由於他攻擊孔祥熙、攻擊宋子文、那種叱咤風雲的氣概，很容易使人想像着他是個威嚴赫赫不可親近的人，其實是適得其反。他對於濶官大老，雖然常常不客氣；但他對於低級職員、學生、工友，是那麼和藹可親，眞够得上說是：『溫其如玉』。他完全是書生本色，絕沒有什麼濶人習氣。他經常地和他的汽車司機下棋，他有時獨自跑到寧波路，化上兩元錢，蹲在路旁客客氣地向擺棋式的人請教。他往往親自跑到學校的合作社裡買麵包吃，碰到學生，有時被敲竹槓而以麪包請客。

從七七事變以後直到現在，他無日不在過着窮苦的生活。在四川，一到窮得沒辦法時，就去賣他心愛的書。他除了以書易米以濟自己的眉急之外，還賣書去周濟朋友，甚至周濟到一個滿頭癩瘡的八歲的乞兒，他養了那乞兒近乎一個月，治好了他的瘡，醫愈了他的病，然後訪到乞兒的親屬把他領去。

他現在當着大學校長，一般人也許覺着他不應該再鬧窮了；殊不知他和夫人兪大綵女士兩個人的薪津收入，僅能維持他們最低限度的生活，最近他拿到一筆稿費，想託劉瑞恒先生在香港買一套現成的西服；但他只能買一件上衣，買全套就買不起。他說：『幸而我還有沒破的褲子』。

他雖然窮到這樣，但他從來沒有領過雙薪。抗戰期間，他雖然窮得常常賣書，而在一般人認爲二者可以得兼的薪津，他絕不苟取。他領參政員薪時，就不領中央研究院的薪津；在研究院領薪時，就不領參政員薪。當政府發表他做台大校長時，總統並聘他爲資政。那時，資政除本身的特任薪俸之外，還可以支領兩個簡任秘書和兩個副官的薪津，這些薪津，在習慣上，是可以和台大校長薪津並領不悖的。可是他不但沒領過資政和那些隨員的薪津，甚至於他那資政的官銜，連跟他十年以上的秘書，都是後來聽人說方曉得的。這種有爲有守的作風，眞可以使頑夫廉、懦夫有立志。

他這些不平凡的事蹟是說不盡的。總之，他的爲人，恰可以用孟子的話來讚頌他，那就是：『窮則獨善其身，達則兼善天下。富貴不能淫，貧賤不能移，威武不能屈：此之謂大丈夫』！

三

孟眞先生在學術界的建樹，成就最大的，是他一手創辦的中央研究院歷史語言研究所。只要看他把語言、考古、人類學和歷史合在一所，已決不是民國十七年前後一般學人的識見所能企及的。他治學的口號，是：『有一分材料說一分話』，不作懸想的論斷。他完全以科學方法，運用最原始的材料，作實事求是的研究。自從顧頡剛等豎起懷疑古史的旗幟，天下風起雲湧；但他們只有破壞，沒有建設。而歷史語言研究所，則運用科學的可信的材料，從事於本國史的建設。史語所替中國文史界開了一條大路，孟眞先生本人，則是開路的急先鋒。

以科學的方法研究語文，在我國，固然是史語所的語言組導其先路；以科學方法從事於田野考古，也是由史語所的考古組開其先河。史語所在國際上是佔有相當地位的學術機關，而考古學方面的成績，在國際間的聲譽尤爲卓著。

史語所年齡較長的研究人員，都是蜚聲國際的學者。孟眞先生而外，如陳寅恪，趙元任、李方桂、李濟、董作賓、凌純聲諸先生固然都是第一流的學者，卽年事較青的研究人員們，也都已各有千秋。學術爲國家的命脈，在孟眞先生領導之下培養出來這許多人才，和他在學術上開創風氣之功，在國史上是値得大書而特書的。

然而他主持他所創辦的史語所，二十多年以來，也够辛苦的了。七七事變後，他主持着史語所的全部圖書文物西遷，由長沙而昆明，以至到川西的李莊，費盡了千辛萬苦。除了史語所的書物而外，還拖了一個中央研究院社會科學研究所，一個中央博物院，一個營造學社。假若沒有他那種大氣磅礴的魄力，這種大規模的播遷，是無論如何辦不到的。

抗戰期間，八年艱苦的歲月，他爲了維持史語所，眞費盡了心血。他千方百計的來維持研究人員的生計，使他們能安心治學；他對於生病的人那麼關心，他想盡方法來給病人弄錢養病。因患肺病而割掉七條肋骨的某君，假若不是孟眞先生督着醫生治療，假若不是孟眞先生想法子給他弄錢休養，那無疑地在九年以前已經故去了。

他想盡方法給他貧病的屬員弄錢，然而他却爲自己的生活而屢次賣他心愛的書。

現在史語所圖書文物，又全部搬到台灣來了。史語所的人員們，又開始在過艱苦的生活。可是偉大的孟眞先生竟在這時候撒手永逝了！

四

『够大的台大』，這是今夏某記者描寫台灣大學時所用的標題。的確，台大是够大的，這點人所共知。可是辦理這所大學的困苦，就非一般人所能意料到得了。

中日學制不同，日本大學的設備是不完全適合於中國大學的，中國大學一年級的全部課程和二年級的大部份課程，在日本，都已於高等學校裡修習了。所以由「台北帝大」變成的台灣大學，關於一二年級應有的設備，如大教室、普通儀器、一般性的圖書等，或者壓根兒沒有，或雖有一些而距離實際需要甚遠。因而建築大教室，補充圖書儀器，乃是刻不容緩的事，孟眞先生到學後就針對着這一方面，努力去做。去年夏天，已完成了十二間大教室；到現在爲止，普通的圖書儀器，都已有大量的補充。在設備方面，勉強可以應付教學之用了。

「台北帝大」所遺下的第二個難題，是學生宿舍的缺乏。學生由「台北帝大」的數百人，已增加到現在的三千多人。大部份的學生都沒有宿舍可住，影響學業至大，這情況是非常嚴重的。於是孟眞先生又費盡心力，籌建學生宿舍。從他到任時起，就忙着這件事；到現在止，所有的學生宿舍，已能容納兩千人以上。學生的住宿問題，至是又算解決了。

以上兩件事情，所用的錢數，是相當龐大的。這，多虧了台灣省先後兩位賢明主席—陳辭修先生和吳國楨先生，他們都能認淸了這些事情的重要性，而竭盡全力爲孟眞先生幫忙，因而才有現在的成就。

他最敬重讀書人，他聘請教員非常愼重，也可以說對於教員名義的給予，是非常吝嗇的。對於好的教授，他百計千方地邀請他；可是也有不少大力的什麼委員什麼長之類的人，欲在台大求一教職而不可得。兩年來台大增加了不少的名教授，而同時孟眞先生也得罪了不少的人。他這作風，這不僅對學生的學業，有重大影響；同時也把多年來爲了窮而被人輕視的教員身份，無形中給提高了。教員是社會上的清流，士風關係着國運，這對國家的影響是非常重大的。

他對於招收學生之認眞，眞可以說是無以復加了。介紹學生而不由考試入學的事，固然絕對沒有；但就考試說吧，出題時之審愼，和印題時關防之嚴密，迥非外人所能想像。印題的場所，門窗都糊得撒土不透，室外密佈着崗警。有人用「如臨大敵」四個字來形容它，却恰到好處。兩年以來，筆者曾在這臨時監獄裡坐過三個整夜。

關於公費生名額之爭取，擴充學生各種獎助金，他都不遺餘力。對於生病的窮苦學生，他想盡方法幫助他們。對於成績優越的學生，他眞能愛才如命。

對於職員的任用，他的作風也和別人不同。除了具有信託關係的人員之外，多半是經由考試的方式錄用的。沒有眞正作事能力的人，無論什麼大力的人所介紹，他相應不理。可是，有許多毛遂自薦的人，經過詳細地談話之後，却被他錄用了。有些人是因爲在報紙或雜誌上發表文章，這文章被他欣賞，因而邀請來的。前任秘書主任現任總務長黃仲圖先生，原來與孟眞先生並無一面之緣，孟眞先生被發表做臺大校長時，黃先生曾函孟眞先生，述說他對於整理臺大的意見，這意見被孟眞先生所賞識，於是經過了幾度面談之後，黃先生就被聘爲主任秘書。『用人惟才』，孟眞先生眞能說得到做得到。

臺大六個學院，都還在整頓時期；加上圖書館，熱帶醫學研究所，附設醫院，實驗林管理處等龐大的附設機構，經常的事務，已經繁劇不堪了。而兩年以來，意外的事故，又叢出不窮。諸如房產的糾紛，匪諜案件，附設醫院各種事件，紛至沓來。尤其楊如萍的竊案，使他傷透腦筋。他平生最恨貪汚，却不料想臺大裡也有這種貪汚事件之發生，他精神上已負了很大的創傷。而且，關於楊案的公文稿，很多是他親自撰擬的，文稿之長有的達萬字以上。『百憂感其心，萬事勞其形』。患血壓過高病多年的孟眞先生，怎麼能受得住呢？於是，這一代宗師就爲臺大而犧牲了！

當政府行將撤離大陸時，總統爲臺灣打出兩張王牌，在政治和軍事上，是前臺省主席陳辭修先生；在文化教育上，是孟眞先生。他們是安定臺灣維繫人心的兩大支柱。辭修先生升遷後，另一個支柱便換了吳國楨先生。他們爲了國家協力合作，以最深摯的友誼互相幫忙。現在孟眞先生故去了陳辭修、吳國楨兩先生之悲慟是必然的。

五

哲人萎謝了，聽說教育部已呈請行政院轉請總統褒揚他。治喪委員會和臺灣省參議會都在倡議爲臺大建造一座能容納三千到五千個學生的禮堂，定名爲孟眞堂，用來紀念他。關於孟眞先生遺孤的教育費，治喪會也有打算。臺大同學，也發起了建立紀念碑運動：這些都是應有的措施。此外，筆者所想到的，還有幾件事：

一、整理遺稿　這個工作，聽說中央研究院歷史語言研究所準備着作，那是最恰當不過的。除了他所撰擬的文稿之外，他平日所讀的書上，多有批語，甚多高明的見解，也似乎應該輯錄下來。

二、編印學術性的紀念論文集　這似乎應由中央研究院和臺灣大學主辦，或各自分辦。但所收的論文，不應以兩機關人員的作品爲限。

三、編印紀念册　這似乎應由治喪委員會來辦，專收哀輓或悼念等一般性的文字。

四、政府應該把孟眞先生平生事蹟，存備宣付史館。『千秋萬歲名，寂寞身後事』。孟眞先生是必傳之人，用不着筆者再來建議表揚他。但除此之外，還能用什麼來報答他呢？

六

因爲「欲語淚先流」，所以這一篇不像樣子的短文，拖到今天才寫起。孟眞先生可記的事情太多了。凡是大家所熟知的事情，本文都儘量的省略了去。寫到這裡，熱淚又奪眶而出。嗚呼！我爲臺大三千學生慟，爲普天下嚮慕孟眞先生的學人慟，爲整個的國家慟，豈僅爲了個人的知遇之感而失聲慟哭哉！

卅九年十二月廿五日於臺大

自由中國通訊

「抗美援朝」下的南京

南京通訊・十二月二日

晏青

「志願」參軍

從所謂慶祝「中華人民共和國開國一週年紀念」那個時候起，南京當道便驅使所謂「民主黨派」和「反美援朝委員會」加緊發動「抗美援朝」運動：你來一個書面談話，他來一個「對美帝侵略的控訴」，滿篇滿幅的登在「新華日報」和「南京人報晚刊」上；而報上的社論，也在欽定的原則下，大吹其法螺。最有趣的莫過於「志願參軍」運動在街頭所演出的悲喜劇：若干青年和文工團員抬着史大林毛澤東全日成的巨像在馬路上遊行，到了十字街頭，先以秧歌舞誘集群衆，然後由共幹們以激憤言詞，大聲疾呼，勾引青年報名「志願參軍」，果然有許多穿着普通服裝的青年，從老百姓看衆中間，湧上簽名台，自動報名參加，隨即當場演說，鼓動其他青年一律響應，甚且有脅迫聽衆簽名的事情發生。這些首先簽名的人，今天在甲地如此表演，明天又在乙地照樣再表演一次，終於給觀衆們識破，原來都是文工團的把戲！眞正倒霉的，反而是那些莫名其妙被迫簽名的農工商青年和學生；到了第二天，便有人按址尋到，專誠訪問，在談話中，透露出不久就要集中出發，弄的個個啼笑皆非，家人號啕大哭！等到事情漸漸的傳到每一個市民的腦子以後，在街頭演出的參軍把戲，便再很少人去湊熱鬧了。

十二月上旬，「反美援朝委員會」又發動工商界簽名承認貢獻力量；隔不上十天，就開始要求他們履行諾言捐獻財力，支援「志願軍」，並且還聲言要長期貢獻，直到「援朝」勝利爲止。南京工商界，處於重稅抽剝，倒閉關門的已經去了半數，剩下來的原已奄奄一息，現在又加上一層「援朝捐獻」的負担，更將陷入瀕臨危境的地步了！

軍運萬急

隨着「志願參軍」而來，刺激市民最深的，便是各路軍運的緊張狀態：從十月上旬起，滬寧津浦寧蕪三路原有班車劇告停頓，貨運全部停止，每天只開一次客車，維持表面上的交通；所有車頭車皮統被軍事當局集中使用。因此在車站上，白天除了一次客車和京滬通車外，便再看不到北上的列車，有的就是南下的空車：（南下空車有時由站方向軍方交涉，也可臨時搭客。）而最熱鬧的，莫過於擁擠登記的旅客，據說竟有配在十天以外，才能上車的事情發生，可是一到了黃昏，情勢便不同了！嗚嗚的聲音，響個不停，無他，都是些北行的軍車。據浦口浦鎮一帶的人說：到了白天，站上滿佈着軍用列車，車頂上圍蓋着油布或草蓆草簾之類，窗上也都遮着透明的紙張，在車外的人簡直看不出裏面裝的是軍隊或是武器彈藥，至於兵種、翻號、人數，那更無從探悉了。車裏面的人，只有炊事兵，在規定的時間內准許外出燒飯，値日士兵才可以到茶水站領取茶水，其餘的一律不許外出：車身於是成了眞正的鉄幕。茶水站，據說是由當地「人民政府」派人在站上設立，所有人民奉令一律不許和士兵隨便談話。十一月三日那一天，有人在浦口站上數過，一共有二十三茶水站。據說，就是那一天，停在浦口站的軍車，一共有十四列，每列從十幾輛到廿幾輛的車皮不等：其他的日子雖然沒有停過這麼許多的車，但爲數總在三列以上：平均起來，總數在五列以上。所以有人估計：由火車運過江北上的「解放軍」，爲數總在四十萬左右，除去一部份「四野」的人馬，「三野」北調的，大概不下於二十萬人。

像這樣緊忙繁張軍運狀態，從十月起一直到十一月中旬止，繼續不斷一共有四十六天。至於那些輪船汽車承運步行過江的軍隊，爲數也還不少，可是，沒有人可以估計出一個假定的數字來。

在這些日子裏，從報上看，從車站上看，顯示出韓戰的緊張，更顯示出世界大戰的爲期不遠；而在中共統治下，老百姓的日子，更加難過，使每一個市民的心中，存在着惶惶然不安的情意，但遙想着「自由世界」之終將勝利，則又欣欣然有喜色了！

地下之聲

在南京「美國之音」和「自由中國之聲」，已經成了違禁品，其禁令之森嚴，只有過去禁烟法令，可與比擬。根據「抗美援朝」的宣傳：認爲這兩種廣播，一屬於「侵華」，一屬於「親美」和「反人民」，都是「反動」的宣傳；收聽他，便有「親美」「侵朝」的嫌疑；傳播他，便是「反動」的行爲，其罪行等於「匪特」。因此，傳播的人，一查出來，便送公安局治以「匪特」應得之罪；而收聽的人，第一次警告，第二次寫悔過書，第三次不客氣和傳播的人同樣送到公安局去吃官司了。這是十一月半以前的情形。

到了十一月十六日以後，情形便又緊張起來：由於「反美援朝委員會」的建議，爲根絕「親美侵朝」的「毒根」起見，對於短波收音機一律禁絕，收聽的人固然要治以「匪特」之罪，就是持有的人，也得同樣處分。「人民公安局」接受「人民」（？）建議，將檢查責任交付「公安小組」執行；并限定市民於十一月底一律將短波收音設備拆除，過期如再發現，即照規定，予以嚴厲懲處了。

「公安小組」是南京當局鎭壓市民最厲害的組織：每組三人至五人，都是些經過特殊訓練的青年小伙，每組管理卅至五十不等；他們一天到晚，沒有別的事，所有全部精力都用在「偵察」「營制」這三五十戶裏的每一個市民身上，今天到這一戶訪問，明天到那一戶考查，到的時候，可以從年老的人訪問到五六歲的小孩，查的時候，可以從內室跑到衞生間；市民的自由在「公安小組」控制之下，已是剝削淨盡的了。現在又將檢查短波收音的任務交付了他們，照理可以做到「除惡務盡」了！

事情竟有出乎意料之外者，當十二月一日白宮軍政會商應急步驟中，有對中共軍隊考慮使用原子彈的消息後；三號那一天，金子的黑市便由一百六十萬跳到二百〇四萬，其他物價也跟着上漲一成至五成不等，這不是短波收音機威力，是什麼？

現在「美國之音」和「自由中國之聲」，已經轉入地下活動了！收聽的人，固然極其神祕；傳播的人，也做到不是知已的人，彼此都「免開尊口」了。從而關於民主集團和台灣的消息，市民看得比什麼還珍貴，大家都想盡百法，從知已的知已中，探聽這一類珍貴消息，結果，每一個不願被奴役的市民，還是照樣能夠從地下活動中，得些他們所願意聽的珍聞，「防民之口，甚於防川」。這句話，於今益信！

鎖不住的新聞

也許由於附近地區和本市駐軍力量的單薄，這兩個月來，「潛伏」在市內外的「特務」和游擊隊特別活躍起來：在玄武湖中山陵水西門等處，不時發現「打倒史大林」「槍殺毛澤東」「中國人不當大鼻子的砲灰」「迎接國軍反攻大陸」……一類的標語；甚至最熱鬧的夫子廟，竟有人在老市府後面牆上，貼着「歡迎國民政府還都南京」的傳單，引起不少市民佇立閱讀，直至被巡警發現，才用水洗刷乾淨，但耳語運動中，從此又添上了一項新鮮資料了。

在一個以前，去湯山的公路上，竟有人擊斃了三個穿便衣的「同志」，屍首躺在路邊，背後還揷上一塊小小的木片，上面用鋼筆寫着：「這是三個吃人血的『共特』，打死了他，人民才能活命」。行路的人，莫不駐足而觀，額首稱慶！第二天，警備部派了三大卡車的武裝和便衣，向附近鄉村搜查，老百姓駭得手足無措，結果抓去了七八個手無寸鉄的良民，而眞正的志士早已無踪無影了。

大概是在十一月間中旬某一天的深夜裏，城南方面，忽然發生坪坪的響聲，半城市民都從夢中驚醒，有的竟以爲遊擊隊攻城；到了第二天從南門外進城鄉民的耳語中，才知那裡（距南門半里路的郊外）的火藥庫在昨晚被定時炸藥炸燬了。這一天，在門南一帶，滿佈着軍警，行人不留意，便有「抄身」「盤查」和「拘禁」的危險，去火藥庫的路上，警戒格外森嚴；而火藥庫附近一里路的周圍，一律劃爲禁區，行人不准通過，情勢相當嚴重。大約有十天光景，南門外一帶鄉村裏，「解放軍」日夜按戶搜查，駭得鄉民們魂不附體，起坐不安！便從這個時候起，天天晚上有人被押上卡車，開到城裏去；但押去的是些什麼人，處置的結果又怎樣，那就無人知道，也無人敢提出這些問題來談論了。至於火藥庫被炸的經過和損失的情形，當然不會在報上發佈；市民們更有誰敢出來探聽這一類「惹禍上身」的消息呢？

鐵幕裏的標準鐘

美國官員相信在鐵幕後偷聽美國之音的情形非常普遍。美國駐匈牙利的外交代表向華盛頓所吐露的一個故事足以爲證。

在匈牙利的首都布達佩斯有一天一個人走近一個警察向他問時。這警察向上下四週看了一看，那時沿街的住宅正一個個地關上窗戶。

於是這警察回答道：「九點鐘了！」這個問時的人驚奇地問道：「你怎麼知道的呢？你並沒有看錶，而且周圍也沒有一個鐘」。

警察回答道：「哦！美國之音在九點鐘開始廣播，每一個人現正關上窗戶收聽。」

——譯自美國箴言報——

石頭城的恐怖

最近市府當局在報上公佈兩個重要文告：一個是强調維持革命秩序的重要，并指出過去對於「匪特」的寬大政策，不足以喚起他們的覺悟，爲彌補這種偏差起見，將大力予以鎭壓；另一個是說明加速處理人犯的理由，并指出根據中共既定政策，對重要「匪」首，將從嚴懲辦，對脅從者得予「自新」機會，悔過釋放。這兩個公告，是一件事的兩面；是中共對異已者開刀的訊號。

首先，「公安小姐」加緊工作：只要認爲有一點嫌疑的人，他們便不分晝夜，多方面施以偵查，從「解放」前的服務地點和人事關係，一直到「解放」後生活來源和一言一行，無一不是他們直接訪問和間接考查的中心。一般曾在國民政府機關做過事而目前猶未靠攏的人，固然是他們的對象；就是無職業或做流動生意的小商人，也都在注意之列。

近來失蹤的案件，層出不窮！據市郊住民說：每到夜間，常有滿裝男女老少的卡車，從城裏開向郊外，隔不上兩個鐘頭，又空車開回來了；說的人，大都表示一種懍懍危懼的心情。

大概是十一月初的事：在水門西

外荒地上，有人發現一大堆高低不平的新土，但沒有人敢去扡開來看；第二天，有幾個好事的青年，故意引誘羣犬聚集該處，由於特殊氣味的外溢，羣犬把新土一層一層的抓開，結果竟露出些頭髮和人身來，人手人足也被羣犬拖出土外，狼籍滿地，慘不忍睹。附近居民，聞風往視，駭得個個混身發抖。隔不了幾天，不知怎的那一堆屍體，竟在一個夜晚宣告失蹤了。這一個消息，很快的就到市區，從而使每一個市民罩上了一層恐怖的陰影！

從物價看人心

由於時局的緊要，更由於交通的阻滯和貨運的停頓，住民爲防萬一起見，類都購儲日用必需品；因此物資日形缺乏，物價也就飛漲起來。細布從三千多一尺漲到四千五，猪肉從六千多一斤漲到七千六百，鷄蛋從五百漲到八百，柴從每擔三萬漲到四萬另；其他舶來品，尤其是西藥膠鞋，已漲上一倍。惟有糧食在貿易公司拋售下，上漲的幅度最小，目下九二米每石還在十六萬之間。假使拿米做尺度：那麼每担柴要二斗半米，每個鷄蛋要半升米，每斤猪肉要五升米，較之過南京任何時期都貴；這還算得「經好轉」嗎？

黃金雖然禁止買賣，黑市又在高漲；（目下最高價是二百〇五萬，而且還是市秤，算起來，比香港市面還高三成。）而祕密搜購的人，還是很多；其唯一原因，便是大局好轉，市民對人民幣的信任，已隨局勢日漸降低了。

由於南京市民由一百二十萬降到六十萬，而工廠商店又隨着中共抽剝的程度，倒閉了半數以上，加以地價稅和房捐的繼漲增高，房租便宜的無人置信：一斗米可以租到一幢新式洋房，一石米可以租到像新街口一類熱鬧市區的一幢市房。但目前情形有點不同了，神經靈敏的人，一致認爲國軍不久可以反攻大陸，國民政府一定還都南京；有些房客，竟接到房東通知，要訂立租約，而且註明房東可以隨時加租或退約：此中作用，明眼人無不瞭然於懷！

天快亮了

今日南京的市民，無形中建立成兩個不同的世界；一個是極少數的所謂「民主人士」和被痲醉了的青年小伙；另一個是極大多數的農工商羣衆和忠貞不二的智識份子。正如當前國際局勢一樣：一個是極權份子的集團；另一個是自由份子的集團。

這一部份極少數的人，一面做中共尾巴，在搖旗吶喊，響應「抗美援朝」和「志願參軍」的熱鬧局面；一面在時刻眼巴巴的望着北韓戰勝美軍戰敗。另一部份極多數的人，由於繁忙的軍運和層出不窮的失蹤案件，使他們感覺大禍卽將臨頭，惶惶然不知所措；而從耳語運動中所得來興奮消息，欣欣然有喜色！認爲局勢不久可以轉變，國軍在最短期間內一定向大陸反攻，國民政府還都的日子已經在望。

兩個多月來，南京的市民，便在這樣喜懼無常的心情下，等待着天亮的來臨！（完）

（本文上接第18頁）

確可以做青年的模範，是一個理想大學校長是無疑了！

而我來台灣的動機，又是爲了他。我本來決定，要是做大學教授，總要在孟眞所辦的大學裡教書，孟眞之死，我不獨教書毫無興趣，連對台灣也毫無興趣了。

孟眞的學問方面之廣，是具有現代文學家應有的條件，看了他的文章之奇橫犀利，覺得魯迅還不够大方，不够深厚，其餘作家是不必論了。孟眞根底之深，天分之高，儻使專攻古文，不知道王闓運要讓步否？人家只曉得他白話文寫得好，那裏曉得他對於詩、書、禮記、史記諸書以及文選、京都、田臘等大賦，背誦如流呢！我有一個朋友說：「前有劉申叔，後有傅孟眞，並世遇此等奇才，一個人想做一代文學上代表人物，確是不容易的」，我幸虧沒有這個野心，不然，一定是痛苦得很。

總之，孟眞是不起了，我這幾天腦子裏沒有一分鐘不想到他。前天夜裏，夢中頓脚呼天，把我的太太驚醒了不算，連睡在我前房的新婚兒媳也驚醒了，爲的是孟眞。生才之難，知己之感，我的一生，可以說從二十歲到現在，三十年中，精神上都受了孟眞的威脅和安慰，昨夜作文追悼，結果只是痛哭，不能成章。今朝總算勉强地寫了一篇「縹緲附俗」的文字的囑託。

追悼孟眞，同時也是我生活史中最沉痛的一頁。

昆明——一個寂靜的死谷

——昆明通訊・十一月廿八日——

滇君

雖然「人民政府」在報紙上宣稱西南的交通業經恢復了，公路幹線已全部暢通，但是你一到西南就會發覺事實上在那裡旅行是一種艱苦的磨難，決沒有絲毫的愉快。你可能在重慶或貴陽等一個月，而結果還是找不到一輛去昆明的汽車可搭，你會失去耐心，絕望而咀咒。好容易有汽車了，你還得等它們編隊，隨後由軍車護送，你坐上了汽車，出發了，深深的嘆一口氣，可是，且慢，除了一段或許會需要你的生命和財產作代價的冒險以外，還有公路旁「鷄鳴早看天」式的旅舍中臭蟲和虱子的困擾和「革命幹部」們的革命嘴臉在等候着你。

臭蟲和虱子是衛生條件低劣的產物，革命幹部們的革命嘴臉是因爲他們認爲每一個旅客是一個可能的匪特。至於生命和財產的冒險呢，昆明的報紙可以給你一種解釋，和別地的報紙一樣，昆明的報紙是沒有新聞的新聞紙，祇有一點例外——多一個「剿匪專欄」『宜良我軍活捉匪首』『昭通人民組織自衛隊』，『殘匪妄圖進犯保山』，『昆明警備隊英勇出擊』……看着諸如此類的標題，你就會覺得公路上土匪時常截擊旅客，和軍隊發生正面衝突的事情一些也不奇怪了。

大概是認爲這種情形有改善的必要，民航局在八一開航的時候特地開闢了渝昆、渝筑，成渝三條支線，但是班次既少，票價又貴，一般人民祇能仰着頭向天空望望而已。並且民航局隸屬軍事委員會，帶些軍事性質，軍人與幹部必須有優先權，因此普通老百姓從登記到買票總得等幾個星期，而這些航空線事實上成爲一種點綴而已。

× × ×

剛到昆明，你一定會以爲這裡在過新年：過去擁擠熱鬧的街道變得很冷落，一些店舖關着門，街上的人稀疏而空閒，唯一的不同就是沒有爆竹聲，而人們的臉色也顯得憔悴和沉鬱。

誠然，昆明是不景氣的，物價高，購買力低，地主階級正在被鬥爭清算，連生命都成問題；農民呢，每年收成除了繳公糧外所剩無幾，餓不死，眞是僥倖；公營工廠的工人雖說作了主人，他們的待遇却更像奴隸；工商業者比較算是最優裕了，可是工商稅和公債攤派的結果，破產的也不在少數；至於公教人員，享受薪金制的每月最多祇拿到兩三石米，供給制的當然更不必說。一天我去郵局寄信，遇見一位解放軍，他自言自語地說，『一個月的津貼，寄兩封信就沒有了！』好像不勝感嘆的樣子，人力車夫們在黑暗的雨夜裡拉着車子在坎坷的石子路上走，而所得到的是一兩千元的酬報，然而比起大批失業的羣衆來，他們還算是幸運的呢！

昆明的汽車階級已經被消滅，就連包車也絕跡了。可是這決不是說人民政府的首長和蘇聯貴賓們也安步當車，他們畢竟有功於中國人民，應該生活得好一些，因此你時常可以看到漂亮的汽車從昆明最好的住宅區復興新村駛出，直向冠生園而去。

× × ×

或許因爲匪情嚴重，或許因爲昆明是解放印度支那半島的跳板，駐在昆明的軍隊相當的多。比較好一些的屋子裡面都可以看到我們的「戰士」，不管原來是否有人住着。假如本來空着，那當然應該利用，不然的話，這樣也可以「增進軍民間的感情」。有些屋子「人民政府」因爲地位適中需要征用，於是居民祇好搬家。

每天晚上十二點鐘戒嚴。可是當你在晚上回家的時候，雖然有時還不到十一點，黑暗中會跳出一位解放軍同志來，大喊『口令』！你震驚之餘，就回答說『老百姓』！解放軍同志搜查你，假如他滿意，便讓你走，不然你祇好留在街上等候天明。

在昆明，人民警察除了鎮壓反動派外，還負有維持行人秩序的責任。假如你在街上要靠左走，警察同志就會來請你走到對面去，這樣人行道上的行人都面向着一個方向，整齊而美觀。糟糕的是一般的行人似乎都沒有組織觀念，爲了貪求一些方便而任意亂走，把警察同志弄得手忙脚亂；『這些舊社會的頑固份子眞是討厭』！

× × ×

昆明似乎一切都貧乏，書籍也是如此。商務印書館祇有十幾年前出版的書，堆滿了灰塵；新華書店的書彷彿祇限於有關「革命」的讀物；至於外文書，你就得到抗戰時美軍留下的那些舊書堆裡去找，經過了四五年，這些書堆中所剩的祇是一些糟粕了，你當然也發掘不出什麼東西來，你會覺得苦悶，好像你住在一個死谷裡，和外面的世界非但在地理環境上隔絕，即使在思想上也是不通聲息。

敎育也徹底的從「反動勢力」下「解放」了，從小學一年級國語課本上對「毛主席」和共產黨的歌頌到高三學生國文課本裡的整風文獻，處處都表示出新民主主義的教育和「革命實際」的緊密聯系。雲南大學外文系的學生必須修習俄文，十月一日「國慶日」所有學生必須遊行，否則以曠課三日論；這些也很能培養學生們國際主義和集體主義的精神。有些家長們覺得連『他媽的！』也放在教科書裡而深表不滿，在幹部們看來還是他們自己思想沒有搞通，不了解無產階級的語言。

爲了向蘇聯學習，跳交際舞的風氣很盛行。在解放以前，昆明祇有一家舞廳，解放以後多了一家，但還是天天客滿，尤其在星期天，那就非預先定座不可。石林溫泉不能去遊覽，大觀樓和翠湖沒有什麼可玩的；電影呢，公式化得單調乏味，嚴肅得令人頭痛，唯一可去的地方就是舞廳了。最近因爲客觀的需要增加，又新開張了一家，裝璜得富麗堂皇，簡直不惜工本。中秋節那天，一個體育會的溜冰場上也舉行起月光舞會來，點綴一下這蕭條的光景。

× × ×

昆明是美麗的，在這裡你極難看到冰雪，也從來經歷不到南方溽暑時的那種酷熱，你祇覺得一年是由春秋兩季所組成，生活應該是和平而恬靜。當你在郊外散步的時候，微風吹拂着金黃的稻田，藍得像嬰孩眼睛般的天空使你忘却一切的憂愁，在天邊浮游的雲顯得如此輕盈與愉快，你會情不自禁地感到一種對生命的感激。但是，就在這和諧的蒼穹之下，矮小的用土磚砌成的屋子歪斜地豎立着，一兩隻滿身全是黃土的老牛圍繞着石磨在悠閒地踱方步，骯髒的馬車在小巷裡擠，濺起一些發臭的泥水，走上街上，你會踏到一隻血肉模糊的死老鼠，使你打一個寒噤，你會不期地在道旁的溝裡發現一隻死狗或死馬，腐爛的氣味直沖鼻管，使你作嘔與毛髮悚然，它們似乎張着嘴在笑，牠們以前如此，現在也如此，從來不受時代的影響，它們是永恒的。

你感到有些窒息，噓一口氣，望望天空；你覺得太陽雖很光亮，大地上却罩着一層陰影。

（本文上接第十七頁）

麼？在這種地方，我們只好「疑以存疑」。

傅先生從歐洲回國後，對於中國學術思想的貢獻，當然比在新潮時代的貢獻大。他在中山大學文科的時代，可以說是中山大學用科學方法以研究文史的開始；他二十年以來辦理中央研究院歷史語言研究所的成績，則舉世都知道，用不着贅言。但我們在這裏不得不特別提出的，便是：因他這二十年來的努力，印出了許多本極有價值的集刊固然可貴，培植出許多第一流的人才更爲可貴。

至於他在最後這二十三個月中間，把一座紛如亂絲的臺灣大學整理成爲一個像點樣子的學術機關，那更是在人人心目中的事實。實在，他做校長的本領，在代理胡先生做北京大學校長的時候便顯出了。近來因共黨變亂，邪說橫行，他對於教育的問題尤爲關心。大陸雜誌第一卷第十一期和第十二期所載的「中國學校制度之批評」一文，是他逝世以前較長的文字；他在百忙中寫這篇文章，亦是「努力爲公」的一種表現。這是近年來討論我們中國教育最有價值的著作。

他是一個主張自由主義，贊成社會主義的人；他的痛恨共產黨，完全是因爲共產黨——無論是中共或共產國際——只是一班僅知道爭權奪利的人，而不是眞正爲平民謀福利的人。

凡是認識傅先生的人，沒有不知道他是一個熱心愛國和公正無私的人的。他辦事的認眞和操守的廉潔，乃是沒有人不知道的事實。但他仁愛愷惻的心腸，只有接近他的人才能常常於隱微的地方覺察到：當然，枉法徇情的事情，他是決不會做的。

他於民國二十三年在北平和俞大綵女士結婚。俞女士具正直慈祥的德性，且長於中英文字；可以說是他的佳耦。他們有一個兒子，名叫仁軌，現在美國念書，功課極好。

傅先生的書法，風格在晉唐之間；但爲學問和文章的名聲所掩，所以知道稱譽的人很少。

至於傅先生學術性的著作，國立中央研究院院士錄（第一輯）中列有詳目；這裏從略。

傅先生是本刊發起人之一。他的突然棄世，固然是國家的大損失，亦是本刊的大損失。承雷儆寰先生的催促，匆匆草成這個傳略，以爲青年學生矜式嘉言懿行的取資。因新潮雜誌，頗不易得，所以傳略的前段，敘得詳細一點。中有不合事實的地方，希望傅先生的親友加以指正，以便修改。有一部分材料，是傅孟博先生供給的；理合聲謝。至傅先生在史語所和臺大的工作，則屈翼鵬先生在本刊本期的文章敘述得最詳實。請參看。

卅九，十二、廿五，子水附記。

香港通訊

閩粵贛邊區抗共英雄

謝海籌殉難之謎

韓冉生

約在三個月以前，香港的中共機關報和中間靠左的報紙，都用大字刊登粵東遊擊領袖謝海籌，在興寧浮崗區（按即中共合併羅浮羅崗二區的地方名稱）的一個石灰窰中，被中共「民兵」擊斃的消息，當時的讀者，如果瞭解粵東現勢的人，對於這個突兀的消息是否確實，無不表示懷疑：一因中共慣造謠言，喜歡作誇張事實的宣傳；二因謝海籌不會落魄到一兩個守哨護衛的死士都沒有，竟單身安睡窰中，自刎般任由他人鎗殺。但素以國民黨機關報姿態出現的某報，却亦根據中共的消息來源，刊出謝氏「殉國」的新聞，則不能不令讀者詫異而迷惑了！過了數天，她的社論已成為香港輿論權威的工商日報，即載着一段謝氏死訊不確的報導（該報態度審慎，前亦未曾有聞必錄刊出謝氏死訊），同時在該報廣告欄上，亦發現「謝海籌啓事」，內容則否認中共對他個人所造的謠言，不過，消息上語焉未詳，而啓事又似謝氏留港眷屬的所為，均未能完全反證中共宣傳的虛妄，為時不久，在星島報上，又刊出一節廣州通訊，附有謝氏尸體的照片並謂廣州的謝氏同鄉，均確認照片中的尸體就是謝海籌。因此謝氏究否尚在人間，不免撲朔迷離，人言言殊。謝海籌是閩粵贛三角地區砥柱中流的抗共英雄，是領導嶺東民衆反抗極權爭取自由的鬥爭巨人，他曾使粵東的中共幹部坐臥不寧寢食俱廢，他和三省邊區反共救民的遊擊戰爭不可分離，所以他一個人的生死，今天會引起這樣廣泛的關懷與注意。

謝海籌生在粵東興寧北部山地的小鎮（羅浮司）上，他和張瑛，是該縣口碑載道的兩個傳奇人物。張氏嗜殺竊盜著名，而他却以巧捕匪徒稱雄，謝氏是一個小學畢業生，曾在廣東省幹團受過短期的警官訓練，初任粵寧羅崗墟警察所的書記，後隨張瑛襄助剿匪工作多年，在民國二十一年間，他曾領導江西尋鄔的謝族子弟，圍擊盤踞贛南的「紅軍」，因將「紅軍」逐出縣境，有功受賞，做過一任的尋鄔縣長。最近十餘年來，多半時間却留居在粵東的興寧，該縣歷任縣長，因他捉匪破案最有把握，而對上恭敬對下謙和，極得人緣，所以或派他出任警察首長，或請他擔任地方武裝自衛組織的軸心人物，雖然，他嘗因社會環境的掣肘，和地方官的顢頇無能而曾迭次憤然倦勤，但不久他却看不慣萑苻遍地屑小猖狂，而民望所寄；又被勸「出山」，知其不可為而為之了。謝氏是滿臉鬍子週身茸茸，目光閃灼，生像粗獷，但出入意料之外，他却談吐儒雅，屬詞幽默，對人接物，藹藹可親，而審判罪犯，則威厲侵人，公私面孔，竟可釐然兩分。他尤強於記憶，長於鄉土文學，出口成歌，打景狀物，說理描人，可以恰到好處，不爽毫厘，去歲他口編反共歌謠多首，即曾流行粵東各縣，一時婦孺樂唱，江湖傳誦。至於捉盜擒匪，則是他天賦的絕技，不但行事智而勇，且破案奇而險，他往往輕騎簡伴，隨境化裝，深入虎穴，以劫持盜魁，使就範伏捕，或聲東擊西，虛實莫測，緝捕聲風正緊於甲地，而盜匪却會不期而遇謝氏於乙地，相見之下，則無不膽戰心驚棄械受縛。謝氏化裝，則可以隨意男女，老少咸宜，或工或農，時貧時富，鬼斧神工，幻變無窮，此所以跟蹤盜匪每不為所覺，而親友相對竟不敢呼認。他對於作姦犯科之徒，並不主張嚴懲不貸，常寄予同情矜憐，若有所獲，如非怙惡不悛，又能真誠悔改洗心自新的人，則他不惜違法順情，擒而復縱，更復資助勸勵，使能洗手歸正。因是，他對於盜匪擒縱自如，斬殺無仇，雖長期困於政府治安的崗位，而仍能領導下層社會的豪士義民，江湖上始終是感道其勇其義。謝氏過去的剿匪擒盜，卓著勳勞，亦未始不是由於他個人智計勇邁之處，又獲得了下層社會人士的腋助之力。

前年中共中央特派特工頭子「阿嚴哥」南下策動粵東的「解放」工作，入境不久，即被謝氏活捉正法，使中共在粵東的「革命」工作大受打擊。去歲李潔之在粵東叛變，挾持地方官紳，要「和平解放」，謝氏却隻身計脫，到興寧北部山地，登高一呼，反共壯士不期而集的數百人，卒能克服興梅，把土共趕得鷄飛狗散，而李潔之朝夕則抱頭鼠竄大傷腦筋。嗣胡璉部國軍撤退興梅，謝氏當時即痛悔孟浪隨軍南撤，以致桑梓重罹中共塗毒之禍。時他雖躑躅，既以興寧縣長兼代六區專員之責，六區反共團隊數千人亦遄集是地，及後國軍奉命撤離潮汕退出海外，謝氏却不願飛離大陸去作海外寓公，而決心回師抗共，遊擊六區，誓與中共拚個死活。乃資遣老弱，而揀選情深義重的死士三四百人，麾軍北指，二次克服了興寧，謝氏一為利於行軍運動，以便遊擊；二因減耗彈糧負擔，以免擾民；三因精選生死不渝的鬥士，以堅團結，所以他領導的遊擊壯士，乃在精而不在多，重質而不重量，對於懇切請求參加抗共鬥爭的數千團隊，亦只得忍痛割愛。去歲謝氏二次回師興寧，曾被中共重兵圍困多時，而謝氏僅率壯士數百，竟能在五六千敵兵所構成的羅網之中，突出重圍，一向轉戰於粵東各縣，縱橫於邊區山地。年來因謝氏所部慓悍善戰，而所到之處又秋毫無犯，故不但民衆在暗送壺漿，而土共亦往往敬而遠避了。

現在，謝氏領導的抗共勢力，已日益壯大，他們和胡連部留守武平山地的國軍及汀州反正過來的陳滌生部衆，團結一體，聯合攻守，他們活躍的地面甚廣，如閩西的上杭武平永定，粵東的焦嶺大埔平遠興寧龍川，以及贛南的尋鄔安遠等縣的山區，都成了他們抗共遊擊的根據地，在這一塊閩粵贛三角地區，已經成爲自由的鐘樓，抗共的聖地，謝氏遊擊的觸鬚，已遠伸至東韓江的中游，且能西和粵北九連山區的反共壯士互相呼應，東與閩南南靖平和山區的「七角」（寓十二角星被中共割去五角，戴此「七角星」帽以堅後七角意念）英雄聯成一氣。所以民間所傳，謝氏一人，時在韓江，時在東江；有說在武平，有說在尋鄔，好像滿天滿地的齊天大聖，使粵東的中共當局竟墮入五里霧中摸不着頭腦，不過，在今年春間，謝氏所部，會數度進出武平縣城，並有數百類似商販的人，跟蹤謝氏到那興寧北部的黃陂，度過了上元佳節，則是許多商民所目擊的事實。

因爲謝海籌正領率着千百的抗共健兒縱橫粵東叱咤邊地，又因爲他是天生行爲機敏而智勇超人，所以今天中共的宣傳，說他竟落魄到一個人孤眠土窰之中，馴懦到被二三個「民兵」所擊死，是沒有一個人會相信的，尤其是住在閩粵贛邊區的民衆。

記者最近晤見新從粵東來港會目擊「謝氏屍體」示衆的旅客說：興寧全縣民衆，凡看過屍體後都異口低聲說：「這個屍首那裡是謝海籌！」旅客是熟悉謝氏爲人和他面容的一個人。所以他說，中共會故意用泥巴塗得「屍體」的面目非常磨糊，只將有點像謝氏的鼻子顯露出來，若細加研究，那個「屍體」的鬍子不粗，兩手沒有刺字，心頭又沒有那一叢毛，連剃了的毛孔也看不見，顯然是張冠李戴，可以確證這不是謝氏的屍體了，更足令人疑惑不解的，是以鎗擊斃，彈口竟不見一點血跡，若非是在死屍之上加功射擊，則應該是經過了「民兵」的抹擦工作，但爲何泥跡又沒有洗刷乾淨呢？據中共幹部傳出的消息，立「功」的三個「民兵」，供詞亦參差不一：甲說謝氏病倒床上被他生擒，乙爲爭功，乃加鎗擊斃。乙說他最先發現謝氏而入窰拘捕，謝氏取鎗拒捕乃將他擊斃。丙說圍捕時，謝氏自知無法脫逃，乃吞鎗而死。而中共的宣傳又說在謝氏身上搜得重要印信，但不見攝影公佈，且帶着印信打遊擊，只要印信不要命，亦不免成爲一大笑話，不但興寧一般的民衆，均不相信謝海籌會變成一個孤零的死尸，就是平遠的中共幹部，亦不禁口癢的道出「聽說謝海籌還沒有死」的話來。當中共派專車將「屍體」由羅崖南運興寧城時，「屍體」竟半路蹓出去了，押運的人發覺時卽驚叫說：「謝海籌死尸還魂逃了」！後回車數十里乃始覺返，社會上因此又傳唱着「竹幕中死尸逃命，遊擊區活人當神」的歌謠了。

粵東社會上，目前不斷流行着有關謝氏死訊的傳說：有謂反共遊擊隊故將一個貌似謝氏而急病身亡的隊員尸體，安放在灰窰之中，裝狀一若醉眠的人，枕邊並置一枝左輪手槍，然後令化裝隊員在外張揚說一個相似謝海籌面目的人藏匿某灰窰中，如中共信以爲眞，以後則可以減少對謝氏蹤跡的特別注意。中共爲什麼對於此事亦誇張事實大事宣傳？則是由是「民兵」既可以此獲得一筆賞金，縣級幹部亦可以由此增加「成績點」。且中共最近正嚴密强迫壯丁參加「民兵」，以備充當國際炮灰，民衆因受不了迫害，已不少投奔遊擊區去，一旦造出謝死訊，未嘗不可以使民衆抗共志氣沮喪，並斷絕了壯丁投効謝氏的意念。其實，謝氏依然是一條活躍的抗共潛龍，在他的眼中，土共正如一羣蚊蝨一堆蛆蟲，蛆蟲只會打死尸的主意，一個活鴨的嘴就可以把牠們吃乾淨，何況謝氏是個生龍活虎般的英豪，那裡會跌落在生滿蛆蟲孑孓的溝中而喪生呢？

記者最後可以告慰海外同胞的，就是背着「青天白日」大纛以爭取正義自由的謝海籌，在「紅星」滿佈的黑幕中，永遠是光芒四射，慈輝普照的，謝氏的留港眷屬，不是早經接得大陸親族的竹報平安嗎？

（上接42頁）

可能有先見之明。在第二共和時期的法國，推翻民主政治的路易拿破侖是人民以絕對多數票選擧出來的；在歐戰後的德國，希特勒的黨也是經合法投票而執政的。人民因投票而喪失自由的事例，不勝枚擧。』選擧之不足以限制政府之濫用權力，已經說的很透闢了。

許多人學了一點英國工黨底皮毛，就無條件地贊揚『社會安全』。殊不知『它在治者制裁被治者的惡這一方面是前進了，在被治者制裁治者的惡這一方面不特沒有前進，卻只有後退。』如果『社會安全』與『緊急狀態』合在一起而永久化，則這種惡恐怕只有增加。徒以這類辦法與『一把抓主義』及支配欲强者之脾胃相投，所以一拍卽合。一知半解的『專家』眞害死人。戴氏認爲抑制經濟之不平不必藉『行政』程序，而可藉『司法』程序。這眞是一大創見。因爲這樣，可以免於造成政府壟斷操縱之浩刼。在第五節裡，戴氏貢獻了此類極其精審的見解。

這篇作品一方面揭露民主世界內含的隱憂；另一方面反襯出極權統制之危厄。可謂一擧兩得之作。

這册文摘所選擇的文章在思想上是一貫的，而且都是道道地地的民主思想。愛好民主的人，如能細心一讀，必可增加對於民主的認識。

陳明仁、周震麟合作鈔金

香港通訊・十二月九日

平崖

陳明仁在去年八月十三日通電投共的前幾天，忽然濶起來了，與唐生明……等作麻雀戲，每次輸贏一兩千銀元，毫不在意。大有劉裕「樗蒲一擲百萬略無吝色」的氣概！

大約是資金太多的緣故，而他統率的第一兵團改了番號以後，有的是「人民銀行」的「供給制」，用不着把落在腰包裏的銀洋拿出來發薪餉。因此，在長沙一帶大收黃金，到香港大做其鈔金生意。

經管這個來回獲利跑「雙」幫生意的，是陳明仁任警備司令時的副官——鄭振華。鈔金的資本銀洋三十萬元，是華中剿總在長沙接近「解放」以前，發給第一兵團的軍餉。姓鄭的是前任國府委員周震麟的姨姪，這個鈔金重任，也是由他保薦的。

周震麟行七，不獨是一個標準腐朽卑汚老而不死的「人渣」，而且有一個不講是非専門罵娘的强盜性格，因此，湖南人都叫他做「周七强盜」。由於他有幾十年書生本色的商標，倒値得鄭重介紹。雖然他是前清的一個秀才，讀了一些「不貪非分之財」，「不飲盜泉之水」的線裝書，可是，表現於行事的，那些線裝書，不過是客廳裏的裝飾。

單講十年以來的一鱗半爪，便可以畫出他一生的輪廓。第一、抗戰時期，凡是寧鄉被徵的壯丁，只要對他孝敬一點禮物，便可得到一封八行，取消兵役。第二、民國三十三年，他授意寧鄉所屬靳水四鄉的「紳士」，利用淪陷時期號稱「自衛隊」的土匪，替他醵集壽金，本旨是把這項向人民指派的血汗，移作寧鄉靳江中學築一座所謂「苦行堂」來紀念他（周震麟晚年自號苦行翁）。其實周震麟與該校並無淵源，與寧鄉人的福利，更是風馬牛不相及，値不値得紀念固然是一回事，用攤派的方式，建築一座自吹自擂的什麼「堂」來，尤其荒天下之大唐。而這一筆攤派得來的鉅款——人民的血汗、狗腿子的賄賂——竟然作了他的家用，至今沒有報銷。所謂建築也者，至今還只有他所想到的圖樣。第三、李家白任寧鄉縣長，主管食鹽公賣，陳敦和自稱「自衛軍司令」，增加了無數的稅卡，他分潤了幾十石鹽和三百萬法幣——在陳敦和的口頭報銷：「這筆賬是老太爺的復員費」。「爲政不難，不得罪於巨室」，因此，縱使寧鄉人竭力控告陳李，只銷他「片言折獄」，陳李便可穩坐江山，逍遙法外。第四、民國三十四年他的二兒子周世正在湘鄉縣長任內，敲榨了一個避難在湘鄉的長沙金店的黃金，這個黃金案甚囂塵上，周世正因此丟官，因此受審。而這位國府委員不獨沒有「大義滅親」的壯舉，反而到處請託，搖尾乞憐，無所不至。官廳裏只得高擡貴手，放走這個搶金犯，然後下一道通緝令！

由於這個輪廓，我們便不難理解「强盜」的綽號，並不見得不名實相符。雖然他的外貌不失書生本色，然而，這正是歷古不變的高等時裝，歷事五朝的馮道，官居宰相以後，不仍然是土頭土腦讀兎園册子的舊型嗎？如此，方能當得上莊子所說的：「盜亦有道」！

所以儘管「淸匪反霸」如何激烈，並不會「淸」「反」到他的頭上來。因爲他不僅在「解放」的前夕「前進」了——大喊和平，大罵蔣先生。並且在二十年以前已經保釋了不少的中共黨員，（卽如夥同姜亞勛倡亂，牽制白崇禧幾萬兵力的徐尙達，就是他保釋的一個。）——雖則他是向蔣先生建議淸黨造成寧漢分裂的一份子，似乎與保釋共黨全不相干，這是「矛盾統一律」的實用。

這個鈔金生意，也是他和陳明仁通力合作的把戲，因此，儘管他在寧鄉的租穀被中共搜括得顆粒不留，儘管他除租穀以外不名一文，儘管糧荒如何嚴重，但，他仍然是坐收贓款的不倒翁，把全家由寧鄉王家灣遷居長沙化龍池，大享其「解放」福。在他七十幾年的生活過程中，總算是躬逢「休明盛世」了！

陳明仁所以奉献這一筆贓款利息的幾分之幾，並不是單純爲了周震麟保擧了一個姨侄，便採取「勞資合作」的「平等互惠」，而是更有大欲存焉的。

人們都知道中共政權的得失，完全決定於第三次世界大戰的勝負。一旦民主國家勝利了，國民政府打馬回朝，陳明仁也可就此反正，功罪不能相償，於是便用得着這一位廉價收買的過時陳貨——書生面貌的老同盟會會員——來作辯護士了。

另外還有一個共同目標，如果「解放」福過得不耐煩的時候，打算到外國去，暫時度其「白華」生活。

尤其陳明仁更有做「白華」的必要，因爲他任第七十一軍軍長守四平街時，把老百姓攤在第一線做擋箭牌，累積論萬的灰麵代替沙包，做防禦工作，完成了他的解圍戰績。從投共以後，四平街的人民，幾次要「淸算」他，爲了「起義」有功，才把這一件事暫時擱下。但時機成熟，他也想到，總有一天會「大脚大手」做到他頭上來的。三十萬銀元，不够全家亡命，因此，才有這一個鈔金「工作」。

鄭副官每次來港所帶的貨色，通常都在三千兩以上。今年五月間在高士打道六國飯店，還可以看到這位雙幫客的行踪，大約已經做了十次以上的交易，現在只要計劃「腰纏十萬貫騎鶴上揚州」了！

文藝

離婚!?

牛言度

一

他們從人民法庭走了出來，在到達側門外的人行道上時，都不自覺地停步了，白民舉起右手臂，嘴唇動了動，竟說不出一個字來。潔心轉過身去，用手理理鬢髮，眼睛四下看了看，也沒有說什麼，他們終於向右轉，背影消失在大風雨後所遺留的泥濘道上。

四年前的初夏，是故都北平最好的季節，白民那時在北大法律系四年級讀書，北大圖書館及國立北平圖書館內，常有他的踪跡，一本嵌着Note Book兩個金字的黑皮封面筆記本，一本袖珍六法全書，及一本民法物權是不離手的，縱然在綺麗的北海公園，當夕陽斜照白塔，湖水倒映全園景色的時候，他雖獨自坐在五龍亭畔的青草上，悠然自得地默數着團城的牆朵，可是這三樣東西仍是放在彎曲的大腿與腹部之間，用手扶着它，好像怕它丟掉似地，他那時的心境是多麼單純啊！求知的欲望是多麼盛旺啊！

一天，在北大民主牆壁上，突然出現了他的名字，他當選了北大學生代表，他的學科成績使他的同學擁戴他，在多數純潔的學生羣中，這原是很自然的現象，若說當時的共產黨能操縱群衆，那未免太恭維它了！任何學生團體組成之後，共產黨才收買幾個敗類，使這團體變爲它的外圍組織，譬如白民當選北大學生代表，在他個人是衆望所歸，無法推脫，可是一經參加，環境給他的刺激，使他在動聽的口號下，熱情的衝動中，不自覺地被利用了。恰巧沈崇案發生，這原是一件偶發事件，共黨抓住了可以利用的機會，大吹大擂地宣傳起來，於是學潮洶湧，一發不可收拾，什麼反迫害運動，反飢餓運動，吃光運動，和平運動，紛至沓來，一個接着一個，在這些浪潮裏，身爲學生代表的白民，如何可不捲入漩渦？白民的單純心境開始複雜了，書本老早丟到書架上去了，他現在準備去讀活書，自然用不着死書：北海公園的寧靜景色雖和從前一樣，他的心緒却完全兩樣了。

在第一次軍警和學生發生衝突的時候，白民被打傷了，血流滿面地逃到一個私人開設的婦科醫院附近，不敢冒然進去求醫，只是徘徊張望，希望知道醫院裏有沒有守候着拘捕鬧事學生的軍警，又不知道婦科醫生肯不肯醫治外傷，一位美麗的護士小姐，無意中在樓上看見他，一時惻隱之心，使他自動地拿了些碘酒、紅藥水、棉花、紗布一類東西，走出醫院，找着白民，叫他趕快走進附近店家，爲他敷藥包紮。

「小姐！謝謝妳。」當她替他包紮的時候，白民對她說道。

「這是醫務人員應有的責任。」停了一會，白民感歎地說道：

「還是醫護工作對人類有最大的貢獻！」

「其實遠不如搞政治！」這位女士說道。

「爲什麼？」

「醫務人員總是在出了亂子以後替人診治，政治家就能防止亂子的發生！」

白民對她的議論感到興趣，熱誠的問道：

「小姐，我可以請教你的姓名嗎？」

「華潔心。」

潔心是生長在北國的女兒，眼睛使她不滿現狀，勝利刼收所失掉的千萬顆人心中，也有她的一顆。正在這時她的耳朵告訴了她許多共產黨八股，馬克斯、恩格斯、列寧、史大林的中文譯名，她開始說得不生澀了，她雖不相信蘇聯是理想的天堂，却認爲中國的前途寄托在「解放」上。她是很有意志的女兒，當年齡才二十二歲的時候，敗落的世家家庭，使她看不順眼，毅然離開它，所以在高中畢業以後，她只受了短期訓練，便在一家私人開設的婦科醫院做了一名護士，從那天和白民相識起，他們由朋友而戀愛，由戀愛而結婚，而他們所企求的「解放」，這時竟也實現了。

白民已在北大畢業，滿以爲法學士的法學知識可以應用一下了，那知共產黨的人民政府以一紙命令廢止現行法律，於是英雄無用武之地，所以在迎接「解放」的時候，他是失業在家靠潔心的微薄收入，勉強度日。最初，白民總以爲他和共產黨間的生疏，可以讓時間來撮合，時間會使他和共產黨接近的，他常常想在北大當學生代表時，雖是不自覺地被利用了，但是當日同學中的共幹，未必不以爲他是在企求「解放」的鬥士，所以時機一旦成熟，共幹們會拉他入黨的，那時他是直接了當答應參加呢？還是故意拉點架子說自己須要學習呢？痛快答應入黨也許被看不起，以爲他是投機份子，還是拉點架子好。但是，他也顧慮萬一拉架子被誤會爲頑固份子，送進集中營去改造可不是玩的。他又想自己對共黨太無認識，怎麼能怪共幹們對自己生疏呢？也許以學生的方式打進圈子裡去比較容易些，免得被視爲改造過來的人，何況眼前就有華北軍政大學可以受訓呢？對，這是正確的路線。他挺起胸堂進入華北軍政大學，滿以爲再弄一個學生代表做做，共幹們也許會看中他的能力，至少會拉他爲黨的下層中堅幹部，這樣既非經過改造入黨，又不是投機入黨，天下計謀還有比這高明嗎？

那知國民黨失敗的教訓，共產黨都有了警惕，老老實實的做學生還會無中生有的找些麻煩，活動在「解放」圈子裡不是等於自尋死路，本來嗎！「解放」了還不足？活動些什麼？不過，四個月受訓出來，白民總算在「解放」圈子裡混得了一個資格，華大又給分發了一個職務，小小家庭，夫妻二人負担，生活似乎可以漸漸安定，於是他和潔心的小家庭，開始有些滿意地氣氛，人民的要求是多麼有限啊！

迎接「解放」的熱浪過去，人們開始緊張起來了，查了又查的戶口，開了又開的會，献了又獻的糧，納了又納的稅，人們確實有些喘不過氣來，人民幣好像缺了口的黃河，貶值的洪流，摧毀了每一個人的生機，工廠吃光停閉，商店吃光關門，代表工人階級的共產黨，使工人得到的「解放」，原來是多數人無工可做，而在「勞動英雄」的誘惑下，少數有工可做的工人，也變成了工奴，工作至死！代表中間剝削階級的商人，以前是逃稅拆稅，現在是破了產還得納稅，「民族資本家」的頭銜，使迷信錢可以通神的奸滑巨賈，都投向共產黨的懷抱，結果是錢進了新貴的庫，人進了「優待」的獄，幸而出了獄的人，看看四週的監視網，和不斷的家庭訪問，先是戰慄着偷生，後來甚至自願接受「優待」，在監獄內似乎至少可以使精神清閒多了。白民和潔心的小家，雖是靠着微薄薪俸支持，但是在共產黨的嚴密統制下，因爲他們是日出而作，日入而息，白天家中總是不見人，人又是那樣年青，家又是那樣簡單，於是被認爲是一個可能有問題的家庭，開始對它訪問了。

二

指導員來「訪」的那一天，時間是在晚飯以後很久，大約是夜間十點多鐘了，白民斜靠在床上，潔心正在料理雜務，準備就寢，大雜院內突然出現一位陌生人，大聲大氣的喊道：

「鍾同志」。

沒有人答應。

「鍾同志還沒有回!?」說着仰起頭來，似乎在自問，又似乎在問人，事實上早已淸楚知道鍾白民是在家了。那位陌生人大踏步朝着他們的房間走來，冷不防滑了一交，手上也按着些滑膩東西，用手指捻捻，發出一股臭氣，原來踏着的按着的都是鷄屎，白民這時已從床上起來，走到房門前連聲說道：

「怎麼啦?怎麼啦?」

「哼！大雜院內的鷄屎和人一樣多，簡直都該淸除！」這陌生人說着爬起來，已走近房門前，白民一面招呼着，一面叫潔心遞水來給這位陌生人洗手。

「貴姓？」當這位陌生人洗完手，用毛巾擦乾的時候，白民這樣問他。

「同志，我們共產黨員最講平等，貴姓的貴字不是太布爾喬亞了嗎？應該改正。」白民和潔心聽說他是共產黨員，又突然來到他們家裡，一時確有些驚愕，竟不知如何應付了。這位陌生人於是又開口說道：

「我姓史，與我們偉大領袖史大林同志同姓。」

白民和潔心聽了幾乎笑出聲來，急忙連聲說道：

「啊！歡迎歡迎，史同志請進。」

在進房以後，白民一再招呼史同志請坐，潔心忙着倒茶拿烟，可是這位陌生人只顧自己東張西望，根本沒有理他們，突然轉了一個身，面向着門外問道：

「你們養了不少鷄？」

「只有幾隻。」白民答道。

「你們很可過！」史同志說道。

「那裡，那裡。」

「你們有錢養鷄，一定過得很好。」

「我們都是靠薪水過日子」潔心解釋道。

「那麼怎可有錢養鷄？我也靠薪水過日子，我就沒錢養鷄。」

「您說笑話啦！」白民說道。

「你們養鷄當然是預備自己吃的。」

「是的，嗯，不是。」白民顯然被史同志窘住了！

「預備過年過節時宰了做年菜節菜。」潔心連忙笑着代白民解釋一句。

「封建習慣。」史同志顯然因爲她代白民解圍而不滿，說話有些不客氣了。

「人民政府沒有說禁止人民養鷄呀！」潔心有點氣憤了。

「解放的今天，一切要變，雖然妳說人民政府沒有禁止人民養鷄，可是過年的日子與平常的日子有什麼不同？爲什麼一定要吃鷄？」

「那麼就算養鷄是我們的一種娛樂。」潔心仍然不服氣地說，雖然白民使眼色想阻止她，也來不及了。

「娛樂！哼，你們娛樂的結果却讓我跌跟頭！若果殺人是我們共產黨員的娛樂，你們受得了嗎？娛樂！簡直是布爾喬亞的思想。」史同志聲音大了起來，仰了眉毛，翻了翻白眼，凶光四射，房內空氣顯然有些異樣，本來嘛，就算養鷄是娛樂，他跌跟頭可不是娛樂！

「對不起，史同志，對不起，明日我把鷄宰了請您喝杯酒。」白民連忙陪着笑臉說。

「什麼？你把我們共產員當作國民黨的貪官污吏？你想賄賂我嗎？豈有此理！」史同志驕橫地說着。

情形愈弄愈尷尬，潔心雖是意志堅强的女性，碰着這橫七豎八的史同志也有些怔住，一時不知如何是好，發氣吧，對這種人實在不值；忍住吧，這口氣實在嚥不下去。

「潔心，前院小三的媽不是請妳去代她裁衣服嗎？時候不早了，妳該去啦。」白民一面說一面使眼色，叫她離開這裡。

「好，我就去。」潔心也願趁此離開，說着就移步欲去。

「等一等」史同志說：「我是來作家庭訪問的，妳是家庭主婦，怎麼可以離開？」

「哦，哦，原來是家庭訪問，我們坐着談談，請坐，史同志！」白民連忙移轉話題，同時叫潔心等一會再去小三媽家。

「不過，」史同志又開口了，「鷄的問題還沒有完，女同志，妳拿什麼喂鷄？」說着坐下往椅背上一靠。

「有殘飯就喂，沒有殘飯就不喂。」潔心很不願意地答道。

「什麼？米做的飯喂鷄？」

「她說是用殘飯喂鷄，酸了的飯，人不能吃的殘飯，」白民連忙代潔心解釋。

「你們知道今年收成好不好？」

「還好？」：白民答道。

「爲什麼米價一天貴似一天？」

「因爲米大量運往蘇聯去了。」白民答道。

「胡說，」史同志又顯威風了。

「因爲人民幣貶值不已。」潔心故意接着說。

「你敢造謠擾亂金融嗎？」史同志聲色俱厲了。

「那麼我們實在不知道米貴的原因。」白民忍耐着答道。

中國人得了偉大史大林同志的援助才能解放，送去區區五十噸米多嗎？你們說！」

「中國人民都能有米吃就不多。」潔心故意頑皮的答道。

「中國人民根本不應該吃米」。史同志又冒火啦！

「那麼米爲什麼原因貴呢？請史同志指教。」潔心看他說不出米貴的原因，題目越說越遠，故意反問他。

「米貴的原因是因爲布爾喬亞把米拿去喂了鷄！」史同志發表他對於米價問題的高論，同時自知理曲，所以氣也愈大。

白民深悟潔心和史同志嚕囌，瞪了她一眼，接着說道：

「史同志，您別見怪，她年青不懂事。」

「史同志」，潔心決心制服他，「算我不懂事，您也別挑眼了，好吧！」說着故意嫣然一笑。

史同志果然爲她軟化了，房內的緊張空氣頓時輕鬆許多，他嚥了一口吐沫，停了一會兒又喝了一口茶，心想這女人利害，決心用黨的曲線懲治人民辦法對付她，看看手錶已是十二點差一刻了，於是開口說道：

「好，今晚不再談下去了，不過，女同志，我們每天晚上在女青年會有一個婦女檢討會，從明晚起妳每晚必須去參加，妳的思想須要消毒！」他又轉身向白民道：「鍾同志，從明晚起你也須每晚到區黨部青年檢討會去學習，這就是我這次家庭訪問的結論。」史同志說着站起身來，打了個呵欠，走了出去，在靜寂的深夜，傳來一片犬吠聲。

「唉！眞是鷄犬不寧」！白民送走史同志回來，深深歎了一口氣。

第二天，他們決意把鷄都宰了吃掉，可是想到聞香隊聞着又是麻煩，眞是養也不是吃也不是，最後還是潔心定主意，把它們去在史同志宅門口，過了幾天，同院小三的媽來說：她看見史同志家裏有幾隻鷄，很像是白民原來養的！

三

白民每天早上七點鐘上班，中午向不回家吃飯，總是自己帶三個饅頭和一根鹹菜，在辦公室獨自充饑。下午六點下班回家，和潔心一同吃晚飯，晚飯後又各自分途趕去參加檢討會。現在已是夜間十點，白民開完檢討會回家，已有了一個多鐘頭了，潔心仍未回來，只好一人悶悶地坐着。近來，他既感家庭缺乏溫暖，而工作更令他失望，他對「解放」的熱情，是開始下降了。最初，他以爲只要他能夠努力地去工作，會自動工作，從工作上去求表現，還怕沒有人理會，還怕共幹不重視他，還怕不請他入黨？這算盤他打錯了！他和那些土包子比起來，確實能力强得多，可是他不了解共黨的三頭政策，他初到職的時候，因爲他的辦事能力强，土包子們確實恭維他，紛紛向他請教，他自覺得意非常，那知這是共黨三頭政策中的叩頭政策呢？慢慢地土包子學會穿西裝打領結，知道了直着拿鋼筆沒有斜着好用，只是鋼筆能往右斜，不能左傾，却引以爲憾。應做的事慢慢學會之後，白民雖說打了深紅色的領帶，在這群土包子們看來還是粉紅色，雖說他是華大畢業的，可是華大是在解放以後才設立的啊！於是不再請教了，漸漸地好像感覺粉紅色具有傳染病菌，白民被放在另外一間辦公室，一人坐在那裡，正如患着傳染病的病人住在隔離病室一樣，白民覺得有些不對，轉過頭來向土包子們請教，所得的答覆總是搖頭的表情，他還以爲是什麼事開罪了他們，那裡知道這是共產黨三頭政策中的搖頭政策呢？他對以工作求表現的計劃失敗了。

白民已是步入三頭政策最後的境域，每晚的檢討會便是製造危機的場所，何時是殺頭政策實施的時候，那要看工作需不需要他，在物重於人的共產社會，人命算得了什麼！

白民內心的苦惱，潔心是不得而知，何況這種勢態也不是言語可以說明的。以辦公室發生的一二件事爲根據和潔心談，最多只能獲得潔心一兩句安慰，零碎發生的事故，如何可以測知共產黨的三頭政策呢？並且潔心的工作也不順手，有錢人都跑了，私人醫生沒有從前的竹槓可敲，稅既多，義務又重，醫生氣不順，護士便成爲下飯的菜了。潔心一肚子悶氣回來，也需要丈夫的安慰，需要人安慰的人，如何可以安慰人呢？所以近來他們的家庭頗有一些咀咒，彼此都覺得對方無情，夫妻見面，精神與體力已是疲勞不堪，連話都不願多說，那裡能有溫情呢？

這時壁鐘敲了十二下，驚醒了爲煩悶所困擾的白民，他自言自語道：

「潔心怎樣還沒有回呢？」

每夜她總是比白民遲回，回來總是疲乏不堪，難得說一兩句話，便先上床，上床便呼呼入睡，問她檢討會檢討了些什麼？總是說隨便談談，爲什麼隨便談談能談這麼久呢？爲什麼我們正式檢討一個問題，最多一個鐘頭便開完了會呢?對白民這類問題，潔心總是簡單地答道：

「他們不准走。」

「我怎麼知道你們是如何開會呢?」

事實是這樣：潔心每晚參加的婦女檢討會，根本沒有儀式，出席的婦女人數也不太多，二三十人而已。指導員們最初只三五人，後來迅速增加，幾乎和出席的婦女人數相當，但是卻沒有一個女性指導員。而來出席的婦女全部是年歲在三十歲以下的少婦，開會時或是大家集在一齊閒談，或是與各指導員作個別活動，而這所謂個別活動，實卽罪惡活動，製造一切罪惡的泉源，這一方面固然是共幹們的生活已趨向糜爛的方向，欲實行他們的一杯水主義！一方面也是共產黨所定計劃的一種，這計劃是以破壞家庭感情爲目的，而以引起夫妻間的猜忌爲手段，檢討會的眞正目的卽在此。爲什麼如此呢?理由是：當夫妻感情發生裂痕時，自然會由愛生恨，由恨互相敵視，由互相敵視而互相監視，這樣不比每個人後面跟着一個密探的效果好得多嗎?何況共幹們誰不擁護一杯水主義呢?!

已是深夜一時半了！潔心仍未歸來，白民忍耐不住，拔脚就往外跑，他要親自去看看婦女檢討會是怎樣在開。他一口氣跑到女青年會，走近社交室，裡面並不見一人，一盞守夜電燈吐着微弱的光亮而已。會場似乎根本沒有用過，幾條長方棹和幾十把椅子整齊的放着，白民踉蹌退出，走到服務部問夜間當値者，那是一位中年人，正坐那裡吸烟，斜着眼看着白民走過去，好像正是他所期待的獵物似地。

「請問婦女檢討會是不是在社交室開會?」白民問道。

「我不知道」，這中年人故意懶懶地答道。

「她們不是每晚都在這兒開會嗎?」

「我只知道男男女女每晚都在這兒鬧，若果算是開會每晚不過九點鐘就完結，今晚也老早散了。」

「怎麼……」白民還沒有說下去，那中年人便打斷他的話道：「別嚕囌了，她們大概又個別活動去了。你家有什麼人來出席開會，明晚不許她來，檢討就是姦了再逃！檢討她媽的……」，這中年人若積鬱在胸，發洩爲快似地，可是說完又偷偷地看白民一眼。

白民黯然走出，拖着腿回去，跑來時的緊張情緒，此時不知那裡去了。其實白民又上當了！那中年人說的不是眞實的嗎?是眞實的，一點也不假，不過，這中年人所說的話，也是共幹安排好的陰謀破壞手段，在解放圈子裡，人們連不說話的自由都沒有，那中年人不要腦袋，敢於自由說話嗎?其實參加婦女檢討會的婦女都是良家婦女，只是意志薄弱可欺的，共幹們便不會放過她們；而意志堅强難侮的，共幹們便施以不斷的威嚇利誘，陰謀破壞她們和她們丈夫情感，最後再征服她們。

白民抵家以前，以爲潔心一定已經回家，那知還是沒回。看看壁鐘的分針又轉了一個圈，他想目前的事情是很够明白，潔心大概以爲姘上共字號的特權階級，誰敢動她毫髮?所以膽量越來越大，今夜準是不會回了。其實白民覺得他對於愛情的風度是很開明的，相愛時不妨是夫妻，不相愛時各自分飛好了。只是不要彼此欺騙，他認爲人類社會進步到將來，法律對於男女關係，應該只有一方不得强迫另一方接受愛情的規定，有無婚姻制度殊無所謂，所以他只恨潔心欺騙他，若果明白告訴愛情已經達到過去式的階段，他很能有開明的作風的。

「唉！傻女人！」他不禁深自歎了一口氣。

「誰是傻女人?」當白民陷於深思的時候，潔心突然出現在房門前，白民對這突如其來的答話，不禁嚇了一跳，在北方，大襍院的大門是沒人關的，天熱人又未睡，所以白民也未關上房門。

「辛苦了，檢討會才開完嗎?」白民故作不知，尖酸的問她。

「怎麼啦?說話這麼客氣！」潔心笑着回答，一面將手拿的衣料放在棹上，倒了杯水，喝了一口，便轉身坐下。

「檢討的是什麼問題?」白民一面注視衣料一面說道。

「不是告訴一千次了嗎?怎麼老是這樣問呢?還不是隨便談談！」

「我是想我們兩人再檢討檢討」白民用雙關語答道。

「天天在外面檢討，回家來又檢討，你沒累我可累了！」

「唉！傻女人！」白民歎口氣！

「誰是傻女人，你懷着什麼鬼胎?」潔心嬌嗔地問他。

「我倒沒有懷鬼胎！」

「我人胎都沒有懷，別說鬼胎了。」潔心說着笑了笑，起身預備取水洗澡。

「妳在外面熱得很?」白民又用雙關語調問她。

「你不熱嗎?」

「我冷得很，連心都寒了！」

「怎麼啦?白民！」

「你不明白?何必把人當傻子呢?把人當傻子就是自己是傻子！」

「好，我是傻子！你聰明，我熱得很，要去洗澡，沒功夫跟你胡扯。」潔心實在累了，想洗完澡睡覺，她還以爲白民因爲一人孤零，見她回來故意調侃她，所以並沒有注意白民話裡有話，起身便走進裡間去。

「我和妳談話，妳就有事！在外面，「隨便談話」就能談得這樣晚回來」白民向着裡間說道。

「回頭和妳在床上談，好吧?我去洗澡，你先去睡，一會兒我就來！」潔心笑迷迷地又走出來，手裡拿着毛巾、肥皂、及短衫、短褲等走到白民身邊，對着白民的耳朶輕聲的說。

「我看我們還是正經談談，我不是不開通的人，何必規避！」白民對潔心的親暱態度顯然起了反感，以爲她是欺哄他，說着用手推開她。

「喂，白民！我有什麼事要規避

？什麼要你開通，把話說明白了！正經談談，誰和你不正經，你這人說話越說越沒有邊了，你倒是犯的什麼毛病？」潔心既疲倦，又氣狠，把手上拿的毛巾等物往棹上一放，一屁股坐下，圓睜的眼睛更增加她那嬌美的臉龐，白民看看如此豔麗的妻子爲人玩弄，更是妒火中燒，所以驀地起立，狠狠地問她道：

「妳去開了會的嗎？」

「怎麼不是？」

「我去過女青年會，那裡連鬼都沒有一個，人家告訴我早就散了會，妳上那兒去了囘來？」

「我……你誤會了！白民！」潔心並不是虛心，她實在因爲女人在社會上很容易被人誤解，由一個女人口裡說出男性對她如何如何，知之者，對於那位男性最多說一句無聊，不知之者，就對那女子用極不堪的口吻加以傳說，一傳十，十傳百，越傳越訛，越傳越脫樣，最後對那女人一舉一動都生懷疑，變成一犬吠影百犬吠聲，辯之旣不能，忍之又不可，所以女人的緘默是有苦衷的。深愛丈夫的女子往往如此。但是了解這種緘默的丈夫畢竟太少，所以白民一看見潔心不能明白答復，便以爲她支吾，怒氣突發，失去剛才的忍耐。

「『我』我什麼？誤會?!不要臉！」

潔心從來沒有受過這樣的侮辱，一肚子委曲何處去伸。一氣之下，不覺熱淚直流，半天說不出一個字來，白民以爲她理曲辭窮，更覺自己理直氣壯，大聲喊道：

「哭！這是女人第一訣！」潔心對於這句話並不懂，只知一定不是一句好話，心想這魯男子，眞不了解女人的心，唉！誰能了解女人的緘默！於是她忍氣呑聲的說道：

「請你不要不講理，事情的眞象還不明白，便破口罵人！深夜這樣大聲大氣的喊，人家聽了多難爲情。」

「妳做得，我就說得，我無不可告人的事，怕誰聽見？再說老婆偸人，在這年頭戴頂綠帽也算不了什麼！有什麼難爲情？」白民仍然大聲大氣的喊。

「放屁！潔心聽白民這樣大聲胡說，再也忍耐不了，口裡責他放屁，一手不自知地重重拍在棹子上，這一來桌上的花瓶、照像框、杯、茶壺倒的倒了，滾落地上的打破了，一陣晒呢嘩啦，滿房都是爲這場鬧劇伴奏的音樂。

「潑！這是女人的第二訣！」白民冷然說道。

潔心氣極，也不知道他說的什麼，一頭向牆撞去。白民急忙用身體擋住，並抓住她的雙手說道：

「這第三訣使來我可受不了！再說妳不要性命，也許有人要我吃官司。這年頭活着看熱鬧也是好的，死可犯不着。」

「提出證據來，血口噴人不行！」潔心哭喊道頭髮都散了。

「妳怎麼這樣不明白，我可不捉姦！自己臉割下來丟？事情已很明白，我們離婚好啦！再說物證就在棹上，何必一定要男女赤裸裸綁在一起，用那原始方式才過癮?!說着放掉抓住潔心的一隻手，將棹上的一塊衣料順手一拉又鬧道：

「這是誰送的？」

這時衣料裏又忽然抖出一張男子照片。

「交誼很深了！像片也送給妳啦！」白民切齒地說道。

這確使潔心也爲之怔住，衣料雖是那位指導員死七八咧塞上洋車的，她原預備明天送還，所以公然拿囘來，誰知還沒有告知白民就已經吵起來了。白民又一句一句逼人，氣糊塗了，竟未會顧到在這最尷尬的場合，最說不清楚的時候，叫他提出證據來，這不是搬石頭打自己的脚嗎？至於像片呢？更是說不淸了，因爲連她自己也不知道衣料裏面有像片，所以她想掙脫被白民抓住的一隻手，去拾取那張像片，可是被白民先拾着看了，又因爲爭着拾，不巧竟將潔心摔在地上，於是潔心哭了。白民也不顧她，藏起衣料和照片，喊道：

「離婚，非離婚不可！證據也有了，照片上寫着這麼肉痲的題字，還不够證明一切嗎？」

潔心原已疲倦萬分，經此一鬧，哭了幾聲，一時氣噎竟昏過去了！白民以爲她裝死恐駭他，看看天色快亮了，拔脚就走，可憐潔心醒轉過來時，只是她孤零零一個人躺在地上。

潔心遷入她工作的醫院已三天了，白民自那天鬧架負氣出走後，迄未來醫院找她，潔心入醫院雖說是賭氣，也實在因爲虛弱的身體，需要在醫院調治一番！何況鬧得大樑院的鄰居們都知道，她實在沒有臉再住下去。白民不了解她，雖使她傷心，但終是爲了深愛她。她在病室一人靜臥時，確也深自切責，一月來她確實太冷淡他了！工作和疲勞苦纏着她，她實在分不過心來。檢討或更需要精神去應付，指導員看見她，簡直是一羣在交尾季節的雄狗！使她耗去多少精神去設計躲避他們，爲了他們是解放圈子裏的特權動物，應付的輕重大費思量，她爲了不使白民因她成爲他們的目標，往往故意引起這群狗們彼此間的鬥爭。她冷眼看他們互相陷害，互相詆毁，暗暗罵道：

「這群畜牲！」

可是有時她看見馬可拉車，牛可耕田，狗可守夜，於是她歎氣了：

「原來罵他們是畜牲也辱沒了畜類！」

她是這樣的在憎恨這群解放圈子裏特權動物，她如何會和他們有苟且行爲呢？白民太不了解她了！她開始恨她自已的美麗。她想若果她是醜陋，也許不會有今日的困境，最傷心的是白民竟不讓她有說明一切的機會，他太不了解女人的緘默苦衷，他總是站在男性的立場，設想社會的一切。

「唉！女人畢竟是社會的弱者！」

她旣自傷女人是弱者，於是不覺有意向白民低頭了，她知道白民是深愛她的。她更愛他，所以想寫信去解說，不過，她不了解男女間的誤會，不是能自己解說淸楚的，只有第三者在有意無意間予以證明，才會消失，夫婦之間難處亦易處，就是這個道理。潔心終於寫了封信給白民，長達數千字，字字血淚，白民看了自不能無動於中，因爲他是深愛潔心。不過，他想到女青年會那位中年人的「憤慨」，和衣料中所藏的像片，及那張像片背面所題的字，他立刻失去了理智，他又認爲潔心是欺騙他，他不聽她一面之詞，其實，這也難怪白民，因爲複雜錯綜的經過，無論用文字怎樣叙述，總有說不清的地方，總有使人生疑的疏漏，何況不是講理論的文章而是當事人爲自己辯護的信。潔心於信寄出後，最初是一小時一小時回想信的內容，那些文句沒有說清楚，那些段落有疏漏，那些話可以使他明白，那些事還需要她親自當面解釋，後來是一小時一小時地盼望回信，回信是很快地來了，可是只寥寥數行，內容是這樣：

「……太耗精神了，何必寫這樣長的信呢！我覺得我們是在受磨練，離別也許對彼此都有利，這是上帝的安排，命裏注定了的，人們如何可以反抗呢？天下的事若果是能明白的，用不着解釋；若果是不能明白的，解釋也是無用。企求並等待上帝再賜給我們智慧吧！接受命運之神的指揮吧！請妳給我自由吧！……」

潔心讀信之後，哭了又哭！在無可奈何中，她決定去找白民面談，她是在下午七點鐘先回到他們的舊居，大雜院的人們都以驚奇而多少有點輕視的眼光去看她，不要說別人了，連小三的媽媽都沒有過來和她說一句話。最初她是沒有勇氣進大雜院的大門，既鼓起勇氣進了大門，去到院中看見房門是鎖着的時候，她的腿軟了！可是當她發現大雜院的人們在看她時，她又鼓起勇氣走去打開房門的鎖，她一走進房門，看見原來整潔的居室現在面目全非，連她和白民的結婚照片也撕碎散在地上，於是她又昏倒了。等她再醒過來時，她發現她是睡在床上，一個男子正坐在床沿上等待她醒來，當她的視線認清那男子不是白民時，她急忙坐起來預備下床。

「再睡一下，休息休息！」史同志說道，一面用雙手按住她的雙肩。史同志大概因爲他五天沒有去開會，特來找她的。

「哦！對不起，我不知道你們兩個人在這裏。」白民突然出現在裏間的房門口，那時史同志的雙手正在潔心的雙肩上，白民說着便退到外間去了。

「白民！白民！」她一面跳下床來，一面喊着跳到外間。

「我本來預備明天搬家，既是妳在這裏，注意，我說的是『妳』在這裏！我今晚即刻搬走，」白民搶先說道，並立即轉過身去收拾他自個兒的東西。

「白民！」她用哀求的語調說道，一面坐了下來，她實在軟弱不堪。「不要逼人太甚！我求你聽我解釋幾句。」

這時史同志突然從裏間走出來，向白民故意獰笑地說了一聲再會就走了。

「史同志！」潔心喊道，「請你等一等去！」潔心想留住史同志證明幾件事。

「回頭我再來看妳。」一面說着，一面加快脚步走了，大雜院的人們都切齒地目送他出去。

「妳不必多說了，我的耐性是有限度的，我讓妳自由，還不夠開明?!還纒些什麼？我再提醒妳一句，人民法庭對於離婚並沒有判給女方贍養金的例子。」白民氣白了臉說道，眼前的一切，確實太加深他的誤會了。

潔心知道一切都完了，說什麼也說不清了。她堅强的本性又重回到她的細胞組織內，於是她說道：

「白民，你若一意孤行，我也無法，你會後悔的。不過，我也提醒你一句，離婚登記手續不辦，查戶口時會生問題的。」

「好，幾天後到法院見面！明天我就去申請。」白民答道。

「我有最後一個要求。」潔心慘然說道。

「是什麼?說好了！」

「在法院裏請你不要再寃曲我！就說我們因爲意見不合請求辦理離婚登記手續！」

「寃曲?!」白民答道，稍停又很感慨地說道：「也好，樹也要皮，我給妳面子！」

潔心聽畢，立即站起來，一會兒她的背影便消失在大雜院的另一頭。

四

說這是中國人民的法庭，確是使人詫異，法庭大堂的正面，掛着史大林的巨幅五彩畫像。在對面的下首，掛着毛澤東的肖像，就尺寸說，比史大林的像小得多，就色彩說毛澤東的像片只是黑白放大像片，在法庭的左牆壁上掛有布質紅底白字的巨幅條聯，上下聯語是：

「說理須向蘇聯祖國學習」
「論事應對人民法庭坦白」

在右邊牆壁上畫着很大的地圖，包含蘇聯在歐亞兩洲的領土及中國的領土，地圖全部着深紅色，看去好像全部是蘇聯的版圖，根本分不出中國的疆界。台灣也在這個地圖上，圖上印着紅色的線條，表明這是個「準解放」區。解放後，律師是取消了，法官也改稱審問員，審問員並不穿法衣，而代之以史大林式的便服。開審時，審問員先不訊問而由受審人犯自報姓名「坦白」一番，對於任何複雜的案情，審問員總是任意判決，因爲審問員並沒有法律作他的根據。那天白民先到法庭，不久潔心也到了，兩人並沒有說一句話，開庭後，白民和潔心都各自「坦白」一番，從祖宗三代說起，直到他們今天到法庭爲止，他們說完之後，審問員發話了：

「原來你們都是布爾喬亞的餘孽！你們懂得人民法庭的判決是最後的判決嗎？」解放圈子裏已不是三級三審制了！

「懂得的。」白民和潔心同時答道。

「婚姻制度和一杯水主義現在是並存的，你們知道嗎？」

「不知道。」兩人又同時答道。

「你們是請求取消固定婚姻改奉一杯水主義嗎？」

「不是。」兩人再同時答道。

「那麼爲什麼請求辦理離婚登記手續呢？」

「意見不合！」也是兩人同時回答。

「在偉大史大林同志領導的共產主義旗幟下，是沒有兩種意見的，你們不知道嗎？」

「知道的，」白民答道，「不過……」

「我們私人意見不合。」潔心搶着答道。

「在共產主義的社會是沒有私人存在的，知道嗎？」

對審問員這句話，他們兩人都不知道應該怎樣答復。

「好，我且問你們爲什麼意見不合？」

「意見不同就是意見不合。」潔心搶着說道。「我們只是請求辦理離婚登記手續。」

「沒有原因嗎？」審問員獰笑着問道。

「我同意她的請求，不宣佈原因。」由白民道答。

「向左邊看，那牆壁上的聯語是法庭的信條，」審問員命令他們。那聯語白民是進門時就看見了的，潔心因爲是女性，進法庭來並未東西張望，一直是低着頭，所以沒有看見，審問員命令他們向左看，只得同時向左看！

「坦白！絕對的，完全的，無保留的坦白，」審問員說道。

「實在是一言難盡。……」白民說道。

「我們兩人的意見不合，並不牽涉第三人。審問員在道德上應顧全我們二人的名譽，何必一定要問原因呢？」潔心搶着說道。

「道德?!名譽?!」審問員說道，「這是布爾喬亞的自我陶醉！」

「她利用出席婦女檢討會的機會，行爲……」白民終於要說出。

「我抗議！他完全胡說八道，我是……」潔心氣極喊道。

「是不是深夜才回來？一次比一次更遲地回來？」審問員打斷她的話向白民問道。

「是的！」白民答道。

「這是婦女檢討會開會方式，」審問員獰着說道，他顯然故意透露一點消息，好讓白民明白這不是潔心的錯，俾免離婚，妨礙黨的夫妻監視計劃。

「唉！」潔心噓了一口氣。

「他遲歸是有了外遇！」白民又說道。

「胡說！」潔心喊道。

「我有人證！」

「誰？」審問員問道。

「女青年會的職員，」白民說道，「他會憤慨地告訴我婦女檢討會男女情形很不好。」

「你錯了，他是我們的工作同志，他是站在他的工作崗位上說話。」

「我有物證！」白民說道，他仍未明白審問員的暗示。

是什麼?!審問員問道。

「一件衣料和……」

「和一張黨指導員的像片，」審問員當白民覺得說出有所不便的時候，竟代他說出。

「他怎麼知道?!」白民和潔心的視線第一次在法庭碰着，每人都詫異地向對方用眼睛問了這句話。

「像片背面還寫有「坦白」題字是不是？審問員繼續說道，「指導員的工作報告和你們的行動記錄，我都看過，所以我知道了。」

指導員的工作報告?!我們的行動記錄?!白民和潔心又相視而詫異，他們開始知道是被緊密地監視着。

「偉大史大林同志的像片，毛主席的像片，不是可以送人嗎？黨員一律平等，所以黨指導員送像片給她是很平常的事，至於像片背面的題字，那更是指導員工作的表現。」審問員補充道。

「指導員工作的表現?!」白民和潔心都有些明白審問員的暗示了。

「你親眼看過她單獨和指導員在一道嗎？」

「看過。」

「在你們家裏是不是？她睡在床上，指導員坐在床沿。」

「是的！」白民答道，他已無驚奇的表情了。

「他們若果有姦情爲什麼不上旅館去？難道說在你們家裏方便些嗎？難道說大雜院的口舌還不够多嗎？」

「……」白民無法答復，潔心恨恨地望着他，意思是逼着要他答復，白民這時不自覺地一手摸着前額，好像恍然大悟似地，他知道他和潔心是被有計劃地挑弄着。

「我不愛他了！審問員，這就是我要求辦理離婚登記手續的原因。」潔心說道，「我想在解放的今天，這是人民的權利」。她這樣說不只是負氣，她深知目前不辦理離婚登記手續，終是他們陰謀破壞的對象，她和白民已經有了這次誤會，不能再鬧誤會，爲了她和白民的家庭幸福計，不能不設法暫時逃避。

「你呢？」審問員問白民道。

「我很難過！我太糊塗！我對「解放」的大時代太沒有認識！我覺得她的理由充足，她不應該再愛我，我同時辦理離婚登記手續！」說着用哀憐的眼光望着潔心。

「好，現在聽我最後判決，」審問員說道，人民在「解放」的大時代，是有權請求辦理離婚登記手續的，人民法庭是人民的法庭，當然爲人民服務，所以我的判決是：『鍾白民華潔心申請辦理離婚登記，可以通過，有效期間一個月，自即日起生效，期滿再傳來本庭辦理結婚登記，離婚登記費及結婚登記費共計人民幣五萬元，同時繳納，由男女兩方分担。』說罷也不問當事人有無意見，便起身退庭。

「走吧！」白民歎了口氣說道，雖然好像是自言自語，可是眼睛却望着潔心，潔心也不說什麼，跟着白民向右走，當經過那巨大地圖時，台灣的地形突然印入眼簾，兩人同時立定，視線同時集中在這個寶島！

「走，我們上那兒去！」白民低聲說道，這時他倆的眼睛仍注視着地圖上的台灣，而庭內也只剩下他們二人。

「離婚!?」潔心凄然淚下了！

斯諾筆下之維辛斯基的臉譜

焦木節譯

斯諾（Egdar Snow）為美國名記者，曾一度同情共產黨，寫了許多歌頌共產黨的書。現在，他轉變了，他已認清了共產黨的真面目，而站到反共的陣線裏來了。最近他在美國星期六晚郵報寫了一篇長達數萬言的文章，描述蘇俄外長維辛斯基的生平以及蘇俄的外交政策，他將這位信奉史大林為『人間上帝』的『孟雪維克律師』的一副殘酷刻毒臉譜，描寫得維妙維肖。以原文過長，故特節譯如次。——譯者

當我在莫斯科任記者的時候，我的俄文教師是一位年青的女人。我是她教授俄文的第一個人。她的其他學生都是蘇俄外交部的官員，教的是英文，維辛斯基也是其中之一，當時他是外交部第一副部長。

一天晚上，我一個人在她的會客室裡逗留片刻，適遇維辛斯基，我就對他說我們眞巧會同從一位教師，他對我的話似乎無動於中。我却更繼續下去說她是一位優良的教師，而且說她確是一個『漂亮』的人兒。

維辛斯基聽到我這幾句話，他的藍眼睛却光火了，立郎反唇相譏：『是一位合格的教師嗎？是的！漂亮嗎？我沒有工夫注意這些！』……『ni vino ni zhenschia, ni Pesnaya.』（醇酒，女人、歌舞、我都不歡喜。）『tolka rcbotayat,robotayat!』（我只有工作，工作！）『我畢生只知工作！』

爲什麼他覺得需要使我明白他對漂亮的女人不感興趣呢？我始終不了解。但是很久以後，我讀到了維辛斯基寫的一篇有關外國間諜的訓練和技術的文章。他在文章中說，有一個漂亮的女人在一個公共場所遇見了一個工程師，她假情假義相助，結果偷去了一些有價值的國家的文件。他規勸人家：『留心漂亮的女人！錯誤都是從弱點或缺點而生。』超人都沒有弱點。所以他們可避免錯誤。這就是他對青年人的教訓。

維辛斯基曾說過：『在蘇維埃國家中，公衆利益和私人利益是沒有衝突的。』一般的普羅階級是不是對這種意見完全同意，是令人不敢置信的。維辛斯基博士這類人所得物質的優越享受，曾引起政府機關的下級公務員中無數忠實的布爾什維克份子的妒羨，那些公務員月薪約在六百至一千二百盧布之間。可是和此相對比的外交部長的月薪，則達一萬五千盧布——依官匯匯率約值三千七百元美金之鉅。

維辛斯基以屬於科學院會員，每月特准可獲津貼二萬五千盧布，約值六千元美金。除這些數目外，還有最高蘇維埃和人民委員兼職的鉅額津貼補助。他所收許多著作——包括幾本必修教科書在內——的版稅，爲數亦甚可觀。總計起來，他每年的收入幾可超出五十萬盧布，依市價約在十二萬五千元美金之譜。他此外更可偶然獲得一筆史大林獎金由五萬至二十萬盧布不等。

在蘇俄，一個人有這樣一筆鉅額收入。縱使對黨及其所屬各機關捐献巨金，依然可以度其優遊舒適的生活。比此更重要的，還是高級官員所享受的特權，其價值是難以金錢估計的。舉例說，在上次大戰期中，維辛斯基博士及其夫人特准可向那一間專供政治局委員和武裝部隊長官所設立的商店購買名貴奢侈品。普通俄國人是絕對不能購到那些東西的。維辛斯基以身居顯要，在莫斯科河畔有一座私人別墅，這一帶屬於黨內要人住宅區，完全隔離而獨立。

在首都，維辛斯基住在一個廣大富麗的公寓中，有祕密警察嚴密保護。並有一輛華麗的汽車與車夫供其日夜使用。他更特准有一艘遊艇。表面上，公寓、別墅、汽車及車夫是由如伊凡，伊凡諾維契其人以鉅額出租的，可是伊凡自然永沒有看到這些租錢。在維辛斯基看來，那都是收費不多或免費由國家供給的。他所享受的許多特權——尤其是他經常出國，在蘇俄是出高價也購不到的。

在國外，維辛斯基身居要津，爲蘇俄的世界權力充發言人，他的言論常見於蘇俄的報章。可是在莫斯科他甚少發言，報章上亦少提到他。

「維辛斯基做成一個比史大林本人還更狂熱的史大林主義者，爲自己造成了地位」。一個俄國的作家有一次這樣對我說。他若不是這樣做，依照一切基本的革命法則，他縱不至於放逐於西伯利亞：：亦將是碌碌終生，一無所成。他生於奧德薩的一個資產階級的家庭，這一家族曾經一度傳和波蘭王族有關，後來他學成充任官吏；十七歲時，他的父母送他去基輔以求進一步受沙皇的教育。他是蘇維埃歷史上唯一得有沙皇政府法律學位的部長。他也是一世紀前列寧攻擊社會民主黨以來唯一獲得高位的老孟雪維克。

這個聰明的政治事業家，在一九二六年首次露

頭角而名響全國，當時他被召主持沙卡塔（Shakata）案；此案被株連者計有五十三位工程師，被控以怠工罪。他所用形容詞的卑鄙，如『瘋狗』，『臭叛徒』，『殺人的猪玀』等等，曾經使他的一部分心地溫厚的同僚大吃一驚，可是獲得了上司的喝彩誇獎。七年之後，他被選去主持麥托洛，維克斯案（即實業案—譯者），控告被株連的外國人和俄國人。他再度痛加詈罵。這個當時怒髮沖冠的檢察官會用長篇累牘攻擊詞，足足講了八小時，表演得有聲有色，對被控者和國家證人均一律加以責罵，毫不留情。

所有這一切，都證明是在史大林爲着黨的完全統治所導演的一幕戲劇中串演一個重要角色，粉墨登場表演而已。在一九三四年，維辛斯基被委爲基洛夫被刺案調查團主任。他直接將調查所得報告史大林，始終未見有公報發表，有一部分俄國人就其他微妙關係觀察，認爲聲望高的基洛夫是史大林的唯一的勁敵，可能史大林和基氏被刺案有關。

不管如何，維辛斯基是由史大林的命令任國家首席檢察官主持一九三六——一九三八年間的大清黨案。如衆所週知，在這一時期中，所有一切自由的批評，抗議和黨的反對派，一律被撲滅淨盡。這個時期，是黨內民主無疾而終，一種黨的聖秩制度——在一個永無過錯的萬能領袖控制下的政治局——的統治理論宣告勝利。

結果，整個蘇維埃的檢察官和法庭制度，構成了共產黨的司法的魔掌。實際上，一個人一旦命運不濟構成政治犯罪，他實際上只有兩條路可以選擇。第一條路：當他幸而能在一個公開的或秘密的法庭上受審問，那他對所控的一切罪狀只有招認不諱。第二條路：屈服於特別法庭的『威逼』和『酷刑』——這是秘密警察隨時認爲『必需的』。

在三十年代中葉的所有重大案件中，維辛斯基始終沒有一次錯過了機會。在那個時期中，有六批重要布爾什維克黨人受審，其中有五十四個人在三次公開審判中被判爲『不法惡徒』，其他許多人的受秘密審判，可能是因爲他們拒不招供。判決是宣布的，但始終未見有關提起公訴或審判程序之公佈。至少有八個高級將官未見有公開罪狀而遭槍決。

經過維辛斯基之手，藉坦白供認——一部分曾受秘密警察審問一年以上始被迫供認的——而被判死刑喪生的，列起名單來，或可與十月革命受勛人員名單先後媲美。許多被判死刑喪生的有中央委員，前人民委員或政治局同志，如里可夫（他承繼列寧任蘇維埃人民委員會主席），加米業夫、齊諾維夫、斯米諾夫、馬拉可夫斯基、巴卡耶夫、畢塔可夫、雪斯托夫、塞里伯拉雅可夫、布哈林、沙可爾尼可夫、克倫斯丁斯基等等。在各地方，當地檢察官均用秘密審判處決次要人物。無數千人被放逐或鎗決。百萬以上的黨員被整肅。

在那些被控的人中，有E. B. 柏蘇卡尼斯：當維辛斯基開始在他的屬下工作的時候，他被公認爲最權威的蘇維埃法學家。維辛斯基會和克列林哥——另一個老布爾維克且爲列寧的朋友——共著一書，名「刑事訴訟法」。事實上他是克烈林哥的助手，後來繼克列林哥的位任國家首席檢察官。據說，克烈林哥良心上覺得自己不能反覆無常去控告那些以前和他密切合作過的革命同志。可是維辛斯基却欣然接受而優爲之。這位不幸的克烈林哥本人終至在他的舊日助手的監刑下而被處決喪生。

這位野心勃勃的維辛斯基，由於參加整肅舊日同志有功而大受獎賞，獲得了勞動紅旗勛章，最高蘇維埃委員，蘇維埃人民委員會副主席，黨中央委員，雜誌蘇維埃國家與法律的編輯委員，二十萬盧布的史大林獎金，科學院法律研究組主任——一個名利雙收的實缺。

一九三六年，他被委參加史大林憲法起草委員會工作，同事中有著名的共產黨員葉格洛夫，葉茲霍夫，烏鮑洛維契，及雅克爾。維辛斯基後來竟誣陷上述這四個同事爲『法西斯份子』和『叛徒』。這種驚人的發見，却並不是指改變他對於他們幾個人共同的傑作之意見，他稱這部傑作爲『全世界最民主的憲法』。

在整個持久的動亂期中，維辛斯基始終充任政治局委員與秘密警察首領耶哥達的忠實僕從而工作。一九三八年耶哥達本人被控重罪。在法庭上，耶哥達想推翻他自己的口供，可是立即爲維辛斯基駁回。耶哥達終至認罪，並即遭處決。

如果維辛斯基算爲今日蘇俄的典型代表人物，那我們亦將如何去對蘇俄的正義加以估價呢？他身任蘇聯的檢察官，對秘密警察的工作是否合法一點應負有決定責任的。可是從來未見維辛斯基對任何案件加以追詢或設法重判，那些案件都是他根據那施用『坦白自招』的說謊者兼僞證家耶哥達的集團所準備好的供狀去處決的。在維辛斯基的檢舉之下，從來沒有得到過重判。

一九三九年，莫洛托夫薦他爲外交部副部長，當時協助對里賓特洛甫的談判，終達成德蘇協定。依照蘇德共同佔領波蘭協定，他當時向最高蘇維埃提議兼併波屬烏克蘭，會因而獲得殊榮。一九四〇年他任外交部第一副部長。

自納粹侵蘇，克里姆林宮頻於崩潰的時候，維辛斯基的燦爛星光開始消逝。敏斯基和李維諾夫，外交人民委員中兩個唯一能說英語的高級官員，亦從舊衣箱中被拿出來去應付對英美的交涉。維辛斯基正是在這個時候決心去學習英文。至一九四四年，敏斯基和李維諾夫亦被束之高閣，於是維辛斯基顯然亦成爲莫洛托夫的政策在歐洲的主要唱導者。他參加雅爾達及波茨坦會議。在莫斯科，因爲有一批流亡的共產黨員均歸中央委員會國外組管轄，維辛斯基就非常活動去組織新政府，以備接收東歐之用。

因爲他以對波蘭問題專家著稱，遂成爲在波蘭推進蘇俄計劃的理想的人物。他主持建立比魯特，（Bierut）政權的大部分準備工作。他在布加勒斯特的詳細活動情形，曾被大吹大擂宣傳過。他曾經提出哀的米敦書，致使泰達里斯科去職。後來他安置阿娜鮑克——一個蘇俄藉的羅馬尼亞人——於黨和政府的要津，她直到現在仍保有這些位置。在整個捷克的危機中，他始終活躍着，一直到布拉格的共產黨政變始告結束。

貝布勸博士（南斯拉夫外交部副部長兼南國出席聯合國代表團團長——譯者註）最近曾對我說過，在聯合國以及有關一般外交事宜，歐洲共產黨集團的政策常常是由莫斯科交下來照辦，從來沒有經過民主協商方式取決於多數。維辛斯基僅是將已訂政策作爲既成事實交給他的衛星國傀儡，告訴他們怎樣去執行而已。南斯拉夫是唯一的歐洲國家膽敢提出爭辯的，但仍常常爲顧全團結，極力容忍蘇俄的霸道……直至克里姆林宮的要求危害國家的內部獨立時始起而抗爭。

南斯拉夫的反抗，立即使提托及他的整個黨變成維辛斯基的檢察學派所發明的那些專用字彙的攻擊目標。一夜之間，昔日的『英勇的同胞斯拉夫人』忽然變爲『法西斯野獸』，『瘋狗』，『殘酷的暴徒』，『華爾街的走狗』，和『帝國主義的姘婦』。

『當某國人民未得獨立國家的允諾，遽然對某些事件加以置喙干涉時，這就是侵犯主權。』那是維辛斯基自己的侵略定義。他關於民族獨立則附和史大林：『各個民族均有保持各該民族自己的意志之權利。』至關於蘇俄對於鄰國的政策，他說：『對於別國的內政，無論如何不能干涉。』可是，當貝布勸指責克里姆林宮對南斯拉夫的政策違背尊重國家主權這一高尚的原則時，維辛斯基就直截了當斥責他是一個『生成的聲探』，一個叛徒，已成爲『一個外國間諜機關的工作人員。』

然而，維辛斯基本人不能作那樣重要的政策上的決定。在他目前的任務中，正如他從前的職務一樣，他只是執行政治局的命令。蘇俄的外交政策上所有一切的見解，都是根據數年前史大林所擬訂的基本指示而來。維辛斯基在聯合國的動向，由那種指示來詮釋，立可了解無遺。

史大林宣布過：『在帝國主義的集團之間，存在着天生的矛盾，矛盾衝突不可避免地會引起戰爭……蘇維埃外交上的活動必須要在（那些）矛盾衝突之間建立起來。外交部之所以存在的理由，就是在於研究敵人間的（那些）矛盾衝突，加以利用操縱。』

目前蘇俄對於上述的原則之應用，集中於『利用』『操縱』國際的緊張局勢，盡量製造反美敵意。『操縱』似曾一度在希臘使用過。韓國戰爭，當可視爲另一種「操縱矛盾衝突」的企圖，藉使蘇俄在戰略上獲得有利地位。

維辛斯基爲這種蘇俄的政策所作辯護，有些言詞是比較鄙俗而坦白，這可不必責備他。他往往只是背誦克里姆林宮預備好的一套老調而已。同時，凡對維辛斯基的工作及其效果予以客觀批評的人，必會對他作下面的斷語：他在他自己的上司的短視的觀點給予他遵守的範圍內，確已在成功湖與歐洲爲辯護蘇俄的政策而完成了一件非常巧妙的工作。

在巴黎召開的最後一次外長會議中，維辛斯基提出一種協議解决辦法，包括有關柏林危機的幾個重要問題，並從幕後拉出一個南美的外交家從中斡旋，以取得英美的接受。當時他擬同史大林通電話請示未果，遂轉而請示莫洛托夫解決。莫洛托夫一口拒絕了他的辦法，並嚴命他嚴格遵守克里姆林宮的指示。維辛斯基在無可奈何情形下，對南美外交家表示他的憤慨並對莫洛托夫加以諷刺。不久之後，他在一次社交集會上表示，他將願意脫離外交界，重返教書匠生涯。

這個故事說明一個顯明的事實，即史大林對外交涉的全權代表仍屬於莫洛托夫。維辛斯基不過站在權力圈外奉命行事，並不屬於核心人物——史大林一提起他時，依然帶點詼諧口胳，用俄國人說的一句話：『那個孟雪維克律師』。所以，莫洛托夫之退居幕後，只是表示他避免同西方各國作舌戰的麻煩，並不是放棄他的權力。這樣一來他可以集中力量，從事在政治上鞏固新的共產黨主義國家中的蘇維埃權力，並調整他們的外交政策。因爲加强共產主義國家間的團結，準備『不可避免的戰爭』——不是加强聯合國以任協商解決的橋樑——，現在顯然正是在蘇俄的外交政策中佔着最優先的地位。

檢察官要對罪犯和刑罰負責嗎？他沒有制定法律，他只是設法執行。在維辛斯基看來，在檢察官和外交部長之間是很難劃出明顯區別。他的從前的工作使他充分練成適於担任蘇俄外交家的工作，在他看來，一切人類只可分爲兩類：一類爲服從史大林法律的永無錯誤的意志，另一類爲反對斯大林法律的普遍適用性之人類公敵。

他在蘇俄共產黨中，永不會獲得權力或扶植自己的黨羽，但他似乎已受一個新教的上帝的感召。因爲他認爲俄國人所崇拜的沙皇已經崩潰，今日應運代之而起的是一位新的上帝。

貝林斯基（Belingsky）在他斥責戈果里將沙皇的教會統治的沒落加以神奇化的一封有名信扎中，曾對那種現象作過預言式的描寫，現在那種現象亦再度出現了。

『當宗教精神統制着有些歐洲人的時候』貝林斯基感慨地說：『他就變成了對强權……對這個世界上擁有權力的人的違法行動的一個咒詛者。可是對於我們，適與之相反，當一個人（甚至一個純潔的人）受那狂熱——我們稱爲宗教狂——所制服的時候，他將立即對人間上帝比對天國上帝會供奉更多香火。』

馬克思是一個理想社會中人類自由的宗教預言家，在這一理想社會中，國家機構——以及暴力警察統治——必將『衰謝而亡』。列寧當他在世時，決不向他供奉香火。維辛斯基的特點：惟有他比任何人更誠心誠意信奉承繼列寧的那個『人間上帝』，終生負起爲人打頭陣的忠僕的傳統責任，竭力爲侵略的勢力效勞。

書刊評介

民主政治

（民主中國出版社印行）

海光

這是一小册文摘。雖然它不過一小册，可是其中所選的文章却相當精粹：計有張士龍底『民主國家的基本精神』；羅素底『權力的訓服』；胡適底『民主與極權的衝突』；以及戴杜衡底『民主世界的迷惘』四篇；此外，還附錄有『什麼是基本人權』。

現在，談『民主』總算已經不是『罪』了。這是重大犧牲換得的些微代價。我們希望再不必支付可能的代價而『行』民主。不過，『行』民主，必須了解民主底眞諦。張士龍這篇文章在這一點上眞是給未曾接觸過民主底理論與實際的中國人民以不少的幫助。

在一開頭的時候，張士龍就說：『「民主」二字有它的意義與精神，是不容曲解的。』他將民主意義與精神分列在下述的一些題目裡：

第一、個人與國家。他說：『一個民主國家是由自由的個人組成的，而決非一個概括一切的國』。在這樣的國家裡，人民都是『目的』，沒有人祇是『工具』。個人是最後的實存要素。『旁人能說服他，影響他，然而永不能代替他——不能替他用思想，不能替他作決定……人全會犯過錯。「人君無過失」，「教皇不會錯」的古訓，在現代看是不可相信的。一個人或團體可以在某種情勢下某一時期內，「領導」其他的人，但不能在任何情形下永遠「導演」其他的人。一個人尤不能代替或概括衆多人。這樣便要抹殺他所代替的人的意志，僵化他們的理智。沒有人是「超人」或「聖人」可「以萬民爲芻狗」。……』說到此處，作者更深入一層說：『這是一個很平易的道理，也可以說是一個很庸俗的道理。但是任何與此相反的說法，就要從「整體（Totality）的觀念出發。從「整體」（無論是階級還是國家）觀念出發，就要把個人的重心放到個人以外，而以整體爲實在，以個人爲虛無，以整體爲目的，以個人爲工具。但這個整體，事實上是不可能實現的，而其結果終必致以少數人，甚至一個人（巧妙地透過一個嚴密的組織）完全概括了其他的人。其危險還能比此再大嗎？』這話眞是千眞萬確。法西斯，納粹都强調『全體主義』，再將這全體主義化了的組織，納入國家至上的範型之內。現代共產制度是這一套玩意之發展底最高峯。許多人則望此而欣然色喜，銳意模倣，亦若惟恐不及。在這樣的統制之下，人民中之分子，如不屬於統制圈內，便等於「芻狗」。芻狗那有人底尊嚴？他們底存亡禍福完全操諸人手。在這樣的全體主義的統制之下，個體根本消亡，亦若泡沫之消逝於海洋。而站在人民之上的人呢？我借用基督教的話來說，就是『一切榮耀歸於主』。有了政權，卽是有了一切。古往今來，那有這等極權專政？這是我們反共的基本理由之一。這同一理由也可引用來反對一切形式之極權主義的理論及其實際。

第二、社會與國家。作者認爲個人底生活是多方面的，『沒有一個組織能完全吸收了他，概括了他。……國家固然是在衆社團中最龐大最有力，並是帶有强制性的（Coercive），但它一樣是由個人組織起來的，是人們爲改善他們底生活，或表現他們的個性而組織起來的。……國家的功用就在保障、支持、促成，修正，補充，節制、調整、協和，這衆多個人與社團的活動。越出這消極的範圍，國家卽應無能爲力。如必欲對個人橫加干擾，便難免鹵莽滅裂的結果。』這種看法，調和折衷而且充滿了人情味（humane）；但與一切極權主義的國家論恰好相反。

第三、國家的主權。作者說：『主權的觀念對於民主國家仍是必要的。但是法理方面的主權萬能，至高無上，絕對無限的論證，竟被若干國家應用到經濟範圍上去。個人的自主的生路全被斷絕，因而造成千古未有的專制局面。』這種千古未有的專制局面，是在『實行社會主義』的美名之下行之的。政黨或權力組體藉强力將社會一切生產機構據爲己有，將國家一切資源嚴密掌握。個人自主謀生之路斬絕了，然後只有聽憑他們喂塡鴨式的『配給』一點，叫你還覺得是莫大的『恩惠』。大家底胃囊給少數人控制了，你們底命運那得不聽人擺佈？

『民主國家的主權觀念是功能的。要主權爲的是避免內部的無政府狀態，爲的是維持一個法律程序。法律的制定、執行、解釋，全要經過某些固定的機構與正當的程序。唯有這樣纔能避免暴民及恐怖政治。』又說『所以在民主國家內，沒有一個人或一個團體是主權者，而其餘所有的國民都服從他的命令（卽法令）。這祇有專制時代方是如此。……制法是人民爲自己制，爲自己守。沒有人得以主體者的身份，專門計劃並規定旁人的生活，而自己，却超出其外，不受其影響。』

第四、民主國家無國教。『民主國家另一個特點，就是它的國民不專信奉甚麼主義，不專信奉某個人的主義。民主國家對某某主義更沒有一個官方的解釋。一個民主國家可以有它的民族哲學，但沒有它的國教。』這一層對於民主國家是非常重要的。如果一個政治組織藉其政治力量而强迫全體人民一律信奉它底『主義』，或藉教育方式强注於在學青年，而且批評了就是有罪，那末這個國家便沒有思想自由。沒有思想自由的民主，豈非假民主？毛澤東在其槍桿射程所及的範圍以內强迫人民學習那個啥子『新民主主義』。這是愛好民主自由者所難堪的暴行。同時，吾人正好拿是否藉政治力量强迫人民接受教條主義，來作測量是否眞正民主的尺度。

第五、國家與革命。關於這一點，作者有很健全的見解，他說：『任何國的國民都有革命的權利。然而革命却非一社會的健全現象。唯有落後的國家，才不斷有革命發生。』這是很正確的看法。可惜得很，近幾十年來許多職業革命家們將革命神聖化(Sanctified)而成爲『革命主義(Revolutionism)』。其所以如此，一部分底理由，是不知民主方式比『革命』流血更佳。『民主國家經常以和平民主方式轉換政權。改革如有憲法途徑可尋，流血革命根本就是不應該的。』將「民主』與『革命』連在一起的人，未知是否了解此義。

第六、民主國家的政治。『民主國家的政治是以人權，民主，分治(Derentralization)爲其礎的。』實行民主政治，必須：『a，兩個以上的政黨在嚴防舞弊中作自由的競選，…b，全國人民得無限制地，公開地，討論政治問題。無論任何人均有權利對任何公衆問題，政策，候選人與政黨，發表意見。c，絕對秘密投票。』

以上六點，是民主底基本意義與精神。近年來討論民主的文字多矣！然而，有的不是歪曲，便是斷意取義。能够對於民主底眞諦作一正確而全般介紹的，這一篇似乎是有數的文章之一。

第二篇是羅素底『權力的馴服』。羅素底作品對於許多人已不生疏了。這篇文章與前篇頗有互相發明之妙處，它抽自羅素所著『權力』一書。讀者最好取全書細心一讀：當可發人深省；並知權力的馴服對目前的世變具有何種良好的影響。羅素說馴服權力有四個條件。第一、我們不能信任少數人照料多數人的利益。第二、使專權減少到最低限度所必需的經濟條件。第三、不平的伸訴必須使之有公開的可能。政治活動如不作破壞法律的煽惑，必須予以自由。第四、免除或不製造羣衆狂熱。『自由的教育的任務就是：使兒童認識統治權以外的事情的價值，並幫助創造自由社會的智慧的公民。』這是多麼公正的理想。在這公正的理想面前，那藉『訓練』來把人民造成一黨一派底工具的勾當現得多麼偏私！

胡適底『民主與極權的衝突』一文，除引述依斯托曼對於極權主義的批評以外，基本觀念在第一篇中都可找到。我們無需在此贅述。

戴杜衡底『民主世界的迷惘』一文，曾爲若干人誤解，或爲一部分人所利用作攻擊民主的藉口。其實，他底立意是爲了預防民主正體之崩潰。這種立意顯然是站在最民主的那一邊的。他說的很明白：『我以爲民主政治是在退轉之中，卽是說，已漸漸走上了與它原來理念相反的，或至少是不十分符合的道路。極權國家的情形不用說。我是說卽在一般公認的民主世界，也有某種事態的端倪，令人懷抱隱憂。及早指出這危機，也許是避免危機之最佳的方法。

他分別指出民主政治之瀕臨危險邊沿的重要情形：

一般民主主義者同意政府底活動應僅限於絕對必要的事件上。但此『必要』是一變量(Variable)，而不是一常量(Constant)。旣然如此，『必要』可伸可縮，可多可少，可暫可久，可以這樣解釋也可以那樣解釋。假若有危險或緊急的事態存在，那末『必要』底範圍可以擴張及於政治，經濟、敎育，文化全部，軍事更不必說。『必要』底這樣擴張，在事實上與極權統制同其外範(C–extensive)。這樣一來，它可以逐漸摧毁民主實素。英國工黨之所爲就有這種來勢(Tendency)。而民主剛在萌芽的地方，更經不起這樣幾個『必要』一轉，不知不覺倒退回絕對專制之路，只剩下若干在『導演』之下的選擧形式，作爲點綴點綴而已。如就蘇俄而論，則『選擧』最順利辦理的地方，正是最極權的地方。

戴氏說：『對眼前這問題，我們似乎還應該從另一方面來考察。民主政治在原則上旣並不否定政府的權力，不過是提防着權力的濫用而已，則政府權力提高，如果人民提防權力濫用的技術也同樣提高，政府多管一些事也是無礙的。現在要來看提防技術究竟提高了沒有，究竟提高了多少。』這是一個很關緊要的提示。因爲，照現代若干地方的趨勢，一旦少數人掌握政柄以後，你不獨要把『擁護之權』移交出來，而且又要把飯碗交出。他們底政治勢力深入你底腸胃。這時，如果他們胡作亂爲，又如果你無力反對，那末只有白白在肚皮裡悶氣，或者慢性自殺而亡。無可奈何。

作者接着說：『我們首先應承認在選擧權方面，確是有了不少進步。不論階級性別，不以財產爲基礎的普選制度，已漸次在大多數國家實現。選擧方式，在有些國家，也有了若干更符合民主原則的改良。甚至在本質上非民主的國家，也莫不維持着一種的普選形式。似乎現在的統治者，都是在徵得人民同意之後纔行使統治的。可是我們要瞭解，選擧權這一項人民所掌握的唯一權力，事實上却正是一項最爲微弱的權力。……人民只有在投票的一刹那是自由的（極權國家甚至連此一自由都非眞實），此外時間他仍然爲無條件的被支配者。而且，在投票時作最佳的選擇，已由種種事實證明爲不可靠的幻想；人民，不論他的知識程度如何，對被選擧人未來的行爲思想，不

（下轉29頁）

第四卷　第一期　內政部雜誌登記證臺內警台誌字第四六號

給讀者的報告

今天─民國四十年元旦，是一個新的年代的開端，無論對自由中國或對自由世界，這都是歷史上很關重要的年代。自由民主與反自由反民主的鬥爭即將進入最後決鬥的階段，我們有充分理由相信在這場決鬥中人類文化與自由之終必獲勝；因此，這個已經來臨的年代是民主最後勝利的年代。中國人民在這空前的鬥爭過程中，不幸而經過這次中共極權的浩劫，自然更有一番勝人的深切體認。四億同胞命運所寄的自由中國曾經堅忍地奮鬥，并結束了旅程中最暗淡的一段。過去一年正是這否極泰來的關鍵。今後，隨着新的歲月到來的將是無限的新的希望。當然，我們也深知道黎明前還殘存着黑暗。因此我們迎接這新年的時候，不僅是歡欣鼓舞，而且還立下了更堅忍的決心，準備迎接更多的苦難！

當所有人都在準備迎接新年到來的時候，自由中國竟發生了一個意外的不幸事件，那便是傅孟眞先生的逝世，這位五四運動的青年領袖，中國學術界權威，在反共抗俄的危難的今天，是自由中國不可少的精神支柱。傅先生留給世人的影響不僅在他廣博精深的學術造詣，更重要的是他在歷史上對中國民主自由運動的貢獻，以及這一方面留給國人的啓示。今天當自由與極權正臨緊張決鬥的時候，這位自由中國的巨星竟猝然隕落了，這何僅是中國的不幸，而是人類爭取自由的整個運動過程中的一大損失！爲了悼念這位哲人的逝去，我們特闢專欄，爲文誌哀。因此，在這期『自由中國』新年特大號上將同時留下一些象徵悲慟的墨漬。

王雲五先生爲讀者們所熟知的人物，這期爲我們特撰『爭取人民』一稿，是一篇很有膽識的文章。他從我們過去失敗的經驗裡，歸納出拯濟時艱的根本方策，尤其在我們政治上與軍事上準備反攻的今天，這類意見的提出實在太重要了。

最近來台講學的錢賓四教授，是最能代表中國文化精神的權威學者，「中國民族之克難精神」一文係應本刊之請而作，中國人民反共抗俄大業之必能成功，從此文中當可得到歷史的印證。

方豪教授的「台灣在政治上與文化上抗日的回顧」一文也是一篇歷史的撰述，使我們對台灣在日本統治時代壯烈反抗的史跡作一簡扼之回顧，當益增我們中華民族同仇敵愾的信念。

吳鐵山先生是臺灣當年革命運動領袖之一，曾創組民衆黨，負該黨組織責任，他以「半世紀淪陷者」身歷的慘痛，痛斥殖民政策的理論，使人有無限感觸與憤慨。

廣告刊例

一、封底裏面全幅每期新台幣一千元，半幅六百元，1/4幅三百五十元。
二、普通全幅每期新台幣八百元，半幅五百元，1/4幅三百元。
三、登一期者，按期一次付清；連登三月而一次付款者，九折計算；登半年以上者，八折計算。
四、式樣及鋅版自備，如欲本社代辦，則照值計算。

本刊售價

一、臺	幣	三元
二、越	幣	八元
三、菲	幣	五角
四、港	幣	一元
五、暹	幣	四銖
六、美	金	二角
七、叻	幣	四角
八、印尼	幣	三盾

自由中國半月刊　第四卷第一期
"Free China"（總第二十八號）
中華民國四十年一月一日

發行人　胡適
主編　『自由中國』編輯委員會
出版者　自由中國社
社址：臺北市金山街一巷二號
電話：六八八五號

航空版
香港　香港時報社（高士打道六四號）
紐約　Modern Chinese Art & Printing Co. Inc. 2 East Broadway New York City, N.Y.

經售處
臺灣　中國書報發行所（臺北市館前街八五號）
　　　新生報社高雄分社營業部（高雄市鼓山一路一〇號）
美國　紐約民氣日報社
　　　舊金山國民日報社
日本　東京南友堂
　　　東京內山書局
馬尼剌　中菲文教出版社
印尼　巴達維亞星期日報
　　　棉蘭繁華圖書公司
越南　西貢中原文化印刷公司
　　　越南華僑文化事業公司
曼谷　曼谷攀多社十二號
新加坡　中興日報社
檳榔嶼、吉打邦均有出售

印刷者　臺北印製廠
廠址：臺北市民族路六四三號
電話：三三一六號

本刊經中華郵政登記認為第一類新聞紙類
台灣郵政管理局新聞紙類登記執照第二〇四號

自由中國

FREE CHINA

第四卷 第二期

要目

中華民國四十年一月十六日出版

社址：臺北市金山街一巷二號

半月大事記

十二月廿五日（星期一）

韓境聯軍順利撤出興南。

十二月廿六日（星期二）

台灣琉球間貿易協定初步草約，由我代表薛毓麒與琉球軍政府代表畢德勒在冲繩島那壩簽字。

李格威將軍飛韓繼已故華格中將之遺缺，就任美軍第八軍司令，幷受命爲韓境聯軍統帥之職。

十二月廿七日（星期三）

聯合國三人委員會開始起草其使命業已失敗之報告書。

行政院院會通過聘請閻錫山等一百六十八人爲行政院設計委員會委員，張厲生兼任秘書長，朱懷冰爲副秘書長。

本省黃金儲蓄存款台灣銀行奉令暫停收受，原辦法將予修正，幷加訂審核辦法，俟產金小組審議後付諸實施。

十二月廿八日（星期四）

美政府照會蘇俄，拒絕十一月廿日蘇俄之抗議，謂美國決意進行對日和約，無論蘇俄參加與否。

美國全國生產局下令管制橡膠之購買及分配，幷禁止重要物資之囤積。

麥帥總部公報稱：中共業已全力參加韓戰，其五個野戰軍中有兩個已參戰，支持其作戰者爲中共一九五一年數達八十億元之軍事預算。

合衆社倫敦電：據新華社消息，中共已將美國在華資產全部接管，幷凍結美國人民在華資銀行之存款，以爲對美國禁運貨物往共區之報復。

合衆社貝爾格萊德電：狄托元帥向國會提出警告，謂南斯拉夫現正遭受分駐於保加利亞　哥羅西亞及匈牙利境內爲數至少六十萬蘇俄軍隊之直接威脅。

十二月廿九日（星期五）

立法院第六會期最後一次院會，經激辯後決議贊同總統咨文，對本屆立委任期屆滿後，延長立法權行使期限一年之意見。

十二月卅一日（星期日）

奧總理雷納博士逝世。

麥帥發表新年文告，贊同迅結對日和約幷重整日本軍備。

一月一日（星期一）

蔣總統發表元旦告同胞書。

美國衆議院破例舉行元旦會議，通過二百億國防追加預算案。

一月二日（星期二）

美國第八十二屆國會開幕。

一月三日（星期三）

聯大政委會復會，聽取三人委員會提出關於調停韓戰失敗之報告書。

韓國政府撤離漢城。

一月四日（星期四）

聯軍放棄漢城。

杜魯門總統在記者招待會中表示，未經聯合國授權，美不致轟炸中共區域，幷仍願以談判方式結束韓戰。

美於國防動員局下另設國防生產局及國防動員委員會以加速軍需生產，哈里遜氏被任命爲國防生產局局長。

英聯邦總理會議在倫敦舉行，會議期間預定十日，將檢討世界面臨之和戰重大問題，與會之八個聯邦國家爲英、印、錫蘭、澳洲、紐西蘭、加拿大、南非及南洛諦西亞。巴基斯坦缺席。

一月五日（星期五）

韓境聯軍放棄仁川。

一月六日（星期六）

艾森豪威爾元帥自華府飛往巴黎，就任北大西洋公約聯防軍統帥。

合衆社華盛頓電：國務院官員稱，美國已要求聯合國會員國宣佈中共爲侵略者，幷促使各國與中共斷絕外交關係，實行禁運及其他經濟制裁，以制裁中共之侵略。

美政府官員稱：最近數週內，已有値約一千萬美元的軍械運抵台灣，以加强中國政府之防務，此舉係北韓發動侵略時所作政策之結果。

一月七日（星期日）

台灣省基隆、台中、台南、澎湖四縣市分別投票選舉縣市長，謝貫一當選基隆市長，葉廷珪當選台中市長，楊基先當選台南市長，李玉林當選澎湖縣長。

一月八日（星期一）

韓境聯軍撤出原州。

一月九日（星期二）

聯合國政委會徇英代表之請，在處理美國所提譴責中共之要求前，對中共作最後一次之和平呼籲。

香港美總領事館奉國務院之命勸告美僑撤退眷屬。

一月十一日（星期四）

聯合國政治委員會開會討論三人停戰委員會提出之韓國和平計劃；規定立即停止戰鬥，所有外國軍隊均撤出韓國。停戰生效後，將由英、美、蘇及中共代表組織委員會，討論台灣、對日和約、中共加入聯合國等遠東問題。

杜魯門總統於記者招待會中，否認麥帥建議撤退韓境聯軍之說。

社論

建立現代化的制度

本月八日蔣總統以中國國民黨總裁的地位在中央改造委員會擴大紀念週對黨員講話，就中說到：

「所謂革命建國的新精神，其具體表現是什麼呢？就是：第一、要消除派系自私自利的觀念，打破爭權奪利磨擦傾軋的惡習；第二、要健全黨政軍民各階層的組織；第三、要建立現代化的制度。」

蔣總統提出這三點，自然是針對時弊。也就是說，在現階段中，派系自私自利的觀念和磨擦傾軋的惡習依然存在；黨政軍民各階層的組織也未健全；現代化的制度尙待建立。這都是事實。蔣總統旣勇於公開承認這些事實，我們也就更爲感奮地作進一步的申論：

首先、我們要特別指出的，上述三點，前二者是病象，最後一點—現代化的制度未建立，是病根。診病要從病根下手！

其次，現代化的制度，其內容是些什麼，我們得弄淸白，把握住。希特拉、莫索里尼、曾經用過他們所認爲現代化的一套辦法（制度），史達林正在推行的那一套，在史達林特有的理念中，又何嘗不認爲最現代化呢？主觀終究是主觀，歷史會宣告那是眞的，那是妄的；眞的健在，妄的滅亡。希特拉、莫索里尼身敗名滅了，遺留下一片殘破困乏的歐陸；史達林正步他們的後塵，將與他們同一歸宿。歷史所要求的現代化制度，其內容如何，該够明白了，一句話，要與希、莫、史、那些大同小異的幾套辦法完全相反；析言之：

(1)政治現代化，要民主。在民主前提下，政府的措施，要以法治自律，人民的權利——尤其是若干基本自由，要以法治保障。

(2)經濟現代化，積極地要提高一般人民的生活水凖，消極地要保證人民不虞匱乏之自由。

(3)教育文化現代化，要尊重學術研究的獨立精神，注重人格教育。政治的教條不能代替學術上所追求的眞理。

(4)社會制度現代化，要建立於人格平等。社會聯立關係（Solidarity）代替奴主關係。

政治上的權力是最現實的，最有影響力的。爲求上述各部門的現代化，必須以政治的現代化爲前提。所以我們得特別强調民主與法治。在這篇短文中，也只能就這兩點來講。

民主政治，少不了選舉制度和民意機關。但選舉制度加上民意機關並不充分地等於民主政治。就選舉和民意機關這方面講，今日的臺灣已向民主政治跨進了一大步，可是在走向民主政治的首途中，我們所應當特別重視的，還是以推行民主政治爲己任的政府當局（中央的和省級的）頭腦中的民主觀念。民主要有寬容大度，「誰是我的人，誰不是我的人，」在腦子裏老是盤據着這樣一個想頭，則其觀念就是十足地反民主；民主要重視輿論，愛憎喜怒之情隨着「小報告」而轉移的，很難說不是反民主的氣質。自私自利的派系之所由產生而迄未斂迹，原因在此；磨擦傾軋的惡習之所由形成而迄未消除，原因在此；在今日反共抗俄的大目標下，未能顯出一個氣派偉大的局面，原因也在此。

法治，如果僅就法治本身，而不就「法」之所以成爲法的程序說，法治並不是民主政治的特徵；也不能把它和民主兩者視同一對孿生子。中國的歷史，找不出一個民主時代，但可找出法治精神的時期，商鞅相秦，就是一個顯例；希特拉，莫索里尼時代的德、意，其政權類型雖然是絕對地反民主的，但也顯出法治的威嚴。儘管他們所運用的法，在形成其爲法的程序上違反民主。法治不一定民主，民主必須有法治。我們今日的現實政治，需要我們要求民主；更不幸地，同時尤迫切地需要我們要求法治。

民主下的法治，基於「法律之前人人平等」的原則。同罪不能異罰，同功不得異賞：司法權的獨立，不容任何其他權力的干擾；至於對罪犯之依法逮捕，依法審訊，以保障人民身體自由，尤爲法治之起碼條件。再就行政上的法治說，設官分職，爲的是分門負責，分層負責。有其職必有其權，權因職定，決不能因「人」的因素而伸縮。同時，用人不疑，上對下不許事事過問，否則政治圈內只有奴才；做官負責，下對上不應事事請示，否則恩怨聚於一身。歷史上邴吉問牛喘，不問長安市上殺人案件的故事，我們一方面笑其陰陽怪氣的觀念，一方面也佩服他尊重分層負責的法治精神。—在現在科學時代，我們還要徵引這個陰陽怪氣時代的故事來寫時論，人類歷史又不免有點令人迷惘！

理論與事實，在這個題目下可以寫下去的太多了。這裡，我們以誠摯而又沉重的心情，再說幾句：今日在臺灣的中央政府不僅是自由中國的命運所寄托，也是東亞反共抗俄的一大支柱。這是事實，誰也不能否認，因此，凡是志切反共的人，都得珍惜這個勢力，愛護這個勢力。同時，我們也相信，政府當局確在努力想做好，事實上也有許多好的表現，尤其在軍事方面。不過，在一個根本問題上，也就是本文所申論的現代化問題中的中心問題—民主與法治這個問題上，似乎知之不够，或者行之不力。因之我們還要在本文的結尾，引用兩句古話，向政府當局表示我們献曝之愚忱。古話說：「以身教者行，以言教者訟。」

時事述評

建立聯合陣線正是時候了!

早在一年以前，本刊即開始刊登討論組織「反共聯合陣線」的文字，無論國際的或國內的。然而一年以後的今天，那一方面的「反共聯合陣線」都沒有完全形成，我們不能不感到民主陣營人們行動的緩慢了!

我們現在專就國內方面來檢討：對這個問題，有些人感到不耐了。他們忽視了政府統一的重要乃高唱「第三勢力」，而另一方面政府也頗為方邦所誤解。瞻望反共和中國自由民主運動的前途，我們實在不能不憂心於這種可怕的現象。上月下旬總統府秘書長王世杰氏向合衆社記者發表談話時，曾再三强調團結的重要。在原則上我們十分同意王氏的這一觀點，然而如何才能做到「團結」，其中却大有文章。現在我們願就這個問題貢獻意見。

從歷史的意義來看，過去現在和未來我們始終有兩大任務：第一是反極權，鏟除一切不合理的統治。第二是建立一個自由民主的國家。其實上述的兩大任務實在就是一物之兩面：從消極的一面來看，是反極權；從積極的一方面看則是推動自由民主的運動。不但中國的歷史如此，全世界亦莫不如此。這是一個人類歷史發展的必然趨勢，違背了這一趨勢，就如逆水行舟，充其量也祇能在無情的巨浪中打幾個旋廻，絕無順境可言。共產黨是最近代化的極權政體，是集歷史上極權大成的政治怪物，也是人類爭取自由過程中所遇到的空前巨大的障碍。我們反共實具有深遠的文化意義和最高的歷史價值。因此，在反共的行爲中決不能感情用事，或受任何傳統心理的支配；我們必須冷靜而客觀地檢討一切有關的事物，而後作最合理的安排。

一提到反共，我們就會很快地聯想到下面的兩個問題：

(一)我們爲甚麼要反共，也就是反對它的甚麼地方？

(二)我們究何所持而反共，也就是我們自己肯定些甚麼？

在反共的陣營中，假定這兩個問題能夠一一得出合理的共同結論，那麼，所剩下來的都不過是技術問題，如此，則若干年來障蔽在我們前面的陰雲迷霧，必將風不吹而自散了。

先說第一個問題，「我們爲甚麼要反共」？這是反共實質的問題，應該先弄明白。很顯然地，我們所以反共，絕不是基於一種成見或感情用事，也不是無目的的盲動，僅是爲反共而反共；我們之所以反共，是因爲「共」有它該反之道，我們「反」，有確定的反對對象。否則，反共將失其意義。我們之所以反共，具體地說：我們反對它的極權統治；反對它在各方面的特權獨佔；反對它的摧殘人類文化。換句話說，也就是反對它的反人性，反民主。我們相信凡是眞正反共的人士無不同意我們上面指陳的反共對象，也就是說在我們的歷史行爲中而有所肯定了。

我們既有所否定，當然必有所肯定；必自己有所持而後足以言反。我們究何所持以反共呢？這個問題，在反共的陣營中似乎較前一個問題更容易得到共同的結論。因爲從某種意義看，一部人類的歷史就是民主與極權鬪爭史，我們既然不站在極權的一邊，就必須站在民主的一邊，你絕對不能來一個民主與極權的統一而模稜兩可。很明白地，凡是我們所否定的事物，我們決不能同時再加以肯定；凡是我們所反對的對象，就不應該再是我們學習的目標。否則，反共便失去了憑藉。於是我們肯定的事物顯露出來了。那便是民主，自由，和文化的尊嚴。

有了反共的原則再談反共的技術，本來是沿根尋幹輕而易舉的；然而不幸人們往往是忽略原則問題而專談技術。於是反共有如無根的花朶，雖偶爾一時表現得鮮艷秀麗，然而既缺少源源不斷的滋養水份；又無有自持的存在本能，其結果是隨風搖擺，飄搖無定。這樣的反共往往適足以助共，其結果是不自覺地走上了共產黨的老路，給反共的陣營中投下了一塊暗礁。譬如年來一派人士因爲震於共產黨的成功，遂以爲要打倒共產黨，就必須在方法上走共產黨的路。如提倡以組織對組織之類。這派人雖然不失爲堅決的反共份子，甚至於也憧憬着民主自由的遠景，然而天地間的事情往往是形式决定了內容，手段改變了目的；滿腔熱血爲反共而努力，其結果是和民主自由的方向背道而馳；雖然意在反共，而其行爲的結果，却不幸變成助共。

共產黨之所以爲共產黨，首先它有深長的極權思想文化背景，其次它可以爲目的不擇手段，所以它可以「極」權「極」到空前嚴密的程度。我們具備了這些條件嗎？既然沒有具備，則走在相同的路上就不能得到相同效果，學就有了限度。故我們斷不能去學它的方法，我們必須用我所長打其所短，勝利才能孕育在起步的開端。

共產黨是世界規模的組織，它要完成「世界革命」而後甘心。因此，反共自然也是世界性的，從而我們反共的成敗也就在在和世界大勢的轉變相關聯。不過普遍趨向的有利尚不能充足地決定特殊的成功，特殊的成功還必須在普遍趨向有利的條件下，由特殊的努力來決定。換言之，世界大勢的對民主國家趨於有利，祇是決定我們反共成功的一個必要條件，而剩下來的成敗關鍵還要看我們自己是否握有其他勝利的必要條件爲定。

所謂其他的必要條件是甚麼呢？

在普遍方面，如前所述：絕對不能離開了我們持以反共的基本原則，也就是不能離開自由民主的原則；在特殊方面，我們必須有一個足以號召全國人民，動員全國力量的辦法。我們現在有一個尚爲世界多數國家所承認是爲爭取自由而奮鬬的政府，但有人在唱第三勢力，且大陸上的若干游擊隊也在各自爲政。由此可見我們動員不够，從臺灣到大陸，從海內到海外，有許許多多的人力物力都廢而未用。我們認爲在反共的過程中這個政府基礎絕不應該動搖，然而爲了充分地發揮反共的力量起見，它的基礎却必須擴大和充實。敘述到這裡，我們的最後結論可以得出來了那便是在統一的政府之下建立起來一個基於民主原則，舉國一致的「聯合陣線」。

所謂「聯合陣線」卽是要將所有反共的人們均集合於國民政府之下，集中力量，而後可以消滅共黨。現在共黨竊據大陸，其力量相當强大，要擊破它並非易事，卽使集中一切反共的力量來，也怕還有一場極艱苦的鬬爭，倘若各自爲謀則成功必更加困難了。固然大陸的人心思漢是我們反攻的大本錢，但是若不能先將海外的人們聯合起來，又怎能够將大陸的人們和我們團結一致呢？故在政府方面說，應運用妥善的方法，使海外的所有反共者共同團結起來，切勿深閉固拒，使他們離貳而致力量分散。就人民方面說，亦應本團結一致的精神以摧毀暴敵爲職志，不宜孤軍奮鬬以致遭受各個擊破的慘境。假使全中國海內外的人們眞眞組成了聯合陣線，則「第三勢力」根本不會發生，美援也只有一個對象了。至於如何爭取充足的美援以及使之作有效使用的問題，也怕比較容易解決了。這是爭取反共勝利之另一必要條件，和國際形勢有利的條件相輔而相成的。我們謹以十二分熱誠作最懇切的呼籲：爲了爭取反共戰爭的勝利，爲了建立自由民主的中國，大家必須破除成見，擴大心胸，冷靜、客觀而理智地考慮這一問題。建立聯合陣線是時候了！

(5)

日本人眼中的武裝日本

東京讀賣新聞於去年十二月二十二日發表，對武裝日本提出六個問題，舉行民意測驗，其中兩個問題的結果如下：

1. 因中共出兵朝鮮你覺得對我國（日本）的安全增加了威脅嗎？答是者　五五、八%。否者　二三、七%。不知者　二一、五%。

2. 有人說日本應該有軍隊，你以爲如何？答案是：贊成者四三、八%。反對者三八、七%。不知者一七、五%。

關於第一問，覺得增加威脅的已經超過半數，據該報的說明，答稱不知者大多是知識低下的人們，那麼四分之一弱的答稱不覺得威脅者，可推知其爲左傾人士了。關於第二問，贊成的理由，則以防禦共黨的侵略爲主要。反對的理由則謂武裝適足以促進戰爭，而戰爭則必致死亡。若武裝與不武裝同是死亡，則不如在和平空氣中死亡云。

我們看了此測驗後，有幾種感想。第一，戰後三四年間日本的共黨勢力大爲發達，直至一九四九年才開始走下坡路。但是觀於一九五〇年的學潮，簡直是中國學潮的翻版，其吸引青年的力量着實不小。法西斯和布爾什維克是兩極端，也就是兩隔壁，由此而至彼本來是極容易的。眼見法西斯業經一蹶而不能復振，而布爾什維克則正烈燄高張，故由極右一變而至於極左。反過來說，日本的民主自由的精神實在培養得不够。但是左傾人士遭盟總之一再打擊後，數目畢竟無多。最近右派日見抬頭，能否左右之相激相盪產生中庸之道，尚待今後之事實的證明吧。第二，反對武裝的理由有主張絕對和平者，還是共產黨員的利用呢？還是黷武主義的反動呢？我們沒有確實的根據來作精密的分析。惟經二次大戰慘敗後，人民崇尚武力的心理已經有所改變，七百年武家政治的積習當可逐漸減輕，這是可以斷言的。第三，觀於美日兩國政府的態度，則武裝日本差不多既成定局，只待和約簽訂手續完成便會變爲事實了。日本當局多年防俄反共的教育猶深植於人心，只要給它一個獨立的國家而予以平等的待遇，其能發揮自衛的力量而爲東亞反共的大力，自可斷言。惟民主自由的生活能否生根而結實，尚在未定之天。我們希望我們的鄰邦眞能銷滅黷武主義，而發揚東方先哲的和平精神，以樹立正牌的東亞共存共榮吧！

中印間關於西藏問題的幕內證件

羅家倫

一

許多關心國際局勢和西藏問題的朋友們對我說，我前次發表的「揭開中印間有關西藏的幕」那篇長文裡面，有許多話應驗了。因爲他們被最近發生的一聯串有關的事實加以證明。是的，有許多話不是我幸，或是不幸而言中，乃是我所忠實報導的事實眞相，逼出了這些不能不發生的結果。舉幾個例來說罷，有如我所說的，印度急於承認中共是爲了西藏問題，她的姿態表演在成功湖，可是她的眼光却射在當時想在新德里舉行的中共和西藏的會議。果然在印度計劃的新德里會議沒有開成，而中共悍然進兵西藏以後，印度急了，除了若干次在報紙上發表的慌張言論而外，還有三次正式的備忘錄交給中共僞政權，不特是「印度政府對此深表遺憾」，而且是「最爲驚異與遺憾」呢！在去年十月二十一日印度政府給中共僞政權的一個備忘錄裡明白的說「印度政府深信：承認中華人民共和國的地位及其參與聯合國工作是恢復和平氣氛的主要條件之一。他們認爲在目前，對於某些事件的不謹愼的舉動，卽是這一事件是在其本身的範圍以內，亦會被對中國不友好的國家利用，而在聯合國中及中立之輿論之前，歪曲中國問題。」這一段話一方面盡賣好挑撥和威脅之能事，一方面對於印度承認中共的動機豈不是雷不打自招嗎？又如我說過在去年年初印度就想法子要達賴把他的金錢財寶向印度運，將來預備他去印度流亡，近兩月來不斷的消息，說達賴的珍寶已經紛紛運到印度，達賴自己也有到達印藏邊界亞東的消息，這些後來所發生的現象和我前次所說的話豈不是連接得起來嗎？更如我說過根據錫金和不丹併入印度的情形以及尼泊爾的國大黨在印度活躍的現象，可以預料尼泊爾不久就會發生事變，果然上面那篇文章發表不到一個月，尼泊爾的政變毫不含糊的發生了，尼泊爾國王乘飛機流亡到了新德里，尼赫魯到機場去接，奉爲國賓，而尼泊爾的所謂勤王軍乃是印度國大黨的一支派尼泊爾國大黨所組織，由印度邊境出發的。這種事實的證明還要怎樣淸楚。

歷史學家有種習慣，常常覺得「無徵不信」。我是學歷史的人，自然也染着這種癖好。爲了要使大家格外明瞭中印間關於西藏問題爭點之所在，讓我發表幾個帶着重要性的有關文件。這些文件之中，有幾個是外面不經見的。這些文件的前後不顧意多加說明，因爲這些文件的本身就是最好的說明。正是所謂事實勝於雄辯。

二

我上次提到過在外交方面中印間的爭執，就在中國祇承認一九〇八年的藏印通商章程爲唯一有效的條約，而印度方面則硬主張中國未曾簽過字的所謂西姆拉條約爲有效。什麼是藏印通商章程，什麼是所謂西姆拉條約呢？請讀者原諒，我把這兩個文件錄在後面：

中英修訂藏印通商章程十五款——一九〇八

總綱——大淸一統帝國大皇帝，大英國王兼印度大皇帝，今因光緒三十二年四月初四日所訂藏印條約第一款內開：光緒三十年七月二十八日英藏所立之約暨其英文漢文約本附入現立之約作爲附約，如遇有應行設法之時，彼此隨時設法將約內各節切實辦理等語。

又據光緒三十年拉薩約之第三款內開：光緒十九年十月二十八日英條約所有更改之處，應另行酌辦等因，現値應行更改此次章程之時；

是以大淸國大皇帝特派張蔭棠爲全權大臣；

大英國大皇帝特派韋禮敦爲全權大臣，會同商議；

暨西藏大吏選派噶布倫汪曲結布爲掌權之員稟承張大臣訓示隨同商議；

大淸國欽差大臣張，大英國欽差大臣韋，各將所奉全權文憑互相校閱，並藏員掌權文據一併查閱，俱屬妥善，改定章程如左：

第一款　光緒十九年所訂通商章程與此次章程無違背者，仍應照行。

第二款　江孜商埠界內全地：——

(甲)界線起自江孜堡壘東北之曲迷蕩桑，自此曲行，過背郭闕堞大寺之後至峽東岡；自此直越逸陽河，抵匝木薩止。(乙)自匝木薩此界線向東南接行，至拉極多爲止，沿此線內田莊，如拉和格，大格錯；東窮席；拉布岡等處，均在界內。(丙)又自拉極多此線循行至玉駝，自玉駝經甘卡爾席全地直行，至曲迷蕩桑爲止。

各商埠內向有難得合宜房棧之情事，茲允英國人民亦得在各商埠內租地建築房棧，此種建築地基坐落之處，應由中藏官在每埠與英國商務委員特行商酌劃定。英國商務委員與英印人民除在此處外不得在他處建築房棧，但此種辦法不得有一毫侵害中藏地方官於此處之治理權，亦不得損及英印人民在此處以外租賃房棧居住存貨之權利。

凡英印人民欲租建築基地應轉由英國商務委員向工部局聲請租地文憑。其地基之租價，年限與合同，應由租客與地主自行和平商訂。如地主與租客因租價年限及合同等事意見不合，應由中藏官商同英國商務委員調處。其基地租定後，應由工部局中藏官會同英國商務委員勘定。又未經工部局給與租客建築文憑，該租客不得興工建築，但約定工部局給發建築文憑，不得任意延宕。

第三款　各商埠治理權應由中國官督飭藏官管理。

各商埠商務委員與邊界官均須合宜品級，彼此往來會晤以及文移往返應互以禮貌優待。

凡商務委員及地方官因意見難合不能斷定之事，應請拉薩西藏大吏及印度政府核辦。印度政府照會之意，應並行知照中國駐藏大臣，如拉薩西藏大吏與印度政府不能斷定之事，應按光緒三十二年北京條約第一款，由中英兩國政府核辦。

第四款　如英印人民在各商埠與中藏人民有所爭論，應由最近商埠之英國商務委員與該商埠裁判局之中藏官員會同查訊面議辦法，其會同面議之意係爲查明實情公平辦理。如有意見不合之處，應按照被告之國法律辦理。凡屬此種交涉案件，均由被告之國之官主審；其原告之國之官只可會審。

凡英印人與英印人因身家產業之權利而起之事，俱歸英國官管理。

英印人民在商埠及往各商埠之商道中有犯罪者，應由地方官送交犯罪之商埠英國商務委員，按印度法律審訊懲辦，但地方官於此種英印人民除應行拘禁外，不得格外凌虐。

中藏人民有對於各商埠內或往各商埠之道中之英印人犯罪者，應由中藏地方官拏獲，按律懲辦。

兩面審辦之法，俱應至公且平。

『自由中國』的宗旨

第一、我們要向全國國民宣傳自由與民主的真實價值，並且要督促政府（各級的政府），切實改革政治經濟，努力建立自由民主的社會。

第二、我們要支持並督促政府用種種力量抵抗共產黨鐵幕之下剝奪一切自由的極權政治，不讓他擴張他的勢力範圍。

第三、我們要盡我們的努力，援助淪陷區域的同胞，幫助他們早日恢復自由。

第四、我們的最後目標是要使整個中華民國成為自由的中國。

凡中藏人民到英商務委員處控訴英印人民，中藏官得有派員往英國商務委員公堂觀審之權利。凡英印人民到商埠內裁判局控告中藏人民之案件，英國商務委員亦得有派員往裁判局觀審之權利。

第五款　西藏大吏遵北京政府訓令，深願改良西藏法律，俾與各西國律例改同一律，英國允願無論何時英國在中國棄其治外法權，並俟查悉西藏律例情形及其審斷辦法及一切相關事宜，皆臻妥善，英國亦即棄其治外法權。

第六款　英軍撤退後，所有由印邊界以達江孜一路英國所建旅舍等房屋共計十一處，應由中國照原價贖回，仍以公平租價租與印度政府。每旅舍一半留爲英國經管由各商埠至印邊界電線之官役之用，並存儲材具，其餘則留爲中藏英印體面官往來站宿之用。

一俟中國電線已由中國接修至江孜，英國可酌量將由印邊界至江孜之電線移售與中國，尚未移售以前，中藏人之信當由此印度政府所修之電線妥爲接收傳寄。

又未移售以前，應由中國擔任保護，由各商埠至印邊界之電線，茲約定所有人民如毀傷此電線或無論如何阻撓看管經理此電線之官役，應立由地方官嚴懲。

第七款　凡因信借揭欠，倒閉而起之控告案件，應由該管官查訊設法追索賠償，但如欠債者報窮無力賠償，該管官不任賠償之責，亦不得將公產官務扣抵。

第八款　駐寓西藏現在已開及將來新開各商埠之英國商務委員得安排往來印邊界傳遞郵件。所用傳遞夫役。於凡所經過之處，應由地方官盡力相助，與藏官所用傳遞文件之夫役同受一律保護。俟中國在西藏妥立郵政，中英兩國可即酌議裁撤英商務委員之傳遞夫役。英國官商僱用中藏人民作合法事業，不得稍加限制。此種受僱之人亦不得稍加擾害，於西藏人員應享之權利亦不得因此稍受損失，但此種人於應納賦稅不得豁免；如有犯罪情事，應歸地方官按律懲辦，僱主不得稍加庇匿。

第九款　凡往各商埠之英國官民，以及貨物等應確循印藏邊界商路前往，不准擅往商埠外各地，不得由亞東江孜無論由何道路繞入藏屬內地，以往噶大克，亦不得由噶大克無論由何道路繞入內地以往江孜亞東，惟印度邊界土人向在藏屬居住貿易者，因習慣既久，仍得照舊按通行規例來往貿易，但此種人如是往來貿易居住時，應仍按向例服從地方管治。

第十款　凡官商往來藏印，其公私財產貨物途中被刼，應即報明巡警官，巡警官應立即設法拏獲刼盜交地方官立即審辦追贓。如盜犯逃到巡警局地方官權力不及之地不能緝獲，則巡警局及地方官咸不任償失之責。

第十一款　爲保公安起見，凡存放大多數之火油及所有易燃危險之物，應用池棧安設在商埠內遠距居民之處。英印商人，未經按照章程第二款稟請合宜地基不得開築火油池棧。

第十二款　英國人民可任便以貨物或銀錢交易，任便將貨物售與無論何人，任便由無論何人購買土產貨物，任便僱賃運載夫馬，並任便照地方常規辦理一切貿易事宜，不得格外限制刁難，亦不得抑勒強迫。

凡英國官商在商埠內及往各商埠道中之身家產業，應隨時由巡警局及地方官實力保護。中國允在各商埠及往各商埠道中籌辦巡警善法，一俟此種辦法辦妥，英國允即將商務委員之衛隊撤退，並允不在西藏駐兵，以免居民疑忌生事。英國商務委員與西藏官民或用函件，或面會往來，中國官並不禁阻。

凡西藏人民至印度貿易，遊歷居住，所享權利應與本款章程給與西藏之英國人民之權利相等。

第十三款　此項章程自兩國全權大臣及西藏代表員簽押之日起應通行十年；若期滿後六個月內彼此俱未知照更改，此章程再行十年；每至十年，俱照此辦理。

第十四款　此項章程華藏英文字俱經詳細校對，遇有難解釋此章字句而起辯論，以英文作爲正義。

第十五款　此項章程由中英兩國大皇帝批准，應自簽押之日起六個月後在北京及倫敦互換。

此章由兩國全權大臣暨西藏掌權委員簽押蓋印爲憑以昭信守，華藏英文各繕四份。

大清國欽差全權大臣西藏查辦事件大臣張蔭棠簽押

西藏掌權委員噶布倫汪曲結布隨同簽押

大英國欽差全權大臣韋禮敦簽押

光緒三十四年三月二十日

西歷一千九百零八年四月二十日　立於喀勒克塔

這個條約裏面自然有不少喪失權利的地方，如同強迫開關商埠和實施領事裁判權等項，但這個章程的基本精神還能澈頭澈尾的承認西藏的主權屬於中國，一開始就聲明西藏的大吏參加這項章程的會商是「秉承張大臣訓示」的。又如第三款規定「各商埠治理權應由中國官督飭藏官管理」。這顯然是表示中國主權和行政權的完整。因爲這章程第十三款規定「此項章程自兩國全權大臣或西藏代表員簽押之日起應通行十年，若期滿後六個月內彼此俱未知照更改，此章程再行十年，每至十年，俱照此辦理」。根據這個規定，所以我們在一九四八年秋天正式通知英國印度和巴基斯坦說是這個條約又到十年期滿之時，中國不願繼續，提請修改，或是另訂新約，這是當然的事，因爲在本章程中如領事裁判權和商埠制度都是當年不平等條約中的那一套，其他更重要的不平等條約都廢除了，何況這個？那知道事實竟有大謬不然者，新獨立的印度政府還嫌這個不平等條約不够，更要強迫我們承認我們從未簽字，並經迭次否認過的所謂西姆拉條約呢！什麼是西姆拉條約請看下面：

中國未曾簽字之西姆拉條約

第一條　本條約附件中記載之諸條約，除因本約中任何條款，需加修改或與本約中任何條款相悖者外，締約國雙方仍須繼續遵守並實施之。

第二條　中英雙方承認中國在西藏之宗主權及外藏之自治權，以尊重其領土完整，雙方均不得干涉外藏之行政權（包括達賴喇嘛之遴選及坐床）外藏行政權屬於拉薩之西藏政府。

中國政府不得將西藏改爲一行省，英國政府不得將西藏及其任何部份予以兼併。

第三條　中國政府承認英國因鑒於西藏地理位置，爲使令其有效之西藏政府存在，與維護印度邊疆及其鄰邦之和平秩序而獲得之特殊權益，不得派兵進駐外藏（但依本約第四條規定者例外），亦不得委派文武官員向外藏殖民。自本約簽字之日起，中國政府駐留外藏之軍隊與官員，需於三個月內撤盡。

英國政府不得在西藏委派文武官員（依一九〇四年九月七日訂之英藏條約所規定者除外），不得進駐軍隊（英國代表之衛隊除外）不得在西藏殖民。

第四條　前條規定對前此所設置之中國高級專員一人及其衛隊駐留拉薩一事，並無妨礙，仍得繼續駐守，唯其衛隊人數在任何情形下不得超過三百名。

第五條　中藏政府茲允議：除英藏間依照一九〇四年九月七日簽訂之英藏條約及一九〇六年四月廿七日中英條約之規定從事會議及協商外，雙方不得彼此或與其他列强舉行關於西藏之會議與協商。

第六條　中英雙方於一九〇六年四月廿七日簽訂之條約中之第三條，應予廢止，並相互諒解，一九〇四年九月七日英藏簽訂之條約第九條（d）中之「外國」一詞，並不包括中國在內。英國應比照中國及其他最惠國，在商業上得享受最惠國之待遇。

第七條　甲、一八九三年及一九〇八年之西藏貿易章程應予廢止。

乙、西藏政府應速與英國政府議商外藏新貿易章程，以實踐一九〇四年九月七日英藏條約中第二、四、五條之規定，但如無中國政府之同意，則此章程不得拘束本約之效力。

第八條　關於一九〇四年九月七日簽訂英藏條約所引起之事體，認爲不可能在江孜以通信或其他方式解決時，無論何時認爲必要與西藏政府商議，駐江孜之英國代表得携其衛隊訪問拉薩。

第九條　爲本條約之便予實施，西藏之邊界，內外藏之界限，應分別以紅藍兩色畫於附於本條約之地圖上。於本條約中西藏政府對內藏之現有權利並無損害，此權利包括選派寺院僧侶及保有完全管理有關宗教諸事宜。

第十條　中藏雙方政府如對本約有引起之問題持有異議時，雙方政府應將其提向英國政府，以求公平裁決。

第十一條　（批准條款）本約由中英藏三方全權大臣簽字，並以中英藏三種文字各謄寫三份。

附件

1. 中英間有關錫金西藏之條約，於一八九〇年三月十七日在加爾各答簽訂。

2. 英藏條約於一九〇四年九月七日於拉薩簽字。

3. 有關西藏問題之中英條約，於一九〇六年四月廿七日在北京簽字。

……………………

交換之備忘錄簡意如左：

1. 協約國默認西藏爲中國領土之一部份。

2. 西藏政府於達賴喇嘛遴選與坐床後，應將其坐床情形正式通知中國政府，駐拉薩之中國代表應即正式授予中國政府所賜之封號。

3. 締約國亦默認外藏官員之遴選委派悉由西藏政府決定之。

4. 西藏將不參加中國之議會或相似機關。

5. 締約國默認西藏之英國商務代表團之衛隊不得超過中國代表之衛隊總數百分之七十五。

6. 中國政府因而不復受一八九〇年三月十七日中英條約中第三條所規定之阻止西藏錫金邊境由藏方引起侵畧行爲之約束。

7. 第四條中之中國高級官員於履行第三條之規定，本約簽字國之代表認爲滿意時，即可進入西藏，但必迅速報告。

這個所謂西姆拉條約眞是荒謬絕倫，特輕輕的把中國在西藏的主權換爲宗主權，這正與日本併吞朝鮮的初步手續完全一樣。他拒絕中國在西藏駐軍，同時英國代表却可以駐紮到與所謂中國高級專員的衛隊幾乎相等數目的軍隊。他强迫中央不得過問西藏的行政，顯然是破壞中國行政權的完整。尤其荒謬的是牠强分內藏外藏，并且附了一個地圖，把西藏的範圍擴大到新疆、青海、甘肅和四川。所以這個條約一經陳貽範報告北京政府以後，全國譁然，使袁世凱將陳貽範立刻撤職召回，不令簽字，至於其他有效條約所應經過的合法手續牠不會經過那更不在話下了。中國從開始就否認起，不想到將近四十年後，從英國奴役下解放出來的印度政府居然在一九四九年春正式答復我們的照會，硬說這個未簽字的條約爲有效，不特强辭奪理簡直是「滑天下之大稽」。

因爲這個條約不會經過中國政府正式簽字，所以在外國文的各種條約彙編裡面都找不到牠的原本，我這一份是在我出使印度的時候收集的，或者可以說是一個不經見的版本（我所藏的是英文本，至於此地所附的中文本乃是我交吳延環君翻譯的本子。）還有這張地圖是我根據前「護理駐藏辦事長官」陸興祺所著的「西藏交涉紀要」裏面所附的原圖，不過請繪圖家簡單的重畫了一下，或者也可以說是一個孤本，所以值得縮印，以備大家參考。（見背頁地圖及文末附錄二）

三

關於在三十八年六月二十五日西藏發生背叛中央這件事，我在「揭開中印間有關西藏的幕」那篇文章裏大致說過，我現在只發表兩個文件，一個是駐藏辦事處長陳錫璋對我的報告，由駐印大使館秘書薛鏳森當場筆錄下來的，其中所表現的是當時西藏發生事變的情形。一個是我和印度外交部梅農次長三次的談話，在新德里時由我口授請吳叔心君筆錄下來的，其中所表示的是當時印度政府對於此次事變所持的態度，及其所反映出來的幕後光景，把這兩個文件對照來看，到也很有意義。

（甲）中央駐藏人員被迫撤退經過

本年（三十八年）五月底六月初本人（指陳處長錫璋）見於謠言日熾，云西藏政府有對漢人不利情勢，當卽走訪加倫索康，探詢一切，索

邊藏劃界形勢圖

圖例

- 省會或國都
- 縣治
- 村鎮
- 山脈
- 河流
- 道路
- 國界
- 省界
- 英擬康藏界
- 英擬內外藏界
- 英循以路作界據
  原議進綫分根
- 議印通商商埠

附註

此圖係根據陸興祺先生所著『西藏交涉紀要』一書中附圖繪製，陸先生曾於宣統年間任『駐印委員』辦理藏務，民國二年又任『護理駐藏辦事長官』，辦理藏務廿餘年，對英國侵西藏情形頗為明瞭。惟此圖繪製者並非技術專家，疆界上之小差錯仍所難免，惟大體正確，英國侵畧之野心藉此圖可以概見。

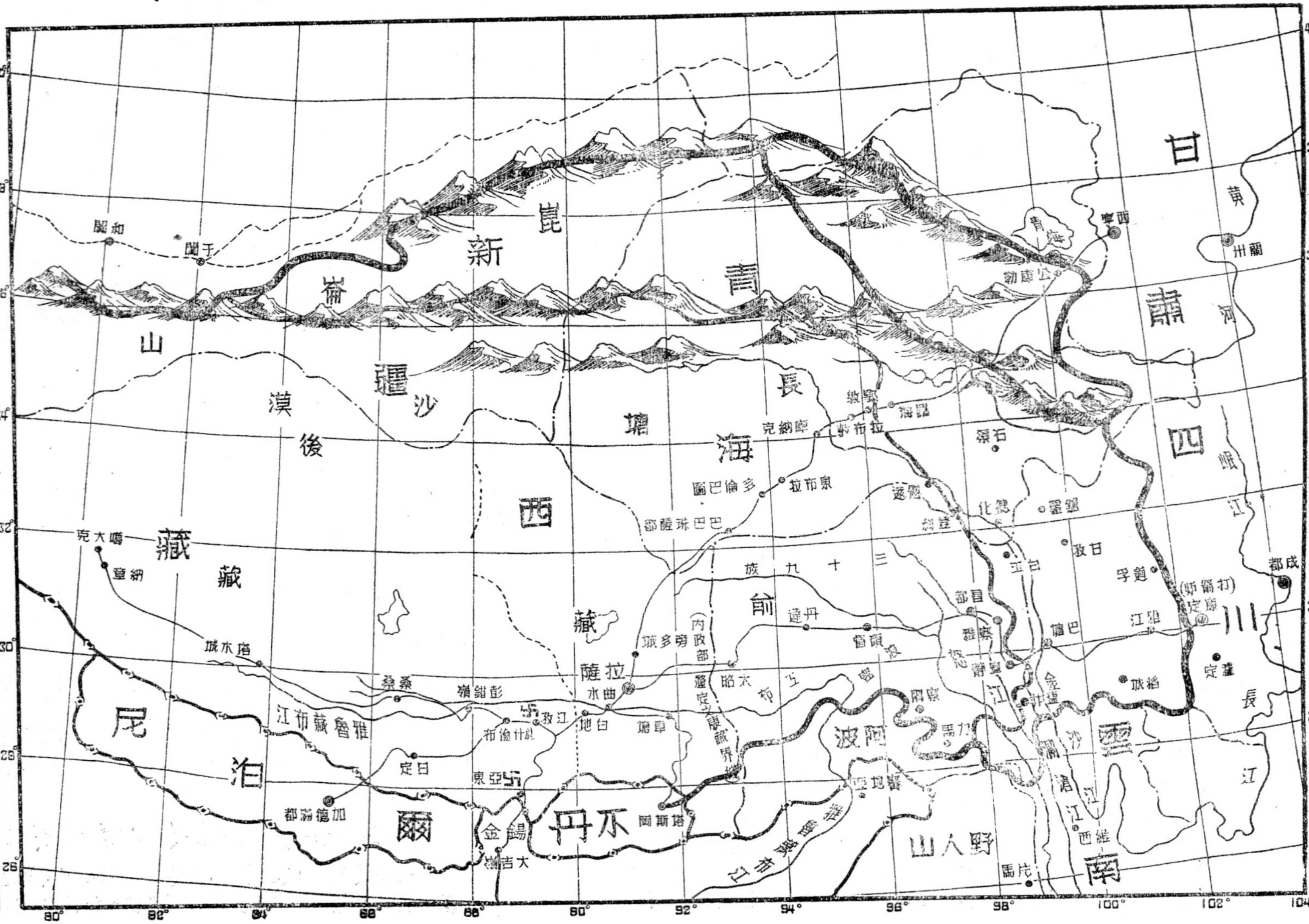

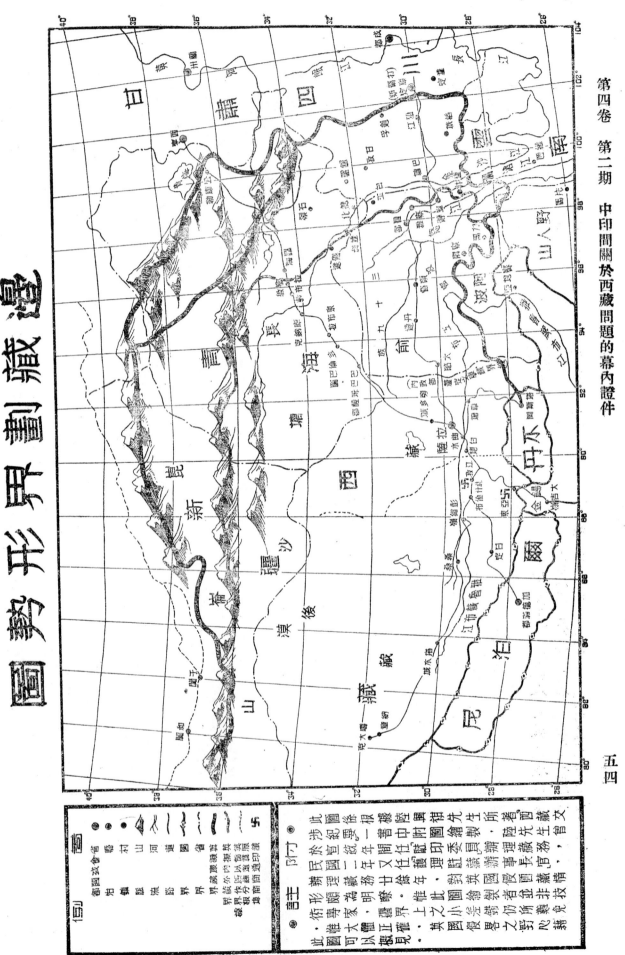

康當面否認說：絕無其事。六月十日前老索康（現任外交處長）走訪陳處長，當面對陳處長表示，數年來彼此相處很好，希望前將中央在藏工作人員中如有不安份子，通知西藏政府，陳處長即表示，中央反共，爲一貫政策，本人代表中央，不論漢人或藏人，如係共產黨，都會奉告。據事後調查，老索康係由其子授意，特來見陳處長。

六月中旬，拉薩謠言更熾，盛傳攝政欲謀害達賴。陳預料恐係西藏當局說到東一定做到西的手段，目的乃在漢人，此時漢人出入，藏人往往指手劃脚，似將有事發生。且謠言西藏政府將逮捕某某份子等人員，陳除當面告誡彼等一切行動，特別小心外，即往見攝政管家及加倫家雪巴，彼等皆一致否認對中央人員有任何行動，並表示，如有行動，當先告知駐藏辦事處。

第二天又往見索康加倫，據稱生病，未見到，回來時在途中遇見老索康，當即被邀至其家，老索康對陳表示說：「你爲什麼凡事站在前面？」陳答：『我不站在前面，請你告訴我，我應該站在什麼地方？』陳表示希望兩方人員，極力合作，避免衝突。老索康當時並未說出共產黨字樣。陳會將此事電報蒙藏委員會，希望以後中央在職人員，一致注意行動，勿刺激藏人。

六月二十五日，由攝政發佈命令未經過總司令，從後藏調兵二百名至拉薩，兵到拉薩後，最初一二日尚在街上見到，以後絕對不許出營房，事態愈趨嚴重，陳當時料想調兵恐係對付中央人員，並非對付全體漢人。

六月二十五日左右，西藏政府舉行會議，會中加倫雪巴首先提議略謂所有中央在藏人員，從駐藏辦事處人員起，應一律驅逐出西藏境外，阿汪賢贊（前西藏駐南京代表）首先贊成，又一前駐南京代表由批圖丹，當即發言：認爲最好將國民政府所有駐藏人員，好好的送出西藏，以後西藏政府繼續舉行西藏會議，愈來愈緊，接二連三，索康加倫當時仍請病假，直至七月八日始作最後決定。

從六月二十五日起，西藏政府即不斷與印度駐拉薩商務代表黎吉生（Richardson）保持接觸，此事係從某國駐拉薩代表口中證實，他說：『黎吉生這些時很忙，不知在搞些什麼鬼？主持什麼陰謀？』同時探悉老索康會去印度代表處「狄吉林嘎」多次，確係事實。

七月八日晨九時，西藏政府在達賴夏宮「瑙布林嘎」開會，至一時許方閉會，閉會後，下午二時，由加倫三人及總堪布請陳處長至「噶廈」—（即西藏內閣）談話，當時即對陳處長說：『西藏全體僧民大會業經議決，認爲凡中央軍政人員所到之處，即共產黨所到之處，西藏方面現請駐藏辦事處、學校、電台、醫院等人員於二週內一律離開西藏。關於電台，該台係黃專使慕松入藏時帶來，留下至今，當時黃專使曾說明，電台將來用過，即轉送西藏政府，並出示黃專使原函，現西藏僧民大會雖議決派人接收電台，但最後仍請台長決定，或送給西藏政府，或由藏方派人封存，於是當日西藏政府即派所謂西藏僧民大會代表六人前來接收，並實行封閉電台，陳當答：『此事之是非，無庸本人辯白，但本人應即報告中央』，彼方答：『西藏政府已電李代總統報告一切，無待貴處長報告，且此事係經大會議決，且已派代表六人封閉電台，貴處長已不能發電，陳當即要求西藏電台代發，彼方亦不允代發，且謂：『彼此平素感情雖佳，但此事係大會議決之策「噶廈」亦無法變更，況藏人知識有限，倘貴處長堅持己見，致生意外，「噶廈」實難負責』，陳當答：『致電政府報告，係本人當然之職務，並非己見，至於任何意外，概不在本人顧慮之中』，本人見事已如此，無法挽回，即與辭而出。

走出後，路過電台時，電台已由所謂西藏僧民代表六人，率領藏兵百餘名包圍，並將機器封存，本人回來後，即與席台長商量，席台長表示，如藏方用武力奪取電台，亦無可如何，但本人在此情形之下決不能將電台奉送，事後藏方亦未强制接收，所有全部電台機器經拆卸封存運出。同時中央尚有電台六座，因形勢嚴重，已不能工作，皆設法移至辦事處封存，亦一併運出。

第二日晨天尚未亮（七月九日）即命汪藻發一電至中央報告經過，此電係拍發至日喀則電台轉發，未知中央收到否？

事變至此，大家認在藏已不能繼續工作，祗有設法安全撤退，當時大部份中央工作人員，都有人監視，七月十日，西藏政府派排長一人，率兵十人至本人住宅警戒，又派連長一人，排長一人，率兵二十五名，至辦事處警戒，名爲保護，實在監視。又派傻巴代本，及乃興（招待員）至辦事處，口說係西藏政府派來照料保護，並非監視，一切事務都可以代辦。對於處內一切行動，也不干預，並負責傳達處內對西藏政府一切意見，又派工程處二人，代做木箱，由西藏政府免費供給，又派僧官及俗官各一人，代辦「烏拉」（意即驟馬差使）凡各機關人員，驟馬要多少即給多少，非機關人員一律給一騎二駝。大家意見，凡青海西康人員應一律由西藏各回青海西康原籍，其餘人員，經由印度返國，以免繞道，經將此意託招待人員轉達西藏政府。據西藏政府答覆，明說去印度路上已有佈置，其餘路上無佈置，如彼等行至中途逃走毫無辦法。幾經交涉等語毫無結果。蓋當時所有全藏軍隊，皆調至西藏北部，防馬步芳將軍以軍隊護送班禪入藏，故不願撤退人員分二路離藏也。

事變發生後，當時拉薩謠言頗熾，有云西藏政府將至半路將第一二批人員設法殺害。陳處長卽要求與第一二批人員同時出發。招待員卽將此意報告「噶廈」，「噶廈」囘復說：「你們囘去報告陳處長，說到亞東我們將人交給陳處長。』

十二日，招待員問陳處長是否向達賴辭行，陳隨卽與李祕書國霖商量，李說：『如不辭行，第一批人員在路上一定有問題，還是辭行罷！』陳處長遂決定辭行，同時西藏「第西列公」（調查機關）又派人催詢是否辭行，陳卽答：「辭行」。事後探悉辭行二字說出後，俊巴代本卽下令護送人員，對第一批人員，不許動彈。

十三日第一批出發在路甚好，原來西藏政府通知，第一批限一週出發，第二批隔三天再出發，於是按照原定計劃，陸續出發。

當日某國駐拉薩代表曾告知本人（指陳處長）西藏圖謀獨立背後有人代謀。

七月十六日第二批人員出發，西藏政府招待員對陳處長說：西藏政府要求陳處長幫忙，辦理進入印度許可證（Pass）。陳答：『你們看見的，我所有公文印信，都裝了箱，無從辦起，而且我也不會辦，此次是你們送走我們，你們應當辦好入印許可證等手續』。他們囘去報告後，又對陳說：『「狄吉林嘎」（指印度駐拉薩商務代表處）知道你會辦。』陳答：『過去中國人赴印度，我是辦過，先向印度辦事處請求，再由他們向印度政府請示，最少要三個月。』

十八日印度駐拉薩商務代表黎吉生替陳處長餞行，菜辦得很好，席間祇談些漠不相關的話（附註—而印度政府外交部梅農則告訴羅大使，說是印度副代表 Gokhale 曾替陳處長餞行）。但據印度醫生說：Gokhala 要見陳處長，黎吉生都不准許。

席間黎吉生曾問陳處長，你曾否打電報向駐印度大使報告。陳說：『我現在無法打電報，祇有請你幫辦代打』。黎答『你到了江孜，可以向印度電報局發電報，該電報局是開放的。』結果陳等一行，以種種理由推托，不許走江孜，電報自然未打成。可見其中皆是黎吉生的陰謀詭計。

當日西藏又派僧俗官各二，向陳處長籌送蘇油、麪粉、馬料等外，並送程儀。陳當時曾表示，禮物可受，程儀請收囘。但送來官員堅持，謂奉西藏政府命令，不能帶囘。

十九日晨九時，正式向達賴、攝政大札辭行。達賴坐殿中，攝政坐右。招待員引陳處長及李祕書國霖進殿，獻哈達，達賴以雙手加陳處長額，然後坐於殿左進蘇油茶及飯。達賴及攝政始終未開口，事後據達賴母親管家傳出說：『達賴母親請轉知陳處長，當陳處長辭行時，達賴根本不知陳處長係返國。攝政祇告訴陳處長係赴印度消假而已』。

十九日中午四加倫餞別全體辦事處人員。翌日，達賴、攝政、「噶廈」各派代表一人，加倫又各派私人代表一人送行。二十日第三批遂出發，於是中央在藏各機關全體人員，遂離開西藏，取道印度返國。

行至亞東護送軍官接西藏政府急電，謂西藏政府尚未接印度政府通知准予入境，暫停候命，故在亞東又躭擱二週，同時卽向印度駐亞東商務代表交涉准予取道錫金首府甘乇克（Gangtok）赴噶林堡，始終未獲印度同意，其理由爲此段路基被雨沖壞，而事後調查結果，却係有大量軍火存甘乇克一路待運，不願撤退人員看見，同時駐錫金政治官戴雅（Mr. H. Dayal）正集合大批人員赴拉薩亦不願兩方碰面也。

（三十八年八月三十、三十一日於駐加爾各答總領事館官邸）

（乙）羅梅三次談話

西藏事變發生以後，印度方面諱莫如深，因爲我在拉薩設的無線電臺於七月八日夜晚卽被藏方佔領，現在可通的祇有印度商務專員處在拉薩的無線電台，所以一切消息祇有印度方面纔可以透露，我們大使館首次接到這個消息是在七月廿一日，當天就發出兩個電報，從他處調查眞相，廿二日印度報紙業已登載此事，廿三日上午我就打電話給梅農次長說明爲西藏問題要去同他一談，上午十二時，我到了印度外交部，首先詢問梅農這個消息，他開始卽含糊其辭，祇說稍微得到一點消息，經我追問，他纔說得到 Richardson 來電報告，說西藏以中國政府駐西藏辦事處中有共產黨份子，令其出境，他又重復說一句，來電中確切說有共產黨份子。我問他這是指少數人還是指全體。他說指少數人，並非全體。我當時拿出沈宗濂的電報託我請梅農打聽代理辦事處長陳錫章的下落和安全，因爲陳太太新到加爾各答，非常着急，陳太太離開拉薩時，還一點兒不知道會有事變發生的形迹，所以事先祕密可知。我對梅農說，沈宗濂是你的老朋友，他托你這件事，我特爲轉達，他滿口答應，但是停了一會他纔說：「據我所知，陳錫章已經在十七日離開拉薩了。」他接上又說：「西藏送這麼多共產黨來印度，我們眞不知道怎麼辦法。」歇了一口氣又說：「我們全外交部都在憂慮，加爾各答的共產黨已經够多了，再來些中國共產黨，我們眞不知道怎麼辦，祇要他們立[illegible]能够走，我們印度政府很願意讓他們自由通過（Free Passage）」如此者再說了一遍。我不能不鄭重地糾正他，我說：「我不相信駐藏辦事處人員之中有共產黨，前兩個禮拜沈宗濂過德里，我和他談起駐藏辦事處的情形，他說他們都是派赴西藏許久的人，就是有一二共產黨在內，我認爲決不應該牽涉全體，顯然是別有作用，我把印度政府不會相信誣賴的理由，我不是共產黨，我不願意共產黨滲透在西藏，同時我也不願意共產黨滲透到印度，但是我請你注意，辦事處人員都是中國政府的官吏，他們在印度境內的時候，應當享受友邦官吏的待遇。若是其中有共產黨的話，也應當先由我負責調查，然後再報告中國政府請示辦法」。我說以上這段話因爲我顯然覺察到西藏這件事的內幕有印度的成分滲雜在裏邊，從梅農吞吞吐吐的口吻之中可以看出，他再三說西藏送些共產黨來，他們沒有辦法，祇願意給他們自由通過，眞表現與西藏有種默契，不讓辦事處人員停留也表示和西藏合作，使其不覺到有後顧之憂。

在同一天，我經其他大使館得到的消息，知道印得政府最近決定把 Richardson 的任期延長一年，大概是要他辦完這件事，還有七月十八日印度廣播電台的廣播中還宣佈一個早已過去的消息，說去年年底到德里的西藏貿易代表團會請過尼赫魯到西藏去。這個時候來提早已過去的消息，也就不無蛛絲馬跡可尋了。

第二次和梅農的談話是在七月廿六日下午六時，他自己打電話來說要來館裏和我一談，他說最近接到 Richardson 的電報，說陳錫章會於十八日到印度副商務專員 Gokhale 處晚餐，十九日完成各處辭行的手續，廿日離開拉薩。他又補充地說陳錫章離開拉薩時，空氣大爲融洽友好，西藏政府並且派有儀仗隊相送。我問他，究竟西藏政府要送走辦事處人員是甚麼意思？他說西藏政府不免有點神經緊張，怕馬步芳的軍隊被共產黨包圍向西藏退却。我說若是如此那眞矛盾極了，西藏政府一面怕共產黨，一面不惜與反共的中央爲敵，我眞覺得是莫名其妙。我同他談了一些閒話之後給了一份我在廿五日由美聯印聯社發表的談話給他看。他對於我開始的一段中所提「在高原上釣紅魚，未免太天眞而幼稚，而且在政治上不聰明」一句話，特別帶笑容地唸了兩遍，然後他又說了一些印度駐華大使潘尼迦在南京的情形。我說美國大使司徒雷登實際已是在共產黨區域內抵押。他不懷疑地說：「我們的大使何獨不然，他們不能出南京城，連後湖都不能去。」我以爲這次的談話可以告終結了，不料他在起身的時候，忽然又提起來說：「西藏送這麼多共產黨來，我們不知怎麼辦，因爲加爾各答的麻煩已經够了，我們不願意再增加麻煩。」我聽了這話，不禁覺得他前後矛盾，而且覺得他太不近人情了。所以我也正言厲色對他說：「請你和印度政府不要相信一個愚笨政府假造出來的理由」。我斬釘截鐵地說了這一句，我想也不必再說了，但是我想他這天來看我，莫非是專爲再要說這句話而來的，若是如此，那也眞是太笨了。

當天晚上，我一肚子的氣，寫了一個電報報告外交部，到一點多鐘纔寫完。到廿八，印度的印新社（P. T. I.）發表一個消息，開始就說西藏並沒有叛變，也沒有秩序不好的情形，其次就說西藏逐走駐藏辦事處的原因，是因爲怕引起中共到西藏來，所以在友好的空氣下送走。繼續又說到中國的宗主權，西藏從來不承認，又說第十三世達賴喇嘛在一九三三年逝世以後，中國政府曾經派過一個弔唁的代表團。一九三九年第十四世達賴喇嘛坐床，中國又派一次慶賀代表團，這個代表團一直留到現在。綜觀這消息，顯而易見是印度外交部發出來的，而且是梅農發來的，更是梅農在廿六號看我那篇談話後發出來的，第一、因爲我說了西藏叛變，所以他開始就否認叛變。第二、他知道我攻擊西藏假共產黨爲名而趕走代表團這件事的不當，理由充份，所以他輕輕地在此地改變籍口。第三、在和好空氣中陳錫章離開正是他廿六日鄭重對我形容的一段話，字眼和語氣完全相同。第四、他甚至於否認中國在西藏的宗主權。第五、他叫中國册封的代表團爲慶賀代表團，並且說就是這個代表團留下在拉薩，以此混淆世界上的輿論，以爲一九三九的慶賀團到現在由西藏政府請他們回去，是名正言順的，這種用心良苦的措辭，正可以見得他心勞日絀。總之這篇談話是他殺費苦心的作品，是無可疑義的事實。

在這個期間有兩件可以値得注意的事，一件是印度政府宣佈錫金行政長官 Dagal 不久要到拉薩去；第二件就是錫金前總理，現在還是錫金國大黨的主席 Tashi Tsering 在廿五日見尼赫魯之后，對新聞記者談話，說尼赫魯對他講他要去錫金和西藏，是一件不久將來就要發生的事。

三十日，德里政治家日報 Statesman 發表一篇很長的消息，就是在此地對於西藏事變最有權威的說法，開始又回到原來的理由上去，仍然說中國辦事處中有共產黨在內，因此西藏政府要辦事處離開拉薩，第二說，他們要求駐拉薩的商務專員 Richardson 答應允許被驅逐的辦事處人員通過印度境內，繼續說印度政府最初不免感覺到有點爲難，但是最後答應西藏給他這個請求一切所必需的便利，再繼續否認中國在西藏的宗主權，把印度政府延長 Richardson 任期一年的消息和 Dogal 在八月份要訪問拉薩的消息一道宣佈了。這段新聞的來源無疑義的還是印度外交部。

我看過這段消息以後，心裏有無限的煩悶無從發洩，不想到了十二點半鐘的時候忽然梅農來個電話，大約是他對我客氣的原故，不好說請我到外交部去談天，他說可否請錢存典參事和他一談，不巧的是錢參事不在這時有事出去了，我於是在電話裏對梅農說若是廿分鐘之內錢參事不回館，我就親自到外交部來和你一談，到十二點五十分我動身到外交部去，看見梅農，這是我們爲西藏事變第三次的談話。他開始說西藏辦事處及其他離拉薩的人，一共八十八人，由陳錫章領導於廿日離開拉薩，現在快要到印藏邊境了，他們應當每人有一張旅行證件（Travlig Paper），但是在拉薩的時候，因爲電台不通，陳錫章無法向中國政府請示，所以他不肯發。現在他要求可否由本大使館電外交部請示，准陳錫章或是由中國駐印大使館發給這種證件，給要入印度境內的人員。我說我祗知道護照，不知道何謂旅行證件，不知道是怎麼一個手續，我却知道西藏到印度來的並不需要任何護照。梅農說：「西藏人到印度來不要護照？我還不知道。」我說「誰是知此。」無論他是眞不知道或假不知道，却是有意在此時提出這個問題來，點破他平時籠絡西藏的野心，和他們使用不正當的手段。他又說：「我也不知道這旅行證件是個甚麼格式，可否叫主管司的司長 P. A. Mevon（最近新放葡萄牙公使）來我房間裏一談。」我拒絕了，要他和錢參事一談，「他們談過后，我再向本國政府請示。」我於是看定了他的面色開始對他說：「你眞相信中國辦事處人員之內有共產黨嗎？我不相信，我認定這是愚笨西藏地方政府的籍口。」梅農停頓了一下，答應道：「我個人也不相信，若是講思想左傾，各處難免不有，像美國國務院，我們此地誰能保證沒有，但是這不能一定說是共產黨。」我說：「對了，這幾天印度報紙屢次登載權威方面的消息解釋西藏的事變，你注意到嗎？」說完這話的時候，我在口袋裏拿出當天Stabnan所載的這個消息給他看。他說：「我不會看見。」我說：「請你一看。」並且特別指出否認中國宗主權一點。我說：「當年英國野心最盛的時候，不過否認中國在西藏的主權，現在獨立後印度的報紙，進一步連中國的宗主權都否認起來了，你們不免跑的太快了一點吧！」他啞口無言，看了一下這段新聞，說是「其中像這一段說印度政府答應了西藏一切必需的便利，以和中國辦事處人員由印度撤退這一點也不很對，我們不過是承受西藏放在我們前面的既成事實。」我笑笑說：「既成事實在后，你們答應在前吧。」我於是用最鄭重的語氣對他說：「梅農先生，這個幾年以來，我們政府對印度盡了最大的誠意，我也爲了增進中印的邦交，也盡了最大的努力，這種努力我想你以前用過心思的，到現在中國在困難的時候，我不願意中印邦交上和中印民族間發生一道深刻的裂痕。你們不要以爲共產黨在中國一定會成功，這是一種很淺薄的勢利眼光，假定萬一共產黨會一時的得勢，你應該知道中國共產黨至多不過在我們中國人之中百分之一的人數，其餘百分之九十九是主張自由民主而反對共產黨的，這班人纔是印度眞正的朋友。我希望印度不要使這廣大的朋友們失望，感覺到以前對印度友誼之心，不過是一種幻覺，這一點是我們中印兩個民族間永久感情是否能够建立和保持的關鍵，我想大家在這點上，應該覺悟！」我說這話的時候，看見了他臉上的表情，覺得他臉上一陣一陣的發紅發白，沒有和我辯白一句，恐怕他內心也有點慚愧。我本來不願意和他說這話的，但是在這個時候，我想與其和他說情，不如痛快地向他說穿，將來的效果或者還要好一點，若是錢參事這天在館，我也讓他去和梅農接洽，不巧他不在館內，但是還是巧，因爲抓住了這個機會能够教訓梅農這番話。

四

印度爲了西藏問題不但承認中共僞政權，而且在成功湖上賣了許多死力要想把她拉入聯合國，尤其是安全理事會，但是結果怎麼樣呢？去年十月間印度正在大捧中共的時候，忽然消息傳來，中共的部隊已經由西康進兵西藏了。（其實中共匪軍攻下的昌都還是在西康境內，印度稱爲西藏，還是根據所謂西姆拉條約的地圖。）這一聲晴天霹靂把印度政府搞恐慌了，他於十月二十一日二十八日和十一月一日連送三個照會給中共僞政權，表示「深切的遺憾」表示「可悲歎」，可是中共僞政權對他的復文非常强硬，非常不客氣，認爲「西藏是中國領土不可分的一部分，西藏問題完全是中國的一個內政問題」。又回過來打一個嘴巴道：他們「對於印度政府認爲可悲歎的觀點不能不認爲這是受了西藏方面與中國敵對的外國勢力的影響，而表示深切的遺憾」。這個嘴巴打得印度有苦說不出。引得旁的國家冷笑道：「早知今日何必當初！」我們可以再補一句道：「豈祇今日還有將來！」國際間不講道義的結果一定如此。以下三個印度給中共僞政權的備忘錄和照會不過是印度政府對於中共和世界的自白書罷了。

『一九五零年十月二十一日印度大使交與中共僞政權之印度共和國政府關於西藏問題備忘錄』

中央人民政府是充分了解印度政府對調整中藏關係所持的見解的，因此就不必再重述印度政府的關心僅在於希望此問題的和平解決。我的政府也知道中央人民政府不直接採取與西藏當局談判的政策，然而有消息說某些軍事行動已經或即將發生，這可能會影響到談判的和平結局。

印度政府願意指出，在目前對西藏採取軍事行動，將使對中國不友好的那些國家在這一國際事務緊急和微妙關頭，有藉口來進行反革命宣傳。中央人民政府想必知道聯合國內的意見現已穩定的趨向接納中國在目前大會結束前參加組織。印度政府以爲在大會採取決定的前夕採取軍事行動將會引起嚴重後果，並將使那些反對人民政府參加聯合國安全理事會的國家獲得有力的支持。

在目前，當國際形勢如此微妙時，如何可能被解釋爲擾亂和平的舉動，會使中國的地位在世界人士心目中產生偏見。印度政府深信：承認中華人民共和國的地位及其參與聯合國工作是恢復和平氣氛的主要條件之一。他們認爲在目前，對於某些一事件的不謹愼的舉動，即使這一事件是在其本身的範圍以內，亦會被對中國不友好的國家利用，而在聯合國中及中立輿論之前，歪曲中國問題，印度政府認爲在國際組織中，中國代表權問題的儘早解決，是極其重要的，並一直竭其所能，這使一問題得到完滿的結果。印度政府認爲：假如因中國在西藏的軍事行動而使反對中國參加聯合國的國家獲有機會來歪曲中國的和平的，那麼中國的地位將會因此而削弱。

印度政府認爲時間的因素是極端的重要的。在西藏大概不會有任何嚴重（或認眞）的軍事反抗，因此，解決西藏問題的任何遲延，將不致影響中國的利益，或影響某種適當的最後的解決辦法。印度政府對此事的關心，正如我們以前所述，只是希望：接受人民政府參加聯合國不致由於某些可以避免發生的原因而再行延期，如有可能，採取和平解決，而軍事行動則會引起其邊境上的不安和擾亂。

『一九五零年十月二十八日印度大使交與中共偽政權之印度共和國政府關於西藏問題照會』

閣下：

我榮幸地遞呈閣下來自印度政府的下列電文。

電文始稱：「我們看到報上報導關於北京官方聲明謂：「已命令人民解放軍的部隊進軍西藏。」我們並未，重複一遍，並未從你們在此地的大使或我們在北京的大使獲得此事的通知。中國政府屢次向我們保證要以和平方法及談判來解決西藏問題的願望，最近印度大使與外交部副部長會見時，副部長一方面重申中國政府「解放」西藏的決心，而同時表示繼續願望使用和平方法。我們通過我們的大使告知中國政府，西藏代表團決定立即前往北京，開始談判。這一代表團確於昨日（二十五日）離開德里。鑒於上述這些事實，命令中國軍隊西藏的決定對我們是最爲驚異與遺憾的。我們知道西藏代表團前往北京曾經遲延，這一遲延首先由於不能獲得香港的入境簽證，而西藏代表團對此不能負責。此後，西藏代表團返回德里，因爲中國政府的意願是，首先應在德里與中國大使舉行初步談判。由於西藏代表團缺乏與其他國家交涉的知識，以及必需自他們的政府獲得指示，而他們的政府則又須諮商他們的議會，結果確實又更遲延了。印度政府不相信，重複一遍，不相信任何與中國敵對的外在勢力要負使西藏代表團的出發遲延的責任。

現在，中國政府已發出命令侵入西藏，和平談判就難於與此同時進行，西藏人將自然地恐懼：談判將是在脅迫之下舉行的。在目前的國際情勢中，中國軍隊之侵略入西藏不得不被認爲可悲歎的，而在印度政府的經過思慮了的判斷之下，認爲這不是，重複一遍，不是符合中國或和平的利益的。印度政府只能表示深切的遺憾：雖然印度政府屢次給予中國政府友誼而無私的忠告，中國政府却已決定用武力來解決他們與西藏的關係問題，而不用較緩慢而更加持久的和平方法。」電文終。

我乘此機會重申對閣下最崇高的敬意。

潘尼迦

一九五〇年十月二十八日

『一九五零年十一月一日印度大使交與中共偽政權之印度政府關於西藏問題照會』

閣下：

我榮幸地將下列來自印度政府的電文呈遞閣下：

電文開始：在北京的印度大使已將中華人民共和國外交部副部長於十月三十日交給他的照會轉給印度政府。印度政府驚異地讀到中國政府覆文內最後一段的聲明，聲明中稱：印度政府對中國政府的建議乃是受了敵視中國的外國勢力之影響，印度政府斷然否認這一點。關於西藏問題，沒有任何外國勢力對印度發生影響。在西藏問題上，正如在其他事件上，印度政府的政策一直是完全獨立的，一直僅僅旨在：和平解決國際紛爭以及避免任何預計會增加目前國際間可悲歎的緊張形勢的事件。

二、中國政府以爲西藏代表團赴北京之遲延乃由於外界的唆使，也是同樣錯誤的。印度政府在以前幾次電文中已相當詳盡解釋了西藏代表團爲什麼不能較早前往北京的理由。印度政府相信：沒有外界唆使的可能性存在。

三、印度政府曾懇切求取西藏問題將以和平談判來解決，以便調整西藏在中國宗主權範圍內的自治的合法要求，印度政府對此並無干涉或取得任何利益的願望。西藏自治是一事實，這一事實從印度政府得自在中國印度大使的以及其他來源的一些報告可以判斷出來，中國政府本身曾經是願意承認並使之達成的。印度政府屢次建議：中國對西藏的宗主權和西藏自治應由和平談判而得以調解，這種建議，並非如中國政府所似乎設想的，以爲此乃不正當的干涉中國內政，而是一個友誼政府的善意忠告，這一友誼政府自然地關懷於其鄰居的一些問題能以和平方法解決。

四、因爲印度政府堅持用和平途徑，所以當它知道中國政府亦願望以和平談判來解決西藏問題時是歡愉的。正因爲這緣故，印度政府曾勸告西藏政府派遣代表團到北京，這一勸告是被接受了，印度政府是高興的。在印度政府與中國政府之間交換文件的過程中，印度政府會屢次獲得意圖獲得和平解決的保證。在這種情況下，印度政府當知道中國政府已對一個和平民族採取軍事行動的時候，就更加驚異了。並無任何確證指出西藏人方面採取了任何的挑釁行爲或任何訴訟非和平的方法。因此，無論如何，對他們採取這種軍事行動是沒有理由的。這種步驟包含着以武力達成一種決定的企圖，這是不能與和平解決辦法相符合的。鑒於上述這些發展，除非中國政府認爲宜於命令他們部隊停止向西藏推進，因此而給以和平談判的機會，印度政府不便再勸告西藏代表團前往北京了。

五、印度政府最近數月來採取的每一步驟是爲了阻止戰爭導向全世界。在這樣做的時候，印度政府常被誤解並受批評，但印度政府不管各大國的不愉快而堅持其政策，印度政府不得不認爲中國政府對於西藏儘早採取的軍事行動，已經大大地增加了世界的緊張形勢和導向大戰的趨勢，這種大戰，印度政府肯定地認爲中國政府亦是希望避免的。

六、印度政府曾屢次說清楚：印度政府對西藏並無政治的或領土的野心，亦並不爲印度政府本身或其在西藏的國民求取任何新的特權地位。同時，印度政府曾指出：某些權利是由於慣例和協定而產生的。這些慣例和協定在具有密切的和文化商業關係的鄰居之間是自然的。這些關係已表現在：印度政府在拉薩派有代表，在江孜與亞東有商業代表，在到江孜的商業路上有郵政及電訊機關，爲了保護這一商路，四十多年以來就一向在江孜駐紮了一小隊衛兵，印度政府切望這些機構應該繼續存在，這些機構對印度與西藏都是有利的，並不在任何方面損害中國對西藏的宗主權。因而在拉薩代表團的人員以及在江孜與亞東代表機構的人員已受命留守在他們的崗位上。

七、印度政府的基本政策，是爲印度與中國的友誼關係而努力，兩國承認彼此的主權，領土完整及互相利益。最近在西藏的發展已影響到這些友誼關係以及全世界的和平利益，印度政府對此深表遺憾。在結尾時，印度政府只能表示殷切希望中國政府仍將寧願採取和平談判與和平解決的方法，而不用強迫與武力的解決。電文終。

我乘此機會重申對閣下最崇高的敬意。

潘尼迦（簽字）

一九五零年十一月一日

三十九年十月二十六日合衆社新德里專電說，「據可靠消息：印度內閣今日舉行緊急會議，討論中共宣佈共軍進攻西藏一事，印度會向世界保證，西藏問題可和平解決，據聞印政府對中共此項宣佈，大感驚訝，若干報紙今日批評印駐北平大使提供關於西藏及中共對韓國之立場之錯誤情報。」這也是一段値得玩味的報導，可見國際間的外交場合並不是冒險家的樂園。

至於我們中央政府的立場非常的嚴明，我們國家對於西藏的領土主權和行政權的完整是絕對要維持的，任何不合法和不平等的條約是不能承認的，至於這次共匪的軍隊攻入西藏只不過是我們中國內亂的擴大。

附錄一

還有兩點趁這個機會附帶補充說明一下：

第一、在上次「揭開中印間有關西藏的幕」那篇文章裡我提到印度派人赴西藏將甘地骨灰撒入水中一事，今日查手頭的文件發現了一個比較詳細的記錄，這件事是在一九四八年八月三日，印度赴藏訪問團團長潘廸（Pant 印度聯合省省議會議員，印度中央制憲國會議員，國大黨重要份子。）携帶甘地骨灰，撒入西藏境內瑪拉薩羅的大池。這個團名義上雖然不是官方所派，可是事實上的背景誰都知道，該團於回印度時在途中被藏人襲擊，印度外交部曾爲此事發表公報，就不難看見牠的內容了，根據潘廸回國後發表談話的內容可以歸納成爲四點：一、建議印藏正式建立經常外交關係，僅憑現時之商務代表不足以進行彼此貿易。二、建議由 P.W.D. 或省當局展修自阿勒莫拉至馬拉姆（聯合省境內，接近西西藏）之公路。三、開闢印藏航空線。四、於藏境瑪拉薩羅大池設立印藏語學校，紀念甘地骨灰。從這篇談話裡很可以啓示我們印度對西藏的政策。

第二、我上次那篇文章裡也曾提到梅農外次在「德里到重慶」這本書裡一段紀載，他在印度和我國新疆邊界上發揮他邊疆政策的文章、當時因爲沒有原書在手頭，所以僅能述其大意，現在我得到原書了。果然是在第二十八頁末和第二十九頁上半頁有下面一段文章，我忠實的把他翻譯下來：「現在我們印度的政府靜悄悄的一點不使人注意的，但是很有效的把洪砂國(Hunza 按洪砂就是坎巨堤國，在三十六年曾經表現願意歸附中國做屬國的。)的土王絕對的歸附到印度的範圍裡面。將來無論印度成爲自治領也好，或是正式獨立也好，爲他的利益他得要緊緊的把握住現在邊疆政策的線條。有一次有人問甘地若是有外患從阿富汗這個方面而來，他怎麼樣辦，據說甘地、無抵抗主義的使者，這樣說過：「用愛的力量」。在現在的國際政治狀況之下，這個日子恐愈來愈遠了。高鐵崖(Kautilya)，印度的馬奇維尼，在二千二百年以前，下了一個敵國的定義如下：『敵國就是和我們邊界靠近的國家』。換句話說，構成實際的或是可能的敵國，不在乎他的行爲而在乎他的邊疆和我們接近與否。好一個殘忍的定義，可是歷史却證明他是對的。中國和印度以往可以說是例外，現在讓我們希望罷，將來還可以繼續如此。可是無論如何高鐵崖的實際主義對我們在國際政治間的理想主義還是一個很有用處的糾正。」這也是認識印度在國際政治很有啓發性的一段文章。

附錄二：

本文前載之地圖（見第十頁）係根據陸興祺所著「西藏交涉紀要」裏所附的原圖，在原圖後尚有附註一條，茲抄錄如下：

本圖所載川邊三十三縣名稱，均按民國二年五月內務部審定者列入，其有相沿既久，如打箭爐、裏塘、巴塘、江達之類，則並列之。試觀後列之川邊各縣名稱沿革表自明。至川藏分界線，係根據我國新學會社二十世紀中外大地圖所載，以甯靜山脈爲界，若照傅嵩林之西康省圖則應以江達爲界，合併註明。至英人强分內外藏，不但侵及數省之地，而印藏分界，更欲劃去亞波數百里轄境。査印度測量局一九一七年所製之西藏圖，則仍屬藏轄，可證彼此次之謬。

此段註解，很爲重要，尤以文中所述：『至英人强分內外藏，不但侵及數省之地；而印藏分界，更欲劃去亞波數百里轄境。』一節，甚堪讀者注意。

給杜魯門總統的一封公開信

——關於美國經援狄托問題——

喬治

親愛的總統：

一九五〇年十一月十七日經合總署從華盛頓宣佈將以價值一千一百五十萬元的麵粉緊急援助狄托，以應付由於旱災所造成的食糧恐慌；同時在十二月十一日參院由於您的咨請通過三千八百萬元緊急援助狄托款項。

親愛的總統，以食糧救濟被災荒所侵襲的國家的饑民是人道的態度，是令人欽敬的仁慈行爲；是國際間互助的偉大行動。但是，那個國家遭受饑餓的人民眞正能夠獲得這些食糧嗎?!

親愛的總統，狄托極權——某些人幽默地和實際地稱在狄托統治之下的國家爲狄托極權——的確是在饑餓狀態之下，他們自狄托政權產生後就一直遭受餓饑，這種情形由於旱災現在更形嚴重。

親愛的總統，你是知道的非常清楚的，自從狄托的無情的共黨獨裁建立之始，他便保有特別龐大的國內警察，各種享有特權的政治人員，他們活動於社會的、政治的、經濟的和文化的生活各方面。除此以外，狄托還擁有大規模的陸軍，完全與僅擁有一千五百萬人口的國家不相稱，也和所有歐洲陸軍不相稱，這些年來，沒有人從外界威脅狄托政權，也沒有人威脅狄托的國土。

這個龐大武力有兩重目的：

（一）協助警察保護他的政權以對抗大多數人民的自由意志。

（二）同時協助世界共產主義擴展到西歐和南歐；對戰後解除武裝的意大利施以壓力；長時期有效地幫助在希臘的共黨游擊隊。

就是這個龐大的陸軍　警察和有各種特權的黨政治人員消耗狄托的土地上最大部食糧；因此使人民處於饑餓狀態，呻吟在死亡線上。

民主世界、美國和其他的聯合國會員國運送食糧給狄托時，應該採取必要的步驟以保證自由世界的人民輸送給克羅底、斯拉維尼亞、塞爾維亞、門第內哥羅、馬其頓各民族的饑民的食糧，眞正能到達他們手中。不能讓這些食糧被狄托共黨機構全部吞下，而增加新的動力、活力、以壓迫被奴役的廣大群衆。將援助狄托的食糧置於有效的國際監督之下是絕對必要的，譬如置於紅十字會或聯合國代表機構監督之下。這樣才可保證食糧眞正地到達人民之手。

因此，我們認爲，現在無條件援助狄托的政策應該加以修正，否則，將是無意義並且是危險的。

親愛的總統，如果這個政策不加以修正，這種以食糧援助狄托的唯一結果，將是使一個不孚民望的、少數的狄托獨裁加强力量，同時在歐洲最大危急的時候將產生嚴重的後果。

親愛的總統，當您要求國會通過緊急援助狄托時，您說：「我們預料，如果不馬上採取緊急措施，狄托在南斯拉天控制破壞份子的能力將遭受嚴重的打擊，那麼，南斯拉夫的陸軍抵抗蘇聯或其衛星國家的攻擊的力量也將大爲削弱。」「因此，從軍事的觀點看這種情勢是令人憂慮的，我們應該尋求方法給予狄托必要的援助，這是刻不容緩的。」

親愛的總統，我認爲在您的聲明中，有兩個根本不實際的推斷。

第一個，您好像認爲只有一個「破壞份子」反對狄托，就是東歐共產國際的共產黨的一小部份。可是，親愛的總統，您似乎忽視和有意地忽略了一個事實，就是在狄托控制下的絕大多數人民全都是「破壞份子」，他們反對狄托和反對東歐共產國際一樣。

第二個，您是基於幻想而建立一個軍事計劃，您的憂慮是從軍事觀點而來。這是非常危險的。

親愛的總統，我認爲您對狄托的「南斯拉夫」的估量犯了嚴重錯誤，如同短視的法國外交部和倫敦外交部對第二次大戰前「南斯拉夫」的估量一樣的錯誤。

法國外交部和倫敦外交部也曾幼稚地幻想南斯拉夫將會有效地阻止納粹的推進，因爲南斯拉夫擁有東南歐「最大的陸軍」。可是，整個「無敵的南斯拉夫陸軍」在幾天之內便從內部完全崩潰，如雪溶化在陽光中一樣的迅速。當納粹大軍殺到，這個「英勇的南斯拉夫陸軍」不到一星期便被擊潰。

這個原因非常簡單，因爲「南斯拉夫」是許多不同民族合併而成的，是依據凡爾賽條約强迫組成的一個國家，被一個腐化而不孚民望的政權所剝削，因此一旦遭到攻擊便會冰消瓦解，每一個民族尋求他們自己的出路。

狄托統治下的南斯拉夫也是同樣的情形。

南斯拉夫是再度被强迫合併的一個人爲的國家，被專制無情的少數者政權所迫害，這是違反了各民族絕大多數人民的意志。因此，在國際危急的時候，它不但不能「構成防衛西歐抵抗蘇俄侵略的重要份子」，並且必將瓦解崩潰。

親愛的總統，您更進一步地要求國會撥款三千八百萬元額外援助狄托，國會已於十二月十一日同意。

您解釋說：

「如各位所知道的，吾人對南斯拉夫政策是支持狄托元帥，因爲我們認爲那是在該地區保衛戰略的和政治的利益所必要的。這種政策是基於下列的結論：第一就是狄托從克姆林宮控制下背叛表示蘇維埃帝國主義的第一次挫折，那是一個重要的政治象徵。第二，除蘇聯外，狄托控制歐洲最强大的戰鬥力量，這個戰鬥力量將構成防衛西歐反抗蘇俄侵略的一個重要份子。」

親愛的總統，這個聲明又是基於兩個不實際的推斷：第一，如你所說的，「狄托從克姆林宮控制下背叛表示蘇維埃帝國主義的第一次挫折，那是一個重要的政治象徵。……」，雖然這個「蘇維埃帝國主義的第一次挫折」是這樣巨大，但是，自從狄托背叛克姆林宮後，（也許僅僅是一個暫時的策略的背叛），蘇維埃帝國主義已經控制了整個中國大陸和越南的重要部份；在韓國正給予美軍致命的打擊；現在又叩擊印度的門戶。也就是因爲「狄托背叛克姆林宮」是一個如此「重要的政治象徵」，以至於使西方的政策設計人惑亂，他們被這個「重要的政治象徵」誘惑而變爲癱瘓。因此，他們不能有效地防止蘇維埃帝國主義、世界共產主義在最重要的戰略地區——亞洲、特別是中國——的推進。

第二：您致國會的咨文中說：「如各位所知道的，吾人對南斯拉夫政策是支持狄托元帥，因爲我們認爲那是在該地區保衛戰略的和政治的利益所必要的：……除蘇聯外，狄托控制歐洲最强大的戰鬥力量……這個戰鬥力量將構成防衛西歐反抗蘇俄侵略的一個重要份子。」親愛的總統，這是你向國會表示的最深切的願望，您是眞摯的。但是，您沒有帶給國會眞情實況。

親愛的總統，您應該記得，在第二次世界大戰期間和戰後，當西方列强正幼稚地盡全力援助狄托和他的共產黨羽時，他們稱美國人和英國人時不是稱「美國人」或「英國人」，而是稱爲「天眞的傻瓜」，「天眞的牡牛」。

親愛的總統，我深深地相信您將原諒我的坦白，因爲今日世界的命運是在危險中。您應該知道您的政策設計人將不會比狄托和他的黨羽更機敏，就如同羅斯福不會比史達林和他的政治局更機敏一樣。

狄托和他的共產黨非常瞭解他們國內的弱點，同時非常明瞭任何外界的攻擊將立刻招致人爲的「南斯拉夫」的分裂及其獨裁政權的瓦解。

因此，狄托不會參加任何國外的衝突，而將有系統地和譏諷地利用美國人和英國人的實際援助，以增强他個人的獨裁地位，並保持龐大的陸軍和龐大的警察在他自己的共黨政權絕對支配之下，坐候良機。

親愛的總統，狄托不會與西方民主國家眞摯地聯合，因爲西方民主國家的最後勝利必將是狄托政權的消滅。狄托和他的統治階級對於這一點是非常清楚的。

狄托果眞和莫斯科有衝突，自然僅僅是共黨派別間的衝突。那麼，他也不希望或幫助蘇聯獲得最後勝利。

因此，狄托將有計劃地和譏諷地利用西方列强面臨蘇聯侵略的恐懼，並且，盡力從美國和西方獲得更多的金錢、食糧、機器和其他供應品。自然他也會允諾在必要時幫助西方國家，可是，當眞正決戰的時候，狄托必將以各種藉口，狡猾的詭計和閃避保持中立，至少保持非交戰團體的地位，以觀望局勢的發展。

若在西方世界和蘇聯之間有更進一步的衝突時，狄托也將持觀望的中立態度。他十分瞭解，若美國與蘇聯直接發生巨大衝突時，美國和蘇聯都將無暇顧及狄托，都不會浪費時間和力量來肅清其政權。

狄托也明白在蘇聯與美國發生大衝突以前，蘇聯不會攻擊他，因爲蘇聯恐怕那樣將燎起歐洲的大火，果眞那樣，蘇俄的莫斯科必將遭原子彈的轟炸。雖然蘇聯在歐洲遭受威脅，但她仍需要在歐洲保持一安靜邊界以完成她在亞洲的工作。她可以在亞洲獲得進展而不使莫斯科——世界共產主義的核心——受原子彈的摧毀。

因此，狄托將等待和觀望，他將是一個勝利者。

狄托是非常聰明而且是消息靈通的，在目前的世界情況下，美國和蘇聯都不能輕易獲得迅速的勝利。他知道得很清楚，若蘇聯與美國、西歐之間發生直接的巨大衝突，其結果若不是蘇聯和美國以及西歐完全被毀滅，他們的力量也將完全耗盡。到那個時候才是狄托動手的時機。

狄托擁有歐洲最大的陸軍，這支軍隊未曾受戰火的摧殘，他將獲得中歐、南歐和西歐的共產黨的援助而席捲中歐、南歐和西歐，最後將在全歐洲建立共黨政權。

親愛的總統，你要求美國的立法者和美國人民緊急援助狄托政權時，可曾想到援助狄托的這些後果嗎？

我恐怕故羅斯福總統在他和史達林的蜜月期間絕沒想到：在幾年的同盟後，世界共產主義竟會威脅到美國本身和自由世界的生存。

親愛的總統，您不能由於幫助壓迫世界一部份人的人類自由而保全人類的自由，甚至於您自己國家的自由。

親愛的總統，我深深的相信，你將察及這些事實。你和所有的美國正義力量以及自由世界將深思熟慮關於狄托的這些情形，不要和狄托重演以前和史達林所演的悲劇。

親愛的總統，我是以一個平凡人和以克羅底民族的子孫的資格向您陳述我的意見。克羅底民族現正爲殘暴的狄托政權所壓迫。我深切瞭解美國人民偉大的博施濟衆之情，並親眼看見過這種眞情如何地被國際共產主義和狄托共黨黨羽譏諷地詈罵；我在大戰期間和戰後在鐵幕裡目睹過許多悲劇，因此相信，並且希望消息不靈通的人們相信：與任何典型的赤色獨裁者合作的幻想是天眞的，而根據這個如願的幻想所建立的錯誤政策是非常嚴重的。

親愛的總統，我寫這封公開信給您並不是和你爲難（雖然援助狄托的建議在大選前已經決定，但我在大選後才寫這封信給您。）因爲我也誠懇地信仰在國際政策方面的民主。

每個人民有絕對的權利知道在世界任何地區的眞正情勢和所發生事件的眞正意義，以便判斷世界局勢的眞相，而擔負他們個人的和集體的責任，並且指示他們政府的方向。政府至少在外交政策方面不過是一個代理人而已，是爲人民的共同利益而服役。尤其當人類本身的生存在危急中的今日，人民更有此種權利。

親愛的總統，感謝您傾聽我的意見。

托適士・喬治敬上

一九五一年元月

猙獰的表情——擊毀了韓共坦克

聯軍在韓作戰的一個年青駕駛員曾經僅以一副猙獰凶惡的面孔擊毀了一輛共產黨的坦克車。

詹姆斯中尉駕着一架沒有武器裝備的小飛機，爲砲手偵察敵人的目標。

他看見一輛敵人的坦克車正在過橋，他決定嚇一嚇這個共產黨。他將飛機昇起，彷彿是要襲擊的模樣。同時盡可能地裝出一副憤怒的面孔。

那個受驚的駕坦克車的人抬頭一看便看見了詹姆斯中尉的面孔，於是失去了自制。他的坦克因此衝落橋下而被摔毀了。

詹姆斯中尉的伙伴們在他的小飛機上畫了一輛坦克車以資慶祝。

——譯自基督教科學箴言報——

馬克思政治哲學的錯誤

胡原道

馬克思的政治哲學，可以分成兩部分來說明，一部分是政治理想，他主張國家與政治權力的必然消滅，他幻想人類社會將成爲無階級無政府無國家的極樂世界。另一部分是實行方法；他主張階級鬥爭，以流血革命與暴力獨裁來消滅階級，國家和政治權力。

以下我們對上述觀點，分別加以說明並指出它的錯誤。

一、馬克思所以主張國家消滅，淵源於他對國家認識的錯誤，根據他的偏見，國家只是一個階級壓迫另一個階級的工具，例如他說；「資產階級的共和國，是一個階級對另一個階級的毫無限制的統治」，恩格斯也說過：「國家不外是一個階級用來鎭壓個別階級的機構。」因此社會階級一旦消激，用作階級壓迫工具的國家也就自然要隨着消滅。我們認爲在國家社會中存在過階級壓迫的現象，但是「階級壓迫」絕不是國家存在的基本條件，就歷史的發展過程看，國家是人類社會必有的過渡形態。「人類社會由氏族社會，到部落社會，到城市國家，到民族國家的建立，以至於世界國家理想的產生，是歷史程序的自然發展」。就人類社會生活而言，國家是不可少的組織形式，因爲社會羣居，必需分工合作，分工合作就必需有組織，在世界國家實現之前，社會組織只可能是民族國家，這是非常明顯的事實。因此階級壓迫與國家並無必然的終始關係，在這裡本文無意爲國家的存在辯護，凡是稍有近代政治知識的人，沒有不痛惡國家壁壘的罪惡，也沒有不嚮往世界大同的實現，我們認爲，今天的人類社會是國家本位的社會，因爲衆多國家並立，各有獨立主權，各以本國利益爲利益，在衆多國家之上，沒有調解仲裁的機構，所以就陷於無政府的狀態，就不斷發生國家戰爭，因此國家本位的社會必須消滅，世界本位社會的必然來臨，這已經是必然的趨勢。但是國家本位社會的消滅，並不是人類社會組織的消滅，而是組織的擴大。是由民族國家到世界國家的擴大。正像由氏族到部落，由部落到國家的擴大是一樣。馬克思把國家本位社會和國家未能分別清楚，因此他才有廢除國家的錯誤主張。

馬克思，恩格斯以爲階級壓迫是國家存在的基本原因，所以他們主張：「廢除資本，即廢除全部生產手段之爲少數人所佔有，然後國家就會自己消亡」。同時「民族間的敵對關係，將隨着民族內部的階級對抗一齊消逝。」他們這種推論的錯誤，可以用今天的事實來證明，例如蘇聯和南國同樣是生產工具公有，消滅了社會階級的國家，（因爲資本家，大地主已被消滅）。但是它們仍然保存着國家組織，仍在互相敵對鬥爭，由此證明，所謂階級消滅與國家消滅以及民族敵對關係的消滅，是毫不相干的。

馬克思空言國家的消滅，對國家消滅的原則，方法、步驟、及國家消滅後，人類社會的具體形態皆一字不提，只幻想民族內部階級一經消滅，國家就會自然消亡，人類社會就立刻變成無國家的極樂世界；這是多麼危險的幻想；今天蘇聯一面主張「一國建設社會主義」，一面主張「工人無祖國」，不許其他民族有國家。馬克思的國家消亡論，遂成了蘇聯奴役其他民族的理論根據了。

二、一般人都知道馬克思是共產主義者，主張廢除私有財產。很少有人知道他是無產政府主義者，主張廢除一切政治權力。（在最後目的上，馬克思與無政府主義者是完全相同的，只是在實行方法上，「無政府主義者，要在廿四小時內廢除國家」（恩格斯語）和政治權力，而馬克思則主張，實行無產階級專政的過渡期間），因爲以他看來「政治不過是一個階級鎭壓另一個階級的有組織的暴力」，所以在未來無階級的社會中，「人對人的統治將被人對物的指導和管理」所代替，到那個境界，就「再沒有所謂政治權力了」。因此他主張廢除政治權力，「廢除民主制」。

馬克思上述的見解，至爲武斷和膚淺。證明他對政治的本領和功能及民主制度的眞實意義，都缺乏基本正確的認識。我們認爲政治是一種權力統治，但它是社會生存所必要的權力統治。政治權力雖然在過去的歷史中，曾被暴君貴族所竊據，今天也正被少數獨裁者所竊據，做爲壓迫人民的工具。但是專制權力並不等於政治權力。政治權力雖然爲社會生存所必需，但是專制的政治權力則爲社會生存的弊害。因此我們認爲一切壓迫人民的專制權力必然要廢除，而必將爲民主政治所代替。這一個發展過程，是政治權力的變質與進步，絕不是政治權力的廢除。馬克思把專制權力與政治權力混同了，因此他才主張廢除一切政治權力，以至廢除民主制度。

政治權力所以爲社會生存所必需；因爲它對社會有兩大功能；（一）是維持社會的安寧秩序，保障個人生命的安全自由。（二）是統一管理社會公務，使各類社會機構分工合作的機能，得以圓滑運行。因爲有這兩種基本功能，所以政治權力爲社會生存所必需，但是因爲它是一種强制權力的統治，這種權力一旦爲少數人所竊據，就有濫用這種權力來侵害人民自由權利的危險。因此我們面臨的問題，不是空想的去廢除政治權力，而是如何去防止政治權力爲少數人所竊據，並使它發揮對社會生存所需要的功能。此一問題由民主政治的建立，獲得了解決的途徑。在美法大革命以來的近代民主國家中，已經消除了少數人竊據政權壓迫人民的現象。由於普選制的建立，使執掌統治權力的政府，必須由人民的同意而產生，並且要定期改選，接受民意的裁判。由於政治自由得到充分的保障，政府的措施時時要受人民的監督和批評，甚至抗議和反對，在這種情形之下，人民已能有效的控制政府。所以民主制度已使政治權力得到合理的安排，它一方面使政治權力得以發揮應有的功能，同時消除了專制權力的弊害。

馬克思只見到政治權力，是强制權力的統治，誤謬以爲是階級壓迫的暴力，他未能認識政治權力在社會生存上的功能，更未能認識民主制度與政治權力的關係，遂盲目的空想的主張；廢除政治權力，廢除民主制，因此他就陷入無政府主義的泥淖中去了。

三、馬克思認爲無產階級取得政權的唯一途徑，是流血革命，如他所說：「他們的目的，只有經過暴力地推翻全部現存的社會制度才能達到。」（見共產黨宣言）所謂「無產階級與資產階級之間的對抗，乃是一種階級對階級的鬥爭，到了鬥爭之最高的表現，即是一種全體的革命，不但如此，建立在事實反對上的社會，到了激烈的矛盾時，把肉體與肉體的衝突，當作最後的解決，還有什麼可驚的呢？」（見馬氏所著哲學的貧困一書）。馬克思這種流血革命的主張，到了晚年，由於他鑒於德國社會民主黨的發展，與英國議會制度的成功。已經反感到思想錯誤並會有所改變；在一八七二年九月在第一國際大會席上的演說中，會明顯的表示：「當然大家不要誤會，以爲我認爲達到一目的必須用同樣的手段。我們都知道各國的制度，習慣，傳統的重要性是不能忽視的；我們不能否認，像英美這些國家勞動者也許可以用和緩的方式而達到他們的目標。假如我不錯誤的話，荷蘭也是屬於這一類的」。根據恩格斯在英文版序文裡也說過：「這樣一個人（指馬克思），他的全部理論是他終生研究英國經濟史及經濟狀況的結果，這種研究又使他結論說：至少在歐洲，只有英國這個國家，這個不可避免的社會革命，能完全依賴和平合法的手段來實行」。由上面兩段話看來，馬克思流血革命的錯誤，實際已經自己修正了。因此今天史達林黨人，仍堅持暴力革命的主張，和瘋狂進行流血鬥爭，顯然是毫無根據的了。

四、關於馬克思無產階級專政的理論，在此我們想說的兩點：第一說明無產階級專政的基本錯誤，第二說明馬克思所說的無產階級專政的理論怎樣被列寧史達林所曲解，造成了今天的極權專制。

無產階級專政的第一個錯誤，是沒有明確規定專政的期間，因此就有造成無限期專政的危險。

無產階級專政的第二個錯誤，是無產階級大衆無法專政，因爲實際上政治權力只能由少數人來控制和運行，結果就必然造成少數人的專政。以上兩點都由今天蘇聯共產黨的極權專制證實了。

無產階級專政的第三個錯誤，是工人本身，根本沒有專政的知識和能力，根本不能專政，試看今天所有共產國家，都是共產黨（大多是知識份子）專政的事實，就可以明白了。

以上是馬克思無產階級專政理論的根本錯誤，下面我們來考察列寧史達林怎樣曲解馬克思的原意，以致造成了今天極權專制的過程。

馬克思心目中的無產階級專政，是指無產階級的民主政權對資產階級的專政。目的在使「無產階級變成統治階級，奪得民主制」。馬克思在贊述巴黎公社時會這樣說：「公社是由巴黎各區普選制，選舉出來的城市代表所組成。這些代表是負責的並隨時可以撤換。」在這裏他很顯然的，是主張無產階級的民主制。以這個民主政權，對少數資本家實行專政。絕不是共產黨對無產階級的專政，絕不是中央政治局的專政，更不是一個領袖的專政。

無產階級專政的理論，到了列寧的手裡，發生了很大的改變。首先在專政的手段上，列寧瘋狂的發揮了馬克思的暴力論。在馬克思看來，所謂專政，不過是無產階級運用政治權力向「財產權與資產階級生產關係採取强力侵犯」。所謂强力侵犯是指下列各種辦法：「剝奪土地私有」，「徵收高度的累進稅」，「廢除承繼權」，「沒收亡命者與反叛者的財產」，「集中運輸機關於國家手中」等等辦法（均見共產黨宣言）。對於這些辦法的反抗者才加以鎭壓和制裁。到了列寧便公然說：「專政這一科學概念的意思，是無限制，不受任何法律，絕對不受任何條規所拘束，而直接憑藉於强力的政權」。「專政就是（請立憲民主要人老爺們永遠記着）無所限制的，憑藉於强力，不是憑藉於法律的政權，」這是多麼瘋狂的暴力論？因此列寧才創設了人類歷史上最科學的秘密殺人組織－赤卡－。就無足怪異了。

此外列寧在專政的形式上，把無產階級民主制，改變成無產階級的「民主集中制」。也就是將無產階級專政改變爲共產黨專政。因此他說：共產黨是「無產階級底執政的先鋒隊，是領導者」。「我們把無產階級專政，瞭解爲在實質上，是無產階級中有組織有覺悟的少數的專政」。後來他仍覺得共產黨中央委員會人數太多，不便專政，結果就更進一步，設立了中央政治局來代替共產黨專政。到此爲止，一般人民，無產階級，共產黨員，都成爲被專政者了。

無產階級專政到了史達林的階段，發展到了巔峰。在列寧死後，史達林把政治局的反對派完全淸除了，變成了史達林的個人專政。史達林把共產黨比做「無產階級的作戰司令部」，黨的領袖是總司令，幹部就是將校，黨員就是士兵。這樣全黨和全體人民對他只有絕對服從了，極權專制於是完成。這就是馬克思無產階級專政，演變成今天蘇聯極權制度的具體過程。

根據以上的說明，我們知道馬克思的政治理想，是無國家無政府的社會，是根本無法達成的空想，而實現理想的方法，是暴烈的流血革命與殘忍的暴力專政，以殘忍激烈的手段，追逐空幻無止境的理想，結果必然要造成人類無底止的痛苦與災難，所以今天蘇聯成爲這樣兇殘暴戾的極權勢力，給人類社會這樣大的損害和威脅，就並不是偶然的事了。

官僚政治別論

陳威伯

一

關於官僚政治的定義，本質，機能（包含程序上的運用），以至流弊，和在法制與人事兩方面補救或改造的方法，雷震先生在「自由中國」第三卷第八期，曾發表「形式主義與官僚政治」一篇精博的議論，並舉出幾個恰切的事例，來證實官僚政治的餘迹必須改造的學理，讀之發人深省。

這一篇所謂「別論」，却希圖在討論人事制度上，提出幾點續貂的意見：

第一，廓清官僚政治的殘餘風氣，必須先改造所謂「政治幹部」的地位。

年前在大陸上經常聽到的所謂「政治幹部」，是狹義的，含有派系色彩的人物。現在一般有識之士，都已覺悟派系的流弊，而力求廓清派系的觀念。這裏要討論的兼重廣義的「政治幹部」。

廣義的政治幹部是什麼？簡明的說，它在整個的國家內，是訂立政策或執行政策的機構（治者）和廣大的民衆（擁有政權的被治者）中間一群施政的或做聯絡工作的人物；它在各級政府裏，是任何上一級和下一級中間，施行政令或做聯絡工作的機構；在每一個政治機構裏，它是依照分層負責的原則，奉行上級政令而幹實際工作的人員。

因此，所謂「政治幹部」的地位，通常是被夾在「治者」和「被治者」，「上一級」機構和「下一級」機構，或上一級人員和下一級人員中間的。在這所謂「中間」的地位上，幹部們所做的工作就有時加檢討之必要。它該不該漠視政令或法律的眞義，與其本身的職權和使命，祇求符合政令或法令的形式，逢迎上級機構或長官的偏私好惡，而不顧下一級工作機構或人員的困難，或國家民族的利益呢？抑或是應該摒棄形式主義，根絕逢迎作風，遵守法律政令，而實施本身職權，務謀運用智能，把握時機，以求達成其使命呢？

在學理上企求解答上列問題，似乎頗爲容易；但一到實際的場合裏，處理就顯得極是困難。然而這應該愼重處理的困難問題，在官僚政治圈裏反而「習然不察」，照例是依着刻板的形式主義來應付，轉變爲極平凡，極容易解決的問題了。

在這方面應用的手法是什麼呢？

一、在應付人事方面，照例是：

甲 該員有沒有「要人」介紹？

乙 該員是不是主管長官的親屬、戚友或門生、故吏？

丙 該員是不是在政界或其他方面已有聲望或地位。

丁 該員是不是顯得恭順服從，慣於巧言令色？

戊 該員是不是儀表漂亮，善於跑公館，走內線？

如果「幹部」具備了上述五個條件，在過去就是第一流人物，可能得到上司的青眼，不次陞級，加薪，或記功，授勛。否則，雖有人事法規，無論怎樣明白的規定賞罰陟黜，祇要主管給他一個劣等的「考績」，便是長久屈居下僚。因此在官僚政治圈裏，值得重視的最末一個服務條件是下一項：

己 該員對於職務是否忠勤廉能，勝任愉快？

如果該員是剛直樸拙，不善交際，那就活該倒霉，他的（己）項本領要打一個大大的折扣——最幸運還祇能保全飯碗，難望調陞。這就是官僚政治圈中叫做「人事至上」，「交際第一」的現象。

二、在應付人事方面，官僚政治還有一點慣例是：

甲 該員如果忠勤廉能，但却沒有上述（甲）至（丁）項的任何一項「背景」或「本領」，那麼，忠勤廉能祇成爲不合時宜，祇成爲該受嫉忌排擠的對象，因爲官僚政治圈裏祇許大家同流合汙，敷衍塞責，最好是奉承主管，不許守法從公；智慧等於贅瘤，廉毅反爲「惡德」。

乙 由於上述的不幸情況，比較剛直的忠勤廉能之士多已自動的或被動的排出官僚政治圈外；比較溫和的，却遭磨煉到鋒鋩盡去，隨俗浮沉。

丙 因此，在官僚政治圈內，儘管到處掛着漂亮的標語口號，檔案內充塞着良法美制，或關於「人事的革新」，或關於「法制的改善」，而實際上還是唯唯諾諾之輩充塞廳局，自成與民衆脫節的，與眞正的政治絕緣的「特權階級」。

三、在人事方面，官僚政治第三個現象是：

甲 公務員的任期缺乏明確的規定，不管「政務」或「常務」，或存「五日京兆」之心，多隨長官而去留；或則久圖戀棧，無意轉業或退休。

乙 聰明伶俐的公務員們於是拚命的跟住上司，包圍上司，擁護上司，形成了「最忠實的幹部」，也就自然而然的造成了政治上的派系。

丙　多數「幹部」隨着「老上司」，捧着「老上司」，流轉於各部會之間，變成了「萬能」的公務員；或固守着一個單位，一直到老死方有退休的機會！

丁　做了官的於是絕不願自動的退到農、工、商、學等所謂「平民」的職業崗位上去，而政治乃成了「化石」。

官僚政治造成派系的關鍵，是在「幹部包圍着上司」。「包圍」是官僚政治圈裏經常具備的政治技術。它的主要作用，對內是對上司由獻媚邀寵，把持權勢，而朋黨比周，蔽塞上司的聰明，使與外界日就疎遠；並從而嫉賢害能，排除異己，以使一己得以固寵專權，操縱上司。對外，對其他各政治單位，則由標榜聲名，賣弄權勢，進而合縱連橫，而包圍上級機關，爭取其他有利地盤，或至低限度鞏固其現有地盤。因此，在官僚政治圈裏，不祇造出了派系，並且派系之內復有小派系；而派系之間更有不斷的合作或摩擦。於是所謂「幹部」也者，日夕聚精會神於所謂「應付人事」的政治大業。那裡還有充分時間去注意國家的安危，或民間的禍福呢？又有幾個人眞能深思遠慮去解決政務上的重大問題呢？

官僚政治在過去數千年既已有根深蒂固的基礎，現在要用民主政治的洗禮來加以徹底革新，似乎不是輕而易舉的工作。因爲過去的政治作風，既已把整個民族文化和社會的意識形態，陶冶煆煉，使與官僚政治的典型相適應，而一切政治或文教，以至經濟或社會的地位與權力觀念，以至地位的運用，權力的行使，都循着「由上而下」的舊轍。這正和民主政治，其方式是「由下而上」，以廣大的民衆爲政治地位的基礎，爲政治權力的泉源，並以廣大民衆的利益爲政治措施的主要旨趣，以國家民族的富庶治强爲政治工作的最高原則，顯然是背道而馳。

二

至於官僚政治圈內，處理政務的種種毛病，簡單說來，尙可以列舉下述五項；

1. 權責不明——艱鉅或危難的工作，不是向下推諉，就是向上「請示」，亂兜圈子，就誤時機；結果是：功則爭冒，過則互諉，經常是下屬吃虧，國家倒霉。
2. 敷衍塞責——遇事「不求有功，但求無過」，重點在於應付上述種種人事問題，加以虛僞的宣傳，而不求客觀的政治績效。
3. 注意形式——不知把握時機以辦妥公事，經常注意手續，祇是辦理公文，應付環境。
4. 蔑視公意——不祇輕忽國家的大政，漠視民衆的利益，甚且就在合議制度的機構裏，也是上承諸弊，議而不決，決而不行；或則專斷獨行，折足覆餗。
5. 虐待下屬——繁忙的政治工作（或祇是文牘工作），於是盡向下推，造成「科員政治」；科員們日夕埋頭苦幹，待遇微薄，而功則歸於上司，過則例須承受。

至於建議革新，雷震先生在他的傑作「形式主義與官僚政治」一文裏，既在指明在法制方面的三點辦法，在人事方面的兩個要點，而歸納到政治上的要旨：政治的目的是爲人民謀福利，政治要做到是眞正的在爲人民服務。他並從而標示施政必循的兩個原則：運用條理解釋，運用自由裁量。名言讜論，至足發人深省。

竊以爲從注重「革命的本質」着眼，從實施「革命的方法」着手，我們企求根本肅清官僚政治的遺毒，似應補充下列的四個辦法：

1. 實踐民主法治的制度——政府由民衆的公意所產生，其權力由民衆的公意所賦與。公務員與一般民衆的利益固須一致，在法律之下人人平等，絕不應有特權階級的存在。乃易於泯除其患得患失的心理，而樂與民衆融爲一體。
2. 認眞深入民間，潛察民隱——世間諛頌之詞，雖或可以快一時之意，實則過甜的蜜，過肥的肉，多吃了祇能阻塞腸胃，痲木神經，損害健康。政治當局如果得不到苦口的忠言，便該自己深入民間，親自體察民間的利弊，而勤求補偏救弊的良策；同時更要博訪周諮，以考驗「幹部」工作的實績。
3. 改造「幹部」的地位，衝破「幹部」的包圍——所謂「幹部」，本文上篇已有新的定義；換句話說，政治幹部是國家的公務人員，絕不應視爲是一派一系，或一地區，一主管機關的政治幹部——尤其不應視爲是某一人物的政治幹部。由此，實行「天下爲公」之道，必須博訪賢能，爲事擇人，引用新進的最適當人才，而絕不應自滿於前後左右的親信。倘若認爲「天下才智盡於此矣」，視舊幹部爲「萬能」，而肆意任用，是則賢能之士被摒於政府之外，親信人物包圍於左右之間。上邊既已講過，在官僚政治圈內，所謂「幹部」，利在包圍上司，是以獻媚固寵，嫉害賢能，排除異己，而後「幹部」乃得專攬權勢，擅作威福。這種包圍愈緊愈密，主管對於本機構所能看到的眼界亦必愈加縮小，而處境亦將愈形孤立，漸而加深了和外界的絕緣，加强了和民衆的隔膜，在用人行政上絕難踏進民主法治的正軌。今後厲行民主，

（下轉第25頁）

「解放區」、香港、自由中國（下）

——三個世界的比較觀——

張力行

六、戰爭的資源

當共產黨製造失業和貧窮的結果，兵源的問題便完全解決，而不感覺任何困難。在一九四八年徐蚌會戰之前，共產黨尚且感到兵源不足，在河北省一地，即强徵壯丁好多萬，分別編爲擔架兵和預備兵，俾補充前線打仗。但共產黨渡過長江以後，由於政府在大陸上迅速撤退人力、財力和物力，甚至覺得有餘。共產黨無論在南京、上海、蘇州、杭州等地，招考學生成立「軍政大學」，一下便是好幾萬人。比方上海招考「西南工作團」團員，僅十天功夫，就招足兩萬人。不過共產黨並不喜歡知識份子，其選擇的標準有兩點：一是身體强壯，能勝任强行軍的磨鍊，一是頭腦簡單，易於接受思想統治；便於勞力的榨取。

對於戰爭物資，共產黨認爲控制了整個大陸以後，也毫無困難，但共產黨對於戰爭物資的來源，是建築在清算和鬥爭的基礎上。據劉伯承說：「僅四川一省的物資，就可以打三年仗」，由此可見共產黨清算鬥爭的徹底。同時，共產黨發行將近五百億至一千億「人民幣」的結果，把整個民間所有的物資，搜刮殆盡。并且，它爲了遏止通貨過度惡性膨脹，去年十月間發行第一期「勝利折實公債」計兩億美元（每一美元號稱一分），以攤派的方式進行榨取，上海一地即被攤派三千萬美元，南京被攤派五十萬美元，最貧窮的太原，也被攤派二十五萬美元。當時，「人民幣」四萬元值美金一元。以後又跟着發行第二期「公債」，計一億美元。總之，共產黨左手把鈔票拿去換取物資，右手又無代價的把鈔票拿回來，這樣，拿來拿去，大陸上瘋狂的物價漲風，就被這種形式抑平了。同時共產黨一方面破壞了生產關係，剝奪了人民的生產能力，另一方面由於失業現象的嚴重，社會購買力的降低，物價要漲也漲不起來，但唯一够資格以廉價收購商品的，便祇有共產黨了。於是，共產黨就有了打仗的本錢，不愁戰爭資源的缺乏，只見廣大的人民，却瀕於死亡的邊緣，掙扎和呻吟！

七、奴化教育的悲哀

但是，從另一角度看大陸「解放區」，對於恐怖威脅，不過造成心理上的不健全和生命無保障而已，對於榨取剝削，不過造成失業和貧窮的痛苦，減低反抗的意志而已。然而由於共產黨腐蝕人民的心智，灌輸奴化教育的結果，則子子孫孫的民族意識和國家觀念，便宣告毀滅完蛋！

我曾親眼看見共產黨在「解放區」的大中小學課程和教育制度全部採取蘇聯的方式，中學和大學取銷英文，而授以俄文，取銷公民和歷史，而代以唯物史觀及馬列學說，小學的國定課程第一課便是「史達林萬歲」，第二課是「偉大的毛澤東」。學生每天幷不正式上課，係採行開會討論式的學習運動，平時大部份時間跳秧歌舞。縱然，大中學生吃過共產黨的苦頭，左傾幼稚病的觀念很容易變爲右傾激進的作風，但是一般乳臭未乾的毛孩子，一天到晚史達林毛澤東，這種悲哀，就可想而知其爲嚴重了。我發覺大中學生的思想除少數外，極大多數無法改變，他們仍然愛好自由生活方式，民主與和平，共產黨所作所爲，就是使他們無法改變思想和跟着共產黨走，他們雖不滿現實而一時感情衝動，祇要一經考驗，便不難發覺共產黨的騙局了。

不過，下一代——小學生的命運，確實令人耽憂，我就憂如果共產黨統治大陸的時間愈久，則他們的思想中毒愈深，中毒愈深就愈難醫，這是我希望政府從速反攻大陸的另一理由和意見。

八、赤色藝術的政治性

至於藝術，共產黨也把它當作一項有力的政治武器，用來達成統治人民的目的。在普遍的「解放區」，除到處懸掛馬克思、恩格斯、列寧、史達林，毛澤東、朱德的大幅油畫像，和牆壁上寫着「史達林萬歲」的標語，企圖改變人民的觀念與印象之外，最重要的就是共產黨利用藝術來完成政治的任務。通常，秧歌舞在「解放區」是最流行的一種赤色藝術，它的內容通俗而簡陋，惡劣不堪。但是儘管惡劣不堪，共產黨則認爲幷不在於形式的美與醜，而是把它當作人民生活的一部份，藉收潛移默化的功能，使人民的思想麻醉。這裡舉一實例爲證，在「解放區」的秧歌舞詞裡有這樣的幾句說法，如：「國民黨，你別夢想……共產黨，是人民的太陽」，像這種類似的形式的例子，眞是不勝枚舉。我漸漸發覺，由於赤色藝術的完成，給予人民的思想將會起質的變化，縱然尚未變化，但有此可能，而共產黨的目的，就在將政治意識滲透藝術的領域，使它變成爲政治而藝術，非爲藝術而藝術，一反泰西或東方文明的純藝術的永生論。它正是「巴枯寧派」但論目的不擇手段的一種政治戰術。共產黨把它——藝術——塑成現實問題而含有絕對政治色彩的模型，并且，把這些庸俗醜陋的秧歌舞，當作「解放區」最高級的文化形態，用以「教育」人民，改變人民的傳統「封建」意識。後來，我才發覺共產黨把秧歌舞代表黨的最高文化水準，把恐怖的「格」「殺」「打」「捕」代表黨的最高道德水準。因此，凡是有藝術思想的人，在「解放區」一定無法揷足，像戲劇界的梅蘭芳在共產黨的「領導」下，將他每一齣京戲裡，安上一兩段秧歌舞來做揷曲，漸漸的使代表國粹的著名平戲起着質的變化，投着現實政治的道路——牛角尖裡走去。因此，梅蘭芳的苦悶，我相信比頭腦簡單的現實主義者程潛，張治中之流勝過百倍。梅蘭芳固然無恥可惡，但他的藝術成就是歷史家所公認的，不過碰上了共產黨，他的人格和技藝，就顯得拙劣與低能了。

我開始領悟，共產黨對於淸算和鬥爭方面，它的作風是「唯物論」的，但在征服人民的觀念世界方面，它又是極端的「唯心論」者。它的本質就是這樣一種複雜而令人不可捉摸的東西。共產黨以往的成就，基礎便在這裡，因此，我又聯想到對付共產黨除鬥力外，應該是一個鬥智的決鬥行爲。

九、蘇聯控制共產黨的方法

共產黨征服了大陸以後，加緊控制「解放區」，它採取恐怖政策製造混亂，採取階級鬥爭製造矛盾，採取淸算手段製造貧窮，採取愚民政策製造矇昧無知，以爲統治的政治武器，藉以解除人民對它的反抗性。中國人民由於經年累月在生活的死亡線上掙扎、呻吟、和徘徊、躊躇、逡巡，并且中國人民飽嘗戰亂的人爲之患禍，因此，中國人民走向了現實主義的途徑，祇要求有飯吃，有適當的自由就行了。如今共產黨的作風，距離人民的理想實在太遠，旣沒有有由，又不可能獲得麵包，而且簡直活不下去，於是大陸人民的反共情緒越來越高，中國民間所流行的「有奶便是娘」，這句話對於人民的心裏刺激又是何等的强烈！

在「解放區」，我發覺共產黨控制人民的手段以後，我又覺得人民僅僅祇有反共的情緒而已。這種情緒如果不加緊維繫，很可能被共產黨的毒辣政策慢慢地消滅，因爲共產黨的秘密警察統治一步也不放鬆，這樣就不容易由憤慨的情緒一變而爲公開的反共行動。自然，許多人因經不起共產黨的迫害，參加了國軍游擊隊，但大多數人，仍在共產黨的黑暗統治下，苟延殘喘。這確實是一個悲劇。

然而，我後來再進一步的發覺共產黨是一個整個的悲劇，因爲在它的後面，還有一個比它組織更嚴密的蘇聯共產黨，在緊緊的控制着它，使毛澤東絕不可能變成狄托。如所周知，蘇聯控制中國共產黨的方法和步驟是先以特務控制它的黨，後以顧問團控制它的政治，最後以空軍控制它的陸軍。現在，蘇聯這三項法寶，正在大陸「解放區」發展到狂熱的程度，使中國共產黨和「北京中央人民政府」動彈不得。共產黨和「北京中央人民政府」的首要，事實上比一群被放逐西伯利亞的囚犯還不如，至此，人民才開始了解蘇聯獨霸世界和奴役人類的雄圖和手段的毒辣。我又相信，如果政府反攻大陸延緩時間，連共產黨的部隊個別或集體投降也會成爲不可能，這是希望我政府早作準備反攻大陸的另一重要理由和意見。

截至此刻爲止，共產黨在大陸上的一切措施，雖已奠定了它必然崩潰的基礎，并且有了崩潰的跡象，但目前它也有一點技術上的特點。比方集體貪污的現象還不太多，幹部能吃苦耐勞，黨員有工作和生活的保障（但無生命安全的保障），行政效率頗高（各交通恢復得較快），組織，命令貫徹等等，都是說明共產黨在統治工作上有效的地方，我們應該深深反省和戒懼。無論那一個開國的朝代，初期都有很好的現象，但日子稍久，毛病就就要接踵發生，那何況共黨乃是一羣流氓地痞滙合起來的宵小呢！

然而，整個說來，共產黨是一個最慘的悲劇，「解放區」是一個最野蠻的社會，鐵幕是一個最黑暗的世界！

十、香港

在香港，我流浪和潦倒整整五個月，因爲剛自「解放區」逃出來，依然無法找到工作，以解除失業的痛苦和獲得麵包。但我覺得那個地方確實相當自由，這種自由的感覺，在平時是毫不希奇，同時也不致被人重視的。可是，當我解脫共產黨的統治，嗅到自由的空氣以後，連知覺都慢慢地恢復正常了。

這裏，我必須首先說明一下，當我逃脫「解放區」進入九龍羅湖英界的一幕情景，因爲這正是我選擇自由最緊要的一個關頭。那天——一九五〇年三月二日帶着妻子和五個月的嬰兒，假裝跑單幫的向英界進發，經過共軍的檢查，我踏上了英國人統治的租借地九龍，遙見英國旗幟隨風飄揚，我於是瘋狂起來，高聲喊着「打倒共產黨」「殺死毛澤東」。其時，許多人都跟我喊，秩序一時大亂，但決未想到尙留在新圳共軍轄地正待入境的人羣增加了他們的困難，使他們無法從容的入境。另一方面，我又未料想到英國警察把我們這一羣高聲叫喊因而破壞秩序的人關起來。英國警察說：「你們到了英國統治的地方，就得守法，讓我把你們送回共產黨中國去，因爲你們不懂法律」。我們一百多人一致要求，請英國警察先生原諒，把我們槍斃掉也不回去。英國警察說：「不回去就得守法。」我們大家都默不作聲，再也不敢亂鬨鬨，但被禁閉八個小時才釋放。我深深感覺寧可不要麵包，但必需自由，當我失去麵包，又不可能獲得自由時，我寧可立刻死去。在「解放區」，麵包與自由全被剝奪，好容易逃跑出來，縱然知道到了香港，麵包依然不屬於我，但自由總算找到了，我相信許多逃到香港的人，都有這個共同的感覺。

一個人總是不能滿足的，獲得自由，又想到麵包。在香港要找到麵包，確實不是一件容易的事，因此，在我得到自由而失去麵包時，我對於香港又並不怎樣留戀，而且，經過饑餓才體驗人生，又使我認識了殖民地的眞像。我覺得香港固然不錯，但她是有錢人的天堂，貧窮者的地獄。并且由於殖民地文化的薫陶，養成了一般人衹知道個人利益，而缺少同情心，或者根本沒有人情味，一個個都爲自己的生活鑽營，賺幾個錢來享福，把希望寄托在殖民地統治者身上，要求殖民地統治者保障。這樣，官僚政客無賴流氓就向那個地方集中，結果造成了許多的罪惡。可是英國人統治香港的目的，并不在假香港來試驗民主政治制度是否優劣，而是找幾個錢，從經濟利益上打算盤，這樣窮人自然在那兒無法生存了。

我又覺得，由於香港英國政府姑息共產黨的結果，使共產黨在那裏進行一連串的搗亂行爲，譬如今年五六月間不斷的發生手榴彈案和槍刼案，後來調查都是共產黨徒所爲，因此人人自危，防不勝防，就心共產黨實行滲透政策，將危及香港的治安前途。事實上，共產黨打香港的第一個步驟就是先製造香港的紊亂、恐怖、破壞，然後發兵進攻，企圖輕取。但英國政府既然承認了中共僞政權，又不好拒絕共產黨入境，於是香港就變成一個集矛盾之大成的殖民地社會，這個矛盾的殖民地社會，對自由世界是一個重大的諷刺。

自然，香港是一個講究法治的地方，所以人人都能守法，但我發覺，這種守法的精神并非出自內心，而是香港政府的殖民地法律實施「罰鍰」制度的結果。今年七月初，有個青年婦女因手上戴了一隻金戒子討乞，被英國警察提去罰她二十五元，說她「戴金戒子何必討飯」。不久，有一個十四歲的女孩在灣仔把一隻小貓丟在海裏， 英國警察說他不講「人道」罰她五十元。由廣州跑單幫的鷄販子進入英界時，因鷄籠子裝鷄超過容量，罰他一百元，據說是「虐待牲畜」。平時，互相打架雙方當事人各罰廿五元，依據判例，平均廿五元一拳頭，另外賠償醫藥費。這樣，可以說明香港英國政府除依賴「罰鍰」來維持社會秩序之外，並且靠了「罰鍰」增加一筆很大的收入。今年度截至七月底，香港政府結餘經費一億四千萬港元，它的來源是：一、稅收。二、出售馬票。三、罰鍰。因此，我發覺它的統治權是建築在壓榨的基礎上，不過，殖民地政策，大都類此，非香港例外。但香港政府對衛生，修路和發展交通等工作，確實一天到晚在做，盡了很大的力量。有人說香港政府想盡種種方法爲人民要錢，但他也確實在爲人民做事。

但就今天的情勢來看香港，她確實是反共的重要文化基地，香港三十幾家中英文報紙，和無數的刊物雜誌，除共產黨經營的大公報，文滙報，和週末報（週刊）外，大體一致反共。這種反共的情形，有的基於傳統關係，有的由中立一變而爲向右看齊。因大陸與香港之間，近在咫尺，凡逃到香港的人，沒有一個說共產黨好，事實上不由得一般報人不注視客觀條件而盲從共產路線，因此，我覺得好好經營這塊反共的文化基地，對自由世界又是一個極有意義的事業。

根據種種跡象觀察，共產黨對於香港是決不會放鬆一步的，不過目前時機尚未成熟。我深深感覺，英國政府對於固守香港，又祇有信心，不一定有決心。我相信如果要守住香港，英國政府應與自由世界其餘部份力量取得合作，並與僑民取得協調，否則，光是幾萬英國兵，是沒法制敵的。然而問題不在香港英兵的士氣，而在倫敦外交家和政治家的一念之間。

就我個人來說，香港固然給了我很大的引誘，但我認爲台灣比香港更能引誘而使我陶醉！

我對於香港的整個概念，認爲她是一個不容易獲得麵包的自由世界，反共情緒相當高，但實力未見充實的文明世界！

十一、在臺灣所獲印象

我來台灣整整四個月，在我經過大陸「解放區」十個多月的慘痛遭遇，我流落香港五個月的悲哀命運，我覺得台灣給了我很大的希望。這種希望是經過比較分析，和純客觀地考察得來的。如果長期呆在台灣，我相信並無此種感覺。

第一、台灣物價相當穩定。國民政府對於經濟的控制力，似已達到很高的程度，一方面新台幣的發行額，保持某一程度的水準，不以增加發行或製造通貨膨脹爲支付的手段，而以掌握物資爲穩定物價的基礎。據政府估計，台灣糧食的生產，除供應全省八百萬人口所需之外，尚剩餘若干萬噸，掌握了這批糧食，自然給予新台幣一個很大的鼓勵，使幣值穩定，並且給社會人心帶來了安寧，減少了囤積居寄的心理和必要。這是我覺得台灣其所以安定的一個經濟因素。

第二、台灣的社會秩序相當安定。因爲台灣沒有饑荒，所以容易建立和平，同時，治安當局確能負起責任，掃蕩遑害社會安寧的障礙。譬如沒有像大陸「解放區」那樣普遍的搶刼案和盜案，沒有香港那樣流行的小偸和扒手，交通秩序井井有條，人民守法的精神也很高，政治覺悟也由於政府施行反共教育和深入宣傳而獲得相當的成功。另一方面，台灣週期性的戶口檢查是根據保護人民生命財產爲出發點的一種必要措施，如查獲嫌疑份子當經過司法程序而鑑定其罪證的確實與否。因此，人民獲得法律的充份保障，安居樂業地從事生產。這是我覺得台灣其所以安定的一個社會因素。

第三、台灣正在施行民主政治，開始實行地方自治，讓人民獲得參預政治的機會，而漸漸由人民管理自己的國家。我深深感覺台灣人民在日本軍閥統治下歷時五十一年之久，一旦解脫枷鎖，對於自由的渴望，實在非常强烈，如今再讓他自己在政治上抬頭無疑更給他們打了一帖興奮劑，使他們覺得國家可愛，進而安份守法悉力從公。這是我覺得台灣其所以安定，並與「內地人」相處感情融洽的一個政治因素。

一般說來，台灣的士氣非常旺盛，行政效率也很高，他們並且正在進行克難運動，以十年教訓，十年生聚的精神，決心打回老家去，光復錦繡河山，建設三民主義的新國家。

但是，容我客觀考察的結果，還有部份的失業問題，未能解決。政府對於儲才的準備工作，尚且不够積極。不少醉生夢死者，仍逍遙自在的寄生社會。這些事情，自然政府不能推卸責任。

同時，由於台灣安定，許多人也就養成了一種苟且偸安的心理趨向，所以把反共的責任，推到政府的身上，而自己却無所謂，工作也欠積極。這種原因，自然是因爲未能完全瞭解大陸的慘狀，和共產黨的殘酷政策，給人民帶來的是何等痛苦，因此，一般性的同情心和人情味並不够理想，還有待大家急起直追。

無論如何，由於政府自大陸撤退，在台灣建立起戰時首都，一切規模粗具，確實比大陸時代進步了很多。這種進步，不在貪官汚吏的減少與銷聲匿跡，而在信心恢復，目標一致，認識了自己，認淸了敵人，對於自己的力量，在從新估計，對於敵人的力量也在從新探索。不過，政府如果把反攻大陸的力量，儘量在大陸上建立起據點，譬如組織大陸地下政權，加緊擴充游擊實力，則配合反攻，倒不是一件很難的事，問題是在能否脚踏實地的做去。

憑我個人感覺，國民政府等到「此去一步，卽無死所」，才開始認識自己，而全國人民，等到政府完全退出大陸，才覺悟共產黨的出賣國家民族，和種種罪惡行爲。雖然「忘羊補牢」，「猷未爲晚」，祇是爲了在政治上不要再犯錯誤起見，大家應該虛心一點的切實檢討，而且應該好生經營這塊地盤，在這地方樹立起建國的規模，一切都從頭做起。

台灣是相當自由的，也非常可愛，難怪流落香港成千累萬的大陸人民，渴望來台，欣賞這個自由世界。但應該記住，來到台灣並非做官享福，而是戰戰兢兢的創造一部美麗光輝的歷史，因此地不是我們久久藏身之所，打回大陸老家去，才是我們的歸宿！

（上接二十四頁）

，任何政治機構的首長，無論由民選，或由任命，必須在調整人事上，改造幹部的地位，衝破幹部的包圍，而後乃能進用賢能，並和民衆息息相關，做到「民之所好好之，民之所惡惡之」的政治設施。

4. 裁減「文告政治」，縮短公文旅行——有些政治家還在固執「自上而下」的政治意識，誤以爲訓令，文告，甚至洋洋數千言，天天見報端的文章演詞等類，可以號召群衆，發生政治作用。實則祇要有良法美制，得賢能忠勤的幹部予以執行，當能產生客觀的功效。訓令文告倘有必要，亦須以簡明爲主。至於文章演詞過於習用，祇能冲淡民衆的注意力。如果徒託空言，鋪張粉飾，更難引起民衆的興趣。任何機關首長，寫文章，發演詞的精神時間，正不如認眞召見幾個職員，親自視察有關的政務，或分別訪問各界的人士，直接間接的和民衆取得聯繫。公事則把握時機，迅速處理，自可節省公文的旅行，求致客觀的績效。

三

政治的良窳，要以國家民族的利害盛衰來做判斷的基準。官僚政治，依「權力自上而下」的錯誤觀念，所以左右多諛媚之詞，幹部作包圍之態，而機關首長往往與民衆脫節；於是人事處理和政務設施，也就常常陷入「閉戶造車」的困境，是以國家治少而亂多。

民主政治旣以廣大民衆爲其權力的淵源，用人行政必以國家民族的利益爲依歸，所以必須引用忠勤廉能之士，而黜庸懦貪汙之流，旣無需乎固定的幹部，更無私立派系之必要。法律主治，則法立必行；政黨操權，則策定必施。政治的績效決於國民的公論，秉以國家的盛衰，民衆的禍福，爲其衡量的標準。如是而後諛媚之詞失其作用，庸劣幹部歸於淘汰，忠勤之士乃愈勵志立功。

自由中國通訊

打打談談打

華府通訊・十二月廿日

本刊特約通訊記者 許思澄

『打打談談打，談談打打談；打談談打打，談打打談談；打自由他打，談還自我談；試看談打者，人亦打其談！』

彷彿當年國共間的瘧疾今天又在民主集團與共產集團間發作了。可是在本質上却頗有不同。

只管双方面都高扯和平旗號，只管聯合國滑天下之大稽的單方面通過停火案。只管三人小組像煞有介事的表示願去北平求和。但這與當年國共間的和談已大有不同。當年的國府深具和平誠意，而全國上下均無作戰決心。有決心打到底的，只有共產黨。於是共匪得寸進尺，步步進展，野火燎原。在他們是處處破釜沉舟；相反的，一般人民和國府却深中其宣傳欺騙，只求苟全性命。求死的反而得生，求生的反而送死，於是造成了今日這種慘局。

但是目前國際關係却不相同。只管伍修權一仍慣技，一到美國就說：『我們深愛和平，願與美國愛好和平的人民為友。』但只欺騙了美國老百姓一夜，第二天美國愛好和平的人民就發現了伍『將軍』所愛的『和平』，並不是他們所愛的和平。

那麼，為什麼還有這一套和談把戲呢？赤裸裸的講，不過是爭取一點時間罷了。這早已是双方心照不宣的事。只有印度代表還在假戲眞演，瞎起勁。其實他們也明白這是假戲，不過三花臉丑角當主角的戲並不多，有此機會當然落得過一過癮。

當年『中國人不打中國人』的口號，除了喊這口號的中共以外，的確深入人心。但今日美國人却沒有任何道德上的必要對中共送上來的人海客氣。如果他們有停火的時候，什麼漂亮藉口都不必聽，不是子彈一時用光，就是兵力暫時不够了。中共固然絕不會信，就是我們，也不必為這些曲折打擾我們積極準備反攻的日程。如果將來中共也居然有一時接受停火案，則一定是他那方面人力接不上，需要鬆一口氣。但到了那時候，聯軍又不會肯停火了。這正如一架幼稚園裏的翹翹板一樣，不是這頭上去，就是那頭上來。自然，翹翹板也有可能擺平的時候。但那必須是很費心機的將兩方面平衡到恰到好處。現在這板上兩頭各爬了三五個瞬息不停的頑童，却希望將板子定下來，這正如花襲人期望林黛玉不說：『不是東風壓倒西風，就是西風壓倒東風。』一樣了。

這翹翹板本是維持着極微妙的平衡的，那是六月廿五日之前的情況。那個平衡早已微妙到一莖稻草就可以使牠震蕩半天。乃蘇聯不知利害，竟用雷霆萬鈞之勢來製造一個新的一面倒。殊不知這一個一面倒絕不止朝鮮一角。如果任由朝鮮倒過去，則日本隨之；日本倒過去，則整個亞洲隨之；整個亞洲倒過去，則整個世界隨之。所以不由得美國不縱身而入。這一縱身，朝鮮之局維持住了，但求其回復平衡就難了。當中也有過一個微妙的可能，就是當聯軍到達三十八度線的時候。那時如果中止，對民主集團雖未見有利，但對美國本身却是利害參半。所以美軍曾逗留若干時間。但終于在利害相權之下決定還是進軍。因為本來六月廿五日前那種平衡就是危險而不健全的。在那幾天堅定與妥協兩種政策在美國人心中鬥爭的經過，記者也曾試就可能，在『冷戰溫戰與熱戰之間』（參看三卷九期）一文內加以分析。乃該文到時，聯軍決策已定，遂由編者删去。於是這內面的一幕好戲了無痕迹。但這過去的一幕對了解今日十三國的停火案却是個好註脚。如果當日的越過三十八度是為了掃蕩殘餘，不予對方以反攻機會，則今日停火案的意義就很顯明了；聯合國並無意於維持三十八度線，不過爭取一點時間整理補充，準備反擊而已。

同時，在那文中，編者既將記者前後若干段删去，却加入了兩段記者所不同意的文章。其中尤其是下面兩句：

『由于聯合國睿智而堅定的措施……韓國戰事可望順利結束。』

聯合國斷不是個『天皇聖明』的東西。其是否『睿智而堅定』，事實具在，不必歌頌。說來說去，牠只是我們的一個工具。合乎正義，對我們有用，我們用牠；不合乎正義，對我們不利，我們隨時要丟掉牠。我們千萬再不能那樣自我麻醉了！否則竟將那樣崇高的理想寄託在賴伊之流的手上，豈不糟了嗎?!至於韓戰的結束，更是不必亂預言的事。記者從頭就將韓戰爲世界大戰之一環。說是韓戰即可順利結束，未免將事情看得太簡單了。

美國吃了看事太簡單的虧，但他們看錯了，還有可原之處 不但因爲客觀上他們太不明白中共，並且主觀他們有希望韓戰告一段落的理由。我們而犯此錯誤，不但是危險的而且是不易得原諒的。

這種希望韓戰早日結束觀念之危險，可從美國軍吃敗仗得一證明。麥克阿瑟也許是一位好將領，但這次在北韓吃敗仗，則不必替他辯護，顯然是他判斷錯誤。大家早已知道中共運兵入韓，早已知道中共不惜一戰，早已了解韓戰必須長期。爲着外交上的牽連，對此可以諱莫如深，但怎麼可以對自己的士兵亂說：『回家過聖誕節』？

雖然如此，但麥克阿瑟的攻勢却並無不對。不作此攻勢如何能使世界知道中共的陰謀？如何能說服華盛頓使知局勢的危險？攻勢失敗，立卽退兵，這比暴師冰天雪地中，靜候捱打，遠爲得計。但退兵而退得不够利落，則顯出了麥帥事先未曾計劃週到。

原來到了今天，在亞洲大陸上攻城略地並不關重要，重要的是在消滅敵人的野戰軍。敵人的軍隊消滅，則大片土地隨之土崩瓦解。在朝鮮半島上，共軍最希望的是將聯軍引入山區作戰，逐漸消耗。相反的，對聯軍最有利的戰場是佔一小灘頭陣地，吸引共軍集中全力來攻。以陸海空軍之火海消滅對方之人海。如此，則所付代價最少而所得戰果最多。

不但在朝鮮如此，美國對中共整個的戰略也如此。蘇聯所最希望的是美軍蹈日軍覆轍，陷入中國泥淖。但美國人也明白，在朝鮮或中國打十年也打不着蘇聯的要害。所以將來如果正式對中共作戰時，他們大概將是如此打法：

第一，如果準備業已充份，而蘇聯又已出頭，則直接向歐陸蘇聯作戰。他們認爲蘇聯的重心在歐陸。將心臟打掉，則肢體自然僵死。中共、韓共、越共均將成爲枯枝殘葉，一掃而空。

第二，用空軍將中國僅有的幾個工業中心炸平。然後經常的轟炸掃射全國鐵路，公路，河道交通網，使全國陷入癱瘓，使中共軍隊不能迅速調遣，物資不能暢利流通。

第三，封鎖海岸，窒息中共。使其經濟更形孤立而困難。

第四，軍援各地反共武力。瓦解中共，使中共疲於奔命。

總之，美國不希望遣一兵一卒登陸。

根據美國這種戰略，我們自己的政略和戰略也可以有幾分輪廓了：

第一，美國的力量可以爲我們對銷蘇聯的力量。但除了中共自鑄的大錯以外（如參加韓戰），美國並不願意替我們對銷中共的力量。

第二，中共的外援，蘇聯，陷入自顧不暇環境之後，中共問題可以較爲簡單化。至時，中共的存在與否，須看其在中國是否有辦法。反之，國民政府今後雖可得外援，但這外援在量與質上將是有限的，局部的，分散的。我們必須將基礎打在自己的力量上。

第三，三次大戰誰勝誰敗，只管有各種猜測，但有一點是較有把握的，就是兩虎相鬥，多半一死一傷。更有一點有把握的是，如果我們反攻的力量建築在自身而不建築在美援之上，則蘇聯不論爲勝爲敗，均將無力干預中國。

第四，未來的戰爭是長期的，慘重的，誰先叫饒誰就成萬世不復的子孫的。所以在心理上必須有這種準備。『三年掃蕩，五年成功』的口號作爲一個目標自無不可，但太樂觀了！與其向全國軍民開『三年』『五年』的空頭支票，不如向全國軍民作如此之要求：『將中共全部消滅，大家就可以安居樂業。一年消滅，一年成功；十年消滅，十年成功。要想樂業，消滅中共。』寧願先將苦話說到，不願將來支票不兌現受人民抱怨，以至瓦解。

再回到美國來說，如上所分析，他們是不在乎中共參戰的。其所以仍在通過聯合國和中共作明知辦不到的交涉，與其說是畏懼中共，無寧說是還沒有足够的陸上部隊和蘇聯在歐洲攤牌。於是演出目前這種喜戲。一方面美國說：『我一定要留在朝鮮，除非你趕我走。』一方面中共說：『除非你撤兵，否則我一定志願援朝下去。』美國說：『除了朝鮮問題外，別的不談。』中共說：『一切亞洲問題，都要聽我的話。』事實上美國已祭起了對中共經濟封鎖的法寶；中共也馬上應之以禁止物資出口的『命令』。而在這滿天星斗之時，聯合國的三人小組還[illegible]向伍修權提出去北平和周恩來面商。也未免太妙不可言。起先伍還答應可以暫留，但昨天終於如期走了。

伍氏一行來時行李蕭條，而在紐約資本主義帝國主義最豪華的旅館小住之後，昨日上飛機行李已多至五十三件；過磅時過重一噸餘。飛機爲之遲飛；單是紐約至倫敦一段過重的行李費就是一千六百二十一元美金，合上海市價人民幣五千六百七十三萬五千元。伍氏當場拿出兩張一千元的美鈔（天哪，美國人大概百分之九十九點九沒見過這樣大額的鈔票！）眉頭皺也不皺就付掉了。臨行時，賞給兩個聯合國汽車司機的小費是一人一百美元合三百五十萬元人民幣，約爲『解放區』最被優待的技術人員五個月的薪俸。其氣派之豪，使被罵爲資本主義的美國平民爲之咋舌。想來國內爲繳糧上吊的人民以及在冰天雪地裏穿着膠底網球鞋「志願」充炮灰的解放軍聽到了當亦可以含笑九泉。那五十三件行李中裝的是什麼呢？是從第五街最豪華的大舖子裏搜羅來的留聲機，衣料，無線電，照相機，衣裳，廚房用具……等等資本主義社會的奢侈品。想來也可能有孝敬毛主席夫人藍蘋女士的玻璃絲襪。好在外交官身份，不必繳稅。只不過使美國海關人員贊賞一番，因爲他們還記得廿六天前這同一批『人民代表』到紐約時，衣裳寒傖多了！

伍氏走了，這滑稽劇又閉一幕。却使人不免想到前幾日來此的另一位佳賓，英國首相阿特里氏。一般人的印象，以爲阿氏是帶着妥協政策來的。這話然而不然。

的確阿氏此來帶着濃厚的妥協意見。第一，他只同意在朝鮮和中共打。第二，他贊成許中共入聯合國，而將國民政府趕出來。第三，他贊成將台灣交給中共。消極方面，第一他反對封鎖中共；第二他反對轟炸中共；第三他反對援助台灣或大陸上之反共勢力。歸根結底一句話，他要保全香港，他要和中共作生意，在刀口上喝血。

但大英帝國今日已不是一個決定性的一流國家了。所以這些主張都只是供參考而已。如果他不遠千里而來就爲說這幾句話則連飛機票都不值了。但他一留好幾天，日日均作長談，顯然談的是另外一些更關重要的事。最近幾天的急劇發展已露出他此來的若干結論了。幾年來談不出結果的歐洲重整軍備急轉直下的成了定局。不魯塞爾外長會議決定在一九五二年年底之前歐洲組成一百五十万人的軍隊。艾森豪將軍正式被任爲最高統帥。當新聞記者圍着艾氏照相時，他拒絕了要他微笑的請求。艾氏一向是笑容滿面出名的，今天報上刊着他那嚴肅的臉，不知不覺的使人感到局勢的不平凡，雖然艾氏聲明今日局勢遠較一九四二年爲可樂觀。但，天哪，你大概還記得一九四二年是個什麼局面？

杜魯門和阿特里會議後，於十二月十五日夜間對全國作國策的宣佈。他首先就正面揭開，決不妥協。然後提到援助其他反共友邦，加强本身軍備以及經濟動員等項。這些已見報載不必列舉。此處只提出兩點一談。第一是軍事動員。美國目前所以如此畏首畏尾，主要是兵力不够全面作戰。杜威的演詞雖是危言聳聽，與事實不盡相符，例如他說：『高麗戰前美國陸軍常備軍十一師。現在六師（按指第二、第三、第七、第廿四、第廿五、第一騎兵等六師。外加海軍陸戰隊一師及零星部隊，在陸上的共七師餘。）在高麗，兩師在德國，剩下了三師人，守一個城都不够。……』據記者所知，美國遠非如此空虛，然而近五年來，杜魯門縮減軍備的政策，雖提高了人民生活至古今中外從未有過的舒適程度，而國防力量也的確削弱不少。現在還是引杜魯門自己的話較爲可靠。他說韓戰爆發時全國兵力海陸空全部不到一百万人。今日已增至二百五十萬人。在幾月內將增至三百五十萬人。此外還有約二百萬人左右之國防團隊及預備役軍人可以召集。同時他列舉飛機戰車等等說明在未來一年之內要各增若干倍。如果我們記得美國人的性格，做前必說，說了必做，則一九五一年，軍備體制大致可完成。在這未完之前，一切拖的辦法都要用。同樣的，在這準備完成後而仍拖，也是頗難想像的。因此，目前聯合國的喜劇雖告段落，大概一月後四强會議的喜劇又將登場。這些都是消磨這寒冬長夜的好辦法。

另一方面，杜魯門於經濟動員特別注意在防止通貨膨脹。目今信用貸款已緊縮，稅更要加重，（參看三卷五期「山雨已來風滿樓」）物價工價即加以統制。第一炮放的是汽車價格凍結於十二月一日市價。換句話說，在十二月份加價的四大汽車公司都得回復原狀。杜氏並宣佈已入緊急狀態，制止鐵路工人罷工。任命了威爾遜氏（Charles Edward Wilson）爲新成立的國防動員局局長。這是『指導管制，調整一切動員活動』的機關，威權極大。威爾遜氏本爲通用電器公司（General Electric Company）的總經理，爲增加生產能手。這次辭去年薪二十七萬五千元的職務來就這年薪二萬二千五百元的新職，在他個人是犧牲，但對『民主國家的兵工廠』，却是一個喜訊。

今日的報告止於此。但願國人善用此國際局勢而不倚賴他人！

中華民國卅九年十二月廿日

新作風在古巴（古巴通訊）

關浪帆

古巴——這個南美國家的名字，對祖國同胞應該已經不陌生了。但我想很少人是知道這裡的眞實情形的。在太平洋東岸的人看來，古巴應該位置于地球的背面；此外，她還能引起人聯想起一片廣漠無垠的橡樹，再、就甚麽也沒有了！

古巴，對祖國是如此遙遠！這太平洋兩端的土地彼此間幾乎沒有絲毫關聯。

可是，我要告訴祖國父老：這裡——在古巴，若干萬華僑的心是嚮往祖國的，他們的血管裡流祖先們的血液，他們與祖國之間的關聯不是海洋與歲月所能分離的！

我不能確知爲什麽理由華僑們足跡會拓展到海外，而他們之間更是這樣緊密的團結着，在古巴京城夏灣那華僑自己辦有頤養院，收養着成百成千老弱的華僑，郊外的中華義山，是多數華僑死後的葬地，這種生死守望的精神顯示着中華民族的愛力，大概也正靠這樣的精神吧！使地球上到處有了華僑的足跡。

華僑們是熱愛自由的，在古巴反抗西班牙統治的時代，多少華僑志士參加了他們的行列，夏灣那的華僑紀功碑紀載下了這可歌泣的史蹟！

祖國雖然對古巴是如此遙遠，但古巴華僑對祖國的苦難却異常關切，他們都明白中共在大陸上的暴行，他們矚望臺灣新生，他們渴盼國民政府能有一番新的作爲。這次國民黨改造委員鄭彥棻的訪問（鄭氏于十一月十七日自委京飛此），確乎給這裡的華僑帶來不少振奮，他給華僑的印象是：並沒有過去一般「僑官」和「宣慰大員」的派頭，他能够深入民衆平易近人；這難得的新作風，使我們聯想到：臺灣也應該是一番新氣象。

古巴華僑的青年們常有各種座談會，彼此交換關于祖國的意見，這些集會裡瀰漫着年青人可感的愛國心，他們都痛恨中共極權的統治，渴望自由民主運動能在祖國成功。這裡、我願將這熱烈的願望隨這篇通訊寄給在新生中的臺灣！

「抗美援朝」聲中的北平

北平通訊・十二月十一日

王其祿

北平自被僞府定爲國都之後，改名北京，從此她就變了，共產黨把一切醜惡散佈在這古老文明的都市裏，如今她已不再是一個美麗的古城，當你住在這裏的時候，她不會再使你感到滿足，離開之後，也不會使你再對她留戀與懷念，北平的人們不忍目睹這些善良一旦化爲醜惡，他們都低下頭去，或是別了她，逃出來，留下的是一兩聲沈重的嘆息。

當韓戰發生之後，北平也就在「中共」的號召下，鼓起了「抗美援朝運動」，說來這件事，在百姓的心目中並不是件意外，人們都知道，中共所最反對的是「美帝」，因爲美國是它最懼怕的對頭，並且美國所給予中國人的印象，從沒有甚麼惡跡，可以說中美在傳統上就是友而非敵，因之，中共勢必反美，但是，由於中共這樣一做，却給北平的人們帶來了不少的興奮，和不少的恐怖！

人們受了共匪的壓迫，無時無地不在希望着把它趕走，因此他們盼望三次大戰會給他們以解脫，中共參加了韓戰，無疑地是促成其及早覆滅的因素，人民對於這，怎能不感到興奮呢？但是另一方面，也使他們心中產生了無限的恐懼，這由於對外戰爭的結果，共匪勢必對內更加嚴格地統治，這樣，誰又能逃得脫那更進一步的脅迫呢！

就在「運動」開始之後，馬路上、小巷裏，當時貼滿了「抗美，援朝，保家，衞國，」的標語，無線電、報紙、整天地宣傳這些口號，共黨頭子如錢俊瑞，艾思奇等等，召集了學生、軍隊、工人和幹部，分別聽取「報告」，給共匪做尾巴的「民主人士」們以及靠攏的「民族資本家」們，也都分別在報端，或是廣播台裏，發表「抗美援朝」的談話，各「人民團體」在「黨」的號召下，紛紛響應「政府」，這一套僞裝的把戲接連不斷地鬧個不停，但是老百姓們對於這些早已看得厭倦了，他們注意的不是這許多，而是如今正壓在自己身上的一付重担！

這「運動」繼續地「發動」，該是人民繼續遭殃的時候了，商號和住戶被迫着捐獻棉衣和錢財，「慰勞支援前綫」，並强使他們張貼「反美」和「擁護政府」，「響應政府」的標語，命令每家人必須選出代表去參加開會，討論如何「支援前線」，工廠的工人，要捐出他們一部份的工資，給「戰士」，還要「提高生產效率」，和「捐獻勞動」，爲的是以行動表示抗美，工人便在這兩個空洞的口號之下，工作時間被提高到十二小時以上，並且外加開會和學習，使得他們毫無休息的機會！

學校裏，大學，中學和小學，都是一樣地在「黨」和「團」的「領導」下，展開了這個運動，具體的方法是首先在每一班裏，劃分出「政治」學習小組，每一小組大約有十個人的樣子，來學習文件，如「新華日報社論」，「美帝侵華史料」，周恩來的聲明和伍修權的演說談話等等，學習都是通過「集體」的方式，而每一小組都是由兩三個黨團員「領導」，當「學習」了一個時期之後，北大、清華、燕京和師大更組織了聯合的劇團，歌唱團，宣傳隊等等，在城市裏遊行演講，張貼標語和表演話劇，這些學校裏，起初尙有人聽課，過了兩天，索性公佈停課了，以便全力地進行「運動」，教授們也被黨團學生托出來做號召，讓他們發表反美的言論，這還不够，又要他們以行動表現，使參加在遊行宣傳中，教授太太們也在「家庭婦女會」的名義下，到處表演着秧歌劇，並且和同學合作發動了「家庭訪問」，使兩三個人分成一小組，按戶去宣傳。人民都稱這爲「疲勞轟炸」，因爲這些宣傳的人們，除非當把他們宣傳的對象說服之後，他們是不離開的，做這些工作的，以婦女爲最出力，因爲共匪知道女人易於說話，也容易使人感動。

大中學校的學生們，後來又在「中央」的號召下，展開宣傳，參加「國防建設問題」的討論，以增加對「加速建設現代化國防軍的重要性的認識」，並由軍事機關「負責人」到學校「報告」加强建設的意義，介紹部隊生活，又由僞「總政治部副主任」蕭華到各校演講，「說服」同學們去參加「北京市軍事幹部學校」，（該校是由僞副市長吳晗任主任委員的，於最近成立），並且當局更指派了許多學校和工廠，機關，保送優秀青年到該校學習。

「抗美」運動發動了之後，許多學生，工人，被迫參加了韓戰，或是參加了「軍事幹部學校」！

機關裏「幹部」們，學習得更要嚴格些，因爲老幹部須要響應「黨的號召」，而加强學習自不用說，一般「留用人員」則因爲曾感受過去的「腐化思想」太深，所以更須要澈底地「改造」，每日早晨五點半鐘上班，就要學習兩小時的「政治」，其後工作到十二點，下午二時半到五時半是工作時間，晚間七點到九點，又要學習兩個小時的「政治」，此外尙有不經常的開會，聽取報告等等名堂，這樣工作和學習要十個小時以上，如今，就在這樣勞動之餘，還要在那所得無幾的薪水之中，抽出一部做爲「支援前線」，一個月薪一百廿斤小米的公務員，至少要捐出小米十斤，說是給前方的「戰士」！

這些究竟尙在其次，最令人恐怖的，要算是「當局」的參軍「號召」了，有誰願意去到朝鮮充當炮灰呢？年輕的人就想逃避，但是無奈戶口限制得嚴格，逃到甚麼地方也是逃不脫！一般失業的人們尤其着慌，看望着大批的失業工人，車夫和苦力等等已經被送到朝鮮担當輸送去了，這是他們最大的威脅，不知道會給人民帶來多少恐懼！

但是，儘管反美的「運動」搞得火熾，倉庫裏邊的美貨仍是大量的賣出，而且受到人民的歡迎，尤其是共匪幹部和大鼻子們，他們是最喜歡游泳錶與派克鋼筆的，其它如美國香皀，口香糖和牛油奶粉，也都是爭着購買的對象，這是當局沒法阻止的。好萊塢的電影禁映了，但是美國貨是不能從倉庫裏運出來傾之於溝渠，買東西的人們也不願捨美國貨而買俄國貨，這就連幹部或是大鼻子本身也不能例外的！

「抗美援朝」是「政府」發動的號召，事實上號召是一回事，而在人民中眞正引起的反響却又是一回事，在表面上雖似每一個人都響應了「政府」，實際上却恰恰相反。人民雖然沒有能力反抗，並且不得不參加這樣運動，但是內心中却造成了一個牢不可破的反抗情緒。

一般市民，因爲希望早日掙脫共匪的暴政，以爲共匪參加韓戰，是他自取滅亡的絕路，因之每一個人都對韓戰的新聞集中了注意力，偸聽台灣廣播和美國之音的越多了，街頭上、商號裏，交頭接耳地談論着這個消息。學校裏一般未被史大林和毛澤東的魔術迷惑的學生和敎師，仍然是保持着他們固有的態度，背後自己念一點書，或是找幾個熟悉的朋友討論目前的局勢，他們都抱着樂觀的，等待着共匪的早日覆滅。

黑暗的日子還沒有過去，共匪正加緊着其瘋狂的鎭壓和迫害。

（上接第37頁）

潛伏的强制力。因爲這種意向可能發展爲在忠誠發生衝突的時候，蘇聯的公民可能跟着敎會的領袖走，服從的是基督而不是斯大林。這一種態度可能威脅共產主義國家的生存。所以宗敎遂被認爲是以前世紀殘留下來的。他的精神常常表現在牧師所行於政治上的一種程序，牧師利用混淆群衆的懼死心理以及茫茫無知而造成的迷信來維護統治階級。

如何才能建立像這樣的敎育制度呢？回答這個問題是很簡單的。那就是嚴密檢查制度，掃除異己份子，以及把俄羅斯與其餘世界隔絕的手段。這眞是一種惡毒的敎育制度，計劃製造出一些機器樣的人物裝備着熟練的技術，集體制度的人生哲學，並有如初期基督敎會虔誠的服務意識。

譯自美國讀者文摘

徵稿簡則

一、本刊歡迎：
(1)凡能給人以早日恢復自由中國的希望，和鼓勵人以反共的勇氣的文章。
(2)介紹鐵幕後各國和中國鐵幕區極權專制的殘酷事實的通訊和特寫。
(3)介紹世界各國反共的言論，書籍與事實的文字。
(4)研究打擊極權主義有效對策的文章。
(5)提出擊敗共黨後，建立政治民主、經濟平等的理想社會輪廓的文章。
(6)其他反極權的論文、談話、小說、木刻、照片等。
二、翻譯稿件請附原文或註明其出處。
三、投稿字數，每篇請勿超過四千字。
四、賜稿務望用稿紙繕寫清晰，並加標點。
五、凡附足郵票的稿件，不刊載卽退回。
六、稿件發表後，每千字致稿酬新台幣十五元至卅元。
七、來稿本刊有刪改權，若不願受此限制，請先說明。
八、惠稿經登載，版權卽爲本刊所有，非經同意不得轉載。
九、來稿請寄台北市金山街一巷二號本社

文藝

我憶孟眞先生

——自由巨星之殞落——

海光

『你年青人火氣怎麼這樣大？』這聲音還繚繞在我耳際，像是昨天的事。爲了一件與我有關的事，我認爲傅先生底處置不甚適當，和他辯論。我有點生氣，最後幾乎和他吵起來。這是許久以前的事了。

不幸的事突然發生。

『傅斯年先生昨夜死了！』

『唔！什麼？』

『傅先生死了！』

『那裡會？』

『已經死了！腦充血死的。』

我木立着，觸了電似的。我驚愕。我恐怖。我像立在曠野而失去護翼的羊，預感到狼群之來襲。一陣暗影立刻籠罩着我。

孟眞先生底死訊，迅速地傳播開去。成百成千的青年學子，教授，讀書人，具有自由思想者，都因他底死而震驚，而傷痛。這些日子，我所遇見的熟人，無論與孟眞先生有無關係，無論與他識與不識，都因他之死而難過。這是我平生僅見的一次對于個人之死的普遍而眞誠的悲傷。我個人對于他是敬愛的。因而，他底死對于我是一種心靈的創傷。

孟眞先生何以感人如此之深？

這好像是中國人底傳統心理習慣。一個人在生時無論怎樣遭人詬病，一死便一了百了，不好的也變成好的。我不這樣想，我也不這麼說。人死了，一切活動停止，不好的那能變好？我不能跟着別人後面歌頌已死的孟眞先生。但我也不忍見別人糟踏死者。我只願意抒發我個人底感受。

孟眞先生並非『完人』。實際的事物沒有如理念(Idea)之完美。這話柏拉圖早已說過。孟眞先生既是實際的人，那能完美而毫無瑕疵可尋？孟眞先生九泉有知，以他底心胸之豁達，和爲人之率眞，一定首肯此言吧！只有在極權空間，需要爲『領袖無失論』預留理論的張本，才說世上有完人。民主國家沒有這樣的『哲學』。孟眞先生最顯著的缺點似乎是過於自信，過分勇於負責，大事暫且不提，小的有趣的例子可以使我們窺見一二。他好下象棋。有一次，他和他底車夫下棋，要我旁觀。我看他底棋術『實在不敢恭維』。我自己底棋術雖不太好，可是做他底參謀綽綽有餘，於是乎忍不住嘴從旁助戰。然而，他硬是不信，硬是要自己剛走，結果弄得大敗虧輸哩！

我懷念孟眞先生，並非因爲他作過『大學校長』或『研究所長』。這些頭銜，在書生心目中之已引不起崇敬，亦若更大頭銜在老百姓心目中之已引不起崇敬。近若干年來名器之被敗壞，不下于歷史上任何末世。我之所以懷念孟眞先生，也不是因爲他底學識好。孟眞先生死後，許許多多人將他底學問形容得無所不通和無所不精的樣子。比如說，有人說他對于歷史，語言，心理，哲學，邏輯，和相對論都有深刻的研究。老實說，我對于這種捧人之法不敢苟同。這種捧人之法，不是客氣，便是情感用事。誠然，孟眞先生所學是很博的。但是，凡屬眞正弄點學問而且懂得現代學問之性質的人，可以知道弄現代學問而精通一個部門之中之一二支都是很難的事，必須悉力以赴才能冀有所成。以愛因斯坦之才之智，一生也只懂得一個相對論。世上那有一人而兼幾個愛因斯坦的？關于歷史和語言方面，孟眞先生底成就諒必相當可觀。而且我在這一方面更不應置一辭。關于哲學和邏輯方面，我只覺得他底直覺能力(Intuitive power)很强，他在哲學底某些大脈絡上把握得住；對于邏輯算是有些 Taste。在這些方面，他確乎比我所碰見的許多教哲學或邏輯的人高明。但是否算得『精深』，那恐怕需要考慮了。卽使，卽使孟眞先生底學識確如許多人贊揚的那樣，最多也不過引起我佩服，決不能引起我敬愛。若干年來，學有專精，或藝有專長的人多矣！然而，有幾人不見了權勢低頭？有幾人不見財起心？有幾人不見官爵而變節？這些人，雖然學有專精，藝有專長，對于這個樣子的『世道人心』何補？對于這個崩潰的國家何益？恐怕，恐怕恰恰相反，他們爲了向權勢低頭以獵取官爵利祿，反而推波助瀾，因之加速權力底腐潰。我之所以懷念孟眞先生，於是乎殃及人民吧！我之所以懷念孟眞先生，因爲他是一個人，而且是一個有是非之心的人；因爲他是一個讀書人，而且是一個有至大至剛之氣的讀書人。如今，在眼面前跑來跑去的，有幾人算得是合於人底定義的人，實在很成問題。而有幾人有是非之心？現在有許多人，看起來衣冠楚楚，其實，不過像製了酒的糟，原形雖在，精華盡失，靈魂沒有了，什麼正用都沒有了。中國讀書人本來就不够多。而近年來具有至大至剛之氣的讀書人尤少。許多人是見理不眞，看事不明，於是乎不是隨波逐流，便是被權力者玩於股掌之上。有的人聰明，心中明知不對，但耐不住窮，不甘寂寞，爲利欲所薰，爲權勢所持，還是照樣口是心非。孟眞先生不是這等人，不是這等讀書人。他是一個有是非之心的人。他是一個具有至大至剛之氣的讀書人。我之所以敬愛他以此。而這樣的好人，偏一個一個地死去，怎不令人難過？

　許多人詬病五四運動。我並不以爲五四運動是毫無毛病的。至少五四運動所產生的副作用，與布爾希維克洪流會合起來，形成中國空前未有的暴亂集團及其騷動。五四運動底許多作用，亦若許多帶有群衆性和變革性的初期運動一樣，不易避免地有着衝動，幼稚，浪漫，和狂妄的成素。然而，無論如何，五四運動所代表的時代是一個富於感興的時代。在這個時代，年青的知識分子，生機洋溢，情意奔放，智力活潑。無論如何，這個時代爲中國之現代化奠定了基礎。比起目前之半生不死，我寧願選擇這一個時代。孟眞先生是這個時代底產兒。同時，他底作風也代表着這個時代底作風及其應然的正常發展。

　尤其難能可貴的，他能始終一貫地保持他底作風，精神，和格調。

　五四當年底風雲人物，在學問和事業上有成就的確乎不少。可是，能始終保持當年那一股勁兒的却不多。有之，其唯孟眞先生乎？也許由于年齡吧，也許由于世亂底摧折吧，也許由于現實環境底斲喪吧，好些當年的健將，如今現得『用舊』了，有的甚至暮色藹然，無復當年勃勃英氣。而孟眞先生則不然。他還是做學生的時代那樣活潑，還是那樣鋒芒畢露，還是那樣盛氣淩人，還是那樣愛開玩笑。凡見過他的人，無不覺得他是個老少年。當年他是那樣反權威，今日依然是那樣反權威。當年他是那種傲骨，今日依然是那種傲骨。他沒有向任何權勢低頭過。他之爲文痛斥權貴，這種精神與作風和他在五四時代之反權威是一貫的。當年的人物至今若他之大氣磅礡者其有幾人？近十餘年來，他雖然與政治圈子接近，但他不獨沒有染上一絲一毫官僚習氣，而且他底心還是書生的心，他底想法還是學者的想法，更不用說他不曾利用這些機會來獵取一官半職了。這種難能可貴的風骨，正是學界中人一提起『傅孟眞』三個字比提起什麼大官大吏都肅然起敬的理由。

　說到這裡，我不能不順便一提。近來有人在紀念他的文字裡，說他『擁護』什麼什麼。我看到這個尾巴，心中眞是難過。我雖然沒有和孟眞先生相交多少多少年，可是，無論在他底行動和言論之中，我找不到半點『擁護』什麼的跡象。我們不能說孟眞先生一點也不敷衍環境。但，這不過是敷衍環境，爲的是減少辦教育的阻力而已。如果一定要說他『擁護』什麼，大家只看到他『擁護』學術自由獨立，『擁護』國家，『擁護』反共抗俄而已。此外不見他『擁護』什麼。他不大對我談政治。偶然有一次提起時局，他將背靠在書櫃上，歎了一口氣說：『我愈離開政治中樞愈是向心的；愈接近政治中樞便愈厭惡。』是的，『反對』什麼的話，我倒沒有聽他說過。但是，不『反對』並不等于『擁護』啊！五四詞彙中可曾有『擁護』二字？活人何必拿死人做陪襯呢？

　傅先生之死，使我感觸起我們讀書人底命運。這十幾年來，我們讀書人安身立命之處何在？學術思想自由又在那裏？

　這十幾年來，學術思想大部不是作了政治工具，便是作了權力底掩護或飾品。造反的人要利用學術思想來『說個道理』。企圖鞏固權勢的人則假借學術思想以作訓練的工具。這樣，可就難倒眞正的讀書人了。造反的人說他們在這『方生未死』之間，徘徊觀望，不够勇敢，不够『前進』。權勢者流則嫌他們不够『忠實可靠』。在水與火之間，讀書人底處境可眞慘了。

　洪水泛濫起來，高樓大厦給沖垮了。有的人來不及逃出水禍而給水淹沒。有的人情急，索興向水縱身而跳。萬一不死的，浮在水面，也可以苟活須臾。有的趕緊躲在殘垣敗瓦堆裡，聊避風雨。但殘垣敗瓦並非荒塚。你要躲進去，還得看屋主顏色，還得順他旨意。否則你只有投水自殺。

　這就是今日中國讀書人命運之寫照。在這樣的處境裡，學術思想自由，眞是不絕如縷。孟眞先生是謹護這點學術思想自由，讓這點香火不熄之最重要的孤臣孽子。他忽然棄我們而去。我們那得不惶惶無主？我們那得不震悼無已？

　在這樣的情境之下，讀書人底困厄若此。而孟眞先生則爲我們打前鋒，站在困厄底最尖端。他堅毅而勇敢地翼護着我們。我們因他底奮鬥才享受到些許殘餘的學術思想自由。他竟猝然撒手歸去，那得不使我們惶懼？

　爲了謹護這點香火，他底處境是太困難了。幾股逆流在環何着他。若是別人，早已倒下了。

　　堅定反共意志固難，洗刷共黨型的思想尤難。現在，大家都已看出共黨有形的毒害；但很少人看出共黨思想方面的毒害。在實際上，共黨有形的毒害大多是從它那一套思想裡衍生出來的。許多人反共，而在思想和作風上却向共黨學習，這究竟是加强反共的理由還是削弱反共的理由？共黨型的思想和作風之最顯著特徵之一是『一切從屬于黨及其政治』。依此最高原則，什麼都要『黨化』。既然什麼都要黨化，學術思想自然不能例外，而且是被用作最根本的工具。所以，在共黨盤據的區域，學術，思想不能獨立于政治。依此最高原則，什麼都要「黨化」。既然什麼都要黨化，學術思想自然不能例外，而且是被用作最基本的工具。所以在共黨盤據的區域，學術思想不能獨立于政治，生徒必須學習『主義』。不幸得很，許多反共的人在思想上還沒有擺脫這一基本型式的有意無意藉其些微餘力將教育拖上這一條道路。因着這一基本觀念，於是恢復或產生許多辦法。這些辦法所形成的空氣，不說使學人窒息，至少使他們不會感到新鮮，更不會感到有何裨益。

　在這種勢力左右之下，在這種氛圍的壓力之下，孟眞先生要使學術思想獨立以求這點香火不致熄滅，該是多麼困難？該勞了多少神？該操了多少心？孟眞先生一方面要保持學術機關底存續，另一方面要保持學術思想獨立而不被『化』掉。這是一兩難（dilemma）。這樣的兩難，是民主國家辦教育的人所沒有的特殊困難。我不敢說，在這特殊困難之下他已百分之百地做到了學術思想獨立。在事實上，目前處於這種環境之內，這是不可能的。然而，孟眞先生在主要的分寸上做到了。他勉力地做到了。至少在他底生前，十分使學人精神上難堪的事情不會發生。

我不是說，在今日殘存的書生之中，沒有和他同樣有智慧和他同樣有才能的人。然而，幾人有他這樣至大至剛？有幾人能挺得住？有幾人能抗得起？

他爲什麼能够這樣？

提起這個問題，正是我們書生痛自反省的時候。

這幾十年來，讀書人被糟踏的太多了。他們不是被迫着寫『前進文章』，便是寫『應帝王』。糟踏書生的人再也無需批評了。然而，知識分子之自己糟踏自己，却不能不自反自責。若干年來，許多知識分子，看起來漂漂亮亮，西服筆挺，流利洋語滿口。他們幾乎具備了最好的人之資格。可是，只差一點點要素：沒有自我底靈魂，沒有作人的骨氣。這等漂亮人物，一見了權勢，頭就低下來。一見了官，不惜奴顏婢膝。一見了汽車洋房，什麼事都可以做。若干年來，我們親眼看見知識分子就這樣一個一個地墮落下去，以致於不可收拾。這眞是知識界底大崩潰！

然而，在這知識界大崩潰之中，畢竟有少數書生，穿破藍布長衫，戴近視眼鏡。他們不希罕權勢，沒有興趣作官；一個月藉勞動腦力和跑腿，拿三百元的待遇，掙扎在生活邊沿上。他們在圖書館裡生活，在故紙堆中探求孜孜不懈，年復一年。忍受貧困，甘耐寂寞。假若說國家還有命脈值得維護的話，這便是國家底命脈。孟眞先生是這類書生底代表人物。不僅如此，而且他無欲無求，有至大至剛之氣，所以能站得穩。他辦教育就是辦教育，他辦教育是爲國家作育人才，並非以此獵官，或討何人之好，所以他硬得起。當然，這是爲許多人不高興的。

這樣的人，憑着他底氣魄和能力，翼護了這類的書生，向前奮鬥。不幸得很，在他打頭陣的時候忽然陣亡。我們失了主將。三軍那得不惶惶若有所失？

孟眞先生猝然病故，不獨我們書生痛哭，就我所遇見的人而論，凡有正義感，稍有理想，以及眞正爲民族爲國家爲自由而努力的，無不同聲哀悼。我碰到一位非學界的朋友，他對我說：『傅斯年先生死了，我幾天都不好受。』有一位朋友對我說：『傅斯年先生死了，我酸心了好幾次。』……

孟眞先生何以感人如此之深？

民國以來，大官多矣！有權有勢的人多矣！他們生前固曾煊赫一時，然而他們死後，縱不被人唾罵，那個還記得他們姓什名誰？沒有死的呢？則好似鬼混唐朝，這個今天當這個『長』，那個明天當那個『長』，像跑走馬燈一樣，老百姓都看厭了，不曉得他們究竟是做什麼的，也看不出他們自我底人生目的何在。這個時代，是一個動亂時代。這些人底存在及其活動，給予人以動亂的浮影。這個時代，是一個匪棄眞理，無視是非，否認絕對價值，一切唯利是圖，一舉一動皆係因利乘便的或權宜之計的時代。這些人的存在及其活動，是這些因素底象徵。因而，在這些人物底支配力與其所造成的氣氛籠照之下的千萬個體，除了忙於自身衣、食、居、行等本能生活底滿足以外，了無生之樂趣，大都有『寄蜉蝣於天地，渺蒼海之一粟』之嘆。因而，很少人有『永恆之感』，很少人在很長的過程之中堅持一貫的目標，很少人作久遠的打算。這種支配力和氛圍如非激起虛妄的狂熱，如非將人變成失去理性和失去自動思考能力的被動工具，如非使人馴服到機械地隨着日出起來隨着日落睡覺，那末它使人鬱結，使人底生命力被抑制，使人如小舟之面臨茫茫大海，使人感到世變飄浮靡定，使人感到沒有什麼是可認眞堅持的原則。

但是，在這變動無常之流中，人們總覺得孟眞先生代表了一點什麼。他總算是一點點定力。這一點點定力，是精神的，不靠權勢，謀略，金錢來維持。幾十年來，他始終爲學術思想之維持與發展而努力不懈。他在一方面反對共黨又在另一方面爲文痛斥權貴，他在一方面爲文痛斥權貴又在另一方面反對共黨。他底精神和事業是始終一貫的。在這始終一貫的精神和事業之中的孟眞先生，總象徵一點什麼，總象徵一個原則，總象徵一個理想。這個原則或理想，是目前動變中之不變。特別是，他象徵着反極權反奴辱的自由主義的精神。這種精神，正是今日爲自由中國之實現而奮鬥的時代精神。這種精神蘊積在每個進步的中國人心靈深處。代表這一精神的人物忽然逝去，講氣節的人又少了一個，人心那得不爲之悵然若有所失？

希特勒之流生前不難贏得恭順唯謹和歌功頌德。但是，死後又如何？史大林之流此時不難叫人當面恭順唯謹和形式服從。但是，能否令人心服？孟眞先生一個書生，無權無勢，沒有一個兵，沒有一枝槍，沒有一文錢，他死了更不能給誰半點好處。可是，在沒有任何規定與强迫之下，却有這多人爲他底死而難過。這豈是命令辦得到的？這豈是任何利益交換得來的？他底靈櫬停放之夜，正是淒風苦雨之夜，有人靜俏俏地到他靈前行三鞠躬禮。民國以來的風雲人物多矣！有幾人死後能如此動人哀思！

時代是這樣艱苦，孟眞先生之死，固然使我們書生倍覺孤單悽凉。可是，他剛剛把他所主持的教育機關辦理得有了頭緒，而且反共抗俄底前途有了光明的希望，可謂死得其時。他未死於共黨之手，可謂死得其所，傅先生可以無憾矣！

孟眞先生死得這樣猝然。他竟沒有一字一句底遺言留給他底親友和青年們。眞是斯人也而有斯逝！多麼令人難受！然而，他底精神、著作、風骨、行誼是最好的遺言，也是中國前途具體的指標。我看不出決堤的人能救水。書生無用嗎？只有急功好利的人才說書生無用。在悠久歷史發展底途程之中，書生底智慧之光從來都是燭照漫漫黑衣之燈。他們底氣節是時代底中流砥柱。哲人之言可以永垂千古。此時此日，共黨正在有計劃地大規模消滅優秀的書生。而跟着傅先生一路走的殘存的書生，如幸而不爲洪水漂沒，不被殘石敗瓦軋死，他們會在這幽微困厄之中，發出一點靈光，照着中國人民自己創造自己底前途。

蘇聯的教育

致力譯

要知道蘇聯的一切，一個基本的問題必須求得解答：共產黨設計的教育制度要造出來的公民是那一類型的？

我能由經驗來答覆這個問題。我在歐州各地幾個學校裡消磨了差不多有二十年，起初是以學生的身份，後來便是教員了。終於在一九三七年，我安身於來脫維亞的里加（Riga）。一九四〇年俄人佔據波羅的海諸國，我就陷在那裡。蘇聯當局仍舊允許我留在第二級學校，也就是我原來教學的地方，繼續工作。因爲當地的共產黨徒們認爲我與政治是無害的，事實上也是如此。

指導者們即刻就由莫斯科到達指引我們進入新的教育方法。用我們的標準來衡量，這些人既不適合於他們的地位，一般的講，也並非有良好修養的人物。有些居然連他們的本國語都說不太好。他們這些人打入教育使我們惶惑的以爲眞的「教育」就是政治教育。一切的教育方法對於政治文盲——我們常聽到的名詞——是無所助益的。他們告訴我們首要而極其緊迫的責任就是專心壹志的去學習對於科學社會主義的發現。

所有在被侵佔以前用過的教科書都被禁止。這些蘇聯的指導者們，在當地共產黨徒們協助之下，開始纂編新的。

所以很清楚的，除非我們放棄這兒的教書生涯，否則我們必須接受紅軍少校所主講的政治教育課程。我們的指令是在熟記蘇共黨史菁華的各章。因爲牠是共產黨的聖經。少校强調說：這是世界上最科學的一本書，這裡面的每一個字都是經過斯大林同志校訂的。

很明顯的，我們都停留在知識的眞空裡，任何個人的批評，即令對可恨的資本主義而發的，都不經過討論的扔在一邊。因爲凡是有關對於資本主義的批評已經由馬克斯、恩格斯、列寧、斯大林他們說盡了。他們的著作就是共同的組織了科學的社會主義。他們的意見被崇尊爲絕對的純一無二的眞理。誰提出他個人的意見就被認爲是叛徒。

有幾個年紀較高素負聲望的飽學之士也同樣的接受了這個課程。我們的指導者常常用他的手指頭在他們之中指定一個來答復他的問題。這個遭難者也只好咽嚥自已的意見，鸚鵡學語似的囘復着說馬克斯同恩格斯如何的證明了資本主義之必敗，以及共產主義最後之必然成功。因此已經着手拘捕他們認爲在政治上不可靠份子的這種事實就時常縈迴於我的腦際。

顯然的，我們是被期望去宣傳一種基於恨（階級鬥爭）的新教。要强說牠是合於科學的，並且要用嚴密的科學方法去推廣牠。這一種宗教信仰與科學方法的結合就構成蘇聯教育的基礎，並且練習着把青年的心靈狠毒地抓住。

在預定給我教授的一本歷史教科書的序言中，我發現了喪心病狂的獨斷言論：人類社會是被十九世紀最偉大的科學社會主義者馬克斯所發現的定律控制的。最基本的定律就是階級鬥爭。人類社會能够有社會的、經濟的同文化的進步完全是由於革命的力量而促成的，並不是由於進化的力量。尋找一條同資本主義世界謀和解的道路不僅是不忠於工農階級而且是不科學的，從來沒有一個蘇聯的教員這樣說過：共產黨的教義是高於其他一切教義的。因爲「高於」（Superior）是含有比較的意義，而眞理與謬誤之間是不可能有比較的。

我們曾在西方受過訓練的這一群，感覺到這樣的教育方法實是可怕。我們被期望着灌輸給我們的學生以這些信仰——由科學所建立走向快樂的世界大同的道路必須經過憎恨，戰爭，同消滅那些由於自私自利而不能進入天堂的幾百萬人口。我們並應設法使學生相信受飢餓受壓迫的勞働者是充滿了整個的世界，而正期待着蘇聯去解放他們。我們應該形成一個充滿幻想的下一代去制決這集體的屠殺者。

每個教師，無論他教授些什麼，在他執教的時候，都要把他一部份的課程連繫到政治教育上去。當我的同事提出教數學的課程那是如何可能的時候，我們蘇聯的指導者毫不遲疑的答稱：「在你開始講書之前，你可以向他們指出科學的進步是受到資本主義的阻礙，因爲在資本主義制度之下，勞働者想把他們的子女送入學校而不可得。敘述勞働者在歐洲及美洲的困窮情形：提醒學生在英國五六歲的兒童便要送到棉紡織工廠去工作。你可以解釋那是他們深思遠慮的政策，使勞働者身心停留在愚昧以及因童年的過份工作而不能有良好發育的階段。由此對他們前途的幸運不能有所改進。對照我們社會主義國家，教育是自由的而且對於任何兒童都是開放的」。

蘇聯的教育者以描述資本主義國家過去的黑暗面來反映他們自已低下的生活水準是在規定程序下改進，以及他們建設的成功。舉例來說他們以一八五〇年左右的英國社會情形與俄國現在的情形比較，蘇聯公民又怎樣知道英國自狄更司（Dickens）時代以後的變動呢？

掃除宗教的情緒在共產黨是必須的。沒有一個共產黨徒能忍受這種意向——崇高的權威不是賦着於科學社會主義的法律，而是賦着於宗教道德觀念

（下轉第33頁）

第四卷　第二期

內政部雜誌登記證壽內警台誌字第四六號

給讀者的報告

這期我們的社論是『建立現代化的制度』。「現代化」一詞代表文化的改造運動，也是中國近百年來歷史的難題。

中華民族原有悠久的文化傳統。可是在另一方面，由于兩千年專制與封建的遺毒，竟阻滯了社會的進步；要解救這古老文化的病症使適應世界潮流，唯一的辦法只有「現代化」一條路，具體點說：就是科學與民主。百年來這條路實在太坎坷了！從戊戌維新算起，迄後辛亥革命、五四運動、北伐，都是主觀或客觀的向「現代化」的方向在「變」，但是不幸每次「變」都給中國人民不少苦難與陣痛，使這科學民主運動或則出了常軌，或則遭到更大的反動。目前我們所面臨的赤禍，更是危害這運動的一個最大災害。無疑地，如果不遏止這股逆流，并進而實現「現代化」的理想，中國將永遠兵禍連年，老百姓也永無太平可享！

文化改造是多方面的，而其中最重要而有提綱挈領作用的是政治的改造，也就是政治的民主。這在落後的國家當然不能一蹴而幾。因此我們必須于反共抗俄之外，更應積極地加强對于民主自由的學習。

台灣現在實行地方自治了，這幾天正是各縣市長選舉最熱鬧的時候。這不能不算是我們在政治民主的運動過程中邁進了一步。然而選舉并不就等於民主，選舉僅是民主政治所必須的形式；更重要的是民主精神的培養，這是每一個國民尤其是政府當局要時時反省警惕的。

× × × ×

共產極權是自由民主最大的敵人，因此自由民主與反共是不可分的。反共必須爲了自由民主，反共才有價值；反共的手段也必須是民主的，反共才能成功。我們之所以一向主張民主，澈底反對共黨的思想與方法，正是這個道理。這個原則須要推廣到現階段反共的技術上，因此、反共聯合陣線的組成非常必要。反共力量不容浪費，民主精神重在寬容；反共并不須要思想的統一，統一思想是共產黨的手法。意見儘管不一致，但既然都是信仰民主的人就該具有寬容的雅度，更應在民主基礎上發揮最大的反共的力量。這期的時評正是呼籲所有反共人士（無論在朝在野，何黨何派。）的加緊團結。

× × × ×

羅志希先生曾在本刊三卷七期上發表「揭開中印間有關西藏的幕」，現在他更拿出活生生地「幕內證件」爲文介紹於讀者之前，因爲這些都是很有價值的材料，所以我們不惜以很長的篇幅全部登載，爲此我們特將這期篇幅增加至卅八頁。

本刊售價

一、臺	幣三元
二、越	幣八元
三、菲	幣五角
四、港	幣一元
五、暹	幣四銖
六、美	金二角
七、叻	幣四角
八、印尼	幣三盾

自由中國 半月刊 第四卷第二期（總第二十九號）

"Free China"

中華民國四十年一月十六日

發行人　胡適

主編　『自由中國』編輯委員會

出版者　自由中國社

社址：臺北市金山街一巷二號

電話：六八八五號

航空版

香港　香港時報社（高士打道六四號）

紐約　Modern Chinese Art & Printing Co. Inc. 2 East Broadway New York City, N.Y.

經售處

臺灣　中國書報發行所（臺北市館前街八五號）　新生報社高雄分社營業部（高雄市鼓山一路二〇號）

美國　紐約民氣日報社　舊金山國民日報社

日本　東京南友堂　東京內山書局

馬尼剌　中菲文敎出版社

印尼　巴達維亞星期日報　棉蘭繁華圖書公司

越南　西貢中原文化印刷公司　越南華僑文化事業公司

曼谷　曼谷攀多社十二號

新加坡　中興日報社

檳榔嶼、吉打邦均有出售

印刷者　臺北印製廠

廠址：臺北市民族路六四三號

電話：三三一六號

本刊經中華郵政登記認為第一類新聞紙類

台灣郵政管理局新聞紙類登記執照第二〇四號

自由中國

FREE CHINA

第四卷 第三期

要目

中華民國四十年二月一日出版

社址：臺北市金山街一巷二號

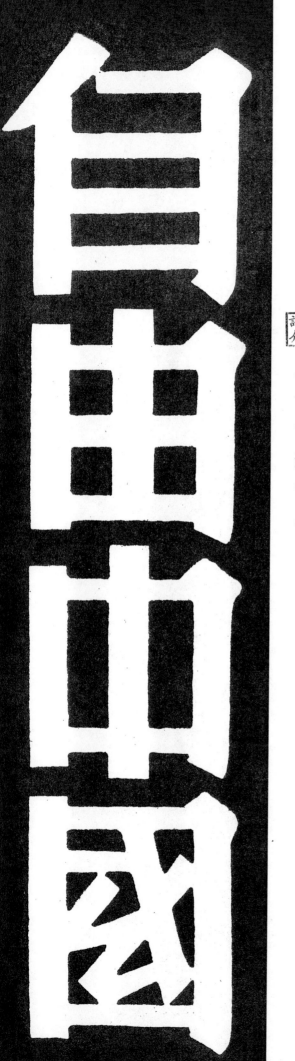

半月大事記

一月十一日（星期四）

合眾社華盛頓電：美空軍參謀長范登堡要求國會授予全部空軍作戰之指揮權力，俾于必要時，能以原子彈轟炸敵人城市。

杜魯門總統於記者招待會中堅決表示，渠有權派兵赴歐或任何必要地區，無須事前徵得國會之同意。

美國務院宣佈：杜魯門總統已任命杜勒斯為渠大使銜特別代表，於十日內率代表團使日商談對日和約問題。

一月十二日（星期五）

杜魯門總統向國會提出經濟咨文。要求增加稅額，擴大生產計劃及對工資物價之管制。并請國會予政府以總數達一千四百億元的貸借權及使用權。

英聯邦總理會議閉幕，發表聲明，主張儘速解決德日問題，并呼籲英美領袖與史、毛會談，以求避免戰爭。

一月十三日（星期六）

美駐華首席武官賈萬特海軍少將告合眾社記者稱：如中共進攻台灣，美第七艦隊將根據目前適用的命令，採取行動，防守台灣。

我首席代表蔣廷黻博士在聯大政委會對五點和平計劃提出兩點修正案：（一）原計劃規定一切外國軍隊撤離韓境一段，插入一點：所有北韓軍隊應自南韓撤出。（二）原計劃所謂「中華人民共和國」參加遠東會議，應改由國民政府所代表的中華民國出席會議。

一月十四日（星期日）

吳三連當選台北市首任民選市長。

美陸軍參謀長柯林士，空軍參謀長范登堡與中央情報局長史密斯、陸軍部主管情報的參謀次長波寧先後飛抵東京。美國防部發言人稱此係屬巧值。

聯大政委會以五十票對七票通過五點和平計劃。投反對票者為我國、薩爾瓦多及蘇俄集團五國。菲律賓棄權。阿富汗與哥斯達黎加缺席。

一月十五日（星期一）

美總統杜魯門向國會提出從七月一日開始之一九五二年會計年度預算咨文。估計歲出七百一十五億九千四百萬元，估計歲入五百五十一億三千八百萬元，其不足之一百六十餘億元，有待增稅彌補。預算中百分之七十即五百廿億元為國家安全方案之用。包括直接軍事費用四百一十四億二千一百萬元，對外軍事及經濟援助七十一億一千二百萬元（建議以四千五百萬元為對我經濟援助）。原子能委員會十一億七千七百萬元，國防生產十四億三百萬元。預算中用于非防衛或政府經常開支的共一百九十億元。

一月十六日（星期二）

行政院設計委員會成立。

一月十七日（星期三）

中共對聯合國五點和平計劃提出答覆，再度拒絕停戰建議（按第一次為十二月廿二日周恩來聲明拒絕三人小組之停戰建議）。

美國務卿艾其遜就中共拒絕停戰建議事發表聲明，謂中共建議美國政府無法接受。

美空軍參謀長范登堡，陸軍參謀長柯林士聯袂返美。兩氏在留東京期間，曾飛韓境視察戰事，并與麥帥會談。

一月十八日（星期四）

美總統杜魯門於記者招待會中表示完全同意國務卿艾其遜就中共拒絕停戰建議所發表的聲明。并謂美國決盡一切努力促聯合國宣佈中共為侵略者。

聯大政委會開會，討論中共拒絕停戰建議問題，會中美代表奧斯汀發表強硬演說，要求聯合國宣佈中共為侵略者。

一月十九日（星期五）

美陸軍參謀長柯林士，空軍參謀長范登堡由參謀首長聯席會議主席布萊德雷元帥伴同前往白宮，向總統及內閣閣員說明訪問麥帥及巡視韓國戰場三日之經過。同日兩氏又出席參院秘密會議，就韓境軍事局勢提出報告。

合眾社華盛頓電：美政府正擬訂一項四千萬至六千萬美元的援台新計劃，以助中國政府防禦中共之攻擊。

美眾議院以壓倒多數通過提請聯合國譴責中共為對韓侵略者。

一月廿日（星期六）

麥帥飛韓國前線視察戰事，在第八軍總部向新聞記者發表談話，表示決心在韓堅守軍事陣地（按此為麥帥八次訪韓中首次招待記者）。并與第八軍軍長李威格將軍舉行兩小時半之會商，當晚飛返東京。

合眾社成功湖電：美國代表團宣佈，已單獨向聯合國提出建議，請宣佈中共「從事侵略」，并設立委員會決定進一步行動。

越南元首保大下令改組內閣，授命內閣總理陳又友重組一廣攬反共各黨派的新閣。

一月廿一日（星期日）

中央社成功湖合眾電：亞洲阿拉伯集團正圖覓求新的和平方式，阻撓聯合國對美國所提譴責中共為侵略者的建議案採取行動。

美國出席聯大代表葛維斯發表嚴正聲明，謂討論台灣的任何國際會議，若無蔣總統領導的中國國民政府代表參加，美國決不出席。

美聯社倫敦電：蘇俄對英、法致送特別照會，反對重行武裝德國之計劃。

一月廿二日（星期一）

英內閣通過對其出席聯合國代表之新訓令，其要點：（一）同意譴責中共。（二）反對任何懲罰性制裁加諸北平政權。（三）繼續設法與中共商談。

中央社孟買合眾電：尼赫魯昨晚表示反對美國確認中共為侵略者的努力，并要求進一步與中共交換意見，以解決韓戰。

杜勒斯率領美國代表團自華府飛東京。

一月廿三日（星期二）

聯大政委會討論譴責中共建議時，印度代表勞氏宣讀中共新答覆，建議休會廿四小時，對局勢重加考慮。激辯後舉行表決。經以廿七票對廿三票通過休會。

中央社倫敦合眾電：英內閣舉行特別會議，檢討中共就解決韓戰所提之新建議。

社論

正義與和平的抉擇

聯合國通過了五點停戰計劃，以作最後一次的呼籲，竟被周恩來拒絕了，他所謂反建議實質上還是聯軍退出韓國和美國艦隊撤離臺灣的舊調，聯合國的拒絕亦在人人意料之中。現刻美國雖已單獨提出譴責中共侵略案，而印度代表又謂「北京」已有解釋，要將美國提案延擱，似仍堅持要和中共談判者。有人說，此次英美的策略只在拖延時間以俟準備之充分。但是周恩來的聲明已明白說出美國欲借和談以獲得喘息的機會，則拖延策略並不能瞞過中共而發生效用了。又有人說，英國恐怕譴責中共侵略案一經通過，則中共必然進攻香港，故為香港的安全計需要拖延。其實共黨之和與戰完全視自己的需要而定，他國的外交手段是絕不能轉移其行動的。故中共要進攻香港隨時均可發動，且看它出兵朝鮮何嘗受人譴責？如果它不進攻，你就再多幾次譴責，它也還是按兵不動。更有人說，和平雖要雙方合作，然亦必先盡其在我而後可諉責於人，故將我方求和的誠意完全呈現於世人之前，始能使對方負戰爭之責。這一點確實是最主要的理由。和平是人人所切望的，當局發動戰爭既要民衆的錢又要民衆的命，故非使民衆知道有充分理由不可。尼赫魯之流至今還說中共並未關閉和平之門，應照其建議與之談商，也就是以和平為至可寶貴，只要還有一綫希望，仍須努力以促成和平罷了。

去年六月二十七日聯合國安理會一致通過斥責北韓侵略的議案，而出兵援助南韓，其後贊成此案者有五十三國之多，卽尼赫魯亦在其內。但自十月初中共出兵干涉以來，此五十三國之中却有許多不贊同譴責中共侵略者，遷延荏苒至今未決。前次只有兩天便獲得安理會的議決，不及半月卽得五十三國之贊同；今次則時經四月猶是議論未定，難道中共的干涉比北韓更有理由嗎？金日成之南侵自命為內戰而反對外國的干涉，而五十三國當局偏偏不認為內戰，硬要去干涉；中共之出兵絕對不是內戰，而且明目張膽與聯合國作正面的敵人，可是五十三國中却表現出意見紛歧步驟凌亂的現象來。這是甚麼理由呢？金日成力弱易制，決不會擾亂世界的和平；中共則擁有龐大的兵力，無盡的兵源，並非短期間所能制伏，而且其背後更有蘇俄，若認定中共為侵略者而與之戰爭，則蘇俄可借口「中蘇同盟條約」來參加戰爭，則第三次大戰便要全面爆發了。各國當局斥責中共為侵略者所以徘徊瞻顧的理由，無非欲避免戰爭保持和平而已。蘇聯知道各國人民愛和平而厭戰爭，故發動和平大會，和平簽名，儼然以維護和平為己任，有些國家也以確保和平為職志，不顧自己之前後矛盾而委屈以向中共求和，豈和平之價值眞眞是最高無上，竟足以掩蓋一切而有餘嗎？

杜魯門總統在最近聲明中說道：「正義與自由比和平更為可貴」，我們還要補充一句，唯有在正義與自由下的和平才是有價值的和平。如果不惜代價以求和平，拋棄正義，犧牲自由，則和平之獲得乃是天下最容易的事體。只要各國廢除一切軍備，對蘇聯唯命是從，則戰爭何由而來，和平豈不立致？又何必天天開會討論，多方奔走拉攏？但是這種屈服的和平是否為人們所需要，有沒有可貴的價值呢？如果正義還要追求，自由必須確保，則退讓必有限度，姑息適足以養奸，慕尼黑之往事可為殷鑑！蘇俄要發動戰爭，只看其準備完成與否，何必要甚麼借口？它要封鎖柏林何曾有借口來？如果它的準備尚未完成，縱使把中共打垮，它也還是不敢發動的。征服世界是蘇俄既定的目標，韓國犧牲了便輪到日本，台灣犧牲了菲律賓便接踵而來，它所需要的和平便是世界各國完全屈服於其暴力之下，試問各國當局能否辦到呢？

其實，站在正義的立場，則中共之出兵韓國，其為侵略，較之金日成更加明白而確定，金日成已應受斥責，中共更不待論。為甚麼贊同斥責金日成於前者，對斥責中共竟力持異議於後呢？可知持此態度者，早已把正義拋諸腦後，而唯計較於利害得失之間了。正義之認定是人人一致的，一涉及利害則各國的立場便不能盡同，西歐諸國唯恐美國的力量多用於亞洲，而不能助它們抵禦蘇俄之攻襲；以印度為首的亞洲各國則妄冀保持中立，超然於兩大集團之外而幸免戰禍。卽為全世界利益計，也還有人以為此次戰爭足以毀滅人類文明，故能保持和平總是有利的，而不必顧慮和平性質之何似。在我們看，犧牲正義去求和平，絕不能達到目的，已如上述。進一步講，今日的局勢關乎人類今後幾百年的命運，有誰的智識能夠計算其利害的大小呢？只要一依正義為依歸，則是非不煩言而辨，行動可當機立決，所執者簡，所守者約，絕不會誤入歧途，豈不是最直截了當的辦法嗎？而且依照歷史的教訓，彼獨裁者師出無名，殘民以逞，斷無不敗之理，能堅持正義，則能堅我方之戰志而瓦解敵國之民心，必能獲得最後的勝利無疑。現在美國已高擧正義之旗，決心和侵略者作戰了，我們希望各國當局撇開利害的念頭，盡力為正義而戰，以撲滅侵略的兇燄，而挽救人類自由的浩刼。

時事述評

國民黨黨員歸隊

本月二十三日是國民黨黨員歸隊運動的最後一天。在這一天的前一週，報紙上登滿了黨要們的文章言論和黨部的通告，要求有黨籍而尚未編入組織的黨員，及時歸隊。我們認爲，這一週內報紙上的氣氛，是值得重視的，寫歷史的人和從事實際政治活動的人，應該可以從這裡想出前前後後的許多問題來。

過去的話，不必說了。中國國民黨，在現階段，總還是大家所屬望的一個大政黨。中國政治前途的順逆或安危，還要看國民黨今後的作風怎樣。所以我們不得不特別關切。這裡，我們願就國民的立場，對黨員歸隊後的國民黨簡要地表示幾點希望：

一、黨內不要官僚化。一個社會組織——政府也好，政黨也好，一到官僚化，就等於一個有機體的僵化；新陳代謝的作用完結了，還有甚麼生命可言？這是昨天國民黨的致命傷，在改造階段中的國民黨，應以此爲改造的第一個對象。否則今日已經歸隊而有政治抱負的黨員，明日恐怕又游移他去了。

二、黨外不要逞排他慾。反對黨的存在和其得以合法地自由發展，是民主政治的特徵。政黨間的政治鬥爭，要以政策爲中心，要以政績爲手段。不許有個人的恩怨存乎其間。中國國民黨仍爲今日自由中國的第一大黨，也是實際上的執政黨，就應該有「當仁不讓」的氣概，領導起這樣一個作風。

三、黨員與黨員的關係，應該建立在政治道德的觀摹和政治問題的研究。如果黨內除領袖外，必要有幹部、和羣衆總共三級的話，則三級的聯繫必須有一個粗枝大葉的政治理想做中心。如果離開政治理想，甲幹部擁有一部份羣衆，乙幹部另擁一部份羣衆，互爭消長，這只是幫會，而不是政黨。

四、黨員對於民衆，應以服務的精神去爭取。口頭上的黨八股，說教式的主義宣傳，對於今日的民衆，不會有絲毫效力。如何爲民衆無償服務，是值國民黨黨務工作者研擬具體方案的。尤其是人民與政府發生關係的場合——如納捐稅，辦戶籍，乃至吃官司等等場合，人民受不肖官吏愚弄欺侮的時候多得是。國民黨員在政府與人民之間來爲人民服務，比較其他各黨黨員更方便，同時也更應該。（葆）

公務員的制服

據本月二十三日臺北新生報訊：「政府爲推行節約，提倡國貨，已決定重新製訂公務員的制服，並已命令有關部會着手擬定辦法」。辦法尚未公佈，我們想，制服費不是在公務員的薪水項下扣除，就是由政府發給。不管怎樣，這件事，我們贊成，我們也反對：贊成的，是所謂「推行節約」；反對的、是沒有找到節約對象，尤其反對的，是在這個「節約」美名下的形式主義。

談節約，有兩個不同的觀點：一是國民經濟的觀點，一是個人經濟的觀點。目前一般下級公務員的經濟生活，無論就上述那一個觀點說，都沒有理由叫他們再來節約。他們沒有美鈔港幣拿到香港去買奢侈品來享用，也沒有足夠的能力在臺灣市場儘其所好去購買外匯換來的舶來品，就國民經濟的觀點講，他們決不夠格成爲「浪費者」。再就個人經濟的觀點看，他們家中的主婦們——如果有主婦的話，爲着柴米油鹽的打算和安排，從早到晚已經夠傷腦筋，如果節約運動的推行，推行到她們的家裏，干涉到她們先生的衣服上面去，主婦們只好苦笑一聲：「謝謝政府的關心」！她們心裏想：「製一套新制服，儘管是布的，也得要幾十百來塊錢，這錢那裏拿得出呢？如果政府製發制服，不扣除先生的薪水，那末，政府何不把這筆錢以寒衣費的名義乾脆發給我們，讓我們權衡緩急，多買點油鹽吃吃，也可間接地讓小寶寶多吸一點奶汁到腹內去呢？至於衣服的話，我的先生還有一兩件破舊中山裝或西裝，可以對付對付一年半載啊」！

一般家庭主婦的想頭，本是政府當局所應該顧慮到的。可是在我們中國政治傳統中，「大」政治家的頭腦，向來不會用到這些婆婆媽媽的事情上去的。何況公務員服裝的劃一，該是多麼顯得這個國家的「朝氣」！

淺近地看，規定公務員制服這件事的本身，不是一件甚麼有關國計民生的大事，我們爲甚麼要反對呢？我們反對，我們反對整齊劃一的形式主義違反了「和而不同」的民主精神！

勞氏、勞氏、心勞日拙矣！

美國獨立戰爭時的鼓手培恩氏曾說：『獨裁政治的心理基礎是恐怖，民主政治的心理基礎是正義』。此刻成功湖的聯合國正扮演着一幕獨裁者大施恐怖而一部份民主份子喪盡正義的醜劇。這幕人類諷刺劇的執筆人是斯太林，導演是艾德理尼赫魯，而台上的醜角則是印度駐聯合國的代表勞氏。

在韓戰爆發前後中共喊叫出來的外交詞令也不過是要加入聯合國，然而自從公然進兵韓國把聯軍打敗後，却一變往日的態度，張牙舞爪，向聯合國大施威嚇敲詐的能事。這種態度愈變愈惡，降至最近，竟至把在國內強姦人民的一套把戲原原本本地搬到國際舞台上演。比如它最近要一「欽」定代表——所謂「七國會議」——作它的御用工具，要聯合國無條件地承認它的爲所欲爲——具見於它的五條件的對案。這無異於毛澤東「欽」定的所謂「新政協」會議，這無異於它在國內的面南稱王，讓人民俯首帖耳，百說百應。其實共產黨的這種作風原不足奇，奇怪的倒是若干非共產國家，特別是若干民主國家對共產黨的這種威嚇敲詐竟至奴顏婢膝，公然響應，眞是滑天下之大稽。如最近美國代表譴責中共爲侵略者的提案，站在民主的觀點——正義的觀點，本屬天經地義，然而在中共喊出五條件的對案後，聯合國在印度代表勞氏的佈置下，竟至通過將前述美國的提案的討論時間拖延四十八小時。這種作風等於把人類的正義喪失淨盡，民主精神完全淹沒。

老實說，近若干年來，民主國家在與國際共產黨的鬥爭中，所以喪失了觀念的力量，沒有了吸引力，也就是說失掉了理想主義的力量，完全是自己鑄成，那便是太背棄正義的緣故。現在中共的野火已經燒到印度後門的柴欄，而勞氏還在勞勞終日，爲放火的蠢賊奔走。我們要鄭重的警告勞氏：閣下已心勞日拙矣。（白）

日本人民目前的平正大道

毛子水

半年以前，本刊曾發表過一篇社論，大意是說當蘇俄利用中共擾亂東亞的時候，日本人民若能見義勇為，與自由中國協力同心，以遏制蘇俄的野心，「則非特日本自身可永為世界上一個自由國家，即人類文明，亦可因以保全。這樣，才可以不負自明治維新以來日本全國上下勵精圖治的苦心。」

我們這段話，並不是以縱橫家的姿態來遊說日本人民的。我們本着「推己及人」的道理，以為我們自己愛好自由，要有一個自由的國家，日本人民當然亦是愛好自由，亦是要有一個自由國家的。

那段話發表不到十天，蘇俄便驅使北韓南侵了。半年以來，蘇俄的野心日以明顯，而凡愛好自由的人民，應當立即合力以抵抗這種侵略的道理亦日以明顯，所以我們有舊話重提的必要。

集體安全，已成為現在民主國家維持自由和獨立的不二法門。聯合國如果能維護正義而不為惡勢力所屈服，則聯合國組織實在就是達到集體安全的路途。第一次大戰後的國際聯盟，固然亦是以世界和平為宗旨的；但當時國際聯盟中的大國，若英若法，都是只圖一時的苟安，並且只顧到自己的利益，所以把一個國際聯盟弄壞了。英國這次在聯合國中姑息的政策，似乎亦足以壞事；——尼赫魯則係一妄人，更不必講了！——好在美國還能主張正義，所以聯合國還不至於絕望。但無論如何，一個國家要在現局面中求自由和生存，只有依靠集體安全：要達到集體安全的目的，則聯合國（或「改良的」聯合國）的組織是必需的。

中華民國自國民政府成立以來，的確有她的偉大而聰明的地方：無論為什麼原因所驅使，她的實心實意擁護國際聯盟及聯合國，真可以說是上上的國策。雖然國際聯盟和聯合國對她都沒有盡了應盡的義務，但她對他們的信任心卻始終不變。就這一點講，中華民國值得稱為一個模範的國家；現在世界上的國家，都應當效法她！

在選擇這種利己而利人的國策上，我們很誠懇的盼望日本能夠和我們一致。我們以為這是世界上文明的國家所應當走的平正大道。

日本人民真是近代歷史中傑出的民族；但誤於軍閥的專橫，卒致法紀蕩然，而國家亦遂蒙受失敗的災禍。幸而蘇俄沒有能夠涉足日本的國土，所以人民在戰後得能很快的恢復生氣；此外，由於美國人的輔助，民主政治的基礎，且日以鞏固。就狂妄的軍閥的立場講，日本固然是失敗；就愛好自由的人民的立場講，日本可以說「因禍得福」。

若使世界上沒有蘇俄那種國家，則現在的日本，真可以說是天堂。已沒有誤國害民的軍閥，而工業和科學的發達又足以使人民生活水準日以升高。至於人口問題，乃現代政治問題中最易解決的；國家不需要數目愈大愈好的兵丁，自然不會獎勵人口的繁殖，亦自然沒有人滿為患的現象。況且各國間的互助和農業科學的進步，都是解決食糧問題的方法。以日本人民的勤敏，不到二十年，定可將日本變成人間的天堂。

不幸，蘇俄的存在，是不可泯滅的事實；蘇俄存心要併吞地球上的各個國家，又是有種種事實可以證明的。克里姆林宮的主人，決不會以宰制大陸中國為滿足。設使中共在韓國得到勝利，史達林定必驅使五六年來在蘇俄所訓練的日本俘虜用「日本人民解放軍」的名義以侵擾日本。自然，更有無數的「志願軍」從共產中國和蘇俄那邊過來。蘇俄這種力量，赤手空拳的日本固然難以抵禦；就是全副武裝的日本，要對付蘇俄和中共的合力，恐亦必感到「以一敵八」的劣勢。

從這些很明顯的事勢看起來，日本人民如果不願意做蘇俄的奴隸，如果要有一個獨立和自由的國家，應當儘速的武裝起來。非特應當儘速的武裝起來，並應當真正採取集體安全的政策，誠心誠意的加入聯合國而絲毫不苟的遵守聯合國憲章上所載的聯合國組織的宗旨和原則，竭力奉行這個憲章上所載的會員國的義務。洗淨以前野心軍閥由愚昧而生的罪惡，而努力增進人類的文明，剷除自由和民主的阻礙：這樣，是日本人民在現在局勢中最平正的大道。

有人以為日本重整武裝，即能為中華民國美國和菲律濱所允許，蘇俄必不允許；為避免和蘇俄再發生糾紛計，還是以不武裝為好。這是似是而非的議論。蘇俄不願現在日本的重整武裝，乃是勢所必然的；蘇俄早已在自己國土內武裝起日本俘虜以待時機成熟時「解放」日本了。她當然不願意有人阻礙她的計劃；她當然不願意日本有正當的國防軍。如果日本為避嫌計而不重整武裝，那只好完全依賴美國軍隊的保護，或恭順的迎接蘇俄派來的「日本人民解放軍」。這兩條路，我們以為都不是明智的日本人民所應取的。

或又以為戰後日本民生凋敝，不如不要武裝，做個「亞洲的瑞士」，倒還可以使人民恢復元氣。這又是自欺的話。瑞士在兩次大戰中所以能夠保持中立，純粹是因為她的地理形勢和經濟力量沒有戰事上重要性的緣故。日本則不然。她的地理上的重要，是人人所知道的；他的受過訓練的優良工人，又是蘇俄日夜所想要加以「勞動英雄」的頭銜的。蘇俄這回冒大不韙而使北韓侵入南韓，又冒大危險而使中共加入韓戰，最大的目的，就是要得到朝鮮半島以為遣送「日本人民解放軍」的跳板。設使沒有美國人在韓國戰場上那樣勇敢的犧牲，史太林的魔掌，或許現在已伸到日本國土上邊了。總之，現在世界的局面，決沒有中立可言：這是稍有政治知識的人所應明瞭的。

再論民族主義與國家主義

羅鴻詔

一

我在本刊三卷九期上發表了「民族主義與國家主義」一文，對於民族和國家這兩個名詞並未作詳盡的解釋。究其實，這兩個名詞之糾纏是很難弄清的，只能看各人所講的內容而認定其意義之所在。現在我也只能說明我的意思，即是我所謂民族、國家，民族主義及國家主義是甚麼。

英文的 Nation，中國在翻譯時或譯為民族，或譯為國家，有人以為應譯為國族，日本人且有時譯為國民，大抵均視其前後文的意思而定。至於State則似乎只指國家，不能說它是民族，然其範圍亦時大時小，如美國的各邦叫做 States，而整個美國有時也可稱之為 State。有些人惟恐混淆，往往有民族的國家（National State）之稱。雖則譯名多歧，並不是說民族和國家沒有分別。一說到國家，必有政治的機構以管理其疆界內的人民，即所謂主權；而民族儘可沒有，只要種族相近，文化相同，便可叫做相同的民族。有人說民族之形成也由於過去共同的政治，此說能否成立我們無暇詳論。但由今日言之，民族和國家並沒有必然的聯帶關係，一個民族可分居於各國，可分立為幾國，一個國家也可包含多數民族於其中。

其次民族和國家各有其行為標準，道德標準，對反乎標準的行為均必有所制裁。但是國家的制裁具有嚴厲的強迫性，而民族的制裁即所謂社會制裁，則較為微弱。國家擁有武力，有威可畏，有刑罰隨其後，故可令出必行。僅僅的民族沒有武力，所謂制裁不過輿論的詆毀，經濟的不合作等等罷了。這有沒有武力是很明白的區別。民族雖有文明與野蠻之別，惟不會絕無文化，純粹的自然人並不能說是民族。我們認定同一民族亦必以文化為其特徵。故民族離不開文化。世界尚未至大同，文化也還有多種，各因其環境或歷史而異，故文化也離不開民族。故民族是文化的，文化是民族的。國家之顯著的特徵則在強力的統治，其對內對外均是以軍事為骨幹的。這是我個人所以劃分民族和國家的界說，和英文的 Nation，State 固沒有關係，他人之贊同與否亦未顧慮及之。

二

民族主義與國家主義之別，則更加複雜而錯綜。比方中山先生的三民主義中的民族主義，譯為英文時是Nationalism，而青年黨的國家主義，據他們說也是 Nationalism 的譯名，那麼這兩個主義是一而二，二而一的嗎？然而兩方的內容並不盡同，又是衆所周知的事實。事關翻譯，殊難確定其是非，而且僅僅關乎翻譯，和我現在的問題並無關係。今只就其意思而論兩者之區別，比較不會糾纏不清。民族所以成為主義便是要建立其獨自的國家，十九世紀的民族運動均以一民族建立一國家為標的。第一次世界大戰時，威爾遜總統宣布十四點綱要中，所謂「民族自決」只是以一民族建立一國家為原則，如果幾個民族合組一國家，亦必出於其自願罷了。希特勒以民族主義為號召，也不外將歐洲所有的日耳曼民族均歸於德國統治之下，故其理論家羅森伯乃以國家為民族之手段。當希特勒初起時，英國有許多同情者，捷克問題發生後，張伯倫建議，凡有百分之七十五以上日耳曼人居住的地區劃歸德國，依然可說是同情於日耳曼民族運動。迨希特勒將捷克全部吞併，論者咸譏笑納粹主義之死亡，因為已經超過民族運動之涵義了。由此可見民族主義之涵義是要建立民族的國家，是主張一民族建立一國家，實沒有多大辯論的餘地。有人說一民族建立一國家是十九世紀的產物，現在已經過時了。過時與否是另一問題，照他們這種說法也是承認民族主義之涵義和我們的沒有兩樣。

故論到國界問題，民族主義便和國家主義不同。歷史上國家的疆界之變更是很頻繁的，而其原因多由於武力所造成。幾年前的印度、緬甸、錫蘭等等都屈服於英國的武力之下而為英國的殖民地，故那些地方的民族主義者即以英國為敵人，而從事於獨立運動。此次戰後波蘭人之反對寇松綫的疆界，西德人之反對易得及尼塞兩河的疆界，猶是以民族主義為依據。英國至今不肯交還香港，乃以國家領土不可失為理由（其實九龍是租界，並非領土，不能與香港併為一談），也可說是根據國家主義吧。總之事實上國家疆界隨時隨地均有紛爭。則合理的解決將何所依據呢？民族主義則主張國界之劃分須以民族的自然界綫為依據，像香港一樣，若依據民族，是不成問題的。但是一國內的少數民族問題到處都有，究應如何處置，確實是個難題。如亞爾薩斯與羅倫兩省為德法二國紛爭的焦點，其住民則二族都有，而人數之多少則以政治勢力為轉移，究應歸屬何方殊難簡單論定。然而概略而論，各民族並非沒有自然的界綫，以此為劃分國界的原則，大致是可行的。至於國家主義將根據甚麼去劃分國界呢？根據歷史嗎？究竟溯至甚麼時候？如果遠溯古初，恐怕只有氏族或部落，根本就沒有國家？如果以某一時期為定準，則此一時期何以和其前後不同，勢必另有理論以作說明，僅僅的時間是完全平等的，怎能够作為定準？這麼一來只有根據現實了。但是現實的國界是過去憑藉武力決定的，如果承認武力造成的事實，便是不講理了，還談甚麼主義？進一步講，過去武力造成的事實已是可以承認，爲甚麼現在或將來武力造成的事實便不應該承認呢？十幾年前的日本，高唱國家主義，與德義作軸心的結合，而實行侵略中國及亞洲各地，豈不是盡人皆知的事實嗎？故日本人的國家主義即是我們所謂的帝國主義，是鼓吹侵略的。因爲國家主義沒有甚麼原則來劃分國界，而且以爲國界愈擴展，則其本土愈安全，故往往藉口國防安全而行其侵略之實，固不像民族主義之有原則而不易被利用（譬如日本人並不能說朝鮮及中國東北的人民都是日本民族）。

其次國家主義名稱雖同，然因各人用法不同而其涵義往往有別。比方日本人的國家主義和青年黨所提倡的國家主義判然各別，是衆所周知的。即民族主義也恐怕不能作一義的規定。如最近羅素在「論人類恐懼」的結論說：『文化的民族主義是有價值的，軍事和經濟的民族主義却包藏重大危機」（中央日報星期雜誌第九期）。照有些人的譯法，這兩個民族主義也怕可以譯作國家主義。以 Nationalism 涵義之多，又加上中文的譯名，若不認淸其涵義而遽加論斷，恐怕到底沒有是處。我的前作不是辨析名詞，更不是講究翻譯，只在表達我的意思，但是細心的讀者當可知其宗旨之所在。我所謂民族主義大概就是羅素所謂文化的民族主義。主張一民族建立一國家，要保持其獨有的文化，而且發揚光大之。各民族的文化自可以交流，但不宜憑武力以强人接受，只宜和平的傳播。我所謂國家主義則較羅素所謂軍事和經濟的民族主義更加厲害。其主張是國家主權是絕對的，國家的利益是至高無上的。如此的國家主義何以「應該拋棄」呢？因爲承認了這兩點便無異承認侵略。如果國家的主權是絕對的，則國家的意志便是絕對的，它要侵略誰能加以干涉？如果國家的利益是至高無上的，則它認定侵略他國爲有利，又有甚麼理由去責備它？現在舉世各國無不斥責侵略者，當然都是不承認這兩點的。蓋自聯合國成立後，對於侵略的國家聯合國應該命令其停止，若不聽命令則可加以制裁，那麼各國既已參加聯合國，它的主權已自動放棄了一部分，並不是絕對的了。一個國家的利益比較全世界的利益來總是小些，各國爲全世界的利益起見而放棄其一部分的利益，是應該的，故國家的利益並不是至高無上的。

三

談到這裡便要牽連到世界主義上去。有人說世界主義與國際主義有別。照他們講，世界主義是要組織一個世界政府，掌管軍事，財政等等大計，而各國的政府則變爲隸屬的地方政府，好比美國現在各洲的政府一樣。國際主義便和現在的聯合國一樣，它本身並不負行政之責，雖若侵略之類的安全事件可以命令各國，但如文教、經濟等等事件則只有提議、勸告，並無强迫施行的權力。照這種說法，則世界主義並非今天可以實行的，而國際主義則現在已在試行，能否行得通，大概要看三次大戰的結果而定。其實國際主義也可以說是一種世界主義，不過程度不同罷了。照現在的聯合國憲章看來，較之從前的國際聯盟已有較大的權力。如果聯合國的權威眞眞樹立起來，各國均能恪守憲章的話，則循此路向而進至世界政府，也未嘗沒有希望。

總之世界主義也罷，國際主義也罷，今天的世界已不同於往日，故這些主義也不是完全的空談了。盧騷極力主張愛國主義，而自稱不愛世界。他以爲自稱愛世界，要做世界公民的人們，事實上只有甚麼都不愛的。審察百餘年前的情形，他的話是有理由的。試想，其時歐洲的戰爭和我們中國有甚麼關係呢？盧騷死後的法國大革命，將歐洲鬧得天翻地覆，而當時對中國的影響簡直可說沒有。時至今日，則和平不可分割已是新聞雜誌上的常識，九一八瀋陽事件影響到歐美，卒致第二次世界大戰的爆發，已是無可爭辯的事實。國際關係已經緊密到如此地步，則各種各式的世界主義都因爲有了逼人解答的課題而產生出來的方案，已不能與詩人、哲人的理想等量齊觀了。

故從反面說，孤立的國家主義在今天是不合時宜的。尼赫魯欲超然於美蘇鬪爭之外，論者多譏其爲幻想；西歐法荷比等國人們多欲苟安於一時，而無奮鬪的勇氣，說者亦謂之爲墮落。即以美國之强大，地理形勢之特優，也不得不放棄其根深蒂固的孤立主義，其他各國更不消說。想在一個國家之內關起門來，不問外事，在今天事實上是不可能的。威廉二世至多只想統一歐洲，而希特勒和史大林竟想征服世界，他倆的野心何以雄大至此？這不是因爲他倆的瘋狂，自有客觀的因素在。幾百年來以科學的技術開發物質，以科學的方法組織人類，至今日寖寖乎有統一世界之可能了，故德俄均憑藉武力以征服世界，而解決世界政治的課題。他倆和威爾遜、羅斯福都是對此一課題而提出答案的，不過各人的答案內容大不相同而已。故廣義的世界主義（連共黨的征服世界包含在內）乃是當今時代的要求，而孤立的國家主義必爲歷史所淘汰。

我所謂的國家主義，即是認國家的主權爲絕對，以國家的利益爲至上的主義，往往流於孤立。因爲不肯放棄其一部分的主權，則對世界性的組織不肯加入，即使加入了也無所貢獻；因爲不肯放棄其一部分的利益，則和他國的合作必不能圓滿，而對世界性的組織往往表現出强大的離心力。於是在內政上則關閉自守，而在國際上乃獨行而無徒。如此的孤立主義實昧於世界大勢之所趨，在今天已是此路不通了吧。故我所謂國家主義，强國持之則往往作爲侵略行爲的藉口，弱國持之則往往變爲孤立主義的護符，不論其爲侵略與孤立都是應該拋棄的。

杜魯門與羅斯福

鄧啓

羅斯福總統於一九四五年春間，正當民主國家接近勝利之際，突然逝世，杜魯門先生以一個向無赫赫名望的人，一旦繼任總統，掌握世界第一個巨强的國政，當時許多人不禁發生疑問，杜魯門這個人究竟能不能肩負這一付重擔？卽便勝利迅速來臨，他的能力能否應付美蘇爭霸下的世界局勢？舉世的人都在提心吊胆，深恐這一個米蘇里州的參議員，一個並未實際從過政的生手，不足以負荷領導世界爭取勝利與贏得和平的艱巨任務。

杜魯門在舉世懷疑之中走進白宮，一聲不響的運用大權，執行職務，從他手中毀滅納粹帝國，迫使日本無條件投降，從他手中建立聯合國組織，實現集體維護世界和平制度，從他手中受到有史以來全世界對美國的最大尊敬，這些都是羅斯福早已替他安排好的，他的成功，原不足異。

杜魯門站在美國國勢發展到頂的尖端，也從他手中開始遇到蘇聯與美國勢力具有世界性的全面大衝突。在德國，由於蘇聯封鎖柏林交通，致使美英法與蘇軍間緊張得時時如箭在弦上。在希臘，由於蘇聯支持反對政府的軍隊，致使這一古老國家變成一個內戰的實際是美蘇的鬬爭場所。在的港，由於蘇聯的屢次阻擾，致使除了義南兩國相互爭執不已外，幾乎很久得不到協議。在東歐，由於蘇聯的威迫手段導演的結果，致使一些民主政府如波蘭、如捷克，很快的發生政變成爲共產國家。在伊朗，由於蘇聯的軍隊一度侵入伊境，駐留不走，焦急得美國苦於應付。在中國，由於蘇聯援助中共武力的發展，致使國民政府被迫退出大陸，因此美國與西方勢力也跟着被驅逐於中國大陸以外。在日本，由於蘇聯的扶助與阻撓，以致一方面日共勢力駸駸可畏，全國動蕩不安，一方面牽制得對日和約迄今無法締結。在韓國，由於蘇聯支持下的北韓軍隊，於去年六月廿五日無故進攻南韓，迫使美國不得不透過聯合國武裝援助南韓，自從中共參戰以後，這一問題更見嚴重。在越南，由於蘇聯支持下的越盟久已攻城略地，企圖推翻政府，以致美國被迫軍援保大政府，希圖阻止大陸戰火沿越南邊境南下。在菲律賓，由於蘇聯支持下的民抗軍到處滋擾，以致美國不得不以武裝與物資援菲，竭力阻止這一勢力的發展。除了這些以外，在聯合國，自從一九四六年一月在倫敦召開第一次大會與安理會以來，幾乎沒有一件議案蘇聯與美國的意見是一致的，總是高唱反調，得不到結果，甚至由於中國問題，屢次表演退席趣劇，並不服從多次決議，先後運用否決權至四十九次之多，阻擾得聯合國幾乎一度癱瘓的不得動彈。杜魯門面對的是這樣一個世界，需要他小心應付的是這樣多的重要複雜而具有爆炸性的問題，他的對手國是自從美國建國以來所從未遇到的最大最兇最有勢力的世界國家，他的對手是除了羅福斯稍稍接觸外，美國歷任總統所從未遇到的最懂得運用政略戰略乘虛蹈隙從事實際戰鬥的人，因此美國如想繼續領導世界，維護世界和平，必須考慮一些實際有效的辦法，訂立一些堅强有力的政策，去應付這些問題，對付這個國家，與那些戰鬥人物交手，必須能够獲勝，否則美國地位便極危險。這是自從杜魯門就任以來直至現在放在他肩頭的重大任務。

杜魯門六年來面對這一個世界，應付這些問題，雖有失敗，也有成功，雖曾受過舉世指責，譏笑他無能，也曾贏得舉世喝采，讚揚他偉大，雖曾觀望坐視失掉了大塊戰略要地，譬如中國，也曾勇敢的毅然而對現實予侵略者以打擊，譬如對北韓，他的做法是一步一步的採取對策，一次比一次態度堅强，他的目的是維護世界和平，爲了謀致和平，不惜屢屢與蘇聯談判，尋求妥協途徑；爲了謀致和平，不惜屢屢退讓，讓蘇聯佔一點便宜；爲了謀致和平，不惜花費一兩百億鉅額金元，援助民主國家充實力量；爲了謀致和平，不惜送美國青年到韓國戰場上流血，對北韓實行軍事制裁；甚至爲了謀致和平，也許他被迫在美國準備尚未完成之前，對蘇聯提早大規模應戰，雖然這是萬不得已的。

拿杜魯門和羅斯福比較，羅斯福固然英明、有做爲、有遠見、是美國歷史上偉大的總統。羅斯福所以偉大，有幾件事不特造福於美國，而且造福於整個自由世界，使全世界的人永遠懷念不忘。第一，一九卅三年一月，羅斯福第一次進入白宮，那時正値美國發生經濟恐慌，商業蕭條，物價暴落，工人失業，工廠倒閉，恐慌瀰蔓延全國，情勢洶湧，人人危懼，那是資本主義國家所最怕的，也是美國資本主義社會的嚴重難關。羅斯福到任後立卽宣布了緊急措施，穩定金融，隨卽一步一步實行了擴大聯邦建設，救濟失業，接受剩餘產品，扶助農工等步驟，後來發展爲有名的「新政」計劃，這些措施，挽救了美國的經濟崩潰，使它重新回到繁榮路上，羅斯福成爲美國資本主義的救星，這是美國人民永不會忘記的，也是他所以能受廣大人民的支持連任四次的緣故。第二、一九卅九年納粹德國在歐洲發動戰爭，希特勒併吞捷克，進侵波蘭，肆無忌憚，英法岌岌可危，一九卅七年起日本全面進侵中國，殺人擄刼，所到慘忍，其後並宣布「大東亞共榮圈」與「大東亞新秩序」等狂妄目標，羅斯福看到德日義軍閥獨裁者的野心，顯然在打倒所有的民主國家，統治世界，那時正是文明與野蠻的分野。在屢次呼籲和平無效之後，他毅然決定美國決不屈伏於野蠻强暴主義，宣布美國願做民主國家抵抗强暴的兵工廠．他以拯救全世界弱小民族與民主國家自任，終於在歐洲因英法之被侵，在亞洲因珍珠港之被襲，先後對日德義宣戰，血戰四年多，民主國家獲得最後勝利，義德日先後敗降，被征服與受威脅的民主各國歡慶重生，這一段歷史，自足使全世界的人永遠懷念不忘，民主國家所以能有今天，不能不歸功於羅斯福的偉大決定所賜！第三、在第二次世界大戰一開始，羅斯福與邱吉爾在大西洋第一次會議時，卽已提出民主國家的作戰目標，在維護四大自由，在第二次大戰尙未結束時，羅斯福卽已商請其他四強中英蘇法，共同發起聯合國組織，做爲維護戰後世界和平解決國際糾紛的國際組織，直至一九四五年四月他突然逝世時，這一劃時代的目標遠大的國際組織，已經奠定了基石，今天聯合國所以能在韓國發揮軍事制裁侵略者的力量，所以能排難解紛有過不少成就，儘管因了否決權與蘇聯和英印的態度，有許多頗不滿人意處，然而就這一頗不滿人意的國際組織所已發揮的力量，也是羅斯福當年苦心孤詣的經營所賜的。南韓人民與巴力斯坦、印度尼西亞、伊朗、克什米爾等國，今天固然應該感念羅斯福的精神所賜，便是全世界的人閉目想想，如果沒有聯合國憲章的精神維繫力量，今天全世界的混亂局面不知要糟到什麼程度，所以羅斯福的這一偉大遺澤，愈當世局緊張激變，愈使世人特別追懷感念。

羅斯福總統的有遠見有做爲的偉大事業，已經世有定評，不必贅舉。可是杜魯門總統在過去的表現，也不見得平庸、無能、或者不配領導美國，相反的，杜魯門同樣是有遠見有做爲的偉大領導人物。他的每一件對外對內的重大決策，都是堅決有力的，他的個性堅強和不妥協的程度，甚且較羅斯福過之。對於應付極權侵略主義者的對策，雖然在行動上稍遲了點，但是他的總目標，從開始以來顯然是一貫以維護民主自由世界爲目的，這是偉大的行徑。羅斯福當年應付德日義的行動，不是也稍遲了點嗎？羅斯福所以能獲最後勝利，憑籍的是美國的偉大的科學文明、生產能力、和堅強的意志，杜魯門同樣具有這些條件，難道他不可能獲得最後勝利嗎？杜魯門的全部事業，雖然目前尙未完成，現在僅就過去隨便舉幾個例，已經可以證明他決不在人下。第一、一九四八年的馬歇爾援歐計劃，決定每年以六十億鉅款援助歐洲各國經濟復興，這是杜魯門佈置維護世界和平對抗强權的第一步有力的棋子，由於這一政策的繼續推行，歐洲各自由國家的經濟，兩年來逐漸復蘇，共產主義在西歐的活動，近乎止步，由此而發展更締結北大西洋公約，建立北大西洋十二個國家的集體防衛制度，最近更決定組織北大西洋各國聯軍，推定統帥，目的在建立一條從斯堪得那維亞起縱貫歐陸到地中海再到西非洲的堅强防線，西歐各國近兩年來所以能與蘇聯大體相安，主要有賴於這一政策的發展。如與羅斯福當年應付德義日作比較，他在西歐針對蘇聯的準備，實在要比羅斯福還早一點。他這樣未雨綢繆，能說他沒遠見嗎？第二、羅斯福創造聯合國，杜魯門卻懂得維護並運用聯合國的集體力量，去年六月間北韓無故進攻南韓，這是違犯聯合國憲章的，美國對此事前毫無準備，爲了維護聯合國尊嚴，在勸告撤兵無效後，他毅然通過聯合國決議，以軍事力量集體制裁北韓，在十一月底聯軍因中共優勢兵力的壓迫，突然被迫向後全面迅速撤退，消息傳來，舉世震驚，英國首相首先飛往華府，勸告他設法與中共和談，印度政府繼卽自告奮勇，替中共提出條件，杜魯門一看是要他扮演一幕「慕尼黑」劇，他毅然宣布和平可以談判，但絕不接受任何涉及韓國以外的政治條件，在聯合國推定組織三人小組斡旋和談聲中，他又斷然宣布了美國進入緊急狀態，積極準備全面應戰，這一連串做法，都是斬釘截鐵的，爲了維護一種理想，他不畏艱險斷然負起這樣艱鉅的任務。他這樣大智大勇，能說他沒做爲嗎？第三、羅斯福推行「新政」而贏得美國人愛戴，實在說，杜魯門的「公平政治」，較羅斯福的新政還要進步，杜魯門不特繼承了羅斯福新政的精神，而且更加擴充，去年春間他曾發表過十大主張（原文不在手邊，記憶約略如下）他不僅主張美國的工人要有工做，農人要有田種，人人有屋住，對富人抽重稅，經濟要平等，而且還主張將這些進步的合理政策，推行到世界每一個落後地區，以建設眞正的社會主義國家。他不特在美國國內推行了不少有利於農工的措施，而且也已經在實行所謂「第四點計劃」，以美國的金錢與技術援助世界落後地區，目的在使那些地

『自由中國』的宗旨

第一、我們要向全國國民宣傳自由與民主的真實價值，並且要督促政府（各級的政府），切實改革政治經濟，努力建立自由民主的社會。

第二、我們要支持並督促政府用種種力量抵抗共產黨鐵幕之下剝奪一切自由的極權政治，不讓他擴張他的勢力範圍。

第三、我們要盡我們的努力，援助淪陷區域的同胞，幫助他們早日恢復自由。

第四、我們的最後目標是要使整個中華民國成為自由的中國。

區逐漸改善生活條件，提高生活水準，他說援助落後地區是防阻共產主義的有力武器，祇有使落後地區的經濟逐漸繁榮，人民的生活得到溫飽，纔能解決對抗共產主義的問題。他有這樣進步的認識與做法，能說他不够偉大嗎？

杜魯門唯一受人批評與指責的地方，也許是沒有早點準備對蘇聯開戰，與對華政策的不够積極，以致中國大陸整個關入鐵幕。不過我們如果這樣設想，假使羅斯福不死，今天世界的秩序能比現在好過幾許？羅斯福不是主張和蘇聯和平相處嗎？他能不能比杜魯門提早開戰？羅斯福不是希望過要中國成立聯合政府嗎？他能不能比杜魯門加强援助國民政府戡亂？羅斯福不是親自同意蘇聯的建議五强在安理會有否決權嗎？如果蘇聯隨便運用否決權，故意與民主國家爲難，他又能有什麼辦法去制止呢？所以卽使羅斯福不死。世界的秩序也不會比現在好過多少，這是可以斷言的。杜魯門以一個米蘇里州的參議員，一個並未實際從過政的生手，從開始擔當國政到現在，六年以來，他不特繼續保持了美國領導世界的地位，而且進一步將民主國家的力量逐漸團結起來，不畏强暴，準備對極權侵略主義者應戰。環顧世界，美國今天幾乎是一木獨支大廈，因爲英法已經都不够强國，在這樣情勢之下，他的表現，實在不錯，他雖不比羅斯福當年的表現，更爲偉大，但也並不比羅斯福當年應付極權主義者的警覺性，更爲不如。

不過美國對華政策的不够積極，雖爲事實，儘管過去已經疏忽，也許不完全是杜魯門的責任，但是目前國際風雲日緊，今後美國如果不願繼續挫敗，無論如何，必須從速設法加强對華政策，這是杜魯門總統當前應該急切致力的，我們在此特別附帶指出。

在美國歷史上偉大的總統，如華盛頓、哲斐遜、林肯、威爾遜、羅斯福，他們的勛業與人格是垂不朽，已成定論。除了這五位以外，第六位我們希望是杜魯門。華盛頓與哲斐遜都是開國元勛，他們從華路藍縷中締造國家，極盡艱苦，華盛頓的功成不居，哲斐遜的民主思想，在這兩大導師偉大的民主風度孕育之下，奠定了美國的民主傳統與制度。林肯爲了解放黑奴而引起南北戰爭，最後甚至以身殉之，這種偉大的博愛精神，幾乎祇有耶蘇纔可比擬，由於這種精神的有力感召，於是美國的民主制度更見發揚光大。威爾遜和羅斯福兩次參加世界大戰，民主國家兩次都因爲美國支援纔獲得最後勝利，威爾遜和羅斯福都創造一個國際和平組織，他們的理想都在維護並追求世界永久和平，這種精神，是華盛頓、哲斐遜與林肯精神之進步的擴大發展，無疑是偉大的，不過尚有一段未竟之功。杜魯門生當美國國勢發展到極盛時代，繼承了從華盛頓到羅斯福以來的偉大事業，他的任務不僅是如何保持美國的極盛地位與民主傳統，而且更要完成威爾遜和羅斯福所未完成的事業，以力量維護整個自由世界的優良傳統，以力量維護全世界各地的安寧與和平，我們希望杜魯門能如此，相信他祇要努力，確能如此。我們希望他做美國歷史上的第六位偉大的總統！

（民國四十年一月）

（上接第19頁）

它確在欣欣向榮，到處可令人感到活潑，朝氣與進步。

東柏林呢?!

我爲好奇心的驅使會經和一位美國友人冒險驅車駛過鐵幕。蘇聯佔領區瀰漫着濃厚的反美氣氛，以前時常有美國人被污辱的事情發生，人們見着了美國人都是一副「見鬼神而遠之」的模樣，唯恐因此招「禍」。這次却出我意外，當我們的車停住時，人們都不約而同地走向我們，但他們一個個單獨的立着以免引起蘇聯警察的注意，他們對我們點頭微笑，那是一種友愛的笑，有無限眞情與喜悅，當他們的笑突然收起而向四下觀望時，我察覺到他們無邊的恐懼。他們對我們這種無言的眞摯的歡迎起初很令我驚奇，但立刻我知道了其中的原因：在共黨統治下的人們漸漸蘇醒了，共產黨的宣傳不能解決他們的飢餓和貧乏，他們在鐵幕中被壓得無力呻吟，他們渴求鐵幕以外的新鮮空氣，渴求自由，渴求民主，自由世界的人們在他們的眼中現在成爲自由與民主的象徵，而已不是如蘇聯所宣傳的爲他們的敵人。

東柏林的特色是蕭條與荒蕪。街上的窗櫥中稀疏地排列着一些物品。東柏林掃除殘渣廢瓦的工作的確做得很好，但是似乎誰也沒想到要將毀壞了的家園重整起來，滿目都是破壞的與凄涼。街道的兩旁貼滿了共產黨的標語和口號，「自由德國青年團」的標語和旗幟最惹人注目，「自由德國青年團」是「希特勒青年團」的遺物，幾乎每一個東德的青年都要被追參加的。

蘇聯的士兵威風凜凜地走來走去，人們都畏縮地避開他們所要走的路線。那些士兵都很肥壯魁偉，他們那副驕橫的神情彷彿是要人知道「我就是這裏的統治者」。疲憊瘦弱的人民在他們面前顯得更形孤獨和無助。

我們曾進入停車附近的一家餐室，想不到在這枯瘦的沙漠中還有這一點綠原。裏面佈置很藝術，情調幽美。許多蘇聯兵正醉醺醺地抱着一些漂亮的德國姑娘狂舞。原來這是蘇聯人開的一家餐室，貧困的德國人是不敢問津的。樂隊正奏着幾支美國歌曲。我們漫不經心地吃了一點東西便離開了。

當我們走出餐室時便有一個女孩畏縮地從遠處走來。一對發亮的眼睛在那瘦削的臉上非常不相稱，嘴角掛着不自然的笑。「先生，你們到那兒去？」她問我們這句話時聲音是顫抖的。

我們告訴她正準備回西柏林去。

「能够帶我去嗎？我去找我爸爸，我的媽媽已經死在集中營中。」

「你不能逃過蘇聯秘密警察的耳目呀！他們看見了你要抓住你的。」

「不要緊，我可以冒險試一試，假若躲過去了，我不是就自由了嗎？」她對我們强作笑顏彷彿是要換得我們的愛憐。

我們心中泛起了無限同情，但是我們不忍目睹她遭遇不測，只有忍心將她推開了。當我們開車轉過街頭時，我回頭看她仍癡立在那裏呆望着我們。

在歸途中，我的心是沉痛的。

經濟的自由主義

高壽昌

一 前言

自由主義實踐的歷史是從宗教到政治，從政治到經濟　而自由經濟是自由主義中最重要的部分，可以說．近代自由主義的歷史是一部爭取自由經濟的歷史，即現在自由主義的主要目標也完全集中於爭取自由經濟的實現。然而自由經濟的要求是隨着社會經濟的轉變而轉變的；社會經濟不是一成不變，自由經濟的內容和範圍自不能今昔相同。所以歷史上前一期所獲得的自由經濟，反成爲後一期爭取自由經濟必須解除的束縛；後一期所爭取的自由經濟，勢必變革前一期自由經濟的內容。同一名爲自由經濟，因時代有先後，經濟環境各別，其爭取的對像不同，本質亦異，不可一概而論。因之如果我們今日討論自由經濟不能把握自由經濟演變的史跡，或者欲以十七八世紀的自由經濟的制度，於二十世紀五十年代發行再版，那更是時代錯誤。

其次，經濟的自由主義有其最高指導思想的根據：此最高指導思想是一時代思潮的主流，時代思潮有起伏，此最高指導思想亦有變異。所以我們研討經濟的自由主義，應把握其思想的源流，明瞭其根據的脈胳，以分別其得失，評定其價值，這也是應有的研究態度。

老實說，我們研討經濟的自由主義，應該從經濟的自由主義發展的歷史去認識自由經濟思想的演變；本過去以測將來，亦可以推究今日我們所爭取的自由經濟應該是什麼，而不是什麼；則本篇簡要的敘述，或者對於現在處在自由中國的談論自由經濟者一點微末的貢獻。

二 個人主義的自由經濟

自由經濟一開始就佔在個人主義的立場而創出的，個人主義的自由經濟是初期資本主義經濟發展的動力；英國爲資本主義之母，而自由經濟的要求也就在英國首先出現。約在十六世紀之末的封建時代，都市的工商業的基爾特佔重大的勢力：基爾特爲將排除同業間無益的競爭，謀各成員的機會均等，對於同業規定種種限制；如購買原料，勞動時間，職工工資，販賣市場，共同設施等等都加以嚴格的規定，束縛其自由活動。當時對外貿易又受重商主義思想的支配，以提高關稅，限制輸入，或完全禁止輸入，爲對外貿易政策的基準，如英國的穀物條例，穀物關稅之例，使國際貿易受舊有法令的束縛而不能展開；於是新興的工商業者起而要求解除這種對內對外的束縛，終至於獲得自由經濟，促成了英國資本主義經濟的發展。

從當時自由經濟的要求而構成理論體系的就是正統派的經濟學．以斯密、亞丹爲代表。斯密、亞丹主張尊重個人的利己心，各人追求自己的利益，是以「看不見的手」（ Invisible Hand ）引導最大利益歸於公衆，而形成私利與公益的一致。其自由經濟的根據是與斯多噶學派和中世紀基督教同爲自然法的思想。在斯密氏之先的洛克，已經把人類的自由看作爲自然法的。就是說，封建束縛是「人爲的」，解放是「自然的」；人應當法自然，不應受人爲的束縛。斯密氏受了自然法思想的影響，所以他的經濟的自由主義，具有自然法思想的成份，他說：

個人私的利害與熱情，自然而然使他們將資本投向於社會最有利的用途。他們基於自然選擇將大量的資本投於此等用途的時候，則這方面的利潤率便低下，他方面的利潤率便提高，使他們立郎變更投資到利潤率過大的產業上面，這雖然沒有何等法律的干涉，而人類私的利害與熱情，自然將所有的資本能盡量的適合於社會全體的要求，分配於社會所經營的各種用途，使其與社會全體的利益相適合。（國富論）

這一段話從來看做斯密氏的指導理論。所謂「自然而然」，「自然選擇」，「自然將所有的資本……」等等的「自然」，就等於他所說的「看不見的手」一樣，是自然法的思想。但斯密氏的思想不單純的基於自然法的見地，還包含着功利主義的思想，所謂「分配於社會所經營的各種用途，使其與社會全體的利益相適合。」便是功利主義的。自然法的思想，邊沁會批評過，其理論不免牽强和曖昧，自不待言；但在當時解除封建的束縛，爭取自由，作爲最有力的根據，曾爲法國大革命指導的理論。斯密氏强調保護和干涉的弊害，社會全體幸福與個人利益的可能一致，是把自然法的思想鎔鑄於功利主義之中；到了馬爾薩斯，里嘉圖，完全走到功利主義的方向，然而要知道，當時英國正統經濟學派，所倡導的功利主義大半是與自然法學說有極密切的關係。

從上面所說的經濟事實和正統經濟學派的思想看來，當時英國所爭取的自由經濟的內容是在生產，解除基爾特的束縛；在要求對外貿易的自由，穀物條例的廢止，穀物關稅完全撤廢；在要求勞動者的自由，因爲當時黑死病，人口死亡率甚大，社會勞動力缺乏，法令禁止勞動者的移住，規定勞動時間最低限度，所以要求廢除這些法令，解除勞動者中世紀的桎梏。可知當時的自由經濟幷不爲要求消費自由而發生。獲得了生產自由，貿易自由，勞動自由，更促成英國資本主義經濟突飛猛進；生產組織的改善，新的技術的發明，企業家向海外落後區域開闢市場的冒險精神，不顧艱難困苦，擴大資本主義經濟的勢力，不能不說是個人主義的自由經濟的輝煌業蹟。在個人主義的自由經濟制度之下，各個人追求自己的利益，歸於各個人私有，一面是鼓勵各個人無厭足的追求私利的動力，一面是加速社會的資財容易積累和集中，使資本主義經濟，像滾雪球一樣，越滾越大。

另一方面，由於個人主義的自由經濟的背景，產生自由競爭，自由競爭的結果，便演成大魚吞小魚，大企業淘汰小企業的現象，於是社會財富集中於少數人手裏，社會就有大多數的貧窮人；因之，消費不能隨生產增加而增加，發生生產過剩，勞動失業，這樣一來，各人追求自己利益的結果，幷不與社會全體的利益相適合，反之，各人追求利益的結果，造成社會的貧困，則所謂私利與公益的一致的理論，已失却存在的根據。原來當時所倡導的自由經濟，强調私利與公益的一致，可知幷沒有因私利而忽視社會全體的利益。從另一角度來看，各人追求私利，開發社會的產業，吸收人力，增加物力，可以說，私利與公益沒有矛盾，但私利是佔有衝動的源泉，也最容易走到單方面發展的道路，其發達之極，必損於公益；在事實上，二者也無法齊頭併進，只從理論來肯定二者之一致，而沒有計及單方面事實發展的影響，這是呆板的看法。所以歷史學派批評正統派的經濟學說的偏向，就在於假定一切經濟現象固定不變，不僅適於當時，而且適於後世；不僅適於英國，而且適於任何國家，忽視了歷史發展的錯誤，也就把握不了演變的法則。

三　社會改良主義的自由經濟

斯密氏的自由經濟的思想是兼容了自然法學說與功利主義。邊沁氏將經濟的自由放任的基礎完全置之於功利主義之上，提出所謂「最大多數的最大幸福」的原則，爲衡量個人行爲的善惡和社會幸福損益的標準。他以爲某種行爲增加人類的幸福便是善，若是減少人類幸福便是惡；社會幸福是各個人幸福的總和，各個人幸福是社會幸福的某點，所以社會問題以最大多數的最大幸福爲判斷基準，各個人對於自己幸福的判斷，卽是對於社會幸福最好的判斷。他的主張可以歸結兩點：第一、人類本來是利己的，就是要求快樂避免痛苦，利用人們的利己心，給與各人的自由，其行動委之於各人的判斷，企圖達到最大多數的最大幸福。第二、各人自己的幸福是什麼，最好不必由他人來指導，各人向着自己所想像的幸福去追求，卽能實現最大多數的最大幸福。然而就社會經濟發展的事實來說，證實這個原則不大妥當：因爲在個人主義的自由經濟制度之下，社會最大多數是勞動者，而當時勞動者正蒙受不幸，勞資問題也成爲社會不安的源淵；如果爲着實現最大多數的最大幸福的原則，就要使多數的勞動者得到幸福，勞資問題得到安全的解決，否則個人主義的自由經濟的根本就發生動搖，這是邊沁的自由經濟思想値得檢討的。

正當邊沁主義在英國倡行的時候，而英國資本主義經濟由於自由放任主義漸漸變成爲社會弊害的泉源；其最激動的事實，就是勞動者生活的惡化，如工作時間沒有嚴格的限制和規定，疾病的防止，衛生的講求，都不俱備，一般工資多以實物支付，婦女與極幼小的兒童被雇用作坑夫等等，這當然根據自由契約，自由擇業而來；但所謂最大多數的最大幸福的原則，根本爲此等事實所否定。當時有一個宗教家師夫茲柏里卿（Sard Shafteobury）目極此種弊害，急起防止，發起運動，於是有一八三三年的工場法，監督官的創設。一八三一年的工資實物支付禁止法，工資支付方法的調節。一八四二年的煤礦法，婦女地下勞動的禁止，少年鑛夫的最小年齡爲十歲。一八四四年、一八四七年、一八五〇年工場法包括婦女，規定十時間。一八四八年創設衛生局。政府開始以法規限制自由經濟的流弊。同時，一八七三年全世界發生經濟恐慌，英國國內的自由競爭的激化，物價下落，交通業的不景氣，國際貿易的恢復無望，對於自由貿易有力的修正的意見漸漸抬頭，這些事實的教訓，無論就人道主義說，或就經濟利益說，自由經濟的本身不能不重新檢討。

當時所謂正統派經濟學最後有力的代表者的約翰．穆勒（Jahn Stuart Mill），對於邊沁主義，由信仰而懷疑，由懷疑而批評，掀起英國自由主義的思想方向的轉換。其實，穆勒自由主義的思想，並沒有完全脫離了功利主義的成份，但確實受了當時法國聖西蒙一派社會主義的影響，而傾向社會主義。他的名著「經濟學原理」，在第一版裡，非難社會主義之點很强，到了第三版，大部份都删除了，可知他的思想轉換了方向。所以他是代表功利主義到理想主義過渡時代的思想家，也就是代表個人主義到社會主義過渡時代的經濟學者。他主張自由生產，干涉分配，限制遺產，避免財富的不平等，但並不反對個人自由處分其財產，不過加以限制。他的一八五九年出版的「自由論」（On Liberty 嚴復譯本題名「群己權界論」），把人類的行爲，區分爲二：一、僅僅與自己有關係的行爲，二、與他人有關係的行爲，主張前者自由，後者不妨害他人的自由。前者之例，如某人廢棄學業，是由自己的意志來決定，旁人不必加以干涉。後者之例，如某人將渡過腐朽的木橋，旁人應將其阻止，前者是自棄，後者是使彼能安全渡過。就這兩個例子而論，第二個例子既可以阻止，爲什麼第一個例子不可以阻止？這種分類的理由顯然是不充分的；但由此可以推知穆勒的自由主義的思想，是反對放任的自由，而欲改革由放任自由演成的社會不良的制度。

其次，十九世紀末葉，英國政治學者格林（Green）倡導新自由主義；對於從來個人主義的自由經濟，排斥國家的干涉和保護，極端反對；他主張私有財產必須限制，勞動者由國家保護，實開創了二十世紀的英國以租稅政策使財富的再分配的方法和社會安全制度的先聲。

社會改良主義的自由經濟的思想，是注重在消極的自由，而沒有建立積極的自由；換一句話說，只是要消除由個人主義的自由經濟所發生的弊害，並沒有根本把握個人主義的自由經濟所以發生弊害的源頭，一面不否定個人主義的自由經濟制度的優良，一面又看到個人主義的自由經濟所激成的弊害，必須改革；思想上有了這種矛盾不能脫出，彷徨於新舊之間，留意於過去，憧憬於將來，這往往是過渡時代思想的特徵。

四　社會主義的自由經濟

資本主義經濟發展到了大規模化和獨占化的階段，個人主義的自由經濟便變成了硬化。例如的加爾特、託辣斯、新廸加、康米侖等等的獨占形態，代替了舊的基爾特束縛的力量，企業家受其契約的限制，不能獨斷獨行，自由活動。生產設備的大規模化，即是固定資本佔了生產資本的大部分，固定資本佔了大部分，要以市場價格機構支持企業自由，使其自由轉移生產方向，調節數量，是很不容易的。原是製造機器的設備，轉換製造紙；原是出產萬噸的鋼鐵，轉換出產萬噸的紗布，縱然可能，也須要相當時間，這不但浪費資源，且可以招致周期景氣的變動，所謂企業自由，受了限制。失業問題的存在，購買力的不足，價格自動調節機能的低下，以及不完全競爭的生產範圍日益擴大等等事實證明，所謂消費自由也不存在。所以個人主義的自由經濟現已變成不自由經濟了。但因爲個人主義的自由經濟沒落，遂否定經濟的自由主義的終結，那是錯誤的見解。經濟的自由主義還須向新的方面發展，以解除個人主義的自由經濟的束縛，爭取更自由的經濟之實現。

最近五十年來世界資本主義國家，莫不以統制經濟爲補救個人主義的自由經濟的靈丹；或以糾正分配問題不合理而爲社會政策的動機的統制經濟，如講求各種勞動立法，社會安全制度，征富濟貧的財政措施，以緩和勞資對立與所得不平均的激化。或以維持經濟的安定與繁榮而爲景氣政策的動機的統制經濟，以租稅、利息政策，以及公共投資政策爲統制條件，有助於景氣的振興與產業的增大。都是以維持資本主義經濟存在爲前提，雖然企業自由，勞動自由，消費自由，並沒有因之消滅；可是資本主義經濟體制的存在，即是政治上的特權和經濟上的獨占形態依然存在，有了特權和獨占的存在，即是自由經濟的大障礙物。況且今日所要求的自由經濟，不能以個人主義，資本主義的自由經濟爲範圍，如企業自由，勞動自由，消費自由等等，即認爲滿足；這些經濟上的自由是資本主義經濟的產物，是支持資本主義經濟的機能，不應以此爲爭取自由經濟的止境，必須擴大自由經濟的藩籬，變更自由經濟的性質，不鑽入資本主義經濟的舊圈套，這就不能不向往社會主義的自由經濟。

社會主義有五十七種之多，而馬克斯的社會主義，以科學的社會主義著名於世；但馬克斯的社會主義，是主張無產階級專政，階級鬥爭，以無產階級的自由，來代替資本主義的自由，這種偏激、報復、鬥爭的社會主義是自由經濟的反對物，根本不屬於在此所說的社會主義的範圍內。蘇俄是馬克斯主義的變種，只是一個野蠻殘酷，奴役人民，向外侵略的集團，是世界最先絞殺社會主義的國家，離開自由主義更遠。社會主義是人類走近理想生活的一步，如果不比資本主義進步，又何貴乎有社會主義？如果不比資本主義的自由經濟的範圍更擴大，內容更美滿，也算不得社會主義，社會主義應該是自由主義的延長，自由主義應該是社會主義的骨幹。所以在此所說的社會主義應該是自由民主的社會主義，以徹底的民主政治和新的自由經濟而構成的社會主義。

社會主義是廢除私有的經濟制度，廢除私有而爲國有，就要實行計劃經濟；計劃經濟與自由經濟，一般人總認爲兩不相容的體系，以爲由國家施行的計劃經濟，必然要干涉個人的經濟活動，個人的經濟活動受了干涉，自由經濟即不存在。黑克敎授（Prof. Hayek）便是抱此種見解最極端的一人。他說：

「所有生產手段，所有權力，完全由國家一手掌握，支配所有各個人經濟生活的各方面。在資本主義，資本家掌握所有生產手段和權力，還可以用自由競爭分散其權力；然而社會主義是計劃經濟，計劃者之意志支配社會，計劃者主張所謂全體社會的福利而作成計劃；可是人民的幸福，人類的幸福，須依存於多樣的無限的提供而組成，沒有共同的目的。計劃在一定道德體系之下，價値判斷之下，決定經濟資源用途的優先派序，結果，不外將社會所有之人，蒙着共同的假面具，壓在道德的體系，而個人道德的自律失去了，完全放置在奴隸的世界」。（Read to Serfdom）

這種說法，似乎太偏。如果一個實行徹底民主政治的國家，掌握所有生產手段和所有權力，總比較掌握在爲私人謀利潤的少數的資本家的手裏要好，其計劃的意志也比較少數的資本家要公平得多。并且社會主義的自由經濟與資本主義的自由經濟，其體系不同，性質亦不一樣，斷不可將資本主義的自由經濟的條件，衡量社會主義的自由經濟的內容；如果討論自由與計劃，首先不確定資本主義與社會主義的分別，說來說去，總是糾纏不淸，依然不能脫去十九世紀英國社會思想的窠臼。

今日在自由中國的一般人士，也有與黑克敎授相似的論調，以爲一有了統制經濟或計劃經濟，就是開始獨裁的道路，換一句話說，就是要求自由放任的經濟，政府的管制和計劃只有壞處而無好處，把這種主張再往下推究，那就是自由存在，國家不存在，國家存在自由就不存在，這樣，就落到無政府，或虛無主義上去。從歐洲過去自由放任的經濟歷史和現在世界經濟的趨勢來體察，這并不是進步的主張，而且也不可能。要知道社會主義的自由經濟，并不能完全排斥强制，必要的場合，也得承認强制，卽是爲大多數人的自由而接受强制，接受了强制并不一定損失了一已的自由，例如民主政治的議會，基於多數者的決定而成立法律，少數者卽須服從，多數者的決定并不是不保障少數者的利益。我們須從這裏面體認社會的自由經濟，以明其本質。否則人人都是堯舜，人人都是夷齊，絕對的自由放任的經濟也好，無政府也好，誰也不會反對！

不過爲的使計劃與自由的溶合一致，不妨規定最少限度的計劃，最少限度的自由，在這兩者的中間有廣乏活動的餘地，以消滅彼此的摩擦。最少限度的計劃，第一，將所有獨占的產業置於計劃之下。第二，地下資源的國有化。第三，所得再分配的財政計劃。第四，投資計劃化，以均衡生產量與購買力。此外不必多有計劃，計劃簡而少，其效力則速而大。

規定最少限度的自由，應以「免於匱乏之自由」爲原則。所謂「免於匱乏之自由」，包含些什麼內容？從羅斯福於一九四四年一月十一日致國會的咨文中，宣佈其有名的經濟人權法（The Bill of Economic Rights），便可了然。該法案規定，人民經濟上應有的權利，1在農工商礦事業中，取得有用的及有報酬的職業之權利。2獲得適當薪資，足以享受豐衣足食及休息娛樂之權利。3每一農民得由其生產物之出售而能維持一安適生活。4每一工商業在自由環境下營業，不受不公平競爭及獨占勢力之壓迫。5每一家庭得有一安適之住宅。6一切人民得享受適當之醫藥設施及健康生活。7年老、疾病，殘廢及失業者，得享受適當的保護。8一切人民享受良好之教育。這是一種新的自由經濟，也是社會主義的自由經濟必須具備的條件。

社會主義的自由經濟，不是爲某一階層獨有的自由經濟，更不是爲支持社會經濟機構而作成一種機能的自由經濟；而是人人能享受的自由經濟，人人能從自己的切實生活中去享受的自由經濟，從少至老，沒有失業，飢餓，貧困之虞，從經營到所得，沒有特權、獨占、剝削的害處，要達到這種目的，自不能不有計劃，計劃不是爲的干涉自由而計劃，是爲的實現自由而計劃，只有這樣，纔能解決自由問題；也只有這樣，纔能解決經濟問題。

五 結論

根據以上所說，歸結以下幾點：

第一，自由經濟思想歷史，第一期是放任主義的，其根據的思想是自然法；第二期是社會改良主義的，其根據的思想是功利主義；第三期是社會主義的，其根據的思想是理想主義。這種社會思想史發展的過程，在英國有顯然一脈相傳的統緒。第一二期的自由經濟思想已經過去了，現在是第三期，正由英國工黨內閣繼承傳統思想而實行社會主義的改革，將來能否成功，在此不作過早的評判，但不能不承認他們是實踐此種思想的開端。

第二，自由的意義，最容易被人曲解、誤解，其最大的原因，就是僅以自由而解釋自由；不探討自由的根據。就是說，爲什麼要自由？自由的目的何在？應該追源溯本，明白其最高指導的思想，明白其時代思潮的嚮往，如此解釋自由，主張自由，方不至於含糊不清，也可以把握自由的眞正價值。并且今日世界人類嚮往於社會主義時代，不應附於資本主義自由經濟的陳舊觀念而衡量現在所爭取的自由經濟的新價值。

第三，個人與社會的一體，私利與公益的一致，這是近代歐洲社會思想家强調的理論；但在事實上，個人與社會對立，私利與公益相反，造成資本主義發展不可解決的矛盾。但社會主義的社會，不抹煞個人，且尊重個人的人格，提倡個人創造的意識，并不絕對禁止私有，但私有以不超過侵害他人自由爲限度，所以社會主義的自由，是積極的通過國家的自由，，個人由國家協力而得到的自由。

第四，因反共抗俄激發社會人士有兩種想法，一種以爲要達到反共抗俄的目的，只有建立法西斯的政權，集中一切力量掌握在政府手裏，當然自由經濟也不存在；一種主張絕對自由，毫不加以拘束，針對蘇俄中共的殘酷統制，而爲極端相反的解放，這都是不免於矯枉過正，不合於時代的要求，不切於事實的要求，所以社會主義的自由經濟，應該是左不到絕對自由方面去，也右不到像法西斯的統制那樣，是走的中庸和平的坦道，不但責人，且須律已。

第五，自由民主而不與社會主義相連，則決不是眞正的自由民主；反之，社會主義而不與自由民主相伴，也決不是眞正的社會主義。（蘇俄便是這個例子）不過經濟落後的國家，要實行社會主義，必先做到政治民主，政治不民主，其他一切，都是空談，甚至於使社會主義也成爲不倫不類的了。

今日大陸人民正涕泣於中共暴力蹂躪之下，各種自由，均已喪失；一切徵光，一切鬬光，經濟自由剝奪殆盡，正渴望自由中國的政府和人民收復解放。我們收復大陸，應該抱着不僅要去掉中共的不自由，還須要建立新自由的志願。要建立新自由，必先建立我們對於新自由的頭腦起。

專載

改幣以來臺灣的貨幣與金融

何千里

台灣自三十八年六月十五日宣佈幣制改革以來，已一年有餘，其間國內外政局屢變，而本省貨幣與金融仍能長期安定，其主要原因，卽在新台幣對內可透過黃金儲蓄辦法兌換黃金；對外得透過進出口貿易，兌換進口所需外匯。此外，並有十足之黃金、白銀、外匯作準備，故幣値日趨穩定，幣信日益鞏固，而政府當局復隨時以各種有效措施，因勢利導，相輔而行，遂能逐漸達到財政收支與貿易收支的平衡。玆爲檢討改幣以來本省貨幣與金融的情況，以求今後之適應與改進起見，爰就通貨發行、存放款、進出口結匯及金融性商品價格等項，詳加分析於次：

（一）通貨發行

本省自三十八年六月改幣以後，在最初三個月中，新台幣發行額尙未超過一億元，是新台幣最穩定的時期，此後，因大陸局勢惡化，政府軍政支出浩繁，新台幣發行增加漸速，同年十月以後，發行額超過一億三千餘萬元，至十二月底，發行額已達一億九千七百餘萬元。根據新台幣辦法之規定，最高限額不得超過二億元，則此時離限額不過二百餘萬元。發行逐月激增之原因，由於當時財政收支尙未達到眞正平衡，銀行運用資金亦未切實控制，政府當局爲堅決不使再發生惡性通貨膨脹現象，乃毅然徹底整理財政，務使財政收支達到平衡，切實控制發行，嚴格運用資金，一面透過黃金儲蓄加緊辦理儲存，一面施行下列措施：如大量拋售物資、加速出售日產房屋、集中軍公存款於台銀、勸募愛國公債、發行節約救國儲蓄券、徵收防衛捐、舉辦優利存款等以吸收游資，收縮通貨；同時加緊整頓稅收及公賣收入，使發行不超過二億元限額。故自三十九年一月起至目前爲止，新台幣發行額始終未超過二億，且有逐漸減少的趨勢，而物價亦始終保持穩定，玆將改幣以來到三十九年十一月爲止之新台幣發行額指數與台北市躉售物價指數比較於下，藉知發行指數與物價相互影響之趨勢：

第一表　新台幣發行額指數與台北市躉售物價指數比較表

基期：民國三十八年六月十五日＝一〇〇

期間	新臺幣發行額	新臺幣發行指數	臺北市躉售物價指數
三十八年六月十五日（幣制改革實施日）	四四、二九五、四〇七	一〇〇·〇〇	一〇〇·〇〇
三十八年六月底	五六、四五五、四四五	一二七·四五	一〇〇·五五
七月底	七八、四三四、二四九	一七七·〇七	一〇八·五一
八月底	九四、三五八、七八九	二一三·〇三	一一三·一四
九月底	一二三、四三六、三五一	二五三·八三	一三三·二三
十月底	一三一、七六九、四四九	二七四·九〇	一四九·五五
十一月底	一四四、四二八、五〇〇	三二六·〇六	一六七·〇二
十二月底	一九七、六二八、一七〇	四四六·一六	一八二·七八
三十九年一月底	一七七、九三三、七八二	四〇一·六八	二一八·五七
二月底	一九二、三三一、一九〇	四三四·二〇	二四二·〇〇
三月底	一九〇、四一八、三六一	四二九·八八	二四四·七三
四月底	一九六、六〇八、二九九	四四三·八六	二四八·九一
五月底	一九六、三九二、三六六	四四三·三七	二五五·七八
六月底	一九五、七四〇、四七一	四四一·九一	二四七·三〇
七月底	一九八、三六六、一六七	四四七·八三	二四六·六九
八月底	一八六、〇六五、三三六	四二〇·〇五	二六五·七四
九月底	一九一、九六六、九〇九	四三三·三八	二九四·五八
十月底	一七六、六五三、一七七	三九八·八〇	三三〇·三六
十一月底	一七八、三三一、七三七	四〇二·五七	三三六·五九

發行限額之控制，使物價終趨穩定，已如上述，但因積極緊縮通貨之結

果，市面銀根奇緊，頭寸周轉不足，加以生產品外銷困難、工商業遂發生不景氣現象，生產稍見萎縮，同時發行已達限度，則不能適應金融季節性，并缺乏調節社會資金需要之伸縮性，政府爲補救此一缺點，乃在七月中旬，於新台幣發行之外，決定新台幣臨時限外發行五千萬元，以輔助本省米、茶、烟葉、煤炭、農民糖或其他可供外銷、內銷產品之週轉及支付僑匯而利海外投資，並以協助經濟建設爲對象，由台灣銀行以打包放款、見箱貸款、承兌匯票及收購原料成品等方式運用，以台灣銀行及其委託行庫貸放收購之物資與外匯等爲準備，另設新台幣限外臨時發行準備監理委員會監理之，發行四閱月來，對輔助農、工、礦生產資金及維持物價安定，收效頗大，同時，因係適應金融季節性，用於收購成品、原料、隨時可以收回通貨，故無助成惡性通貨膨脹之虞。茲附本年七月至十一月限外發行數字及準備情形列表於下：

第二表　限外臨時發行額及準備表

金額單位：新台幣圓

月份	發行額	發行準備：商業承兌滙票	發行準備：棧單	發行準備：打包放款	發行準備：見箱貸款
民國三十九年七月	四一,000,000	二六,000,000	一五,000,000	—	—
八月	四五,000,000	三0,000,000	九,000,000	三,五00,000	二,五00,000
九月	四九,000,000	三一,九五0,000	九,0七五,000	六,五00,000	二,四七五,000
十月	四0,000,000	二一,九五0,000	九,七五0,000	六,000,000	二,三00,000
十一月	四0,000,000	二一,九五0,000	一一,二五0,000	四,五00,000	二,三00,000

(二)　存放款

本省改幣以來，經濟環境逐漸安定，同時政府嚴格取締地下錢莊抑平黑市利息，結果，各銀行存款數字按月激增，三十八年六月底各銀行存款餘額總計爲八五、二五五、〇〇〇元，至本年九月底爲止，各銀行存款餘額總計已達八八八、七八七、〇〇〇元，若以前者爲基期（一〇〇%），則本年九月底餘額較改幣時已增加至一、〇四三%，茲將各銀行改幣以來至本年九月底爲止逐月存款餘額列表比較於下：

第三表　各銀行存款餘額表　單位：新台幣千圓

月份	存款餘額	月份	存款餘額
三十八年六月	八五、五七七	三十九年二月	三〇三、九七一
七月	九一、八六五	三月	三六三、四九八
八月	一三〇、三四六	四月	四四七、四五五
九月	一七六、五六六	五月	四四九、六五〇
十月	一七一、九三九	六月	五一六、九二〇
十一月	二〇六、九一七	七月	五三四、六七四
十二月	二一三、八一一	八月	六八七、七六七
三十九年一月	二五六、九六六	九月	八八八、七八八

本省各銀行放款數字亦因存款增加而比例遞增，三十八年六月底各銀行放款餘額合計爲一一二、二六九、〇〇〇元，至本年九月底爲止，已達一、二四八、三五六、〇〇〇元，若以前者爲基期（一〇〇%），則本年九月底各銀行放款餘額已較改幣時增加至九、六五七%，台灣銀行放款對象，除公務機關外，平均以農工礦生產事業佔第一位，日用物品運銷事業佔第二位，公用交通事業佔第三位，同業放款佔第四位。

茲將改幣以來迄本年九月底止之各銀行放款餘額逐月比較於下：

第四表　各銀行放款餘額表　單位：新台幣千圓

月別	放款餘額	月別	放款餘額
三十八年六月	一一二、二六九	三十九年二月	六〇八、三四五
七月	一七三、九八二	三月	六九七、三二〇
八月	二二八、〇五二	四月	七八五、六九四
九月	三二〇、二〇八	五月	九〇五、三二四
十月	三〇五、七八九	六月	一、一〇八、四一三
十一月	三九二、〇七八	七月	一、〇六五、八〇六
十二月	五一七、六五六	八月	一、一八五、三五五
三十九年一月	五一〇、七九六	九月	一、二四八、三五六

改幣以來，各銀行爲配合政府低利率政策，台灣銀行暨各商業銀行數度減低存放款利息，而市場暗息亦逐漸抑低而趨穩定，茲將各銀行存、放款利息暨市場暗息分別比較於下：

第五表　改幣以來各銀行存放款利息及暗息變動表

單位：每百圓日息

月份	臺灣銀行存款(厘)	臺灣銀行放款(角)	各行庫存款(厘)	各行庫放款(角)	臺北市市場暗息進(角)	臺北市市場暗息出(角)	臺北市市場暗息指數
三十八年六月	六·〇	二·七	九·〇	三·六〇	一二·七	一三·七	一〇〇·〇
七月	六·〇	二·七	九·〇	三·六〇	八·〇	九·〇	六五·六
八月	五·〇	二·五	九·〇	三·三〇	五·三	六·三	四六·〇
九月	五·〇	二·〇	九·〇	二·八〇	四·五	五·〇	三六·五
十月	五·〇	一·六	九·〇	二·八〇	五·二	五·七	四一·六
十一月	五·〇	一·五	九·〇	二·八〇	五·七	六·二	四五·二
十二月	五·〇	一·三	九·〇	二·八〇	五·三	五·八	四二·三
三十九年一月	五·〇	一·三	九·〇	二·八〇	五·三	五·八	四二·三
二月	五·〇	一·三	九·〇	二·八〇	五·七	六·三	四五·二
三月	五·〇	一·三	九·〇	二·五〇	五·五	六·〇	四三·八
四月	五·〇	一·三	九·〇	二·五〇	四·七	五·三	三七·九
五月	五·〇	一·四	九·〇	二·五〇	四·七	五·三	三七·九
六月	五·〇	一·四	九·〇	二·五〇	四·七	五·三	三七·九
七月	二·五	〇·七	四·五	一·二五	三·五	四·〇	二九·二
八月	二·五	〇·七	四·五	一·二五	二·八	三·三	二四·一
九月	二·五	〇·七	四·五	一·二五	三·〇	三·五	二五·二
十月	二·五	〇·六	四·五	一·二〇	二·七	三·二	二三·四

註：各銀行存款利息係甲種活期存款，放款利息係定期質押放款。

(三) 進出口結匯

本省改幣以前，對於進出口貿易外匯，係由中央政府劃一管理，故台灣銀行結匯業務，祇受中央銀行委託代辦，當時大陸上貨幣貶值甚速，因結匯關係，影響本省貿易發展甚大。改幣以後，本省進出口貿易之外匯，改歸省方統籌調度，遂能配合社會經濟要求，合理充份運用本省之外匯資金。

依照新台幣發行辦法之規定，新台幣對美金之匯率爲新台幣五元對美金一元，自改幣日起至本年三月二日爲止，這時期台灣銀行辦理進出口結滙之兌換率，係根據此項官定兌換率計算。唯新台幣發行之初（三十八年六月底）發行額僅有五千六百四十五萬餘元，至同年十二月底，發行額接近二億限額，此時，新台幣與美金之實際兌換率，已與過去釘住新台幣五元對美金一元之規定，略有相差，遂使出口物資受釘住官價匯率之損失，以致影響出口，使外匯來源減少，而進口商則因此競相爭取官價外匯，以圖獲利，轉使台灣銀行忙於應付，政府爲改善此項缺點，乃依國際匯兌原理，加强外匯運用，改變釘住匯率，以適應實際經濟環境，其間有關外匯之重要措施如下：

(1)改變釘住匯率，合理運用結滙證　自三十九年二月起，每週由生管會產業金融小組議定結滙證價格，台灣銀行依照結匯證價格出售外匯，并核定主要物資之進口，予以優先供應，使物資進口及外匯之供應趨於合理。

(2)補貼外銷獎勵出口　爲獎勵出口起見，政府規定自三十九年五月一日起，將出口廠商應結售與台灣銀行百分之二十外匯，一律按照產金小組結匯證價格予以補貼；實施以後，外銷日見起色，外滙來源亦見寬裕，台灣銀行掌握大量之外匯頭寸後，遂能逐漸擴大供應一般進口廠商所申購之外匯。

(3)充份供應外匯　外匯交易正常後，政府爲充份供應需求起見，於三十九年七月二十五日起，經產金小組議決，將結匯證價格分訂爲買、賣兩種，兩種價格相差每美元以新台幣一角爲限，按日由台灣銀行公告，進出口商辦理結匯，只須依照規定准許簽證，即可逕向台銀辦理結匯。

因政府對外匯之嚴密管理與合理運用，改幣以來本省對外貿易收支得以平衡。茲將進出口結匯價值按月比較於下：

第六表　進出口結匯價值比較表

單位：美金元

月份	進口結滙	出口結滙	月份	進口結滙	出口結滙
三十八年六月	一,六四六,六六八	九二〇,二二八	八月	二,四九二,八一五	一,四六三,〇七四
七月	二,〇四七,六三四	一,五一三,八七九	九月	三,〇八三,二三三	五,三九二,五六八

十月	三,六〇四,九六八	六,三三九,二〇四
十一月	六,三三二,六九一	三,五一三,〇〇八
十二月	五,七〇五,五二八	六,四六〇,四八六
三十九年一月	四,九二八,七七三	一三,四九四,一三三
二月	四,五九〇,四三三	一〇,七一六,二七三
三月	一二,四七二,四四七	一一,二七三,八五五
四月	五,六五八,九六七	三,八九四,三三七
三十九年五月	八,一四〇,四三七	三,二四四,八三三
六月	六,六四九,八四四	五,七八三,三一〇
七月	四,二七四,三三三	七,六一三,四〇九
八月	六,〇三四,三一〇	五,九四五,〇五三
九月	六,三三五,八七〇	一〇,〇三八,〇八四
十月	九,九六一,一三三	五,〇〇三,六七八
總計	九三,〇四九,八六〇	一〇一,五九七,二七〇

（四）金融性商品價格

本省在改幣以前，因經濟環境紊亂，金融性商品常為投機者所操縱，金銀外幣等價格時刻發生劇烈波動，成為引導物價上漲重要因素之一，改幣以後，因新台幣對內可透過黃金儲蓄辦法兌換黃金，對外可透過進出口貿易換取進口所需外匯，加以政府嚴密打擊投機、取締走私、隨時控制市場，黃金外幣價格，因之穩定，改幣以來，金融性商品市場並無劇烈波動，一反過去引導物價上漲之現象。

以黃金言，在黃金儲蓄官價釘住政策下（每台兩三百三十六元），自改幣日至本年四月為止，黃金每台兩市價每月平均皆在新台幣三百六十元左右，之後，因本省金價遠低於香港金價，遂發生走私、套匯，致有黃金外流的現象，政府乃實行黃金儲蓄搭配節約救國有獎儲蓄券或愛國公債，陸續提高其價格至與香港價相等，最後并正式提高官價（每台兩四百九十二元），此時黃金市價每台兩曾上漲至五百餘元，後回跌至四百八十元左右，復告穩定，反低於官價。本省黃金價格，以戰前物價指數伸算，過去誠屬太低，已與物價脫節，故雖提高百分之五十，對物價並無影響，且杜絕了黃金外流的現象。

美鈔價格，因台銀隨時控制市場外匯之供需，亦無劇烈波動，改幣日迄本年四月止，市場美鈔價格始終徘徊在每美元新台幣八、九元之間，五月以後因結匯證價格提高，乃逐漸上昇至每美元新台幣十一元左右以迄如今，而買賣價格，相差不過新台幣一角，可說極為穩定。

其他如港幣、銀元，則更無多大變化。茲將改幣以來，本省金融性商品價格變動情形列表如下：

第七表　金融性商品每月平均價格比較表

單位：新台幣元

月份	黃金（九九一每臺兩）	美鈔（每元）	港幣（每元）	銀元（袁頭每枚）
三十八年六月	三六九	五·八八	〇·九三	—
七月	三六〇	五·九三	〇·九五	三·四三
八月	三六三	五·九五	〇·九七	三·二七
九月	三六八	六·二五	一·〇四	三·〇九
十月	三五六	七·四三	一·一九	三·一九
十一月	三五〇	七·七五	一·二七	三·〇三
十二月	三四八	八·一七	一·二八	三·二〇
三十九年一月	三五〇	九·二六	一·四一	三·五〇
二月	三六〇	九·三八	一·四三	三·七〇
三月	三六〇	八·七〇	一·四三	三·七五
四月	三五五	九·三〇	一·四八	三·七〇
五月	三七〇	一〇·六九	一·五五	三·五〇
六月	四六一	一三·七五	一·九三	四·〇〇
七月	四八九	一〇·四七	一·七三	四·三三
八月	四八九	一〇·三五	一·六六	四·一〇
九月	四八五	一〇·三三	一·六三	四·二七
十月	五〇二	一〇·三〇	一·六五	四·四七

綜上所述，自改幣以來，本省貨幣與金融情形，雖因客觀環境之影響，數度發生波動，但因新台幣本身有其優良之特性，加以政府當局隨時以各種有效措施相輔而行，故目前已逐漸步入正軌，今後若能致力於增加生產（如改善公營事業、扶植民營事業），發展貿易，以增加國民所得，此外並積極於稅制之改良，稅收之整理以增加財政收入，則本省經濟自可由安定而趨向繁榮。

（卅九年十二月）

自由中國通訊

一個柏林，兩個世界！

柏林通訊・十二月二日

陳定一

我繫念着祖國如同孩子繫念着母親一樣，我渴望得到祖國的消息，那種心情只有渴望家音的遊子才能體味到。前天我接着了一位在美國的朋友寄來的一個郵件，拆開一看原來是幾本「自由中國」，我驚喜若狂，彷彿那就是母親的心音。我一口氣讀了一本、兩本、三本。我最關心的是裏面的國內通訊，我可以從那裏知道一點陷入鐵幕後的同胞的情形。我想在祖國的人也一定十分想知道國外的情形，而身在柏林的我向祖國報告柏林的情形是義不容辭的，我是佔領軍總部的一名僱員，才從法蘭克福來此，我希望以後能不斷地向祖國報告這裏的近況。

凡是去柏林的人都可有機會窺視鐵幕後的情形，並可觀光一下這個受了現代戰爭摧毀的大都市。去西德的入境證可在巴黎、哥本哈根以及歐洲其他的首都取得。因為柏林處於鐵幕之後百餘里，所以去柏林的人多半乘飛機。所有的飛機全停在西柏林的飛機場。現在西柏林的飛機場成為人們最可珍貴的地方，因為它曾在柏林封鎖期間將他們從饑餓中拯救出來。

西柏林的人也多少可隨意逛逛共產黨統治下的東柏林。每個人可以花五分錢乘公共汽車或乘地下火車駛過鐵幕。但是鐵幕後壓抑的空氣使人不願跨過勃蘭登堡門，勃蘭登堡門現在便是東西柏林的分界點。勃蘭登堡門上共產黨的旗幟飄揚，並貼滿了共產黨的口號。荷負着槍永也不笑的蘇聯哨兵如石頭人似地呆立在那兒，我很奇怪他們是否還有知覺。

蘇維埃戰勝紀念碑是象徵蘇聯的威力，凡是去柏林的人都要將它照下以作紀念。我時常愛站在英國佔領部份遙望那塊紀念碑，我彷彿看見史達林在他的克林姆宮的寶座上發出猙獰的狂笑：「哈！哈！我一定要統治全世界！」他幾曾想到希時勒獨裁的悲劇？

在西柏林的德意志運動場(Reichssportfeld)是一九三六年世界運動大會的會場，現在稱為歐林匹克運動場。那裏還留有當年參加競賽的健兒們的名字，運動大會健將奧文斯(Jesse Owens)的名字便在其中，希特勒曾經因為他是黑人而不願和他握手。希特勒已經結束了他罪孽的一生，而他當年向世界運動大會大聲疾呼的演說臺仍安然無恙。我站上那演說臺時不禁要嗟嘆此一代巨擘的悲慘結局。

戰前的德意志議會(Reichstag)在提爾加頓(Tiergarten)，當戰爭快結束時，這裏正是戰火瀰漫的戰場，德國議會場雖已成一片廢墟，但就整個提爾加頓而言已大致復原，現在已是遊人躑躅的勝地了。

西柏林給人第一個驚人的印象就是西柏林復原的情形。一到晚上，燈紅酒綠，一片歡笑，商店、咖啡店、餐館和戲院都擠得水洩不通，沿街的窗櫥中陳列着引誘人的物品。

西柏林由於馬歇爾計劃的援助現正很快地從事再建設，但是，只要你逛逛柏林的中心區，你便會相信縱令還有二十年的建設也難使柏林恢復昔日的盛況。一排排的房子被盟軍的飛機炸平，或是由於地面作戰而成一片廢墟。柏林的建築在戰爭結束時只有五分之一未遭損傷。

掃除殘磚廢瓦成為管理當局最艱巨的工作。有人估計每天用五百輛貨車運出積堆的殘渣，十六年也不能完全除盡。現在柏林最常見的一個鏡頭，就是男女老幼蹲在瓦礫堆中拾取沒有破的磚瓦，將這些磚瓦洗刷後可以再用來修補他們殘缺的房屋。

去柏林的人雖然嘆賞西柏林復原的情形，但也不免要沾染一點恐懼氣氛。人們對於伏在勃蘭登堡門那邊的共黨武力。感到無限威脅。西方國家在德國的武力遠不及蘇聯。柏林和西德隨時都有被蘇聯佔領的危險。從人們片斷的談話中便可察覺一般人的恐懼。有人說：「只要共產黨一進攻，他們可以在五個鐘頭以內取下柏林。」又有人說：「若共產黨進攻，西柏林的飛機場只容起飛三批飛機便會陷入敵手。」還有人說：「只要我們來得及接電話通知我們共產黨的軍隊打來了就是幸運的」。在西柏林的人們似乎隨時都在等待着大禍之來臨。他們之間有一句常聽見的話，就是「我們離戰爭只有幾尺遠」。

德國人都非常恨共產黨。蘇聯對待德國人不亞於當年希特勒的殘暴。不斷地有人拋妻離子從東部偷渡封鎖線逃生到西柏林來，他們知道若被紅軍察覺便會被置諸死地，但還是有不少的人孤注一擲的冒險嘗試。在西柏林的人一見由東部逃出的人便急切地探詢被關在鐵幕後的親愛的人的消息，但所得的回答多半不是「死在蘇聯集中營中」便是「失蹤」。

西柏林雖是一片破壞與恐懼，但(下轉第10頁)

起「帶頭作用」的華西大學

成都通訊・十二月卅日

戴生

缺乏尾巴的「校務委員會」

成都專科以上的學校，規模僅次於川大的要算華西大學。像這樣一座巍峨的學府，當然是共黨爭取的對象，可是華大是教會主辦的，牠沒有違背培德育材的主旨，因此一般「學運」販子，始終只能徘徊門牆之外，除了主辦基督教青年團契的美國費爾樸、威列瑪、和加拿大的溫又章，爲共產黨員以外，教授的陣容中，十之九都是昂頭濶步的書獃子，大體沒有「尾巴主義」的成份。而費爾樸等，是「美帝」出品，當然「校務委員會」的「主委」或「委員」之類，也不便落到他們的頭上，所以華大「校務委員會」的組織，也就與其他各校不同，「委員」不過是裝點門面，任「主委」的不是「學校的主人」——「委員」，而是軍事代表溫宗琪。溫宗琪就是「文化教育接管委員會」的「主任委員」，以「欽差」而兼一方重任，所表現的成績，當然是不「左」「不「右」，不「偏」不「差」的「正確作風」了。

種種切切沒有例外

從去年一月二十四日成立「校務委員會」，溫宗琪任「主委」起，各種宣傳，各項「勞動」，大小「學習」，依院系由上自下的「交代」，由下而上的「清點」。以及廢除三民主義、六法全書、軍事訓練、一類的「反動課程」，減少基本國文，基本英文，中國通史，西洋通史的教學鐘點。增開的課目，各院系共同必修的，如「大衆哲學」、「思想方法論」、「聯共黨史」，「辯證法唯物論」，「歷史唯物論」、「新民主主義論」、「論人民民主專政」、「中國革命與中國共產黨」、「社會發展簡史」、「列寧論國家」、「劉少奇論國際主義與民族主義」、「一九五〇年新華社新正獻詞」、「劉伯承將軍在重慶各界慶祝西南解放大會上的演講詞」、「中國新民主革命史」……外文系的必修科爲俄文，史地系的必修科爲中國近代史，（毛澤東在「改造我們的學習」中說過：「特別重要的中國共產黨的歷史，與鴉片戰爭以來的中國近百年史，眞正懂得的很少。」所以鴉片戰爭以前的歷史，都有取消的必要，特別是高中表現得更明顯，在大學裏各院系共同必修的中國通史，除了講奴隸社會、農民革命、以外，也無非是重講近代史。）法律系的必修科，爲中共新近所頒布的各種法規。政治系的必修科，爲「政治經濟學」、「唯物論」。中文系的必修科，爲「魯迅研究」，和魯迅一類的現代散文，臧克家一類的「現代詩歌」，郭沫若曹禺一類的「現代戲劇」。基本國文的教材爲毛澤東「在延安文藝座談會上的講話」，種種切切，都和川大、成大一樣，絲毫沒有例外。

如出一轍的「解放」曲

不獨各系的必修科，又是共同的「學習」綱領。不獨所有的必修科——包括「美帝」「英帝」所用的英文教材，都是蘇聯共產主義的經典。不獨在必修時，「學習」時，教師的解釋，小組或大會所提出的檢討、研究、辯論、都是一字不肯放過的在作箋注。不獨教學的方法，是誨人不倦的反覆又反覆，「學習」的態度，是好學不厭的研究又研究，就是課程的進度也是如出一轍！卽如「在延安文藝座談會上的講話」，雖然是不到兩萬字爲「工農兵」說法「不滿足於小放牛」的「大衆文藝」，然而在川大、成大、華大、會專、藝專、醫專的國文課，一直做了一學期的高台講章，還沒有終卷。

由此，可見大學的「解放」曲，伊嗚之聲的拍節，也是彼此相同絲絲入扣的！

獨佔鰲頭的前奏

伊啞之聲的樂章，是「看齊」了，至於吆喝之聲的正台戲？雖然不妨各自爲政，但，這個「帶頭作用」總應該是由軍事代表兼「主委」的華西大學獨佔鰲頭的了。

正台戲開演以前，有一個前奏，前奏之前還有一道引言，這才是「革命」ABC！引言的經過是：去年農曆正月初三日，隴海鐵路團三十幾個男女職員，在市區中心的中山公園，夾雜着「醜不醜……自醜自……」的鐃鈸鑼鼓，大顯其左搖右擺，上扭下揑，進退兩難的全身解數。這個滿頭粉黛，全身花綠的地花鼓，吸引了層層沓沓的觀衆，初見世面的成都人，也就咧開了口角垂涎的嘴巴，熱烈欣賞這個扭！扭出火（相火）性來了，由欣賞而參加，於是不知「手之舞之足之蹈之」，一場「鳳陽花鼓」，扭成一個「大團圓」！一時衣褲與鞋襪齊飛，人面共塵土一色。從此以後，凡屬列隊遊行，貼標語，喊萬歲的場合，都沒有秧歌節目了。

毛記的特有商標——秧歌，連成都也不能公演，這還成話嗎？似乎這個缺憾必須由教授上演，才能得到彌補，必須經過大學提倡，才能囘「到群衆中去」。因此，在「主委」溫宗琪的導演之下，中文系副教授車輻開始扭秧歌了，接着川大學生轟走講師洪鐘，刁難教授陳翔鶴，省立會計專科學校學生辱罵教授李唯建……就是陰柔之德的女生，也不例外，卽如中華女中的學生，逼着英文教授扭秧歌之外，還要要「霸王鞭」，玩「五虎棍」，正是「每況愈下」的確證。

總而言之，毛「主席」說過：「中國是向前的，不是向後的，」「所以這些「向羣衆學習」的把戲，雖然是花樣翻新的隨時演進，統統不能算新聞了。

正台戲開演了——審判姜蘊剛

因爲國文是「資產階級的文藝」，英文是「帝國主義的文化」，所以初期奉命扭秧歌，要「霸王鞭」，玩「五虎棍」，被轟走、刁難、辱罵、譏諷的都是國文英文教員。至於用國文寫的中國歷史，和中國哲學呢？更犯了用「資產階級文藝」描寫「封建文化」記述「落伍思想」的雙重罪惡了，姜蘊剛便是這樣一個淹貫文史兼有雙重罪惡的標準人物。加以他是國大代表，是青年黨的理論家，偏偏又是華大十五六年哲史系的老牌教授，領導華大學生創造「狂飆社」的「狂飆大師」，簡直是罪不容誅的「姜匪」了，這決不是扭秧歌，要霸王鞭之類可以從輕發落的。因此，在去年三月間，便扮演了一場「公審」劇。劇名——「批判與檢討姜蘊剛大會」，演出者——溫宗琪，演員——華西大學中共青年團學生，地點——華大體育館。

「公審」的前夕，會場裏裏外外四牆八角，貼滿了五光十色「姜匪」的「反動」言論，富麗堂皇，眞是「精簡節約」之下，前此未有的煌煌盛典！主席台上擱了一張小黑板，上面寫着：「知無不言，言無不盡，言者無罪，聞者足戒。」事後，據「學生會」，壁報記述，這是毛「主席」的名言?!不收門票的戲總是有人看的，何況是特別「邀請」？局外人也不能不識抬擧，來「走群衆路線」，而且此時此地正是賣弄「前進」的交易所啊！所以沒有待到開會的號令，便黑壓壓的擠滿了樓上樓下坐無虛席，一層一層魚鱗櫛比的「靠攏」，攀滿了窗口，堵塞了門戶，還有不得其門而入徘徊戶外，「靠」而不「攏」的動搖份子。

大會開始了！眞是鴉雀無聲，彼此的鼻息，脈搏的動態，都在互相「看齊」。這時姜先生在千目所視之下，有的目不轉睛，不自覺的臉上長出了雞皮疙瘩。有的不敢仰視，呆如木雞。有的看看姜先生，也看看「同志」，彼此發出無聲的獰笑，好像在說：「我們的近代史雖然沒有讀完，相信鴉片戰爭以來，是沒有這番盛況的。老姜！你這應該認輸了吧?!」姜先生呢？正在轉睛內視，拼命抽煙，好像是借此「冲昏腦筋」，把不平常的血壓鎭壓下去。

主席陸登秀報告開會意義，打破了這個審判末日的沈寂，並且說：「大家在進行批判的時候，要實事求是！（？）不誇張！（？）不激動！（？）……」接着方校長被「邀請」說了幾句等於開球、剪綵式的場面話。

第一個負責登台審問的，是哲史系的學生，昂頭天外的說：「姜先生在哲學概論班上說：『中共跟着蘇聯走，是蘇聯的奴才。左傾的人跟着中共走，是中共的奴才。那些跟着左傾人士走的，又是左傾的奴才，簡直是奴才的奴才的奴才！』請問姜先生！這是啥子意思？」

緊接着，是一位在原位起立——來不及登台——的問題：「姜先生在通史班上，差不多……五分……之四的時間，專……專講火的發明。其餘的時間，……用開快車的辦法，從秦朝一口氣就講到民國，這是啥子教學法？」這一個羊尾巴長的獨白，除了一句斬釘截鐵的「啥子」以外，都是上氣不接下氣，可見是一篇沒有預先擬好的急就章，就是「啥子」一句也是離題萬里。因爲「教學法」並不是這回「檢討」的癥結，新進的「同志」，已經犯了毛「主席」說的：「言之無物，不看對象」的黨八股罪狀了！幸虧毛「主席」又說了：「言者無罪」！

糾正以後的台詞，個個都背得快如利刃，雖然仍保存着站在原位，搶先發言的「偏向」，可是餘音繞樑，也就足夠聲驚四座！下面便是一連串的搶白。

「中共爲啥子幾年就會垮桿？有何理論根據？」

「世界問題，爲啥子只是美蘇對立的問題？」……

站在樓上的一個「學生」，用鷹鷂俯瞰雞雛的形勢，舞拳攘臂說：「姜先生不但在思想上痲醉大家，而且還滯有血債！哲史系的兩個女同學都是間接被他殺死的！第一個是蔡文娜，第二個是毛英才。蔡文娜是楊森的姨太太，當時因爲她的論文歸姜指導，姜對她非常火熱！（？）後來被楊森知道了，因而被殺！毛英才被逮捕後，姜到警局去，回來向同學說：『毛英才證據確鑿』！毛英才並非中共黨員，也非民盟盟員，又非民革會員，試問何謂證據確鑿？」這一着可眞是唱做俱工！台詞是那麼爽利，態度是那麼逼眞，反正「言者無罪」，聞者必須「悔過」——不「悔過」便是不「坦白」，是「不堪改造」的鐵證——所以一大段的數板，說得天衣無縫。何況又加上一個「間接」，而且死無對證，難道不入情入理？

「群衆」的眼睛都光火了，幸虧有劉少奇教訓的「修養」，還能保持會場秩序。有的注視姜先生之後，反而閒情逸致向四牆所貼的「反動言論」上用心思。突然一個「學生」提議：「請姜先生答復我們的問題！」這一來閒情逸致的「同志」，不免猛吃一驚，居然掌聲雷動了！大家接二連三的在催促了！主席也在「邀請」姜先生了！大約「言無不盡」的機會是過去了！姜先生呢？似乎扔掉香煙以後，滿身長雞皮疙瘩的神氣反而安定些，不過臉色有一點異樣，鐵青色，灰白色，交織着四川風雲變幻，烟霧濛籠，難以名狀的顏色。終於起來了，又呆了一會說：「今天……我願意客觀的……虛心的接受批判。知道自己的缺點……我今天來參加這個會，完全把自己除於計開之外，同學們所說的，絕對抱着有則改之無則加勉的態度，接受意見，接受批判。」隨卽回答各項問題：「……馬克思說過：『社會的存在，決定社會的意識』。過去一切錯誤思想，我都願意徹頭徹尾的改過來，在新社會中重新學習。關於政治方面，我毫無興趣，在華大敎書十幾年，從來沒有拿主義來痲醉過同學……」

如響應聲，台下馬上發問了：「請問姜先生既不熱衷政治，爲啥子要跑去當僞國大代表，作蔣×幫的青年黨的中央委員，兼四川省黨部的主委，青年黨機關報新中國日報的社長？」

「所謂國大代表，所謂中委，所謂社長，都不過是名義上的罷了！」姜先生答。

「啥子叫所謂？硬是國大代表！硬是中委！硬是社長！」百多個「學生」來勢洶湧的齊聲喊出。因爲已經轉入正題，是不容許像「無則加勉」那樣讓他隨便溜過，不好交代！聲浪嘈雜得無以復加，看情形是面臨着新轉變，必須從新部署戰略，說不定還有一場全武行。經過主席再三再四的喊：「肅靜！」連續反覆的說：「不要激動！免得妨礙批判的進行。」才把這場風波平息下來！

批判繼續進行了：「姜先生解釋階級鬥爭說：『階級鬭爭，不是階級與階級間的鬥爭，而是階級自身的鬥爭。譬如拉車的不會和坐車的鬥爭，而要和其餘拉車的鬥爭。』請問姜先生！這個理論是不是正確的？」

「這是不正確的，馬克思的理論才是正確的！」姜先生仍然抹着額汗，用顫慄的聲調作答。

另外一個追問：「馬克思的階級咱咯說的？我們要請教？」

「馬克思的階級鬥爭，認爲是由於經濟的剝削關係，而發生了階級的對立所致。」這時台下立刻竊竊私語：「他似乎曉得囉！爲啥子以前故意歪曲呢？」

批判、「請問」，滾滾而來，掃視四壁，搜索枯腸，似乎已經完成了這個馬列主義百題詳解。於是又一個請教：「姜先生承認自已的思想犯了錯誤，而又說：『這不是一朝一夕所能改變的』，思想所能領導我們走的，是甚麼一條路，是不言而喻的了。請教姜先生對這點有甚麼打算？」大家都伸直了腰幹，等待「老姜」另一個臉色的轉變。

「在三天前我已經向學校遞上辭職書，羅院長還可以證明。」隨卽院長羅忠恕起來說：「確有其事」。「老姜」說得那麼簡捷，並且羅院長還能證明。「原來他已經辭職了！」「本來在醞釀的時候，是太誇張了一點！」小組討論中又在嗡嗡的議論着這一個意外的場面。

忽地又來一個請問：「在抗日戰爭極端緊張的時候，姜先生在體育館大談其『中共必敗論』。其中有一段說：『共產黨一定會失敗的，因爲凡屬中國戰爭，由南而北都是勝利的，由北而南都會失敗的。』請問姜先生這是啥子理論根據？」全場哄堂大笑了，姜先生呆在那裏沒有答復，這是「解放」以來第一次的輕鬆和愉快！

大會已經進行了兩點多鐘，既然有了這個「皆大歡喜」的鏡頭，似乎是要閉幕了，因此有一個提議：「姜先生既是知道自己思想犯了錯誤，這種錯誤的餘毒，由於姜先生的大名，必然會使若干靑年受到有害的影響。爲了使中毒的青年，能獲得解救，是否可以請姜先生寫一篇自白書，登載報上，讓他們知道知道」。

姜先生遲疑了一會，答道：「文章倒好寫，就是材料不好找。」

另外一個提議：「姜先生可以就你的反動思想形成的過程，寫一篇東西說明你的思想爲什麼走向反動。」

幸而有這個「指示」，才結束了這個緊張熱烈的巨型劇本。姜先生帶着沉重的步伐，踉蹌的走出了會場。

漢口通訊・一月三日

漢口在低氣壓的氛圍中

曼君

從去年十二月初，正當杜艾會議的時候，漢口，不，整個武漢三鎮，進入了「抗美援朝」「保家衛國」的新階段了！

當林彪部隊北調之後一個多月，軍運又頻繁起來，目下二野劉伯承東下，三野陳毅部西上，匯合在武漢及其外圍地區，是填防中原？還是北上「援朝」？或是南下「援越」？任憑你多大本領，局外人是難以捉摸的。他們的一來一去，除了車站碼頭上的人有所感觸外，市區裏的人還不會有什麼大的感覺：第一，由於市民自顧之不暇，已無心來管這些閒事；第二，由於鐵幕裏的新聞，都是些欽定的消息，與其給「慶祝勝利」所昏迷，不如保持一個不聞不問的態度，來得乾淨。

話雖如此，但到了有關市民切身問題發生的時候，痲木慣了的神經也就不由得你不緊張起來！最近刺激市民使惴惴不安的，乃是「鼓勵參軍」「加緊催稅」「檢查戶口」「限制離市」以及一連串的關於「鎮壓反動」……的花樣。

× × × × ×

本來，武漢三鎮從「解放」以後，對於戶籍就沒有鬆懈過。公安局派出所都配屬了很多「公安小組」，舉凡出生、死亡，尤其是離市和來客，都歸他們管制；組員們一天到晚，在老百姓頭上打主意，輪流不斷地向市民「訪問」，其方式和南京如出一轍。可是市區遼闊，住戶人口多寡不一，每一個「公安小組」都管轄三五十戶不等，往往整個月一戶攤不上一次「訪問」，而到的時候，又不能遍訪其中的每一個人，難免有顧此失彼之虞。於是，「民眾小組」便首先在漢口出現了。組員都是從住戶「積極份子」中挑選出來，思想大部「搞通」，對於鄰近居民的生活情況，都相當瞭解。在祕密監視的方式下，所有轄區內任何一個人的言、行能夠逃得了「公安小組」的視線，決遮不住「民眾小組」的耳目。更何況「民眾小組」是置於「公安小組」指導之下的「警察組織」！

最近為了「確保革命秩序」和「清查無戶籍住民」起見，又在進行「戶口大檢查」了！在實施前，由民政局會同公安局集合了很多積極份子如學生、工人、婦女、在職公敎人員等一千餘人，講習三天，然後分區分段分組進行，每一組裏公安局或民政局總有一個人參加。在檢查前，普遍通知住戶，所有戶內大小男女都一律不准外出，守候家中，聽憑查問核對，否則少了一個或多了一個，禍患就不堪設想了。即使遵命守候家中因某種嫌疑而被捕的，隨處皆是：中山路某綢布莊二樓房中，竟被檢查人員搜出了一具短波收音機，因而被認為有「匪特」嫌疑，經理送到公安局拘禁起來。

× × × × ×

過去，市民要離開市區，只憑「戶口登記冊」向「公安小組」請假。最近，可不同了！由於請了假一去不復返的人，愈來愈多，因而頒佈了一個限制市民離境的新辦法。照這個新的規定：市民要想到外埠去的，首先要找六家殷實舖保，負依限「銷假」之責，然後可以向「公安小組」辦「請假」手續，經過了覆查盤問認為理由正當的，才有資格轉報公安總局核填通行證。公安總局為了好好執行這個新任務起見，還特別成立了一個祕密的小「組」。

公安總局同時還派了專人分駐各水陸交通機構；買票的旅客們，首先須拿出通行證，恭候他們查驗以後，才能夠向站所登記買票。即使有通行證而未經過查驗蓋有「驗訖」戳子的，售票員是不敢私相授受的，否則查了出來，賣票的人比買票的人，罪加一等！據說，所以要如此這般的道理，是為了查出幾起「假造證件」的案子。

目下，「中南區」各重要交通線上，當地公安機關都派有負責人檢查「通行證」。沒有他，旅客便成了「黑客」；被查出了，就要被送進鐵窗裏；然後考察和審訊；假如沒有嫌疑，須由原住地六家舖保保出，解回原地；否則這些「黑客」就要被公安機構做到「無踪」「無影」！

× × × × ×

中共「中南軍區」副主任鄧子灰在漢市駐地對幹部們說過這麼的話：「……我們過去的寬大政策，現階段已不適用了。現在要做鎮壓反動派的工作，就是鎮壓與寬大結合。……我們要人民一面倒，便要根絕反動份子，國民黨殘餘，和封建殘餘……」。便這是中共現階段對內政策的反映。

過去在國民政府服務過的文武官員連保甲長在內，「公安小組」和「民眾小組」首先奉命加強監視，三兩天上門訪問，言行不自「檢點」的人，已半公開進了集中營，但中共卻美其名曰「學習」。無戶籍的人，已公開搜捕；有「反動」嫌疑的人，更是公開的或祕密的緝捕入獄。就在這一個多月中在漢市被捕的人，估計總在千人以上；以「匪特」名義，由「軍管會」正式公佈被殺的，在十二月二十一和二十二兩天，就有劉澄宇胡子明等二十餘人，其他不公佈或連中共圈裏的人都不清楚而被處決的，那就難以計數了。外縣，尤其靠近大別山區的縣份裏，殺的風氣，正從鄉村發展到城市，一殺動輒幾百人。有人說：這殺風不久會由小城市發展到大城市，再從大城市發展到漢口，那才是漢口人的眞正末日了。

由於中共當局最近公佈了一個「反動黨團員登記辦法」，中共對這些人早有調查，而已經登記的人，又必須報告同黨的姓名和住址，規定過去國民黨民社黨青年黨三靑團的人，當然要登記，就是其他民間自動組織的政治團體份子，也不准例外，換句話說，除了參加所謂「人民政協」的政團外，其他一律屬於「反動」，其份子都得依期坦白登記，否則過了限期，便有被捕的危險。自動前往登記的人又怎樣呢？辦法上已冠有「反動」二字，顧名思義，我們不難推測其後果了。

拿鄧子灰的話來證明，這一連串的「訪問」「學習」「監視」「登記」，都不過是執行「根絕反動份子」的頭一步，好戲還在後頭咧！

× × × × ×

「志願參軍」正在如火如荼的開展中！學校學生，工廠工人，市郊農民，商店店員，都是中共號召的對象。他們的口號，是「誰不參軍，誰就是不愛祖國，誰就是妥協份子」！

在每一個單位發動「參軍」的時候，「共特」首先奉命報名響應，接着便向同學同事們挑戰，在公共場所貼上一張「同志，你敢參軍嗎？」的挑戰書。意氣用事的人，便受騙報名，「共特」又公開的宣傳「某某同志已報名參軍，不愧是愛國份子」！以後，便舉行體格檢查，所謂檢查也是一個騙局。「共特」們總是以「砂眼」「肺病」……名義，宣告不及格，而入虁的青年，縱有暗疾，也還是一榜及第。這些及第的青年，從此一批又一批的在「盛大歡送」之下，送入了軍事學校，做中共替主子打先鋒的砲灰。

武漢以及附近各地的青年，像這樣被騙入騙局的，正不知有多少！「參軍」運動成績最好的，要算孝感中學和漢陽中學；漢中第一製造廠成績也還不錯。這兩個學校和一家工廠的主持人，由於學生和技工已經走光，正在作如何「停辦」和「停工」的打算。誠如中共湖北「人民政府主席」李先念所說：「參軍運動我湖北省應負的兵員，我敢保證一定可以足額」！這固然是李念先得意之作；但在另一立場來看，却無異是摧殘教育和奴役青年不打自招的供詞。

× × × × ×

漢市稅務局以商人對各項稅款，很多瞞漏拖欠，所以夏秋兩季工商業稅，到現在還沒有如期完成；就是前年下半年營業稅、所得稅 房捐、和土地稅，也還有分文未繳的人。共方雖一再派人催繳，並嚴定滯納罰金辦法，（有的規定，遲繳一個禮拜如罰百分之五；四個半月就加一倍。）仍無效果；最近已發出所謂「完稅指示」，要工商業聯合會，轉催各業同業公會加緊推行「清稅運動」，令各行業於本年一月底以前全部完成，否則實行拘人勒交。同時於各業將去年第四季營業額限期申報，以便於「初審」「復審」之後，由工商聯將清册送局，至遲一月底將繳款通知全部發出，各商店工廠統限於二月十五日以前繳清，逾期卽行處罰滯納罰金。

漢口工商業經過了一連串的「勞軍」「公債」……的抽剝以後，已是奄奄一息，例閉關門之風，到現在一直沒有停過；就是開門的，也是在工會壓制之下，等候「吃光」「賣光」「稅光」而後已！現在又在當局「催收欠稅」和「清繳新稅」兩層搜割下，弄得店主和經理們走頭無路；而且廢曆年終「職工獎金」又迫在目前，更不曉得如何應付了！

新年裏中共又在發動所謂「春節擁軍優屬捐獻慰勞金」及「慰勞人民志願軍捐獻運動」，靠攏商人在中共脅迫下，已成立了「委員會」，負責向商人們要錢。聽說已內定目標爲「人民幣」一百億，不日開會「民主」商定各業攤派數額。這又是一個對工商業抽剝的新把戲出爐了！

自從「解放」到現在，市面已夠蕭條，「抗美援朝」以後生計更維艱了！新貴們正興高采烈的在過年，工商界却垂頭喪氣的等候末日的來臨！

× × × × ×

市面愈來愈清淡，一般市民都怕出門，最熱鬧的中山路中正路林森路濱江道，一到了黃昏店家就打烊，走路的人簡直少得可憐！固然是由於沒有生意，主要是由于近來馬路上忽然添了多少面孔陌生行動奇特的人，這是中共最近訓練出來的一批「隱蔽門爭」份子，散處在每一個路角裡：旅舘的茶房，馬路上的車夫，街道上的攤販，舟車上的侍應生，賣報的報販，澡塘裏的擦背，理髮舖裏的職工，酒樓飯舘的跑堂，行人道上的擦鞋者，……都是他們隱蔽的職業。消息傳出去，大家便不約而同的「少出門」了！可是外來的旅客摸不清漢口的新花樣，在無意中，被他們誘騙出名堂來的，已大有人在！

聽說最複雜而又最難去的是新市場遊戲場了！謙和祥紗布號老板在那裡和一位香港客談心，出了遊戲場大門，便被幾個便衣架走了，家人到處尋覔，到現在沒有下落。因此，香港客便成了漢口市民最不敢招待的客人了！

× × × × ×

一個多月來，工商界在擠現鈔繳捐納稅，青年們在誘騙參軍，農民們在變賣完糧，居民們在監視檢查。而做單幫水客的，由於找不到六家舖保，出不了門，只有「坐吃山空」。「無戶籍」「有嫌疑」和「反動黨團份子」，無法立足，只有逃向游擊區。全市人心惶惶，謠言多，市面慘。總之，漢口，不，整個武漢三鎮，像一個垂死的人呻吟在低氣壓的氛圍中！

—完—

文藝

畫與我

王藍

我頂害怕別人問我：
『您是學甚麼的？』
我常常無可奈何地：
『您猜猜！』
『文學？』
我搖搖頭。
『新聞學？』
我搖搖頭。
『哲學？心理學？』
我搖搖頭。
『教育？軍事？』
我搖搖頭。
『……』他猜不下去了。
『……』我報之以苦笑。
天曉得：我竟是學畫的。
天曉得：我却已十年以上沒有摸過一下畫筆……。

我是那麼酷愛繪畫的。

我有一個畫者生活的童年。

六、七歲的時候，我是能記憶得滿淸楚地，口袋裏總是擺着枝鉛筆或是粉筆，沒有人的時候，我便偸偸地在紙上，在地板上，在墻上，畫一隻小船，畫一個太陽，畫一個小娃兒，畫一朶花，或是畫一些自己最喜吃的枇杷菓……。

爲了亂塗畫，被爸打過屁股。可是，有一回，當我聚精會神地在大門上畫一幅旗時，爸拍拍我的頭，竟誇獎了我一聲：

『好孩子，畫的不錯呢！』

自此，爸給我買來了色筆、蜡筆、小本子、畫圖紙，叫我努力練習；但再不許我在別的地方塗抹。

爸送我到一家學校念書。我永遠不會忘記那個美麗的小學校的。

那兒有油綠的草壇，有各色各樣的小花，有玲瓏的葡萄架，有平坦的小操場，有明亮的教室，有響着悠揚的鋼琴聲的禮堂，有懸擺着琳琅滿目的圖畫勞作成績的展覽室。

放假的前幾天，教我們圖畫的老師說：

『我們有幾個孩子，圖畫畫得很不錯，回家後利用假期要畫一點成績，開學時帶來。』然後，他開始宣讀應該作畫的人名：

『×××，』
『×××，』
『××』——啊，有我呀，心裏那麼高興！幾乎叫出聲來呢。老師眞是太可愛了，恨不得在他那光澤的臉上親一下。

開學了。分別兩月的男女同學們又聚在一起。教室裏，展覽室裏開始掛上許多新畫，還記得那些畫中以自己的畫掛出的最多。並且，老師還當着一大堆同學的面，拍下我的頭說：

『這孩子畫的眞够好呢！』

那位老師特別喜愛我，放了學，別的同學都回家了，我便到他的房間去，聽他講給我一些繪畫的常識、趣味與技術，以及一些畫家的故事。有時，他擺上些橘子、蘋菓、與小磁盆，叫我畫。他告訴我寫生的重要，老是按着別人的畫集臨畫是不行的。

直到我考入了中學以後，我還不斷地回到那小學校去玩，而主要地是找我那位圖畫教師。

十三歲，可紀念的一年呵。在那一年，我多日苦苦要求爸給買一整套畫具的願望，達到了目的。買一整套畫具是要很多錢的。每天，我都要做上一個賺回來一整套畫具的美夢的。終于，爸領着我從一家洋行裏，買了來。那麼喜悅呀，孩子心裏像是開滿了快樂的花朶。夜很深了，我還在擺弄着那些秀麗的畫筆、顏色筒、那玲瓏的調色盃、小水壺，又把那小機器似的畫架子、三角椅子展開來，再閤折好，一次復一次……。

從那年起，我開始背着畫具，到外面去寫生。

天津沒有山，沒有湖，沒有太美的風景區。海河兩岸、墻子河畔、舊英國花園、舊俄國花園、舊法國花園、北寧公園，這些比較能以入畫的地方，經常有着我的足跡。

我又到一個有名望的「星期畫會」去學畫。

在那畫會裏，有幾間雅靜的大畫室，裏面放滿世界名畫與石膏像，那裏的幾位教師在當時的北方是很有名望的。我在那裏，畫靜物寫生，畫石膏，畫人像，我獲得到很大的進步。我在那裏，年紀是最小的，教師和畫友們總是把畫完的鮮甜菓子拿給我吃，而我便頑皮說：

『下次，頂好畫枇杷菓吧，我頂愛吃它呢！』

每隔一月，那畫會舉行一次郊外寫生。地點多半是佟樓、南開大學，靑龍潭一帶。那兒離市區較遠，平常我自己是難得去的。那兒的風景比市區內的公園了多了。去那兒，必須坐船。我們的船，在澄淸的水面上泛過，翩翩的風掠過我們的身際，也掠過兩岸的、花、樹、飛鳥、與別野的小亭……上了岸撑起畫架子，把那大自然收集在畫紙裏。倦了，躺在輭輭的靑草地上，太陽燦爛地在我們面額上笑着，我們一面相互研究着各人的新作，一面把帶來的黃油麵包、沙丁魚、香腸送到嘴裏，吃完了，抹抹嘴轉角上的麵包屑便愉快地唱起歌來……。

金鋼橋北，寂寥的地區，突然開

關了一個大花園——市立第一公園，那原來是曹錕的私人花園，裏面的奇草異卉，小橋流水，迤邐的長廊，大理石的建築……，別有一種幽美的情調。立刻，我成了那兒的長期顧客，那兒的門警與園丁變成了我的好友。

我把畫架子，畫箱子，三角椅子帶到那公園裏，許多遊人以陌生的驚奇的目光投向我：

『照像的？』

『測量？』

『是畫地圖？』

一些古怪的話，使我哭笑不得。

我鼓起胆量來告訴他們，我的工作是「寫生」，我像講演似地，流利地向大家解說着繪畫的趣味。然後我把顏色塗在紙上。耳邊響着誇獎聲，心裏起了一串跳躍，怦怦——怦怦，是喜悅的跳躍，是興奮的跳躍。

由于繪畫，就認識了許多人，可是我記不淸他們的姓名，然而，他們却熟悉地到處談起我來：

『××，寫生的孩子，聰明的小畫家呢！』

那些歲月，眞是幸福啊。而更幸福的歲月，當我念畢初中以後，飄然蒞臨了——我開始居住在藝術家的樂園——北平城內，並且，我開始變成藝術學校的學生。

當我第一次踏進那藝術學校的校門時，我覺得自己的未來，一片明朗，一片燦爛光輝；我自信，當我離開那座學校時，我會變成一個優秀的畫者。然後，我可以到法蘭西，到意大利，繼續深造，若干年後，我會變成一個出色的畫家。

在北平，到處是如詩如畫的景色，到處都有畫家們的瀟洒的影子。巍峩的城樓，瑰麗的牌坊，蒼鬱的古代松柏，鮮豔的牡丹芍藥，碧瓦紅墻的太廟，畫棟雕樑的故宮，淸澈如鏡的太液池，綠波漪漣的中南海，花遮柳護的頤和園，靜謐淸幽的玉泉山，……都做了我的暢遊之地，都做了我的畫中之景。

我生活在誠摯的老師們的愛裡，我生活在熱情的男同學的愛裡，我生活在柔美的女同學的愛裏，我生活在夢幻樣的藝術的愛裏……。

畫啊，畫啊，畫啊，我一生獻給你，獻給你……。

可是一點不含糊地，那安佚的，美得使人陶醉的畫者生涯，跟着蘆溝橋的炮聲，完完全全地破碎了。

我正在天津的家中度暑假，平津的鐵路斷了，我不能回到北平去。我焦急地在天津過着恐怖的仲夏。敵人的飛機瘋狂地轟炸了天津，我的家——父親四十年勞苦工作換來的一座小樓，被炸成一片瓦礫；我的心血結晶——十年來繪成的七百多張圖畫，被燒成一堆灰燼……。

像由一個夢中，我淸醒過來。

我開始看到了一幅一幅新的畫面展覽在我的眼前：敵人兇惡的臉，同胞苦難的臉，血汚的刺刀，花花綠綠的肚腸，燒、殺、姦、擄……哭啼、哀號……。

我開始懂得了國仇家恨。

我開始發現了比畫筆更有力的，應該是鎗。

戰火抛開平津，滾向南方。我又回到了北平，回到了我的學校。可是，我的師友們，已像天上的雲絮四散了。北平啊，那畫家的樂園，那藝術家的天堂，對於我，一變而爲陰暗的囚牢。我再無心於學畫，我勉强地，痛苦地，讀完了自己最後一年的藝術教育，當我携帶着那一紙畢業證書跨出校門時，當年寄於那張莊嚴華麗的證件上的希望與榮譽，竟消失得無影無蹤……。

我眞地不再愛我的畫筆了嗎？不是！

我眞地不再愛我的安佚的，幸福的畫者生涯了嗎？不是！

我正因爲：認淸了是誰毁壞了我的畫者生涯，而要重新爭取回那爲我深愛的畫者生涯，我忍痛地抛下畫筆，我堅决地握起了鎗。

在天津，我參加了「綠渠畫會」，我也偶爾再畫幾張畫；然而那個畫會，當抗日戰爭勝利以後，天津的市民都知道了那是當年北方最强有力的一個地下工作組織。

時代像一隻巨手，它把我由溫馨的畫室裏，打了出來。時代像一位魔術師，它把我這株在溫馨的畫室裏生長起來的幼苗，一變而爲勇敢的，甚至是粗野的小伙子。

我每天忙着到各處開會，忙着收發無線電報，忙着印刷，散發宣傳單與祕密書刊，忙着自製炸彈運輸槍枝，忙着向敵人展開「燒」，「殺」的表演……。我無暇瞅一下，堆在墻角那兒蒙上一層厚厚灰塵的畫箱子，與脫落了銅釘的畫架子……。

從敵人的通緝網中，從死的指爪縫中，滑漏下來，我跑上了太行山，別了平津！別了鼓厲我學畫的爸爸！別了教導我繪畫的老師！別了相愛的男女畫友！別了蘊藏着幸福的童年與幸福的畫者生涯的家鄉……！

又是一幅一幅新的畫面展覽在我眼前！太行山在冀豫晉三省擺出了雄姿，在那密匝匝的層巒疊嶂裏，有的只是高峰，只是冰雪，只是黃砂，只是翻騰着火藥烟霧的渾黑天幕，只是狼嗥，只是鷹唳，只是馬嘶，只是風吼，只是抗日隊伍晝夜不停的衝殺呼嘯……。

我迷戀於那新鮮的畫面裏。

我開始懂得了：不用畫筆也可以作畫。

我開始發覺到：千千萬萬的人們，正用他們的勞力，正用他們的腦汁，正用他們的生命，正用他們的血肉，正用他們的頭顱……來描繪，來創造一幅巨大的構圖——一幅自由中國的遠景。

離開太行山，我跑遍了大西北，跑遍了大西南，跑到印度，跑到緬甸……我時時刻刻警惕着自己，在千千萬萬人們描繪創造的那幅自由中國遠景的大畫面上，我要以自己的血汗，做一兩滴顏料，以自己的行動，做一兩筆線條……。

渴望着那幅巨大的構圖早日完成。好讓大家能够享受到一個艱苦犧牲的繁重工作以後的憩息。而我那時候，也可以再重新拾起我那久別的「小我」的畫筆。

勝利終於降臨了。啊，一切都在復員！我渴望着的，是我那失去了的畫者生涯的復員。

多歡喜啊，我重又回到了北國，我有一個太綺麗的夢，我夢想着：春秋佳日，在晴朗的天空下，彎着腰，執着筆，微風帶着野花香，撲向我的面頰……。盛夏的黃昏，晚霞燃紅了天幕，拖着畫具，走着又疲乏又輕快的步子。一面拭着額間的汗珠，一面諦聽由樹蔭裏流出來的陣陣悅耳的蟬鳴……。嚴冬，依着窗子畫雪景，室內的壁爐熊熊地燃燒着，火光閃紅了剛剛描繪完的一片銀色大地的寫生，然後吃一杯熱咖啡，然後和幾位畫友商議着如何在聖誕節以前舉行一個展覽會……。

可是，多難多災的中華民族啊！八年浩刦之後，喘息未定，一個新的內憂外患跟踵撲來，一個更殘忍更毒狠的異族侵略者的血爪，把我們四萬萬軍民剛剛描繪成的一幅新中國畫面，抓得粉粉碎碎！

我被迫地，棄掉我那重新拾起畫筆的計劃。

我從未忘記自己是學畫的。我也從未寬恕過自己十多年來對於繪畫的荒蕪。我時常爲此悲哀，爲此痛苦，尤其當我來到這四季常春的寶島台灣以後，在這兒，風光綺麗，到處是畫，到處都引起我的回憶，引起我爲自己在繪畫上的荒蕪而生的陣陣內疚……。

可是，我知道，這不是我甘心情願的。我更知道，是誰使我不能重新拾起畫筆！

因此，勝利五年來，一直到今天，千千萬萬忠勇的軍民，在大陸，在海外，在台灣，再度以他們的勞力、腦汁、生命、血肉、頭顱，來描繪創造一幅巨大的構圖——自由中國的遠景時，我一直仍站在他們的行列裏，鞭策着自己，以自己的血汗，做上幾滴顏料，以自己的行動，做上幾筆線條！

畫吧，畫吧！我一生獻給你！獻給你……！

無論是用筆來畫，無論是用血汗、行動來畫，畫吧，畫吧！我相信：自由中國的遠景，在萬衆一心集體創作之下，是會完成的。美麗的，和平的，富強康樂的新中國畫面，是會在人間展覽出來的。

我相信：那時候，我會卸下肩頭一些重擔，重新回到幸福的童年裏，回到幸福的畫者生涯裏。那時候，我會畫出一些像樣兒的作品，而可以向友人們坦然地說一句：

「看，我本來是學畫的。」

……。

鐵幕漏隙

（譯自讀者文摘）

傅一勤選譯

在布達佩斯一所小學的教室裡，老師命約翰舉一個附屬子句的例子，約翰說：「我家的貓一窩兒生了十個小貓，他們都是優秀的共產黨員。」老師聽了很高興，覺得他不但對文法而且對黨義，皆能融會貫通，於是鼓勵他說：當政府的視察來察學的時候，就像這樣回答。

視察來了，老師很有信心地叫起約翰，問以同一問題，約翰答道：「我家的貓有十個小貓，他們都是優秀的西方民主黨員。」老師嚇了一跳：「喂，約翰！你十天前不是這樣答的，那時你說你們的小貓都是優秀的共產黨員。」「是呀，」約翰說，「可是他們現在眼睛已經睜開了哩。」

……

× × ×

當人類學家們在匈牙利發掘了一具古代的木乃伊，克里姆寧立來一道緊急的命令：「盡可能設法證明這是成吉思汗的遺體。這種發現對于蘇維埃科學的聲威，將有極大的貢獻。」

不久，匈牙利人類學院卽向莫斯科報告，他們發掘的木乃伊的確是成吉思汗的遺體。後經權威人士詢問：何以證明？答曰「甚易。我們將案送交祕密警察，由木乃伊自供的。」

× × ×

在羅馬尼亞首都布加勒斯，有一個不幸的市民決定自殺，苦于室內無繩，自己既無錢可買毒品，又無鋒利小刀堪任其事，於是心生一計，使別人來代他爲之。

他站在鮑克（Ana Pauker）的住宅門首，大呼「打倒鮑克！殺鮑克，這壓迫人民的！」心想如此不斷呼喊，定會立有衛兵出現，來像刈草一般地把他除掉。果然衛兵跑來了——但沒有向他開鎗射擊，反而大喜狂抱着他，「同志！美國兵已經來了嗎？」

× × ×

史太林生日禮品中有一段華貴的衣料。史太林的成衣師通知，僅够作一條褲子。史太林將料子送到華沙，一個華沙成衣匠報告：可作一整套衣服。史太林仍不滿足，復將衣料送至倫敦一專家，據估計可作上衣一件，馬甲一件，及褲子兩條，史太林問何估計差異如此之大？「很簡單，先生，」英國成衣師解釋說，「你離開莫斯科愈遠，你變得愈小呵。」

× × ×

莫斯科有一個流行的見面語是：「情況如何？」一個通常的回答是：「好得多。當然比昨天壞，但比明天卻好得多。」

× × ×

共黨產戶籍員問一個鬚髮斑白的村老多大年紀，老人回答三十五歲。戶籍員表示懷疑。「唉，」老頭兒說道，「實在我是六十五歲，可是這三十年以來，你把它叫做生活嗎？」

× × ×

東德與西德的邊界上，站着一個美國哨兵和一個俄國哨兵，担任守衛。美國兵看看手錶說：「還有十五分鐘，我就要換崗了。謝謝上帝！」俄國兵說：「再過一刻鐘，我也要換崗了。謝謝史太林！」美國兵不勝驚異。「『謝謝史太林』，說起來倒是怪有趣的。如果史太林死了，你們將說什麼呢？」「謝謝上帝！」俄國兵說。

美國「克里姆林宮」的祕密

——布丹士脫黨後的自白——

彭思衍譯

我在一個戒備森嚴，門戶深鎖和不透音的房子裏主編每日工人報。因我在報館裏所做的編輯工作，已經超過了在紐約的經常出報的業務，所以這個房子就這樣門禁森嚴。應知我是在每日工人報所負担的責任是共黨整個陰謀網中一部份。唯有在美國替史達林服務而有成績的人士才得進那座房子，這些人中，一部份是負責策動反美的偵探工作，另一部份是秘密的以美國國民生活的方式來影響人們的輿論，有時候也選擇一個同志兼任上述兩項工作。大多數的來客都是共產黨的地下份子，突如其來，忽又潛蹤而去，行動異常神祕，不過有時這些神祕份子在突發或預計的事件當中，為美國報紙的顯著標題所透露出來，而且在每日工人報所看到的人以及在那邊登記過的傢伙，表面上看來不是共黨，其實就是克里姆林宮的忠實走狗。這些忠誠和不出面的共黨份子，無論男的女的，都在職業上佔有顯著的地位，他們都是由政治局的委員們口頭通知我的，並且要我在腦筋裏把他記住，這些名單從來不允許把它在紙頭上出現。現在我已脫離了共產黨，看到它擁有那些宣誓效忠史達林而為美國愛國人士所防範的份子，我就感覺得有點奇異。

每日工人報是美國共產黨的機關報，我在該報担任總編輯的時候，共產黨在美國人民生活的主要關鍵上打入根深蒂固的基礎，它收羅的黨員數量雖不多，但它「影響」力量却非常的大。這種神秘的影響因素，共產黨領袖們常常在正式報告中提到。因為共產黨得到了這種「影響」力量，所以能够滲入政府中的重要機構裏，在戰略和機要的單位中動搖愛國份子的決心，並以口頭和文字來影響美國的輿論，一九三三年十一月美國對蘇聯政府的認識，情勢急轉直下，在蘇德互不侵犯條約訂立期間，蘇聯即準備第二次世界大戰，以征服世界。

每天早上我進了辦公室，就像進了外國的領土。每日工人報社址，位於大廈的頂層，這個大廈就是紐約十三街東段五十號美國共產黨總部的所在地，整個房子為祕密和陰謀氣氛所包圍。門禁森嚴，除了那些共產黨領袖們特別有交代的人外，根本不能進去。每個在那裏工作的人，每一刻每一秒都受着嚴密的監視。這樣的做法，視為一種定則，卽在羅斯福時代也是如此。

共產黨報紙辦公室位於十三街五十號大廈的第八層樓，第九層樓在美國法院審訊一切有關共產黨罪行的案件的時候幾為衆所週知的地方。那一層樓為政治局——共黨首領們行使陰謀政治的權力，以控制在美國整個共黨的活動。而且那些份子又為國際共產頭子史達林所任命，在我辦公室的桌子上，好像他是我們「上峰」的特別電話不時的搖進來，其實他們這樣作法，帶有多少新聞界的同志似的，表示他是我們的「頂頭上司」。

其中至低限度有兩位共產黨的高級領袖日必數度由第九層樓跑到我辦公室來，根據最近來自國外的指示，發號施令。縱然他們是政治局的委員，但他們一切的行事完全仰息於莫斯科的命令，同時命令又隨時變遷，這種情形之下，他們又不得不憑一股熱誠去遵行上級的命令。

政治局是一種機關的名稱，裏面包括六個至十二個委員，它指揮了整個美國共產黨員的活動，雖它的名稱曾兩度改變——最初是「政治委員會」，其後改為「國家局」——以符合美國政黨的性質，可是共產黨同志與同志之間仍然稱它為政治局。

現在美國共產黨的首領為福斯特(William Z. Foster)一九四五年九月間他在「政治事務」月刊上發表文章指謫勃勞德後，已為一般人所熟悉了。他直接為控制全球共產黨活動的莫斯科政治局任命。但是美國政治局僅是一種權力的標幟，它的委員們完全是克里姆林宮在美國的傀儡代表。

經過這些份子或他們的機關以及其他各有關方面，許多富有陰謀的情報每一個鐘頭都向每日工人報經營部擁進。例如一九四四年——在史達林歡迎羅斯福和邱吉爾赴雅爾達開會前幾個月——莫斯科有一道確切的命令給予美國共產黨機關，謂對於中國和波蘭問題，應該在美國重新培育一種新的觀念。在中、波兩個主要國家中建立共產政府的事實儘量愚瞞美國的民衆。這一道命令是由史達林在美國的代理人伊斯勒通知政治委員會，並由共黨領袖勃勞德召集共產黨全國委員會祕密會議中予以說明。勃氏亦謂中國共產黨和波蘭共產黨應該貫輸民主的思想，中共領袖毛澤東並不是蘇聯的工具，而是溫和的土地改革者，這是一種貫單想在那些不抱懷疑心情的美國人面前大量推銷共產主義。

由共產黨領袖發出政治局訓令之後，一般掛着專家的名義立即發表言論響應，以造成對中共和波共的有利空氣，使人們不要非難共產主義，進而達到它宣傳的技倆，實現莫斯科的野心，同時每日工人報經理部的籌款方法，美國人認為這是有傷害他們本國和世界的舉動，要知道，上面所謂專家根本就是克里姆林宮的特務人員。

這是一種史無前例的欺騙手腕——而且也很成功。例如關於毛澤東的事實，美國人被他們的宣傳愚弄得多厲害呢？毛澤東一九四九年七月間的宣言就原形畢露，這種宣言打破了中美的任何友誼關係，而使它完全投靠蘇聯「反帝國主義的陣營」，他認爲打倒「國外反動派」對莫斯科的壓迫，就等於打倒了對中共的壓迫。

共產黨報紙的編輯就是共產黨全國委員會的委員，我會廣泛的參加各種工作，隨時要注意出席政治局的秘密會議，委員會議和其他黨部指定的集會。同時又要和一般有影響力量的人舉行個別談話，由於我這些經驗就充分認識蘇聯第五縱隊在美支隊的眞正面目。對於它的力量，資源和決心有不可磨滅的印象。

第五縱隊和獨裁者的目的在於摧毀美國的共和政體，它想在史達林領導下建立世界無產階級專政以征服美國。這種猙獰的面目卽過去能夠隱藏起來，將來就會赤裸裸暴露出來的。因爲這些陰謀家所熱望的是「世界十月革命」。爲了擴展蘇俄式世界十月革命，蘇俄的獨裁是共產運動的發動機。「世界十月革命」每個隱身的共產黨徒在談話中時常透露出來，蘇聯領袖們所著的重要書刊和所發表重要演說也很驕傲的提出這種口號。

第一種交給全黨研讀的共產主義的小册子，裏面就保證以武力來推翻美國政府，這本小册子是已故共產黨領袖歐爾金所著的。

一九三五年狄米羅夫受史達林抬舉後發表「統一陣線」的著名文獻中，也重新提到這種保證，他說：「無產階級才是眞正的主人，世界未來的主宰者，它一定實行它的歷史使命，取得世界上每一國家的政權。」如何實現這個目的呢？他說：「如果我們和世界上整個的無產階級能夠遵照列寧和史達林的指示，資產階級無論如何都會死亡的。」資產階級之所以死亡，因爲列寧和史達林的路線就是和美國一樣世界上的一切政府都足以爲暴力所推翻，這些話已散佈於大多數美國共產黨的黨員，而且爲那些忠實共產黨徒熱烈的研討。

一九四九年三月間由紐約十三號街共黨總部發出一個宣言，當時杜魯門總統馬上就用很正確的觀點指出這種宣言是一種奸細的工作，那種宣言公然把共產黨主席福斯特和秘書長鄧尼史協助蘇軍進侵美國爲正當的。當然，這種作法不是直接的，而是列寧賜給共產黨的伊索語言——讚揚法國索里斯和意大利的杜格勒蒂所謂歡迎蘇聯軍隊進入他們國家的說法。自從各國譴責蘇聯爲事實的「侵略者」之後，協助蘇聯擴展帝國主義的暗示就很明顯的。

對於「福斯特和鄧尼史」文件所感到驚奇的，並不是因爲他們所完成的事實，而是對於蘇維埃的獨裁以及十三號街和其他地方經常存在的共產黨陰謀而言，這是列寧在蘇聯勢力興起時建立的布爾塞維克獨裁的目標。在列寧所著的「國家與革命」（State and Revolution）一書中，明白表示打倒資本主義國家的內政，司法和軍事是蘇維埃政權的唯一目標。爲了加强信念，列寧曾提出一個問題：「美國適用這種理論嗎？」其答案謂這種理論完全適用。再者在「無產階級革命和考特斯基叛徒」(Proletarian Revolution and the Renegade kautsky)一書中，列寧又重申這種革命的目的。這些都是共產黨主要政治教本，每一個馬列主義者，每一個十三號街大廈的同志和它的同路人必須閱讀而且要付諸行動。

同時史達林經過悉心研究之後，寫了兩部名著，「列寧主義基礎」，和「蘇聯共產黨的歷史」。在共產世界裏，這兩本書不僅是社會發展的研究，而且指出了步入康樂共產社會的路途，它是全世界共產黨所需研究的書籍，這種主題的討論，研究和論點是全體共產黨採取行動的計劃。該書在每個共產黨書局裏均有發售。

在一九二八年第六屆國際會議通過的「共產國際方案」裏也堅決的採取同樣的目標。及至一九三五年莫斯科舉行第七次國際會議時，對於該項方案又重加申明，美國共產黨認爲這是他們的目標，在許多的文件中均有如是的記載。

雖然對於所聽到以及所讀到關於某些蘇聯人民生活和它第五縱隊的計劃各有不同的推測，但是共產黨曾經明白說過，它們存在的理由，而且它們不顧一切拼命爲自己開關前路，因此可斷言此不是悲劇的結局，就是謊謬絕倫的謬論。

在美國的蘇聯第五縱隊除了迷惑美國民心，使他們不明瞭共產黨危害美國獨立的明顯事實外，並沒有什麼大的成就。它們在美國主要的工作，是攻擊政府，但它的宣傳技倆太高明了——僞裝非共產黨的份子在廣播，報紙和電影中推動宣傳工作——它們使得一般美國人相信共產黨間諜的洩露僅是歇私的里亞病的結果。因此它們所做的工作，完全使得美國人沒有勇氣出來維護他們自己的自由。

也許共產黨成功的最大理由是美國人不瞭解共產黨是什麼東西，以及它所做的是什麼工作。

拿一個例子來說：「伊索語言」一語就是列寧用來祕密描寫共產黨陰謀的方式，其後共產黨員沿襲應用，及至美國十一位共黨領袖受審之後，伊索語言的性質已爲衆所週知，當我第一次出庭作證時，曾解釋過：共產黨寫什麼東西都用「伊索語言」，意欲在共產黨同志間作祕密書信傳遞，而不使他人知道其中內情。許多美國人得悉之下，不禁引爲驚奇。關於這一點，以前是沒有人知道的。列寧運用伊索語言以傳遞共黨陰謀，他們所謂「帝國主義」也有其特別含義，共產黨人一聽就會明瞭。本來這種語言是伊索人恢復的奴隸語言，用以批評他們的主人，而不會蒙受處罰的，後來共產黨習用了，一般美國人會稱之爲「双音」。

共產黨用這種縝密的方法在光天化日之下彼此傳達反叛音信的陰謀被揭穿之後，是不是除此以外共產黨就沒有什麼方法呢？又是不是美國人知道這一點就可進一層檢查共產黨所發表的言論呢？這實在是一個問題。

例如，最近蘇聯報紙討論「大同主義」如火如荼。它把蘇聯的報章，慫恿反猶太派的攻擊許多猶太作家。什麼叫做「大同主義」呢？這個問題，雖然它討論得很多，但仍然是一個謎，拿英文譯稿來看也得不到要領。莫斯科「新時報」一九四九年四月六日，我們可以看到它對於大同主義的詳細解釋。它說：西方國家大同主義是「國際主義」，而不是蘇維埃的愛國主義，換句話說：它是和「無產階級國際主義」相反的主義，「無產階級國際主義」是致力於推進蘇聯以無產階級專政的方法來控制世界，這整個世界的發展，所以任何人說到「國際關係」和希望說些對美國有利的話，必受到指責。

根據這種蘇聯的理論，『今天的世界被分爲兩大陣營——即帝國主義的反民主陣營，由美國領導。社會民主的反帝國主義陣營，由蘇聯和人民民主政治領導。前者除了經濟和政治的奴役和壓迫，以及其他罪惡之外，別無貢獻，它的「國際主義」和一切友誼是建築在這種理想上，所以是失敗的和虛僞的，後者是和平自由獨立的根源，「無產階級國際主義」控制的世界才是眞正的國際主義。』

那麼，眞正的愛國主義是對蘇聯效忠，眞正的國際主義也是對蘇聯效忠。這很簡單，蘇聯的特務分佈於整個紛雜的世界裡，就是這個理由。

蘇聯第五縱隊根據外面給予紐約十三號街共黨總部的訓令來行事的，共組織有如一根大樹，它的樹根就是由莫斯科派出來指揮共產黨活動的份子，他們是地下活動的，人家稱之爲政治旅客。其中主要的爲伊斯勒，他是共產國際機關的代表，另一個爲彼德史，他的名字會數度更易，本來叫做鮑斯登，後來又改爲史塔溫史，近年來他是指揮黨員的偵探活動。他完全是莫斯科直接的傳聲筒，他運用許多祕密的符號。

「公開的政黨組織」就好像樹幹，以福斯特爲領袖。他是史達林最器重的人物。鄧尼史的化名很多，同時也負有許多的破壞使命，勃勞德是坐鎮共黨總部的。處於樹幹（公開黨部）的人物和那些隱藏在樹根和樹枝上的人物有密切的連系的。至於這批秘密工作份子，他們矢口否認他們是共產黨份子——或者國會委員會上他們也拒絕答覆關於共產黨黨籍的問題——但是他們是以非共產黨的姿態來做工作的。有關方面的報紙也公然爲他們辯護，藉以混淆視聽。如果「美國政治的輕浮性」得到證明，共產黨是求之不得的，因爲這樣不能把克里姆林宮的行爲作一個明確的鑑別，共產黨的組織就可廣泛的推動它親史達林的工作。

在宗教的傳道演說中，總是說惡魔永久不會勝的，同樣的蘇聯第五縱隊爲了加强美國人民對史達林的信心，致力於說明蘇聯走向征服世界的目標，由於湧進十三號街的報告，也顯示出關於這一方面已有很大的成就。共產黨的同志受此鼓勵而益加緊進行新的破壞工作。

蘇聯計劃的結果就是加强美國史達林黨徒的狂熱。尤其是使到美國蒙受損失的時候，更加使共產黨同志們益具信心，認爲蘇聯和共產社會是證明了他們的基本理論。即是科學家史達林是不會做錯事的，他的事業是不會失敗的。我常常參加會議，其神秘的主題不外是如何打敗美國的計劃。

回想起一九三三年我和漫畫專家共產黨領袖米納爾以及另一個共產黨主要份子伯德特談話的時候，（那時候我雖然沒有參加共產黨，但已經很同情共產黨了）米納爾和伯德特站在十三號街大廈的走廊上，這個地方是入口的要道，他們以很神秘的口吻談論將來的局勢，他說：「奪取美國政權，以暴力打倒羅斯福的戰爭而飢餓的政府」我在每日工人報所讀的書刊，全部是關於打倒「華爾街」美國政府的激烈文字。他們認爲將來的工作是流血的，但是他們的報酬就是「創造新的人類和創造共產黨的光榮。」

這是「創造全人」的諾言——新的人類源於布爾塞維克黨——所以共產黨領袖們的內心是冷酷的，爲整肅風氣，在史達林無情統制之下，共產黨份子任他驅使，根據蘇維埃獨裁的理論，唯有能服務的人們才有價值。美國許多共產黨的領袖人物已經知道他們盡忠克里姆林宮是沒有好結果的，米納爾和伯德特已經遭逢到這種命運。米納爾是得薩斯州法官的兒子，他犧牲了新聞界的聲望來參加共產黨，一九四五年因和勃勞德過從甚密，聲譽一落千丈，他和勃氏在一九四三年曾奉克里姆林宮的命令說服德黑蘭的協定，史達林、邱吉爾和羅斯福在此會確保「永久的和平」。及至一九四五年莫斯科定冷戰方案，對米納爾和勃勞德就不再起用了（至低限度現在是如此）而把他們摒諸門外，雖然米納爾對他的主子顧了俯首乞憐，但是依然毫無聲氣。

伯德特是瑞士籍，早年就來到美國，起初是一個理髮師，其後慢慢的做了一個小型德文社會主義報紙的編輯。在他取得共產黨特許黨員的資格時，即爲中央委員會（後來稱之爲國家委員會）的委員，在秘書長吉特羅爲史達林免職之後，勃勞德繼任之前，被任爲臨時秘書長要職。一九三三年伯德特出任國際勞工會秘書長，和其他各共產組織接觸頻繁，在那個時候我曾應邀參加第九層樓他的五十生辰的宴會，會中各共產黨領袖盛讚他爲「革命的象徵」，並謂同志應該起而效法。

一九四五年福斯特和鄧尼史繼勃勞德主持美國共產黨時，人家以爲伯德特可以提升了，誰知，他不但沒有提升，反而被免職，之後又被開革。視之爲黨的敵人。因之他在無言抗議之下，竟寂寂無聞，雖他已有多年服務共黨的歷史，今天他如果要恢復黨籍的唯一機會，就是參加偵探的工作，以「共產黨脫黨份子」的身份來活動，探刺寶貴的情報。

又有一個福斯特的朋友名叫杜安尼前任史達林派駐外蒙古的專員，一九三五年以前爲美國共產黨中央委員會有力的發言人，他曾經提拔福斯特的地位以反對勃勞德，因爲杜安尼和福斯特對勃勞德是水火不相容的，可是決定的力量還是操諸莫斯科的手裡，及至我離開以後杜安尼突然接到一道國外頒來的訓令，飭令出黨。罪名是不負責任，喬琪也是一樣，他過去是共產黨「人民世界」日報的編輯，又是共產黨特許黨員，雖然他自己的兒子巴隆在巴西因奉行克里姆林宮的命令而罹非命，但是在我脫離共產黨之後，喬琪仍遭開除，並目爲共產黨敵人，又溫史密斯爲共產黨內一位能幹的新聞記者，前任莫斯科每日工人報記者，也遭到喬琪同樣的命運。

許多共黨的領袖們可以在黨內受到讚賞，及至一有錯誤就會受到無情的處罰，有些不經意的新聞記者對於共產黨任意開除黨員引作開玩笑的資料，其實這是沒有什麼可笑的地方，而且這種嘲笑適足以表現他對於共黨整肅運動沒有認識，由於排除的結果共產黨就形成一個「鐵」的隊伍，以克里姆林宮唯命是從，同時遵照赤色聖地的命令清除一般有獨立思想的份子。這些有嚴厲紀律的少數共產黨黨員加上來自莫斯科的命令，因此他們就可以迷惑美國的思想，使它深入於嚴重的程度。

在共黨間諜案件（其中一小部份已經破獲了）中，這種事實充分表現出來，對於共產黨以隱藏的影響勢力來破壞美國輿論的實事，我們也許遺忘了。我可很肯定的說：美國共產黨實行莫斯科改造美國思想的命令已有很大的成就。

根據十三號街總部的命令，共產黨在外面成立了一個委員會集合一批愛國份子並確定愛國的目標，由立場堅定而不出面的共產黨員擔任領袖，用以進行影響國會議員的立法。許多忠實的美國人民在「自由」「權利」「法西斯迫害勞工」的名義之下，被誘惑支持共產黨的動機和方案，因此就形成了一切自由的敵人。不僅是這樣，現在國會和法院裡面在名詞之下建立了新的委員會，這些委員會都是堅持要求協助共黨以顛覆國家的。

這些力量產生於每日工人報的陰謀計劃，一般沒有深思遠慮的人們，看到每日工人報以漫罵作風，拼命攻擊不同意共產黨的份子，認為不足輕重，而引為好笑，他們以為每日工人報這樣極端，一般讀者看到這些誹謗，除了引起不滿之外，便沒有什麼成就的。其實不然，共產黨這樣的方法收獲太多了，由於這種極度的恨，他們的報紙吸引了許多讀者，（他們是生活在恨的哲學裡頭）而使他們變為忙碌起來，及至他們向人說教的時候，忠誠的每日工人報讀者，就不會以同樣的口吻向人宣傳，因為這樣是沒有益處的，但是由於一種心靈感應，就把他們所讀的言論，而在商店裡，親隣中或社會間變為一種實際行動。這樣一來，他的計劃就勝利了。

的確，這種野蠻，陰謀和犧牲的計劃將會是下坡路的。當共產黨機關危害我們的國家時，就運用一種矛盾的原理：即失敗的成功。這種原理完全建立於提高羣衆生活水準的基礎上，蘇聯正在以它自己的較高的生活水準來征服人家的國家。這個運動可以說是勞工的解放運動，表面上又是反獨佔和獨佔的資本的運動，那些獨佔資本是一切獨佔——國家獨裁——的來源，上述這種運動除在蘇聯「實驗」之外，更進而奴役人民的帝國。

其實這是一種奴役制度，在此種制度下，蘇聯的政權對於身體，智慧和精神的奴役還要厲害，同時這種奴役制度廣泛的奴役了美國人對於黨的忠誠，又奴役了每日工人報的工作人員和那些出入於十三號街的人們。為了能夠保全克里姆林宮及它的新地位，他們就整日等候來自莫斯科的每一個命令，他們無論在室內室外經常召集許多集會細心研討史達林和莫洛托夫在眞理報或文學報所發表的文告，莫斯科是他們內心歸向的地點，所以他們一日二十四小時都在莫斯科的訓令，命令和指示中打圈子。

他們以狂熱的成見來實行他們的命令，不惜以說謊和欺騙來達成目的。就是這樣蘇聯第五縱隊在美國羣衆中已贏得了廣大的勝利。這種蘇聯的勝利，將來至為危險，一國一國的投入蘇聯的控制圈內，美國亦無可奈何，因此世界陷於動亂，以美國而論，生存亦感到威脅。由共產黨第五縱隊促成美國輿論的動搖，已經產生了這種結果。

共黨對於這方面成就的最大理由，就是共產黨經常有利用民主政治討論中相反論點的能力。在這種民主政治的討論當中，如果說及實質的事件時，往往有利於共產主義的發展，許多「權威人士」著文討論共產黨時，他對於共產黨已無認識又沒有經驗。所以他們論及蘇聯第五縱隊時給一般美國人對於共產黨的概念是喜劇性的。倒如，共產黨本來完全是莫斯科控制下的政黨，而那些聰明的傢伙以「克里姆林宮的工具」為立題而著書立說的時候，就根本忽略了這一點。至以有眞正經驗的已脫黨共產黨員就可以說出共產黨的內情來（僅知道他負擔的一部份事情）那些批評家聽到這種說法不禁縐起眉頭表示驚奇。他們詢問這種根據沒有刊印的訓令和黨章的攻擊是否正確——不管陰謀家廣泛的運用這種計劃以加速他們竊取情報。

另一種想法是錯誤的，以為每一個共產黨工作人員在非共產黨國家中工作都是用神秘的符號做通訊方式，這種鬼頭鬼腦的偷竊行為，一般美國人看到馬上就會了解。還有一種更通行的假設認為「這些在地方工會律師團體以及其他組織中工作的人們都是表情幽雅，根本不像共產黨，所以說有共產黨參與其間是不可能的」，事實上，共產黨選擇工作人員都是特別注意表情溫雅的，因為這種人才能起滲透的作用，例如在國務院共黨工作份子，他最懂得外交上的禮節，比起一般國務院的職員他還要時髦一點。在司法部的共產黨也是一樣，看起來是司法界的優秀份子，同時他的家世也沒有一點共產黨的成份。

最基本的是要廣泛的了解共產黨的心情，一般人感到困惑的，就是共產黨有一種固定的觀念——「史達林是正確的」。關於這一點我們可以把共產黨由一般美國人民生活中鑑別出來。這種觀念使他們的願意作破壞他們國家的工具，也給我說明「不出面的人」和「出面而出名的人」的詳細事實，他們是像老鼠一樣做地下工作的——即使偶然有了他們的照片，也不允許在報章上刊登出來。

我在每日工人報工作的時候，在共黨總部嚴密命令限制下，領袖同志的照片不許刊載，如畢特爾曼、史德可爾、威廉遜、鄧尼史、伊斯勒、彼德史、杜拉登堡等在寫作上和電影界都是很有名望的，但他們的照片從來沒有在報章發表過。當我接任每日工人報的編輯時，勃勞德很莊重的告訴過我：避免刊登同志照片是你的政治責任。這種規定，在勃勞德被捕入獄前，我在黨內擔任編揖工作時澈底執行了十年之久。

共產黨經常舉行會議，每日工人報攝影記者攝取的照片我必須詳加檢查，惟有純是新聞照片才許刊佈，如果在漫長的名單上有名字的同志，報紙上不准刊登，並且要命令把這些照片撕掉，必要時要親自監督把底片焚燬，對地方黨部的組織人員和活躍工人的通訊都由祕密差使擔任傳遞。

的確，他們是「不出面的人」，對於他們根本不露姓名，無論男的女的，介紹起來總是說「朋友」。這是蘇聯秘密警察或協同秘密警察作地下工作人員通用的名稱。

我記得很清楚，我和一個蘇聯在加拿大的間諜，有友誼的關係，這個間諜是一個共產黨週刊的作者，人家僅知道他的臉孔，而不知道他的名字，這個人就是柏克，後來爲了掩護他在美國刺探活動，在「羣衆新聞」發表文字是用鮑曼的化名，他原名爲辛瑪曼。我從美國共產黨全國委員會老委員鍾仕敦方面，知道了他的底細，鍾仕敦曾有多次到我家裏來暢說他在加拿大幹地下工作的經歷。

有時候柏克突然走到每日工人報來探取情報，以補充他所探取的材料的不足，他時常要我佈置會場給他和華盛頓某些富有影響的力量人士會談。他心情愉快，談笑風生，他利用僞裝的態度，企圖滲入美國國防計劃之內。

柏克所做工作不會爲一般共產黨的同路人所明瞭，所以人家知道他是庇克史基爾村附近的著名鄉紳而已，他甚至能够向那些已脫黨的份子做誘引的工作，他在共產主義中所擔任的責任僅是探集情報而已—他的態度多少有點豪放。就是因爲這種態度他就獲得了許多有價值的情報。近幾年來他利用波蘭人的商店當作共產黨主要情報機關之一，結果柏克因在原子科學家中竊取原子祕密的事實行將爲人識破的時候卽行潛逃。

有一天晚上，每日工人報大廈裏非常肅靜，突然有一些同志由墨西哥轉來致加拿大的秘密電報，報告西半球蘇聯控制勢力伸張的情形。一連幾天晚上，弄到天亮爲止，受過特殊訓練的電務員時常對我說：「有一個同志剛由國外回來，要見見你，他的證件似乎很正確。我由第七層樓（鑄字機設於此樓）走上第八層樓會見了他，知他是一個年青的紐約商人，他曾經把墨西哥共產黨領袖請求作爲開始拉丁美洲國家的反叛運動的五千美元藏在鞋底下，走過了美國的邊界。他把反叛運動和行商連爲一體。同時我也看見一個水手，他由中國共產黨著述中給我一句「名言」，藉於鼓勵我們活動的同志們，這句話是：「我是革命而不是改革」。我並爲第九樓佈置差使，把情報經過舊金山黨部寄到國外去。每日工人報和我是一切反美情報的轉運站，而情報網的寬度可以橫過太平洋和大西洋。

每個共產黨同志都受下列一種思想所鼓勵，卽是共產國際正在各地擴展共產主義：共產黨在史達林領導之下將在各國進展，「他們在馬克斯—恩格斯—列寧—史達林的鬥爭旗幟下可以征服整個世界。」

我也聽到共產黨地下工作首領查爾特史在支加哥祕密工作人員訓練班所發表的演說，他深信史達林的完全勝利是勞工暴動的報酬。

當我一九四五年脫離共產黨的時候，我會指出：「克里姆林宮的侵略勢力已爬過歐洲和亞洲而指向美國」，此語一發一般人頗表懷疑，到了今天，蘇聯的侵略勢力已實實在在擺在眼前——威脅了對美國將來的自由。卽在一九四五年以後，東歐完了，廣大的亞洲地區也爲赤色勢力所征服。

美國挫折範圍的擴大，第二次世界大戰獲得的「四大自由」將會隨之葬送。紐約時報告訴我們，加拿大和英國碼頭工人罷工，結果共產黨勝利了，他們進而控制歐洲的經濟。我們在夏威夷會看到，因爲一九四九年美國勃力茲發動西海岸工人公會罷工致該區海上交通陷於停頓而使太平洋形成癱瘓狀態。本來罷工的要求這些工團都能够予以支持，但他們又完全爲勃力茲出任共產黨控制下世界勞工公會海運部主任的事實所曲解了。共產黨在中國的勝利（在莫斯科的進程下）日本就會隨之而發生動亂，甚至美國在大西洋公約和馬歇爾計劃中顯著成就之同時在大西洋社會裏也隱藏着將來的危機，例如，在法國原子能委員會高級專員古里是篤信史達林主義的科學家。在美國第五縱隊經常發僞誓，製造僞護照以達到他們活動的目的，關於這一點，在最高法院審判克里杜福爾和伊斯勒案件中得到證明。

現在一般人依然存着最大的懷疑，在中國遭受的悲劇我們本來應該警惕，但是他們總以爲物質的力量才是國家命運所繫，而將第五縱隊的遺害則置諸腦後。今日十三號街共黨總部所做的工作已相當滿意而且也相當有成功——這是史達林的成功。

譯自：The man without Faces

（上接34頁）

問題之一般性，在其有關事實之形成假說者，還缺乏經驗的證據而已。……它並不如以前哲學所常做的一樣，以敘述整個宇宙爲目標。它根據其邏輯的基礎，相信我們沒有理由否認這世界看來零零碎碎雜亂無章的性質。它不認爲這世界是一「有機的」（Organic）——有機的云者，其意若曰，由完全已知的部分，卽可推知其全體，如：絕跡巨獸之骨骼，可由一根骨頭推知者然。特別說來，它和德國觀念論不同，決不想由知識之性質，演繹整個世界的性質。』這種哲學，無論是否『不够』，至少可用來醫治東方人思想含糊不清或大而無當之病。

全文底翻譯似尙忠實而認眞。不過，第四一頁『荒謬』一名，看上下文似係 Paradox 之譯（筆者手頭無原書）。因 Paradox 正是邏輯所要對付或避免的結果。如果是 paradox，譯作『荒謬』，甚不妥當——因失之寬泛；筆者以爲最好譯作『詭論』。詭論乃因 Type 混亂而由正得負或由負得正所形成的。至於A. Meinong底Ueber Annahmen被譯作『假說之上』眞是妙不可言。Meinong還著有Ueber Moeglichkeit Und Wahrscheinlichkeit，是否應譯作『可能性與蓋然性之上』呢？

書刊評介

二十世紀哲學

華國出版社編印　胡冬野譯

許久以來，在報章雜誌上，常常有關於『哲學』的文字出現。這些文字之中的許多文字之出現，很容易令人發生一個印象，就是：『談的人不懂；懂的人不談』。如何得了！

此時此地很少人動輒談數學或物理學，而較多的人常常開口閉口『哲學』『哲學』的。其所以如此，一部分底理由固然是因為某一種哲學與人生切近；另一部分底理由是因為數學或物理學，非常之『過硬』，不能隨便七扯八拉，牽強附會。在中國這個處所底目前，許多人一談起『哲學』，就以為是一大堆可以這樣說也可以那樣說的意見。既然如此，你可以那樣說，我就可以那樣說；這派如此主張，那派便可如彼主張。既然如此，好像就不能有客觀的是非眞妄可言。於是，如果你底意見或說素與我底意見或說素不同，便說『我們底哲學立場不同』。在這種似乎沒有客觀是非眞妄的情形之下，言辯底空隙就多起來，於是乎『哲學』又益愈增多。

沒有問題，與數學或物理學相比起來，哲學是較富於派別性的（Secterian）。可是，是否有派別性是一件事，是否有客觀是非眞妄又是一回事。我們不能由哲學之富於派別性，而推論到無客觀是非眞妄之可言，更不可因此而七扯八拉，牽強附會。恰恰相反，正因哲學富於派別性，我們更應藉之作理性思辨的努力，以求在派別分歧之中去發現客觀的是非眞妄。

要能做到這一步，先決條件是接受哲學的遺產。所謂接受哲學的遺產，就是潛心究習各家底哲學思想。實在說來，哲學上的『新』問題並不多，現代底哲學問題大多可從哲學史中探溯出其根源或基因。維也納學派或科學經驗論者所增進的只是技術方面，而非哲學之原本觀念（Original Ideas）。我們從各家哲學思想中，可以探索哲學思想發展之來龍去脈，可以知道古往今來各哲學思想家對於某些哲學問題之提出，以及他們如何解答。要能辦到這一層，就有賴乎哲學方面底 Scholarship。談到哲學方面底 Scholarship，那就也是很『過硬』的，是有一定的，有典籍擺在那裏為根據，再加上謹嚴推理方式作為運思工具，而不是可以高視潤步，或信口吹空氣的了。

現在，歐美國家好的哲學著作眞是不少。有志者可以去專心研究。至於在目前的中國流行的號稱哲學著作，堪作補助讀物的都難得找。

胡冬野譯的羅素著二十世紀哲學又是華國出版社編印的這類精彩小冊。這個小冊原係羅素所寫 Twentieth Century Philosophy 這本書中的一篇論文。這篇論文中扼述『求眞與致用』，『傳統的德國觀念論』，『詹姆士與實用主義』。『柏格森之哲學』，『新實在論』，及『相對論與新哲學』諸論題。當然，在這樣一篇短短的論文裏，羅素不能將這些大題目作詳盡的列論。不過，以年近八十的羅素在哲學方面的火候之老，以及親身作為現代哲學巨流之一的新實在論底創導者之一，來扼述這些問題，當然把握着緊要的關節，和這幾派底徵性，以及相互關聯。復次，羅素為文，在第一流哲學家中，以能深入而淺出著稱。所以，本書所論雖係現代哲學上幾大派系，但並不太艱深。無甚哲學根基的人，只要肯多思索，也可以看得懂。從此，他們對於現代哲學可獲得一個輪廓，或正確的知識。

海　光

許多人，特別是有政治興趣而又要使其政治活動顯得『有個道理』的人，往往愛將哲學與政治拉在一起。這種趨向對於知識本身而言是一種危害，對於人類社會而言可能是禍亂之一源。無論哲學思想會在政治上發生何種效應，我們在研究哲學時不應與政治活動聯繫起來，尤其不應受政治目的所左右。『馬列哲學』，如果算是一種『哲學』（筆者以為不是），是哲學受政治動機支配之一典型實例。它代替了宗教迷信而掀起禍亂。羅素在一開始便說：『自從中世紀結束以來，哲學之社會的和政治的重要性，即已逐漸衰落了。……只有在俄國，因其在革命以前一直保持中世紀的狀態，還繼續保持着哲學與政治之明白關聯。布爾塞維克是唯物論者，而白黨則是唯心論者。在西藏，這關聯甚至更為密切。班禪喇嘛，即政府之第二個最高官吏，稱「玄學宗師」』。這可以說明，為什麼許多人一談『政治』，就要談『哲學』，就要滿口『宇宙』，『人生』等等空大名詞。好像非此不足以顯其神聖，非此不足以過癮。像那個啥子艾思奇，就是拿啥子『大衆哲學』來裝璜共黨底『革命理論』。可是，許多反對者看見這個樣子的『大法師』却心竊慕焉，無意之間跟着他後面『學習』哩！在近代民主國家，政治與哲學簡直找不出什麼直接關聯。『休謨（Hume）在政治上是一保皇黨，而在哲學上則是一極端急進派。』極權國家或準極權國家底統制是全體主義的統制。全體主義的統制是從精神到物質無所不包的統制。既然如此，於是在經濟方面假社會主義之名實行一把抓的統制或計劃經濟，在思想方面則以國教代替一切學說。但是，『宗教』已不見容於現代，科學又難於隱藏獨斷，於是乎取『哲學』而代行宗教之職。所以，在這樣的空間，搞政治的人，或希望影響政治的人，常好談『哲學』。於是乎『大法師』輩出，現身說法矣！

這是禍亂之一源。大法師輩其明白乎？

羅素說『壞的哲學有實際結果，而好的則沒有』。世人每易以爲眞理對於人類之影響勢力遠大於虛妄。因而引伸出眞理終必克服虛妄之樂觀信念。這種想法是建立於另一假設之上，卽以爲眞理必爲人所信仰，而且人所信仰者必爲眞理。這一假設是經不起考驗的。毫無問題，人類大都要求服膺眞理，亦若人類之愛好美與善。然而，主觀地希冀服膺眞理是一件事，是否具有辨別是非眞僞的能力又爲另一件事，辨別是非眞僞的能力，多靠後天習得與訓練。關於這一點，在現代技術發達之世爲尤然。主觀喜好眞理爲一不變的常量，而辨別眞僞的能力則爲一變量。辨別眞僞的能力每隨才智與訓練之不同而不同。既然如此，政治野心家可利用群衆心理的弱點或藉周密的宣傳方式製造『眞理』以愚大衆。在這種情形之下，大衆所認爲的『眞理』實一虛妄。虛妄常戴上眞理的帽子出現於大庭廣衆之間。在這種情形之下，群衆常爲之瘋狂，而爲此一『眞理』效死犧牲，在所不辭。

近代的幾個大的群衆叛亂（Mass Revolt）（借用J. O. Y Gasset底名詞）提供最顯著的說明。大凡一時煊赫轟烈的人物及其所領導的運動，當時固煊赫轟烈，事後無不覺其幼稚可笑。其狂態與小兒施放鞭炮引爲笑樂不相上下。莫索里尼底法西斯運動是一例，希特勒及其領導的納粹運動又是一例。在這些運動之中的千萬群衆無不以爲其首領所標尙之言行皆爲『眞理』，並爲之冒險犯難，流血犧牲。其殉道精神，不下於宗教戰爭。然而，在今日看來，果爲『眞理』乎？

馬克斯底經濟決定論是以『眞理』面貌出現的虛妄之近代最大的例證。馬克思之於經濟現象之硏究，固然用力彌勤，而且獲得部分的確實性。然而，無論如何，他以及他底從徒所作的推論，在邏輯上全屬謬誤：彼等將必須條件當作必須而充足的條件；將蓋然（Probability）當作必然（Necessity）。馬克斯主義之掀起群衆騷亂的地方，不必在其確實部分，正在其謬誤部分 。所謂以經濟爲必須而充足的條件，就是說：『沒有經濟則人不能活命，有了經濟則有了一切。』這顯然是一假命辭。以『蓋然』爲『必然』底例子，比如說『資本主義必然崩潰』。這也是一假命辭。這一命辭之爲假，正與『死後必然升天』一樣。但是，馬克斯主義之所以能掀起騷亂，正是這些虛妄的部分。假若有人以學者底口氣說：『經濟條件如不滿足人固然不能活命，但如只滿足了經濟條件而其他條件不滿足時人還是不能活命。』這顯然是個眞命辭。但是，如果一個職業煽動家果然說出這樣的眞話，有誰肯犧牲生命來從事『階級鬥爭』呢？又假若有人以邏輯家底口氣說：『資本主義的社會如不自行修正，大概可能趨於解體，但並非必然』。這也是一眞命辭。但是，職業政客果眞說出這種老實話，有誰再信資本主義『必然』崩潰呢？既然不信資本主義『必然』崩潰，有誰肯送死去『打資本主義』呢？而許多人卻說經濟決定一切，並說了一大堆『必然』，居然贏得許多人相信。由此可見虛妄比眞理更支配人。正猶之乎玩魔術較之演數學更令人發生興趣。現代宣傳技術之發展，使得虛妄（Falsehood）底控制力量更加擴大。某種哲學，不幸成一魔術。羅素說得一針見血：『因爲許多哲學家都是喬裝的實際人物。他們作此推論，認爲哲學不必尋求眞理，而只須爲有用的錯誤造出動聽的理由就行了。許多現代哲學，都是受這一重大思想之鼓勵而提出的。』羅素自己則認爲：『也許，眞理之追求，如藝術一樣，是應該本身卽可認爲正當，不計効用的。』然而，『沒有一個著名的人物，願意贊成這種學說的』。

在述說了『傳統的德國觀念論』以後，接着他敍述『詹姆士與實用主義』。在這一節裡，他徵引詹姆士批評德國觀念論的一段話：『那種「完完整整」的宇宙，以及永不謬誤，絕無缺點，貫澈一切的性質，似乎使我窒息。他只有必然而無可能，只有關係而無主觀，使我感覺，好像和人簽訂合同而無保留的權利，或者，更像住到一個海邊大厦中，而沒有一間私人臥室使我得以暫時避開當地的社會。』黑格爾底哲學，是近代極權主義底理論基礎：在俄國正與在德國無殊。黑格爾跑到東方來，想和孔仲尼開合股公司。他們想拉康德作介紹人哩！

羅素認爲『雖然實用主義不會包含究竟的哲學眞理，他自有一定的重大功績。第一，他指出「我們」所能達到的眞理，只是人類的眞理，如其他人類事物一樣，是可以錯誤，可以變遷的。……以虔敬之心談「眞理」的人，最好談「事實」，而且應該了解他們表示敬意的崇高性質，是在人類信仰中找不出來的。這在實際上和理論上都有長處，因爲人類常因他們相信知道「眞理」而互相迫害。由精神分析學說來，可以說凡人類以敬畏之心提出的「偉大理想」，實在是加於他們的敵人以痛苦的一種藉口。好酒不用招牌，而好的道德不用使人屛息。』這眞是至理名言。過去的宗教迫害，目前的共黨之禍，一部分是由『以敬畏之心提出的「偉大理想」』產生出來的。我並非說不要理想；而是說狂執（Fanatic）是非常危險的。

羅素甚不喜柏格森哲學。在這篇文章裏亦如在他處一樣，對於柏格森哲學持排斥的態度，雖然他底已故老師懷德海（Whitehead）頗受柏格森底思想之影響。羅素與劍橋底穆爾（G. E. Moore）共同創導新實在論。新實在論『在方法上是分析，在形而之學上是多元論。』『這種新哲學之第一特徵，是它不承認有一種特別的哲學方法，或以這種方法能得到某種特殊種類的知識。他認爲哲學在根本上與科學是一個東西。其與特殊諸科學不同者，只在其

（下轉32頁）

讀者來書

「爭取人民」讀後感

士璋

本刊第四卷第一期載有王雲五先生所撰「爭取人民」一稿，我們讀了之後，深深同意編者先生「給讀者的報告」：「是一篇很有胆識的文章，他從我們過去失敗的經驗裏，歸納出拯濟時艱的根本方策，尤其在我們政治上軍事上準備反攻的今天，這種意見的提出實在太重要了」。

讀者能夠看到這樣有胆識而重要的文章，實在是萬分的榮幸，因爲王雲五先生肯「現身說法」，自不同於一般泛泛之論。容易爲當前行政諸公加以注意考慮，或許有部份接受的可能性，這一點也是「自由中國」的榮幸。

同時，讀者也很珍視這篇文章，因爲平常不容易看到像王雲五先生這一類身份的人肯寫現實政治的問題。過去，有不算少的行政官，在臺上的時候儘打官腔，同是一個人說話，一公一私，一內一外之間，甚至相差有一百八十度的角度。下了臺之後，却儘說泄氣話，比較算好些的，則閉門安心作寓公，享受從政所得的財富，大有「政治與我如浮雲」之概。既用不着寫回憶錄之類賣錢，更不會公開發表政見，像這類要不得的作風，使政府與人民的距離越拉越遠，隔閡越弄越深，政府爭取不到人民，人民也不信任政府，這樣的政治怎能走上軌道呢？今天王雲五先生卻不這樣做而有胆提出重要的意見，這種新作風，相信將使許多人從這篇文章得到啓示。

我讀了兩遍之後，却感到這篇文章仍令人不無遺憾，令人遺憾的是王先生相當悲憤的結語：「骨鯁在喉，欲吐者何止十倍於此？自由中國索稿，因便吐其一二，知我罪我，所不計也」。讀此，則知我們所能看到的，不過是骨鯁的十分之一二弱，還有十分之八九强沒有吐出來，我們不能不請教王先生，是不是不便盡情吐出？或是留待將來傾吐呢？

有人說：「旁觀者淸，王先生今天沒有負實際的責任，所以有骨鯁吐出，假如王先生今天仍是當政者，恐怕不會也不方便吐出這些骨鯁來」。

又有人說：「彼一時也，此一時也，王先生當年也曾負責政治，那時爲什麼知而不行、早爲之計去爭取人民呢？」

我頗不贊同以上兩種風涼話，這是緣於對王先生的不知，以王先生之好學深思且篤行爲公，相信當年也不會忽略了爭取人民的事，只不過事之成與不成，不是一人兩人的力量與責任而已。揣想王先生當年的肚子裏，一定也有一本難唸的經。

說到這裏，不能不指出今天有兩種微妙的現象：第一種現象是政治革新聲中，政治中人確有一般孤臣孽子，頗有以天下爲已任的精神，把一切利害安危生死都擱在一邊，獻全心全力于反共抗俄，拚死命的幹，但是，到頭來却感覺到下面推不動，似乎有力無處使，使出來也沒有用。

第二種現象是這種人竟難免受人怨尤攻擊，吃力不見得討好，經常惹得一身閒氣。

由此觀察，即使是有學有術的聖賢之士，當負責的時候，總免不掉受到一些不明事實眞相的批評或攻擊。這時，首先請自已千萬不可動氣，處於今日的關頭，仍望負責者能任勞任怨，平心靜氣的疏導，忍人家所不忍的氣，才能培養民主精神。

不過話說回來，如果負責的人吃力不討好，偏有一肚皮的苦經或委屈，當時不能吐出，必須等脫離政治才可以吐出來，這終是一個撇扭，對於政治的改進，並無益處，由於這種撇扭存在，導使上下的意見不能溝通，上下隔閡，亦爲政治推行之一大阻礙。

我以爲，在這個時候，政府要「爭取人民」，人民若要爭取一個「爭取人民」的政府，原則上必須共同擁護政府，方法上首先須使上下意見溝通，欲使意見溝通，必須澈底，不可徒重形式，亦不可只逞一時之意氣。這是各級議會和輿論界的事，自然也是政府的事，這一點王雲五先生曾透澈指出：「到了今日，全國上下惟同存罪已之心，始有獲致改進之望，我深信政府當局定有此種雅量也。（見王氏原文基本自由一節內）

我並不是激將之計，我誠懇的請求王先生能把喉頭骨鯁十分之八九吐出來，以作意見公開之創導。王先生是不祗讀者也是國人所熟知的人物所謂一言九鼎，相信他對於政府與人民之間的影響，是要比旁人大得多也快得多的。

一月廿三日於岡山空軍官校

第四卷　第三期　內政部雜誌登記證壽內警台誌字第四六號　一一八

給讀者的報告

最近我們接到各方面讀者的來信，對本刊一向所持的言論立場備致贊許。很多讀者且常把某些篇的讀後感寫了寄給我們；有的還要求認識作者。讀者們這樣地熱誠，這樣地愛護本刊，使我們深受感動！『自由中國』是屬於每一位讀者的，不，應該說是屬於所有愛好自由的人士的。因此，我們希望她能夠眞正代表讀者們說話，發出人民的心聲！

我們深覺民主政治必須有健全輿論的基礎；漠視輿論或根本沒有輿論的社會，是不可能實現道地的民主政治的。這一點似乎還有待我們更多的努力。就政府方面說，我們希望要養成尊重輿論的習慣，不以忠言爲逆耳。就文化工作者方面說，我們自己要樹立良好輿論的風範，勇敢地說，而且要負責地說。所以，本刊從創刊以來一直就抱着這個態度，今天我們再告讀者們：『對於政府的好處我們儘量宣揚，對於政府的缺點我們嚴正指摘。我們從不輕易恭維政府一句話，也不會隨便批評政府一句話』。我們希望藉此促進政治的進步。因爲惟有如此，才能發揮反共抗俄的力量，建立自由民主的社會。願以此與讀者們共同勉勵！

× × × × × ×

自從國際市場的紙張漲價以後，本刊在經濟上因此感到嚴重的威脅。照目前的售價言，幾乎已經不敷實際成本，爲了解決面臨的困難，我們本打算提高售價或減少篇幅，但這兩辦法的任何一個，都是不利於讀者們的，因之我們都不會採用。現在我們正儘量設法緊縮管理方面的費用，以求收支達於平衡。一年多來，我們從經驗裏深切感到辦一個好刊物的艱難。然而事實上，像『自由中國』這樣的刊物却又是非常必要的。在這災厄苦難的時代，我們要爲自由喊吶，爲自由奮鬥。因此縱令橫在我們面前有多少困難，我們都要克服它，任重道遠地負起我們的使命。讀者們是愛護我們的，所以我們願將遇到的困難也報告給你們。

讀者們！請爲我們介紹更多的讀者，或者當你讀完了本刊以後轉贈給你的朋友。讓我們的努力能收到更大的效果，而且前一個辦法更直接有助我們解決經濟方面的困難。這是我們第一次向讀者們請求幫助！

× × × × ×

這期的社論「正義與和平的抉擇」是對聯合國中企圖與中共妥協的會員國而作之警告。我們希望聯合國選擇正義的和平，不要爲幻覺的和平而犧牲了正義！「改幣後台灣的貨幣與金融」一文作者現正是這方面的實際負責人，就中引述了很多不易獲得的資料，對研究經濟問題的人是很有助益的。但本刊爲了表示對本文立論觀點有若干保留起見，故以專載方式發表。鄧啓先生是前華西大學教授，他對杜魯門的看法是很公正的，我們與之同感。高壽昌先生的大文從理論上闡明經濟自由的眞義，有很精闢的見地。此外毛子水、羅鴻詔兩教授都已是讀者所熟知的了，無須再加介紹。

本刊售價

一、	臺	幣三元
二、	越	幣八元
三、	菲	幣五角
四、	港	幣一元
五、	暹	幣四銖
六、	美	金二角
七、	叻	幣四角
八、	印尼	幣三盾

自由中國半月刊

第四卷第三期

"Free China"（總第三十號）

中華民國四十年二月一日

發行人　胡適

主編　『自由中國』編輯委員會

出版者　自由中國社

社址：臺北市金山街一巷二號

電話：六八八五號

航空版

香港　香港時報社（高士打道六四號）

紐約　Modern Chinese Art & Printing Co. Inc. 2 East Broadway New York City, N.Y.

經售處

臺灣　中國書報發行所（臺北市館前街八五號）

新生報社高雄分社營業部（高雄市鼓山一路二〇號）

美國　紐約民氣日報社

舊金山國民日報社

日本　東京南友堂

東京內山書局

馬尼剌　中非文致出版社

印尼　巴達維亞星期日報

棉蘭繁華圖書公司

越南　西貢中原文化印刷公司

越南華僑文化事業公司

曼谷　曼谷攀多社十二號

新加坡　中興日報社

檳榔嶼、吉打邦均有出售

印刷者　臺北印製廠

廠址：臺北市民族路六四三號

電話：三三一六號

本刊經中華郵政登記認爲第一類新聞紙類

台灣郵政管理局新聞紙類登記執照第二〇四號

自由中國

FREE CHINA

第四卷第四期

要目

中華民國四十年二月十六日出版

社址：臺北市金山街一巷二號

半月大記事

一月廿四日(星期三)

美代表奧斯汀在聯大政委會中演說，拒絕中共于廿二日經由印度代表團提出的停戰條件，並逐點加以駁斥。

印度領導的亞洲阿拉伯集團十二國向政委會提出所謂「和平解決韓戰及其他遠東問題」之新建議。

一月廿五日(星期四)

美總統杜魯門發表聲明，重申美國立場，主張聯合國應指責中共爲侵略者。

杜勒斯飛抵東京。

一月廿六日(星期五)

加拿大外長皮爾遜在聯大政委會中就阿拉伯集團十二國建議，提出折衷之修正案。

韓境聯軍重佔水原。

法國政府邀請十一國政府於二月六日在巴黎開會，研究組織歐洲軍計劃。

英首相艾德禮發表演說，呼籲英國人民作更大之努力及犧牲加速進行大規模之防衛新方案，以對付蘇俄共產主義之侵略。

美政府宣佈開始凍結國內物價及工資。

一月廿七日(星期六)

艾森豪威爾元帥結束其對北大西洋公約國的訪問，經渥太華飛返紐約。

法總理布立溫飛美。

聯大政委會中美代表奧斯汀再度表示反對阿拉伯集團十二國所提與中共舉行會議的提案。黎巴嫩代表並宣佈支持美國之提案(按黎巴嫩爲十二國建議原提案人之一)。

一月廿八日(星期日)

麥帥飛水原，與美第八軍長李奇威同赴韓國西戰場最前線視察，當晚飛返東京。

一月廿九日(星期一)

聯大政委會中阿拉伯集團十二國對原提舉行七國會議解決遠東問題的建議，再作第二次之修正。

法總理布立溫自紐約抵達華府，將與杜魯門總統舉行爲期兩日之重要會議，以擬議兩國在遠東與歐洲對付共黨侵略之戰略。

英首相艾德禮向下院提出三年整軍計劃，需款四十七億鎊。

合衆社華盛頓電：英國蒙哥馬利元帥及法國朶安將軍，已由艾森豪威爾元帥選任爲大西洋公約國盟軍副總司令。

一月卅日(星期二)

英政府訓令其出席聯合國代表傑布贊同美國指責中共之建議。

美國指責中共之建議案在政委會中已獲四十三國之支持(其中包括英國)，惟遭蘇俄集團代表阻擾未能即付表決。

美總統杜魯門法總理布立溫結束其爲期兩日之會談。發表聯合聲明，表示決不與任何侵略者妥協，同時亦不忽視經由談判解決國際爭端的機會。

一月卅一日(星期三)

聯合國政委會以四十四票對七票，八票棄權，通過譴責中共爲侵略者的美國建議。

安理會全體通過將韓國問題剔出議程。聯合國宣佈中共爲侵略者的最後一重障碍，因之而告消除。

二月一日(星期四)

聯合國大會以四十四票對七票批准政委會通過的譴責中共爲侵略者之決議案。

合衆社華盛頓電：某高級官員稱：現在對共軍採取攻勢的韓境聯軍，將奉命不越過卅八線。

艾森豪威爾元帥向美國會報告，主張增派美軍赴歐，並供應歐洲鉅量裝備，以抵禦共黨之威脅。

二月二日(星期五)

法總理布立溫抵加京渥太華訪問。

美代表奧斯汀在聯大政委會中演說對蘇俄所控之「侵華」案五點，逐項加以駁斥。

美國務院發言人就聯軍止於卅八線的傳聞發表聲明，謂聯軍在韓使命爲驅逐侵略及恢復國際和平，目前對卅八線的任何揣測，均於事無補。

二月三日(星期六)

埃及、沙地阿剌伯、伊拉克、敍利亞、黎巴嫩、葉門六個阿剌伯國家簽訂集體安全公約。

中共「外長」周恩來發表廣播聲明，妄斥聯國譴責中共之決議爲非法，並謂因此而關閉韓戰和平解決之路。

二月四日(星期日)

蔣總統發表農民節廣播。

法總理布立溫結束其對美加兩國之訪問，飛返巴黎。

二月五日(星期一)

全省各地熱烈慶祝農曆元旦。

蘇俄就四强會議問題照會美、英、法三國政府，反對武裝西德。

二月六日(星期二)

美聯社東京電：麥帥業已建議美國參謀首長聯席會議，以中國國軍用於韓國及其他地區

二月七日(星期三)

聯合社成功湖電：聯大秘書長賴伊已緊急通知十四國，請指派制裁委員會的委員。聯大主席恩第瞻正等待加外長皮爾遜的答覆，恩氏及瑞典代表葛拉夫斯特朗氏已被任爲斡旋委員會的委員。

二月八日(星期四)

聯大政委會以絕對多數否決蘇俄控訴美國侵華及譴責美國空襲中國東北案。

聯大政委會以卅八票對五票，八票棄權，通過將所謂臺灣問題的辯論，無限延期。

二月十日(星期六)

韓境聯軍克復漢城及仁川。

杜勒斯離日飛菲，行前發表聲明，宣佈共代表團於留日十六日以來，就對日和約所舉行的初步談判中，已與日本領袖獲致令人滿意之諒解。

社論

「大家來」對「一面倒」

一個地球，兩個世界：民主的，反民主的；極權的，反極權的。事態演到今天，這兩個世界，已證明無法並存了。可是、在毀滅與反毀滅的鬪爭中，民主的這一邊是希望大家來，極權的那一邊則是强制的一面倒。一面倒是無理性的力的控制，大家來是共同意志的結合。做起來，前者簡易，而後者繁難。爲着民主，爲着反極權，我們這一邊又只有走繁難的這一條路。今日的問題——國際的和國內的，其癥結都在此。

聯合國自成立以來，在任何問題的討論和表決中，無一不顯現以「大家來」對付「一面倒」之不易；尤其自中共得勢、毛澤東宣佈一面倒以後，這種情形更來得顯著，而最近半年來、須要大家來積極維護的聯合國精神，因爲大家來得步驟不一致，也顯得黯然無光了。但是，我們並不因此灰心。我們相信，人類的理性決不是極權的逆流所可沖毀。「大家來」是基於理性的尊重而達到的自願結合，自願結合不容易，但到了由於自願而結合的時候，則其所表現的合力，决非强制的一面倒所可抵禦。「大家來」之可貴者在此。繁難而可貴，我們就不畏其繁難，我們更不因其繁難而灰心。我們對於國際局勢的前途是樂觀的。

反觀國內，我們似乎應該對於「大家來」這個問題，要多講幾句話。

兩年前中共在大陸發動政治與軍事攻勢，中央政府開始播遷的時候，黨政軍以及社會各方面的領導階層，演出一個分崩離析的大變局。分崩離析，大體上循着三條路線：

一是留在中共所謂的「解放」區。這一群人當中，上焉者是明知在共黨統治下不可能過「人」的生活，但困於經濟環境無法携家遠走，又不忍拋棄家屬單身流亡；中焉者受了共黨多年來虛偽的宣傳，天眞地對秧歌王朝寄託希望；下焉者是一些投機靠攏的份子，妄想立功折罪，分享所謂「革命的果實」。

二是在港澳或更遠的海外徘徊瞻顧，繼而想形成所謂第三勢力。這一群人當中，上焉者或不乏政治理想和抱負；中焉者是由於把個人的思想和政治上的是非，弄得糾纏不清；下焉者則是一些和沙皇最後一任首相高里森那一流的敗類，在混亂中撈了一筆錢，想把這筆錢作其延續政治生命的資本。

三是跟着中央政府來到臺灣。這一群人當中，也有上中下三等，上焉者抱着革新奮鬪的決心，同時也知道反共抗俄的意義，爲的是民主，爲的是反極權；中焉者有反共的決心，但不見得了解反共的意義，儘管他們也會講講「民主」和「自由」；下焉者是把臺灣當作避亂所，在大陸上所做的罪惡怕遭共黨清算，同時還希望光復大陸時，做當年「重慶人」的先例，再以「臺灣人」的身份「效勞」於接收工作。

上面這個分析，爲的是說明我們所呼籲的「大家來」，所謂「大家」者何所指：向中共投機靠攏的份子，以及在港澳或海外的高里森那一流的敗類，我們固然要無情地排斥，就是在臺灣的人，我們也要查查他過去的歷史。在「大家來」的號召下，決不能包括內地來臺的下焉者。這一層交代明白了，我們再說如何做到「大家來」。

兩年前分崩離析的大變局之演出，十之七八要由政府負責；今天我們呼籲「大家來」的時候，仍有十之七八要責備政府，同時、我們也有十之二三矚望於我們所謂的「大家」。

先從政府方面說：

「大家來」，來到那裏？很明白、我們是以今日在臺灣的中央政府爲中心。但這並不是說，要大家都集合在臺灣這個地方。同床可以異夢，天涯有若比憐者。「大家來」是要大家的精神結合，結合在一個反極權的大目標下。因此，我們的政府應該處處表現其反極權的精神來，要大家的精神結合，必須有中心的精神感召。我們如此說法，並不意味着我們的政府是極權的，但在政府任高級職位的若干人，總不免有些地方，叫人躭心，躭心這個理應走向民主前途的政府，將來或會變質。這種躭心或許是多餘的，但要充分證明其爲多餘的，責任是在政府。

大家有了信心，是精神結合之始。精神結合了，如何使這結合了的精神體現出力量來呢？這個責任又有一大半是在政府方面。說到這裡，我們觸及一個大難題；現在的中央政府，已有了憲法上的人民代表機關，同時在行政部門我們也不主張添官設職，或所謂「擴大政府基礎」，那末，要使大家結合了的精神體現出力量來，怎麼辦呢？我們想，在一個民主政體下，有政治見解和抱負的人，不一定要在其位才能言其政，同時，除言政執政以外，儘可在反共抗俄、爭民主、爭自由的目標下，做文化工作或社會運動。只要這種文化工作或社會運動有效地影響現實政治，而不相反地受現實政治的猜忌或阻礙，則有政治見解和抱負的人，既得償其志願，而民主自由的新中國，也可於此奠定根基。理應走向民主前途的政府，應該拿出氣派，實現這樣一個政治環境來。

其次，我們要向我們所謂的「大家」來說的：今日在臺灣的中央政府、無論你怎樣不滿意它，你總得承認它是一個有反共抗俄的決心和實力的政府。反共抗俄的政府，其本質、或者說其前途、應該是一個反極權的民主政府。慕索里尼、希特拉以極權反極權，結果先其所反者而毀滅。這個教訓，我們政府當不會熟視無睹。何況在現在反共抗俄的大鬪爭中，我們是與民主國家爲伍呢。說句不大中聽的話，「蓬生蔴中，不扶自直」。如果我們大家再來扶一扶，豈不更有直的把握嗎？

今天，已經是兩個世界了。人們不是向極權那邊一面倒，就必須向民主這邊大家來，國際和國內都沒有第三條路線可走。想走第三條路線的，其用心或仍爲反極權、尚民主，但在今日局勢下，其實際效果只是削弱民主方面的力量，予極權方面以可乘之機而已。

大家來，是個繁難的問題。在面對「一面倒」的威脅下，我們能否及時解決這個繁難，是這時代給我們人類智慧的一個重大考驗。

時事述評

大學制度亟需確立

臺大傅校長的逝世將近兩個月了，而繼任人選至今未見發表，社會上便有了許多傳說。政府當局曾經明白表示慎重繼任人選，大概業經徵求這個或那個的同意，比方胡適之先生便是被政府徵求而婉詞謝却的一人。最近臺北的新聞雜誌也有許多關於臺大校長的文章，可見文化界人士的關切。因為臺灣只有一個大學，而今日的大學校長所負責任之繁重，關係於大學教育的前途至重且巨，故對臺大繼任的人選也就成為不小的問題，以致久懸不決了。

西洋各國的大學校長之繼任是沒有多大問題的。其由教授公選者，則雖要政府的任命亦不過一種形式，只要召開一個教授會看其票選的結果，而加以正式任命而已。即使非由教授公選者，也有一定的成例可援，毋煩政府當局去慎重考慮人選。我國明清兩朝之國子監是獨一不二的大學，但其祭酒的人選也有一定的規程，如遇出缺，則對有繼任資格者加以任命，斷沒有久懸不決的情事。因為國子監的祭酒及司業都是官，官之陞調遷補都有一定的資格履歷可按，只要銓曹去一查冊籍便可以知道的。至於西方各國的大學校長及教授則並不一定是官，但是大學之中以教授為骨幹，其教授都是終身職，不隨校長而去留，校長不負選擇教授之責，而且各教授對其職守各自負責，不勞校長費心，故那一個人做校長，對於大學教育的前途並沒有多大的影響。現在我們的大學教授並不是官，只是校長的西賓（恕我借用一個舊名詞），來幫助校長施教的，故校長好則大學好，壞則大學壞，權大而責重，無怪乎當局的重視和社會的關切了。因此之故，德高望重者憂慮其責重，恐怕負擔不起，一旦接受過來便要天天勞神苦思，疲於奔命；而資望較淺者，則政府當局又怕其把大學弄壞，而不敢輕率加以任命。於是賢能者不欲，欲者未必賢能。而一缺乃久懸而不決。

我們以為民國四十年來的大學制度乃是古今中外所絕無的、若長此不變，則大學教育也演出人存政舉，人亡政息的現象，其好壞隨校長一人為轉移，多麼危險哪！臺大今日的問題不過其一例耳，我們回想四十年的歲月中，大學裡頭的怪現象以及整個教育界之不健全，實無一不受此制度的影響，現在是改弦更張的時候了。我們已是學西方來辦大學，而至今不確定以教授為主體的大學制度，究竟是甚麼理由呢？聽說行政院的設計委員會正在研究收復大陸後的各種計劃，不知對於大學制度有沒有特別的設計。我們以為大學制度之確立宜從臺灣起！（詔）

杜魯門與塔虎脫之爭

杜魯門與塔虎脫之爭已歷數月：杜氏堅認他有權派遣美軍到歐洲或世界任何一地作戰，而不必要獲得國會的同意，並且主張在歐洲維持強大的美國軍力；而塔氏則認為總統派軍赴歐洲之舉必須獲得國會的批准，並且主張在數額上加以嚴格地限制。杜魯門因為是民主黨的總統，所以他的主張自然很容易得政府官員及民主黨人士普遍地支持，而與塔虎脫相和唱者，最有力的是前共和黨的總統胡佛氏和若干比較保守的共和黨議員。爭論的双方為了貫徹各自的主張，塔虎脫及胡佛等曾數度發表冗長的演說在國會內外爭取同情，而另一方面杜魯門總統也曾數度利用記者招待會的場合猛烈評擊對方，給塔氏一派戴上「孤立主義」的氈帽。這種爭論愈演愈烈，降至最近，双方已經不再有所顧忌，一變往日文質彬彬的態度，單刀直入，向對方挑戰。日來双方都在遣兵調將，準備在新開張不久的第八十二屆國會裡決鬭一場。

我們認為截至目前為止，上述爭論的双方都已經失去常態，無論是杜魯門或塔虎脫，或多或少都已不免摻雜進去若干感情用事的成份。憑心而論，今天在美國朝野內外已經找不到真正的「孤立主義者」，因為傳統的「孤立主義」已經隨着珍珠港的炮火轟然死亡。然而塔虎脫和胡佛們的頭上仍不免都被冠以一頂「孤立主義」的帽子。另一方面，塔虎脫一派也明知為應付今天險惡的世界局勢，總統需具有廣汎地應變權力，然而他們偏偏要在杜魯門的双足之間加上鎖鍊，使其不能行動自如。

塔虎脫胡佛一派外交政策的特點，是度德量力，使外交上的責任擔保不要超出國力所能及的範圍。於是胡佛主張美軍自歐洲撤退，建立強大的海空軍固守兩洋，而塔虎脫則較胡佛略勝一籌，雖不反對派軍赴歐，而主張加以種種限制。其實上述胡佛一派外交政策的原則，應該無可厚非。反共不是美國一國的工作，美國人無須包辦、也不能包辦。對於歐亞兩洲人民的反共工作，美國應以其雄厚的國力作後盾，鼓勵其自己從事。蔣總統早就表示：中國的反共工作，祇需美國的軍火及經濟的援助即足，並不需美國人力參加。美國對歐洲人民的反共工作也應適用這個原則。

但是，株守不變的方法亦是危險的。當歐洲聯軍的武力尚不足以自衛時，為了防備侵略者隨時可能發動的攻擊，美國政府增派軍隊赴歐協防，則亦屬必要的步驟，而且可以補上述原則之窮。尤其在世界風雲劇變的今日，要面臨未來莫測的變幻，美國總統實應具有足以應變的較廣泛的權力，如果為逞私人意氣之爭而予嚴格限制，其結果將必鑄成嚴重的錯誤；我們想：這也絕非塔虎脫先生等所願為。

在我們看來，杜魯門與塔虎脫之間在反共的基本立場上應該是一致的。如果兩氏都能同意我們上述的原則，那麼，這幾月來的爭辯都是多餘的了！（白）

論大學校長

方豪

一

因爲自由中國只有那麼一個國立臺灣大學，又因爲作者本人也是現任臺灣大學執教者之一，所以在傅孟眞校長去世後，校內校外的朋友，在前半個月見面時，大多以可惜傅先生之死爲談話材料，在半個月以後，因爲新校長的遲遲不發表，又因爲報紙上的傳說紛紜，再加上一般人以傳說爲呼聲，於是只要知道我是臺大教授的人，儘管他與學校毫無關係，會晤時也要問一句：「你們校長究竟是誰吓？是某某嗎？」

這情形說明了今天的臺灣大學有其特殊性，因爲只有牠一個大學；也說明了傅先生之死不是一個平凡的消息，說明了他本人不是一個平凡的人，同時更說明了在社會上或政府中，一個比較重要的職位，如果虛懸了時間稍一長久，便會引起別人發自好奇心的種種揣測與謠言。

今天我是爲了這一切情形而草擬這一篇文章嗎？不，這僅僅是動機，而且是若干動機之一，我之所以選擇這一題目，主要的是因爲政府宣布今年爲反攻年，擺在每個人眼前的是千萬幅隨人職業、興趣和各種不同環境而互異的遠景。自己當了十年國立和私立大學的教授，因此念念不忘的是大學教育，當然要大學教育辦好，主持人是很重要的，所以又常常聯想到未來的大學校長人選，尤其是因爲朋友們偶爾談到將來，無不認爲將來回大陸後，第一件難事即是糾正大學生思想，換句話說，即是接收大學前不容易，充當未來大陸上的大學校長亦最困難。當然，此時此地，在這一篇拙稿中我也不會不談到一些牽涉到臺大的事情，不過，這不是主題。

我們先概括地說說大學校長是不是很重要的呢？我們一方面看政府對於此次臺大繼任校長的人選如此愼重，好像這一大學校長是非常重要的；但另一方面看看杜魯門一道命令，艾森豪威爾便翩然離開哥侖比亞大學，飛往歐洲。人家的大學校長，一去一來，又似乎輕輕鬆鬆，不費政府絞腦瀝血來尋求，更不致引起社會人士在街談巷議，平平常常，並不成爲怎樣一件了不起的事。所以決不會有人被猜測，猜測之後還會害他指天發誓說不幹。

二

可是中國大學，尤其臺灣大學，確乎與衆不同。我們看看傅故校長死後之受學生倍加愛戴，其主要原因之一，即傅先生能爲學生謀福利，處處爲學生着想，愛護備至。在學生哀悼傅校長的文字中，提及奬學金、匪區救濟金、工讀奬助金、臺籍清寒學生救濟金的要算最多；傅先生也肯去嘗嘗他們所吃的青菜豆腐；覩於學生之不滿意議員質問公費案，更可知這是學生切身問題，而傅校長能注意及此。現任代校長沈剛伯先生亦盛讚傅校長對於患病學生的營養如何關切，女生宿舍設備之如何周到，從他口中我並知道傅校長如何以自己私有外國畫刋，捐贈女生宿舍；這一切問題，在富庶安定的國家，在生活優裕的社會，那用校長操心？然而在中國，尤其在今日的臺灣，就的確需要大學主持者能注意及此。爲了建造學生宿舍，因爲是臺北帝大時代所沒有的，一件新創的事，如未見慣，不免引起反對，傅校長曾爲此撰文聲辯，當然傅校長的理由是充足的，是堅强的。

然而傅校長死後，大家在議論繼任人選時，就有人顧慮到未來的大學校長，必須亦能要錢，而且能要到錢。我們讀讀幾位中央研究院史語所先生們的文章，也頗有着重在傅先生能要錢，能化錢，能搬家等功績上。試問只講事情，不講人情的國家，何必顧此？傅校長有理由要的錢，要得到的錢，換句話說，他要興辦的合理的事，別人也應該辦得通，也拿得到錢。

所以中國的大學校長，尤其是未來的中國大學校長，在大劫大難之後，教員與學生，生活之苦，可想而知，大學校長本不必顧此，却不能不顧此。然而我們更希望的是未來的政府，也就是現在的政府，不要重人而不重事，甲當校長，就能要到錢，乙當校長，錢就少，如此，對大學校長一職，恐將人人拒之惟恐不遠，誰肯跳此吃力不討好的火坑？

上面說來，一片窮酸話，然而是事實。

三

大學校長究竟不是只管柴米油鹽的，大學校長自有其更崇高的任務，他必須要能爲國家儲備人材，（傅孟眞先生頗注意近人對材才二字的各別用法，見所著中國學校制度批評）詳言之，他必須能協助教授們的研究，儘量爲他們謀研究上的便利；他也必須能使全校的學術空氣濃厚，提高學術水準，這其中包括了學生肯用功求學，並且能獲得各科良好的基礎，出校後，能對國家有所貢獻。這就不能不充實圖書和一切設備，更不能不聘請傅先生在「臺灣大學與學術研究」一文中所說的「名而有實」的名教授，和「老而造就好些好學生」的老教授。

自然，任何大學也不能使所有的院系都辦得完善，甚至都辦得有第一流之稱，每一大學都有其一二特別著稱的院系，可是身爲大學校長者，他必須統籌全局；不過，他既非全能全知者，所以在這一任務上，他必須分一部分權利予各院院長及系主任。我們常聽說某先生所學甚廣，簡直是無所不通；如果他每一科目都僅略知皮毛，事實上也不可能，更不用說他每一門都能精通；因此對於教授的聘任，科目的改革等等，院長和系主任實在都應該有些權力，這實在是替校長分擔責任；否則，任何校長的才力必感不足，任何校長的精力，尤其是不够應付。

傅先生的愛才如渴，最為人所樂道，傅先生的重視學術研究自由，尤為自主持中央研究院史語所以來，一成不變的作風；只要某人已走在一個固定的研究方向，而其人學力又足以使其在此研究途程上有所成就，並已有若干表現可為徵驗，傅先生必願加以汲引。當大學校長者應有此識力。

四

但大學校長還有一個必要條件，即是他必須久於此任。人人都批評中國過去地方官吏易太頻，却沒有人指出大學校長更不應輕易換人。大家都會說「百年樹人」的老話，大家都沒有把它來實行。回顧中國大學史，除了幾家私立大學以外，請問國立大學校長在任十年以上者有幾人？再不用說二十年以上了。

很多人稱讚傅先生，認為他肯負責，能認眞，尤有「知其不可為而為之」的精神；甚至有人婉惜他太負責，太認眞，太喪失了中國精神，太沾染了西洋精神，以至於以身殉職；更有人說他眞像教會人士辦教會大學。我聽了不覺凄然。傅先生有此辦學精神，眞是中國人足以自豪之處，就等於說；不僅你們外國傳教士為你們自己的大學，能全神貫注的去辦，我們也有人能拿出全副心血，全副精力，從事於大學教育。我很欣幸，很多人雖自愧趕不上孟眞，他們却一點也不抹煞孟眞辦學的精神，並且津津樂道；然而我們所希望的，所願引以共勉的，是未來願獻身於大學教育的人，不必謙虛，不必自嘆弗及，努力追隨孟眞之後，盡其在我，方不負孟眞以不足兩年的大學校長任期所遺下的表率。

大學校長能否久於其任，原因甚多。過去中國大學校長之離任，有為教員所倒的，有為學生風潮所逼走的，有被政府拉去做官的，有自己辭職升官的，有因抗日之戰，不及遷移而被解散的，而最近隨大陸淪陷，學校無法搬走，因而去職的，更不在少；過去的不必提了，今後大學校長，其本人固必須有久於其任的決心，於是也應該拿出起碼二十年的計劃，政府尤不應輕易加以調動。

說到這裡，我們不必諱言，許多人之不願幹臺大校長，其原因之一恐怕是回大陸心切，不戀此土。我想起了臺北帝大的第一任總長（即校長）幣原坦，他之出任總長，不論其背景如何；他從昭和三年即民國十七年三月十七日帝大成立起即就任總長，至昭和十二年即民國二十六年八月離任，我們也不究其去職是何原因，有一點是我們知道的，他是臺灣史的研究者，他發表的臺灣史專論在三十篇以上，主要的如鄭成功研究，如瑯嶠研究，如高砂研究，如琉球與臺灣名稱相混之研究，如臺灣黃金、硫礦、石炭等探勘的研究，成績如何，非這篇短文所能置評，但決不是不想長期卜居此地者所克臻此，却是不容懷疑的。至於其他三任臺北帝大校長，即三田定則、安藤正次、安藤一雄，前兩人只各任四年，後一人至日本投降被接收而止，只在任幾個月；安藤正次是日本語文學家，發表論著近九十篇，但關於臺灣者只有一二篇，還是討論日本語即他們所謂國語在臺灣推行問題。所以他也不像準備久留臺灣的，結果臺北帝大也只有幣原坦在任九年最有建樹。因此，我有一個建議，在委任未來中國一切大學的新校長之前，（自然包括臺灣大學在內）在徵求他的同意時，最好也先問問他，是否願久於其任。

以上是說當一個大學校長，要能注意學術研究；要肯久於其任，且有計劃；而在我們這個窮國家，校長還必須要能為學生謀福利，否則，不會受歡迎。記得傅先生在為吳三連臺北市政三年計劃書上題詞，就強調計劃的必要；在「臺灣大學選課制度之商榷」一文中，他說過：「偏偏光復以後，我們又沒有照着一個理想改變」，又說：「接辦了這一個大學，似乎沒有一個固定的理想，三年半的光陰，似乎是隨波逐流，過一天算一天」。有理想纔能有計劃，有理想也必須有計劃，孟眞所說「理想」，必包括計劃而言。這一點是很重要的。

『自由中國』的宗旨

第一、我們要向全國國民宣傳自由與民主的眞實價值，並且要督促政府（各級的政府），切實改革政治經濟，努力建立自由民主的社會。

第二、我們要支持並督促政府用種種力量抵抗共產黨鐵幕之下剝奪一切自由的極權政治，不讓他擴張他的勢力範圍。

第三、我們要盡我們的努力，援助淪陷區域的同胞，幫助他們早日恢復自由。

第四、我們的最後目標是要使整個中華民國成為自由的中國。

五

於此，我很願把我所聽到幾位朋友對臺大繼任校長人選問題的意見轉告讀者，這些意見並不能使我完全同意，但亦可供關心大學教育者參考：

一位朋友說：我主張「用新人，行新政」。他以一般人在內閣改組時對行政院院長和各部部長人選問題所具的希望，來希望於新校長。這話並不是說過去在大陸當過大學校長的都不行，可是這話的含義當然也是說：過去當過大學校長而有卓越成績的也確實不多！目前臺大校長的難產，當然有幾位是請而不來，但此外，或許就是因爲曾經當過大學校長的太多，而政府又不到未當過大學校長的學者中去物色，因之不知請誰來擔任好。可是我那位朋友的話也不是絕對標準，當我說笑地提出幾個未當過大學校長的人選來徵詢他意見時，卻又因不合他腦中的其他條件，而遭他否決。事實上，大家都認爲一位大學校長，必須在學術界有聲望，必須有辦事能力，必須這樣，必須那樣，試問能具備那些條件的人，而又要他沒有當過大學校長，還要他不是這樣，不是那樣，難怪我那位朋友也想不出人來了。世界那有十全十美的人？世界更那能有完全合乎理想的大學校長？

另一位朋友，卻另有他的想法，他認爲臺大校長（恐怕他的意思也包括任何其他大學校長）最好不是國民黨黨員。我願請讀者注意，我那位朋友，絕不是反對國民黨，反之，他正和其他今日在臺灣的幾百萬人一樣，大家都希望政府爭氣，對於這一個最大的政黨，這一個現時掌握政權的黨，大家只有希望它上進，希望它能改造完成，到了今天，只要國民黨自身努力，誰也不會拆它的臺，更不會和它作對；然而我那位朋友竟說出那句話，其用心是十分好的。他認爲政府用一個非國民黨人充任校長，只有對政府有利。自然，這個人是愛護國家民族的，也是愛護政府的。我們看政府在傅先生去世後，第一個設法禮聘的即是非國民黨人胡適之先生，我們可說政府當局也正有此意。還有一位朋友說：今天的臺大校長，還必須對國際上說說話，能接待接待國際友人：是的，傅孟眞就曾這樣應酬過諾蘭等人，可是就是爲充這樣一個角色，非黨員也總是更適宜的。我頗同意我這位朋友的話，可是我有我自己的一套看法：我認爲爲今日臺大校長着想也好，爲將來幾十個大學校長着想也好，我以爲民主國家，入黨自由，正和信仰自由一樣，只要其人能對大學校長勝任愉快，沒有過去那些黨棍的壞習氣，不必問其黨籍如何？信仰如何？當然，他所參加的不能是禍國殃民的黨，他所信奉的不能是妖言惑衆的教，他也不能以學校爲黨的機關或活動場所，不能强迫大家去接受某一宗教。我想政府之想借重胡適之先生，胡先生的學術界地位，辦教育經驗以及國際上聲望等，都是政府所首先注意到的因素，是非黨員，或在其次，或竟未在考慮之內。

六

說完了一切理想，我們不妨說說事實。大學校長的產生本可以有許多辦法，譬如有一位師範學院的教授就對我說過：你們何不來一次選舉？這自然是辦法之一，可是人類想出來的辦法，有優點，也有缺點，可行於古者，未必可行於今，可行於西方者，未必可行於東方。即以選舉縣市議員和縣市長來說，最近選出的縣長中，有幾位就未必是理想人物，我所接觸的本省籍教授很多有此感想，對於參議員的批評，那更普遍，可是當你問他：你爲什麼不出來競選時，他會很快的告訴你；我那有那麼多錢？其實他還可以加上許多別的理由，譬如：我那有那麼多時間或精力？選舉校長雖不必化很多錢，很多時間等等，然而當選的未必肯就，且不一定會有人出而競選。

就現在的大學校長產生方式來看，原則上是由教育部推薦，行政院通過，再由大總統任命；可是實際上的程序是否如此呢？照傅校長去世後，陳辭修院長在招待臺大教授茶會上所說的話，他很重視這一僅存的大學校長的人選；在今天情形下，我們能說蔣先生不關心這一問題嗎？可是四十餘天過去了，（此文脫稿於一月三日）人選未發表，我不覺長嘆：今日臺大校長如此難產，則未來收復大陸後的幾十個大學校長，更不知將如何難產！現在安定中，遲一些時間發表，並無多大影響，而在將來收復一省一省以後，百廢待舉，那有時間從長計議？那能愼選細擇？

因此，我對目前的臺大校長問題，以及對未來的許多大學的校長問題眞有幾句話想說：

一是現在肯犧牲，肯受苦受難，肯釘死於十字架的人太少了。在政府遷到廣州後，就有此現象，我當時就嘆息於今不如宋。我敬愛胡先生，他是前輩，我實在不配說他，可是據朋友告訴我，他婉辭校長的信上曾說過：我不想當臺大校長，因爲我還想多活十年。（大意如此）我想這大概是推託的話，或者是給朋友們信中開玩笑的話，否則，胡先生爲了想多活十歲，而竟不肯爲他自稱爲第二故鄉的臺灣，盡些教育責任，他也太不肯犧牲了。臺灣大學能辦好，少活十年有何關係？當二次大戰結束後，艾森豪威爾本有好幾條出路，譬如：息影田園，或繼續擔任參謀總長，或就全國工業界所讓他隨意選擇的五十個高級職位之一。然而他爲什麼終於選擇了哥大校長呢？他說：「我要他們成爲出色的美國國民。」然而胡先生一定另有他不就臺大校長的理由，我們不能知道，我們不必妄猜，我們只就所知道的說說而已。願胡先生諒我！願胡先生恕我！

二是臺大校長事小，未來幾十個大學校長事大。我們希望政府弗把臺大校長問題看得太嚴重。憑心說來，今天全臺大的教職員和學生，沒有不希望把臺大辦好的，沒有人會來搗亂的；只要不是太不像樣的人，（下轉第17頁）

臺大校長問題

姬之尹

自傅孟眞先生於去年十二月二十日逝世後，政府到現在還沒有正式任命繼長臺大的人。社會上有種種謠言，差不多都是道聽塗說，不值得一談。本月一日出版的「明天」半月刊(第二十七期)，載有杜蘅之先生「論臺大校長人選」一文，立意很好，但所用的論證，未免有違失事實的地方。所以我們不得不說幾句話，辨明杜先生出言失檢的地方，以正社會的觀聽。

杜先生的文章開頭說：『臺大校長傅斯年病故後，自由中國又多一個爭逐的「要缺」。……爭逐者旣大有人在，政府當局自是十分難以擇定。』

我們以爲杜先生這幾句話的口氣不十分正當。一個引導輿論的人，不應當把大學校長的職位當作衆所爭逐的「要缺」。就算流俗有這種見解，我們只應當剴切的改正他，不應當以爲固然的而述說他。至於到底有那些人爭逐校長一缺，我們不知道。我們學術文化界的耆碩目下在臺灣的，當然有許多足以勝任臺大校長的職務的。但這些人當中，有的已在學術界或政界擔任重要的職務了，有的或已表示不願意擔任臺大校長的事情了。政府所以到現在還沒有發表繼任的人選，據我們的看法，決不是因爲「爭逐者大有人在」而「難以擇定」的緣故，亦不是政府當局沒有決斷的緣故，完全是因爲愼重人選而沒有到應當發表的時候。

我們這個斷語，是有充足的證據的。第一，傅校長逝世以後，政府便電在美講學的胡適之先生徵求同意；這可見政府對於這件事情是有決斷的了。第二，傅校長逝世沒有十天，行政院陳院長曾應臺大教職員的請求，在臺大法學院講述傅校長對臺大和對國家的功績。當時陳院長曾對在場的人表示政府對於繼任校長人選的十分愼重，以及揀擇的方針；他的懇切而堅定的語意，自足以使人信任不疑。至於遲遲沒有發表的緣故，當然是時機的問題。

傅校長之於臺大，誠如吳稚暉先生所說的，是一個「眞正的校長」。兩年以來，他把一個紊如亂絲的臺大，變成爲具備現代學府規模的臺大；凡稍有治事和辦學經驗的人，對於他這樣的精神和魄力，沒有不讚歎的。據我們所聞，臺大敎授們，大抵都希望政府對於繼任校長的人選，能「破除情面」，且不爲過去不十分高明的傳統習慣所拘束，揀擇一個年富力强而能够知道傅校長意志和企圖的人，以完成傅校長的計劃，則庶幾傅校長二年來辛苦經營的成就，不至隨身以俱沒。以政府當局對於傅校長的認識和對於目前唯一的國立大學的愛護而論，政府定必很願意使這個希望得以實現。

杜先生以爲「臺大校長的人選，必須一位聲望隆重的學者」。普通講起來，這種話自然沒有人不贊成。但所謂「聲望」，有時實在不甚可靠；世間固有有高名而沒有懿行的人，亦有有懿行而沒有高名的人。當然，聲名狼藉的人，十之八九都是壞的，自以不用爲好。

政府揀選一個大學校長，自然須顧到道德和學問。不過道德應該是指「和平正直」的性格而言，並不必要年高位尊的條件；學問是指現在還是「自强不息」「日就月將」的硏究而言，並不必要以前曾做過大學校長或敎育部長的。這一點意思，我們希望政府能够採納，亦希望社會人士能够明瞭。

杜先生還有幾句話，我們應當根據事實加以糾正的。他說：『在臺大，一向還有自由主義者與國民黨的暗鬭。……希望能有一位校長來遏止這種暗鬭，把臺大造成一個純粹爲闡揚學術作育人才的最高學府。』如果臺大裏面眞有這種「暗鬭」，我們自然和杜君有同樣的希望。但據我們所聞，臺大裏面實在沒有這種暗鬭。我們眞不知杜先生何所據而云然！

就理論講，國民黨的黨綱，並沒有和自由主義相抵觸的地方，國民黨和自由主義者也並沒有互相衝突的必要。以我們所審知的而言，國民黨中比較高明一點的人士，差不多沒有反對自由主義的；而從共禍日益蔓延以來，明達的自由主義者，亦沒有不竭力擁護國民黨所主持的政府的，我們知道，國民黨中固不免有少數黨棍：這種人除却做黨八股以外，一無所能；他們對於政治的見解已低，自然只能歆羡法西斯或共產黨的「一黨專政」的作風。這種人當然是反對自由主義者的(但我們希望國民黨經改造以後，這種黨棍已逐漸被淘汰或「改良」了！)。我們又知道有若干揭櫫自由主義的人士，都是社會中的偏激分子：就好一點的講，他們只知道忿世嫉俗，而不知道改造社會的正當方法；就壞一點的講，他們只能想到自己的自由，而不能想到社會中別方面的關係。這種人多半是無條件的不滿意於當時的政府黨的。僥倖得很，這種的國民黨員和這種的自由主義者，臺大裡面似乎都沒有。

傅校長生前，對於臺大中可慮的地方，非特口裏要談到，並且必見於文字。如果臺大裏面有這樣的暗鬭，他定必把他當作一件大事情，不應當把他當作一件不重要的事情而漠不關心。但我們非特沒有從文字裏面看見他提到這件事情，並且也沒有從談話裏面聽過他提到這件事情。他自己，因他在校長的地位，對於全校師生學術上和思想上的自由，當然是竭力保障的；但他愛護國家，遵守法律，支持國民政府的熱誠，恐怕比國民黨的任何黨員的都要强烈。這樣的一個校長，會容許校內有自由主義者和國民黨的暗鬭嗎！

俄羅斯帝國主義之發展（上）

——並論遠東永久和平之必要措施——

胡秋原

綜觀俄羅斯帝國主義的遠東政策，可分爲四個時期。一八五八年前，是單純的拓植時期，也是侵略準備時期。一八五八—一九〇五年（璦琿條約至日俄之戰），是俄帝企圖獨霸東亞時期，而此時外交政策，是以反英爲基調的。這半世紀的擴張，構成俄國遠東政策之藍圖，我曾在本刊三卷一期「俄羅斯帝國主義之傳統」中稍加分析。從一九〇五到一九四五年（日俄之戰至蘇俄對日宣戰），四十年間，雖有俄國革命，一時標榜「打倒帝國主義」口號，而在事實上，政策是一貫的。這政策便是勾結日本，瓜分中國。不過一九一七年前，以反英爲主，一九一七年以後，以反美爲主。二次大戰以後直至今天，俄帝的政策，回復一九〇五年前的藍圖，不過在運用上，以反美爲主，而規模更爲擴大。沙皇的目標，只是大部分中國。而新沙皇的目光，則是整個中國和亞洲。

研究日俄戰後的俄國外交，有多重的興趣。其一、尨然大物之俄帝爲日本打敗，沒有使他反日，反之，使他的外交更技巧化了。這技巧，是列寧斯大林策略的藍本；不過，他們戴上共產主義的帽子而已。而我們可以看出，共產主義即是大斯拉夫主義之發展。其二、日俄之勾結，是軸心以前的「原始軸心」。爲了對抗這原始軸心，最初有美德中國的同盟運動，後來有國際銀行團的運動，後者雖失敗而終，却是後來國際聯盟與今日聯合國之先行運動。其三、俄國侵略史告訴我們，他合夥侵略常成功，單獨侵略必失敗，而侵略失敗以後，國內革命立即發生。今天俄帝已日趨孤立，其失敗乃必然之事，其國內之再革命當亦爲必然之事。其四、俄羅斯帝國如列寧所說，是一「諸民族之牢獄」。第一次大戰失敗後，西部中部諸民族多一時獨立，在遠東，一時有僞裝的「遠東共和國」。爲了解決遠東問題，一個新遠東共和國恐怕是不可少的。

我不相信歷史重演。但任何研究歷史的人，一定了解歷史之遺傳作用。在這一論文中，我主要記錄日俄戰後俄帝之罪惡，但聰明的讀者，不會不能在其中獲得解決遠東問題之暗示的。

日俄戰後俄日之長期合作

日俄戰爭證明俄國是一紙老虎。這勝敗的關鍵有三：

一、俄國之官僚專制政治，不能充分利用現代技術。當時的日本，比俄國要「民主」一點。

二、當時俄國是孤立的。英國成爲日本的同盟國，後來正式結爲軍事同盟。（這同盟本是防俄的，而結果大大的危害了中國。）美國不僅對日聲明「最善意中立」，老羅斯福總統並通知德國法國，如該二國加入俄國作戰，美國即加入日本作戰。

三、俄國社會民主工黨（共黨前身）也對日本大幫其忙。樸列汗諾夫在日內瓦與日本社會黨片山潛握手。開始大露頭角的列寧，宣稱「日本是前進的，俄國是落後的」到處發動「起義」運動。

在日俄之戰中，威廉第二表現大陰謀手法。開始他鼓勵俄國作戰。到一九〇五年則勸尼古拉求和了。不過老羅斯福也深感日本之志不可過長，在遠東採取一種均勢政策，也示意日本適可而止。於是一九〇五年九月，在美國仲裁之下，日俄訂「樸茨茅斯條約」，俄國承認旅順大連租於日本，南滿鐵路無償讓與日本，並承認日本在韓國有「特殊權利」。此外，日本可在俄國領海捕魚。俄國慷中國之慨，日本便在「中日善後條約」中迫中國承認旅大的租借權，這是雅爾達的先例。

老羅斯福原希望維持日俄均勢。然而日俄却在此次條約中深得諒解，共同反美。這條約是微特的傑作，他的精神支配了俄國外交四十年。在微特看來，中國之復興，美國之門戶開放政策及其經濟外交，是最可怕的。他的後繼者沙松諾夫（Sazonov）很坦白的說：俄國必須與日本合作，「維持現狀」，以保障兩國「長期勞作之果實」。於是俄國和日本訂立了四次條約和密約瓜分中國。這是遠東長期禍亂之源：

（一）一九〇七年俄日協約。密約劃分南滿北滿勢力範圍。後得法國諒解，外蒙畫歸俄國範圍。

（二）一九一〇年俄日協約。密約規定對敵（指美國）採取「共同行動」。

（三）一九一二年俄日協約。密約畫內蒙爲東西二部，而以一一六度二十七分爲界。

（四）一九一六年俄日協約。密約規定兩國同盟，反對「第三國」。

因俄日勾結，此時國際上有一新運動。一九〇六年威廉第二向中國提出訂立同盟。次年中國亦派人到柏林華盛頓活動，老羅斯福亦頗爲熱心。然英法二國均表反對。因英日爲同盟國，法俄爲同盟國，而英俄協商（一九〇七）以後，英俄關係亦大爲改善。中國依然處於孤立無援之境。

日俄雖有一九〇七年之協約，但双方都保持猜疑，是不待說的。一九〇九年美國哈利曼有投資滿洲鐵路計劃，俄國佯表贊同，日本大爲恐慌，於是俄日訂一九一〇年協約。一九〇九年十一月，美國務卿諾克斯再提滿洲鐵路國際化計劃，俄日均表反對，英國亦不贊成，俄日更進一步成立一九一〇年協定和秘約，其性質等於一種同盟。日本隨即正式合併韓國，俄國亦決心向蒙古新疆前進了。

此時清廷，曾派梁敦彥到德美活動中德美三國同盟，並欲請德國練兵二萬人。向美國請求五千萬美元借款。同盟之事雖無結果，不過美國同意借款，並希望英法德亦能參加，此即所謂四國銀行團者。但俄日拚命反對，俄國陸軍部長且高唱佔領北滿。雖然沙松諾夫力主愼重，一九一一年二月，俄軍開始在塔什干及黑龍江邊境集中，且向清廷提出最後通牒，要求停止在蒙古新政，俄軍亦旋入庫倫。自此至民國之初，俄國時時躍躍欲試。如非美國及國際形勢之壓力，中俄衝突早不可免。不過日本較爲乖巧。他提議中日同盟。俄國也提出俄日華同盟計劃。而辛亥革命發生了。

辛亥以後之俄國侵略

辛亥革命發生時，俄國外交部向沙皇提出報告說：「此爲俄日鞏固在華勢力千載一時之機。吾人須利用承認問題，肅淸中國在滿洲勢力，並與日本一致行動」。沙皇批道：「可」。

「新時代」雜誌公開的說：

「一面是中國之混亂，一面是帝國之目標。如不利用中國之弱，實現帝國理想，乃是罪惡性的愚蠢」。

「自建國以來，吾人立國之光榮原則，即犧牲鄰國，擴張版圖。吾人尙在邊境之中途…」(見 Dallin, "The Rise of Russia in Asia")

當時美國力主對中國革命列強應守嚴正中立，故俄日均不無戒心。但俄帝終不肯放鬆外蒙，外蒙遂於一九一一年十二月宣布「獨立」，唐努烏梁海亦宣布「獨立」，俄國並與外蒙訂立條約多種。民國成立，美國首倡承認，俄國則與日本訂立一九一二年密約，復拉攏英國，以中國承認南北滿及蒙藏特殊化爲承認之條件。一九一三年五月，袁世凱承認外蒙「自治」條款後，俄國始於十月宣布承認。(英日取得西藏及南滿五路特權後始宣布承認。)這是民國成立之痛史。(參看劉彥「帝國主義壓迫中國史」，張忠紱「中華民國外交史」，拙著「近百年來中外關係」。)

對於當時在進行中之銀行團，俄國亦盡量破壞。俄國第一步計劃是成立一個俄日法三國銀行團，以與美國的四國銀行團對抗。一九一一年七月，俄國首相斯托里平主張以俄日法三國銀行團之範圍爲華北區(外黑龍江區)，其餘地區，則由美英德銀行團負責，這是一新瓜分計劃。

唯法國不願冒此危險，主張成立六國銀行團。俄國終於同意，因爲他可以由內面來反對不利他的計劃，如達林所指出，此即今日「否決權」觀念之來源。不過，俄國又要求「滿蒙新疆除外」。美國堅決反對。英國亦認爲「概念模糊」。直至一九一二年六月六國銀行團成立　此種初步原則仍討論不決。民國成立以後，北京需款孔亟，銀行團中復有監督中國財政之議。其後德英各國對中國分別借給小款。因歐洲形勢之嚴重，英法俄合作傾向亦日趨明白。中國輿論亦反對銀行團之計劃。一九一三年三月，威爾遜就職後，以銀行團計劃，違背美國初衷，宣言退出。美國的計劃失敗了。俄國外交部說，「這是與我國利益相符的」。

因銀行團之衝動，一九一二年七月，俄日再訂瓜分中國協定，本來準備互相承認新疆與福建爲兩國勢力範圍。因恐英國反對，僅以畫分內蒙爲止。而秘密內容，也通知了英法二國。

等到第一次大戰發生，日本向中國提出二十一條。據當時駐華公使克魯彭斯基說，「袁世凱頗有意回到李鴻章政策」。可是捲入歐戰的俄國，急需日本的武器供給。於是日本向俄國要求承認他在中國的特殊地位，意即承認二十一條。俄國只好答應。於是一九一六年七月，兩國又簽訂密約「反對第三國」。此所謂第三國者，不是德國，而是美國。不過俄國在大戰中慘敗，由日本收穫了果實。(未完)

(上接第12頁)但燃燒彈雖然對於摧毀日本的作戰力量有甚大的作用，而却無原子彈有結束戰事的功用。後來還是靠原子彈的打擊，使戰事突然停止，而挽救了可能要多犧牲許多的生靈，這是爲使用原子彈解說的理論。但當時美國與世界上一般輿論，對於燃燒彈以爲儘可放手去使用，並沒有人加以反對，而對於使用原子彈總覺得有些懷疑，這想是一時心理上衝動的緣故。

末了，我們對於原子能用於原動力方面的可能性也應當加以檢討。原子的爆裂既然可以解放出許多能力。那末這些能力是否可以利用於推進船隻，潛水艇，長程飛機，大型坦克車，或甚至其他一般建設上的工作呢？這也是當今許多原子專家所精心研究的事。近幾年來各種試驗證明在和平時期一般工業上利用原子能來作原動力還是一件離理想頗遠的事。目前原子能的成本還是太大，和水力或燃煤與燃油來作原動力的比較，仍然太不經濟。數月以前，報上登過一個簡單消息，說美國海軍建艦程序中，包括有用原子能推進的戰艦，其詳細情形尙未得知。像戰艦這一類的大型船艦利用原子能或已在試驗期間，惟大型船艦在現代戰爭中的重要性已逐漸減少。要建造一個小型的原子能動力單位還要面臨許多疑難的技術問題。原子能或可以用來推進潛艇，但潛艇本身已有足夠的困難問題，未得解決，用原子能來推動反增加了潛艇問題的複雜。至於轟炸機使用原子能來推動則問題更遠。因爲避免放射物對於機上人員的傷害，必須建造很厚而很重的防禦牆。我們決不會在一架轟炸機上爲使用原子能而建造一五十噸重的鉛板來作防衛。除此之外，還有別的技術上嚴重問題，短時期內不會解決。轟炸機既仍然可用汽油來推動，則寶貴的可爆裂材料不如留爲製造更多原子彈之用，又何必用來推動機器呢？

原子彈的前途和可能性

原子彈對於現代戰爭還不能有決定性的作用
原子能在原動力上普遍的應用還有待

惠 盧

科學的發明原本是為尋求宇宙間一切事物的眞理。在應用方面，科學家便要拿他們的發明來增進人類的幸福，提高人類的生活水準。但是因為人類免不了鬪爭，於是乎建設性的科學給破壞性的戰爭應用起來，近代的武器因此愈來愈兇。究竟科學是因有戰爭而愈益昌明呢？還是戰爭因有科學的進步而愈益殘酷呢？這筆賬一時還算不清。

世界各國的物理學家對於原子的研究已有了好幾十年的歷史。原子這東西在文字上的意義原本是物質的一種基本組織，而不能再拆開的意思。在二十世紀的開始，科學家發現原子裡面還有較小的東西，證明原子也是有結構的。中間有一個重的核心，外面給一層甚輕的電子包圍着。我們現在知道製造原子彈的主要原料是鈾（Uranium）。倘使把一個鈾的原子放大十億倍，那時牠的直徑約莫會有一英尺。如果牠的重量也照樣放大十億倍，則一粒鈾原子的重量約莫會有一千磅。這粒鈾原子的核心有多大呢？僅僅有一粒細砂般大。而這粒細砂般大的核心在一千磅的重量中却佔了九百九十九磅又四分之三，其餘一磅的四分之一便是圍着這粒核心的電子的重量。

我們試閉目設想一下，一粒細砂大的物質會重到近一千磅，要十幾個人才能把牠擧得起來，這粒物質必定含蓄着了不得的能力。物理學家便開始去追尋，倘使有辦法把這小粒核心裡所含蓄着的能力能一下解放出來，必定會發生猛烈的爆炸，這樣爆炸在軍事上必有不可思議的攻襲威力。於是乎原子的試驗便從純粹物理學研究上進而入製造新武器的階段。

上面便是原子炸彈極概括的演進過程。關於原子學說和原子炸彈之由試驗而變為實用，中間不少理論與實驗，不是本文所能簡單介紹。而且世界各國對於此中的研究都看作軍事上的秘密，即許多原子專家對於些有關問題還沒有十分把握的解答，本編於此不再申述，而單討論原子炸彈的前途和可能性。

當美軍在民國三十四年八月六日向日本廣島投擲第一顆原子彈，夷平了幾十方里的城市，死傷了十六萬多的人民，給世界一個極大的震驚。過幾天。第二枚原子彈落下了日本的長崎，日本便即刻投降，我們才公開知道原子炸彈的威力。據專家的估計，像炸廣島的一枚原子彈，其爆炸的能力約等於三萬噸的高度爆炸物TNT(俗稱黃炸藥)，也就是等於一噸重的TNT爆炸物同時爆炸三萬枚。而且原子彈的威脅不但具有此鉅大的爆炸性，原子炸裂時更會發生大量放射性的毒物。且不但在爆炸時發出，爆炸後尚遺留了大量的有放射性物質，可以繼續持久的放射。我們知道極小分量的有放射性物質是可以醫治毒癌的。醫生所用的鐳錠多麼名貴，用時多麼小心。因為有放射性的物質能毀滅生物上某種的組織，稍為多用了一點可以致人的死亡。原子彈初爆發時所發生的放射，約莫等於一千噸鐳錠放射，而且會拖延一很長的時間。像美國後來在太平洋上比基尼島的一次試驗，因原子炸彈係投入水中，大量的霧氣從水中像一幅高牆直昇而起，所到之處都給放射性的物體毒化了。這幅像高牆的霧狀物可能因風的關係而吹到較遠的地方。如果該處有一個城市，可使這城市的人民大量死亡，且使遺留的城市可能於幾年之內不能住人。這更大大增加了原子炸彈的軍事價值。

在二次大戰當中，由於原子炸彈的出現，使戰事迅速終止了，人們便以為原子炸彈對於戰爭有了決定性的功用，或者以為倘使交戰的双方都有原子彈的話，那末戰事的慘烈會毀滅了世界的文明。問題是不是這樣簡單呢？還得要檢討一下。

日本在太平洋戰事的末期已不能再支持下去了。她的海軍幾乎已全部覆沒，飛機也幾乎在空中絕了跡。在這種情形之下。美國祇須再加以一度的壓力，便無疑的可令到日本屈膝。所以在原子彈未投下以前，美國原本計劃進行着一件大規模的登陸戰。美國鑒於冲繩島一役日軍抵抗的慘烈，再一次的登陸企圖必須再犧牲十萬的軍隊，而日本軍民的死亡也定必慘重。在這個當兒，原子炸彈剛已準備好。權衡兩者的輕重，遂拿原子彈來一試。日本在廣島被炸之後，不知道美國究竟有幾許原子彈，所以趕緊投降。實則美國當時並沒有足够的原子彈數目可以毀滅日本的作戰能力。由於日本原已筋疲力竭，美國才得以兩顆原子彈結束了戰爭，這個形勢是不可忽視的。

那末倘使交戰的雙方都是勢均力敵，而都會製造原子彈的話，就和當時日本投降的形勢完全不同了。先就原子彈的製造來說，原子彈的製造是很耗費的，牠的造價成分包括到整個政府運用的效率，整個國家的工業能力，和原子炸彈怎樣運去投擲的方法。世界上除了經濟力量和工業力量極強大的國家，普通的國家實在經不起使用這樣大的力量來製造。將來自然說不定會有一種新的較簡單的方法，可以大大減少製彈的人力和物力，但美英兩國和加拿大的許多優秀物理學家及工程師苦心搜索這個方法，已下了十幾年的工夫，還沒有找出一個比較近似的途徑。所以原子彈的製造在一個長期間內恐仍屬一件極端糜費的事。我們知道製造原子彈的原料是有許多限制的，質方面的限制較量方面的限制更爲重要。世上適合於製造原子彈的鈾鑛爲量甚少，稀薄的鑛藏則提煉的工作太繁複而耗費，都不是普通國家經濟能力所能辦到。

現在保有原子彈的國家除了美國外，可能的祇有蘇聯。美國總統杜魯門曾宣佈蘇聯境內發生過原子爆炸，這自然是有相當根據的話。但原子彈的製造是需要特別技巧的人員和原料，與製造工廠的配合。且歷史告訴我們，科學的發達是需要自由工作者的才能，而不能用禁制方式，或祇靠征調人員便可從事這樣翻新的工作。原子彈的製造既這樣困難，那末蘇聯能够用幾大的力量，和可能降低一國的生活標準到了甚麼程度，來達到這個目的，自然也是問題。我們可以相信蘇聯保有原子彈的數目絕不會多，其製造也絕不會快。美國可能有若干儲量，但最近在本年一月底二月初的幾天當中還在內華達州進行了一連幾次的試驗，可見對於原子彈的製造和使用方面還有許多技術問題在試驗中。兩個可能交戰的國家各用大量的原子彈來作爲主要的武器恐怕還需要好多年。

原子彈並不是會製造便算了事。在戰略上原子彈的問題是在怎樣把牠送到要使用的地點來投下。根據二次大戰的經驗，在兩個勢力相當的對敵中，要用大規模轟炸對方來取勝是可懷疑的，而選擇主要目標的轟炸則在聯合作戰中是有重要的價值。原子彈的造價既然甚鉅，則自然不能像普通炸彈可以隨便放下一枚。轟炸的目標總是遠的，斷斷不能用單獨一架轟炸機帶上一枚原子彈，便可飛過有良好裝備的敵境數百英里，而能準確投下。勢必用一隊飛程較遠，速度較低而較大型的轟炸機群，並須用一隊速度較大的戰鬪機來保護。這樣勞師襲遠以一整隊飛機來携帶一顆原子彈，大部份的利益已經喪失。而對方防守的驅逐機則有地面聯絡及雷達的設備與便利，比較來襲的轟炸機隊與保護機隊僅能用有限距程的空中雷達，自處於較優勝的地位。而不難將來襲的飛機一一打下。因此上次大戰所用轟炸機的速度和高度來對於防禦完好的地方施行轟炸。在今日實不再適用。而想用原子彈來任意毀滅敵人的城市祇不過像一種幻想。若有良好的防禦設備，則對於轟炸機群帶來原子彈的可能自無須過於恐怖。

當然攻擊的方法是層出不窮的，轟炸的技術亦容有變更。且尚有偷襲或突襲的可能。惟武器有一新發明必定也有其相當防禦的方法。防禦原子彈的方法早就有了，所有可能偷襲方法的防禦也早在進行之中。不過防禦方法無論雷達網及攔截機的設備，若要每日二十四小時加以不停的警覺，自然都是極爲浪費之事。但在對方極端機敏的工作之下，以轟炸機群運送原子彈到達目的地而自由選擇目標投下，其可能性自甚受限制。

對於原子彈的運送方法我們要想到敵方可能使用潛艇，帶到距我海岸二三十英里的海面，以火箭射送原子彈，以襲擊我方的海岸城市。如果敵方有相當的潛艇和原子彈，而能於潛艇浮起時相當描準發射，則對於沿岸城市的威脅是異常嚴重。世界軍事觀察家對蘇聯潛水艇的活動極端注意。近年來常有美國太平洋沿岸以及東南亞海面與日本海面發現國籍不明的潛水艇活動，談虎色變，這與潛艇携帶原子彈的可能性自屬有關。現代武器對於怎樣克服潛水艇尚無十分把握，軍事科學家對於這個威脅正在全力研究之中。以雷達警報跟着用帶有火箭的飛機來對付潛艇，如組織得法，是有成功的希望。因潛水艇完全在水面下潛行究竟不是很容易的事，而在浮出水面的一刹那間，要對準目標將原子彈放射，也是沒把握的。

原子彈不但可籍潛水艇運送，且更有一種方法在陰謀性戰術中是頗爲可怕的，便是利用沒人注意的普通商船，携帶若干原子彈，偷駛入對方海岸城市附近，於突擊時期來臨即令其爆發。或將原子彈由商船貨艙的暗門預置於港口某處，然後於突擊時用定時信管或無線電信號將其爆發。且可於幾處敵方海口預爲佈置，而於必要時同時爆發。這種陰謀頗難防備。因爲原子彈在船上很容易收藏於一個不給人注意的地方，甚至可以混藏在一尋常貨堆之內。要在船上找出一顆原子彈，總要很澈底的搜查，因之很容易混過去。倘使原子彈果眞用商船帶來在港內爆發，則對於港埠的破壞定必甚大。且根據上述比基尼島試驗所得的結果，大量有放射性的物質由水面下散布出來，是非常可怕的。這種破壞雖然對於一國的海岸城市可下一致命傷，但在一土地廣大的國家，如美國，如蘇聯，這個策略祇能毀壞其一部份的作戰能力，而仍然沒有對於整個戰爭有決定性的功用。

由上述各方面的問題來觀察，原子彈的製造，包括運送方法及有效的投中敵人的目標，而摧毀了敵人的作戰能力，在經濟上來說是一件極艱鉅的事。雖然在作戰及備戰時期經濟問題是難以顧及，但在全面戰爭中，資源與人力之應如何經濟使用，以發生最大的力量，其重要性自不可輕視。倘使侵略的國家對於原子彈發生狂熱，使所耗金錢超出牠的經濟限度，於進行製造原子彈時已竭盡其財源，則不難使牠的內部先行崩潰。

總之原子彈的威力無疑的是可怖的，但牠的製造和携帶問題甚不簡單。現在原子彈的防禦方法幾乎與牠的攻擊方法以同一的速度進展。世人倘使對於這個威脅的眞確性質和範圍估計較爲清楚，則用牠來征服世界的企圖是可以遏止的。

當原子炸彈一再在日本投下之後，造成大量生靈的死亡，雖促使日本投降，結束了幾年的戰爭，但世人抱些道德觀念者對於這樣武器總不免有殘酷的感想。其實當年盟國對東京的幾次用燃燒彈來襲擊，所致令無辜人民的死亡，遠較廣島和長崎兩次原子彈所造成的損害爲大。（下轉第10頁）

反理性主義與戰爭

田灌夫

一、反理性主義爲戰爭之根源

理性主義和與其並生的人本主義，是人類生存和進步的支柱，是世界文明進化歷程中的正號的主流；人類憑藉它而抵抗了自然環境的壓迫，超脫了原始的與禽獸爲伍的生命領域，創造了日新月異合理進步的生活方式，科學、哲學和道德。這一精神文明的主流，在東方起自東周時代孔子的仁愛忠恕，墨子的兼愛利他的思想，經戰國兩漢而繼續發展，在三國六朝而頹唐衰落，至隋唐（王通魏徵韓愈李翱等）而復萌，北宋南宋而大盛。明代清初仍保持存續，直到滿清極端專制形成而始陷於窒息。西方起自希臘的思辯哲學，經中世紀宗教專制而衰落，至文藝復興運動而再振，至十七，十八世紀英法理性主義者的倡導而昌明。至十九世紀反動又興。由於北歐民族性質的深沉陰森，强忍酷烈，在德國和俄國產生了許多反理性主義的絕對觀念的學說思想及政治行動，形成爲世界文明進程中的一股負號的巨大逆流。理性主義的思想反動不起於近代文化重心的英美法等民主先進國家，而起於思想較爲落後的東北歐國家，固由於理性主義本身的病患的必然結果，亦自另有因緣。

二十世紀上半葉沒有產生新的哲學體系以遏阻此一反理性主義的逆流，重導世界文化於原有的理性主義之正軌。今天所流行的一些觀念，無論民主主義，社會主義，人道主義。都還不過是十八世紀或其以前的東西。可是，一百數十年來人類生活形態的變遷，國際關係的益臻密切複雜，自然科學的突飛猛進，皆有一日千里之勢。舊文化的觀念與法則均不足完滿解決人生的，社會的以及科學的各種問題，還有以往理性主義遺留而未予解決的問題，如資本主義的勞工問題，帝國主義的殖民地問題等等，至此也更趨紛擾動亂——倘若人類能依據理性主義的自由平等原則而互相諒解尊重，徹底合作的話，這些問題不是不能解決的。於是近代文化隨理性主義的暗淡而步入衰落；而反理性主義的反動勢力便試圖以强權武力和鬪爭破壞的手段，來解決人類的許多迫切而紛亂的問題。它毀棄了過去理性主義長時期來爲人類積極建設的一切成績，在全世界籠罩一層愚昧的消極的陰影，文明進化陷於停滯，因而導發了兩次世界性慘酷大戰。兩次大戰都不能爲人類解決任何問題，反而增加了問題的嚴重性。第三次更具毀滅的決定性的世界大戰，又在不可避免地醞釀着了，人類和其自身所創造的文化與文明，正面臨毀滅或生存的考驗。

二、幾種反理性主義的潮流

什麼是世界戰爭的基本因素？第一在種族，國家、地理、資源、生活方式，文化差異等先天的因素中，第二在歷史、文化、思想以及由此而建立的政治、經濟、社會等制度的人爲因素中。先天的因素雖屬重要，但只在未開化的社會中才具絕對的支配力：文明進步的人群已經可以憑藉理性主義的開明公正的智慧與精密博大的科學技術，克服此先天諸因素所給予人類的困難阻害。惟有人爲諸因素——正因爲它是人爲的——發生反理性主義的偏差或病患時，先天諸因素纔得發起巨大影響作用。因此，我們爲求深澈了解世界戰爭的根本原因，必應首先分析探討戰爭之反理性的人爲的因素。茲試將全部人類文化思想與實際行動中所含藏的足以導引戰爭的各種理論和傾向，歸納爲下列數點：

1, 種族主義

種族觀念是由人類與生俱來的天然血緣意識所產生的。世界任何種族都保有一種神秘奇異的起源傳說，自認爲是和天神有關係或爲其所扶持而應當在世界上有其特殊地位。

由於各種族間生存競爭的劇烈，愈使原始的種族意識作不正常發展，形成爲各種偏激，狹隘，自私，狂誇的種族主義。每一種族都具有盲目的，過度的，缺乏充分理由的自信心，驕傲狂與優越感。各種族間不容易產生相互的了解，容忍和信賴，反之更存有不可磨滅的鄙視和仇恨。全部人類歷史上的戰爭，直接間接都與種族主義有關。

從歷史事實看，種族主義的發展可分爲三個階段。最初表現爲對戰敗異族的虐待狂，這在現在在高山或森林中的原始種族裡面仍然可以看到。其次表現爲對外族無限制的征服狂，爲羅馬帝國，突厥帝國，蒙古帝國，日爾曼帝國等即其明例。最後表現爲持有政治侵略，經濟侵略，文化侵略，軍事侵略等武器的國家，這就是近世紀的種族主義。歐洲自羅馬帝國統治沒落後，分裂發展而形成爲現在的二十幾個國家，（中國人口和土地與歐相差不遠，但中國在兩千年前已經合併各族而成統一國家，所以兩千年來，中國本土所發生的民族內部戰爭可說較少）造成了群雄並立，各不相下的局面，於是戰爭成爲遂引已國意圖的主要而必然的手段。加之世界海陸開發殆盡，殖民地市場物資利益的佔有分配已竭，再沒有揷足發展的餘地，「有」者競競保持既得利益，「無」者紛紛要求利益的再分配，被壓迫者則亟亟反抗以謀壓搾的解除。於是戰爭成爲解決國際糾紛的唯一方法，而戰爭的發生日益頻繁，戰爭的範圍日益擴大，戰爭的性質日益慘烈。在他們之間沒有共存共榮的觀念，都認爲自己不以戰爭消滅對方，將來必被對方所消滅。雖然戰爭並不能徹底解決他們的問題或消滅他們的對方，而反增加了問題的嚴重性與對方不可消滅的眞實性，但他們除了戰爭之外沒有其他途徑可循。第一次世界大戰是白種人陣營中的爭霸戰。第二次世界大戰中，希特勒坦白的提出了大日爾曼主義；墨索里尼以意大利的光榮爲號召；日本則標榜着大和民族的大東亞主義。今天第三次世界大戰的前夕，斯大林的極權國際共產主義的美麗的理想，又何嘗不是俄羅斯傳統的大斯拉夫主義的自私幻夢？

2. 國家主義

國家是一個或數個民族依着地緣關係聚居在一個固定的區域，爲共謀生存，共營生活的一種政治組織。在人類開始脫離原始社會進入文明社會的時候，這一包括政治，經濟，文化的組織，確是重要有益而必需的，曾爲人類帶來不少進步的力量的。人類憑藉國家的形式，對內團結了各個人的生力，統一了各個人的意見，調整了各個人的利益與關係；對外則形成爲一堅强的防衞體，使生產和文化都有所恃而日趨發達。但是後來全球交通日益完成，國家與國家的接觸範圍日廣，國家這一政治組織形式不能追隨世界形勢的發展而演進，反而約制了人類的意志，拘束了新世界的進步。從此國家變成各種族間慘烈的生存鬪爭的唯一有力的武器，成爲强暴集團或少數野心家的政治權力壟斷的工具。

國家主義的理論大約表現爲三種形式。第一爲國權主義——即國家主權說，認爲一個嚴格意義的國家,必須具備獨立自主,對外不受任何另一權力的干涉，對內不受任何事物的抵觸的政治權力，否則不能成爲國家。依此則國家權力對內高於一切，意志的自由超於一切，國家的權力愈大，自由愈多，則人民的權力愈小，自由愈微；對外因國家權力與意志的絕對自由，受種族生存鬪爭的偏私所鼓勵而作不正常的發展，使國際間的眞正合作成爲不可能。第二爲帝國主義，即富强的國家對貧弱的國家進行征服或控制之意。帝國主義的演變可分兩個時期，前期帝國主義純以武力侵略弱小國家，掠取資財與奴隸，如前舉羅馬，蒙古等古代帝國是。後期帝國主義則以資本主義爲基礎，佔取殖民地與勢力範圍；而掠奪其資源，開發其市場，以榮養其本國的經濟；如近代英，法，德等國是。第三是軍國主義，即是各强國爲了參與世界殖民地爭奪戰，而使其國家成爲隨時可以接受或發動戰爭的備戰機體，並求在戰爭中使其國家的一切人力物力，作最高最大的發揮。國家的目的置於一切之上，所有個人的利益都附屬於國家的利益，個人的意志歸依於國家的意志，全國人民都須無條件無限制的直接間接貢獻自己的資財，犧牲自己的生命自由與意見而爲戰爭服務，人民成爲國家主義戰爭的工具，如同其他戰爭工具一樣。這種軍國主義在世界上行之最早的要算斯巴達，其次算蒙古，直到俾斯麥，希特勒，墨索里尼才發展成熟；而其最後發展則爲斯大林的以建立世界極權政治爲目的的共產軍事帝國主義。

3. 教條主義

此所謂教條主義，係指宗教的極端的信仰而言。自中世紀初期以來即統治白種人頭腦的耶穌教，一向是被稱爲博愛救世的。但耶穌教的教義却含有若干不合理性的思想因素，其發展而趨於極端主義，可於下列諸點證之：

第一是一神觀念　認爲宇宙間只有上帝（天神）一個絕對的存在，天地萬物是它依照它的意旨所創造；它是唯一的無上的神，在它之外沒有並存的神，在神之內沒有次級的神，世人的頭腦中，只可有上帝一個神的觀念存在，不可又有另外一個神的觀念存在，有則便成爲犯罪成爲惡魔。

第二是救主觀念　耶穌把自己作爲上帝的一部份而代表上帝到世間來救人，他本身就是超人。他在世間一切語言行爲以及他的上十字架受罪，都是出於上帝的意旨。這和中國孔子墨子自以平常人的同情立場而救世的觀念是大不相同的。

第三是原罪觀念　耶穌不僅以超人的神自居，還認爲世界上一切的人都是萬惡的罪人，人類自始祖亞當、夏娃以來，即受惡魔的誘惑而染上了深重的罪惡；就是說人類從初生起，本性即是惡的，必須經由耶穌的啓示信仰上帝，始能獲救。這和孟子的人性皆善及釋加的衆生平等坦白無碍的慈悲觀念又是迥異的。

第四是盲信觀念　從來若干聖哲對於信仰的建立多主從知識——即理論的認識——入手，大乘佛教的唯識論尤其如此；耶穌教則注重篤信意念的養成，而不容許對信仰的對象作根本探討。耶穌認爲只有上帝是眞理，所以世人應當無考慮無條件的信仰它；對於上帝的意旨或命令應當無抵抗的遵從。耶穌斥撤旦「不可試探你的主」，就是拒絕人們對於上帝全能問題的討論。

第五是虛無觀念　耶穌教既認爲宇宙間只有上帝是眞實的實在；依此推論，人類和萬物都不應是眞實的實在者，人只有在其靈魂與神——上帝——相合時才有意義，現實的肉體的人沒有什麼價值可言。所以爲遵從神的理想而犧牲無數現實的人，是沒有不可以的。

第六是神權觀念　耶穌教認爲上帝具有絕對的完全的能，也具有絕對的完全的權，它是宇宙的主宰，可以支配一切，世人不能反抗或懷疑；人世的一切權能，一切光榮都應歸於上帝。上帝的權表現在上帝的意旨，上帝意旨表現在聖經，這種無處不在的神的權力，顯然使人感到嚴肅，偏枯和沉重。

耶穌教既具若干思想上的缺點，後來又加上教徒們的曲解與私蔽，招致了耶穌所料想不到的惡劣的偏差，到中世紀出現了象徵一神一教主義而代表上帝權力的庸俗淺薄的教皇制；接着又演變爲殘酷慘烈，超過原始野蠻性的虐待異教徒行爲。他們不把異教徒視爲如同自己一樣的人類，而是上帝口中所說的魔鬼，因此，他們以盡其可能的殘暴手段殺戮異教徒，不僅是合理的，而且是愉快的，神所嘉勉的。於是造成了充滿歐洲一時期歷史，染滿歐洲全部土地的無量數宗教戰爭，宗教虐待，宗教仇恨的鮮血。雖然新教對於這些觀念已有不少改正和沖淡，但舊教的精神仍控制了大部份的世界。在今天，新教算是較進步的。羅馬教算是較落後的，東方正教則較羅馬教更落後不知多少倍。從東方正教的繁榮地——俄國產生出瘋狂的殘酷的布爾雪維克主義，應當不是無因吧。

我在這裡並不完全否定耶穌的價值，反之，他那偉大的道德實踐精神和純潔的博愛衆人的心情，是值得人類誠懇接受的。

4. 偏極主義

偏極主義即是過度的絕對觀念或絕對論理方式所產生的一偏至而玄虛的理論。在歐洲文化思想中絕對觀念是一個很普遍的重要的因素。但也是極容易引致思想出軌而趨極端的病源。早在希臘的思辯哲學和希伯來的宗教哲學中，已經植下了絕對觀念的根基。耶穌教的絕對神的理論以及這一理論對歐洲社會歷史的影響已如前述，現在試再把思辯方面的絕對理論加以考察。

拍拉圖以普遍妥當而現實性的伊第埃爲思辯論理的形式，但又認伊第埃爲形上學的超越的永遠的絕對實在，它有着獨立的起源，並離開感覺的幻覺而獨立存在；它是靈魂未生以前的純粹體，可以支配及改造人生的理想。這種由認識論到本體論，由論理學到形上學犳統一的，純粹的絕對觀念論，成爲歐洲思辯哲學歷史上絕對理論的總起緣，也就成爲這一理論體系一般的基本的結構形態。這一思想暗流到了近代，進入北歐大陸，由於德意志民族的崇拜權力，喜走極端，善作觀念的遊戲，於是產生了亘兩世紀日趨極端的絕對主義理論。

近世絕對觀念論以德國爲其大本營。萊伯尼的哲學以數理爲骨幹，康德的哲學以認識論爲根柢，還是屬於理性範圍。經過費希特，謝林發展而爲同一哲學；經黑格爾的再演變而爲畸形異狀的絕對觀念論。黑格爾認爲一切自然及人事，都是絕對者之理念的辯證法——即進行正、反、合克服矛盾運動過程——的內在的必然的發展。絕對者的發展，先自然而後精神，自然是其發展的一階段，即爲現實精神的外化。須知康德的純粹理性的認識論，是認爲認識對象——即宇宙本體——是不可知的，所以還不致於完全走入形而上學。黑格爾則認宇宙本體爲可知的絕對體；而這一絕對體則是依辯證法的公式而發展爲自然，精神，社會，國家，這實是一種玄虛無稽的觀念遊戲。在這同一時期以及稍後一些發生有耶可俾的信仰哲學，叔本華的意志哲學，認宇宙爲一大意志的發展，各個體則在其中不息地鬪爭着；尼采的超人哲學，認世界的根柢是一權力意志；超人的道德是排斥弱者（奴隸），提高强者（主人）；拍格森的生命哲學，認吾人的內部的我，爲一純粹持續的生命之流。都是一批應時而生的絕對主義的理論。

馬克斯少年時本爲熱烈的黑格爾學說信徒；後來因爲黑格爾哲學理論受到各方攻擊，體無完膚；乃異想天開，把當時流行的時髦的費爾巴哈的新唯物論作基礎，而硬生生的套上黑格爾原來的觀念辯證法的公式。馬克斯說是他把黑格爾的精神先於物質說倒過頭來的，其實費爾巴哈已經說過不是精神產生自然，而是自然產生精神。不過費爾巴哈只認物質即是自然存在着；而馬克斯則硬認一切物質是由於內在的矛盾的推動，而必然的自動的不斷的依照正，反，合的辯證法公式程序而向前演進。好像物質的內部伏有一股神秘不可思議的而又具有自覺的前進目標的發動力，支配着這無生命的物質，迫使自動變化。不僅如此，他又把這一套萬能的公式程序延伸到人類社會以及歷史，文化，宗教，道德，藝術，科學各方面，認爲這些事物，也都是跟着物質——僅指生產工具——的發展而辯證地發展着。將自然的本來法則，生命的本來法則，社會的本來法則一起抹殺，而把整個宇宙歸納於其一簡單的神化的公式中，做成他的所謂辯證法唯物論和唯物史觀。須知古代希臘人把辯證法祗作爲研討辯論學問的方法是有用的。黑格爾把辯證法加到絕對者的身上，反正絕對者是一個空虛沒有實體的假定觀念，以空釋空，在論理學範圍以內也還能自圓其說。惟有馬克斯把他主觀的假定的辯證法矛盾發展的正，反，合公式套在實有的客觀的物質身上，强說這是物質自身內部本然的屬性，從科學進步的二十世紀看來，多麼違背科學而不合邏輯。這是歐洲思想中反理性的絕對主義理論最極端，同時也是最危險的發展。進一步說，馬克斯的學說是以仇恨和鬪爭爲總基點，再來從哲學，社會學，經濟學以及歷史中尋繹出爲仇恨和鬪爭說明和辯護的理論根據，所有辯證唯物論，唯物史觀以及有關資本主義崩潰與無產階級必然專政等等說法，都不過是爲仇恨和鬪爭宗教作辯護的一部狂悖荒唐的新聖經。在英、美、法等理情主義較爲正當發達，自由與民主較爲前進的國家，對於這種學說可說無人置信。可是在：（A）科學與民主均甚落後，（B）種族的氣質特殊或不正常，（C）而且內而政治的黑暗腐敗，外而經濟的窮乏紊亂的激盪和國際特殊環境的壓迫，因而仇恨和鬪爭成一時需要的國度裡，則此種學說成爲最適宜繁殖的生物。德國學者也老早厭棄了馬克斯主義，到是在二十世紀，經過列寧，斯大林的闡揚和運用，使馬克斯主義佔領了俄國，成爲大俄羅斯主義征股世界的指導原理，成爲東方弱小國家昏厥中的興奮劑。

5. 物慾主義

近世資本主義的經濟理論，以個人的物質慾望爲假定的出發點，以現實的快樂爲其追求的最後目的，前者爲亞當斯密等的自由經濟說，後者爲邊沁等的功利經濟說。斯密認爲只有個人對於自己的利益知道得最多，必須尊重個人意志，使其自由經營，才能獲得個人的最多利益；同時也就能使產業發達，經濟繁榮，增加全體社會與國家的最大利益。邊沁認爲個人要求自身幸福的最大量，是一種理性的應有的目的；社會爲個人的集合總體，故社會利益的計算，是計算最大多數人的最大量幸福。於是個人自由經濟與最大多數的最大幸福，成爲西方正統的文化思想的主流。這一學說爲西方帶來物質文明的巨大繁榮，而曲解誇張之後，也釀成了深重的災禍與悲慘。

物質慾望的資本主義到了德國，俄國，經過俾斯麥，史大林，希特勒等的發揮强化而變爲國家資本主義，僅將個人物慾的自由，變爲國家的物慾的自由，國家代替個人而作資本主義的主人翁，而經濟的生產結構，生產關係，分配及消費原則仍保持資本主義的法式而予以擴大。換句話說，就是個人的生產工具與利潤的獨佔變爲國家的獨佔；個人對勞動者與消費者的剝削變爲國家的剝削；生產仍然不以國民的消費爲目的而以供給市場商品爲目的，寧可以低於成本的廉價向國外市場傾銷而讓國內生產的勞動者挨饑忍寒。而所謂國家，更不過是他們少數獨裁者之機關而已。勞動者所受的剝削，較個人資本主義更爲殘酷，國家的意志是不可反抗，無人干涉的；所以勞資爭議的仲裁與勞動者的救濟等均成爲不可能。於國家資本主義對於殖民地市場的需要與爭奪，亦較個人資本主義更爲迫切而積極，也就成爲歷次發動世界性大戰爭的主角。尤其所謂共產主義，不過是由物資利益分配不均所引起的反動，强烈地集體要求物慾滿足的另一方式。

6. 權力主義

在原始社會中人人地位平等，根本沒有權力觀念存在，到了人類開始進入集體性戰爭的國家生活時代，纔產生個人本位的權力主義。所謂權力，是由武力，智力或歷史積累的支配力量所築成，而以下述三種方式表現的：(一)對團體的公共事務的獨裁，(二)政治上和經濟上利益特權的獨享，(三)强迫他人無條件地服從自己並干涉他人的意見與行動。權力的發揮，對外必爲武力征服異族，對內必爲武力鎭壓人民。權力的主體，常常是個人，有時也是集團。往昔暴君專制政治，帝國主義，教皇制度等，都是歷史上權力主義最具體的說明。到了近代，由於理性主義獲得了較多的成就，漸漸培造起自由，民主的習尚和制度，減輕了權力主義所加給人類的許多痛苦。但在理性主義較爲落後的區域，權力主義仍在邁步前進。

近代權力主義理論肇端於馬基維利。他主張最好的政治是君主政治，而君主政治必須以專制權力爲基礎；君主爲要達成國家的統治目的，可以使用任何權力，也不必拘束於道德的或宗教的觀念。因此世人把鎭壓人民暴動或罷工等反抗行爲的都稱爲馬基維利主義。這一思想由拿破侖的補充實行而建起拿破侖帝國；又傳播世界其他處所而建起俾士麥的德意志第二帝國，沙皇的大俄羅斯帝國，梅特烈的神聖同盟，以及天皇與軍閥的日本帝國。德國的民性强悍，特別富於權力主義的狂熱，自菲力德烈以來傳統的權力政治只有加强。即在哲學，文學方面，如費希特，尼采等，亦莫不爲權力政治的歌頌者。

馬克斯承繼了德國權力政治思想的傳統精神，很容易的把國家權力政治，翻版爲階級權力政治；以階級代替國家，强調政治的權力爲一個階級統治其他階級的工具。不過他所謂無產階級獨裁的權力，不僅如以往對異己者的統治，而爲對異己者的消滅，視消滅異己爲無產階級的道德和歷史的必然法則，因而把權力主義的理論更加絕對化。

列寧承繼馬克斯無產階級權力政治的理論而予以實現。他嚴厲的指斥俄國社會革命黨，社會民主黨門雪維克以及德國社會民主黨對國家權力的性質與無產階級專政的必要性缺乏認識；在論「國家」，「兩個策略」等當時決策性的論文中，他指出民主政治的不可靠性，無產階級必須斷然以民主政治爲過渡手段而直接取得政權。在第一次大戰中期，他和托洛斯基，斯大林等組成了一支以工人赤衛隊爲基礎的强大紅軍和以黨的細胞爲核心的格別烏！具有無上權力的秘密政治警察。而擊潰了沙皇王朝，拒阻各國聯軍的進攻，消滅了貴族與資產階級，鎭壓了無數的農人、工人和軍人。建立起所謂無產階級專政的政權。列寧死後，以黨的常務監察委員指揮格別烏起家的斯大林，把列寧的無產階級政權的草創規模，更爲固定；對政治權力使用的技術，更爲精進而强化。在黨內，毀滅了托洛斯基，布哈林以及一切的反對派，形成神聖的個人獨裁；在國內，鞭笞着億萬人民爲奴隸，在血腥的呻吟中爲新俄羅斯帝國製造光榮；在世界，驅策着億萬的第五縱隊，普遍深入地伸張着國際極權政治的侵略觸角。這就是西方權力主義發展的最高階段。

7. 戰爭主義

戰爭（或鬬爭）爲人類由動物的食物爭奪本能進化而未完全脫掉的原始的衝動之一，但人類之所以能臻進化，則純依賴於與戰爭相反的合作互助行爲。由於合作克服了外界自然的壓迫，也克服了人類自已的自私與蠻橫的弱點；而戰爭則適爲此基於理性的合作行爲之最大威力的破壞者。某一種族或國家內部最先以合作代替戰爭的，即可獲得優先的進步；其仍長期停留於這一野蠻行爲的，必落後而至於衰亡，故合作愈多則國愈强盛，戰爭愈多則國愈衰弱；合作與戰爭多寡的反比例的加減，即可卜定一個國家的興亡。過去不知多少種族因爲沒養成由戰爭進入合作的能力，而永遠滯遲於野蠻狀態甚至滅絕無跡；由現在殘存在深山或森區的原始種族，不難考察出這一事實眞象。縱是號稱進步的文化的民族，雖也藉合作而進化；但戰爭仍被間歇的採用，便大大地減小了進化的速率。所以戰爭一事，在文明人的社會中仍然是一極嚴重而不合理的現象，古今聖賢哲人以及慈悲救世的宗教家，莫不反對戰爭而提倡互愛互助。不幸戰爭的威權，常常被少數野心家，獨裁者或一部份强暴集團利用爲自私的政治鬬爭的工具；若干學者、文人、又從而激揚之，謳歌之，且爲之尋求理論的根據；於是近代的戰爭反較古代的戰爭更加廣大、酷烈、而頻繁。

近代戰爭理論每以達爾文的生存競爭說爲根抵。他認爲一切生物都爲了生存而互相敵對，進行着極殘忍的鬬爭；適應於鬬爭的即能獲得生存權利，不能適應的必歸天然淘汰而趨於絕滅。這一生物現象的說明，不幸被普遍應用於文明人的社會，認戰爭為社會進化必然的現象，為人類神聖的事業。戰爭的勇敢是人類最高尚最優美可以防止墮落與懦怯的道德，這便增加了歐洲思想界反理性的傾側力。

近代戰爭學大師克勞塞維茲依託拿破崙的戰爭理論而加以辯證法的發展，成為他的有名的絕對戰爭論。這一理論產生了現代戰爭的軍事動員計劃與國家作戰總計劃，爆發了第一次世界大戰。魯登道夫，希特勒把克勞塞維茲的絕對戰爭論發展為全體性戰爭論，主張戰爭是國家的最高目的，戰爭就是國家的一切，整個國家與人民的生命，資產，自由與幸福，都應一律投注於戰爭，以求最後一勝。政府與全國人民應團結為一戰鬪化的有機體。這便爆發了第二次世界大戰。

從戰爭中出來以戰爭手段奪取政權的列寧，對於克勞塞維茲的絕對戰爭論，不僅給予精密的研究，視同馬克斯著作以下的寶典，（他有讀克氏戰爭論筆記）而且拿來與馬克斯的無產階級專政理論相結合，而創造一個絕對性的空前龐大的，無產階級世界革命的戰略和戰術。斯大林承繼列寧的世界革命戰爭理論而更使之詭秘化，欺詐化，技術化，他將世界劃分為帝國主義與殖民地，資本家與勞動者，地主與農民，民主國家與法西斯國家，老年人與青年人……等多樣的戰線與各別的戰場，而使之自相鬪爭，各個擊破。他的戰爭手段，有倒是為非宣傳，有指白為黑理論，有削奪人性的自我坦白，有滅絕人道的勞動奴隸，有無孔不入的第五縱隊，有消除異己的秘密警察，準備鋪平極權共產主義統治世界的邪路。

三、共產主義是反理性主義的最高階段

從以上所論，可以總結的說，現在的極權共產主義，是狂熱的大斯拉夫種族主義者，狂熱的俄羅斯軍事帝王主義者，狂熱的共產宗教主義者，狂熱的偏極主義者，狂熱的物慾主義者，狂熱的階級權力主義者，狂熱的世界主義者，是西方文化思想中各種反理性主義的好戰性的因素的總滙合，也就是反理性主義發展的最高階級。牠的最大目的是在征服統治整個世界，消滅一切所謂「階級的敵人」。牠的反動的屬性，超過古今歷史上一切的反動者——無論秦始皇或元太祖，希特勒或墨索里尼。牠是今天製造世界大戰唯一的泉源，有牠存在，最後使世界趨於毀滅。

吾人面對這世界毀滅的危機，如果要想挽回人類的惡運，必須重新建理性主義以及與此相應的人道主義的思想文化的基礎，輔導政治，社會，人心而使之入於正軌，並依據理性的理想，改造吾人的現實的生存與生活方式，徹底剷除世界反理性主義的强暴集團，消滅未來的戰爭危機，而後可以共進於大同的世界。

（上接第7頁）不會有人反對。大家只求安定，只要有書讀，就天下無事。其實呢？何必捨近求遠？現在以代理教務長資格代行校長職務的沈剛伯院長，有什麼不可當校長？或者不久即可返校的教務長錢思亮先生也有什麼不能當校長？他們大約都不是黨員，我不清楚，同時也都是新人，正合一部分人理想；自然，他們肯不肯就，又是問題，我之所以如此說，我的重點還是要政府多注意於未來的幾十個大學校長人選。

三、是我也得向怕就臺大校長的人說一句話。外面有些人都認為臺大情形複雜，比任何大學難辦。其實以我兩年來的觀察，這話未必盡然。但社會上何以有這句話呢？我想原因很簡單，傅先生是要負一點責任的。傅先生兩年來對各報記者發表了不少次有關臺大的談話，在各報上披露了不少篇有關臺大的文章，於是臺大在外面人心目中成了「多事的臺大」。我承認傅先生的談話，傅先生的文章，很少有過火之處；但過火之處也有，最妙是有時在文章中他自己就說：「也許我的話太過火」。孟眞之天眞可愛在此，孟眞之聰明過人亦在此。孟眞眞聰明，一次在一篇有關臺大附設醫院的文章中，他婉婉轉轉，煞費苦心的說了許多話，並且讀者很易看出來那是他一篇最費心計的文章，我最欣賞其中一句：「說來眞有難言之痛！」（前四字記不淸）可是他不知「難言之痛」一句話中，讓人家看來又將如何嚴重！孟眞喜歡鬧，喜歡鬧得每件事大家都知道，旁人不知底細，只知臺大多事，於是乃有今日很多人不願就臺大校長職的現象。不過我並不是說臺大風平浪靜，海不揚波，也不是把所有責任都推在傅先生身上，我只是說：他也要負一點點責任。

四、可是我的話要回到頭上去了，我認為今日辦大學，必須以孟眞的成功為成功的秘訣，他認眞，別人當校長，也得認眞；他負責，別人當校長，也得負責；他愛護學生，甚至工友，別人當校長也得如此。我不相信在今日社會，黃老之道的無為而治還能行得通。我曾經說過笑話：假如「無為而治」就是「無會而治」，那就行得通了。今日事事民主，一個大學校長，一星期非出席十幾個甚至二十幾個會不可，試問如何能黃老？孟眞有時候能「力排衆議，獨行其是」，（借用某先生哀悼傅校長文章內的話）這就是「無會而治」。可是幾人有此魄力，有此膽量呢？

傅先生在他那一篇「中國學校制度之批評」中，曾說過：「我不是教育部長，所以敢寫這一篇文」，是的，曾經當過大學校長，或有資格當大學校長的人，也決不敢寫我今天所寫的文章。

傅先生在另一篇「臺灣大學學術研究」一文中，引用了尙書秦誓上的一段話，他很客氣地認為這話適合於院長系主任，其實，在我看來，更適合於校長，尤其適合於像他那種作風的校長，現在也抄在下面，以貢獻於未來的中國所有的大學校長，並以結束吾文：

「昧昧我思之：如有一介臣，斷斷猗無他技，其心休休焉，其如有容。人之有技，若己有之；人之彥聖，其心好之，不啻如自其口出，是能容之。以保我子孫黎民，亦職有利哉？人之有技，冒疾以惡之；人之彥聖，而違之俾不達，是不能容。以不能保我子孫黎民，亦日殆哉！」

自由中國通訊

巴黎鱗爪

巴黎通訊・一月廿九日

鶚

筆者來巴黎只有七個月，爲了爭取生活的關係，每日埋頭撰述中文稿件，寄到香港一個文化機關發表，很少機會和法國人士接觸，也很難對一般社會情形作深刻一點的觀察。現在只能將短期內，表面所見於法國的，向國內作一簡單的報告，要想我作進一步研究，那只有姑待將來了。

自從第一次大戰以後，歐洲元氣，均未恢復，法國人口增殖率本來比別國來得低，有人說是中了馬薩斯人口論的毒。其實馬薩斯是十七八世紀的人，離開現代已一百餘年，他的學說初發表時，雖然轟動世界，反對他的可也不少。法國固然有許多人相信他的學說，也不過是少數知識階級，要說他的學說竟支配了整個法國民族，自十八世紀直到於今，那便未免遠於事理。因爲除了宗教以外，任何學說不會有這樣大的力量、而馬薩斯的人口論却不是宗教。

法國人增殖率之慢，有其內在的原因，有人說是由文化發展過高，一般人民運用腦力過度，生殖力自比減退。關於這，筆者愧非生理學專家，恕難作答。照我看，法國人口增殖之慢，由於工業發達，下級社會—即生殖力最强的一階層—的婦女都離開家庭，進入工廠，當然不願養育孩子爲生活之累。再者歐洲人乳哺一個孩子，的確比中國靡費數倍。當此生活日趨艱難的時代，眞是『我躬不閱，遑恤我後，』一知懷孕，便千方百計地去墮胎。法國政府對於這件事雖懸爲厲禁，效果還是微乎其微、消極的禁止既然無效，只有積極地來獎勵。政府在國內遍設育嬰院孤兒院收容棄嬰和孤兒，提高私生子的社會地位。一對夫婦誕育孩子在兩個以上，政府每月津貼他們養育費二萬佛郎。這個數目也算不小，雖然有人貪圖，多數人還是不願做孩子的奴隸。幸而法國是一個天主教的國家，天主教視墮胎爲莫大罪惡，即桑格夫人的節制生育，天主教也說有違上天好生之德，嚴格禁止。法國民族之得繩繩繼繼，傳衍下去，天主教的教義，倒是一個中堅的力量，否則這個優秀絕倫的法蘭西民族，不出數百年，怕將消聲滅跡於大地了。

天下事權利義務必定相對，而後行得通，不享權利，單盡義務，最高尚的人還覺爲難，何況是一般民衆呢？我們中國人善於養孩子，經過這麼多年的內爭和外戰，目前人口還有四億七千數百萬，這當然是幾千年傳下來的宗法社會的恩賜。宗法社會要我們每一氏族都永遠傳衍，所以有什麼「不孝有三，無後爲大，」「懼祖宗之不血食，」「若敖鬼餒」來作警戒和鼓勵。同時提倡孝道，子女對父母的反哺，乃是神聖的職責，違者以大逆不道論。中國大家庭制度，弊端雖多，好處也不少。中國民族之繁衍，有人說全靠這個制度。一般民衆也有一句口頭禪，說是「養兒防老，積穀防飢」這話五四運動以來，大遭時賢詬病。胡適博士於其誕育第一位公子時，作詩，有「只要你堂堂地做人，不必做我的兒子！」一時傳爲美談。可是，我們知道養育兒女，實在不是一件容易事，千辛萬苦地把兒女養大，竟半點好處也得不着，誰又樂意？能彀避免生育，當然避免了。西洋人不願意養孩子，這個也是一個很大的原因。

我現在請舉一目前之例，以概其餘。

數月前，一個文藝界的朋友，談起巴黎某區有一位老女作家，過去出身貴族，廣有錢財，十七八歲時，在文壇便相當活躍。寫了一本書，居然一鳴驚人，成爲優秀作家之一。她的創作力大得驚人，寫作的方面又非常廣濶。自少年時代到現在爲止，創作連編譯竟出版了五十多册書。她從前家中組織了一個沙龍，日與文人學士相周旋。嫁了一個丈夫，也是一個作家，兼任出版事業。他們自己有一個書店，夫婦倆的作品都在這書店發行。因爲自己素性揮霍，又因兩次大戰關係，佛郎貶值，弄得毫無積蓄，丈夫多年前亡故，書店盤給別人，連版權都盤過去，一文版稅也收不到。還算書店看她面子，在四層樓上給了一間小房，作爲她的住處，每月給她三千佛郎作爲零用。

這位女作家，八十歲上還在寫作，現在已活了九十歲，雖然五官靈敏，神智清明，筆是早放下了。我們去拜訪她時，只見滿屋灰塵厚積，窗幃和沙發套罩破舊不堪。她身上穿的一件襯衫，多月不換，已由白色變成灰黑了。她見我們來很表歡迎，自己抖率率地在酒精爐上燒了一壺茶請我們喝。可是，我們看見那茶杯的垢膩，誰又喝得下去，只有捧着杯假品了一陣，便擱下了。談起來，才知她有一個女兒，現已五十餘歲，嫁的丈夫還算有錢，但一向同她意見不合，對於她的作品也不甚佩服。她每星期來看母親一次，給母親帶糧食來。她母親窮到這地步，室中當然沒有什麼可以藏儲新鮮食品的冰箱之類。所以她喫的永遠是陳了的東西，肉是醃的，蔬菜是乾癟的。法國麵包離開烤爐半小時便發僵，一星期以上，便硬成石塊了，可憐這位老女作家，每天便將她的老牙根來對付石塊。她每天在酒精爐上摸摸索索，煮點東西，從來不下樓一步，外面節季的變遷，都不知道，我的朋友替她帶了一基羅的行將下市的葡萄來，她高興地喊道：

——瞧，好新鮮的水果，這是新上市的麼？

我另外一位朋友是一個畫家，留法前後已二十餘年。告訴我她所住的寓所有一位老畫家，雖有兒女，每年聖誕節才來看他一次。他患病在牀，兒女恰不在巴黎，當然不能來伺候。他斷了氣，陳屍榻上，一直過了三日，人家才來替他收殮。像我前文所舉那位老女作家，過去文學界大有聲名，至今她所誕生的某城，有一條大街，以她之名爲名，以表城人對她的尊敬，但她暮年生活潦倒至此。這位畫家也是對藝術界有很大貢献的，而死時幾如齊桓公之「蟲出於戶」，有兒女都等於沒有，名人尚如此，普通人又將如何呢？

× × ×

法國人口本來稀少，這一次戰爭，壯丁的犧牲，雖沒有一九一四年第一次世界大戰那麼慘重，但也可以說相當多。現在法國政府最感頭痛的，是老年人的過剩。自從醫藥進步衛生設備週全，人類壽命的水準都提高了。但是人類工作精力的延長，却不能和壽命的提高作正比。一個人到了古稀之年，究竟只能算是一個尸居餘氣的廢物。當國家富庶，時代昇平，老人是特殊燦爛，可說是一種祥瑞，否則倒成爲災殃。我們倘然在巴黎街上蹓躂蹓躂，所接於目者都是步履龍鍾的老翁，和鶴髮駝背的老婦。在公共汽車，地道車裡，所遇見的，也都是些孔子要以杖叩其脛的人物。更奇怪的，他們差不多都不良於行，男人還可說是因爲過去打仗受傷，女人呢，她們並沒有去當娘子軍，爲什麼大都跛着一隻脚，扶着拐杖，很艱難地在走路？這由於什麼關係：是氣候？是食物？還是什麼脚氣病？請教法國人，他們自己也說不出一個所以然來。大約是見慣了反不知注意的緣故吧。這班老人對社會貢献巳等於零，穿衣喫飯住房子還是和普通人一樣。據說現在一個法國青年或壯年，平均要維持三個人的生活，並不是我說自相矛盾的話，他們贍養父母，這班老人是政府和社會共同挑擔著的，把重稅加在他們身上，那也等於要他們負擔了。法國政府對於老人過剩問題，雖然甚爲焦慮，可是既不能學中國古書所說，某地每將老而不死者舁入深山，聽其餓斃；或效法非洲土人，將老祖父母逼上高樹，闔家合力搖撼樹身，使其跌下枝頭而亡，也只有聽其自然能了。

生活既難，可以工作的老年人，總還是勉强工作。政府各機關的人員，商店的職員，以及各種比較輕便些職業，罔位都是老人佔着。老人生理機能退化，工作效率當然較低，行動也嫌過於遲緩。當你請教他們一件事，把個字條兒他們看，摸索老光眼鏡，那是萬不可少的一著。從美國來的人常慨嘆道：拉丁民族，已是日趨衰老，在法國人身上更充分表現，這滿街疲癃殘疾的老人，便是具體的例子。是呀，法國人行動的緩慢，連我這個從東方古國來的人，都覺得有些不耐煩，那些朝氣勃勃的美國小夥子，怎樣瞧得慣？

× × ×

法國人善於享樂人生，過去巴黎繁華甲天下，婦女的衣裝，成爲全世界的模特兒，好似從前中國的上海。但現在情形巳大大不同。你走到巴黎最繁盛的街道，像 Rue de Trabourg, Rue de Saint Honore 時裝型式，既沒有從前的善於變化，衣料也大都淡素單純，像香港各衣料店那麼五光十色，無奇不有，一半也比不上。香港無論男女，都穿得花花綠綠，街上所見婦女衣衫花樣，很不容易發現有雷同的。婦女們每天盛裝得過節一般，一年到頭逛商店購買衣料，叫裁縫做衣裳，巴黎人對此也要自愧不如的。總之，現在法國人生活過得都相當刻苦，外表上雖不大看得出，我們知道他們腰帶都束得緊溯溯，有似第一次戰後企圖復興的德國人。法國教育界也相當清苦，所以教員授課甚多，並爲人補課，企圖額外的收入。我初到時，曾到一個專爲外國人而設的法文學校上了一些時候的課。這個學校歷史頗久，名譽極佳，其中教授均具有多年教讀經驗，教法極其精良。但我見其中教授每人每天上正課二小時到四小時，另還爲學生補習二三小時。女教授上了課以後，還要回家料理家務，甚至燒飯洗衣都自已動手。看他們年齡大半都在五十以上，教書累得聲嘶力竭，我實在不勝同情，但普天下教書先生都窮，何況又值大戰以後？他們不這麼苦幹，又怎樣能維持一家子生活！

巴黎大小商店，每星期一倒關門休息，倒不去論它了，大部份的店子自星期六下午關閉起，一直要到星期二上午才開。巴黎是個有名的不夜城，於今普通商店，天才黑便上了鐵柵門，晚間在街上走走，除了幾盞路燈，到處黑沈沈的一片。一方面是他們講究休息，一方面也由於社會一般購買力低落，生意蕭條。巴黎報紙到星期日也一概停版，只有一二份是星期日出版的報紙應個景兒。這倒是我們中國不常見的事。

小商店和攤販爲了生意難，也就沒有從前老實。買東西交錢給他們找，往往會故意抹去幾個佛郎。水果等物本來不許挑選，但他們倘看見你是黃臉皮的東方人，總是把爛的枯癟的給你。同他略一爭論，他便把東西一把搶回不賣了！記得我曾在一家書舖選擇兩本舊書，一本是九十佛郎，一本是七十，當我將書交給店主，轉身到書架時再尋別的書籍時，他已將書的價碼，各加一堅，每本書憑空貴了一百佛郎了。這雖然是極小極小的事，也可見戰爭所破壞的不但是物質，也破壞精神。

不過法國的治安究竟比中國不知强多少倍。我是在香港住過一年的人，香港匪風之盛，至今教我談虎色變。略爲有錢的人，家裡鐵柵門無論白天黑夜，鎖得嚴密無比，稍不留心，便遭械匪闖入，報紙上天天有商店和行人被搶的新聞。鬧市上走着人，手錶，錢袋可以被人硬行搶去。偏僻些的巷衖，和行人寥落的道路，那更不在話下。我覺得香港下層階級的人，在有人處是平民，無人處便立刻變爲匪。不但下層階級，便是受過教育的學生，有機會也要幹這一手，我有一個女友便曾被一中學生搶去了數百元港幣。在香港沒有錢，日子不容易過，有點錢，又要日日夜夜提心吊膽，這種地方豈不太可怕而又極端可厭麼？在巴黎雖然說不上，道不拾遺，夜不閉戶，但這種精神威脅，却完全沒有。在香港住過的人來到巴黎，最感到痛快的便是這件事。

× × ×

當此世界風雲日益變色，左右兩派已到了你死我活，決勝負的時候，法國人的意見怎樣呢？但是你想徵求他們意見時，十次有九次教你失望。從前軍閥時代，茶樓酒館每每貼上一張誡條「莫談政治」現在法國人的靈魂上也像都貼着這樣一張誡條。他們尤其不敢提共產主義和蘇聯這些字眼，就說肯提，也要先看看四周有什麼人，把聲音放低，好像有什麼「格卑汚」在旁邊偵察着似的。法國本是言論自由之邦，但報紙刊物公開反共，反共而又激烈者實在少而又少。反之，共產黨方面的刊物却叫囂得非常利害。法國本來是革命策源地，於今雖然帶些暮氣，但思想總是比較前進，所以文化界可算比較左傾。不過法國又是講究自由，民主的國家，共產主義在蘇聯和鐵幕籠罩下的國家，却是實行極權政治，人民毫無自由之可言，法國人又何嘗不知道；他們之所以不敢反共實由於過度畏共，可說是都患了「畏共病」，因爲他們的精神也像過去我們中國文化界一樣預先被共產黨征服了。

共產黨在全世界的成功，可說是得力於宣傳。他們嚴格訓練幹部，發行大量文化書籍，印行各種標語，供給工作人員通訊設備，遣送工作人員往來各處，從事宣傳工作，他們用這方法，僅須費少許金錢，便爭取了很多人信仰他們的主義（引用美國馬利諾傳教會司鐸斯巴泰語）馬列主義者雖重視物質，輕蔑精神，却深知精神勢力的偉大，所以對可以左右人思想意志的報紙、刊物、書籍、看得比什麼都重要。他們知道文學藝術宣傳的力量比別的東西又高一層。所以他們第一要着是征服文學界。過去中國事例，大家應該明白知道。他們第一步，建立左翼文壇，打起普羅文學的大旗，於是向別的敵黨及無黨派積力進攻。今日把這位作家捉來，把他的意識形態檢查一通，明天又把另一作家拿到，把他的思想清算一次。你若略示反抗呢，嚇！那可不得了，簡直是搗了黃蜂巢，傾巢而出，把你左一針右一螫，簡直把你活活叮死！過去魯迅所提倡的那些「獵狐式的包圍」啦，「韌性戰術」「圍剿」啦，「窒死政策」啦，還有無數青皮痞棍的手段，誰不懼怕？誤攖其鋒者，誰不是弄到一輩子不得乾淨，並且死無葬身之地，我們在抗戰時代，才知道有「疲勞轟炸」這一名詞，在最近幾年，才知道蘇聯有什麼「疲勞審問」但在二十多年以前，中國新文壇早已把這兩件事實行了。我們以前還以爲是紹興師爺特別發明的法寶，現在才知道法寶的來源，另有所自，紹興師爺也不過遵行主子的命令，又加以師爺特稟的氣質，加強它的法力而已。

左翼作家祭起這種法寶，威力果然驚人，反抗他們的被「圍剿」，「窒死」而肅清了。成名的作家，懼怕他們淫威投降了；或者從此再不敢說一句良心語，以圖取得他們的諒解，青年新進之士見他們勢大不敢反抗，且圖登龍，更如草風之偃，一個個倒入他們的陣營了。他們征服了整個文壇以後，再進一步來征服藝術界、出版界，再進步來征服文化界。到文化界征服以後，赤色的精神政權已在全中國建立了起來了。

共產黨專政的國家，言論思想都是清一色，比什麼秦始皇的焚書坑儒；明太祖的虐殺文人；清代康雍乾三朝的文字獄都惡毒萬倍。但他們在奪取政權之先，却天天高唱新民主，並力爭言論思想的自由，來掩諱他們政治的陰謀。中國過去國民政府之失敗，還不是喫的這個虧嗎？他們發行無量數的刊物，對政府毀罵、誣衊、惡意的中傷，嚴厲的抨擊什麼手段都使了出來，政府略一取締，他們便向全世界控訴：說政府壓制言論，×××厲行獨裁，全世界果然信了他們的一面之詞，對國民政府失去同情，而且人民特別是文化界，對政府發生莫大的反感。他們政治力量輔助着軍事力量，雙管齊下，政府當然是招架不住的。

現在共黨在歐洲，還是運用這套策略，他們整天叫囂隳突，却扼住別人的嘴巴，不許他們出氣，一方面是鼓角喧天，一方面是寒蟬仗馬，人民整天所聽的只是一方面的聲音。思想當然會同他們合上節拍。政府對於他們當然不敢壓制，一壓制，他們便把「言論自由」那大帽子扛出來，責備政府違背憲法了。他們不知道自由是全民都可以享受的，現在你們倚仗人多勢衆，封閉別人嘴巴，自由成了你們御用的東西，還有什麼自由可言嗎？不過歐美政府對於中國前車之鑒並未感到警惕，被共黨先紮嘴套，後縛手脚，再來細細宰割。到臨死前的一剎那，不知他們還會覺悟否？

法國反共刊物，當然不能說沒有。我現在定閱的一個日報，叫做 Le Figaro 是巴黎有名大型報紙，名作家 Frangois mauriac 和 Andre Siegfried 常在這報紙裡撰述專論。巴黎一般小市民也很歡喜讀這個報紙。有一次反共大約激烈了些。共產黨出動大批人馬，把這天的 Le Figaro 搶買一空，買到手以後，將它撕得粉粉碎，滿馬路，滿地道車到處拋擲。要給它一個大大的丟臉。但第一天它的銷路反而激增。可見法國人民的眼睛原也同中國人民一樣的雪亮。可是人民眼睛雖亮，沒有武力，對於這種有組織的國際侵略，又怎麼抵抗得了？中國是失敗了。法國人民現在正走在我們的覆轍上，我眞替他們寒心呀！

（完）

維也納的陰影

維也納通訊一月廿二日

恨　生

維也納彷彿大海中的一個孤島，四面受着陰惡的海盜的威脅和騷擾，失去了希望，失去了感覺，只是在麻木中等待着一個結果：或是光明，或是更可怕的黑暗。在這裏，可以看到蘇俄征服世界陰謀的縮影，也可以預見人類將要遭受到的厄運，豈能徘徊？豈容猶豫？

維也納給人的印象是破壞與淒涼。其他被戰爭摧毀的歐洲城市差不多已復原，毀壞的地方不是野花叢生，便是變成了遊人如織的娛樂場所，但在維也納卻不然，在維也納令人感到大戰剛剛結束，這種情形是其他歐洲國家的人民所不能忍受的，而維也納人卻安祥地說道：「哦！現在還好！」在過去的三十年中，奧地利一直在困苦中掙扎，因此多災多難的奧國人民都很容易知足，而且說不定以後的情況還會更惡劣，較好的生活不過是一個誘人的美麗幻想，爲什麼不滿足現實而抓住現實呢？

維也納的這種荒涼情況不是由於缺乏建築材料，也不是由於蘇俄的干擾，唯一的原因是人民沒有安全感。誰肯將財力全投入隨時可被毀壞或被侵佔的不動產中呢！誰知道維也納以後又是一種什麼情況呢？

維也納市民都十分憎惡蘇俄人，這全是蘇俄人在一九四五年佔領維也納時的强暴行爲所使然。但這並不表示他們對於其他的佔領國家有好感。在維也納有一句流行的話：「我們能忍受一個三次大戰，但不能忍受一個第二次解放。」

窮困是維也納市民之中的普遍現象，人民的購買力極弱。街道兩旁的窗櫥中陳列着的物品永遠是那麼寂寞地躺在那裏，很少有人問津，有時也有人走近去觀賞一下，但總是嘆口氣說道：「太貴了！」而店員們常常是點點頭回以同情的微笑。維也納也有很好的餐館，佈置美觀，招待特別週到，但是，除了裏面的侍者是奧國人外，在食客之中是很難找出一個奧國人的。

蘇俄在維也納有一個大書店，實際上這便是蘇俄的宣傳機構，門口掛着一面大旗幟，上面有幾個大字：「一九四五年八月：兩顆原子彈——十五萬人死亡。」這句富有煽動性的話很明顯地表示了它的主旨是什麼。此外窗櫥中還陳列着許多畫片，宣傳波蘭、匈牙利、捷克和羅馬尼亞是愉快的、工業化的、愛好和平的民主國家。但是，去閱覽的人卻寥若晨星，從這一點看來，就可知道這些宣傳的效果如何了。

蘇俄在維也納又新設了一個新聞處，其目的是擴大宣傳工作。其中設有一個閱覽室、一個圖書室，還有一個電影院，裏面的佈置情調幽美，備有舒適的坐椅。在閱覽室中的桌子上放有許多德文的蘇俄雜誌，但在書架上的書並不多，其中有托爾斯泰的「戰爭與和平」，還有賽珍珠、法斯特(Howard Fast)等人的小說。

記得當蘇俄新聞處開幕時一個蘇俄中校說了一段話，是典型的共產黨的話：

「蘇維埃人民同政府極力要使奧地利變成一個獨立的民主國家，使法西斯主義和軍國主義的餘孽永遠絕滅。蘇維埃的人民同政府不願奧地利被華爾街的人們剝削，或是變成西方列强反對民主國家的工具。西方列强是要使奧地利徹底的殖民地化，並要使奧地利成爲他們發動第三次大戰的出發點……因此他們遲遲不肯和奧地利訂立和約，有心拖延佔領時間，並且殘害在他們佔領區中的民主力量。」

美國、英國和法國在維也納也設有新聞機構，自韓戰開始，他們似乎與蘇俄的新聞處展開競爭。美國新聞處窗櫥中陳列着的照片是宣傳南韓在和平時期中的進步生活。英國新聞處的窗櫥中掛有一張韓戰地圖，還有許多英軍開往韓戰場的照片。蘇俄新聞處所展覽的照片是宣傳戰爭的恐佈。只有法國新聞處所陳列的全是最近的得獎小說和一些巴黎的流行雜誌。

蘇俄在維也納除了它自己從各方面展開宣傳外，還推動它的衞國星幫助宣傳。譬如在市集上的羅馬尼亞牛油的售價比市場上的奧地利牛油便宜得多。因此每逢市集時，羅馬尼亞的售物篷特別擁擠，維也納的主婦們都成群結隊的走向那裏爭購便宜的牛油。在羅馬尼亞本國內牛油是不易買到的，羅馬尼亞的主婦們若知道這裏有如此便宜的誘人的牛油自然也會提來搶購，但是，她們那能如牛油一樣的幸福可以輕易地離開她們的國家？

在這個便宜牛油的後面自然藏有很深的宣傳意義，那就是告訴奧地利人，民主的羅馬尼亞是一個富裕的樂園，在那裏你可以花很少的錢得到很豐美的享受。但是，那些爭購牛油的主婦們只是在把握時機買便宜貨，此外，似乎誰也沒體會到其中的含意。人民的眼睛永遠是雪亮的。

維也納這個音樂之都曾經因爲悲多芬、馬札爾、斯托斯、蕭伯特……等樂聖而光芒萬丈，他們又可曾聽見了維也納今日最淒涼的「悲愴交響樂」嗎？

中共駐緬「大使」姚仲明二三事

乖崖

香港通訊，一月廿日

去年「人民政府」所派的駐緬「大使」姚仲明，山東濟南人，是十五年前山東省立濟南師範的校工。某次因毆打伙伴隗玉賢被事務主任王玉璞開除，氣憤之下咬着牙根說：「君子報仇十年不晚。」從此他的音訊杳然，沒有想到濟南「解放」後，他居然衣錦榮歸，做起濟南「市長」來了！

下車伊始的第二天，「市長」席不暇暖，拜訪十五年前的事務主任王玉璞，隨着叙述到十五年前的舊事，王玉璞面對着「翻了身」的「人民」，登時嚇得目瞪口呆，幾乎氣結而死。幸虧「市長」「寬大」爲懷，「哈哈哈……」便結束了這別後重逢的驚險場面。

實行「寬大政策」的第二天，王玉璞所住的舜井街「街政府」召開了「鬪爭大會」，控告的罪名是「迫害人民」的「惡覇」，受害的對象便是當今「市長」，當然罪該萬死，王玉璞便在「鬼推磨」的「勞動」之下，（北方農家磨麵粉的石製工具，通常是用驢馬牛捐着旋轉的。名爲鬼推磨，是把形將爲鬼的地主、惡覇、官僚、匪特、代替驢馬的勞役，而又要旋轉得如鬼神之速，所以才有這個雙關二意的名詞。）狼叫鬼哭的「翻」幾個「身」，往升西天了。

「市長」到任兩月之後，跑到山東省立師範學院講解「爲人民服務的觀點」，當場發現了一個「服務」對象——花容月貌的校花朱翠華小姐，沒有好久，朱小姐「搞通」了「服務觀點」，便開始在商埠的招待所中爲「市長」服務了。「市長」榮任緬甸「大使」以後，於去年八月二十八日在由香港搭海利輪到仰光的途中，有八位年青而漂亮時髦的女隨員，無疑的，八位之中是少不了朱小姐的。

齊魯大學篡位校長楊道林，是一位卑汚齷齪滋養得腸肥腦滿的三朝元老。這傢伙雖然鬼鬼祟祟無所短長，但，在驚險萬狀君子不居的場合，而能牟權獲利，倒是他的特長。當日本入寇濟南淪陷的時候，他不隨校遷成都，反而履險如夷，在濟南自行招生自稱「校長」。抗日勝利後，他又迎接勝利，自居爲齊魯的接收員，「刼收」了一大筆黃金美鈔，當了復員以後未曾動員的總務長。因爲在日僞時代他已經見習過「校長」了，所以這次又得風氣之先，當了「解放校長」。聞風通氣的原委是十年之前他在濟南正誼中學事務主任的任內，掩護了一個做「地下工作」的王大同當事務員，此次在濟南「解放」以前的四五個月，王大同重游濟南，又以楊公舘爲他的藏身之所，當然楊道林已經「爲人民立了功」。恰巧王大同又榮任了濟南「市府」的「教育局長」，這與楊「校長」正是息息相關。由於息息相關，所以楊王之間有一根電話專線，可以不漏風聲的隨時通話。楊道林爲了要鎭壓董事、校友、教職員、學生、工人、這一大群的「反動」勢力，必須借助於更有力的奧援，於是由王大同的專線而搭上了姚仲明。從王大同發生「橋樑作用」以後，楊道林的「服務」成績當然是可觀的。開始三日一小宴五日一大宴，吃的是「美帝」的西餐，接送貴賓的是「美帝」的吉甫車，任招待的是窈窕多姿的楊太太。這個娛樂場員，太寫意了，所以最後姚仲明不請自來，差不多天天必到齊大楊公舘抱着豐臀纖腰大跳其「美帝舞」。正當酒酣舞熱的時候，有人向他打趣說：「姚市長！你不怕受批評嗎？」「市長」在蓬拆蓬拆的舞步聲中，正容答道：「革命原是要提高生活水準的呀！」

這是姚「大使」全部起居注中三條粗線的輪廓。由此觀之，當他到仰光以後，與緬甸外交部所派的迎候人員並沒有英語寒喧，是無足怪的。因爲所有的「解放」大員，都是土包子起家，不要說是「英帝」「美帝」的英語，就是他們「祖國」的俄語，和「新中國省」的語文，也還需要「加緊學習」哩！然而在「市長」任內，已經學會了用刀叉進餐和交際舞，即此兩事，也足够勝任愉快了！

文藝

自由中國

——四幕劇——（一）

王平陵

寫在前面

本社深感戲劇的力量，在任何種類的文字宣傳之上，早就主張延請劇作家把鄭成功的英雄故事，編成平劇；而以建設臺灣，光復大陸爲主題，寫成『自由中國』四幕劇，一面在本刊發表，一面正式公演，擴大宣傳的實效。現平劇鄭成功的編製，尙未告竣，話劇『自由中國』，業由雷震、王平陵二先生合力寫成。此劇內容廣泛，題材博大，實在不易着筆。經作者苦思熟慮，耗費將近一年的時間，才完成初稿。卽請四六二六部隊的軍中劇團，在某地試演，由本社邀請文化界戲劇界人士，前往參觀，懇求在演出時，坦率指出劇本的缺點；同時，本社並將初稿油印五十册，分請國內外專家詳細審閱，惠賜高見。玆蒙參觀試演諸君，已對『自由中國』四幕劇，表示非常的滿意，但仍抱精益求精的美意，踴躍提供建設性的批評，計先後收到蔣經國，張道藩、方治、羅家倫、羅鴻詔、蔣勻田、郎靜山、陳紀瀅諸先生的指示，及戲劇家梁實秋，張徹、雷亭利、石叔明、陳文泉、張茜茜、戚莉莉、鍾憲民等對於藝術上的意見，復經作者全部歸納，以一個月的時間，盡力修改，才寫成定本。除正在籌備上演外，特先在本刊分期發表，尙祈文化界戲劇界人士不吝賜教爲幸！

自由中國社謹啓。二月 一日

時間：自民國三十九年元旦起。

地點：淪陷一月後的重慶，及民族興復基地臺灣。

人物：

黃鵬程：五十歲，性格忠直，爽朗，熱情，倜儻負責任，有判斷力。作爲他的缺點，就是過於熱情；然而他的理智，可以糾正這一個偏差。曾經赴美考察國防建設，文職的陸軍將領，是國防設計委員會的主任，中等身材，蓄有短髭，愛着整潔的美式軍裝，充分具有現代軍人的風度。

李蘊玉：鵬程妻，年四十八歲，舊制中學程度，典型的賢妻良母，態度大方，裝飾樸雅，富於同情和正義感，有女教育家的儀範，足使一般存有邪念的人發生戒心。

黃大剛：二十三歲，在大學政經系肄業，鵬程的獨子，身材魁梧，天眞，熱情，光明磊落，聲音嘹亮，有狂熱的祖國愛。

黃麗英：二十一歲，在大學醫學院肄業，鵬程的愛女，美麗，活潑，聰敏，有機智，多才多藝。她的缺點，是多疑少決，易受環境左右；所以又是沉悶，憂鬱的悲劇性格。

沈茉莉：二十七八歲，交際花的姿態，由於裝飾的時髦，仍像二十歲的少女。情感勝於理智，可與爲善，可與爲惡，視環境爲轉移，無存心作惡的念頭。因爲慕虛榮，喜揮霍，曾陷入歧途；後來受到正義的感召，回頭是岸。混名『紅薔薇』。

陳國華：年二十五歲，鵬程的外甥，亦即麗英的表兄和同學。原爲投筆從戎，遠征緬甸的青年軍，復員後，在大學機械工程系肄業，立志參加戰後的建設。他有愛國家愛民族的熱腸，有堅定，刻苦，犧牲奮鬬的性格，腦子裏常存着一幅光明，樂觀，富於希望性的遠景，是新中國一位典型的好青年。

丁慕松：年三十開外，中等身材，受過不完全的大學教育，善於適應環境，投機取巧，觀望風色，不吃盡苦痛，上盡老當，輕易不肯改弦易轍，雖不是有意附逆的敗類，也沒有存心作惡的根性；但其表現的動作，與漢奸賣國賊是一樣；可是，及一旦幡然覺悟，其愛國家愛民族的決心與熱情，比任何人還要激烈。可說是大陸上一般知識份子的典型。在重慶快要淪陷前，接辦陪都日報。自充該報的發行人，作爲向共匪暗送秋波的工具。解放後靠而不攏，碰到一鼻子灰，即隻身逃至廣州，自動參加遊擊戰爭。

劉大成：年約四十左右，臺灣籍，也曾赴美考察國防工程，在大陸上工作甚久。現爲黃鵬程的助手，任國防設計機構的秘書，大家叫他『劉秘書』。性格公正，機警，有相當的秘密性。

胡志和：年約三十五六歲，奸詐，陰險，僞裝臺北酒家的經理，實際是刺探軍情的匪諜。初與沈茉莉狼狽爲奸，後爲覺悟後的沈茉莉所擧發。
匪僞男女文工團團員各一人。
男女賀年客各一人。
男僕一人。
男賓甲乙二人。
女賓甲乙二人。
傳令兵一人。
周老闆（不出場。）

第一幕

時：重慶淪陷後約一個多月，即中華民國三十九年的元旦日。

地：黃鵬程在重慶的舊居。

景：一間樸雅的二層樓上的客廳，佈置頗藝術化。

中間是一張鋪有淺藍色枱毯的圓桌，上置插滿臘梅的花瓶，四張小圓凳，各佔桌之一方。右側置半新不舊的小沙發一套；但很潔淨。茶几一，茶几下有報紙，雜誌及畫片等。右有一門，通黃麗英的臥室。臥室內安置小型鋼琴一。有一門，通樓梯，人從此門進出。

正中的一面，有長沙發一，有兩扇玻璃窗，推開窗子，可以瞭望街景，牆上懸掛耶蘇受難像，一望便知是信仰宗教的家庭。

幕啓，正是吃完早餐的時候，黃麗英在臥室內努力練習蘇聯樂曲，琴聲頗不安定，更增加雜亂的氣氛。

其時，大街上已非常熱鬧，學生，匪軍，都已成隊遊行，嘴裏喊着口號，秧歌聲，腰鼓聲，自遠而近，在亂轟轟的大街上走過去。是關在竹幕中的老百姓被迫擧行『慶祝解放西南大遊行。』

李蘊玉從房內走出。急忙到窗前探望熱鬧的街景。李蘊玉：（簡稱李。帶有驚奇的口吻，輕輕嘆一口氣，自言自語。）唉！世界變得好快啊！（走到窗口看街上擁擠的人潮，微微嘆一口氣：）唉！重慶的老百姓是不是都在發瘋啊？（忽然叫起來。）麗英！麗英！快出來瞧啊！這一群男孩子跟女孩子打扮得鬼模鬼樣的，一扭一擺，扭扭捏捏，在大街上調情呢！噯！我不要看，不要看！（沉痛地浩嘆。）唉！唉！我的上帝！這是什麼世界啊！

黃麗英：（簡稱麗。停止彈琴，走到門口說！我今晚上要到青年館參加音樂會，招待軍政界的新要人呢！求求您，不要攪亂我的心思，讓我好好彈幾遍吧！（轉身進去。）

李：（好像沒有聽到女兒的話，繼續邊看，邊說。）喂！麗英！你快來瞧喲！這一批跑在前面領路的，是不是你們重慶大學的教授？

麗：（迅速從裡面跑出來，伏在樓窗上看一看，驚奇地。）噯喲！是的！是的！（指手劃脚地。）那一位是政治系的馬教授，一個半月之前，他還在大禮堂公開演講，痛駡毛澤東是土匪，史太林是魔鬼呢！

李：（冷靜地笑一笑：）哼…哼…哼…你聽！叫史太林，毛澤東萬歲的聲音，就算你們的馬教授頂響亮呢！孩子！你瞧啊！這些人爲什麼要走幾步路，就自己打自己的耳括子？爲什麼嘴裏還要自己：『駡自己我是個該死的大混蛋，我是豬玀，我是狗。』呢？

麗：（無所謂地囘答：）媽！他們從前都是國民政府的官吏，既然要向人民靠攏，當然要向人民坦白一番的。媽！您不要奇怪，如果爸爸跑不了，還不是一樣。（笑。）哼…哼…

李：爲什麼要這樣丟臉呢？

麗：丟臉總比丟命好些吧！

李：要是你爸爸這樣不要臉，我寧可去跳嘉陵江！

麗：（不耐煩地走出去！）啊；我不看了。我的琴還沒有彈熟呢！

李：（也離開樓窗邊，像想起什麼事似的問：）孩子！你今天禱告沒有？

麗：您呢？（站在房門口。）

李：向圓桌邊走過來，把桌上的東西整理一下，莊重地說：）我實在不放心你爸爸，他從來不會管理自己的生活；我尤其不放心大剛這孩子，膽子大，脾氣暴，我就心他在外面惹是生非，吃人家的眼前虧。我現在飛不高，跳不遠，祇有早早晚晚祈禱上帝，保佑他們平安。讓他們過一個快樂的元旦……。我好像是做了一場惡夢，我此刻還在夢裡呢！（邊說：邊走，在右側的小沙發上坐下，隨手翻翻茶几下的報紙，抽出一張，看了看，擱在几上。）這是什麼報紙啊！一點新聞都沒有，儘是些拍馬屁的文章。

麗：（走過來，揷一句。）這些寫文章的人，在一個月以前，還在起勁拍國民政府的馬屁呢！

李：（走起，點點頭，冷笑。）哼…哼…哼…（忽又聽到一陣狂呼口號的聲音，大放鞭炮的聲音，再囘到樓窗邊。）麗英！麗英！來！來！你來瞧啊！那個沿路喊口號，手裡放鞭炮的，我見過他，他到我們家裏來過的。

麗：（急忙走來。）哦！他就是陪都日報社長丁慕松啊！就是他介紹我參加今晚上的音樂會呢！（笑。）哈…哈…哈…他又領頭喊口號了！（從樓下傳來雜亂的呼聲。）哦！他多起勁啊！媽！您瞧！他手裏還在散發陪都日報的傳單呢！

李：這些投機份子，都不是好東西。

麗：媽！丁先生眞有辦法，那些文工團團員，軍管會的要人，都變成他的朋友了，他現在紅得發紫呢！許多人，想見他一面，都不容易。（甚爲得意，天眞地。）可是，他待我眞好。不是稱贊我思想前進，態度大方，就是說我的文章寫得好，琴彈得好，戲又演得好，樣樣都好。

李：（懷疑地：）嗄！他待你這樣好嗎？

麗：（不以爲然的。）媽！我又不是沒見過世面的小孩子，陳國華表哥雖然比我大四歲，他在大學裡也只高我一年呢！我決不會上人家的當，您放心吧！

李：（鼓勵地。）是喲！你不是小孩子了，你爸爸簡直把你當作一個精明強幹的男孩子呢！（指着在大街上領導遊行的丁慕松說：）你瞧！他在向樓上望我們呢！

麗：（向窗外街上招呼：）丁社長！丁社長！唔！他招手了我要下去和他說幾句話。（即轉身跑到樓下去。）（正於此時，來了兩位賀年的男女同學，與黃麗英在樓梯口遇到，熱吵吵地說：『喂！麗英！我們來拜年了。你到那兒去啊？』黃麗英答：『喲！你們的樣子好滑稽啊！（笑。）我媽媽在家呢！我就來，我就來。』她們笑着，馬上「鼕鼕鼕」地跑上樓來。

男、女同學：黃伯母！我們來拜年了，您老人家好啊？

李：（興奮地跑過去迎接）誰啊？（她們已經上樓了：）哦！原來是你們啊！你們怎麼裝扮得這樣奇形怪狀啊！

男同學：（笑着說：）黃伯母！我們學的是勞苦大衆的新作風。

女同學：（接着說：）我們的樣子，在『解放軍』看來，還不够前進呢！差得遠呢！（笑。）

李：你們打那兒來的？

女同學：我們是參加遊行的，隊伍打這裏經過，特別來看看伯母；順便來問問麗英，她今天為什麼躲在家裏？

李：好！麗英就來，請坐吧！（他們坐下。）

男同學：我碰到陳國華同學的。

李：（驚奇地。）國華也參加遊行嗎？

男同學：沒有。他還在圖書舘裏看書呢！他眞是個書獃子，現在還讀什麼書？學問有什麼用？

李：不過，將來在社會上做事，到處要講資格的。

女同學：（譏笑。）哈…哈…哈…黃伯母！資格更不值錢了！我們大學裏的教授，有許多是在外國得過博士的，有幾位頭髮也白了。（冷笑。）哼：哼：現在他們都要重新學習了，指導他們的人，都是些不識字的土包子，有的還是小孩子呢！

李：哽！有這樣的事嗎？

男同學：而且先要寫一篇自傳，把自已過去的資格、經驗、學問，說得半文不値，才有受訓的權利呢！

李：（笑。）哈…哈…哈這還算是權利嗎？

女同學：當然是權利囉！（一本正經的神氣。）黃伯母！教育系有一位教授，是英國牛津大學的博士，他在自傳裏，沒有承認自已的博士學位是不値錢的狗屎，就被拒絕受訓了。這位教授為了享受不到受訓的權利，整整痛哭了三天三夜，恨不得要吞安眠藥自殺呢！

李：我生了耳朶還是第一次聽到過這樣的奇聞呢！

女同學：樓下的三六九麵館，是你們開的嗎？黃伯母！

李：不是啊！是周老闆開的。你們要吃點東西嗎？

男、女同學：謝謝！我們不餓！

（黃麗英歡歡喜喜跑上樓來。）

麗：哎喲！對不起你們了，累你們久等了。

女同學：麗英！你今天為什麼躲在家裡啊？（男同學凝視黃麗英在淡淡發笑。）

麗：（表示很忙碌的樣子：）哎喲！我的好小姐！你以為我躲起來嗎？嘿！我比你們參加遊行還要忙呢！（招招手。）我正在練琴，我今晚要參加音樂會，招待許多新要人呢！（他們迅即走過去。）

女同學：麗英！你別怕！我們是來向黃伯母拜年的。

麗：（機警地。）媽！丁社長是今天勝利遊行的糾察員呢！（男女同學注意聽她介紹丁社長，驚奇地羡慕）他問我：『琴彈熟沒有？』我說：『早已彈熟了！』他很高興。等一會，他也要來向你拜年呢！

李：噢！噢！

女同學：（很親媚地拍拍麗英的肩膀。）麗英！聽說你是陪都日報社長丁慕松的好朋友，說實話，我們從隊伍裡溜出來看你，就是想請你介紹，認識認識丁先生呢！今天還是大會主席團的一份子呢！他多出風頭啊！

李、麗：（不自然地笑。）哼…哼…哼…

男同學：前幾天，有些同學都說黃大剛同學是跟着爸爸到臺灣去的。你的表哥陳國華越是闢謠，謠言越多……

麗：（打斷他的話頭來辯護。）眞是笑話！這些人完全沒有常識，到臺灣要有人境證的，沒有入境證，任何人都沒有辦法通融。我爸爸他們明明是到香港去的。

李：是喲！他們確確實實是到香港去的，你們不相信，不妨看看他們從香港打來的電報。（急忙到房裏去取電報。）

女同學：（急忙拉住她，一面說：）黃伯母：現在這種謠言已經風平浪靜了。

麗：這是怎麼一回事呢？

男同學：老實告訴你，就因為那位紅得發紫的丁慕松肯幫你的忙，大家以為你有靠山了，都想向你靠攏呢！

女同學：（苦苦哀求。）麗英！我們是同班的老同學。這年頭要大家幫忙啊！你無論如何要介紹我們認識丁先生啊！

麗：（笑。）哈…哈…哈…丁慕松有這樣了不起的權力嗎？我一點兒都不覺得，恐怕連他自已也不知道吧！

男同學：我們同學，都非常羡慕你，（說時，拿出一張報紙。）你瞧！今天的報紙上就有你的新聞。（讀出。）『今晚名鋼琴家兼戲劇家黃麗英小姐在青年舘演奏蘇聯的名曲。』麗英同學！你走運了，我們一天到晚扭秧歌，打腰鼓，扭得兩腿發麻，打得腰酸背痛，開口『前進』，閉口『革命』，到今天還是毫無辦法。唉！（沉痛地）。

麗：（大笑）哈…哈…哈…那才眞是奇怪呢！如果你們不告訴我，我還以爲你們是了不起的『前進份子，革命幹部』呢！（大家笑。）

（黃母獨自走向樓窗邊，又在百無聊賴地探望遊行的隊伍。）

女同學：有幾位女同學軋上了不三不四的文工團，解放軍什麼的，把誰都瞧不起了，多驕傲啊！麗英！你有這樣好的門路，可不能忘記老同學啊！

麗：（故作爲難的樣子：）我可以介紹，不過，丁社長很忙，是不是就會接見你們，還難說呢！

男同學：（堅決地。）祇要他肯接見你們，無論什麼時候都可以。世界上再沒有什麼東西比要人的時間更寶貴了！

女同學：（突然發現牆邊的耶穌受難像）：麗英！你爲什麼還把這個掛起來呢？哎喲！太危險了！趕快藏起來吧！

麗：啊！是的！是的！（急忙爬到凳子上，把耶穌像卸下來。

李：（立刻制止。）這是耶穌受難像，你爲什麼要卸下來呀？

女同學：（快速跑到黃母跟前，低聲說：）黃伯母！輕聲些，這裏的軍管會取締宗教呢！

李：（搖搖頭：）信教自由我要掛起來。（走過來想奪下耶穌像，重新掛上，麗英不肯。）

男同學：（揷上來說：）這裏什麼自由都沒有，祇有扭秧歌的自由，黃伯母！

麗：媽！您少說幾句吧！從前是以不變應萬變，現在，我們要以萬變應萬變呢！

女同學：（把頭伸到窗外看一看，忽然高聲說：）哎喲！重大的隊伍快要完了！後面是女師學院接上來了！

男同學：是嗎？我們要走了！趕快追上去！

男女同學：再見！再見！（馬上就要跑下樓去。）

麗：（挽留狀。）何必這樣匆忙呢？你們來聽我彈琴啊！

男同學：（做一個鬼臉，拍拍自己的兩條腿。）麗英！我們不能比你啊！我們祇有靠兩條腿，扭，扭，扭出門路來呢！（做扭秧歌的姿勢。）

女同學：（也蹬下來，裝着鬼臉說：）麗英！你會彈琴，唱歌；（拍拍自己的大屁股！）我們祇有靠這個，扭，扭，拼命扭。

李、麗：（沉痛地。）你們多辛苦啊！不送了。

（他們笑着跑下樓去；）

（樓下的周老闆發出轟轟的狂笑。）

麗：（站在樓梯邊，大聲問：）周老闆！你笑什麼啊？

周老闆：（在樓下高聲說：）快叫你媽媽下來，看好戲啊！

麗：媽！周老闆在叫您呢！

李：（也走過來。）周老闆！你叫我嗎？

周老闆：（在樓下回答。）黃太太！快來看他們扭秧歌，打腰鼓啊！

李：（笑着回答。）哼…哼…哼…我在樓上看得很清楚呢！

（周老闆在樓下又瘋狂地大笑。）

李：（邊走回，邊說。）這些人發的什麼瘋啊？

麗：他們是舉行慶祝西南解放大遊行呢！

李：（坐下來，屈指計算：）唔！才不過一個月零三天，我們一家人就在兩個世界，兩種不同的國旗下面，過三十九年的元旦了！（跑到房裏去，又把耶穌像拿出來，在原處掛上。）

麗：（剛要回到臥室去練鋼琴見母親在掛耶穌，着急：）唉！媽！您爲什麼又要掛起來呢？

李：（堅決地。）信教自由！誰能剝奪我信教自由的權利！

麗：媽！輕點！輕點！下面是周老闆的三六九麵舘，來來往往的人太多了。您知道今天的重慶，和一個月前的重慶，完全不同了。我們這無權無勢的老百姓，連說話的自由都沒有了。

李：我不怕，我要把耶穌像掛起來，看他們怎麼樣！（說着，憤怒地走過來。）

麗：唉！眞急死我了。

李：（坐下來自言自語。）想不到你們這些年青人，都是沒志氣的軟骨頭，我看到你剛才那兩個同學，我心裏很難過。

麗：（回頭說。）媽！大家都是沒辦法啊！您何必難過呢！

李：怎麼叫做沒有辦法？我們可以離開這裏，跑到自由中國去！

麗：（站起，走過來。）我們怎麼走得了呢！路這麼遠，在路上難保沒有不測的風險，多困難啊！雖然我們的入境證在解放以前就到了手，但是錢呢？

李：（沉思。）你趕快寫一封信，請你表哥來一趟，大家商量商量，看他有沒有辦法。

麗：今天是元旦，說不定表哥會來的。

李：錢不成問題，你爸爸臨走的時候不是留給我們三兩五錢黃金嗎？下面周老闆最近生意還好，我們一聲要走，把傢俱房子頂給他，他一定能帮忙的。

麗：媽！請您放心啊！不必過分懷念爸爸哥哥啊！（輕聲說。）劉秘書和爸爸在臨走的時候。不是已經再三再四勸您放心，千萬不要着急嗎？劉秘書是臺灣人，又是爸爸的老部下，您還怕什麼呢？

李：（嚴肅地。）我實在是爲了我們大家的前途啊！

麗：（再三考慮的樣子。）媽！現在的變化，實在太快了，將來變到怎樣的地步，誰也料不到的。

李：（反問。）那麼，你打算怎麼樣呢？

麗：我嗎？

李：嗯！你說吧！

麗：我嗎？

李：你趕快說吧！不要瞞着我。

麗：媽！這是您親眼看見的，『解放軍』到了重慶，許許多多的人都巴結不上，他們反而到處拉攏我這是事實。我重大的男女同學個個羨慕我，也是事實。等一會，丁社長就要來，你從他嘴裏，就可以完全知道了。

李：（焦灼地。）噯！你說了這許多話，是什麼意思啊？

麗：（笑嘻嘻地。）媽！您放心我嗎？（做一個勢，率直地回答。）媽！請您放心我，您讓我留在重慶，您同表哥先到香港去。

李：（冷笑。）哼…哼…哼…孩子！你這，這，這是什麼好主張啊？

麗：（着急。）唉！您還不明白我的意思！您知道第三次世界大戰，大家都說免不了，我們小百姓犯不着一面倒，樂得做兩面人，如果那一邊有希望，我去，如果希望在這一邊，你們來。您說好不好呢？（得意地。）媽！此刻聰明的人，都是這樣打算呢。

李：呸！孩子！你太糊塗了！強盜能征服世界，希特勒，日本鬼子早成功了，我們還能活到今天嗎？

麗：（痛苦地。）唉！我怎麼願意一個人留在重慶啊！我實在是爲了全家的安全。（焦灼地。）哎喲！煩死了！我的琴還沒有彈熟，今晚上就要表演呢！（說着，又想跑去彈琴。）

李：（走到窗邊看街景，叫一聲，麗英停住。）喂！麗英！你表哥來了。他在人堆裏擠過來了。（欣喜地叫國華。）國華！國華！（慢慢走過來，準備迎接。

麗：（興奮地。）是喲！我知道他會來的。

陳國華：（從樓下吃力地爬上來，力竭聲嘶地嚷着。）舅母！我來拜年了！今天是元旦啊！

李：國華！你來得好極了！

麗：（即跑去迎接他，高高興興說。）表哥！你跑不動嗎？

國：哎喲！我是從沙坪垻重慶大學跑來的呢！

麗：慌忙跑到樓梯口，親切地說。）讓我來拉你啊！

（一會兒，他們手攙手地走了進來。陳國華穿着夾克，雖然疲乏；但仍在眉梢眼角露出英颯的氣概。麗英想拉他到臥室裏去看她彈琴，邊說。）你進來！聽我彈琴好嗎？是一隻蘇聯的名曲呢！

國：（看見黃麗英的匆忙好笑。邊問：）麗英！你從前不是頂愛彈蕭邦的曲子嗎？現在爲什麼要改彈蘇聯作曲家的東西呢？（擦汗。）

李：（吩咐麗英：）倒茶！（陳揩汗。）麗英！趕快先打一盆洗臉水給你表哥呵！

（黃麗英祇記掛自己的琴沒有練熟，手忙脚亂，倒茶打臉水以致熱水瓶的開水泛在桌子上，必須找到抹布，努力揩拭；又誤拿了洗脚的盆子。）

國：我來！我來！（接過麗英的面盆，就洗面。）

李：（輕聲責備她：）你幹嗎這樣慌張啊？（急忙跑來？止住陳國華，這是我們洗脚的盆子呵！

（黃麗英看到陳國華不拘小節，滿不在乎的神氣十分好笑。）

國：（無所謂地回答。）這有什麼關係呢！（母親認眞地奪下脚盆去拿臉盆打臉水給國華。）國華慨然地繼續說下去。）前天，我們學校裏舉行『坦白會』，有一位農業系的教授，當場被請吃大菜。（說時，態度很沉着。）

麗：（笑嘻嘻地問。）誰啊？吃什麼大菜？

李：（驚奇地。）這年頭，教書的先生們還有大菜好吃嗎？

國：（冷笑笑。）哼…哼…哼…（接過面盆洗面，邊在指手劃脚說。）麗英！那位上了年紀的老教授，農業系的同學，勒迫他要當場坦白，公開承認自己是老頑固，罰他在臺上打自己的嘴巴，他寧死不肯。（不忍說下去。）後來他們到毛缸裏挖來一瓢糞死命拉開他的嘴巴（嘆一口氣。）唉！那位老教授就這樣吃了一頓新鮮的大菜。（沉痛。）

（陳國華尚未說完，嚇得他的舅母和黃麗英都恐懼地叫起來，『哎喲』！大家很難過。）

國：（再把洗面布在面盆裏三翻四覆地揉着，自己像染到汚臭，咯的一聲，如同嘔吐一般，接着說：）舅母！我親眼看見老教授當衆吃大菜，我就是用洗脚的盆子來洗臉，又有什麼關係呢？（洗完臉把盆子一推，踱了幾步在小沙發上坐下，顯得十分疲乏的嘆一口氣。）唉！

李：（痛苦地搖搖頭。慨嘆着說：）唉！現在眞是無法無天的世界啊！

國：（沉悶地。）嗯！現在是學生打先生，兒子打老子的時代。

麗：（慢慢走近入臥室的門，想要表現一下正在練習的曲子，故意岔開陳國華的話題。）噯！不談這些了！表哥！請你進來，聽聽我練熟的曲子吧！（說完，拉他，國華不去。）

國：（一隻手托住下頷，又無所謂地問：）是誰的曲子啊？

麗：（頗爲得意地回答。）是蘇聯頂頂有名的名作曲家的頂頂有名的名曲呢！

國：（討厭的樣子。）麗英！我聽不清楚，我祇聽你說有名，有名，一連串的有名，有名……

李：連我也聽不清楚呢！（即背他們下樓。）

國：（把剛才問過她的那句話，再說一遍，希望得到她的答覆。）你不是最愛彈蕭邦的曲子嗎？

麗：（天眞而活潑地。）不要說是蘇邦的曲子，就是悲多芬的月光曲，也落伍了。（大着聲音說。）表哥！你還不知道嗎？現在的月亮，是蘇聯最亮啦！（說完格格地笑起來。）

國：（幽默地。）嘎！是嗎？那麼，你會彈蘇聯名作家的名曲，你也就變成一顆亮爍爍的明星了！

麗：（信以爲眞似地。）還要你來恭維嗎？我今晚上要在青年館表演，招待那些新要人呢！他們準備送給我的花籃，一定要從臺上擺到臺下的，我的聽衆們，一定要拍掌歡呼 Encore! Encore! 弄得我盛情難却，非再彈一次，二次，無法下臺呢！表哥！你願意去分享我的榮譽嗎？

國：（毫無興趣地回答。）謝謝，我今天是來拜年的，同時，問問舅父和大剛的消息。我還要回學校去，我的兩條腿，還要跑五十多里大路呢！

麗：（同情地。）你就在這裏住一晚吧！跑來跑去，你吃得消嗎？

國：（自言自語：）從前我們青年遠征軍，在緬甸打日本鬼子，一日夜跑上二三百里路，是很平常的事。（說時，從沙發上站起，腿部微感酸痛，唷……唷……唷……地哼了幾聲，（故作好漢的氣慨，勉强忍耐着，走了幾步）。

麗：（看他疲乏到難以支持的神氣，跟着他走了幾步，親切地問。）你爲什麼不坐車子來呢？

國：（很自然地答覆。）還有誰敢坐車子啊！成千成萬的車夫，拉不到生意，都快要餓死了！

麗：（奇怪地接着問。）窮人不是可以翻身了嗎？

國：（一面走，一面冷冰冰地說。）窮人翻身，窮人翻身，都翻到十八層地獄去了！

麗：（跟上去問）你爲什麼不救救他們，讓他們做一回生意呢？

國：（慢慢走着，隨隨便便回答。）坐車的人，就是資產階級，享受階級，你還怕沒有清算的資格嗎？

李：（高高興興地說。）國華！你快來吃一點東西吧！（說着，揭開蒸籠，熱氣上騰。）

國：舅父最近來過信沒有？（走向桌子。）

李：沒有啊！還是他到了那裡的第二天，接到他一個電報！

麗：（拉他一下，撒嬌地說：）你今天不要回沙坪垻，去參觀我們的音樂晚會啊！（說完，進去彈琴。）

國：等一會再看吧！（對舅母。）你不必牽掛，舅父不寫信來，倒可以省卻許多不必要的麻煩，因爲舅父在國防部負了很重的責任，並不是一個普通的老百姓。（要坐下來大嚼，故作謙詞。）我並不覺餓。

李：你坐下來吃吧！周老闆也是下江人，他做的餃子，包子，很對我們的胃口。

國：（好奇地。）我看周老闆不像是開三六九麵館的，面貌很熟。

李：（機警地。）你的眼睛眞厲害，他本來是跟你舅父作事的陳科長！

國：（覺得好笑，把碗一推，放下筷子說：）哈……哈……哈……這樣的事，在重慶太多了。（走起，踱步。）

李：你吃飽沒有？

國：飽了！飽了！

李：麗英！來幫幫忙。把碗送還周老闆。

（黃麗英從臥室內跑出，勉勉强强把飯具送下樓去）。

國：我今天從沙坪垻到觀音岩，看見許多擺地攤的，開紙烟店的，磨豆腐的，開三六九的，聽說來頭都不小，都是些飛不高，跑不遠的秘書，處長，科長，以及名目繁多的委員老爺。

李：國華！你表妹不想離開重慶呢！你勸勸她吧！

麗：（從樓下跑上來。）周老闆不在店堂裏，出去了。

（對陳國華。）我們也出去玩玩好不好？。

李：你不是說丁慕松就要來嗎？

麗：唔！是的，我忘了。

國：就是那個常來學校看你的，陪都日報的社長嗎？

麗：是的！我還是陪都日報特約的學校通訊員呢！我那有工夫寫學校的新聞，可是，他給我的報酬，比什麼人都要多。（驕傲的樣子。）

李：他的錢可不是好用的。我看他油腔滑調的樣子一定不是好東西。

國：這傢伙現在很得意。因爲麗英的關係，承蒙他常常要我寫文章……

麗：（立即挿上來說。）是喲！正是我介紹的。你寫過嗎？

國：（抱歉地笑一笑。）哼……哼……一個字也沒有寫過。

麗：爲什麼呢？

國：不爲什麼，我想保持不說話的自由。這傢伙並不是壞人，却硬想做壞事，一定要上大當。

李：所以，像我們這些忠厚老實人，如果想和老虎合作，除非你自願給老虎吃掉。

國：麗英！你打算怎樣？你不想離開嗎？

麗：我和媽媽說過了，你們先到香港去，讓我留在這裏，看看風色。

國：這也是好人想做壞事，準要上當。

麗：噯！別說了！就是你們這些青年軍，遠征軍，什麼什麼軍，吃了國家的糧，用了老百姓的錢，平時想發財，戰時不打仗，把我們老百姓害到這步田地的！

國：（慚愧，沉悶，踱來踱去，嘆口氣說。）唉！我當過青年軍，遠征軍，這一次的仗，我雖然沒有參加，但無論如何是我們軍人的奇耻大辱！對不起國家，對不起領袖，無面目見中國父老！麗英！你的話觸動了我的隱痛，我要走，我非走不可！

麗：你到那兒去？

國：回到自由中國去！（做手勢。）放下筆桿重拿槍桿，打回大陸來，（咬牙切齒說：）殺盡這些狗雜種！

李：（熱烈地附和：）我跟你去，國華！我寧死不獃在這漆黑無光的地獄裏！

國：舅母！獃在這裏，有良心有志氣的青年，就是不被野獸吃掉，也活活地叫你氣死！

麗：（故意緩和緊張的空氣說。）現在蜜月還沒有滿你何必這樣着急呢？

國：我不相信眞有三個月蜜月的說法。前天農業系的老教授當衆吃大菜，是我親眼看見的。還有好幾位同學，忽然不見了，誰也不知道他們到那兒去了。從沙坪垻到牛角沱的公路上，常常聞到死人的惡臭，我相信一定是在深更半夜，被他們活埋掉的百姓。

麗：哎喲！你不要故意駭我啊！

國：（忽然想起一件事。）噢！我忘記說了，這幾天的報紙把那些從重慶飛臺灣的官吏，罵得狗血淋頭。（從挿袋中摸出一張報紙。）昨天新民晚報上，就有一篇文章是罵舅父的。看吧！

李、麗：（大震驚。）是嗎？是嗎？（同時讀出晚報上的題目：）「黃鵬程之流」。（爭着看下去。）

麗：（誠惶誠恐的神氣。）哎喲！糟了！糟了！他們竟肯定爸爸是去臺灣的。怎麼辦呢？媽！

李：（富於經驗似的。）讓他們去，不必申辯，越辯越糟。我想寫這篇文章的，一定是你爸爸的朋友。

國：（踱步，憤慨。）唉！他媽的新民報，大公報，文滙報，政府幫過他們多少忙，用過政府多少錢。騙到政府多少官兒做，現在罵政府，破壞政府，出賣國家民族利益的，就是這一群忘恩負義，喪盡天良，不顧廉恥的壞東西！

李：（面對女兒。）我常常對你爸爸說，政府過去失敗的原因，就是待壞人太好，待好人太壞！

國：（咬牙切齒地嘆一口氣說：）唉！待壞人太好的人，簡直比壞人還要壞！

（樓下傳來一陣熱轟轟的聲音。丁慕松同兩位男女「文工團」員，有談有笑地將要跑上樓來。」

麗：（驚覺地。）唔！他們來了！（看見懸在壁角的耶穌像，迅速卸下來。）讓我趕快卸下來，拿到房裏去，免得遭麻煩。

李：（制止她。）麗英！麗英！掛起來！掛起來！

（麗英不理會）。

（陳國華目睹黃麗英的動作，默默地發笑。）

丁：（在樓梯下，邊走邊笑。）哈……哈……哈……我們來遲了！黃小姐！黃小姐！

麗：（從房裏跑來，故作鎮定，走過去迎接：）丁社長！你來了嗎？為什麼現在才來啊？。

丁：（邊爬樓梯，邊說。）對不起，我今天實在忙。又有兩位「文工團」的同志要見你，我們會齊了同來的。（兩位男女「文工團」員跟在丁慕松後面，笑哈哈地爬上來）。

（李忙着整理桌子。）

（陳國華整理一下服裝，坐在茶几旁的小沙發上，心不在焉地翻看報紙）

丁：（首先跨上樓來，手裏拿着一束梅花，油腔滑調地：）黃太太！恭禧你，過一個快樂的「解放年。」

李：（假作慇懃：）丁先生！你今天的口號叫得多麼響亮啊！

丁：黃太太！我今天是遊行的糾察員，又是大會的主席團呢！

李：麗英已經告訴我了。

麗：丁社長！你現在變成要人了！

丁：（得意的神氣：）沒有什麼，還是你的看法。（指着兩位「文工團」團員。）我在這兩位同志面前，我是非常渺小的！渺小得如同微生物一樣　用八百倍的顯微鏡，還看不見我的形體呢！（笑。）

哼……哼……（陳國華表現藐視的冷笑，哼……哼……哼……。）

李：丁先生請坐啊！各位請坐啊！

（兩位男女「文工團」團員不客氣地坐下來，驕傲地到處觀察。）

丁：（想把手裏的梅花挿到瓶裏去，但瓶已挿滿，瞥見牆上有一個空花瓶。）麗英小姐！送給你一把清香的梅花。

麗：你太客氣了，還要買這許多新鮮的梅花來。

（李忙着倒茶，招待那兩位不速之客。）

丁：（吃力的挿梅花，邊說。）梅花又清香，又高貴，不怕冷，梅花啊！你才是前進的花，革命的花，因為你的色，香，味，都是為人民的。我們的黃小姐是人民的音樂家，當然最愛為人民的梅花囉！（說得大家笑起來。）

麗：（含譏帶嘲地。）你簡直是一位解放詩人啦！

丁：哈……哈……哈……（挿完，回轉身，發現陳國華，驚喜地打招呼。）喂！國華兄！你在這裏，你好！你好！

國：（起身，拉拉手。）你好！你好！你好！

丁：國華兄！你要替我們的陪都日報寫文章啊！來！來！我來介紹：（但想不出「文工團」員們的尊姓大名，祇得模模糊糊說一陣。）這兩位同志，是林園軍政分校的負責人。

男政工：這位同志是？

丁：就是黃小姐的表兄陳國華同志。

麗：我們是重慶大學的同學，我表哥學的是機械工程，我學的是醫科。

男政工：嗄！黃同志學的是醫科，你又是人民的音樂家。好！人民需要你！

女政工：（走向陳國華。）啊！你是學機械工程的。好！好！人民的政府，都需要你們。（面對李蘊玉。）這位是？

丁：噢！這位就是黃小姐的母親

女政工：（釘住李問。）貴姓？

李：（侷促不安地說。）我姓李，我丈夫姓黃……

女政工：（立即挿上來問。）李同志！重慶解放了，你的感想怎樣？

（李莫名其妙，縮手縮脚，不知怎樣囘答。陳國華氣鼓鼓地囘到沙發上坐着納悶。黃麗英代母親着急。）

李：（呆了半響，吞吞吐吐說：）很好！很好！

男政工：（進一步問：）好在那裡？李同志！

李：（惶悚不安，聲音抖抖地：）我……我……我……我實在說不出來，我……我……我實在……在說……不出……出來。

丁：（代為解圍：）二位同志！她是說人民的政府太好了！好得無法形容呢！

男政工：（極端滿意：）好！好！李同志！你的腦筋已經前進了，用不着改變了。

麗：（歡喜得跳也跳地說：）媽！這位同志稱贊您，說您的腦筋無須改變呢！

女政工：（提出異議：）不過，還有點問題，剛才李同志不必說：「我丈夫姓黃。」你是你，丈夫是丈夫，你何必和你丈夫連在一起呢？李同志！你的腦子裏，還有點兒封建的殘餘，你還得向人民靠攏些，還需要多多學習。

麗：（誠惶誠恐地點點頭：）唔！唔！（退坐在右邊的沙發上。）

男政工：（走到陳國華面前。）陳同志！你看過「新民主主義」沒有？

國：（站起，手叉着腰，滿不在乎地囘答。）聽說過，沒有看過；不過，有工夫，我倒想看看。

麗：（走過去問。）那可要請教請教呢！「新民主主義」究竟說些什麼啊？

男政工：（一本正經回答：）嗯！你們新民主主義都不懂嗎？「新民主主義」啊！是莫測高深的！捉摸不定的，無中生有的，變化無窮的，今天與昨天的說法，全不同；明天和今天的看法，又是絕對兩樣，隨時在變，隨時在新，這便叫作「新民主主義」。

麗：（像煞有介事地：）嗄！太高深了！

女政工：（接着說。）是的！「新民主主義」是世界上最高深的書！你們要多多學習！多多學習！

丁：國華兄！這兩位同志見廣識大，是因爲他們的路，跑得遠……

男政工：（搶着說。）是喲！那一次長征，我們就跑了二萬五千里。

丁：（接上剛才的話頭。）好！我們有什麼問題，不妨提出來請教高明，向高明請教。

男、女政工：你們問吧！（男政工自命不凡的樣子，摸出金烟盒，及打火機；但打不出火來，問丁）。老丁！老丁！你送給我的這個噴火機，怎麼噴不出火來啊？

丁：（爭着獻慇勤。）我來！我來！（麗英忍不住笑。）

國：請問同志，第三次世界大戰會不會爆發？

男政工：不會！不會！絕對不會！因爲美帝打不贏蘇聯。

麗：美國不是有原子彈嗎？

女政工：黃同志！你的問題，我可以囘答你。不過，你要承認錯誤，你不應該還是說「美國，美國……」

麗：是的！我應該說「美帝！美帝！」

女政工：那就對了！告訴你，美帝的原子彈，前年在大西洋一個荒島上試驗，連一隻羊子都沒有炸死，荒島上的一草一木，都是原封未動，美帝的原子彈還有什麼可怕呢？（大家笑。）

國：（振振有辭。）那可奇怪了！你們口口聲聲反對「美帝，美帝！」（指着男政工。）我看見同志的鋼筆，好像就是來自紐約的原子筆，你的烟盒，打火機都是 Made in U.S.A.（又指着女政工。）還有這位同志的手錶，好像就是美帝頂頂聞名的Hamilton 公司出品，這一隻鋼筆，還是Parker五十一呢，還有……

男政工：（不待說完，惱羞成怒，拍桌大駡。）你這…這…這是什麼意思呢？喂！你過去幹什麼的

國：（理直氣壯。）我過去是學生，現在也是學生，我是向你們請教，跟你們學習。

男政工：（追問。）老丁！他過去是幹什麼的？

李、麗：（着急。）丁先生！

國：（大聲駁辯。）你們不是要人民學習嗎？不是隨時隨地要人民跟你們學習嗎？現在你們不許人民學習，反對我們學習，究竟是什麼意思？你們簡直是封建，頑固，簡直是反動份子！（男政工低下頭來，無言可對。）

女政工：（看國華英俊可愛，立刻走起，三脚兩步跑過去，堆着滿臉的笑容，好聲好氣說：）哼：哼：我們本來是製造帽子的專家，我們是經常給人家戴帽子的，想不到你反而替我們戴上帽子了，哼：哼：我覺得你這人很可愛！（瘋狂地撲上去，就要表示擁抱的樣子：）那麼好！我們要向你學習，跟你靠攏吧！

丁：（笑嘻嘻地勸解：）同志！你不要誤會，陳同志是科學家，最富於學習精神。

麗：（見空氣和緩，即乘機拿出攻擊她父親的新民晚報，對丁慕松說：）丁社長！兩位同志！我們別談這些吧！我倒有一個問題，想來請教請教呢！你們瞧！新民晚報揑造我父親的謠言，他明明是到香港去的。他們不應該亂咬人！

丁：（拿起報紙大約看一看，隨便說一句。）噯！這有什麼關係呢！報紙不駡人，就沒有銷路！

男女政工：（同聲相應地問。）什麼事？什麼事？啊：請二位同志說句公道話吧！像我這樣努力向人民學習，拚命帮人民的忙，報紙上還要謾駡我的爸爸……

男政工：（故作嚴重，略看報紙。）唔！照我看，你的爸爸，哼！倒眞有點問題呢！

女政工：（愈說愈嚴重。）唔！黃同志，你爸爸的事情，眞是值得檢討了！

丁：噯！兩位同志！她的爸爸，即使有一點問題，但是，黃同志本人至少是向人民靠攏的。

男政工：喂！丁同志！嘴說是沒有用的。黃同志既然向人民靠攏，就必須拿事實來證明。

國：各位「同志」，我先走了！

麗：（挽留狀。）你不要走，不要走，晚上，參加音樂會，看我彈琴啊！表哥！（國華不放心麗英才勉強留住。）

丁：喂！兩位同志！她今天晚上參加我們人民的音樂會，不就是證明嗎？

男政工：那麼？我們林園的軍政分校，後天也要舉行音樂晚會，如果黃同志眞心爲人民服務的話，也應該參加一個節目喲！

麗：（考慮一下。）到林園太遠了！恐怕我不能去。

男政工：黃同志！你不願意去，倒也沒有什麼關係，不過，你爸爸的問題，（略停。）還有這位陳同志剛才說的話，唔！也很值得我們注意呢！

丁：（代爲解圍。）噯！兩位同志！請放心！她是一定可以去的！

麗：（看看母親及表哥的面色。）我並不是不願意爲人民服務啊！不過，路是太遠一點。

女政工：那沒有關係，我們可以派車子來接。

男政工：福特卡，雪佛蘭，別克，我們有的是。

麗：（無可奈何。）好吧！丁社長，我們同去。

男女政工：好極了！好極了！

（李憤然到房裡去。）

國：（迅即跟入房裡。）舅母！

女政工：那麼！我們決定了！

男政工：黃同志！到那一天，非來不可啊！

丁：（代爲答覆。）那沒問題，我負責！

（下接三十五頁）

史達林企圖征服世界

焦木譯

全世界變成一個獨一無二的國家——全世界社會主義蘇維埃共和國聯盟，由一個獨一無二的首都——莫斯科來統治。

這就是克里姆林宮的統治者——列寧，他死後為史達林——早就計劃好的驚人的目的。他們對此並不加以掩飾，早已在煊赫的言詞中宣布了他們的目的，並在血的事實中予以證明。

這種觀念已經激發所有國家的共產黨員的幻想。為使實現這種幻想，他們已經不斷地努力工作——為他們的目的準備犧牲生命，更準備屠殺。

一個秋天，在莫斯科我曾看到大批男女們湧到，參加第三國際——共產國際——全世界大會。這些代表們，少長咸集，來自各國及各種族，均具有同樣虔誠的態度，具有向他們的聖地麥加朝拜的熱情。

在他們之中有美國的共產黨員，有幾個人仍領導着美國的史達林的第五縱隊。在他們之中也有外國的同志，那時候那些人尚未為非共世界所知，現在却已成為史達林的代理人統治着中國與東歐的六萬萬人民；另一些人如在意大利與法國的，現在正領導着有力的共產黨。

這次會議，是史達林成為世界共產主義的巨魁以來的第一次全世界大會。我還能追憶大會所發的冗長的決議的內容，充滿共黨的狂妄言詞。他們列舉詳細計劃推進『革命』至全地球，在某一國家採用秘密的擾亂策略，在另一國家採用罷工與怠工，再在另一個國家採用內戰。

這次莫斯科會議，當時却並未引起那些將被征服的國家所注意。可是牠的計劃的大部分已經見諸事實。舉例說，這次大會曾經研究基本策略以奪取中國。

倘若自由國家不知道別人對他們陰謀佈置的刼數，這是因為他們不想去知道。征服世界的藍圖散見於無數共產黨的書藉與演詞之中，以坦白而毫無掩飾的警句告訴人們，牠『不是一種教條，是一種行動的指南』。

革命者每年均從全世界的各角落奔到莫斯科來，進入牠的暴動學院中加以訓練：舉例說，東方大學是預備製造中國的，印度尼西亞的，朝鮮的，馬來亞的以及其他東方國家的領袖而開的；列寧大學，是給歐洲的，英國的及美國的共產黨員為他們的流血任務而完成學業用的。蘇維埃軍事學院設一特別班，用以在戰爭科學方面訓練外國同志，特別是游擊戰爭與怠工破壞戰術。

當我居住莫斯科的期中，經常有五十個美國人是在受這種教育。我曾經碰面過的人中，有許多人後來均在我國的共產黨的上級指導機構中成為重要人物。

三十餘年來，研究國際共產主義的人曾經對於這種禍患提出警告。他們引經據典，指出那種驚人的計劃在有些地區已經完成。但是他們一向被人忽視，或被罵為杞人憂天。

共產黨的目的之最驚人的地方，是牠已能迷惑全世界使其陷於愚昧無知的自我陶醉之中。因為過於坦白的真正事實，似乎看來過於狂妄，致使一般人忽略了牠，僅視為宣傳而已。在大部分美國人看來，以為距離俄國如此遼遠且有大洋阻隔，這種意見似乎是牽强附會的無稽之談。

但是現在對牠就必須要加以嚴密的注意。

從德國的易北河到太平洋，已經有三分之一以上的人類被莫斯科的一張鐵掌所統治。美國的軍隊在從波羅的海到亞得里亞海的一條敵對的歐洲防線上和蘇俄的武力遙相對峙。當作者寫此文時，美國的青年正在韓國對共產黨强盜從事戰爭。

成吉思汗，拿波侖，希特拉，均未能達到統治整個歐亞大陸的目的。可是那種統治現在却入於史達林的掌握。只有這兩大陸的邊緣——西歐，中東，印度及東南亞——尚保持獨立。而且所有這些國家，一個也沒有例外均在共產黨的侵略的暗影之下度其恐怖生活。

歐亞兩洲一旦完全被征服，則非洲，太平洋群島及澳洲即無力以資抵抗牠的集中的力量。那時候一切條件即可形成適於共產黨的進攻以奪取最重要的錦標——美國。

奉克里姆林宮之命去活動的先遣隊，第五縱隊，散佈於所有非共國家之中。有一部份——如在菲律賓，越南，馬來亞，伊朗者——是屬於軍事組織，在那些國家佔據了重要的橋頭堡。另一部份——例如美國者——則藉合法的共黨團體及地下組織，積極從事破壞工作。

我們決不能低估這種威脅。在史達林看來，自由世界正面臨嚴重的最後決擇，殘酷無情與叛亂的關頭。而且，這些却正是他的環球軍隊所具備的拿手好戲。

外國人之曾經親身會見過史達林的，為數不多。他本人難得親自出現於他所統治的人民之前，獲准會見的新聞記者數亦寥寥，不過十二個而已。

奇怪的是：他會給予來訪的人一種印象，好像他是懦弱無能，這樣做作，其用意無非是使十二個來訪的人心平氣服。來訪的人所見到的他，只是一個矮肥的人物，面容黎黑，痲點斑斑，有一副腐朽的牙齒隱藏於一撮粗燥焦黃的八字鬍子之下。

史達林笑的很自然，且帶着勝利的神氣。他的動作及說話均甚爲遲鈍，耐心聽別人說話，回答時極力裝作誠意。難怪許多美國人在大戰期間曾和他接觸過的，均低估了他的殘暴的性情。要從僞裝的表面上去審察一個倔强似鋼的人，確是一件困難的事。

然而史達林之蔑視人類生命，可說是登峯造極。他精於共產黨所稱的『人類操縱學』，準備屠殺無數億男女生命而不眨一眼。

在一九三〇年之初，他爲使俄國的農民實行集體化，曾經驅逐五百萬男女老幼離開故鄉到西伯利亞的森林地帶，北極的荒野及中亞細亞的沙漠中去。他爲着破壞農民的抵抗，曾經製造人爲災荒，僅在一個冬季，即致使四百萬至六百萬人因而喪生。

實際上，所有早期參加俄國革命的布爾什維克，均已在史達林的命令之下遭受殺害，其中僅有少數經過滑稽的『清黨審判』，餘則全部未經任何審判而被殺。凡能記得他在倘屬小人物時代的境況的所有領袖，均爲他有計劃地加以消滅絕口。

我回憶起一張蘇俄的新聞影片——牠給我非常深刻的印象，堪屬於人類間背信的玩世者之標本。新聞片上出現了面帶笑容的史達林，正和顏悅色地同最高級的蘇俄將軍杜哈契夫斯基談笑。在談笑之間，有一次他甚至伸出手來放在將軍的肩膀上表示十分親熱。可是他早已無疑地陰謀置杜哈契夫斯基於死地。數月之後，這位元帥即被處死。死後不久，那些主持特別『軍事法庭』而親簽死刑執行命令的將軍們也一樣被處死刑。

一個獨裁者，既忍心消滅無數百萬的自己的人民，則對於驅使人類毁滅於原子恐怖之下以完成他統治全世界的計劃一事，決不會有所顧忌。

關於史達林的目的，是沒有什麼神秘莫測的地方。那些目的均可從他本人的著作中，他的死去了的救世主列寧的著作中，共產國際以及牠的繼承者——國際共產情報局的文件中窺知一斑。

上次大戰，是我們拒絕投降而付出了等值的代價。希特拉的行動藍圖是載於『我的奮鬪』中。時至今日，因爲我們已經拒絕接受史達林征服世界的藍圖，我們正遭遇更大的災禍。史達林征服世界的藍圖，可以非常清楚地從他的全集——『列寧主義問題』中找出來。

這一著作第一次在一九二六年出版，經常再版，最近的一版是在一九四七年發行。每次發行新版，內容總是增加，包括他最近的演說及文章。這一本著作始終一直是討論世界統治的目的與方法——從宣傳滲透一直到暴動與武裝進攻。在其他欽定的共產黨教科書中，亦用三十餘種文字敍述這些目的與方法。

史達林與列寧的著作，由共產國際的，最近幾年由國際共產黨情報局的『文件』加以引用闡發。較大的國家可以出版牠們自己的書籍，應用布爾什維克的理論於牠們的特殊環境。美國共產黨的領袖福斯特所著『走向蘇維埃美國』一書就是例子，此書早在一九三二年出版，迄今仍爲美國『同志』的福音。

當一個國家的法律能准許時，當地的共產黨即奉命公開工作；『從內部滲進』現成的團體如工會之類；建立赤色學校與報紙。可是合法的活動僅是一種掩護。重要的工作仍是秘密進行。

列寧說：『合法工作必須和非法工作互相聯繫配合……黨若不能進行有計劃的面面週到的非法的工作……那就是一個叛徒與無賴的黨。』

在列寧及他承繼者看來，俄國的革命不是最後一次。牠是一個出發點——一種包括全人類的革命的出發點。

蘇聯必須作爲『推翻所有國家的帝國主義的一個立足點』，史達林在一九四七年出版的『列寧主義問題』中宣佈過。『世界革命的新時代已經開始』。當處得威格（Emil Ludwig）會見他時，他說：『我一生所致力從事的任務……不是在鞏固任何民族的國家，却是鞏固一個社會主義的國家，那就是指的一個國際性的國家』。

這種計劃，在許多國家中正翻版應用，實行罷工與暴動，流血與屠殺。試對證一下最近發生的事件的背景——如在中國、韓國、伊朗、德國所發生的，史達林的話益見不虛。

蘇聯本身成爲一個世界同盟，更多國家將被迫『加入』，直至一無倖存。衛星國如波蘭，捷克及保加利亞，不久無疑地會『請求』加入——正如立陶宛，拉特維亞，愛沙尼亞及東波蘭在數年前所作的相同。

『我們的國家，一個正在建設社會主義且爲世界革命的根據地的國家，究竟是怎樣的呢？』史達林在『列寧主義問題』這樣提出問題。他繼之說：『在一個國家（俄國）的社會主義鞏固愈速，則這個國家變爲促進世界革命的根據地亦愈早。……如有需要，甚至可採取武力去進攻資本主義國家。』

一九三八年二月十四日他寫了一封信，發表於國際共產黨的報紙上，後來這封信被編入他所出版的著作中。一個蘇維埃人民叫作伊凡諾夫者——可能是假設並無其人——提出問題：在蘇聯的『社會主義的勝利可不可以認爲是最後一次呢？』史達林問答說：

『從資本主義的包圍而言……只有笨伯與僞裝的敵人才會否認一種軍事干涉的危險。我們說……問題……仍待解決』。

換句話說，只要尚有一個非蘇維埃國家存在，則克里姆林宮的任務仍未算完結。這等於是一項宣言宣佈對世界的其他部分處於永久的敵對狀態。

在共產黨的學校中所採用的另一種書，是史達林編輯的『聯共黨史』。這一本書概括敘述克里姆林宮的頑固的觀念上的驚人的邏輯。

『只要資本主義的包圍仍舊存在，那就一定會有資本主義的干涉之危險。爲粉碎這種危險……必須先要粉碎資本主義的包圍。』

當莫斯科假裝同聯合國爲和平而合作時，別國的首都却爲史達林的演說所震撼。一九四六年二月九日，他若無其事地宣布：只要『一種資本主義的經濟制度』繼續在世界任何地方存在，則和平即爲不可能。大家知道，自他的演說發表後，冷戰立即發動。

但是史達林也不過只是重複一種共黨的教條而已。他已贏得了第二次大戰，自然再也沒有假裝已經拋棄舊計劃的必要。

我們的領袖們（指美國的政府領袖——譯者）應當要記住列寧的那些令人驚駭的言論：

『蘇維埃共和國會和帝國主義國家繼續長期並存，那是不可想像的。最後必有一方戰勝了另一方。』

『帝國主義國家』就是指的我們。牠就是指的未被蘇俄或牠的外國傀儡所佔領的任何國家。

三個國家——立陶宛，拉特維亞與愛沙尼亞——及波蘭東半部，已經被圈入於蘇俄的牢獄國家之內。其他八個國家——中國、捷克、匈牙利、西波蘭、保加利亞、羅馬尼亞、阿爾巴尼亞及東德——已由佔少數的共產黨所統治。

我們的國家之將變爲蘇聯所統治的另一個『蘇維埃共和國』，這在一般美國人看來，也許是非常狂妄的，但是每個忠實的美國共產黨員一致相信這不過只是時間問題而已。

最近在一次共產黨所控制的集會中，一個『資本主義的』記者同史達林在美國的喉舌『每日工人報』的通訊員發生爭辯。那個共產黨的新聞記者說的很乾脆打斷了爭辯。他洋洋得意地說：『當我們被紅軍佔領的時候，爭辯的問題即可迎刄而解』。

凡是鄰近龐大的蘇俄帝國周圍的每個自由國家，莫不戰戰兢兢隨時遭受內外軍事壓迫的威脅。史達林一定利用衛星國的軍隊以擴張他的『根據地』——並擇取民主國家的精華——一直到了最後攤牌爲止。

新的侵略之次序如何，尚未得知。惟克里姆林宮必將決定或是採取僞裝爲內戰形式，或是採取由外侵略方式。目前直接遭受威脅的地區約有下列各地：

（一）東南亞與太平洋群島：越南、泰國、緬甸、馬來亞、菲律賓及印度尼西亞的共產黨軍隊已經動員起來。他們一律均有蘇俄國籍或由蘇俄訓練的領導人。

（二）西藏與印度：共產黨的局部的暴動，已經爲莫斯科的計劃準備了前奏，利用內部的叛亂使這個次大陸蘇維埃化。這些叛亂可立即獲得武器的供應，如有需要，且可從蘇聯與共黨中國獲得人力的支援。

（三）近東：只要克里姆林宮認爲有需要，則一種莫斯科所製造主使的共產黨「叛亂」隨時可在北部伊朗爆發。一個屬於共產黨的伊朗，當然會成爲進攻各阿刺伯國家，土耳其及希臘的一個基地。

（四）德國：列寧說過，誰統治德國，誰即能統治歐洲。在蘇區，德國軍隊已在警察僞裝下建立起來；非常龐大的德國軍隊正在蘇聯訓練中。一到適當的時機，可能是當美國到處受軍事上的牽制的時候，韓國的一幕勢必重演——在一個統一的德國這一口號下，向西德進兵侵略。

（五）芬蘭，斯干的維亞與西歐：在所有這些國家中，均有力量巨大的共產黨，擁有秘密軍隊。一旦內部的暴動點起火星，則紅軍即將跟蹤衛至，英倫三島將成爲勝利的祭品。這些國家缺少人力去抵抗蘇俄的人海，目前僅賴美國在空中的力量予以遏阻。

在這種計劃未完成之前，第三次世界大戰或許可暫時避免。惟美國當她自己的悲慘命運已注定的時候，是不能袖手旁觀的。

克里姆林宮是爲此準備妥當。但我相信克里姆林宮定將盡可能拖延大規模戰爭的發生。牠之以局部化方式繼續擴大衝突，對牠顯然是有百利而無一弊，這樣就可以分散我們的力量，保存牠自己的力量。

應當記住：列寧史達林的藍圖，是規定到最後階段——『如有需要』——才使用蘇俄的軍事力量。莫斯科方面自然寧願從內部去征服各個國家，正如在中國，東歐及蒙古所已經實行的，如在韓國所正在進行的。

可是，使用外面的武力——紅軍以及數百萬衛星國的英雄們——是放在最後一步。共產黨的侵略已迫使我們更接近悲劇。可是不管這幕悲劇的代價如何，結果總只有兩種中的一種：共產帝國的崩潰或者牠擴展至整個世界。

由上所述，可知莫斯科之一向不守信義，原是無足驚異的。蘇俄在聯合國的態度也可不言自明。凡希望藉新的會議同史達林達到持久的協議，那只是危險的愚蠢無知。

如我們駐蘇俄的首任大使蒲立德（W.C. Bullitt）所說的：『史達林決不會止步——必須要迫他止步。』如果文明世界——以美國居先——能了解史達林的藍圖就是『行動的指南』的話，則他或可有被迫止步的希望。

全世界的自由地區比之蘇俄統治地區，依然更爲廣大，潛在力更爲充實。在經濟資源，技術及發明才能方面，均較爲强大。美國與西歐生產一億五千萬噸鋼鐵，史達林只有三千萬噸；美國與西歐生產三億噸汽油，史達林只有三千五百萬噸。鋼鐵與汽油是現代戰爭的主要神筋。

更重要的一點是：世界上屬於我們這部分的人均具有精神上的持久力，這種持久力孕育於自由，宗教以及精神的志操之中，足以應付一種無神論的奴隸制度的挑釁。一面在我們之間去消滅第五縱隊，在鐵幕那方面我們還有無數百萬潛伏的朋友——蘇俄與衛星國的人民大衆，他們仇恨他們的暴君，呼籲解放。這些人均可變成了我們的盟友。

在目前，史達林或可保持着優勢，但時日持久，優勢絕對是屬於我們的。唯一的問題只是：我們會不會趕快振作精神上與道義上的決心爭取主動，不至於爲時太晚呢。

譯自美國『觀察』雜誌一月號

爲自由而戰

漢爾登著
一鶚譯

自高麗戰爭，美國遭受挫折以後，全美民氣沸騰，對於共產黨的面目，才有清楚的認識。本文著者漢爾登先生（Conrad N. Hilton）乃係美國名人，原文乃係他在紐約基督猶太教徒評議會上的演講稿，載於本月十七日在巴黎發行的紐約時報。講詞激昂沉痛，可覘美國人最近態度的一斑。山姆大叔天眞爛漫，本來易於上人家的當，他們現在也承認受了欺騙了。但他們過去聽信共產黨的造謠和誣蔑，放棄中國，這嚴重的錯誤，還未承認，我覺得可惜。況且本文說應該特別支持西歐。這又犯了第二次世界大戰重歐輕亞之嫌，雖然同盟國終竟得到最得的勝利，中國已蒙受重大的損失，他們也費了加倍的氣力了。現在希望山姆大叔不要聽信歐洲自私政客的慫慂，又蹈覆轍。要知道『和平』是不可分割的呀！

一九五一、一、八、譯者於巴黎

一九一七年的今晚，我們中間有許多人前赴戰場去和德國人拚命。我們是自由的人民，我們是爲了自由而戰，爲了和平而戰，爲了要永遠結束戰爭而戰的。我那時也曾從過軍，我曾到巴黎，那天威爾遜總統驅車經過愛里賽大場，Champs Elysées萬衆對他鼓掌歡呼的熱烈情况，我也曾經目擊。威爾遜總統所提的十四條，本來想把和平帶給全地球的人們。但幾個月以後，他竟因傷心過度而死。爲的是他的十四條沒有得到人們的了解，甚至在威爾遜離宮便遭到强烈的反對。

二十五年以後我們的兒子又從事另一戰爭，也是爲了自由，這個短暫的自由。我們又失去了和平，因爲我們在和平尚未完全把穩以前，便很愚昧地拆毀軍事力量的大兵工廠了。我們便把那可以取得公平而且永久和平的機會和力量放棄了。我們一定要問：我們犧牲血肉和金錢來作兩洋戰爭，目標究竟是什麼？在一九四五年同盟國勝利日（VJ day）正當十三歲的男孩們，於今又徵入伍，遂去打仗了。爲了我們疏忽、放棄，辜負那些我們費盡氣力得來的建立和平的重要原則，現在我們被逼面對着另一可怕的戰爭景象，難道不是我們的應得之咎嗎？我們對於那些爲自而死去的人們，已經是大大對不住了。我們聽見那些死者在提醒我們說道：

『假如你們對我們死者失信，我們是永遠不能瞑目的。』

我們倘承認他們所說的話，今天晚上，我知道這些孩子們在地下是睡不安穩的。而且我們也該明白現在我們並不能生活於和平。——爲什麼？爲的是那些孩子們才把勝利爭取到手，我們便立刻允許仇恨、不公正、和緩侵蝕作用的力量，把他們的勝利果實給刼奪去了。

那些橫越世界，兩次戰爭的孩子們是被欺騙了。我要在莊嚴的眞實裡告訴你們，假如我們允許那醜惡的勢力，依照他的想像和型式來造改世界，假如我們允許那仇恨，不公正，和緩侵蝕作用的力量，在以後若干年月裡，指揮着我們，假如我們對於現在正在苦鬪並死於遠方的孩子們還要失信，我們就永遠莫想再生活於和平了。今晚我們美國人心中看作人生最重要的自由，也就是那把我們當做自由人最後神龕的全世界人心心念念所不能忘的。自從開闢以來，人類站在他的造物主面前起，直到以後無窮世紀的苗裔，都貫受著這件可驚奇的事物，這件美麗的事物，這件可以叫人生活得像個人的事物——他的自由。

這個自由是什麼呢？我們享受它的權利是什麼呢？我們不自由便不幸福又是什麼緣故呢？理由是在這兒，因爲我們本來賦有一種人類的尊貴，一種內在的莊嚴，這尊貴，這莊嚴，使我們對於自由發生貪慕，發生熱情，非得到它不可。我們稟賦的尊嚴，是因爲我們原是按照上帝的形像而創造的緣故。這個上帝肖像，每人身上都可以尋着；每人都全部而且完整地賦有。即因這肖像，使得人們各有特色，使得人們成爲上帝的兒女。沒有這肖像，人們便沒有自由意志，因而也就沒有自由，沒有可以容受自由的器量。

當我們的孩子去打仗時，我們應該使他們明白他們去打仗，是爲了保衞自由，使他們明白，他們去打仗，不僅維護他們自己身體內的上帝肖像，還維護他們家族的，他們同胞的，和那尚未出世的子孫們，身體內上帝的肖像。我們應該保證我們打仗至少是爲了一點東西。說是爲了經濟，爲了政體——特別是所謂總體戰——那麼打仗便成了一個可怕的怪物了。愛德門，布克（Edmund Burk）有一回曾說道：『人類的血，除了爲救贖人類的血而流，再沒有別的了。』只有上述的戰爭才能數給我們帶來眞實的——一個最後的和平。

和平是比間歇的戰爭重要得多多，這是一個秩序的寧靜，這是安全，這是自由——宗教的，政治的，經濟的自由。這是光榮的生活，賦有上帝兒女尊貴身份的生活。正爲了我們是上帝的兒女，我們才這樣如飢如渴地向慕這珍異的自由，和爲宗教信仰者更覺珍異的和平。我們一日沒有得到永久的安全，我們的鬪爭一日不會停止。便是爲了這個自由，這個和平。我們才於一九一七年作戰，但我們並沒有得到它。爲這個自由，這個和平，我們於一九四一年又去作戰，我們又沒有得到它，爲這個自由，這個和平，我們現在又在作戰了，我們還得準備明天的戰爭呢，這一回可得好好兒留心抓住它呀，否則我們便要親眼看見我們文明末日之屆臨了。

無神者群，正在昂然前進，正在將『不安』和『紛擾』的酵母散布於各地，同時，那些渴慕和平的國家則麻木不動，並且卸除武裝。他們呢，則用可驚的比例在鑄造戰爭的機器。他們又把幾百萬中國人和別的國家的人來連結在自己武力上；他們已經佔有地球上面積最廣的土地，現在他們又用可怕的原子武器來裝備著自己。當那位傑蓄奴（juggernaut印度Krishina大神的稱號，每逢此神紀念日，人們用大車裝載他的偶像，遊行各處，熱狂的信徒，自投輪下被輾而死，則謂可以立升天國。譯者註）專力於放逐上帝，奴役全世界，勢力日趨猖獗的時候，我們則在準備的道路上，搖搖擺擺，蹀着方步，夢想追求和平的海市蜃樓。

戰爭！和平！這古老的關於戰爭與和平的觀念，已經不再存在於這個世界了。我們這個時代，應該永遠沒有戰爭，或者永遠不再要求什麼和平。當我們年青時代和以往所有的歷史，戰爭這個字眼的涵義是敵愾地以武力對付另一國家，和平這個字眼的涵義，則是指國際間和諧與友好的關係。

但以今天論，說我們是對俄羅斯作戰嗎？還是說我們原想與俄羅斯和平相處，說我們是對中國，對波蘭，和對東德進攻嗎？還是說我們，與這些國家原想建立友好關係？不然，這個屬於一世界的戰爭　和平的古老觀念，早已被共產黨徒們　壞無餘了。共產主義原是永遠在戰爭的。這些克姆林宮那惡巨頭們，時時刻刻　想念着征服全世界，好像一匹大蜘蛛，——以武力或政治的陰柔作用，不停地感觸着，試探着，將來便把全世界纏縛在牠那暴虐羅網以內。

對於我們國家的命運，這是一個嚴重的時代，對於全人類這也是一個嚴重的時代。世界上那些尚未受蘇聯統治的人民，應該加強自己，保護自己。尚在嬰兒期的聯合國必須加以哺育和鼓勵，並抓牢她那些自由的肢體。但是，這個實嫌不足，我們必須特別支持西歐，對於這些將要首先遭遇戰禍的國家，必須多多地加以幫助。

共產洪流淹沒自由國家的那一天也許會實現。我們還應該作獨力奮鬪的準備。為預備有這一天，我們不可限制我們的勞力和消費。我們必須作若干經濟上的犧牲，並學習艱苦和節約的生活。我們必須減省內部的開支，以便應付向外的支出。我們要看自己對國家貢獻多少，代替以前自國家賺入多少，這事已是刻不容緩，生活便利的犧牲，也沒有比這更重要，於站在我們同一戰線上，抵抗我們公共敵人的國家，我們永遠一個都不放棄。

從家庭到世界，在這場為自由而戰的鬪爭裡，我們最大的武器是同時劍與盾，這便是我們對上帝的愛和對上帝的忠信。喚醒人們對於這個眞理的認識，是需要信仰和努力巨大的滙流。

我們每一份子，不過一粒水珠兒能了，可是這顆水珠可以增漲這條滙流，加強她的力量。我們已接近最後關頭了，救援和平，救援這個當我們有生之年，對我們逃脫了兩次的和平，這是我們最後一個機會了。在這美國擔負這鬪爭直到痛苦的最後的可怕決定中，我看見一個新的允許，一種新的保證，便是：這些鐵幕以外的自由人民，不致成為奴隸。假如我們能穀呢，我們合力來抵抗，不能呢，則單獨奮鬪，也是我們的地義天經。我們必將尋到這種力量去抵抗共同的危險而將它克服，因為我們美國人是註定要為全世界的人類高高舉起『自由』義旗的呀。（完）

（上接三十頁）

男政工：（看錶。）唔！開會的時間到了，我們要走了！

麗：（客氣。）不再坐一回嗎？

女政工：不客氣，我們還要參加一個重要的會議呢！

丁：唔！我也要走了，後天我陪你去。

（男女政工及丁慕松下。）

麗：（送至樓門。）不送了！

丁：再見！

國：（由房內急急走出，悲憤而有力的說：）麗英！我和舅母商量妥了！我們決定離開漆黑無光的地獄，到自由中國去！到光明的地方去！到舅父那兒去！（誠懇而急切地問：）你怎麼樣？

麗：（猶豫地。）我暫時不去！我主張等一等，看一看再說。

國：（沉痛地。）你不走？你想在魔鬼群裏出風頭，犧牲自己的前途？麗英！你不能做這種可怕的惡夢！麗英！你要聽你媽媽的忠告，你不能把媽媽活活地氣死啊！

麗：（嘆息。）唉！國華！你不知道我的苦心啊！我正是因為保護你和媽媽的安全，才勉強敷衍他們呢！

國：（不耐煩似地。）你眞的不願走？麗英？

麗：（堅決地。）唔！是的！我要等一等。

國：（失望地。）那麼，我要走了！（匆匆欲離去。）

麗：（焦灼地。）國華！你聽我說啊！你慢點走，慢點走啊……

國：（怨憤的口氣。）唉！我不要聽了！嗯！我一分鐘都待不下去了！舅母！我走了！

麗：（跟着追幾步，焦灼地說。）你等一等啊！我要把我的計劃，我的主張和苦心，全盤告訴你呢！（痛苦地。）國華！表哥！你不要走啊！你等會走啊！你回來啊！

（李在房內悲哀地拿着耶穌像走出來，再掛上，向耶穌像禱告：）『上帝啊！我的女兒被魔鬼附着了！變了！變了！變得連爸爸媽媽都不要了！』

麗：（從門外跑入，見母親在禱告跑過來叫母親。）媽！媽！（李不理。又沉痛的說一遍，麗英痛苦地衝進房內，一面大聲說：）唉！你們都不知道我的苦心啊！媽媽也不知道我的苦心啊！（聽到她在哭，接着有伏在琴上，琴鍵發出被壓下去的大聲傳出。）

（幕急落。）

第四卷　第四期　內政部雜誌登記證壽內警臺誌字第四六號

給讀者的報告

促成國內外反共聯合陣線的實現是本刊久已揭櫫的主張，並曾不斷為文作此項呼籲。關於反共聯合陣線的時代意義及其必要性，已經屢次論及，諒必為愛好自由之人士所同意。本刊茲進而研討其基本原則及其他較為具體的技術問題，以促各方對此問題作進一步之研究，並從而實現之。本期社論正係為此而作。

傅孟真先生逝世以後，臺大校長一職久經懸，其繼任何屬，頗為社會人士所關切。本期有兩篇專論討論與此有關的問題，方豪教授的「論大學校長」一文是一般的泛論，提出大學校長應備之條件，非專指臺大而言。姬之尹教授的「關於臺大校長問題」，係與「明天」半月刊所刊杜蘅之先生的一文有所商榷，其中闡釋了不少為一般人所誤解的觀念與事實。由此，不難推知一個理想的大學校長應該是怎樣的人物。我們此時刊出此類文章，或對當局在物色臺大校長人選時，多少能收一些參考的功效。

胡秋原先生在本刊三卷一期曾發表「俄羅斯帝國主義之傳統」一文，本期又為本刊特撰「俄羅斯帝國主義之發展」，正是上文的續篇，從歷史事實追溯其流變，因本文較長，故分兩期連載。

原子彈的前途和可能性是一篇科學性的論文，作者惠廬教授亦為社會知名人物，遵囑用筆名發表。

近代文明的特徵是尊重理性，以表示人格之尊嚴，然自十九世紀初葉以來，反動的潮流乃與日而俱著。本期田灑夫先生「反理性主義」一文臚列各種反理性的思想，而以共產黨為此反理性主義所滙合之最高潮，實洞見癥結之所在。因為有種種思想替它辯護，故共黨之殘暴行為乃兇悍至此，而猶自以為唯一的真理。

一鶚女士是國內極享盛名的女作家，現在旅居巴黎，本期為本刊寄到通訊與翻譯各一篇，俱極難得。一鶚女士雖遠旅西歐，仍不忘為苦難祖國作文字上之服務，本刊謹代表讀者於此申謝。

本刊為加強對自由中國的文化宣傳特請劇作家王平陵先生編撰「自由中國」四幕劇，原稿已幾經校正，從本期在本刊連續登載，仍盼各方提供意見，俾再求改進。本刊刻正多方籌劃，希望能將此劇公演，以廣宣傳。

本刊紐約航空版的發行，早在兩月以前，經與在美華商現代中國印刷公司 Modern Chinese Art & Printing C., Inc 洽妥，由其負責印刷發行。本刊按期自臺航寄紙型，不意該公司竟中途背諾前約，迄未能按期印刷發行，誠屬遺憾之至。本刊現一面仍繼續以航寄供應在美國讀者。一面另與其他印刷公司洽商航空版之承印發行事宜，俾本刊能在美國推廣其發行。

又本刊自本期起改由臺北新生印刷廠承印。

廣告刊例

一、封底裏面全幅每期新臺幣一千元，半幅六百元，1/4幅三百五十元。

二、普通全幅每期新臺幣八百元，半幅五百元，1/4幅三百元。

三、登一期者，按期一次付清；連登三月而一次付款者，九折計算；登半年以上者，八折計算。

四、式樣及鋅版自備，如欲本社代辦，則照值計算。

本刊售價

一、	臺	幣	三元
二、	越	幣	八元
三、	菲	幣	五角
四、	港	幣	一元
五、	暹	幣	四銖
六、	美	金	二角
七、	叻	幣	四角
八、	印尼	幣	三盾

自由中國 半月刊 第四卷第四期

"Free China"（總第三十一號）

中華民國四十年二月十六日

發行人　胡適

主編　『自由中國』編輯委員會

出版者　自由中國社

社址：臺北市金山街一巷二號
電話：六八八五號

航空版　香港　香港時報社（高士打道六四號）

經售者

臺灣　中國書報發行所（臺北市館前街八五號）
新生報社高雄分社營業部（高雄市鼓山一路二〇號）

美國　紐約民氣日報社
舊金山國民日報社

日本　東京南友堂
東京內山書局

馬尼剌　中菲文教出版社

印尼　巴達維亞星期日報
棉蘭繁華圖書公司

越南　西貢中原文化印刷公司
越南華僑文化事業公司

曼谷　曼谷攀多社十二號

新加坡　中興日報社
檳榔嶼吉打邦均有出售

印刷者　臺灣新生報新生印刷廠
廠址：臺北市西園路一段九號
電話：廠長室七一二五　業務課二〇九六

本刊經中華郵政登記認為第一類新聞紙類

臺灣郵政管理局新聞紙類登記執照第二〇四號

自由中國

FREE CHINA

第四卷第五期

要目

中華民國四十年三月一日出版
社址：臺北市金山街一巷二號

半月大事記

二月十一日（星期日）
南韓軍京畿師越過卅八線五哩，佔領北韓境內之襄陽。華府及聯合國人員對此均拒予置論。
美進入漢城之聯軍斥堠部隊後撤，退守漢江。
美出席聯合國副代表葛羅斯演說稱：美國迄未放棄和平解決韓戰之希望。
美總統特使杜勒斯自東京飛抵馬尼拉。

二月十二日（星期一）
菲總統季里諾與杜勒斯舉行會談，討論擬議中之對日和約及有關太平洋公約問題。
一度佔領襄陽之南韓軍京畿師退回卅八線。
法總理布立溫外長許曼抵聖馬格里泰，與義總理喀斯貝里及外長史福撒舉行會談。

二月十三日（星期二）
韓境共軍攻陷橫城，聯軍被迫退守原州一線。
麥帥第十次飛韓，視察漢江前線陣地。
聯合國大會以四十八票對五票否決蘇俄要求譴責美國侵略臺灣之建議。另以五十一票對五票拒絕蘇俄主張懲罰美機轟炸中國東北邊境的提案。

二月十四日（星期三）
南韓海軍陸戰隊在聯軍海軍強大炮火掩護下，突襲北韓東海岸卅八線以北九十哩之元山港口，攻佔港外兩島，並向城郊推進。
聯軍放棄漢城以西之金浦機場。
美總統特使杜勒斯自馬尼拉飛抵堪培拉，將與澳洲及紐西蘭外長進行有關對日和約的會商。
美駐華公使銜代辦藍欽飛美述職。
法義會談發表公報，決定共同努力防衛西歐，並贊成德國漸次武裝。
聯合國裁軍委員會舉行首次會議，以九對一票否決蘇俄排斥我國代表之議案。

二月十五日（星期四）
法總理布立溫外長許曼在義會談完畢，返抵巴黎。
十二國代表集會巴黎，討論組織歐洲聯軍問題。
美國防部長馬歇爾對國會演說，主張增派十萬美軍赴歐，歸艾森豪威爾元帥指揮。

二月十六日（星期五）
立法院舉行第七會期第一次會議。
美聯社華盛頓電：逐步增加之軍火援臺計劃已獲美國政府最後之贊同，該計劃包括五千萬之撥款，並遣派軍事顧問團，確保軍火及供應品之有利運用。
聯合國制裁委員會成立。該委員會原擬由十四人組成，因緬甸與南斯拉夫不願參加進一步制裁中共的討論，遂改為十二人。
杜魯門總統談話表示，聯合國賦與聯軍越過卅八線的許可，目前仍然有效。據此，麥帥自有從事此項行動之一切權力。
美國務卿艾其遜出席參院外交軍事聯席委員會，力主派兵赴歐，反對國會予以限制。
艾森豪威爾元帥搭輪赴歐主持歐洲盟軍最高統帥部。
英下議院對工黨政府重整軍備案作信任投票，表決結果三〇八票對二八七票，工黨以廿一票多數獲勝。
莫斯科電臺廣播史達林對眞理報記者之談話。

二月十七日（星期六）
麥帥授權日本政府與廿國外交團就「雙邊或國際條約」事宜直接往還，使日本恢復部份外交權。此廿國包括中、法、印、義、韓、菲、西、葡、荷、英、泰、比、丹麥、挪威、瑞士、瑞典、澳洲、巴西及烏拉圭。
日首相吉田已任命其私人顧問白洲二郎與藏相池田勇兩人為赴美代表，將往華府續商和約問題。此代表團乃應杜勒斯之請而派。
合眾社柏爾格萊德電，狄托元帥宣稱願受西方援助，並警告蘇俄及其附庸國家，如南國被攻則世界大戰即可能開始。

二月十八日（星期日）
英外務部發表對蘇俄照會，答覆蘇俄一月廿日照會中無事實根據之指責，並列述十四點，證明蘇俄支持侵略。
美總統特使杜勒斯與澳洲及紐西蘭外長會議結束，發表公報，謂此次會議係商討對日和約及太平洋之一般安全問題。三國同意不撤退駐日佔領軍，並鼓勵日本參加自由國家集團。

二月十九日（星期一）
聯合國三人斡旋委員會舉行第一次會議，決定以後逐日會商。制裁委員會並同意延期十天，再行考慮制裁中共之辦法。
美英法三國於致送蘇俄照會中，建議於三月五日在巴黎召開四强外長會議。

二月廿日（星期二）
杜勒斯自澳洲飛抵惠靈頓，與紐西蘭總理賀蘭德晤談，商討對日和約與太平洋防務問題。
總統任命郭寄嶠繼任國防部長。

二月廿一日（星期三）
麥帥飛赴水原前線視察，下令聯軍恢復攻勢。
臺灣省政府為電力公司發行公司債增加新臺幣限外發行九千五百萬元。
美第七艦隊司令史樞波中將偕隨員一行九人自沖繩島乘專機飛臺訪問。
艾森豪威爾元帥自紐約乘輪抵達巴黎。
美國務卿艾其遜發表聲明，表示美國關切太平洋公約，並已與各友好政府就太平洋聯防之可能性舉行非正式之會談。

二月廿二日（星期四）
美第十三航空隊司令滕納少將自馬尼拉飛抵臺北。
本省北部舉行防空演習。

二月廿三日（星期五）
韓境中線聯軍克復平昌。

社論

史達林底談話暴露了什麼？

一個人所在的情境，和他底人格與特性，常常決定了他底語言和行動。依此，一個人底語言和行動常常是他所在的情境，和他底人格與特性之反映。史達林底談話不是一個例外。

史達林是怎樣的一個人呢？一言以蔽之，他是馬基維尼主義，金汗帳統制方式，東歐草原野蠻氣息，彼得大帝雄圖，東正教會，沙皇主義，這些東西混合而成的化身。史達林所處的情境是怎樣的一種情境呢？內而千百萬怨憤之民，和並未完全穩定的若干附庸；外而到處樹敵，劍拔弩張，煙硝彌漫，北美合衆國原子彈諸般新利武器之陰影又遠在太平洋彼岸。

具有這些特點的人恰好又處於這種情境之中，那裡會說得出好話呢？所以，他不開口則已，一開口便不好聽：滿嘴盡是撒謊，挑撥離間，顚倒是非之詞。我們只須稍一分析，便不難曬露其原形。

英國首相艾德禮在下院聲明，說戰爭結束以後蘇俄不僅未曾減除武裝，並且繼續增加其武裝部隊。史達林認爲這個聲明是誣蔑蘇俄。他所依據的論證是什麼呢？第一，蘇俄『復員分三個階段進行』；第二，『沒有一個國家(包括蘇聯在內)可以增加其武裝部隊並發展其戰爭工業，而同時又能充分發展其民用工業』。進行後者就不能同時進行前者。今蘇俄正在進行後者，所以沒有進行前者。

爲了自圓其說，史達林堂皇動聽地道：『執行需要巨款的龐大建設計畫，如伏爾加河，聶伯河及阿木達里亞的水電廠等，繼續有系統地降低消費品價格。……艾德禮首相應可由其本身經驗知道增加一國的武裝部隊及實行軍備競賽必將造成發展戰爭工業，停止民用建設計畫，增加租稅，消費價格上漲等結果。顯然艾德禮並不願意維持和平，而要發動一個新的侵略戰爭。』於又一次藉機自我宣傳『偉大的建設計畫』之餘，印假鈔票出身的史達林又施展了一次愚人之術：『價格系統』只有在『資本主義的國家』才是眞的。在工奴和農奴的極權國家那有什麼『價格系統』呢？史達林輩明明標尙反對『資本主義』，可是，在指責英美時却拿英美所相信並採行的『資本主義』之下的『價格系統』作藉口，意在引起英美人士依據本國底經濟『經驗』來了解蘇俄經濟情形之後，從而相信蘇俄既從事發展民用工業，於是進而相信蘇俄不願戰爭。其實，史達林之責諸英國者正是夫子自道。而他這次的掩飾則是這種混亂思想的手法。

他又說：『如果誰主張攫取中國領土（臺灣島）並侵略韓國，直逼到中國邊界的美國竟是自衞者，而保衞其邊疆並爭取收回臺灣的中共却是侵略者，那他就是喪盡良心了。』不用說，這幾句話底用意是在厚誣爲自由爲正義而戰的美國，並爲中國共黨侵韓作精神的和政治性的聲援。這本是史達林底分內之事，毫不足異。所可異者，史達林竟提及『良心』二字。乍聽之下，彷彿史達林是很講『良心』的樣子。史達林眞講良心嗎？如果史達林稍講良心，俄國人民何至於這樣苦？世界目前何至於這樣亂？一口氣餓死幾百萬善良無辜的農民而無動於衷的人講良心嗎？『良心』是共產黨人恥笑的對象，正猶之乎一切高尙的道德和優美的情操之爲共產黨人恥笑的對象一樣。共產黨人說這些東西是『資產階級意識』，是『毒害無產階級的精神工具』。他們日思夜夢以排斥消滅這些東西猶嫌不足，爲什麼史達林忽然大談其『良心』呢？這又是一個欺人之術。他自己雖不講良心，但他深知英國人好講『Conscience』。於是乎，他拿你所注重的東西來罵你，說你『喪盡良心』，在精神上來痺痳你，來軟化你。這與利用英美人人有價格系統之經驗而藉之打擊他們之毒計，在原理上完全一樣。即是：你相信什麼，我便拿什麼打你。

史達林說，聯合國之『干涉』韓戰，只有招致『失敗的結束』。其所以如此，並非英美軍官比中國共黨和韓共底軍官低劣，而『重要的原因是在此次戰爭極端不受英、美士兵的支持』。顯然得很，這一段話有兩種作用：第一，是說援韓之戰不是『義戰』，而是『師出無名』的。從事這樣的戰爭是會失敗的。第二，在英美軍官與士兵之間施展挑撥伎倆。

史達林這篇談話，引起許多人緊張。我們則認爲稀鬆平常，並且看了以後反而產生了欣慰之感。何以呢？第一，他要拿英美人士相信的象徵西歐文明的『良心』和象徵『資本主義』的『價格系統』來打擊英美。他那一套『共產主義』、『無產階級專政』，失去招誘作用了，拿不出來了。這不表示共產主義的精神影響力趨於沒落嗎？共產主義的精神影響力趨於沒落，它底政治和軍事力量不也會隨之而逐漸沒落嗎？復次，史達林離間軍官和士兵的話，是在大陸上共黨過去說慣了的話；一點也不新鮮。這一套老話背後所依據的道理是所謂『內在的發展法則』，以及由之而產生的『從內部瓦解敵人』這類策略。可見他這共黨首腦也爲其思想法式所桎梏，而失去創造能力了。失去創造能力的强暴集團及其統治還會久長嗎？

時事述評

總統復職一週年

去年今日（三月一日）蔣總統復行視事，當時我們感於總統視事的文告說到「補過去之缺失，策未來之成效」二語，曾於本刊二卷六期（三月十六日出版）發表一篇社論，表示我們的願望，題目是「存亡絕續在此一舉」。那個題目，看上去不免有點刺目驚心，但它確可表達我們那時心情的沉重和願望的迫切。

一年前，國內外的局勢惡劣極了：反共的臺灣，在反共的國際間，精神是孤立的，甚至於被人厭棄；而內部又是中樞無主，人心隨政治暗潮而浮動。那個時期，我們認爲是存亡絕續之交，當不爲過。現在，存亡絕續的大勢，似已足夠顯明，象徵自由中國的臺灣已不像一年前那樣可能爲大陸之續了。這其間，得力於我們政府之努力者自然不少。

可是，時間似乎過得太「快」！我們今天翻看一年前的那篇社論，覺得它還沒有太失時效。我們曾經說：

「當前最嚴重最現實的問題，盡人皆知，爲如何確保臺灣，如何策攻大陸。『軍事第一』，爲今日任何人所不置疑。……然與軍事密切相關，乃至決定軍事之成敗利鈍者有二：一爲人事，一爲財政。……過去，大陸上軍旅之全面潰降解體，究其深長根源，無不由於多年來人事與財政之措施乖方，今後欲求進可以攻，退可以守，自當於此二者深思其故而有以痛革之。」

接着，我們曾就人事和財政兩方面列舉幾個要點，而於人事方面特別說到「人才」與「奴才」之分別；財政方面特別說到強制徵用國外資產之必要，並建議一個不難實行的步驟。在結論方面，我們更說到：「政治的民主與行政權力的堅強，如在民主不被濫用，行政不越職權的前提下，兩者的優點，是相得益彰的。……」

今天在歡呼萬歲，慶祝總統復職週年紀念的大熱鬧中，我們本着民主國人民對於元首應有的崇敬和愛護，特提及一年前的舊話，敬祝總統身心健康！（葆）

從紀德說起

「田園交響樂」的作者，閃爍於廿世紀文壇的法國文豪－紀德，在二月十九日病逝巴黎。由於紀德一生思想的轉變，使我們不能不連想到今後共產主義的悲哀。正如所有天眞的追求眞理者一樣，在一九三六年以前，紀德也是一個極左翼的作家，那時他認爲只有共產主義才能拯救這紛亂不平的世界，甚至在一九三二年他加入了共產黨。但是等到一九三六年他遊蘇以後，紀德完全失望了，他說：『蘇聯的情形，使人是如此的慨嘆，假若尚有一線可能改善的希望，我將會緘默無言。』所以他竟成了積極反蘇和反共的人；他說：『我認爲向人類公開呼籲，乃是我的天職。』

使一個對它嚮往，崇拜的人，而恨它，厭惡它了，這對於共產主義將是一個多大的諷刺。但究竟在一九三六年的時候仍舊是少數，可是自二次大戰結束以來一直到今天，全世界千千萬萬的人都已經像紀德一樣的看明白了，這是蘇聯和共產黨徒促使的，它讓這些對它期待的眼光漸漸的對它放射出來憤怒的火燄。這不可磨滅事實的存在，證明自由世界的前途是光明的。

也許有人說：『蘇聯在戰後步步勝利！西邊掌握了多半個歐洲，東邊攫取了中國大陸，七億以上的人口被其奴役，未來大戰的勝負誰屬，很難預期，按照這樣下去，蘇聯很可能是勝利的一方。』

我們不做這樣的看法，事實上，在共產主義與民主制度決戰的前哨戰中，共產主義已經輸了。得到了半個歐洲和中國大陸這是可以計算的，失去了全世界的嚮往和支持，這是無法計算的。歷史上，每一個行將崩潰的集團，都是先失去了愛戴它的人心，然後才全盤崩潰。蘇聯和全世界的共產黨徒已經是走上這第一步了。其在未來大戰中的潰敗是可拭目以待的！我們相信：任何型式的極權與專制，都經不住民主、自由與正義的鍾鍊！（藝）

尼赫魯被提名爲一九五一年諾貝爾和平獎金候選人

前幾天報紙上披露了一個幾乎令人不能置信的消息：合衆社奧斯陸二月廿三日電訊說：一九五一年的諾貝爾和平獎金候選人被提名者共三十五人，其中包括聯合國秘書長賴伊，美聯邦檢查長捷克遜等，然而誰也未曾料到在這一串響亮的名字中間，尼赫魯的大名也赫然在焉！

自然被提名爲獎金的候選人到眞正地獲得和平獎金，中間還差着一個很大的層次，目前每一個被提名者祇不過具有三十五份之一上下的希望能了。不過像尼赫魯這樣的人，即使僅獲得提名一點，也頗令人感到奇怪。上述合衆電在披露候選人名單時說：捷克遜之所以被提名，是因爲他在紐倫堡審判納粹戰犯時，獲有卓越的成就。即僅這一句話捷克遜的提名者就可以說得理直氣壯，假定上述的候選人名單無誤，我們眞不知道爲尼赫魯提名的先生們究何所持而把尼氏的大名也列在上面？

從表面上看，尼赫魯是聖雄甘地在社會事業上的繼承人，然而實質上尼氏的脚步却一直和甘地精神背道而馳。甘地是「非暴力運動」(Non-Violenec Movement)的創導者，他用不害主義的精神來抵抗英國人的壓迫。生前甘地常對人說：假定一種暴力的迫害必須用另一種暴力才能加以消滅，他寧可繼續受其迫害。猶憶當這位和平老人被兇手擊倒於地時，仍兩手力向前伸，以示對兇手寬恕的和平義意。這是眞正的甘地精神，然而這種眞正的甘地精神却被他的「繼承人」一轉眼丟光了，試看自尼赫魯當權後，在國內曾先後用兵於克什米爾及海德拉巴；在國外一方面蠶食印度北疆臨近的諸小國，並進而要染指中國的西藏；另一方面爲圖與共產集團交懽，不惜拆散民主集團的陣營，大要其馬加維里主義的醜劇。若這種人也配獲得諾貝爾和平獎金，則維多利亞時代的英國首相底斯拉利(Disreali)和慕尼黑悲劇的醜角張伯倫兩人將從地下起來抗議了。(白)

日本的和約問題和加入聯合國問題

毛子水

我在「日本人民目前的平正大道」一文（載在上月一日出版的本刊第四卷第三期中）裏面，曾說：「日本人民如果不願意做蘇俄的奴隸，如果要有一個獨立和自由的國家，應當儘速的武裝起來，……」我寫這幾句話，正在杜勒斯率領美國代表團自華盛頓飛往東京的時候。杜勒斯的任務，是商洽對日和約問題。我那時以爲，對日不訂和約便罷；如訂和約，則除却抑制反民主主義的復活外，應承認日本其他一切政治的自由。因此，我以爲日本的重整軍備，定可得到訂約各國的允許的。有這樣一個假設，當然便把重整軍備的事情看作在日本自由決定範圍以內的。

現在中美菲澳等國關於對日和約問題的意見，已漸接近。我想在各民主國中間，不久便可得到一致的主張。菲澳等國，鑒於過去日本軍閥的野心，對於日本的重整軍備，自不免有多少戒懼；甚至英國亦是這樣。其實這種戒懼，全是多餘的。日本如果眞正走上近代民主的道路，自然會沒有以武力侵略他國的企圖；日本如果不走上民主的道路，則有了軍備固不好，沒有軍備更不好。（南韓因軍力薄弱致啓蘇俄的野心，便是殷鑒。）

我以爲到了訂和約的時候，各民主國家定會答應日本恢復政治上的一切自由的。（違反民主的事情當然除外。）軍備的問題，自在政治自由範圍以內。日本如能於最近的將來表現出高度的民主化，則非特可得到重整軍備的自由，並且可得到民主國家格外的優惠—尤其是中華民國和美國的。這兩個國家對於世界政治的見解，比較高明；他們的大目的，是要日本成爲十足的民主國。現在中華民國的蔣總統，於一九四五年八月十四日在重慶發表廣播時，便聲明中國要用「以德報怨」的態度以處置日本問題了。這非特足以表示文明古國的風度，實亦有誘掖日本人民適向民主道路的意思。至於美國的這種態度，乃是大家所知道的。無論如何，日本這次與各國訂約時，必定不會有使日本難以接受的條件：這是可以預言的。

至於俄國，則定必不肯讓日本恢復主權而完全獨立。史達林的處心積慮，不外乎在得到適當機會時叫他所扣留的數十萬日俘隨同共產國際的軍隊回去「解放」日本。他的心自中，決不會再有一個自由獨立的日本了。若要俄國同意於各民主國家對日和約的處置，至早必在史達林政權崩潰以後—這件事情什麼時候才發生，我們是不好妄加揣測的。

因爲這些理由，爲日本的早日恢復主權計，第一、日本須放棄全面和約的政策，儘速與各民主國家訂立和約；第二、訂約時，日本不宜向民主國家爭執許多不相干的小問題，如齒舞島，色丹島，小笠原島的保有等等；更不宜利用共產國際侵略南韓的機會，藉口於憲法第九條，以重整軍備作爲換取和約上其他要求的條件；第三、和約訂定後，即加入聯合國，以獲得安全的保障。

日本的加入聯合國，蘇俄定必用全力來反對。但我們大概可以預言，等到日本與各民主國家訂定和約時，蘇俄如沒有向民主國家開火，或已退出聯合國了。蘇俄的做聯合國的會員，根本上是和蘇俄征服世界的政策相矛盾的。她最初所以加入，完全爲敷衍羅斯福總統以騙取美援；二次大戰後所以不即退出，完全是要憑否決權以搗亂民主國家的世界和平計劃。現在蘇聯的陰謀，差不多已被各會員國看透，再也弄不出什麼花樣來；所以在不久的將來，蘇俄可能選取退出聯合國的一途。

加入聯合國，是日本幾個比較重要的政黨（自由黨，國民民主黨，社會黨等等，）對於和約共同的主張。但加入聯合國固爲一件重要的事情，而接受聯合國憲章所載的義務，尤爲重要。關於最後這一點，除自由黨有對聯合國作積極協力的聲明外，其他都沒有提到。左傾的社會黨且主張於聯合國發動制裁規定時，請求免除關於軍事行動的一切義務。這樣的如意算盤，眞只有左傾的人會打！這種趨利避義的事情，是萬萬要不得的。

我對於割去軍閥毒害而有「共命維新」的景象的日本，懷有極大的希望。我想，在現在的世界裏，一個國家要到眞正的獨立和自由，則她的國民應當摒棄一切古老庸陋的國家觀念，而代以適合時勢的新觀念。這個新觀念，就是：一個獨立自主國家的存在，全賴各國根據平等互助的原則，促進國際的合作，提倡國際的正義，以確保世界的和平。現在的聯合國，如果能夠貫徹她的宗旨和原則，保持她的風紀，便是促進這種合作提倡這種正義的具體機構。所以我非特希望日本加入聯合國，並且希望日本能成爲聯合國最忠實最努力的會員。

現在的世界，非特有集體安全的必然，並且有「集體繁榮」的必然。只要日本能夠對於聯合國盡了應盡的義務，則日本雖有天然資源的限制，自能得着其他會員國的幫助而不至於匱乏。這個觀念，是世界和平的基礎，亦是日本生存的基礎。

國家權力的界限

戴杜衡

給任何個人任何機構指派一項工作，賦予一項任務，必先劃清此一工作或任務的界限，纔能盼望他恰如其分的達成預期的效果。假如進行此一工作或任務必須具備某種强制性的權力（coercive Power），劃清界線就更加重要：你不能不預防權力之濫用。在近代的人類社會中，國家無疑是最大的，並且幾乎是唯一的强制權力，但一般人的感覺，對此一權力的界限，却異常模糊。這是可悲的。强制權力成爲一種專斷權力（arbitrary power），我們所面臨的許多災禍由此以生。

我們剛解除了納粹主義的威脅，接着就受到布希維主義的威脅。這兩種威脅，各憑藉一個龐大的國家機構纔顯出其可怕的力量。它們都是全體主義的，這是說，它們都儘可能利用國家强制，以壓搾並集中全國國民各方面的力量，來追求一個逾越國家本分的龐大目的。爲着這個目的，全世界人類受到危害而它們自己的國民亦被迫獻出了生命、幸福與自由。如此慘痛的經驗教訓應使每個頭腦清醒的人都能想到：德意志與俄羅斯顯然是因爲國家（政府）權力太大，纔可能形成如此嚴重的威脅；如果它們的國家權力接受某種一定的界限，知道那些事情是該做的，那些事情是不該做的，就不會生出逾越國家本分的目的，就算有這樣的動機，也止於動機而已，無法付諸實施。

但，究竟那些事情是國家所該做的，那些事情是不該做的呢？要概括而圓滿的答覆此一問題，恐怕就連頭腦最清醒的人都不免感覺困難。

在今天提出國家權力必須有一個界限，我想，大概是不會招致許多人來反對的。這個界限也許本來存在，但人們却說不出它究竟在什麼地方；這個界限也許尚未存在，而人們也不知道它究竟應該如何劃法。無界限就根本無所謂逾越；有界限而認辨不清，則即令逾越也不易爲人覺察。以致無論界限存在與否，國家權力都很容易發展爲專斷權力而危害人群。問題是因爲一般人觀念之模糊而更見嚴重了。

我並不是說對這樣一個大問題竟從沒有一個人鄭重的思考過。爲解答此一問題，我們至少可以從兩個來源去搜尋有益的提示與啓廸：一是歷來政治思想家的私人著作，二是若干民主先進國的成文憲法。

祇要是在較爲開明的時代，除了那些爲權力者所雇傭的論客，絕大多數的思想家，都並不對國家權力抱持無條件的信任態度。在古代中國，珍視既成秩序的孔子，就並不把秩序的維持完全依仗國家的政與刑，而提倡德治禮治。在西方，竭力主張群性應該壓倒個性，把民主政治視爲隣近於無政府的亞里士多德，也曾經說過：『在壞的國家中，好的人是壞的公民。』後來經過中古世的黑暗，一切精神活動由窒息而殭化，到能夠認眞考慮國家權力的問題，已經是十八世紀以後的事了。先驅者們爲對抗君權而標揭民權之說。但我們如細心體會，就能發現他們所追求的中心目的，並非十分明顯的是要給予國家權力以某種界限，而祇是想把此一權力的運用置於人民的有效控制之下。這誠然是很好的動機，却仍嫌不够，尤其是因爲置國家權力於人民有效控制下的設計與努力並未完全成功，就愈加顯得不够。不錯，由於先驅者們的鼓吹，許多國家都有了以人民投票與議會立法爲基礎的民主政治。但民主政治尤其是民主精神事實上並未普遍。在民主精神尙未滲透的地區，國家權力隨着民族主義之高漲而一天天的擴大，遠非人民投票與議會立法的形式所能駕馭。即令在民主政治基礎較爲深厚的國家，那裏的民主機體，也並非完美無缺，國家權力事實上還是掌握於政府之手，人民充其量祇能給予一些微弱而又間接的影響。正因爲先驅者們多數沒有想到應給予國家權力以某種界限，一致掌握權力的政府，即令在民主國家，也仍然有無窮無盡的運用餘地。

我想恐怕祇有美國的先驅者們曾預料到這個危機。那是因爲歐洲在十八世紀以後已成爲權力政治的角鬬場，列國爭勝，民族主義的熱情壓倒了一切的緣故。對這場角鬬，美國是從頭就置身局外的。在優秀的思想家之中，祇有佩恩（T. Paine）曾在理論上把政府的功能與社會的功能分開，這分明是警誡政府不要假國家之名而越俎代庖。在傑出的政治家之中，祇有哲弗遜（T. Jefferson）曾在行爲上作出政府應如何儘少管事的模範，他的精神感召，直至今日都仍然是所謂『美國生活方式』的有力保障。

這一種幾乎爲美國所獨有的觀念，更具體表現在一部極度剛性的憲法之中。憲法，本來就是一種並不是叫人民遵守而是叫政府遵守的法律。美國的普通法律，反而是相當柔性，各州不同，極盡變化流動之能事，歐洲人常爲此諷刺美國，說它還不能算是一個法治國家。單單這一個憲法，與普通法性質的對比，即足以說明美國國家體制，拘束政府者較多而拘束人民者較少。美國聯邦憲法，視衆議院爲最高權力機關，它的第一章第八節諸條規定衆院該做些什麼，第九節諸條又規定衆院不該做些什麼，敲釘轉脚，周密之至。這樣還嫌不够。他們還在一七九一年成立了十個修正案，爲預防政府侵犯人民而再度限制政府權力。那第十修正案甚至說：『未經憲法委派於合衆國或未經它對各邦加以禁止的各種權力，均分別保留於各邦或人民。』照這條文，美國中央政府除了憲法明文規定的事項之外，是什麼都不該做的。羅斯福的新政，就曾有若干方案雖經國會通過，却被最高法院判為『違憲』而中途撤銷。

如果我們確實感覺有必要替國家權力劃一界限，美國的事例是可供參考的。祇是，先驅者們的觀念過於抽象而括概，使人不易確切把握實質的問題；憲法條文却又過於具體而瑣碎，使人無法窺見它所依據的理論基礎。我們似乎仍缺乏一種介乎抽象觀點與具體條文之間的東西，要比諸觀念更為具體而比諸條文則更為抽象，要能發揮那單純的觀念並籠罩那些複雜的條文，譬如說，若干（五六個至八九個）簡單明白的原則之類。立下這些原則，纔有逐一研討的根據。

並且，美國的事例，特別是美國建國時代的事例，究竟也不能生吞活剝的援引。空間因素不同，時間因素更多改變。即連美國自己，為適應新的事物（工業化與現代戰爭），也不得不一次次的背離哲弗遜路線：這背離，第一次出於傑克森（A. Jackson），那是為了平等；第二次出於林肯，那是為了統一；第三次出於羅斯福，那是為了挽救經濟恐慌：以致，雖然絕大多數美國人直至今日在精神還是哲弗遜主義的（Jeffersonian in spirit），也祇好在一個甜蜜的回憶中感慨當前現實之面目全非。我們討論國家權力，是需要找尋一些較能普遍適用且並不與現實環境過於枘鑿的新的原則了，雖然這些原則，多少總要把現實修改一點的。

本文即擬擔任此項工作之嘗試。

二

我們首先應該把國家的基本任務與加添任務嚴格分辨。所謂基本任務，即是指國家所因以建立的那原始目的，國家不擬或不能達到此種目的，就不成其為國家；所謂加添任務，却祇是它的附帶工作，是一種副業的性質，國家即令絕未從事於此，在本質上也仍不失其為國家。譬如為人遞信，是郵政局的基本任務，郵政局而舉辦滙業儲金，就是它的加添任務了。祇是，在國家的場合，此種分辨沒有像在郵政局的場合那樣簡單明瞭而已。

中國的政治哲學，很早就懂得國家的基本任務是什麼。古人說：『國之大事，唯祀與戎。』祀的問題現在儘可撇開不談，賸下來，就祇有一個戎。古者兵刑不分，兵是一種對外的刑，刑是一種對內的兵，用現代的話來說，就是對外的軍政與對內的警政。而軍政與警政，都可以用一個「戎」字來包含。西方人不說兵與刑，而說安全與公道（security and justice）。這二者本來也是一而二、二而一的東西，它們不僅互為表裏，並且兩相密合（coincide）。所以西方的思想家，於討論國家機能時雖然用語不盡相同，或以公道涵攝安全，或以安全涵攝公道，或更以『保存』（preservation）一詞來概括公道與安全二者（如孟德斯鳩說，一切國家所共同的任務祇有一項，即『保存』是也，其意義亦為外來或內發的危害之解除），他們所指的實質，却大體都是一樣。可以說，對國家基本任務的認識，幾乎古今中外所有的政治學都一致了：在於對外保障安全，對內維持公道，不少於此，亦不多於此。

這基本任務有三點特徵，使它與下文將另行討論的所謂加添任務，在性質上得以清楚的分別：一、它是消極性的；二、它是強制性的；三、它是獨占性的。

消極性的意義是說：這種任務，目的在禁止着什麼，不是在提倡着什麼；它是補救一種禍害，不是追尋一種福利；是反擊而非主動，是除掉（to undo）而非興辦（to do）。強制性的意義是說：為了完成這種任務，國家無論對外或對內都不僅可以而且必須施行一種強制，如抵抗侵略，懲戒罪犯，不具有強制權力就無法辦到。獨占性的意義是說：這種任務是整個兒由國家來擔當，任何個人或社會團體都不必亦不應分割其權力或責任。第一、二兩個特徵，意義明顯，無須細說。第三個特徵，因為是不很穩定的，就要多費一點解釋。個人或社會團體不應保有軍隊或開設法庭，這些觀念在我們近代人看來是視同固然，毫無問題。但古代以至中古却未必如此。古代及中古有許多地方的法律都不禁止人民私行報仇，也聽任豪強者蓄養家丁，以至形成一種類似軍隊的組織，因此我們必須補充；所謂獨占性一點，事實上祇適用於今天的國家，並

『自由中國』的宗旨

第一、我們要向全國國民宣傳自由與民主的真實價值，並且要督促政府（各級的政府），切實改革政治經濟，努力建立自由民主的社會。

第二、我們要支持並督促政府用種種力量抵抗共產黨鐵幕之下剝奪一切自由的極權政治，不讓他擴張他的勢力範圍。

第三、我們要盡我們的努力，援助淪陷區域的同胞，幫助他們早日恢復自由。

第四、我們的最後目標是要使整個中華民國成為自由的中國。

不適用於過去。再則，到將來國際組織發展，很可能它會有一枝不屬於任何國家的軍隊，甚至還可能爲保障人權而剝奪國家一部分的對內强制權力。因此我們必須再加補充：所謂獨占性一點，也許祇適用於今日的國家，未必適用於將來。不過因爲它今天已經適用，而且仍然適用，我們理應把它列入。

國家所作的一切工作，我們祇要就上列三點特徵來加以校驗，就可以辨析何者爲基本的，何者爲加添的了。

我們如果已能確認國家的基本任務是消極性的，而這基本任務又包含了對內與對外的兩個方面，我們就能由此進入政治倫理的領域，發現國家行爲的第一個是非標準，也就是國家權力的第一道界限：

原則一：國家對外保障安全的行動，祇能是一種反行動，而不能是一種主動；這種反行動，又祇能是事後的補救，而不能是事先的壓制。

用淺顯的話來說：國家爲保障安全，祇能抵抗侵略而不能從事侵略；並且抵抗侵略，也祇能在人家有了確切的侵略行動之後纔能着手，不能因見到人家有侵略的動機或準備而先發制勝，因爲你所謂「見到」，雖可能是眞實，但也可能是錯覺，甚至可能是一種故意的藉口。

我深知這樣的原則，在現實主義的政治家看來是全不合理的。科德理厄(Kodlier)那位古印度的馬契亞維里會經說：『什麼叫做敵國？就是那些疆界與你隣接的國家。』這話雖然顯得有點驚人，但確是非常坦白而乾脆的道出了權力政治的實際：即在現代的『文明』世界，又有幾個國家不把自己的隣國當做假想的敵國？人們會說，抵抗侵略必須出於被動與事後，那就要睜眼看着人家整軍經武，從從容容完成侵略準備，而自己無法予以有效壓制，豈不是等於束手待斃，還談什麼抵抗？這話誠然也有相當理由。但反過來，如果准許先發，則納粹德意志以『生存空間』受到窒息而從事征伐，布希維俄羅斯以『帝國主義包圍』而從事擴張，日本軍閥到中國領土上來進行『防禦戰』，中國共黨『政權』到朝鮮半島去『抵抗侵略』等等，都可以振振有詞。充其極，每個國家爲了安全，都非把全世界征服不可；因爲，僅僅是隣國的存在，都可以被解釋爲一種潛在的威脅。

這原是我們這世界所面臨的基本難題之一，三百年來，各國公法學者曾努力尋求各種的兩全兼顧之道而終無結果。一直到國際組織發展，爲維護世界和平與國際正義，『自助』原則已爲『集體責任』的原則所替代，這一矛盾，纔算漸漸接近了解決。今天是，集體責任的效力雖未顯著，而觀念已經成熟；惟有堅持這觀念，將來的效力纔能保證。因此，事前壓制侵略的動機與準備，應該是國際組織分內之事，而不是各個國家分內之事。國家在今日，更應該僅僅保持一個有限度的，消極的目的；一切逾越此限度的行動或企圖都必然導向罪惡。

國家對內維持公道（包含秩序，因爲秩序也是一種廣義的公道）的任務，因爲在性質上同樣是消極的，所以，照嚴格的推理，它也應該接受與對外保障安全同樣的原則：即，行動祇應是事後補救而非事先壓制，正如它不能把所有外國當作潛在的敵國同樣，它也不能把所有人民當作潛在的罪犯來處置。但，這原則如果定得過於機械，則差不多任何國家的政府都無法遵守。試舉美國的事例來說明。美國憲法不准政府妨碍人民持有武器，條文至今仍然有效。但這是辦不到的，各州都已另訂規章，用迂遠的方法對武器持有予以取締了。取締武器，即等於把武器持有者視爲潛在的殺人犯而事先壓制。對國家的治安權力拘束過嚴，美國尚且難行，一般的說，我們祇能對現實稍稍讓步而僅作如下的規定。

原則二：國家對內維持公道（秩序）的行動，應主要是事後的補救而非事先的壓制，縱因必要而從事防範，亦應不致構成一種對人民的侵擾，至低限度，不能損及人民的基本權利。

這顯然是一個極富於彈性的原則，也就是說，不是一個確切而周到的原則，我自已對之也並不能滿意。僅應事後補救是一道嚴緊的界限，不能損及基本人權則是一道寬濶的界限，在這兩道界限之間，留下許多隙地可讓國家權力活動；祇要在這隙地的範圍以內，國家行動是否越權，就不易判明。至於怎樣的情形可算得對人民侵擾，則更無定說。爲補救這缺陷，我不得不作一些具體的闡明，但我仍希望『未定界』終有一天能劃定得更爲精密。

無論那一個國家，它管束人民的强度，在承平時期與緊急時期總是不同的。在平時，國家差不多應該謹守祇從事事後補救而不從事事前壓制的界限，縱令稍有軼出，亦必情節異常輕微，且爲絕對大多數人民所樂於接受，例如前述取締持有武器之類。到緊急狀態（主要是戰爭）之宣布，政府權力擴大，人民自由就不得不相對的縮小，有一些政府在平時所不應有的措施，到此時都不得不認爲必需。例如郵電檢査、新聞檢査、陸海空交通站旅客的行李檢査等，都屬於這一類。事實上，即連這些措施，都已經隣近於侵擾的性質，但在緊急時期却祇好予以容忍：至於更甚於此者，舉例說，如戶口聯保，大規模的搜索，長時期的交通斷絕等，若非有十分嚴重而迫切的必要，即在戰時都不應視爲經常可行之事。國家必充分體會上列原則的意義並確切把握其運用的分寸，纔能免於假治安之名以行種種的苛暴。我們以此衡量，即可知共黨『政權』在其統治區的所作所爲，不僅集體逮捕集體屠殺之類爲一種絕無可恕的罪惡，即連輕微如家庭訪問，也都構成一種侵擾，一種越權，祇有以特務統治爲基體的極權國家纔能如此。

國家，在本質上是靜態的（the state is static），它維持公道的工作，主要也是一種靜態的工作，志在保存某種既成秩序。尤其是專制或極權的國家，無論它初建時是如何的『過激』，一旦統治穩定，由於被一種教條所支配，就更易趨於凝固。但，社會是動態的，它的各種關係時時在變化，一般人對公道的觀念也隨之而變化。有一個時期，大家認爲富人之無限制積聚財產，祇要他不搶不偷不騙，就是十分公道的；雇主對勞工，業主對佃戶，因爲契約自由，所以無論如何苛刻的條件，祇要是雙方同意，也算是公道的。既然是公道就應受國家的保障。但，這種公道觀念，已漸漸爲人們所不取，國家如果仍要維持舊式的公道，就達到了不公道的目的。國家於此，不得不從靜態而轉入動態，它要從事某種法律或制度的改革。我們却應强調：國家此時的動態，也仍然是一種被動的性質，它祇是爲社會所推動而動。所以——

原則三：國家進行一種改革，目的仍然在維持公道，它必須以大多數人民對某一公道的觀念確已發生了變化爲依據。

在凝固了的專制或極權國家，政府不易爲社會所推動，而一切改革却又必須憑藉政府之力纔能實現，於是就不得不經過一次革命。革命往往招致意外的周折，付上不相稱的龐大代價。但反過來，如果政府過於主動，常在那裏進行一些輕率的改革，過猶不及，社會便長期的在混亂之中而不知所止。政府應充分意識到自己不是一個適宜於創造工作的機構，而安於一種被動的地位，如此纔不致以少數統治者的熱情、偏見，以至怪想（Caprice）來替代多數人民的要求。在民主國家，政府機能與社會機能的配合，自然更爲恰當，但執政集團（政黨）亦仍有寧願犧牲本身政治前途而一意孤行者，致使國家與人民至少蒙受暫時的不利。所以我主張即令在民主國家，如果逢到一個重大改革，最好先進行一次全民投票（全國性的創制權與複決權），以正確測定民意之背向。這樣的投票，實在比尋常的議會選舉有意義得多：它使人民直接控制了政策，議會政治則不過是一種間接的委託而已。

接着，我們要討論到所謂國家的加添任務了。這種加添任務，質言之，就是推進福利。但，我却先要提出一個更爲基本的問題，請大家費一點思索來解答。

你認爲一個人究竟有沒有處理自己生活的能力呢？

即，人究竟有沒有自治的能力？他懂不懂得自己需要些什麼？懂不懂得該用什麼方法去滿足這些需要？最後，有沒有能力去進行滿足自身需要的種種工作？你對這一聯串問題的意見，事實上即決定了你對整個政治問題的意見。如果你的答覆是一個絕對的『不』，即把每一個人視爲絕對的無知無能，你就必然需要一個機構來替人代理一切，而這個機構祇可能是國家，一個不僅全知全能並且是全權的國家。這樣，你是一個極權主義者，如果你的答覆是一個絕對的『是』，即把每一個視爲全知全能，則一切駕凌個人的機構都成了多餘之物。這樣，你就是一個無政府主義者。

清醒的理智指明：這兩種絕對的答覆均非正確。人，大致的說，是能夠處理自己生活的。本能使他知道自己需要衣食社交娛樂等等，自然的限制使他知道要經由勞動來獲取衣食等等的資料，而同一自然又先天的賦予他以從事種種勞動的裝備。無懷氏之民即已懂得日出而作，日入而息，誰能說人沒有處理自己生活的能力呢？但，進化使人事變得複雜，以致有些事個人無能爲力，需要群。這裏應注意：群是爲了補充個人能力之不足，不是替代個人。而且群，也不一定就是國家；三五個人的家庭，以致數百千人的職業團體，都是群的重要形態。有些事個人做不了，經這樣大大小小的群把個人組織起來從事合作，就能夠勝任愉快。祇有那種規模異常龐大，關係異常複雜的事業，不僅個人無法措手，即連一般社會團體也無法進行得十分圓滿者，纔用得到國家。就這意義說，國家祇是補充之補充而已。它並不是能爲個人或社會代理一切。

原則四：國家推進福利的措施，應該局限於那些爲人民所絕對需要，而又爲人民或民間團體所無力擔任，或縱令勉强擔任亦不會做得十分圓滿的事業。

在這裏我還要說明：根本不適宜於民間團體而祇適宜於國家擔任的工作，其實是不多的。在現代世界，似乎國家已習慣的管理着教育、衛生、交通等事業，但我們如果一一追溯其根原，恐怕世界上第一個學校，第一座醫院，第一條鐵路等，統統都起於民間：祇是，民間團體從事此類事業，規模不夠廣濶，不能適應普遍的需要而已。正因爲國家在這方面的任務是補充的，所以——

原則五：國家推進福利的措施不應帶有絲毫的獨占性，它不能禁止或妨礙人民或民間團體從事同樣的工作。

這是說，政府可以興辦學校，人民也可以興辦學校；政府可以設立醫院，人民也可以設立醫院，諸如此類。政府之所以擔任此種事業，原是因爲人民團體無法把它推行得非常普遍之故，既是一種補充的性質，又有什麼理由把人民所能夠辦到的部分都予以禁止呢？甚至，如果有人願意舖設一條鐵路，開闢一條航線，祇要不損及他人權益，政府也應該聽任其嘗試。

許多國家，誠然並不用明白的法律來禁止人民經營那些政府同時也在經營的事業，但常常用種種間接方法予以妨礙，事實上達到了與明文禁止同樣的效果。如頒發許可狀（登記證或營業執照）的留難，苛煩條例的限制，各種便利的差別待遇等都是慣用的方法。若照我們的原則衡量，則凡是以達到國家獨占爲目的的直接或間接方法，都妨礙了人民分內的自由，都是一種越權。

國家是一種强制權力，但這個强制，僅僅是爲了便於國家執行它的基本任務，即對外保障安全，對內維持公道而存在；照嚴格的理論，强制不能超越這兩個目的，並不因爲國家已具有此種權力，就可以把它到處使用。强制祇能行於消極的目的，推進福利不是一種消極的制裁，而是一種積極的服務所以——

原則六：國家推進福利的措施，不應帶有絲毫的強制性；它可以要求人民或民間團體共同合作，但這合作，必須出於志願或自由同意。

無論私人或國家興辦一項事業，都必須有資金，土地，勞力等等憑籍。私人事業解決這些問題，要靠自己的力量；國家則除了資金可以部分的或竟全部的取諸國庫之外，仍不應享有任何優於私人事業的各種便利。對土地，它祇能商購而不能圈劃；對勞力，它祇能募集而不能徵用。美國興辦 T.V.A. 那樣龐大的水利工程，一切困難都是藉勸告或道德壓力來克服的，從頭至尾沒有利用國家的強制。這是一個很好的榜樣。

對這原則，似乎有一些最極端的情形不得不構成例外。譬如說，一條鐵路所必經之處，竟有一個地主抵死也不肯把他的土地以合理的價格出讓之類。對這些事，首先社會應該有一個公斷；有了公意的表現，政府方能據以行使某種有限度的強制。但應知道，即連這樣的強制，也仍是維持公道的性質，因為那地主之不肯出讓土地而致令公共福利事業為之停頓，不論他是居奇或竟是無理取鬧，都是一種對衆人的不公道行為。

服務不能強制，本極簡單明瞭：水電廠不能強人使用其水電，郵政局不能強人寄信。但強迫教育又如何說法呢？我們不能不說教育為一種服務，同時也不能不承認強迫教育為正當之事。這裏要辨別：國民教育之強制，在性質上並非施諸於兒童，而是施諸於兒童的家長；這種強制，是保護兒童的教育權利，勿使受到家長的阻撓與損害，所以仍然是一種維持公道的性質。由此，強迫教育所依據的理論，可適用於兒童，不適於成人；兒童非家長所私有，可由國家安排，成人則各方面都應任其自立自主。國家如對成人施行強制的公民訓練。如各處共產黨政府所慣為者，照我們的原則，就是一種越權。

我們這原則遭逢的真正困難，不在前述那零星事項，而是在賦稅問題。我們要把國家強制權力局限於軍政與警政，但賦稅是一種強制，並且國家賦稅所得，不僅用於保障安全與維持公道，同時還用於推進福利。這豈不是，國家推進福利的工作，終於不得不帶有若干強制成分呢？如果不得不帶有強制成分，『原則六』豈非不可避免的有了一個但書式例外呢？要圓滿解答此一疑點，非常不易。但有兩點可以幫助闡明問題的性質：第一，在古代，國家取諸於民者，除了作基本用途的賦稅，還有作額外用途的所謂捐輸；賦稅是強制的，捐輸則至少在理論上是非強制的。後來，捐與稅漸漸混同，即捐也漸漸變成與稅一樣的強制性質，嚴格說，這本來就是一種越權，祇是，它已漸成慣例，無可挽救。並且我們也知道，即在古代，也並不能把賦稅所得完全用於安全與公道，而把福利所需盡取諸於捐輸；在單一的財政系統中，要辦得如此涇渭分明，實為難能之事。第二，在近代國家，賦稅除了原來的『預算目的』(piscal purpose)以外，漸漸生出一種『非預算目的』(non-piscal purpose)，它除了叫人民負擔國家的必要開支之外，生出一種平均財富的意義。近代賦稅已不取『中立』的原則，而改取『公道』的，即『支付能力』的原則 (ability-to-pay principle)：如人頭稅之類，已漸漸為累進所得稅之類所替代。向財富之過量累積徵稅，縱不是一種懲罰，但多少是一種制裁，一種調節，它已漸漸與國家維持公道（廣義的）任務相接近。我們誠能參酌古代與近代的情況，把賦稅制度建立於更擴大的公道基礎上，並使財政系統趨於多元（中央與地方之分，用途之分），也還有可能叫它更合乎我們在前面所列的原則。

我完全承認，我並不能劃定一個清楚的界限，以普遍籠罩國家各式各樣開闢財源的權力。但國家無論用什麼方法，其為取諸於民，則是不可變易的歸結；而納稅，又為人民除兵役之外對國家所負最重大的義務。這裏面界限不清，到底是一個遺憾。不得已，我祇好把若干已想到的補救方案，羅列於下：(一)凡是本身有收益的公用事業，如交通水電，應儘可能使其自足自給，不要靠稅收來貼補；(二)教育經費之類應建立以自由捐款為基礎的基金制度，儘可能減輕國庫的負擔；(三)福利事業之無直接收益者，如築路保路，其經費應儘可能出諸這種福利的直接享受者，如當地車輛的牌照捐之類；(四)儘可能減少中央稅而增加地方稅，漸漸做到各項特殊用途與各項特殊收益逐一相抵；(五)推行自治，不僅使地方政府在性質上成為一種介乎政府與人民團體之間的東西，並且可以置地方財政於人民直接控制之下。我相信，如果事情能照這樣的方向發展，則賦稅制度之強制範圍，至少可以相對的縮小了。

四

我在本文，企圖探討國家活動領域的每一角落，但因領域廣大，決非一文、一書、或甚至一人之用力所能窮究，事實上，國家極細微的一言一行（立法與行政），都可以構成辯論題目。我所列若干『原則』，不過是一個探討的起點。這些原則縱令不十分錯誤（我希望如此）且漸漸為大家所接受（我希望如此），原則的適當應用亦非簡單。譬如說，『原則四』規定祇有人民或民間團體做不到的事，纔應該由國家來做；換言之，凡是人民或民間團體做得到的事，國家就不應該做。然則，那些事是人民或民間團體所做得到，那些事是做不到的呢？國家是否應該直接掌握生產事業（即生產手段與土地之國有），這一個嚴重而意見紛雜的問題即處於前述的夾縫裏面。我個人是認為人民絕對有能力自己從事生產，包含勞動與經理，即現代的大規模企業亦非例外，根本用不到國家代庖。（關於此，我已有幾篇專文論及，此處不贅）。國家祇要看到，在此等事業的進行之中，是否有違反一般所承認的公道的情形發生，如果有，則不妨站在維持公道的立場，出面干涉，作某種消極性的補救，如此而已。超於此者，在我看來，均應視爲越權。但這解釋，是否大家都能同意呢？

因此我感到，重要之點，還是在於觀點，在於理解，在於一種關於政治的基本哲學(underlying philosophy)。有些人，鑒於極權國家權力之濫用，也含含糊糊感到給以若干界限是正當的，至少，似乎不便反對。但一旦具體指出國家那些事不必做，那些事不能做，他們就又疑惑起來：祇要是爲人民做的，國家多做一些事又有什麼不好呢？你如果說：國家任便做什麼事，都要增加人民的負擔，他們又會答覆．取之於民祇要能用之於民，又有什麼不好呢？這樣的人，因爲混攪了兩種絕不相同的哲學基礎，纔這樣的模稜兩可。這兩種哲學，一種是尊重人性而防範權力，另一種是崇尚權力而鄙視人性。我敢在這裏堅決指出．民主理想是完完全全基於前一種哲學，而後一種哲學的發展，在邏輯上必然會，在事實上也多半會達到獨裁。

一個政治行動家，他對這兩種哲學的態度，常常視其自身地位之改變而轉移。在英國，當保守黨執政時，邱吉爾趨向於擴張國家權力而被艾德禮攻擊爲獨裁；及至工黨執政時，是艾德禮趨向於擴張國家權力而被邱吉爾攻擊爲獨裁了。即在美國，也常有類此的情形。權力者之愛喜總攬一切，差不多是物理的必然。所以，一個民主的政治思想家，他不應事事苟同於政治行動家。他必須瞭解：基於人性的獨立與向上，無論個人生活的改善以至整個文明的進步，主要都是由個人的創發精神來推動的，而這種創發精神，祇有在自由自主的環境中纔能高度表現。他更必須瞭解：國家權力勢必由少數政府中人來掌握，把多方面的權力集中於少數人之手，縱令在目前不顯出惡劣的結果，對將來總是一件非常危險之事：國家可以生出非分的目的，行使權力的歧途實在太多，一切爲了人民並無確切保證，即連非常平易的『取之於民用之於民』這句話，我也不信眞有一個政府曾經充分做到。

從種籽裏看不出將來開出的花朶。要瞭解國家擴張權力的危險，理應去觀察那些已把權力擴張到極度的國家。我們今日這世界剛好供給了一個實例：共產黨人統治的地域。不用說，共產黨人是抱持那種與民主政治完全相反的哲學的。如果拿本文所擧的『原則』來衡量，則每一項都被他們違背了。他們根本認爲人民的一切都應該由國家來安排，以致不僅人民的財產，甚至人民的身體，都爲國家所有。看看他們政府部門的繁多與複雜，就能想到它總攬範圍的廣大：經濟，社會，文化，以至家庭，差不多連婚姻關係，都要由政府『配給』了。這種種，在共產黨人說來，當然那是爲人民做事，都是爲了人民的利益，縱然不是爲了今天的利益，也是爲了將來的利益；縱然不是爲了這一代的利益，也是爲了下一代的利益。對這樣的說法，我祇擬援引一段他們自己的理論先驅者的話，以代駁斥。恩格斯在他有名的『家族、私有財產、及國家之起源』一書中說：

『它(按恩氏這個「它」，確確切切是指國家機構)最後達到這樣一種主張，被壓迫階級之被搾取，是因爲搾取階級專爲了被搾取階級自身的利益而進行的；如果後者不懂得這一點，甚至開始叛亂起來，這是對恩人、對搾取者之一種最無恥最忘恩負義的行爲。」

今天共產黨人已輪到自己來對付這種『最無恥最忘恩負義的行爲』了，而且他們的對付更比『資產階級』澈底得多——集體屠殺。這是國家擴張權力的終點。

(全文完)

(上接第十七頁)

豈僅如此。如果蘇俄不受有效打擊，整個中國將循唐努烏梁海先例，由「人民政府」請願合併蘇俄，全中國人民直接聽俄帝指揮和宰制，這才是俄帝的中國政策之完成！

中俄關係之清算與遠東和平問題

在雅爾達密約以後，只有三條路才能防止今日中國之悲劇。其一，全中國人民不惜一切，反對俄帝野心；其二，及早與日本媾和；其三，使東北國際化，徐圖收復。但這都是過去之事了。

時至今日，我們唯有維護自由中國，並與民主國家合作，在世界之總清算中，恢復國家之領土與主權。

百年以來，所有各國佔領中國之領土，總共不過俄帝佔領的千分之一。就是日本侵略，直接間接都是由俄帝侵略引起來的。直接間接由俄帝和共亂而死亡的人口，何止數千萬之衆！

中俄關係是必須淸算的。今日中亞諸地，原是中國領土。我們尊重民族自決，可以不談，但新疆邊界是必須重定的。東北廣大地區(包括俄國所謂濱海省黑龍省)原是中國領土。一百年以上的失地可以不談，但海參威是不可不談的。縱使我們不說收復外興安嶺之地，然爲了遠東永久和平，符合民族自決，至少不應再爲俄國所有，則無疑義。

今日世人皆知，沒有一個强大的中國，遠東和平無保障。今日世人亦知，沒有一個獨立而民主的日本，遠東和平亦無保障。然如果我們記得樸茨茅斯條約和雅爾達密約之教訓，則舊時代的均勢主義之覆轍，亦斷不能再踏。我相信安定遠東的萬年大計，必須在西伯利亞設立一個遠東共和國。過去的遠東共和國，是一個假的獨立民主國家。將來的遠東共和國，應在聯合國之下，作一個眞正的獨立民主國家。必有如此措施，日俄衝突與日俄合作之惡夢，才不至於重演。

這計劃應不僅得到民主國家之贊同，而且也可以除去今天的許多顧慮——如日本再武裝威脅之類。這在歷史上原有先例，俄國人民不會不贊成。而且，西伯利亞素來是一流放地與集中營，對俄國經濟上至今是一負擔。將地獄變爲一模範國家，在人道上，也是無量的功德。

從物價管制看美國動員

王紀五

限價結束了美國人逃避現實的幻想

一月二十六日美國政府下令凍結全國的物價和工資，醞釀了幾個月的限價政策終于執行了。這次限價在去年大選期間不是主要的爭點，施行前在國會中也沒有經過激烈的辯論，但這一紙限價令，不僅影響全美人民的每日生活，更有特殊的世界意義。依美國國內經濟狀況而說，現在並沒有限價的必要。根據美國勞工部的官方指數，自從太平洋戰事爆發到去年六月，物價上漲平均約百分之八十，工資上漲約百分之一百六十，失業人數是近五十年來的最低潮，物價、工資和利潤的關係十足平衡，美國全國經濟可說空前繁榮，韓戰爆發之後的半年間，物價和工資同時上升約百分之三至百分之五，生活指數的曲線既未陡然上升，工資與物價的平衡也未打破。韓戰固然耗費美國不少人力物力，但僅是朝鮮半島上的戰事，尙不足以迫使美國施行全面的經濟管制。然而美國終於毅然執行限價了，爲什麼？最簡單的答案只有一個：美國已經決心接受世界共產主義的挑戰。

韓戰爆發後的半年，是美國歷史上最嚴重的一次考驗。第二次大戰的創傷仍舊殷殷在目，目前全美人民又沉浸在太平盛世的美夢裡，新的挑釁突然來了，於是千萬的美國人都猶豫、退避、躲閃、拖延，這分光景，正和中學生聽見起牀號用手塞住耳朵一樣。幸好這場逃避主義的惡夢作得並不太長，去年歲尾美國宣佈進入非常狀態，實行全國總動員。中共冒天下大不韙參加韓戰，總算使美國痛下決心，開始正視無可逃避的現實。一月廿六日的限價，正是美國人用行動證實他們動員的決心的第一步。

技術上的必需

總原則既然是全民動員，限價就成爲了技術上的必要步驟。動員的基礎在經濟管制，經濟管制的核心是平穩物價，這個道理是淺顯的：如果沒有管制，第一、國防工業的擴張要增加就業機會，間接使人民收入增廣，購買力提高。第二、生產機構轉向軍火生產，軍用供應佔據了民用供應的位置，商品供給普遍降底。第三、購買力提高和市場缺貨同時發生，供不應求的現象日益顯着，其必然的結果就是漫無止境的通貨澎漲和最後的經濟崩潰。防止這種通貨澎漲的唯一方法，就是在動員之前先行經濟管制。

經濟管制可以有三重步驟。第一步是間接的—提高稅率和限制信用貿易。提高稅率可以減少人民的購買力，緊縮信用貿易可以制止游資的功用，因而避免囤積、居奇和搶購的現象。第二步是凍結物價工資，限制市場利率，簡言之，便是限價。限價與第一步驟是相輔而行的，前者緊縮購買力，後者保障消費者在固定購買力之內的安全享受。第三步是配給制度。這是最後的一着棋，如果全國生產總量在前兩種管制方式之下仍不足以同時應付軍用和民用的需要，就只有要求老百姓束緊腰帶，作最大的犧牲。加稅和限制信用貿易兩項美國已在歲序更迭的時候開始實施，但政府知道僅用間接的方法不足以妥善的保證動員時期的經濟安全，于是在一月廿六日公佈限價。事實非常明顯，早一日限價，也就可以晚一日實行配給制度。如果用想減輕體重的胖人來作比喻，加稅和限制信用貿易是增加運動，限價是節食，配給則是針藥治療。美國人提早增加運動，節制飲食，其目的正是想能免掉日後的針藥治療。

看淸了經濟管制是動員的技術問題，就容易明瞭爲什麼在酷好自由的美國社會中並未因限價引起一點風波。爭辯的階段在決定動員時已結束，今天的限價，在美國人眼中，是自由的選擇，更明顯的說，是爲自由而作的選擇。去年歲尾美國進入非常時期，杜魯門總統授大權給新任命的國防動員局長威爾遜(Charles Wilson)作一切管制的準備，那時美國人就知道什麼事情將要到臨了。聖誕節假期之內，商店中售出的禮品，名勝區域遊人的擁擠和公路上汽車闖禍的數目都打破歷年記錄，因爲美國人都心照不宣的承認這是長遠的一段時期內最後一次狂歡了，禁不住放肆一下。過完了這個快活年，美國人無所怨恨的接受了管制的生活方式，連一九四二年反對管制最烈的人都說：『遲早要作的事，早點作了也心安。』

預防性的管制

這種防患通貨膨脹于未然的物價管制，在極權國家是不難的事，但在崇尚自由、民主和資本主義的美國，是回破天荒的創舉。美國人在全面戰爭爆發之前實行管制，是兩個大成就。第一、這證明了現階段資本主義的韌性。經濟管制不但沒有摧毀美國自由經濟的基礎，反而證明了自由經濟的適應力，換句話說，現階段的資本主義在社會環境突然變遷的時候，可以暫時轉變爲社會主義的經濟，却並不因此摧毀了自由經濟强壯的生機。第二、這證明了民主政治的主動能力。許多失敗主義者常擔憂民主國家將失敗於不能抓取主動，積極備戰，因此會被獨裁國家消滅。現在美國竟然主動的積極備戰了，這一則是由于美國能接受歷史的教訓，一則是由於戰爭技術發展的影響。

前兩次大戰期間，集權國家都用乘人不備的突擊手段，在戰爭初期佔得優勢，其後民主國家雖然戰勝，但戰爭的禍害已大爲增加。美國人在戰後痛定思痛，深知不能坐令蘇俄在三次大戰之初捷足先登，糜爛歐亞。再者原子彈的發展，使戰略改觀，如果美國等待原子彈落在華府以後再動員，恐怕他們要永無動員的機會了。這兩重考慮，逼使美國採取了主動。美國人一面不願放棄目前的享受生活，一面懼怕自由制度會被史達林用狙擊的方式暗殺，現在到了必須選擇的時候，他們只有不顧目前的安逸。一月廿六日的限價令，表示美國已認定現在就是磨刀以待的時機。英法兩國在二次大戰之後國際地位的衰微，是自作自受的，因爲從九一八事變，希特勒進兵來茵河，西班牙內戰，德奧合併，意大利佔領阿比西尼亞和奧爾班尼亞，蘆溝橋戰役，直到納粹併吞捷克這一連串的事件裡，英法都毫無警覺，不能充分了解侵略者的用心。如果這次美國能正視韓國戰事的意義，先行準備，後世美國子孫，將會認爲這是美國史上的一大幸事。

管制的法令和機構

經濟管制的機構是美國動員機構中的一個環節。總負全責的是國防動員局長威爾遜（Charles Wilson）。威氏原來是奇異電氣公司（General Electric Co.）的總經理，去年底經杜魯門授權負責動員工作。他的職責與上次大戰時的動員局長貝爾納斯（Byrnes）相似。爲了加速動員工作，杜魯門特別聲明威氏幾乎可以享有一切憲法賦與總統的權柄，因此他和貝爾納斯一樣的被稱爲『助理總統』（Assistant President）。國防動員局下面設有經濟穩定局，由前任商會會長鐘斯頓（Eric Johnston）任局長（Economic Stabilization Administrator）。這是一個綜合性的機構，負責調協物價與工資的平衡。鐘斯頓之下有兩個專業的機構，物價穩定局和工資穩定局，分由第沙爾（Disalle）和秦氏（Ching）主管。物價局把全國劃分爲十三區，各設立一個分局（Regional Agency），料理當地的限價工作。工資局之下設理事會，由勞方代表三人，資方代表三人及社會賢達三人組成。整個動員機構的設計是因時制宜的，極端富於彈性，俾便適應工作的須要。以物價局言，其現用人員不過數百，但如果他日實施配給，便可擴張到一萬以上。這種彈性的機構可以保持工作效率，但也正因爲機構富於彈性，所以錄用人員多取于科班出身的文官之外，這是一個人事糾紛的基本原因，將來亦可能成爲工作上的大障礙。目前兩黨都同意經濟管制是超政黨的機構，可是兩星期以來人事糾紛無日不起，誰也不敢說將來政黨不利用人事問題作政爭的藉口。

管制的法令是籠統的，並不繁複。在物價方面，政府宣佈一般物價不得超過一九五〇年十二月十九日至一九五一年一月廿五日間的最高行市。例外不受管制的是不動產、自由職業、書籍報紙、廣播事業、保險事業和藝術品及古玩。在工資方面，政府規定一切工人的薪金凍結于一月廿五日的數目，除非經過工資穩定局批准，不得增加。

一月廿六日的命令雖然稱爲凍結令，却並不是希望用剛性的凍結來解決通貨澎漲的威脅，因爲穩定幣值本非一蹴可成的事。限價的原則是先假擬一個最高物價標準，把物質工資就此凍結，然後再逐步調整，決定合理而持久的最後凍結標準。有人攻擊這個辦法不健全，但正面的理由是：(一)不將物質先行凍結就無法進行調整的工作：(二)凍結愈遲則調整的工作愈困難。我們政府在民國三十七年實行的八一九限價便是採用這個原則，當時雖然失敗，是敗于凍結之後無力調整，不是敗于凍結物價，進言之，是敗於把『死馬當作活馬醫』，不是敗於醫藥錯誤，因此不足爲訓。美國在一九四二年曾採用這個先凍結後調整的方法，效用卓著，管制前的十八個月內物質上漲了百分之十五，管制後的三年內只漲了百分之三。從以往的事例上觀察，物價管制成敗的關鍵在調整的技術，這不是容易的工作。調整物價工資的極限不能草率從事，因爲草率擬定的極限不易公平，不公平的標準必難持久。另一方面，調整的工作不能太審慎，因爲如果顧慮太多，工作必定遲緩，因而引起輿論界的不信任，摧毀了限價的心理基礎。上次大戰時負責限價的鮑斯（Bowles）在一月廿八日的紐約時報上論說調整工作應在[illegible]結後『數月內』完成，我們或可引他的經驗之談爲一個權威意見，斷說美國[illegible]的成敗在今後『數月內』可見分曉。

技術上的困難

所謂凍結後的調整工作，其目的是在找出物價工資合理的最後凍結標準。從韓戰爆發到今天，有的物價已經上漲，有的仍停滯在去年六月的水準，因此把所有的物價一律凍結於一月廿五日的行市，顯然對將漲而未漲的商品是不公平的。更困難的是過去半年間，製造商和批發商的價格上漲很快，零售商較慢，如今製造、批發、零售的價格一律凍結，後者必定心有不甘。調整的方法不外兩種，其一是固定零售價格，强迫製造商和批發商人減價，這個方法最澈底，但限價已不容易，强迫減價更困難，因此這辦法很難行得通。其二是固定批發價，允許零售商漲價以保障合法利潤，這是較易行的辦法，但人民對零售價反應最敏銳，一旦允許零售價目上漲，必定引起輿論攻擊。工資的情形與物價相同，工會會員在韓戰爆發之後多半已用集體交涉的方式加薪，但一般公教人員的薪水却絲毫未動。在凍結之後，工會仍可用集體交涉（Collective Bargaining）的方式向工資局及雇主要求加薪，可是公教人員的雇主却能藉口工資凍結爲理由把他們合理的加薪要求個別擊破，這種顯然的不公平一時尚無法消除。

物價管制中以農產品最困難。在美國的保護農民政策之下，農產品限價受兩項例外的限制：(一)農產品的售價極限不得低於韓戰爆發前一個月中的最高價。(二)政府須保障農民的收入，使其能償付其必須的支出。目前有許多農產品的售價實際上低於一九五〇年五月廿四日至六月廿五日的(韓戰前一月)價格，因此農夫有漲價的理由。食品漲價刺激工人階級的生活，工會便將要求加薪，工人加薪之後工業製品必須漲價，于是農夫的收支失去平衡，可以再度實行漲價。如此週而復始，整個的限價政策便要失敗。補救的方法是政府對農民施行貼補政策，這是一舉兩得方法，一面限制食品漲價，一面用加稅限制了一般人民的購買力，減輕通貨澎漲的危機。對付工人加薪比較困難，因爲工資雖然凍結，却無特別的法律限制工人用罷工的方法要求變相加薪。(如分紅、減少工作時間、增加福利設備等)這是經濟管制的一大危機，因爲工資雖說凍結，政府仍擬保障工人的收入使與生活指數成穩定的比例，如果工人再罷工，動員工作便會全盤發生困難。二月初全美鐵道工人集體請病假，要求減少工作時間。如果他們的要求成功，鐵路工人工作的時間並不會短少，只是每天可以收入過度工作的加薪。這種變相加薪必定刺激鐵路運費上揚，間接刺激物價。鐵路罷工的直接影響更大，生產停滯的現象上星期已發生了，甚至運赴前線的軍用品都無法通行。政府斥責鐵路工人罷工是不講信用，因此拒絕變相加薪的要求，再加上輿論責難，這次大罷工已近尾聲了。與鐵路工人相反的是劉易士 (John Lewis) 領導的煤礦工人。今年限價以前煤礦工會與資方訂立每日每人加薪一元六角的新合同，約定二月一日施行。一月廿六日宣佈限價之後，政府特准新合同施行，不受限價影響，這一面是表示政府講信用，一面亦是對不罷工的集體交涉加以鼓勵。從上面所述的事例中，我們可看出美國政府在調整物質工資的措施中的一般行動標準。

法外勢力的阻撓

美國的社會龐大複雜，在實施全面管制經濟時，除了上述的技術困難之外，還有種種法外的破壞力量，影響大局。這些法外勢力，形形色色，無奇不有，從政府內部的人事糾紛到下層社會的地下活動，都包括在內。

經濟管制的人事糾紛從開始就十分顯著。去年杜魯門任命前羅哲斯特大學 (Rochester University) 校長瓦能泰 (Valentine)擔任經濟穩定局首任局長，上任後未幾便與物價穩定局長第沙爾發生衝突，終於今年一月被迫辭職。這件事引起社會上許多流言，紐約前鋒論壇報甚至說眞正的原因是威爾遜與第沙爾想聯合趕掉教書匠出身的瓦能泰，以便大量安插私人。孰是孰非我們無法自謠言中判斷，但是經濟管制局中的人事糾紛已是無可諱言的了，這是管制開始時的一個不祥之兆。物價凍結後全國劃分了十三個管制區，共和黨立刻攻擊說十三個區域負責人中有十個是民主黨員。二月九日的美國新聞週刊 (U.S.News & World Report) 甚至說全部管制人員皆由民主黨全國委員會主席推薦。這種對總統的指責令人事糾紛大大的妨碍了管制計劃。舉例說，二月五日經濟穩定局長鍾斯頓宣佈對違反限價法規的檢舉由司法人員負責，經濟穩定局不干與其事。事實上經濟法規的維繫是專門業務，上次大戰時動員局僱用了近六萬的人員來執行，如今交給少數沒有受過專業訓練的司法人員辦理，是否澈底有效，頗有疑問。據說鍾斯頓所以推却檢舉的責任。便是爲了不願多僱人員，引起更大的人事糾紛。

流氓組織的地下活動亦是限價政策的一大威脅。美國的流氓組織 (Rackets) 以非法牟利爲目的，無孔不入的活動，雖經政府和社會人士不斷整肅，至今仍不能消滅。這種組織一個時代有一個時代的活動中心，在禁酒時代專營運銷私酒的生意，酒禁解除後，多半轉向賭博，現在又風聞他們準備發囤積居奇的國難財了。一月底時牛肉一度上漲，據說是因有流氓組織在冷藏庫中囤了一萬萬磅的牛肉所致，這事眞假未能斷言，但已可見到地下勢力的危機。現行的限價法令並沒有嚴刑峻罰的規定，違章者最多處一年徒刑和一萬元的罰金，這當然不是嚇退流氓的辦法。所幸美國是民主國，輿論的力量是所向無敵的。只要美國人有動員的決心，輿論可以負起監視的責任。上次大戰時流氓組織不敢破壞法令，這與其歸功于聯邦調查統計局，無寧歸功于警覺的報紙。

從物價管制看動員前途

美國實行經濟管制的重重困難，已如前述，但美國亦有健全的制度，足以克服這些困難。這些健全的制度除了輿論力量之外，特別值得注視的是美國的稅務制度和商業法規。前面說過穩定戰時經濟的方法除了直接限價之外尚有間接的限制信用貿易和增加稅收兩法。(這相當於我們政府八一九限價時行莊增資和增加鹽稅的措施。) 美國健全的商業法規和會計制度使緊縮信用貿易的政策能澈底執行。舉例說去年九月政府初次下令限制信用貿易，對汽車冰箱等交易，須增加定款數目，縮短分期付款的時限，結果車價大跌。許多車商因這一紙命令憤而改業，然而違法貿易的却不曾聽說。今年杜魯門要求國會增稅一百六十五億(第一期一百億)，平均每個美國公民要多付百分之卅的稅款。這個政策能否實踐的關鍵全在決策的國會，執行是沒有困難的。美國雖是崇尚自由的國家，但逃稅決不在自由之例。美國稅務局組織嚴密

(下轉第廿三頁)

俄羅斯帝國主義之發展（下）

——並論遠東永久和平之必要措施——

胡秋原

俄國革命後之日俄關係

俄國在第一次大戰中慘敗的結果，發生三月革命。第一次臨時政府的外交政策，依然是過去的政策，即與英法同盟繼續作戰。當時的「蘇維埃」，主要由社會主義者組成，布爾塞維克只佔少數。他們要求「無賠償無合併之和平」。於是臨時政府改組。德人助列寧回國，極力主張「和平」，前線日趨瓦解，十一月，共黨奪得政權。他們力主「民族自決」，並以無賠償無合併和平爲號召。

可是，這不過是手段而已。一旦取得政權以後，共產黨是極力主張擴張的。一九二〇年列寧進攻波蘭之戰爭，就是顯明的表示。波蘭之戰，原以赤化德國爲目的。西進失敗，列寧便想到「到巴黎捷徑是北京」，轉向遠東活動。可是當時俄國東部在日本佔領之下。於是列寧一面利用美國壓迫日本，一面則向中國活動。爲了便於在中國活動，又轉與日本勾結。其中陰謀，不能不說是十分深遠的。

當蘇俄退出聯軍進行單獨媾和以後，日本已準備佔領俄國東部，且倣效中俄密約，迫中國訂一軍事同盟（一九一八年），從事干涉。聯軍亦決定共同干涉，美國亦決定出兵，理由是監督俄境捷克參戰軍撤退，而實際目的，則是監督日本野心的。一九一八年八月日本大規模登陸，立刻佔領貝加爾湖以西。美軍亦不久登陸。當時俄國亞洲區域共黨，不過萬人左右。舊沙皇軍官紛紛組織白軍，在西伯利亞活動。聯軍承認柯爾察克，日本則支持謝米諾夫。這自然大有利於共黨。一九二〇年捷克軍團撤退完畢，美軍立即撤退，並要求日軍撤退。但日本反藉口「廟街事件」，佔領北庫頁島。美國曾不斷向日本抗議。

一九二〇年白黨完全崩潰，但西伯利亞尚在日本佔領之下，且無退出之意。於是列寧根據「利用帝國主義矛盾」之策略，在一九二〇年四月成立一「遠東共和國」，以一個美籍俄人共黨爲領袖，首都後設赤塔。這國家有國民會議，不沒收財產。莫斯科立即承認。日本亦予以承認，並和他談判日本權利。這遠東共和國與美國國務院有秘密聯繫，並派人「列席」一九二一年的太平洋會議，利用美國給日本以壓力。一九二二年十月，日本撤退（但北庫頁直至一九二五年始撤），於是遠東共和國的「人民革命軍」收復失地之後，國民會議即議決與俄國合併了。這双簧，列寧曾經指示說：

「這緩衝國之民主性，只是形式的，斷不可有議會。不過也斷不可形式的財產沒收，只能用其他限制方法。中央委員會對遠東共和國事務，通過遠東局，予以指導」。（達林，前書）

這是列寧的傑作，也就是「新民主主義」之起源。抗戰時期中共之僞裝，就是根據這一經驗的。

莫斯科利用遠東共和國欺騙美國壓迫日本退出，又利用華盛頓會議後日本地位之孤立，轉向日本交歡，在一九二四—二五年和日本訂了一連串的條約、議定書和照會。日本於一九二五年五月退出北庫頁，俄國則許日本以油權與漁權。在這一日俄諒解與勾結之下，俄國便在中國發動反英運動，而日本則在等候時機。

一九二六年蘇俄駐日大使館的參贊白塞多夫斯基（Besedovsky）後來脫離斯大林，寫了一本「一個蘇俄外交家之暴露」（Revelations of a Soviet Diplomat），暴露一九二五年前後蘇俄外交，實和微特「回憶錄」有同等價值。據說當時斯大林深信英美必戰，因此，日美必戰，英國既是蘇俄大敵，所以應該與日本和好，以「擴大帝國主義矛盾。」蘇俄駐日大使柯普說：「我們遠東基本政策，乃是在中國點火，將英國擠出，且直接威脅印度」。斯大林說：「我們的利益，在與日本合作」。柯普並主張和日本恢復一九一二年密約。一九二六年，斯大林一再致電白氏，要他與日本交涉成立不侵犯條約。「只要蘇維埃能在北京成立，我們可將海參威伊爾庫茨克讓與日本！」（Besedovsky，英譯本）。

這便是所謂「一九二五—二七年大革命」之背景。

一九二七年前俄國之侵略與陰謀

蘇俄革命以後對華侵略政策是二重的：第一，盡量維持帝俄時代特權；第二，利用中國革命，養育其第五縱隊，完成蘇維埃化之目的。他一面與北洋軍人周旋，一面與國民黨接近。爲了爭取中國人民同情，却裝一副友好面目，而且，還有一套什麼「民族革命是無產階級革命一部分」的理論！

在內戰時期，俄國共黨利用俄境華人開了三次中國工人大會，是時齊采林即已提出「中國蘇維埃共和是俄羅斯共和國最親密的同盟國」的預言。一九二二年一月，成立「遠東革命組織大會」，有中、日、蒙、韓、印各地共黨參加。又一九一九年，俄國外交部向中國宣布取消帝俄特權，翌年又宣布取消治外法權和庚子賠款。其實這一類的特權，在當時國際形勢下根本無繼續可能（他是戰敗國）。可是所謂勢力範圍，他是毫不取銷，而且加緊的。外蒙問題就是顯明證據。

革命後中俄交涉問題是中東路和外蒙撤兵。當時中東路的俄國代表是舊俄所派，蘇俄代表要求接收。一九二〇年，遠東共和國代表優林來華，其後派克斯來華，其後越飛，達夫千來華，要求承認。同時他們自亦負有組織共產黨的任務。但因外蒙問題之故，均無結果。

一九一九年徐樹錚率軍入蒙，外蒙取消「自治」。一九二一年二月白黨恩琴入蒙，中國軍隊被迫退出。恩琴殘酷非常。六月，蘇俄共黨來攻，庫倫又入俄共之手。事前蘇俄組織了一個「人民革命黨」，一個臨時革命政府，立刻搬到庫倫。十一月間，俄蒙兩「國」互相承認。翌年，烏梁海也成立了一個「人民政府」。

當俄蒙條約公布後，中國曾向派克斯和越飛交涉，不得要領。後來加拉罕來華，重演帝俄故技：紙上承認中國宗主權，實際上則由俄人統治。至於中東路，由中俄共同管理，利益亦由莫斯科瀋陽平分。於是一九二四年中俄協定簽字。一九二五年末，加拉罕煽動了一個馮玉祥郭松齡「起義」事件。但日本親自出馬，蘇俄知難而退。

一九二〇年蘇俄與新疆楊增新訂了一個條約。當時中亞尚甚混亂，一九二一年基發，布哈拉均有「人民政府」。一九二五年，蘇俄完全合併中亞。中俄協定後，蘇俄在新疆設立領事，中國駐俄領事，則由新疆委派，與本部獨立。所以中俄斷交之時，新疆與俄國還是「友好」的。這都在鼓勵特殊化。三十年代土西鐵路成功後，俄國對新疆的活動也就更為猛烈了。

但蘇俄長期性的陰謀，則在中國共產黨的運動，及利用國民黨的毒計。中共是一九二〇到二一年成立的，開始在社會上並無影響。於是想在國民黨內寄生。一九二二年中國共產黨已討論中共加入國民黨問題。是年俄國派大林(Dalin)來華見孫中山先生提出此意，中山先生曾予拒絕。其後又派馬林來華。見中山先生。其後越飛來華。他的使命是二重的，與北京政府訂約，與中山先生「合作」。第一事失敗，第二點却成功了，此即「孫越飛宣言」。不過，孫中山先生的善意與嚴正，都被蘇俄背叛了。

一九二三年孫先生派蔣先生到俄考察軍事。九月，俄國派鮑羅廷來粵。(鮑本名格羅會堡，是一僑美的難民，曾在紐約交易所出入，能說英文)，任顧問之職，同時指導了共黨。

中共在國民黨掩護之下，為蘇俄進行反英運動。五卅事件本起於日本暴行，中共立刻變為一反英運動。而這正是日本最後由北庫頁撤兵之時。

當時蘇俄以援助國民黨為名，實際上是利用中共，控制和纂奪國民黨。這一陰謀，首先表現於一九二六年三月之中山艦事件，其次表現於阻撓北伐。蔣先生早已看出蘇俄陰謀。他堅持提前北伐及其迅速發展，才防止了蘇俄的陰謀。

馮玉祥為張作霖擊敗後，到蘇俄住了一年。一九二六年九月回國參加北伐。這在幕後，亦有蘇俄用以牽制國民黨的意義。

當北伐發展到武漢後，鮑羅廷及共黨控制湖北，並欲限制國民黨在上海方面的進展。同時，共黨在各地進行恐怖行為，及無必要的反英運動。蔣先生見事不宜遲，毅然在一九二七年四月間實行清共。四月十七日，共產國際決議「宣布」蔣先生為敵人，並在五月間下令中共組織自己的軍隊，開始暴動政策。但武漢亦實行分共，鮑羅廷七月離華。斯大林宣稱「只有蘇維埃才能救中國」。第三國際派羅明納茲來華，中共五次大會，譴責陳獨秀。八月一日共黨發動南昌暴動，從此走上軍事動亂之路。

在這一年四月，張作霖亦在北平搜查蘇俄使館。蘇俄想在中國擊敗「英帝」的政策，乃全盤失敗。於是蘇俄進行共「一國社會主義」了。

出兵北滿與援助中共暴動

在中國清共以後，日本由田中執政，俄國外交轉入李維諾夫之手。日俄勾結有加強之勢。一九二八年一月，田中宣布「日俄友好增長」。一九二九—三一年，李維諾夫及莫洛托夫均稱讚日蘇關係的「好轉」。兩國貿易增進，各種經濟協定亦非常圓滑。中國統一運動潮流震撼華北和東北，日俄自然恢復了第一次大戰前期的關係。

日本的野心，更為露骨。一九二八年，日本發動濟南事變。不久，炸死張作霖。但這沒有阻止東北之易幟。於是蘇俄與日本即對共同贓物，採取共同行動。

由于蘇俄利用中東路為共黨活動機關，並用中東路收入為中共活動經費，一九二九年七月，東北當局接收中東路。蘇俄立即宣布斷交，並準備一九二〇年進攻波蘭以後第一次的軍事侵略。美國務卿史汀生援引凱洛公約進行調解，日本則表示反對。十一月蘇俄大舉進攻，中共亦有「志願軍」參戰。國軍失敗，於是有伯力議定書。次年中國派代表到莫斯科談判善後問題，九一八事變發生了。

沒有中東路之戰，就沒有九一八事變。在中東路之戰中，日本同情蘇俄。所以在日本進攻後，俄國當然同情日本。

另一方面，一九二七年後蘇俄以大量金錢再建中共。據白塞多夫斯基說，一九二七年八月，莫斯科接濟中共二百萬日金，其後又二百萬日金，此款均經由日本。一九二八年七月，中共六次大會在莫斯科舉行，其中有兩個俄國人也是「代表」。其後，俄人斯特拉可夫且為主席團之一。主要決議是成立中國蘇維埃政府。一九二七年底「廣州蘇維埃」短命以後，各地「蘇維埃」亦在一九二八年大體消滅。但一九三〇年二月在江西成立了一個「臨時蘇維埃政府」。蘇俄不斷派人在上海成立遠東局指揮中共暴動(如牛蘭夫婦)。九一八事變後，他們依然殺人放火，和日本進攻，完全配合。因有蘇俄諒解和中共內亂，日本也就敢於發動九一八事變。

九一八後蘇俄之帮兇政策

達林說：「日本侵略滿洲時，日俄一直保持最友好關係。莫斯科並給日本以極有價值的援助。可是等到日本轉過來對付蘇俄時，乃於一九三三—三五年退出滿洲」。(「蘇俄與遠東」)

在九一八事件之後三月，李維諾夫向日本要求訂立不侵犯條約。只是日本志得意滿，予以拒絕。當一九三二年四月國聯派遣李頓調查團時，蘇俄拒絕參加。一九三三年十二月中俄復交，不過拒絕中國訂立不侵犯條約的要求。當一九三三年四月日本封鎖中東路時，蘇俄即開始出賣中東路的談判。這談判至一九三五年三月簽字。蘇俄爲了安慰中國起見，特歡迎梅蘭芳和胡蝶到莫斯科表演！

九一八亦給蘇俄侵略西北的新機會。九一八後六星期，莫斯科和新疆主席金樹仁訂了一個性質廣汎的協定，這是一個使新疆脫離本部的協定。其後，退入蘇俄的抗日軍，蘇俄又將其運到新疆，成爲以後與盛世才訂立各種協定的資本。

但日本對蘇俄壓力日益加緊。自一九三二至一九三六年三月，「邊境衝突」達一百五十次。一九三八年，達五百三十九次。尤其是一九三五年起，衝突的性質日形嚴重。另一方面，希特拉之登臺，尤使斯大林惶恐。一九三五年下季。日德勾結日密，後來變爲一九三六年十月之「防共協定」。此時蘇俄除極力加强遠東軍備以外，一九三六年三月，正式宣布和外蒙訂立「互助條約」。這固然是對日本的一種警告，同時也是一種暗示，日本最好向南面發展。蘇俄也知道這並不刺激日本。因爲在日俄長期勾結中，日本原是默認外蒙是蘇俄勢力範圍的。並且，在一九三六年十月，蘇俄還和日本訂立協定，將北庫頁石油租權延長五年，漁業滿期的協定，也延長一年。

一九三二—一九三八年，是李維諾夫訂立多邊不侵犯協定，與英法接近，高唱集體安全的時期。同時，蘇俄自然也願意中國能够抵抗和牽制日本。一九三四年中共已不能立足江西，突圍向陝北進發。爲了爭取人民同情，中共突然「愛國」，開始宣傳抗日。到了一九三五年八月第三國際七次大會，全世界共黨以「人民戰線」爲口號，轉向聯合戰線策略。這自是與李維諾夫的外交活動配合的。

抗戰以後蘇俄策略

蘇俄聯合戰線策略，在西安事變中獲得一個很大機會。日本無謀的進攻，迫中國全面抗戰。六星期後，中蘇不侵犯條約簽字。這對蘇俄意義是很大的：一，牽制日本；二。再度嘗試國共「合作」的藝術；三，掩護其侵略外蒙與新疆。但蘇日關係並未因這一協定而根本變化。一九三八年夏天以後的張高峯諾蒙罕之戰，在日本是一種試探與警告，而蘇俄的抵抗，也只是暗示日本北進不如南進。反之，日本陷入中國，使蘇俄無東顧之憂，提高他與納粹和日本勾結的地位。

一九三九年八月，德蘇成立協定。蘇日緊張關係亦因之而緩和，並談到成立互不侵犯條約。一九四〇年九月，德國在歐戰中正佔上風，德義日三國軍事同盟成立。以後，德國又邀蘇俄入夥。斯大林復稱：「在原則上並不反對」。他們並且對於瓜分世界有一協議：蒙古新疆西藏印度歸蘇俄，中國本部歸日本，而以東經九十度爲界。不過希特拉認爲蘇俄討厭，以後避免再談。而日本急於南進，希望蘇俄中立。於是松岡西行。希特拉看不起日本，沒有告訴他的眞意圖。松岡到俄，斯大林如獲至寶。蘇日中立條約於一九四一年四月簽字。斯大林在月臺上，三抱松岡，一抱德國大使。此時斯大林不一定感到德蘇戰爭的迫切。他的目的，只是慫恿日本對美作戰而已。六月間，希特拉進攻蘇俄。十二月間，日本發動珍珠港事件了。

德蘇戰爭以後，美英積極援蘇。但日美戰爭發生後，蘇俄不僅無所援美，甚至美國欲求借用其遠東基地亦不可得。直到原子彈擲下以後，他才參加對日戰爭——一個三天的戰爭。

中共動向是蘇俄政策寒暑表。日本專心進攻中國時，他嗾使中共內亂。日本對他威脅了，他嗾使中共宣言「願爲三民主義而奮鬭」。德蘇協定以後，蘇日關係好轉以後，中國抗戰對于蘇俄已不重要了，即嗾使中共作越軌行動，一九四一年一月新四軍事件發生。珍珠港事件後，日本更不足威脅蘇俄了，中共的擴張更爲露骨。等到德國的威脅已漸過去時，日本到一九四三年，蘇俄公開攻擊中國政府了。自此以後，蘇俄即堅持中國應有一個共的「聯合政府」。無疑他已認爲他和中共「合作」即能對中國爲所欲爲了。

雅爾達密約惡果

一九四四年，軸心之失敗已成定局。由於美國渴望蘇俄對日本參戰，及懸念未來中蘇關係，先有一九四四年夏天華萊士之訪問中蘇，繼而有一九四五年二月之雅爾達密約。此時斯大林無疑認定是他實現其遠東帝國千載一時之機。關於這密約之禍害性，世人論述已多，無須多說。斯大林在對日宣戰後說他報復了「四十年之仇」。的確，中蘇條約以後，遠東回到一九〇四年的狀態！

不僅如此。一九四四年，他已偷偷將唐努烏梁海合併。現在，外蒙名實「獨立」了，這是沙俄還沒有完全做到的。

不僅如此。他利用日本進攻，造成新疆獨立，以後又利用中共叛亂及西寧事變，要求中國承認新疆之特殊化。這也是沙俄沒有完全做到的。

豈僅如此。他以戰利品之名，在東北取得二十億美元的工業設備；還利用延期撤兵和阻撓接收之狡猾，武裝中共，替他打天下。這更是沙俄不曾有的利益，不曾有的工具！

豈僅如此。等到中共控制大陸之後，他立刻承認。他的特務大使一變而爲中共之大使。他和他的鷹犬訂了一套條約和協定，這較李鴻章條約，日汪密約還要包羅萬象。而且，他還在聯合國說中國代表「不合法」！

豈僅如此。他還能用中共以「志願軍」的名義，强迫中國壯丁到韓國從事侵略，而他自己可以逍遙法外。

豈僅如此。他還準備驅中共以志願軍名義進攻日本與東南亞，爲他替死。

(下轉第一一一頁)

自由中國通訊

抗俄聲中的西歐

巴黎通訊・二月六日

一鶚

自從高麗戰事惡化，聯合國提出仲裁，艾森豪元帥拜訪歐洲，美國又試驗原子彈，第三次世界大戰大有一觸即發之勢，人心恐慌，物價上漲。歐洲各國政府，雖然一面凝視着高麗事件，一心祈禱它和平解決，一面也在積極準備，以免大戰一旦爆發，不致弄得手足無措。現在且將最近歐洲重整軍備及社會方面的情形，作一個粗枝大葉的介紹。

參加北大西洋聯盟者共有十二國，除美國和加拿大不算外，在歐洲者計有英吉利、法蘭西、意大利、比利時、盧森堡、丹麥、挪威、冰島、葡萄牙。未參加者，有西德、西班牙、愛爾蘭、瑞士、瑞典、希臘、東土爾其、芬蘭。還有一個南斯拉夫，自從狄托和克姆林宮鬧翻以後，也倒入了這邊營陣，但南國的情形究竟特別，不能和這些國家相提並論。

以上這些國家，稱為「鐵幕以外的國家。」

× × × ×

筆者現寓居法國，請先從法國談起。法國是個黨派最多的國家，其中以共產黨勢力為最大。在議院裡，共產黨的人數是一六七，佔全數三分之一強。此外則在朝在野，羽黨遍佈，最危險的是軍隊裡也給赤色細胞滲入，而且滲入的份量龐大驚人。赤色細胞為什麼會滲入軍隊，理由是這樣：自從第二次世界大戰，同盟國勝利以後，戴高樂掌握法國政權，把貝當時代的軍隊加以整肅，其中有一萬四千名中下級軍官，都給驅逐了，補充進來的大部份是赤色細胞。在派遣軍隊赴安南時，曾肅清過一次，但目前在軍隊中這種潛伏分子還是多得不可勝數。有一位法國威權人士曾說：如果大戰發生法國徵集軍隊，軍官中至少有三分之一的共產黨，軍隊的數目，恐怕還要超出三分之一。目下法國的兵工廠與飛機製造廠共產黨的工人佔半數上下。飛機場，各種交通機構，新聞社，報館記者，也佔了五分之二以上，一位法國議員說：倘使大戰開始，交通，以及兵工製造，立刻就要停工。

目前法國工人，隸屬共產黨籍者計有一百萬人。馬賽與諾曼一帶的工人，也受共產黨操縱。最近法國外交部情報局在瑞士的聯邦週報上公布了「法國第五縱隊的現在與未來」一文，結論說：大戰一起，蘇聯朝發夕至，共產黨員的活動，一定可使整個的法國歸於癱瘓。這話倘是真的太嚇人了。幸而現在已有人證明它不過是一種聳聽的危言，並非完全的事實。

法國政府方面，當然也要採取防備的手段，國防部有反第五縱隊的組織。每個村鎮由後備兵及憲兵領導，成立反第五縱隊的網。又發給居民手槍，以便戰時，人人可以打擊第五縱隊及降落傘隊部。並積極調查共產黨在各部門之活動，主要人物，皆予免職，如原子能委員會等處皆是。

上月艾森豪元帥來歐，各國共產黨均有所表示。比國工人罷工，法國則共產黨的首領發起群衆示威運動。上月廿四日艾森豪在阿士杜黎亞大旅社（Hôtel Astoria）前面接受法國的歡迎，共產黨決定聚集於愛利賽大場（Chamhs-Elysées）給他一個下不去。法國政府嚴格防範，交通部臨時頒布了禁令數條，一切交通工具駛過愛利賽大場一概停止，行人在下午六至八時之間，不許行近大場，共產黨的示威運動，就此流產。不過他們的資格最老，最著名機關報—巴黎人道報（L'Humanité）做了一篇社論，對艾森豪大肆謾罵，無非是「戰爭販子」，「暗殺者」「納粹」那些老套。

法國總理白勞溫（Pleven）偕同裘因（Juin）將軍，巴樂蒂先生（m. Parodi）一行人於上月三十日飛抵華盛頓，受總統杜魯門盛大的歡迎。美法兩國邦交有二百年歷史，於今又當患難同擔之時，當然更為敦睦。他們會晤的目的，當然是為了目前嚴重局勢的準備。所提出的是遠東，特別是安南事件的探討。次則重整軍備，大西洋和歐洲的防禦。白勞溫先生要美國人相信，他這次到美國來是要加強北大西洋聯盟各國間的關係。這個關係是人類「自由」與「和平」的保障。法蘭西歐在洲這一方面是義不容辭要站在最前線。抵抗來侵犯的敵人，衛護這個寶貴的「自由」。

前幾天法國國防部長裘萊摩克（m. Jules moch）曾在裝甲兵團學校和蘇妙騎兵學校宣布說：美國和英國現均在擴充軍備，法國不容落後。我們在西德現有三師裝備完全的軍隊，到今年年底，將擴至五師。在本國也預備成立五師，到後年我們將有二十師。這對於國家的負擔是喫重的，國民的犧牲也是很大的。我們化在國防上的預算已超過七四〇億佛郎，另外按互助的條約，我們將接受人家補助三百億。這樣說法國重整軍備的費用是將近千億了。每個法國人今年要負擔八千法郎之譜。

這番說白勞溫總理在美國對新聞記者也說了。並說法國不僅在歐洲方面需要強大的軍力，她在北非和安南，還是需要的。空軍，海軍，陸上部隊和後方保護交通，抵抗任何降落傘的部隊的攻擊，經常要有常備兵九十萬名。

× × × ×

再講英國，她因爲隔著一條衣帶水，拿破崙，希特拉兩次飛渡未能，地位比較穩定，英國外交是兩面政策，一面求美國援助，另一方面又向蘇聯送秋波。他於中共成立人民政府之後，不顧紫水晶號被轟被扣的恥辱，立刻加以承認。此次高麗戰事，她因爲同屬聯合國也算出了一枝軍隊去助戰。但一聽說美國要用原子彈，便嚷著要退出，一聽美國要同中共算賬，又忙喊中共是我友邦，你要同我朋友過不去。我也對不住，請辭。這次美國在聯合國調停席上，想大家主持正義，定中共爲「侵略者」，英國便叫印度他們出來說，要是這樣，我們這和事老又怎樣做得成功呢？

去年一年中，他供給了蘇聯的軍事作戰材器，價值在五億美元以上。（全歐去年一年內供給蘇聯的軍事物資，共計十億美元之鉅）這些軍事物資多是美國供給她的，沒有登岸，便轉賣給蘇聯。難怪美國人聽之十分不高興。西班牙的報紙上稱英國是蝙蝠。又說英國是社會主義的國家。社會主義的國家，可算是共產主義的弟弟，做弟弟的那會願意哥哥死亡嗎？

不過英國雖社會主義當權，與共產主義究竟是兩回事。她有獨立的國格，決不肯做蘇聯的附庸。蘇聯倘未侵犯，她是要堅決抵抗的。目下他有兩個師，今春可以徵集青年二十萬，合計七個師。（歐洲以外，她又有四個大單位）她軍費的預算是一萬萬五千萬鎊。

× × × ×

再講意大利。意國共產黨及其同情者共有八百萬人，佔全人口五分之一。工廠工人半數以上都是共產黨員。陶立特曾說道：「我們歡迎美國軍事物資和援助，來到意國以後，反正我們可以分一半。」目前共產黨假如作一點號召，得到全國響應不難。意國政府當局，對於共產黨的活動，絞盡腦汁，也想不出一個良好辦法。她想把全民組織起來，反罷工反第五縱隊。結果不但共產黨反對，別的黨派也不以爲然。最後採取折衷辦法，單反第五縱隊不反罷工，這才通過，她大約要裝備十師人。

× × × ×

此外較小的國家比利時與荷蘭各裝備三師。瑞士瑞典兩永久的中立國，刻下也秣馬厲士，準備對付任何方面來的侵略。實際上即是對付蘇聯，芬蘭雖秉政者屬於左傾人物，可是他們對蘇聯一直是不肯屈服的。過去事實，彰彰具在。這一回也恐怕還要教蘇聯喫些虧。冰島人口不過十萬，政府內有共產黨員二人，最近政府已與蘇聯絕交，驅逐蘇聯使節。目前大西洋公約國家，冰島第一個和蘇聯絕交。盧森堡，丹麥，挪威這些小國，以前雖參加大西洋公約，並無何等表現，自艾帥來歐拜訪後，也都積極起來。這些國家從今年起，都開始徵募新兵，初步計劃在歐洲軍隊中供給若干隊伍，大約在一師到三師之間。今年年終，可以增加兩倍。戰時可增到人口十分之一或百分之八不等。士耳其是回教國，勇悍成性，一定會硬拼的。

西德問題還未解決，法國人不願他有自己的參謀部，只是要她的人，官軍則由英，美，法等國的人充任。德國則提出平等條件，就是西德非有自己的參謀本部不可，換言之，西德非有自己指揮軍隊權不可。法國總理白勞溫先生這次拜謁白宮也曾提到西德問題想必不久可以解決吧。

× × × ×

我們該注意的是北大西洋公約國家，彼此的號召是抵抗共同的敵人—蘇聯，却沒有說要反共。所以她們還接濟南斯拉夫，在本國也沒有聲明共產黨是非法組織。

抗俄而又反共者，目前只有西班牙和葡萄牙。這兩國都把共產黨當作非法組織。他們也知道共產黨宣傳利害，所以報紙刋物，檢查極嚴，外國文籍輕易不准入口，對思想控制之緊，恐怕和蘇聯也不相上下，這雖然不對，但以毒攻毒，不得不然。西班牙是個反共最先勝利的國家。從他勝利以後，就把共產黨的武力全部驅逐，目下共產黨在西班牙暗中雖蠢蠢思動，但黑名單都在政府手中，隨時可以把他們一網打盡。目下西班牙軍共二十五萬，連後備五十萬，武裝警察十萬。戰時一星期內可以徵到一百萬以上。西班牙人說，如果蘇聯來犯，我們只讓他們剩下一根頭髮回去，意思是說：要殺得他們片甲不回。佛郎哥也說，西班牙總不會被人吞去的，除非敵人肯犧牲數百萬軍隊。他又說我們不抗戰則已，一抗便要抗到底。憑着天險，憑着天主，憑着人力，有人與我們合作固好，沒有，我們獨力支持，決不懼怕什麼。他們的軍事人員也說，我們已準備十一年了，敵人要來，大家見見手，我們是巴不得的呢。西班牙的武器並不好，但戰爭勝負，一半決於士氣的盛衰，美國軍事物資一來，她們將更顯得強壯了。未來的第三次大戰在西班牙，恐怕要血戰數十回合吧。

艾帥此行除西班牙以外最滿意是葡萄牙。葡萄牙雖然是個小國，人口才八百萬，可是反共意志之堅決，可說無以復加。現總理薩爾珊（Salzar）二次大戰期間便是總理了，他最反對共黨，人民又都信仰天主教，對於共產黨更惡之如蛇蝎。總理於上任之初，便强個說，我們爲抗共，不惜犧牲一切。我們的軍隊雖然不多，可是我們要用以保護我們的文化，使它不淪陷共產主義的洪流。新年前他已大聲疾呼警告世界共產主義者想征服世界，已是如箭在弦，我們想抵抗，只有大家合作。艾帥來了　薩總理慷慨陳辭說：「我們爲保護我們的文化，不惜流到最後一滴血！」他又立刻說，葡萄牙可以供給艾帥三師（六萬人）年底可以另出六萬。艾帥說這是我最滿意的一天。

× × × ×

艾帥這一次拜訪歐洲十一個國家，給她們鼓舞力量很大，全歐目前軍隊不過十二師，一過今年年底便會擴充到四十五到五十師了。但是蘇聯肯容許歐洲建軍成功嗎？這隻北極大熊，加上中國紅龍（歐洲人喚毛澤東和共產中國之名）還有高麗，還有安南，還有東歐鐵幕下的國家，人口之多壓倒這一方面，準備則第二次大戰結束後，她便在磨礪以須。這一回她一定要以迅雷不及掩耳的策略，等歐洲尚未準備完全時，給以致命的一擊的。我們不是軍事專家當然沒法推測未來的結果。不過這一次大戰，物資的破壞生靈的塗炭，一定要比上一次慘重得不知幾倍，那則可以斷言。歐洲大戰以後，不過四五年，元氣至今未復，休息生養之不暇，誰高興打仗？若不是蘇聯之慾壑難塡，咄咄逼人，他們也不會有重整軍備的計劃的。大戰發生，蘇聯實爲禍首，後代史家記述這次戰禍，對於蘇聯，恐怕要說一聲：「不勝嘆息痛恨於桓靈。」克姆宮主人，基於人道立場，我勸你放棄這統治全球皇帝夢吧。

清除和脫黨

—記歐洲共黨最近發生的幾件事—

里昂通訊・二月八日

頌二

本週以來世界大事，乃是聯合國以四十四對七票判定中共為「侵略者」，聯軍在高麗轉敗為勝，分三路進取漢城。歐洲方面在反共高潮之下，也發生幾件小事。這幾件事看來雖不甚重要，但「一葉落而知天下秋」，共產主義之走向「下坡路」，也許可以從這中間略窺端倪。

第一件事是捷克斯拉夫政府機關之大舉清除。清黨這件事，在共產主義的國家，本屬家常便飯，但捷克這一次清黨規模未免大得驚人了。對外貿易部，有一百四十八名高級官員被免職，其中有總理二人，副總理二人。外交部被免職者三人，教育部職員被免職者共一百二十人。其他各政府機關，消息尚未確定，但外交團體裡，有許多因病請假的官員，或因事未到者，將一概予以撤免云。

根據某種報導，這大批政府官吏之被撤職，——這中間至少有一部份是共產黨員——乃係國家一種措置，想把那些微溫的，投機靠攏的，革命熱忱不足的，政治觀點過於成熟的，趁此都給它清除出去。

Rude Pravo乃捷克共產黨的機關報，對於這一次清除，公然稱為「揚棄」的動作，政府辦公人員經過這樣一揚棄，精華份子保存，那些靠不住的份子則都歸於淘汰，一旦國家有事，免得受他們的搗亂，豈不是一件可慶的事。

但是，根據另外一種情報，則說捷克這一次撤免大批官吏，乃出於蘇聯的要求。因為捷克工業發達，機械精良，軍器更是出名優越，蘇聯要她報效大宗機械和軍火，捷克官吏有所不甘，常故意遲延交付，觸怒太上政府，乃有這樣結果。據觀察家判斷，捷克對外貿易部部長Antonin Gregor 位置也難保云。

倫敦觀察報則說前任捷克公使，現任蘇聯外交部次長曹寧(Zorine)於上月半抵捷克首都，指揮捷克共產黨將愛國份子一概排除。該報又說在新近免職的大批官吏中，內務部長奧蘭給博士 docteur Olaki) 和百多名官員已被逮捕。

這兩天鬧得滿城風雨的是捷克前外交部部長克萊孟休 (Vladimir Clementis)之突然失踪。他的夫人也同時不見了。一九四八年春間克萊孟休於約翰馬薩克 (Jan Masaryk) 自殺以後，繼任外交部部長。去年三月間被控為違背共產主義方向，免職，次長西洛克 Siroky) 代替了他的位置。

一九四九年聯合國開會期間。流言甚熾，說克萊孟休想再在捷克斯拉夫立脚，這流言曾經他自己否認。五月間，他又作了一次「自我評判」，共產黨員總覺得他並未將自已過失完全吐露出來。但他仍在國家銀行任重要職務。

他失踪的第二天，歐洲各報又喧傳他偕同四個捷克政府的官員，乘坐飛機逃到西德的 Nuremberg，請求當地美國駐德辦事機關予以保護。美國代辦 Reuter 則說關於此事，他並無所聞。又有一種謠傳，說他已潛抵維也納，然亦無確實消息，他的行踪，至今成為一個謎。有人疑心他或已在捷克牢獄，出亡之說，乃共產黨故意放的空氣，用以緩和民衆情感者。反正，共產黨是什麼陰險惡毒的手段都可以使出來，前外交部部長馬薩里克之墜樓自殺，有人說係被人謀害，痕跡顯然，不過共產黨堅不承認而已，那麼這一次克萊孟休先生的命運，恐怕又將成為一種悲劇吧。但據本月九日報載，克萊孟休已抵南斯拉夫。

還有負責 Brno 區域共產黨部的奧多西林先生(Otto Sling)被逮禁已有兩月，並有捷克斯拉夫共產黨中央委員會副秘書長絲威摩凡 (Svermova) 夫人相傳也被囚了。另外又有六位天主教司鐸，以間諜罪將判死刑。

捷克國內現在鬧着糧荒，糧食缺乏，工業上重要材料不足，蘇聯毫不體恤，仍一味急如星火地逼她報効機器和軍火。近來籍口避免將來美機的轟炸，要捷克政府將國內重要工廠拆遷到波蘭和羅馬尼亞的東境。捷克著名工廠如Sokoda, Ceska Zlrojovka, Tatra, Daniek, soklov, 和其他工廠總名 Dimitro者，一概要遷離捷克國境。捷克官吏痛心疾首，不敢明白反抗，只有消極抵制，工業部和對外貿易部人員或稱病，或因事請假，不來辦公，蘇聯所指定要的機器軍火，交納僅及十分之一，工廠也因循不遷。蘇聯乃派大批專家來捷克監督執行，各廠工人固執反對，甚至罷工。蘇聯指使捷克政府對於怠工工人嚴厲懲治。不過這些情形，報紙一概不許登載。因他們強迫執行，一部份工廠是拆遷了。捷克共產黨黨員除了莫斯科派，和穩固份子，其他黨員鑒於太上政府之負虐橫暴，及誅求之無厭，壓制之多端，莫不生出一種強烈的反感。清除雖能制服於一時。仇恨愈積愈深，一旦爆發，却是很可怕的。

× ×

第二件是意大利兩個共產黨籍的議員宣布脫黨。這兩位議員乃意大利 Emilie 省 Reggio 地方的人，那地方共產黨員之登記者據說有六萬七千人，據意國共產黨機關報「聯合」（L'Unita）於上月宣布意大利全國登記的共產黨員共為二百五十萬，這一小小區域居然佔了六萬七千之多，也可見那個地方赤化得是如何利害？這兩位議員一名馬惹尼（Magnani），一名苟齊（Cucchi）平日操守甚佳，篤信馬克斯主義，辦事極有能力，第二次大戰時他倆的表現非常勇敢，所以 Emilie 省人對之極為愛戴，奉他們為地方上的領袖。

這兩位議員宣布脫黨的理由，但說意大利人的義務在保衛意大利，抵抗任何方面的侵略。又在送致國際共產黨部(P.C.I)的信裡用了「祖國」的字樣。可見他們之犧牲多年歷史，甘心受叛徒惡名，完全是受了愛國心理的驅使。

當他們宣布脫黨之前，共產黨黨部對他們用盡了威嚇利誘的手段，他們毅然不為所動。脫黨之後，共派報紙當然一致抨擊，各種醜詆惡罵，暴雨般落到他們頭上。Reggio 警廳的警長，接見了一個從前曾任共黨黨部首領的人對他說：

——假如你不能完全擔保馬惹尼和苟齊兩人的安全，我手下有三十名同志，讓我來擔保它吧。

這當然是句俏皮話，意思便是他們三十名忠勇黨員，準備取這兩個叛徒的狗命。不過共產黨儘管凶惡，聞兩議員之高風而興起者，竟大有人在。共黨重要人物繆司歌（Musco）和番伯黎（Fabbri）又以脫黨聞了。番伯黎先生寫信給共黨黨部說他贊同馬惹尼和苟齊的意見，所以也願脫黨。又有共黨省秘書各歌威博士(Dr. Riccordo Coccovi) 在Emilie 省大名鼎鼎，現亦自己取消了黨籍。

據說這幾位先生的作風，刺激意大利共產黨員的良心，力量甚大，宣布脫黨者日有所聞，不過他們的地位沒有這幾位重要，所以報紙尚未多所提及。

歐洲一般輿論，對此當然稱快。有些樂觀論者竟說共產黨素以組織嚴密自誇，內部團結之堅有如岩石，於今這塊岩石，竟現裂痕，將來裂痕愈來愈大，則共產黨主義整個崩坍之期，殆將不遠吧。

×　×

我們綜合近日發生的這兩件事看來，共產主義整個的崩坍，固未免言之過早，但共產黨組織的這塊岩石，確已發生裂縫了。本來蘇聯之訓練共產黨員，就像蜂之視螟蛉「類我，類我」，高唱工人無祖國，打破人民天然的國家觀念。再進一步，又高唱蘇聯乃無產階級的祖國。正統共產主義的第一信條是全世界的共產黨徒無條件服從蘇聯。心心念念，莫忘記「蘇聯第一」。共產黨員可以在大庭廣衆間毫不慚怍地，直言無隱地說，我們應該擁護蘇聯的利益。高於本國的利益。蘇聯是我們的宗主國，我們一切的努力以她的發展為目標，蘇聯是我們的統治者，是我們永不錯誤的上帝，大家同心合力做她的「前衛」赴湯蹈火，做進攻尚未隸屬於蘇聯各國的先鋒。假如一天紅軍進入他們自己國土，應該大開國門來歡迎，紅軍要殺戮自己的同胞，要源源供給武器，並且帮他打頭陣。毛澤東不是統一了中國，便大喊「一面倒」嗎？他不是目覩大陸幾百萬同胞於飢荒，却把東北的大豆高粱幾千噸幾千噸，運往蘇聯嗎？為了服從「老龍頭」的命令，不是把幾十萬精銳軍隊送去高麗當炮灰，並且召喚全國青年都去送死嗎？

不過螟蛉雖然由日夜祝禱而居然「類我」，愛國究竟是人類自然感情，無論如何不容易連根拔去，叫人家完全否認自己的國家，來實現蘇聯統治全球的美夢，人家總是不甘心的。何況蘇聯對於附庸國，好處全無，只把他們拿來像從前帝國主義者對殖民地之搾取，又像希特拉對於所征服國家之鞭笞戮辱，隨意所之，更叫人家忍受不了。南斯拉夫的狄托因此與莫斯科翻了臉，現在捷克斯拉夫又因不堪蘇聯之敲骨吸髓，而發生大批官員之怠工，意大利議員，洞燭蘇聯預備征服世界的陰謀，而甘願脫黨，藉盡保衛祖國的義務，便是赤色帝國主義行將幻滅的朕兆。第三次世界大戰不爆發則已，一旦爆發，我想怠工脫黨之事，將不斷地發生，因為像毛澤東這種認賊作父天良喪盡的大漢奸，在人類中究竟佔少數也。

一九五一·二·一八於里昂

「愛好和平」的維辛斯基

什麼是蘇俄最關切的？「和平」——這是由蘇俄外長維辛斯基的話中得知的。

維辛斯基在聯合國大會上有一次發言時，曾說到「和平」（Peace）「和平的」（Peaceful）「愛好和平的」（Peace-loving）將近有五十次之多。而且，每逢重複說到這些字時還特別加重語調。

——譯自基督教箴言報——

驚險的表演　韓劍琹作

「大家來」對「一面倒」讀後感

臺北通訊·二月廿二日

甯遠

這篇讀者投書，是本刊上期社論所引起的回響之一。其內容不僅是作者個人的意見，而且告訴我們他的朋友群中若干不同的甚至相反的意見。我們把它刊載出來，希望大家對於這個問題多方考慮。如果讀者還有其他的意見提出，以供大家討論，我們是樂於登載的。這個通訊欄，並不代表本刊的立場。

——編　者

上一期貴刊的社論—「大家來」對「一面倒」，會引起我們朋友群中幾次興奮的辯論。我個人不避冒昧之嫌，自信還夠得上是貴刊所指的「大家」之一份子。所以我想藉貴刊一點篇幅，也來談談這個「大家來」的問題。

我很同意貴刊的說法，「大家來是個繁難的問題」。由於我們朋友群對於這個論題的意見紛歧，已可看出這個問題的繁難性。這裡，我先把他們的若干意見寫在下面：

有人說，在反共抗俄的目標下號召大家來，就應該包括所有的具有反共決心的人。不論他反共的動機如何，也不問他的過去歷史怎樣，抗日時期的漢奸也好，軍閥時代的餘孽也好，貪官汚吏也好，土豪劣紳也好，……只要他服從反共政權，都應該給以効力的機會。大敵當前，昨天的事可不管，明天的事再說。這樣才可以增強反共的力量，而用以摧毀中共的政權。過去兩三年，中共對付政府不就是用這種方法嗎？它把一切反對政府和不滿意政府的份子，不分青紅皂白，不分善惡清濁，都盡其拉攏的能事，因而增強了它的聲勢，瓦解了我們的政府。政治是現實的。我們爲甚麼不可以學學敵人已經用以成功的方法呢？

有人說，大家來對一面倒，只是說得好聽而已，事實上是做不到的。站在反共政府的立場，只能說「跟我來」，一面倒只有以一面倒來對付。我有反共決心，我有反共力量，一切聽我的好了。步驟不許亂，意見不許雜，思想不許紛歧。反共，就爲的是反共。甚麼「民主」、「自由」等等，都得擱置不談，一切都以加強反共的力量爲目的。如因此被人指摘爲極權的作風也無妨；以極權對極權是有效的。有效地打倒了對方的極權以後，我們再來談民主，談自由。今日的極權—如果認爲是極權的話，只是用以打倒對方極權之一手段而已。

持以上兩種說法的人，對於貴刊的社論，自然是站在反對方面的。他們所以有這種想法，有的是由於教育的關係，根本不懂得反共的意義何在。有的是眩於中共方面一時的得勢，而不知深究政府方面若干年來遭致共禍的內在病根。總而言之，這般人無知無識，只能看到一些表象，而不知探究表象之所以形成；只能感到目前的現實的痛楚，而不知預慮將來。他們以爲，爲達到目的可以不擇手段，殊不知手段之不擇，可能走到與目的相反的方向。以上這兩種說法，實在是不值得深論的。

另有一些人，在大體上都同意貴刊社論的說法，但他們覺得有些地方應該修正和補充，這些意見，大致如下：

有人說，貴刊那篇社論，責備政府方面者遠較責備所謂「大家」者多得多。在責備政府方面，儘管詞句委婉曲折，具見作者的苦心，但弦外之音是足够發人深省的。但對於所謂「大家」，則只「矚望二三」，未免有欠公允。其實，今日局面的形成，也由於若干高談政治和搞政治運動的人，「把個人的恩怨和政治上的是非弄得糾纏不淸」（貴刊原語），同時在作風方面，買空賣空，鑄張爲幻地搞，把國家人民的利益置於自我或私團利益之下，而這般人，在今日反共的輿論上或某一個反共的小圈內，又有些影響力量，我們今天號召大家來，勢必不能不有這些人在內。那末，我們對於他們，不也應該責備其洗心革面嗎？

另一方面，又有些人對於在香港的民主人士，深致同情。他們以爲在香港「徘徊瞻望」的人固也不少，但總有一些是始終如一，誓死反對極權的。他們之居留香港，與其說是爲安全，無甯說是冒着更大的危險，中共如要攫取香港，遠比進攻臺灣容易得多。一旦中共佔領了香港，這些人只有死路一條—跳海。在未到必須跳海的時候，也就是一息尚存的時候，他們是毫不掩飾地在那裏宣傳反共，在那裡宣傳爲民主爲自由而反共，然而他們却無意來到臺灣。因爲他們不到臺灣，我們就可以說他們是對反共「徘徊瞻顧」嗎？

以上這兩個說法，雖其觀點不同，似也不無道理。要談大家來，我們不得不想到這些。

另有些人讀到「大家來，來到那裏？很明白，我們是以今日在臺灣的中央政府爲中心」這幾句話時，認爲「中心」二字要不得。他們覺得有了所謂「中心」，就是「跟我來」，而不是「大家來」。「跟我來」，就有了主從的意味，不民主；而且助長了反共的優越感，或反共的獨佔慾。這種從字眼上吹求出來的推論，我想，是與貴刊社論的原意相去很遠豹，筆者個人也不能同意這種看法。不過，由於這個推論，倒給我們一點啓示。因而我可提出我個人的想法，來和關心這個問題的人商榷商榷：

大家來，來了怎樣辦？貴刊認爲這是一個大難題。「現在的中央政府，已有了憲法上的人民代表機關，同時在行政部門我們也不主張添官設職，或所謂擴大政府基礎」，於是乎結論到：「儘可在反共抗俄、爭民主、爭自由的目標下，做文化工作或社會運動」。我們也相信，這種目標下的文化工作或社會運動，如果眞能展開的話，不僅是有利於現階段的反共抗俄，確也可如貴刊所說的，「民主自由的新中國，也可於此奠定根基」。問題是如何可以展開這種文化工作或社會運動，進而「有效地影響現實政治，而不相反地受現實政治的猜忌或阻擾」呢？關於這一點，貴刊是寄希望於政府「拿出氣派」來。我們覺得這段話，似乎不切實際，結果會落空，其實，整個問題的癥結並不在這裡。癥結所在，是在爲爭民主自由而決心反共的人士能否把本身很健全地組織起來。如果大家是一盤散沙的話，一切都不必談，無所謂「大家來」，更說不到「大家來了怎麼辦」？據我們聽到的，近一兩年來香港有所謂「第三方面」或「第三勢力」這個怪名詞（關於這個怪名詞，以下我們再說其所以爲「怪」），但一究其所謂「方面」或「勢力」也者，只不過是三五個人或十數人一起，你一起，我一起，人家叫他們爲「第三方面」或「第三勢力」，而他們也自處不慚。這樣地搞，眞是大笑話。有人常常埋怨政府不能寬容和平性的反對黨，其實，我們也沒有看到一個眞正像樣的和平性的反對黨存在。談民主政治，而沒有一個和平性的政府反對黨存在，則其所談的民主，至多只有一點教育的意義而已，對於當前的現實政治不會有很大影響的。這才是問題的癥結所在。說到這裡，也許有人以爲在目前反共抗俄的嚴重時期，來鼓吹政府反對黨的組織，就是存心破壞反共抗俄的力量。其實，我們這裡所說及的政府反對黨，在反共抗俄的目標下，是與政府合作的；但在反共抗俄的方法方面或者說政策方面，應該有一個有力的和平性的反對黨經常在旁邊考察和批評，這樣，不僅不致破壞反共抗俄的力量，而且是加强之。最近一年來，美國政府在反共的決策方面，一天積極一天，一天周密一天，其中得力於共和黨的猛烈批評和指摘者正多，這不是一個顯例嗎？站在政府的立場，對於這樣的反對黨，應該歡迎之不暇；即站在執政的國民黨立場，也應當歡迎這樣的反對黨，藉以自我策勵。

最後，我再說到所謂「第三方面」或「第三勢力」。我在前面把這個名詞冠以一個「怪」字，我的理由是這樣：「第三」在數序上講，是接着「第一」，「第二」而來的，但在政治方面用起來，一般所謂「第三」，習慣上是指介乎「第一」與「第二」之間的。目前，印度在國際上的立場，是站在民主國家與共產國家之間，所以大家稱她爲「第三方面」或「第三勢力」，這是對的。可是今天在香港的那些被稱爲「第三方面」或「第三勢力」的人士，並不是站在政府和中共之間的。他們雖有不滿意於政府者，但他們都是決心反共的。然而別人稱他們爲「第三」，而他們也居之不疑，甚至也自稱以爲榮，怪名詞竟不見怪而被採用，眞是大怪事，顧名思義，如果我們國人眞有所謂「第三方面」或「第三勢力」如印度之在國際那樣，我們贊成政府來取締它，消滅它。

（上接第十四頁）

，工作效率極高，在國內久享盛譽，貪汚漏稅之事，幾乎絕無僅有。這個稅務局，可說是聯邦政府動員活動中最可貴的一筆資產。二月六號哈佛、哥倫比亞、芝加哥、普林西頓四大學的幾個經濟學教授呼籲政府再度加强稅收和緊縮信用貿易的措施，作爲動員法令的中心，他們所持理由的一部份，便因爲這是可以貫澈實行的政策。

總而言之，經濟管制成敗的最後關鍵是在『決心』兩個字。如果美國政府和人民決心動員，給予共產主義侵略者當頭痛擊，一切困難都能迎刄而解的。從一月廿六日的凍結令，我們看出美國已走上總動員的第一步，美國積極抵抗共產洪流的決心，也在開始成熟。一月底國務院宣佈對中共進入聯合國一事美國不擬使用否決權，第二天的國防最高會議（National Security Council）中國務院便受到譴責，說假如美國不盡全力阻擋中共進入聯合國，則今天的限價政策就毫無意義。這件事發生在行政機關之內，意義特別重大，當可以證明美國政府能充分了解現階段的經濟管制的基本目的。

過去半年內，美國朝野人士每每有一個似是而非的見解，說與共產黨徒的決鬪，是質與量的鬪爭，美國必須以質勝量，因此美國只須求軍隊武器素質上的發展，不必全民動員作戰。其實歷史上的教訓正與這個推論相反，美國在兩次大戰中勝利，是因爲質量上都壓倒了敵人。在兩次大戰中，美國無不傾盡全力以求勝利，今天和共產勢力的鬪爭，自然不能例外，勝敗的關鍵只在一轉念間而已。一八九六年意大利進攻阿比西尼亞，人人皆以爲意大利能操勝算，但阿比西尼亞全國動員，焦土抗戰，意大利不顧總動員，結果失敗，竟至喪師辱國。一九〇〇年南菲的布爾戰爭中，布爾雖是小國，但全民奮戰，以至戰爭初期英軍屢次敗北，最後大英帝國傾全國之力以赴，才獲得勝利。這兩件歷史上的陳蹟，雖是帝國主義的戰爭，原則上不足爲訓，但就戰爭的技術上講，證明了無論敵我勢力的大小，全力以赴是勝利的先決條件。美國現行的限價政策是『全力以赴』的初步表示，其成敗如何，全世界愛好自由民主的人士，都拭目以待。

自由中國（二）

——四幕劇——

王平陵

第二幕

時間：民國三十九年一月內。

地點：臺北劉公館的大廳。

佈景：一個富麗堂皇的內客廳，中置長桌，鋪潔白的檯毯，放在兩端的揷瓶，合於時令的花朵，很藝術地裝在瓶裏，噴發撲鼻的香氣。有許多小圓凳，不規則地排列着。桌之中央，擺有壽糕揷壽燭五十枝。另有豐富的糖菓、香煙等，以便來賓自取。

左側有西式的房門，是黃鵬程的臥室。旁置極舒適的小沙發，壁上掛着黃鵬程與屋主劉大成的戎裝合影。

正中有精巧的弧形門，美麗的絲絨帘子，向門的兩邊分開，可通外客廳，客人從此門進出。

右側置長沙發一，壁角有一書櫥，藏有各種畫報雜誌，以及各種有關國防工程的專書。

在弧形門的墻壁上，懸掛金光閃鑠的大壽字。

幕啓時，外客廳有杯盤狼藉聲，歡笑聲，尚有酒興正濃的客人，還在捉住散席的刹那，盡情叫出賭拳侑酒的呼聲；但多數的男女來客，都在忙碌着佈置晚舞會，樂師們把生疏的琴弦預習一下，這聲音也偶爾傳到內客廳，那些心急的傢伙，爲要過一下久違的舞癮，已拉着舞伴們配合樂師們預習的音樂，『蓬擦蓬擦』地沿着洞開的弧形門跳過來，跳過去。

在鵬程的臥室內，發出要嘔吐的聲音。接着有清脆悅耳，嬌媚動聽的聲音說：『你平常很能喝酒的。今天怎麼就醉呢！』關切地嘆一口氣『唉！』『噢』的一聲，像嘔出什麼的聲音。又有嬌滴滴的聲音說：『你後來的幾杯酒，眞不該喝的！』

內有重濁的聲音在回答：『那些太太小姐們把你當作箭靶子，死命要敬你的酒，你有什麼法子不喝呢？』

屋主人劉大成從外客廳步入弧形門，忽聽賭拳聲又起，高聲嚷：『各位！已經八點多鐘了！請保留幾杯，等明年今天攻回大陸以後，黃主任在上海做五十大慶再喝吧！』

（外客廳發出轟轟的歡笑。）

隨後，臺北酒家的經理胡志和跟着來。

劉：（回頭笑着說。）老兄！祇怪你今天送的酒太好了。

胡：哈！哈！哈！不能怪我啊！沈茉莉小姐也有分呢！

劉：哦！臺北酒家原來是你們合夥開的（胡點頭）最近生意好嗎？

胡：馬馬虎虎，混混而已。（淡越越地向四週瞧一瞧）唔！唔！你這座房子眞不錯！

劉：（微微感喟。）唉！我離開這幢房子，也快有十多年了！

（劉以主人的身份，在桌上取兩枝煙，先敬胡一枝，點着在抽。各自選擇認爲舒適而又便於談話的沙發上坐下來。）

胡：（機警地。）老兄！一向在那裏得意？

（『志和！志和！』臥室裏傳出沈茉莉的嬌聲呼喚。）

胡：（幽默地問。）茉莉！茉莉！我們的老闆娘！怎麼樣啦？

（沈茉莉心急地回應：『黃主任醉得很厲害呢！我要侍候他，你去招待招待客人啊！』）

胡：（高聲答應。）沒有關係啊！跳舞還沒有開始呢！

劉：（關切地走近鵬程的臥室。）沈小姐！沈小姐！黃主任要吃點水菓，解解酒嗎？外面桌上有。

（沈茉莉運用十分溫柔的聲音回答：『是的！劉秘書！我就來拿。』

胡：（又有意無意地問。）老兄一向是跟黃主任工作的嗎？

劉：是的！是的！我們是老搭擋，同去美國考察國防工程，同在一個國防設計的機關裏服務，他是主任，我是他的秘書。勝利那一年，我曾跑回來一次。（不勝今昔之感。）噯！八年抗戰，好容易等到天亮，我眞想在光復後的故鄉，多住幾年了。……

胡：（揷上來問。）後來怎麼樣呢？（懶洋洋地打一個呵欠。）

劉：後來，黃主任接二連三打電報來，催我馬上去南京，我剛到南京，他的機關已遷到廣州了；我又連忙趕到廣州，誰知道他又隨着機關搬到重慶了……

胡：（笑。）哈……哈……哈……哈……老兄是不是去年九月裏從廣州回來的？

劉：不，我也是去年十一月底，同他從重慶飛回來的。

胡：唔！今天劉太太怎麼不在家？

劉：在醫院裏，快要生產了。（稍停，咳一聲嗽。）哎！這次黃主任從重慶出來，可太慘了，祇帶出一個兒子，他的太太，女兒，都抛在鐵幕裏。我眞擔心他的賢慧太太，聰明漂亮的女兒，過的是一種怎樣可憐的生活。

胡：唔！唔！黃主任的令郎黃大剛長得很好，年少英俊。

劉：（奇怪。）怎麼？你認識他嗎？

胡：（不勝詫異地說出認識的經過。）說起來，巧極了！眞想不到黃大剛是沈小姐中學裏的同學。去年十一月底，我同沈小姐在松山機場接朋友，朋友倒沒有接到，沈小姐恰巧接到了他，從這一次以後，我們就常常見面了。

劉：唔！大剛這孩子有志氣，有膽量，認識淸楚，光明磊落，他到臺灣不久，就放棄了公子少爺的大學生活，到鳳山當兵去了。

（胡志和面上現出奸笑。）

（沈茉莉突從臥室裏大着聲音問：『大剛來了嗎？』隨即變換對大剛說話的語氣：『大剛！大剛！趕快進來啊！你爸爸喝醉了！』

胡、劉：（同聲相應。）大剛沒有來啊！

（沈茉莉在內自言自語：『他不應該不回來，他爸爸的生日，還是他寫信告訴我的。』這時，黃鵬程又發出嘔吐的聲音。）（劉大成急忙跑到門邊探視一下。）

（劉大成又慢步轉回來，看見胡志和也在作嘔吐狀，從桌上拿一些水菓送給他。）

劉：（笑嘻嘻地。）胡經理！你今天也喝得够數了吧

胡：還好！還好！（取水菓吃。）

劉：黃主任憂國憂家，今天是他的五十大慶；可是連大剛都不在身邊，（自以爲是的神氣。）嗯！酒是喝不得的。

胡：（皮笑肉不笑。）對喲！『心中有事酒醉人。』

（裝做唱京戲的調調兒。）

劉：（驚異）嗯！老兄還有這一手。好！等一會的餘興，一定要有你的份啊！

胡：（推薦沈茉莉。）沈小姐的青衣唱得呱呱叫……

沈茉莉：（以後簡稱茉應聲而出。）怎麼樣，還要我唱京戲？胡經理唱下去呀！（胡呆笑。）

劉：（笑着拍掌。）沈小姐！你一定要來一個精彩表演！

茉：（處處現出大膽、浪漫、熱情而又機警的個性，他天生一對靈活勻稱的眼睛，只要她隨便望你一下，你會疑心她對自己有意思，如果她存心玩弄你，向你拋一個眼鋒，就是鐵石心腸的好漢，也會神魂飄蕩，失却自主的。她那漆黑發光的修髮，熨得捲曲，柔順而自然，額前扐一撮短短的流海，飄向左側，饒有瀟洒倜宕的風韻，鵝蛋形的臉，新月樣的眉，雪白的牙，常愛微掀嘴角，露出媚惑的笑，身材適中，膚色潤白，體格豐滿，結實，乳峯高聳，曲線畢露，蕩漾着一種神秘的誘惑，青春的活力。她穿着最時髦的服裝，慢條斯理地走出來，有意無意，把靈活的眼鋒，很快的從胡志和身上，投向劉大成，像要攝住他們整個的注意力，來聽她的回答。）劉秘書！你和黃主任都到過美國的，（譏刺地：）哼……哼……是十足的親美派。（邊說，邊走向桌子，揀選新鮮的水菓。）

（胡志和呆了一下，迅即背着劉大成做一個手勢，要她改正露出馬脚的語病——親美派。）

劉：（不待她啓齒。）唔！親美派？我們都是反侵略，爭自由，站在一條線上的朋友。沈小姐！你難道不是我們的朋友嗎？

茉：（撒嬌地笑起來。）嚇……嚇……嚇……。（無所謂地說，放下水菓。）劉秘書啊！你誤會我的意思了！我是說，你們跳舞的姿勢囉，動作囉，步子囉，不用懷疑，準是最標準的美國派。

（外客廳傳出具體而微的爵士樂，傳出男女來賓的歡笑聲，熱吵吵的談話聲，像已佈置就緒，開始起舞的樣子。）

（男客甲賊頭賊腦地由舞廳蹓進內客廳，對胡志和，劉大成，沈茉莉做一下手勢，眼睛笑瞇瞇地說：『喂！你們怎麼還坐在這裏呢？他們已經聞『機』起舞了！』說時，慢吞吞地走到桌子邊，取煙，好像他的目的是專爲取烟而來。）

胡：（自告奮勇。）我們去跳一隻。

茉：算了吧！誰拖得動你這部黃包車啊！

（大家笑起來。黃鵬程忽從臥室裏大聲嚷：『喂！喂！各位！國難嚴重，禁止跳舞！』）

茉：（自言自語。）唔！唔！他醒了！（胡尖起嘴亮暗示她；她即嬌滴滴地叫：）他們都等你來開場呢！

（黃鵬程高聲說：『沈小姐！請你代我謝謝各位親友的好意吧！現在不是我們尋歡作樂的時候啊！』）

劉：（跑到房門口，輕輕叩門。）黃主任！怎麼樣了？我們還有很多節目呢。

（黃鵬程在內應：『你進來啊！』）

劉：你要不要再睡一刻？

（黃鵬程笑着說：『我並沒有醉啊！我就要起來了。』）

（當劉大成將要跨進房門時，沈茉莉機警地給胡志和一個暗示。胡志和立刻從沙發上霍地站起，加速走近她。）

（劉大成已走進房內，親切地解釋：『主任！你今天應該高興一點啊！』）

胡：（謹愼地向四週一瞧，用氣音焦急地問沈茉莉。）茉莉！我要你找的文件，到手沒有？

胡：（憂鬱地微呼。）唉！還沒有機會！

胡：（警告她。）喂！你不要忘記，我們是幹什麼的！今天我們爲什麼要佈置這個場面?!

茉：（急得不知所答。）……

胡：（緊逼。）你要明白！你最近已經花了不少錢了，你如果一點工作成績都拿不出來，我對上面是無法交代的！你今天無論如何要把那個文件攝下底片……

茉：（厭惡他。）你不要緊逼我呵！你要的那個文件，到底在什麼地方，我還不知道呢！我還要探聽，探聽……

劉：(出其不意地走出臥室，高聲問。)探聽什麼？沈小姐！

胡：(不自然地笑。)我們的老闆娘，發命令了，要支配我的好差事了。

茉：(處之泰然。)我命令他到大廳裏去，和來賓週旋，週旋，我們都是主人，大家坐在這裏，冷丟客人，太不像話了。

劉：哦！你說的是週旋，週旋，我聽成『探聽，探聽』了。(對胡。)對！我們坐在這裏，確實太久了。

胡：(取一枝烟，肉麻當有趣地。)我們的老闆娘！遵命！遵命！讓我去週旋週旋。(走入外廳，傳來一陣他和來賓週旋的聲音。)

茉：(忽然想起自己的事，迅速把茶几上的香蕉，梨子……重拿在手裏，邊說，邊向臥室裏走。)哎喲！他要吃的水菓，我還沒有送進去呢！

鵬：(黃鵬程適於此時推門走出，雖猶有酒意；但在睡了一會之後，精神頗佳，筆挺的美軍裝，蓄有短髭，額寬，下頷方，粗眉，眼亮，顴骨與鼻子相稱，儼然是態度明朗，熱情奔放，公忠體國的新軍人。他沉着地走了幾步，用力推動一下眉毛，看一看室內的佈置，很不過意地笑着說。)噯！你們太客氣了！國難嚴重！何必這樣花費呢？

茉：(裝作小鳥依人似地。)你不是要一點水菓麼？

鵬：我並沒有醉，心裏淸楚得很，比什麼時候都要淸楚，你們的一舉一動，我全知道。

茉：你全知道嗎？(恐懼驚奇地：)

鵬：(點頭微笑。)全知道，你們在我眼睛裏晃動，一搖一擺，像在跳 Quick Waltz 我覺得喝醉了酒的，是你們，不是我。(大笑。)哈……哈……哈……(大家跟着笑。)

劉：(笑也笑地說。)主任！你眞有點醉了。現在怎麼樣了？

鵬：(笑着說。)哼……哼……哼！現在我聽到他們在大廳裏跳舞了。(發現桌上的蛋糕。)唷！還有這樣好看的壽糕！

茉：(搶着說。)是劉秘書送的。

(鵬點頭致謝。)

劉：等一會！要請沈小姐分壽糕呢！

鵬：(徐徐走到沙發上，坐下。)大剛怕要來，這一件工作，還是留給我的兒子來做吧！

(沈茉莉頗爲掃興，故意向大廳走過去。)

鵬：(知道她有點不高興，笑嘻嘻地招呼她。)喂！茉莉！茉莉！你想跳舞嗎？

茉：(含笑帶嗔地回轉身來，妞妞鳩鳩地走到他面前。)你呢？(撒嬌地。)他們都希望你這位壽星來開場呢！

鵬：你坐坐吧！你爲了我。也够辛苦了。(微笑地。)胡經理呢？

茉：我要他和來賓週旋週旋。(說完，看看劉大成的表情。)

鵬：(點點頭又對劉大成。)老兄！實在破費你們了。

劉：(自謙。)我算什麼呢？胡經理，沈小姐，準備了這麼好的酒；這樣豐富的菜，連我都不過意呢！

茉：劉秘書！我們是要替黃主任熱鬧的，況且黃太太，黃小姐又不在這兒。

鵬：(傷感地。)唉！十年戎衣，半生飄泊，如今又拋妻丟女飄泊到臺灣，我早已忘記自己的生日了！(霍的站起，沉痛地踱步。)現在關在鐵幕裏的老百姓，都是活一天，算一天。(凄凉欲泣的聲音。)沈小姐！她們在重慶不知道怎樣活下去呢？

劉：(埋怨地)。沈小姐！你不應該提起他的心事啊！

茉：(立刻跟隨他的背後走去，待他回轉身來，恰巧面對面地站着，她嫣然一笑，像要投到他懷抱裏似的。)我不要你從壞處想，你要想開些，看破些不如你的人還多着呢！大家都爲你歡喜，向你道賀，你反而長吁短嘆，儘說些洩氣的話，不教人掃興嗎？(她的頭已傾在他的臂彎裡。)

鵬：(用無邪的眼光看着她，撫摩她的鬈髮，像撫愛小孩子似的，帶着蒼老的聲調說：)茉莉！我看見你，就像看見我的女兒一樣……

茉：(失望地。)你的女兒？

鵬：(微笑地凝視她。)唔！

茉：(自動離開他的臂彎，天眞活潑地撒嬌。)黃小姐的照片，我在你的房間裏見過了，眞是一位天眞活潑，聰明美麗的小天使，你瞧我，有那一點像黃小姐呢？

鵬：(從女兒想到家國的不幸，又加重了新的沉悶痛苦地搖頭。)恨只恨我們在抗戰勝利以後，大家不振作。不努力，幻想和平，時時刻刻盼望强盜放下屠刀，到今天，弄得大好河山，關進鐵幕，四萬萬同胞，完全做了蘇聯的奴隸，那些喪心病狂的漢奸賣國賊，害得我們好苦啊！

茉：(勉力維持天眞爛漫的樣子，不耐煩地說。)噯！你又想得太遠了！你瞧我，有那些地方像黃小姐呢？

劉：(誠誠懇懇地。)主任！黃太太很能幹，加上黃小姐的聰明，足能應付一切，沒有問題，你放心吧！

鵬：(自然地。)噯！我的外甥也沒有出來，也會照護她們的。

劉：(突然想起，熱烈地應和。)哦！哦！我們去年離開重慶，送到白市驛飛機場的，是不是他？

鵬：是的！就是他。

茉：(自作聰明地。)你的外甥，是不是叫陳國華？

鵬：(驚奇地。)嗯！你怎麼知道的？

茉：(得意地。)你們的什麼，我都知道。

鵬：(微笑。)唔！唔！你太關心我們了，連我外甥的名字你都知道。

劉：(含譏帶嘲地恭維她一陣。)我們的沈小姐，漂亮，聰明，能幹，又會跳舞，滑冰，騎馬，游泳，至於唱歌哪，票戲哪，開汽車哪……更是樣樣都能，件件精通，你要是做一個風流女間諜的話，（冷笑。）哼……哼……就是從前的川島芳子，都要甘拜下風呢！

茉：（面不改色，反而放聲大笑。）哈……哈……哈……我當眞像一個風流女間諜嗎？我當得上『風流』兩個字嗎？劉秘書！

劉：（譏刺地。）你够風流了！你瞧！今天到場的女客，誰能比得上你啊？

鵬：（自取一根煙，點着，抽了一口，像考慮什麼似的，背着茉莉走到比較舒適的小沙發上坐下，邊走，邊自言自語。）茉莉的神通可眞不小，會知道我外甥的名字。

茉：（又跟着坐在他沙發槓沿上。）我還知道你的外甥陳國華，本來是遠征緬甸的靑年軍，復員以後，就在重慶大學研究機械工程了。（面上堆着討人歡喜的笑容。）

鵬：（越聽越覺奇異。）唔！唔！眞奇怪！他此刻還在鐵幕裏呢，你怎麼調査得這樣淸楚？

茉：（才吐出眞情來。）告訴你吧！是你的兒子告訴我的。

鵬：（放心地發笑。）哦！原來是大剛告訴你的！哈……哈……哈……

茉：（笑。）嘚……嘚……嘚……。（當作是他的女兒似地，拍拍他的肩膀說。）你要告訴我，我那一點像黃小姐？

鵬：（慨嘆地。）唉！沈小姐！你簡直像我的女兒一樣，對我那麼體貼，竭盡你的力量，來解除我的憂悶，我眞十分感謝你！

茉：（大失所望，不快地離開沙發的邊沿，自以爲是說：）嗯！我天生是一個無憂無慮的人，我最怕看見人家的愁眉苦臉，最怕聽到別人唉聲嘆氣，一個本來是歡歡喜喜的人，如果人家硬要叫她不快活，莫名其妙地跟着傷心，淌眼淚，我覺得也是不道德。劉秘書！你說是不是？（說着，回過頭來，對正在沉悶中的黃鵬程，嬌滴滴地笑了笑，隨即與劉秘書並坐在長沙發上。）

（大客廳的舞興正濃，歡笑聲，樂聲，傳入內客廳。）

茉：（有些癢癢地。）他們多高興啊！多快樂啊！

劉：（冷笑。）對！對！這才是會享福的人！可是，我和我們主任就沒有這樣的好福氣。

胡：（從大客廳走進來，故裝興奮熱烈的神氣。）喂！黃主任，你起來了嗎？酒醒了嗎？

鵬：（迅即站起，面對面的走來，表示誠懇的謝意：）胡經理！你和沈小姐，大成兄，太客氣了！要破費這許多的錢。如果我早知道你們這樣做，我勸你們把要化的錢，全部捐給前方的戰友們，豈不更好。（低下頭來。）嗳！我今天確實有點醉意了。

胡：（皮笑肉不笑。）哼……哼……其實，你今天喝的酒，並不算多呢！

鵬：（沉痛地。）自從我去年飛到這兒，我時時刻刻記掛着大陸上受苦受難的老百姓，自然，我的太太，女兒，也不會例外，我祇有站在崗位上拚命工作，減輕內心的慚愧！我但求中華民國的壽命，能活到萬歲，萬萬歲，全中國同胞能在年年雙十節，掛燈結彩，爲我們的國家做壽。至於個人的生日，眞是渺乎其小，算得什麼呢！

茉：（大笑。）哈……哈……哈……高論！高論！（跑到鵬程面前，笑得合不攏嘴。）我的老人家！今天並不是爲你啊！我們是利用你的生日，大家趁機會樂一樂呢！

劉：（笑。）哈……哈……哈……

胡：唔！唔！就是這樣，你不必客氣了！

鵬：（含有怒意。）朋友們！我最討厭那些捉住機會，甚至創造許多機會，專門痲醉享樂，逃避現實的人！你們就說是爲我吧！

胡：不論是爲你，爲我，爲你們，爲我們，都好，都說得通。黃主任！聽！外面的音樂這麼好，茉莉今天還沒有開過葷呢！來一下吧！

茉：（鼓勵鵬。）曲子快完了，你要捉住機會啊！

（說時，笑着做手勢。）

鵬：我久已不彈此調了！大剛也許要來的，他跳得好，你和他跳一個痛快吧！

茉：是的！是的！大剛和我在中學裏讀書的時候，就是全校有名的跳舞博士呢！

劉：（極意催促。）黃主任！請吧！不要辜負沈小姐的美意啊！

（鵬仍帶着吃力的笑容。儘可能地拒絕。）

茉：（頗不愉快，孩子氣地扭一下身體說。）嗯！黃太太又不在這裏，她反正不容易逃出鐵幕，膽子放大些啊！難道你還怕他們檢擧嗎？

（鵬却不過面情，大有允意，正想陪沈茉莉向大廳裏走，突然遇到一對男女來客從大廳闖進來，嘻嘻哈哈地亂嚷。黃鵬程又祇得回轉，沈茉莉很掃興，跟着他慢吞吞地走進來。）

男客乙：鵬程老兄！恭禧！恭禧！從此交運脫運，步步高陞，鵬程萬里！

（說得大家發笑。）

女客甲：黃先生！黃太太有訊來嗎？

鵬：沒有啊！

茉：你們爲什麼不來吃飯呀？

女客甲：我們吃過飯來的。（把一束鮮花送到鵬的手。）黃先生！恭禧你！

鵬：（接過花。）謝謝！謝謝！謝謝！

胡：好了！好了！別客氣了！請吧！請吧！

劉：胡經理！我們大家去！

胡：（高高興興地附和。）正好！正好！今晚上是陰盛陽衰。

男客乙：我們沒有心緖跳舞啊！

女客甲

男客甲：（從大客廳跑入，取紙烟，無關心地說：）各位！有舞可跳趕快跳，不要放棄機會啊！（又無所謂地向大客廳走。）

男客乙：（選擇長沙發坐下，女客甲也跟着坐下。）我們一面來道喜，一面特別來請教請教兩位負責國防設計的要員，臺灣有沒有問題啊？

女客甲：黃先生！我們好容易從北平溜到南京，又從南京到上海，搶坐到一隻海輪，冒着風浪到香港，千託萬懇，搞到了入境證，才拖男帶女，搭乘盛京輪逃到臺灣；萬一臺灣再有三長兩短，我們怎麼辦呢？現在許多有財有勢的人，都想搞出國護照了！（越說越怕越說越急。）

鵬：（不勝好笑。）噢……噢……噢……（斬釘截鐵地。）我請你們放心，放一千個心，大鼻子狗熊是西伯利亞沙漠裏的動物，如果想把牠的頭伸進臺灣海峽來，就割了牠的大鼻子。（大家笑。）

劉：（立即斂住笑容，氣昂昂的神氣，堅決地大着聲音說：）我們祇要抱定必死的決心，就能夠死裏求生，就能夠起死回生，老實說，祇有那些沒有骨頭的人，才打算出國逃難呢！

（胡志和，沈茉莉有意無意轉到左邊的小沙發上坐下來，胡志和裝腔做勢地四處張探；沈茉莉故意翻翻茶几上的畫報，想借此消磨時間，其實他們都很機警地留意別人的答問。）

男客乙：（自作聰明地。）哦！我知道，一年之中，從十月份起到來年的三月，西北季候風來了，臺灣海峽的風浪駭死人，敵人十八世紀的機帆船，怎吃得消排山倒海的大風浪啊！

鵬：（沉毅果敢地。）老兄！你說的是天時。唔！天時有用處，但我們並不靠天時。

女客甲：黃先生！據你看，美國會不會幫我們的忙？

鵬：（踱了幾步後，用堅決的口氣回答。）太太！你說的是人和。是的，凡是反侵略，爭自由的民主國家，都應該趕快團結起來！不過，我們不是寒暑表，外面的溫度高一些，我們就上昇若干度，外界的溫度低，我們馬上就下降，這是非常可恥的劣根性，簡直是亡國滅種的禍根啊！

男客乙：那麼！老兄！我們靠誰呢？

鵬：（揚眉吐氣地重着聲音說：）我們祇有一個至高無上的原則，那就是一切靠自己。

胡：（賊頭賊腦地：）劉秘書！我們臺灣究竟有多少力量呢？

（沈茉莉立刻放下畫報，洗耳恭聽。）

甲客乙 女客甲：是喲！我們究竟有多少力量呢？黃先生！

（黃鵬程不立即答覆，踱來踱去，像在考慮答覆似的。）

劉：（侃侃而談。）記得金門大捷，是一與十之比，接着是登步大捷，也是一與十之比；而且那兩處距離海邊僅有幾千公尺。臺灣離大陸最近的地方，也有一二百海里，敵人當眞要冒險送死，我們就有成群結隊的轟炸機，把數不清的炸彈，當作見面禮，又有縱橫海上的巨艦，發炮歡迎，就算能逃過火網，竄到海灘陣地，我們還有百戰百勝的戰鬪英雄們，已經等得不耐煩了。像這樣的戰鬪形勢，豈只一與十之比！老實說，敵人那一套『人海戰術』，是永遠塡不滿臺灣海峽的！（自已也覺得好笑起來。）

女客甲：（拍掌歡呼。）好啊！我們可以放心了！

男客乙：（笑。）哈……哈……哈……人家說：『我們抗日靠山，抗俄靠海。』眞是的！哈……哈……哈……

鵬：（冷笑。）哼……哼……哼……最可靠的，還是要自己拿出力量來！大家有多少力量，就拿出多少力量，團結每個人的力量，滙成壓倒一切的洪流，才能徹底消滅亞洲的紅禍。

劉：（作總結的口氣。）各位！千言萬語併一句話說：現在什麼都不可靠，最可靠的，第一是力量！第二是力量，第三還是力量！

鵬：（接着說。）所以，我們儘可一切不管，祇要埋頭苦幹，加強我們的力量，這才是惟一的出路。至於那些凝神見鬼的失敗主義者，我奉勸他們最好先打幾針補腦針，把『恐共病』，『神經衰弱症』，『膽汁虛弱症』醫好了再說。（放聲大笑。）哈……哈……哈……

（大家跟着轟……轟……地發笑，轟動剛剛舞罷的來賓，都一窩蜂地湧到弧形門口，你一句，我一句地亂嚷：『什麼？什麼？』

茉：（對來賓嚷着。）我們就要分壽糕了！

衆：（一窩蜂地附和：）好！好！吃壽糕！吃壽糕！

鵬：（走近茉，低聲說。）等大剛來分吧！

茉：（看錶。）快要十點鐘了！他還會來嗎？

衆：（叫喊。）沈小姐！分壽糕啊！

胡：（鬼鬼祟祟地拉一拉劉大成的衣袖，低竊竊地問。）喂！劉秘書！臺灣的陸海空軍究竟有多少啊？

劉：（機警地。）『噓』！老兄！軍事秘密，天機不可洩露！（沈茉莉把五十枝燭光點起來，一隻手執着剖壽糕的刀。）

茉：（親切地拉鵬，笑着說。）吹吧！用力吹！一口氣吹滅牠！

（鵬被迫着祇得一口氣吹滅了，大家熱狂地歡呼，拍掌。）

胡：（含譏帶嘲地。）喂！喂！我們的沈小姐！你是憑什麼身份代分壽糕的啊？

茉：（大方而幽默地。）隨你的便吧！你以爲我是他的女兒也好，朋友也好，是他的什麼——（把話頭頓一頓，格喇喇地發笑，對胡輕狂地補了一句：）都可以！都好！

（大家像踏死了一隻癩蝦蟆似地咯……咯……咯……發出笑聲。）

劉：（譏刺地：）沈小姐！你眞是太會說話了！

（茉聽了劉的話，故意向鵬笑一笑，鵬像未曾注意似的。）

胡：（一面吃壽糕，一面叫。）餘興可以開始了！

（大家拍掌附和）

（這時，大客廳的舞客，忽然拋來一個聲音：「請出來 公開表演啊！讓我們大家欣賞欣賞啊！」）

胡：好！好！是應該當衆表演的。（招呼茉•）你先分送壽糕去！我們就來•

（沈茉莉捧了一大盆蛋糕到外廳，惹起一陣歡呼聲及要求沈唱玉堂春的聲音；外廳忽然安靜，傳出『玉堂春』的調調兒。）

劉：沈小姐唱起來了！（胡匆忙跑到外廳去聽戲。

男客乙
女客甲：好！好啊！唱得好！（同聲讚揚。）

（一曲既終，爵士樂又起，双双的舞客們又沿着弧形門跳過來，跳過去。）

男客乙：（觸動了舞興，拉着女客甲的臂膀嚷進去：）好！我們去跳舞吧！臺灣沒有問題了，我們放心去跳舞吧！

（傳進女客甲的嬌聲 Darling 我們靠黃先生的福，今晚上要玩一個痛快呢！』

鵬：（浩嘆：）唉！該死！該死！這些傢伙眞是沒有出息！消息稍微好一點，馬上就高枕無憂，開心作樂了！

劉：（接着說。）唉！我們在大陸上的失敗，就因爲這些傢伙太多了！

鵬：早知道，任何好消息都不要告訴他們！

劉：但是，你如果不告訴他們幾句老實話，那麼日夜垂頭喪氣，疑神見鬼的，又是他們！唉！你休息休息吧！我去看看他們。（出。）（當鵬程寂寞地痛苦地踱步時，忽然從大客廳裏傳來一個粗壯的聲音，連連叫喚着：）『爸爸！爸爸！我回來了！』

鵬：（驚喜地，三脚兩步跳到弧形門，熱烈地應答：）大剛！大剛！是你嗎？

黃大剛：（穿軍裝，圓方臉，大眼睛，英風颯颯，身材健碩，聲音洪亮，急忙跑到爸爸面前，双手熱烈地握住爸爸的右手，歡喜得双脚並跳地說。）爸爸！我因爲媽媽，妹妹，沒有逃出鐵幕；所以我特地請假半天，從鳳山乘快車趕來，道賀你老人家的五十大壽的。

鵬：（欣喜）噢！噢！很好！你爲什麼不早一點來呢？

剛：（走進，興奮地：）因爲我們的工作沒有完畢呢！

鵬：（歡喜得什麼似的，拍拍大剛的肩膊，試試他的手力，從頭到脚，端詳一會。）孩子！你的身體結實多了！

剛：（蹦蹦跳跳地。）爸爸！此刻的部隊，和從前大不相同了！一切都徹底公開，什麼都實行民主，部隊像家庭又像學校，我們的部隊長，是校長又是家長，全軍的戰友們眞同親兄弟一樣……

鵬：（接上去說：）所以，你不想回來了，所以……

剛：（興奮地搶着說：）所以，我比從前結實多了。

鵬：（欣喜得點點頭。）那麼，你還想念你媽媽嗎？

剛：（天眞爛漫地，大聲說：）我每天五點鐘起身，洗完了臉，就早操，爬山，打球，軍號一響，大夥兒趕到飯廳，五分鐘吃完早餐，休息一會，馬上就出發打野外，（做手做脚地。）試眼力，練習射擊，（拔出腰際的手槍。）我能够在兩百碼遠，（做跑步的姿勢。）快跑五十碼連放三槍，槍槍中的，我已經被戰友們公推爲『射擊英雄』呢！（因爲急於要報告，喉頭打了一個噎。）

鵬：（連聲嘉獎。）好！好！唔！這才是有出息的好青年！

剛：……打完了野外回來，就吃午飯，照例小睡一刻，又是一聲軍號，大夥兒霍的起身，三脚兩步跑到指定的海灘陣地，開始我們的戰鬪演習，演習完畢了，我們就蓬的一聲，跳到海裡去！

鵬：（吃了一驚。）跳到海裡去，爲什麼？

剛：（得意地好笑。）哼……哼……哼……洗一個澡！洗淨了身上的臭汗，也洗淨了疲勞。我們一天忙到晚，晚上還要寫軍中日記。爸爸！我再也沒有閒工夫想家，想媽媽了！（不好意思似的。）說句您不要生氣的話，我有時候連您老人家都忘記了！

鵬：（感動得隱忍着眼淚說：）孩子！我決不生氣！我決不生氣！

剛：（依舊起勁地。）其實，一個沒有結過婚的孩子，怎麼能不想起自己的爸爸媽媽呢！奇怪！我越是閒空的時候，越是想起爸爸媽媽來！我爲了減輕想媽媽的痛苦，就是放假的時候，我還是努力工作，拚命工作，工作，工作，我決不讓自己有片刻的閒空。

鵬：（十分同意。）我也同你一樣！

剛：（慷慨地。）我想信，祇要把自己鍛鍊成銅筋鐵骨，頂天立地的好漢，一定能打回大陸，打開鐵幕，營救我的母親，營救千百萬孩子們的母親！

鵬：所以，我一離開工作的崗位，（指一指臥室），孤凄凄地回到那間臥室裏，我就痛苦起來了。今天劉秘書，沈小姐，胡經理他們破費這許多錢，爲我做生日，要我早些回來休息休息，我自然感謝他們的好意；但在我反是說不出的痛苦。你要是能早一點趕到，代我敬酒，多麼好！

剛：（略覺傷感。）噯！我一天的工作還沒有完，我怎麼能離開呢？

鵬：（凄然欲泣。）不知怎麼的，我祇不過喝了幾杯酒，就把我喝得酩酊大醉了！（淚下。）我的酒量忽然變得那麼小，連我自己都不相信。

剛：（驚覺地。）爸爸！

鵬：（竭力否認。）孩子！我看見你，我就看見新中國的希望了！我很高興！

剛：爸爸！我看見您高興，我也很高興！

鵬：（熱烈地跑進弧形門大呼：）沈小姐！沈小姐！大剛來了！（茉：（自內應。）噯——）

茉：（瞥見大剛，踏着鄭重的步伐迎上來。）大剛！大剛！（伸出右手，見大剛不握，又暗自縮回。）我們有一個月不見了。（歡喜地。）噯！我現在倒底又見到你了。今天你爲什麼不早一點來呢？

剛：（呆笑。）我的生活，沒有你這樣隨便啊！茉莉！

茉：你爸爸的五十大慶，還是你寫信告訴我的。

(丑表功。)你媽媽，妹妹都不在這裡，你又到鳳山當兵去了，自然是我們的事啦！

剛：(感激地。)茉莉！老同學！我要怎樣感激你才好呢？

茉：(撒嬌地。)你祗要講出這句話，我已經是非常滿意了。

(茉一眼不霎地注視大剛。)

茉：(要求地。)大剛！外面是淮爾滋，我們也去跳。

剛：謝謝我不會！

茉：你又來了，你在學校裡，大家說你是個「跳舞博士。」我的探戈，還是你教的，你忘記了嗎？

剛：(意味深長地。)嗯！這好像是另外一個世界的事情了！

茉：另外一個世界？難道你把那個世界的一切都忘記了嗎？你還記不記得？你這個公子哥兒，在學校裡，老是西裝筆挺，口香糖不離嘴，下了課，祗有電影院咖啡館，才找得着你的影子，你還不會跳舞呢！

剛：(分別提起他的左右腿。)瞧！茉莉！你看一双硬綁綁的綁腿，我怎麼能跳舞呢？我像不像大兵？

茉：(嚴肅地點點頭。)像，像，像一個大兵！眞是一個雄糾糾，氣昂昂的大兵！

剛：(剛勁地。)好！你這才是眞正的嘉奬我，這才是我的光榮！我的驕傲！(極嘹亮，極有力，極清爽地說：)茉莉！公子哥兒的黃大剛，已經被反侵略，爭自由的大時代，宣佈死刑了！(沉痛地。)槍斃了！

茉：(駭極。)喲！(神智恍惚地。)你腰上有槍！大剛！那是不是槍？

剛：(現出堅毅的笑。)是的！是槍！(隨即拔下手槍，撥開，鎮定地，沉痛地說。)我還裝上五顆子彈呢！

茉：(詫異地。)你這……這是什麼意思？

剛：(怒目切齒，一字一句地說，面上現出可怕的冷笑。)第一顆子彈，我要消滅妄想征服世界的蘇聯帝國主義！第二顆子彈，我要消滅喪心病狂的漢奸賣國賊！第三顆子彈，我要消滅那些貪生怕死，賣身投靠的軟骨頭！(愈說愈激昂)第四顆子彈，我痛恨那些出賣國家民族利益的匪諜，我要把那些卑鄙無恥的東西，消滅得乾乾淨淨……

茉：(驚駭欲絕，狂叫。)喲——(驚魂稍定，顫慄地問。)你還有第五顆，那最後一顆子彈呢？

剛：(斬釘截鐵地。)這叫作『成仁彈』，(作舉槍自殺狀。)『銅筋鐵骨，頂天立地的好漢們，不成功，就成仁！』

茉：(瘋狂地擁抱他，握住了他持槍的那隻手，感動得淚隨聲下，纏綿悱惻地吐出自己的隱痛：)大剛！我情願你打死我，打死我吧！我要你成功，我祝禱你成功！(出於至誠的。)我要跟你當女兵去！我實在厭倦我的生活了，我要擺脫我的罪惡！(自然地發生宗教的情緒。)你瞧我，我能不能得救？大剛！我需要得救！我需要得救！

剛：(誠懇地。)你要得救，你就要徹底的改變！你先要把花枝招展，招蜂引蝶，慕虛榮，愛享樂的沈茉莉，在嚴肅的大時代面前，宣佈死刑！

茉：(堅定地。)我會改變的！我會改變得使你驚駭！你給我勇氣吧！你給我勇氣吧！我要告訴你一個秘密！一個可怕的陰謀！

剛：什麼，陰謀！你要害我嗎？茉莉！

茉：(露出夢似的微笑拖住他，表示極端的熱愛。)大剛！我怎麼會害你呢！(顫動的聲音：)喲！我怕！我怕！那些猙獰的魔鬼！大剛！你救救我吧！你給我勇氣吧！

剛：(沉痛地嘆氣：)唉！茉莉！這都是你自己不好！那些猙獰的魔鬼，爲什麼不敢害我呢！(看錶。)唔！我要走了！(疑問。)爸爸怎麼還不進來？我要趕上十一點的快車，回鳳山去！

茉：(熱情地。)我要送你！我送你到鳳山去，我們坐在車上多談談，我有許多話要當面告訴你，並且非要你帮助不可！

剛：(熱情地。)只要我能夠做到的，我一定幫助你！(外廳的爵士樂終，舞客們三三兩兩走進內客廳，抽煙休息，鵬亦含笑隨劉，胡走進來。)

剛：(大聲告別。)爸爸！我要走了！我必須趕上十一點正的快車，才能在明天五點鐘趕到鳳山銷假的。

鵬：我眞想你陪我住一晚，可是，軍中的紀律重要你就走吧！

剛：(直捷爽快地。)爸爸！我走了！

(鵬異常痛苦地低着頭。)

劉：(竭力地讚美。)唔！眞好！你在鳳山好好的幹吧！(拍拍他的肩)大剛！

胡：大剛！你爲什麼這樣來去匆匆！

剛：對了！劉秘書胡經理！我還要謝謝你們兩位替我爸爸做壽呢！對不起！我走了！(告別。鵬，劉跟隨走出去。)

(沈茉莉也隨大剛走，被胡志和阻止。)

胡：喂！你到那兒去？

茉：我有事！回頭跟你說！(撥開胡的手，匆匆跟出。)

劉：(與鵬並肩而回。)今晚十一點鐘的快車，明早五點鐘就到鳳山了。

鵬：(欣慰地。)想不到大剛這孩子，進步得這麼快！(外廳的舞興，已屆將闌未闌的時分，突然地，來了一個粗壯，嘹亮，急迫的聲音問：『這裡是劉公館嗎？這裡是不是劉大成先生的公館？』)

劉：(慌忙衝出孤形門，急迫地回應。)是的！是的！

鵬：(奇怪地。)唔！這時候還有客來嗎？

胡：(信以爲眞。)有舞跳怎麼會沒有呢？

劉：(在外廳。)尊姓？

陳國華：我姓陳。你就是劉秘書吧，我舅父住在這裡嗎？

劉：(恍然大悟：)哦！哦！你是國華！國華！你怎麼來的？(大叫。)黃主任！你外甥來了！

鵬：(驚奇欲狂。)喲！是嗎？(大呼。)國華！國華！

國：（右手提皮箱，左手挽着雨衣，穿着藏青色的夾克，灰色法蘭絨的西褲，面上雖露出僕僕風塵之色；但仍然不減英雄氣慨，應着鵬的聲音，歡天喜地叫起來。）舅父！舅父！我們來了！舅母，表妹，都來了！

（黃麗英一陣愛嬌的聲音，帶有歡喜的震顫，從外廳一路叫進來：『爸爸！爸爸！』）

（三輪車伕搬着幾件行李，跟隨國華走入內客廳。）

鵬：（慌手慌脚，熱烈地。）麗英！麗英！媽媽呢？媽媽在那裡？

李：（慢吞吞地跟隨麗英之後，手提一個籐包，慢吞吞地應和。）來了！來了！

（劉大成也歡喜極了，急忙操着臺灣話，開銷了車夫。）

李：（誠懇地感謝。）劉秘書！我們要來打擾你了！

劉：（謙虛地。）噯！只怕招待不週！黃太太！誰也想不到你們會來啊！

（鵬驚喜到極點，劉大成：胡志和及擁塞在孤形門裡的來賓們都大吃一驚；陳國華，李蘊玉及黃麗英同時叫起來。）

國：舅父！

李：鵬程！

麗：爸爸！

胡：（驚奇地。）眞巧！眞巧！世界上竟有這樣的奇事！

鵬：（含着歡喜的熱淚自言自語。）我不是在做夢吧！（懷疑地向四處看看。）

國，（加速地跑過來。）舅父！

鵬：（顫抖地。）你的舅母，表妹，竟能從暗無天日的鐵幕裡，越過萬重關山，逃到自由中國來嗎？這多麼叫我不能相信啊！我眞的疑心在做夢了！

國：（興奮地。）舅父！我忽然看見了自由中國的國旗，我歡喜得要發瘋！（天眞地。）我也同你老人家一樣，也疑心我是在做夢呢！

李：（熱烈地。）國華！孩子！（回顧女兒。）麗英！（瘋狂地。）你們不是做夢，我們是回來了，回到自由中國來了！（叫。）喲！這裡的空氣，這裡的空氣，是多麼自由，多麼新鮮啊！孩子們！你們儘量地呼吸吧！暢快地呼吸吧！

國：舅母！我們自由了！

麗：（興奮地。）我們爲了想使爸爸大大的驚喜一場，在香港故意不打電報給你，悄悄地跑來！哈……哈……哈……

鵬：孩子！

麗：我們的船，今天下午七點鐘才到基隆碼頭，本來想在基隆住一晚，媽媽忽然想起今天是你的生日啦……

李：今天是你的五十大壽，我祇有感謝上帝的奇蹟！我們無論如何要趕來的！

國：我們一到了臺北，就按照劉秘書在重慶分手時留給我們的住址，我就找到了！（歡喜）

劉：（揷嘴。）黃太太！你祇要早一步來，還可以見到大剛呢！

李：大剛呢？（問鵬。）我看不見他，我正要問你呢？

鵬：（沉痛地。）他爲了打回大陸救母親，一到了臺灣，就去鳳山當兵了！

李：啊！我的兒子！（感動得含着熱淚。）大陸上有成千萬的母親，都眼巴巴地盼望着他們的兒子去救呢！（沉痛地。）好的；孩子！我願意你這樣做！

劉：（搶着問。）黃太太！重慶怎麼樣了？

李：（輕微地嘆息。）唉！一言難盡！我實在講不出來。（又嘆口氣。）唉！要不然，我們早出來了。（眼睜睜地望着女兒，抱怨似的說：）就是麗英……麗英死不肯來，定要看看風色，後來被他們騙到林園去表演，（指麗英）她！險些兒……！

麗：（制止媽說下去。）媽！（衆略表驚異。）

鵬：（非常疼愛，熱淚奪眶而出，聲音抖抖地說。）孩子！你終於回到爸爸的身邊了！

麗：（忽然孩子氣地双手搭着父親的肩膀，跳躍地，歡笑地嚷起來。）爸爸！我眞的又回到你的身邊了，我高興極啦！

劉：（關切地。）國華！大陸上現在究竟怎麼樣了？

國：唉！關在鐵幕裏的老百姓好苦啊！他們有頭腦不准想，有手不准寫，有嘴也等於啞吧，有眼睛，看不見什麼，有耳朶，聽不見什麼……

麗：（揷上來說：）劉秘書！我們動身之前，看見重慶有許多房東，都自動拆燬自己的房子了。

劉：爲什麼呢？

李：繳不起房捐呵！

胡：（故作莊嚴地：）我相信對年青的壯丁，學校裏的學生，總還算不錯吧？

國：（搖搖頭：）更慘了！更慘了！他們不是被迫當砲灰，就是押到西伯利亞，貝加爾湖替蘇聯大鼻子做苦工，連餓死在家裏的自由都沒有啊！

（衆諤然。胡像不置信似的走到大成身邊，低聲囁嚅地說：『大成兄！這……這……這我想不至於，不至於……。』大成不理會。）

國：鐵幕裡的老百姓，如果還能得到一點安慰的話，那就是偷聽『自由中國之聲』的廣播。老百姓一到晚上八九點鐘，就伏在地窖裏，躲在被窩裡，聚精會神的偷聽。記得有一天，我們重慶大學有十多位同學，在深夜裏，躲在圖書館的地下室，偷聽臺灣的廣播，恰巧聽到總統對大陸同胞的訓話，有兩位男同學和一位女同學忽然双膝跪下來，眼淚汪汪說：『我們的總統，我們的救星，已經是六十開外的高齡了，想不到他老人家的聲音還是如此洪亮，眞叫人高興極了！』我也跟着跪下來，大家都跪下來了，面向東方遙祝他老人家健康，默默低喚中華民國萬歲！我們的救星萬歲！萬萬歲！現在，我們大陸上千千萬萬的老百性，天天盼望反攻，時時刻刻等待國軍來臨，等待你們來拯救他們！

鵬：（感動已極，問妻女。）嗄！大陸上的老百姓，對臺灣的希望是這樣的殷切嗎？（妻女點頭，更感慨悲壯地自語一句！）嗄！大陸上的老百姓，對臺灣的希望是多麼的殷切啊！

（幕徐落）

書刊評介

追求與幻滅

自由世界出版社印行

海光

他們所追求的是什麼呢？人間的社會主義的天國。他們所得到的是什麼呢？

在社會主義美名掩飾之下的工奴和農奴國。在這個國度裡，一個元首，一個政黨，一個特務組織，緊密地控制着全國人民底一舉一動，一呼一吸，甚至于一意一念。

這正是人間天國底反面——人間的活地獄。追求的理想原來如此。理想幻滅了，於是，弱者失望，涕泣，徬徨；强者則起而反對。

六位與共黨有關的作家自述而成的這本小書，是由追求到幻滅之眞切的寫照。從這本書裏，我們可以知道，這些狂熱者如何追求社會主義的理想，以及如何誤認蘇俄是這一理想底實現地方，和共黨眞是爲這一理想之實現而努力而犧牲而鬪爭。從這本書裏，我們可以認淸，蘇俄與共黨之極權的本質與欺騙的作風。從這本書裏，我們可以體察，他們怎樣由識破西洋鏡而動搖而失望；或者進而毅然反對。他們底情感是狂熱的。他們底經過大多是辛酸的。因而他們底體驗是深刻的。他們大都跳出了精神的陷阱，而另外去尋覓新的天地。

就他們六個人而言，誠然是值得慶幸的。然而，陷入與他們同樣的陷阱而不克自拔的人此刻何止千萬！特別是，在古老，貧困，混亂，落後，而極待拯救的東方，像這六個人的青年，眞是不可數計。他們天眞而熱誠地，在絕望之中，以諦聽福音的心情來傾聽共黨底宣傳；並且，以歡迎救世主的心情來歡迎共黨蒞臨。這股願力眞是沛然莫之能禦：任何人爲的力量都不能阻止。然而，他們誰會相信，他們諦聽的盡是編篡嚴密的欺人謊言；他們所歡迎到的是更大的惡魔。如今，這惡魔既已騙入，就像吳三桂將滿人請進關一樣，再也請他不走了。如今，這更大的惡魔，跨在萬人頭上，日吮人血日吸民膏以爲生。眞是千古未有的刼數！

我相信，事至如此；大多數靑年已經由追求而幻滅了。整個的東方，由追求而幻滅了！但是，有幾人能脫離地獄？不能脫離地獄，只有設法推翻惡魔底統制。這本書，由給予大家以更深刻的認識而更堅定大家推翻惡魔統制之信念。

柯斯特勒自承『一種信仰不是靠理性獲得的，而是自然長成的』。這是經驗之談。信仰之所以盲目與危險常生於此。『我出身於中產階級的家庭。中產階級的沒落，燃燒我改造社會的熱望。二十年代之中歐，爲通貨膨脹所毁滅，形成歐洲沒落之開始。中產者解體，社會兩極化。有的加入納粹，有的加入共黨。我讀「共產黨宣言」，每一頁有適獲我心之快，感到一種精神的新生。』許多人加入共黨，或受共黨影響，原因正與此類似。既然他信仰了共產主義，『信仰是奇怪之物，他眞能移山塡海，指鹿爲馬的。』『於是，一切謊詐，威脅，淸算，犧牲這一代以爲下一代，都成爲必要之事了。』後來，他對于共黨的信仰大爲動搖。不過，他尙不能完全擺脫。第一，因反對納粹，使他與共黨度『第二蜜月』『我在巴黎過半飢餓生活，創辦報紙，反對納粹。我陶醉于工作。斯大林政權之卑劣都放在腦後。……而我並不知道，我是在與影子作戰。』第二，因爲『大家認爲共產運動誠然不滿人意，但你只能由內面改革他，不能由外面改革他。』但是，『西班牙事變的經驗，使我發生這種感想：「人是現實，人類是抽象。人不能看作政治數學中的單位。目的可以不問手段，只在極有限的意義下才是說得通的。道德不是一種功用。同情不是小資產階級感情，而是使人類文化在其軌道中運行的萬有引力。」這是庸言庸理，但這都是與共產主義不相容的。』一九三八年他在巴黎公開宣布：『沒有任何運動，任何黨和個人，能有這種特權，說他永不謬誤。』這是人底尊嚴和理性的自覺。這種自覺在本質上與共黨不相容。有了這種新覺悟的柯斯特勒，終於脫離共黨了。

西洛尼是義大利著名的小說家和義國共黨底發起人。他在十七歲時便參加社會主義運動。他當義國共黨代表，到莫斯科參加國際大會，親見列寧及托洛斯基這樣的人物，在討論問題時對于不同的意見竟不能表現公正。於是，他覺悟到自由之重要：『自由即懷疑之可能性，犯錯之可能性，探討與實驗之可能性，對任何權威說「不」之可能性』。這可說是『自由』之最好的注脚。

在創造新世界初期，俄國靑年的熱忱，是令人欽佩的。我們大家希望，新世界比舊的更人道一些。誰知過了幾年，新政權鞏固了，經濟制度成形了，外來進攻也停止了，而我們所看到的，過去所開的民主化之支票並不兌現，反之，却是獨裁制度日益加强之壓迫性。這是如何痛苦的失望。』這一段話，是由追求到幻滅之最好的寫照；同時也是由『革命』而走上『獨裁』之最好的寫照。

所謂『革命』，『暴亂』，和『極權』簡直是三個不可分的名詞。『革命』如未成功，則常爲『暴亂』。『革命』旣已成功，便實行『極權』。此理不獨蘇俄爲然；在其他許多地區，自法國大革命以來常常如此。可不懼哉！

社會進化可使一般人民獲得實質的福利；而『革命』之果實常爲少數人享受。且『革命』使道德無止境墮落，而與馬基維尼主義結不解之緣。『有一次，當第三國際討論英共領導的少數派應否服從英國職工會的決議時，俄共代表皮特尼斯基說：「英共應宣佈服從，而實際上應該相反。」英共代表說：「這就是說謊了」。於時哄堂大笑。這句話，在俄國人看來，簡直是笑話。革命還怕說謊？……多利奧剛由中國回去。他對人承認國際的錯誤。可是開會之時，却又說得不同。陶格里蒂會說這是二重人格與道德墮落。可是，最後陶格里蒂也只得屈服和投降，不說眞話了。』蘇俄與共黨所示範的，是在以『革命』爲名而實行的『獨裁』統制之下，年復一年地培養這種『人材』。當着人們發現說假話可因得歡心而得好處時，或只有如此方可生存時，自然相率訓練說假話。上以此教下。師以此教弟。父以此教子。於是乎，整個社會養成以說假話代替說眞話的良好習慣。

紀德是一個大文豪。大文豪常富于情感並多幻想。『社會主義的天國』之憧憬於是乘隙而入。當初，紀德對於蘇俄極其景仰而熱望。他懷抱着一腔景仰與熱望之忱而遊俄以追求其理想。可是，等到他親身到蘇俄去視察，馬上看出狐狸精底原形。終于，他失望了。

由追求而幻滅的紀德，對于蘇俄與共黨的批評是很深刻的：處處表現着他銳敏的透視力。

『蘇聯對于我，曾經代表夢想和希望，現實之天堂。我尤其讚美他們對于教育文化的關心。所可惜者，這教育只是教他們讚美現狀，「蘇聯超乎一切」。而所謂「自我批評」，只是討論是否合乎黨的路線。』的確，蘇俄共黨及其模倣者之從事教育，目的之一，是要被教者『讚美現狀』。不獨教育必須讚美現狀，新聞紙尤須如此。所以，如果有人看見佈滿歌功頌德之詞的新聞紙，必係蘇俄共黨及其模倣者之出品無疑。民主國家決無資格產生這樣的偉大作品。

他又說：『我參觀過模範住宅之許多屋子。一切全無個性，幾件同樣傢具。一張斯大林像片，並無其他。千篇一律，能算進步麼？』我可以依此意替紀德向前引伸一下：蘇俄與共黨更將人人底頭腦弄得千篇一律，人人是官方頒制的馬列教條之信徒，人人底精神食糧都由官方配給這才是『進步』。所以，『在蘇聯，每一問題只能有一個意見。這便是「眞理報」教給他的意見。……俄國人訓練得和一個人談話等于和全俄人談話一樣。』這種『統制思想』之空前的成功，使許多人欣羨不置。這種成功，對于統制者的確方便，可是『人』却不見了，有的都是機械。這還能說是人間世麼；

我不說『資本制度』沒有毛病。美人臉上還有一顆痣。人間世的事物那會沒有毛病呢？只有獨裁或極權的組體才宣傳『我底一切都好』。我是說，『資本制度』多被用成一個倫理名詞——共黨底宣傳使人認爲它是萬惡之源，而很少人客觀地認識它是經濟制度之一而已。共黨將社會主義宣傳成衆善之母。即使就共黨筆尖上描寫的看來，我已經覺得不美。因爲，縱然在那樣的社會裡沒有餓肚皮的事，但大家『都住在海邊公寓裡，沒有一間私人臥室。』(詹姆斯語)這樣的『福分』，我可享受不起。何況，在現實裡，更滿不是那回事呢？紀德說：『資本主義雖然沒有了，蘇聯工人並無自由。這是外國無產階級必須認識的。誠然，他們已不受股票持有者的資本家剝削，但是依然被剝削得如此迂廻微妙而乾淨，以致不知道何人應受責備。大多數生活在貧窮線下。他們飢餓的工錢，使少數特權工人——唯諾之徒肥了。……雖然無產階級獨裁並未實現，可是有一種獨裁——蘇維埃官僚獨裁。工人無權選擧代表。自由投票是嘲弄和假戲。選擧權只是選擧指定候選人之權。』不獨如此，而且，『如果不是黨員，不會升職；而無諂侫服從之資質，也不能做黨員。做了黨員如想退出，將失去一切權利。』原來『諂侫服從之資質』，是一切極權空間之如此高貴而且如此有用的『資質』！

面對蘇俄與共黨藉『革命』口號而製造的這種現狀以致理想幻滅了的紀德，終于又回復到長期薰陶他的西歐文化的懷抱裡。他說：『人性是一複雜體，不是一件一件的。任何將人性簡化劃一的企圖，都是有害而危險的。對于藝術家如此，更爲可惡。我在俄國遇到一個畫家。他說精美和獨創不是重要的。藝術必需服從黨的路線，否則便是「形式主義」。我說藝術不能如此對獨裁折腰。這樣道一風同尊奉國教主義，是藝術之褻瀆。他說這是資產階級的想法，不是馬克斯觀點。他的聲音很高，好像在演說。我聽不入耳，不理他便走開了。可是不久以後，他到我的房中，說他內心與我同意，可是剛才旁邊有人，他是故意讓人聽到的。他正要展覽，必須有官方贊許云。』由此可見，在極權空間，人民沒有表露眞實之自由。眞話不能說出；說出的不是眞話。舌頭已不屬于自己底了！

『專制主義的特徵，是只能容許奴性，不容許獨立性。斯大林只許稱頌。他的相片到處看見，名字在每一個人嘴上，每一演說中是必須歌頌到的。』現代極權空間，無不如此，非獨蘇俄爲然。例如，其中之一的戰前德國就是這麼一套。可見『天下老鴉一般黑』也！

費雪在德蘇協定以前對于蘇俄也是很嚮往的。可是，德蘇協定驚破了他底夢幻。從此，他便反對蘇俄。他之反對蘇俄，有一點特別值得我們注意的，就是他底論據不是馬克斯主義的或共黨型式的論據。如果以馬克斯主義的或共黨型式的論據來反對蘇俄與共黨，那末不過是甲共產黨反對乙共產黨而已。如果甲乙同爲共黨型式的思想甚至于作風，而互相反對，究竟是爲了理想呢？還是爲了權力與利益？費雪反對蘇俄與共黨的論據是自由主義的論據。在這一點上，他較其餘的人更爲顯明。

他說：『我自己的態度開始使我困惑。莫非我在崇拜鋼鐵啓維瓦特，而忘記人類？鞋子、學校、電燈、曳引機、地下車是否就是我所理想的世界，如果產生這些東西的制度，是不道德和不人道的。

『在我的印象中，開始出現黑點。一九二八年一月，托洛斯基被捕，放逐中亞。他的罪名是與斯大林政見不同。列寧時代，這種不同是用投票解決的。現在格別烏的手槍變爲最高判決。

『我不贊成他們兩人的任何一派。但不拘托斯二人功績和地位如何，以秘密警察終止辯論成爲共黨之華鐵盧了。於是，有力者便認爲有理，於是犬儒主義勝過誠實。

『我注意這現象，然尚未了解這是墮落之開端。這墮落產生今日大的撒謊，大的沉默，於是產生大的領袖。

『一切使我對斯大林發生反感。官方宣傳將他描寫爲蘇俄一切最好事物之永不錯誤的，仁愛而萬能的作者。他給人民以深仁厚澤。而一切錯誤失敗，都是「托派」「人民公敵」所造成的。』

他底所追求的理想開始幻滅了。

『許多人明知蘇俄惡劣而不願毅然脫離者，實由于資本主義之罪惡，乃容忍共產黨之恐怖。我自己的處方是：二重的拒絕。許多人總想拒絕蘇俄之後，能得到一個更好的歸宿。然有許多人，是由制約反射而形成的權威崇拜者。他們雖對斯大林主義失望，但要求安全和另一教條，另一個足以供其恣肆的軍營，於是變成法西斯。他們實在是反共的共黨。例如法國之多利奧。

『克隆斯達式起義，只有拒絕獨裁方法，歸依民主，才是創造的，有價值的。一切獨裁都不會民主的，也決無自由之種子。在我親蘇時期，沒有懂得這一點。我以爲蘇俄暫時限制自由，可以造成經濟的進步，而以後再恢復自由。這是不會有的。

『我的親蘇主義使我發生這種錯誤思想，以爲建立于「欲達目的不擇手段」原則上的制度，可以造成一個更好的世界。其實不道德的手段，造成不道德的目的，不道德的人。不論在布爾塞維克主義之下，資本主義之下，都是如此。獨裁是休息於血海，淚洋，全世界苦難之上的——這是殘忍手段之必然結果。

『凡愛人類與和平者，斷不能贊成獨裁。一個社會宣稱自由而又限制之，這固然不好，但不足成爲主張完全毀滅自由的社會之理由。在民主國中，取消對人身的，政治的，經濟的無數限制，而以廿地的道德——其中最重要者，是對于方法，人與眞理之尊重，來充實民主政治之內容，才是我們的道路。

『我之嚮往蘇俄者，我猜想是一種對于財富集中後對人類濫用權力之抗議之副產物。少年時代我讀亨利喬治的「進步與貧困」。我充滿老羅斯福時代之心心相印的坦白精神，以及自由主義和民衆主義。此皆每一貧困美國人之遺產。於是，蘇聯出現了，說要取消一切地主資本家之權力。我反對過度權力之態度至今未變。但深信共產主義不是出路。因其本身就是世界最龐大的一個權力之集中。克林姆宮不僅以警察特務控制人民，且以國家經濟事業之獨占控制人民。資本家之托拉斯加特爾，較之蘇俄之國有，眞是小巫之見大巫了。

『世界所需者，是一種政治，經濟權力之平衡，使任何政黨，階級和政府，任何私人團體，都不能夠主宰一切而不受挑戰。我們應該拋棄一切偏見，二重的拒絕獨裁的罪惡，與民主中之缺點。

『一切目的，民族獨立也好，國際主義也好，科學進步也好，國家安全也好，資本主義社會主義也好，都不是抽象的。要看對于活的男人、女人、小孩的利益如何，才有意義。必須經過男人女人小孩這手段，一切目的才能實現。熱心于目的，很容易忘記他們，或者以爲他們可以等待，他們並不計較。蘇俄說爲下一代犧牲這一代。但犧牲是可以成爲一種習慣，勢將代代犧牲下去。我服務于人類，但至今我才明白人類之眞義。人類是目的也是手段。』

這一番出自切身經驗和明切理解之談，實在深獲我心。東方的不幸，至少已經使人民犧牲幾十年了。

六篇報導之後，附有羅素寫的書後。羅素三十年來一向是開明而自由的反共人物。從這篇書後，我們可以知道共產主義之思想的錯誤。

許許多多的人，甚至于若干反共的人，對于馬克斯主義這一路的說素認爲是了不起，或者還多少殘存一點崇敬之感。自然囉！一種說素被神聖化而成爲一種人世宗教且掀起近代這樣廣泛的群衆運動，那得不使人發生崇敬之感。迅雷急風可使土人下跪哩！不過，聰明的讀者，我要向大家指破：眞理固然可以感動人；但感動人的不必是眞理。恐怕，在最多的時候，虛妄的言詞遠較眞實的言詞更能支配人心。黑夜講鬼故事不比白晝講相對論更能動人麼？幾個小孩爲了做算術而生肺病的？但是却有人看了連環圖畫而上峨眉山。說起來現在是二十世紀中的原子能時代，但許多人却在那裏寫鬼故事，編連環圖畫。與政治實際有關的魔術師，尤好如此。共產黨就專會這一套。許多人則步其後塵唯恐弗及。其實，撇開政治力量不談，單從學理着想，馬克思那一路底貨色，也不過是許許多多學派之一而已。——雖然它是最適於被利用作煽動工具的。世上沒有一種學說能够單獨帶來人間天堂。如果別的學派並不必能帶來人間天堂，何以馬克思派獨能？所以，並不是馬克思對，而是這六位先生錯了。羅素說：『其實這幾位的希望，根本就是不合理的。因爲無論馬克思或列甯，都沒有什麼福音，對于拯救人類事業的前途可給予多大的光明。你不能從荊棘中去找葡萄。在馬克思和列甯的著作中，荊棘實比葡萄爲多。』許許多多歡迎共黨的人，就是想在荊棘中去找葡萄。結果，葡萄沒有一顆，手到扎得鮮血淋漓！

羅素看出在許多人的心目中，對于反對者的仇恨，遠重於其原來之人道主義的動機。他說：『馬克思就是這樣一個人，贊成這思想，承認仇恨與鬭爭是對的。因此，無論在感情上或理智上，他都認爲傷害資本家，比之使勞工獲得利益更爲重要。』

羅素之所言，是從心理解析(Psychological analysis)入手的，可謂洞察底裏。

他認爲這六個人反共的理由很有道理；不過還有病疾底基本原因：『病的基本原因，一是教條主義，一是根本缺乏仁愛的情感。這兩個大缺陷，一爲知識的，一爲道德的。二者合併起來，就是獨裁制度及以殘酷手段使其成功之行爲的根據了。假定有了這兩種缺陷——其實列甯的思想是兩種具備的——則共產主義的一切罪過，除非有外力阻止，在適當時期內均必自然隨之而俱來。共產主義的各種錯誤，都是理論上發展之必然的結果。對于任何具有歷史知識，瞭解眞正人性，或知道教條主義在哲學上的不正確性的人，這些錯誤都原是一種意中事。但不幸的現象，却是當人類對於惑疑不能再行忍耐的時候，及社會現有罪惡高度發展，人類在感情衝動之下，要求迅速解決的心理到了不可抑止的時候，許多人們，就不願意再聽謹愼的理由；對於任何無稽之談的福音，只要有一點救世的希望，便不管他是否有根據，都願意立即接受採納。……』羅素此言，眞是道出共黨妖言爲何足以惑衆之竅要。白蓮教，上帝會，………皆係如此。天氣太旱燥了，難怪人看見一片薄雪便以爲會下雨。而望天『求雨』之事也就不能全然視作迷信。

在禍亂相尋的東方，理想中的『革命』似乎成爲許多人底興奮劑。其實，鴉片是不可吞食的，吞食了必死。近代許多『革命』實例明示吾人，緊隨實際的『革命』而至的，決不是理想之實現，而是人民痛苦之深刻化和普遍化，以及少數野心分子之乘機趁勢攫取權力。人一有了權力，必設法保持。於是，攫取權力與保持權力，成爲非民主地區之政治上最核心的實質問題。羅素說：『權力是一種甜蜜的東西，是一種麻醉劑，越吃越想吃。已經取得勝利的人，縱令最初原有很高尙的動機，但不久他們就會勸告自己，他們有許多理由，使他們不能放棄他們的權力。』這眞是一針見血之言，古往今來，爲權力而鬭爭，使衆民受禍幾何？時至今日，由于經濟權力之集中，以及科學技術之高度發達，權力鬭爭於是更形激化(intensifying)。

譯本前面有胡秋原底序文。序文中說：『羅氏有很濃厚的悲觀氣質』。這句話未知何所根據：不知又是從那兒聽來的。不必到別處找，本書第四七至四八頁羅素書後中還有『現在蘇聯的制度，就是馬克思這種悲觀論的表面化和形式化。』羅素在現代學術上之所以重要，並非因寫了幾篇政論，而是因在數理邏輯上與將科學方法引用于哲學解析上有特殊重大的貢獻。這些東西與『人文』根本毫不相干(irrelevant)——雖然可以扯得出某種關係(relation)。在數理邏輯裡，我們既找不出悲觀成分，也找不出樂觀成分。這正猶之乎我們不能說『河流有道德或無道德』一樣：河流是根本說不上有道德與否的。羅素固然不像Carnap Ayer 這等人之強烈排斥形上學，但他却也沒有強烈的 Metaphysical Disposition。他不大談『本質(Substance)』這些東西，而好談『事素(event)』。也許，有些人因此 instinctively 覺得如此一來，此身無掛搭處，此宇宙便要懸空，於是乎說羅素耋有『愴凉之感』。大概，這是旁人對他之感吧！羅素一生剛而且健地爲學術努力，爲自由奮鬭，隨處演說爲文，以致於坐牢。這樣的人，是不會着凉的哩！

胡氏又說：『愈是有思想力的人，他相信與不相信一種學說，不單是一理論問題，而且也有整個感情意志乃至下意識的某物在。』這眞是妙論！『思想』『學說(theorie)』並非『宗教』，不靠證驗或推理，而要靠『信仰』嗎？『思想』與『信仰』有何必然關聯？『有思想力』的人，在『信仰』一種學說時居然還受『感情』與『下意識』之干擾，這還能算是有思想力嗎？『信仰』可以基于『思維』也可以不基于『思維』。這要以實際的 cases 而定。既然如此，二者無必然聯繫。那末，何以『愈是有思想力的人』在他相信與不相信一種學說時『也有整個感情意志乃至下意識的某物在』？胡氏既說『思想』，又接着說它與『信仰』『感情』有什麼什麼關聯，可見他所說的思想並非必然『包含信仰或感情的思想』。既然如此，思想，與信仰或感情，是二而不是一，思維訓練之可貴，就在造成一種習慣：在思考問題時，儘可能地不受感情底干擾，或受意志底支配，尤其要儘量將 unconscious 的東西揭露明白。依此，愈是思維訓練有素的人，愈是可能思考力強。愈是可能思考力強的人，愈可能運其純思而減少感情底干擾或意志底支配，………。思考之可貴，就在可能離絕感情與意志等之干擾以趨近客觀。至於這客觀的結論，能否滿足思想者底信仰，情感，或意志，那就是另一回事，不可混爲一談。反之，愈是思維缺乏訓練的人，愈是思考力弱。愈是思考力弱的人，便愈是在思考進行時『有整個感情意志乃至下意識界的某物在』。所以，胡氏剛好說反了。

作序本非不好的事。但是，如果因爲走筆太快而未能多多給人以正確的知識，那末便是很可惜的。

第四卷　第五期　內政部雜誌登記證壽內警臺誌字第四六號

一九〇

給讀者的報告

自一月底聯合國大會通過譴責中共為侵略者後，一場外交上的惡戰告一段落，和平與正義不可得兼，大多數的國家寧願舍和平而取正義了。同時李奇威將軍的有限度攻勢亦穩紮穩打着着進展，斥候隊已二次進入漢城，應否越過卅八度亦有人在議論着。可是趾高氣揚的中共却於二月中旬以五、六軍之衆再作一次人海的大進攻，現在經過十天的搏鬪終以人海敵不過火海而節節敗退了。我們早經斷定，中共即以百萬大兵亦不能驅逐聯軍下海，現在共軍的傷亡已超過五十萬了，今後的行動如何？其將二百萬的精銳部隊作孤注之一擲，而貫澈其原來的目標嗎？抑或陸續增援以求保持現有的陣地，而作長期的消耗戰嗎？我們以為這種張脈僨興的狀態是不能持久的，多行不義必自斃，大家姑待之！

然而美國的遠東政策乃至反共政策，却因此而日趨於積極奮鬪之途，未嘗不是自由國家之福吧。正在美國提出譴責中共侵略案時，英國的官員推測，美國今後將以摧毀北平政權為目標；同時麥克阿瑟元帥在韓國前線聲明，美軍不但為自由韓國而戰，而且為自由亞洲而戰。最近「美國的時代雜誌報導：若干個月以來，美國的外交政策一直是遲疑不決，舉棋不定，不過美國目前却終於具有了與共產黨主義奮鬪的積極政策。這一種政策大部分是由時勢造成的，未來將與其他因素共同領導美國與臺灣的五十萬中國反共者合作，以圖使中國獲得自由。」（紐約二十一日中央社電）綜合這幾種觀察可見，只要我們努力自救，能表現出真正的成績來，我們的前途是很光明的。但是最近流行的樂觀論調又未免過火了。最近「美國聯合參謀部主席布萊得雷將軍，曾在賓州軍事學院對學生演說稱：美國青年必須準備應付十年至十五年之國際緊張。」（賓州、轍斯德二十二日路透電）對付老奸巨猾，知進知退的敵人，大家均應有長期緊張的覺悟！

國家之權力過大，則勢必至於作惡，過小則往往流於無能；那麼既要有能，又不至於作惡，這種適中的界限怎樣去劃出來呢？中山先生以人民有權，政府有能為制衡的作用，自然能見其大。但是四權之作用非在於行使之頃刻，而在於平素的發揮，要判定政府當局的某項行為是否越權，似非僅僅劃分權能所能辦到。本期戴先生「國家權力的界限」一文，提出幾個原則以為判定政府越權的依據，實能於權能劃分外突進一步。我們輿論界要批評政府而建立健全的輿論，必先抱定原則而後可，篇中的幾條原則當可供我們參考。

本刊售價

一、臺	幣	三元
二、越	幣	八元
三、菲	幣	五角
四、港	幣	一元
五、暹	幣	四銖
六、美	金	二角
七、叻	幣	四角
八、印尼	幣	三盾

自由中國　半月刊　第四卷第五期

"Free China"　（總第三十二號）

中華民國四十年三月一日

發行人　胡　適

主編　『自由中國』編輯委員會

出版者　自由中國社

社址：臺北市金山街一巷二號
電話：六八八五號

航空版

香港　香港時報社（高士打道六四號）

經售者

臺灣　中國書報發行所（臺北市館前街八五號）

美國　紐約民氣日報社　舊金山國民日報社

日本　東京南友堂　東京內山書局

馬尼剌　中菲文教出版社

印尼　巴達維亞星期日報　棉蘭繁華圖書公司

越南　西貢中原文化印刷公司　越南華僑文化事業公司

曼谷　曼谷攀多社十二號

新加坡　中興日報社

檳榔嶼、吉打邦　均有出售

印刷者　臺灣新生報新生印刷廠

廠址：臺北市西園路二段九號
電話：廠長室七一二五　業務課二〇九六

本刊經中華郵政登記認為第一類新聞紙類

臺灣郵政管理局新聞紙類登記執照第二〇四號

自由中國

FREE CHINA

第四卷第六期

要目

中華民國四十年三月十六日出版
社址：臺北市金山街一巷二號

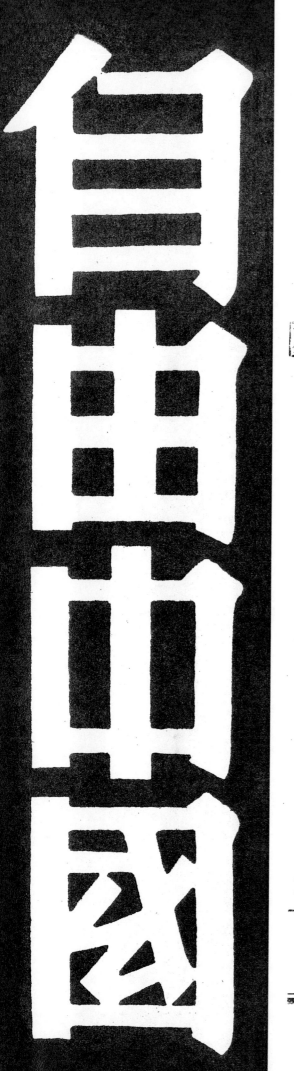

半月大事記

二月廿四日（星期六）

美陸軍參謀總長柯林士告記者稱：中共如以海空力量攻擊韓境聯軍，則聯軍將對中共區域施行猛烈轟炸。

美國紐約州長杜威出席參院作證，力主派兵赴歐。

韓境中線聯軍一度攻入橫城，旋又撤出。

美第九兵團司令摩爾少將，於前線指揮作戰時，因座機失事殞命。

美第十三航空隊司令滕納等一行十餘人，於參加中美高級將領會議後，乘機離臺飛返馬尼拉。

蘇俄復致英國二月十七日之照會，提出所謂協商建議，仍圖阻滯西歐整軍。

二月廿五日（星期日）

許瓘夫當選花蓮市長。

美第七艦隊司令史樞波中將結束其在臺之訪問，飛返在韓國海面作戰之旗艦密蘇里號。

成功湖消息：麥帥向聯合國報告元月份下半月韓境戰況，及難民救濟情形。

韓境中線聯軍斥堠隊再度攻入橫城。

元山港外南韓海軍陸戰隊又佔領星島與泰島兩小島。

以杜魯門總統特使身份訪問遠東之杜勒斯，自檀香山乘美空軍專機返抵華府，將就對日和約問題向總統國務卿國防部長及其他有關官員有所報告。

二月廿六日（星期一）

美參謀首長聯席會議主席布萊德雷元帥宣佈美國將長期保持備戰狀態，警告國人勿為和談所惑。

越南政府要求法國予以十五億越幣，協助其本年內建立十萬國防軍之計劃。

美聯社東京電：負責及通常可靠人士表示：相信毛澤東現正在莫斯科與史達林有所會談。

美國會通過廿三億之撥款造艦法案。

聯合國經社理事會社會委員會以十三票對二票，二票棄權，通過調查中共販毒案。

二月廿七日（星期二）

美國憲法第廿二次之修正，經卅六州批准生效，規定以後總統任期以兩任為限。

法總理布立溫領導的聯合內閣向總統歐禮和提出辭呈。

二月廿八日（星期三）

行政院院會通過任命錢思亮為國立臺灣大學校長。

三月一日（星期四）

韓境西線聯軍斥堠隊一度進入漢城。

全省各界慶祝蔣總統復職周年紀念。

蘇俄同意西方建議，表示參加下週一在巴黎舉行之四國外長代表會議，以為四外長會議作準備工作。

三月二日（星期五）

法前總理兼外長皮杜爾同意試行組閣。

韓境中線聯軍克復橫城。

法前總理兼外長皮杜爾組閣失敗，前總理葛義奉命試組新閣。

澳總理孟齊斯宣佈三年國防計劃，根據該計劃，澳洲軍隊至一九五三年底將增至十八萬三千人。

三月三日（星期六）

韓境中線聯軍進逼洪川。

英代表外次德維斯，美代表無任所大使傑塞普，蘇代表葛羅米柯，同日抵達巴黎，參加下週一舉行之四國外長代表會議。

蘇俄代表馬立克發表聲明，拒與杜勒斯就對日和約問題舉行任何談判。

法前總理葛義組閣之嘗試又告失敗，社會黨領袖莫勒受命試組新閣。

三月四日（星期日）

出席巴黎四外長代表會議之西方代表團舉行會議，以討論正式開會時三國間應持之共同策略。

美海軍作戰部長薛爾曼上將自巴黎抵倫敦，與英美官員舉行高級會議，商談世界性之防衞戰略。

捷克駐印大使克拉托奇維爾，不滿捷共統治，抗命返捷，辭職他去。

三月五日（星期一）

法、美、英、蘇四國外長代表會議在巴黎舉行。

聯合國集體措施委員會舉行首次會議。美國副代表彭克勞福特提出一項新建議，主張運用國際武力，確保集體安全。

美國務院於評論馬立克宣佈拒與杜勒斯商討對日和約一事之聲明中，指責蘇俄堅持否決權意圖阻撓對日和約。

美太平洋艦隊司令雷德福宣佈，史樞波中將調任美西海岸第一艦隊司令，馬丁中將調任第七艦隊司令。

路透社倫敦電：英政府已以入境護照頒給失踪之捷克駐印大使，預料不久彼可抵達倫敦。

三月六日（星期二）

西方盟國正式公佈佔領西德新條例，准許西德設置外交部。

聯大主席兼三人斡旋委員會主席恩第贍表示自兩週前該會對中共發出和平探試後，迄無任何發展。

三月七日（星期三）

麥帥飛韓境前線巡視，於飛返東京後發表聲明，籲請各國對韓戰問題迅速作決定。

美參院外交軍事委員會聯席會議以十三票對十一票通過支持政府派兵赴歐案。

伊朗總理拉茲馬拉被刺殞命。

莫勒組閣失敗，法總統再邀葛義組閣。

三月八日（星期四）

省垣婦女界慶祝國際婦女節。

三月九日（星期五）

省垣報業公會發表告世界同業宣言，抗議中共在大陸屠殺人民之暴行。

英外首貝文因病辭職，由樞密大臣莫里遜繼任。

社論

制裁人類底公敵！

世界上有拿人命作政治資本的組織嗎？有的！它就是共產黨，尤其是中國共產黨！

在過去，中國共產黨需要死幾個人以激起公憤，以掀起鬥爭情緒，以造成『革命高潮』，於是乎，藉組織技術與宣傳煽動來誘騙幾個青年去送死。死了以後，他們追贈死者以『革命烈士』的頭銜，好鼓勵別人繼續送死。

現在呢？他們已藉陰謀與暴力控制了大陸，不需要這套魔術了：現在則直截了當地殺人。這些時大陸傳來共黨大肆屠殺的消息，眞是鬼哭神號，天人共憤。武漢一地，共黨將『犯人』綑以繩索，十人一連，再縛以石，往江心裡丟。一口氣就丟下三千多人。在湖南，共黨將『犯人』分十人一組，站成一條直線，一槍放去，十人撲通倒地。其他地區類此者不可勝數。不止此也，他到你家裡捉去了人，還不許張聲，不許啼哭，嚴令閉門靜默，否則全家俱戮。人間何世！竟有這等殺人集團白晝橫行！

有人說，中國共黨這等屠殺，在中國歷史上可以比美黃巢與張獻忠之流。這話只有一部分是正確的。黃巢與張獻忠之流所施行的大規模屠殺，其背後。潛伏的盲目推動力是社會歷史發展中長期鬱積的怨毒之氣。就這個基因而論，共黨部衆之嗜殺欲狂，或有部分相同。然而，由于時代之不同以及所受影響有別，共黨殺人底計劃之周密，心思之刻薄遠非黃巢之流可比。黃巢之流固然嗜殺，可是你一降順，他就罷手。怨毒之氣發洩了就算了。共黨則不然。你投降了還不算數：你底人降了，不行；你底頭腦還有問題，要殺。你這一輩子降了，不行；你前三代是『地主』，是『資產階級』，要殺。你想『戴罪立功』，不行，因你『投機』，要殺。總之，同中國共產黨打交道，沒有降不降的問題；只有『不是你死，便是我活』。這裡是沒有『第三路線』的。黃巢那有這等兇殘？那有這等刻薄？中國歷史上又有誰有這等兇殘？有誰有這等刻薄？中國共產黨底這一套，除稟受了歷史血液中土生土長的土匪氣質以外，完全師法蘇俄布爾希維克。所以，這次殘殺底規模之大與程度之深，只有十月革命以後的蘇俄可與比擬。

中國共產黨竊據大陸之初，故示『寬大政策』以謀『穩住』新得之『政權』。曾幾何時，現在忽然又訓令各級幹部『放手做去』，要弄得『天翻地覆』。如此顚三倒四，反覆無常。這又是什麼原因呢？

國際情勢和內部情勢使然。

史達林欲效希特勒之故智，實行征服全世界底計劃。在這一計劃之下，他嗾使小卒金日成首先發亂。金日成之進兵南韓是東方的『萊因進兵』。誰知美國並非法蘭西。聯合國並非全如國際聯盟。史達林底這種土匪流氓行動，投機不成，激怒了美國，與聯合國共同出兵，一致制止侵略。小卒金日成招架不住，大敗而逃。史達林威信大受打擊，侵略計劃受挫，於是嗾使頭等奴才毛澤東接替金日成出馬，爲俄國火中取栗。毛澤東新近竊據大陸，人心未附，國力衰疲，政權未固，那裡堪與國際爲敵？出戰之初，因爲美國及聯合國部隊不習慣共黨半流寇式的戰術，頗爲失利。共黨遂得造成初期的表面勝利。這種初期的表面勝利有助于鞏固共『政權』。可是，現在美國及聯合國摸清楚了共黨底一套戰法，拿『火海』對付『人海』，拿『肉磨』來對付『肉團』，這樣一來，共黨損失重大，日漸感到貓爪之不易爲，『威望』日益低減。

民主國家底政府不靠任何口號掩飾的武力征伐而係由人民普遍同意所建成。因此，民主國家底政府在戰爭之中多經得起熬鍊，不因戰爭之失敗而垮臺。第二次世界戰爭期間的英國政府便是好例。專制或極權政府則不然。這樣的政府經不起戰爭底試驗。這樣的政府只能打勝仗，不能打敗仗：打勝仗可立威以加强統制，打敗仗則常因威信掃地而倒臺。第一次世界大戰中俄國沙皇傾覆便是好例。中國共產黨『政權』之樹立，他們自稱是藉『革命』而起的。其實是藉『革命』口號掩護之下的武力征伐而起的。這樣的『政權』是極權性質的，所以也就只能打勝仗不能打敗仗。現在，他們在韓國作戰不利，聲威大降。而且曠日持久，則兵員消耗愈大。兵員消耗愈大，則愈需普遍抽丁。愈是普遍抽丁，則愈造成社會普遍的不安。愈是社會普遍不安，既不能以經濟力，文化力，和道德力來求其安，於是只有訴諸暴力。暴力使用達到激化的程度，便要殺人了。

羅素說：『權力是一種甜蜜的東西，是一種痲醉劑，越吃越想吃。』毛澤東造亂血戰三十年，好不容易得到這塊甜糖。他步李自成之後塵入據『北京』之初，嘗情不自禁地無事縱聲大笑。眞是心花怒放。現在他眼見這塊到嘴的甜糖有消蝕的危險，豈有不『不擇手段』以求保持之理？

他這一『不擇手段』，爲保持權力而大肆殺戮，大陸人民可就遭殃了。此時此日，大陸人民，年齡從十幾歲到七十幾歲，職位從作過大官大吏的到作過保長甲長的，凡被視爲有反共之『可能性』的無不在被殺之列。遠在海外的留學生，他也千方百計誘囘予以摧折。一概斬草除根。彼等之用心，何其深遠！彼等之手段，何其酷烈！

一九四八年羅斯福夫人主持的聯合國人權委員會所提出的『人權宣言』，全世界自由進步的人士無不認爲是人類社會生活進步的新里程碑。宣言中强調『一切人皆享有生存，自由，及身體安全的權利』。今日中國共黨之所作所爲，對于這一宣言是多麼諷刺性的囘答！中國共產黨日夜屠殺的，不是別的，正是人類自己。所以，共黨匪徒不僅是全中國人民底公敵，而且是全人類底公敵。主張保障人權的聯合國，還能同這個亙古未有的人類公敵打交道嗎？還能眼睜睜地看着中國大陸四億人民遭受共黨凌遲處死嗎？還能不依人道的立場採取積極的有效制裁行動嗎？

時事述評

我們在等待什麼？

美國衆議院議員馬丁於本月八日呼籲其政府予中國國軍以軍事援助，反攻大陸，爲國際反共戰爭開闢第二戰場。馬丁列擧了三大理由，說明有及時開闢第二戰場的必要。最後，他更爽朗、沉痛而有力地說：「假如美軍在韓與中共作戰是對的，美國援助中國反共志士在中國本土與共黨作戰，又有甚麼錯呢？我們在等待什麼呢？」

「我們在等待什麼？」，馬丁這一問，美國政府當局應該加以重視，加以考慮，以語言、文字或行動來答復。但是站在我們中國人的立場，我們也得自己問一問：我們在等待什麼呢？

讀者不要誤會，我們決不主張冒失地提早反攻。臺灣，這部份力量，也許是自由中國的命根，決不能孟浪一擲。反攻、要國際的軍援；但我們要知道，國際的軍援，是我們反攻的重要條件之一，決不是唯一的必要條件，更不是一個充足條件。這裡，我們要強調的，是軍事的反攻必須先有政治的反攻。

我們意念中的政治反攻，有兩方面的意義：一是向大陸上作政治的滲透，一是在臺灣爲自由中國樹立新的政治作風。尤其是後者是我們所未一夕忘懷的。

近幾月來，我們政府中人，天天在叫「反攻」「反攻」，臺灣方面反攻的聲浪愈高，大陸上碧血滙成的河渠也愈漲。今天在臺灣的內地人，誰無一個親戚朋友在大陸呢？還有些單身來臺的內地人，內地有他們骨肉之親：父母、兄弟、妻子、兒女；白天裏從報紙上或傳說中見聞到大陸上屠殺、饑餓、充軍：等消息，他們不敢再往下想，把工作來疲倦自己，或者把變態的生活來麻醉自己，可是到了夜深人靜的時候，從噩夢中驚醒過來，心房跚跚地跳，眼淚汪汪地流，白天裏壓倒下意識的一些精神苦痛，更加激烈地在噩夢中演化起來。「反攻」，「反攻」，他們該是多麼希望及早反攻啊！可是，情感的激動，抹殺不了我們理智的追詢：反攻有把握嗎？如果有，反攻回去以後，又是一個怎樣的局面呢？這一問，正觸及我們所謂「政治反攻」這個問題的中心。

我們希望，臺灣是自由新中國的受孕地，自由新中國應該從這裡受孕而誕生出來。可是，我們知道，受孕後的胎教，影響於嬰兒的氣質者甚大。我們所渴望的這個嬰兒——自由新中國，其氣質，是祥和的而不是乖戾的，關於這一點，在本刊所揭擧的宗旨，及過去若干社論和時評中已不斷地從正面或反面描繪出來。讀者如果了解了本刊的立場，也就可以想像到我們所期望的自由中國是怎樣的一個嬰兒，也就可以知道我們對於這個嬰兒要求一個怎樣的胎教。

臺灣政治的若干進步，我們也承認。但我們終嫌所謂進步也者，只是政治技術的改進，而不是政治本質的改良。今日大家在高喊反攻，鑼在響，幕未開，在等待什麼呢？我們的答案，或許與政府中若干人的想法不同：我們昨天等待，今天還在等待，所等待的是政治上本質的改良。（葆）

公營事業董監事

公營事業董監事會要改組了，新董監事的人選，據說正在政府當局愼重考慮中，有的已經內定了。由內定而外傳，物議也就多了。

有的人說，在內定的人物中，有一些名不見經傳的，一經召見，居然就公營事業的董監事了。這種批評，是不對的。名不見經傳的人，不一定都是廢材；在中國若干年來的政治傳習中，眞正的人才，恐怕大部份倒是名不見經傳的。要革新，須從用新人着手。如果政府當局有知人之明不蔽於私，不囿於小圈子以內，而能擢拔名不見經傳的眞才，甚至是僅能勝任其職的非廢材，我們也表贊許。

於是有人又說，引用不知名的人不要緊，但是這些被引用的人，就其所任的董監事職務來說，有一些是眞正莫明其妙的。他們之所以被引用，有的是憑藉與某要人的親戚關係，有的是憑藉某個政治小圈的關係，或在所謂反共工作——廣播講演賣過力，也就恩寵有加，一下子就董監起公營事業來了。而他們對於其所董其所監的事業，正如一個先天的瞎子對於五顏六色之不懂不見是一樣。還有一兩個被內定的人，雖不能說他對於公營事業不懂不見，可是他原來的職位很低，而又沒有什麼特別才能在那裡，但因爲是某要人的親戚，要人的話，一言九鼎，親戚也就高陞了。這一高陞從懂得中國官場的人看來，原不爲怪；但一般公營事業的從業人員，情緒上卻受了一個不太小的惡劣影響。

我們截至今日（三月十日），還沒有看到公營事業新任董監事的名單，如果上面的傳說不太失實的話，我們不禁自嗟自歎，嗟歎本刊過去對政府用人方面所說的話一文錢也不值！可是，我們決不止於嗟歎，我們秉着輿論界的言責，對於公營事業董監事的人選，還要從積極方面提出物色人選的最低標準如下：

擔任公營事業董監事的人，第一個起碼條件，應該看得懂資產負債表，損益計算書，我們不必苛求經濟學專家或工商管理專家。其次，董監事對於其所董所監的某種事業的業務至少不是外行。經驗也好，學識也好，總得有一點。以上兩個條件，如果不必兼備的話，至少至少應該具備一個。倘若一無所備而政府偏偏又要任用他，則政府就不是爲事擇人，而是以公職示惠；被任用者不是爲公營事業服務（因爲他根本無條件可在其職務上服務），而是想在公營事業中揩油。不是嗎？今天正有些公營事業的總經理們，在爲新任的董監要房子，尤其要汽車而預傷腦筋哩。（葆）

文化三階層

錢穆

文化是人類生活的一個整一全體，我們要開始研究此一整一全體，必先將此複多的連緜的整一全體試先加以分剖。分剖的方法，也可有兩大步驟。第一是把此多方面的人生試先加以分類。第二是把此長時期的人生試先加以分段。前者是對人類文化加以一種橫剖面的研究，亦可說是平面的研究。後者是對人類文化一種縱割性的研究，亦可說是直線的研究。但人類文化同時又是時空交融的一個整全體，因此我們的分類分段，橫剖縱割，又盼能兩者配合，劃分段落與分別部門，這兩工作，我們又盼它能有一較自然之聯繫。

我們本此意嚮，暫把人生分爲三大類。第一是物質的人生，亦可說是自然的人生，或經濟的人生。一切衣食住行，凡屬物質方面者均歸此類。人生本身即是一自然，人生不能脫離自然，人生不能不依賴物質之支持，此是人類生活最先必經的一個階段，我們稱之爲文化第一階層，沒有此最先第一階層，便將不可能有此下各階層。

然而人生是多方面互相融攝的一個整全體，所謂物質人生中，早已涵有很多精神的成分。若係人類沒有慾望，沒有智慧，沒有趣味愛好，沒有內心精神方面種種活動參加，也將不會有衣食住行一切物質創造。因此衣食住行只可說是較多依賴於物質部分而並非純物質的，只可說是較接近於自然生活而非純自然的。只要我們稱之爲人生的，便已歸屬到人文界與精神界，決不能再是純自然純物質的。此層須特別說明，即就環繞我們的自然界而言，如此山川田野，草木禽獸，風景氣象，試問洪荒時代的自然界何嘗便如此？這裡面已經有幾十萬年代的人類精神之不斷貫注，不斷經營，不斷改造，不斷要求，而始形成此刻之所謂自然，這早已是人文化的自然，而非未經人文洗鍊以前之眞自然。一切物世界裡面，早已有人類心世界之融入。此所謂物質人生，則只就其全部人生中之較更偏近於物質方面者而言。

其次是社會的人生，或稱政治的人生，集團的人生，這是第二階段的人生，我們稱之爲文化第二階層。在第一階層裡，人只面對着物世界，全都是從人對物的關係而發生。在第二階層裡，人面對着人，這些都是人與人之間的關係的人生。人類生活不先經第一階層，將無法有第二階層。但人類生活經歷了某一段時期之相當演進，必然會從第一階層躍進第二階層。第一階層只是人在物世界裡過生活，待其躍進第二階層，纔開始在人世界裡過生活。此如家庭生活，國家法律民族風習全屬此一階層。

最後纔到達人生之第三階層，我們可稱之爲精神的人生或說是心理的人生。此一階層的人生，全是屬於觀念的，理性的，趣味的。如宗教人生道德人生文學人生，藝術人生皆是。此是一種歷史性的超時代性的人生，此是一種可以長期保留，長期存在的人生。孔子耶蘇時代一切物質生活，一切政治社會法律習慣風俗，到今可以全歸消失，不存在了。在他們當時第一第二階層的人生，到今已全變質，但孔子耶蘇對人生的理想與信仰，觀念與教訓，凡屬其內心精神方面者，却依然留存不滅，而且千古常新。這是一種心的世界，是一種看不見，摸不到，只可用你的心靈來直接接觸的世界。

人生必須面對三個世界，須到第三階層裡的人生，第一階層裡的人生面對着物世界，第二階層裡的人生面對着人世界，纔始面對心世界。面對物世界的，我們稱之爲物質人生。面對人世界的，我們稱之爲社會人生，面對心世界的，我們稱之爲精神人生。我們把人類全部生活劃分爲三大類，而又恰恰配合上人文演進的三段落三時期，因此我們說文化有上述之三階層。

此三階層，把個人生活的經驗來看，也甚符合。嬰孩出生便哭，那時他只見光受驚，驟覺寒冷而不安，餓了倦了，想喫想睡，都會哭，那時他所面對的，完全是物世界。稍後慢慢懂得誰是他的父母兄姊，又懂得誰是他的熟人親近，這纔逐步踏進了人世界。更後漸漸受教育懂種種心理，自己的，別人的，大至國家民族的觀念，遠至幾千年前的歷史，以及宗教文學藝術種種智識，這纔闖進了心世界。人生三階段，循序前進，個人如此，整個人生也如此，並無大分別。

上述文化三階層，每一階層，都各有其獨特自有之意義與價值。每一階層，都各有其本身所求完成之任務與目的。而且必由第一階層纔始孕育出第二階層，亦必由第二階層纔始孕育出第三階層。第二階層必建立於第一階層之上，雖已超越了第一階層，但同時仍必包涵第一階層。第三階層之於第二階層亦然。現在先簡率言之，第一階層之特有目的在求生存，即求生命之存在。第二階層之特有目的，在求安樂，即求存在之安樂，存在不一定安樂，而求安樂，必先求存在。於存在中孕育出安樂，安樂已超越存在，而同時又包涵着存在。第三階層在求崇高，在求安樂之崇高。安樂不一定崇高，崇高已超越安樂，但必由安樂中孕育而有，亦必包涵有安樂，乃始見其爲崇高之眞意義與眞價值。

物質人生，即在求生命之存在。食求飽，衣求暖，飽暖在求生存。生存即是其最高目的。飽暖只是達到此目的之手段。飽了暖了，失却生存，飽暖即無意義。若使不飽不暖亦可生存，飽暖亦無價值。物質人生全如此，但一進到社會人生，意義又別。孟子說：食色性也，飲食男女，人之大欲存焉，此俱指第一階層之人生而言。飲食只求自己生命之存在，男女則求自己生命之緜延，不獨人類如此，禽獸亦如此，此俱屬自然生活。在自然生活中，雌雄相遇，其視對方，只如一物，求能滿足我自然的生存而止。但人文進化，不肯老停留在一男一女的階段上，於是由一男一女轉進爲一夫一婦，此一轉進便踏上了文化第二階層。試問若僅求生命緜延，雌雄男女交媾配合，早够了，何必又在一男一女之上再來一個一夫一婦的婚姻制度呢？可見夫婦婚姻，其目的已並不專在求生命之緜延，而必在生命緜延之外之上另增了新要求，另添了新意義。猫與狗只求生命延續，不需要夫婦與家庭，人類偏要夫婦家庭，可見其意義已不盡在生命延續，而另有所求。人必感到只此一男一女，心終不安不樂，必待此一男一女成爲一夫一婦此心始安始樂。一男一女的相互對方，只是滿足我自己性慾之一工具一物。一夫一婦的關係則不同了。把對方當作自己一樣看待。我是一個人，對方同樣是個人。我是一個我，對方同樣是一個我。滿足了自己，還同樣希望滿足對方。非如此則吾心不安不樂，因此人生進入了第二階層。所面對的已不是物世界而是人世界。不僅要求自我生命之存在，抑且還求其生命之安樂。而自己之安樂，則有待與對方與我相類的別人之生命的共鳴。

魯濱遜飄流荒島的故事，人人知道。人常說：魯濱遜隻身在孤島上，生活何等不方便，不舒服，因此人類生活應該不脫離社會大羣。這一說法，似乎把第二階層的人生，轉化成第一階層人生之手段。試問若使科學昌明把魯濱遜依舊安置在孤島上，想喫便有喫，想穿便有穿，一切生活絕不成問題，魯濱遜心裏是否即感滿足，是否感得已安已樂，可不要再回入社會人羣呢？可見第二階層的人生，並非即是第一階層人生中之一種手段，而實另有其較之第一階層更高的目標與理想。人類不僅要求生命之存在與繼續，而且要求在此存在與繼續中得有一種安樂的心情。安樂是人世界中事。若根本無存在，自無安樂可言。故安樂必建築在存在之上，又必包涵有存在在內，但其自身意義實已超越於存在之外之上。今之所求，乃既存在，又安樂。只有第二階層可以包涵第一階層生命安樂當然必存在。而第一階層則包涵不到第二階層，因生命存在不一定就安樂。因此第二階層可以決定第一階層，而第一階層則斷不能決定第二階層。一夫一婦包涵了一男一女，亦決定了是一男一女，但一男一女包括不了一夫一婦，因一男一女不一定便是一夫一婦。猫與狗只有雌雄，並無夫婦。夫婦建築在男女基礎上，但已超越了男女基礎，而仍包涵有男女基礎，此乃人類文化階層演進之大體軌範。

『自由中國的宗旨』

第一、我們要向全國國民宣傳自由與民主的眞實價值，並且要督促政府（各級的政府），切實改革政治經濟，努力建立自由民主的社會。

第二、我們要支持並督促政府用種種力量抵抗共產黨鐵幕之下剝奪一切自由的極權政治，不讓他擴張他的勢力範圍。

第三、我們要盡我們的努力，援助淪陷區域的同胞，幫助他們早日恢復自由。

第四、我們的最後目標是要使整個中華民國成爲自由的中國。

一男一女是自然人生，那是原人時代的人生。一夫一婦，始是社會人生，但社會人生，亦只是人與人的生活，而非心與心的生活。現在在此一男一女一夫一婦之間，更加進一層更純潔更高貴的愛情，而形成一對更理想的配合，那才是文學的藝術的道德的男女結合與夫婦婚姻，這才又踏進了人生第三階層，即精神的人生。上文已屢說過，人生本是融凝一體，不可分割的。即在一男一女異性相追逐的時候，早已有情愛之流露，但此種情愛是粗淺的，短暫的，性的要求滿足，此種粗淺短暫的相愛之情亦即消失歸於無有。夫婦結合，此種愛情即進了一級，但夫婦只是夫婦，不一定具有圓滿的愛情，不一定相當於文學的藝術的道德的理想所標指。人類文化必然要演進到第三階層，纔始有文學，纔始有藝術，纔始有道德，纔始有更崇高的理想。我們所希望者，乃在要有文學的夫婦，藝術的夫婦，道德的夫婦，比較我們僅要求法律的社會的夫婦更進一層。沒有第一第二階層，不可能有第三階層，但第三階層雖孕育於第一第二階層，却已超越了第一第二階層，但仍包涵有第一第二階層。

第一階層之人生，在求存在，第二階層在求安樂，第三階層則在求崇高，崇高已超越了安樂。第三階層之人生，在求既安樂又崇高之存在。它所面對者，已不僅是當面覿體的物世界與人世界，而已更高深更廣大，上下古今，深入到人類內心所共有的一些祈望與要求上。文學藝術宗教道德都從此種要求上植根發芽，開花結實。孔子之栖栖皇皇，知其不可而爲之的一番傳道救世精神，耶穌釘死在十字架上的一番犧牲博愛精神，他們所面對者，已不盡於當前的一個社會與人群，而已面對着從有人類，上下古今的一種人心內在之共同要求，他們亦感得我非如此則心終不安不樂，然而他們所求，實已更高出於普通所謂安樂之上。但亦決不是不安不樂。此心不安不樂，不算得是崇高，而求崇高之不盡於求安樂，亦正如求安樂之不盡於求存在，安樂中涵有存在，崇高中涵有安樂，文化階層一步步提高，人生意義與價值一步步向上。下一階層之目的，只成爲上一階層之手段。只有目的決定手段，不能由手段決定目的，因此存在不一定安樂，安樂不一定崇高，只有崇高的必然安樂，必然存在。

固然沒有存在，那有安樂崇高可言，然而此等只是一種反面消極的決定，並非正面積極性的決定。沒有第一階層，不可能有第二階層，此是第一階層之消極性作用，亦即其消極性的意義與價值之所在。但有了第一階層，不一定必然有第二第三階層，但有了第二階層，則必然融攝有第一階層。有了第三階層，必然融攝有第二階層。這一個人類文化三階層遞進遞高，遞次廣大融攝的通律，可以用作衡量批判人類一切文化意義與價值之基本標準。

說到這裡，讓我節外生枝，附加上一些聲辨，德國哲學家黑格爾，他提出正反合逐步前進的辨證法，來作人類歷史演進的通律，他認爲由正生反，再由反成合，例如甲是正，非甲是反，乙是合。這所謂對立的統一之發展過程。但其實只是一種語言文學上的玩把戲。如我上文所舉，一男一女並不是正，一夫一婦並不是反，男女有夫婦也並不是對立。儘使我們承認人類文化確然從一男一女發展到一夫一婦的婚姻制度來，則試問黑格爾正反合對立統一的辨證法將如何安放？

你或說，男女是對立的，夫婦是統一的。但男女對立，只是一種相異的對立，你最多也只可說它是一種相反的對立，你總不該說它是一種矛盾的對立。矛無不破，盾無不拒，有了無不破之矛，便不能再有無不拒之盾。有了無不拒之盾，便不能再有無不破不矛。此始謂之矛盾。現在是有了男才始有女，有了女才始有男，在生物尚未進化到雌雄兩性相異存在的階段，沒有雄，便也沒有雌，雌雄男女，同時並立，正反相成，而決非矛盾不兩存。而且有了夫婦，並不能否定其男女之對立。夫婦統一，即建立在男女對立上，而包涵有男女對立。但也已超越了男女對立而有其更高更廣的統一的新意義發現。

同樣理由，社會人生並不與自然人生相對立，即謂是對立，也決非一種矛盾性的對立。人類文化由自然人生演進到社會人生上，而在社會人生內依然涵蓋有自然人生，不能否定了自然人生而另來一個社會人生。同樣理由，精神人生也不與物質人生相對立，由物質人生中孕育出精神人生，精神人生雖超越了物質人生，但仍建立在物質人生之基礎上，涵蘊有物質人生，而並不可能加以否定。

黑格爾的歷史哲學，是極富於戰鬭精神的，然而人類文化的演進，融和攝合，比戰鬭更重要。在文化第一階層，人類面對物世界，便融攝物世界來完成我之生命存在，在文化第二階層，人類面對人世界，便再融攝人世界來完成我之生命安樂。在文化第三階層，人類面對心世界，便再融攝心世界來完成我之生命崇高。在此融攝努力中，不免帶有戰鬭性之成分，但戰鬭性決非主要的，更不是唯一的。戰鬭最高精神，在消滅對方之存在。但黑格爾歷史哲學之理想終極發展，在於精神戰勝了物質，而物質存在到底不可戰勝。人類文化精神即建立於物質存在之基礎上，可以超越物質存在而仍必涵蓋有物質存在，則黑格爾所理想的人類歷史之終極發展到底落空，馬克思即窺破此弱點，把黑格爾歷史辨證法一反正轉，變成爲他的唯物辨證法，他不曉得他所看重的經濟人生只在文化第一階層，此下第二第三階層固然必須建立在第一階層上，固然必須包涵有第一階層之存在，但確已超越了第一階層，已不能爲第一階層所決定。我們只能說由第一階層來孕育出第二第三階層，但並不能決定第二第三階層之可能進展。由男女可以發展成夫婦，但男女關係並不能決定夫婦關係。由存在可以孕育出安樂與崇高，但存在並不能決定安樂與崇高之趣指與內容。而且馬克思依然遵循着黑格爾的否定再否定的老路，他不曉得人類文化演進，主要不在矛盾中，也不在否定中，即以一人之生命爲例，由幼而壯而老，在其青年期，並不與嬰孩期相矛盾而必然要對嬰孩期的人生加以否定。待到老年期，也並不與青年期相矛盾而必然得加以再否定。馬克思的唯物辨證法，把人類歷史看成鬪爭性再鬪爭，否定再否定，而始終沒有超越出文化第一階層之消極意義，與生存目的。於是人類文化演進全成手段，永遠釘住在物質人生之最低階層上。

我在上面說過由自然世界孕育出人文世界，但人文世界確已超越了自然世界，然並不能否定自然世界之存在。由動物生命孕育出人類生命，人類生命確已超越了動物生命，但亦不能否定動物生命之存在。由男女異性孕育出夫婦關係，夫婦關係確已超越了男女異性，但亦並不能否定男女異性之存在。人文演進中，被孕育者，轉成爲能超越者，而被超越者轉成爲被包涵者。融攝已有之舊，來創生未有之新。被融攝的不能決定能創生的。而能創生的也不能否定被融攝的。我上文所述說，與黑格爾馬克思兩人之不同點在此。但諸位或許要懷疑，黑格爾是西方大哲人，馬克思唯物辨證法，在近代也正掩脅一切，何以連像我上面所說那些平易淺顯的理論而不知，我爲此請援引黑格爾一句名言來作解答。你要明白某一哲學家的哲學思想，你該從哲學史上來求解釋，這即是我以上所說人在文化中生活的同一意義。當知哲學思想亦循着哲學史道路而前進，黑格爾的最高精神，只是沿着西方中古時期上帝的舊觀念而稍稍加以變形，馬克思則再把黑格爾的唯心的精神一反正轉，變成唯物的生產工具與生產方法。當知黑格爾與馬克思亦只遵循着他們那邊一條思想史的舊有道路而摸索向前。並不是西方人所說，即成天經地義。無論是黑格爾，無論是馬克思，他們都在想擺脫他們原有的上帝創世，最後末日的一番思想老格套。但他們既看輕了決定一切的上帝，便在無意中不免要看重物質與自然。不僅馬克思的唯物史觀，太看重了物質與自然，即就黑格

（下轉第20頁）

日本會不會再事侵略？

羅鴻詔

一

自杜魯門總統的特使杜勒斯赴東京商談對日和約以來，不但我國朝野特別關心，遠東各國亦無不重視。這區區三島的日本，自一八九五以至一九四五的五十年間，國勢蒸蒸日上，第一次世界大戰結束以後，蔚爲東亞唯一的强國，要把東南亞各國全部臣服於其下，其張牙舞爪的姿態猶在吾人心中留着鮮明的印像。一九四五後美國佔領軍把這匹老虎關起來，給以食料，施以教育，冀其漸即於馴服，聽說成績很好。現在要把老虎放出來了，五年來的教育是否已經變了日本的素習，而不再從事侵略呢？澳洲及紐西蘭兩國猶存恐懼之心，菲律賓亦深懷疑慮，即在中國及美國也還有許多人不敢放心，唯恐其故態復萌，再來闖下滔天大禍哩。

這種恐日病還是一種杞憂呢？還是確有根據呢？元來日本的黷武主義是有其深厚的歷史背景的，並不是偶然的事件。自源賴朝在鎌倉開幕府以來，七百年間的武家政治奠定了日本社會的基型，全國均在武士統治之下，而武士又是依據家族的遺傳，不憑個人的能力，非貴族與士族絕不能在軍事或政治上佔一地位，換句話說，統治者的家族永遠是統治者，農工商的家族是與軍事政治絕緣的。明治維新雖在法律上剝奪了貴族士族的特權，而實際上執掌政權的依然不出其圈子以外，原敬以平民爲首相乃是僅有的例外而已。辛亥光復中國廢除了皇帝，接着第一次世界大戰結束，德俄奧三大帝國崩潰，敏銳的日本人都極力歡迎民主，於是民主乃爲一切生活的準繩，以衆議院多數派領袖組閣亦步着英國的後塵，儼然是民主國家的姿態了。可是好景不常，原敬，濱口，犬養三個總理均死於非命，九一八事變起而少壯軍人跋扈橫行，五一五事件(即犬養在內閣總理官邸內遇刺而死)以後政友會雖仍擁有三百零幾名的下院議員，而組閣大命始終輪不到頭上，又走回軍人的專政的路上去。由此可見武家政治積習之深，植根淺薄的民主乃不堪一擊而即倒。爾後國家主義之聲洋溢乎全國，對法西斯獨裁的歌頌充滿於耳鼓，而對外侵略遂爲必至的歸宿了。深知日本歷史的人們，誰肯相信五年來美國佔領軍之措施，可以轉移其八百年的素習呢？

二

但是話又說回來了，日本的歷史只表明其有侵略的意志罷了，實際的侵略行動必需有强大的實力而後可。日本是一個島國，其對外侵略必靠海軍，華盛頓會議(一九二一——二二)確定英美日的海軍比率爲五、五、三、美與日則以子午線爲勢力範圍的劃分，英國只圖固守新加坡，以鞏固印度洋的海權，對太平洋上的海權已完全放棄。在日本人的心目中，所謂「大東亞共榮圈」只是將此海權範圍內的陸地歸諸掌握而已。在此地區內[illegible]際中國尙有僅少力量可以抵抗外，其他各國的兵力幾等於零。且當時歐洲局勢緊張，英俄兩國均已自顧不暇，外來的干涉亦只有美國，只要把珍珠港和新加坡的海軍擊破了，則「大東亞共榮圈」豈不是馬上就要實現嗎？這是當時的實力情形，日本人的野心所以能在短短數年間實現者即以此故。現在完全不同了。日本海軍業經消滅了，要重新建立談何容易？海上霸權的英國素持兩强政策，即是英國的海軍可以擊敗任何兩個國家的聯合艦隊，華盛頓會議的比率，乃因第一次世界大戰時美日兩國乘機擴張艦隊，而英國無力干涉的結果。這次日本海軍打垮了，美國還允許它再建嗎？以戰後的日本，國內物力的短細，又喪失了許多殖民地，其經濟力量還負擔得起大海軍嗎？今日的海軍已不能單獨作戰，必須有空軍的協助，而空軍又是美國獨霸的局面，日本絕對無力與之競爭。二次大戰，若非美國空軍之壓倒的優勢，則日本雖敗亦不至如是之慘。現在已經失去許多工業設備的日本，怎能够在空軍方面與美國爭一日之長呢？

海權失去了，空軍又遠居劣勢，以如此的日本怎樣去侵略他國呢？如果要侵略東南亞各國及紐西蘭澳洲，非至海空軍能和美國太平洋艦隊對抗，是不能想像的。如果要侵略中國而只靠陸軍，則必須通過朝鮮，再由東北一步步打進來。前次擁有海空絕對優勢，花了八年的時光，還不能將中國吞下，今後專用陸軍來進攻，究竟要花多少時間呢？我們以爲今日對武裝日本的問題，最先要看日本的民意如何。如果日本人民怵於戰禍，寧願托庇聯合國而不願再事武裝，則各國自亦不應强求；如果日本人民恐懼赤潮泛濫，三島有淹沒之虞，則允許它建立自衞的陸軍亦無不可，只要在和約上不許其建立海空軍而且時時監視着，自不至有侵略的行動。

三

論者或謂，和約一經訂立，則日本已厠於列國之林，它自有它的主權，它要建軍，怎能僅限於少數的陸軍？不見凡爾賽和約之與德國嗎？當時雖然限定其陸軍的數量及不許其建立海軍，曾幾何時，希特勒一經上臺，而這些限制乃完全歸於無用。這不是不應忘記的前事嗎？我們以爲國際形勢今昔不同，德國的往事自不會再見於今後的日本。英國的外交素以縱橫捭闔著稱，而自拿破崙敗後其主要目的在乎防俄。俾士麥之成功强半由於英國的帮助，威廉二世失敗後，不但路易喬治在巴黎和會處處袒德而抑法，即希特勒上臺後，英國人士對日耳曼民族主義猶多同情之論，張伯倫自慕尼黑回到倫敦，英國輿論不是同聲稱讚嗎？我們的觀察如果不錯，則德國之再起以致發生二次大戰，英國之防俄政略實有以致之。沙皇時代，英國尙且西助德國，東聯日本以阻其出海；布爾什維克革命成功以後，更標出打倒帝國的口號，以英國爲正面的敵人，英國雖曾出兵干涉以圖撲滅，而因國內工人的抗議未達目的，布黨比起帝俄更爲可怕已有明徵，除資助德國復興外，似乎沒有第二條路可以阻止蘇俄世界革命的洪流了。現在因爲共黨要征服世界，美國又急急於武裝德日，似乎又蹈過去英國的覆轍。但是歷史是不會重演的，今日的德國東西對立已是今昔懸殊，日本又何莫不然？在兩大壁壘的對立形勢下，日本內部潛伏着許多共黨，只能兢兢於自保，那有餘力以從事侵略？這是大家公認的事實，恐怕沒有人懷疑吧。那麼假定蘇俄戰敗全世界共黨均已消滅之後，日本才有侵略他國的可能，這種情形已和第一次大戰後的德國不同了。如果政治家理應只講現實，不去計較將來，則當前最可怕的敵人當然只有蘇俄及共黨，故目前只要問武裝日本是否有利於對俄，至於打倒蘇俄以後的情形如何，儘可讓以後的政治家去隨機應變。惟我們爲透徹起見，不妨作進一步的探討。

就日本自身而論，殖民地之喪失已有異於德國。德國的殖民地本來遠較日本爲少，而且沒有甚麼工業設備於其中；日本則擁有臺灣、朝鮮，琉球群島，小笠原群島，千島，南庫頁島，及委任統治的南洋群島，若連東北計算在內，則面積較其本國大得多，人口和其本國約略相等，既有豐富的資源，又有相當規模的工業。故以今日的日本和戰前的日本相較，其國力要打一個大大的折扣。德國敗後還要經過二十年的時間始能再作侵略，則二十年內日本之不能侵略他國不是明如觀火嗎？即在二十年以後，其再侵略的可能性也比較小得多呢。

再就國際形勢而論，情形更是大不相同。國際聯盟由英法二國領導，只斤斤於目前自己的利害，根本不知道義爲何物，最後只有歸於毀滅。現在的聯合國由美國領導了，其領導原則乃在道義，見南韓被侵而拔劍相助，博得各國的信心，便是很明顯的證據。照我們上面的假定，今後眞能擊敗蘇俄，消滅共黨，則聯合國的聲威將無遠而弗屆。日本的黷武者要再作侵略之謀，必先考慮聯合國的制裁，而不敢輕於嘗試了。而且琉球及小笠原兩群島都在美國手中，再不能從容部署而重作珍珠港之偷襲，國力的對比又遠在美國之下，還能不顧美國的反對而一意孤行嗎？我們希望美國之領導聯合國，始終堅持道義的立場，擯棄急功近利的淺見，則只要擊敗蘇俄，便可奠定世界和平之穩固的基礎，使各國的野心家不敢復萌侵略之念，區區日本又何敢駕既覆之車而蹈其敗轍呢？

四

曾經被虎咬過的人，談虎還要色變，看見這匹老虎又要出來，自然會慄慄危懼。同樣，我們幾個受過日本侵略慘禍的國家，今後必然要提心弔膽，時刻監視着日本的行動，謹防其侵略的重演。試看日本各政黨對和約的要求，不但琉球，小笠原兩群島要收回，且竟有主張臺灣要民衆表決者，其猖狂的態度實不遜於瀋陽事變的當年，謂爲無再侵略的野心，其誰信之？如果日本人民對「大東亞共榮圈」的迷夢徹底覺醒，今後眞眞誠意來和各國人民和平相處，則必從教育文化上作根本改造的工夫而後可。

上面前經說過，七百年的武家政治奠定了日本社會的基型，明治以後雖接受西方文明，而骨子裡還是一切服從軍事的觀點。記得英國有人觀察，中國對西方文明很不願意接受，而日本人則迅速努力去摹仿，乃因爲中國當局是文人，而日本當局是武人之故。惟其是文人當國，故在一再戰敗後，只想避免戰爭而不願放棄孔孟之道以招致輿論分裂之果。至於武家政治的政權惟賴武力的支持，軍事失敗，則政權亦必發生動搖，故非奮起直追不可。日本之接受西方文明由於「黑船事件」，故明治初年全國皆兵之令下，第一流的聰明子弟都爭先恐後去學習軍事，以求戰勝外國(尾崎行雄語)。經中日，日俄兩次戰勝後，日本的學術文化亦突飛猛進，表現出高度的成就來，然而着重在實用的技術，目標在貢獻於戰爭，則是始終不變的。東京的「理研」(物理化學研究所)是自然科學的最高學術機關，但其中所研究的問題幾乎無一而非與戰爭有關者。姑舉一例，糧食的代用品之研究，極其精細，日本所有的植物皆在所網羅，因爲恐怕戰時的糧食不能由外國輸入，故非先有準備不可。故我嘗說日本並沒有純粹的學術，沒有爲學問而學問的精神，只有實用的技術罷了。社會科學方面雖然主張比較紛歧，而其主要的潮流，亦唯鬪爭思想而已。其小學教育之積極灌輸鬪爭，多方鼓勵侵略，則自二十一條款以來已經很多人說過了。日本當局向來以鬪爭爲立國精神，而使學術文化皆爲其奴役，則其結果之至於黷武，還不是邏輯的必然嗎？如此的鬪爭精神，如此的教育宗旨，若不徹底改造，則其再度擾亂世界和平是大有可能的。今日是改弦更張的絕好時機，日本人民應記住，中美兩個敵國之寬大的處置，實基於教育文化和日本根本不同，和平仁愛的精神，自由民主的制度，便是當前的好榜樣，便是醫治日本的良方，願日人好自爲之！

共產主義的落後性與反動性

張靜軒

共產黨人說共產主義是前進的，舉凡與共產主義處於敵對地位的主義或政治，無論其性質是怎麼樣，都是反動的，落後的。美國式的個人企業在他們看來固然是反動，即英國式的費邊社會主義也是反動。蘇聯才是前進，即東歐的衛星國也是前進。唯有他們的政治是「民主」的，他們的經濟是「平等」的，他們的人民是「自由」的。所有重要科學上的發明都是蘇聯對於人類的貢獻。至於英美及其他西方國家，都是『腐朽的帝國主義國家』，是「反動墮落和法西斯主義的大本營」，對內政策是『壓迫和剝削人民，絞殺民主，絞殺文化的政策』，對外政策是『侵略和戰爭』。但這些國家內在的矛盾日益加强，終久會走上崩潰的道路。

這種說法當然是歪曲事實，顚倒黑白的宣傳。然而這種無稽的宣傳居然能發生相當巨大的力量，使億萬人受其愚弄，寧非怪事？傅孟眞先生在「共產黨的吸引力」一文裡（自由中國二卷八期）以爲共產黨第一騙人的寶貝是階級鬪爭的理論。傅先生依據伏洛一的心理學，說明階級鬪爭的來源是個『恨』字『就是一個原人的恨心，共產黨加上一套天花亂墜的說法罷了。』共產黨『憑藉這個心理了解，發揮人心的下意識，揭起了暴動的高潮。他把這種動力，偏偏不叫心理煽動，偏偏叫做階級鬪爭，這是騙人的，也正是有效的。』

傅先生的見解自有它的獨到之處，但我們想，共產主義的引誘力尙不止此。它所以能發揮力量，我們覺得還有以下幾個原因：

（一）理論的簡單。社會現象，錯綜紛紜，頭緒萬端，共產主義却能以簡馭繁，提綱絜領，造成一套淺顯的理論，把經濟力量作爲決定社會一切轉變的原動力，把一部社會發展史看成階級鬪爭史，是何等的簡單明瞭！

（二）成功的肯定。共產黨以爲整個世界將來必然踏上馬列主義的途徑，因爲按着『歷史定律』社會發展是有固定的法則的，由封建社會轉入資本主義社會，再進而爲共產主義的社會，無論現在資本主義的國家是如何的强盛，亦不能逃脫滅亡的哀悲命運。共產主義是社會最高的發展，它最後的成功是沒有問題的。這種信念是有鉅大的力量的。但這種信念是建築在錯誤的達爾文主義的基石上，達爾文主義在現時的生物學上已經不能成立，而爲『新達爾文主義』（Neo-Darwinism）所代替，至於抄襲達爾文主義的共產主義當然也是不能成立的。然而這個錯誤的理論對於一般人，尤其是對於青年人，是有相當的引誘力的。

（三）宗教色彩的濃厚。在實質上共產主義是一種宗教，這也正是它的力量的泉源。因爲近代科學的進步，許多人已經失掉了宗教的信仰。失掉了宗教信仰以後，一般人都感覺人生的空虛，人生的無意義。在這種心理狀態下，共產主義乘虛而入，使這些無所適從，徬徨迷離的人們得到一種安慰，一個努力的方向。在形式上共產黨和宗教的組織也有極大的相似。和天主教一樣，共產黨有它的教皇，主教和傳道人員；有它的聖經，無論甚麼人都不能懷疑或批評的；有它的奮興會和懺悔會；有它的懲戒異端的一套辦法；忠實的信徒可以「得救」，可以進天國。

（四）未來世界的理想。共產主義雖以唯物主義相標榜，但它的眞正引誘力不是那一套唯物的辯證理論，而是屬於唯心方面的未來世界的理想。人類是具有同情心和正義感的。當前的社會充滿了慘酷，强暴，及其他不公平，不合理的現象。因此，不滿現狀的心理是很普遍的。共產主義揭櫫了一幅美麗的遠景，以無階級，無貧乏，無暴力，無政府，無國家的大同境界來代替現在殘暴無仁，剝削搾取的現實社會。不知道有多少純潔的青年，受了這種宣傳的欺騙，憧憬於這個烏託邦式的社會，參加了共產黨的組織。實際的共產社會也是充滿了慘酷，剝削，暴力，及其他不公平，不合理的事實，而且較資本主義的社會更變本加厲。在第一次世界大戰和第二次世界大戰的中間，歐美有不少著名的作家，不滿於資本主義的社會，而參加了共產的組織。但後來他們都失望了。他們把他們悲慘的經驗，用沈痛的筆調，赤裸裸的寫出來，貢獻給迷戀紅色天堂的人們。（這類的書籍甚多，最著者有 Thn God That Failed 一書，其中 Andre Gide, Ignazio Silone, Louis Fischer, Arthur Koestler 和其當代名作家的文章）

當然，共產主義的引誘力還不限於以上所列舉的幾條，但這幾條可以說是比較重要的。我們不能不承認共產主義含有幾分的眞理，但我們所應該注意的是它所含的眞理是部分的，片斷的，似是而非的。部分片斷的眞理是危險的。誰都知道經濟因素對於社會變遷的影響。這一點並不是馬克斯的創見，古代的哲人早有這個說法。經濟因素固然重要，但如果把一切變遷都歸之於經濟也未免把社會現象看得過於單純。我們就承認經濟是社會轉變的原動力，我們也沒有理由相信這個轉變必須要遵照共產主義所說的「歷史定律。」馬克斯肯定共產革命必先在工業化程度最高的社會裡爆發，但事實告訴我們，共產革命先發生於落後的俄羅斯。共產主義所以能在中國猖獗也正是因爲中國經濟的落後。貧窮飢餓是共產主義的温牀。所以共產黨最猖獗的國家亦必是人民生活水準低落的國家。反之，如英國，美國，瑞士，瑞典，挪威，丹麥等比較富裕的國家，人民生活比較安適，共產黨的力量亦比較薄弱。因此，我們可以說，共義主義是落後主義，談不到前進。第二次世界大戰結束後的一二年中，西歐各國亦因為經濟的失調而為共產黨造成一個發展的好機會。但自馬歇爾援歐計劃實施後，共產黨的力量即行銳減。這徹底的證明了共產主義的本質。只有在絕望的社會裡共產黨才會抬頭。共產主義是絕望者的哲學。在有希望的社會裡共產主義便失去了它的引誘力，煽動性。

現在我們所知道的共產主義還不是純粹的馬克斯主義，也不是純粹的列寧主義，而是不折不扣的斯太林主義。馬克斯主義尚有它的崇高理想。馬克斯主義是十九世紀的英國李加圖一派（David Ricardo）的經濟學，法國社會主義，德國黑格兒哲學，和達爾文的進化論的混合物。他所依據的實際材料是當時英國的工業情形，他最後的理想還脫不了基督教烏託邦主義的色彩。這都是落後的思想，本不值得重視的。實際上，在俄國十月革命以前，馬克斯主義在歐洲已經沒落了。列寧是馬克斯主義者，其人有組織的天才，有驚人的魄力，所以能乘沙皇政權崩潰的機會，攫取了俄國的政權。在列寧手裡共產主義已經變了質而成為列寧主義。列寧主義是一部分馬克斯主義的理論加上俄羅斯歷史文化的傳統。到斯太林手裡共產主義完全失掉了馬克斯的本來面具，也失掉列寧主義的基本精神，而成為一種和法西斯主義頗有似的暴烈獨裁和領土擴張主義。現在把斯太林式的共產主義的特點分別說明如次，以證明其落後性和反動性：

（一）黨高於一切，但黨的大權却操之於幾個人，最後集中於一個人。

這種由黨獨攬大權，繼而在黨內又排斥不同的意見，而集大權於一人，是俄羅斯革命傳統和沙皇專制政治的產物，與馬克斯主義風馬牛不相及。黨高於一切的理論是從巴枯寧無政府主義運動裏得來的。巴枯寧以為破壞和暗殺是革命最有效工具，而這種工作的領導權應屬於一個秘密委員會，這個委員會應聽命於一個領導人——巴枯寧他自己。巴枯寧的信徒中有科柴夫（Peter N.Tkachev 1844-1885）其人者，於一八七六年發表了一篇「人民與革命」的文章，說明人民是沒有建立社會的眼光和能力的，所以革命大業必須由少數的先知先覺來領導。這少數的領導者必須集中權力，因為權力愈集中工作愈有效，革命愈容易成功。科柴夫這個理論後被列寧所領導的布爾希維克黨搬運過來而成為自己的東西。其實科柴夫那一套還不是沙皇專制政治那一套東西？

在列寧的時候，黨內還可以有不同意見的發表，例如關於布來斯特—立圖維斯克（Brest-Litovsk）和約的簽訂，新經濟政策的實施等重大決策，黨內曾經發生過劇烈的爭辯。列寧的主張所以能得到最後的勝利，一方面是因為他自己的資望，一方面是因為他的見解確實是高人一等。他並沒有能算那些和自己主張不同的人。到斯太林篡奪政權後，黨內絕對不允許不同意見的存在，大權集中於政治局，而政治局是斯太林的御用組織。斯太林的地位和納粹時代的希特拉，法西斯主義下的墨索里尼，本無二致，如果希特拉墨索里尼是反動，斯太林當然也是反動。至於「民主集中制」本來是騙人的東西，更不值得一談。

（二）無產階級專政即是幾個人的專政或一個人的專政。

無產階級專政這個名詞是馬克斯所創造的。但在馬氏汗牛充棟的著作中，這個名詞僅出現過一次，這是在他的「共產黨宣言」裏。馬氏的「無產階級專政」與「資產階級專政」是對立的名詞，就是說，資本主義的政治是為少數的資產階級所把持，共產黨取得政權後，由勞動的大眾主持，故曰「無產階級專政」。「資產階級專政」在形式上可能是民主的。英美的政治在馬氏的眼光裏是資產階級專政。同時，無產階級專政也可能是民主的，因為主持政權的是大多數勞動者。列寧把無產階級專政和共產黨專政看成一樁事。這種專政的功用，按照列寧的說法，是摧毀反動力量，建立民主。由是看來，列寧的無產階級專政是過渡而萬不得已的辦法，並非永久的制度。列寧是相信馬克斯國家組織到最後必要消滅的理論的，他以為資產階級及其餘毒肅清以後即可達到無階級社會的境界，到那時人民自可以完全享受自由平等的生活了。

到一九三三年左右，第一個五年計劃已經成功，農業已經集體化，富農階級已經不存在，蘇聯已經可以說是僅有一個階級（無產階級）了，也就是沒有階級了。當時蘇聯的人民以為極樂世界即可降臨，大家從此可以充分的享受自由平等的清福。即在黨的內部也有不少人提出這個問題來，但斯太林罵他們夢想。到一九三六年公佈憲法，斯太林說現在蘇聯已經沒有階級了，蘇聯的社會雖然尚未做到眞正共產主義的境界，但可以說是已經達到社會主義的境界了，這種小康的局面已經反映於憲法的條文。果然，我們如果翻開這部斯太林憲法，舉凡民主國家人民所應有的權利，無所不有，甚而至於說，蘇聯比甚麼國家都民主，因為，按照斯太林的說法，『資本主義國家的民主是為着少數的資產階級，蘇聯的民主是為着無產的大衆。』

事實呢？斯太林的獨裁並沒有因憲法的公佈而減少，人民的自由也沒有因憲法的公佈而增多。相反的，斯太林對於人民的控制愈來愈厲害。在第二次大戰以前，因為納粹法西斯主義的猖獗，斯太林還可以藉口資本主義的包圍而加强他對於人民的壓迫。第二次大戰以後，共產主義擴張到世界的各角落，資本主義的國家反被共產主義所包圍了，然蘇聯的人民依然過着艱苦的，受壓迫的生活。就這一點來說，斯太林不但是反動，而且是馬克斯，列寧的叛徒。

（三）領袖的神聖化，黨員的奴化。

共產主義原來是要矯正人類的不平等，而以創造一個無階級，無剝削，無國家的大同社會為目的。但現在蘇聯的社會是極不平等，極端階級化的社會。這種不平等，階級化的趨向可於其對於斯太林的態度上看出來。列寧在世的時候，一般人對於列寧的稱呼是「同志」。現在如果僅以「同志」二字稱斯太林便是大逆不道。如果要稱「斯太林同志」，後邊必須要加上「偉大的領袖」或「蘇聯人民和世界人類的領袖和大師」等肉麻字眼。俄文 Vozhd' 一字和希特拉所用的 Der Fuhrer 一詞有同樣的涵義。最近逝世的法國大文學家紀德(Andre Gide)原來是最服膺共產主義的，他於一九三六年六月受蘇聯當局之邀請，到俄國觀光。他有一天經過斯太林的故鄉叫做果里(Gori)的小鎮。他受着政府熱烈豪華的招待，現在既然到斯太林的故里，為着客氣與禮貌起見，把車子停在一個電報局旁邊，擬了一個電稿，向斯太林致敬。他的電文開始便說：「我的旅行正經過果里，我感覺一種熱情使我致送你……」譯員譯到「你」字便停住了，並且切說對斯太林稱「你」是不够的，不合禮的，必須要加上「你工人的領袖」，「你人民的救星」。這個經驗使紀德起了很大的反感，而知道「這種虛儀末節，將在斯太林和人民之間樹立了一堵不可逾越的高牆。」(見 God That Failed 194 頁)

和神聖一樣，斯太林是萬能的，不會錯誤的。最近十幾年科學的進步，文化的發展，以及第二次世界大戰的勝利，無一不是斯太林的功勞。這種傲慢自尊態度和列寧謙撝虛心的態度，恰恰相反。列寧常常自己承認自己的錯誤，斯太林則絕對不承認錯誤。如果政策或工作上發生了毛病，這都是別人的「偏差」，與斯太林無涉。在一九二九年以前還不是如此。自那年以後，斯太林已經神化，已經不能同凡人相提並論了。

領袖的神化的另一方面就是黨人的奴化。黨員代領袖受過，代領袖受處分。像這樣被流放，入監獄，受酷刑和喪掉性命的人是不可以數計的。

(四)利用政治警察：不但制裁黨外份子，而且隨時檢舉和處分黨內人員，即位置崇高，職務重要者亦所不免。

俄國之有政治警察，已有悠久的歷史。沙皇時代即用政治警察以對付革命人員。十月革命後兩個月列寧為鎮壓反革命起見，設立所謂 Cheka 這是恢復沙皇政治警察的開始。此後日益擴充，遂有今日龐大的規模。名稱雖曾經數次改變，而其為恐怖之工具則一也。

列寧恢復這個萬惡的制度，有萬不得已的苦衷。當時政權的基礎未固，內戰方殷，鎮壓反革命份子的擡頭，確是必要的。在最初的時候組織甚小，但數年之後已擴充到三萬一千人(根據 Barrington Moore 的 Soviet Politics 的數字)，為其殘殺者至五萬餘人之多(根據 William H. Chamberlain 俄國革命一書的數字)。列寧目睹這種情形，至感不安，在一九二一年力主縮小其編制，限制其權限。在這以後數年內，政治警察的橫行稍為斂跡。據此而知列寧對政治警察是不信任的。

斯太林為着鞏固他自己的地位，對政治警察大事擴充，到現在已有工作人員一百萬之多，經費至七億盧布之鉅(這是一九四五年的數字見 John F. ischer 所著 The Scared Men in the Kremlin 一書)，服裝配備和待遇，都比一般軍隊為優越。

列寧的 Cheka 是對外的，斯太林的 N.K.V.D.(政治警察的名稱曾改好幾次如 Cheka, GPU, NKVD, 和 NVD 等。)是對內的。自一九二六到現在死在政治警察手中的冤鬼也不知有多少，因為大部被殘害的人員都是無名小卒——其數目亦無從稽考。至於黨內大員，為着和斯太林意見不合或因其他原故而喪失性命者，亦不在少數。在一九三六至一九三八兩個年頭裏，蘇聯的重要共產黨員至少有三分之二或被監禁，或被槍決，或開除黨籍，其中包括中央委員，外交官，高級軍官，地方行政人員，及工商事業的主管人。中央委員會是黨內最高權力機關，其委員係黨內地位最崇高者，然而在一九三四年之初，該會共有委員七十一人，至一九三八年末僅有二十一人安然無恙，此外病死者三人，被謀害者一人，失蹤者三十七人，畏罪自殺者一人，槍決者九人。所謂謀害，失踪，自殺都是騙人的名詞，其實都是被斯太林殘殺了。這種毒辣無情的屠殺，可以說是史無前例。到現在蘇聯黨政大員還是人人自危，因為今日的民族英雄，可能就是明日的冤鬼。這種慘無人道的宰殺已經從蘇聯而傳到東歐各衛星國。保加利亞的副總理科斯脫夫（Traicho Kostov），波蘭的副總理高米爾卡（Gomulka）匈牙利外交部長拉希克(Rajk)都是最近的例子。現在捷克的外交部長也失踪了。中國的毛澤東在過去也曾一再發動「整風」運動，使黨內交相猜疑，不敢異動，但他却沒有像斯太林那樣的殘暴梟獍，屠殺同志。這不是毛澤東的度量比斯太林寬大，而是時機尚未成熟。我們可以斷定，到中共清黨的時候，其毒辣的程度當不下於蘇聯。至於那些搖旗吶喊，投機取巧的「民主人士」，更難幸免。在共產黨的字彙裏是沒有「道義」和「人情」一類的字眼的。「民主人士」在目前尚有他們的用處，所以中共對他們還有幾分客氣。但這是一時的虛與委蛇，總有一天他們發現座上客會一變而為階下囚，他們悲慘的命運是無法逃避的。

(五)思想，行動，文化，學術，及生活各方面的統治。

斯太林的蘇聯一方面裝置「鐵幕」使本國的人民和外國的人民老死不相往來，一方面又箝制思想，使其適合於一個劃一的軌範之內。這種辦法，列寧開其端，斯太林集其大成，到現在蘇聯的文化已與世界隔絕，形成第二個西藏。我們想，蘇聯這種辦法正足以暴露其內在的恐懼和弱點。俗語云：「眞金不怕火煉」，如果蘇聯的文化眞是像它的宣傳家所說那樣的高明，人民生活眞是如它的宣傳家所說那樣的優越，民衆對於共產主義如它的宣傳家所說那樣的擁護，那麼，這一套統治的把戲本來是用不着的。然而經過三十多年的嚴格統治，斯太林對於它的民衆還是那樣的不敢放心，蘇聯內部的腐敗情形，可想而知了。

斯太林統治思想的方法是歐洲中古時代教會懲治異端所慣用的方法，不過技術更為進步能了。歷史家稱中古時代為黑暗時代，那麼，斯太林的蘇聯就是第二個黑暗時代的來臨。在中古的歐洲，人類的思想，都要教會的箝制，如果稍有出乎教會所指定的軌範以外，就要受慘酷的刑罰。在蘇聯也是一樣；一切思想不得擅離「黨的路線」，即科學藝術亦所不免。康慈教授（George S. Counts)說蘇聯是「盲者之國」(The Country of the Blind)，不是沒有道理的。我們讀了康慈教授「盲者之國」一書，不能不爲蘇聯的文化前途悲觀。

科學是探討眞理的，眞理不一定就和斯太林主義相符合。現在蘇聯强要使眞理遷就「黨的路線」，則科學將不成其爲科學了。無怪米邱林派的生物學成爲蘇聯的「國定生物學」，江湖騙子李星科（Lysenko）搖身而爲科學巨子，而國際聞名偉大的遺傳學權威萬微洛夫（Nicolai Ivanovich Vavilov）反被斥爲異端而流放以死！

文學藝術是個人的創作，把文學藝術當做政治的工具，就是文學藝術宣佈死刑。俄國文學會有過光榮的歷史，在斯太林統治之下，像杜斯脫以斯克（Dostoyevsky），脫爾斯泰這一類的天才作家將不會重見於世了。這不但是俄國的損失，而且是全世界的損失。

現在毛澤東把一套反動的把戲整個的搬運到中國來了。中國數千年來受着正統思想的束縛，不能自由發展，科學藝術都不能進步。經過五四以後的解放，各部門的學術都漸露頭角，若再加上若干年的努力，在世界上或可以佔到相當的地位，初萌芽的小草經不起暴風烈火的摧殘。在中共統治之下，中國學術文藝將永無出頭之日了。

（六）蘇聯是共產黨人的祖國，無論任何國度裡的共產黨人都應該以蘇聯的利益爲利益。

馬克斯說工人無祖國，意思是全世界的勞動者都是受壓迫階級，應該不分國界的聯合起來，和資產階級相鬬爭，以求共產主義的實現。「國際主義」的涵義也不過如此。現在斯太林所謂「國際主義」和馬克斯的「國際主義」相背而馳。斯太林的國際主義是要全世界的共產黨人，放棄自已的國家，把蘇聯當成祖國。這個蘇聯是共產祖國的口號是一九二八年九月間第三國際召開第六次代表大會時由布哈林（Nikolai Bukharin 遵照斯太林的意旨而提出來的。在那次大會裏所通過的共產國際政策綱領有這麼一段話：

『蘇聯既然首先建立無產階級專政，它就是世界革命的發源地，就是被壓迫民族的救星，也就是共產主義的祖國。如果有帝國主義者對蘇聯有侵略的行爲或威脅，全世界的共產主義者都有保衞祖國的責任和義務，都應該在「聯蘇」的口號下，組織群衆，對帝國主義者施以無情的打擊。』

換言之，即共產黨人可以利用「聯蘇」的口號，向本國的政府宣戰。蘇聯的利益才是共產黨人的利益，至於本國的利益不但可以完全不顧，而且必須設法攪亂。這是向英美法等所謂帝國主義國家裡的共產黨人說的，如果是殖民地或半殖民地的共產黨人，則『必須乘其武力移動時，發動打倒帝國主義的鬭爭，以達到獨立的目的。』

自這次會議後，第三國際的性質和作用根本和以前不同了。以前第三國際是各國共產黨的共同組織，其目的在策進共同利益，蘇聯雖具有實際的操縱力量——但在理論大家是平等的，蘇聯不能以上國自居。但自第六次代表大會以後，蘇聯一變而爲一個特殊的國家，第三國際一變而爲蘇聯的政策工具，各國的共產黨都是蘇聯的第五縱隊。這一類實際的例子不勝枚擧。第二次世界大戰未發生前，各國的共產黨都發動所謂「聯合陣線」運動，以對待日本和德國，因爲這兩國家對於蘇聯的安全有了威脅。到斯太林和希特拉簽定了互不侵犯條約，戰爭爆發以後，各國的共產黨又受莫斯科的指示，硬說這個戰爭是帝國主義戰爭，和自已的政府爲難。不久希特拉向蘇聯進攻了，於是各國的共產黨又受莫斯科的命令說這是法西斯的侵略，大家應該和「英美各民主國家」(取消以前帝國主義的稱呼）並肩作戰。這樣的反來覆去，無非以蘇聯的利益爲利益。我們試看毛澤東及其同行者在第二次大戰前後在中國的行動與口號，可以恍然大悟了。

（七）恢復大俄羅斯「彌賽亞主義」(Messianism），就是說俄羅斯民族負有救世界，救人類的大使命，也就是帝國主義的復活。

「彌賽亞（Messiah）是救世主的意思。古代猶太人有個傳說，將來上帝將派二「彌賽亞」來到世上拯救人類。後來耶穌降世，就被其信徒認爲「彌賽亞」。俄國人自十五世紀以來即有一部分人相信羅斯民族負有一種救人類救世界的巨大的使命，這就是所謂「彌賽亞主義」。在十九世紀初葉，俄國的知識階級對俄國在世界上的地位，有兩種不同的看法：一種是俄國文化落後，如果想在世界上佔地位，勢非全盤歐化不可，故這一派人物自稱爲「西方主義者」。與西方主義者相對的就是「彌賽亞主義者」，他們以爲歐洲文化是墮落的文化，頹唐的文化，不足爲訓，俄羅斯文化則負有矯正歐洲的文化的使命。這一派亦稱愛斯拉夫主義 Slavophilism 或大斯拉大主義 Panslavism)。這一派在十九世紀的俄國勢力最大，其中不少第一流的人物。他們以此號召東南歐，尤其對巴爾幹半島的斯拉夫民族宣傳，引誘他們向俄國靠攏。實際上所謂大斯拉夫主義根本就是侵略主義，擴張主義，帝國主義。

馬克斯主義在骨子裏也含有一部分彌賽亞主義。那種資本主義必然崩潰，共產主義必然勝利，共產黨人必須努力使共產主義實現，完成歷史使命的理論，本來是屬於宗教性的。在斯太林大教主的手裏，歷史上的彌賽亞主義與馬克斯主義中的彌賽亞主義混合起來，而成爲一種新彌賽亞主義。這個新彌賽亞主義把推行世界革命的使命放在斯太林的肩上。他是救世主，他是人類的救星，他是被壓迫民族的解放者。但他救世的結果是把東歐各民族奴化了，把四萬萬五千萬的中國人民也奴化了。

帝國主義在現階段的歷史上已經是末路了。第二次世界大戰後，以前殖民地都變成獨立國家了。而蘇聯却在歐洲帝國主義沒落的當口，恢復這已經被遺棄的主義，非反動而何？

綜括以上的分析，我們應該明白，共產主義雖有它的引誘力，然總是落後的，反動的。它是自由民主和民族自決運動的主流中的一股逆流，無論目前它怎麼的猖獗，怎麼的聲勢浩大，將來必在淘汰之列的。

共產黨是要耕者有其田麼？

董時進

近幾個月以來，報紙上幾乎無一天不登載得有各地因爲土改而槍斃，毒打逮捕，拘禁和凌辱鄉民的報導。同時在所遇見的相識當中，幾乎無一人不能說述出一些家屬或親友在家鄉，因爲土改而遭殺害或拘捕的事體。這些透露出來的和我們所直接接觸到的消息，不過是大陸上普遍現象的片斷鱗爪耳，實際發生的事件之多，奚只千倍萬倍於吾人之見聞所及。這一切的殘暴的行爲和犧牲，都是爲的一個目的，即是「耕者有其田」。

「耕者有其田」這一個口號，本來版權是屬於國民黨的。因爲大家隨聲附和的結果，便變成了一塊金字招牌，於是被共產黨扛去據爲已有了。他們在一九四七年十月所公佈的「中國土地法大綱」上開首第一條就是：「廢除封建及半封建剝削的土地制度，實行耕者有其田的制度。」許多人不察其究竟，也在旁爲共產黨喝釆，爲國民黨嘆息，以爲這樣一個好政策，國民黨自已不能實行，被共產黨拿去實行了。

迨共產黨佔據了整個大陸，正式組成了「中央人民政府」之後，他們就不願原樣借用國民黨的招牌，而將它改刷換面了。所以在一九五〇年六月所議決的「中華人民共和國土地改革法」中，「耕者有其田」這五個字便被取消了。該法第一條和「中國土地法大綱」第一條的精神意義雖完全一樣，但文字則修改爲：「廢除地主階級封建剝削的土地所有制，實行農民的土地所有制，藉以解放農村生產力，發展農業生產，爲新中國的工業化開闢道路」。這一條，除了將「耕者有其田」數字塗去之外，還再添上一個尾巴，這並不僅僅是爲求句字的完善，而是另有重要作用的。這一點在下面當再行說明。

中共「中央人民政府」副主席劉少奇向「人民政協全國委員會第二次會議」報告土地改革問題，特爲解釋爲什麼要進行土改，他引述了上面所說的土地改革法第一條條文之後道：「這就是我們要實行土地改革的基本理由和基本目的」。他接着說：「中國的工業化必須倚靠國內廣大的農村市場，沒有一個徹底的土地改革，就不能實現新中國的工業化，這個道理是很明顯的，無須多加解釋」。(其實這個道理是很不明顯的，很須加以解釋。劉氏顯然是說不出一個所以然的道理來，不能够多加解釋，只好拿這樣的話語來搪塞。我們不必多談理論，我們祇消問，世界上工業化最先進最徹底的英國，美國，和西歐的一些國家，以及東方的日本，並沒有實行如他們所謂的「土地改革」，何以工業農業都那樣發達進步？)又說：「土地改革的這一個基本理由和基本目的，是區別於那些認爲土地改革僅僅是救濟窮人的觀點的。……土地改革的結果，不是單純地爲了救濟窮苦農民，而是爲了要使農村生產力從地主階級封建所有制的束縛之下獲得解放，以便發展農業生產，爲新中國的工業化開闢道路。只有農業生產能够大大發展，新中國的工業化能够實現，全國人民生活水平能够提高，並在最後走上社會主義的發展，農民的窮困問題才能最後解決」。注意他的話不啻是說，「耕者有其田」或「農民的土地所有制」，不過是發展農業生產和工業化的手段，而不是目的。手段是可以改變的，他不啻已經爲將來改變辦法預先下了一個脚步。他所說的「最後走上社會主義的發展」一句話，也是應該注意的。

毛澤東在同一個會議的閉會詞上面也說到這走上社會主義的問題。他說：「戰爭和土改是在新民主主義的歷史時期內考驗全中國一切人們，一切黨派的兩個關。戰爭……一關，已經基本上過去了，現在是要過土改一關，我希望我們大家都和過戰爭關一樣也過得很好。……只要戰爭關土改關都過去了，剩下的一關就將容易過去的，那就是社會主義的一關，在全國範圍內實行社會主義的那一關。只要人們在革命戰爭中，在革命的土地制度改革中有了貢獻……等到將來實行工業國有化和農業社會化的時候(這種時候還在很遠的將來)，人民是不會把他們忘記的……」

共產黨要逐步鬥「社會主義」進行，是凡稍了解他們的人都知道的。但是不知道這一層的人也還是不少，對於這一些人，毛劉二氏的公開講詞應該可以使他們明瞭。他們所謂社會主義是什麼意思？那主要的即是工業國有和土地國有，次要的即是耕畜及農具等的公有。這「土地國有」制，和現時共產黨所高唱的「耕者有其田」，和「農民的土地所有制」，是完全相衝突的。這個話在現時共產黨本不好說出，但是他們又不能不說出，一則是因爲，不說出，也已經有好多人知道了，二則因爲現在完全不提到，將來突然說出，不免使人太驚駭，而且將成爲太明顯的欺瞞。所以話是必須說出來的。但是有一個法子可以叫人們安心，使大家都不驚駭，那即是告訴人們，「這種時候還在很遠的將來」。(注意，上面括弧裡面的那句話是毛氏的原詞。)這是共產黨一貫使用的妙計，尙不能宰割你的時候，總是叫你放心，等到要宰割你的時候，便使用迅雷不及掩耳的手段，使你無法逃避。在民國卅八年四月間共產黨渡江的時候，他們的約法八章裡面，不是曾說過，實行土改，必須在「人民解放軍到達和工作一個相當長的時期之後麼」？然而實際上果眞有好長的時期呢？現在和上年各處鬧得烏煙瘴氣，昏天黑地的是什麼？豈不就是「土改」麼？

告訴讀者吧，只要軍事和政治的情勢許可，所謂農業(及工業)的社會化，

（那即是土地國有，和牛馬農具等的國有或公有，廢除私人農場，開辦集體農場及國營農場）立刻就是要來的。俄國革命之後，很快就開始推行集體農場制。雖因農民的反對，致推行停滯了一時，然而政府不惜施最重大的壓力，和最殘酷的手段去對付農民，結果到一九三四年，即距俄國革命還不到二十年，全國耕地的百分之九十都已劃入於集體農場之內了。到一九三七年，全國種谷地面的百分之九十九和農家戶數的百分之九十三，都已併入集體農場了。俄國是首次創設集體農場的，推行自屬比較緩慢，但是在其他國家，可以利用俄國所得的經驗，當然可以更加猛速。東歐的一些蘇聯衛星國家，如捷克，波蘭，保加利亞等，都是第二次世界大戰以後才變成所謂新民主主義國家的，却已經老早在用嚴厲的手段，推行集體農場制度了。在中國大陸，只消韓戰一結束，和臺灣的威脅不存在，（甚或不待那個時期）共產黨便會馬上廢除土地私有制，改爲土地國有制，把農民集合攏來，組織集體農場，使他們成隊的像牛馬一樣的，在田地上面奴役。

假使有人還以爲，我所說的不一定可靠，我可以引幾段歐洲各國農民的經驗來證實我的話語。下面是從國際農民聯合會告亞洲農民書裡面摘出來的：

「在這種獨裁政治的暴戾下面，這些農民（歐洲的農民）不但沒有得到公正合法的土地改革，而事實上反發現他們喪失了已有的土地。在這種過程的末期，農民們發現他們自己已經淪爲布爾希維克封建主義的農奴」。「同樣的命運就會輪到你們的頭上。——歐洲農民基於兄弟之誼，覺得應該提醒你們，不要相信共產黨的土地改革」。

「共產主義答應你有地，它會短期的給你地。蘇俄革命以後，他們曾給俄國農民土地，但是現在還有土地嗎？不，這些土地在蘇維埃政權認爲它的地位已經穩固後，就馬上被用强暴力量拿去了。」

有一些人以爲農場集體化，必須在國家的工業大大的發展之後，能够製造大批曳引機和各種農業機械之時，方始可以開辦。這種又是受了欺騙的想法。農業機器並非農場集體化的必要條件，用耕牛騾馬和土犂，也一樣可以辦集體農場。中國有很多地方永遠不會能够使用大機器耕種，但絕不致永遠不開辦集體農場（假使共產黨繼續統治中國的話）。

共產黨在過去及現時都高喊「耕者有其田，或土地農有，而且不惜犧牲無量數的生命及財產，去實現這一理想，那末，轉眼又要將土地收歸國有，這話如何說出口來呢？共產黨又有他們的妙計。上面不說過，他們已經預先佔好了地步麽？新「土地改革法」的第一條，不是除了塗去「耕者有其田」數字之外，還添上了一個尾巴麽？同時劉少奇不是也曾經特別强調說，這次的土改的主要目的是爲發展生產和工業化麽？好了，到那個時候只須說：「爲求更進一步解放（或擴大）農村生產力，發展農業生產，必須廢除土地私有制，實行土地國有制，及集體農場制」，誰還能說不是名正言順呢？

由此可以明瞭，共產黨目前所推行的土地改革，將土地農器、房屋、牲畜等分配給一些貧民，不過是交他們暫時看管一下，過一會兒，他們都是要完全拿走的。好比土匪搶了張家的東西，一時搬運不及，拿去寄放在李家，說道：「這個給你，好好保管」，（不如此說，當然他不肯好好保管），但是，過一會兒，土匪持刀槍在手來提取贓物，李家還能拒絕不成？這乃是共產黨的眞意思，共產黨絕對不會是眞的要「耕者有其田」。

假使土地國有和集體農場制的確比私有制和家庭農場優良，則改變制度亦未始不可。然而實際上決不是的。誰都願意自己有他的土地或農場，獨立幹他自己的工作，自己得到自己努力的收穫。誰也不願意和許多勤懶快慢，巧拙都不一樣的人搞在一起，共同工作，共分收成。所以無論是在俄國也好，在其它蘇聯的衛星國家也好，農民對於農場的集體化和土地牲畜農具等的歸公，都無不是拼死命反抗。這些都是衆所週知的事實。所以蘇聯無論怎樣宣傳它的集體農場是如何成功，却從不肯讓人自由前往蘇聯去考察，也不許蘇聯人民自由去其他國家遊歷。果眞是好，還怕人看見麽？蘇聯和中國共產黨人爲集體農場制最强調宣傳的，不外說他們如何利用機器耕種，及如何增加農業生產。在最近廿幾年以來，蘇聯的農業機器的確添了不少，但是農產收穫的增加却並不值得得意。莫斯科的廣播，盛誇一九五〇年度穀類收穫總量達到七十六億俄石，比起一九一七年革命以前的每年四十至五十億俄石確有增加，但按人民每人之產額計算，則一九五〇年的數目還比不上以前沙皇時代的數目。可見雖添置了那許多的農業機械，亦不過是徒增生產上的消耗而已。何況應用機械，並不一定要組織集體農場，而儘可以用自動志願的合作方式去從事。又何況中國農業上比較重大迫切的問題並非是要使用大型的農業機械。所以共產黨的那一套土改和農業社會化的理論和主張，都是有害無益的。中國共產黨的一些首領，沒有人對於農業有深刻的研究和經驗，他們都是盲從俄國，我們決不可盲從他們。

自由中國通訊

波濤洶湧的湖南

長沙通訊・二月十日

譎齋

湖南最近又掀起萬丈波濤，整個三湘七澤跳盪得猶如發生了大地震！很多熟識的人，一天天的減少，無聲無臭的不知去向！有些是「命該如此」，作了「人民」的祭品！有些則「三十六計走爲上計」，遙望南天，那孤懸海外的天堂，恐怕又添了不少無告的遊民吧！

不論在什麼地方的什麼人——除了共幹，差不多沒有一個是在那裏心平氣和從容過日的，躲在家裡，要時刻當心有人來打門；走上街頭，也要頻頻回首；誰也斷不定，保不了什麼時候有亂子出來！個個的心情，都好像是緊急警報放了很久，隱約的已聽得見軋軋的機聲那樣！

「起義」和「靠攏」

「革命有步驟的！」這是共幹的六字眞言。是共黨統治大陸一成不變的靈丹秘藥。所以當他們的魔掌初伸入「新解放區」以後，便有「寬大政策」！有成千累萬的「起義將士」、「開明士紳」、「民主人士」、「前進份子」。可是自前年秋徵以後，開始「淸匪反覇」以來，這些好聽的頭銜便慢慢由權力的加强而逐漸消失，直至現在，這些「起義將士」，都先後變爲「國特」、「僞員」，或「僞裝起義」了！所有的「開明士紳」，都變爲「不法地主」了！所有的「民主人士」與「前進份子」，都變爲「含有小資產階級意識」的「動搖份子」了！這個天翻地覆的變，並不是「將士」，「士紳」，「人士」，本身的發酵，而是有給他們以非變不可的外在因素。因爲劉少奇說過：「土革是最嚴重的鬪爭」，假如不給他們以變，又何能由「寬大」而「嚴重」?!在這裏有一群「起義將士」的實錄。

領導湖南「局部和平」的，是「大仁大智大義大勇」的程潛和陳明仁。（這是前年程潛陳明仁投共以後，共黨在最初幾個月所奉贈的頭銜。但好景不常，這四大頭銜，已經老早四大皆空了。）程潛住在瀏陽門外容園，這是民國十九年何鍵以銀洋五十萬元建造的，在長沙是首屈一指的花園洋房，現在拿來把他住，可見「人民」對他的「優遇」。這裏除了程府眷屬，還有衛兵一排，好幾個「指導員」奉「令」在這裏服務；來謁見「副主席」的——「中南軍政委員會副主席」，首先塡上請見單，經過「指導員」許可，准會就會，不准就請回；這是規定，任何人沒有例外。有一個「起義」師長蔣伯堅，跑到容園求見，還沒得到「指導員」的回諭，適逢程潛在走廊上徘徊，蔣伯堅隨即上前趨候，正在擧手敬禮的時候，突然被門衛賞了一記耳光，大罵道：「你眞渾蛋！沒經過指導員許可，怎麼自己往裏面撞，出去！快出去！」就這樣推出了衛門。正在答話的程潛，也只得肅靜廻避。

陳明仁兵團的將校，都奉「令」調入「軍大」受訓已經半年以上，據說：這種人的思想根本沒有搞通，還須長期「勞動改造」，開荒、種菜、挑糞、運煤，是他們每天的日課。有一天，兵團副司令劉嘉樹，「勞動」得大汗淋頭，來不及報告，跑到附近塘邊洗臉，被「指導員」看見了，來了一個不輕不重的教訓：「你們還要臉！你們的臉早已死了！」副司令尚且如此，其餘更是一視同仁了。

率領十萬國軍在新疆「起義」的陶峙岳，他寧鄉原籍的住宅——火龍洲，於去春被共幹以「減租退押」的方式，將所有的家具洗刼一空。長沙市桂花井和嶽麓山的住宅，自「解放」以後即被共軍徵用，最近進行「土革」，又正在四處追捕他的兒子。

這是隨手拈來幾個「起義」將領的最高待遇，等此以下，都無不弄得家空業盡，人口星散，父子不能相保，兄弟不能相顧，親友不能相恤，甚至本人也不免一死。即如去年十一月二十七日，在沅陵一次槍斃所謂「僞裝起義」的將領汪援華、師興周、瞿波平、段明堂、楊永清、張大治、羅文傑等三百七十六名，便是同一時期，同一地域的最大屠殺。其餘陸續在各地，經過半年以上的幽囚，備受一切非刑拷打，終至槍決的「起義」軍人，更不知凡幾。

領兵「起義」的如此，夤緣人事「靠攏」的呢？更不例外，即如曾任譚延闓部參謀長、第五十師師長、湖南省第六區行政專員的岳森，「解放」以後，又任湖南「軍政委員會顧問」，也於最近以「國特」罪名槍決。岳森已經是七十二歲的高年了，自受僞職以後，既沒有絲毫「反動」意向，尤不可能有絲毫「反動」行爲，而亦被視爲「人民公敵」，可見一般所謂「起義」將領的終局，眞是罪有應得了！

如此「土革」

「土革」是共黨宣傳的「革命」目標，湖南自去年十二月一日發動「土革」，「大力肅淸地（地主）官（僚）封（封建餘孽）！」以來，凡屬國民黨、民社黨、青年黨黨員、三民主義青年團團員、幫會份子，「反動政府」的軍政人員，下至鄉、保、甲長，以及「放解」前衣食不能終歲的中小地主，除了程潛、陳明仁、唐生智……幾個位置較高的，和一部份參加「軍大」「革大」接受「革命洗禮」的中下級軍政幹部，成了變相看管——也還有不少的人調回本籍「公審」——和「自動」參軍以外，都先後作了陳尸三日的槍下鬼，或者鋃鐺入獄的階下囚。凡是入獄的，除了帶鋼鐐鐵銬、紙鐐紙銬一類的「反省」工具以外，（凡是紙做的反省工具，稍有破損，必須加重處罰。）還有蹲退福桶，（所謂退福桶，是一種左右上下遍置鋒利鐵釘僅可容一瘦弱身軀的椅形工具，犯人們必須蹲着，方不至體無完膚。也有奉令坐着的，那便是頭懸樑錐刺股的形式了。）吊半邊豬，（緊鎖一手一脚懸空高掛，如屠坊掛豬肉一樣，所以命名為半邊豬。）坐水牢，（水牢是坐在冷水齊肩的水桶中，有兩種形式。一種頭上安一個水管，享受川流不息的淋水浴，犯人拿着一個容量不及一勺的瓢子，將桶中的水努力往桶澆，稍一懈怠——甚至不懈怠——必遭滅頂之禍。另一種是在桶內放下若干遍體涎滑的泥鰍，犯人坐在桶內，雙手下垂於僅可容手的木格中，必須把泥鰍掃數捉盡，這個「反省」工作方可告一段落。這都是反省而兼有「勞動改造」的教育意義。）吊廣秤，（反縛兩手，懸空高掛。）睡蝦蟆覺，（手脚撐地，胸腹懸空，這是最輕而易舉的休息方式。）入冷氣室，（湖南發動「土革」，正是天氣嚴寒的時候，因此對待地主的冷氣室也便應運而生。冷氣室的裝置，是遍地洒水，使滿室構成冰窟，再加以迎面而來的風扇——風扇的代用品是農村淨穀的風車——這是每一地主必經的「反省」階段，因為「反省」是須要頭腦冷靜的！）上望蔣臺，（共幹都知道國人思漢心切，因之凡稍涉「反動」嫌疑的，都得上望蔣臺，這個玩意又名望中央。有兩種方式，一種是用桌櫈累積兩三丈高的臺，命「反動份子」從最基層爬上去。在搖搖欲墮之中，一面往上爬，一面還要和共幹答話，這是「解放」初期在長沙所實行的。最近一種，是搭一個兩三丈高的臺，或高度相當的長梯，在臺或梯的最高層安一個滑車，滑車上面貫一根倍高於臺的繩索，縛着上臺的「反動派」。共幹持着繩索的另一端，將「反動派」向上扯，每扯上一級，便問：「你到了那裏？」「反動派」答：「到了長沙：衡陽：廣州：香港：臺灣」又問：「你看見了蔣該死嗎？」答：「看見了」。這時「反動派」已被扯到臺的頂點，只要有了「看見了」一句，望蔣的「反動派」或「地主」，縱不嗚呼哀哉，也得腰斷肢折！假如你說：「沒有看見」呢？那末還得往上扯，或者是臺矮了還得加高，總之是要你看見蔣介石為止。）攀繒（把四肢連縛在一起，懸空高掛，於是腰腹下垂，形狀如攀魚的繒。）：的「反省」生活。這一類刑名大辭典上與十八層地獄裏所找不出的「改造」方式，雖是與「解放」而俱來，（前年徵糧，去年減租退押，已經部份實現。）但「土地改革是一場系統的激烈的鬪爭」，（見劉少奇在「人民政協會」第二次會議上關於土地改革問題的報告。）所以這些把戲都在「大力展開」之下，隨時翻新，廣泛使用。「地主」們多數「不堪改造」，能挨到「人民法院」或「羣衆公審」處決的，已經為數不多了！

因為各地「農會」，自十二月一日以後，都組織了擔任崗哨捕捉地主的「民兵」，這些「民兵」都是以前游閒無賴、土匪流氓，（這裏所說的土匪，是以打家劫舍為業的稱謂，仍然是舊時代的名詞。「人民政府」所說的土匪，是指有政治作用的游擊隊。）和部份出賣勞力的「貧農」「雇農」。祇有他們與他們全家老小，每人身佩通行無阻的紅色布質符號一枚，其餘如無區以上「政府」或「農會」的通行證，無論日夜都不能游移十里以外。凡是在「民兵」未組織以前逃亡的「地主」，只要是中共政權所屬的地區，無論是城市或鄉村，無論是機關或民戶，因為在民戶有隨時申報戶口的法令，有五家同坐的連環保結，在機關有互相監督隨時填寫的「個人詳歷表」，「家庭詳歷表」，對於你的來歷和「成份」，都有清楚的交待，休想作網漏之魚！同時各地鄉農會，於每村推舉代表兩人，到隱匿「地主」的都市，近如長沙、衡陽，遠如廣州，桂林：作循環不已的「歡迎地主還鄉」運動。這些代表與當地公安機關和街坊小組，取得密切聯繫，縱令「地主」們改名換姓，但原籍的口音是改不了的，代表們很可以根據戶口冊的籍貫，案圖索驥。此外各城市公安機關，各鄉村「農會」，有隨時清查戶口，將「解放」以後遷居的居民，押回原籍的責任。假令「地主」所報的籍貫與事實不符，那便是「不坦白」，「的國特地主」了！「國特」而兼「地主」，更是隨時處決的雙重罪犯，因此「地主」們除了遠走港澳以外，只能束手就擒，聽候「公審」！長沙有句俗諺：「一交人民審，進了鬼門關！」這便是「公審」的共同特點。「地主」中有不少「民主人士」和「前進份子」，但一到「土革」時期，便如待宰的豬羊，工於「迎解」，而不能善自為謀，所以人們又稱之為「地豬！」單講十二月十一、十二、兩日，在長沙市所捕獲的各縣「地主」——地豬——凡二千四百餘人，以寧鄉縣所屬高露、麟峯、石潭、芳儲、四鄉而論，縱橫不過四五十里，截至十二月十五日，被羈押於「區政府」的地主，凡一千一百餘人，這便是「歡迎地主還鄉」運動以後，所囤積的「公審」資料！

按照「人民」經典：「消滅地主，是消滅地主階級，而不是消滅地主個人」。（見任弼時土地改革中的幾個問題。）但這些「公審」資料，截至今年一月七日止，先後被「人民法院」判處死刑的，每縣都不下幾百人。關於他們的「成份」，多是曾經收租一擔以上的中小地主，尤以平江、瀏陽、醴陵、三縣有好些地方，不僅消滅「地主」個人，而且「地主」一家老小也難倖免！最可惋惜的，是「人民」功臣程潛、陳明仁、李明灝、劉嶽厚、程星齡、李覺、劉斐……的故鄉——醴陵——竟然也居了第一位！在這期間，單以寧鄉而論，「人民法院」所公佈的罪狀，便達到一百二十九號，每號自數人以至十數人不等，這不過是「土革」醞釀期間，還未經過「鬪爭」階段，便已成績卓著，這話又怎講呢？原來「地主」這一階級罪孽深重！有「惡霸地主」，「國特地主」，「官僚地主」，「大地主」，（大中小地主的分劃，不獨有地域的不同，也有時間的不同。大凡「解放」初期，被認為小地主或富農的，現在又變為大地主了。在長沙寧鄉一帶，一家八口有田三十畝的便是大地主，一兩畝田的才是小地主。)「工商地主」、「破產地主」，…名目繁多，單稱「地主」，不過是惡貫滿盈的總名！所以只要是出租土地的，不問其土地的多少，不問其土地的來源，不問其爲人如何循良守「法」，都必兼爲「國特」或「惡覇」！「國特」，「惡覇」，正是「首惡必辦」的煌煌「法令」！正是「廣大民衆所痛恨並要求懲辦的惡覇份子」！難道不應捕應打應殺？這與「土地改革法」第三十二條所載：「嚴禁亂捕、亂打、亂殺，及各種肉刑和變相肉刑」，有何抵觸?!何況有「壓迫佃農」的罪名，有「破壞土革」的罪名，有前代的血債……都是動輒得咎的嚴辦之列呢！就是「工商地主」與「破產地主」，這兩個名色也不輕鬆。因爲工商而兼「地主」，是雙重「剝削」！「破產地主」嗎？要「清算」破產的原因，「浪費人民物資」仍須要償還的！還不清就得挨打挨殺。因此，自醞釀「土革」以來，到處充滿了打聲殺聲！這些初登場的「土革」情況，以密邇首府的湘鄉寧鄉兩縣舉例，多不外下面幾種類型。

一、寧鄉麟峯鄉人蔣隆權，是一位留日留奧的軍事家。前清時當過禁衛軍統帶，武漢起義時，他曾協助民軍創造光復河山的壯舉，依照共黨的說法，應該是一位道地的革命軍人。(土地改革法第五條：「革命軍人，不得以地主論。) 民元以後，他雖歷任保定軍官學校第二期三期教官，及湘軍總司令部參謀長、兵站總監等職，但民國十年他便退休了，當然沒有參加過剿共戰爭，更說不上是「戰爭罪犯」。他的「家庭成份」，是不能飽暖的破落地主。他的「個人成份」是一位排難解紛，倡辦一切義舉，最受鄉人愛戴，眞正無瑕可指的「開明士紳」。並且他在民國十六、七年，任寧鄉團防總局長的時候，對於執行政府雷厲風行的剿共法令，總是網開八面，使中共黨員從容亡命，然後虛應故事，這便是他一生的行事。因爲他對地方對共黨，都是有恩無怨，所以共黨陷湘後，他也戴上了「開明士紳」的尊銜，前年正當他七十生辰，中共「區政府」還曾鍾門稱慶。但自去年秋徵以後，這位垂暮之年的「開明士紳」，因爲不賴菜根、糠殼、野草、的食料，只得把自己山上的竹子砍掉四根，兌了幾升糙米，那知犯了「破壞森林」的大忌！共幹接二連三的調查申斥，寧鄉「大衆日報」還加上「不法地主」的頭銜，並準備限期「公審」。以致這位慈祥愷悌的老者，不待「公審」便氣結而死！另一例，是湘鄉梓明鄉一個吳姓寡婦，她的「家庭成份」是經過「農會」認定被保護的「富裕中農」。(土地改革法第七條：「保護中農包括富裕中農的土地及其他財產，不得侵犯。) 她的三個兒子，都是「向人民靠攏」的「前進份子」，有一個中學教員，有一個小學教員，又符合了「土地改革法」第五條：「不得以地主論的自由職業者」。因爲前年應付秋徵，經「區政府」一核准賣田數畝，不料這個合理合法的「大力支前」，竟然觸犯了「土地改革法」第八條，被認爲無效！經過一年以上的糾葛，直到最近，以「破壞土革」的罪名，經過「人民法院」判決，將她槍斃，才結束這段公案。這都是「不法地主」的眞義！

二、根據「土地改革法」第十三條第八款：「經人民政府確定的罪大惡極的反革命份子，其家屬未參加犯罪行爲，無其他職業維持生活，有勞動力並願意從事農業生產者，應分給與農民同樣的一份土地，和其他生產資料。」似乎「人民政府」眞是實行「罪而不孥」的「寬大政策」了！但這裏有個事實：前浙江省政府主席魯滌平的兒子倬昌，寧鄉麟峯鄉人，是一個溫恭謹飭的典型人物。雖然做過「反動政府」的永興縣長和嘉禾縣長，但從未與「人民」爲過難，自然不能說是「罪大惡極」。「解放」以後，他命令一個兒子兩個妹妹同時入了「革命大學」，也勉強可說是「思想前進」！他本人因爲應付百分之二百的徵糧，家具什物典賣一空，率領着兩個兒子挨餓「生產」，這也不違背「有勞動力並願意從事農業生產者，應分給與農民同樣一份土地」的「法令」。但自發動「激烈鬪爭」以來，他也成了「公審」對象，一鬪再鬪，都沒有人說他個壞字，「指導員」氣極了，大罵農民「對革命沒有認識」：「他的錢不是剝削是那裏來的？並且他的父親屠殺過人民，血債是要血來還呀！」幾次啓發，都沒有發生預期的效果，祇得把他依然加上紙銬，押進了「區政府」，繼續低頭「反省」！聽說以後要由「幹部」們自已來鬪，不再假手那些沒有「階級意識」的農民了。並且把他的老婆，和未出嫁的女兒，也於最近逮捕入獄。這是「公審」的通則！是「反革命家屬應分給與農民同樣一份土地」的說明！(作者將此文作成以後，聞逃自寧鄉的來客談，魯倬昌已經終被槍殺了，謹附誌於此。)

三、「土地改革法第二十條：「沒收和徵收土地時，墳場上的樹木一律不動。」第二十一條：「名勝古蹟，歷史文物，應妥爲保護。」關於這兩項，在寧鄉有一個衆所週知的事實：民國大學校長魯蕩平，寧鄉芳儲鄉人，是一個四方知名的書法家。因之他家藏的碑帖不下萬通以上，其中還有不少精工裝裱的明清精拓本，他的藏書也是富甲一方，這次都被洗刦，運了三十幾車書籍到縣城，大約是「妥爲保護」！對於精裱的碑帖呢？却被當地「區政府」拆開分割，翻過面，另裝成冊，利用背面的白紙發給各小學做習字本。據說是：「廢物利用」！魯氏父親禹門先生，是一位久已去世與世無爭的長者，雖然是「舊時代」的地主，却說不上「反動」。但這次「土革」，連他的墓石也被「區政府」掘去建糧倉，樹木更不消說起！至於各縣城郊墳墓叢集的義山，更是共軍開荒的對象。即如「首善之區」的長沙，在小吳門外杜家山一帶的義塚，被「軍政大學」員生所發掘的，數以千計，骸骨隨處拋擲，也有燒成骨灰當作肥料的，尤其是萬目共覩的事實。「軍政大學」員生，是「文化水平」較高的幹部，他們的集體創作，自然是合乎「黨性」的「正確作風」。對葬義山的「無產階級」也須翻身，「地主」——尤其是「反動地主」的父親——還能例外?!如抗日名將前七十七軍軍長王長海的父親，在山東平原縣南二十里破劉莊的墳墓，便是在「土革」中把屍體「革」出來開「鬬爭會」，宣佈「罪狀」以後，粉身碎骨燒灰和水，强迫到會的人，每人表演一次「渴飲匈奴血」！兩者相比，總算江南「寬大」得多了！

四、所謂「匪特」，是一切「反動政府」——包括「靠攏」和沒有「靠攏」的軍政人員、黨員、團員、與鄉保甲長的總名。以寧鄉一隅而論，也有四者不居其一，兼之思想「前進」，「起義」有功，在這次「土革」，居然以「匪特」名義明正「典刑」的！如芳儲鄉第十四保(現共黨改名南塘鄉)居民陶順麟，原是一個無黨無派未曾涉世周窮濟急的鬫鬫貫介，就是他的比鄰共黨副主席劉少奇的胞兄劉雲亭劉卓衡等，也得過他不少助力。同時在程潛未「起義」以前，他又是湖南第一個結合同縣前九十八師師長何濟元毀家「起義」的人，結果建立了三千人槍服服貼貼奉送給「解放軍」收編，當他們「起義」的時候，政委是一個二十幾年的老牌共產黨員，現任省立二師「校長」兼長沙市黨部委員的湯矧中，這總算是循規蹈距「為人民服務」吧？並且他在部隊收編後參加「軍大」「學習」，這也不能不說是「全心全意接受改造」！有一次，他在「坦白會」上自動繳出手槍三支，萬不料「坦白」以後沒有「得到人民原諒」！被即時收押，由長沙解回原籍開了一個「鬬爭會」，因為沒有「鬬爭」對象，又由原籍押至縣城，由縣城押赴益陽，自去年四月輾轉囚籠，往返押解，直至十二月，方以「匪特」罪在芳儲鄉所屬的黃龍壩槍決。槍決的時候，照例來了一個盛大的「陪斬」排場，(把所有羈押的地主一併押赴刑場，而不即時處決，這叫陪斬)事後又剜掉心臟，這是「匪特」的含義，也是處決「匪特」的刑法。

這是「土革」初期的普遍現象，舉一反三，可知專政的「民主」，所發佈的一切「法令」、「指示」、「講話」、「政策」……在「新中國」的語文中，都得另加一番注脚，決不是「封建文化」眼觀所能衡量的！

百劫不磨的地主

自前年開始秋徵以來，「大地主」的徵糧數字是百分之八十至百分之二百，也有超過此數的，如前省政府委員戴岳，他的應徵數原是百分之百，因為「軍管會主任」蕭勁光是他任第二軍第六師師長時期的黨代表，蕭為感念舊情，特地給他寫了一封斟酌減徵的信，不料觸怒了「區政府」，反而加到百分之二百五十。更有超過全部租量七倍以上的，如曾經當過何鍵主湘時的秘書長易書竹，他的全部租額在二千擔左右，而應徵額是一萬五千擔，並限一週內繳清，過期一日加徵十分之三，易書竹無法張羅，只得自殺。死後共幹將他的屍首過秤，按照屍體重量作減徵標準，(這是四方的通則，不僅湖南如此。)這七倍於租量的數字，仍由他的親友負責完納，這是筆者所知道最高的數額。一般中小地主普通是百分之四十至百分之八十，就是食糧不能終歲的佃農，也決沒有少過百分之十的。「公糧」以外，還須另加柴草費，那末地主最低額的百分之四十至少也相當於全部租額的百分之五十以上了。這個徵糧方式是「區政府」遵照「縣府」，「縣府」遵照「省府」所指定的數字分攤各鄉各保，再由每保的徵糧幹部集合貧雇農，按照「地主」、「富農」、「中農」、的等級分攤各戶，然後懸榜公告。懸榜以後，只准「擠黑地」，(擠黑地是獎勵報告地主隱瞞的田畝，所謂獎勵也只是口惠。)不准請減免，(凡申請減徵的，必須加徵。)為了表現工作成績，達到徵糧任務，所以徵糧數字是每級遞加，所以每保、每鄉、每縣，都沒有不「超額完成」。這是徵糧的通例！是一切捐稅的原則！徵糧以後，「地主」「富農」只能典衣度日，只得挨餓開荒，貧雇農更是討米過荒年！

緊接着是「雙減」，減租要從「解放」之日減起，湖南是三十八年「解放」的，這年共黨進行秋徵時，「軍管會」大張佈告說：「減租退押暫不實行，」不料這個「暫」並不是待到第二年秋收，而是在「超額」徵糧之後，再來一次減租！所謂「退押」，是按照佃農進押金時的穀價，將金折成穀，然後依照民國三十九年春季的穀價，又將穀再折為金。這有一個妙用，湖南自民元以來的穀價除了民國十三年青黃不接的時候，每擔價值銀洋五元左右(以市斛計值)民國三十五年青黃不接的時候，每擔價值銀洋曾高達二十元左右以外，其餘多是二三元上下，並且進押通常是穀賤的秋冬兩季，因此縱令是民國十三年和民國三十五年將金折穀，所得的穀數也頗可觀。退押便是根據這個穀數，再照時價每擔銀洋五元餘，將穀折金。經過這樣進退兩折，於是應退的押金數字，多數超出了進押時的一倍或兩倍，至少也超出半倍！同時佃農欠「地主」的債務是在廢除之列，不得與押金相抵。「地主」的家具，服飾，山林，塘魚，又是不得典賣的「人民物資」，這樣一來，所謂「退押」祇能仰賴藏金了！但一般中小「地主」絕無可藏之金，僥倖有碗飯吃，便有應接不暇的「滾子隊」。吃光以後，有坐牢挨打的「改造」生活。有藏金的大地主呢？「不坦白」的，受刑以後還得挨殺，如寧鄉龍從鄉地主宋麓農，便是掘出藏銀八千餘元以後被槍斃的！他的老婆是繳出黃金二十餘兩以後被勒殺的！至於能將公糧、減租、退押，自動掃數弄清的，又怎樣呢？據筆者調查，在寧鄉高露、麟峯、石潭、芳儲，四鄉之中，能完成這個任務的，只有芳儲鄉周炳麟，和麟峯鄉陶祉俊黃子禮三家。這是四鄉六十三保十五萬人口中的特殊異數，其他各縣的萬分比也無不與此相同，這總算難能可貴了罷？但是根據「土地改革法」第二條，他們繳納「公糧」和「減租退押」以外的「餘糧」仍然在沒收之列。沒收「餘糧」以後，還要「清算」歷年收入的支付，應付滾滾而來的「公債」，所以這三家去「公塗」之日也不會遠！已減的租，已退的押，是「羣衆力量的革命果實」，須由「農會」保管，並不交還佃農，押銀由「人民銀行」按照官價收兌，這是「雙減」的公式！

與「雙減」並進的，是一連串「清算」，於是而鄉倉積穀，而祠廟公產，而鄉保經費，以及一切社團收支，縱令經手人有絲毫不紊的交待，有一塵不染的清廉，必然有許多數字被否認，不被否認的，須按年月久暫加息償還。「清算」的期限，名為三年或兩任，實則如果「羣衆要求」(？)就是三十年二十任也不放鬆。只要達到「支前」——支錢——目的，方式儘可變更，「法令」儘可伸縮，此「新中國」之所以為「新」也！以致除了貧雇農以外，無人不是「清算」對象，所謂「地主」自「雙減」以來，久已有名無實了。

尤其是去年秋收，凡是出租的土地，「地主」常年應得的租額，除了繳「公糧」以外還不够「雙減」，可是「地主」的名義還得保存，因爲地主須要自己從事勞動連續五年，方可改變成份，這是規定！（見任弼時土地改革中的幾個問題）「地主」與「地主」「富農」往來，便有「國特」嫌疑。貧雇農與「地主」往來，爲「地主」求哀，便是「走地主路線的鬭爭對象」。這是「孤立地主」的政策！「地主」們沒有親友存恤，沒有鄰舍往還，只能困守窮廬坐以待斃。萬一有得到存恤的，必是一場滔天大禍！如湘鄉梓明鄉人吳少六，於去年秋向他的佃家借了四擔食穀，結果吳共幹强迫他的佃家向他鬭爭，少六以「壓迫佃農」的罪名，被「人民法院」判決槍斃。因此「地主」「富農」，除了自己開荒種植以外，只能乞活於草根糠殼了！

勞動標準到階級遞升

吃草根糠殼還能「努力生產」，這是上天賦予「新中國」不費絲毫食料工本的一羣「勞動」物力。最奇怪的，這如蟲如沙的兩足動物，居然不飢不渴，還不斷的新陳代謝的，產生許多「英雄」來，不獨有「人比黃花瘦」的男「英雄」，而且有素來嬌貴的女「英雄」！最初的說法是：「你們如果得了勞動英雄的榮譽，便可以降低階級成份」！「降低階級」，這是「解放區」的救命湯，因之凡被派爲「地主」「富農」的，一家老小無不拚命「勞動」。果然，一年半載每鄉每村都造出「勞動英雄」來了！這位「英雄」耕種的收穫量，多則超過普通的百分之五十，少則超過百分之三十，某村某鄉自從有了「英雄」以後，其他的人便得「向英雄看齊」！看不齊就是怠墮，怠墮就是「二流子」，因怠墮而減少生產，就應該由自己負責！根據這個邏輯，所以「英雄」的「勞動」是標準勞動，產量是標準產量，那末，全村或全鄉依據標準產量所定的「公糧」額，也是標準糧額了！因之去年秋收沒有被「地主」「剝削」的佃農，他們的繳糧數字，普通達到全部收穫量的百分之六十至七十，相當於前年的「地主」了，原來的「地主」却相當於顆粒無收的貧雇農。「地主」中的「勞動英雄」呢？還是一成不變的「地主」，又是一次「八項諾言」以外的諾言！

「富農」、「中農」，有「地主」之實，而無「地主」之名，於是在醞釀「土革」時，出現了一個新花樣，叫做「階級遞升」！方法是：把原來列爲「富農」和「富裕中農」的升爲「地主」，「中農」升爲「富農」，這樣見官加一級，又增加許多鬭爭資料，遂至「地主」多如牛毛。當然物傷同類，何況這龐大的「地主」叢中，也有不少共幹的親友呢？所以「土革」初期，在衡山縣和長沙東鄉，都進行了不經過「清算鬭爭」，而達到將地主「掃地出門」分配土地的「和平土革」。可是「省政府」一再申斥這是：「嚴重錯誤」！新湖南日報公開指責這是：「幹部偏向」！然則不錯誤的表現，是怎樣呢？一個多月來，除了大力囤積「公審」物資外，便是把以前「反動政府」的保改爲鄉，（也有兩保或三保併爲一鄉的）每鄉搭了一個「鬭爭臺」，這個臺的運用期間，預定從去年十二月一日起到今年五月底止。「鬭爭臺」如此之多，去封刀時間尚有如此之久，同時每一個手執梭標臂縛紅章的「民兵」，又奉到了對「地主」格殺不論的命令，只是江南雖地廣人稠，是否够「民族英雄張獻忠李自成」子孫的用途，却是大費商量了！（民國四十年一月十日於長沙）

（上接第7頁）

爾論，他竭力要講人類精神，逐步戰勝物質而前進，正足證明在其內心無形中却早已太看重了這物質界。

人類文化三階層，不僅其各自之目的不同，其所以完成此目的之方法特性亦不同，當其在第一階層面對物世界的時候，免不得要提高鬭爭性，待到第二階層，轉眼對向人圈子本身內部的時候，則鬭爭性必然要冲淡，組織性代之而起。待到第三階層，人類文化面對心世界，那時則融和性又將代替組織性。若文化止於第一階層，將只見有鬭爭，不見有組織，若文化止於第二階層，將只見有組織，不見有融和。第一階層之文化特性爲外傾的，第二階層則是內傾的，只有人類文化到達第三階層，那時纔始是內外一體，物我交融，古今的隔閡融和了，自然與人文的壁障也融和了。那時則不見有鬭爭，也不見有組織，組織只是政治性社會性，而此刻則是宗教性道德性文學性藝術性。心心相印，一片融通。那一個文化境界，目前只有些端倪，有些朕兆，距離滿圓到達之期尚遠。但黑格爾馬克思則偏陷在第一階層對物境界中，因此都不免以鬭爭精神爲歷史演進之主要特徵。馬克思的階級鬭爭，仍還以組織爲手段，鬭爭爲目的，這一種强調對物鬭爭的文化論，達逆遏塞了人類文化向上遞升之正道。這亦是我上面所說西方文化目前正出了毛病之一個眞憑實據。但西方思想界的毛病，並不即就是中國思想界的毛病。我此刻縱使能批駁倒黑格爾與馬克思，但並未曾針對着中國人自己的毛病。何況把別人家的病痛，硬認爲是自己的良藥與救星，那纔不免要病上加病，更無辦法。

以上一段是題外雜揷，現在再歸入正題。總括前述，人文有遞進的三階層，第一階層是小我人生，只求把外面物質來保全自己生命之延續。第二階層是大群人生，這一階段的目的，已在各得保全自我生命之上要求相互間之安樂。第三階層是歷史人生，此一階層之目的，在求把你心我心，千年前的心，千年後的心，心心相印融成一片。這是一種更崇高的安樂。各階層各有獨自之目的與向往，低階層目的之完成，轉化爲高級目的之手段。而高階級目的之向往，並不毀損低階級目的之存在。自然無目的，人文則有目的。文化演進，正在目的提高。必待到達第三階層之目的完成，纔始是文化之完成。但人類文化，有時則經越過了第二級而直達第三級，此爲文化之過早成熟，有時則爲着崇高而犧牲安樂，爲着安樂而犧牲存在，爲着高級的目的而犧牲低一級，此乃文化演進中所遭遇的不得已的變態，此乃文化之苦難。但文化亦常從苦難中躍進，若僅爲低級而遏塞了高級的，則是文化之逆流與倒退。達逆人心勢不可久。文化三階層之正常演進，應該是一個超越一個，同時又是一個包涵一個。試作圖表示如下：

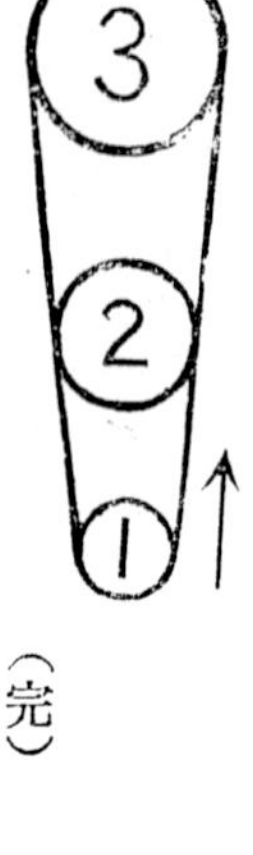

（完）

看陸軍射擊比賽大會。

鳳山通訊・三月十日

文靜

射擊在軍事上是一種基本的戰鬪技能，也是殺敵致勝的重要手段，當孫立人將軍在民國卅六年七月受命主持陸軍訓練的時候，即以射擊教育作爲訓練重點之一，並經常的在靶場上親自指導受訓官兵和學員生怎樣瞄準，怎樣射擊，這種嚴格的要求和積極的倡導，掀起了部隊精練射擊的熱烈情緒，提高了官兵的射擊水準，去年三軍聯運會上陸軍射擊選手，那種輝煌的成績，就是中國陸軍射擊訓練成功的一個考驗。

去年十二月孫總司令校閱各地部隊時，曾宣佈要在今年春季舉行一次大規模的全軍射擊比賽，這個決定，更激發了全體官兵加强練習的精神，從那時起，大家就磨拳擦掌，準備一顯身手了。

射擊比賽，經過積極的籌備，當總統復職週年紀念的日子，在新陸軍的訓練基地上隆重揭幕，參加這次比賽的包括全國陸軍九十七個單位，射手達一萬七千餘人。

記者于開幕前夕趕到鳳山，恰值孫總司令在對全體射擊選手和大會職員訓話，他特別指出「這次射擊比賽不僅爲全國陸軍射擊技能的總考驗，亦爲各部隊精神紀律的總表現」勗勉大家要在比賽中樹立公正嚴明的治事精神，和光明磊落的競賽風度。

開幕之日，春風和暢，豔陽普照，總統親臨訓示，給全場官兵極大的感奮，接着總統偕夫人由孫總司令陪同親赴各個比賽靶場一一巡視，歷時四十分鐘。

比賽開始，射手們都能按照正確姿勢和射擊要領，沉着謹愼的發出每一粒子彈，在預備線上等待射擊的射手們，也在集中注意力於面前的靶標，緊張興奮，大家都以神槍手自期，要爲個人爭勝利，爲團體爭光榮，各級部隊長或是領隊官更是親臨督陣，目不轉睛的注視着每發子彈，射出後的報靶成績，一面覷着人家的分數，回頭再看看自己部隊的紀錄，從各個人的緊張神情中流露出一嗔一喜的動人表情，輕機關槍計分標準，以卌二分爲滿分，打中卌一分的射手，還認爲自己太不爭氣，以沒有打中卌二分爲可惜。

自各部隊射手開始集中，以至賽罷歸去，孫總司令全神注視着部隊各方面的表現，白天他竟日在各靶場來往巡視，細心觀察每個射手的動作，薄暮黃昏，不暇進飧，就繼續到各部隊射手住宿的營房內外去視察他們的飲食起居，生活秩序，精神紀律，考察部隊長的責任心，統馭力，直至深夜始行歸去，這種篤實苦幹的治軍精神，眞是令人感佩，在閉幕講評時，孫氏說當他在比賽前晚，詳細巡視各單位宿營情形後，不待比賽，他便已經判出這次的勝利誰屬了，因爲他親眼看見有些部隊正在那裡集合討論，彼此鼓勵如臨大敵，這種臨事而懼的精神，一定會獲得勝利。

陸軍總部爲了這次大會動員各級服務人員有三百多人，記者看到他們洋溢着熱情，充滿了興奮的情緒，好像是在爲一個大家庭的喜事忙碌，而那種緊張、嚴肅、認眞的態度，又如同面臨了一次戰爭，他們要佈置好近兩萬人的膳宿，爲着調劑射手們疲勞的身心，又設置六十處康樂場所，射手們下了靶場，吃完晚飯，便可到陸軍浴室去洗一個痛快澡，然後各按指定地點去看平劇電影，或是話劇，一天的時光，分配得非常緊湊，有條不紊，三號那天比賽結束後，一夜之間，評判人員在副總司令賈幼慧將軍督導之下，通宵達旦的統計出一萬七千多射手團體和個人的成績，充分表現出高度的服務熱忱，和有組織有計劃的卓越治事方法，因此各級部隊長和射手們對大會職員的勤勞盡職，和陸總部辦事有效率都非常的滿意，孫總司令特別嘉獎大會職員們說：一萬八千人就是點名也要點上三天，何況在一夜之間要一個個的去檢查分數評定成績呢：

記者在比賽中曾訪問過很多射擊英雄，他們都有一個相同的看法，就是認爲部隊裡可以因此格外重視射擊，而增強他們作戰時的射擊把虛，對這次大會給他們週到的招待，都深表感激，對比賽審判的審愼也是表示滿意，他們希望每年都能有這樣一次大規模的比賽，一位砲兵部隊的戰友還說，他希望總司令也能給砲兵一次賽砲的機會，這誠摯的談話，表現了他高度的競賽精神和求勝利爭光榮的心理，革命軍人是永遠想站在人家前面，不甘落後的。

閉幕典禮在四日下午四時舉行，結果四六二六部隊獲得最高榮譽，取得總錦標，這是他們各級部隊長負責任（此次該部隊軍師團長均親自擔任領隊在場督導）和每一個弟兄重視射擊，奮鬪努力所換來的光榮。

這次比賽中產生了有四十六名輕機槍的射擊英雄（成績在卌一分以上，其中十二名並得卌二滿分）和一百七十三名步槍神槍手（成績在十九分以上）榮獲金質獎牌，孫總司令在悠揚軍樂聲中親自爲他們佩掛在胸襟上，並撫拍他們的肩膀，鼓勵他們繼續努力。

這一個富有教育價值和考驗意味的射擊比賽，已圓滿結束，射手們回到部隊後，均將續求進步，鍛鍊他們更高的射擊技能，要在未來反攻大陸的戰場上，用嚴密強烈的火網去摧毀共匪的人海戰術，我們從這次射擊比賽的輝煌成就，看到了反攻勝利的曙光，祝望明年此時會有更盛大的射擊比賽在南京北平舉行。

我們何時與西班牙通使？

瑪德里航訊・二月十六日

警雷

最近兩個多月以來，居留在瑪德里的人，經常可以從報紙上看見外國大使公使呈遞國書的消息與照片。自去年十一月四日，聯合國大會決議撤消對西封鎖並准許對西恢復邦交之後，風起雲湧，一片通使聲，響徹了各個國家，截至目前止，自由國家，尚未與西班牙通使的國家，最多不過尚有五、六個了，而這五、六個國家之內，任何國家在西班牙即使沒有大使公使，然而代辦總領事之流的外交人員，總是不會沒有的。有之，則是我們反共抗俄的中華民國，此外，則是鐵幕內的共產國家了！人家都紛紛通使，紛紛與西班牙恢復了邦交，為什麼我們却沒有一點與西班牙恢復邦交的跡象和聲音呢？這究竟是為了什麼？

根據多方面的觀察，我尋獲了下面的理由：我們誤解了西班牙的立場，西班牙這個國家被我國的輿論界給整個誤解了，當我在國內的時候，從一九三六年國民軍，開始討伐人民軍(即政府軍)的時候，每天所讀到有關於西班牙的報導，對西班牙的國民軍，也就是對佛郎哥政府都是詛咒性的，將佛郎哥政府描寫得成了一隻猙獰的野獸，恐怖，獨裁，不自由，沒有一點可取的地方，這種情勢，一直延長到了勝利之後，延長到了今天，記者離開祖國業已二年，香港的朋友們時常給我們寄來香港某反共最力的政府方面的大報，凡有關於西班牙的報導，還依然如昔，當我們在國內時也認為這是事實，但是現在于經過了二年的仔細觀察，耳目並用之餘，發現國內輿論界的報導很多是向壁虛構，甚至是造謠中傷。我們也曾考察過這些消息的來源，結果發現了都是西班牙共產政府流亡在外的人員的惡意宣傳，我們的反共的輿論界竟習焉不察的就採用了，不但報界如此，就是軍政兩界也是如此。

離題太遠了吧，我們趕快收回來，談我們的通使問題，現在雖然已經稍晚，然而還不算太晚，我們應當及早決定，不要再因循不決了！說起來中西絕交十四年的歷史，其間盤根錯節，令人不勝惆悵之至，這在西班牙國民軍起而革命之時，我國駐西公使撤退，臨時改派代辦，但那位代辦先生迄未到任，待至西班牙佛郎哥政府成立之後，他的死敵英國首先承認，那時佛郎哥政府極度希望我國政府承認，但當時政府因惑於事實，誤信與論，迄未肯予佛郎哥政府以承認，待至一九三九以後，汪記偽政府成立，國民政府此時有意與西班牙通使，當時曾派某外交名流借同駐葡公使向西班牙政府交涉，西班牙是個酷嗜鬪牛的民族，他們有着東方人的意氣，恩怨分明，睚眦必報，對前次我國政府之不予承認，懷怨在心，此時我國政府正跼促於重慶一隅，而汪記偽政府藉日本之力，活躍國際，佛郎哥政府一步差棋，反與汪記偽政府通使，待至勝利以後，聯合國在蘇聯與英國慫恿之下，對西班牙與以制裁，並禁令各國與之通使，當時除南美與回教各國表示不服從聯合國決議之外，美英法各大國皆有代辦駐西，而我國則連一名領事也沒有，有之，是舊日汪記偽政府的外交人員尚居留在此，西班牙政府遭此封鎖以後，苦悶已極，亟思打開一條國際通路，而欲與一大國為友，舉目世界反共最力，當時唯我國一國，於是西班牙政府即思與我政府聯絡，派遣專員，到我國訪問，而我們也不肯以德報怨，冷淡置之，於是西班牙政府又婉轉託駐華教廷公使，代為說項，結果仍遭我政府的拒絕！通使迄未能成功！當時我國政府或許礙於聯合國封鎖命令，不便取單獨行動(其實連美英都未曾完全遵照聯合國)，但是時至今日，聯合國命令早已撤消，連在大會上持反對態度而投票時棄權的英法兩國，都已決定派遣大使，且在短期之內，即可到任，而我們這在聯合國大會上投贊成票的國家，為什麼却姍姍其來遲呢？

或者有人以為，我們既然數次拒絕了人家的請求，這次如果由我們發動通使，人家既是恩怨分明，恐怕要對我們的請求拒絕呢？這一點從客觀來看也不無理由，但如果我們瞭解西班牙目下政情，對這點却不必過慮，目前西班牙政府實有意與我國通使，當去年八月于斌主教，與曾琦陳立夫訪西時，即對此問題即曾有所討論，當時曾有人提出，「國民政府現跼促於臺灣一島，與西班牙通使，恐有不便」，西班牙外交部長即慷慨陳詞說：佛郎哥是講正義的，臺灣雖小，但他是抗共最堅強的堡壘，通使當無問題」，此後當曾琦先生在瑪德里小住時，西班牙報界以及法郎黑黨也以通使問題與曾先生反復討論，目前又有中央警官學校校長李士珍來西訪問，西班牙政府待以上賓之禮，談次也有極願迅速與我國通使之意，總之西班牙是歐西方面抗共最有力的國家，他對一切決心抗共國家，無條件的寄以同情，他們的報紙雜誌全國與論界對臺灣都譽為東方抗共堡壘，並表示兩國應及早通使！人既有心而我何竟無意呢？

此外西班牙全國上下，對我們這抗共的人民，也都寄以無限同情。前年夏季于斌主教由美赴意道經西班牙，西班牙當局慨允獎學金三十名，其後又有私人方面交涉又得獎學金十名，最近李士珍先生前來又得獎學金二十名額，此外由教會方面，捐助獎學金，數額量也在四十名左右，一個與我們沒有邦交的國家，竟然如此對我們同情，如果有了邦交，其同情當是更爲深遠了吧。這樣的國家爲什麼我們不及早與他恢復邦交呢？（按法國曾擬請西班牙政府撥予獎學金，結果以交換爲辭遭謝絕，日本某要人去夏來訪，曾要求獎學金名額三個也遭拒絕）。

雖然我們與西班牙相隔極遠，在軍事上未必能與我們以援助帮忙，但是他的國際力量，却是不可輕視的，中南美十九個國家，除去危地馬拉以外，在政治上可以說是唯西班牙之馬首是瞻，非亞兩洲的回教國家與西班牙的關係更爲密切，最近一家美國報紙曾發表一長文，論及美國爲了團結回教國家須求助於西班牙，我國政府，自大陸淪陷以後，以前所有與國，若英印等國家皆與我國反目，這時我們除美國外，更應尋找與國，那末目下在國際場合，影響最大又願作我們的朋友者，要以西班牙爲最合理想，我們爲什麼要放棄這樣的與國呢？

（二月十六日）

這篇通訊中，對於佛朗哥政府的意見，係基於作者本人的看法，本刊就原文刊出，以存其眞。蓋通訊並不代表本刊立場也。

又關於通使問題，據熟悉外交內幕之人士稱，已在積極商談中，不久或可實現。

—編者

奴隸的歌頌

巴黎通訊・二月廿二日　梅雨

蘇維埃共和國最近舉行最高議會的選舉。這幾天凡在巴黎所能看到的歐洲各國共黨報紙，都在大做其宣傳工作。斯大林這個名字，每天出現報頭，要佔據四欄的地位。在這非常觸目的大標題之下，都是這一類歌功頌德文句：「對於偉大的斯大林的全心的愛戴」，「約瑟斯大林是全國人民的候選者」，「人民對斯大林同志堅強的愛的表示」「共產黨勝利的啓示者」，「我們將萬分愉快來投親愛斯大林的票」，「天才的建造者」，「和平大旗的撐持者」，「偉大的領袖和偉大的主人」，「我們勝利的鼓勵者」，「人民幸福的創造主」，「全民愛戴和感謝」，至於「爲了偉大領袖的名字」「人民幸福的創造主」，那更不厭其重覆喊着叫着的了。

在「列林格拉的金曖」的那種報紙有如下的記載，今天一早，列林格拉滿城的人，不勝歡勝，因爲偉大的斯大林同志，已同意於當 Kirov 區的蘇聯最高代議：是呀，這是一個幸運，一個莫大的幸運。我們對於斯大林同志，非常的感謝！列林格拉全城的人民都這麼說」。

某報有一條通訊說：選舉之日，全城光明愉快如逢大節日，在一切俱樂部裡，一切學校裡，一切圖書社裡，一派熱情洋溢。有一個女工名叫白尼亞，雅各凡年二十一歲，她第一次投票｜我們投斯大林的票，她說着，兩眼閃射快樂的光芒。我們生活得眞幸福，眞快活。一切都非常的好，我們該把這個連繫在斯大林名字上面！

但在白刺夫丹（Pravda）和意才威斯簡（Izvestia）這兩種姊妹報紙上，上星期我們可以看見她同時登出一張巨幅的斯大林照片，下面便是 Kirov 區的選民的集合。這張照片也佔了報紙四欄之多，但斯大林的半身像比立在他下面選民的全體要大三倍。這本來也沒有什麼稀奇，有趣的，是這一幅清晰的照片，每一個男人和女人，都是垂頭喪氣，流露一種畏佈與悲哀，像報紙記述那種歡欣鼓舞的熱烈情緒，他們臉上是半點也找不出，這難道不是一個強烈的反諷？

這些都是歐洲報紙近日花絮欄的資料。一向呼吸自由民主慣了的歐洲人，看了頗爲訝怪，並且也覺得極其可笑。其實在奴隸的國家這些原屬家常便飯，一點也不值得訝怪，更不能說可笑，｜你該知道這些詔誥字眼的背後，隱藏着多少的眼淚和悲劇！

過去專制帝王要維持他的尊嚴，拚命要臣民對他歌頌。什麼「聖明」呀，「神武」呀，什麼「堯天舜日」呀，什麼「皇恩浩蕩，帝德深隆」呀。便是皇帝要砍他的頭，也該望闕九叩首以謝，說一聲「臣罪當誅」，或「雨露雷霆皆係帝德」。皇帝的頭銜也是多得不可勝數。連那個斷送滿清三百年國祚那拉氏，她也有一個長得叫人記不住的頭銜，是什麼慈禧，端佑，康頤，昭豫，莊誠，壽恭，欽獻，皇太后。你說她配嗎？半個字也不配，一個荒淫凶悍的老妖婦而已。但是我敢同你賭個東道，中國以前任何專制帝王的頭銜，沒有斯大林千分之一這麼多，所聽的歌功頌德的話兒也同斯大林萬萬比不上，因爲從前沒有特別宣傳的機構，沒有普遍的報紙刊物，做皇帝的人，也只好在群臣章奏裡聽幾句歌頌過過癮罷了。究竟是有限的。

斯大林遠在二十年前，便從事於製造自己的尊嚴，極力把自己神化，要人民不斷對他頌揚了。新近逝世的法國大作家紀德，以前很同情共產主義，遊歷蘇俄，看見許多黑幕，已感不滿，臨走的時候，到電報局打個電報給斯大林告別，終結時說：「斯大林先生，我對您致敬！（大約如此，原文記不清楚。）電報局職員竟大發其呆，對他說，我們這裡的人想寫信給斯大林一定要加上幾句頌詞，如「無產階級的導師」「人類的救主」云云，你這樣措詞那是不行的。紀德從此看破斯大林的野心，同共產主義分了手。這二十年來，全蘇聯和世界共產黨徒，一唱百和，對斯大林歌頌之多，假如搜集起來，恐怕可以集成幾個厚厚的冊子吧。

現在我們的郭沫若也在大喊：「偉大的斯大林，親愛的鋼，永恆的太陽」！而「太陽出山紅冬冬，東方出了個毛澤東」也早在十餘年前的共區裡寫在教科書，教兒童熟唱了。現在呢，每個文人，不寫文則已，寫則一定要來個「偉大的毛主席如何如何」！也不怕把人一身肉都麻掉，這都是遵從人民皇帝神化自己政策的結果，可憐呀，奴隸的命運！

文壇巨星的隕落

—紀德病逝巴黎—

巴黎通訊・二月廿三日

梅雨

巴黎—這座歐洲文化的古城—法國當代大文學家安德萊，紀德（Andre gide）的逝世而罩上了淡淡地悲哀的氣氛。紀德是本月十九日晚十點三十分在他寓所逝世的。享年八十二歲。

一八六九年十一月二十二日，紀德誕生於巴黎梅蒂西路十九號，此街離法律專科學校不遠，他的父親保羅紀德即在該校教授羅馬法。紀德的血統一半屬於法國北部諾門德（Normande）一半屬於法國南部諸省，所以他的性格是剛强與溫膩的混合，這話是他與名作家巴萊（Barrés）筆戰時自己稱述的。

一八九一年他匿名發表懷爾臺的簿子，（Les Cahiers de Walter）遺作，（Oewure posthume）但他自己並不滿意，沒有多少時候，便將版本銷毀了。同年，他發表耐煞西施的條約（Traite du Narcisse）一八九二年發表安德來懷爾臺的詩集（Les poésies d'André Walter）誘惑的愛人（La Tentatiue amoureuse）書中充滿了輕鬆機敏的嘲謔，文學界受其影響，一時嘲諷成風。

即在這個時代，紀德開始到各處旅行，曾到非洲北部，及中部，意大利及一切拉丁語文的國家。他對拉丁語的國家具有極大的好感，對於蘇聯亦然：不過他自從遊歷蘇聯以後，觀念爲之一變。歸國以後，發表自蘇聯歸來（Retous de l'U.R.S.S.）轟動了整個世界。共產黨當然對他大肆抨擊，甚至羅曼羅蘭都替他大爲惋惜，也作文責備他。但他那本書却得到廣大讀者的歡迎，一時譯爲十餘國文字，以前蘇聯這個國家，本來隱藏在一團黃金色的霧裏，人家都把她看作無產階級的樂土，人類最後救渡的慈航，紀德這本書出版，才把蘇聯啞謎戮穿一部份。這本書對蘇聯的觀察，還只是屬於表面的，並沒有阿特來女士失去的夢那麼深刻透徹，但紀德的書之問世比失去的夢要早好多年，在他書中，早已料到斯大林要走到獨裁的路上，要拿共產主義做幌子來實現他征服全世界的夢，他的觀察力能說不强嗎？本來文學家就是預言者，紀德的預言現在已一一應驗了，所恨者眼睛被那一團黃金霧眩昏的人，還是很多，還是互相牽引甘心向那霧後萬丈深淵下躍，紀德啊，你的預言是白說了。

一八九三年，紀德發表叙利安的旅行記（Le Voyage d'urien）以後又發表了土地的食料（Les Nourritures teuestres）心理小說鬆鎖（Mal enchain'e）等等。兩年以後，又發表不道德者（L'Immoraliste）這書頗可表現作者特殊的性格，一般研究紀德的人，說紀德在現代文學界所提出的駁詰辯論的問題最多云。

一九〇三年，紀德發表籍口（Pretextes）第二年紀德在他一生著作生涯中展開了燦爛的一頁，也在法國文學界開一個光榮的時代。他發行法蘭西新刊（da Nouvelle Revue Francaiae）他和 Jean Schlumberger, Jacgnes Copeau, Andre' Ruyter's 一羣作家合作，希望對一種青年的運動，有所帮助。

一九〇九年，紀德發表天才兒童的歸來（Le Retous de l'enfant Prodique）一般讀者稱這本書爲我們作家最偉大的作品。他的作品以後源源不斷產生，每年都有書出版。像依撒培兒（Isabelle）新的籍口（Nouveaux pr'etextes）重罪法庭的回憶（Souvenirs de la d'assises）牧歌的合奏（La Symphonie pastorale）假如種子不死（Si le grain ne meurt）婦女學校（L'Ecole des femmes）等等。都是一九〇九年到一九二九年十餘年的收穫。

紀德也寫過若干劇本，頂著名者爲沙爾（Saül）剛圖和老蒂甫王（Le roi Candaule et Oedipe）他對於Iostoievski, Oscar Wilde 兩位作家的研究是很有名的。他對於莎士比亞，公哈（Conrad）華特門（Whitman）太戈爾，和伯拉克（Blake）諸人作品的翻譯，也是一切別人的工作爲更優美翔實。

[illegible]他遷居里昂，將在費卡羅所著各論文，彙印成冊，題爲想像的晤談（Interviews imaginaires）法國自由以後，紀德又在報紙撰著，作品均膾炙人口。

一九四七年，紀德榮膺世界文學獎金，諾培爾獎金。同時得獎者，有馬丁逗卡兒（Roger martin du gard）此人也是法國當代有名作家。

紀德最後作品，爲梵蒂岡地窟（Caves du Vatican）乃係劇本，最近在法國劇院上演。

紀德曾說過這樣的話，「我愛天方夜譚，舊約聖經，天主的快樂和天國(書名)。」這很可以說明他的性格和他的人生態度了。

文藝

自由中國（三）

——四幕劇——

王平陵

第三幕

時間：暮春的黎明之前。

地點：黃鵬程公館內。是一幢花園內的日式房屋。

佈景：黎明之前，書齋內有暗淡滲綠的燈光，照到窗邊的一角，頗藝術化的窗幔沉沉地垂掛着，遮掩窗外的景物。窗前是一張寫字桌，其上陳列整齊的文具，及各種設計完成的圖表，還有一隻黑色的公事包。桌上有一盞微弱的檯燈，僅能放出照見一個人在工作的光亮。

右側是一張可以當作睡牀的長沙發，前置茶几一，几下有幾本雜誌，几上有香烟及烟缸之類，右牆角有衣架一，上掛陳國華的夾克及熨得筆挺的西裝褲之類。左側有小沙發二，小方桌一，桌上有待整理的小皮箱。右側有一門通黃鵬程的臥室；左側有一樓梯通樓上。窗子左邊有一門，通花園，開門時，隱隱可窺見園內的花樹，證明這屋子是單獨建築在花園裡的。外人從此門進出。門旁裝有電話機。

壁上飾臺灣全省的放大地圖及一些藝術裝飾品。

幕啓時：陳國華在暗淡的檯燈下，努力工作，像要在黎明時分完成這工作一般，他祇穿了一件美式軍裝的襯衫，領口散開，捲起袖管，頭髮略呈蓬亂；雖然通宵未睡，仍是興奮異常，看不出倦容。黃麗英正在爲他整理行裝，除已把鋪蓋，箱子，整理得大致就緒外，仍坐在箱子旁邊的沙發上替陳國華縫襯衣上的扣子。室內一度靜穆，祇聽見黃麗英打一個微微的呵欠。

國：（笑着問。）麗英！你累了嗎？（體恤地。）你去睡吧！

麗：（故作緊張的神色：）我一點兒不累，我太高興了，我越想越高興。（停住針線。）你瞧！我的精神多麼好。

國：（點頭微笑。）唔！不錯。（忽然感從中來，嘆一口氣站起，踱來踱去。）我們剛剛從重慶逃到臺灣，只有兩三個月，我又要走了。這一去，眞不知道那一天才能見到你們了？我捨不得一向關愛我的舅父舅母！（走近黃麗英。）我更捨不得你！

麗：（鼓勵他。）年青人，眼睛要向前看。這裡沒有什麼值得你留戀！忘記舅父舅母，忘記我！（沉痛地。）忘記我！

國：（傷感地。）我的媽媽死得太早，爸爸在這一次京滬撤退，沒有出來，到今天還不知道生死存亡。舅父舅母這樣愛護我，時時刻刻關心我，我怎麼能捨得離開他們呢！

麗：（不忍重拂其意。）自然囉！我們又那兒捨得你離開呢？端午節就要到了，我們在一塊兒吃粽子，喝雄黃酒，講講端陽節的故事，多麼好啊！不過，現在並不是我們享樂的時候！

國：（看看已經整理完畢的東西。）我要換洗的衣服，要用的東西，愛看的那些書籍……你爲了我忙了一夜，件件都整理好了。麗英！你待我太好了！你這樣做，反而增加我的痛苦，軟化我的英雄豪氣；我很擔心，我到了舟山前線，拿起槍桿，雙手就要發抖的。麗英！要是我打了敗仗，那可就要怪你！

麗：（暫停縫紉，撒嬌地罵出來。）傻瓜！快不要這樣想。你知道，我的心是最殘酷的，我要你去舟山，你能早去一天，我就更高興。全家之中，決不挽留你的人，就是我。我是最殘酷也沒有了。（眼淚撲簌簌地滾下來。）

國：（天眞地。）敵人的殘酷，逼得大陸上的老百姓拚命逃跑。奇怪！你待我的殘酷，反使我痛苦得不願離開你。同樣是殘酷，同樣是痛苦，想不到會有天懸地隔的分別！

（黃麗英裝作不理會他那一套話：把縫好了紐扣的那一件襯衣交給他。）

（陳國華隨即把襯衣放在箱子裡，略加整理箱中的東西，很快就關上箱子，提到鋪蓋捲的旁邊放下。）

麗：（慢吞吞的提醒他。）襯衣左邊的口袋，我縫起來了，裏面有舅父舅母，哥哥的照片。（略停。）還有我的。

國：（感激地。）噢！噢！（再回到箱子那裏，取出看看，微笑。）這件襯衫是你做的，十足的美軍新裝束。

麗：（微笑，得意地回答：）眞的，這件襯衫，我也很愛牠，你穿起來，多好看，多麼 Smart！

國：（馬上披在身上試一試。笑着問：）怎麼樣？

麗：（帶有譏諷口氣，不斷讚許。）哼！哼！好！好！我們的風流上尉！

國：（高興地脫下來，笑嘻嘻地說：）還得謝謝你呢！（說着送還箱子裏，回轉身來，踱步，自言自語：）七年前，我情願不進大學，響應蔣總統十萬青年軍的號召，冒着九死一生的危險，在緬甸野人山裏，打日本鬼子，爲的是什麼？(聲調漸漸高朗。)還不是爲了要爭取我們的獨立自由嗎？還不是爲了要使大家喘一口氣嗎？

麗：(沉痛地附和。)誰知道……

國：(緊接着。)誰知道窮兇極惡的蘇聯帝國主義，又唆使那一批土匪強盜把我們勝利的果實，完全吞噬了！

麗：(痛惜地附和。)眞可恨極了！

國：(繼續說。)復員以後，我進了重慶大學，學機械工程，原來希望學好了，對於中國的建設求一點貢獻，唉！誰知道一個美麗的夢，竟變成了惡夢！

麗：國華！別難過！好在大家已經從惡夢中醒過來了！

國：(苦笑。)都醒了嗎？

麗：是的！全中國的老百姓都醒了！全世界愛好自由民主的人們，都從惡夢中醒過來了！

國：(自言自語。)眞醒過來就好了，中國！中國！全國同胞犧牲了無數的生命財產，千萬的青年流過了他們的鮮血，八年抗戰才從日本帝國主義的魔掌下，把她奪回來，大家的血能白流嗎？(自己回答：)不能，絕對不能！我們要把勝利的果實，搶回來！無論如何我們要搶回來！

麗：這才對得起千千萬萬死難的同胞和抗戰的英雄呢！

國：現在擺在我們面前的祇有兩條路：一條是做自由中國的主人；一條是做蘇聯強盜的奴隸。中國人並不是天生的奴才胚子，(剛强地。)頭可斷，身可殺，要中國人永久做奴隸，是決不可能的！麗英！我們不僅是爲了救國家，就是爲了救自己，也祇有毫不猶豫地選擇第一條路！

麗：(意味雋永地。)你是對的，所以；你要到前線去我決不挽留你，我要你忘記了一生中祇有一度的青春好時光；我不要你的心停留在一個女孩子的身上；我要把你青春的酒杯奪下來，你不會恨我吧？我爲什麼要待你這樣殘酷無情，你會原諒我的，是不是？

國：(氣概不凡地，)麗英！奪下我們的酒杯，葬送我們的青春的，不是你！

麗：不是我？是的，不是我！(誠懇地。)我早晚爲你祈禱勝利！我永遠保持着純潔的心，等待你，等待你勝利的歸來！

國：(感激欲泣。)麗英！你給我的鼓勵，是我永遠忘不掉的，這一次，我一到臺灣，就到處寫信找機會，可是，都沒有下文，眞是報國有心，投效無門。昨天我忽然接到舟山劉軍長的回電，(由褲袋裏摸出電報，興奮地說：)歡迎我馬上去舟山，他是我的老長官。(熱烈地。)麗英！你再看看！(把電報交給她。)

麗：(笑。)嗳！我昨天已經看了，又看，看過好幾遍了！

國：(把電報收回，放入褲袋裏。)啊！我眞興奮極了！

麗：(歡笑。)眞的！舟山的消息都是教人興奮的！聽說，那兒的軍民都打成一片了，舟山的戰友們吃得苦，耐得勞，有決心不怕死，一個個都用自己的鮮血寫下遺囑，等待着和敵人拚命！這，都是眞的嗎？

國：(得意地。)當然是眞的！現在，國軍的字典裏，再也找不到『失敗，投降，逃跑，』這一類可恥的字眼了！

麗：(欣喜逾恆：)那太好了！只要到你們一收復了上海，我們新生劇團就立刻趕到上海去，舉行勞軍公演。

國：(決定的語氣。)麗英，到那一天我一定來看你演戲。

麗：嗳！我眞是越想越高興！

國：(被極大的希望所鼓勵，微笑地，堅決地說。)到那時，我們一定是歡喜得說不出話來，也許會歡喜得流出眼淚來！可是；歡喜之後也許有悲哀的。

麗：爲什麼？

國：當你聽到親戚，朋友，同學，失踪的失踪，活埋的活埋，有的連屍首都找不到，有的墳頭上長滿了青草，當你看到繁華的大上海，變成一座荒涼的死城，同一座淒慘的墳墓，你還不悲哀嗎？

麗：唉！眞是不堪設想的。(自以爲是的說：)一個美麗的世界，給萬惡的魔鬼搞成了悲慘的世界，使許許多多的兒女們失去了父母，使許許多多的婦女們失去了自己的愛人和丈夫，我們不知要付出多大的代價，才能爭回失去的自由，想到這些，眞令人要痛哭！

國：(嚴肅地：)實在說起來，僅僅痛哭，是不够的！我覺得還是死最容易，到那時候，如果我們還沒有死，就要讓死去的人能够閉眼睛，麗英！我們的責任，多麼重啊！我們這一輩子，眞是不應該有絲毫享樂的念頭的！

麗：是的！我們的責任是太重了！不過，我們以後的工作一定是愉快的，因爲再也沒有魔鬼來搗亂了，我們可以親眼看見工作的效果了，你說是不是呢？

國：當然是的。

麗：(設想未來的美景。)所以，我們在休息的時候，可以到兆豐公園去散散步，或是到朋友家裏玩玩。或是打打網球，看看電影。彈彈鋼琴，唱唱歌；週末和假期，不妨跑遠一點，最好是跑到空曠的海邊去，呼吸新鮮的海洋氣息，欣賞魚鱗似的金光，看着自由的海鷗，掠過白色的浪花，這時候，我們仰臥在海灘上，讓淸涼的海風，梳洗我們的頭髮，讓美麗的陽光，溫暖我們的胸懷；讓我們靜悄悄地聽，聽波浪的歌聲；讓我們的心和大自然混成一片。(歡呼讚美。)喲？這生活多麼美滿啊！你說，我們能有這一天嗎？是不是我的夢想呢？

國：(堅決地。)這不是夢，是新中國的遠景！

(忽然傳來喔喔的雞鳴聲。)

國：（驚奇地。）唉呀！雞叫了？

麗：（笑着提醒他：）雞已叫過第三遍了，天快亮了。（國華拉開通外的房門，一縷乳白的晨光射了進來，園裏的綠樹臨風搖動，東方現出魚肚白。）

國：唔！怎麼我沒有聽到呢？

麗：瞧！太陽快要上昇了。在臺北，今天最早看見太陽的人，恐怕就是我們了！

（窗外的園子裡，鳥兒不住的歌唱。）

國：（想起尚未完成的工作。）哎喲！舅父交給我的文件，還沒有整理好呢！

麗：你休息休息罷！我來替你整理吧！

國：不！還是我來，這是個重要的計劃，（繼續工作。）

麗：（在旁細看已整理的計劃。）這是什麼計劃？

國：這是一個總動員計劃。舅父爲了這個計劃，眞是用盡了心血，我非要在離開之前，替他整理好不可。唉！我們的話眞是說不完。（埋頭工作。）

麗：可惜時間過得太快了！

國：（含笑地。）如果我們住在月球上就好了。

麗：（疑問。）爲什麼呢？

國：天文學家告訴我們，月球上的一夜，等於地球上一年呢！

（大家會心地笑。）

（黃麗英在旁欣賞國華專心工作的神氣，現出充分愛他的表情。）

麗：（突然注意到他右手腕上的瘡疤。）嘎！你右手上的瘡疤！

國：（沒有十分理會她，祇是專心工作，突因工作完成，興奮地自言自語：）好了！我的工作做完了！（放下鋼筆，把計劃收入抽屜中。）你剛才說什麼？

麗：（戚然地：）國華！我又看到你右臂上的瘡疤了！我想起那晚上，從林園逃出來……

國：（笑嘻嘻地割斷她的話線：）噯！過去的事，不必再提了！

鵬：（突然着了睡衣走出，驚奇地：）什麼瘡疤啊？

國：（笑）哈：哈：哈：舅父！您早！

鵬：昨晚上，我睡到半夜，還聽到你們在說話，你們什麼時候起來的？

國：我因爲要在臨走之前，完成您交辦的工作，又要把零零碎碎的東西，整理整理，所以，我起得很早。

鵬：（笑問麗英：）你呢？

麗：（刁皮地：）我嗎？我睡得很晚。唔！起來也不算太遲。

鵬：（似有所悟地好笑起來：）噢！噢！我知道，你們一夜沒有睡。（抽煙。）剛才你們談些什麼瘡疤的。

麗：對了！爸爸！我還沒有告訴過您呢！表哥爲了救我，手臂上還中過一顆子彈呢！

鵬：（更驚奇地望着他們：）怎麼囘事啊？

國：舅父！這一件事，都是丁慕松這傢伙惹出來的，……

麗：是的！爸爸！那晚上眞危險啊！

鵬：嘎？危險嗎？（驚奇地。）

麗：我們在重慶過第一次的『解放年』，有兩個文工團的男女匪幹，跟丁慕松到我們家裏來，勒迫我到林園去表演。（指國華。）表哥！你是親眼看見的……

國：（點點頭：）唔！唔！

麗：（接着說下去：）丁慕松就坐着汽車，送我到林園去表演，誰知表演完畢，我就到處看不見他了。

鵬：（急問：）那一個丁慕松？

國：（速答：）就是陪都日報的社長。

麗：（跟着說：）在重慶的時候，那個常來向你採訪新聞的大胖子，就是他。

鵬：噢！噢！我見過，我認識他。

國：（揷上來說：）這傢伙知道闖了大禍，負不了責任，馬上就跑到重大宿舍來找我，我就死命拖住他，一同趕到林園來……

麗：（接下去報告：）爸爸！那個文工團的匪幹，用盡了方法，騙我到林園一幢漂亮的屋子裏去，我遠遠地聽到女人的哭聲，喊救命的聲音，從那幢屋子裏傳出來，我回頭就跑……

鵬：（代爲躭心似地問：）嗯！你就跑？你向那裏跑？

麗：（做手做脚地：）我發覺圍牆的左邊角落裏，有一個洞，好像是狗洞，我就跑到那裏，（惶急狀，）不要命地從狗洞裏鑽出來。爸爸！我有生以來，是第一次鑽狗洞呢！（慌張萬狀。）

鵬：（驚奇地：）嘎！後來呢？

麗：我就竄進樹林裏去！

國：我和丁慕松看見是你，馬上就從樹林裏跑出來……

鵬：（緊張狀：）唔！唔！

國：那些狗雜種當眞追趕上來了，一陣陣的槍聲，我手臂上中了一顆流彈。丁慕松嚇得發抖，落在後面了，這傢伙投機取巧，惹事生非，如果打死了，眞是死不足惜，活該！活該！

麗：爸爸！從此以後，我就決心離開重慶了！

鵬：（對陳國華說：）你們來得好，來得好！只是險些兒連累你了。（黃麗英像祈求原諒似的，向陳國華微微地一笑。）

國：（慷慨地：）舅父！在野獸橫行的時代，我們不打死野獸，野獸就會吃掉我們，這是決不能怪麗英的！

麗：（異常感激，走近他，低聲說：）國華！你的血是爲我流的！（說着低下頭來，無可奈何地揉她的手。）

國：（似理不理地，笑了笑，急忙走到桌子邊，把整理好的計劃，遞交鵬：）舅父！這一份總動員的計劃，祇要切切實實做到一半。光復大陸是毫無問題的！

鵬：當然要做，必須要做，就是有天大的困難，我們都要衝過去的！（招呼麗英：）你趕快幇國華把東西整理一下吧！（拿着計劃走進房內。）
國：（看錶，）我在這裏，頂多還能躭擱一點鐘。
麗：我送你到基隆碼頭。
國：不必了！
麗：不要緊！雖然今天上午什麼事都携在一起了；但是，我會安排的。婦聯會要開會，請媽媽代我去；我們的戲要開排了，請茉莉姐姐代我把臺詞唸一唸，她也是重要的演員。看護班的功課，我可以打一個電話通知教務處，把課程移到下午去補上。國華！我一定要送你！
國：沈茉莉不是去鳳山參加政工隊了嗎？
麗：是的！我介紹她來參加這一次的演出，一會兒，她就會到了。
國：沈茉莉眞了不起，進步的這樣快！
麗：一個月之前，匪諜胡志和的案子，就是她舉發的，你知道嗎？
國：我怎麼不知道，那原來是一個美人計。我不懂那些年青美貌的女學生，濶小姐，交際花，爲什麼甘心做壞事，走錯路，出賣自己的靈魂，犧牲自己的前途？
麗：幸而茉莉姐姐是哥哥中學裏的老同學，她完全是被哥哥感動的，她愛哥哥，愛的要發瘋了！
國：唔！愛情的火花，常常會燃起熱烈的正義感；燃燒起愛國的熱情，這是世界上最偉大的力量，可以把任何惡勢力，打得粉碎！胡志和這傢伙就是被這種力量消滅了的！
麗：是的！胡志和已經槍斃了！（現身說法似的笑着說。）我希望你到了舟山前線，也能把任何惡勢力，都打得粉碎！（又會心地笑起來。）（收音機之音樂停，似乎在報告新聞。）
鵬：（咳一聲嗽，突從臥室換了衣服，走進客室。）你們有什麼事值得這樣好笑？
國、麗：（更笑，）哈⋯哈⋯哈⋯

鵬：你們是不是談胡志和的故事？
麗：（走到父親的面前。）是的！我們佩服茉莉姐姐有膽量，有魄力，幹得好！
鵬：（感悟地，沉着地。）好危險！胡志和這傢伙，看中了我，想從我這裏做他的生意，好去領活動費。幸而劉秘書早就識破他的圈套，要不然眞危險！我本來也奇怪，他爲什麼在我的生日那天，捨得化麼麼多的錢呢？（噓了一口氣，像減輕了肩上的負擔一樣。）
（臥室裏的收音機更響，這時正放出雄壯的管絃樂曲。表示新聞已報告完畢。）
國：（走近臥室門，大呼。）舅母！我就要走了！
李：國華！你就走嗎？（由臥室出。）
國：（一面整理東西，一面笑着回答：）舅母！我們上海見！
麗：媽！表哥這一去又不知那天才能見面！
（國華從衣架上取下自已的夾克和帽子。）
（麗英也由房裏拿出春天的外套及皮包跑出。）
國：舅母！你放心！我們一定打勝仗！（欣然地去提舖蓋捲及皮箱）麗英！你別送我！
李：（慈愛的。）國華！我實在捨不得你走，不過，你爲了國家，我不應該留你在這兒，孩子！好好的去幹吧！將來你們打回上海去，我們回來的時候，希望你來接我們。
麗：（天眞地。）表哥！對了！你可別忘記呵！
鵬：（笑而不言。）哈！哈！哈！
國：舅舅！您笑什麼？
鵬：（仍然笑着。）不管怎麼樣，你有決心到前線去，我是非常高興的，雖然⋯⋯
（黃鵬程的話尚未說完，沈茉莉忽從外面趕來，右手提着旅行袋，左手揚着一張報紙，穿一套女政工人員的制服，熱吵吵地叫進來。）
茉：（在外面。）麗英！麗英妹妹！
麗：（活潑地邊跑出去，邊答應。）嗳！嗳！嘿！你穿着這套衣服好神氣啊！快點來！讓我來提！

（接過旅行袋，兩人親切地走進來。）
茉：（禮貌地。）黃伯伯，黃伯母，陳先生，你們都好？
李：（微笑。）都好！都好！
鵬：茉莉！你比以前健康多了！
茉：（活潑地笑。）哈⋯⋯哈⋯⋯黃伯母，您看是嗎？
（李微笑點頭。茉發覺國華的行李，驚問：）誰要走啊？
麗：國華！他要到舟山去！
茉：（更驚。）呵！舟山已經撤退了呀！瞧！（把報紙給麗，麗同時把旅行袋摔在沙發上。）
麗：（駭極。）呵！撤退了！
鵬：今天報紙上宣佈了嗎？（拿過報紙，到亮光下面去看。）
國：（憤恨地長歎一口氣。）哼！撤退了！爲什麼要撤退？舅舅！您剛才說「雖然」，雖然什麼？您對於撤退的事一定早知道的？
李：（天眞地。）是呀！爲什麼要撤退？
麗：爸爸，您既然知道，爲什麼不早點告訴我們？
鵬：噢！這是軍事機密，我不能事先洩漏的，舟山的撤退自然是有道理的。
國：（欲哭無淚。）有什麼道理！這幾年大陸上的敗退，眞把我們軍人的臉丟盡了！（攘臂高呼。）讓他們撤退吧！大陸上有千百萬老百姓，游擊隊，眼巴巴地等着我們，我要前進！我要前進（大家跟着緊張起來。）
鵬：（胸有成竹地說：）國華，你是一個軍人，你不應該不了解戰略，過去的敗退當然是不幸，這一次舟山的撤退於戰略上大有關係，和過去的敗退是大不相同的。（大家靜聽。）這一次的撤退我雖然老早知道，但是；爲了保密起見，就是對家裡的人，我也不能事前隨便說的，我們這一次戰略的撤退，完全成功了。（批評。）三天之內神不知，鬼不曉，敵人更是在做夢，我們把十幾萬大軍安全的撤退了，這比登克爾克的撤退都高明，這等於打一個大勝仗！難道我們還要像過去在大陸上作戰，處處要面子，結果是處處挨打，處處被敵人吃光，甚麼都丟光才好嗎？

（李、麗、茉都被說服，微笑地點頭，惟有國華還在生氣。）

鵬：（特意走近國。）國華！你也當過軍人，你不應該有勇無謀。打仗好比下棋一樣，敵人一貫的詭計，是到處虛張聲勢，牽制你的車馬炮，忽然，出其不意，來一個撈屁股將軍，會把你全盤推翻；所以，我們必須進可以攻，退可以守，穩紮穩打，攻，守，都要爭取主動。

茉：（含譏帶諷的一笑。）你爸爸不但是國防要員，而且還是個象棋專家呢！哼…哼…

麗：（天眞地。）是的！我爸爸的象棋確實下得好！

李：（催促地。）你說明白些啊！我們不會下象棋呢！

鵬：（止住李。）別忙！（欲說服國。）照現在臺灣的形勢看來，如果堅守海南和舟山，就分散了我們幾十萬陸軍，牽制我們大批的海空軍，萬一狡猾的敵人，向我們的復興基地，來一個撈屁股將軍，就算你能擋得住，豈不危險萬分。我們這麼一來，使敵人的一切準備，全部落空，我們的實力完全保存，臺灣的防務更加鞏固，現在敵人祗好望洋興嘆了。（驕傲地笑。）哈…哈…我們眞是等於打了一次大大的勝仗！

國：（不甘屈服。）我們在大陸上每一次撤退，都有一套撤退的大道理。在撤退之前，老是說寸土必爭，撤退以後，就變得毫無價值了。這些故意安慰自己的話，我實在聽够了！（說着，急急衝出門外。）

麗：（急忙追上。）你到那兒去？

國：我難受極了！（跑入花園裏。）

麗：喂！你回來啊！

鵬：麗英！你去勸勸他吧！（麗英追出。）

茉：（向窗口望出。）陳先生在花園裏散步呢！（大家才放心。）

李：（提起茉的旅行袋，欲上樓。）茉莉！我們去看看麗英幫你預備的床舖吧！

茉：（活潑地跑來，搶去旅行袋。）啊！我倒忘了！大剛叫我帶給你們一封信。（由旅行袋中取出一封信給李。）

李：（欣喜地拆信。）啊！來看我們兒子的信啊，

（黃鵬程微笑地靠攏李。）

（信還未抽出，劉大成自外入，外聲：劉：『黃小姐！你爸爸在家嗎？』麗：『在家！爸爸！劉秘書來了！』）

鵬：（高呼。）大成！大成！（走到門邊迎接。）我正要找你呢！

劉：噢！主任！

李：（握着信，微笑地走進去，和藹地叫茉莉。）茉莉！我們進去吧！（邊走，邊看信，邊笑。）

（茉莉跟入臥室。）

劉：（嘻嘻哈哈走進來。）主任！這一次舟山的大軍，全部安全撤退，連一粒子彈都沒有丟掉，的確是戰史上最光榮的一頁，您聽見一定也很高興。

鵬：這眞不容易，國華那孩子，因爲不能到前線去，正在這兒生氣呢！

劉：聽說在撤退以前舟山的高級軍官，還以爲是反攻上海呢！

鵬：唔！好！好！兵貴神速，兵貴機密，這是我們的大進步！大進步！

劉：（緊張地。）以後的問題，就是要怎樣迅速，徹底，有計劃，有步驟，切切實實，加緊動員一切的人力和物力，來確保我們這民族復興的基地。

鵬：唔！現在，急須完成的工作，就是積極組訓民衆，徹底肅清匪諜，發揚克難精神；來加强反攻的力量。增加生產，節約消費等等也必須齊頭並進。至於派遣多數忠貞幹部，回到大陸上去，組織訓練，聯絡和領導我們的游擊隊，更是刻不容緩。

劉：是！你所說的都是我們的生命線，一步都不能放鬆，一刻都不能馬虎。美國軍援的消息怎麼樣？

（鵬提了公事包，準備要走。）

鵬：美援能來，我們很歡迎，不來，我們也絕不失望。一切都要靠自己！

劉：主任說得對極了！祇要自已有辦法，什麼都有辦法！

（劉大成，黃鵬程並肩走出，電話鈴忽響，黃急急退回接電話。）

鵬：（接電話。）喂？誰？啊！請等一等。（大叫。）麗英！麗英！來接電話啊！

麗：（在花園裏回應。）噯！那兒來的？爸爸！

鵬：婦聯會！（回頭見李，茉正在走出。）喂！我們走了！（匆匆走出。）

茉：（邊走，邊談。）黃伯母！你們這花園美極了！

李：這還是劉秘書幫我們找到的。

麗：（馬上跑入接電話。）啊！我就是！啊！老大姐呀！開會的時間提前了嗎？嗯！商討歡迎舟山來的戰友呀？噯呀！我十點鐘要去上課呢！

李：我代你去好了！（進臥室。）

麗：……啊！老大姐！我請母親代我來開會好吧！好！她就來，好！再見！

（李穿上黑外衣，拿着黑皮包，非常高貴地走出。）

李：麗英！鎖門的鎖在房裏的五斗櫃上啊！

麗：門不用鎖了，待會我去上課，表哥在家呢！

李：（笑。）！啊！對了！國華不走了！你們倆談一會啊！（李下。）

麗：（由抽屜裏取出一篇稿子，瀟洒地。）請指教，

茉：什麼？（接過稿子。）啊！一篇號召婦女界起來反共抗俄爭取自由的大文章！

麗：這篇稿子，我想在『自由中國』半月刊發表的，你看了之後要說眞話啊！

茉：（頑皮地。）你希望我稱贊你嗎？笑話！我可要給你無情的批評！（在稿中尋兩句唸出：）『天下

興亡，從前是匹夫有責，現在，反侵略反極權，爭自由是男女共有的責任，所以匹婦也有責了。』……好！好！這兩句就够味了！以後也讓咱們女子吐一口氣！

麗：我正在考慮修改這兩句話呢！

茉：不用修改，這樣很好！（大笑。）哈！哈！哈！我可不能不稱讚你了！

麗：哎呀！不理你囉！儘缺德（搶過文章放入抽屜中。）

茉：（笑。）哈…哈…哈…何必假生氣，國華走不成，難道你不高興嗎？

麗：（故意反問。）高興怎麼樣！難道大剛哥哥要離開你，你高興嗎？

茉：（堅決地。）我一定高興，因爲我可以和他一塊去！

（陳國華沉重地走入客廳。）

國：（自言自語。）嗯，嗯，舅父的話有道理，的確有道理，這一次的撤退，和過去所有的撤退，完全不一樣。唔…………（被電話鈴聲打斷。）

麗：（接電話。）…啊！我是麗英！啊！嗯！…啊！今天，不排演戲啦！（茉莉也跑過來。）…到基隆？啊！去歡迎舟山的戰友，要我去獻花？我要到婦女看護班去上課怎麼辦呢！沈小姐嗎？她從鳳山趕來了。讓我問問她……（手按住話筒，對茉莉。）茉莉姐姐，你去吧！你代我去獻花吧！（笑。）哼…哼…今天大家忙，我們分工合作。

茉：（微笑。）哼！我自己不會獻，爲什麼要代表你？

麗：（歡喜地對話筒。）好了！好了！茉莉小姐願意代我去！叫她馬上就去呵？好！好！好。（放下電話筒）

麗：好姐姐，他們要你就去呢！

茉：好，我就去！

麗：不換衣服嗎？

茉：用不着！誰有我這一套又大方，又漂亮，又出色，神氣十足的衣服！（前前後後，做一個姿勢，刁皮地看看國華和麗英。）我走了！免得躭誤了你們倆談情話了！哈…哈…哈…（邊笑邊走下。）

（麗英深情地凝視着國華，慢慢微笑起來，國華的臉上也反應了微笑，兩人沉默地走攏。）

麗：你還怕沒有機會嗎？稍爲等一等有什麼要緊？

國：（沒有笑容。）……

麗：這兒也有許多工作，你可以做呀！

國：當然！不過，我還是想到前線去。

麗：（欣喜地。）我們就在這兒共同努力吧！

國：（沉思的神氣，來回走了幾步。）你知道，再忍痛地熬下去，熬得長久了，我的勇氣就會消失的！（漸感疲乏似的坐在沙發上。）

（麗英在沖牛乳，送到茶几上；又沖一杯給自己。）

麗：你喝吧！（說時，自己也在喝。）

國：（喝完牛奶。）麗英！你把我的箱子拿到舅母房裏去吧！鋪蓋捲我來提。

麗：（高高興興地。）都讓我來吧！（說時，放下杯子，表示能幹，一手提箱子，又一手夾着鋪蓋捲，吃力地走了幾步，又勉强夾住，走幾步，又滑下來，鋪蓋捲滑在地上，又勉强夾住，走幾步，又滑下來，大家哈哈笑一陣。）

國：（急忙來幫忙。）我來！我來！（很輕鬆地一手提箱，一手夾住鋪蓋捲走進去。）

麗：（打一個呵欠。）噢！噢！噢！（倒在沙發上。）你就在媽媽房裡睡一回吧！（不自覺地斜靠在沙發上。呈現半睡的狀態。）

國：（打一個呵欠。）我不要睡，（馬上走出，見麗睡熟，好笑。停住脚步，但爲要找談話的對象，不能不叫醒她。）麗英！麗英！

麗：（驚覺。）是你叫我嗎？

國：（笑嘻嘻地。）怎麼啦？你要睡嗎？

麗：（故作姿態。）我沒有睡，沒有睡，我不是聽你在說：『舟山撤退，有道理，有道理』嗎？（笑。）哼…哼…哼…

國：（來回踱步，踱到臺灣的放大地圖前，看着說：）臺灣的形勢太重要了！牠是菲律賓的前門，琉球，日本的後門，韓國的靠山，大陸的跳板，東南亞的屛障，北美洲的橋頭堡，西太平洋的中心點………

麗：臺灣旣然這麼重要，爲什麼這許多國家，不帮我們的忙呢？

國：（堅決地。）沒有臺灣，就沒有亞洲，沒有亞洲，就沒有歐洲，最後連美洲都不保，他們早晚會和我們站在一條陣線上來的。

麗：等到那一天呢？

國：等到他們覺悟的那一天！

麗：難道我們專門等下去嗎？

國：當然不行！我們要：『有計劃，有步驟，加緊努力，埋頭苦幹。』

麗：是啊！爲什麼還不實行總動員呢？

國：當然要實行的，我們臺灣，現在，一切都有顯著的進步，不過，還不够，我們還要繼續努力才行。（又在屋子裏踱幾步。改變自言自語的口氣說。）如果我一時不能上前線，我就在這裡，帮舅父的忙，實踐他的總動員計劃。

麗：（迅即從沙發上走起，親切地走到國華的身邊，嬌滴滴地說：）表哥那就再好也沒有了。（含羞地。）說句眞心話我心裡非常矛盾，我雖然贊成你到舟山去，心裡却又不願意你離開我，你要是走了，一定會使我害失眠症的。（微笑。）現在好了！你不離開我了！

國：（考慮。）不過……

麗：不過？

國：不過一有機會，還是要走的。

麗：你還要到那裡去？

國：打游擊，到金門，我都幹！我始終認爲有志氣，有勇氣的年青人，必須要到軍中去，到前方去，大家擠在安全的後方，等待勝利，無聊，可恥，決不是應該的！

麗：到大陸上去參加游擊隊，可很危險啊！

國：（握緊雙拳，推動眉毛，充分表示有毅力的口氣說：）麗英！祇要不怕死，就無所謂危險，怕死的人，在任何地方，都是危險的！

麗：（點點頭，覺得有點不舒服，皺攏眉尖，四處看一下，發現窗帘還掛着，窗門還沒有打開。）噯！怪不得空氣那麼沉悶！窗子還沒有打開呢！

（走過去掀開窗帘及窗子。）

（陽光煊染着客廳，陳國華躲避光線的照射，退到靠壁的沙發上坐下來。）

麗：（讚美地：）我們在重慶，那裏有這樣又溫暖，又美麗的春光呵！

國：（沉悶地抬起頭來，嘆一口氣。）唉！今天大陸上的同胞那裡還有心情享受春光呵！

麗：（興奮地走來，故意逗引他的興趣：）臺灣的亞熱帶天氣，春光來得特別早，什麼都發育得快。我因爲久住在重慶，難得遇到一個好天氣，一張冷冰冰的臉，老是同生氣一般。

國：（撲嗤一笑地問：）哼…哼…現在呢？

麗：現在來到這裏，人是自由自在地生活，鳥是自由自在地飛翔，魚是自由自在地游泳，我初看見碧悠悠的海，美麗的陽光，看見亞熱帶的棕櫚樹，眞熱帶的香蕉，芒菓，波蘿蜜，這些甜甜蜜蜜的菓子，我第一次歡喜得哈哈大笑起來。（又手舞足蹈的神氣，繼續說下去：）爸爸說，在這一個星期天，要同我們到士林去看蘭花，草山去洗溫泉浴呢！

國：（誠懇地點點頭。）嗅！嗅！

麗：還有呢？現在正是櫻花時節，大家鬧着到阿里山看櫻花去，我們也可以去玩玩呢！

國：（雙手揷在褲袋裏，又囘到原來的沙發上坐下來，一面說：）唔…唔…臺灣的風情眞不錯，眞是個名符其實的寶島。

麗：還有日月潭，碧潭，我們也沒有去過，慚愧得很，近在眼前的動物園，植物園，我都沒有去過呢！

國：你爲什麼不去玩玩呢？

麗：一來是忙，二來……

國：（故意揷上來問。）二來呢？

麗：二來，二來，（撒嬌地，難爲情地背過去說！）風景雖好，沒有你在一起，我一個人跑去玩，有什麼意思呢！

（陳國華從沙發上走起，悵悵地望望黃麗英，又走過去，把視線盯住臺灣的地圖。黃麗英跟上去，等候他的囘答，陳國華沒有方法表示內心的痛苦，獨自倒在右邊的小沙發上，嘆一口悲悶的長氣。）

麗：（關切地跑過來問。）怎麼啦？你不舒服嗎？

國：（苦悶地低着頭，雙手捧着自己的面部，勉强擡起頭。）舅母告訴我，我媽媽很像舅父，而你的面部輪廓，又和舅父一樣，我看見你，想起媽媽離開我太早了，又不知道爸爸的生死存亡，我從沒有享受過家庭的溫暖。

麗：你在我們這裏，不是同自己的家裡一樣嗎？爸爸媽媽疼愛你，比大剛哥哥還厲害呢！

國：（苦痛地。）我知道。

麗：至於我呢，我愛大剛哥哥，也愛你，可是，同樣是愛，我總覺得有點不一樣；但我又說不出來。

國：在這不幸的時代，眞不知道有多少無父無母的孤兒，失去了家庭的溫暖。麗英！我實在不願離開你們，但是，但是……（吶吶說不出來。）

麗：（十分同情地整理他蓬亂的頭髮，）不要想那些吧，好好休息一會兒。

（門外有汽車的喇叭聲，一位傳令兵慌忙跑入。）

（黃麗英聽到沉重的脚步聲，首先跑出去；陳國華的視線，正視着門外。）

傳令兵：陳國華先生住在這兒嗎？

麗：（驚問。）什麼事？

傳令兵：有一封公事。

麗：就請你交給我吧！

傳令兵：（一本正經地。）不，不，不能，上面關照過必須交給他本人。

國：（快速走過去，急問：）是公事嗎？

傳令兵：（呆了一下。）你…你…就是陳先生嗎？

國：（點頭：）是的！是的！

傳令兵：（急急忙忙遞上公事及信件：）陳先生！要你立刻就動身，趕到松山機場，車子在門口等着呢！

（緊接一陣汽車喇叭聲。）

國：（緊張地讀信：）『……接到你的來信，我隨時隨地爲你找機會，現在機會到了……（稍停。）事關機密，而又異常緊急，不能事前通知你，因爲我也是今天上午八點鐘才知道的。現在就請你趕到松山機場，乘十一點鐘的班機，和林東屏兒飛香港，再轉到………』（冗住口關照黃麗英：）麗英！請你把我的行李交給這位戰友搬到汽車上吧！

麗：（大吃一驚，神色慌張，不知所措，吞吞吐吐問：）他們要你到那裡去？你…你…你…你到底要走嗎？

國：（緊張地：）是！要走！立刻就走！（看錶。）唉呀！時候快到了。（面對傳令兵：）喂！就請你幫忙吧！（又關照麗英：）麗英！你就同他到舅母房裡去，把我的行李搬出來吧！

麗：（依舊呆如木雞，面無人色，囁嚅地問：）是……是……是那方面要你去呵？

國：（爲了機密，當傳令兵的面不便作答，祇得自己跑到房間搬行李，一面說：）眞巧極了！我的行李還沒有打開呢！（搬出來之後，即對傳令兵說：）喂！請你幫忙，把行李先搬到車上去吧！

（傳令兵搬行李。）

（電話鈴震響起來，鈴…鈴…鈴…的聲音，震響不休。）

國：（立即出示公事及書信。）麗英！你自己瞧吧！

（又急忙跑去接電話。）

（黃麗英神色慌張地看公事，看信，又注視正在接電話的陳國華。）

國：（接電話：）喂！喂！那裡？嗅！『婦女看護班』。要誰接電話？嗅！請等一等。（急忙跑到麗英面前：）麗英！是你的電話。

麗：（不想去接電話，又認眞看一看公事，一面說：）『珠江三角洲，游擊隊的支隊長……』

國：（見傳令兵進來，即忙止住她的話，收回她手裡的信件。）是的！是的！你就去接電話吧！

麗：（一面去接電話，一面說。）你一定要走嗎？等爸爸媽媽回來商量商量，好不好？

（門外的汽車啦叭聲，又震響起來。）

傳令兵：陳先生！就趕快動身吧！

麗：（重複地說：）等爸爸媽媽回來商量商量，好不好？

國：（着急。）來不及了！來不及了！

麗：（接電話。）嗅！看護班要上課。好！好！（匆匆放下聽筒。）爸爸媽媽不放心呢！你等他們回來商量商量好不好？

國：（面對傳令兵。）你在車上等我，我就來：（傳令兵下。）

麗：（十分不放心。寫信給你的那位姚英達是個什麽人）？

國：（接口回答。）他是我遠征軍的上司，

麗：還有那位姓林的呢？

國：（接口回答：）林東屏！是一位青年遠征軍的同事。

麗：他們都靠得住嗎？

國：都是同生死，共患難的好朋友！

（電話鈴又響。）

傳令兵：（又跑來：）陳先生……

國：我知道，知道。（一眼不霎地瞪住黃麗英。）怎麽舅母還不回來？麗英！祇能請你代我辭行了。

（見麗英在流淚，拍拍她的肩膊，百般安慰她：）麗英！你不要這樣！你應該鼓勵我才對！

麗：（天眞地，含淚笑着回答：）好的！好的！

傳令兵：陳先生，要快些啊！（邊退，邊說。）

國：來了！來了！

（門外的啦叭聲，震響得更急，更緊張。）

國：（鎭定地：）麗英！（走過去靠近靠近麗英摸摸她的鬈髮，眼不轉睛地望着她：）讓我看看你的眼睛，伸出你的手來，（麗英不由自主地伸出右手，國華吻了一下，附在她耳邊親親切切地說：）麗妹！你等着我，祇要我們光復了廣州，我就接你到那裡去，我們就在那裡結婚。

麗：（邊哭，邊笑，不住地點頭，泣不成聲說：）唔！唔！……我……我……我等着你，表哥！

（汽車的喇叭又響，傳令兵在門外大聲喊叫：『陳先生！快點啊！快點囉！』）

國：（忍住別離的苦痛，握緊她的手，邊走，邊說：）你等着吧！這一天不久就會到來的！

麗：（堅決地。）希望這樣，你要小心，要保重！

（電話鈴又響，但無人去接。儘是鈴……鈴……鈴……地響着。）

國：我走了！我眞的要離開你了！

麗：（握着國華的手，死不肯放下）你走吧！苦難的祖國需要你？我留不住你啊！

國：不過，我還有一句最後的話，願你不要忘記。

麗：（破涕爲笑。）你說罷？我要聽。

國：（難於出口：）不過……我說不出來……

麗：你說啊！你快說啊！

（汽車喇叭聲，響得比前更急，更緊張。）

國：是的！苦難的祖國需要我們，需要我們流大量的血，萬一我死了，全中國的青年人，會踏着我的血跡前進的！你不要悲哀，不要痛苦，更不要犧牲你青春的幸福……

麗：（用最速的手法，突如其來地掩住陳國華的嘴，一隻手搭住了他的肩膊；驚絕地叫起來：）哎呀！你不要說下去了！我不要聽，我不要聽了！可怕！可怕！

國：（恍恍惚惚地叫一聲：）麗英！

麗：（猛的一推。）你走吧！你勇敢地走吧！放心地走吧！快走吧！快走吧！祖國需要你！我們的祖國需要你！

（陳國華凝視麗英，痛苦無語地後退，連連點頭，毅然回身就走。黃麗英忽然追上幾步，不及，汽車嗚嗚地開走，迅即跑近窗門，不住地招手，癡呆地含淚凝視遠方。）（幕徐徐下。）

史達林帝國的致命傷

William I. Nichols 原作
遠思 譯

在此所提出的計劃是首由一個從里加(Riga)逃出的人所建議的。他瘦長而熱烈，站在西德難民營的宿舍前面遙望着共黨控制的東方，彷彿他仍能看見那剛擺脫掉的家園、工作和生活。

他說道：「注意聽，我們現正走向世界最後的鬪爭。關於這一點，現在是無可懷疑的。在這過程中，你們的國家現正熱狂地爭取國外的朋友和盟友。

「有時我認爲你們太熱狂了。你們雖有馬歇爾計劃和大西洋聯盟，但你們却忽視了最重要的一個盟友。」

我問道：「那個？」

他凝視着我說道：「蘇俄的人民。」

自此以後我和許多由鐵幕逃出對於蘇俄的內情有直接認識的人談過。他們所提出的計劃對於美國兩黨的領袖是一個嚴重的挑戰。假若這個計劃被發展並被實行的話，蘇維埃民衆能變成民主國家「最重要的盟友」。

大體觀之，這個計劃似乎只是一個無希望的憧憬。自從中國陷入鐵幕後，蘇俄及其衛星國便控制了全球人口的五分之一。在史達林統治下的八萬萬人民，大約代表世界人口的三分之一。在許多方面，這廣大的民衆確是反對我們的一個有害而威脅人的勢力集團。

但只要你再仔細地的觀察一下，你就可發見在此組織中有許多顯明的縫隙。在史達林統治下的八萬萬人中，大約只有二萬萬人(或是百分之二十五)代表戰前原來的蘇維埃聯邦。其他的全是不穩定的「衛星國」。

甚至於蘇俄的「核心」也有許多弱點。其中大約只有半數，即一萬萬人是大俄羅斯人，那就是集中於莫斯科的歷史上的俄羅斯民族。剩下的一半是由一百多附庸種族和民族混合起來的，他們是有疑問的，常常懷有敵意，並極力要得到自由。

這並不就是故事的全貌。在蘇維埃民衆中還存有一個很深的社會裂痕。高踞在萬民之上的是一個不到百分之五的少數統治階級，他們對於人民握有生死的權力。這對於被統治的百分之九十五是怎麼一回事現已是一個老而又老的故事，已無需在此重述。這個故事便是關於秘密警察的苦刑，西伯利亞的勞働營，充公的財產，非人的生活水準，關閉的教堂和離散的家庭等等的情形。

只要你和任何一個在蘇俄的暴政下吃過苦頭的人談談話，你立刻就會發現痛苦和怨恨彌漫了整個蘇俄，並且在遍蘇俄境內隱伏着反叛的情緒。

事實上，就是蘇維埃民衆這種潛伏的反叛才是史達林帝國最大的致命傷。在上次大戰中他幾乎因此而失敗，一九四一年六月，當納粹軍隊進攻蘇俄時，大批蘇俄士兵放下武器投降。在烏克蘭和其他區域的老百姓們也以熱誠的態度歡迎德國侵略者。但僅僅由於納粹愚蠢的殘暴，這種熱情最後變成了强烈的怨恨。

自從第二次大戰以後，克姆林宮從未忘記過這些慘痛的教訓。因此，他們幾乎是瘋狂地極力藉警察的恐佈，宣傳的麻醉而牢釘安全之門和壓制民衆，尤其重要的是藉鐵幕而使民衆與外界隔離。史達林害怕他自己的人民暴動正如同害怕原子彈爆炸一樣，這自然不是誇大。這是在第二次大戰中發生過的，並且也可能再發生。

從蘇俄逃出來的人多數便是依於這個背景而觀察美國今日對蘇俄的政策。對於我們在美國的人，「蘇俄問題」似乎僅僅是地圖上的一個區域，是團結而有內聚力的。但對於他們，「蘇俄問題」所代表的是千百萬被壓迫人類的沸騰的激動，這些人在正常的人類生活的每一方面都受着抑止、遏阻和迫害。那些由鐵幕逃出的人一遍又一遍的如此說道：

「美國爲什麼不對他們說話呢？你們爲什麼不透過和深入他們的內心呢？」

最近在華盛頓對於擴大國務院的「美國之音」的節目曾有所辯論，當時這類的評語變得更激動。報紙上充滿了建議，建議撥更多的款項，建議設立新的廣播塔以壓倒蘇俄的一百個搗亂的電臺，甚至於建議製造並分配特別的短波收音機，這些收音機，將被秘密運過蘇俄邊界。

然而，那些逃亡者說道：「所有這些都足够了，你們自然需要說話的工具。但必須有些說的東西，這是更重要的。在任何一個戰爭中，不論是熱戰還是冷戰，都沒有代表觀念同理想的東西。」

他們時常說我們對蘇俄的廣播不是對於美國生活的美麗的描述，就是對於「自由」和「民主」的浮誇的論說，那些描述對於被關在鐵幕裏的蘇俄人，變成了誘人的神話，那些論說對於被宣傳麻木了的腦筋是沒有什麼意義的。

他們舉出威爾遜十四原則(Woodrow Wilson's Fourteen Points)，或是大西洋憲章(Atlantic Charter)和四項自由(Four Freedoms)與那些不實際的廣播相對照。這些都是對於和平目標動人而有宗旨的聲明，曾在戰爭中有助於動員人力並曾使覺悟者投誠於民主。

在我們的南北戰爭中有一個更顯明的實例。在那次鬪爭中的目的是要建立人類自由和一個和平而永恆的聯邦。林肯便是爲了要達到這些目的而在戰爭初期發表了他著名的奴隸解放宣言(Emancipation Proclamation)。

從一種觀點看來，那個宣言「僅僅是一個聲明」。但是歷史顯示給我們的是那個宣言曾燃起了所有愛好自由的人們的幻想，並且在恢復和平，自由和一個永恆的聯邦方面也的確是一個強有力的要素。

在現在這次「未宣佈的戰爭」undedared War)中有個建議就是宣佈一個新的解放宣言，並使之出之於美國最高領袖之口，其對象就是蘇俄民衆。此宣言的目的是使他們明顯的希望，在推翻了史達林政權之後他們的世界將是一個怎樣的世界。

有一個前任蘇俄官員告訴我說：「沒有蘇俄人民積極的帮助，史達林是永也不會被推翻的，這是一個簡單而重要的事實。爲了心理的原因，你們必須在現在就爭取蘇俄人民的帮助，因爲未來的衝突將要煽動他們戰時的熱情。」

在討論這樣一個計劃時，那些知道蘇俄心理的人們提出了幾個十分特別的必要條件：

一、此宣言必須是一個「官方的」宣言，而且必須出之於美國的負責首腦之口（如門羅主義，奴隸解放宣言或十四原則一樣。）

二、此宣言的對象必須主要的是蘇俄群衆——即佔蘇俄人口百分之九十五的被統治的人民。至於百分之五的統治階級——即共產黨以及他們的信徒——常常有使他們分裂的機會。其中有些人可以被改變。其他的人將會和面臨納粹時一樣感到他們的命運僅賴於政權的存亡。他們不是勝利便是與政權同歸於盡，二者必有其一。

三、所有的建議必須很明顯的標明爲遵照蘇俄人民的意志，如同在自由而誠實的選舉中所表現的一樣。如果所建議的計劃是被一個自以爲是征服的列強所强制或規定的，那必定是沒有用的。蘇維埃的人民在過去三十年中所有的法令已經足够了。

四、關於和平目標的聲明必須簡單、淸楚、明瞭，並必須是蘇維埃民衆的經驗所能體會到的，在後面的七個口號便適合此點，這一點是必須特別着重的。其中沒有一點是關於自由、民主或是人權的虛誇而模糊的宣言。對於整個的聽衆，具體的聲明比抽象的聲明有力得多。但在蘇維埃的世界中還有一點須加考慮的。就是在史達林首要而最可惡的原則中有一個原則，就是「混淆用語」。因此，在經過了卅餘年布爾希維克的宣傳以後，「自由」這個字在蘇俄已失去了所有的意義。現在所有留待我們去做的是用簡單、具體的「生動文字」——就是所用的名稱是屬於每一個蘇俄人每日生活一部份的事物和行動的名稱。

列於後面的七點便與此問題相接近。每一點代表着我們自由民主的生活方式中的一項基本自由。而每一點都是用蘇維埃人民日常生活所應用的話表示的，並且是用他們自己所經驗的用語敘說的，因而易於了解。還有一點可表示其具體性，就是所舉各點都能直接以圖畫表示。

有一個蘇俄難民的一段話可概括此整個問題：「我們知道在技術方面你們的廣播是收聽到了。自然也常常有擾亂的電波。此外，只有少數的非共產黨員有收音機和有勇氣收聽。但是，甚至於少數的人也足够了。在任何一個被閉封的社會中，眞正重要的消息常常像電光閃過葡萄藤一樣地傳播開去。有許多像我一樣的逃亡的俄國人正準備偷渡邊界去帮助宣傳。

「但是，你們必須有一些說的東西。俄國人不會以他們的生命作冒險而聽一些關於自由的不相干而空泛的廣播。」

現在對於美國人就發生了一個問題——是一個嚴重的問題。我們西方世界將會像過去的每一時機一樣產生某個偉大的領袖來呼籲自由而能響澈全世界和激動人心嗎？今日所用的字和術語以及傳達的方法或不同於過去，但其內在的意義却是一樣的。

對蘇俄人民的新解放宣言中之七點

一、「你們能到處旅行。」今日蘇俄的人民不能跨過蘇俄國境。甚至於在蘇俄國內，人民都被禁於本地。有時，一整個區域的人民被整個地移居到遙遠的地區永不復返，如克里米亞便是。家庭被拆散並被送往遙遠的地方。但自由的公民能够隨心所欲的旅行或留在家裏。

二、「你們能買更多的東西。」蘇俄的生活水準低得可憐。原因是生產作戰物資，再加上共產黨無能製造和分配消費物資。曾經到過西歐或用過美國租借的物資的蘇俄士兵夢想着他們能買外國貨和他們自己的工廠能爲他們製造的一天。

三、「你們能有你們自己的土地。」擁有財產的慾望是一個基本的人類本能。這種本能被共黨政權抹滅了。據報告稱蘇俄的糧食供應發生恐慌是因爲有四千萬農民因不願僅爲國家經營集體農場而工作懈怠。工廠工人除了因爲恐佈外也無心從事生產。「擁有財產的自由」是一個有魔力的口號。

四、「你們的教堂將要開放。」壓制宗教是列寧首要的目的之一。教堂變成了穀倉或是「反宗教博物館」。在蘇俄除了有一個傀儡的國有教堂之外，宗教已被禁絕。但人們對於教堂的記憶仍極深刻，特別是在年歲較長的人之中。崇拜上帝的自由對於蘇俄人是一個强有的力的號召。

五、「廢除奴工營。」蘇俄的每一個家庭都彌漫着對於奴役的恐佈。估計在秘密警察恐佈的奴工營中做折磨人的苦工的人數有一千二百萬到一千五百萬之多。任何一個新的解放宣言最有力的呼籲必須是將那些受苦的人或是他們受苦的親戚從這種暴虐的奴隸制度中解放出來。

六、「你們的民族將要自由。」除了衛星國之外甚至於蘇聯也不是一個民族，而是一百多不穩定的種族和民族集合而成。這些民族應該自由，並且他們的人民應被允許在自由選擧中選擇他們自己的領袖。那些被統治人民都是歡迎獨立的，不論是成立個別國家或者是區域聯邦。

七、「藉聯合國得到世界和平。」蘇俄人曾親眼看到他們的國家在第二次大戰中被毁得粉碎，因此沒有人比他們更有懼怕戰爭的理由。最重要的是任何呼籲必須弄淸一點，就是消滅了史達林後他們由選擧而組成的新政府將在聯合國的組織內分享全世界的和平與安全。

——譯自每人文摘三月號——

書刊評介

紅色中國的叛徒

劉紹唐著　中華民國四十年二月　臺北中華日報社出版

之尹

這是中華日報叢書的第二種。著者劉紹唐，係西南聯大及北京大學的學生。北平陷匪時，著者適將畢業，遂參加「新華社」及「四野總政治部」。這本書是敍述著者怎樣投身共匪政府，以及在共匪政府中一年餘的經過，和最後怎樣逃出鐵幕的。著者以本人的行動爲經，以在共區裏邊所觀察到和接觸到的爲緯，用極生動的文筆，寫親見親聞的事情，使讀者覺得這是一部像歷史的小說，亦是一部像小說的歷史；在文章作法上，這書是可以算是成功的。

全書分六十篇；大部分都是過去十個月以來在臺北中華日報按日發表過的。但現在印成書本，文字較爲整齊；就是平常天天看中華日報的人，亦值得保存一部，因爲這是一部有雋永趣味的記載。

如果我想編出什麼話來形容本書，倒不如抄一節著者自己的語言來得直捷。本書頭一篇的最後一段：

以後的篇幅，我將記述一年來親身的經歷和觀感。但請不必爲缺乏故作玄虛之筆和聳人聽聞的故事而感到失望。我絕不否認這是一篇極其平凡的記述；可是，……在平凡中，也許會發現更多的問題，而這些問題，也許正代表着並不平凡的意義。

最後這句話所代表的，便是一個並不平凡的意義。這句話非特是著者給我們的讀這本書的鑰，也是讀一切歷史書的鑰。(實在可以說是讀一切書的鑰！)眞正善讀書的人，多半是從極平凡的記述中尋出問題的；好像是眞正的大科學家是從極平凡的自然現象中發明關於宇宙的定律一樣。

本文當然不能把這部書裏所敍述的事實一一列舉出來。筆者現在差不多每天都聽到些從大陸上跑出來的苦難同胞的述說；這使筆者對於這部書中所講到的一件事特別注意。「一位國內聞名的心理學家，深信追求物質文明是人類共有的願望；所謂幹部的一些人必將會逐漸去向腐化之路，最低也要發生某種限度內的腐化。」著者接着寫道：

事實證明了這位心理學家的見解。我翻開一部「東北局」機關刊物「東北日報」合訂本時，我發現了絕不是用「某種限度」可以形容的腐化事實。東北「土改」中，幹部打死了或逼死了被稱爲地主的一些人，搜集了他們的財產，幹部們便以會議的形式「論功行賞」。最出力的可以分得多少黃金和銀幣，站脚助威的的也至少可以分得幾套像樣的衣服。假如被弄死的只是屬於那不值一鬬的中農時，幹部便「大吃大喝」一頓來「慶功」。當我拿一本精緻堂皇的「土地法大綱」來對照的時候，我不知怎樣來形容我的感覺。(見這書一一九——一三〇頁。)

這幾行從「東北日報」得來的事實，是最有價值的史料。最近幾個月來，大陸國土上面鬧清算，每天不知道有多少無辜的同胞被殺害；這不過是這個事實的擴大版。長此下去，大陸上的中華民族，除了一極小部分願意做蘇俄奴隸的共匪以外，非絕滅不可。這當然都是物質問題所演成的。中共把中國農民辛辛苦苦種出來的糧食，搜括起來運到蘇俄去，當然不能有什麼餘錢來養幹部；中共的幹部，百分之九十九都是沒有好好受過教育的，又加之以蘇俄式的訓練，所以變成和禽獸差不了多少的東西。這樣的「人」，讓他到「人民」中間去自尋生活，去爲所欲爲，還能有目所忍覩耳所忍聞的結果出現麼！「履霜堅冰至。」筆者讀了這幾行敍述，心中又不止爲目前大陸上受害的同胞而悲憫了！(當然，現在大陸上的慘狀，還有一個外在的原因。這就是從中共參加韓戰以後，精銳的士兵傷亡的不下五十萬人。當初因人數優越，僥倖打了一個勝仗。遂謂「美帝」的軍隊不值一打。現在知道自己上了蘇俄的大當了；但陷溺已深，無法自拔。而國內「人民」，反抗「人民政府」的形勢愈來愈緊；中共日暮途窮，只得倒行逆施，從事大屠殺，想把恐怖政策來鎭壓不甘屈服的「人民」。)

這是平凡的記述麼？這是驚心動魄的記述！

筆者很誠懇的推薦這部書於「有心的」讀者。我們要消滅共匪，我們不能不了解共匪；我們要了解共匪，我們決不能從「故作玄虛之筆和聳人聽聞」的記載來研究。筆者希望國內知識青年，慢慢的能够懂得：一部有歷史價值的書，不在可泣可歌的描寫，而在「平凡」而誠實的記述；而一個著作家能叫人在他的平凡的記述裏面發見不平凡的意義，至少須具有豐富的常識和誠實不欺的態度。——這種態度，據筆者從這本書字裏行間所流露出來的光芒揣測起來，著者是具有的。

這本書有一易見的缺點，就是著者對於日期的記載似不十分注意。但這是難怪的，因爲從鐵幕裏跑出來，決不能隨隨便便帶着有詳細紀錄的日記本的。話雖如此，日期總是任何一種記述最重要的成分：你就是要把歷史寫得和小說一樣，如果能够加上日期的成分，你這部書歷史價值的成分亦就太些。

第四卷　第六期　內政部雜誌登記證壽內警臺誌字第四六號　二一六

給讀者的報告

最近幾個月來，中共在大陸上大肆屠殺人民，屠殺地區遍及全國各省各縣，屠殺的規模之大，人數之衆，以及手段之慘，都是亘古未有，令人慘不忍聞。中共這種瘋狂獸性的行徑，不僅是中華民族的罪人，而且是世界人類的公敵，應爲聯合國保障人權的精神所不容。爲了眞理正義與人類文化的延續，我們大聲疾呼，呼籲世人共同「制裁此人類的公敵」！中共這次的屠殺，無非因爲韓戰失利而採取之對內鎭壓的措施，亦正是極權暴力的統治發展必然之結果。今後大陸上，恐怖與殘酷的事件必將層出不窮。我們預料中共黨內的整肅與屠殺亦將繼之而來。這眞是中國人民的浩刼呀！

共產黨使用最「科學化」的騙術，將共產主義宣傳成人間天堂，很多有熱情有理想的青年之參加共產黨，很多是受了他們宣傳的蒙騙，因而作了共產黨的犧牲。這自然是很可悲憫的。可是，還有不少反共的人，他們反對共產黨，然而對共產主義仍存有崇敬之感，這類人率多以爲共產主義的理論並不錯，只是共產黨太壞能了！其實這種見解是同樣有危險的。羅素曾經說過：「在馬克思與列寧的著作中，荊棘實比葡萄爲多」。他認爲共產主義的各種錯誤，都是理論上發展之必然結果。現在很多人的確已經看穿了共產黨的騙局，但仍不能普遍而澈底的洞察共產主義的虛妄。在批評共產主義的工作上，本刊過去曾盡過很多的努力。本期張靜軒先生具體的指出了「共產主義的落後性與反動性」，文中列舉共產主義的誤謬，並廣徵事實加以證明。故傅孟眞先生生前曾在本刊二卷八期上寫過「共產黨的吸引力」一文，原允再續數篇以盡其意，孰料傅先生未及續完其文，竟猝然棄世。本社同人每憶此事，憾悼不已。今張先生此文與傅先生前文頗有契合之處，可視作其續篇矣。

董時進先生係中國農民黨創始人，曾留中共區域年餘，目擊中共禍國殃民之作風，深感失望，遂毅然逃往香港，爲文痛斥中共罪行，著有「共區回憶」，瀝述其見聞。本期董先生爲本刊撰文，剖解中共土地政策之眞象。共產黨用「耕者有其田」的口號，愚騙一般農民，以遂其竊取政權的陰謀。「共產黨要使耕者有其田嗎」？這不過是騙人一時的謊言罷了！現在中共已經自己揭穿了他過去的謊言。一個專以統制爲目的的暴力集團，除了無限制地攫取權力以外，是不可能爲人民福利着想的。

「文化三階層」一文是錢穆教授最近在師院演講之講稿，承整理後賜交本刊發表。

關於爲世人所注意的日本問題，本刊最近數期不斷爲文論列，本期羅鴻詔先生說明「日本不會再事侵略」之理由，亦對日本人民有所䀠勉也。

本刊售價

一、臺	幣	三元
二、越	幣	八元
三、菲	幣	五角
四、港	幣	一元
五、暹	幣	四銖
六、美	金	二角
七、叻	幣	四角
八、印尼	幣	三盾

自由中國　半月刊　第四卷第六期（總第三十三號）

"Free China"

中華民國四十年三月十六日

發行人　胡　適

主編　『自由中國』編輯委員會

出版者　自由中國社

社址：臺北市金山街一巷二號
電話：六八八五號

航空版

香港　香港時報社（高士打道六四號）

經售者

臺灣　中國書報發行所（臺北市館前街八五號）
美國　紐約民氣日報社　舊金山國民日報社
日本　東京南友堂　東京內山書局
馬尼剌　中菲文教出版社
印尼　巴達維亞星期日報　棉蘭繁華圖書公司
越南　西貢中原文化印刷公司　越南華僑文化事業公司
曼谷　曼谷攀多社十二號
新加坡　中興日報社
檳榔嶼、吉打邦均有出售

印刷者　臺灣新生報新生印刷廠

廠址：臺北市西園路二段九號
電話：廠長室七一二五　業務課二〇九六

本刊經中華郵政登記認爲第一類新聞紙類
臺灣郵政管理局新聞紙類登記執照第二〇四號

自由中國

FREE CHINA

第四卷第七期

要目

中華民國四十年四月一日出版

社址：臺北市金山街一巷二號

半月大事記

三月十日（星期六）

伊朗法達耶派教徒遊行示威，脅迫政府釋放刺殺前總理拉茲瑪拉之兇手。

法國會投票同意葛義出任內閣總理。

日本衆議院議長幣原於東京病逝。

敘利亞總理柯德西及其內閣總辭職。

三月十一日（星期日）

狄托元帥斥責共產國際情報局計劃向南斯拉夫施行侵略，並號召全國武裝準備抵抗。

義總理加斯巴萊偕外長史佛卓離羅馬前往倫敦，將與英首相艾德禮舉行會商。

伊朗國王任命艾拉為內閣總理。艾氏曾任伊外交部長，當一九四六年亞塞爾拜然之叛亂中，以堅持反蘇立場被譽為民族英雄。

美國會安全小組開始進行大規模之美國共產黨調查。

三月十二日（星期一）

美總統杜魯門簽署廿二億元之海軍擴建法案。

義總理加斯巴萊偕外長史佛卓抵達倫敦。

三月十三日（星期二）

美國退伍軍人協會會長科克少將自東京飛抵臺北，拜會我政府首長。

立法院通過電請聯合國迅速制裁中共，並救濟因抗暴而自大陸逃亡港澳等地之難胞。

日副首相林讓治當選衆議院議長。

美參院外交軍事兩委員會通過增派四師美軍赴歐案，並交參院全體會議處理。

三月十四日（星期三）

韓境聯軍（第四次）進入漢城。

韓境東線聯軍進佔昌平，中線攻克龍頭。

美聯社布拉格電：捷克國防部次長萊興少將及其部屬縲波德中校，繼前外長克里蒙蒂斯之後，因反共罪嫌被捕。

英警告伊朗政府，謂英伊石油公司合約有效，不能根據伊朗國會片面行動收歸國有。

美國防部發表迄上星期五半夜止，韓境作戰美軍之傷亡總計五萬四千六百四十九人，包括陣亡八千一百〇一人，受傷三萬六千一百〇八人，失踪一萬〇四百四十人。

三月十五日（星期四）

陳院長就職周年，籲請國人提高警覺，以確保臺灣反攻大陸。

麥帥答合衆社總經理白里之詢問，謂卅八線無險可守，聯軍將繼續進行有利之運動戰，不限於卅八線之分界。

南韓總統李承晚，國防部長申性模俱聲稱聯軍應越過卅八線，謂卅八線已因韓共之發動侵略而不復存在。

韓境中線聯軍克復洪川。

伊衆院通過全國石油工業（包括規模龐大的英伊石油公司之各油井）國有案。

三月十六日（星期五）

杜魯門總統在記者招待會上表示越過卅八線一事應由戰地統帥決定。

成功湖消息：聯合國人士表示，麥帥籲請對卅八線「作更多基本決定」一點，可由美國防部加以答覆。

美退伍軍人協會會長柯克少將結束在臺之訪問飛往馬尼拉。

伊朗國會通過石油國有案後，英工黨政府表示強烈反對，美助理國務卿麥克吉飛德黑蘭會商，期使伊與西方國家獲致協議。

英義會談結束，義總理離英飛返羅馬，行前表示會談極為圓滿。

美駐華大使館代辦藍欽返臺。

三月十七日（星期六）

麥帥飛韓境前線巡視，當日返東京。

美參議員塔虎脫發表談話主張派遣國軍反攻中國大陸。

三月十八日（星期日）

澳督下令解散國會，定四月廿八日舉行總選。

聯合國秘書長賴伊以備忘錄分送西方代表，圖乘中共軍事失利時，再作純粹軍事性停戰之建議。

三月十九日（星期一）

法、義、比、荷、盧、西德六國在巴黎初步簽訂徐滿煤鐵聯營計劃之協議。

伊朗前教長簡甘尼被刺重傷。

三月二十日（星期二）

我駐聯合國首席代表蔣廷黻博士返抵臺北；此係蔣氏三年來第一次返國述職。

艾帥正式任命英蒙哥馬利元帥為大西洋公約國聯軍副總司令。

伊朗參院一致通過石油工業國有案。

伊政府宣佈戒嚴。

印尼總理納齊爾及其內閣總辭職。

法總統歐里奧啓程前往美加兩國訪問。

三月廿一日（星期三）

韓境聯軍佔領春川。

美總統杜魯門宣佈自韓共發動侵略後，美國武裝兵力已增加一倍，現有二百九十萬人。

聯合國大會通過其一九五一年大會將在巴黎舉行。

三月廿二日（星期四）

英美及其他在韓作戰國家業已獲致協議，同意聯軍作戰不受卅八線之限制。

三月廿三日（星期五）

蔣廷黻博士列席立法院秘密會議報告在聯合國工作及最近國際情勢。

巴黎四外長代表會舉行秘密會議，企圖打開僵局。

韓境聯軍克復議政府。

三月廿四日（星期六）

麥帥飛韓視察前線戰況，行前發表聲明號召敵軍首領和談。當晚麥帥返抵東京，表示已訓令美第八軍於必要時越過卅八度。

社論

於歡迎蔣廷黻博士以後

蔣廷黻博士這次由美返國述職，備受各界熱誠的歡迎。這可以說是眞正民意的表現。三四年來，蔣博士天天都替我們國家在聯合國艱苦的奮鬪；現在自由中國輿論界給他一個「外交戰士」的頭銜，的確是名符其實的。我們當然用不着再來寫一篇歡迎詞了；但我們於誠心歡迎蔣博士以後，不能不有下面幾個感想。

回想我國自東西各國交換使節以來，奉使的人能够盡折衝樽俎的職責的，可以說很有幾個；但其餘大多數都是把職務當兒戲，甚致有因個人行爲的不檢點，致使外人輕視我們的國家的。這不是因爲知識的不够，便是因爲人品的不高明。蔣博士已具備充足的學識和高尙的品格，又一心一意的盡瘁爲國，所以能博得聯合國內差不多全數的外交家的同情和好感，且能鼓舞起美國人民對於中華民國國民政府的注意。在國步艱難的今天，我們能够得着這樣一位外交家替我們撐場面，這是我們政府和人民所可引以自豪的。我們於欣慰之餘，只希望我們政府以後簡選外交使節，須極端審愼。切不可把可以玷辱國家體面的人隨便派出去！在平常的時候，一個外交官選得不好，不過鬧幾個笑話，使人家看我們不起罷了；在緊要關頭，我們如果沒有好的外交官，是可以對國家發生極大的害處的。

蔣博士所以有這樣輝煌的成功，在他本身而言，除却學識和人格以外，最大的原因便是「努力」。最近二年來我們在聯合國中所處地位的困難，的確可以說「在全世界外交史上是空前的」；但我們這位外交戰士，却能從容應付，非特不怕蘇俄奸險的陰謀，並且不怕英印等國姑息的政策。這全是蔣博士「努力」的成就。因爲他肯努力，故於對方所提出的議題，都有辭嚴義正的答辯。說到這裏，我們不能不想到我們安居臺灣的人了。我們常聽見來臺灣的外人說我們還不很像厲行戰時生活的；而我國人新從美國回來的，亦常稱說美國人比我們緊張的情形。我不知道蔣博士對我們下了什麼評語；但無論如何，我們如果有自知之明的話，我們對於國家，對於反共抗俄，還沒有盡了最大的努力——那是毫無疑問的。我們應該懷念蔣博士的辛勞；我們自己也應該竭力以赴國難！

當然，現在我們外交有了轉機，也是我們政府兩年來在政治上經濟上努力改進的結果：這個意思，蔣博士自己已說過了。不過我們要知道，過去我們所犯的毛病，實在太大了；非痛自砭針，決不能去根。我們甚希望我們的政府，體驗「日新之謂盛德」的道理，從今以後，倍加努力，使蔣博士返到聯合國以後，有更多的理由和人家辯論，有更多的進步的事實給人家看！

如果以上面這段話爲太空洞，我們不妨舉個實例來說明。今行政院陳院長於前年任臺灣省政府主席時，實行三七五減租政策。結果，人民生活的水準提高，而我們反共抗俄的基地亦以鞏固。這可見有一分努力便有一分成就。我想蔣博士在聯合國中，對於這種事實，當視爲珍貴材料。但在美國人心目中，事有更大於此者。美國輿論，終嫌我們政府未能盡量發揮民主政治精神。這種觀察自有其相對的理由；而且在一兩年以前，美國國務院中共諜對我們國民政府不利的安排，大半都以這種輿論爲藉口。平心而論，我們政府有實行民主政治的決心，是無可疑的；但社會積習已深，一班官僚，多怕民主的「害己」，往往妄作主張，致令政府有不民主的假象。現在政府要洗去這個汚點，當絕對嚴格實行法治：非特國家制定的法律要嚴格的遵守，就是聯合國於一九四八年十二月十日所宣布的「人權宣言」亦應當嚴格的遵守。（實在，這並不是難事；提高維持地方治安的軍警的知識和道德水準，便做到一大半了。）政府肯把這件事和實行三七五減租一樣的認眞做，則人民的擁護政府當更熱烈，而政府在聯合國及美國的名譽亦必一天高一天。這豈不是使蔣博士在聯合國中更振振有辭麼？這不過是一個例。「觸類而思，不一而足。」我們於歡迎蔣博士以後，不能不以這件事期望於政府！

最後，因蔣博士的回國，我們對我們的同胞懷有更大的希望。一個國家國際地位的高下，係於政府好壞的少，係於人民政治意識優劣的多。凡政治意識優良的人民，沒有不誠心誠意的擁護政府的。政府做的事是可以批評的，甚至於可以彈劾的；依理的批評和依法的彈劾是和誠心的擁護不相衝突的。（如果政府壓制這樣的批評和彈劾，那便是一個不像樣的政府了！）最可怕的，是有許多人，自己已不能振作起來替國家爭點氣，對政府則只有不滿。這樣的人，對政府固然是頑民，對國家亦是蠢民。有些人自己不做官的時候則滿腹牢騷，譏評政府的這樣不好那樣不好，然若他自己上臺，則往往更加糟糕。即身在當局的人們還要對外國人去說這個不好那個不好，以顯出唯有他自己才對。如果國民都是這樣，就是十個蔣博士，亦不能替國家看這個大門。不信，可去問一問蔣博士。我們於歡迎蔣博士以後，我們實在不能不希望我們的同胞有深切的反省！努力培養成優良的政治意識，是我們對蔣博士爲國宣勞的一種最好的報酬。

時事述評

危機四伏的英伊石油事件

過去半個月來，環繞着地球的周圍發生了兩件令人注目的新聞：一在遠東的韓國；一在近東的伊朗。前者是麥克瑟元帥最近一次飛赴韓國前線視察前的聲明；後者是伊朗國會通過石油國有。而在戥盤的分量上後者的法碼較前者更高出了許多。

從表面上看，一個獨立的國家履行合法的手續將他國在自己領土上所舉辦的產業收歸國有，應該是一件無可厚非的舉動，然而五十年代的事情却沒有如此的簡單。這裡我們先看伊朗的地位和她是怎樣的一個國家。

假定說土耳其是今天近東抗蘇的臺柱，那麼在地理及戰略位置上伊朗則是民主國家在地中海及印度洋對蘇作戰的鎖鑰。若伊朗一旦掌握於蘇俄的手中，她就可以一方面夾擊土耳其而出地中海，另一方面附巴基斯坦印度之背而出印度洋。上次大戰中，希特勒即曾作如此之打算，後爲盟軍識破，由英蘇兩國先期出兵把伊朗加以佔領。而今天史大林又要接希特勒之夢而續溫了。自然蘇俄之圖伊朗其寓意尚不止此：盡人皆知伊朗擁有全世界品質最好的石油，而英美所有在地中海及中東的艦隊機車用油百分之八十取給於英伊石油公司的出品，這是一個頗爲嚴重的問題，然則這些問題與伊朗之將石油收歸國有又有甚關聯呢？問題就隱藏在這類事件的後面。

自從第三國際的第六次大會以後，蘇俄征服弱小國家或殖民地一貫的策略是煽動這類地區民族主義的情緒，使其不斷地與西方國家發生衝突或摩擦。等到把西方國家的影響力驅逐淨盡後，她就着手製造大規模的混亂和不安。最後「無產階級」要起來奪取政權了。目前的英伊石油事件即是最近的一例。

伊朗的石油應該歸伊朗人經營，這是天經地義。然而經營石油，伊朗人却沒有現代技術，若必須收回自營，其結果必至生產萎縮或停頓。然而伊朗收回國有的行動，西方國家却不能加以反對，因爲反對必更激發起伊朗人民的民族情緒而對西方國家大加仇視。然而另一個困難是，若聽其自然，讓伊朗將石油收歸國有，則龐大的石油公司乃至於整個的伊朗地區短期內必發生混亂，而給「土八路」以可乘之機。

看罷，反對石油國營的內閣總理先被刺身死了。繼他之後而喪生於兇手彈丸之下的是一位反蘇的前教育部長。週前傳說與蘇俄接壤的亞塞爾拜然省的省長也曾遇刺，這個消息雖僅止於謠傳，然以前例爲訓，反蘇及反對石油國有者終難免「來歷不明」的兇手之追縱。西方國家好自處之。（白）

麥帥的聲明

三月二十四日麥帥第十四次由東京飛赴韓國前線視察。啓飛前發表一項重要聲明，就中包括四個要點：

（一）由於聯合國海空軍的絕對優勢控制了敵方補給，交通及運輸，使共人海戰術全告失敗；南韓境內有組織的共黨軍隊，亦經完全肅清。

（二）只要聯合國不再努力於把戰事限制於韓國地區，而把我們的軍事行動擴展到他們的沿海地區或內部的基地，他們便將立即遭遇到軍事崩潰的危險。

（三）如果中共認識了這些基本事實，韓國問題就不難解決；而且，已經殘酷地遭受破壞的韓國及韓國人民不應再受犧牲，因此，麥帥在聲明中表示，他在聯軍司令的職權範圍內，自願隨時準備與敵軍總司令進行談判，希望在軍事上求得辦法，俾得以實現聯合國在韓國的政治目標。

（四）韓國問題只能就它的本身來解決，而不牽涉及與韓國本無直接關係的問題上去，後者例如臺灣問題，中國在聯合國的席次問題等。

我們分析這四個要點，第一個是事實；第二個是假設，同時也是對聯合事國提出的一個保證；第三個是基於人道主義的希望，也可說是這篇聲明的主旨；第四個是叫中共休作妄想，同時也是對所謂「非共」國家的一個警告。事實是明如白晝，我們不必申論。假設或保證只是個假設或保證而已，照目前的形勢看，一時還不會容易實現，這幾天國際間的反應正對此表示「驚異」，深恐麥帥這「一橄欖枝的葉部刺尖」，刺傷了他們還想安撫的敵人。至於第三點——希望中共正視當前的事實並警惕到更大的危險而來談判停戰問題，我們可以斷言，這個希望是會落空的。中共，在史達林征服世界的全盤戰略下，只是個工具而已。它早已不能就其本身的利害關係來考慮任何問題而作決定了。史達林對於這一點的考慮如何，那是另一個問題，但不是中共佔在自己的立場所可參加意見的。因此，我們覺得麥帥這篇聲明富有實際意義的恐怕還是在第四點。未來，所謂「臺灣問題」，在聯合國議程中已經不成問題了；中國在聯合國的席次問題，也因爲中共之公然與聯合國爲敵，再也沒有理由可以討論了；然而事實上尚有些所謂「非共」的國家，至今還抱着「以鄰爲壑」的想頭。麥帥在這一點上愷切爽朗的聲明，無異給他們一個有力的當頭棒，無怪這幾天巴黎、倫敦、新德里等地都表現出張皇驚悸的可憐相來。

作爲一個聯合國軍的統帥，面對韓國問題中當前的軍事和政治情勢，麥帥發表這樣一項聲明，正是其職份內的權責，其內容不多也不少。我們儘管認爲停戰談判的希望會落空，但這篇聲明的本身，在聯合國處理韓國問題的歷史上，終有其不朽的價值：光明磊落，理直氣壯，充分地表達了聯合國應有的聲威。我們希望成功湖的國際政治家們，珍惜這種聲威，維護這種聲威，發揚光大這種聲威！（葆）

從聯合國看世界前途

蔣廷黻

最近返臺之我國駐聯合國首席代表蔣廷黻博士，於上月二十三日下午六時假圓山大飯店單獨接見本刊記者。這位以近代史權威學者出身的外交家，首先用他在安理會貫用的那種簡截扼要的語法，解答記者事前提出的九項問題；繼以輕快的口吻暢論世界局勢及國內政治問題，先後歷一小時之久。按蔣博士對中俄關係史最具權威，並曾任駐蘇大使數年，民國二十八年回國後因無情地揭發蘇俄的陰謀而未再赴任。三年前蔣博士繼郭泰祺氏任聯合國常駐代表，自此，先後爲維辛斯基、葛羅米柯與馬立克輩之勁敵，其卓越的學識與人格，因更獲得世界人士之景仰。此次蔣博士爲本刊解答有關聯合國及世界前途諸問題，高瞻遠矚，要言不煩，自非時流議論所能望其項背。爰錄其談話內容，以饗讀者。——本刊記者

問：以印度爲首的所謂「非共」集團，目前在聯合國的影響力如何？其內部的團結力怎樣？

答：所謂非共集團，並沒有什麼正式的組織在聯合國露面。就是這次關於韓國問題，亞洲同阿拉伯國家有一個共同提案，這個提案連署的是十一個國家，包括印度，巴基斯坦，緬甸，印尼，伊朗，沙地阿拉伯，伊拉克，也們，埃及，敍利亞，黎巴嫩。除了印度之外，第二個要緊的，是埃及，因爲埃及是近東國家的領袖。這十一個國家的內部很不一致，並沒有多大的團結力，可以說是同床異夢，各有各的目的。

在韓國問題上面，這個提案曾經發生相當的力量，因爲裡面的份子，都是亞洲的國家，一般人以爲亞洲的國家對於亞洲問題發表言論，値得考慮。其實亞洲國家如印度對於韓國問題的認識，反而在西歐國家之下。

非共集團的國家，在國內都是反對共產主義的，但在國際上他們不反對蘇聯。反共集團，在國內反對共產主義，在國際上也反對蘇聯。

問：西歐集團在處理亞洲共黨問題時，往往不能與其他反共國家合作，其世界戰略觀念如何？這種「不合作」在聯合國的工作上有若何影響？

答：西歐的國家對於蘇聯有很大的恐懼，蘇聯戰後沒有裁軍，沒有復員，始終維持很大的陸軍。前線的部隊，就在東德和波蘭。西歐國家以爲大戰發生，幾個星期之內，西歐國家就被蘇聯佔領，所以西歐國家認爲一切反共力量，應集中在西歐，不能說他們完全以爲亞洲不要緊，但是認爲亞洲不及西歐，而西歐的危險在亞洲之上。西歐的集團不合作，在聯合國工作上面，已經發生相當的影響，將來還要發生相當的影響。但是反共國家，以美國爲首，美國東有大西洋，西有太平洋，對於太平洋以東的國家如何演變，與美國利害關係很深，不能完全注意西歐，也不能把一切的力量都集中西歐，以對付蘇聯。西歐國家也不能同美國分裂，所以西歐集團在相當範圍之內，必須遷就美國，因此西歐集團的不合作，是有限度的。

問：中國代表權的危險期是否業經渡過？如果還沒有渡過，其主要的危險何在？美國對此問題，何故不願意使用否決權？

答：中國在聯合國的地位，今年比一年以前好多了，但是危險還沒有完全渡過，主要的原故：一則是西歐集團的觀念，二則就是印度領導的非共集團的觀念。美國代表在去年正月安全理事會討論中國代表權問題的時候，他聲明美國政府對於代表權問題不使用否決權。如果美國政府現在改變態度，不免前後互相矛盾，這是他的困難。但是我曾向美國代表解釋，代表權的問題，是一個政治的問題，當然是一個實質的問題，可以施行否決權，美國代表所認爲不能施行否決權，是在代表個人身份的問題，證書的問題，如某一代表全權證書發生問題，這是程序的問題，不是實質的問題，不能使用否決權。我認爲美國對於這個問題，當初考慮沒有週到，所以美國現在頗難施行否決權，國會雖也有這種呼聲，至今沒有被政府接受。

問：安理會的否決權曾有人醞釀取消，此被否決的案件現在已得由聯合國大會緊急接受處理，取消之議是否業經停止？即是這種否決權將來是否可以取消？抑或以其他方式替代？（例如增加大國的票數）

答：否決權的取消，在聯合國內，始終沒有正式的提案，同時有些國家從開始就反對否決權，在會裏批評否決權是有的，這個批評到今天沒有停止，但是沒有代表提議取消否決權。爲什麼呢？因爲否決權訂入了聯合國憲章，取消否決權，等於修改聯合國憲章，修改憲章本身，就牽涉到否決權，如果根據法律手續處理，否決權不能取消，現在也沒有想到其他的方式來代替這個否決權。第五屆大會所通過的緊急案件處理案，不是取消或限制安全理事會的否決權，新的議決案，只規定在安全理事會被否決的案件，大會可以直接處理。

問：目前在韓國的戰爭是中韓兩共黨政權對聯合國的戰爭，將來萬一全面性的戰爭爆發，是否成爲聯合國對世界共黨集團的戰爭？聯合國通過了對共黨集團的戰爭，會不會採取行動將那些敵對國家取消其會員國的資格？

答：萬一全面性的戰爭爆發，當然是聯合國對世界共黨集團的戰爭。那時聯合國一定要取消共黨集團國家的會員資格，共黨集團也必然退出聯合國。

問：假定上述全面性的戰爭眞正爆發，則以印度爲首的所謂「非共」集團會不會保持中立？

答：我推想印度及少數國家，一定會設法保持中立，不過我看這個中立，不能長久。

問：先生看，目下正在醞釀中的太平洋公約有形成的可能嗎？太平洋公約如果成立，有人說不會邀自由中國參加，其根據的理由何在？除美國外中國是太平洋中實力最强的國家，若無中國參加，該公約還有什麼意義？

答：太平洋的公約成立與否，現在很難預料，不過這個公約的價值是不大的，不像大西洋公約。太平洋公約的意義，等於美國對某一個國家預先答應萬一有共黨侵略，美國一定來援助。太平洋公約的問題，根本就是美國援助與否的問題。中國取得美國的援助，不一定根據太平洋公約。

問：史大林和杜魯門都說三次大戰可以避免，然而雙方都在加速備戰，先生看法如何？

答：民主國家加速備戰的目的，在於預防史大林進一步的侵略，史大林加速備戰，在於貫徹共黨化世界。第三次世界大戰能否避免，決於史大林一個人，如果我們研究史大林主義，我相信第三次世界大戰不能避免。因爲史大林主義，是共產主義加上帝國主義，或者我們可以更徹底的說，史大林主義，是以共產主義爲工具，而以帝國主義爲目的。在這種狀況之下，我看不出可以避免第三次世界大戰的方法。

問：由臺灣年來飛速的進步，中國代表在聯合國的地位已逐漸增强，先生以爲自由中國應該如何努力才能配合我們在外交上之需要？

答：政府在臺灣年來對於政治及經濟改革，已取得國際朋友的同情及瞭解，因此中國在聯合國的地位，也逐漸增强。民主國家一面反對共產黨，一面在本國政治及經濟方面都在求進步，他們承認在民主國家現行政治及經濟制度有改良可能，也有很多地方應該改良，他們相信在民主政治制度之下改革，能够更加收效，這是世界共同的趨勢。歐洲的國家，現在都行高度的社會主義，美國的政策，自從羅斯福總統以來，也向進步一方面走，我們既然共同反共，如能在政治經濟方面，使其他反共國家認爲志同道合，那我們外交上的工作，更加容易推進。歐美的國家希望中國趨向歐美的民主政治，在制度上看來，中國現在的憲法，是高度民主化的憲法，要緊的，不在形式，而在精神及方向。

『自由中國的宗旨』

第一、我們要向全國國民宣傳自由與民主的眞實價値，並且要督促政府（各級的政府），切實改革政治經濟，努力建立自由民主的社會。

第二、我們要支持並督促政府用種種力量抵抗共產黨鐵幕之下剝奪一切自由的極權政治，不讓他擴張他的勢力範圍。

第三、我們要盡我們的努力，援助淪陷區域的同胞，幫助他們早日恢復自由。

第四、我們的最後目標是要使整個中華民國成爲自由的中國。

論所謂東方狄托

董時進

東方狄托的傳說，至中共參加韓戰而暫告停息，近因中共在韓軍事失利，此話又被一些人舊事重提了。實則這一傳說純然是出於美國人一方面的幻想，從來沒有任何事實的根據或透露的徵象。惟一般論者雖多認爲無實現之可能，但其所持理由則主要是說，中共政府乃是在蘇聯紅軍控制之下，沒有脫韁的可能。這種說法固不能認爲不對，但尚不是毛澤東不能做狄托的全部理由。假使毛氏眞要做狄托，他所冒的危險未必比攻擊聯合國軍隊的危險更大。蘇聯軍隊雖可控制東北，却不能控制中國的全部或大部。何況蘇聯既尚不敢發動世界大戰，亦未必即敢正式佔領東北，或進兵華北。又何況聯合國大軍近在咫尺，中共若因改變態度而遭受蘇聯攻擊，可以立即得到聯合國的援助。北韓進犯南韓，聯合國尚且派兵抵抗，若謂蘇聯侵略中國，而聯合國會坐視，似無此理。中共若傾向民主國家方面，至多冒東北暫時淪陷的危險，與聯合國爲敵，則冒整個政權垮臺的危險。以故若謂毛澤東只是爲了受蘇聯的箝制或害怕蘇聯而不能步狄托的後塵，似不足盡信。

我認爲毛澤東是根本不要做狄托，而且他曾經屢次向全世界明白鄭重的宣告，他決不做狄托。因此，即使他現在改變了念頭，想做狄托（這是尙無任何徵象的），他也會發覺這道門是關閉了的。大家應該還記得，當南斯拉夫的狄托出現之後，中共曾經嚴厲加以譴責，這就不啻是毛澤東第一次向蘇聯及世界表明態度，提供保證。自此以後，毛氏又曾經再三再四地聲明過，他決不做狄托。

一九四九年七月一日毛澤東「論人民民主專政」一文，可以說是他歷來所發表的最重要的文章，而那篇文章已經截斷了他做狄托的道路。那篇文章裡面有這樣的話：『「你們一邊倒」。正是這樣。一邊倒，是孫中山的四十年經驗和共產黨的廿八年經驗教給我們的，深知欲達到勝利和鞏固勝利，必須一邊倒。』這些話說得何等乾脆，何等堅決。可見他們的一邊倒的政策絕不是馬馬虎虎定下來的，乃是經過了深思熟慮，和長期的經驗與教訓，然後決定的。這一根本決策豈是容易改變的嗎？

許多人，特別是美國人，以爲中共取得政權以後，從事經濟建設和發展，非賴美國的資金，物資和技術的幫助不可，因此他們認爲毛澤東不能不做狄托。關於這一層，中共並非沒有考慮過。毛氏的論文說：『「我們需要英美政府的援助」。在現時，這也是幼稚的想法。現時英美的統治者還是帝國主義者，他們會給人民國家的援助嗎？我們同這些國家做生意以及假設這些國家在將來願意在互助條件之下借錢給我們，這是因爲什麼呢？這是因爲這些國家的資本家要賺錢，銀行家要賺利息，藉以解救他們自己的危機，並不是什麼對中國人民的援助。』又說：「在孫中山一生中，只得過一次國際的援助，這就是蘇聯的援助。——孫先生有了經驗了，他吃過虧。上過當，我們要記得他的話，不要再上當、我們在國際上是屬於以蘇聯爲首的反帝國主義陣線一方面的，眞正的友誼的援助只能向這一方面去找，而不能向帝國主義戰線一方面去找。」這些話完全拒絕了英美的援助，說得再明白沒有了。即使美國願意借錢給中國，中共也不會認爲是爲幫助中國，而只認爲是幫助美國的資本家。即使中共願意接受美國的援助，也不過是互相利用而已，絕不能即認爲是親美的表示。

毛氏的這篇論文，不啻是中共的國策宣言，也不啻是他對於斯大林的一篇坦白書。無論他的話是否完全出之眞誠，然而他身居中共政府領袖的地位，諒也不好當着大衆面前打自己的嘴巴。須知中共是相當重視正式的宣言的，所以凡是起義的將領，或要靠攏的民主人士，必叫他們發表一篇坦白書，以資信守。那末，毛氏對於自己的坦白書，他如何能隨便撕毀呢？

另外還有一個更鄭重的文件，也可以說是阻擋毛澤東走狄托路線的最大障礙，那便是人民政治協商會議的共同綱領。那綱領明白規定必須親蘇。其總綱裡面有一條說：「中華人民共和國聯合世界上一切愛好和平，自由的國家和人民，首先是聯合蘇聯，……共同反對帝國主義侵略……」聯合蘇聯，反對帝國主義，是既定的國策。帝國主義是誰？當然是以美國爲首，這是他們所一直公開指定的。這個共同綱領不啻是一篇根本大法，是「凡參加人民政治協商會議的各單位，各級人民政府和全國人民均應共同遵守的（引用該綱領序言上的話。）」。那末，在共同綱領極其明顯的約束之下，無論毛澤東如何善變，他豈能不顧一切由親蘇變成反蘇，由反美變成親美！假使他要那樣變，他能不遭同夥的强烈反對，被認爲是違法叛國叛黨麼？

我們不要忘記，中共的長大成功，是蘇聯一手所培植的。他們多年以來一直是親蘇反美的。他們的宣傳，教育和學習，都是講的蘇聯如何好，如何偉大，如何必須師法，以及美帝如何壞，如何反動，如何應該仇視和打倒。不拘是他們的高級黨員，低級幹部，和軍隊，都是多年受的這種歪曲的訓練，養成了親蘇仇美頑固的頭腦。現在在毫無精神準備之下，突然要一反從前的態度，掉過來仇蘇親美，將何以號令衆多的黨員幹部與隊伍？這豈不要將共產黨所恃以凝結同志精神的膠泥一齊粉碎，而使黨陷於瓦解的危險麼？毛澤東和中共的一些領袖縱然追隨狄托有心，也未必肯冒這大的危險。

此外我們還有一層不可不知道的，那即是毛澤東及共他中共領袖們的過去的歷史。他們大多都是與美國素無淵源，不了解也不信任美國的。他們是蘇聯從「美帝」的包圍和打擊之下，拯救和培養出來的。他們如何能把恩人當敵人，敵人當恩人？二十幾年以來，他們都是被封鎖在很偏僻的鄉間，與外邊十分隔閡。他們對於美國的印象，只能得之於蘇聯的宣傳，此外他們知道的，就是美國如何援助國民黨攻打他們。無怪他們對於美國總是仇視，猜疑和害怕。所以無論美國如何以甘言蜜語和各種利益招引他們，他們都只能認爲是不懷好意的誘惑。蘇聯這個父母曾經不斷諄誡中共這個小孩說，「美帝是誘拐孩子的怪物」，而且這個小孩又曾經受過那個怪物的驚駭，現在那個怪物對孩子說，「來，跟我走，我給你糖吃」，他就能跟他去嗎？

我認爲要中國產生狄托，只有一個可能，那乃是要等到將來中共在戰場上大大失利之後，黨內起了分裂，在二層領袖及其他投降熹攏的首領之中，或可能產生若干小狄托。

狄托不狄托，都是美國人一方面的幻想，中國人民的想法則大不相同。美國人盼望產生狄托，完全是爲美國檢便宜着想，要化敵爲友，削滅蘇聯的力量，增強自己一方面的力量。一般中國人民呻吟於共黨的專制殘暴之下，所盼望的並不是什麼狄托出世，乃是美國對於他們掙脫殘暴統治的奮鬪，予以援助。狄托不狄托，不過是親蘇與親美之分，人民受親美的暴君之壓迫與受親蘇的暴君之壓迫，終是一樣。假使美國只是一味拉攏暴君，在中國人民看來，不過是美國的自私，而且不惜助紂爲虐耳。我們不難想到，一旦美國代替蘇聯成了中共的夥伴，中國人民將會移仇視蘇聯之心以仇視美國。美國必須在所謂東方狄托和中國人民二者之中選擇其一，而且只能選擇其一。

美國憲法上的新發展

杜光塤

一七八七年美國制憲會議之制定總統任期四年的條文，而沒有明白的規定其連任的次數，爲美國憲法引起了多少爭論，雖然由於華盛頓哲斐遜，傑克遜歷任總統之拒絕第三任總統，而樹立了禁止第三任總統的憲政慣例，但是這一種憲政慣例，並沒有能確切的解決了總統連任的次數問題，格蘭脫(Grant)兩任總統期滿，到了一八八〇年共和黨代表大會開會推定總統候選人時之競選總統候選人，和一九一二年老羅斯福經進步黨代表大會推定爲總統候選人後之出而競選總統，已經使人懷疑到禁止第三任總統憲政慣例的效力，而羅斯福總統一九四〇年之三次當選和一九四四年之四次當選，更打破了美國一百五十餘年來由經驗積累而成立的禁止第三任總統的憲政慣例，經過格蘭脫，老羅斯福和佛蘭克林羅斯福三人一連串的例外行動證明了憲政慣例效力之不如憲法條文，爲明確的彌補憲法條文之缺陷，和有效的加强禁止第三任總統憲政慣例的力量，乃產生了美國憲法第二十二條修正案。

按美國憲法第二十二條修正案乃是根據一九四七年三月廿四日國會兩院通過的決議案而來的，該項決議案經過參衆兩院通過後，依照案文中於決議案通過後七年以內完成其批准手續的規定，應於一九五二年三月廿五日以前獲得卅六州議會之批准，才能有效，一九四七年一年之內，通過批准的計有十八州，由一九四八年至一九五〇年的三年期間完成批准手續者，僅只六州，而於一九五一年開始的頭兩個月內，通過批准第廿二條修正案者却多到十二個州，經過本年二月廿六日內華達(nevda)州議會之通過批准，湊足了卅六州，而符合了修正憲法須經四分之三批准的條文規定，因此，一九四七年國會兩院決議的第廿二條修正案自一九五一年二月廿六日起發生了效力。

美國憲法第廿二條修正案籠統的規定總統二任的條文，但是分析起來，這一條內容，却包括着幾項規定：第一規定任何人不得當選爲總統二次以上，這種限制總統不得當選二次，也就是美國禁止第三任總統的憲政慣例的精神，不過因爲禁止第三任總統的憲政慣例沒有能阻止羅斯福總統之三次和四次當選，爲加强禁止第三任總統憲政慣例，有效的限制總統連任不超過一次，需要把禁止第三任總統的憲政慣例，著爲成文憲法，第廿二條修正案的第一項規定就是將禁止第三任總統的憲政慣例改變爲成文憲法的結果。第二是對於代理他人爲總統超過二年以上者連選不得超過一次的規定，依此規定凡是遇到總統因死亡，辭職或被彈劾而出缺，由其副總統代理其職位在二年以上時，其連任以一次爲限，相反的說，如使其代理總統職位不足二年時，則不受連選一次的限制，在這一項規定的情形下，總統連選二次，其任期最多不過十年，如其他代理總統在二年以上，而再讓其連選二次的時候，則其在總統職位，可能達於十二年之久，結果將和三任總統任期無何差別，而與限制總統二任的原則相去太遠了，一九〇八年老羅斯福二任總統期滿後之沒有即時競選次屆總統，而一九二八年柯立志總統二任期滿前共和黨之企圖推他爲總統候選人，也許是根據這種認識而來的，那麼美國憲法第廿二條修正案中第二項規定也就是把美國既有的憲政習慣改爲成文條文的結果。第三便是這一項規定不適用於國會決議此項修正案時在職的總統，具體的說，就是此項規定不適用於杜魯門總統，在純法理的觀點看，杜魯門總統不在此項限制之內，一九五二年杜魯門總統任期屆滿前，如果民主黨有意推選他爲下屆總統候選人時，民主黨儘可推選杜魯門爲她的總統候選人，但是經過各州之批准第廿二條修正案，可予杜魯門競選下屆總統一個莫大的打擊，一因各州之在批准第廿二條修正案時聲言總統不得超過二任，使一般人民由聯想杜魯門擔任總統幾近八年，便認杜魯門總統之再一次的當選，爲第三任總統，而違背了第廿二條修正案，無形中破壞了杜魯門總統再一次當選的機會，二因美國共和黨之前後同樣的積極推動第廿二條修正案的目的恐怕也是爲的打擊杜魯門總統一九五二年之競選，一九四七年參衆兩院之決議第廿二條修正案都是兩院中共和黨領袖范登堡和馬丁提出來的，而本年開始後十二個州議會之爭先恐後的趕着完成批准第廿二條修正案，據一九五一年二月廿七日紐約時報說也是出於共和黨全國委員會(national committee)的督促和運用，在這一個時候，共和黨全國委員會之促使各州議會儘速批准第廿二條修正案，而使第廿二條修正案於批准的七年期限未滿一年以前得以完成了批准手續，其作用恐怕也是在於打擊杜魯門一九五二年之競選總統。

美國憲法第廿二條修正案之所以成立，除了共和黨在黨的立場打擊民主黨一九五二年總統選舉的作用以外，還有其他的幾種原因：第一總統連任次數如不加此項限制，而連任三任或四任時其任期之長可能長到十二年之久，違反了美國制憲先賢規定總統任期四年的初意，在美國制憲會議討論到總統任期時，不只是哈米爾頓的總統終身職的意見，爲絕大多數所反對，就是連總統任期六年或七年的規定，經過討論也修改爲總統任期四年的條文，在四年任期的原則之下，如果總統賢能而爲人民所擁護，連任一次的時候，在職八年已經有點不合乎美國人的胃口，一、二兩次大戰期間美國總統借着國會通過的授權法，而行使的緊急命令權，使一般人感覺總統任期過久，流於獨裁的疑慮，至於總統在職愈久，愈易於憑藉其職位，製造派系組織，盤據政府，操縱人民，破壞民主政治的基本原則，則更違犯了美國人民的民主精神，爲防止總統因任期過久，流於獨裁，而限制總統任期的次數，乃是美國通過憲法第廿二條修正案的一種原因：第二、由於社會經濟之發展，擴大了行政機關之職權，已經加重了美國總統的職權，而近年來，因爲整個世界形勢之變遷，美國之出而領導世界，又爲美國總統擴大了職責的範圍，以一個年富力强的總統負擔這種繁重的責任，都有點應接不暇之勢，如使其連任到三次或四次，因爲年事漸高，更將有不勝繁遽之痛苦，威爾遜於二任總統任期未滿前之因勞致疾終致不起，和一九四五年羅斯福剛剛就任第四任總統便因心力交瘁，積勞而終，都足以證明美國總統責任繁重，不是連任幾屆總統，年事較高者所能擔負的，就是在一九二三年哈丁總統逝世以前，早有了總統責任繁重，不宜任職過久的意見，再則，總統任職過久，年歲漸高，往往因爲精力不足，判斷失常而貽誤了軍國大事，據一般傳說，雅爾達會議時羅斯福之所以百般遷就史達林，締成雅爾達密約，也就是因羅斯福年事漸高，體力不繼，以致判斷錯誤，而鑄成了締結雅爾達密約的大錯，爲防止總統因任期過久，年事漸高，體力不繼，貽誤軍國大事，而限制總統任期之次數，也是美國制定第廿二條憲法修正案的另一種原因。

美國因爲禁止第三任總統的憲政慣例之沒有能阻止羅斯福連任四任總統，乃根據禁止第三任總統的慣例，制成了第廿二條憲法修正案，這一條修正案生效之後，將使美國無論在什麼情況下，總統到了規定的任期屆滿之時，都必須改選總統，從此美國不會再有第三任的總統了，在防止總統因爲任期久，利用地位，集權一身，流於獨裁政治的危險和破除由於總統年事漸高，精力不支，貽誤國事的疑慮，這一條憲法修正案誠然具有很大的作用，但是這一條修正案可緊緊的束縛了選民之手，而使他們不能毫無拘束的自由選擧其心目中認爲最適當的人物，就是到了國家進入戰爭狀態，總統二任屆滿，爲避免半途易馬，需要原任總統繼續負責的時候，也將無法使之繼續連任下去，在適應非常時期緊急需要一點，這一條修正案反不如禁止第三任總統的憲政慣例了。但在支持第廿二條憲法修正案者則認爲第二十二條憲法修正案成立之後，還有非常時期維持政府重心的方法，第一、眞正到了國家遭遇到非常時期，需要原任總統繼續擔負責任時還可以修改憲法，以使二任期滿的總統蟬聯下去，殊不知美國憲法修改程序繁難，以後國家遇到非常時期需要二任屆滿的總統連選連任的時候，決不是臨時修改憲法，所能濟事的，第二、到了國家進入戰爭狀態而二任總統又屆任滿之時，總統很可以在黨內或政府中培植出一個繼起領袖，並使之膺選爲其黨內推定之總統候選人，果使其當選爲次屆總統，雖不如原任總統處理國事一樣的駕輕就熟，却也可以利用其在原任總統任內的關係與經驗，以維持政府重心於不墜，並貫徹原任總統之政策，在第廿二條修正案實行之後，爲應付非常時期之需要，這也是一個可能的辦法，可是按之實際黨政情形，在職總統之培植出一個繼起領袖沒有制度上的依據，僅憑人事上的關係，以人事之湊合來應付非常時期變局的需要，也有若干的困難，話雖如此，但是反觀近年以來，民主國家爲應付非常時期而成立危機政府（Crisis Government）之經驗，就使在第廿二條修正案實行後，美國遇到了國內國外非常事變，在維持其民主黨政的原則之下，還有她應付非常事變的方法。

我國租稅應走之路

周鐵

（一）

一年來臺省財政當局，爲了改革稅制，減輕人民負擔，先有「改造稅制芻議」的提出，繼有「戡亂期間臺灣省稅制改革綱要草案」之擬訂，再經各財政專家數月的研討，乃有「戡亂期間臺灣省稅捐稽征暫行條例草案」的第二次擬訂，惟因此草案完成立法程序，尚須相當期間，爲提早實施起見，即由行政院核定，並由省府以「戡亂期間臺灣省內各項稅捐統一稽征暫行辦法」之名稱公佈，自本年度起實行。

此項辦法係試辦性質，爲期暫定一年，此即指稅制改革尚未成爲「定案」，在此未成「定案」前，筆者默察當前事實，提出今後應變革的要點，以就教於專家及財政當局。

（二）

今統一稽征辦法可謂各稅法的「摘要」，對於現行稅目並未簡化，除暫行停征鑛產稅及營業牌照稅兩者外，其他各稅目依然存在，其實我國中央稅及地方稅總計不過二十種，實無簡化之必要，且與英美諸國相比（美國多至四十餘種），則瞠乎其後，筆者曾多次指出：稅制之優良，不在稅之多寡，而在稅負分配合理與否。申言之，如對於不勞利得者，即使重複課稅，亦不爲虐。今按各稅之性質及客觀的需要，擬改如下：

（一）一般論者，對於綜合所得稅，莫不寄以極大的期望。誠然，就理論言，綜合所得稅比較分類所得稅公平，即符合最小犧牲原則，但稅制之公平是一事，公平稅制能否推行，又是一事，在今日我國各種統計調查，尚未完備，遽然實行綜合課稅制度，勢必陷於「可望而不即」的境地！辦了十多年之我國所得稅，至今還不能得到良好的結果，遑論綜合課稅？我們欲奠定直接稅之初基，似應着重於「推行」二字，不宜拘泥於「公平」二字。換言之，在現階級應暫採行分類所得稅，以期輕而易舉，一俟推行漸久，積有經驗，統計調查亦能次第完成，然後改行綜合課稅，未爲晚也。

（二）同理，對於遺產稅，亦須着重於總遺產稅制，而對分遺產稅制暫得絕念。且我國繼承多爲父子，父女關係，縱爲養子，在我國宗法社會多有「爲人後者爲之子」的觀念，遠親一經立爲嗣，其責任與親子無別，故遠親與親子，實無嚴加區別之必要，如實行分遺產稅，反生糾紛。至其起征點原爲遺產總額滿新臺幣三萬元者起征，現降低爲一萬五千元起征，此舉固在期課征普遍，平衡社會財富。但似忽視農業生產社會的本質，蓋因遺產稅爲課於不勞利得之稅，資本家之遺產，固含有不勞利得之性質，而農業之生產，往往是父子共同勞動，方克濟事，故不勞利得之成分較少。我國爲農業社會，子女自幼即參與生產，家長死亡，產業遺於子女，其形式上爲遺產，實質上並非遺產，至少其中有一部非遺產，而爲子女自己勞動得來之財產，故不應課稅。換言之，起征點與其降低，不如提高，使負擔集中於富人，而農業社會自可受益。

（三）取消戶稅，改辦財產稅。戶稅就本質言，是所得稅與財產稅的混合物，今當局既認爲戶稅已養成人民納稅習慣，即我們可以利用戶稅之良好「基地」，取消其所得稅之一部分，而擴大其財產稅性質之一部分。兩年前立法院曾通過舉辦此稅，至今猶遲遲未能施行；兩次世界大戰期中，各參戰國都曾施行過，美國各州至今尚保留此稅，何獨我們不能實行？況且，我國要實現民生主義，平均社會財富，更應及時舉辦財產稅，我們該拿出推行三七五減租的精神，向有財產者課以重稅。

（四）我國過去租稅，向以消費稅系統爲主，故平民之負擔特重，實有徹底改革的必要，但是因我國資本主義尚不發達，資本尚未集中，要如英美以所得稅爲中心，事實上恐不易辦到；同時，今日國用浩繁，要藉消費稅以爲供應亦不無困難，故今後之稅制，勢必直接稅間接稅並重。惟間接稅的征課對象，應儘量重課奢侈品，而減課所有影響貧民生活的必需品，始符戰時節約原則。今統一稽征辦法中，將貨物稅之皮統及化妝品兩者暫予停征，究未知何意？又據前月七日報載，將停征各稅目，一律改課營業稅。貨物稅向爲消費稅性質，而營業稅乃爲收益稅性質，兩者不同，如何更改？爲稅法之完整，似應保留貨物稅之原定，較爲合理。

（五）流通稅系統之租稅必須大加整頓與擴充。我國流通稅僅有印花稅及少數登錄稅（如契稅）等，就現狀言，我們可能擴充舉辦者有二：一爲交易稅，一爲廣告稅。前者寓稅於價，阻力甚小，徵收容易，且稅收隨物價以伸縮，爲戰時及戰後籌款之良策，尤在所得稅不發達之國家，交易稅實爲一良好稅源，後者爲地方政府之一大稅源，即在地方行政區域內發佈廣告或傳單者，須先經核准，而於核准時課之以稅。蓋因其有引誘顧客增加交易之能力也。惟雜誌報章廣告鮮有課稅，因此等印刷品多恃廣告收入以資維持，若課以稅，必遭反對故也。

綜合以上所說，我國應保留或擴充或調整稅目如下：（一）所得稅（分類所得稅），（二）土地稅（田賦及地價稅），（三）財產稅（取消戶稅及特種戶稅）

，(四)遺產稅(總遺產稅制)，(五)營業稅(歸併特種營業稅及營業牌照稅)，(六)土地改良稅(戶捐)、(七)關稅、(八)鹽稅、(九)貨物稅、(十)鑛產稅、(十一)屠宰稅、(十二)筵席及娛樂稅、(十三)使用牌照稅、(十四)印花稅、(十五)契稅、(十六)交易稅、(十七)廣告稅，如稅制既立，則不得隨便征收附加稅，以免有畸重畸輕之弊。

(三)

現代各國中央與地方團體對於稅源的劃分，不外下列四種：(一)獨立稅制(二)附加稅制，(三)分稅制，(四)補助金制。我國現行劃分辦法，乃兼採四制，可以說是集四制之大成，一方面中央與地方各有獨立稅源，旨在促進地方自治；另一方面又將特定稅收按比例分給各級政府，藉以平均聯繫之發展；同時，如地方團體遇有偏枯，則又規定補助金辦法，以資救濟；再爲當前戡亂之亟需，在省縣各稅帶征防禦捐，即臨時附加稅。故我國稅源劃分辦法，姑名之爲混合稅制。

惟各種制度，各有利弊，亦各有獨立精神之所在，若強爲配合，則難免零碎割裂，缺乏完整之精神，因此，我國稅制之劃分，既不能構成一種制度，亦非一種固定之體系，屬此屬彼，均無理論之根據，尤在今日行政效率異常缺乏之下，各種制度之優點未及擷取，然其缺點則原形畢露。

如果我們確認臺灣是自由中國的示範區，則我們必須詳審我國傳統財政制度之不合理，並參以近代各國地方財政之趨勢，而建立新一型的財政制度。申言之，如果我們認爲「均權原則」是劃分稅源之唯一標準，則宜採行獨立稅制爲主，而以補助金制爲輔，此亦係各國財政共同的趨勢。蓋因中央稅與地方稅兩個體系之建立，必在財政上之征課權力各有確守的範圍，始能實現均權原則，亦爲推行地方自治的必要條件。

至於稅源應如何劃分？筆者主張必循歷史發展法則，即在奠定稅制的初基時，宜以直接稅系統劃歸地方；以間接稅系統劃歸中央。如此以「直接」與「間接」兩個稅系爲界劃，不但地方可以獲得「均權」的實惠，而眞正的合理的財政體系亦由此而建立。

我們要記得歐美各國建立財政體系的初期，亦曾作如此之劃分，如美德兩大聯邦國家，聯邦政府(即中央政府)掌握關稅及其他間接稅，而直接稅則落於邦及地方政府之掌握中。次如英國亦將重要的直接稅源，撥給下級政府，即予地方政府以征課「地方捐」(Local Rates)之全權。直至第一次世界大戰的前後，美德兩國聯邦政府始由間接稅而漸入直接稅之領域，但地方的直接稅課依然存在。如美國中央有所得稅及遺產稅之征課，而地方亦有此兩項征課。我們今欲奠定地方自治的財政基礎，必須記取此段歷史，換言之，沒有如此顯著而有確定範圍之劃分，則地方自治永遠是可望而不可即。

其次，就直接稅與間接稅的性質而論，直接稅的優點是在公平，而其缺點則在征收估計困難。如果將直接稅劃歸地方征課，則此缺點，可望一概祛除，蓋因地方當局熟悉當地情形，對于直接稅中如土地稅、遺產稅、所得稅等的查報登記估征，均較易辦理。在建立稅制之初期中，尤須如此。至於間接稅之優點乃在普遍，而其缺點則在稅負易落於中下階級身上。今爲減輕平民的稅負，必須建立一物一征的統一制度，故間接稅宜劃歸中央統一辦理；同時，間接稅中如關稅、貨物稅等，其稅基多遍佈於全國，宜歸中央，較爲合理。要之，直接稅的公平與間接稅的普遍，兩者交互作用，亦由此顯明的劃分，更相得益彰。

抑又進者，過去地方政府爲求「生存」，多乞靈於攤派，攤派之弊，即強者少派，弱者多派，根本談不上社會公平原則。今日臺灣料想無此現象，惟爲防患於未然，財政當局應將稅源確實豐富的稅收，如所得稅等，劃歸地方征課，此不但增加地方財政收入，亦爲杜絕攤派最有效的方法。

財政學者亦嘗考慮此一問題，皆以此種劃分辦法，最足以引起偏枯之弊，棄而不取。其實乃爲學者之理想，事實上不但無此弊端，且確有此需要，至少是均權制度之中國。尚有一部份學者認爲租稅皆爲間接稅。即皆可以轉嫁，但在征課性質與征課技術上，仍應如此劃分。因此，筆者堅決主張，今後中國之財政制度倘欲合理樹立。必先確定均權原則，在征課上即應採取「兩大稅系」劃分財源的方式，方可確立國家與地方財政之永久基礎。

(四)

稅率之釐訂應循下列兩個原則：(一)減低所有影響貧民生活的間接稅稅率；(二)提高具有納稅能力者所負的直接稅之累進率。易言之，唯有向鉅額所得者征稅，始能有大量的收入，而且公平，不擾民。否則，如專向窮人課稅，納稅人必因感覺犧牲重大，無力繳納，而削減稅收數額。

不過，今值戡亂期中，一般民力，至爲凋敝，我們不能逕效英美諸國，對直接稅概行重課主義。英美有其高度發展的工業基礎，即有眞正可用重稅之對象，故所得稅率提高至百分之八十以上，亦無問題。而我國至今仍是一農業經濟的社會，生產力與生產方法均甚落後，如果對之課以重稅，則等於自毀幼稚的工業，亦即永遠放棄現代化工業化的途徑。

基於此，「輕稅重罰」原則之提出，是切中時弊的。統一稽征辦法，對貨物稅，印花稅、營業稅等各項稅率，均已減低至「規費」性質之地步，尤對薪資所得者之征課，更有「抵納戶稅」之規定，其重視稅率普遍減輕，並實現合理之租稅負擔，乃具有積極之意義。至於罰則之規定甚嚴，而且劃一，如所得稅罰則規定：逾期一月，即處以應納稅額百分之一的罰鍰；或有虛報逃匿者，則處以五倍至十倍的罰鍰，其他如遺產稅、土地稅、營業稅等罰則，均與所得稅者相同。此舉的意義，不單單是在減輕稅負，亦不單單是在防止逃稅，而其更重要的則在引導一般人民走向自覺自動的納稅正軌，也就是說，即在培養人民納稅義務的觀念及習慣。

英美各國現行直接稅（如所得稅等），稅率如此之高，收數如此之旺，決非一朝一夕之故，施行之初，多係由漸而入。我國現今正奠定各種稅制之初基中，又值民生苦疾之時，一般稅率應屬溫和，以期輕而易舉，一俟推行漸久，再行逐漸提高。此爲今後推行稅制必由之路。

其次，對于地方稅課的稅率，似不宜作硬性的統一的規定，應交由地方斟酌實際情形，自行訂定，惟須提經地方民意機關通過，報請中央備案。換言之，地方各種稅課，如由中央作硬性之規定，則多必失去「調劑盈虛」之功能，尤在戰爭期中，物價波動在所不免，稅法修改既不容易，地方稍謀調整又不可能。於是各種稅課，徒增人事之繁，無補於實際的需要。昔日地方苛雜之紛起，攤派之疊出，均源於此。故地方稅率之酌定，應予地方以伸縮的全權，即中央無須作强求的統一，蓋强求統一，即爲表面的統一；强求「集權」，便是地方濫權的開端。

抑又進者，地方獲有此項伸縮權之後，如遇財政困難時，則可擇定稅源較富之稅課，酌量提高其稅率，以應付地方建設，或彌補財政虧損，而不必大動腦筋，增闢新稅。申言之，如果地方稅率可以自主，則以往非法之攤派，亦可一概袪除，而地方財政亦可靈活因應，「均權原則」之實現，即寓於此。

（五）

稅務行政的改革，亦是稅制改革之一部，我們過去稅收不旺，固由於稅制本身不良的因素所造成，但稅務行政之不健全，與夫徵收費用之浩大，亦爲一項不可忽視的原因。如果我們不從征課技術上謀徹底的解決辦法，稅收總額依然是不會提高的。

現行一切稅收，除關鹽兩稅外，均由省屬各稅捐稽征處統一征收。統一征收在理論上言，自有其優點：(一)便利於人民納稅，(二)節省征收費用；(三)各稅征收資料，互爲參照，相得益彰，而臻於征課確實的地步。尤在今日戡亂期間，統一征收更須强化。不過，現在各稅捐稽征處能否勝任此項重務，實有待于進一步的研討。筆者願提出數點改進意見，以供參考。

第一、簡化稽征　所謂「簡化稽征」，即指簡化稽征手續而言，換言之，一切征收手續必須力求簡單，必須根除「公文世界」的陋習，以便利納稅義務人，並減輕國庫負擔。今日稽征手續之煩，有目共見，即本市稽征處主管人亦坦白承認，不但納稅人甚感不便，並且稽征工作人員亦覺手續厥煩，疲於奔命（三十九年十二月臺北市稅務報告）。故簡化手續，實爲改進稅務之第一主題，舉凡各項稅收自調查、統計、評定、造冊、發單、征收、考核各階段工作，均須標準化，制度化，也就是說，要盡量縮短各階段的距離，力求征課簡便。

第二、充實稅務機構　本省既採行統一征收原則，則稅務機構工作之繁重，乃是必然的結果。因此筆者建議：一方面按期抽調各級稅務人員，舉辦稅務工作講習會，藉以增强稅務認識，改良征課技術，即提高各級人員之質素。另一方面公開招考稅務人員，以吸收優良青年，充實稅政，所謂「新人新政」之精義，即寓於此。

第三、樹立人事制度　人事制度建立之目的，乃在保障稅務人員的工作和生活，使能安心執行任務，對于不法人員，應予嚴厲制裁，千萬不可互相維護，以杜絕或淸除過去不良的作風；同時，更要採行提成分奬辦法，使稅務人員從工作成績中，獲得合法利益，而減少法外活動的念頭。

第四、嚴密控制稅源　由於我國工商組織，尚欠健全，會計簿籍更欠確實，如是所得課稅資料，多未可靠。今當局實行統一發貨票，亦不過控制稅源方法之一，如果要做到各稅查定之確實，必須由下列各機關單位負責供給課稅資料：(一)海關供給貨物進出口資料，(二)公私營之農工礦企業貿易機構供給工礦生產品之出進及一切標售標購資料，(三)各金融機構供給外滙結滙資料，(四)公私營交通及運輸機構供給貨物之流通資料(五)各級糧食管理機關供給各類糧食肥料等之流通資料，(六)各級戶政機關負責供給納稅人之移動資料，(七)各級地政機關負責供給房地產產權之移轉資料。倘能各方配合得力，則稅源控制，大致不遠矣。

第五、增强稅政宣傳　爲要使一般納稅者瞭解各種征課手續起見，我們應該擴大稅政宣傳工作，使之普遍深入民間，例如將各項稅法分別編寫各種小冊子，詳述各項法規之運用，乃至征課方法。以所得稅言，必須舉例說明計稅方法；以貨物稅言，則必須說明估價手續。凡此種種，皆編入小冊，分送各住戶及商店，藉以爲納稅之參考，此不但可以減少許多征納雙方之糾紛，並且亦由此可杜絕不法人員的欺詐，同時，養成納稅習慣之起點，亦由此始。

要之，良好稅制能否順利推行，乃取決於稅務行政之表現，即在執行者手中，易言之，如果征收技術不良，或管理不健全，貪污中飽又多，則「公平」稅法可變成不公平；「不擾民」的稅制，亦可變成處處擾民矣。

（六）

總之，稅制改革是一件極艱難的工作，蓋因其接觸面甚廣，而其所生之影響作用及反作用亦大，實須我們耐心的觀察，淸醒的體念。徒騖理想而不顧事實，其弊爲滯礙難行；牽就事實而漠視理想，其弊爲固步自封；是宜以事實爲出點，以理想爲前導，俾收逐步改進之效。換言之，我們必須有計劃的先增强稅制本身由「點」的合理，進而爲「線」的合理，再而爲「面」的合理，如此由漸而入，方能達成租稅體系的完整，並鞏固財政制度的基礎。

社會主義的虛妄

歐陽賓

社會主義的理想天國，縈繞在人類的心中已經過了一百多年的歷史。在這一百多年中，社會主義儼然是人類最大的夢想與希望。

許許多多人，用盡一切最惡毒的字眼來譭謗自由經濟。認爲自由經濟一日不去，則天下一日不寧。然而他們却忽略了一件事實，這件事實就是：用一個看得見惡害的制度來與一個純屬杜撰的理想作對比是一件不公平而且不合情理的事情。

一般人，都把他們心裡所想的好事情蒐羅於社會主義之中。諸如生活改善，生活保障，人人有工作，人人快樂，都認爲是屬於社會主義的範疇的。

然而現在，事實已經擺在我們面前，社會主義在經濟上給我們帶來的是什麼？在政治上給我們帶來的又是什麼？

社會主義無疑的是造成了兩大罪惡；第一牠必須攫取權力，或漸次取得權力，把民主自由扼殺。第二牠造成浪費，效率低落，生產減少與貧窮。

在一九一七年以前，蘇聯這個唐突的社會主義國家還沒有出現的時候，世界上的社會主義者從未指摘過社會主義的學說。然而當社會主義的蘇聯出現以後，整個世界的社會主義者纔開始對社會主義所造成的不良結果有了一個嚴正的指摘。

然而在當時，一般人依然給予社會主義的學說以一種諒解，認爲那祇是因爲暴力革命所造成的後果，而這一筆爛帳，不該算在社會主義學說的身上。認爲祇要不選擇暴力，則社會主義依然能夠發出預期的光彩的。

一般的社會主義者，都誤信經濟的不平等是由於有人掌握了生產工具，又有人沒有生產工具。因此祇要生產工具收歸國有，便可以消滅這種不平等了。這種單純的想法，就是近百年來人們所認定的。而最可遺憾的，就是他們並沒有提供在收歸公有之後如何改善人民的生活。

近年以來，由於這種單純的理想付諸實施的結果，證明生產工具收歸國有與改善人民生活根本就是兩回事。祇要我們肯睜開眼睛，就能看見此種事實。

二次大戰以後，英國是第一個被這個奢侈的幻覺所懲罰的國家，她也是比較主要的實行溫和社會主義的國家。

在二次大戰以後，英國工黨放出一個諾言，說實行社會主義能夠使得英國人的生活改善。當然，人們在困境中總是容易爲一個理想所激動的。因此在一九四五年的大選中，工黨以壓倒之勢，獲得了政權。

工黨上臺實行了社會主義，他們將英格蘭銀行，航空公司，煤礦，保險，鐵路與內河航運，煤汽，電力，部分土地，鋼鐵，收歸國營。

然而結果，樣樣都賠錢，僅僅國營醫藥一項，即貼補了全國收入的十分之一。當然彌補這個漏洞的不是政府本身，而是要借重到人民頭上來的。英國人民從此非但沒有得到生活的改善，抑且使生活更苦了，國營使得管理不善，效率低落，生產減少，物品因而昂貴。一九四八年的煤價反比一九四六年增加了百分之三十三。最近剛收歸國營的鋼鐵工業，僅僅五天功夫，生鐵由每噸十鎊十一先令六便士漲到十鎊十九先令。鋼條自每噸三十三鎊漲至三十三鎊十二先令六便士。

非但如此，在英國，因爲要充分就業，人民先前認爲寶貴的擇業自由也被取消了。

社會主義給英國帶來的並不是先前所預期的繁榮，而是匱乏和重稅。在一個年收入二八〇〇元的英國人，共需繳稅二八八元，而在自由經濟的美國，僅祇二六元。一個英國人假如要喝一瓶啤酒的話。他每買一品脫酒，便須付一角六分的稅，一張八角錢的電影票，其中有一半是作爲付稅用的。

工黨又怎樣使得他們當初的諾言——改善人民生活——來一個自圓其說呢？

實際上，他們已不再作積極的工作，而改採一個卡特爾制度。這就是使廠家聯合經營，對製造運銷及價格問題，作協議式的規定。把整個市場，來大家分潤一點。而對機器陳舊，生產成本高昂，却漠不關心。工人們有時故意延長工作，使生產大大地受到阻礙。

五年來，工黨政府雖曾在這方面費盡了最大的氣力，然而主婦們依然須要經過長時間的排隊，才能買到一點肉。依然須要拿「食糧配給證」才能買到食糧。

雖然，關於充分就業一點在英國可說已經辦到了，工黨在這一點上也曾大吹過一番，叫他們不要忘記第一次大戰後長期失業的痛苦。然而議員伍爾登却認爲這並不是工黨政策的成功，而是得益於國際的情勢。他說：「戰後的英國根本就不會有過失業的問題，工黨在此搶救了什麼？在聯合政府時，我是建設部部長兼充分就業研究委員會主席，莫里遜諸先生即爲該會會員，當時大家均同意，等戰爭一結束，不會發生失業的問題，但現在我們還是依賴美國的大量援助，才保持了充分就業，問題在一旦馬歇爾計劃終止以後，那時情形會怎樣，就不得而知了。」

照一般的估計，假如不是美國的援助，英國就要有一百五十萬至二百萬人的失業。

關於住宅問題，在英國是一連串的重要問題之一。工黨對此曾於五年前開過一張支票。說凡是需要房子的人，政府一定負責給他們建造。然而在一年中，政府祇建了二十萬幢，僅及需要的五分之一。而且最可悲的，他們趕不上保守黨的記錄，年建三十萬幢。

一位下議員說：「工黨政府用了同樣的勞力，祇建了戰前三分之二的房舍。」

關於管制物價問題，則反對的人更多了。因爲自從管制物價以後，英國的物價反而高昂了。他們認爲這是不必要的累贅。

在英國，對於像這樣的嘗試，使許多社會主義者覺悟了。工黨議員愛德華說：「以前許多年，我都在指責自由經濟制度的缺點，但現在我們已經親眼比較過這兩種制度。假如這樣還有人仍說社會主義可以把自由經濟的缺點去掉的話，那他眞是瞎了眼。社會主義實際上是行不通的！」但說這話的人立刻被工黨開除了，即使他是在民主的英國。

上議院的主要工黨議員米爾華頓，他在一九四九年鋼鐵國營案中脫離了工黨。他在議院中公開宣稱：「我本有些理想，原以爲工黨可使這些理想實現。但現在我看見工黨執政的實際效果，使我極度失望。我原以爲我參加了一支前進軍，結果發現祇是被人利用。社會主義所走的道路，無疑的在使英國走到極權的路上去。」

五年以後，讓我們來看一看英國人對於工黨的功績的估價：

一九四五年選擧時，下院中工黨獲得三九四席，保守黨祇有一九二席，而去年選擧的結果，工黨是三一五席，保守黨是二九五席。這等於說工黨已比初登臺時丟掉了二〇二個議席。而這些議席的失去，無疑是由於工黨對他們的諾言不能兌現的結果。英國人開始瞭解溫和的社會主義是什麼。

法國在二次大戰後，也作過同樣的妄想。這種妄想，一半是由於英國的刺激。法國在那時曾把雷諾汽車工廠，銀行，部分的保險業，煤礦，電力，煤汽，航空公司收歸國有。計劃由政府，工人，消費者組織管理委員會。這種機構的權力極大，可以不接受政府的干涉。但這種企業被規定本身必須能自給，否則管理委員會就得革職，然而實行的結果，即發覺效率低落，生產減少，賠錢等情形，和其他作社會主義嘗試的國家如出一轍。於是政府祇好下令取消那些委員會，由政府直接管理，而結果依然無效。現在，法國政府祇好將國營企業又逐漸放手，仍走民營的老路。

其他各國的情形，我們祇要看一看那些社會黨衰落的情形，就可以知道我們原先所想的社會主義，竟是怎麼一回事了。

(一)、紐西蘭——十四年來，一向是社會主義的勞工黨執政，但在前年十一月的大選中，勞工黨失敗，主張採自由經濟的國民黨得勝，組織政府。

(二)、澳洲——社會主義的勞工黨在澳洲執政八年，在前年十二月的大選中失敗，由自由黨起而代之。

(三)、意大利——意大利的社會主義黨本來在國內是第二大黨，但現在已衰落到無足輕重了。

(四)、德國——德國的社會民主黨在二次大戰後上臺執政，前年被基督教民主黨擠下臺來。

(五)、法國——法國的社會黨在議會中佔第三位，但在繼續衰落中。

(六)、日本——在一九四八年選擧時，社會民主黨是第一大黨，但在一九四九年一月，便落在民主自由黨的後面了。

(七)、在比利時，瑞士，荷蘭，挪威，瑞典，丹麥，芬蘭，奧國這些國家中，勢力都每況愈下。

(八)、印度，緬甸，印尼的社會黨一無發展。

(九)、拉丁美洲各國社會黨更一無發展。

由此，我們可以看出，溫和的社會主義也並不能把鐵幕國家所遺下的擔子挑起來。主要是因爲牠祇是一個理想，僅供我們想望而不堪實行的。這一個十九世紀的產物，他已不能適應今日社會的要求。他更與人類愛好自由的天性背道而馳。是明智的人，應該有所覺醒了。

帶着我們一同去吧！

從西柏林傳來了這樣一個故事：

在共產黨的東柏林到處都貼着「阿美，回家吧！」的標語。阿美是德國人給美國人的一個綽號，可以用來表示善意也可表示惡意。

有一個住在西柏林的美國婦女，免費給卻些熱切地想學英文的德國成年男女教英文。她的一個學生的兒子必須上東柏林的學校，因爲他們的家在東柏林。這位母親告訴這位老師說：『我兒子的老師常常以偏向共產主義的一個歌或一句話來結束他每日的功課。有一天他教全班的學生一致高聲唱道：「阿美，回家吧！」學生們都跟着如此呼喊，但他們加上了一句：「帶着我們一同去吧！」』

——譯自基督教箴言報——

自由中國通訊

我參加了三次「控訴美帝罪行大會」

南京金女大通訊・三月十四日

念鷗

十二月初旬的南京，全市市民都被捲入「抗美援朝保家衞國」運動的高潮裡，統治者們想出各種方法刺激市民的情緒，要求工人參加「愛國主義生產競賽」，工商界簽訂「愛國公約」，市郊農民「早交公糧」，宗教界致力「三自革新」，至於我們學生呢？則要踴躍參加「軍事幹部學校」。所謂「愛國主義生產競賽」，就是要工人「加班」「加點」做到「忘我工作」的境地；所謂「愛國公約」，就是要工商界自己保證不漲價，不投機，不倒把，保證增加軍需物資的供應；所謂「早交公糧」，就是要農民應繳秋徵公糧，提前繳納；所謂「三自革新」，就是要宗教界「自養」「自治」「自傳」，割斷與「帝國主義的聯繫」；所謂「參加軍事幹部學校」，就是變相的參軍運動，叫青年學生踴躍參軍。

統治者們認爲，受過高等教育的學生，尤其是教會學校的學生，受「美帝的文化侵略」影響最爲深巨，「親美」「崇美」「恐美」的思想最濃，要建立「仇美」「鄙美」「蔑美」的思想最爲不易，因此，要誘致青年學生「抗美援朝保家衞國」運動的高潮，激發參加「軍幹學校」的情緒，單單進行一般的「時事學習」是不够的，在這一客觀情勢的要求下，便產生了所謂「控訴美帝罪行大會」這一新的鼓動方法。

我是一個教會大學—金陵女子文理學院的學生，因此有連續三次參加由「學聯會」導演的所謂「控訴美帝罪行大會」的喜劇的機會。

× × ×

第一次，是十二月二日，以我們學校爲主體的「反侮辱反誹謗控訴大會」，控訴的對象是教授費濬思。

十一月十三日，費教授修改醫預科一年級同學李芸本的英文造句，將「美國進兵朝鮮」改爲「聯合國進兵朝鮮」，李馬上持向教授質問，費回說：「據我所知道，不是美國政府獨自出兵，而是聯合國進軍朝鮮」。第二天，李就將這事寫信告訴「學生會」，指出費教授的思想舉動是代表「美國帝國主義」，不能再容忍她在「新中國的學校裡」散佈，「學生會執行委員會」隨即把握時機，一面將信公佈，一面策動社工系同學李振坤，朱文曼，（均爲新青團團員）先後在十一月十七，十八兩日，寫信到學生會控訴費教授，以便將這事渲染擴大，李在信上指出費在教授「社會制度」一課時，散佈毒素思想，公然歌頌美國的「民主」與「自由」，誹謗「新中國教育」，侮辱「世界勞動人民領袖史太林，中國人民領袖毛澤東」，並且還強辭奪理地說：「戰爭雖然是摧毀一些財產，死傷一些人，不過戰爭却能推進科學的發明及文化的交流」。充份暴露「美國帝國主義」份子對殺死世界人民毀滅世界人民財產是毫無顧惜的；朱在信上則指出費教授在上「現代社會學」一課時，把教本中唯一提到馬克思的一章跳過去不講。「學生會」一併將李朱的信公佈出來，於是，全校學生的情緒被鼓動起來了，一致盲目地，不由自主地喊出「要費教授坦白承認這種誹謗與侮辱的罪行」。

費濬思教授處在這一情形之下，自知處境困難，所以早在十一月十六日向學校當局提出辭職了，同時也不再到校上課，可是，那批被統治者們譽爲前進的青年同學，那裡肯放，十一月三十日派代表到費寓提出質詢，代表們回來說：「費的態度橫蠻，對我們的質問置之不理」。晚上，再派化學系的同學陶其嫩等三人爲代表，再往抗議，可是結果據說是「仍舊不理」，於是，群情憤慨，對費的傲慢，輕視，侮辱，不能再忍，「控訴大會」就此在十二月二日下午召開了。

參加控訴大會的，除我校師生外，還有私立滙文，弘光，明德，中華女中，金陵大學，公立藥專「國立南大」（即前中央大學），二女中等校代表共一千五百多人，控訴會的佈置，空氣，是和「土地改革」中對地主的控訴會是一模一樣的，起先由「學生會執委會」主席，報告開會的動機，和說明費睿思誹謗和侮辱「中國人民」的事實，以後就是同學，老師一個個上臺向費控訴，社工系的李錦華同學上臺說：「在費的鼓動戰爭的宣傳影響下，我的思想曾朦受過毒害，在朝鮮戰爭爆發以前，我還相信費的所謂戰爭是可以促進科學文化前進的謬論，直到進行時事學習時才弄清楚帝國主義發動戰爭的本質。」接着，歷史系教授潘定宇起來控訴：「愛好和平的人類是反對製造戰爭的，但是費却歌頌戰爭，這除了說明她是人類的公敵外，還說明什麼？我反對這樣的人做教授。」一場下掌聲如雷，南大師範學院教授陳鶴琴，外文系教授趙瑞霟，一致起立，「我們擁護潘教授這個意見」，據說陳鶴琴教授也是先前被南大學生指爲親美教授的，現在也不得不以反美的進步姿態出現了，其後是基督教徒教授張維蘭起來說：「一個純正的基督徒是熱愛人類的，但費却鼓動戰爭，這證明她已失去一個教徒應有的宗教良心」。文學系的教授劉開榮說，「我們必須要有高度的民族自尊來維護祖國的尊嚴，不讓帝國主義份子盤踞在我們的學校裡進行反動的誹謗性的宣傳，我要求驅逐她出境」，掌聲又響了，「對，驅逐費濬思出境」，「我們同意劉教授的意見」，鼓掌，歡呼，鬧成一團。

大會就在掌聲，喊聲中結束，由「學生會」事先寫好的議決案，宣讀通過，議決案的內容爲：一、要求費坦白地說出她在華二十年來的反動行爲，承認是帝國主義份子；二、要求費登報道歉；三、發表告同學書，要求學聯會召開市學生代表會，揭露此事眞相；四、要求政府驅逐費濬思出境。

× × ×

第二次，是十二月五日以金陵大學爲主體，以該校哲學系教授芮陶庵，農工系教授林查禮爲對象的控訴大會。

當費濬思爲修改英文造句而引起的風波發生後，金陵大學的師生，也同時聯繫該校的情況進行討論，而選擇芮陶庵，林查禮兩位教授爲攻擊對象，同學們紛紛投稿到該校「新金大」牆報，揭露芮，林的「反動言行」，十二月一日「新金大」就將這些控訴發表。

在控訴書中，指出芮陶庵曾公然顛倒是非，說朝鮮的戰爭，如果北韓不進攻南韓的話，李承晚是不會進攻的；又說，朝鮮戰爭的爆發，是共產主義勢力擴張的結果；更說，中國人民志願軍的援韓，實在是令人悲痛的事，第三次世界大戰爆發了，中國是不能推卸戰爭責任的。這些都是證明芮陶庵專門從事誹謗「朝鮮人民」和「中國人民」的帝國主義的武斷宣傳。

指出林查禮與芮陶庵的立場一樣，在回答同學們所提關於美機掃射東北的問題時說，中朝兩國隔得太近，飛行員又是初來的。又說，飛行員看見了地面上的軍人，分不清是朝鮮的，是中國的，這顯然是抵懶，欺騙，恐嚇的言行。

自「新金大」牆報揭發芮林兩教授的反動言行後，該校各系各科即先後紛紛進行討論　一致提出：「對於這種帝國主義的言論絕對不能容忍」，於是就在十二月五日下午，召開了控訴芮林罪行大會，參加控訴會的，除該校師生外，還有我校，南大，育群中學，二女中等十餘校大中學生共計一千二百多人。

在控訴大會上，金大一個叫陳啓鵬的同學說：「以前芮陶庵給我一點小恩小惠，我曾對芮有點感情，因此，當他在我面前侮辱祖國宣揚美帝國主義的時候，我還一無所動，抗美援朝的愛國運動掀起後，同學們提出了堅決樹立起仇美思想時，我眞還不知是如何道理，所以芮是要把我們教育成不知道愛祖國的人，我們要控訴這種散佈帝國主義思想毒素的人。」

接着是曹國卿（經濟系主任）教授說：芮陶庵和林查禮這種行爲，完全可以證實是道道地地的帝國主義份子，同學們是不能再受他們有毒素思想的傳染。吳楨教授（過去曾在救濟總署工作過）說：我們不能容許這樣的份子在新民主主義教育崗位上繼續存在下去，希望同學們拿出主張。隨着，場下的空氣又緊張起來了，「不要他們再教課」，「淘汰他們」，「驅逐他們」的呼聲不絕。

「學生會」緊握會場空氣，提出四項主張：一、芮林應承認他們是帝國主義份子，坦白來華廿年經過，並向全國人民及金大道歉；二、向全市人民揭露芮林之反動言行；三、發表告同學書；四、向全國學聯報告，請學聯支持這一行動。當然，大家一致鼓掌通過。

× × ×

第三次，是十二月六日以南京大學爲主體，以曾經留學美國的教授將親身經歷過的美帝毒素影響之事實來控訴「美帝」的反動罪行爲目的的廣泛的控訴大會。參加這次控訴大會的，除了南大外，尚有金大，明德女中等十六個大中學校師生員工共七千餘人。

這次控訴會的範圍較前二次爲大，情緒較前二次更爲熱烈，上臺控訴「美帝罪行」的教授，學生，工友很多，給我印象最深的是陳鶴琴，吳楨，沈少珊及同學陳旭忿葉中檀等幾人。

陳鶴琴是國內有名的兒童教育家，受過美國教育一二十年，現在南京大學師範學院教書，他激昂地說：我從中學大學到美國去留學，一直是受的美國教育，是在美國教育中培養出來的，但是我回國在上海租界裡辦學校以後，見到那時在租界裡的學校都是帝國主義對我們青年學生進行奴化教育的工具，要培養爲帝國主義作奴才的，例如當時在上海工部局辦的兩個小學，就不許升國旗，唱國歌，歷史課不准講鴉片戰爭一課，其目的就是要訓練兒童成爲死心塌地的爲帝國主義服務的奴隸，我感到萬分憤怒，萬分痛恨。吳楨是過去行政院善救總署的職員，現在金大教書，他說：我因爲曾在救濟總署工作過，所以對美帝利用救濟之名對我國進行侵略的事實知道得非常清楚，美帝利用救濟之名，破壞了我們黃河河道，放水淹死了我們千萬同胞，而且還借救濟之名，竊取了我國的領海，領空等主權，利用美國國內剩餘的物資，摧殘我國的工商業，所以這些救濟物資都塗滿了中國人民的鮮血的。沈少珊是個基督教徒，在明德女中教書，他說：我們同美帝是勢不兩立的，基督教徒是講博愛反對侵略的，像費濬思這樣的帝國主義份子，簡直是基督教的叛徒，一定要整肅她。陳、吳、沈、三人都是受過美國教育或靠美國在華的事業生活過的人，思想果眞搞通了，還是受了脅迫，做了人家的工具，那就不得而知，不過他們控訴時的情緒是激昂的，即使是演戲，也是一幕好戲。陳旭忿是南大醫學院的同學，他說的話簡直使人難以理解，他說：我受了美帝教育的影響，認爲人生是個夢，沒有什麼鬪爭，因而感到沒有前途，因而消極悲觀，常想自殺。葉中檀也是南大同學，他的父母親在抗戰初期爲日軍殺害，他上臺訴說日軍是怎樣殘害他的双親（其實他那時還小着呢），說得聲淚俱下，最後回到本題，說絕不容許比日寇更凶惡的美帝再來屠殺中國同胞，我爲父母報仇，決定參加「軍事學校」。這樣，臺下又響起一陣「向葉同學看齊」「參加軍事幹部學校」的歡呼聲，大會接近尾聲了，主席宣佈二項建議，第一是擴大「一二，九」遊行；第二是成立「南京市反美愛國呼籲代表團」到各地呼籲，當然，無異議都通過了，會後，市六中並馬上就有三十多個同學報名參加「軍校」。

× × ×

經過三次控訴大會以後，同學們課也不上了，整天就是「時事學習」，討論十一月四日的「民主黨派聯合宣言」，「反美愛國呼籲代表團」也組識起來了，（由金大代表劉德華等八人及我校代表鍾玉徵等五人組成）而且於七日早晨出發了，參加「軍幹校」的情形更踴躍了，不到一週時間，就有七千多個男女同學報了名，其中南大就有一千二百多人，佔全校同學的二分之一，但是，我自己呢怎辦呢？也參加軍幹校嗎？我不能違背自己的良心，不參加嗎？一個「落後份子」的遭遇是有前車可鑑，經過多次的苦思與考慮，終于我毅然決定我自己的方向—逃出鐵幕，走向自由。（四十年三月十四日）

（上接第29頁）

鵬：好勇敢的孩子！

麗：後來呢？（急切地。）

丁：我就冒着炮火衝上去，背着他奮命跑回來。（略停。）

李：（莊嚴，沉着，一字一句說。）丁先生！想不到你也是一個好人！

丁：（面對黃麗英。）後來他恐怕自己不行了，就伏在地上，脫下身上的襯衫，用指頭醮着傷口的鮮血，一口氣寫下兩句話：『生爲自由人，死爲自由魂！』我就藏起他的襯衣，又背着他，奮命向前跑。（緊張到接不上氣，打一個噎，兀住口。）

麗：（緊急地問。）現在呢？

李：（惶惑地。）他的傷很重吧！

丁：很重！不過，在我離開他的時候，危險期已經過去了。

鵬：你那天回去？丁先生！

丁：愈快愈好。要看你接洽的情形怎麼樣？

鵬：是的！愈快愈好。早走一刻好一刻。

麗：（堅決地。）丁先生！我跟你去！我要參加游擊隊！我要同你們生死在一起！

丁：（激昂地。）我們三角洲的弟兄們都已立好遺囑了！我們決心要報仇！

麗：國華！（面對着陳國華的放大照。）我可以見到你了！『生爲自由人，死爲自由魂。』全中國不甘心做奴隸的兒女們，都被你的偉大聲音叫醒了！我就要來了！我就要來了！

丁：黃小姐！你不要去！你放心吧！我們那兒有的是好醫生，都是從鐵幕裡逃出來的。

麗：（堅決地。）不！不！我要去看護他，我要去爲你們服務！

鵬：麗英！你不必去！

李：（搶上來說。）孩子！你去有什麼用呵！（悲傷地。）大剛已經走了，你還要離開我嗎？

鵬：（婉轉地。）你媽媽在家裡太孤單了，你可不能走呵！麗英！

麗：（哭鬧。）讓我去吧！讓我去吧！你們不要拖住我呵！（跑到母親的面前，雙手搭住母親的肩，。大聲哭嚷。）媽！求求你讓我去吧！茉莉姐姐也跟大剛哥哥走了！我爲什麼不能上前線呢？我們年青人都得上前線呵！還能在後方享福嗎？

李：（沉痛地，含着眼淚說。）好！好！你們都要上前線了！

鵬：（苦痛地低下頭來，引咎自責。）唉！都是我們的一代，自私，愚蠢，不團結，不努力，害了你們！

（劉大成拿着香港的報紙，歡天喜地，提高嗓子嚷進來：『好消息！好消息！我們的遊擊隊又攻進廣州的白雲機場了！』興奮地跑進來。）（衆驚奇地望着劉大成拿了報紙走進。）

鵬：（很快跑來，接過報紙，迅速注視，像讀出報上的新聞似的，驚喜地說：）哦！是今天的香港報。我們的游擊隊，昨天第二次衝進白雲機場了！（麗英也搶上來看報。）

丁：（仰過頭來注視，欣慰地。）好！打得好！打得好！

麗：（熱烈地。）血債是要用血來償還的！

劉：（得意地踱來踱去，踱到李瀛玉跟前，興奮地說：）黃太太！我們的游擊隊都這樣勇敢，這樣活躍，我們的正規軍要光復大陸，還成問題嗎？

李：（含笑地。）是的！不成問題！絕對不成問題！（門外馬路上傳來嘹亮的『反攻進行曲』，整齊的步伐聲，接着是一陣行軍的號音，群衆的歡呼聲，鞭炮聲，歡送一批戰友們出征。）

劉：（又興奮地對黃鵬程說。）黃主任，我們的游擊隊這樣勇敢，無論如何是光復大陸，最後勝利的保證！

麗：（望着窗外，羨慕地。）好！好！他們都上前線了！

鵬：（緊張，沉着，熱烈。）呵！我看到自由中國的希望了！

丁：（跟着熱烈地應和：）中國一定會自由的！我馬上要回到大陸去，把自由中國的新氣象，告訴游擊區的弟兄們，告訴失去自由的同胞們，中國一定會自由的！

（教堂裡的鐘聲，昂…昂…昂…自遠傳來。）

李：（含淚微笑，狂熱地嚷：）自由的鐘聲響了！被壓迫的奴隸們覺醒了！魔鬼的末日到了！牠們在自由神面前發抖了！

麗：（熱情奔放地。）你們看吧！光輝燦爛的自由中國，開遍自由的血花了！在偉大的戰鬭中誕生了！

（幕下）

（全劇完）

湖南通訊

活躍三湘的「反共游擊英雄」

曼卿

湖南自「解放」以來，表面上，城鎭都給中共政權控制了；但山區裏的游擊隊不時出擊，竟成了中共行動的絆脚石！在若干偏僻的鄉區，到今天，還是游擊隊的天下；湘西的綏寧、城步、保靖、清縣、芷江五個縣，現在還在游擊隊手裏，「解放」的魔手，迄今還無法染指，老百姓們還是過着自由的生活，中共新貴們爲之寢食不安！

湖南境內的反共游擊隊，遍地都有。其中聲勢浩大的，在湘東北，以王剪波部爲主；在湘西，以尹立言部爲主；在湘南以王仡部爲主：遙相呼應，成鼎足而立之勢！

（一）王剪波率部遊舊地

王剪波部活動在洞庭湖的東北面：這是湖南與湖北交界的一個山區，控制着江西湖北湖南三省邊緣地區；論面積周圍足足有兩千里。他們以慕阜山爲根據地，距長沙最近處不過三百華里。

王剪波部現在有二萬多人，經常向平原湖沼地區出擊，摧毀了不少中共縣鄉政權，俘獲了不少「解放軍」幹部。去年秋天他們擊沉了洞庭湖三十多隻共軍軍用帆船，從而激怒了當局派了大兵兼程圍「剿」，但打了一個回合，這支游擊隊已遠走高飛，避到深山裏去了。

這位反共游擊英雄王剪波是湖南臨湘人，畢業於中央軍校第六期，曾任岳陽警備司令及行政督察專員。在抗戰期間，他便是游擊湘北的縱隊司令；長沙三次大戰，他負有側擊日軍的任務，而結果竟能三戰三捷，王部是出過相當力量的。於今舊地重遊，自能勝任愉快！

（二）湘西五縣迄未「解放」

尹立言部號稱三十萬衆，聲勢最大，控制整個湘西山區；掌握着四川貴州廣西湖南水陸交通的樞紐。這個山區，周圍有三千多里：前面所說未「解放」的五個縣，便在這個地區裏。

他們以雪峰山爲基地，距長沙亦只三百多里，經常游擊在湘貴邊區一帶。有一次，碰到了一隊從貴陽開衡陽的「解攻軍」，數目不過大，他們便採以大吃小的方式，調了大隊人馬，把「解放軍」包圍起來，三百多個連人帶槍都做了俘虜，做了一個爲游擊隊補充武器彈藥的輸送隊：這大概是去年十二月間的事。

尹立言，是一位能文能武的儒將。湖南武岡縣人，四十三四歲的年紀，留學日本，畢業陸大；在南京辦過華夏日報，他的爲人，和平中帶有剛强氣，處事有大將風度，打起仗來，勇猛過人。目下握有裝備齊全的十萬勇士，是共產黨心腹大患。

（三）壯烈成仁的王仡將軍

王仡部號稱人馬十萬，經常游擊於湘南山區，控制着湘桂鐵路的兩側。在路東，是陽明山區，橫亘於廣東廣西湖南三省交界地方，周圍有兩千多里，距衡陽四百多里，距湘桂路二百多里；在路西，是四望山區，山嶺重疊，界於湘貴之間，周圍有五六百里，距衡陽二百華里，距湘桂路只有一百多里。

這一支武力的前身，是湘鄂贛邊區反共救國軍霍睽彰所屬的第三軍，共轄六個縱隊，一個獨立縱隊。原有人馬七萬，從三十八年秋一直到三十九年二月，每個縱隊都和中共打過不少硬仗，得着不少戰果，敵人損失相當重大。而他們自己好幾個縱隊司令竟至陣亡或被俘殉難，可見當時戰鬥激烈的一斑。

去年二月中，共發動了一個整師，向四望山進攻，激戰兩晝夜；王仡率部轉進騰雲嶺，遭敵圍攻，困守了差不多一個月，而敵軍又增援了兩個團，王將軍以糧彈將絕，終於率同所部突圍。不幸竟於二月二十六日被俘，解到長沙，囚禁到去年八月二十四日，以利誘不從，便壯烈成仁了。臨刑時，猶慷慨悲歌，高呼「國民黨萬歲，中華民國萬歲」！聲震天地，壯烈感人！

從此，這一支武力，便由副軍長謝×統率。經過了三個月的整理，以第十二縱隊司令佘×所部爲基幹，又增加湘桂黔邊區楊標所部一股人馬，現在已有裝備齊全人强力壯的勇士兩萬多人。對王軍長之成仁，個個都誓爲復仇；這三個月來，湘桂鐵路常被破壞，行車時刻不時誤點，便是謝×和全部鬪士，爲王軍長報仇雪恥的行動表現！

王仡，字伯壯，湖南東安人，現年六十四歲，陸大第七期畢業，與郭寄嶠方天爲同期同學。曾任第三戰區司令長官部軍務處長六十三師師長等職；也是一個個性堅强待人寬厚的儒將。現在他成仁了，他是爲自由而犧牲的，他的精神還活在他部隊將士的心裡。

繼王仡而領導部衆的謝×，湘南人，現年四十六歲，日本士官學校出身，曾任師旅長有年。卅三年的時候，他以五把手槍兩條長槍，埋伏在湘桂路洪橋附近黃泥嶺上，乘五千日軍返防的時候，在嶺上燃放邊炮，步槍手槍同時齊發，居然嚇倒敵人，俘獲了三八式步槍六十八支戰門防禦砲兩門戰馬三匹活捉日軍兩人，傷亡日兵十餘人；參加這一役的，是官佐和雜役兵百餘人：這是他任第四方面軍突擊師長時候的故事，到於今，四望山區老百姓，猶能津津道此往事！

（四）游擊隊在茁壯中

這三支游擊武力，雖然受了中共多方面的打擊，但經過兩年的實地戰鬪，反而日形壯大起來！這當然是得力于幾個領導人物，與目下所活動的地區，在地利人和上，都有根深底固的基礎，軍民乳水交融，合作無間。而最重要的，還要歸功於中共的暴力統治，由於中共給湖南帶來賞給人民的，是橫征、暴歛、恐怖、飢饉和殺戮，造成了空前無比的浩刼；智識青年，不願被迫「參軍」，逼上梁山參加游擊行列了。地主士紳商人農民都直接間接貢獻出他們最後的力量來！去年陰曆十二月二十八日衡陽一天集體槍殺了二百五十個老百姓，其中有個頗孚人望的八十多歲老學人陳墨西，和教育界老前輩七十多歲的周剛吾，都同遭殺戮，這一來，全縣為之震動，第二天——除夕，便有三百多個智識份子，跑到四望山去找謝軍長了！

「化悲憤為力量」，這句話，要到今天的湖南去，看一看游擊區的陣容，才會體念出他的真意義來！

由於湖南在軍略地理的重要，由於這三股游擊武力鬧得太厲害，所以中共雖然抽調駐軍到朝鮮去，為主子當砲灰，但對於「鎮壓匪特」和「圍剿土匪」始終不肯放鬆。現在駐防在湖南的兵力，除了地方部隊外，還有兩個正規軍，一個在湘北，在湘南的是四十六軍。他們號召全湘「解放」人物，要以「防鑽防諜」和「窮追猛打」，來消滅一切「反動」力量；但結果：反共游擊英雄們依然在山區活躍，而且一天天地更茁壯了。

他們目前所缺乏的，是彈藥通訊器材和衛生藥品；而尤其需要的是精神食糧，如自由中國的報紙刊物。當此反攻前夕，如何有計劃有步驟的支持接濟這些有力量的游擊隊，似乎是今日臺灣應該考慮的問題了。（完）

（上接第22頁）

在忍受不了的時候他哭了。突然他把手指放進他的口裡，用力一咬，鮮紅的血直滴在地上他說：

「我可以用我的血作保證，我僅僅只是惦念我的父親，我沒有任何任務和組織。」他那哀嚎的聲音使我們全都感動了，安靜立刻籠罩了全場，即是那些積極份子也沒有話了，就在這個時候，政治委員——共黨軍隊的實在統治人——站起來了，他從容而有力的向着鄭衛說：

「我看你的動作很老練，對於這種手法你大概是有經驗了，你在那裡使用過這種辦法？我們對於鬪爭已經有了豐富的經驗，這決瞞不過我們。」

「哎呀！你想欺騙我們？想用苦肉計混過去？不行！我提議把他吊起來。」

「把他的軍服脫下來，他不配穿！」

「把他送到軍法處去算了！」

這些積極份子，雖然也嚇得面色慘白，但是仍像着魔似的，爭先恐後的起來幫兇，指他罵他。

一陣風暴過去之後，指導員寫了一紙便條，吩咐那兩個勤務兵過來，蜂擁的把鄭衛押送到軍法處去了。

北平通訊・三月五日

血證

——解放軍中生活實錄之一——

王牲

一

我們一百多個青年被華大當局分發到三十五軍作幹部了，這是一個很落後的鄉村，軍隊與老百姓合住在一起，我們被決定還要接受一個時期的軍隊生活訓練才分配工作，因此我們這些知識份子到此地以後仍然在一塊沒有分開來，被編成一中隊，三分隊，九個班，各班都在指定的地方住下來了。

隊部要我們每班派一個公差去打掃課堂，那是一間破爛汚穢的空房子需要先打掃乾淨，然後再糊紙，每班需要派一個公差，我們班裡有一位同學自告奮勇去了。晚飯後隊長命令集合，我們都到他住的地方去，那位粗壯而笨拙的隊長好像在生氣一樣，他等到我們大家立正向他敬禮後，他開始講話了。

「今天打掃課堂的成績很好，你們這些讀書人比莊稼人還會做事，尤其是鄭衛同志今天值得表揚，那房子裡面的灰塵已經睜不開眼睛了，但是我們的鄭衛同志却一個人站在桌子上面掃屋子頂上的灰，這種精神很值得向大家表揚。」

鄭衛就是我那班裡自動去作公差的同志，他矮小結實，為人很樸實，他正站在我的身邊面帶微笑，雖然我們都是從華大來，但在華大我們並不認識。他很用功，手不釋卷，有什麼事他都事先去作，生活態度認真，是一位有為的青年。

二

周揚是鄭衛很好的朋友，在華大他們是同班，周揚是青年團員，積極份子，來到軍隊以後他却開小差跑了。起初指導員命令他們那班的人們不要把這消息傳出去，然而這是不可能的，出操上課不見了一個人，尤其是青年團員積極份子人們不能不問，於是消息終於傳出，立刻大家都知道了。

晚上我們班開檢討會，大家硬說周揚走與鄭衛有關係，有的甚至於硬說是鄭衛的主意，因為前幾天鄭衛曾經替周揚向我們班的一位朋友借過錢。惟一他擺脫不了的罪名是他在周揚走以前沒有把這消息報告給上級，那位坐在旁邊的指導員用小簿子在記，顯然那是關於鄭衛的有罪部分，這使他非常不安，他的朋友周揚開小差使他無法不同情，向上級報告那是不可想像的事情。

周揚是一個二十歲左右的好青年，中學程度，共產黨的宣傳使他着了魔，本來一個年青而純潔的孩子聽過了共產黨的宣傳後，是很少不隨着共黨走的，因為他們並不知道這是共產黨的欺騙，這就如同一個樸實而單純的鄉下人初次到街上聽信了騙子的甜言蜜語結果上了騙子的圈套是一樣的。他工作積極，對人熱忱，頗得一般同學們的好評，共黨設法吸收他參加了「新民主主義青年團」。近來他變了，他老是低着頭，一言不發，常常到指導員那裡去，臉色十分憔悴，據他的同鄉說他的家被水淹沒了，他的住宅只有一個屋頂在水外，他的父母弟妹們已經在討飯了，希望他能够照應他們一下，革命幹部六斤米（約合一元二角港幣）一月的薪水叫他又有什麼辦法？他於是要求上級組織能够特別照顧他的家一下，指導員說將他的意見反映上去了，上級一定會想辦法，經過相當時間以後他明白了這是一種敷衍擱置的辦法。他又想自己回家一趟，請假請了許多次都沒有結果，有人批評他包袱太重，不能將家庭這個大包袱扔掉，所以老是苦悶，實在他對於他的家不能不管，父母養了他這麼大，以自己的血汗讓他唸書，現在他們遭受天災討飯了，要他不理，他實難作出這樣的決定來，在無可奈何的情況之下；他在一天夜闌人靜天猶未亮以前背起他自己的東西躲開共黨的監視自行走了。

鄭衛對於他的朋友周揚的境遇不能不同情，要他去報告指導員因而讓周揚送到除奸科去受苦，在他看來是不可想像的事情，因此他那天晚上在班檢討會上遭受了難於忍受的打擊。

這檢討會的進行使我十分納悶，為什麼恰好指導員來了，他從來就沒有參加過我們的會議。第二天早上我問班上的另外一個人，他告訴我班上的人除我以外其他的六個人都不滿意鄭衛，前幾天他們出去捉魚，有一段時間沒有學習，後來被指導員知道了，當時我有事到政治部去了，只有鄭衛在家裡看書沒有去，大家看他是一個積極分子，這消息他們認為一定是鄭衛去報告的。

照他說他們顯然是在報復，然而提起話頭來的却是那位指導員派定的班長，加上指導員的參加一直到散會才走，這個會的企圖，目的，和運用我都完全明白了。

共產黨人是厲害的，他們善於利用人們之間的矛盾使之鬪爭，互相攻擊，致使兩方面都能不對他們有所隱瞞，然後就被他們控制住了！

鄭衛是越來越不愉快了，即使新來的人也看得出他心裡是苦悶的，同學們在檢討會上的打擊固然是使他難受，但他最大的煩悶却是來自他的家，他爸爸很久以前就病了，希望他回家去一趟，以後病勢一天比一天厲害，而請假總是那樣——沒有消息。

那位指導員對付請假的人也是有辦法的，他經常聲明有問題都應該提出來，對於有理由需要請假的都予以考慮，於是若干本來沒有充分理由然而因爲想離開部隊到外面去玩玩的人們也提出一些不眞實的理由來請假了。人人都想有一個假期，這樣提出請假的人成了絕對的多數，大家都在那裡盼望着自己可以被允許准假，實際上就沒有任何人准過假，假如你的事情非常緊要，跑去指導員那裡催他，他就會告訴你請假的人太多了，如果全部准假這個隊伍就等於解散了，准你不准別人就不公平，這樣的結果當然是不准假。鄭衞的請假就在這種手法之下被否定了，但是他爸爸的病使他不能與別人一樣若無其事，本來像他這種特殊情形就應該予以不同的待遇，讓他回家一次。指導員的意思是不准任何人的假，所以他故意的不去分別請假人的情形而一律看待，這種情境使鄭衞如同着了魔一樣，他精神恍惚，每天只是心不在焉迫不得已的參加官定活動，有時候就大發牢騷，比之於以前他已完全變了一個樣子，他老低着頭，遇見任何人他都報以懷疑的眼光。

三

我們的中隊又改編了，鄭衞仍然在第五班，其餘的七個人都分散編到另外各班去了，一天上午我到第五班去借書，發現他的行李已經不在那裡了，我以爲他開了小差，但他的皮鞋却擺在窗臺上，同學告訴我昨夜他被指導員派人叫了去，以後又派人把他的行李搬去了，一直沒有回來，不知道是怎麼回事，看他的表情很嚴重，是不是被送到除奸科去了呢？

就是前一天的晚上，在厠所裡鄭衞遇見了我，他要我到村後去說話，在那裡他告訴我，他等不得批准就要離去了，假如我願意與他一同走他將替我背行李，我謝絕了他的盛情，我願意吃一點苦頭循合法的辦法離開，我對於他的立刻走良心上難於反對，我們互道晚安以後各人回去睡了。現在他已禁閉起來，使我深深的感到不安，果然一個隊長的勤務兵來傳我了。

在隊長室裡我見過了那位裝得很嚴肅的粗壯隊長，他的面貌很難看，十分有氣的向我說：

「你和鄭衞有什麼關係？」

這樣的問題使我十分難答，我略加思索就向他說：「他與我是華大同學，現在是部隊同事。」

「我不是問的這些，我問你以前同他有什麼關係，現在又有什麼共同的目的！」他對於我的回答非常不滿意。

「沒有！」我搖搖頭。

「眞沒有？」

「當然。」

「那天晚上你和鄭衞到村後 去幹什麼？說些什麼？」

「說些閑話，內容我記不清楚了。」

「還是說出來的好，這樣組織上可以原諒你，不說我們也是知道的，不過那就麻煩了。」

「我不能胡說八道。」

他確是沒有辦法了，他轉換了語氣以後說：「其實鄭衞全都說了，你何必一定要固執？還是你自己說的好。」

我看着牆上的報紙，沒有表情，也沒有回答。在十分失望之餘他只有讓我出來。

以後這樣的麻煩連續了好幾次，鄭衞也一直被禁閉着沒有放出來，十分明顯的我是被他們派人監視了，即令是大小便也有人尾隨在後面。

一天晚飯後規定兩班合在一處來討論鄭衞的材料，就是他的自傳，表格，坦白和各種有關他的記錄，作爲第二天鬬爭他的準備。不少的人們都在字裡行間找毛病，在單純而無味的環境中呆久了的人們簡直把鬬爭會當作調劑精神的玩意了。那位剛從指導員房裡回來的班長告訴我應該在明天的鬬爭會上多發言，將鄭衞對我說過了的話盡量說出來，然後才不致於受他的牽連。

第二天吃完早飯後鬬爭會在一個課堂裡開始了，全隊的人都集合在那裡，鄭衞被兩個指導員的勤務兵押解來了，他被命令站在講臺的旁邊，他的面色蒼白而汚穢，這個鬬爭的程序是先由他報告過去的種種，然後別人向他提出種種的問題來。

他一開始就提到我的名字，他說我告訴他此地沒有一點自由，自從法國大革命以後自由就日漸被剝奪了。他又說我曾經向他建議假如開小差向東去的時候頂好是先向西走一程，然後再繞圈子回過來，這樣可以減少被抓回來的可能性。看樣子他是對於他自己所處的環境忍受不了想把罪名推到我的身上，由我來代替他受苦。這眞是一種可憐的想法，他的腦筋是如此的簡單，顯然他是被那位指導員所欺騙了。他眞以爲他的被捕是因爲我的告發，只要能咬一口他的痛苦就減輕了，在一個適當的時間我站起來聲明他所說的話完全是事實，因這些觸犯了軍法的地方我請求在場的上級幹部予我以應得的處分。但我與他以前並不認識，我的證明文件和他的材料可以證明這一點，此外我並沒有說一句對鄭衞不利的話就坐下來了，這樣使我避免了被鬬爭的危險。

我驚佩共黨的準備工作，幾乎是每一個人都有充分的材料攻擊鄭衞，前幾個鐘頭他還可以答覆他們的各種詢問，慢慢的說得精神支持不下來了，那些平日與他頗爲接近的人們都非常强烈的攻擊他，藉以擺脫這不幸的關係，免爲他的犯罪事件所牽連。

過去他曾經在國民黨部隊裡擔任過幾個月軍隊政治工作，人們就依此爲根據說他是國民黨特務，因爲他曾經對他的朋友周揚的開小差有直接的關係，現在他自己又要開小差，顯然是奉命來瓦解部隊的，有幾個人不約而同的要他說出來他是奉誰的命令來的，在這裡有多少黨羽，那種聲色俱厲的追逼較之嚴刑拷打都還難受，實

(下轉第20頁)

自由中國（四）

——四幕劇——

王平陵

第四幕

時間：十月初。（三十九年。）

地點：黃鵬程公館

人物：黃麗英（以出場先後爲序。）

李瀛玉

黃鵬程

劉大成

黃大剛

沈茉莉

丁慕松

佈景：與第三幕略同。惟在通花園的門邊，添縫紉機一架，壁橱內盛放已成未成的軍服。

牆上裝飾了第一幕的耶穌像，一張陳國華寄自香港的放大照，及一些藝術字畫等。

幕啓時：

天剛剛亮，曙色朦朧，室內暗暈幢幢。黃麗英穿了黑色的衣服，現出虔誠，聖潔的神色，靜穆地跪在耶穌受難像前，爲出征的戰友們喃喃祈禱，開幕時正吐出內心的要求：

麗：……主呵！……願你保佑他——打勝仗，打好仗，消滅萬惡的魔鬼：……（低頭默禱一會。）阿門！（李瀛玉已經起身，面上堆着和靄可親的微笑，背着她，留神聽她禱告完畢，走過來。）

李：（親切地。）自從國華這孩子冒險到了珠江三角洲，我就一直放不下心！（走到國華的照片那裡，端詳着。）

麗：他一到香港，就寄來這一張放大照，因爲他在臨走的時候，沒有來得及向您和爸爸告別。

李：和大剛差不多，他們表兄弟很像呢！（微吁。）唉！我實在不放心他們。

麗：媽！他們都是爲自由而戰的十字軍，上帝會保佑他們的。

（教堂裡的鐘聲，昂…昂…昂…地由遠而近。）

李：聽！教堂裡的鐘聲響了！（麗英凝神靜聽。李迅即走到縫紉機邊，繼續工作。）我前天向婦聯會領來的十套軍衣，還沒有做完呢！

麗：（想起自己的工作。）眞的，今天早晨，有一批榮譽戰友重上前線，我要代表新生劇團去歡送他們呢！（包裝慰勞品。）

李：新生劇團就送這點點慰勞品嗎？

麗：這些都是我自己把演戲分到的車馬費買來的呢？

李：（縫紉機軋軋聲中，好笑。）哈…哈…哈…我自己也覺得好笑。（自言自語。）我會變得什麼事都不管，頭髮也不梳一梳，臉也不洗，早飯也不想吃，只想多縫幾套軍衣。年青的戰友們，誰不是媽媽最疼愛的孩子，他們流血拚命來保護我們，如果讓他們吃不飽，穿不暖，沒有房子住，多罪過！唉！多罪過！（加緊工作。）

麗：（承認過去的錯誤。）唉！說起來，眞是罪過！從前我一點也不懂得關心戰友們的生活，現在，我才知道他們的重要，沒有他們，就沒有國家，沒有他們就沒有自由，甚至於什麼都沒有！

李：（調侃地。）國華沒有去三角洲之前，你可不是這樣。

麗：（不甘示弱。）媽！大剛哥哥沒有到鳳山以前，您也不是這樣呀！

李：頑皮的孩子！快把慰勞品整理好吧！等一下就來不及了！（笑着問。）國華最近有信來嗎？

麗：沒有啊！（憂慮地。）他所領導的那支游擊隊，不知道究竟怎麼樣了？（跑到媽面前。）媽！表哥臨走的時候說：『祇要他們光復了廣州，就接我到那兒去結婚。』您不會反對吧！

李：哈…哈…哈…祇要有那麼一天，我一定贊成。

麗：所以我每天在報紙上最關心游擊隊的消息。媽！兩個禮拜前我看到香港的報紙上說，我們的游擊隊曾經衝進廣州的白雲機場呢！這一定是表哥指揮的。

李：（點頭。）唔！唔！

麗：將來反攻大陸。游擊隊響應的力量，實在重要！

李：當然重要呵！（奇怪地。）不知道你爸爸一天忙到晚，究竟忙些什麼？（不放心地問女兒。）他昨晚上沒有回來吧？

麗：回來的！（驚奇地。）明明是我開的門。

（她們正在驚奇的時候，黃鵬程睡眼朦朧，十分疲乏的樣子，捧着擬好的計劃，從書齋中慢慢出來。）

李：（從縫紉機邊站起來，走着，帶有憐憫的口氣責備他。）你發什麼瘋啊？上了年紀的人了，老是通宵不睡覺，自己的身體要緊呵？

鵬：沒有關係！臺灣一切在進步，大家都興奮！

李：什麼進步，還不是你們自己在那裏說說罷了！

鵬：（振作精神。）你不能那麼講，太太！你看！臺灣政治進步，市長，縣長，都由人民來選舉了；三七五減租已普遍實行，米糧管理得眞好，經濟又這樣穩定，國際大間諜，都一網打盡，又有美國第七艦隊協防臺灣，麥帥也率領大批要員訪問臺灣了。啊！太太！最叫人興奮的，還是大擔島的一仗，好傢伙，國軍竟以一與二十五之比，六小時的決鬪，就把敵人精選的敢死隊，徹底消滅了！啊！國內外的好消息，如雪片飛來，太叫人高興了！(笑。)哈…哈…哈…

麗：(譏諷地。)爸爸！您手裡捧着的，又是什麼寶貝計劃啊？

鵬：(鄭重地。)「建設中國的新計劃」！唉？我希望孩子們的血，不會白流！我希望這一次的戰爭，眞是最後一次戰爭，我根據了過去的敎訓，現在的經驗，對將來的希望，草擬一個新計劃。我要在今天的會議上提出來。

麗：爸爸的新計劃一定很好。

李：好計劃，不實行還是等於零！(又回到縫紉機邊坐下。)

鵬：你們都說得對，當抗戰勝利結束，大家毫無計劃；就是有計劃，又不實行，大家亂搞一陣，弄得糟不可言，才造成今天的浩刼！這一次收復大陸可不能再馬虎了！

李：幸而那些壞東西，都向敵人靠攏了。

麗：那些不要臉的壞東西，也許又想抓住了政府寬宏大量，不究既往的弱點，等到反攻勝利，又來向政府靠攏了！我想政府總不會再吃他們的虧了！

李：(接着說。)到那一天，他們就會假借好聽的名義，連接收帶搶奪，又製造許多的罪惡，讓政府來承當的！

鵬：(點頭稱讚，邊走，邊說：)太太！你的話不錯，所以，我們將來一定要做到妄取老百姓一草一木者殺！侵吞國家公物公款者殺！矇上欺下，爭權奪利者殺！洩漏軍機者殺！貽誤戎機者殺！妬功嫉能，營私舞弊者殺！製造摩擦，破壞團結者殺！(略停。)政府祇要有決心，鐵面無私，徹底執行，我不相信事情辦不好！更不相信還有人再敢以身試法！

李：(停止工作，回過頭來，婉轉地勸慰。)你休息一會吧！不要太興奮了！自己的身體要緊呢！

鵬：(熱烈地。)孩子們都在軍中拼命，我們在家裡吃一點苦，算得什麼！我就要去辦公了。

(這時，天空中忽有鐵鳥軋…軋…軋…從屋頂上飛過。黃鵬程及黃麗英馬上跑到園裡去看。)

鵬：(從園裡高高興興回來。)幸而我們還有空軍。唉！創造一枝堅强的空軍，至少需要二十年，實在不容易。

麗：(跟隨爸爸後面。)我看到我們的飛機從我頭上飛過，我眞是高興極了！

李：(見黃鵬程從園裡回來)有幾架？

鵬：二十七架。

麗：我們從重慶到廣州的時候，敵人正在勒迫老百姓加緊疏散，說是臺灣飛機就要來轟炸了，但是民衆都不理會。他們都說：『祇要臺灣飛機來炸萬惡的共匪，就是連我們炸死，也是甘心情願的。』所以，當我們的飛機，飛到廣州上空，老百姓不但不躲避，反而擠在馬路邊，爬到屋頂上去看，炸彈炸中了目標，民衆就歡呼！

鵬：(沉着地。)唉！大陸上同胞的愛國心，太使人感動了！

李：前幾天有一位由南京逃出來的人說，臺灣飛機到大陸去投米，那些挨餓的同胞，得到了米，都感激得落下淚來。匪兵不准民衆檢米。有人去檢米，他們就開機槍掃射。可是民衆們還是不要命的在槍林彈雨中去檢米呢！

鵬：當然囉，誰願意活活地餓死呢！

麗：(激昂地。)關在鐵幕裏的同胞，天天等待國軍去收復大陸，拯救他們，我們到那一天才能做到呢！

李：(又從縫紉機邊回頭說一句：)聽說大陸上的老百姓，被共匪弄得求生不得，求死不能，都起來打游擊了。

麗：媽！這是千眞萬確的事實啊！國華表哥初到珠江三角洲不是來信說過嗎？

李：(微笑點頭。)嗯！

鵬：唔！可惜國華走得太匆忙，我還有許多話要對他講呢！

麗：爸爸！瞧您倦得連眼睛都睜不開了！(孩子氣的拉着父親坐下。)坐下來休息休息吧！

劉：(適時跑來。)主任在家嗎？

鵬：(興奮地。)大成兄！

李：(馬上從縫紉機邊走起，親自倒茶。)劉秘書，請坐！太太好嗎？小寶寶很有趣了吧？

劉：(笑。)很好，謝謝！已經會叫媽媽了。

鵬：大成！你來得好極了！昨晚上我又擬好了一個計劃。(把手中的計劃遞上。)

劉：什麼計劃？主任？(趕起身。)

鵬：是建設中國的新劃！

麗：劉秘書！爸爸爲了完成這個計劃，昨晚通夜沒有睡啊！

劉：我們主任對國家的貢獻眞是太大了，您可眞得惜勞惜勞啊！

麗：(驚覺。)啊！唔！我要去送慰勞品了。(急忙雇好三輪車，車夫進來搬慰勞品，麗英匆匆告別。)

鵬：(拉回話題。)喂！大成兄！你知道，大陸上的失敗，就是因爲各級幹部太自私，不健全。以後我們必須要訓練新的幹部，不論在政治，軍隊，文化各部門，必須注入新鮮的血液，才能使各部門健全起來。

劉：主任！你說得非常的對！現在留在大陸上的那些智識份子，雖未必都是甘心附逆的敗類；但他們多半是我們過去各部門的幹部，由於他們意志不堅，思想動搖，一味自私自利，害了國家民族，又葬送了他們自己，以後光復大陸，重建國家，根本不能再重用他們了！我們以後惟有先把自由中國的青年們組織起來，嚴格訓練，來負起艱鉅的責任！否則還會出亂子的。

鵬：我就是這個主張。今天大陸上所有的建設，無論是精神的，物質的，都被共匪徹底破壞了，我們回去，一切都要從頭做起。臺灣是自由中國的基地，也是自由中國的實驗區，我們要建設一個民主自由的新中國，必須把政治，經濟，教育文化，尤其是軍事，都要有整個的計劃，先在臺灣實驗起來，在實驗中求進步，然後把我們的新計劃，新作風，拿到大陸上去實行，這才是根本的辦法！

劉：對！我們必須提高警覺，因爲我們經不起再有第二次的失敗了！

鵬：好吧！辦公的時間到了，我們邊走邊談吧！

劉：主任！你一夜沒有睡，你何不請半天假休息休息呢！

李：（停止工作。）對！劉秘書，你就代他請假吧！

鵬：（認眞地。）不必！不必！作戰的將士幾天幾夜不吃不睡，都得幹，我一夜沒有睡算得什麼？

李：（速離縫紉機，準備用最快的手法，冲一杯牛奶。）那麼你喝一杯牛奶再去吧！

鵬：時間來不及，用不着。

李：（急得祇會慨嘆。）唉！唉！你老是通夜不睡覺，又不肯吃一點營養的東西！

鵬：好！藴玉！我喝一杯。喝完了。（拉緊劉的手，笑嘻嘻地走出去。）

李：（把揭開的牛奶匣放回原處，又跑到縫衣機旁繼續工作。興奮地自語：）唉！工作！工作！還是努力工作來堅强我們的信心！把工作來克服我們的困難。

（門外突然拋進一個大聲音『媽媽！媽媽！』隨着一陣緊張的步履聲，衝到門口。）

李：（瘋狂的應和。）噯！噯！是大剛嗎？（快速衝到門口）大剛！大剛！你回來啦！我的好孩子！

剛：媽媽！我早就想來看您，可惜請不准假，今天總算回來了！您瞧，我的胸脯，（露胸。）我的胳膊，（露臂。）我自從到了鳳山以後，體重增加了十多磅！

李：（笑得闔不攏嘴。）孩子！看見你的身體這麼好，我歡喜極了！

剛：媽媽！您瘦多了！

李：（笑）孩子！我身體很好，瘦一點不要緊，祇要你身體好，媽媽就高興了。你常常想媽媽嗎？

剛：（天眞爛漫地）怎麼不想您呢！每天只要有一點閒空，都在想念媽媽。

李：軍隊裏的生活你過得慣嗎？

剛：過得慣。

李：你們一天倒底做些什麼呢？

剛：上操，打野外，做工事。（稍停）呵！我們還要排水，洗衣，種菜，挑大糞，什麼都做。有力量，有志氣的年青人，天不怕，地不怕，有了兩隻銅筋鐵骨的臂膀，什麼都能幹！

李：把你的手臂伸出來，讓我試試看。

剛：（立刻伸出手臂，母親慈愛地握住。）媽媽！我有這兩隻强有力的臂膀，就可以打倒喪心病狂的共產黨！

李：哈…哈…哈…你好大的口氣呵！

剛：爸爸呢？

李：和劉秘書辦公去了。

剛：妹妹也不在家？

李：有一批榮譽軍人重上前線，她帶着慰勞品慰勞去了。

剛：表哥到了三角洲以後有信來嗎？

李：來過一封信。

（電話鈴響。）

剛：（搶着接電話。）喂？黃小姐不在家！你那裡？……婦女看護班……行畢業典禮啊？……她去歡送榮譽軍人去了。九點鐘能不能趕回來？不知道。呵！對不起！（掛上電話。）媽！我告訴您一個好消息。

李：（驚奇。）什麼？

剛：您猜！

李：（表現充分的母愛。）聽說你是你們部隊裡的射擊英雄，得到司令部的嘉獎是不是？

剛：不是！那是兩個月以前的事了。

李：哦！你升了少尉了。（笑）

剛：更不是啊！我們革命軍人不在乎升官發財啊！

李：那麼，是什麼呢？你說吧！

剛：（孩子氣地。）媽！我還是要您猜。（進一步靠攏母親。駭然地說。）媽！您頭上的白髮比我上一個月看見您的時候，又添了許多了！

李：（慨嘆。）唉！孩子！這樣困苦的年頭，媽的頭髮，還能不白嗎？

剛：媽！我們遇到這樣的大時代，千變萬化的東西，都可以親眼看見，以前活到一百歲的人，還沒有我們見得多，聽得多呢！

李：（悲哀的。）孩子！你的話引起了媽媽許許多多的感想。在第一次世界大戰開始那一年，媽媽也是一個小孩子，在第二次世界大戰開始的年代，你是個小孩子，你的妹妹剛進幼稚園呢。現在你們都長大了，都能够替國家出力了。媽媽也老了！

剛：媽媽！您比我們多遇到一個大時代呢？不是更有義意嗎？

李：是的！我們遇到這樣的大時代，也可以說是幸福。再說，人總是要死的，糊裡糊塗活一輩子，有什麼意思呢？

剛：媽！這才對呢！那麼，您還是猜下去吧！我究竟有什麼好消息？

李：（自作聰明。）唔！我知道，知道，（摸摸他的肩膀和圓方的臉。）唔！孩子，你爸爸到你的年齡，已經快結婚了。你是不是要和沈小姐訂婚了？茉莉小姐聰明，能幹，而且有膽量，不但你喜歡她，媽也喜歡她。

剛：媽！您越猜越遠了，我不歡喜她，她這一次硬要跟我們一同去，我不贊成，我們吵了一場，她哭了。

李：(驚奇地。)一同去？你們到那兒去？

剛：(活潑地。)媽！我們今天就要出發到金門去了，我特別向部隊長請准了假，來向爸爸媽媽辭行的。(歡喜地。)說不定我們不久就可以踏上祖國的大陸了！媽！您看！這是多麼叫人興奮的好消息啊！

李：(萬分捨不得他。)唔！不錯！是好消息，是頂好，頂好，頂頂好的好消息！

剛：那麼，媽！您應該替我歡喜囉！

李：(哽咽地。)我很歡喜，我歡喜得簡直說不出話來，孩子！(熱淚奪眶而出。)

剛：(焦灼地。)媽！你哭了！

李：(强笑。)媽在笑呢！孩子！媽聽到這樣的好消息，怎麼會哭呢！(眼淚依然從强笑的臉上淌下。)

剛：(抱住媽的頸項，爲母拭淚，熱烈地。)媽媽！您不要哭。我到前方沒有什麼危險的。我打了勝仗，立刻就寫信告訴您，您一定會更高興的！

李：(深怕兒子從懷中飛去似地。)孩子！我一定很高興！

剛：眞的？

李：我看見你能够做一個保衛國家的戰士，我心裡實在充滿着歡喜。

剛：(看錶。)媽！我們祇要攻下了廈門，馬上就來迎接您老人家！媽！(依依不捨的)我就要走了！

李：(痛苦地。)你就走？孩子！你要勇敢，但是你一切都要小心，我和你爸爸這麼大的年紀，就祇有你一個兒子，(歎氣。)唉！媽媽老了！(立刻把頭低下來。)

剛：(訴苦地。)我初來臺灣，本來想進臺灣大學，完成我的學業的，就是爲了要打回大陸去救媽媽，我才到鳳山去當兵的。

李：(欣慰地。)現在，媽媽不是已經逃出來了嗎？

剛：不，媽媽！還有成千成萬孩子們的母親，在地獄裡受苦，我也得去救救他們。

李：孩子你的心很好，媽媽很高興。可是你一個人的力量怎麼救得出來呢？

剛：(自然而活潑地笑。)哈…哈…哈…媽媽！假如您還封鎖在地獄裡，也不是我一個人的力量就能把媽媽救出來的。

李：(感悟地微笑地，含淚點頭。)好，孩子，你去吧！爲了國家，媽媽不應該留住你！(放了他。)

剛：(落下英雄淚。)媽媽！我走了，您千萬別難過啊！

李：(沉痛地。)我決不難過，我決不自私，爲了拯救大陸上千千萬萬受難的母親，我情願犧牲我的孩子！我情願犧牲我的孩子！

剛：(又熱情地說。)媽！您日夜爲將士們縫軍衣，實在太辛苦了！

李：(興奮地。)不，不，我要爲你們工作，祇有這樣才能得到一點安慰。祇要我們做的軍衣能够穿在戰友們身上，我們婦女反共抗俄聯合會的工作，就有代價了！

剛：媽！我身上的衣服，也許是您親手縫的。

李：祇要是婦聯會發給你的，就同媽媽親手製成的一樣。以後我爲了思念你，更要拚命工作呢！

剛：(不放心地。)媽！您可不能拚命啊！我要是想到您太辛苦，我在前方就不會安心的。

李：哈…哈…哈…我是跟你學的呀！你們老是說『拚命！拚命！』連我也說起拚命來了。本來嘜，無論做什麼事，祇要抱定拚命的決心，沒有不成功的。「拚命才能保命，死裡才能求生」的話是對的。

剛：對呀！媽媽！您簡直可以當我們的部隊長了！好的部隊長，眞像一個好媽媽似地體貼我們，所以，弟兄們才會拚命打勝仗。(笑。)

(沈茉莉排除了脂粉氣，打扮成英風颯颯的女英雄，從門外一面高聲唱，一面高高興興地走進來。)

剛：誰請你來的？(調侃地。)

茉：我請我來的！怎麼樣？

李：茉莉你來啦！

茉：黃伯母！我已經得到准許可以到前線去工作了，我可以和大剛一同去了。

李：很好！很好！有茉莉隨時照顧你，我更放心了，孩子！

茉：(自鳴得意。)大剛！你不願意我到前方去，可是，我居然得到准許了！你聽到沒有？(笑。)哈…哈…哈…

剛：(極不愉快。)喂！茉莉！到了前方，我可沒有工夫照顧你啊！

茉：各做各的工作，誰要你照顧！

李：(慈愛地。)孩子們！不要這麼說，你們彼此要能够互相照顧，我才放心呢。(隨口叫她。)茉莉！

茉：(親切地。)噯！黃伯母！

李：(眞誠地。)你有膽量有決心比麗英能幹多了！

茉：(欣喜地。)黃伯母過獎了，我那兒及得上麗英妹妹啊！(想起舊事凝視大剛。)我能有今天還得謝謝大剛。(熱情地向他微笑。)大剛！是你給我的勇氣！是你救了我。我永遠感激你！

李：(感激地。)茉莉！你眞好！

剛：(無可奈何。)累贅！累贅！累贅！無緣無故的要拖上一個活包袱！(踱來踱去。)

茉：(跟上去。)大剛！你別太侮辱人！我可不願意做你的包袱！

剛：哼！咱們瞧吧！

李：你們到了前線，祇要能够聯絡得上，應該互相照顧照顧的。

剛：媽！我到了前線，我惟一的愛人，就是我的槍，除了槍，什麼我也不放在心上！

茉：誰要你放在心上？

剛：這，除非你不去前線了！

茉：笑話！我要去！我一定要去，你看好囉！我要生活在砲火裡；不會比你差一點兒的。

剛：(被說服了。)好！好！不要誇口，咱們到了前線再看吧！

李：人到被迫得無路可走的時候，就平常膽子最小的人，也會變得膽大起來的。孩子！自從你們到了軍中，媽媽也膽大了，什麼都不怕了，(冷笑。)哼…哼…大不了是一條命，人總是要死的，祇要不怕死，世界上就找不到可怕的東西。

剛：媽，是的！世界上祇有不怕死的人，才是最勇敢，最偉大，頂天立地的好漢！(看錶。)媽！我們要走了！唔！怎麼爸爸還不回來？

李：恐怕有要緊的事情在開會吧？

剛、茉：讓我們到機關裡去找他。

茉：找到了，我們說一聲就走！

剛：媽媽！我們一到前方就會有信給爸爸媽媽的。

剛、茉：(同聲歡呼。)再會！再會！(大剛又大聲叫)媽媽！再會啊！(他們迅即離去。)

李：(快步跟上送行，站着，微笑，含淚，鄭重地說。)你們要好好地照顧自己啊！

(李凝視門外，突然又轉到縫紉機邊坐下，埋頭縫衣。)

(黃麗英高高興興地歸來。)

麗：媽！我碰到哥哥的，他挽着茉莉姐姐的手，說是今天就要出發了。我要送行，他們不肯！要我趕快回來勸勸媽媽，不要掛念他們。

李：茉莉很能幹，他們在一起，我放心極了！(笑着說。)

麗：茉莉姐姐眞像是個女兵了，誰看得出她從前是頂活潑，頂漂亮，多才多藝的交際花。

李：婦女看護班來過電話，請你去參加畢業典禮呢！

麗：唔！沒關係！歡送榮譽軍人比開畢業典禮更重要啊！

(麗英在書桌上埋頭書寫，李繼續工作。)

李：(忽然停止縫衣，走過來嘆息。)哎喲！鬧了半天我一點東西都沒有給大剛帶到前線去！(見麗英仍在埋頭書寫，急問。)你寫什麼啊？

麗：(一面寫，一面回答。)新生劇團要我寫一段歡送榮軍的新聞。

李：(焦急地問。)你遇到大剛的時候，有沒有問清楚他的隊伍此刻在那裏？

麗：沒有呢！

李：我也忘了給他一點錢！

麗：您不用擔心，現在軍隊裏經濟公開，他不會沒有錢用的。(放下筆桿，一隻手托着下頷說：)媽！媽！我昨夜做了一個奇怪的夢。

李：怎樣的夢？

麗：(格格地發笑，怪難爲情地。)說是國華表哥打了一個大勝仗，攻進廣州城，我們履行諾言，就在廣州南園酒家擧行婚禮。我頭戴大紅披紗這樣走出來，惡作劇的茉莉姐姐，故意把滿握的彩球，拋到我的臉上來，我心裡好笑，但又笑不出來，就這樣醒了。

李：(縐縐眉梢。)你是穿的大紅披紗嗎？

麗：是的！是的！

李：(自我解嘲：)沒有關係，我們都是受過洗的教徒。

麗：媽！您這是什麼意思？

李：孩子！！你這是心理作用，不必理會。

(信差送來一封信。)

麗：(出去接信，拆信，大喜。)媽！國華來信了！(走到母親面前,欣喜地叫喊。)媽！快來看信啊！

(李蘊玉迅速跑來，先覩爲快似的，把頭伸上來看信。)

麗：(聚精會神看信，興奮地唸出最精彩的一節：)『……麗英！我們的工作已經順利展開了。在我們這裡，有許多大陸上覺悟的青年和受盡欺騙的老百姓，看見我們都歡喜得祇會流淚說不出話來，祖國的原野，已開遍自由的血花……』

李：那麼他那裡很好囉！

麗：(笑着說：)好！很好！(翻開一頁)媽！他還問起你和爸爸呢！(又唸信：)『我走的那天眞是太忽忙了，沒有向舅父舅母告別，到如今我還覺得是一件憾事！請在兩位老人家面前，代我誠誠懇懇請一個安！』

李：(歡喜得笑起來。)哼……哼……哼……這孩子天生是好心腸，(把頭伸上來，注意到最後的日期，自言自語：)唔！這封信還是六月三十號寫的，寄到這裡，已經三個多月了。

麗：(警覺地檢查信的郵票：)唔！奇怪！爲什麼沒有淪陷區的郵票？

李：(感悟地。)怕是托人帶到香港寄來的。

麗：(正要把信揷入信封，又發現信封內有三張照片。)嗐！還有照片呢！(翻過來看一下：)呵！是他在軍中的生活照片，給我們留紀念的。(李爭上來欣賞。)

麗：(描述照片之一：)嗄！他站在遙遠的山崗上指揮着一羣戰友們在挖戰壕呢！

(如醉如狂地：)國華！國華：我要能在前線幫助你多好哇！

李：(揷上一句：)看你們那嬌生慣養的樣子，到了前線，會有什麼用啊！

麗：(倔强地：)祇要到那裡去，我相信會改變的。

(又描述照片之二：)呵！這是在明月映照的海濱，他正和戰友在一起，擧行同樂晚會呢？(讚美。)噯！他們的生活，眞叫人羨慕。(又描摹照片之三。)媽！你瞧！他這一張照片多麼雄壯啊！……唔！唔！他正騎在一匹又高又大的馬背上，穿着馬褲，(故作疑問的口氣。)上裝是什麼？(自己回答：)呵！呵！就是我做的那件美式的襯衫。(笑。)哼……哼……哼…… 手裡還拿着一枝最新式的卡賓槍呢！(又在自作疑問：)不知道他在幹什麼？是追趕敵人呢？還是打野獸呢？

李：(仔細瞧：)唔！看不清楚。

(這時丁慕松穿了一套神氣的軍裝，完全改變成一個飽經風霜，意志堅決的鬪士，在大門外高聲問。）

丁：這裡是黃公舘嗎？（試探地。）黃鵬程先生是不是住在這裡啊？

李：（驚覺。）唔！有人來了。（即走到門口，大吃一驚，呆住半響，慢慢後退，如同碰到鬼一樣。）嗯！嗯！把我駭了一跳，想不到是他……他……他來了！

麗：（還在看照片，突然出神地叫起來：）呵！他是在打一隻狼呢！頑皮的東西！

李：（還是駭得退縮，聲音抖抖地說：）奇怪！奇怪！（手撫胸。）想不到是他來了！

麗：（跟着駭吃一驚：）誰？誰？（看見丁慕松慢慢走進來。）喲！是你啊！（走上幾步。）你…你…你是丁……丁……

丁：（緊接着回答：）是的！我就是丁慕松！黃太太！黃小姐！難怪你們要駭了一跳，連我自己也沒有想到會到臺灣來的！

（她們以藐視的眼光，盯住他慢慢走進來。）

丁：（括見對面的牆上，掛着陳國華的放大照，直線地加快跑過去，眼睛向照片注視又注視，聲音沙沙地極端沉悶說一句：）國華兄！

李：（諷刺地：）你還認識他嗎？（冷笑。）哼…哼…哼…

丁：（浩嘆。）唉！（慢慢回轉身來：）黃太太！我怎麽不認識他！（低下頭來！正想繼續說下去。）他…他…

麗：（拿着信件及照片，退了一步打斷他的話線，冷笑着說：）哼…哼…丁慕松你這無恥的靠攏份子，你竟敢到臺灣來！你看到臺灣情況好了，你又來投機了，是不是？要不就是共產黨叫你到臺灣來當匪諜，我馬上叫警察來抓你這個壞蛋！立刻拉到馬場町去槍斃！你在重慶害得我們好苦啊！

丁：黃小姐！我從前是胡塗混蛋！該死！死有餘辜！你怎麽罵我，我都接受。不過，我要向你鄭重聲明，我不是傷天害理，喪心病狂的匪諜，我更不是殺人放火，出賣祖國的共匪漢奸，我在向你們說明來意之前，（舉視黃麗英及其母。）先向你們請罪！請罪！（又羞慚地低下頭來。）

李：（回到縫紉機旁坐下，微吁：）唉！虧你還是一個受過高等教育的人，想不到你居然不顧人格，喪盡天良，向出賣國家民族的共匪靠攏，陷害了多少老百姓！

丁：（苦笑。）嘿！嘿！黃太太！過去的事，我實太不應該了！可是大陸上那些投機靠攏份子，不管他是大學教授，學者，名流，專家，官吏，以及什麽社會賢達，民主人士，沒有一個不上當，不後悔的。（略停，重重地嘆一口氣。）唉！我總算逃出來了，那些傢伙還在地獄裏受罪呢！

李：你坐下來說吧！（丁慕松靠着小茶几旁的沙發上坐下。）

麗：（馬上好奇地問：）那麽現在重慶的情形怎麽樣？

丁：（沉痛地。）我逃出來的時候，重慶已經大開殺戒了！那些綑綁被殺的人，能够求他們賞賜一顆子彈，打中腦亮，死得乾脆些，還算是天大的恩惠呢！可憐的老百姓，被他們從頭管到脚，從外管到內，從白天管到黑夜，眞是連牛馬都不如！

李：（驚駭的問：）那麽！我們那些投降的國軍呢？

丁：起初還好，還有一口稀飯吃，後來受凍挨餓，還要日夜做苦工，關在集中營裏，鞭打得死去活來，第二天還要做苦工，做到他們用盡了最後一點氣力，嘔盡了最後一口鮮血，活活地凍死，餓死，苦死爲止。（苦笑）哼…哼…這還算是優待呢！多數投降的國軍，乾脆就被迫當炮灰，塡人海。（嘆氣。）唉！共產黨殺死的人，比虎列啦殺死的人還要多！

李：他們不後悔嗎？

丁：（苦悶地。）怎麽不後悔呵！我有一天到復興關去，路上碰到一個我認識的老軍官，肩上挑一擔石子，瘦得不像人了，見着我怪難爲情。我說：『老兄！你挑得動嗎？』他回答我：『沒法呵！』後來，他眼睛望着東方，聲音低低地告訴我：『我的兒子是那邊的轟炸手，我的兄弟在軍艦上服務。』他哭了，咽下眼淚說：『我不願死，我要等，等，等我的好兒子來炸盡這些狗雜種！等我的好兄弟來替他哥哥報仇！』

麗：（接着問。）我們的重慶大學怎麽樣了？

丁：（連忙撥轉身來回答：）糟得一榻糊塗！山洞就是遊擊隊的根據地了……

麗：（好奇地插問：）喂！我問你，那晚上，我從林園逃出來，在槍聲裡，國華拉緊我的手，拼命跑，忽然看不見你了。你逃到那裡去了？

丁：（仰着頭，淡越越地凝神默想一會。）那晚上麽？（忽然想起：）唔！唔！我逃到馬路邊的防空洞裡過了一夜。（麗英格格地發笑。）

李：那天，國華的手臂上，還中了一顆流彈呢！好險呵！

丁：呵！是的！

麗：（追問。）喂！我們那些同學呢？

丁：你們那些男女同學，過去日日夜夜扭秧歌，多起勁啊！後來扭不到一點好處，有的捲了舖蓋回家了！有的跑去打游擊了，沙坪垻上簡直看不到一個學生的影子了。

麗：（驚奇地：）嗄！嗄！

李：住在我們樓下的周老闆，你認識嗎？他的三六九麵舘還開着嗎？

丁：（閉着眼睛思考一下：）唔…唔…我想起來了，那位周老闆已經給活埋了！

李、麗：（駭極欲絕：）活埋？眞的嗎？

李：（難過。）哎喲！他眞是好人哪！我們這一次能够逃出來！全靠他爲我們湊路費呢！唉！唉！

麗：（追問）眞有這樣的事嗎？

丁：那還有假嗎！共產黨就是要殺好人。他的麵舘也給沒收了。共產黨祇要看着誰不順眼，無論他怎樣應變，靠攏，巴結，討好，改名換姓，改變自己的身份，都是白費心血，大家好像是關在猪欄裡的猪一樣，不慌，不忙慢慢兒殺，一個都逃不了。

李：唉！他們早些離開就好了！

丁：大家都同我一樣的想法，都以爲過去旣沒有挖過共產黨的祖墳，也沒有做過什麼官，祇是天字第一號的老百姓，總以爲沒有問題的，誰知道共產黨還是一個也不放鬆！

麗：(接着問。)你的陪都日報呢？

丁：唉！別提了！他們做盡了壞事，陪都日報爲他們說盡了好話，我已經一再的坦白，祇差沒有把心挖給他們，但他們還是死不饒我，還是要我的命。(說到這裡，幾乎要哭出來了。)我恨極了！我痛心極了！我才恍然大悟，(揑緊拳頭，大聲疾呼。)凡是祇會磕頭，不肯拚命，祇會流淚，不肯流血的人，祇只有死路一條！

李：(同情地：)你怎樣逃出來的？

丁：(站起來，凄切地說：)我一個人爬山越嶺，吃盡千辛萬苦，好容易逃到廣州。住了幾天，那些狗子們又注意我了，弄得我心驚肉跳，時刻不安。後來聽說珠江三角洲是我們的遊擊根據地……

麗：(才開始感到興趣，喜冲冲地搶上來問。)你……你……你是從珠江三角洲來的嗎？

李：(也頗爲興奮，急忙倒茶，進煙，開始待以來賓之禮，誠誠懇懇說：)丁先生！丁先生！你辛苦了！趕快把那裡的情形說一說吧！

(麗異常關注，眼不轉睛地盯住他，急待他報告。)

(丁回轉身，坐下，像是驚魂甫定，喝幾口茶，抽烟，咳嗽，清喉嚨，在右邊的褲袋裡，摸出手帕，擦擦面頰上的汗。)

麗：(急得冒火。)丁先生！你快說啊！

李：(也同樣着急地說一句。)你把經過的情形，詳詳細細告訴我們吧！愈詳細愈好。

丁：(內心苦悶，不知從何說起，掙扎好久，才咕出一句話：)我是假扮着捕魚的，坐着一隻魚船，搖到珠江三角洲的……

麗：(急迫地。)你在那兒碰見什麼熟人沒有？

丁：(緊接着：)我又看見靑天白日滿地紅的國旗。黃小姐！我眞像一個遠離家門的孩子，又看到母親一樣，歡喜得哭起來了。

李：(疑問地：)你沒有碰見什麼熟朋友嗎？

丁：(緊接着：)我，我，我在那裡碰見了你們的親戚陳國華！

麗：(歡喜得跳起來。)你怎麼會碰見他的？他在那裏怎麼樣？

丁：(又緊急着說。)我被他們游擊隊抓住了，說我是共匪，要把我槍斃。我要求他們帶我去見一見他們的隊長。誰知傳見我的，就是國華兄。

李、麗：(撲嗤地笑起來，齊聲問：)後來怎麼樣？

丁：他救了我的命，我就在他那裏打游擊了。我和他共過兩個多月的患難。

(丁把手帕塞到右邊的揷袋裡去，接觸到陳國華的血衣，驟吃一驚，慢吞吞地扯：扯着……。)

這：這：這：是國華兄的……

(當丁慕松慢吞地扯那件血衣時，已深深地吸引着母女的注意；尤以黃麗英的神色，特別緊張，惶恐。)

麗：(發現扯出的，是她爲陳國華做的襯衣，運用駭極欲絕的悲聲叫出來：)哎喲！(瘋狂地搶過那件衣服，驚奇到極點，運用變質的聲音說：)哎喲！這是國華的襯衣，爲什麼會到你手裡來啊！

李：(驚奇地提醒：)哎喲！還有血！

麗：(拉開襯衣，見血書，狂叫：)哎喲！血！

(黃鵬程在外聞驚奇的叫聲，衝入。)

鵬：(邊跑邊問。)什麼事？什麼事？

(黃鵬程注視一下丁慕松。)

丁：(沉着打招呼。)黃先生！

鵬：(恍悟地。)呵！你是丁慕松先生。(丁點點頭。)

(黃立刻看見女兒手裡的血衣，從她發抖的手中奪過來，癡呆呆地看了又看。母女在旁帶有驚恐的神氣，注視鵬程的動作。)

丁：(顫抖地說：)這：這：這是國華兄用他自己的鮮血寫的兩句話。

鵬：(沉痛地悲壯地讀出來：)生爲自由人！死爲自由魂！(又壓低了聲音讀：)陳國華血書。(黃麗英像失去知覺似的呆呆地站着，落下手中的信件；瞪着一雙大眼睛，凝視陳國華的放大照，母親異常悲痛地扶住她。)

丁：(立刻拿出一封信來，顫抖地說：)這：這：這是我們的林東屛副隊長寫的信。

(黃匆促地接過信來，緊張地拆看。)

鵬：(沉着地。)哦！你們急需要彈藥，經濟，通訊器材和各種醫藥品？

丁：是的！林副隊長奉了國華兄的命，特地派我來向黃先生接洽的。

鵬：我馬上轉報上峯，立刻辦！國華呢？

丁：(嚴肅地陳述經過。)兩星期之前，國華兄指揮弟兄們突擊廣州白雲機場……

麗：(慌忙搶過父親手裏的血衣，恍惚地說：)唔！唔！是有這件事。

丁：(接着說：)國華兄第一個衝破敵人的陣線，弟兄們個個奮勇前進，打了一個大勝仗……

李：(聽說打勝仗，抬起頭來應和。)好！好！打勝仗！

丁：(緊張地。)當我們撤回原地的時候，遇到大隊的敵兵，一塊彈片飛過來，不幸，國華兄的腿上掛了彩！

麗：(驚駭了一下。)喲！

丁：他倒下來了，還要拚命在地上爬，抓住一架機關槍，掩護我們趕快撤退，一面對弟兄們咬緊牙齦說：『你們不要顧我，我要拚他一百個，一千個，才够本呢！』

(下轉第18頁)

從中東現勢
——看戰略性的石油供應——

Gustav Egloff 博士著
逸　聲　譯

本文原題爲 Strategic Oil Supplies。作者愛格羅博士爲美國環球石油公司(Universal Oil Products Co.)負責人，亦世界石油權威學者之一，對我國石油工業甚爲關切，抗日戰爭結束後曾來我國考察。此文係在美國石油學會第三屆年會中宣讀，一部份曾刊載 Oil and Gas Journal 第四十九卷第廿八號，本譯文係照作者最近寄給中國石油公司總經理金開英先生之原文譯出，目前中東國家石油國有問題，引起關心世界局勢前途的人士特別重視，此文當不失爲一有價値之參考資料。——編者

全世界上具有戰略性的石油產地大抵分佈在兩個區域，一爲沿美洲墨西哥灣及加利濱海(Caribbean Sea)一帶的油田，一爲中東的油田。在全世界石油總產量每天一千零五十萬桶中，美國佔百分之五十二，中東百分之十七，南美洲百分之十四·五，而蘇聯和他的附庸國家僅佔百分之八。今日世界上幾個最大的產油地—北美，南美和中東—所產石油的總和，幾乎佔全世界石油產額的百分之八十五。

表一。一九五〇年七月世界石油產量統計（單位：每日一千桶每桶合四十二加侖。）

		佔全世界百分率
甲、西半球		
美國	五、五〇四·〇	
委內瑞拉	一、五三三·三	
墨西哥	一九五·二	
其他	三五三·二	
合計	七、五八五·七	七一·八
乙、西歐		
德國	二一·九	
荷蘭	一四·四	
其他	五·一	
合計	四一·四	〇·三九
丙、蘇聯及東歐		
蘇聯	七三〇·〇	
羅馬尼亞	八五·〇	
奧國	二五·〇	
其他	二三·六	
合計	八六三·六	八·一五
丁、中東		
伊朗	六九一·二	
伊拉克	一二八·五	
科威特(Kuwait)	三六三·七	
沙地阿剌伯	五五八·六	
埃及	三九·九	
其他	六六·三	
合計	一、八四八·二	一七·五
戊、亞洲		
印度尼西亞	一三〇·〇	
英屬婆羅洲	八二·〇	
其他	二三·一	
合計	二三五·一	二·二
世界總產量	一〇、五七四千桶	

蘇聯和他的附庸國爲了補救他們石油供應的不足，乃利用昂貴的方法—煤的氫化和油頁岩的蒸溜—來增產石油。從這兩個方法所實際生產的石油數量若干，頗難作估計。在東德現正計劃着從褐炭氫化以每天提出二萬桶車用汽油，在捷克已有一座工廠，每天從煤的氫化中產製三萬桶汽油；因此似乎可有理由估計蘇聯和其附庸國每天至少可自煤與油頁岩中產合成液體燃料十萬桶，若連原油也算在內，他們的石油總產量每天大概可達一百萬桶，但尙不到世界全部產量十分之一。

中東爲目前世界上最富引誘性的產油地，其區域包括伊朗，伊拉克，沙地阿剌伯，科威特和巴林島，總面積相當於美國的百分之六十七。中東油田的管制權目前幾乎全操在西方民主國家手中，英國持有百分之四十七，美國百分之四十一，法國百分之六，荷蘭百分之六。其大部份探勘鑽井的領導工作，係由曾在美國或在其他西半球油田中獲有豐富經驗的英美人員擔任。在中東油田開拓的過程中，英美等國曾化了鉅額的資本，同時也冒了不少的風險。因爲當地勞工未受教育，對石油採煉工作一無所知，須要相當的訓練，故大批的工作人員必須從美國或西歐遣調。於是新的城市即隨之建立，包括新式住宅，溝渠設備，飲水設備，學校和娛樂場所等，使原來的一片荒土，可容安居。英美荷法等國現在中東注下了驚人的投資，遂有全權獲取該地的石油。

從各方面看來，中東的油田是極値得注意的。中東現僅有產油井三百餘口，平均每井每日所產石油超過五千桶，其每井每日最高產量有達一萬五千桶的。美國現共有產油井四十五萬口，雖然其中亦有產油頗豐的，但平均每井每日僅產油十二桶。全世界油井的平均產量每井每日亦僅二十餘桶。

油田的成敗係全視其地下蘊藏量的豐瘠而定，可是蘊藏最富的地方並非即爲目前產油最多的地方。石油工業發展最優的國家要算美國，自一八五九

年開始迄今鑽有井一百餘萬口。下表略示自石油工業開始以來世界各地的累計產量。

表二・世界石油累積產量(至一九四九年底止)

單位：一千桶

世界產量	六一、七三七、九九八
美　國	三八、九三九、二八六
委內瑞拉	五、〇〇〇、〇〇〇
蘇　聯	六、二九二、四七三
歌　洲	八、〇四五、二〇八
中　東	三、三七一、六七七

從上表看來，美國所產石油已達全世界累積產量的百分之六十三・七。像美國那樣的高度生產固足以減低其地下的蘊藏，但近年來美國新油田的不斷發現已足維持其生產量和蘊藏量間的比例不變，從表三可以看出美國自一九二〇年來每逾五年石油生產量和地下蘊藏量的比例數。

表三・已證實之美國原油、天然液氣以及液體炭氫物蘊藏量估計(單位：一千桶)

年　份	該年生產量	該年已證實之蘊藏量	該年蘊藏量與生產量之比例
一九二〇	四四二、九二九	七、二〇〇、〇〇〇	一六・三
一九二五	七六三、七四三	八、五〇〇、〇〇〇	一一・一
一九三〇	八九八、〇一一	一三、六〇〇、〇〇〇	一五・一
一九三五	九九六、五九六	一三、四〇〇、〇〇〇	一三・四
一九四〇	一、三五一、八四七	一九、〇二四、五一五	一四・一
一九四五	一、七三六、七一七	二〇、八二六、六一三	一二・〇
一九四九	一、九九六、六六九	二六、五八六、〇〇〇	一四・三

地質學家們曾對世界冲積岩層中所能採出的油量加以臆測，由於對地層構造和石油地質不斷有新的知識發現，故對於世界石油蘊藏量的估計亦續有增加。有些地質學家深信從地球上所有貯油的岩層中尚可獲得一萬五千億桶的石油，其在世界大陸之地層下者約五千至六千億桶，或即等於世界石油累積產量的十倍，其餘的一萬億桶則係蘊藏在海面下的斜背地層中。

對於世界油源的分佈，地質學家們也曾大略地估計過。在世界大陸地層下未開採的油源中西半球尚存有一千五百億桶，東半球約有三千五百億桶，其在美國者約一千億桶。

表四・世界石油蘊儲量估計

國名或地名	油量估計(單位：十億桶)	百分率
美　國	一〇〇	十六・七
委內瑞拉，哥倫比亞與墨西哥	四五	七・五
其　他	六五	一〇・八
西半球合計	二一〇	三五・〇
蘇俄與西伯利亞	一五〇	二五・〇
中　東	一五〇	二五・〇
海洋洲(東印度群島)	三五	五・八
其　他	五五	九・二
東半球合計	三九〇	六五・〇
世界總計	六〇〇	一〇〇・〇

以上所估計的油源中，在蘇聯勢力之下者佔百分之二十五，其餘百分之七十五皆屬於西方民主國。其蘊儲油量全係根據各產油區已知的地質構造而得。在未經預料有油的地區而發現油源的在過去亦每有之，所以我們更可以大膽地假定在上述估計之外亦尚有較大量的石油蘊藏。即使不然，那麼上節所估計的油源照目前世界消耗量計算也足以供五百年之用。從這些數字來看，現尚無法預測世界上石油匱缺日將在何年。

在局勢緊急之秋，煉油廠的位置和其煉油能量實較之採油區和油源尤為重要。世界煉油廠的總煉量為每日一一、六〇〇、〇〇〇桶，美國佔首位，每天可煉原油六、七〇〇、〇〇〇桶，拉丁美洲其次，每天可煉一、五〇〇、〇〇〇桶，其中一、〇〇〇、〇〇〇桶係用委內瑞拉所產原油在庫拉克島，阿羅巴及委內瑞拉的煉油廠內提煉。中東伊朗的愛白頓(Abadan)有世界最大的煉油廠，每日可煉原油五十萬桶；其他較大的廠尚有阿剌伯的巴林島一廠日煉十五萬桶，和雷斯脫奴拉(Ras Tanura)一廠，日煉十四萬桶。中東煉油廠的石油產品幾乎全部運銷西歐，本地的需用量可以說是等於零。

西歐各國的煉油廠大部份依賴輸入原油，其煉油設備在美國經合署資助之下，已日形擴充，預期在一九五二至一九五三年間，當地需用石油產品可全由各煉油廠自給。至去年底止，西歐各國的煉量和計劃中的擴充量可從下表中得知大概。

表五・經合署對西歐煉油廠的擴充計劃大概

國　名	一九四九年底煉量(每日桶數)	一九五二至一九五三年擴充後煉量(每日桶數)
奧　國	七、八〇〇(一九四八)	一三、四〇〇
貝尼拉克斯	七、〇〇〇	一六五、〇〇〇
丹　麥	六〇〇	一六、〇〇〇
法　國	二五〇、〇〇〇	三七五、〇〇〇
希　臘	—	八、〇〇〇
意大利	六三、〇〇〇	一四六、〇〇〇
挪　威	七〇〇	七〇〇
葡萄牙	六、〇〇〇(一九四八)	九、三〇〇
瑞　典	一一、五〇〇	四一、〇〇〇
英　國	一三五、〇〇〇	三九〇、〇〇〇
西　德	三八、〇〇〇	九四、四〇〇
總　計	五一九、六〇〇	一、二五七、三〇〇

從上表可以看出在以後兩三年中西歐各國的煉油量可增加每日七三八、〇〇〇桶。

至一九四九年末期，蘇聯的煉油廠可日煉原油共六十八萬桶，其附庸國家的煉油廠每天可煉原油十餘萬桶。今估計蘇聯及其附庸國的合計煉量，包括從煤的氫化和油頁岩的蒸溜在內，每天約可達一百萬桶。蘇聯並不是一個太工業化的國家，目前僅有各種機動車一百二十五萬輛，按照目前的煉量在承平時期尚敷應用，但若一旦國家有事故發生，他的產量和煉量便都難以應付了。

從任何一個國家所報導的煉油量中，很難窺知他的產油品質與其數量的全貌。原油品質的差別往往會影響到他製煉的成品，尤其是製造優級滑油對所用的原油更要特別選擇。產品的品質與種類不僅依賴煉油廠的原油蒸溜能力，並須依賴其他複製設備，而使初製品更經進一步的精製和改造。用陳舊的煉油方法所製成的品質往往遠遜於用現代設備所製得者。並且今日的煉油設備較有伸縮性，可隨心所欲以變動各種油品的產量。美國和大部份西方國家的煉油廠內擁有受過高度訓練且經驗極豐富的化學家和工程師們，所生產各種油類的品質因設備較佳，亦較勝於蘇聯產品。西方國家的煉油設備現已可製成石油產品達二千六百餘種之多。

現代化的煉油廠有「接觸裂化」知「接觸重造」設備以增高汽油的辛烷值，尚有「綜合」及「烷化」(Albytation)設備以利用裂化氣體製成一〇〇號以上的飛機汽油。辛烷值一一五／一四五號的飛機汽油其中百分之七十五為烷化物，所以在缺乏「烷化」設備的煉油廠內根本無法製造作戰用的飛機汽油。至於充分利用化學附加物如「防止劑」，「金屬鎮定劑」，「四乙鉛」等以增高汽油的品質和穩定性等，更是現代煉油廠內所最流行的方法。

在另一方面，內燃機所用滑油的製造，其重要性也不亞於汽油。並不一定所有的煉油廠都有製造高級引擎滑油或其他滑油的設備，製煉高級滑油的技術正如製煉高級汽油一樣地複雜。用「溶劑法」脫蠟脫瀝青和脫除其他雜質所得的高級滑油，其品質及產量均勝於僅用硫酸與白土處理法所得者。由於原油的性質不一，有能產大量滑油的，有僅能產極微量的，所以在美國常將某種具有特性的原油專備作煉製滑油之用。一般說來，美國所產的原油較世界任何地帶所產者尤適宜於提煉滑油的。又現代引擎油及機油的製造，除了要選擇原油以外，尚須要全套的真空蒸溜，溶劑提煉以及白土處理等設備。此外精製後的滑油，尚須滲入化學附加物以增進其「黏度係數」與「油態」，並降低「傾點」及防止氧化與起泡等等作用。

現代的戰爭需要更多量的特級滑油，尤其是在奇寒或酷暑的地區使用。在第一次歐戰時，德國的冬季攻勢在嚴寒的蘇聯國土受到了挫折，因所有的軍用汽車，卡車，裝甲車及大炮中所用的滑油全部凝固了。但是在美國的煉油廠裡可煉製出任何軍用或民用的滑油，這一點可以從美國的飛機在華氏一六〇度熱的沙漠中起飛或零下六十度的高空飛行時表現出來。美國煉油廠的新型設備，可以大量生產各種優等滑油，以供應任何地域的需用。

如果時代到了世界民主國家和集權國家攤牌的階段，從上述的資料中立刻可以意味到世界上石油供應的分配情形。民主國家因捷足先登已發展到了他們目前的生產能力，已把握着全世界產額的百分之九十與世界油源的百分之七十五。今日美國每天可產石油五百八十萬桶，在大量需用時尚有一百萬桶可隨時增產出來。同時加拿大及墨西哥的石油因與美國陸地相連，可不必依賴海上運輸亦能輸入。鄰近復有委內瑞拉和其他南美各產油國，尤其是委國的石油，很足以在緊急局面中供應美國，雖然在運輸上難免有遭遇到潛艇破壞的危險。總之，我們可以很明顯地看出美國對本身的民用和軍用的石油供應，都可足敷有餘。但若萬一一個長期的大戰爆發於千里之外，而友邦的石油供應也須全部依賴於美國，那時就不免應接不暇了。

在長期戰爭之中，蘇聯必不惜任何犧牲以爭取大量的石油，而鄰近他的中東，也就是他所必爭的目標。如果中東一旦有失，淪入蘇聯控制之下，則蘇聯非但攫取中東石油以擴增其油源，同時復切斷中東對西歐的石油供應線，使西歐諸國愈易蒙受侵略。蘇聯目前正在伊朗邊境鼓動着小的事變和部落的衝突，他的目的已很顯明地在預埋着伏線，以作為將來從事大規模侵略的張本。

無論在戰時或在平時，中東石油之能否供應西歐各國，全恃運輸情形而定。即使中東油源仍在民主國家掌握之中，而如運輸路線被切斷，則西歐國家仍是無法得到石油。到目前為止，中東輸西歐的石油全由油輪載運，繞道阿刺伯半島經蘇彝士運河而西去，總程長三、六五〇英里。最近橫跨阿刺伯半島長達一千餘哩的大油管業已竣工，每天可從阿刺伯直接輸送五十萬桶原油至地中海。在戰時，該輸油管亦可能成為空襲的目標，可是油輪的運輸更容易受到一切海上的攻擊，而蘇彝士運河也可能遭到空襲。所以在戰時油管仍不失為重要的運輸工具，牠是油輪以外的第二條石油供應線。此外油管運輸更具有迅速及經濟上的優點。

另外值得注意的一點是中東的鉅型煉油廠和油槽設備，二者均易遭到空襲。一至戰時，不論中東在那一方控制之下，對方一定會不擇手段地去摧毀這些設備。

但是，蘇聯在未得到這片豐富的油源以前，也似不敢貿然地發動戰爭。民主國家只要能繼續控制中東，對於抑止共產主義的蔓延和維持世界和平確是很大的助力。西方民主國家應徹底地讓人們明瞭他們開發中東油田的目的是為了裨益人類，對於任何外來的攫奪必須傾全力以抵禦之。時至今日，若民主國家對中東區實施充份的防備，或者尚可延緩或阻抑蘇聯的侵略程序。

格蘭斯頓與列寧

羅素原作
聶華苓譯

列寧認為世界是被辨證法所支配的，而他就是辨證法的工具；他和格蘭斯頓一樣想像他自己是一個超人權力的代理人。格蘭斯頓生於一八〇九年，死於一八九八年，為英國大政治家。羅素在此分析這兩位政治領袖的相同和不同之點。他的卓識和寫作技巧曾使他獲得諾貝爾文學獎金；羅素在此也充分地表現了這兩點。這篇文章是從他在本年二月出版的 Unpopular Essays 中擇取出來的。——譯者

在我生命的過程中，從維多利亞時代直到現在，我曾經認識過許多顯要的人。就我的經驗所知，除了幾個情形而外，那些在歷史上最顯著的人並不就有令人難忘的或是給人印象很深的偉大品性。我與維多利亞皇后僅有的一次見面是在我兩歲的時候，可惜我竟沒有記憶，但我的長者們曾看出我的舉止是十分恭敬的，因而他們很是驚異。在另一方面，也就是在此同一年齡，我首次遇見布朗寧 (Robert Browning)，許多人認為他是他那一時代中最好的詩人。我却以一種刺耳的聲音打斷了他的談論：「我希望那個人停止講話」。在他的晚年，我常見到他，我也沒有發現他有什麽令人崇敬的地方。他是一位有風趣而和靄的長者，在和中年婦人的茶會中顯得十分隨便，伶巧，殷勤，而且非常溫順，但他並沒有人們對一個詩人所預料的超人的光彩。

旦尼遜（Tennyson）我也常見到，他老是故作詩人之態，就是為了那個緣故而引起了我幼小的心靈對他的輕視。他常常穿着一件寬舒飄垂的意大利斗篷在鄉村傲步，有意沒看見他偶而遇着的人，並且顯出一副詩人入神的情態。在我曾經遇見的其他詩人之中，我想最令人難忘的要算托勒爾 (Ernst Toller)，這主要的是由於他對於別人深沉的痛苦十分同情。布魯克（Rupert Brooke）我很熟悉。他漂亮而有活力，但這種印象被他那不誠實的拜倫之風和一些浮誇之氣損傷了。

在著名的哲學家之中，除了仍然活着的人之外，我認為給人印象最深的要推詹姆士（William James）。這是因為他十分自然，並且他沒有自以為是一個偉大的人物。若不是他那民主的情愫與平易近人的傾向，他決不能成為一個卓越的人物；他個人的地位也就不能博得人們的崇敬。有些哲學家之所以給人深刻的印象——不一定是最有才能的哲學家——，是因為他們有一種忠於知識的品質。在這方面，希基維克（Henry Sidgwick）是一個很好的例子。他是我的倫理學老師。當他年青時，劍橋的特別研究費僅給與那些在英國國教三十九項信條上簽名的人。在他簽名幾年以後，他發生了疑問，雖然他並未預料到他能斷言他的信仰仍然未變，但他決定重簽字是他義不容辭的責任。這個行動促速了法律上的變更。這種變更使陳舊的神學禁律壽終正寢。他作老師時也表現了同樣的忠實。他對於學生們所提出的異見，就如同對於同僚們所提出的一樣，是謙恭而小心地予以考慮的。這樣使得他的教導比許多更有才能的人使學生們收穫更多。

科學家在他們登峰造極的時候有一種特別令人印象深刻的地方。這是由於他們既有偉大的智慧，同時又像兒童般的單純。我所謂的「單純」並不是指缺乏靈巧；我的意思是他們具有非個人偏向的思考習慣，對於一個意見或是一個行動所引起世俗的利與不利不介於懷。在我所認識的科學家之中，愛因斯坦便是屬於這種品質的一個最好的例子。

至於政治家，從我的祖父(他曾於一八四六年任首相)到艾德禮，我認識七位首相。其中最令人難忘的要推格蘭斯頓(Gladstone)。凡是認識他的人都稱他為格蘭斯頓「先生」。我在公共場合中所認識的人能在個人的感應力方面與格蘭斯頓先生相匹配的只有列寧。格蘭斯頓先生是維多利亞時代精神的現身；列寧是馬克斯教條的現身——兩者都不是凡人，但兩者都有一種自然的力量。

在私生活方面，格蘭斯頓先生被他眼睛的力量所支配，他的眼睛靈敏而銳利，並且望之令人生畏。一個人在他面前就如同一個小孩在一個舊式的教師面前一樣，令人情不自禁地要說道：「先生，不是我。」每個人都有此感覺。我想不會有一個人敢用最糊摸的不道德的話對他講述事故，他那道德的威力會令人木立。我有一個祖母，她是我所知道的婦女之中最可敬畏的一個人，其他的要人在她面前都會變得畏縮。但是，有一次，當格蘭斯頓先生要來喝茶的時候，她預先告訴我們他要糾正他的愛爾蘭政策。因她是極力反對這個政策的。格蘭斯頓先生來了，我自始至終都在場。我屏住氣息等待着這一場預料的衝突。哎呀！我的祖母簡直溫靜無比，沒有說出一個字來開始她那獅般的怒吼；當場沒有一個人能猜出她對於每一件事都是與他意見不合的。當我在我的生命中，我所經驗過的最可怕的事便與格蘭斯頓先生有關。

十七歲的時候，我還是一個十分害羞和拘泥的青年。有一次他到我家裏來和我們一同渡週末。我是屋子中唯一的「男子」。餐後，當婦女們都退出時，我便被留下與此妖魔相對。我嚇得痴呆，以致不能盡地主之誼。他也未幫我脫出窘態。我們沉默地待了許久；最後，他以他那低轟的聲音很遲就地說出了他那獨一無二的評語：「他們所給我的葡萄牙紅葡萄酒是十分好的，但是他們爲什麼要將這種酒加在冰紅酒之中給我呢？」自此以後，我面臨過狂亂的暴動，發怒的裁判官和敵對的政府，但從沒有感到如在那令人木呆的時刻中所受的驚嚇。

深厚的道德信念是格蘭斯頓先生政治影響力的基礎。他具有一個靈巧的政客所有的一切技巧。但他眞誠地確信他的每一個策略都是被最崇高的目的所激發的。拉布希爾（Labouchere）是一個冷評家，他曾以以下的話概括了格蘭斯頓先生：「他像每一個政客一樣，他有他自己的祕術。但他又不像其他的政客，因爲他認爲這祕術是被主賜予的。」他永遠篤誠地請教他的良心，而他的良心也永遠篤誠地給他合宜的回答。

他在某次會議上與一個醉漢衝突的故事——或眞或假——說明了他人格的力量。這個人似乎是屬於反對黨的。他常常打斷格蘭斯頓先生的話。最後，格蘭斯頓先生用眼釘住他說道：「這位先生曾不止一次插言打斷了我的意見。我若處於他的地位而他處於我的地位，我將毫不遲疑地對他表示很大的禮貌。我現在請求這位先生將那種禮貌施予我。」據說（我十分相信）這個人因爲震驚而酒醒，並且在其餘的一段時間中他一直保持着沉默。

十分奇怪，差不多有一半的英國人（包括大多數的小康之家）將他當作瘋子或是品行不端的人看待。當我在童年時代，我所認識的小孩多數是保守黨。他們曾很鄭重地告訴我說，盡人皆知格蘭斯頓先生每天早晨要從各個帽商那裏定二十頂最好的帽子，他的太太必須到處跟隨着他「退貨」。（這是在有電話以前的事。）淸敎徒猜度他與梵蒂岡秘密聯合；富人們（除了幾個例外）對他的看法如同最反動的美國富翁對羅斯福先生的看法一樣。但他仍泰然自若，因爲他永也未懷疑主是在他身邊的。對於半數的英國人他幾乎就是上帝。

奴隸的歌頌

東德的部長會議主席格羅特俄爾（Otto Grotewohl）在慶祝史達林生日的演說中，曾以一連串的絕妙好辭歌頌史達林，聽衆歡呼得聲嘶力竭，其歌頌語如下：

一、所有活人中最偉大的。
二、最偉大的和平保衛者。
三、最偉大的科學家。
四、最偉大的哲學實踐家。
五、蘇維埃人民最好的朋友。
六、最偉大的政治家。
七、最聰明的預言家。
八、最有經驗的政治委員。

其中每一點都博得一分多鐘的喝采。

——譯自基督教箴言報——

我與列寧在一九二〇年於莫斯科曾長談過一次。他在表面上非常不像格蘭斯頓。然而，縱然有時間，地點和信仰的不同，這兩個人也有許多共同點。先由他們兩人的不同之點談起：列寧是殘酷的，格蘭德斯頓則否；列寧不尊重傳統，而格蘭斯頓十分尊重傳統；列寧認爲所有的手段對於獲得共產黨的勝利是正當的，而對於格蘭斯頓政治只是一個帶有某些規則的游藝，這些規則必須被遵守的。就我看來，所有這些不同之點對於格蘭斯頓是有利的。因此，格蘭斯頓的影響就大體而言是有好結果的，而列寧的影響却是有災害的。

他們兩人雖有這些不同之點，但他們的相似點却是十分深刻的。列寧以爲他自己是一個無神論者，但在這方面他錯誤了。他認爲世界是被辨證法所支配的，而他便是辨證法的工具；他和格蘭斯頓一樣想像他自己是一個超人權力（Superhuman Power）的代理人。他的殘忍和橫暴僅僅是手段而不是目的；他不會藉叛黨而換取個人的權力。兩者的個人力量都是從對於自己的眞實使命有不可動搖的信心而來。兩者在維護他們各自的信仰方面，都大膽地闖入了另一領域，在那領域中他們一無所知，於是弄出許多可笑的說法——格蘭斯頓闖入了聖經批評的領域，列寧闖入了哲學的領域。

作爲一個人物而言，在他們兩人之中，我以爲格蘭斯頓更令人難忘。假若一個人在火車中遇見了他們之中任何一人而不知道他是誰，我便以這個人對於他所發生的觀感作爲測驗。在這種情形之下，我相信格蘭斯頓將會令我感到他是我曾經遇着的最不平凡的人物之一，並且他將立刻使我默默裝作同意。相反的，我想，列寧可能使我立刻感到他是一個心胸狹隘，狂熱而動輒憤世忌俗的人。我並不以爲這個判斷公平；這個判斷並不公平——不是積極的，而是因爲有一些地方被遺漏了。當我遇見列寧的時候，他所給予我的印象，並非如我所預料的像是偉人的樣子。我所得到最顯著的印象，是他爲人偏執，並且有蒙古人的殘酷。當我向他提出一個有關農業的社會主義的問題時，他得意洋洋的解說他如何煽動貧農反對富農，「他們立刻將他們吊死在附近的樹上——哈！哈！哈！」他想到這些被屠殺者時居然發出大笑，這使我周身的血液冷却了。

在列寧身上所有的作政治領袖的品質，不如在格蘭斯頓身上表現得顯明。我懷疑列寧在比較太平的時代中是否能變成一個領袖。他之所以有力量，是因爲在一個紊亂和戰敗的國家裏，幾乎只有他一人是有把握的。他不顧軍事的破壞，而希望得到一種新勝利。他似乎是藉冷酷的考慮而證示共產黨的福音，並且隨意運用其邏輯。由於這種方法，他和他的門徒以爲他們熱情的信仰是合於科學的，而且這就是拯救世界的方案。羅柏斯比爾 Robespiere）必定有一些與此同樣的性質。

我所講到的人，都是在某方面很出衆的人。但事實上，常常是一些不出衆的人給我印象很深。我所發現最令人難忘的，是某種道德的品質，就是忘我的品質。具有這種品質的人所表現的不論是在私生活方面，公共事務方面或是在追求眞理方面，都忘記了小我。我曾經有一個園丁，他既不會讀也不會寫，但是，他是一個單純而善良的品質之完美的典型，正如同托爾斯泰喜歡在農人之中所描寫的一樣。

一個人由於他心靈的純潔而令我永遠銘記不忘的便是莫拉爾（E.D.morel）。當他在利物浦當一個載運貨物的職員時，他便感到利歐波爾德王（King Leopold）剝削剛果（Congo）的慘狀。爲了要使他所知的公諸於世，他必須要犧牲他的職位和生業。雖然歐洲所有的政府都力加反對，但他終以孑然一身喚醒了輿論而促成改革。他如此博得的新名望因他在戰爭中倡和平主義而犧牲了。在戰爭進行中他被捕入獄。直到第一勞工政府組成後不久他才死去。麥克唐納（Ramsay MacDonald）不准他加入政府。因爲他希望如此可使人忽視他自己的過去，他過去也是倡和平主義的。世事的成功很少歸於這樣的人，但他們激起了那些識者的愛慕。那種愛慕是超過了那些心靈較不純潔的人所受到的。

——譯自大西洋月刊二月號

本刊優待直接訂戶：

三個月（六期） 十五元

六個月（十二期） 廿八元

國內平寄 郵費免收

給讀者的報告

自一九四七年八月繼郭泰祺氏出席聯合國之我國首席代表蔣廷黻博士，於上月二十日返抵臺北。這是三年來蔣博士返國述職的第一次。由於國內局勢的逆轉，蔣博士這幾年在聯合國的處境險惡達於極點。但他始終以驚人的毅力與睿智沉着地克服困難，爲自由而奮鬪，使自由中國得在國際政治上渡過驚濤駭浪，開始脫險入夷。這位以近代史權威學者出身的外交家，不僅是一個忠誠的愛國者，而且表現了他對人類文化具有的崇高理想，他的卓越的學識與高尚的人格，博得了世界人士的景仰。我們想像到當蔣博士在同一會場裡口伐維辛斯基、馬立克輩所代表之侵略者的罪行時，那是一幅多麼强烈的善與惡，正義與陰謀的對照！在這幅寫照裡蔣博士給我們赢得了光榮與驕傲。這幾天自由中國各界盛況空前地歡迎蔣博士載譽歸來。我們以最高的敬意『於歡迎蔣廷黻博士以後』，復覺有很多感懷。我們覺得爲答謝蔣博士的辛勞，應該加緊努力，以更多的進步爭取國際間更多的支援。我們於諦聽蔣博士報告聯合國工作與國際局勢之後，還得拿出自由中國的成就與努力讓蔣博士回到聯合國時有以召示於世人。這正是本期社論的立意與動機，想讀者一定與我們同感。我們本準備在本期請蔣博士爲本刊撰文，但顧及他公務冗繁，因此特擬就了九項有系統且爲世人所關切的問題，請蔣博士作答，統貫觀之，挈然成篇，故可『從聯合國看世界前途』而了然矣。

『東方狄托』是多少時來縈繞在若干西方外交家頭腦裡的幻覺。這個幻覺時時在國際政治上作祟，一次再次地造成錯誤。美國國務院曾經有一度受共諜與共黨宣傳的影響而把毛澤東看成是土地改革者，並希望他變成狄托第二。但是事實是很好的證明：毛澤東終究仍是克里姆林宮的尾巴，並不曾也不可能變成狄托。爲『東方狄托』之夢而陶醉的人現在該慢慢地醒來了。關于這類文章最近寫的人很多，爲徹底澄清這種幻覺，本刊乃將董先生此文刊出，我們同意董先生的意見：毛澤東決不可能變成狄托，縱使變成所謂狄托仍然是中國人民的敵人。聰明的美國人將知道在中國人民與其敵人之間抉擇其一。

最近伊朗問題的爆發使已經緊張的世界局勢更趨不安，現在情勢仍在發展之中，是否會演成不可收失的局面尚在不定之天。爲幫助讀者對伊朗問題的研究，本期登載一篇譯文『從中東現局看戰略性的石油供應』。因爲伊朗問題可以說就是石油問題，本文提供很多寶貴的數字與資料，可作讀者參考。

廣告刊例

一、封底裏面全幅每期新臺幣一千元，半幅六百元，1/4幅三百五十元。

二、普通全幅每期新臺幣八百元，半幅五百元，1/4幅三百元。

三、登一期者，按期一次付清；連登三月而一次付款者，九折計算；登半年以上者，八折計算。

四、式樣及鋅版自備，如欲本社代辦，則照値計算。

本刊售價

一、	臺幣	三元
二、	越幣	八元
三、	菲幣	五角
四、	港幣	一元
五、	暹幣	四銖
六、	美金	二角
七、	叻幣	四角
八、	印尼幣	三盾

自由中國　半月刊　第四卷 第七期
"Free China"　（總第三十四號）
中華民國四十年四月一日
發行人　胡　適
主編　『自由中國』編輯委員會
出版者　自由中國社
社址：臺北市金山街一巷二號
電話：六　八　八　五　號
航空版
香港　香港時報社（高士打道六四號）
經售者
臺灣　中國書報發行所（臺北市舘前街八五號）
美國　紐約民氣日報社　舊金山國民日報社
日本　東京南友堂　東京內山書局
馬尼剌　中菲文教出版社
印尼　巴達維亞星期日報　棉蘭繁華圖書公司
越南　西貢中原文化印刷公司　越南華僑文化事業公司
曼谷　曼谷攀多社十二號
新加坡　中興日報社　檳榔嶼、吉打邦　均有出售
印刷者　臺灣新生報新生印刷廠
廠址：臺北市西園路二段九號
電話：廠長室　七一二五　業務課　二〇九六

本刊經中華郵政登記認爲第一類新聞紙類
臺灣郵政管理局新聞紙類登記執照第二〇四號

自由中國

FREE CHINA

第四卷第八期

要目

中華民國四十年四月十六日出版
社址：臺北市金山街一巷二號

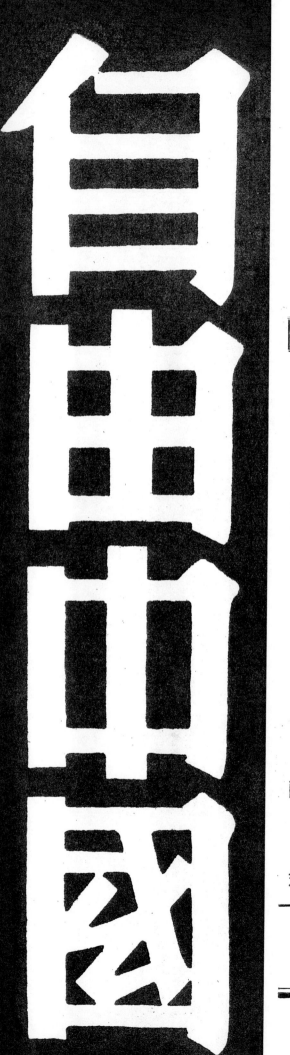

半月大事記

三月廿五日（星期日）
南韓斥堠部隊在東海岸越過三十八線。
南韓總統李承晚發表聲明，謂聯軍必須深入北韓而至中國邊境。

三月廿六日（星期一）
行將卸任之美第七艦隊司令史樞波中將于記者招待會中表示，第七艦隊實力已較韓戰開始時增加四五倍，足以擊潰對臺灣任何之進攻。
美洲廿一國外長在華府舉行緊急會議，促進西半球團結，強化對共黨侵略之防務。
合衆社華盛頓電，傳美國務院要求國防部與白宮限制麥帥發言權。
成功湖消息：英國進行延阻聯合國對韓發表新政策之宣言，冀使中共仍能出而談和。

三月廿七日（星期二）
伊朗政府宣佈產油區戒嚴。
美國防部長馬歇爾稱七月一日以前，美國武裝部隊將達三百五十萬人。
華府消息：美參謀首長聯席會議已命令麥帥，今後發表政治聲明須獲華府通過。
合衆社東京電，麥帥認爲渠最近發表關於韓戰之聲明乃屬軍事性質，與外交無關。

三月廿八日（星期三）
法總統歐里和抵美訪問。
新任美海軍第七艦隊司令馬丁正式接任，將訪問臺灣商討防務。

三月廿九日（星期四）
南韓軍佔領卅八線北三哩之襄陽。
蔣總統發表青年節廣播。
中共廣播拒絕麥帥的和平號召，聲言將繼續戰闘到底，並指摘英美陰謀「侵略」中國。
美總統杜魯門於記者招待會中表示渠仍支持統一韓國之政策，對越過卅八線問題渠完全贊同國防部長馬歇爾兩日前之聲明，認係純軍事問題，惟大規模北進則有待政治考慮。
中共廣播稱：中共與蘇俄三月十四日在北平簽訂「運輸協定」，並闢三條航空線，自北平分至赤塔，阿拉木圖，伊爾庫茨克。該協定將於四月一日起實施。

三月卅日（星期五）
立法院修正通過搶救港澳流亡難胞案。
韓境西線美軍斥堠隊一度越過三十八線。
印度糧食部長蒙西宣佈中共已運米四萬噸至印，交換一萬零五百噸苧蔴。
美陸軍部報告稱，至三月廿二日爲止，韓共與中共在韓戰中共計傷亡七十六萬零三百人。

三月卅一日（星期六）
美國務院將擬議中之對日和約初步草案送交有關各國研討。
杜勒斯在洛桑磯發表演說詳細闡述對日和約草案條款，謂將使日本成爲自由世界獨立成員。
韓境美軍兩師越過卅八線。

四月二日（星期一）
美國務院開始草擬美日軍事協定及太平洋公約，使與對日和約相輔而行。
麥帥總部宣佈美佔領下之琉球群島已成立臨時中央政府。
聯合國公佈截至三月九日聯軍在韓作戰傷亡共計廿二萬八千九百四十一人。
歐洲盟軍統帥艾森豪威爾正式就職視事。

四月三日（星期二）
麥帥飛韓乘車越卅八線至襄陽前線視察南韓軍個師，總計五十萬人。
麥帥總部公報估計北韓境內共軍實力爲六十三個師，總計五十萬人。
汎美外長會議通過華盛頓宣言，保證團結一致對付共黨侵略。

四月四日（星期三）
美衆院議長雷朋發表演說稱美國將面臨較一九四五年任何時期爲大的戰爭危機。
合衆社華盛頓電：傳美參謀首長聯席會議已於數週前授權麥帥，於中共空軍全面出動時，即可轟炸中國東北。
美參院最後通過續派美軍十萬赴歐，該決議並聲明未獲國會同意總統無權增派軍隊。
成功湖消息：阿拉伯亞洲集團十四國計劃向中共重新提出和平呼籲。

四月五日（星期四）
杜魯門總統於記者招待會中表示將盡全力避免大戰。
韓境中線聯軍總攻，李奇威隨軍越過卅八線。
美國務院發表聲明譴責蘇俄利用巴黎會議破壞西歐防禦系統。

四月六日（星期五）
共和黨領袖馬丁在衆院公佈麥帥函件稱：麥帥贊同運用國民政府軍隊反攻中國大陸。
汎美外長會議通過保衛西半球之軍事經濟方案。
白宮宣佈美國對臺政策不變，仍反對使用國軍。

四月七日（星期六）
美總統杜魯門在白宮會晤馬歇爾及布萊德雷，舉行秘密會議，傳將召回麥帥。
汎美外長會議閉幕。

四月九日（星期一）
美陸軍部長佩斯飛抵東京與麥帥有所會商，並將轉赴韓境視察。

四月十日（星期二）
行政院爲取締金鈔黑市，頒佈新金融措施，准許人民持有金鈔但不得自由買賣。

社論

麥帥之去職

韓境聯合國軍總司令兼任其他三大要職的麥克阿瑟元帥，本月十一日奉命解除全部職務。這件事震動了整個世界。一週來爲着採訪有關這件事的新聞，忙壞了全世界的新聞記者，一個人的進退出處能够引起如此廣大的反應，麥帥在歷史上的地位也可想見了。

就這件事的本身說，促成的因素自不單純。小焉者關涉到杜魯門總統和麥帥個人的性格以及民主黨與共和黨的政爭，大焉者關涉到美國政治的傳統以及當前世界性的反共策略。小者我們不擬申論，至於美國政治傳統問題，則是美國公民和其選出的議員們所應關切而有所判斷，我們也不必置喙。自由中國的人民對於這件事要講的話，只是關於當前世界性的反共策略問題。這方面，我們應當有話說，因爲我們保有在遠東方面最堅強的反共力量，而這股力量在世界性反共戰略中佔有相當的重量；這方面，我們也有權說話，因爲我們是聯合國會員國的國民，聯合國當前的重大工作，是在制裁共黨國際的侵略，以維護聯合國的精神和原則於不墜，而麥帥是執行這個制裁工作的人，他的戰略主張，對或不對，我們有權批判。

在說到世界性的反共策略以前，我們本着聯合國會員國國民的立場，有一點必須爲麥帥作有力申辯的，杜魯門總統在解除麥帥職務的聲明中說：「我深具憾意，已判定陸軍元帥麥克阿瑟不能衷心支持美國政府及聯合國有關他正式職務的政策。」我們讀到這句話，不禁深感詫異。美國政府有關麥帥正式職務的政策是些甚麼，我們可不必過問，至於說聯合國有關麥帥正式職務的政策，麥帥不能衷心支持，我們却大惑不解。自韓戰發生以來，麥帥在韓境調度、部署、指揮作戰，那一件事是表現其不能衷心支持聯合國的政策呢？過去十個月以內的事實，還很明晰地在大家記憶中，我們不難回想到幾件大的事體：第一、韓共發動侵略之初，六月二十七日聯合國通過軍事援韓，籲請會員國派遣軍隊，那時中國政府即分別向聯合國秘書長及美政府表示願即派兵赴韓，七月一日美政府的答覆說，中國派兵問題由麥帥總部與中國軍事當局在鞏固臺灣防務之前提下研商之。然而麥帥鑒於聯合國怕事的氣氛，明知臺灣兵力足够外調，他終未擅自接受臺灣所願派遣的部隊。第二、去年九月底聯合國軍打到了北緯三十八度，就戰略戰術講，本應一鼓作氣，追奔殲滅，然而麥帥竟遲至十月八日，即聯合國大會通過八國提案之次日，始大規模進兵北韓，因爲該案第二點承認了聯軍有越過三十八度之權。第三、去年十月底聯合國軍打到了北韓西北地區的時候，中共正集結大量軍隊於鴨綠江彼岸，並已開始源源渡江參加韓戰，那時戰略上的要求，本應以空軍越江向中共的軍事目標大舉轟炸，然而麥帥終因聯合國的決策所不許，也只好眼睜睜地看着中共軍隊傾黃蜂巢渡江參戰，而戰局因之逆轉。我們把以上這三件大事和麥帥在韓戰期中的其他一切措施統統檢討，實在看不出麥帥有不衷心支持聯合國政策之處。聯合國要他做的，他都做了，而且做得很成功；要他不做的，他就不做，寧可自己吃虧。麥帥在聯合國政策下所做的事，正如杜魯門總統有一次說過的，「不多也不少」。至於麥帥胸中的韜略，誠然與聯合國中若干姑息主義者的想頭不一樣，但他胸中的韜略，究未防碍他對於聯合國政策之支持。我們特爲申辯這一點，不僅是在情感上要爲麥帥個人鳴不平，主要的是要在韓戰歷史中指出個是非。

現在，再就麥帥對於韓戰的認識和其胸臆中世界性的反共戰略看，更是百分之百的正確。他的認識和主張，我們從其最近發表的言論中，可歸納如下：

關於韓戰方面的，麥帥確認「共黨陰謀家已選定了亞洲以扮演其征服世界的手法。」「解決韓戰的希望，完全在於使中共覺得他們已經遭遇到決定性的失敗。」要使中共如此覺得，「必須經由全面的努力（包括使用臺灣的軍隊），以最大的力量反擊對方。」

關於世界性的反共戰略，麥帥認爲「忽視亞洲，着重歐洲，乃是絕大的錯誤。」「如果在亞洲對共產主義之戰爭歸於失敗，則歐洲之陷落亦難倖免；如能戰勝，則歐洲極可能避免戰爭，而又可保存自由。」

麥帥這種見解和主張，就其深度說，是透徹了敵人的性格和其陰謀的底蘊，就其廣度說，已目顧全球，並未忽視歐洲。今天，如果民主國家甘心讓共黨國際逐步征服，則可一切聽它主動，不必要甚麼見解，也不必有甚麼策略，如欲反抗共黨之征服世界，則非具有和麥帥那樣的認識和主張不可。本文寫到這裡，我們又讀到杜魯門總統免除麥帥職務以後一篇廣播詞的摘要。在這裡我們發現，杜魯門總統雖說是拒絕姑息政策，但處處顯露其對共黨國際性認識不够，韓戰打到了現在，打到了中共出馬，蘇俄陳兵東北（據美國衆議員雷朋的報告）的現在，還想來一個「和平協商」，達到統一韓國的目的，這何異癡人說夢？「防止第三次大戰」，是杜魯門總統這篇廣播詞中最可動人的詞令，可是你如果透徹了解共黨國際的話，則應當承認麥帥的戰略主張，才是防止大戰的釜底抽新法。現在，麥帥個人的職務是解除了，我們固不免惋惜，如果麥帥的見解和主張在世界性的反共策略中也被抹殺，則我們更爲人類前途懼。路走錯了，不只是可能碰壁而已，有時且會墜入深淵。杜魯門總統有一次說過：一個總統的事功成敗，要到三十年以後才可看出。我們很躭心如果這次世界性的反共策略失敗了，三十年後的歷史只有克里姆林宮的主人來寫！

時事述評

麥帥事件與臺灣

麥帥自受任聯合國軍統帥起至最近去職止，十四月當中，和華府鬧了好幾次撳扭。其中比較重大的幾次，如去年七月三十一日訪臺所引起的風波，八月二十八日奉命撤回致退伍軍人協會的講演詞，以及這一次因之被撤職的答覆馬丁的函件，都是與我們臺灣有關的。我們差不多可以說，在華府與麥帥的連續爭執中，都是以臺灣為主題。現在，麥帥去職了，我們臺灣的感想如何呢？

應得起我們的人不能久於其任，我們自然免不了有點憤慨。可是憤慨又有什麼益處呢？麥帥並不因為我們憤慨而感激。我們在這個時候，應該兢兢自處，孜孜自勵，在民主國際的反共陣營中，增強我們的軍事力量，勿忘掉我們要在世界性的反共戰略中佔一重要地位；同時要從政治經濟方面，把握着時代潮流，從本質上做到政治民主化，經濟平等化，準備在民主國際中堂堂皇皇地佔一席。這樣，則臺灣之被人應得起，就不只是就戰略地理上的觀點而已。

其次，我們還想提及的，麥帥這次解職，在杜魯門總統的聲明中有這樣幾句話：「在我們自由民主的憲政制度中，對於國家政策事項，進行完全和有力的辯論，乃是一個重要因素，然而根本重要點乃是軍事統帥必須受依據我們的法律及憲法的規定所發予他們的各項政策及指令的節制。」這句話說得簡單點，就是軍人不得踰越職份，說得更顯明點，就是軍人不得干政。麥帥有了那末重要的地位，那末龐大的權力，那末煊赫的事功，那末崇高的威望，僅因幾次言論的發表，即被其政府判定為踰越職權，毫不客氣地以一張命令免除其全部職務，而麥帥除遵命卸職外，也就別無他言。這就叫民主法治的傳統！回觀有了四十年歷史的中華民國，政治圈內，有沒有一個時期看不到槍桿的威風呢？往者已矣，自由民主新中國的優良政風，請自臺灣始！（萍）

節約消耗和穩定政財

最近因黃金美鈔激漲不已，業經由行政院下令，禁止金鈔的買賣，只許人們的持有、又恢復了大陸上的老辦法。一般市民大都奔走駭汗以相告，對於財政經濟的前途若不勝其憂慮者。法幣及金圓券的覆轍記憶猶新，今後的新臺幣會不會重演過去的悲劇？我們要保衞臺灣，財經實與軍事並重，軍事進步的成績斐然，已能使人民欣喜，財政經濟一年來也相當穩定，大家都希望逐漸步上坦途。但是現在對金鈔的新命令却引起多數人民的不安心理，今後的財政經濟是向好還是向壞，只有看當局的作法了。

自去年十二月十九日變更外滙辦法，至二十六日黃金儲蓄也宣佈停止，其後金鈔的問題便漸漸嚴重起來了。財政方面負責人於十二月卅日在監察院報告稱：「如至一月底金鈔價格不降落，則打我的屁股」，他的保證確是有力的，但是人民大衆始終是將信將疑。經過兩三個月的時光，事實已證明其保證之無效，則今日的辦法能否保證將來，能不使人心中滿布着疑雲嗎？我們應該正視現實，徹底檢討！

臺灣是一個島，現在的情況絕不能閉關自守而不與外地相往來，則經濟上必謀輸出入之平衡，財政上必求收支之平衡而後可。如此平凡的理論，是盡人皆知的，難道財經當局反而不知嗎？我們輸出的物資是有限的，要輸出入相等只有限制輸入之一法，故奢侈品之禁止輸入是沒有爭辯之餘地的。比方禁止外國紙煙輸入是無人不贊成的，政府當局亦曾經說過，去年九月要禁絕，以後又說到年底必須禁絕。但是今天走到街上一看，還是到處都能碰見洋煙，要禁絕的聲浪却不知跑到那兒去，一點也聽不見了。難道外國紙煙不是奢侈品嗎？不應該禁絕嗎？抑或要禁絕它有甚麼實際的困難，而要多所顧慮嗎？何以能說而不能行呢？我們實在想不出理由來。其他可以禁止輸入的東西恐怕還不在少數，在此掙扎苦鬪的時候，我們以為都應加以禁止。為求達到出入平衡起見，生活上雖稍為辛苦也是應該的。輸出入果能相等，則經濟必然穩定，經濟已經穩定了，則財政上的問題也就比較容易解決了。寫到這裡看見報載，四月十二日行政院業經下令，嚴禁奢侈品買賣，可見最高當局也和我們意見一致了，今後只看奉行命令的能不能貫澈而已。去年如能貫澈，也許不會有今日的結果，今日如果言之不行，也一樣不過一紙命令！

總之金鈔禁止買賣我們固然舉雙手以贊成，但是欲憑這一紙命令去安定金融，實屬妄想。去年已經勉強過去了，今年的步趨也還沒有從根本上下工夫，但願今後不要浪費時間，切實做去！（漸）

理想與現實

王雲五

一個國家於其對內和對外政策之制定，不外兩道：一是根據理想，一是根據現實。理想是理性的產物，是超現實與不顧利害的崇高觀念；其實現固不必在眼前，而收效却在久遠。現實是事實的表現，是脫離理想的眼前狀態；依此而制定的政策，定然隨利害關係爲轉移，縱能適應於一時，未必收效於久遠。因此，遠大的政策必須依據理想，而短視的政策往往側重於現實。

請就此兩點而對美國的對外政策一爲研討。

美國之建國以自由及正義爲出發點。爲尊重自己的自由，遂推及他人的自由；於是林肯的釋奴運動，致不惜掀起南北戰爭，雖犧牲重大而卒達目的。爲擁護國內的正義，也就不憚主張世界的正義。在第一次世界大戰中，美國始雖無意陷入旋渦，終以激於對德國潛艇政策之義憤，不惜變更其多年的國策，對德宣戰，而以十四點主張正義之原則爲其作戰鵠的。其後雖外格於國際的現實主義，內沮於國內的孤立主義，未能達成其理想，然德帝國主義之推翻，與國際聯盟之誕生，均不能不歸功於威爾遜總統。美國在第一次大戰中雖付出了不少的代價，然其在國際社會中的地位也就因此提高了許多。又當日本使用武力強佔我國東北以後，國聯於一九三一年十二月十日決議派遣李頓調查團之初，美國國務卿史汀生氏即於一九三二年一月七日分別通牒中日兩國，聲明美國拒絕承認所有違反凱洛公約而藉武力所構成的任何局勢或協定，換言之，即不承認日本在我國東北所爲的武力佔領；其主張正義，在彼時國際上殆成獨唱。及第二次大戰在歐洲爆發之初，史氏復主張美國應對德義持強硬態度，一面援助英國，一面開始美國的強制軍訓。其後，一九四一年三月十一日羅斯福總統之租借法案通過於國會，表面上美國雖避免直接介入，然民主國家的兵工廠實已肇端於此時。凡此種種，其例尚多，皆爲美國依據自由與正義的理想而制定其對內對外政策之明證，亦即美國成爲其今日的偉大國格之基礎。

在第二次世界大戰的前期，美國無論在未介入或已介入之際，羅斯福總統無不依據世界正義的理想，以制定其對外政策。觀其一九四一年八月與邱吉爾氏聯合宣布所謂大西洋憲章，一九四三年十一月與蔣委員長及邱吉爾所舉行之開羅會議，均能依據世界正義的理想，而策劃世界永久的和平。及至戰爭後期一九四四年十月的頓巴敦橡園會議，羅斯福的對外政策乃開始轉變，於其夙所主張的理想中，漸漸傾向於現實。該會議係分兩部舉行，第一部參加者爲美英蘇三國，第二部始由中國加入。故頓巴敦橡園建議之起草者僅爲三巨頭。據杜里斯氏在其所著戰爭或和平一書中所說，『它們是當時對德日二國作戰的主要強國，也許因此之故，他們認爲和平之建立須由強國利用武力強迫世界其餘各國接受其『和平』的觀念。也許該會議（性質是預備會議）之成爲不公開的會議，而其參加者僅限於當時之三巨頭，實有不得已的原因。其後雖邀中國參加，然事實上等於追認三巨頭的決議。在這情形下：……弊端之一是無形中造成『和平是強國武力監視全球之一觀念』。由於這樣側重現實之故，據杜氏說，在該建議公布後，美國一般努力使輿論擁護世界組織的人，帶着某種保留條件而接受這建議，以期在一九四五年的國際會議中將這建議修正；因爲現實的大國共同軍事政策不一定可靠，故必須使世界組織可以發揮道義的力量，並予弱小國家以較有力的地位。果然，到了次年的舊金山會議，蘇聯堅持頓巴敦的建議，不肯稍作合理的修正，而認爲蘇聯在安理會及大會中甚至有權否決任何爲蘇聯所不願舉行的討論，其態度崛強，幾陷會議於破裂；其後雖以美國之力爭，蘇聯始同意作一小讓步，即同意任何一國無權否決安理會或阻止大會提出的討論，而對於其他的否決權堅持如故。會議閉幕後，識者早已感覺聯合國不可能成爲『強制實現和平』之機構矣。這是美國轉向現實主義的對外政策所遭遇的第一回挫折。

其後，一九四五年二月十一日在雅爾達與英蘇兩國會議所爲的協定，更是側重現實。除在東歐對蘇聯作了不少的讓步外，爲着爭取蘇聯之對日作戰，在未經我國同意，擅爲我國許下對蘇聯在東北與外蒙的重大讓與，致釀成戰後蘇聯對我東北的侵略與資匪。杜里斯氏對此袒白承認『這種意外事件影響中國國民政府的態度，極似一九三八年影響捷克政府的態度者。此舉搖動了中國人歷來以美國的忠實友誼爲可靠的信念。因此，馬歇爾將軍以杜魯門總統特使前往中國的任務，也就遭遇了不少的困難』。總之，美國在雅爾達這一舉措尤其是與美國歷來對外的理想不符，而其側重現實之對外政策不僅爲我國招致莫大的災禍，而於美國自身與世界全局均有重大的損害。

這兩次對世界組織與遠東大局因側重現實而種下的惡因，遂使美國以後雖欲回復其依據理想的對外政策而重感困難，或竟有所不能。因此，其後一連串有關國際的美國政策，都是重現實多於重理想。直至一九五〇年六月韓戰發生後，美國乃不計眼前利害，而重返於理想主義，不惜重大犧牲以擁護世界的正義。然其對於中共僞政權的態度，迄於中共大規模介入韓戰之時，久未明朗化；其對於中共的政策仍不免觀望。一方面既已確認中共僞政權爲侵略者，他方面則對於反共最力之自由中國仍未予以積極的援助。其理由非他，多少仍狃於近年的現實主義而已。

美國對外政策，前此純粹基於正義的理想，而近年不免傾於利害的現實者，亦自有故。在第二次世界大戰以前，美國以其特殊的環境，自給的資源，對於安全上所受外來的威脅，其可能性至微。由於自身的利害關係無多，故得以盡量發揮其正義感。第二次大戰演變而爲東西兩面之戰時，美國驟然遭遇重大打擊，雖藉其潛在力的雄厚，不久即漸能穩定陣線，反守爲攻，惟是強敵當前，欲求達最後勝利，犧牲之巨殊足驚人，乃漸漸傾向於現實，以期減低戰時的犧牲，與維持戰後的和平，致不得不遷就人力強大的蘇俄。衡之當時情勢，似亦不無理由；加以蘇俄在戰時的巧妙表演，如解散共產國際，恢復宗教信仰等，在善意待人的美國，尤易受其朦蔽，以爲在西面戰場結束後，祇要蘇俄能對日作戰，東戰場亦可提前結束，而全面勝利以後，五強之間美英向屬一致，中國夙主和平，法國重創後復國亦定能與美英一致，祇要蘇俄就範，則五大國合力支持下之和平，在現實上較諸數十國公論支持之和平將更有效。

然而戰後一二年間，蘇俄在歐洲對其外圍國家之掠奪與控制，與夫共產國際情報局的設置，野心業已昭然；及柏林封鎖，益成鐵證；美國已知其現實政策失敗，於是分別以空運政策及大西洋公約在此一面作實力的應付，結果幸能苟安於一時。其在亞洲，則蘇俄於日本投降後在我國東北所爲的掠奪，繼之以所掠奪的軍火移交中共軍隊，而大增其武力，不久美國又因調停國共無效，並對國民黨有所不滿，遂將其軍事的經濟的與道義的支持大部分撤回，於是中國大陸便陷於中共掌握。其時蔣總統與菲韓二國方有太平洋防共組織之籌擬，以未獲美國支持，致未實現。同時共黨在亞洲之橫行無阻已給予共黨莫大的鼓勵，韓共之南侵已成自然之勢，在其發動之初，蘇俄或以爲美國縱不如在中國境內對中共之『放手』，充其量祇對南韓作有限度的支援，而不料美國竟全力以赴，迄於今日犧牲金錢近百億，死傷士兵五萬餘；美國對東方政策這樣的大轉變，固爲共黨所不及料，即美國自身亦何嘗預料及此。美國此種重大的轉變，固由於面對現實，勢成騎虎，然其不顧利害，不計犧牲，以維持國際的正義，則固理想的表現也。

由今思昔，嚮使美國在雅爾達會議中堅持不當犧牲我國主權與權益，以遷就蘇俄，則東方的局勢開始將大改觀，蘇俄亦不敢支援，且不易支援中共以對抗國府，則我國大陸將不致淪於現局勢，韓戰之發生或亦可免；又假使遲至中國大陸漸趨崩潰之時，美國鑑於赤禍之危險與中共之確爲蘇俄傀儡，一旦翻然改圖，予我國府以適當的支援，又或者縱遲至蔣總統先後訪菲訪韓之際，積極支持東亞防共組織，則韓國戰事目前或也不會發生，而美國用以支援我國與東亞防共組織之金錢，比諸韓戰以來所消耗者定然少得多，更不必牽累到無數美國青年的流血了。

理想的對外政策有時似乎不免冒險，但犧牲終久較小；現實的對外政策，間或可藉以苟安一時，但犧牲終久更大。第二次世界大戰之起，在東方實肇端於日本之九一八進軍東北，在歐洲則導原於義大利之侵略阿比西尼亞；侵略者得免制裁，則更多的與更大的侵略無疑會因獲得鼓勵而繼起。前車不遠，我們短短的一生已經兩度躬逢其盛了。

（上接第十一頁）民，有思想言論……宗教信仰的自由權。」

但在他們發表的文字中，可以看出馬列主義對待宗教的態度和方針。他們說：「馬列主義者是徹底的無神論者。但是馬列主義者，對於群衆性的宗教問題，從來是當作一種歷史必然性的社會問題來處理的。所以馬列主義者，從來反對任何依靠行政命令和其他簡單急躁辦法解決宗教問題的錯誤意見和錯誤行爲。中國的愛國人民，並不認爲天主教和基督教是應當禁止或排斥的宗教，僅僅反對帝國主義者利用他們的教會來進行侵略。在思想路線上，唯物主義者和宗教信徒，雖不能也不應強爲調和，但是在保衛祖國，反對侵略，爭取和平的政治行動上，唯物主義者和宗教信徒，却完全可以而且應當聯合起來。因此，我們一切愛國人民，（包括愛國的教徒在內）對待中國的天主教和基督教的原則應該是：保護信仰自由，但是一切宗教中，都應當消除帝國主義的影響，而發展愛國主義的影響，天主教和基督教應當變爲完全不受外國挾持的，屬於中國人自己的社會活動。」（見時事手冊第三期載「對於天主教基督教問題應有的認識。」）

中共以「愛國主義」爲幌子，強迫着全國天主教和基督教徒參加所謂「反美援朝」運動；一方面說「保護信仰自由」，但在去年十一月二十三日他們黨內發出的文字中，就說：「爲了社會的安定，合理的辦法應該是教會不去教堂以外傳教，同時其他團體或群衆也不要到教堂內去進行反宗教的宣傳。此外，根據已有的經驗，在正在進行土地改革的地區，教會的活動可能影響到土改工作的秩序，所以在土地分配完竣以前，這些地區的教堂內外的一切活動（包括做禮拜查經），都以暫時停止爲宜。」

去年十二月廿九日僞政務院第六十五次政務會議通過，關於處理接受美國津貼的文化、教育、救濟機關及宗教團體的方針，見於僞副總理郭沫若的報告。並通過「接受外國津貼及外資經營之文化教育救濟機關及宗教團體登記條例。」這都是想在經濟上給教會以打擊，企圖從此入手，摧毀它的生命。

在「新民主主義青年團章程」第三章第四條說：「新民主主義青年團應發展其各種科學知識，同時應耐心說服青年男女，使其明瞭宗教和迷信的害處，需用一切方法，一切手段，指出迷信和宗教的虛假和毒素事實。」

所以在中共區內，早就沒有了信教的自由，在大城市之所以還要借助於「革新」和「獨立」等名詞，那是他們的手段。因此，最近報上不斷出現的驅逐教士，指責教會醫院或孤兒院腐敗，以及公審修女，逮捕教徒等消息，那僅僅是開端，將來會連消息也聽不到了！

臺灣的金融與美援

瞿荊洲

美國對華經濟援助的功效，因透過臺灣的金融運用而更加伸展。本文不擬敍述美援對於臺灣的金融已有重大的幫助，而是要闡明臺灣的金融對於美援應當遂行的任務。

美援之屬於「工程計劃」者，先經專門技術人員對於農林工礦交通公用各事業現有的設備，及其應有的整補或擴充，加以縝密調查，並妥爲設計，然後決定所需要添辦的工程，及添辦工程所需要的器材。上項器材之必須取給於外國者，經美援主管機關核准後，即由美援項下撥款購運來臺。其在本省內已有出產者，則應由承受美援的機關自行籌款購備。尤其是關於增加設備所需之土木工程，如建造廠房，修築道路等，必須自行設法舉辦，以期與美援相配合。

承受美援的機關大都是公營事業。臺灣的公營事業承第二次大戰疲敝之餘，其所接收的各項設備，在戰時已年久失修，或遭受盟機轟炸，損燬至爲慘重。自卅四年八月十五日日本宣佈投降之日起至十月二十五日我國受降之日止，有三個多月的「眞空」期間，管理鬆懈，强梁掠奪，各項設備上器材之散失爲數不貲。光復之初，政府派赴各事業機關之檢查委員及監理委員，人手不敷，仍多有顧此失彼之處。其後雖按事業之性質裁併改組，成爲現在的事業單位，其章程中亦有資本總額之規定，但大多數均係以舊有的設備作價抵充，甚少有以現金繳付的。各事業單位除固定資產外，流通運用的資金，均付闕如。在開辦初期，曾向銀行借款以資週轉，但政府當局爲防止通貨膨脹起見，採取緊縮政策，每不能滿足借款人的要求，所以各公營事業之流動資金，總是深感支絀。近數年來，幸得主持人之不斷努力，慘澹經營，各事業略有盈餘；但除繳交公庫外，仍須添置不可或缺的裝備，絕少有餘裕的資金。到了承受美援時，對於應在省內採購之器材及應行添辦的土木工程，實在無力應付，在此種情形之下，爲了配合美援從根本上改善經濟建設起見，在金融上必須排除萬難，予各事業以贊助。此次臺灣電力公司獲得美援興建天冷立霧等工程，需用鉅額新臺幣；臺灣銀行承受其所發之公司債，總額九千五百萬元，即其一例。

美援之屬於「購貨計劃」者，按其貨品之種類及其配售之方式，有次列之區別：

一、美援肥料整批交於臺灣省糧食局，分發各地農會，配售與農民。除小部份換回稻谷外，大部份都是賒帳。臺灣耕地面積狹小，又多狂風急流，土壤多被沖刷流失，亟須使用肥料，維持地力，以提高單位面積之收穫量。本省人口激增，軍糧民食，均仰賴於農產。美援肥料，有助於農業生產之增加，實爲美援重要工作之一。照美援配售貨品之規定，美援肥料須照成本作價，存入在臺灣銀行設立之專戶。此專戶內之帳款，照規定仍用之於臺灣；例如中國農村復興委員會爲改善農村經濟所需之款項，即可由此帳戶內支用。因此美援肥料，不特可以幫助農業生產之增加，其所得之帳款加以運用，更可謀農業經濟建設之改進，以伸展美援之功效，法意至爲良美。

臺灣省糧食局於收妥美援肥料之後，照約即須繳款存入在臺灣銀行所設立的專戶。但糧食局並無儲款可繳；因爲糧食局將肥料轉配與農民時，大部份是賒帳，未能立即獲得現款，須俟農民有餘裕的稻谷時，再換收稻谷。另一小部份係即時換回稻谷；但換得之稻谷，須加工礱米，轉配作公教糧或撥供軍糧，其收回價款，需要相當長的時期。糧食局之餘糧曾有一部份運銷國外以接濟日本及南韓糧食之不足，其自產地加工包裝，運抵港口，再自港口裝船，輸往交貨地點，驗貨付款，亦需數個月之時間。在此期間內，這筆肥料價款，勢須由銀行墊借。此在臺灣銀行放款帳上，糧食局肥料專戶經常有鉅額的借方數字，乃須實際動支的款額，因爲這個專戶內之帳款，除供上述改進農業經濟之用外，財政當局並須指作中央在臺物資處理所得，賴以輔助財政預算收支之平衡。故關於美援肥料之推行，臺灣的金融實負有極重大的任務。

二、美援棉花係逕交與在臺之各紡織廠。先以花換紗，再以紗換布，所訂之條款，對各廠頗爲優惠。臺灣的布廠，除各大紗廠附設布機及數所較大之布廠外，民間的小廠約有九十餘家，對於民生經濟，所關甚鉅。至於臺灣的紗廠，現已有紡錘五萬餘枚，不久的將來，可增至八萬枚乃至十萬枚，是爲臺灣近年來工業上之一大成就。各紡織廠所需的原料，如由各廠自行購備，則需用大宗資金，且臺灣不產棉花，購棉的資金須以外匯結付，金融上必不堪負荷。幸得有美援的棉花，不特對於我們的衣着消費上予以補助，藉以抑平紗布市價；且可扶持紡織工業之發展，眞是一舉數得！在光復以前，因日本紡織工業發達，祗以臺灣爲其銷貨市場，故臺灣僅有少數的紡織工廠；較大者概爲臺灣工礦公司所接收，現改爲該公司的紡織部。現有大紡織工廠如大秦，雍興，中紡，申一，華南及臺北紡織廠等，都是新近開辦的。各廠的主持人大都經驗豐富資力雄厚。所有機器設備，有的是自大陸折遷來臺，有的是早在外國購妥改運來臺。在連年顚沛遷播之中，不避艱險，來臺設廠，已屬難能可貴；遷臺之後，擇廠址，建廠房，裝置機件，訓練工人，在在需用鉅款，雖曰資力雄厚，仍不得不向銀行融通資金，以利週轉。否則工廠開辦不成，或者縱能辦成，須曠廢時日，雖有美援棉花，我方亦無法接受。故臺灣銀行，各商業銀行及中央信託局等金融機關，對於本省的紡織工業皆有相當數額的貸款，此亦臺灣的金融對於美援所遂行的任務。

三、美援大荳係交由臺灣省物資調節委員會除以一小部份配售各地作爲豆腐之原料外，大部份轉配於各搾油廠代爲搾油。其用意與以棉花交與紡織廠代爲紡紗略同，其功效則更進一步。因大豆搾油後所得之豆餅，連同美援運購之荳餅，均交與臺灣省政府農林廳轉發各地農會配售農民，大部份作爲家畜飼料，與糧食局實施之「養猪計劃」相配合。照此程序推行，美援大荳第一可以充實食油存量以抑平油價，第二輔助搾油工業之活躍，第三增加猪肉產量以抑平肉價，第四還可以增加廐肥以補本省肥料之不足。其功效得有長足的伸展。在此程序中，金融業所負擔之任務，除由合作金庫及土地銀行對農民貸款外，厥爲荳餅價款之收匯。臺省近年來對於稅收雖大有改進，但經收稅款者每有揩不清繳之陋習，各地農會對於承購美援荳餅，間亦難免有類此情事。故金融業者應協助美援之推行，設法迅速收款。收得之款，並應從速匯到臺北。匯款之手續，力求簡便，匯款之費用，尤須減免。臺灣銀行前經美援聯席會洽議，對於各地農會滙繳荳餅價款，免收各項費用，已自上年實行。又各銀行與美援機關在金融往來之業務上，應格外提高工作效率，並與經辦業務之友邦人士，保持友善的聯繫，以期互相了解，合作無間。

臺灣的金融對於美援所應遂行的任務，除上述各點外，尚有最重要之一點，即保持金融之穩定是也。美援之主要目標，是在於幫助我國的經濟建設。積極的經濟建設，必須以金融相當穩定爲條件。在金融不穩定的狀態下，貨幣貶值，物價飛漲，社會紊亂，如欲從事經濟建設，無異於「把房子蓋在沙土上」。我們爲了承受美援，必須致力於金融之穩定。進一步言之，有了美援而後金融就會愈趨穩定。此二者是相輔而成，相得益彰的。

（上接第一八頁）

（一）就島國的政治上說，我們認爲「菲化案」的通過，固然足以達到排華的目的，但爲菲律賓的前途及建國的遠景着想是禍是福，實値得具有遠大眼光而深沉的政治家熟思細慮，我們極坦率地奉告菲國國會議員先生，今日菲律賓最現實亦最切要的問題，應該是怎樣去求設法解決經濟困難，並祈求社會的安定，而不是斤斤於無謂空洞的排外想法，天下事損人未必即利己，而這些排外的措施實不能解決島國當前的嚴重問題。鑑於歷屆國會議員的作風，不是迎合島民偏執的排外心理，徒唱高調，便是藉排外法案，脅迫外僑─事實只有華僑，造成歷年來「政治竹槓」的要例。在一個新興的民主國家，政治風度爲最足珍貴的政治資本，失去了民主政治風度，放棄謀國的遠大眼光，其所招致的後果，必然是無法補償的；再說一個立法者除了權力之外，還應瞭解對自己所代表的人民和對國家未來的前途的責任，這就是政治家與政客的分野，我們甚希望參議院議員先生對此案予以愼重審議。

（二）菲島今日經濟問題，貝爾代表團的報告書已詳爲論述，並列舉種種珍貴的改革意見，且亦爲目前菲政府當局所採納，貝爾氏對於華僑經濟事業的意見想亦爲當局所重視。島國在西班牙統治時代，一切經濟開發胥賴華僑胼手胝足，始有今日的基礎，數百年來菲律賓的繁榮，華僑是一個最重要的因素，排斥華僑必將招致菲島的衰落，此爲菲島經濟界政治家所一致公認的事實。今後的問題是怎樣互助合作，瞭解聯繫，共謀發展，而絕不是驅除排斥華僑。

（三）當前菲島政治上亦即社會上最嚴重的問題，是蘇俄帝國主義領導下的「虎克」黨的叛亂和社會的不安定，在政府以全力進行剿共的時期，社會安定實爲無形的武力之一，「菲化案」實施的後果無異增加島國的困擾，我們說這句話斷非危言聳聽。許多不可想像的騷亂，大都是短視的政治家或無知的政客與無能的政府所製造出來的，騷亂是一種結果，而不是原因。

（四）國際局勢目前雖然動盪不安，就亞洲的前途着眼，未來亞洲的永久和平與發展，必需有一種安定的力量，而這種安定的力量祇有自由的民主的中華民國壯大起來，成爲亞洲各民族的中心，始有可能。在日本沒有失敗以前，左右亞洲的局勢不是西方國家，而是中日兩大民族，可惜日本走上帝國主義的途路而毀滅了自己；而中國多年來遭受赤禍的侵擾。但是自由中國目前雖然處境甚爲艱危，但是始終認爲扶助亞洲弱小民族爲職志的。

三十八年七月中國國民黨蔣總裁訪菲與季里諾總統發表聯合聲明稱：「余等均認爲中菲兩國之關係應予以加强，並應由兩國政府立即採取切實步驟，以加强中菲經濟互助與文化合作。」中菲兩大領袖的明智聲明，言猶在耳，而島國的議員先生竟熟視無睹，重彈排華老調，爲菲國的前途着想，吾人願請其政治領袖衡量當前遠東大局，把眼光往遠一步的地方看。

中共對大陸天主教會的陰謀

沈 若 望

（一）最早的發動

去年七月底，大陸上的基督教人士首先發起自治、自養、自傳的全國革新運動，據中共中央人民政府政務院文教委員會陸定一在今年一月二十日宣布，全國基督教徒在革新宣傳上簽名的已有九萬人。（在第三期時事手冊中說是六千人；在去年十二月二十九日郭沫若某一報告(見後)中說是二萬六千以上。）去年十月十八日，在上海舉行的中華全國基督教協會第十四屆年會：一致通過決議擁護基督教革新宣言，號召全國基督教徒以最大決心實現自治、自養、自傳的目標。這篇宣言，以「中國基督教在中國建設中努力的途徑」爲題。去年九月由吳耀宗領首署名發表。

天主教方面，據中共發出的消息，以川北廣元天主教徒在去年十一月發表自立革新運動宣言爲最早，領首的是「王良佐先生」。

按去年十一月二十三日，新華社即發出一篇很重要的文字，題爲「對于天主教基督教問題應有的認識。」由各日報轉載，其中有幾個具體問題；最後說：在土改地區，教堂內外的一切活動，都以暫時停止爲宜。(大意)這就是說：在土改地區，教內不許再有信教的活動；對外不許再有傳教的活動；這兩個對內對外的禁令，無異剝盡了信仰自由。自從那篇文字出現後，大家已感覺到暴風雨的來臨就在眼前了。

果然，十二月十五日，北京人民日報第一頁，就刊載四川廣元縣五百餘名天主教徒在司鐸領導下，簽名宣言和一切帝國主義斷絕往來，確立自治、自養、自傳的自立的新教會的消息。

從去年十二月十五日以後，中共報上不斷地登載來自各方的這些天主教自立革新運動的類似消息。

在一月八日，人民日報又發表一篇社論，題爲「歡迎天主教人士的愛國運動」。這篇文字揭示了中共官方對于革新運動和對于宗教問題的看法。自然，教會方面也立刻於一月十五日由一位署名「××」的寫了一篇「關於三自問題」，普遍發給全教會，我們在香港可以看到。但接着在一月十六日，中共報上又有一篇文章，題爲「建立革新自立的新天主教會」，他們宣稱三自運動是反對帝國主義的愛國運動，教會和教皇是帝國主義的工具，甚至誣稱教會和教皇是帝國主義集團的主要分子。就在同一天，教會方面也由某先生署名發表了「給衆位弟兄的一封信」，以爲答辯，並指出中共的陰謀。

（二）中共傳出的教會革新運動

從今年起，類似的消息更多了。

一月十二日新華社的重慶消息，據說一月八日北京人民日報的社論「歡迎天主教人士的愛國運動」，給重慶市天主教徒以極大的鼓勵。重慶天主教區代理主教石明亮已號召所屬二十六縣三萬餘天主教徒更積極地參加中國天主教徒的自立革新運動。主教公署主任秘書劉宗漁亦發表談話，最重要的一點，是教區的教務會議已經改組，外國主教和神父不再參加教務會議。若瑟堂陳光普司鐸，則說發起革新宣言的重慶天主教徒已經決定，今後將拒絕帝國主義國家派來的外籍主教。重慶市慈母山修院司鐸王孝慈表示要以積極推行革新運動的實際行動來割斷與美帝的關係。最後，新華社說：參加這一革新運動而簽字的已有一千零二十五人。

接着，一月十四日的新華社天津電，說天津市天主教革新運動促進會籌備會於十三日發表宣言，座談會是十一日舉行的。在十二日一天內在宣言簽名的已有八百人。在這宣言上，並聲明「我們熱愛地擁護與響應川北廣元、重慶、綏遠、南昌、武漢、九江、岳池等地神父及教友們的號召，力求短期內自立革新。」

十六日新華社張家口電，說該處天主教人士在十四日舉行抗美援朝，保家衛國示威遊行大會，並發表宣言。同日新華社瀘州電，說十三日天主教神父二十一人發表自立革新宣言。

十九日新華社北京電，稱開封市基督教、天主教各教會團體、學校、醫院等三十八個單位，四千餘人，於十七日舉行抗美援朝愛國示威遊行大會。

二十日新華社北京電，說中央人民政府政務院文教委員會，於十七日下午邀請華北區天主教人士舉行茶話會，文教委員會副主任馬叙倫致開會詞，副主任陸定一發表談話，最後周恩來「總理」說：「基督和天主教的自治、自養、自傳是能够實現的，凡依靠人家而不靠自力更生的決不能自强，凡自立者才有前途。中國的天主教徒是有能力辦好自己的教的。」馬叙倫在結束會議時宣佈，政務院文教委員會已設立宗教事務處，由何戒湘、徐盈分任處長副處長。

同日新華社杭州電，說杭州天主教愛國教徒于本月十七日聯名發表革新宣言，號召浙江省與杭州市的天主教徒熱烈響應天主教革新運動，宣言署名者二十六人。

二十一日人民日報第四版登載了一篇極度毀謗教皇的文字，題爲「梵蒂岡帝國主義的工具。」

二十三日，人民日報又載川北廣元天主堂答覆教友的詢問，有這一段：「我們豎起了自立革新的旗幟，正式宣佈中國教會屬於中國教友。我們工作分爲三個方面：一、自治：以堂爲單位，成立堂務會，由教友與神父合作，擔任組織，宣教及財經等工作。二、自養：有專職人員從事勞動生產，加上教友們的奉獻，做爲經濟來源。三、自傳：提倡政治學習，對於原有的崇拜與經課暫維原狀。我們的宗旨是要使教會在宗教上回到教會的本位，在政治上堅決站在人民的立場。至於進一步的原則，是需要全國有過半的教區普遍深入地響應後共同來商定的。」

（三）　革新運動的眞相

大陸天主教會，處境雖很險惡，但直到今日止，仍在艱苦奮鬪。教廷駐華的公使黎培理，因爲對中國政府，他是公使，但對教會，他又是教廷代表，有監督全國教會，傳達教廷命令，報告教會情形等職務，所以大陸淪陷後，他仍留南京，同時因南京總主教于斌的出走，他又兼了南京主教的職務；中共人民政府，當然沒有當外交官看他，據說，他的行動也相當受限制。

但今日大陸教會的一切重要活動，仍由他在發號施令，當然是無疑的。這此外，則有一個設立在某地的全國教務協進會，直到最近還有刊物出版。這些刊物偶爾也可以經由香港，而傳到自由中國，並可以窺知中共對教會的態度，以及教會的應付等等。

香港，這一個華洋雜處，五花八門的英國殖民地，中共壓迫天主教的言論，在這裡也可以看到一些。天主教在此有一份中文週刊，名「公教報」；還有一份英文週刊，名 Sunday Examiner．又有一以數國文字發表的月刊，名 China Missionary Bulletin。

盡我們的可能，我們搜到了大陸天主教會中樞，對于上述各項消息的一切聲明，現亦轉錄於後：

在一月十五日發表的「關於三自問題」一文中說：「除了報載以外，迄今我們還沒有得自天主教教會方面的報告。」

在一月十六日發表的「給衆信弟兄的一封信」上說：「直至目前爲止，我們沒有收到那些參加簽字運動的神父或教友們的坦白的直接信件。……報紙上所發表的事實是否十分可信，各人可以自己去判斷。顯然地這是一種廣大的宣傳運動，目的要使公教信徒也發生作用。」

三月十一日香港出版的「公教報」，揭穿了中共所宣布，全國天主教中最早發動三自運動的川北廣元「王良佐先生」，是廣元的神父，但教會已證實「該項事件，是一位教友，未曾徵得王良佐神父同意，竟把他的名字寫在宣言上面。」公教報又說：「最近共產黨報紙公佈有一位未提名的神父，在各宗教團體前途問題討論會上，贊成獨立教會運動。現經查明這位神父是一位堅强反對以基督教獨立運動作標準的獨立運動，宣言服從教廷。」

三月二十五日公教報，又登載天津神父教友因反對中共所提倡的三自運動，而被在「反革命活動」的罪名下，遭受逮捕的消息。據稱天津張思温神父，在妨礙天主教徒「抗美愛國運動」指責下，確已被監禁。因自中共政府鼓勵「自立教會」運動，遂有人擅將張神父之名，列入宣言，並刊登報上，實則此項宣言乃張神父之同族名張敬者所撰擬而散發，他是一個親共叛教的教徒。二月中，張神父公開宣稱彼未簽署此項宣言，遂立遭逮捕。

關於各地教友或神父簽名於若干宣言一事，下面第五節將有說明。

（四）　大陸天主教會的嚴正表示

針對中共的陰謀，天主教會方面出了一本小册子。我們暫時不宣布這本小册子的書名和作者，但是我可聲明這本小册子，實在不是一本私人著作，而代表了教會的主張和命令。所以是很重要的文件。

小册子也有三十幾頁，三萬多字。在緒言中，告訴教友，耶穌怎樣「奠定了與世常存而不得分裂的教會。」第一節論天主教教會的普遍性與統一性，對內部提出警告說：「在教會的歷史上，曾經有過不少的信徒、主教、司鐸、自作主張，或者受旁人的支持，而把自己從教會整個的生命的洪流截斷，以爲自己可以營獨立的生活，結果他們都成了裂教徒。」然後又鼓勵教友說：「在歷史上，……我們不知道有過多少熱烈和純潔而眞實信仰的教友，主教和神父們，犧牲了他們所有的一切，受了各種暴虐的苦刑，傾流了他們的鮮血，來保存他們與耶穌在世的代表教宗間的結合。……他們爲保持教會的一體，犧牲他們的生命，獲得了殉教的光榮。」

下面是說明天主教會的性質，它是超國家，超民族，超國際，超文化形態的，也是超階級的，超政治，超政權，超制度的；所以「天主教信徒，除了良心上負有極大的責任，來實現他本國本民族現實制度所標的公共福利外，只能以公民資格，準信仰的原理，標出一種政治的理想，從事政治上的活動；但他是以公民的資格，而不能以教會的名義。」從以上原則，推演出來的結論，是「教會與政治主張無關」，「任何政權，不能因爲天主教信徒中，有執着反對的政見或反對的政治活動，因而便以爲這是整個教會的態度，而對於教會採取不諒解和不利的立場。在另一方面，任何政權，也絕不應該因爲對於教會有主觀的偏見及一個已經決定了的主觀立場，便懷疑教會的信徒或者教會的負責人，有反對政治的意見或反對政治的活動，發生誤解，採取措施。」這裡，很顯明，是指于斌總主教諸人的作風，應該由他們個人以公民資格擔負好與不好的責任，而與教會無關。因爲周恩來在一月十七日僞文教委員會招待華北天主教當局時，曾公開指責「于斌之流」。

小冊子的第二節論「天主教教會的組織與開展」，特別指出教皇的領袖地位，教皇無政治偏向，所以羅馬教皇絕對不屬於某政治集團，有不利於某方面的政治行爲；這一節裡透露了共產黨和他們同路人的看法，即「天主教徒，就其爲信徒而言，受信條的束縛，不能與教皇脫離，以宗教的立場，可以五體投地的崇拜；但另一方面，他們却認爲教皇也是政治權力，有他的政治偏向，信徒以政治的立場，應該與教皇和梵蒂岡脫離。」作者認爲教皇的人格是不容許這樣分裂的。他也揭出歷史上，如東羅馬和神聖羅馬的日耳曼皇帝們，法國的拿破崙和二十世紀初年的法蘭西運動，以及獨裁的希特勒等等，都曾想破壞教會的統一，創造獨立或所謂革新教會，其主要手段是截斷教會，由上而下的垂直組織，而只容許許多單位互不相關而並存的橫面的組織。這正是中共現在已採用的破壞天主教會最惡毒的方法。作者又說傳道的人與國籍無關，說教會不受外國任何直接或間接的津貼。

小冊子第三節談「中國天主教會的三自問題」，說中國天主教久已執行自傳自養自治三原則。其中有一段是斥責中共的。他說：「現在流行的自傳自養自治三原則，純粹是從政治觀點出發，它是天主教教會以外的力量出來主張、支持、發動的。……從政治觀點出發的自傳，便是驅逐一切天主教教會的外國教士，以爲他們犯極重大的帝國主義的嫌疑。……自養便是中國天主教教會，不應該接受世界上天主教教會全體所給與的捐助。……自治便是把中國天主教教會各教區與全體的天主教會脫離，尤其是與羅馬教皇脫離。……換句話說：只讓中國天主教教會有橫面的組織，而不容有垂直的組織。」

這一番話，可以說把中共的陰謀完全揭破了。

一篇由×××署名的「關於天主教基督教問題應有的認識」，也在二月份出版的某教會刊物中出來了，牠告訴教徒：

天主教會決不越出信仰與道德的範圍，而干涉政治。

對一切政治活動，教友須以公民身份，自已負責；對於意義不清的活動，自當鄭重考慮。

對於三自運動，他說：「凡受教外的驅使，而非自動的三自，必非眞正的三自。」

（五）中共陰謀的重點

自傳自養的問題都不大，自治的含義却可以發生很可怕的解釋，前引小冊子的作者列舉如下：

一、將愛國的運動與宗教教會內部自治的問題，不應該聯繫而聯繫起來；使宗教徒受着不愛國的不名譽頭銜。

二、將帝國主義、間諜、特務、反動等不名譽的名辭，以宗教的名義，加於天主教會某些分子身上，使教友視聽不正，自已內部產生破裂分解的痕迹，而互相仇視鬬爭。

三、使教會信徒等承認他與任何政權和色彩所沒有過的關係，削弱天主教教會純潔無染的光輝。

四、使天主教會各團體，受外來的限制，彼此互不相屬，破壞教會本身的統一。

五、因此誤解羅馬教皇是帝國主義，而强迫教友簽名於反對帝國主義，脫離帝國主義的幾種宣言，於是即等於命令教友與羅馬教皇脫離，而在天主教教會以外的力量援助之下，成立所謂自治教會，或國家教會。

天主教會對於這種陰謀，當然是恐懼而不安的，所以說：「假如這幾種解釋的可能性比較大而可靠，眞是摧毀教會的根本，像一九四四——四五年一般，波蘭、烏克蘭、羅馬尼亞等國的羅馬東正教，（與羅馬教廷有聯繫的東正教）因着教會以外的勢力慫恿，組織獨立教會，脫離羅馬教皇，離去一統的天主教教會。在這種情形中，教會已經不是「自傳」天主教，而是「自創」天主教，那已經是變了質的天主教，不是天主教了。

大陸上的教會當局，因此便向有些教友提出警告：

「請你們自已追究，我們所讀到的你們簽署的宣言，聲明，是否眞和你們簽署的內容相符？是否人們將你們簽署的內容加以更改而發表的？是否借着你們另一個機會開會，用利你們報到的名字，而公布一個完全不相干的東西？」

「你們在拿出你們的簽字簿以前，你們是否眞地了解這種運動能引起的嚴重結果？」

中共的獨立教會運動，原是抄襲外國的。三月二十五日「公教報」的頭條標題，即是「國立教會企圖，此路現已不通。」是轉引紐約時報的消息，據說：「捷克共黨控制下的政府，宗教部部長有意效法英皇恩利第八，創造一個不屬於羅馬教皇領導的教會，可是，教友已加以拒絕。」那消息並提到第一次大戰後的德國胡西 Hussite 教會運動；法國所謂亞森德運動；俾斯麥倡導的「老教友」運動；奧國的絡鳳龍 Los Vom Rom 運動；波蘭的瑪亞利衞派運動和民族運動，最後統歸失敗。

（六）中共消滅教會的決心

在所謂人民政治協商會議共同綱領的第二條上說：「中華人民共和國人

（下轉第六頁）

馬克思歷史哲學批判

胡 原 道

馬克思的歷史哲學，可以分成三部分來認識。第一部分是社會基礎論。第二部分是社會結構論。第三部分是社會發展論。下面我們分別加以說明和批判。

一、馬克思社會基礎論的錯誤

馬克思論到社會基礎的時候，常持下列兩個觀點；一是肯定生產關係就是社會關係，例如「生產關係的總和，構成我們所稱爲社會諸關係。」（見馬克思著「僱傭勞動與資本」）又「既定的個人依照着既定的方法在生產上活動着的，即是締結着這既定的社會與政治的諸關係」，（見馬克思著德意志意識形態）近代蘇俄唯物史觀學者M，米丁氏也這樣說過：「我們可以把生產關係的總和，歷史上特定的生產關係體系叫做社會。因爲這個總和是社會本質是社會的基礎」。（見米丁著唯物辯證法辭典），另一觀點是，以生產關係爲社會存在變動的基礎，就是說「唯物史觀從下述的原則出發，即生產及生產後生產品的交換是任何社會制度的基礎。」（見恩格斯著反杜林論）又：「因生產而互相結合起來的一群人的總體叫做社會，社會所以發生發展的出發點是生產。」（米丁著「唯物辯證法辭典」）「蘇聯百科全書」中也這樣說明着：「人們物質生活的生產和再生產的過程，就是社會的基礎」。依照第一個觀點他們把生產關係與社會關係等同起來了。依照第二個觀點他們抹殺了脫離了自然條件和其他社會條件，以社會的部分現象爲社會全體實質了。以下我們進一步來說明這些道理。

我們認爲生產關係是社會關係的一部分。根據人類的生存要求社會關係可以分爲三種：第一是根據保障生命的安全與自由及統一治理社會公務的需要所形成的，人與人互相約制互相保障的組織關係，就是一般所稱的政治關係。第二是根據人類物質生活的需要所形成的經濟關係。第三是根據人類精神生活需要所形成的文化關係。經濟關係是社會關係的一部分，生產關係又是經濟關係的一部分，所以生產關係是社會關係的一部分。把生產關係與社會關係等同起來，很明顯的就是以部分爲全體了。

我們認爲自然條件和集體生存的人群才是社會存在發展的基礎。生產關係是人類社會發展到一定階段的產物，不是先有生產制度而後才有社會的。在人類茹毛飲血直接取用於自然的時代，人類還沒有建立分工合作改造物質形態，提高物質效用的生產制度，但是人類已經有了他們的社會。此就歷史條件而言，以生產關係爲社會基礎的觀點，是顯然的錯誤。生產關係不過是人類取用自然改造自然過程。生產關係是人類生存活動及自然條件的表象，集體生存的人群爲了獲取物質生活才形成了生產關係。不是生產關係產生了人類的集體生活一社會。因此自然條件與集體生存的人群才是社會的基礎。關於這個道理，馬克思也曾見到過。他曾這樣說過：「人類歷史的第一前提，自然是生命的人的個體之存在，第一項可確立的事實不消說是這些個人的肉體的組織和他們由之而被賦與的對於其他的自然關係。：一切的歷史記載必然由這自然的基礎與其在歷史之進行中，由人類之行動而生的變異而出發。」（見馬克思著「德意志意識形態」），在這段話中馬克思很鮮明的把握了下列三個觀點；（一）承認生命的存在安全及活動自由爲第一前提，比物質生活更重要。（二）承認自然條件是社會基礎，（三）承認人類求生存的行動是推動歷史的基本動力。這三個觀點是很正確的。可惜他未能繼續堅持和普遍推廣這些觀點。在他後半生專心致力於經濟學的研究時，他便鑽進狹隘的抽象的生產關係中去，再也不能以清醒的頭腦，看看這廣闊的社會現象的領域了。

二、馬克思社會結構論的錯誤

馬克思的社會結構論，有兩個基本觀點：（一）社會的結構是以經濟結構爲下層基礎，以政治、法律、宗教、道德、科學、藝術爲上層建築的。（二）社會下層結構的變動，決定上層建築的變動。馬克思曾說：「在自己生活的社會生產中，人們加入一定的，必需的，與他們意志無關的關係——生產關係——這些生產關係的總和組成社會的經濟結構，法律及政治的上層建築的眞實基礎。物質生活的生產方法一般的規定着社會的政治的精神的過程。：隨着經濟基礎的變化，或遲或速的發生着整個巨大的上層建築的變革。」底下我們針對上述觀點加以分析和批判。

第一、我們認爲經濟結構只是社會結構的一部分，依照社會生存的要求，社會結構有三大部分：（一）政治結構（二）經濟結構，（三）文化結構。馬克思只看到人類的物質生活，沒有看到比物質生活更重要的生命的安全與自由以及物質生活更有價值的精神生活，因此他只認有經濟結構，而抹殺了政治結構和文化結構。爲了把這個意義更加深切了解起見，我們可以把政治，經濟，文化三種結構的性質分別加以說明如左；

1. 政治結構

政治結構是社會的基本結構，它是人與人互相隸屬互相約制的組織。這種組織關係是人類爲謀求生命的安全與自由及統一管理社會的必要形成的。因爲政治組織是普遍性的社會組織，所以在社會中生活的每個人必然的參加着一定的政治結構，就是必然的被規定在政治組織之中。此處所謂每個人必須參加一定的政治結構，不是說人人必須從事政治活動或政治職業。而是說政治組織是全社會性的，因此雖然不是政治職業者也必須參加一定的政治關係。例如某甲住在中國某省某市，他的職業是商人，他並不是從事政治職業的人，但他底確參加着一定的政治結構。爲甚麼呢？第一他是中國國民，國民對國家依法要盡一定的義務，同時可以享一定的權利。同時他是某省某州的省民市民因此他對省政府市政府也有一定的權利義務關係。所有這些權利義務的關係，就都是政治關係。他雖然不是政治職業者，但是他也必須參與着這些政治關係和活動，也就是參加着一定的政治結構。這就是政治組織的普遍性。所以政治組織是社會的基本組織。

2. 經濟結構

經濟結構就是人類爲了獲取物質生活資料而形成的人與人互相依存的組織關係，因爲社會中每個人都必須經常要取得一定的生活資料，所以每人必然參加着一定的經濟結構。也就是每個人必須參加一定的分配，消費的關係。但是我們不能說「每個人必然的參加着一定生產關係（馬克思語）。」因爲生產結構不需要人人來參加的，由於社會的分工和進化，許多非生產的勞動已經成爲社會生存所必需了。例如會計師，科學家，教師，醫生等的勞動都是。因此生產結構是一部分人參加的，也就是農人和產業工人才必要參加的，至於社會的其他成員儘可以不必參加。這些成員雖然沒有必要去參加生產結構，但是他們必須參加一定的分配和消費的結構。就此點而言，我們也可以說在社會生活中，每個人都必然也參加着一定的經濟結構。而我們此處所說的經濟結構與馬克思所說的單指生產關係的經濟結構，其意義顯然不同。

3. 文化結構

在社會生活中的人們，都過着一定的文化生活，但並非每個人經常的參與着一定的文化結構。所謂文化生活：第一是習求知識，創造知識的生活，如學者的研究著述，一般人的學校生活，及自修學習的生活等；第二是倫理道德的生治，信仰宗教的生活；第三是欣賞藝術，創造藝術，與有關藝術事業之生活，及各種康樂生活，如觀劇看電影，及畫家，文學家，雕刻家，戲劇家，音樂家，運動家的創造生活與表演生活等都是。所謂文化結構，是說，爲提高普及有關以上各種生活的有形的組織，如國家的教育文化機構，社會上的宗教團體，文化團體等皆是。因爲人有精神生活的要求，所以每個人都過着一定的文化生活，但是每個人都未必經常的參加着一定的文化結構。

綜觀以上，我們說明了社會生存要求在性質上分爲生命的安全與自由，物質生活，精神生活三類，因而在社會結構上有政治，經濟文化三種結構。因爲政治結構直接對人身有約制的關係，又因爲它是一種權力組織，所以它是社會的核心結構，基本結構，它統治着經濟結構與文化結構。因此政治結構合理與否關乎全面的社會生存條件，其影響最大。此一重要性，在唯物史觀中是一直被掩蔽着的。今天共產黨人，以解決人類物質生活爲號召，實行極權政治瘋狂的在殺戮和蹂躪人類的生命，桎梏和摧殘人類的精神生活。正是以馬克思這種錯誤理論爲依據的。

第二、馬克思因爲把社會的內容認錯了，所以把社會的結構形態也認錯了。我們認爲馬克思只片面的看到了經濟結構的變動，影響政治法律等的變動。沒有看到甚至抹殺政治，文化的變動，影響經濟變動的事實。他不知道政治、經濟、文化三結構形態是統一的社會形態，並不是獨立存在的三個形態。在實際存在上是整一無法分割的，在作用上是互相依賴的，在發展上是同時並進交流影響的。沒有絕對的主從，上下，先後之分。並不是某一形態爲下層基礎，主動的發展變化，其餘爲上層建築的形態，被動的跟着變化。僅不過在統一的發展過程中，有時發生了某一形態的突出現象，以此突出的形態爲基點，去觀察對其他形態的影響較爲明顯，而其他形態對突出形態的影響，往往容易被隱蔽起來，此一突出的形態，便成爲該階段歷史的主導形態了。例如文藝復興在十六，十七世紀的歐洲，對該階段歷史發展的巨大影響。文藝復興本是一個文化運動，但是它的影響不止於文學，藝術科學，實際上由於人本主義思想的復興，而影響到民族國家的建立民主政治以及自由經濟制度的形成和發展。這就是文化形態在社會發展過程中的突出現象，成爲社會發展主導形態的例子。反之，經濟形態，政治形態在社會發展過程中亦有突出現象，成爲某一階段歷史發展的主導形態，如法國大革命以來民主制度對近代經濟與文化的影響，如俄國十月革命以來社會主義對政治與文化的影響，也都是很明顯的。馬克思謬將社會結構機械的分成兩部分，以經濟結構爲下層基礎，以政治與文化形態爲上層建築，以下層基礎的變化決定上層建築的變化，這裡證明了這種觀點是完全不合客觀事實的，不過是一種主觀的偏見而已。

三、馬克思社會發展論的錯誤

馬克思的社會發展論，有兩個基本觀點；(一)社會生產力與生產關係的矛盾是社會發展的基本法則。(二)由生產力與生產關係的矛盾，隨此必然演成的階級鬭爭與社會革命是社會發展的基本動力。底下我們來分析和批判上述兩個觀點；

一、馬克思生產力與生產關係矛盾的學說，即關於社會發展法則的學說，又分爲兩個要點；第一他認爲「生產力發展到一定階段，就要與既有的生產關係發生矛盾。」生產力與生產關係的矛盾，是由於生產力的變化，而生產力的變化，是由於生產工具的變化。第二社會生產關係的發展，是與「人類意志無關」的客觀發展，人類是沒有絲毫選擇自由的。以下我們分別來討論這兩個要點。

1.有許多學者，把唯物史觀叫做經濟史觀。未免把唯物史觀的範圍放得太寬了。因爲經濟史應以人類社會全部的經濟生活，經濟活動和經濟制度爲內容的，應該包括生產分配．消費全部的關係和過程。而唯物史觀把社會的經濟結構縮爲生產關係，再縮爲生產力，最後只歸結爲生產工具。所以唯物史觀可以名爲生產工具發展史觀。以生產工具的發展解釋社會發展，所遭遇到無法克服的困難有兩點，一是在理論上就必然陷於生產工具的機械宿命論，試問「生產工具」能够自行變動自行發展麼？這最好以歷史唯物論者自己的話回答「生產工具的發展與改進是由與生產有關的人來實現的」。(見史太林著歷史唯物論一文）由此證明，生產工具是不能自動發展的，生產工具是人的創造物，人所以要創製改進生產工具是爲了增進本身的物質生活。生產工具是人類生存的手段，是被推動被改變着的東西，另一方面在事實上生產工具發展史觀也要到處碰釘子，歷史證明生產工具的改變不一定會決定社會制度的根本改變，按照馬克思說「風車建立了封建社會，蒸汽機建設了資本主義社會」。可是在美國從獨立開國到現在的過程中，生產工具已經有了四次變革，即由手工業經過蒸汽機工業，電氣工業，現在正走向原子能工業了，在這四個階段中美國的社會制度並沒有被翻改過一次，也沒有發生四次階級革命。此一客觀事實便粉碎了，埋葬了，生產工具決定論。

2.在客觀物質條件未成熟的階段，即舊社會內部尚未孕育出來產生新社會的物質條件，生產力與生產關係的矛盾及由此所引發的社會革命是不可能發生的。如馬克思所說「在自己生活的社會生產中，人們加入一定與他們意志無關的生產關係」。「在全部生產力還沒有突破他所容許的充分發展領域前，任何社會形式是不會死亡的，在舊社會胸懷內，還沒有形成他的存在底物質條件前，新的更高的生產關係是永遠不會出現的」。以上這一觀點，已經被蘇聯十月革命的一段事實打得粉碎。按照唯物史觀原則來說，英國是工業最發達，無產勞動階級數目最多，資本主義制度確立最早，生產力與生產關係的矛盾最顯著，階級的對立和鬪爭最嚴重，可以說產生新社會的物質條件最先成熟的國家。因此流血的階級革命自然應該首先在英國發生。社會主義的社會制度自然應該首先在英國出現。但不幸得很，英國自馬克斯時代起至今天止並未發生流血的階級革命。而相反的在工業落後停留在農業的封建社會階段的俄國，(當時俄國全國的工人只三百餘萬)流血的階級革命竟捷足先登了。急性子的列寧，並沒有等待客觀物質條件的成熟，也沒有遵守這個機械的公式，因此他大唱革命「能動」論。並且不待世界主義革命條件的成熟，而實行了「一國建設社會主義」，據他們自己說：且已獲得了成功。這些事實都在證明與人類意志無關的生產關係，只能於唯物史觀中存在，於實際社會中並不存在。生產關係不但與人類意志有關，並且人類的意志還可以改造生產關係。

第二、肯定階級鬪爭是社會發生的基本動力，反言之，沒有階級鬪爭社會就沒有發展。他在共產黨宣言中說：「一切過去的歷史都是階級鬪爭史」又「歷史的推動力不是批評而是革命」，關於這個觀點，自恩格斯起已經開始懷疑了。馬克思死後在一八八三年恩格斯在共產黨宣言德文版序言中在「整個歷史是階級鬪爭史」一句話的下面加括弧註釋着「自從原始公社瓦解以來」一句話。已經承認在原始公社以前的社會沒有階級鬪爭。馬克思也曾暗示過，唯有在生產手段公有的社會中，「社會進化才不會有政治革命」這一句話經常爲布爾雪維克理論家所引據，來說明在他們自稱社會主義社會中消滅了階級，消滅了階級鬪爭，因此便不需要，便不再發生階級鬪爭和流血革命了。

1.唯物史觀論者在這裡陷入一個無法解決的矛盾，他們既說階級革命鬪爭是社會發展的基本動力。又說原始公社以前的及社會主義制度以後的社會沒有階級鬪爭，我們都知道人類社會的歷史決不等於從原始公社到社會主義制度的過程。這一段過程僅是人類社會歷史過程中極短的一個階段。我們都知道在原始公社制度以前，及在社會主義制度以後的社會，也絕不是停止發展，停止進化的社會。唯物史觀既然說在原始公社制度以前及社會主義制度以後的社會，沒有階級鬪爭，那麼就等於說在原始公社制度以前及社會主義制度以後的社會是停止發展停止進化的社會了。因爲照他們的說法階級鬪爭是社會發展的基本動力，沒有階級鬪爭的社會自然就沒有發展的基本動力，社會的發展和進化自然也就成爲不可能了。假如說原始公社制度以前及社會主義制度以後的社會，也是發展進化的，那麼顯然的，社會發展動力便不是階級鬪爭，顯然的另有「動力」在推動社會發展。因此唯物史觀以階級鬪爭爲社會發展的基本動力的理論，便不能成立。

2.從馬列主義全部理論來看，社會主義社會中「沒有階級鬪爭的說法，顯然是自相矛盾的。馬克思明明在說「生產力發生至一定階段就要與既有的生產關係發生矛盾」。馬列主義者一致認爲這是「社會發展的基本法則」史大林明明在說「假如世界是在不斷的運動與發展中，假如舊的死亡新的生長，是發展的規律，那麼很明白的，沒有甚麼不可動搖的社會制度」(見聯共黨史簡明教程）社會制度怎樣來動搖來死亡呢？自然是流血的階級革命了。既是這樣，那麼社會主義社會制度爲什麼就不動搖不死亡了呢？難道世界變成「不運動不發展」的世界了嗎？照唯物辨證法來說「對立鬪爭是永恆的絕對的」(列寧語)是不是，到了社會主義社會，唯物辨證法就宣告死刑了呢；唯物史觀將永遠無法解決這些矛盾，相反的，這些矛盾解決了唯物史觀。

如何邁入民主政治的坦途

吳大宇

一

中國今天應該實行民主政治，該是任何人不會加以否定吧。不僅執政的國民黨歷來的和現階段的主張，莫不以促進民權爲努力以赴之鵠的，就是社會各方面，見之於報章雜誌者，亦大都揭櫫民主政治與反共抗俄的工作同其重要，列爲大家共同致力的目標。

而且，中國也可說是已經實行了民主政治。他不僅有了一部民主的憲法，且今日的政府，已是依據此一憲法而產生的政府，誰還能否認說他不是民主的國家呢。

然而，執政黨還在說，如何促進民主政治（國民黨卅九年九月一日改造後所發表現階段政治主張裡第三個主張爲完成三民主義的民主政體），在野黨亦一再强調實行民主政治的主張，其他社會各方面，亦都如此這般的呼籲，（見於各種討論雜誌）這似乎又在說，中國如何實行民主政治，尚有待於大家一致的繼續努力。

因此，這顯然是大家一致的結論：事實上今日的中國，民主政體尚不算完成，距較理想而完全的民主政治，似還有一段相當長遠的途程。雖說是已經有了一部民主的憲法，以及依據此一憲法而產生的民主政府。

二

大家都在這樣異口同聲的主張吶喊，自然不是無病呻吟。誠然，我們今天縱不能說，我們的國家，還沒有實行民主政治，但至少我們可以說，還是剛剛走上民主的路，而且往前進行還相當遲緩。

何以故？顯然的，民主政制的建立，不是一個簡單而計日可成的問題。雖然，在今天的世界上，還不能說有完全民主政治的國家；但是，凡可稱爲民主的國家的，其由來亦自非一朝一夕之故。就民主政治的潮流說，從思想、機會、到理論與實踐，是有一個長遠的歷程，從他的淵源歷史及其演進到現代的歷程來看，遠溯到希臘城市國家起，一直到美國的獨立，法國的大革命，英國政治的蛻變，以這現代各國民主政治及其精神的演進，他的範疇是在不斷的，有意無意的被擴展增厚與充實光輝。——從選舉權的擴大到國會職權的擴大，從特殊階段到全民階級，從政治平等到經濟平等，從政治制度到人們生活方式，從各個國家到整個世界，就這樣廣泛而深入的發展與進步。在這一連串演進的史實中，至少使我們認識了兩個問題：第一民主政治的演進，是長久歲月的積累，點點滴滴的滙聚，而逐漸成長發展的。第二，民主政治的內涵，是變動不居，隨着人類的需求與智慧而日益豐富其內容的。

因此之故，這啓示了我們，不僅在政治體制上，徒具備民主政治的形式，還不能即認爲已實行了民主政治，而且必須在意識觀念上，風度習慣上，政治作風上，培養出很自然的充沛洋溢着這種民主的精神。在此種精神孕育之下，然後才廣泛的表現出生氣蓬勃活力充沛的民主社會，而這種氣氛——生氣與活力，永恒的在滋長彌漫，成爲一切進步的動力。這是民主政治的極樂世界，亦爲他必有的歸趨。

三

由上所述，我們不應否認，我們對於民主政治，確還是在學習時期，也用不着自卑，這種比較新鮮的事物，對我們原是相當陌生的。主要的還是如何在此時期，打下好的基礎，方能邁入民主的坦途。就今天政治上諸種跡象說，我以爲，在現在這一部憲法規範之下，大家應多從倡導培養的工夫着手。這並不是說現在還要有一套由上而下的過去曾經做過「訓政」的說法，而是說，政府、政黨、社會各方面，大家一致以言論行動來共同做民主政治的培養灌漑的工夫。今天最值得慶幸樂觀的，不僅國際的情勢，將導致我們走上民主的大道。而國內的情況，亦沒有人否認說我們不應有民主政治，更沒有所謂特權階級來阻碍民主政治的推行。相反的，朝野上下無不異口同聲說要徹底實行民主政治。問題只是在於一些觀念上有點不同的看法而已。

基於此一認識，在這一氣氛之下，我來提供一些如何獲致民主途徑一點技術上的作法的意見，希望能够引起大家的注意與研討。

我想，這個共同的責任，擬分爲政府，政黨，社會三個部份來說的。在此之前，有一個基本前提，便是要大家都具有開誠布公虛懷若谷的共同的精神。具有此種共同的精神，則可以減却由於觀念的歧異上所可能發生的阻力。能開誠布公，自已有什麼就說什麼，能虛懷若谷，人家說什麼，自已就能聽什麼。一個人能這樣的誠懇坦白的讓意見自由出入的話，那末，許許多多的問題，就會從這樣自然的意見流露中來獲致解決的。我這樣說並不是意味着目前大家還不能够開誠布公與虛懷若谷，只不過是感覺到這種誠懇坦白的精神有時還不免有意無意中被一種形式主義或官僚意識所影響而不够普遍而已。

以下讓我來分別提出我的意見。

一、政府方面

第一、國家的事乃衆人的事，讓衆人多有貢獻意見的機會，這並不是說現在沒有這種機會，立法院監察院國大代表各級民意代表亦都在依法說話，各種報章雜誌亦都能相當的言所欲言。我的意思，希望政府能給人們一種可以無拘束的有貢獻意見機會的自然印象或氣氛。這是培養民主的重要條件，也是使衆人對國事關心的最要途徑。經過他們自己參加過的意見或政令，更必然爲他們所願意努力奉行的。當民衆漠不關心或有敵意時，即最聰明的政策也不易成功的。穆勒說，『情感的糧食是行動，讓一人在他的國內一無所爲，他將對他的國事毫不關心』。的是名言，智慧產生於公開的討論，自由的研究，以及其傳播交流。這是民主國家能够進步的主因。而在今天反共抗俄聲中，尤爲發動力量，集中力量的重要途徑。（實行民主與反共抗俄有其不可分性。因非本文範圍，故略而不論）。

第二、政府的措施應注意建立民信：政府在人民間的信用，在大陸失敗前後，已有慘痛的證明。今天，重建民信收拾民心，殆爲首要。我以爲當前必須注意者，政府任何作爲，凡不爲人民所信賴者必須慎重考慮，毋使再失信於人民。反之，却設法在任何一件措施上，盡量建立民信，雖至微末之事，亦不讓人民對政府有任何懷疑或失望之處。政府的信用和權威，是建立在人人了解人人信賴的情緒上，而無法建立在人人懷疑或人人沉默的漠視的情緒上。爲了使人民了解與信賴，一面是需要政府自身之不再失信於人民，同時，還須將政府的措施，不斷的向人民發布，說明，以取得其了解與支持。

第三、政府的措施應培養相信制度的習慣：建立制度是建國立國的基礎。也就是法治的基礎。制度已立，重要的就是大家要尊重此一制度，而表現在一切作爲上，都要使人知道只有從制度上求表現，求解答，才是正當的途徑。自然，我們都應該尊重這風雨飄搖中舵手的正確的把舵，但是却更應該在這舵師領導之下，各部門的分工與專責，形成一個分層負責的制度。然後在這個制度之下，各盡所能，各稱其事，這船始能順利向前推進。否則，相信制度的觀念不能樹立，則把智慧與心機消耗在揣摩人與人的關係上，此爲心力浪費的無可補償的損失，這不僅減削各人對事業上的努力而已。

第四、政府人員應有接受批評的雅量：能虛心接受正反方面的批評，這不僅使自己的作爲，可以獲得衡量其正確與否之機會，同時，還能容積來自各方的智慧，成功爲自己的智慧。否則一切既自以爲是矣，無人能得而非之，則將永遠錮蔽於「自視甚高」「自鳴得意」的自大的境界中而莫由自拔，一個人如到了這種境況，那是很可悲的。而國家的損失也就更大了。

第五、政府的作爲都希望事先能考慮到所可能發生的他對於民主政制的影響。這在開始走向民治的國家尤爲重要。在近代歷史上，歐美若干國家開國初期的一些政治家們，如何爲他們的國家，在憲政、民治的規模上，都想法開創一些好的事例，而成功爲今日他們國家的優良傳統。這種史實至今是爲人所稱道的。總統蔣先生常常說的「以吾人數十年必死之生命，爲國家立億萬年不朽之根基，」我想亦都是着眼於這些上面的。

第六、政府幕僚人員的境界問題：這裡所謂幕僚人員，是指今日重要首長詡贊之士。他們大都是有學問有能力的人，在政府作風與決策上，他們具有相當決定性的影響。因此，我提出中國古老的說法，本着上致君下澤民之義，希望他們從『致』的工夫上，多發生一點現代化政治的影響。

二、政黨方面

今日中國的政黨，在中國民主第一線上，自然也是佔着重要的地位。如何領導做倡導培養——改變觀念培養習慣——的工夫，各政黨的做法、說法，關係都很大，尤以執政黨爲然。因此，我以爲各政黨：

第一、應從各種選擧工作上表現模範作用。

第二、應從言論文字上發生教育的作用。

第三、摒除偏狹與偏見，在輔導或監督政府的工作上，領導健全而正確的輿論。

第四、應廣泛的從事培養民主的素質與氣氛的工作：我認爲這是各政黨今日最重要的任務。這是促進民主政治的基本工作，也是文化的任務，相反的，自然是要注意避免反民主的素質與氣氛的無形無意的流露傳播。

第五、在政黨一般的活動上，發揚公平競賽的精神。

三、社會各方面

這裡所說的社會各方面，主要的是指文化教育這一方面的人士和工商業者。（這裡自然也包括各級民意代表）因此，希望他們：

第一、正視現實，有以天下爲己任的懷抱與熱情，研討當前現實所發生的若干重大的問題。從這裡所產生出來的意見，往往在社會上發生領導作用的，對政府發生決定影響。以往有的人盲目的阿諛逢時，有的人無知的漫罵叫囂，有的人超然的沉默漠視，我以爲這些現象，都是民主社會的敵人。作爲社會的中堅階層，應該大家來共同減少這些現象。「自由中國」近來所倡導的，「大家來」的說法，是富有深刻的意義的。

第二、民主制度乃是一種生活方式，上述的，亦可稱爲社會賢達之士，隨時隨地，一言一行，都應從這裡誘發出這一種生活方式來，起一種傳佈示範作用。

以上所擧，所責望於政府者尤多。一般說來，所謂民主與不民主的問題，其對象自然是政府。好在今日的政府的目的，今日的政府人員所致力的，都是要如何眞正的做到徹底的民主政治。問題只在於方法的如何。這裡所提供的，亦屬卑之無甚高論，不過，各方面假使均已能達到上述的標準，則中國即可認爲已然達成相當理想的民主社會。所以，說似平凡，做却不易。只要大家有了這個趨向，而且同意這個趨向，不約而同的從各個不同的方面，循着這個趨向，在這一憲法軌範之下，各盡所能，做一點，算一點，有了相當時日的積累滙緊，自然養成功一種習慣、風度與政風，則多年的渴望的政治改革，也必然會在此氣氛陶鎔下，無形中早已獲得進步與改善。而反共抗俄的力量，更因此磅礴蘊蓄，所發者大，促使勝利日早臨，終將導致中國的復興。

菲律賓華僑與「菲化案」

——零售商菲化案的透視——

吳春熙

太平洋反共聯盟的醞釀，如春雲乍展，已逐漸開朗，今後中菲兩國的關係正待加强之際，菲律賓國會突又繼「零售商菲化案」之後提出「教育菲化案」，「西藥商菲化案」，一波未平一波又起，這一連串的排外措施，表面上似乎是菲國內政上的所謂「興革」，對一般外僑普遍而發的一種苛例，然而，現有旅居菲島的外僑，以華僑佔絕大多數，雖無正確的統計，其人數當在二十萬左右。此外雖有美國，西班牙，印度及其他國家的僑民，但為數甚少，根據美菲商務協定，美僑得不受拘束，則上述所謂「菲化案」，無疑的，純係針對華僑而發。

菲律賓自一九四六年七月四日獨立以後，在這短短的五年當中，先後於一九四六及一九四八年提出「勞工菲化案」；同年又提「菜市攤販菲化案」；一九四七年及一九四九年提出「西藥商菲化案」；一九四七及一九四八年提出「木業菲化案」；一九四八年提出「强制僑商疏散案」；此外幾年來島國歷屆國會尚有其他不利華僑的種種法案：諸如「餐舘旅店菲化案」，「醫師及工程師等自由職業菲化案」，「米業菲化案」，「商店菲籍雇員擢升優先權案」等，實不勝枚舉。

上述種種排斥華僑的所謂「菲化」法案歷年來屢經我國外交當局依據中菲友好條約及旅菲華僑領袖運用國民外交竭力交涉，排華風潮雖漸見緩和，但均未獲得具體解決辦法，懸案纍纍，野火春風，此後波瀾尚多。鑑於菲人排華心理日益滋長，歷年國會若干政客，便利用國民此種偏執心理，提出種種不利華僑的苛例，藉以博取國民的擁戴，一方面對內既可以表示愛國，他方面又可利用議員地位從事不光明的企圖，夤緣變化，處處想造成不利華僑的環境，使其無法立足，而達到排華的目的，復以年來祖國正遭遇艱危，外交實力均不足恃，遂造成今日島國特別濃厚的排華空氣。

在當前島國的內政以及未來建國的遠景着眼，這種排華的措施，不論從中菲兩大民族的關係史上說，或未來亞洲的互相合作，共同發展的前途上說，都是一件極可遺憾的事，而補償這個遺憾，則有賴於當前菲國政治家的遠大眼光與睿智的舉措。

從歷屆國會所提出的種種「菲化案」，衡量它的利害得失，則以「零售商菲化案」為最嚴重。該案於本年一月卅一日在菲律賓衆議院以六十八比零票三讀通過，提請參議院審議，如經通過並由總統簽署，即成正式法案。此案曾於去年第二屆國會例會中提出，並經二讀通過，後來一度因案件遺失，而引起國會檢舉，及清查等風波，至去年第四屆特別會議時，勞工小組再提出討論，現該案已正式列入衆議院第一二四一號法案，程序上需移請參議院審議，雖然尚未正式成為法案，但鑑於歷屆國會對不利華僑法案一貫作風，前途風險定多。

零售商菲化案全文計六章，規定較歷次菲化案為嚴密，中央社自馬尼拉發出的電報，各報均有登載，玆抄錄全文如下：

(一)零售商業之定義，謂係指經常直接發售貨物商品與日常用品予大衆者，但下列之商人則例外：

一、廠家，改造者，勞働者，或工人將其製產品售予大衆者。

二、農人將其產品售予大衆者。

三、合法入口商將其所輸入之貨品售予大衆者。

四、合作社。

五、某一人其為一經法律授權其可經營零售商之公司而有一固定之薪水者。

(二)凡外僑商人或外商資本超過百分之四十之公司，於本案通過之三年後，不得繼續經營零售業且於本案通過後，將不得再發營業執照予新設立之外僑零售商。

(三)在本案通過之三年後，政府發給營業執照予菲零售商時，應調查該菲零售商是否實為菲人所經營者。

(四)凡任何違犯本案者將處以二年至十年之監禁，若犯者為外僑應立即予以遣配出境。

(五)本案不得違犯美菲兩國一九四六年七月四日之商業協定。

(六)本案批准後立即生效。

全案條文細細分析起來，每項規定均處處針對排除華僑而發：

1. 該案所指零售商範圍已包括所有華僑經營的「菜市攤販」或稱「菜仔店」(Sari Sari) 和雜貨店，而這種零售商店不論通都大邑以至窮鄉僻壤，或山頂州府（即首都以外各省市）幾乎十九操於華僑手中。

2. 該案規定三年以後，外僑不得繼續經營零售商業，且於本案通過後，不再發給營業執照予新設立之外僑零售商，今後華僑固然無法經營小本商業，即現有一萬餘家的零售商店在三年內，亦將全歸淘汰。

3. 以前菜市菲化案提出時不少華僑經營此業的，因來菲已久，甚多與菲女結婚，或結交菲人，不難利用菲婦或菲籍戚友前往登記領照，甚或雇用較爲忠實的菲人當經理或與菲商合夥，利用菲人的身份取得營業執照，而逃避該案的硬性限制，此次該案規定嚴密，「發給菲零售商時，先行調查該菲零售商是否實爲菲人所經營者」，照這樣嚴格的規定，華僑連取巧求存的機會都沒有了。

4. 對於違犯本案的外僑其處分一律遣配出國，這在任何民主國家對待友好國家的僑民並沒有如此之苛酷的。我們眞不明瞭菲國會議員對中菲友好條約的精神，是否於提案時會經考慮到。

5. 根據美菲一九四六年七月四日商業協定，本案不適用於美僑，這固然是菲律賓對美國的特種關係，而事實上旅菲美僑爲數無多，所經營之商業大都係進出口頭盤商　經營零售商者可以說少之又少，即使沒有特別提起，就讓所有外僑同受此法案的限制，也不至於防害美菲友好關係。

零售商菲化案既爲針對華僑而發，其對於華僑前途的影響若何，極値我們細加研究，並應由祖國外交當局及當地僑領妥求對策，努力交涉。

三

旅菲華僑投資菲國，據菲政府商務局發表統計，達二億三千餘萬披索（peso），其中投資商業者即達七千萬，其餘爲不動產三八、七五〇・〇〇〇，銀行金融二八、四〇〇・〇〇〇，工業二五、五〇〇・〇〇〇，農業一二〇・〇〇〇礦業七、〇〇〇・〇〇〇，林業八、三〇〇・〇〇〇，其他約五〇・〇〇〇・〇〇〇商業投資七千萬中有二四、六五七・五五九披索爲零售商。又據商務調查局統計菲島零售商的情形如下：（單位披索）

國籍	店數	投資額	貿易額	百份比
華僑	七、五四八	二四、六五七・五五九	五七、九三九・二二三	六五・九五
菲人	六三、六〇七	二三、七二六・三六〇	二七、三七八・四一五	三一・一七
其他外僑	二八七	一、五四三・二一七	二、五三四・六七三	二・八八
共計	七一、四四二	四九、九二七・一三六	八七、八五二・三一〇	一〇〇

上項統計乾菓商，百貨店，魚商，青菓店及其他小本買賣未計入在內，據中華總商會統計全菲零售商總數七二、〇〇三，內菲商五六、七五八，華僑一三、七五八，其他外僑一、四八七，這個數字較爲可靠，因爲菲政府商務調查局的統計除乾菓店等未計入外，將華僑使用菲律賓名的一律計入菲商數內，菲商資本額多數爲資本在五百披索以下者。

自上列統計看起來，菲國零售商業，雖然華僑店數遠不如菲人，但投資額及貿易額則遠超過菲商，而分佈的地域至爲普遍，即窮鄉僻壤亦有華僑經營的雜貨店。原來菲國地處熱帶，島民天性多懶，經營此業的必須能耐勞吃苦，黎明即須開店應市，一天操勞至午夜尙難獲安息的時間，這種勞苦的行業，絕非菲人或歐美人士所能勝任，因此零售商業多數操於華僑手中，難怪菲人十分嫉視，隨時隨地都想予以打擊。

此次國會衆議院三讀通過「零售商菲化案」，實威脅全菲華僑的生存問題，表面上似僅爲排除零售商，實則皮之不存，毛將焉附，其他各業均受影響，豈能漠然視之。

全菲華僑經營的零售商一三、七五八家，平均每家可維持五六人生活，倘被取締淘汰，直接受生活威脅的華僑即有八萬餘人，一旦失去謀生依據，一時轉業又不容易，其嚴重情形實無法想像。

零售商如受取締，則華僑所經營的入口商，因失去零售商的支撐，自然也不待取締，而同歸於盡，菲島商場頭盤進口商大多操諸資本雄厚的美商，華僑經營的僅是自頭盤商整批購進，零星批發與華僑零售商，俗稱二盤商，此外聯帶受影響的尙有華僑其他商工業，這無異置全體華僑於絕境。

前已述及歷年國會所提種種「菲化案」，目前雖暫時擱置，倘若「零售商菲化案」被通過，無異是野火餘燼中的一陣春風，其他各案勢必一一舊調重彈，是以此風一開華僑前途實不堪設想。

依據中菲友好條約（中華民國三十六年四月十八日簽字同年十月廿四日互換批准並生效）第六條末段：「締約此方之國民得在彼方領土全境內在與任何第三國國民同樣條件之下依照彼方之憲法法律規章享有……經營貿易及其他和平合法事業之權利」。又依據菲律賓憲法人權法案第一節「任何人將不被否認在法律上的平等保護地位」的規定。「零售商菲化案」顯然違背條約之精神。已往旅華的菲僑在中國各大城市從事舞場樂師業的甚多，國民政府或中國音樂師從未考慮要「樂師中國化」問題。

四

現該案正由我駐菲大使館循外交途徑與菲政府交涉中，旅菲僑胞領袖運用國民外交努力疏解，目前切要的莫過全體僑胞的團結與合作，倘能使菲人瞭解華僑的處境，從而謀求根本的解決，未始不可化險爲夷，而對於島國國會議員先生以及政府負責任的政治家，吾人亦願就當前中菲兩大民族的處境及未來的關係聊貢一得之見。（下轉第八頁）

自由中國通訊

意共內幕

羅馬通訊・三月二日

王薇

一、意大利共產黨力圖滲入正規軍

意大利共產黨自大戰結束以後便力圖滲入正規軍。大戰結束時意大利的許多游擊隊在他們各自的將領指揮之下被併入正規軍，共產黨便利用這機會開始滲入，許多人都承認，在今日的意大利，法西斯主義的魔影又隱約可見，這對於民主是一個可怕的威脅。然而，意大利還有一個暗伏的危機，就是意大利政府中的一些軍事要職可能是被共產黨所佔據。

意大利當局有鑒於此，現正藉各地警察的幫助極力使招募的新軍與軍中的共產黨隔離，使他們不致受共產黨的沾染。但是，許多共產黨却表現得紀律嚴明訓練良好，因而人們的眼光被迷惑了。在這種情形之下，隔離的工作是有許多困難的。

共產黨一面利用各種手段滲入正規軍，一面又向士兵們展開了廣大的宣傳。菲那那（Ferrara）是意大利的一個軍事訓練要地。共產黨在那裏便開設了一個舞廳，利用嬌媚的菲那那姑娘迷惑那些士兵。

在軍營中時常發現一些共產黨印的宣傳品。例如，當意大利的軍隊在去年準備向索馬利蘭(Somaliland)出發的時候，在他們之中便流佈着一些傳單，勸他們不要去索馬利蘭，並且還流傳着一些暗淡的圖畫，描繪他們在非洲將要遭到的慘狀。又如在去年四月，在科摩（Como）的軍營中也發現了一些傳單，這些傳單是向士兵們宣傳不要爲這個「壞政府」或是「英美帝國主義者」而戰。

共產黨對於拉攏下士官和陸軍技術人員尤其不遺餘力。意大利爲了要遵守和平條約，其陸軍必須實行大規模的裁軍，這對於正規軍的下士官是一個最嚴重的打擊。差不多有兩萬多下士被列於後備軍中。通貨膨脹使他們的積蓄完全耗盡，政府的諾言又往往不能兌現。這一切便引起了這一般人對政府的怨恨。共產黨深知下士官就是軍中的主幹，於是便乘機利誘他們，將他們組織起來，並且慫恿他們在議會中提出抗議。

共產黨又大規模地訓練年青的共產黨員，以便從事無線電和其他的電訊工作向軍民宣傳。現在，共產黨已經滲入無線電，電報和電話各組織中。此外，共產黨自已也設立了一個無線電網，黨中央可和各地的共黨支部通消息，同時並可和莫斯科以及設在索非亞的共產黨中央黨部通消息。

二、意大利共產黨的經濟

一般人都相信意大利共產黨的預算比意大利任何其他政黨的預算還要大，甚至於比基督教民主黨還大。共產黨對於各種宣傳工作尤其是揮金如土。幾乎每一天，全國各處都有各種不同的共產黨新標語出現。

共產黨開支的眞實數目和蘇聯的預算一樣秘密。共收入的主要來源如下：（一）黨員所繳的黨費，（二）特別捐獻運動。共產黨甚至於不恥以各種虛假的藉口來搾取他們的信徒和同情他們的人的錢財。去年春天，共產黨發動了一個全國性的捐獻運動，其藉口是救濟在莫底那（Modena）因遊行而死亡的五個工人的家屬。結果共捐得了一千八百萬里拉。但是，實際上只有二百萬里拉到達了死亡者家屬的手中，其餘的錢全被各種共產黨的組織瓜分了。共產黨雖因此而騙取了大量的金錢，但是，共產黨却從此失掉了莫的那人民的信心。

共產黨還可藉其他的辦法而刮取錢財：

（一） 許多工業家秘密或公開地津貼共產黨。共產黨因此而增加的收入年達數百萬之多。

（二） 意大利與鐵幕國家的貿易完全由共產黨所控制的公司所壟斷。意共由此也可增加大量歲收。

（三） 狄托的軍隊在特里亞斯特（Trieste）區域以及前屬南斯拉夫地區中曾沒收大量意大利貨幣。其中有一部份便落入了意大利共產黨的手中。

此外，共產黨於一九四五年春天曾在墨索里尼的最後巢穴奪取了大量的金銀財寶，並且，在戰爭結束時，法西斯勞工工會的許多動產都被共產黨佔據。譬如在羅馬的共產黨和社會黨的報紙現在所佔有的一家最大最現代化的印刷廠，便是以前的法西斯工商銀行聯盟所經營的。

照理而言，這印刷廠應該是意大利政府的財產，然而，意政府並未採取任何行動將這印刷廠收回。共產黨甚至於不付房租和一切設備的租金。因爲意政府唯恐任何行動將引起騷亂和罷工等現象。他們對於共產黨的態度是「不要惹他」。

意大利共產黨在外表上所表現的比資本主義者更其虛靡奢華。譬如，聳立在羅馬市區中心的共產黨黨部便是一所大理石的大廈，其富麗堂皇儼如一座王宮。門口並停着一排排的最新式的漂亮小汽車，光耀奪目。意大利共產黨的書記長托格尼亞狄（Palmiro Togliatti）自從一九四八年七月遭人暗殺未遂之後，便住在這所大廈的最高一層樓上。

三、意大利共產黨真正的控制者

組成意大利共產黨核心的人數與全體意大利共產黨員的比例是一與十之比。其核心約有二十萬人，全是歷盡憂患最堅定的共產黨員。這的確是一個可怕的數字。俄國革命時，布爾希維克黨人才只有六萬人。意大利共產黨的核心人物大部是法西斯時代的游擊隊，此外便是從青年和勞工中吸收進來的。

對於外界，意大利共產黨的領袖是托格尼亞狄，但實際撐握大權的却是賽其亞（Pietro Secchia）。以托格尼亞狄的背景和氣質而論，他堪任一個政黨的領袖；但賽其亞是一個有訓練的陰謀家，因此他更適合做一個陰謀政黨的領袖。托格尼亞狄的外表十分溫爾文雅；賽其亞一眼看去就是一個陰謀者的模樣，瘦削而面帶菜色。

在法西斯時代，托格尼亞狄是以一個共產國際要員的資格住在莫斯科，而賽其亞當時只不過是非法的意大利共產黨的一名黨員，奔命於羅馬與巴黎之間。一九三〇年，他在瑞士被捕，被判有期徒刑十八年，後又被放逐一個島上。盟軍登陸以後，他才被釋放，當時他已被幽禁了十四年。

托格尼亞狄的生活比較平穩舒適，他愛好文學常喜歡以拉丁格言來點綴他的文章和演說。在他險遭暗殺以前，他的生活十分自由，常常一個人單身出外蹓躂，購物或在小食店中盡興地吃一頓。

但是，史達林嚴厲地通電意大利共產黨，責備他們「未能保護托格尼亞狄同志」。自此以後，托格尼亞狄再也不能享有這種自由了。

現在，他住在羅馬共產黨部的最高一層樓上，保護他的衞隊寸步不離他左右。自從在東歐的許多昔日的共產國際同僚被莫斯科整肅之後，想必他為革命而犧牲的精神頗受影響，他的好朋友狄米托洛夫（Dimitrov）便是被整肅中的一個。

南斯拉夫叛黨以後，克姆林宮便採取積極的步驟防止其他任何地方的叛變。賽其亞的權力因此大增。克姆林宮對於托格尼亞狄不無懷疑。因此雖然托格尼亞狄會說一口流利的俄文，但經常與克姆林宮保持密切連繫並以克姆林宮的名義發言的不是托格尼亞狄，而是賽其亞。

共產國際的解散並未使克姆林宮與其他各地的共產黨運動失掉連繫。共產主義一直就是一個以莫斯科為中心的嚴密的世界組織。世界共產主義設在莫斯科的總部又以地區為根據而分為各局，如拉丁局（法國，意大利，西班牙和葡萄牙），北歐局，北美局等等，各局之中又設有以下各部：(一)政治部，(二)勞工部，(三)紀律部，(四)社會運動部，(五)軍事部，(六)幹部訓練部(七)民衆組織部，(八)婦女與青年部。每一局中的各部與其他各局中的相對各部有直接接觸，並且與蘇維埃共產黨的有關部門也有直接連繫。

這些以區域為根據而劃分的各局都設於莫斯科，此外，又設有各分局，是以國家為單位而劃分的，直接受以上各局的管轄。這些分局不設在蘇聯，也不設在各有關國家中，而設在某鄰國。因此，在狄托叛變以前，意大利分局便設在南斯拉夫的琉布臘那（Ljubljana），現已移至保加利亞的索非亞。

賽其亞便是由此意大利分局而接受指示和命令，只有他才有權力將這些命令和指示傳達給意大利共產黨中央委員會。他並有權直接發佈命令給意大利各地的共黨組織。

因此在意大利共產黨的組織中並列着兩個系統；一是托格尼亞狄系統，一是賽其亞系統。前者只是形式上的，後者才握有實權。凡是屬於賽其亞的人都是在組織中沒有正式官階却握有眞正權力的人，這些人散佈在黨的每一層次之中。

四、意大利共產黨的沒落

意大利共產黨本來是以一個獨立而合法的反對政黨的姿態出現，企圖藉控制議會的手段而取得政權。假若意大利共產黨不受莫斯科的控制，而是一個自主自立的意大利政黨，那麼他們在意大利或可得勢。但，事實上，意大利共產黨所表現的只不過是蘇俄的附庸而已，完全違反意大利人民的自由意志。因此，自從一九四八年議會選舉以後，意大利共產黨便失去了公開的政治力量。

一九四七年秋，羅馬市舉行選舉。托格尼亞狄極力向人民表示意大利共產黨是一個愛國的政黨完全不受外力的影響和控制。共產黨在這次選舉中已處於有利地位，極有成功的可能。可是，就在投票的前夕，意大利共產黨接到了成立東歐共產國際（Cominform）的決議和日丹諾夫（Andrei Zhdanov）的一篇演講詞，這篇演講詞明言宣稱莫斯科與其他各國的共產黨(包括意大利共產黨)在組織上是不可分離的，托格尼亞狄極力要將這些文件拖延到選舉之後再發表，但他所得到的命令是絕對要將這些文件立刻在共產黨的黨報 L' Unita 中發表。這個行動使共產黨在這次選舉中失掉了許多成功的機會。

一九四八年春意大利議會選舉時，莫斯科又命令意大利共產黨必須主張特里亞斯特（Trieste）自由領土轉讓給南斯拉夫。這是有傷意大利人民的民族意識的。共產黨因此更大失人心。

捷克斯拉夫的共產黨政變對於意大利共產黨運動是一個致命的打擊。意大利共產黨一直為「民主的」捷克斯拉夫而宣傳，捷克斯拉夫就是「共產主義與民主可以並立」的一個好例子。但是，捷克斯拉夫外長馬薩里克（Jan Masaryk）（下轉第三十三頁）

淮南山區義旗處處

蚌埠通訊・三月廿日

——祇在此山中，雲深不知處！——

曼青

在南京和蕪湖間的長江北岸，地當蚌埠以南，合肥以東，正是津浦路南段和淮南路全線所劃出的一片三角地帶：包括皖東滁縣、嘉山，定遠、全椒、和合肥東部。在這些縣際接壤的地方，峰巒起伏，結成一個連綿不斷的山區；其中有名的大山，有八石山，陡山，劉李山，老嘉山，小横山、樊山、牛頭山、黃甫山、孤山、花山等，其他不出名的小山，更不計其數。宋代歐陽修寫醉翁亭記。一開首便是「環滁皆山也」，可見這個地區的山脈形勢。

對日抗戰期間，在山區的內外曾是國軍新四軍日本軍，和民軍更番角逐的場所。後來新四軍在皖南叛變以後，陳毅曾利用這個地區。掩護他率領一支殘兵敗將，從江南逃到江北，繼續稱兵作亂。便在這個時間，淮上人民已開始嘗過了當時中共所賞賜的暴政。

卅八年是中共竊奪政權陰謀成功的一年，於是這些爲人民深惡的匪類，重新以新貴的姿態，耀武揚威的光臨到這個地區；皖東淮上的人民對共產黨的作風過去是領教過的，「解放」以後新貴們的殘忍面目，愈益顯露，給人民帶來的只有奴役，窮困、恐怖、和迫害；人總是有求生與求自由的本能的，在生存與自由遭到威脅的時候，他們起來反抗了。

反共救國軍的誕生

當卅八年秋，江南已經變色，大別山裏有一個反共英雄牛秀生，聽到了同胞兄弟五人，已有四人被定遠「人民政府」以「匪特」帽子，置諸死地以後，他便抱定了復仇的決心，在大別山號召了三十幾個志同道合的忠難朋友，回鄉起義。八月間，他們僞裝商人，間道潛入定遠鄉間；秘密打聽反共意志堅強的朋友，潛往會商，而於正在受苦受難的地方士紳，則專誠慰問，告以所謀，求其贊助。不一月，所有舊日的義俠朋友和地方領袖，經過了幾度會商以後，便結合成一個意志堅强的反共團體了！

在這個團體裏，有國軍離散官兵，也有匿居山地的鄉鎭武力；有地方公正士紳，也有講究義俠的江湖好漢；有從事文教工作的智識份子，也有闖出校門的男女青年；有工人，有農民，也有商人，更有出身大工廠的技術人員：他們都在「支前」，「勞軍」，「鬪爭」，「清算」以及「頑固」，「匪嫌」，……等等威脅下，參加了這個團體；所以他們結合的中心，只有一個誓死反共的意志。由於此，便能够眞正做到有錢出錢，有力出力，有槍出槍，有糧出糧：把散在民間的潛在力量，滙成一股雄壯無比的洪流。經過了民主的決定，更正式命名爲淮南反共救國軍。

旗開得勝滿載歸

在開始的時候，他們以定遠縣某鄉壯丁隊長黃聲柱，所帶領的隊兵百餘人爲骨幹，以定遠北上爲基地，推出身黃浦久經戰場的趙××爲指揮官，牛秀生本人爲副手。幾經策劃，多方接洽，一時各地零星武力相率來歸者，蜂起雲湧。

有了這一個堅强力量做基礎，再加上地利人和，便於十月十八夜，出動了部份隊伍偷襲共軍，一舉將淮南路唯一中繼站——－蘆橋大鎭的「區政府」摧毁；「政委」當場格斃，「區長」劉某被俘，區隊一百多人槍，統統被俘。槍充實了補給，人分別遣散或留用。

這一役，是他們的處女作，雖然戰鬪的規模很小，但是旗開得勝，滿載而歸，聲勢因而愈大，忠義之士，與不堪中共迫害的人民，聞風景從者，亦因而愈多。他們的基地，便日形擴展，活動的範圍，也日益張大；過去他們還侷促在定遠一隅，現在連嘉山，滁縣，全椒，肥東，也有他們的踪跡了。弄得新貴們寢食不安，靠近山區的「鄉政府」，白天掛起招牌，呼ㄙ喚六，到了黃昏，東躱西縮，簡直有草木皆兵之概。到了後來，「區政府」索性下令山地鄉鎭，一律於晚間集中到區，以利防守。

「游擊民衆化」

統計三十九年上半年間，他們先後給中共最大的打擊，是：二月間襲擊定遠永康鎭；三月間襲擊鳳陽考山集；四月間襲擊嘉山雙河集；五月間襲擊全椒龍塘和肥東鷄鴨橋。這幾役，摧毁了鄉村政權和農會組織，截獲了不少公糧和物資；而最値得驕傲的，是在這半年中，又從敵人那裡，補充了無數的槍械彈藥。義旗所到，敵膽爲寒；而老百姓們則招待茶水，供給情報指引路線。

爲了配合作戰的需要，他們現正積極組訓民衆，反共小組。每組由幾個人到二三十人不等，組設組長副組長，下設軍事、情報、交通、反間、運輸諸班；這樣就把山區忠義之士，在不脫離生產的方式下，各就志趣，統統納入組織。再由政工人員秘密的機動的施以訓練；僅僅兩三個月，就組成數千個小組，組員已有數萬人了。

誠如當地老百姓所說：「這是一支出沒無常的神兵！」潛伏起來，無影無踪，動員起來，眞是草木皆兵。

由於他們個個是土著，有老家，有戶籍，有生產能力，有自備武器；而且大部份都是吃過糧的，對於輕武器的運用，十分純熟，對於地利人情，瞭如指掌；因此每一個小組，都自成一個戰鬬單位，能退能進，能攻能守。

中共對于這些神出鬼沒的隊伍，感到非常煩悶，曾千方百計的想消滅它，他們用滲透方式，刺探他們內部情形，不少小組被破獲捕殺而激起了他們的警覺：一面防止對方潛入；一面自發清查調整，運用幫會結義的作風，參合共黨組織的優點創造出一套新的組織方法。使每個小組的細胞，相互保證，相互監視。

戲劇性的一幕

去年十月，正是「抗美援朝」高唱入雲的時候，共軍忙於調動，這支神兵又以新姿態活躍起來了！一開始，便燒燬了淮南路十三號橋，接着又破壞了三堂寺大屋張間一段路軌；襲擊定滁公路的軍用汽車，截獲了數百多袋糧食軍服。而配合最密切，場面最驚險頗富戲劇意味的一次，是今年一月在淮河的一幕：中共有五隻民船，滿裝幾十袋「人民幣」，幾箱銀元，幾十箱軍用器材藥品，幾十梱軍用被服，搭掛在一艘班輪上，由正陽關下駛到田家庵。到了中途，便有八個化裝商人的反共小組，聲稱爲淮南路礦公司辦小麥到田家庵，搭輪上船。到了白夾，乘十二個押船的「解放」同志，集中在輪船艙面上高歌尋樂的時候，他們中間，有五個勇士，闖入艙中，將十一支步槍拿到手裏另以兩人監視艙面，一人持着密藏在貨袋中的勃朗林，迫使司機轉舵開入義河。等到「解放」同志發覺，爲時已晚；「解放軍」中有一個還佩着一支短槍，當第一顆子彈準備發出的時機，艙裏五個勇士，已經拿着傢伙跑了出來，把槍口對準他們，迫使他們俯首就逮；同船旅客乘勢響應，終於把十二個「解放」同志，綑了起來，藏到船底。假如發出一槍，給河上巡船或岸上駐軍發覺，這一驚人的傑作，便將伊於胡底，同船的人，都爲他們揑一把汗。到了太陽西下，河面上已經看不清楚的時候，八個勇士，把十二個「解放」同志，分批投入河中，任他滅頂。及至船行到義河荒僻的岸邊，一聲暗號，一百多個老百姓都出現在河岸，來迎接這艘送禮輪船和抙船了。很快地這許多鈔票、硬幣，和軍實便搬到岸上，分別運走。然後把滾熱的茶水，送到船上，請水手旅客解渴；並且照發運費，加給獎金，一聲道謝才把這艘輪船放走，讓他們駛回田家庵。等到船抵目的地，船主向當道報告遭「劫」經過，天已大亮，勇士們早已高飛遠走，勝利品早已安然運到秘密基地。由此一例，足以證明他們行動的神奇，縱使以游擊起家的中共軍，也爲之徒喚奈何。

粉碎了共軍的圍「剿」！

由是這樣不斷的事件發生，中共當局被激怒了，「皖北軍區」和「皖北行署」，下令滁縣「專署」，於今年二月間動員了兩團正規軍，十幾鄉民兵，把所有山地出入要口，包圍起來，然後再以一團地方部隊，進出「剿滅」。但到了裏面，游擊部隊，避實就虛，老百姓則搬走一空，弄得他們連吃飯喝水，都成問題。他們在山裏「剿」了一個大圈，好像是和游擊隊捉了一次大迷藏；結果，爲了老百姓不肯和他們合作，只好空手言旋。而到了大隊人馬行至滁定公路珠龍橋的時候，牛頭山上忽然跑出了幾百個神兵，給殿後一營地方部隊，一個迅雷不及掩耳的反擊！弄得他們招架不及，損失了兩挺輕機槍，十幾支步槍還少了一部份士兵。結果，「專區」加派了一團兵力，向牛頭山周圍搜索進「剿」，花了三天三夜的時光，僅和少數游擊隊遭遇了一次，等到後續部隊趕到，游擊隊又不見了。鬬士們學會了以大吃小鑽隊乘空的戰術，在此强大的壓力下，討了一點小便宜，早把鐵拳縮回到另一個山區去避風頭了。最可憐的，是山下附近的老百姓，被認爲有通「匪」嫌疑，帶走了數百人，至今下落不明。

事後，「皖北軍區」在「皖北日報」上大吹特吹，說是在强大攻勢下，股「匪」被殲數百，殘「匪」正在肅淸中。其實，天曉得，「人民」武力除了作戰傷亡外，還有不少被改編的國軍舊部，內心上對中共久已不滿，有此良機，一經呼應，便連人帶槍投進游擊行列了。這是「皖北軍區」不可告人的苦悶，報上隻字不提。

現在「滁縣專區」鑒於圍「剿」失敗的教訓，已經着重於「政治瓦解」的工作。一面調兵駐紮山道要口；一面重新調查戶口，說服民衆登記「自新」，然後施以「敎育」，迫使脫離反共組織。等到第一步完成以後再作第二步全面軍事進「剿」；可是，山區民衆，看淸中共的鬼計，很少人自投羅網。

爲了粉碎政治進「剿」的新花樣，這支眞正人民武力，已採用了新的對策；把每個大隊，進駐一個小山區，化整爲零，潛伏在民衆的隊伍裏；同時這一區的反共小組，便由這個大隊指導聯絡，務使每一個小山區的民衆，反共小組、游擊隊，融合一體，活動自如！同時還提出三個口號，——蔴雀戰鬬，兩面政權，牽牛戰術，以適應新的環境。

現在，他們的行動，眞像蔴雀，忽而集中，忽而分散，飄忽無踪。這正是：「祇在此山中，雲深不知處」！

少見多怪！

在西柏林的一位記者曾向蘇俄區的東德政府新聞處打電話。接電話的人說：「等一會再打電話來吧！」

「爲什麼呢？」

「這裏一個人也沒有。」

「人都到什麼地方去了呢？」

接電話的人回答道：「問的多愚蠢！今天是星期三。你應該早就知道，每一個星期三的早晨，每一個人都必須去受政治訓練。」

文藝

大江東去（上）

田麟

一

大江，從遠古，奔流着日月，時光又到了一個年歲的盡頭。

是霧的季節。濃重的白霧到處浸瀰着。天色雖還早，但不知道對江山那邊的太陽是否已經出來。站在江岸碼頭上，看不見江心碧澄澄的流水，也看不淸百十步的石級下面，在冬季退潮現出的沙灘那頭，連鎖着的那些大大小小的白木船。只見黑壓壓的一大片，上面許多長短不齊的桅桿，平直地伸向着曚朧的天空。這些白木船多一半已經落地下錨，打算在這埠頭過了年，等待着來春的消息；但也有些，還得在這一年的最後一天，趕上一趟辛苦的行程。

該是歡樂的日子！然而人們心頭也像浸潤了一層薄霧，昏茫茫地，沉甸甸地，使那些依照着習俗而張開的笑臉，總顯出幾分苦澀的神情。說眞的，誰不想快快活活地過它一個熱鬧年？但爲什麼——」這話不好問，問了也沒人回答，回答的也抓不着癢處。許是大家心裡頭都明白，只嘴巴上裝點兒糊塗罷了。呼吸着這種莫可奈何的沉默氣息，不定有那位耐不住性子的年輕人，在一聲長嘆裡引起了無妄之災。於是，那個對於川江水脚頗有經驗的老舵把子，會啣着根尺來長的旱煙桿，噴一口土葉子烟，拍拍那鼓起腮幫的小伙子，然後輕輕地說道——

「算了吧！哥子！天下事情有幾椿是照到你想頭的？何必做傻娃！」

不過，無論如何，這樣的早晨，這樣大年三十的早晨，這樣霧沉沉的江岸碼頭上，總還是有它的熱鬧的。那停泊在上頭江心的洋船，尖起顙子嗚嗚地嚎了兩聲。那個麻臉孩子一聲聲地叫賣着，從這船跨過那船，竹籃子裡裝的不外是冷油條、芝蔴餅、或香煙、花生糖、葵花子什麼的。那跛脚的山東老鄉肚子面前挺着一個大圓蒸籠格子，賣的是饅頭和糖三角。兩個女人隔着三條船，互相罵些難聽的話。碼頭伕子吆喝着，背的背，抬的抬，將一包包，一箱箱，一桶桶的東西，從碼頭坡子一往河下運——這些裡面不會是鹽：桐油，或別的什麼貨物；那有商號到大年三十還不歇莊的？那麼，該又是軍用品了——對！一定是！那坡子上不還站着兩個老八，在指揮着搬運？今天趕船的人也比往常多。附近百十里地沿江那些鄉場上的人，或是在城裡坐莊的，跑生意的，或是特別進城來辦點年貨的，都要在這一天趕船回家去過年。

霧漸漸稀薄了，漸漸散開了，對江山頭上露出昏黃的太陽。下游處又有一條白木船慢吞吞地過來，十多個精光着身子的縴夫，拖着一根縴繩，背躬過了一百二十度，額頭離地祇差七八寸，脚步合着節拍，唱着歌，一步步地挨上來，從這一堆亂石裡鑽出，向那一堆亂石鑽進。這樣冷的天，他們身上除了根扣在縴繩上的帶子外，沒有一絲衣裳，烏金色的背脊還流着汗，脚肚子上暴着盤龍樣的青筋。縴繩甩過突立在江岸的高石頭嘴子，又甩過一根根的長桅桿。唰的一聲，籐縴打一根桅桿頂上斜着落下來，擦過那位船老闆的頭皮。他順手向後腦殼摸摸，隨着開口罵道——

「格老子朗搞的喲！×媽也不招呼聲！」但他並不回過頭去，依舊整理着他的船篷。至於有沒有人搭他的腔，到也沒什麼關係似的。

一位趕船客人在岸還喚着——

「纜載，纜載！有下田家溪的沒有？」

「這邊！到田家溪的這邊！」船老闆這才回過頭去，招呼着那人。

那人從跳板上走過來，穿的是一身靑布長袍，不太合身，戴一頂舊氈帽，提着一個輕便行李捲；滿面風塵，像是遠路來的，也像跑單幫的行商。船老闆將他打量了一番，見着不像個熟客人，但又好像那裡見過；於是站在船頭，過了行李，側着身子讓他跨過船來，又好奇地盯了他幾眼。那人祇是低着頭，不作理會。忽然，船老闆「啊」了一聲道——

「你不是……賀家的三少爺！」

「……」那人微微一驚，抬頭望望他，然後鎭定地答道，「是的，我叫家芹……啊！你是老崔……你還認得我？」

「差點兒都認不得了……我一聽見你的聲音，好熟！再看你的樣子，更熟！就想不起是那個。硬是等你走攏了，才看出來是你！」

「十年不回家，我大概是變多了……怎麼！老崔，你現在在駕船？」

「駕了八年船囉！搞水頭這份活路，下賤一點，有口飯吃——賀三少爺，你這些年在那裡得意？咳！那年子你走了之後，總聽不到你個消息！我心頭念你得很哪……朗格十打十年都不回來看看？今年子才趕回來過年？是不是打重慶下來？昨夜裡那條洋船攏的？這些年眞是……」他開了口就沒法子把話頭收住。

「崔板主！幫我接接！」一位熟客人從跳板上過來，遞過一件東西。

崔板主顧不得等家芹的答話，忙着轉過身去張羅。那客人又問道——

「崔板主，今兒該要早點開船羅！」

「早開早開！當然早開！臘月三十，那個不想早些回去過年？今兒八點半就開頭，下水又又快當一蹓就擺了黃牛壩，還不包你逍逍亭亭回家吃晌午，一家人團團圓圓過新年？」

那客人笑着下艙去了。崔板主事情忙，顧不得和家芹寒喧，便對他說——

「賀三少爺！艙裡頭坐罷！」

艙裡已經坐了十多個客人，听見崔板主喊「賀三少爺」，不由的都往外瞧，看看下來的是那個賀家三少爺。家芹彎着腰，低頭邁進艙來，人們見着都不認得，便似乎有點失望地各自繼續那些無聊的談話。這個說明春糧價又要看漲；那個說王順堂藥舖的么姨妹不是個東西；這個說糧食今年年底大量北運，供應韓戰將士；那個說那丫頭天天打扮得像妖精樣站在店門口賣俏，這個說韓戰美國打敗了，怕不得輸這口氣；那個說那妖精被解放軍看見，說她太奢華；這個剛說——

「世界大戰……」被聽話的在他腿上捏了一把，擠了擠眼，便把底下的話吞下肚子了。

那個剛說——

「解放軍要王順堂把她送去學習，並且……」一句話講完，給另一個聽話的扯了扯衣襟，大聲一咳嗽，便也將下半截要說的縮回去了。

家芹坐前艙一塊靠邊的坐板上，低頭望着江水，心思亂得很。偶爾聽聽後艙人們的談話，也覺着無聊。忽然大家都不說了，他更感到不自在起來，好像他給人們發現了什麼似的。幸而又有人陸續上船來，熟人們互相打打招呼叫叫嚷嚷，才把這點片刻的不安的沉靜遮掩過去了。

有人帶着兩三個小孩，也就便坐在前艙，和家芹對面。其中一個孩子望着後艙，好像發現了一位小伙伴，忙招着手喊道——

「汪小文！汪小文！」

「嗳！那個叫我？」後艙中另一個孩子的聲音。

「是我。喂！小文！你到前頭來好不好？」前面那孩子又說。

「要得，要得！」於是有一個八九歲的男孩從後艙擠過來。

這孩子圓圓的臉，彎彎的頭髮，一双大眼睛，長睫毛，烏黑的眼珠。家芹覺得這面孔很熟，像是那裡見過，一時又想不起來。一點迷迷糊糊的印象，把他帶到那些亂七八糟而又恍爲隔世的往事中去了。

這時候，霧氣全消，太陽柔和地照着。碼頭上除掉熱鬧以外，還添了幾分雜亂。趕船的客人愈來愈多，家芹的身旁又擠上兩三個鄉下人。先前的客人既沒有理由再去注意這位雖然陌生但也毫不怪異的「賀三少爺」，後到的自然更不會把目光停留在他身上。於是，艙裡的人互相親蜜地擠着，笑語的聲音也互相擁擠着。那三四個小伙伴們更是玩得高興，高興得唱起歌來——

解放區喲好地方，
一片稻田黃又黃，
大家努力來耕地，
萬擔穀子堆滿倉，
大鯉魚呀滿池塘，
織起布來做衣裳，
年年不會鬧飢荒。
……

一年來，這種歌聲在這地方已經熟悉得叫人不願再听。兩三年來，這種歌聲在家芹的耳朵裡更是聽得厭煩——不，不是這歌詞歌調的本身不好，是牠們背後所代表的那一切的一切，統統在他的心裡變成令人厭煩的東西了。而今天，在這無限愁悶無限往事交織的迷惘中，這歌聲在天眞可愛的孩子們嘴裡高興地跳着節拍，使他更感到一份悲哀的情緒要從心窩裡爬出來似的。他們——是的，這些孩子——是不應該唱這歌的；何況是高興地唱。唱，就是悲哀！高興，尤其是悲哀！他聽着這歌聲就想逃，逃到別處去。冬天江水是碧綠的，而海水是深藍的；要是這綠變成了那藍，江變成了海……他這樣沉沉地想得快要忘掉了這個世界的時候，一個高聲音把他驚醒了——

「客位？大家注意！」崔板主大聲壓下那船艙中的嘈雜說：「上頭拿話下來，說是今兒要檢查。各人把東西預備好，一會上岸排隊。」

艙裡有些騷動起來——

「又不曉得要躭擱到啥時候！」

「格老子遇到了！」

「這是朗搞起的？今兒過年……」

「客位！莫吵莫吵！檢查同志一會就要來的！等等好啦！」崔板主忙鎮住大家。

客人們都很聽話，馬上嘈雜的聲音就沒有了，大家靜下等着。家芹也跟着別人在等；但他有點惶亂，有點害怕。他害怕將有不幸的事情要發生，這不幸就落在他自己頭上。

等，等，等，等過了一個多鐘頭，還沒有消息。有那急燥的客人問過崔板主，崔板主答道——

「莫慌嘛！從上頭起，一條條船挨着檢查，就要過來的！」

果然，上頭沙灘上有些人提着籃子，包袱，被蓋什麼的排着隊受檢查，一切東西都要打開，上衣也要解開。多慢！這問問，那問問，這翻翻，那翻翻。完了，又是一隊，另一條船上的。就是那兩隻過對河的小筏子，也是坐滿了人在等。

起先大家等得不耐煩，隨後，也就不管它了，等着再說。龍門陣又擺起來，滿艙裡又瀰漫着土葉子煙味。肚子餓了的叫攏那麻臉孩子，買兩個芝蔴餅吃，芝蔴餅一會兒就賣光了。有的閉着眼打瞌睡，涎水從嘴角掛出來，像扯油麵樣。孩子們呢？玩得累了，也倒下睡着了。

……

「開頭！開頭！大娃解繩子去！」崔板主從坡上跳過船來，一面嚷着。

「怎麼？不檢查了？客人問。」

「不檢查還不好？同志叫我開船，我就開船！」

大家興奮起來，同時也覺得莫明其妙：爲什麼一會兒要檢査，一會兒又不？那些事且不去管牠，總算謝天謝地船開頭。家芹鬆了一口氣，從上船起，心情就沒有舒展過，這回到是像得到一點解脫。如果沒有這麼一陣子緊張，也許永遠是先頭那樣沉悶，悲傷和煩惱；現在却可以抛開一切心緒，看看兩岸的風光，聽聽船伕們搖槳的歌唱。冬天江水是碧綠的，綠得有些可愛。十來隻槳勻整地在水面上拍着，濺起白色的水花。這些槳的動作，以及每個搖槳人的赤脚在船板上跺着的聲音，以及他們隨口編的那些俚歌，都在同一的節奏裡；船便隨着這節奏，順着水流，快速地向下游滑去。岸旁隔了一個山頭的塔尖，也像跟着這船在前進。家芹看着這些，聽着這些，覺得該是多麼熟悉而又陌生，他在溫習着十年前的故事。

他把頭伸出船篷，看看天空，太陽已經到頂，怕不是正午時分了！冬天的日子短，船行以這樣快的速度，到達田家溪，仍舊是要摸黑路的，而陰曆除夕也不會有月亮；那麼，向崔板主借一根舊縴篠作的火把，照着路，走上坡，過了小集子，彎過山坳，再有一段小路，橫跨過稻田，便到家了。「家」，那是他生長的地方，那是他曾經耗費了大半青春在逸樂裡的地方，那是或許仍替他包藏着許多甜蜜，溫柔而又辛酸的故事的地方；如今，在濶別了十年，膽着一身創痛歸來的今天，和她相距祇有幾十里路，祇有幾個鐘頭了，她却顯得如此神秘！如此令人肉跳心驚！

…………

二

「七星沱的客位上岸啦！」崔板主在後梢大聲叫着。又向船頭把着竿子的一個十五六歲的孩子說——

「大娃兒勾穩當點兒！在前頭收船錢！」再壓低一點聲音向着艙裡的客人道——

「客位，老規矩：逢年過節，船錢收双份。高抬貴手，恭喜發財！」

「哼！老規矩！解放一年了還不打破這種封建的習慣！」一位小店員模樣的青年在小聲叨咕着；不料這話却給崔板主聽見。

「你這位先生如果沒得錢，一個不給也不生關係，有一句言語就行。解放不解放的話，在城裡頭好說，到了這落地就不作興！燈籠提高點兒！看清楚沒有？哥仔！」崔板主模樣現得很神氣，與先頭未開船時在那碼頭上的神情好像大不相同，微笑的臉上張着一對威嚴的眼睛。那個多話的小伙子畏縮地不敢再言語了。家芹心想這崔板主會不會就是那種所謂的「土匪」呢？

船停住了，要上岸的就掏出船錢，跳下船去。家芹見剛才從後艙過來的那個可愛的圓臉孩子已經不在前艙，便轉頭向後艙瞧去，祇見他兩膝跪在坐板上，靠在一個女人身旁，仲頭望着前面。

「汪小文再見！」

「再見，再見！」小手揮動着，他在和他的小伙伴告別哩！

那女人背朝着家芹這面，看不清她的面孔，鄉下人穿着，一個少婦的身段。不知道是這孩子的母親，還是他的媬姆？這孩子又笑了笑，眨了眨眼，家芹覺得這笑容，這眼神，總像是在那裡見過似的——汪小文！名字却生疏。

船又繼續下行了，沿途歇了上十處地方。船上客人起岸的多，等要靠攏紅砂嘴的時候，艙裡祇剩下七八個人。搖槳的船伕也多半隨着客人陸續起坡，回家過年去了；這時也祇有崔板主，大娃兒和另一個駝背的船伕。好在距離田家溪祇有十來里地，下水船不到一個鐘頭就可以到了；雖則天色已經漸漸昏黃。家芹的心情這時又緊張起來，他多麼期望着馬上一步就踏到家門！十年別離了，他不知道家裡的人現在怎樣，他們當然決不會想到他這時會突然歸來。那麼，當他們打開大門見到他的時候，該是有多大的驚奇和歡喜！在燈火之下，也許乍見時還不認得他是那一個呢？

客人又有些起岸去了，艙裡空了起來，前艙祇有家芹一個，後艙也祇剩那婦人和那個圓臉孩子。家芹有意地再看看那孩子，覺得他實在像什麼人；那麼，這女人如果是他的母親，說不定也是個熟人。但是，她仍舊背朝這面，看不清她的面孔。

岸邊坡子上有一個聲音在叫着——

「崔板主！崔板主！開會啦！快點上來！」

崔板主不耐煩地提高聲音答道——

「今兒又開啥子會嗎？等我送了客人下田家溪，轉頭再來！」

「不行！不行！他們等着你的，要你趕快就來！」

「好啦！我來就是！」崔板主極不高興地三脚兩步就跨到船頭。

「崔板主！你們要開什麼會呀？」家芹問道。

「開會！哼！自從他們來了之後，就興出這種鬼花樣，」他帶着厭惡的神氣說，也不管家芹如今是什麼人，這話說不說得，「三天兩回就開會，不曉得耽誤別人好些活路，又開不出個啥子名堂來！我是這裡船戶領班，芝蔴大的事也拖起去開會……不生關係！我去關照一聲，今兒一定要先送你們下田家溪，決定誤不了事的！對不住！稍等一會，馬上就來！」說着，跳下船，便折身上坡了。

家芹聽着他的話，半天開不得口。他覺得這話像一根鞭子，打在他的心靈上。他現在是正逃避着一種罪惡的枷鎖；然而此刻他似乎覺得那枷鎖却是無形無質的，永遠跟定了他，永遠套在他的頸項上，是丟棄不掉，逃脫不了的。暮色漸漸沉下來，就像那枷鎖漸漸束緊了。他又膽怯起來，他懼怕這無形的枷鎖那頭有一根無形的索練，祇這麼一扯動，他便又得回到那可怕的囚牢裡了。於是他轉過頭去，再看看剛才船行的來路，祇見大半個金黃色的太陽，扣在西面的江濤和南面的一個山崖之間，在暮靄中閃動着無力的柔光。稍近處的山石樹木和停泊在江岸的小船，都已失去了牠們原有的各種色調，祇餘一體淡墨色的暗影了——這樣的景色，對於一個畫家，該是多麼靜穆幽美的自然題材；然而對於此刻的家芹，却是一種恐怖的前奏。他總覺得今天這一天，這個舊曆年的年底，是不會就這樣平安過去的，不定什麼時分會要發生一樁意想不到而又早在預料中的事——或許就是這一分鐘，這一秒鐘：…

「媽媽！」那圓臉孩子的喊聲使家芹吃了一驚，「怎麼還不開船？我要回家！我餓了！」

「莫鬧！莫鬧！小文！肚子餓了吃餅乾好不好？」那始終背着身子的女人便俯下身去，取出一個包袱，再從包袱裡取出一個小盒，揭開盒蓋，拿了幾塊餅乾，遞給小文。

到這時，家芹才知道她的確是小文的母親。

「但是，她是誰呢？爲什麼老是背着身子？怕我看見？難道她認識我——一定的！但……到底是誰？」他便狐疑着。

「媽媽！你也吃嘛！」小文又說話了。

「我不餓，我要吃會自己拿的。」

「那，給這位伯伯吃好不好？」小文說着，便跨過前艙來，將手裡的餅乾遞給家芹，「伯伯，吃餅乾！」

家芹到有點窘了，他把小文拉過來，摸着他的頭道——

「我不吃，小弟弟，你自己吃罷！」

「不行！不行！」小文扭脫了身子，將餅乾放在他膝上說，「一定要你吃！莫客氣！你一定餓了！」

「小文！不要胡鬧！」那女人掉過頭來了。

就在這一瞬間，他看清了她是誰。這就是那孩子的相貌，他像在那裡見過的道理！這便是他確曾非常熟悉，熟悉得已經忘掉了的面孔！他一時驚得呆了半天，突然，他站起身來喊道——

「珍！」

「怎麼！你認得我媽媽？」小文莫明其妙地睜着大眼，黑眼珠在眶子裡翻了幾下。

然而，那女人却鎮定地，禮貌地，毫不驚異地問道——

「先生貴姓？」

他糊塗起來，眼前有點昏花，他看不清楚她了，祇感到一種莫大的難堪和羞慚結連在一個不可索解的問號上。他忘了應有的禮貌——人家在等着他的回答。

「先生貴姓？」她又問了一聲，像是以爲他先前沒有聽清她的問話，又像是驚他將神志從糊塗中提醒過來。

「姓賀……」他茫然地答着。

「賀先生也是到田家溪的？」她始終保持着客氣和莊嚴的態度。雖然是鄉下婦人的裝束，却也將頗有教養的身分透了出來。

「是的，你……貴姓？」他吃力地吐着字音，極力鎮壓着自己心頭的慌亂。

「我們姓汪。」

「怎麼？她姓汪？她會改了姓？」家芹心裡懷疑着，一面不自覺地用右手指向小文，嘴裡說着——

「這……」

「這是我的孩子，學名叫汪小文……小文！學規矩點！叫賀伯伯！」

「賀伯伯！」小文向家芹鞠了一個躬。

「他很聰明可愛！」家芹這才漸漸平靜下心情，拉着小文的手說，「幾歲了？」

「淘氣得很……小文！賀伯伯問你幾歲？」

「對了！小文，你幾歲了？」他重覆着。

「媽媽說，我過了年就是十歲。」小文天眞地答道。

她好像有意裝作和家芹不認識，但家芹不相信自己認錯了人。這分明是從前的珍；雖然現在沈靜多了，老練多了，雖然現在和從前的穿着截然不同。那時她是多麼天眞活潑的姑娘，如今却已是一個十歲孩子的母親了。然而，那種聰明中帶着幾分痴憨的神情，在這略現憔悴的眉目之間仍舊依稀可辨。他頓時覺得十年直似一串荒唐驚險的夢，如今從夢境中回來，而這夢前夢後的現實却也變遷得多了。他不禁感嘆道——

「一別十年……家鄉也不知變得怎樣了？」

「賀先生有十年沒有回家？」她輕聲地問着。聲調裡缺少那種女人們慣有的故作驚奇的成分。這是由於她本來的感應力就是這麼冷漠？抑是她爲了掩飾內心已然的激動而假裝的神態？無可懷疑，這情形在家芹是感到了的；他有意地答道——

「豈但十年不曾回家，而且也十年和家裡不通信息恐怕家裡人都以爲我……」

「格老子這是朗格的喲！」那駝背船伕在岸邊石頭上坐得不耐煩了，「說是一會兒就下來，能(讀去聲)半天打還見不到人影子？」

「你們那個上坡去看看崔板主好不好？」小文的媽媽向着駝背和大娃兒說，「叫他快點下來天已經黑了。」

天色是更加昏沉起來，太陽光亮已經一點也沒有了，漸漸由淺而深的藍天上隱隱地爬上了一層薄雲——怕要起風下雨呢！

大娃兒上坡去問訊，不一會就回來了，仍舊是他一個人。

「朗格說的？」駝背急燥地問。

「他脫不了身，」大娃兒一面喘息，一面答着，「他們硬是死拉住他……等我去了他才得告訴我，叫我兩個先送客人下去，他各人來不了啦……」他又盡力壓低了聲音在駝背耳邊說——

「快走吧！今晚上這裡怕有點毛病……板主叫我們不要轉來，船就靠在田家溪……」

這幾句話艙裡的人大概沒聽見。

「好啦！格老子搞快當點兒……臘月三十，過不到年……眞是啥子年頭囉！」

於是駝背在後梢掌着舵，大娃兒解開纜，撐開船，用力搖着槳，船又向下游行去。

「今天眞想不到，會搞到這樣晚！」小文的媽媽自言自語地說。

「是的！」家芹偈倔不安地搭着腔，「先頭等候檢查把時間都躭擱了，到這兒崔板主又要去開會：：」他自己也覺到這話是多麼空洞。

大家再也想不出甚麼話好說，空氣便在昏黃中沉靜下來，祇有前後兩隻槳勻齊地撥着江水的聲音分外清晰。黑夜已經開始，大娃兒在船頭變成一個忽前忽後搖動着的灰色人影子。艙裡的人更是互相看不清面孔。船行或許不算太慢，但在舟中人焦急而紊亂的心情中好像祇是在原地恍盪，根本不會前進。

沉寂，沉寂，死樣的沉寂！這隻小船像沉迷在漫無人煙的荒漠原野裡，或在汪洋無際的大海中，又像回到幾萬年前的洪荒時代；隔斷了一切外面世界的聯鎖，脫離了一切其他的人間關係，沒有屋宇！沒有田地！沒有都市！沒有鄉村！沒有善！也沒有惡！沒有治亂！也沒有文明！他們像原始人類一樣，爲了躲避風雨冰雪洪水猛獸等自然災害，祇囚在一個略有遮掩的地方，守候着，守候着，守候着災害的過去，守候着新世紀的展開。

家芹這時的心境到沉着起來。他覺得如果眞的脫離了那二十世紀時代末流的恐怖，回轉到像這樣的原始的單純中，該還是一種幸福！然而，就這樣的幸福也祇是剎那間的；這剎那之短促不僅由於客觀時間的流逝，同時也由於主觀心靈的變幻不居。他聽得一聲咳嗽，便失去了他那幸福的剎那；他又瞥見了那裝着與他不識的「珍」，他的困惑，情感想像，疑慮，無窮無盡的問題，莫明其妙的心意，自然還有那愈擺愈不脫的世紀末的恐怖與悲哀，便又都龐雜地蠢然而動了。但是，這死樣的沉寂却像已經固定在這無邊的黑暗中，在一分鐘如一個世紀裡愈加堅凝不破，要打開它却需要足够的力量和勇氣。他試了幾次都辦不到，他明白自己原是個多麼懦弱無力的人！

打開這沉寂的却是外來的侵擾。不順利的行程又遇到新的阻障了。

原來在下游不遠的一個灣坳上，停下了五六條大白木船，船裡裝滿了財物。有荷槍實彈的兵士在押守着。當這條船快要走近的時候，便聽得那面發出一聲令人驚顫的吆喝——！

「打住！甚麼船？」

「下田家溪的纜載！」大娃兒高聲答着。

「怎麼這時候還走？」

「路上躭擱了！」

「不行！現在不准過了！」

「同志……」

「打轉去！快！」說着，祗見那兵士在昏暗中舉起槍來。

在這樣的威脅之下，只得把船掉轉頭，仍舊向來路回轉去。怎麼辦呢？坐船的和搖船的心情都是一樣焦急。小文害怕，她媽媽直哄着他。大娃兒掌上一盞玻璃油燈，掛在艙中間篷頂上，艙裡頓時有了一點光明。

大家商量的結果，認爲這時唯一的辦法，便祇有將船儘量再向上游推遠一點，然後橫過對河，在江那邊越過封鎖線，再橫渡到這岸來。這樣，才可以到達最後的目的地。又要多躭誤許多時間也管不得了。

三

船照着新的航線進行。夜更深，寒氣也更重。駝背和大娃兒肚子餓了，便一面將船慢慢划着．一面在後梢生起火來煮飯。飯煮好了，便把船暫時在岸邊停靠一下，等着燒點菜來吃飯。這時大家同船，如共患難一樣，不好分甚麼彼此。鬧了這麼一天，誰不餓了？於是大家都吃了一些飯菜，總算塡塡肚子。

吃過飯，身體暖和得多，空氣也和諧得多。划船的有了精神，準備好好地賣點氣力來橫渡長江了。

大人耐得住寂寞，小孩子就不行。如果他不是有興致地向你指東說西，問這問那，你便得想法子去逗哄他，替他排遣寂寞和恐懼，再不然就得讓他在溫存的懷抱中慢慢地走入睡鄉。小文這時候是不願睡覺的，他肚子吃飽了，有了一點興致，他要找人談話。

「賀伯伯！你這帽子是那裡買的？」小文和家芹在這半天裡已混得很熟了，便過去摸着那頂舊氈帽，一面這樣問着。

「這……」家芹又被這問話觸動了許多心事。他拉着小文的手，然後撫愛地答道——

「就是在這城裡買的。」

『自由中國』的宗旨

第一、我們要向全國國民宣傳自由與民主的眞實價值，並且要督促政府（各級的政府），切實改革政治經濟，努力建立自由民主的社會。

第二、我們要支持並督促政府用種種力量抵抗共產黨鐵幕之下剝奪一切自由的極權政治，不讓他擴張他的勢力範圍。

第三、我們要盡我們的努力，援助淪陷區域的同胞，幫助他們早日恢復自由。

第四、我們的最後目標是要使整個中華民國成爲自由的中國。

「怎麽不買新的呢？」小文指着上面的油漬。
「這還是十年前買的！」家芹感喟地說。
「十年前是什麽時候？」這孩子的話愈問愈奇怪。
「十年前你還沒有出生呢！」
「那時候有世界嗎？」
「有。這世界很早很早以前就有了。」
「很早很早以前……不是有許多故事嗎？」
「是的。」家芹笑着說。
「賀伯伯，你會講故事嗎？」
「不會。好多年沒有講過故事，我的故事都忘記了。」
「不，你一定會的！一定沒有忘記！講一個故事給我聽好不好？賀伯伯！」
家芹爲難了一下，隨後想起甚麽似的，微微點頭道——
「好罷！我講一個故事給你聽。不過，不許鬧，靜靜地聽！」
「要得！要得！」小文便爬在家芹身上，騎着他的膝頭，偏着頭準備聽故事。
這時候，船正在江心行進。水流使船的橫渡成爲斜行的方向。
家芹想了一想之後，便開始講故事了——
「很早很早以前，這世界是美麗的……」
「現在世界不美麗？」小文頑皮地問。
「叫你不要鬧！再鬧我不講了！」
「好好好！我不鬧！你講，我聽。」
「是的！很早很早以前，這世界是美麗的！」家芹像講故事給自己聽一樣，「在一個很遠很遠的地方，也有這樣一條大河，河的兩岸也是許多高山。有些山上滿是橘柑樹。秋天橘柑都熟了，樹上掛着數也數不清的金紅色的菓子。鄉下孩子們在橘柑林裡滿山遍野的跑，玩，唱歌，遊戲，打架；累了就爬上樹去吃橘柑……
「有一次，一群孩子在一起鬧了半天之後，有人提議上樹吃橘柑，大家贊成，一哄就都爬上樹了。有一個男孩正獨自在一棵樹上吃得起勁的時候，看見不遠的地方一個女孩子坐在那裡哭，他就爬下樹來，走過去問那女孩：『你爲甚麽哭？』女孩說：『他們不要我一起玩，他們不給我吃橘柑！』男孩又問：『那你怎麽不上樹？』女孩說：『我爬不動。』男孩看她年紀還小，是爬不上樹，就叫她站在樹下，用手牽着衣角，男孩自己爬上樹去，揀那頂紅頂大頂熟的橘柑丟下，給那女孩吃。吃飽了橘柑，男孩爬下樹來。一個不小心，他的脚摔傷了。走路也一跛一跛地。其他的孩子都笑他，而且故意在前頭跑得很快，讓他跟不上。祗有那女孩子心裡很替他難過，便扶着他慢慢走，送他回家去。
「以後，這兩個孩子便成了好朋友。那男孩的脚過幾天也就好了。他們天天在一起耍，一同上學，一同回家，不論甚麽事都是你幫着我，我幫着你。
「不久，男孩的家裡忽然搬到城裡去住——也像我們這裡樣的一個小城——。他們分別了，見不到面了，但是他們都互相想念着，一直到男孩進了中學，有一天的早晨，他們才在一個街頭上碰見了。原來女孩的家裡不久以前也搬到城裡來住。
「你想那時他們是多麽高興。但是那時候中學是不許男女學生互相交朋友的，他們便偷偷地寫信。到禮拜天，他們瞞着家裡，瞞着學校，約一個地方見見面。河邊，野外，山坡上，窮人的茅屋後面，富人的花園旁邊，甚至於山脚下的墳墓中間，都是他們相會的地方。
「慢慢年紀都大了，他們互相愛慕的心思更重了。他們發誓要永遠在一起。可是這事情也被各人家裡發覺，便禁止他們再往來，不准他們通信……」說到這裡，家芹停了一停。
「那他們怎麽不反抗？」小文忽然又插嘴了。
「反抗什麽？」家芹驚異地反問。
「反抗……眞理……打倒……」小文睜大了眼睛，舉起拳頭，像煞有介事地。
「什麽？『眞理打倒』？你也知道這些？」家芹更加驚異了，「什麽叫眞理？」
「眞理……？」小文笑了起來，「我也不曉得！我是學那個指導員的。」
「指導員？」家芹的語音裡帶着惶亂的顫抖，他的心在跳動，「甚麽指導員？」
「指導員就是指導員，這也不懂！我們學校裡就有個指導員，你明天跟我去看看……呵，不！現在放假，開學你再來。」
「……」家芹像受了一個大的震驚，半天說不出話。
「噫！賀伯伯！你怎麽不講話？你的故事……那個男孩……」
「完了……沒有了……」家芹頹喪地說。
「騙人！怎麽完了呢？這那裡像個故事？」
「眞的……完了！」
「不，不，不，一定不是……」
這時候，一直在一旁默不作聲的「珍」忽然開口了——
「小文，過這邊來！」
「不，媽媽！我要聽賀伯伯的故事！」
「這故事……」她看了家芹一眼說，「賀伯伯已經忘記了，媽媽到記得，讓媽媽接着講給你聽好不好？」
「要得！要得！」小文便走過媽媽這邊來。（未完）

韓戰餘生記

Robert L. Sharpe著
隱輝譯

作爲一個北朝鮮的俘虜，我所遭遇到的，和其他幾百個聯軍俘虜所身受的正復相同，只不過我倖而生還，得以把這一段殘酷的故事，向世人述說而已，關於北韓共軍實施集體屠殺，及殘忍刑罰的情況，目前已經有許多報導，但在我看來，這些文字還不能描寫實際的悲慘於萬一，就我在被俘期間所體驗到的，北韓共軍性情的殘暴手段的毒狠，在目前人類的言語文字中，還找不出適當的字句來加以形容。

我們在去年七月四日，登陸南韓時，執行所謂「警察任務」根據我們當時的理解，我們在朝鮮所負擔的，只限於後方治安工作，正式和北韓作戰的，則是南韓的軍隊，實則這一項「警察任務」，交給我們來執行，簡直是同我們開玩笑，前後不過兩個星期的期間，我們這一個完整的營，便被打支離零散，所有的人不是戰死，便是負傷，我本人則成爲北韓軍的俘虜。

因爲我身爲軍醫，原來是無須武裝的，但在二十四師，二十四團，第一營的軍醫們，同遭屠殺的消息傳來之後，我們在一些醫藥器材之外，又每人獲得配備一枝M—1式步槍，其後我們甚至於迫得拋棄了醫藥器材，戴着紅十字的綱盔而參加輔助戰鬥的任務，搬運彈藥，運輸軍械，並從事其他任何需要人力的工作。

我所屬的單位是二十四師十九團二營G連，在一次我們的友軍第一營遭受包圍之際，我們志願的前往解圍，結果第一營雖得突圍而出，但我們的一營却因此而損失了三分之一，就在這一天，我們所餘三分之二的一營，仍被調作後備軍，沿着我們同第一營撤回之路，重回前線，局勢業已十分危急了。

我們奉命戒備金川(Kum River南岸，其時我們毫無自動武器的配備，假如北韓軍實行强渡，我們是無力阻止的，雖然他們這時沒有行動，直到一天之後，我們前進了一程，重又折回之際，慘烈的戰鬥却突然發生。傷亡的重大令人可怖，有許多人就在我們進入大田(Taejon)以南五哩，在我們的陣地以前，被砲火炸爲粉碎。

撤回駐地之後，我們原定可以得到四天的休息，但在兩天之後，共軍渡過金川(Kum)我們遂又調上前線，實行阻擊，這時士氣低沈，有的人甚至從藥箱內偷竊嗎啡，以求精神上的麻醉，在和敵人開始接觸以前，我們的連長巴爾茲(Bartz)上尉，曾經對我們講話，他說：「全美國的人們都在注視着我們的成就，因此我們不能够失敗！這一次的戰鬥，我們必須打到最後的一個人！」就後來的結果來看，他所說的完全做到了，巴爾茲上尉和我們的排長馬特洛克中尉是我一生所僅見的勇敢的人，他們具有鋼鐵般的意志，並知道如何鼓舞別人，從事戰鬥。

我們在爲美國而戰，這個觀念深深的印在我們的心中，血戰在激烈的進行中，由於敵方壓倒的優勢，戰局每況愈下，終至於在我們這一連裡；排和排之間的連絡，也告中斷。

稍後，共軍更自四面潮湧而來，勢難再守，巴爾茲上尉便下令撤退，不料傳令兵並沒有把這項命令，向我們的一排傳達，於是在其他各排撤退之後，我們的一排便陷入重圍，難以突出，等到我們接到放棄陣地的命令時，我們各個人都在單獨作戰的狀態中了。

我們必須撤退，把那些負傷的戰友們遺留在後面，那情景眞是悲慘，直到今天，我似乎還聽到他們悽惻哀呼的聲音，離開之前，我還爲他們作了最後的一次治療，但事實上毫無所補，在共軍進入陣地之後，便用刺刀把這些負傷倒地的人們，就地刺殺在戰場上。

我開始第一次認識到共軍對傷殘者的殘暴，那時我們的戰友們負傷的很多，在撤退時，一個醫官志願的留下來照護他們，我們的隨軍牧師遂也採取同樣行動，繼續留在那裡。結果正當這位仁慈的軍醫俯身替一個傷兵裹傷之際，一把刺刀從他的後頸刺入，隨軍牧師則在他跪在一個瀕死的傷兵旁邊舉行祈禱時，也同被刺殺。

馬特洛克中尉帶領着我們這一支殘餘的隊伍進入山地，計劃由此迂廻到美軍防線，但須跋涉二十五哩的路途，其間大多是泥濘沒膝的稻田。

直到我的一行，大約有十五個人左右，在途中走進了一條山峽中時，共軍的槍彈突然從山頂的岩石之間各處飛來，爆竹般的槍砲並不能遮掩他們慘呼的聲音，我連忙把面孔緊貼在泥沼之中，僞裝死去。隨後射擊停止了，共軍從山腰中跑了下來，在這個身上刺幾刀，在那身上踢幾脚，或則用槍把擊打，爲的是檢査我們是否已全被射死？

我倖而逃過這場刺戳和踢打。在救治傷兵的工作中，我的面上，髮上乃至週身都染遍了鮮血，因此在僞裝死去時，看來倒是很逼眞的。這些共軍大約也相信我已死去了。他們解開了我的衣服，又脫掉了我的皮鞋，這使我此後便沒有皮鞋可穿，直到獲得解放爲止，除去有時穿一些草做的鞋子，我幾乎是光脚走了四百里的路途。

爲了我須要攜帶一些醫藥器材，一支M—1式步槍對我就太笨重了，因之我把它換了一支卡賓，但對我的負擔仍然太重，一天之前，我又把它交換了一支.45手槍。在這次遭受伏擊時，我便把我的藥箱同手槍隱蔽起來，幸好並沒有被共軍發現。

我把頭埋入泥沼中直到日落，在

我的週圍儘是已死或瀕死的弟兄們的屍體，空氣恐怖非常。但我依然保持靜默。在天將黎明時，我悄悄的找回了我的手槍同醫藥箱，並發現叢尸之中有三個人依然生存。我們喝了一些稻田中的髒水，便走入山谷更深處尋求隱蔽之所。

然而卻發生了食物的問題。我們曾嘗試了一些野草，反而增加了我們的疾病。我們必須尋找食物，於是我們決定在夜間行動，希望能走回美軍的防線。在四天的隱蔽之中，我們整天的祈禱，上帝成爲我唯一的希望，我確信他能够而且必然會拯救我們。

但在我們的難友之中，又起了新的紛擾，有一個人因爲精神失常，有時竟會大哭大叫起來，這在遍地都是敵人的環境之中，其危險性之大是可想而知的。我們甚至決定把他弄死，以免被敵人發現。還好，我們終於沒有這樣作，他也比較安靜了些，但我們卻因此而十分操心，須得每分鐘都不能鬆解的監視着他。

到了第四天，我已飢餓不堪，甚至對死亡的威脅，已不再加以重視，我倡議離此他往，但其他幾個不肯冒險行動，我於是便單獨出發。

我沿路前進，在一塊稻田中遇見了一個農夫，我便向他要求食物，這大約使他驚恐到半死的程度，他簡直不敢接近我，但最後還是接受了我的要求，把我引到山邊一間小屋中，叫他的太太拿了一些稀粥給我吃。這使我歡悅非常，但在飽餐之後，又感到似乎已陷入一種十分嚴重的疾病之中了，一方面這位農夫又急迫的催促着我即刻離開，我因爲不願給他招致意外的麻煩，於是便重又折返山中，但幾乎就在我離開這間小屋之際，大約兩班之衆的共軍便在週圍出現，他們穿了平民的衣服，卻全付武裝，槍上裝有刺刀，手裡握着手榴彈，環繞在我的身邊，跳躍呼叫！

關於共軍對待俘虜的手段，我已讀過很多，我迅速的拿出手槍對準了我的太陽穴，準備自殺。然而我卻沒有勇氣扳動槍機。我終於蹲了下來，等待着他們刺殺我。但他們並沒有動手來殺我，只是跳着叫着，像一群印第安人似的。一會兒，其中的一個人在我面上狠狠的摑了幾掌，隨即問我是不是懂得日文。我說會一點兒，於是便戲謔的問我，對於麥克阿瑟將軍，我的觀感如何，我想在此情形之下，我不妨同他們開個玩笑，就說我很不喜歡這位將軍。「那麼杜魯門呢？」他們又問。我又照樣回答了他們。隨後他們又問到華萊士，我想最好所有的美國人我都不喜歡，於是我又說，「也是一樣的，我很不喜歡這位先生。」不料這次的回答不能使他們滿意，我爲此而很吃了幾記耳光。幸好他們還沒有施以毒打，從這時起，我便成爲了俘虜。

當他們把我押解到大田（Taejon）之後，我常常想起那些在前方戰死的弟兄們，以及他們臨死所說的那些話。戰場上的死，遠不及我們在電影上所見到的那樣戲劇化，人們在垂死的一刹那還表現的那樣輕鬆，嘴里嘰咕着什嗎：「這下子完了，我竟沒有來得及躲開這粒子彈」，「再放倒他們一個，爲了我」，這類的句子，在戰場有許多重傷的人死在我的臂灣裡，我有不由得就想起了他們，——直到現在還是一樣。我曾親眼看到一個剛滿十八歲的青年的死，使我感到了我自己也已走上了人生最後的一段路程。更有一次我在前線上看到一個戰士胸部受了很重的傷，已是就要死去的一刻了，但他的手還緊緊的覆在胸上，不停的掙扎着，哭叫着，我解開了他的衣服看時，在他的衣服下面，貼身藏着一張像片，那是一個極端美貌的少女，敵人的子彈從他的胸膛穿過，也同時穿過了少女的胸。我把這張像片捲了起來放進了我的藥箱，我想如果我還能生還我將要找着了她，告訴她這感人的一切，卻不幸連這像片也給共軍拿去了。

事實上我所有的東西都給他們拿去，從我的皮帶，皮鞋，手錶，皮篋，以及於我的襯衫，幸虧我把所有的鈔票藏在嘴里，其後乃能以十元的代價，購買一支香煙啻。另外的一個人則花了二百元買進半片麵包。

他們押着我穿過了大田(Taejon)的街市，向我暗示了各式各樣俘獲的美國軍器，然後把我帶到司令部中去加以審訊。奇怪的是不僅情報員審訊了我，所有的士兵，平民，也來參加，他們大家一致的一個問題，便是要我告訴他們關於廸安少將的行踪，我是一點也不知道的，但他們卻不相信。他們檢到了從鋼盔上，制服上摘下來的少將階級的標誌，兩顆銀星，但他們沒有得到這位將軍。由此我們推測廸安將軍在丟棄了他的少將階級的官徽之後，依然雜在士兵之中，繼續進行最後的戰鬪。（此文發表時，廸安少將依然下落不明——編者）

我在司令部中被扣押幾天之後，便被送進大田的俘虜集中營，那兒已經禁閉着七十個左右的美國人，其中二十五是受了傷的，那兒不但沒有醫藥，就連一個救護人員也沒有，及至我來到後，就成爲唯一的軍醫了。但我卻苦於沒有治療的藥材和器械，我撕開了一些制服做成了繃帶，儘我所有的力量去幫助他們。

在這兒我們根本得不到充份的食物，每人每天分給三個米飯做成的球，堅硬無比，難以下嚥。看守者更其野蠻之至，——但比起以後的看守們來，這已算非常善良之輩了。

我在這座集中營裡住了五天，其間有許多人因受難不過而致於死去，但他們還算死的安逸，較之其後各人死時的情景，已經是倖運得多了。這使我精神上受到很大的打擊，我有時想痛哭，有時又想逃了出去，但事實上又不可能。我日以繼夜，連一分中寧靜也得不到。我還算能够控制我的神經，但我神經也已達到爆炸的程度了。在這裡我遇見了上等兵司來登，我們很快成爲最好的朋友，並發誓此後不再分開。這項約言使我失去了好幾個可以逃走的機會，因爲司萊登後來受了傷，不能一起行走之故。但我相信如果受傷的人換轉是我時，他也一定會遵守約言，不肯離開我而單獨他去的。

五天之後，共軍通知我們，將要把我們遣送漢城，那兒將有飛機送我們到美國去。這分明是欺騙，我是完全不相信的，但有不少人却相信了，我不忍向他們堅持我自己的見解，無論如何，那總不失為一種希望，即使是幻想，依然可以鼓勵他們忍受的生活下去！這正是共產黨征服人類的手段，他們將你鞭打，使你饑餓，在你被折磨的就要死去時，於是又給你一縷生存的希望，表面上溫柔的安撫着你，暗地裡却擊碎了你生命中最後的殘餘，那時你才感到你比較從前更加沒有希望了。

原說用火車送我們去漢城的，但根本沒有火車給我們坐，我們只有步行前進了。這時能夠步行的只有五十人，其餘的便被留了下來。我們須在夜間行進，因為美國飛機在白天異常活躍，行進中的行列常有被襲擊的可能。但看守們則熱望我們能被消滅在美軍自己的槍砲之下，如此他們便無須動手了，我們大約步行了十哩之遙，便被裝上了卡車，開向烏致院（Chochiwon），我們在早晨抵達那里，日期我已記不清楚了。

在烏致院（Chochiwon）共軍把我們安放在一間倖免炸毀的大厦中。美國飛機每天都來轟炸，那情景異常可怖。有時機槍掃射的聲音會使人驚恐到暈去的程度。我們一直希望能在三合土的地面上掘成一條隧道以資隱蔽起來。但我們沒有工具，只是用雙手來抓掘，為了幻想安全，許多人的手都為此而受了傷。

奇怪的是我們所住的地方竟一直沒有被飛機炸毀。

我們並沒有立即繼續前進，死亡却隨時隨地的發生了。食糧的配給減少為每天一個米球，其大小約和高爾夫球相彷彿，硬度也復如之。有一次有人買到了一些綠的桃子，但却給我們帶了新的麻煩，赤痢隨着流行起來，便溺的穢氣使這間房子變成了一個可怖的所在。蝨子更大肆滋擾，人們因失血太多而益加病弱不堪。

我們終於還是步行離開了烏致院（Chochiwon），在迂迴盤旋的路上走了四天，這一次是用了强迫行軍的方式行進，四天之中我們幾乎就沒有獲得任何食物，受傷患病不能行走的都被遺棄在路旁，——但在他們企圖逃走的時便會被射死或刺殺，看守們依然對我們施以鞭打，但還不太重，他們知道我們還可以走下去，過度的鞭打可能使我們走路的力量也沒有了。痢疾的傳佈益趨嚴重，但我們仍被迫前進。

在這一次死亡的行進中，所有同行者的名字我都還記得很清楚，但他們的名字至今還被列於陣前失踪的名單之內，在我回到美國之後，曾有很多人來看我，或寫信給我，向我探聽消息，但我想在目前情況之下，我最好還是不把他們的名字公佈的好。

當我們離開邱南（Chonan）的時候，我們差不多全體都染有很重的疾病了，身體衰弱不堪。我們步行了大約二十哩的路，在烏山（Osan）近郊才搭上了火車，開到水原（Suwon），在那兒停了兩天。由大田（Taejon）出發時我們約有六十個人，到此已只剩下四十個了。此後我們便抵達了漢城。

在漢城我們同另外三百多個美軍俘虜集合在一起，這些人是由各個不同的地點送來漢城的。在此我遇見了洛克上尉，他的太太和我是北卡洛林那，高地城的同鄉。我們儘我們所敢談的談了許多的話，其後我曾有很多機會同他一起逃脫的，但為了我同司萊登的約言，我終於沒有這樣的做。

在漢城並沒有飛機送我們回到美國，恰如我所預料，却立即開始向北繼續死亡的行進，目的地則是北韓首都的平壤。我們所走的是一條異常離奇的道路，距離正常的路有數哩之遙。由漢城出發時我們一共有三百八十六個人，到達平壤的則不足一百。有些日子我們餓的難以忍受。在習慣之後，但在開始的時候，那滋味眞是不堪設想的。

更使人難以抑制的是在穿過農田的時候，田裡儘是糧食，樹上也長滿了水菓，但看守却不准我們隨便採取。天空中的美國飛機天天都來對我們掃射，也曾死傷了不少的人，當然他們是不知道的。——但對於我們沒有死的人們，他們給我們造成了一個極好的機會。因為每當飛機臨空時，看守照例急忙的逃開我們的行伍，那使我們可以乘機偷竊一些吃的東西。我還記得有一次我偷到了兩個南瓜。慌忙生着吃了下去，總共為時尚不及五分中。看守經常的向我們的頭上發射空槍，使我們保持隊形，其奈死亡對於我們已不成為可怕的事情，更其可怕的是在同樣悲慘情況之下，還要繼續渡過另外的一天。

但對於看守們，飛機的掃射是異常可怕的。通常他們一看見飛機之後馬上就大叫「杭高」！這是朝鮮話，意思是說「臥倒！」每次總是在他們自己的口令還沒有叫完時，他們便已經自己執行自己的命令，臥倒在地下了。其速度比起我們來要快的多。

只有在共軍自己疲勞不堪時，我們才有休息一下的機會。大家一聽到休息的命令，馬上就倒下來呼呼的睡去了。也有許多人在一經倒下之後便不曾再站起來，就這樣靜靜死去了！看起來好像在行動中的人們，還能苟延他們的生命，但在一坐下來，精力鬆弛之後，便沒有方法生活下去了。

我們通常在有人死亡之後，便用木條替他們做成了十字架，並在墓前為他們舉行祈禱，但共軍便會譏笑我們，並將十字架踢倒。這曾引起了我們極端的憤恨！

川流不息的飛機的襲擊，使我們對「臥倒」的動作也感到厭煩，我們索性就站立在道路中間。這使飛機上的駕駛員認出了我們是美軍俘虜。然而在此以前，我們已經犧牲了不少生命了。在路上，有一些重病的人在沙里院（Sariwon）被裝上了牛車，事實上他們已經一步也走不動了。

洛克上尉是我們之中唯一的空軍人員，對於步行更是不勝其苦，因爲缺乏步行的訓練之故。但在每次飛機向我們俯衝掃射之際，他便叫喊着催促車上的人們馬上離開車子，事實上車上的人已經很少有人能够自己移動了，所以每次只是他一人行動而已。這使許多留在車上的傷病弟兄們被自己同胞們掃射而死。當然駕駛員們是不知道這些情形的。幸而不久之後，對我們的掃射總算是停止了。但空襲威脅解除之後，我們却改在白天行走了，因爲共軍知道我們在白天行軍也是同樣安全的。

在這苦難的漫長旅途中，我有充份的時間去深思一切。我永遠想念着我的故鄉，我的父母，和三個年輕的弟弟。我經常爲他們祝福，祈禱上帝保佑他們。有時我也思想起當時在朝鮮所身受的一切，我永遠不能忘記在漢城時的那個朝鮮軍官，他同樣問起我對於麥克阿瑟將軍的印象，但這時已經受够了虐待，生趣毫無，於是我便回答他我認爲麥帥是很好的，那時這個朝鮮人便狠狠的吐了一口痰在我的面上！這件事和這個人是我一生也不能忘記的！

在距平壤還有五十哩路程的地方，司萊登忽然從隊伍中溜了出去，到田裡去尋找一些食物，共軍竟開鎗向他射擊，司萊登於是便受了很重的傷。但他依然回到了隊伍中去，我却攙扶着他走完了以後的五十哩路。

在行程中，共軍曾經想盡了一切簡接的方法去殺害我們，但避免他們自己動手。而我們則竭力謀求生存。我們從上帝得到神奇的力量，使我在病弱之餘還扶着司萊登走完了最後的五十哩路。司萊登則每次呼吸都吐出了鮮血，但依然挨到了平壤。

到了平壤之後，共軍對我們的謀害益加明顯，他們在對我們施以鞭打，飢餓之餘，甚至向我們的房中拋擲手榴彈，幸而我們在它爆炸之前迅速的把它丟向牆外，得免於難。他們把我們的福音拿去撕掉，但仍然不能停止我們的祈禱，他們只有站在旁邊狂笑。

我也許比較年輕，而且「在開始時期比較更健康一些，在這一群病弱的隊伍中，我依然是較爲健壯的一個。這時我們天天要從事埋葬別人的工作，這工作又是相當艱苦的，共軍每次都把我們建立起來的十字架給踢倒，我們便須不停的去繼續豎了起來。後來我們又儘量想法子去弄到一些瓶子之類，把死者的姓名和號碼藏在裡面，使日後負責死亡登記的人們可以因此而知道了那裡埋葬的是什麼人。

我已記不淸是在那天離開平壤的了，只記得有一天共軍告訴我們要把我們移到滿洲邊境的永久集中營去了，這時能够站立步行的人已經很少了，但共軍照樣毒打他們，用了俄造來福槍的槍柄拚命撞擊他們，強迫他們行走！

其後他們把我們裝上了一輛火車，那時已經很冷了，我們除了破舊的制服外沒有其他東西可以禦寒，更沒有任何人還有一雙完整的鞋子，幾乎每人的脚都受了重傷。這輛車本來是裝煤用的，其時又下着很大的雨，其受罪的情況可想而知。當時擔任看守的是一批被「改造」的南韓兵，其兇狠較北韓兵毫無遜色！不停的對我們踢打。唯一可以減少踢打的方法是對他們表示畏懼，乞憐的向他們看着，有時我也會這樣做，有時却又不能。

整整的一晚這列車開出去又開了回來，我不相信這夜我們會走五十哩以上的路程。我們飢寒交迫，第二天才得到一些堅硬的餅乾，其堅硬的程度便是摔在地上也不會破碎。大多數的人在傷風，肺炎，赤痢，腹瀉的侵襲之下，也有很多人因此而死。

只有一個看守對我們是好的，我們叫他約翰。他曾在美國讀書，從不踢打我們，甚至還偷把食物給我們吃，因此他終於被共軍槍殺了。

翌晨，他們又把我們從車上驅下來，步行進入一個山谷，在那裡坐了一個整天，傍晚，又把我們帶到車上。但不久又叫我們下來，這看來並非難事，但對於病弱的我們，一上一下之間却需要極大的努力。第二天我們又被裝上車子，又被叫了下來。當我們第三次上車時，我們得到一輛客車，這輛車子在和一輛貨車相撞之後，貨車被撞壞，這輛車子便指給我們來用了。於是我們又開始前進，又照例退了回來，正正進退了兩夜，大約也沒有走出二十五哩的路程。在車上我曾經把司萊登留在後面，從椅子底下爬到前邊去和吉福特談一會話。在東京時，我們同住在一間房中，現在成爲俘虜，我們依然住在一起了。我們談了許多在日本時的往事，又談到這次的旅程，我們在飢餓中走過了多少農場同菓園，充滿了食物，却不許我們去吃！又談到我們的飛機，我們淸楚的看見了駕駛員們坐在裡面，相距那樣的近，但他們竟不能幫助我們，我們不由得爲之心碎了。

在車子進入一個隧道時忽然停下了，起初大家並不注意，三天以來我們就是這樣忽而開走，忽而停下的。但這次看守在說起食物什嗎的，我不禁精神爲之一振，急忙從椅子下邊爬了出去看個究竟。據共軍說，我們將要去到附近的農莊中去吃一餐飯了。這機會實在難得，大家儘力迅速的爬下車來，有人檢到一個飯碗，或一片茶杯的，也都帶在身邊，我們隨了共軍原路走出了隧道，穿過了一片叢林，又走進了山谷，共軍便命令我們坐了下來。那些携帶了杯碗的人們這時就把它取了出來，靜待吃喝了。

食物並沒有來到，在寂靜中，我聽見了一陣鎗彈上膛的聲音，不到一分鐘便傳來一聲槍響。

坐在我旁邊的一個人應聲倒地而死！這使我直覺到共軍的陰謀，我急忙叫喊起來警告大家注意！一方面立即臥倒。這時槍彈已像雨點般的飛馳而至！他們用了來福槍，機關槍，衝鋒槍，以及任何可以發射的槍支向我們集中射擊！槍聲中又夾雜着人們哭叫饒命的聲音，和向上帝求助的祈禱。

但共軍瘋狂射擊如故，地面被砲

火掀起，人們在哭喊聲中被射做碎片！

在鎗聲初起時我便臥倒地上，緊接着另外的一個人倒在我們的身上，他救了我的生命，但却犧牲了他自己？共軍的槍彈將他擊成了蜂窠，熱血從我身上直淌下去。有好幾次我幾乎要跳了起來！但我依然緊緊地貼在地上，這次的屠殺竟進行達十五分鐘之久！

我的右手和右腿都被擊中，流血很多，却仍舊臥在那裡不動。共軍在停止射擊之後，照例在尸場巡視一週，用刺刀刺入死尸的胸膛，或用鎗托擊開了人們的頭。但輪到我時，他們的鎗托沒有向我的頭部打擊，只擊中了我的胸，這使我的胸上印上了一個鎗托的痕跡達好幾個星期之久。

我只有低聲祈禱，祈禱我急速死去，免得活着忍受這難挨的苦難！這次我所受的創痛是難以形容的！一想到那些可憐無助的同胞們，在傷病中掙扎着步行了多少路途，受盡了使人不能相信的苦難，却挨到這里來送死！我就不由得心裡像刀刺似的難過！

吉福特正倒在我的身邊，喃喃的說他是一定要死的了，我低聲警告他安靜，他却只管哭着要求我別離開他，我又一再的向他提出保證。這時共軍業已他去，我們的旁邊儘是朋友們的尸體了。這種經驗在我正是第二次，雖然，我並不曾因爲有過上次的經驗，而感到更容易渡過這次的難關。

又等待了好久，這時我們發現還生存着的只有四個了。還有一些尚未完全死去，但不能行動的，我們也只有離開他們而去了。本來我們不忍這樣做的，這使我們每一想起來就非常痛苦，但我們須要救出自己，我們本身已經非常病弱，何況又受了傷？即使我們還想扶助別人，現在也沒有力量了。

我們開始走向山谷，但不能走的太遠，我把制服扯碎做成了一條帶子纒起了右臂，希望能止住大量的出血，當時我已衰弱到幾次跌倒在地上，出血並沒有停止，我因而益加衰弱下去。

當太陽升起時，我已經開始吐血了！我自信我已不能挨過這一天，我只有等待死神的降臨。我整天都在祈禱，爲我自己，更爲了我遠在祖國的同胞們！直到下午四點鐘，我們聽見了有人走路的聲音，我們當時便想到自己又陷入朝鮮人們的手中了。

但我們馬上又聽到人聲的呼喊，叫我們出去，說我們業已獲得拯救，恢復自由！

我們都已被謊話欺騙得够了，因此我們不敢回答。他們在繼續的向我們呼喚。

於是我便向下面喊道：

「蔣蒂克拉賓的丈夫是那一個」？

「哈里傑姆司」下面回答。

我們這時已經斷定下面的人是美國人了。但我們依然提高了警覺，我吃力的站了起來，又感到一陣昡暈，我向下面叫道：

「如果你們是美國人的話就請上來吧！」

我們並沒有等待多久，就在幾秒鐘之後，我便看見一個高大的上士走了過來，我看見了我們的救星！我向他跑去，我已經沒有力量跑了，又跌倒在地上，我急忙的向着他的身邊爬去，我含着滿眶的熱淚爬進了他的懷中，我得救了！

於是我被送進了前線救護站，轉運到日本，又送回美國來。我原來體重一百六十二磅，在朝鮮被解放時只剩了九十八磅，現在又恢復一百四十磅了。我希望傷愈之後仍舊回到陸軍裡去，但我的創傷已經不可能恢復正常，我擔心不能通過陸軍的標準。假使可能的話，我願意仍回戰場，同殘暴的敵人繼續作戰！

譯自 Post

(上接第二〇頁)

的自殺，暴露了共產主義獨裁的眞相。許多共產主義的信徒的迷夢因此粉碎了。

南北韓戰爭的爆發對於意大利的共產主義運動也是一個嚴重的打擊。共產黨曾發表斯德哥爾摩(Stockholm)宣言，呼籲和平運動，這個和平運動已漸漸發生力量。但是，北韓對南韓的進攻對於共產黨的和平宣傳無異是一個强有力的駁斥。意大利再也沒有一個人相信共產黨在韓國的宣傳了。

意大利共產黨既已公開地失去其政治力量，於是現在便集中全力秘密鞏固其核心組織，準備等待時機而以暴力攫取政權，等到蘇俄在歐洲採取軍事行動時，那便是他們以暴力攫取政權的成熟時機，現在意大利共產黨只不過是俄共的第五縱隊，共產黨在意大利的勢力正在走下坡路。

書刊評介

「我是毛澤東的女秘書」

——介紹一本行銷最廣的書——

薩君

最近載譽歸來的我國駐聯合國首席代表蔣廷黻博士三月二十一日在其對臺北新聞界的演說中有一段話說：在法國一家叫作"Figro"的報紙上，正在連載法譯蕭英著的「我是毛澤東的女秘書」一書；而且準備刊完以後，馬上印書發行。對於這本書本人看到以後，覺得非常了不起，馬上就請人譯成英文，準備在美發行；就在同時，美國"John Hay"出版公司也把這本書交給了林語堂先生譯好，打算印行。後來兩家美國出版公司糾紛未了，而兩家競爭刊登的巴黎報紙中，却不等另一家(即「世界報」"Le Monde")的條件談妥，就先行發表了。該書的英譯本在美國問世後，風行一時，到處爭購一空。因爲銷路特佳的原因，以致弄到幾家出版公司的老闆對薄公堂，要求「青天大老爺」代爲解決云云。上述蔣氏簡短的談片描繪出來了「我是毛澤東的女秘書」(以下簡稱「女秘書」)一書在歐美流行書刊中所佔的「了不起」的地位，然而這本書的外國文譯本在國外首先暢銷的地區却不是歐美，而是我們近隣的日本：這現象一方面說明了日本人的利害，有生意眼；另一方面也許是中國和日本在利害的關係上較諸歐美國家更爲密切的緣故罷。這本書原文的初版是一九五〇年二月二十五日，而東京吉甫社的日譯本在同年的八月十日即在日本全國各地出現。據日譯本的發行人二木秀雄說：該書的日譯本初版三萬册，不到兩禮拜，即告售罄，現在已印行到三四版之多。當去年八月中旬這本書的日譯本正式在日本發行後，東京各報幾乎都有書評加以介紹和批評。以上僅是從蔣氏及二木秀雄的談話中就我們所知道的而言，相信在印度、西德、意大利及西班牙語區裡必定也有譯文出現，或即將出現。總之，「女秘書」在反共抗俄的過程中是一本「了不起」的作品，至少最近若干年來，中國沒有任何一本書有它獲得譯文之多和擁有讀者之衆。

然而，「女秘書」一書之所以受世界出版界的重視而獲有上述的地位者，也絕不是偶然的。「鶴立鷄群」，自有其不平凡處。我想，此時在自由中國還有千百萬人未讀過這本書，而在鐵幕所籠罩下的大陸上，億萬人至少是暫時地失掉了閱讀這本小書緣分；而這本東西洋爭相閱讀的「女秘書」却道出了他們或她們若干年來的心酸和哀怨。因此，該書初出問世雖已時隔一年，我覺得仍有對它加以批評和介紹的必要。

「女秘書」不是小說，而是一本自述的作品。這本書的本事是這樣的；蕭英女士——本書的作者，廣東東莞人，中山大學附中畢業後，因憧憬着故都的文化古蹟，便隨着她父親的一位朋友到了北平，並於當年的夏天考取了北平師範大學。在師大求學階段她認識了一位北方青年謝啓華，後者當時任教於北平市立師範，北大畢業曾留學日本，不久變成了她的丈夫。這就是本書的男女兩位主角。一九三六年前後，平津乃至整個的華北幾乎可以說是日本浪人土肥原賢二和喜多的天下，宋哲元充其量也不過在日本人的刺刀尖下苟延殘喘而已。在這種情形下，生活在北方的青年自然會很容易地在民族情緒的激盪下而燃起來了熾烈的抗日之火，而蕭英和謝啓華的結緣就在一個抗日的宣傳會上開始了。民國二十六年「七七事變」後，他們仍留在原地秘密地做抗日工作。不久機關暴露，逃出了北平。當時共產黨到處高張着「抗日民族統一陣線」的旗幟，於是這一對剛踏進社會不久而民族情緒高昂的青年男女就被騙上涼山——「冀熱遼軍區」——了。他們自從在冀東入夥後，由於工作成績的優異，從「幹部」而「後補黨員」，一步一步地「升」成了黨員——「人民」中的「特權階級」。一九四二年春天，他們復被調到延安「魯迅藝術學院」接受特殊訓練。在受訓期間蕭英改名陶立，她的丈夫改名林文，一副十足共產黨的「行頭」。

共產黨一切的錯過都會拿較高層次或最高層次來唐塞的。在受訓期間，陶立頗受知於當時「魯藝」的主持人丁玲女士，而和她同時受訓的朱英——朱德的女兒——也頗友善。因此藉着這些熟人，她瞭解了過去所不瞭解的那些使她長期憧憬着的事物。在起先，「冀東軍區」的種種措施和慘象曾經使他們感到失望而灰心，然而這種失望和灰心都不過是暫時的；失望之餘，他們常常又會責備自己對「革命」的認識不够，意志不堅定。然而經過了一段「天路歷程」的洗禮後，所謂「解放」「革命」也者更使他們感到迷惘了。不，他們並沒有完全失掉了信心，因爲還有較高的層次和最高的層次在後面呢！這一切不能令人滿意的現象，都不過是「革命」所必經的過程罷了。在受訓期間，他們適逢其會的趕上了「整風運動」——清黨。像他們這種根底還淺的份子，自然談不上甚麼濃厚的「宗派主義」的色彩，於是殺人如麻的「清黨」運動，就像一陣暴風樣的從他們的頭上掠過了。

「魯藝」畢業後，她的丈夫被派到安塞去作一個學校的主持人，隨後她也獲准了協同她的丈夫去辦學校，在那裡他們確實有一番驚人的表現，僅僅一年的工夫，林文即變成了邊區教育界的明星，在「報紙狂熱地讚頌」下，「毛主席」竟傳令召見他們當面嘉獎了。當他們被毛召見的時候，適巧中共的第二號首領劉少奇在座，原來當年劉少奇出巡「冀熱遼軍區」的時候，即一度接見那時的蕭英和謝啓華，而這次又「遭遇」在「毛主席」的官邸。照說，在獨裁制度之下這種巧遇對下級人員應該是一種無邊的幸事，然而誰也不會想到：這次劉少奇的出現對於後日林文和陶立的苦難却是一個不祥的朕兆。這次林陶被「召見」回去後，本來可以安心工作，做他們「偉大的」平民教育家，然而出乎他們臆料之外的，在一「榮歸」後不久他們中間的一個，即陶立女士被一紙命令「擢升」到延安「中央政治局」任職了。陶在「政治局」的工作是「繕寫、記錄、和整理毛澤東的文稿」。這也就是本書題名——「我是毛澤東的女秘書」的由來。

「政治局是共產黨的最高領導機關，這裡邊的首腦都是炙手可熱的權要人物，被「擢升」到這裡邊來工作，應該感到榮幸之至。然而事情却沒有這樣理想，作者曾不勝慨嘆地說：「我接近了權勢，却完全失掉了自由」。可也正因為「完全失掉了自由」，才換取了共產黨很多秘密的了解。從而才使這本小書在世界出版界有着「了不起」的地位。

民國三十六年三月國軍胡宗南部攻佔延安，陶立便隨着「政治局」經由西邊往石家莊，這時她的丈夫林文也因安塞的失守而被調到東北軍區擔任軍隊的政治工作。在石家莊陶立因為上了劉少奇的圈套幾乎失身，而此後不久林文也被召到「第二延安」加以逮捕。於是這一對理想追求者的苦難從這時起便眞正開始了。林文被捕後，在「整風」的刑罰下受盡人間無盡的折磨，後來陶立想盡了方法，終於他們夫妻在極端悽楚哀惋的心情下又團圓一次。可是這時候林文是犯人，他們團圓的眼淚還沒有乾，就被警衛的人員給折散了。在分別的一剎那，他們還以為總有再見的時候，而再也沒有想到這次的別離，竟成了永訣，後來陶立隨「政治局」遷往北平，在一個傍晚的湖邊散步時，聽到了她丈夫在石家莊被「整風」慘死的消息。從此她的理想完全毀滅，信心完全崩潰了。甚麼「較高層次」「最高層次」在她腦子裡已經沒有了作用。除了死以外，最後她祇剩下一個願望：奔向自由。果然天不負人願，民國三十八年夏天她趁着被調「到南下工作團」的機會逃到了香港，後來又轉往澳門她的姨母家裡，在那裡才得到機會寫下她這筆墨與血淚相和的作品。

中國歷史上每當社會失却平衡的時候，總是有兩種人會應聲而起：一種是有熱誠和理想的知識份子，另一種則是頭腦冷靜心懷叵測的野心家；前者多懷捨己為人的願望，後者則以追求個人的權力為最終也是唯一的目標；因此前者為了理想的驅使往往是滿懷熱望地奮不顧身；而後者則永遠是冷眼觀察，對一切能把握的事物乘機加以利用。前者是本書的作者蕭英，她的丈夫謝啓華，和他們所象徵的無數量的蕭英、謝啓華；後者則是毛澤東和劉少奇一類的人物。國際共產黨自列寧起變成了十足的馬加維里主義的信徒（其實馬克斯「無產階級專政」的理論早就奠定了這一原則的基礎），為目的他們不惜利用人類一切的弱點和矛盾。他們的「目的」是甚麼呢？從表面上，理論上看當然是「無產階級的天國」，而實質上骨子裡面却是追求少數人的權力。「七七」開始的抗日戰爭是中國民族抵禦外侮最悲壯最慘烈的一幕，而野心的共產黨們就利用着當時全國民族情緒的高漲把無數量的青年男女騙上了涼山，於是他們的血算是白流了。「民主運動」本來是時代的需要，為人人所憧憬着的一枝美麗的花朵，然而却不幸又被共產黨所利用而沾汚了。只要中國青年有流不盡的熱血，共產黨們永遠願意做中國悲劇的作劇和導演。本書的男女主角謝啓華夫婦也像絕大多數的中國知識青年一樣，是一對有理想有熱誠的青年，可是他們絕不會想到，在任何一條他們所行經道路的草蔭後面都隱藏着一隻可怕魔掌。於是他們一離開北平，就被這隻魔掌一把拉到死亡的路上去了。他們自從在冀東入彀後，在共黨天下的地位是一天天的「升高」，然而伴隨着這地位「升高」而來的是一片一片的疑雲和一層一層的黑暗。「接近了權勢」，「完全失掉了自由」。最後謝啓華是以悲劇結束了他的一生，而蕭英也祇剩下一具遊魂似的殘骸。其實這不僅是蕭英和謝啓華的悲劇，實在是這一代中國青年全體的悲劇，他們不過是被犧牲的一對典型而已。文學作品本來是傳達感情的東西，而「女秘書」一書是作者虎口餘生，痛定思痛後的自述，是筆墨和血淚相和的作品，其所以感人之深在此，而作品的「典型性」猶在其次。

本書日譯本的封面上有幾行適恰其當的題詞，我想把它抄在下面，或者大有助於本書介紹的工作：

是中共高級幹部第一個逃亡者的自白！

是中共領袖秘密私生活的無情大暴露！

是民主人士的血淚書！

是竹幕政策的總決算！

自然這本書也有着和所有其他同類書共同的缺點。上文說過：它不是小說，而是作者的自述。為了保持內容的眞實性，它不能自造情節，故加穿揷。因此本書在結構上似乎趕不上一些成名小說的那樣完整。其次，因為這本書的主角就是作者自己和她的丈夫，所以在對其他人物，如毛澤東，劉少奇，任弼時，康生等性格的刻畫上不够深刻。不過這些都是小缺點，就整個的來說，它仍不失為一本十分成功的作品。

四月十日

給讀者的報告

本月十一日美總統杜魯門正式發佈命令，解除麥克阿瑟元帥的一切統帥職權，消息傳來，整個自由世界都為之驚震。這位遠離故國十四年的五星上將，在遠東兩度反侵略的戰爭中竭盡辛勞，並立下豐偉的功勛，他對美國、遠東以及整個自由世界的卓越貢獻，贏得億萬人衷心的崇敬。正如杜魯門總統在聲明中所說：「麥帥在歷史上為我們最偉大統帥官之一的地位，已完全確立，他居於負有重大責任的職位，曾對他的國家作卓越的貢獻，美國應對他表示感激。」其實應向這位偉大統帥表示感激的不只於美國，而包括遠東與整個自由世界的人民。現在正當亞洲人民抵抗共黨侵略之際，麥帥的去職，自不免使我們於依念之餘更存無限之惋惜。杜魯門總統解除麥帥職權，這一事件的本身乃美國內政問題，除我們無須加以評論。不過通過這一事件與世界反共政策的影響，則為我們所關切。我們確信美國政府與人民具有堅決抵抗共黨侵略的信念並將不斷為此信念而努力。杜魯門總統與麥帥之間，縱使意見上有出入，亦必僅止於現階段反共的策略並絕非涉及基本原則，因為無論杜魯門總統或麥帥都是竭誠效忠於美國利益與人類自由文化的。杜魯門總統歷次演說與聲明俱明決表示其反對共產侵略的決心，因此美國的基本反共政策絕不會由於任何內部人事的更迭與政黨間的爭辯而有所變更。然而當侵略者日益猖獗的今天，在應付敵人的策略上我們的確不應有絲毫差池，否則即將鑄成歷史大錯。由於麥帥對共黨的深切了解，我們十分贊同他的意見。我們欲正告所有民主國家的政治領袖，只有積極地予侵略者以打擊才能獲致和平。任何姑息與綏靖主義必將造成為侵略者所乘的後果。

其次國際間值得注意的是對日和約問題，現在已漸入決定階段，美國務院已就杜勒斯訪問遠東後草擬的美國對日和約初步草案，分別送致各有關國家研討，並等待各國政府提供意見。我國為對日作戰的主要盟國之一，自應有其被重視的發言地位，我們雖然一向持對日寬大的主張，但我們在和約中應享的地位與權益，則又為我們理所必爭。

最近臺灣金鈔急劇上漲，政府當局為求安定金融起見，於本月十日頒佈新措施，禁止金鈔自由買賣，政府實施這項新措施的本意我們是竭誠支持的，並盼其能徹底執行，以求金融的安定，免使影響物價。不過我們以為除此之外，還要穩定臺幣幣值，而這必須在財政與經濟兩方面拿出辦法來，克服當前面臨的各種困難。在反共抗俄的現階段，如何安定臺灣經濟實是一個極關重要的課題，故特為短評論之。

本刊售價

一、	臺幣	三元
二、	越幣	八元
三、	菲幣	五角
四、	港幣	一元
五、	暹幣	四銖
六、	美金	二角
七、	叻幣	四角
八、	印尼幣	三盾

自由中國　半月刊　第四卷第八期
"Free China"
（總第三十五號）
中華民國四十年四月十六日

發行人　胡　適
主編　『自由中國』編輯委員會
出版者　自由中國社
社址：臺北市金山街一巷二號
電話：六　八　八　五　號

航空版
香港　香港時報社（高士打道六四號）

經售者
臺灣　中國書報發行所（臺北市館前街八五號）
美國　紐約民氣日報社
　　　舊金山國民日報社
日本　東京南友堂
　　　東京內山書局
馬尼剌　中菲文教出版社
印尼　巴達維亞星期日報
　　　棉蘭繁華圖書公司
越南　西貢中原文化印刷公司
　　　越南華僑文化事業公司
曼谷　曼谷攀多社十二號
新加坡　中興日報社
檳榔嶼、吉打邦　均有出售

印刷者　臺灣新生報新生印刷廠
廠址：臺北市西園路二段九號
電話：廠長室七一二五
　　　業務課二〇九六

本刊經中華郵政登記認為第一類新聞紙類　臺灣郵政管理局新聞紙類登記執照第二〇四號

自由中國

FREE CHINA

第四卷第九期

要目

中華民國四十年五月一日出版
社址：臺北市金山街一巷二號

半月大事記

四月十一日（星期三）

美總統杜魯門下令解除麥克阿瑟元帥在遠東之一切統帥權（包括盟國最高統帥，聯合國統帥總部司令，遠東總司令及美國遠東軍司令四項職務），並指定李奇威將軍繼任其職。第八軍團職務則由弗利特將軍繼任。

我出席聯合國首席代表蔣廷黻博士離臺飛返成功湖任所。

美國密蘇里州共和黨衆議員阿姆史特朗由日抵臺訪問。

美聯社華盛頓電：英政府要求美國邀請中共參加進行中之對日和約，並將臺灣交予中共。

韓境共軍放棄漣川樺川麟蹄。

四月十二日（星期四）

美總統杜魯門發表演說，重申美國遠東政策，將堅決在韓繼續作戰，但不擴大戰爭。

李奇威將軍飛東京會晤麥帥，旋即飛返前線。

行政院頒佈辦法六項，禁止奢侈品買賣。

四月十三日（星期五）

美第七艦隊司令馬丁中將飛臺訪問，當日返防。

杜勒斯離美赴日，行前表示對日和約談判有良好進展。

美國務院表示拒絕英政府之建議中共參加對日和約。

美密蘇里州共和黨衆議員阿姆史特朗結束在臺三日之訪問飛赴東京。

四月十四日（星期六）

李奇威將軍抵東京接任盟國統帥之新職。保證對日政策不變。

美新任第八軍團司令弗利特中將抵韓就職。

美陸軍部公佈韓境共軍傷亡數已達七十六萬一千人。

四月十五日（星期日）

英前外相貝文逝世。

四月十六日（星期一）

麥克阿瑟元帥於百萬日本人民歡呼聲中飛離東京。

杜勒斯於麥帥離日九小時後抵達東京。

美國務院重申立場表示對中共韓共決不姑息。

美衆院一致通過邀請麥帥出席國會發表演說。

四月十七日（星期二）

美參謀首長聯席會議主席布萊德雷發表演說，支持杜魯門總統立場，反對麥帥見解，爲美政府限制戰爭於韓國戰場之政策辯護。

杜勒斯發表聲明，向日本人民保證美國兩黨均支持麥帥在日之兩大政策，抵抗共黨並完成和約。

麥帥抵達舊金山接受熱烈歡迎。

美參院正式通過邀請麥帥對國會演說。

韓總統李承晚任命卞榮泰繼任外長之職。

韓共外長朴憲永致電聯大及安理會主席建議依照所謂世界和平大會的決議，和平解決韓戰。要求中共參加五强會議，所有外國軍隊撤出韓國，並撤消指責中共爲侵略者的決議。按此電文係韓共致聯合國同樣性質電文之第十八次，料將仍遭拒絕。

法國會通過六月十日舉行大選。

四月十八日（星期三）

李奇威，杜勒斯與日首相吉田會商對日和約。

美國務院發言人麥克德謨譴責韓共致聯合國的電報爲荒謬的文件。

成功湖消息：亞洲阿拉伯集團代表集會考慮韓共提出的和平試探。

法，德，義，比，荷，盧六國外長在巴黎正式簽署西歐鋼鐵聯營計劃，至少以六十年爲期。

葡萄牙總統卡謨諾逝世。

美共和黨政策領袖參議員范登堡逝世。

四月十九日（星期四）

美總統杜魯門宣佈美防衛太平洋計劃，其內容包括：美，澳，紐實行聯防，早訂對日和約，駐軍日本，琉球，及軍事支持菲律賓。

麥帥抵達華府，向國會發表演說。

杜勒斯於記者招待會中重申美國支持國民政府參加對日和約之立場。

美民主黨參議員麥紐遜來臺訪問。

四月廿日（星期五）

紐約市民狂熱歡迎麥帥。

美國防部宣佈美國軍事顧問團即將派來臺灣。蔡斯少將已被任命爲顧問團團長。

美國會要求參謀首長聯席會議說明曾否同意麥帥建議。

四月廿二日（星期日）

英勞工部長比萬因不滿政府預算案辭職獲准。

美軍事顧問團先遣人員十六人抵臺。

四月廿三日（星期一）

韓境前線七十萬共軍全線猛攻，聯軍被迫後撤。

美遠東空軍司令斯特拉特梅中將表示如不獲准轟炸東北，無法遏止共軍空中攻擊。

美民主黨參議員麥紐遜結束在臺訪問飛赴香港。

杜勒斯離日返美，行前曾晤日皇，保證麥帥去職後美對日政策不變。

英貿易部衛爾生繼前勞工部長比萬之後提出辭職。

四月廿四日（星期二）

韓境中線共軍攻入南韓十餘英里。

李奇威飛韓境前線巡視。

社論

對日和約與集體安全

一九四五年八月日本無條件投降以來，已經五六年了，而對日和約至今天還在議論中。佔領當局的美國，去年已下了決心要結束其佔領，而且和約草案已於今年四月提交同盟各國，我們也可在報章看見了。美國要與日本訂立個別和約已是毫無疑問，則其他各國雖可對該草案提議修改，但要阻礙和約使之不能成立，也怕沒有可能了，換句話說，否決權不能對此使用了。

元來對日和約應該是早日簽訂的。以日本民族之奮發有爲，何可久居於亡國的狀態？美國的佔領當局雖有寬仁厚澤的施與，在初期確能博得感激，但是日子久了，感激之情漸漸弛緩下去，而自尊心慢慢發揮作用，對佔領便生反感。二次大戰由亞洲起而蔓延及於全世界，戰後的亞洲依然動盪不安，要謀全世界的和平應該及早安定亞洲，而亞洲的中堅勢力厥惟中國與日本。現在中國大陸已經是民無寧日，則安定日本乃是異常必要的步驟，然若非日本自己站得住，又怎能夠安定呢？不論從那一個角度看，對日和約都應該早日簽訂，今天來討論已不免太遲，但今後猶復遷延，則錯誤只有更甚。我國最先遭遇日本的侵略，受害最深，損失最大，揆諸報復的心理，自不願見其復興。但是「以直報怨」，「仇可解而不可結」，實爲中國的古訓，大國的風度自不同於小丈夫悻悻者之所爲。所以在日本投降時，蔣委員長曾經代表全國國民發表對日的寬大政策。即在今日，大多數中國國民不但極願見對日和約之早日簽訂，而且希望和約簽訂後的日本，朝着正確的方向邁步前進，而成爲富強康樂的國家，和我國友好相處，「共存共榮」。

看美國所提的對日和約草案，如領土問題，賠償問題，及其他問題，現因篇幅有限，暫且不談，只就安全問題略抒我們的所見。

日本自身的安全現在有問題嗎？據多數觀察家的意見，美國所以急於訂立對日和約，爲的是對付共黨的侵略，惟恐日本陷入共黨手中，則美國的防線要退守夏威夷了。金日成所以進攻南韓，無非爲史大林征服日本開其先路，南韓不保，則日本岌岌可危。縱使南韓可保，而日本的北海道密邇庫頁島及其鄰近各小島，蘇俄要從該處進攻，是輕而易舉的事情。現在美國爲數有限的地面部隊，以之應付韓戰已感困難，倘若蘇俄派遣日本戰俘十萬人（據日本人估計，留在蘇俄的日俘尚有三十七萬）來攻擊北海道，將何以禦之？要確保日本的安全必使它有自衞的能力，故結束佔領，武裝日本，實爲當務之急。「和約草案」上所謂「盟國承認：日本作爲一個主權國家，即具有聯合國憲章所謂的個別或集體自衞的固有權利……」，便是允許日本有自衞武力的條款。當日本帝國強盛時，蘇俄惟恐受其侵略，現在國力雖然削弱了，而以其工業潛力及其軍隊素質，來防守其本土，又有美國的援助，當然是綽有餘裕的。日本的共產黨雖擁有相當力量，但其民衆看見中共及韓共的侵略行爲，已深知史大林奴役全世界人民的策略，大多數再不會上當了吧。

爲了確保日本的安全，不能不允許其擁有武力，但是武力強大了，會不會威脅鄰國的安全呢？二次大戰，日本是最先發動侵略的國家，中國首先遭殃，其後則東自夏威夷西至緬甸印度無不受其鐵蹄的蹂躪。戰敗後的日本是否有悔禍之心，我們根據零碎的報導固然無從知悉。但從其歷史看，則其黷武佳兵的，積習甚深，並非短暫期間所能改變。澳洲，紐西蘭，菲律賓，以及我們中國，至今還有許多人憂慮日本再來侵略的，並不是過量的猜疑，乃是很有根據的推測。我們正告日本人民：從事侵略的結果，已經明明白白擺在目前，不但日本慘敗而被人佔領，而且中國以及東南亞各國，至今猶是混亂不堪。共黨乘機崛起，馴至赤禍燎原，今日中國大陸全部淪陷，亞洲各國均無不受其威脅，推原禍始，日本能辭其咎嗎？日本如不接受失敗的教訓，則已苟有悔禍之心，自非改弦易轍不可。故必須革除其好勇鬬狠的素習，養成崇尚和平的風氣，然後能夠博得鄰國的信任，而成爲集體安全之一員。「和約草案」規定：「日本接受聯合國憲章第二條所規定的義務……」也就是要日本成爲集體安全之一員罷了。

總覽「和約草案」關於安全的條文（即第六及第七兩條），究其極只有依靠聯合國，故允許日本有自衞的權利已是根據聯合國憲章，要求日本履行的義務，更明白援引聯合國憲章的條文，那麼聯合國憲章是否靠得住呢？今日的世界，和平已是不可分割，則安全必須集體才能保障，理論上差不多沒有異議了。但是國際聯盟失敗的事實大家的記憶猶新，今後的聯合國會不會重蹈覆轍呢？此次韓國之戰，的確是史無前例的義戰，聯合國的聲望因此增加了不少，但因中共參加以後，各國各懷私見，步調凌亂，美國亦躊躇瞻顧，猶豫不決，遂使聯合國爲之減色，而集體安全能否保障乃成疑問。果能不畏強禦，貫徹初衷，排除一切障礙以建立獨立，統一，及民主的韓國目的，則聯合國的聲威所播，將無遠而弗屆，區區日本安敢再事侵略？否則國際關係仍以武力爲轉移，據利害作計較，聯合國憲章也不過一紙空文罷了。

最後，我們以爲聯合國的範圍太大，一個議案要獲得會員國全部或大多數的贊同，實屬不易。要謀集體的安全，仍應縮小其範圍，則利害相關休戚與共，較易獲得全體一致的協力。我們在半年前已主張「迅速締結太平洋公約」（本刊三卷五期社論）現在對日和約簽訂在望，故太平洋公約之締結，更屬必要。現在太平洋上要遏住共黨侵略的兇鋒，中國和日本實居於第一線，必須以中日爲前矛，菲澳紐美英法諸國爲後盾，而後安全可保，和平可期。故加強中日兩國的實力，使之立於不敗之地，實爲刻不容緩的要着。若能成立太平洋公約，以建立集體防禦的形勢，則簽訂對日和約效果當然更加顯著了。

時事述評

歡迎美國軍援顧問團

醞釀很久的美國軍事援華方案，到了麥帥去職，美國輿情激昂的今天，很快地見諸行動—軍援顧問團到了臺灣。這幾天，自由中國的人心爲之振奮，我們亦當表示衷心的歡迎。

美國軍事援華，如以世界性的反共戰略來看，當第二次大戰結束，蘇俄在亞洲的陰謀昭然若揭的時候，本應該積極實施的。美國給土耳其和希臘的軍援，遏止了近東和地中海的赤焰；對華的旁觀政策，縱容了亞洲大陸的紅禍。有世界眼光和歷史頭腦的政治家，當不能無感於今昔吧！

去年六月韓戰發生，美國對華政策爲之一變，由不管臺灣變而爲中立臺灣，這一變，一方面是基於軍事的本身的考慮，一方面又未忘情於國際政治的週旋。在這個變化過程中，安全感與自尊心弄得我們自由中國的人民啼笑皆非。中共參加韓戰了，中立臺灣的「理由」，應已不再存在。臺灣之能否反攻大陸，應不應該讓臺灣反攻大陸，照理只有從力量方面着想，不應該再有其他考慮。如果認爲臺灣的力量尚不足够反攻的話，美國就應該趕快加強軍援，然而遲至中共參戰後五個月的今天—同時也是麥帥去職後的今天，美國始正式公佈中美軍援協定並派遣顧問團來臺。中美軍援協定是在本年一二月間換文的，記者們問艾其遜國務卿：爲何這個協定不依當例在中國政府接受後即行公佈？艾卿的答覆，是說他也不知道。這其間，我們不難想像到，如果不是因爲麥帥去職引起美國的輿情激昂，則軍事援華的積極措施，恐怕還要拖一個時期。因此我們可以這樣說：美國政府的對華政策，取決內政的成份似乎比較取決於正確的世界性反共戰略的成份爲多。

現在，美國的軍事援華，畢竟積極地實施起來了。儘管艾其遜先生一再聲明，中立臺灣的政策迄未改變，但這究竟是加強臺灣反攻力量的一大措施，也就是正確的世界性反共戰略所要求的一個措施。這個措施既已開始，就應該積極地徹底地做下去，再也不能一張一弛，搖曳不定了。

最後，我們說到我們自己：軍援是到來了，我們軍事上的努力當要與軍援配合起來；可是我們更應知道，除軍援外，我們還應爭取民主國際的精神援助。國際間力的結合，可能是一時的手段，惟有精神的結合才最可靠。在極權與反極權的大鬪爭中，爲爭取國際間的精神援助，我們該知道如何選擇我們的前途。（萍）

韓國戰局縱談

儘管英國紳士以爲韓戰談和的障碍只是一個麥克阿瑟，儘管以印度爲首的亞洲集團每週集會討論如何調停，但中韓共軍準備一經完成，而全面攻勢立刻如疾風猛雨，以多量人數的優勢壓迫聯合國軍着着後退了。摩里遜先生在不久以前曾說，「現在和談的心理準備業經成熟」，正好是一個對照！幾百年來以狡獪老練著稱的英國外交，其毫無見識竟一至於此！難道工人出身的外相畢竟是學識不足嗎？爲甚麼學識優良，經歷豐富的保守黨議員諸公也沒有一人提出外交政策來作辯論的題目呢？飽受英國教育的尼赫魯，又何怪其惟恐獻媚之不周？

現在共軍的攻勢業經展開，據今天（二十七）報章所傳的電訊，漢城已是岌岌可危，聯合國軍已有放棄的模樣，而且共軍的飛機已臨前線，斧山發出空襲警報，華盛頓的各國代表正在磋商轟炸中國東北了。這麼一來，韓戰能不能局限而不擴大呢？共黨征服世界的目的是不變的，在韓國業經發動侵略，除非計窮力竭，決無中途停止的理由，英國想停在三十八度鄰近而成立和談，是絕對沒有可能性的。所以從遠處看，韓戰之不能局限，是明如觀火的。如果聯合國堅持不擴大，則除退出外還有他種途徑嗎？但是這一次會不會擴大，暫時尚不能下全稱肯定的判斷。馬歇爾的全盤戰略唯在拖延，非至歐洲的防禦有充分的把握，則在東方只好捱打，使西歐諸國相信美國有充分力量來作援助，而提高其同仇敵愾之心，使所謂亞洲集團相信美國並非好戰，以阻遏其離貳之念。所以他警告美國國民，現在的緊急狀態或許要持續十年。在如此的拖延戰略之下，非有特殊的原因必不會擴大韓戰，至多也不過轟炸東北而已。共軍此次的攻勢可否看作特殊的原因？僅看目前的情況，率爾斷定，似嫌過早。

那麼，聯合國軍會不會退出南韓呢？杜魯門早已說過，除非被迫決不撤退。看過去十個月的戰爭，以共軍的力量要驅逐聯軍下海，非奪取空中優勢不可。據說蘇俄在遠東的飛機有八千架，如果全部出動，則至少在短期間內，儘可奪取空中優勢。即使共黨的空軍足以壓倒聯軍，再加以百萬以上的人海衝激，能不能達其佔領全韓的目的，尚屬疑問。何況史大林未必決心將其遠東空軍來作孤注之一擲，而且美國的飛機製造能力遠勝蘇俄，在長期競賽中必終操勝算呢？所以據我們看，共黨要驅逐聯軍下海是沒有可能的。

李奇威將軍以此次戰役爲決定性的戰爭，吾不知其究作何解。如果我們上面的分析沒有錯誤，則韓戰還是僵持的局面爲多，兩方都很難獲得徹底的勝利的。（漸）

麥帥解職底教訓

殷海光

四月十一日，美國總統杜魯門下令解除麥克阿瑟元帥底一切職權。消息傳來，舉世震驚！杜魯門這一重大措施，雖然在國際上暫時止息了英法印等國之疑懼而收穩定西歐集團與印度之效，但在國內卻使民主與共和兩黨關于反共制俄政策的歧見更形激化。因而，麥帥解職事件係成兩黨政治鬭爭底焦點。同月十六日，麥帥輕裝簡從，乘『巴丹』號座機返美。

這個事件底意義不止於在它底本身。

綜觀這一事件演變底經過，幾使吾人宛如置身民主政治與人生哲學之一大教室。

麥克阿瑟位至五星上將，膺一方重寄，功勳蓋世。杜魯門總統以一紙免職命令，就輕輕將他撤換。而麥克阿瑟一接到命令，便立即交出全部權力。權力轉移之際，簡直沒有什麼牽動，一點也不拖泥帶水。這一現象表示了什麼？這一現象充分地表示了法治之尊嚴和軍隊眞正的國家化。在法治確立的國家裡，大家所服從的，不是某一個人，而是共同認可的法律；隨便那一個身在其位的人都可執行這個法律，而且別人必須遵守。同樣，軍隊裡的主帥任何合格的軍人都可充當。軍隊裡更換一個主帥和球隊裡更換一個隊長相差無幾。因此，沒有我底『子弟兵』你不能帶，你帶就要出問題之情形。美國軍隊是眞正國家化了，不是一黨一姓底私有工具，所以美國簡直沒有軍人擁兵自雄和割據造亂之事。麥帥走得這樣輕便，應該給東方人以點醒。

杜魯門是一國底元首，麥克阿瑟是一個被黜的將領。在『父權政治』盛行的地方，一國元首對於被黜將領還有什麼客氣好講呢？杜魯門總統則不然。他於麥帥免職以後，雖然一方面發表他底政策聲明，可是在另一方面卻傳語所屬官員，勿對麥帥個人從事抨擊。杜氏於聞悉麥氏將返都門，特派佛漢少將代表歡迎；並且命令所有聯邦政府工作人員，只要有時間，均應參加歡迎；同時又取銷了他定於十九日對報紙編輯的演說，以免打攪對麥帥的歡迎。在『父權政治』底下，有幾個『人君』對待僚屬如此尊重？

互相尊重，正像互相寬容一樣，是政治民主之必要的條件。

也許有人說，杜魯門之所以對待麥克阿瑟這樣客氣，是因麥帥人望太高和國內反對黨情緒激昂而不得不然。是的，長期『薰陶』於只講利害不講道義的政治氣氛之下的人是很容易這樣想的。好吧！我們姑且認爲這樣的想法是對的，杜魯門因麥帥人望太高和國內反對黨情緒激昂而不得不拿出這些敷衍手段；可是，同時我們不要忘記了，麥帥已無權無勢，反對黨又手無寸鐵。在不民主的地方，有幾個權勢者如此尊重被黜將領？有那些在朝黨如此『敷衍』反對黨呢？他們都總是『一朝權在手，便把令來行』，『我要這樣做，你其奈我何』的。在這樣的地方，除非你有『實力』，我才『賣你的帳』；你沒有實力，請『免開尊口』。在這樣的地方，『實力』至上的『現實主義』支配了一切。所以，退一百步說，杜魯門這些舉動即使是『敷衍』手段，也只有民主國家才產生得出來。但願多拿出些這樣的『敷衍』手段吧！

關於是否邀請麥帥出席兩院聯席會議的問題，本來又可作兩黨爭持之端。共和黨人士力促麥帥向國會報告，民主黨人士則力謀阻止。正在這難分難解之際，杜魯門總統作適時的表示：『我認爲國會對於我國偉大的軍人之一，給予這種光榮是適宜的事。』這個聲明一出，兩黨底糾紛。立刻爲之澄清：衆議院和參議院先後一致通過邀請麥帥參加十九日國會兩院聯席會議並發表演說。在麥帥這一方面呢？麥帥途次舊金山，對歡迎群衆公開表示：『我個人並無任何政治企圖，亦無意獵取政治職位。我希望我的名字永遠不用於政治方面。』他又强調地說：『我僅有的唯一政治企圖，包含在一句大家所熟知的簡單的話裏——上帝佑美國。』他並以一種緩和而莊嚴的音調聲稱：『適才有人問我，是否有意參加政治，我的答復是「沒有」』。至此，一部分人士企圖利用他底聲威競選總統之事，也歸於煙消雲散。

杜魯門總統沒有爲了眼前一時的現實政治利益而倚勢偏袒民主黨。麥克阿瑟元帥也沒有藉其人望之高以及群情之激昂來掀起一種政治形勢以威脅對方。兩方面所表現的，是何等高超的政治風度！

這些是『空洞』的東西嗎？有教養的人不以爲是。惟有眞正的民主國家才會出現這樣的人才和產生這樣的風度。在這樣的人才支持之下和這樣的風度影響之下，國家底禍亂便會消彌於無形的。

雖然民主黨和共和黨之間對於某些政治問題有不同的看法，雖然杜魯門因着某些緣故而將麥帥免職，可是他們不因此而抹殺對方底意見，而是給予麥帥以表示意見之最佳的機會。杜魯門總統等人並且還要研究麥帥講詞，並非一擱『存擋』了事。這在不民主的地方辦得到嗎？而在麥帥方面呢？他所表現的是：官是可以不做的，主張則不能放棄。所以，他要出席國會發表演說。這種爲自己底主張而奮鬭的至大至剛之精神，非民主地方的人，有幾個可與倫比？

『革命』未必一定可以獲致民主。法國大革命以來的事例昭示吾人，經過革命流血將『專制』換成『民主』招牌以後，實際得到的是更猛厲的專政，甚至於極權統制。實實在在，如果我們願意務民主之實而不慕民主之名，那末我們可以看出民主內容與政治形式並不太相干。英國尚有國王，但沒有人能說英國不是民主典型之一。藉『革命』換得的『民主』形式常常只有專政甚至於極權的內容。在這種形式的『民主』之下，也有所謂選舉。但是，這樣的選舉，幾乎很少保存了選民自由選擇的意志自由。這樣的選舉，多取決於競選者與權力泉源底『關係』之遠近以及所耗金錢之多少。藉着這兩樣，即權力與金錢，『競選』之勝利者買得一塊地方之統治權。所以，選舉不足以表示眞正的民主。足以表示眞正民主的，是尊重異己底意見，是應該讓他有公開發表言論的機會，尤其是應造成他無虞因自由發表異見而發生恐懼之自由的環境。美國具有這種民主傳統。美國民主黨和杜魯門之對待共和黨，尤其是對待麥克阿瑟，是尊重這一民主傳統之積極的表現。所以，麥克阿瑟於被邀請發言時，一開頭便說：『我感覺美國的這種立法辯論方式實代表着最純粹的人類自由。』惟有是否允許異己之公開的言論自由，才是是否眞正民主底試金石。不讓人有這種自由的『民主』，也不過是『新民主』一類底玩意。

麥克阿瑟不僅是一位只會打仗的『老粗』，他底言論和行誼亦足爲天下法。

差不多殖民者在殖民地區，總是弄得怨聲載道，種下民族之間的深仇血恨；更不用說戰勝國之對待戰敗國是如此了。近年來東南亞民族運動之所以被共黨利用，遠因多種于此。而麥帥之治日則不然。麥帥以征服者底地位統治日本，沒有用霸道而用王道。五六年來，他使日本由混亂與貧困而恢復安定與繁榮。所以，麥帥將駐日四個佔領師完全派赴韓國戰場，造成力量之眞空，而不曾引起絲毫的不安。這是行王道而不行霸道底結果。對待戰敗國尚且如此厚重，對待已恢復的國土更應如何？麥帥離日的時候，東京百萬人民送別。有的老太婆從很遠的地方趕來送行。這種眞情，豈是權勢，命令，和馬基維尼主義所可造成的？

這樣的人物，是會受到舉國同情和愛戴的，麥帥自日返國後，沿途備受各地盛大歡迎。紐約一地歡迎的人民在七百萬以上。僅紐約一地，歡迎而拋到街上的紙屑約達二千八百噸。這是何等令人感動的場面。

或者，許多人以爲這並非純然出於政治理由。美國人好奇，好新鮮，崇拜冒險的人物，也崇拜風頭人物。所以，他們不獨歡迎麥克阿瑟，也曾歡迎過林白上校，歡迎過電影明星。這是不錯的。可是，我們得進一步追問：美國人爲什麼好奇和好新鮮？爲什麼崇拜冒險的人物？爲什麼崇拜風頭人物？而且，尤其重要的，美國人何以有這樣的歡迎之自由？一想到這裡，我們就不能拿前面的理由來解釋美國人之所以歡迎麥克阿瑟，更不能拿『美國人愛熱鬧』這一理由來解釋。如果我們肯想到人家熱鬧活潑後之『所以然』，那末我們對於若干人現在的處境，不能不感到黯然神傷。

我們要知道，專制極權統治之下的人民，不是變成農奴、工奴、文奴，便是變成准農奴、准工奴、准文奴。這樣的一些人，長期在憂患的煎熬之中，飽嘗顚波流離之苦，日日遭受經濟的壓迫，政令又復苛猛如虎，煩細如蚊，動輒得咎，令人了無生之樂趣，誰有心情來歡迎一個撤職將軍？不用說在專制極權統治之下的人民沒有這份閒情，即使有的話，也沒歡迎之自由的。在這種統治之下，歡迎也是必須依命令排隊而行的。不用說像美國人民這樣未經『批准』的自動盛大歡迎麥帥的事情根本不可能發生，假如發生了，歡迎者有危險，被歡迎者更有危險。因爲，如此歡迎一個被政府當道所黜的將領，在專制極權統治之下，會被認爲是叛逆政府及其領袖的民變。這樣危險的事象，爲了鞏固政權，是非敉平不可的。許多人以爲『革命』與『專制』不同。他們不知道，如前所述，由『革命』而形成的『專制』往往是猛厲十倍百倍的專制。舊式的『專制』之內容是『天無二日，民無二皇』。布爾希維克化了的『專制』之內容是『天無二日，民無二黨，黨無二魁』。既然『黨無二魁』，一個人如此受人普遍歡迎愛戴，這表示他有成『第二魁』之可能。有成『第二魁』之可能，就非不擇一切手段『幹掉他』不可了。所以，在經由『革命』所形成的專制極權統治之下，如果那一個人能力優異或聲望出衆而不歸順統治集團，他必成統治者眼中之釘。他遲早必有災殃。如果那一個人稍有組織能力並且能對群衆起領導作用而他又稍有別樹一幟的跡象，那末他一定成爲被消滅的對象。

在經由『革命』所形成的專制極權統治之下，爲什麼會有這樣的政治規律及其結果呢？理由簡單極了！這種專制極權統治底政治哲學是『一元論的

『自由中國』的宗旨

第一、我們要向全國國民宣傳自由與民主的眞實價值，並且要督促政府（各級的政府），切實改革政治經濟，努力建立自由民主的社會。

第二、我們要支持並督促政府用種種力量抵抗共產黨鐵幕之下剝奪一切自由的極權政治，不讓他擴張他的勢力範圍。

第三、我們要盡我們的努力，援助淪陷區域的同胞，幫助他們早日恢復自由。

第四、我們的最後目標是要使整個中華民國成爲自由的中國。

(monistic)』。在一元論之下，政治權力是絕對單一而不可分割的。大凡在『革命』過程中，由宣傳和組織階段而到達統治階段的人物都是些權力狂。史大林是一典型例子。孫逸仙先生不是。因爲他棄總統職位若敝屣。權力狂在有人分割或可能分割其權力時，一定不惜採取任何手段來消滅對方的。因此，在這樣的國家，我們不能想像有人可能與元首分庭抗禮而受到人民盛大歡迎的。如果想到這一層，迫切渴望實現眞正民主自由的人，還能僅從美國人愛看熱鬧來解釋歡迎麥帥之事麼？

像美國這樣貨眞價實的民主國家，其政治哲學是『多元論的（Pluralistic）』。在多元論的政治哲學之下，政治權力不操於一人一黨之手，而是實質地保留於各黨各派各州各社團之手。政府是選民創造出來的執行機構，總統不過是人民底公僕。人人底立足點是平等的。既沒有永久固定的唯一統治階層而是權力分散于各部分，保留於各部分，於是你不用向一時的執行機構那裡去低頭去賣身投靠去逢迎附會而取得權利。在這樣的國家，個體的創導能力（individual initiative）可以不受基於鞏固或擴張某個人之政治權利而產生的政治力量之桎梏，因而得以盡量發展。只要你有成就，你就會受到大家底欣賞或尊重。所以，不一定是大官大吏，就是一個電影明星，一個發明家，一個飛行員，也會受到大家自發自動的歡迎。在『一切榮耀歸於主』的專制極權國家，會有這樣公平的事嗎？

吾人更應注意，麥克阿瑟底心光，不僅照耀到現實的軍事和政治方面，而且，遠非一般軍人所企及的，還投射到道德，倫理，和精神方面。他底這一超現實的光輝絲毫沒有因他在現實世界裡遭到挫折而減色。在向國會的演說中，他強調尊重亞洲人民，反對殖民主義。對於自己底國內，他則說：『由於國內的破壞腐敗以及對於我們日常生活所受的繁多管束而形成的錯誤與混亂，今日正威脅着我們底國家。……在這些惡勢力下，我們已離開我們祖先創立的簡單而永恒的生活方式太遠了，而達到異常危險的程度。』我們讀到這些話，實不勝感慨繫之。麥帥在美之所見，比起世界許多地區已不知好出多少倍。在美國以外許多地區裡，『破壞腐敗』以及『對於我們日常生活』所加的『繁多管束』，正與日俱增。在這樣的地區，法令多如牛毛，毛細苛求無以復加，動輒得咎，改換一個名字得花上半年時光。依民主的原則講，政治機構本是爲了『服務』人民而存在的。而在這樣的地區，政治機構似乎是特爲『統制』人民而存在的。人民感到這樣的一些機構是生命之桎梏。長此以往，其何以堪？

麥帥歸國發表演說之後，以他爲中心所引起的政潮似未終了。政府與反對黨底辯論似乎還在繼續之中。這種情形，在只許一個人說話的地方，也許認爲是『意見紛歧』的不了之事。其實，這正是眞實的民主精神之表現。難道公開討論不比因不許公開討論而逼得陰謀造反高明？專制極權統治是靠暴力來『團緊』大家以求得表面的一致。一旦暴力失敗了，表面的一致便要『開花』。民主國家經過辯論之後所得到的一致才是心悅誠服的一致。只有由這種一致，才會產生眞心的團結和力量。寬容無權無勇的將領和反對黨公開以言論反對當軸，這是何其令人嚮往的高貴民主風度？

團繞麥克阿瑟解職事件而發展的這些事象，表徵着上述許多寶貴的教訓。這些事象具體地昭示吾人：美國不獨藉其雄厚的經濟力來影響世界，不獨以其強大的武力鎭懾着克姆林宮底陰謀暴力集團，而且更以其道德的精神力量與世界相見。這一道德的精神力量是從民主傳統裡培養出來的。經濟可以衰落，武力也只可稱雄於一時，唯有道德精神力量和民主傳統可以影響於永久。只有靠這道德精神力量和民主傳統，美國底經濟力和軍事力才可發揮更爲偉大和更爲深遠的效用。

這些教訓是永久的。它們將會使一個精神力量死滅的民族甦醒過來，而迸發出新的生機。凡屬熱愛國家的中國人民，在爭取軍事和經濟美援的時候，更應該爲了國家底未來而爭取更多的精神美援。

徵稿簡則

一、本刊歡迎：

(1) 凡能給人以早日恢復自由中國的希望，和鼓勵人以反共勇氣的文章。

(2) 介紹鐵幕後各國和中國鐵幕區極權專制的殘酷事實的通訊和特寫。

(3) 介紹世界各國反共的言論、書籍與事實的文字。

(4) 研究打擊極權主義有效對策的文章。

(5) 提出擊敗共黨後，建立政治民主、經濟平等的理想社會輪廓的文章。

(6) 其他反極權的論文、談話、小說、木刻、照片等。

二、翻譯稿件務請附原文並註明其出處。

三、投稿字數，每篇請勿超過四千字。

四、賜稿務望用稿紙繕寫清晰，並加標點。

五、凡附足郵票的稿件，不刊載卽退囘。

六、稿件發表後，每千字致稿酬新臺幣十五元至卅元。

七、來稿本刊有刪改權，若不願受此限制，請先說明。

八、惠稿經登載，版權卽爲本刊所有，非經同意不得轉載。

九、來稿請寄臺北市金山街一卷二號本社編輯部。

論「中立主義」

程滄波

法國總統奧里歐最近訪問美國，本月二日在華府參衆兩院聯席會議中發表演說，申述他對世界和平的計劃，並告訴美國國會，法國在必要時，一定對蘇俄的侵略抗戰。在演說詞中，他提起了「中立主義」，他說：「產生於野蠻名詞所謂中立主義的態度，對法國完全是陌生的。中立主義不僅在道義上是一個荒謬。在地理上或歷史上也是沒有意義的，譬如在奴役與自由中間，在美與惡之間，一個人能保守中立麼？」

在今天國際間盛傳所謂第三勢力，在法國與意大利國內，尤其流行一種所謂第三種思想，中立主義這一個問題是很值得研究的。法國總統奧里歐本人，和他左右一群人，歐洲大陸上早稱他們爲第三勢力，他們有時也受之而不辭。最近世界論壇上討論歐洲政治，論及奧里歐及其黨徒，所謂「第三勢力」份子，多數認爲他們是澈底反共的，奧里歐本人所說對共產黨的進攻不惜一戰，也是有決心的，但是，抗拒共產主義的勇氣與決心，到最後五分鐘方始鼓作起來，是不濟事的。奧里歐與其黨徒，過去給予人們的影象，是他們墮入自己布置的羅網中而不自覺。他們過去屢次避開積極的自發的反共鬪爭。奧里歐今天在訪美時自己揭開「中立主義」的迷惘，我們覺得這是自由世界中一個好消息。讀了奧里歐的演說詞，引起我們對於中立主義的討論。

「中立」是戰爭狀態下面一種態度。中立問題的發生，必須在戰爭發生時，或發生以後。現在我們所講的「中立」，是冷戰階段中一種態度，也就是冷戰時期中一種思想態度。冷戰和熱戰是一樣，同有交戰的双方，在現時情勢中，冷戰的双方，一方是共產主義的集團，一方是自由民主主義的集團。在冷戰中間，既不介入共產主義的集團，亦不參加自由民主主義的集團，在心理與態度上，既不贊成共產主義集團，也不滿意自由民主主義集團，而想自己介於兩大之間，超乎兩大之間。所謂第三勢力，所謂中立主義，是這樣一種形態與情景。記得艾森豪威爾就任大西洋公約國家聯軍統帥後，訪問歐洲各國。他回到美國，曾經提到歐洲國家中社會各階層，流行着一種悲觀而瀕於敗北主義的情緒及思想，這種悲觀而瀕於敗北主義的情緒及思想，是否就是今天冷戰中思想上的「中立主義」？我們可以答覆：那種情緒與思想，只是構成「中立主義」的一種因素，而並非中立主義的全貌。中立主義在歐洲確已相當成爲一種運動，這種運動，如不予以及時的研究及糾正，其蔓延於各地，是十分自然的。到現在爲止，中立主義並沒有什麼實力，但是不能因爲它未具實力而對之輕視，或者不予理會。今天反對中立主義的人，其憤激之情緒，一如十三年前對慕尼赫協定時相髣。而在共產主義社會中，對這一種思想的蔓延，有時遮掩不住他們的喜慰。有一位英國的批評家曾經說：在莫斯科看到歐洲滋長的中立主義，必定自己解嘲或自己安慰說：美帝陣營中，也產生了狄托主義了，由這幾句深刻的觀察，我們應該想到中立主義在冷戰階段中可能發生的影響。

中立主義者代表範圍甚廣的態度與願望。第一種中立主義者，可以說是天眞的和平主義者，他們認爲自己便是法律，他們其實就是十足的無政府主義者。第二種中立主義者，是對戰爭極端厭倦而恐懼的人，他們對凡能逃避戰爭而使他們的感想可以勉强合理化的辦法，都不惜予以提倡，其實這種人可以簡單稱之曰逃避派。第三種中立主義者是不論左派或右派的政客與文人，他們看到重整軍備與冷戰之無期延長，認爲社會進步與繁榮的希望，都一筆勾銷了。第四種中立主義者是一種寂寞空虛而敏感的人，他們對民主國家及共產集團間双方關係的惡劣與交涉或冷戰時態度的蠻橫表示憎恨。第五種中立主義者，他們眞心認爲和美國資本主義結合在一起，是違反其本國及歐洲的利益。最後還有一種所謂「同路人」，他們其實並不是正眞的中立者，而他們認爲那種中立主義思想的流行，使他們有極好的利用機會。

中立主義者的論據是什麼？他們的態度，有時與孤立主義者是相像，雖然他們的源流完全不同，中立主義者多半是新近歸化到所謂政治現實主義者。他們也同樣提倡集體安全主義，但是對付一個强大侵略的集體安全制度，這個制度對參加的份子，包含着什麼約束與義務，他們是沒有想到，在過去六月中，這個制度開始加緊實行了，他們一看到這個集體安全制度的初步結果，是要限制參加份子的外交獨立，有時甚且一國的主權行使，他們望而生畏，立刻想告退了，立刻回到過去所輕視的調和與綏靖政策，他們原先沒有估計到一個國家參加集體制度所應付的代價，他們就一股腦兒反對參加任何國際間集體動作、在這一方面，他們完全是一個孤立主義者。這種中立主義者的孤立主義，有時不甚反對一般的聯盟，而特別反對和美國在一起，他們認爲美國的外交政策，完全跟着一陣一陣的輿論，忽吹到東，忽吹到西，在美國這種外交政策下面討生活是違反本國利益的，他們更認爲美國的整軍與動員，性質含有挑釁，蘇俄可以被威嚇而言和，但亦同樣可被威嚇而至引起戰爭。由這種出發點，他們妄想拖延時間去消彌兩大陣營的歧見，他們同時會主張對蘇討論德國之解除武裝，也可主張世界各國停止擴張軍備，自然的結論，他們會不信任美國各種直截痛快的想法，他們會支持英國艾德禮的政策。

經過這個分析，所謂中立主義，不僅對於自由世界，對其本國是不忠實不愛國，他們簡直是逃避主義者也是敗北主義者。他們無形中與蘇聯所倡導的「和平運動」共鳴。他們赤裸裸表露反美，這種反美情緒說穿了是，嫉妬，憤恨，並且反對美國的民主。在這許多論點上，我們對於中立主義，應當迎頭予以痛擊，可是除此以外，中立主義中還包含若干重要與眞實的意義，不能一概抹煞的，現今歐洲人民的觀感，對於國家的尊榮及獨立精神，還是十分重視，他們重視國家的獨立，有時過於重視個人的自由，所以自由世界中應該重視這一個精神因素，在實際環境中，處處留心這一個事實，譬如在大西洋公約國家中，應時時提防不使小國對大國發生任何反感。此其一。歐洲無限期在兩個勢力陣營中對峙下去，這一個政策的前提，美國人比歐洲人容易接受。譬如許多法國人，或德國人，簡直不願接受這一個前提。他們認爲歐洲人憑其傳統的政治方法，遲早將能克服這一個分裂。他們亦認爲遲早或將要求蘇俄與美國，同時撤離歐洲。他們覺得一方面的光臨是引起另一方面光臨的原因。這許多情形，是中立主義在歐洲另一方面的意義，平心研究國際問題的人，不能因爲中立主義所造成的毒害而一概置之不理。

假使冷戰不能結束，跟着冷戰的一定是熱戰，冷戰時期中的一切，對熱戰時期必然發生嚴重的影響，冷戰和熱戰有一個重要的不同，冷戰時期的戰場是心理與思想。熱戰時期的戰場是山川陣地。在現代的熱戰中，心理思想是和地形與武器居有同樣的地位，熱戰既是冷戰的延長，冷戰也可說是熱戰的準備，第二次大戰後五年中的冷戰，共產主義集團已經着着佔了上風。在最近兩三年，歐洲各國接受了「馬援」，同時也成立了大西洋公約。在形式上，民主國家在冷戰中已經挽回了極大的頹勢。但從柏林封鎖後到去年韓戰開始。冷戰已經過渡到熱戰。就在這個時期，中立主義在國際間突然擡頭。從去年秋冬開始。世界富具正義與愛好自由的人士聽了尼赫魯的怪論，再看了英國艾德禮政府的舉動，大家對世事愈弄愈糊塗。譬如韓戰到今天，參加出兵的十四國，今天鬧卅八線問題，明天再鬧統帥的職權問題。聯合國爲了一個譴責侵略國提案，鬧得滿天星斗，勉强附條件的通過，敵人昨天把我們踢了幾脚。今天給我們幾個耳光。而我們只是說他們係無心的誤會，他們實際還是要與我們和好的，這種奇奇怪怪的情形是怎樣來的，印度的尼赫魯與英國的艾德禮政策是怎樣產生的？一言以蔽之，就是中了所謂第三勢力的毒，受了中立主義的催眠。第三勢力與中立主義在歐洲潛藏着幾年，現在開始在聯合國大發酵了，第三勢力與中立主義今天的對象、表面上抓住了麥克阿瑟，而其實則爲自由世界全體的人類。有人對蘇聯最近倡導的「和平運動」，開始憂慮，以爲這一個運動的攪擾作用，相當厲害。但我們看來，第三勢力與中立主義對整個自由世界的攪擾，其禍害實遠過所謂「和平運動」，一個戰爭中最重要的原則，是戰爭目標的簡單與淸楚。那一方的戰爭目標不含糊，那一方面的民心士氣，就容易提高。而敵愾同仇之心，也易於激昂而普遍。一場戰爭中，如果那一方面發現了逃避主義，敗北主義，那一方面的失敗已經是注定的。中立主義雖然與敗北主義尙相去一間，但中立主義的核心，毫無疑意的充滿了逃避主義，中立主義可以使自己陣營中的意志淆亂，因而使鬪志喪失。韓戰未來的可慮，中立主義的作祟，實爲最大之隱憂。自由世界從冷戰到熱戰的過渡期間中，如果不能根絕中立主義，這種後方的襲擊，實比任何游擊隊爲害尤甚。

莫斯科最近公布了所謂保衞和平的法律，在共產集團國家中，從蘇聯到東德及蒙古人民共和國，都同樣採用這種法律。據報載，該項法律的內容，不論採取何種形式的戰爭宣傳，都認爲危害人類的嚴重罪行，任何人犯了這種罪行，都將提付審判定罪，一如尋常國家中個人犯了刑事罪案。若東歐國家及蒙古，犯罪者處刑至廿五年以上之勞役，其情節重大者，且將被判死刑。這個法律的來源，是根據去年華沙保衞和平大會的建議。今年在柏林蘇軍佔領區所舉行的和平運動大會，除重申此議外，更對德日兩國的武裝，特別提出各地抗議的運動。莫斯科對這一個運動，所以不斷予以鼓勵，其用心是十分可怕的。共產黨與過去的法西斯一樣，他們把世界上一切好名詞用盡，也把世界上一切的壞事做盡。這一連串的運動與法律，在自由世界中，除非與共產集團誓不兩立的國家，意志堅强，精神壁壘森嚴，外邪不易滲入，至對其他國家人民意志的煽動力與困擾作用是極大的。歐洲今天雖然有大西洋公約，公約國家已積極整軍動員，但是因有第三勢力的潛藏，及中立主義的作祟，這一個所謂和平運動，這一連串所謂保衞和平的法律，其作用可以相當於紐倫堡的國際法庭，對於動盪的歐洲人心，益將增加其淆惑與煽動，譬如大西洋公約，在共產主義集團國家中早認他爲侵略性質的同盟，「和平運動」及「保衞和平法律」可能使歐洲若干的人士，對美國增加其憎惡，對蘇聯增加其幻想與恐懼。但使這幾種心理可得擴大造成，而蘇聯分散離間之計，更可爲所欲爲。

自由世界與共產帝國主義的鬪爭，今天已到了生死的關頭。第三國際與共產情報局的陰謀詭計，正是層出不窮，過去的人民陣線，聯合政府，與今天的所謂和平運動，同是對其敵人離間分化的故技。在這一場生死鬪爭中，自由與奴役，民主與獨裁，人與非人，天神與魔鬼，只有兩種勢力，只有一條路線。形格勢禁，黑白分明，不容許有第三勢力，不可能有中立主義。自由世界中的朝野應及早明白這個道理，尤其美國人要明白這個道理，美國人聽到英國批評家所說的話麼？莫斯科看到歐洲的所謂中立主義運動，必然自已解嘲或自己安慰，說美帝陣營中也發生了狄托主義。今天國際上不能讓中立主義蔓延，不能讓第三勢力滋長，中立主義與第三勢力無論它反共與否，實際終必爲共產帝國主義所運用，中立主義與第三勢力是直接妨礙自由民主國家在意志方面在防禦力量方面的堅强起來。中立主義與第三勢力是間接幇助共產集團去混亂對方的意志，分散對方的力量。在國際間如此，在一國國內也是如此。美國今天朝野，見了尼赫魯與艾德禮頭痛，應該尋出此中病源，在所謂第三勢力與中立主義。國際間中立主義與第三勢力若不加以驅除整肅，中立主義與第三勢力必然伸張到每個國家的國內政治上去。美國人不能忍受其國務院的遠東政策，如果中立主義與第三勢力侵襲到美國內政的各部門，美國人能設想其國家之分崩離析，將到何種程度，所以排除中立主義與第三勢力，乃今天反共的自由世界各國共同之責任，而美國人尤當認清這一個精神任務。（完）

聯合國大會素描

有聲有色，這便是聯合國大會所表現的特徵。聯合國大會的會場在夫拉辛草地(Flushing meadow Park)，在曼哈頓（Manhattan）的摩天樓上可以鳥瞰會場全貌。

聯合國的會員國已增加至六十國。正如同世界上每一個議會的情形一樣，他們在習俗與背景方面是完全不同的。對於任何問題，不論是政治問題，經濟問題或是社會問題，他們很少是一致同意的。因此他們常發生爭論，但那些爭論如同爆裂的爆竹一樣，常發散出五光十色的火花，引人入勝。

但是，最引人入勝的還是那些代表們的服裝。尤其是東方代表們的服裝最惹人注意。每一次的會議席上都點綴有土耳其人的紅氈幅，回教國的頭帕，阿刺伯人的外衣以及印度人的披布，有時還可看見他們在腰間佩有珠寶的短劍。

所有代表們和旁聽者的眼光都專注在美國與蘇俄的辯論上，每逢美國的代表或是蘇俄的代表發言時，會場中便是一片沉寂，走廊上也寂靜無聲。無論是西方或是東方，都是力以舌戰而爭取亞洲人的同情。如維辛斯基、馬立克、艾其遜和奧斯汀所說的話便多是以此爲目標。

因此，聽衆的注意力常常由發言者轉向東方的代表們。而他們在人群中彷彿黑暗中的烽火，使人老遠就可辨認出他們的光亮。

在這種情形下，東方代表們的態度往往仍然是泰然自若的，這便是東方人所特有的深沉。

有許多代表頗以穿本國服裝爲榮。他們認爲他們出席聯合國，爲的是要將他們對於今日世界各種不同的意見公諸於世，而他們穿着本國的服裝才能代表他們各自國家的風格。

東方的婦女代表比男代表更引人注意。西方的婦女代表對於她們東方姐妹們的服飾最感興趣，西方婦女代表的裝束却是十分流行的，但每當她們遇見了某些盛裝艷服的亞洲姐妹時，便禁不住要止步嘆賞。

譯自基督教箴言報

論知識份子的改造

吳　康

自大陸關入鐵幕，「搞通思想」「思想改造」等等，遂成爲中共政權施政的基本工作；而被搞通，被改造的對象，大多數是青年學生，及成年以上的公教人員，即所謂知識份子。其所認爲正確的思想，不消說是指馬列主義的種種教條及其內容涵義。先把所有知識份子的思想意念，納入於馬列主義的模型之中，定於一尊，不容異議，然後以思想支配行爲，才能聽其指揮，左右如意。平心而論，這不失爲搞政治最便捷最有效的辦法，可惜所謂馬列主義，其所根據的哲學基本觀念，是人性中惡的部分，他們利用人類仇恨情緒製造階級鬥爭，再加上斯大林專制獨裁的手法，便造成史無前例的新型宗教性之教條主義與形式主義。所謂搞通，所謂改造，即在使人盲目服從，一切個人的思想言論，團體的組織行動，乃至科學研究的眞理，文學藝術的創作，皆須服從馬列主義的領導，納於同一模型之中，而絕不容許懷疑，不容有自由發展。合於此最高標準者，是謂已經搞通，已經改造，而美其名曰進步。實乃思想被扼殺，被絞死，而趨於反動及落伍的形式化而已。

中國是貧窮落後的國家，雖有五千年傳統的歷史文化，但現代的科學技術，尚待大量的移殖輸入，作啓明的運動，然經此次暴政「搞通」和「改造」的摧殘，中華學術文化，至少倒退一百年，此眞民族空前的大劫。今後欲「再解放」大陸，恢復人民自由，建設未來新中國，對於擔負「再解放」及「建國」大業的中心原動力—知識份子，必須以最進步的方式，施以培養，施以教化，使其成爲一群理想的建國幹部。據此，我們提出改造方式的要點如次：

第一、仁愛精神　中國傳統的哲學觀念，爲「天人合一，仁愛大同」，中國先哲體天地好生之德，而立其仁愛之道德觀念，由是施之於行事，則爲同情互助。孔子曾說：「仁己者欲立而立人，己欲達而達人」，就是同情互助於行事之具體表現。這種崇高偉大的理想，發於政治，則天下爲公；發於道德，則民胞物與；發於教育，則有教無類；這是社會進化的極高境界，春秋之太平世，禮運之大同，便是此種境界的描寫。今後知識份子的修養，應有此種偉大精神的抱負，以仁愛爲基本觀念，以同情及互助，爲其設施行事，然後一切知識及技術，始能如萬山統於主峰，江河朝於東海，始可用之以救人，而不至用之以殺人。故中國哲學傳統的仁愛精神，乃人類生存的靈魂主體，而爲我民族精神最偉大之表現，是每一中國人所應該承受發揮光大的。

第二、邏輯方法　中國晚周諸子，本有名理之學，如老子有無名之辯，孔子荀卿有正名之說，墨子有三表之論，墨經之辯然非，推說故，公孫龍白馬名實之論，其精義推衍，可比之西方邏輯辯證而無愧。乃自秦火之後，名學中歇，辯義遂微，致使二千年來讀書人的聰明才知，悉納之華辭翰藻之中，故文學獨爲發達。中間雖有佛學因明的輸入，而內典奧義，諄微閎約，不能普及於士林，故受其影響者絕少。所以兩漢以來，中國竟變成一個尚文的大國。而文語之妙，志在游移，與邏輯辯證，立名下義，必求正確不移的精神，完全背道而馳。（按如吳梅村詩，悲歌贈吳季子：『人生千里與萬里，黯然銷魂別而已，君獨何爲至於此！山非山兮水非水，生非生兮死非死！』若在邏輯，則或山或水或生或死，必居其一，乃可成文，惟在文學，則正以游移標渺，爲絕妙好辭。）反觀西方文化自希臘柏拉圖立共相個體之說，亞里士多德爲外籀分析之論實是邏輯學的濫觴。中世紀經院派繼之推理律則，綜貫繁富。近代培根，更倡歸納之說，啓發新知，於是形式邏輯，燦然大備。邏輯方法是治一切學問的津梁，西方學術界，發現這個正確犀利的工具，故能窮究萬物的本原，極宇宙的變化，探討古今，綜覈名實，而自然及社會諸科學於是得以發達，以是造成歐美之現代科學文明。可是中國內地人民的知識，至今還是淺陋得和西洋中世紀一樣，中國科學不能發達，在思想上的原因，主要是由於將聰明才知與歲月消磨於雕蟲篆刻，裁章鏤句之中，理性之業不張，浪漫之情大盛；乃至到現在談政治建設，社會改革，仍舊本於浪漫的方式，不求理性的考察，以宗教性的情感宣傳，冀獲得人民的熱誠擁護。如今中共在大陸狂熱行動，便是政治上浪漫主義的極端表現，其結果非至全國人民被牽引而陷入於是非不分，違反理性之萬劫深淵而不可止。故今後對於知識分子之培養及改造，應該在思想上加以嚴格的邏輯訓練，使其明辨是非，析別眞僞，養成獨立自主的精神，而不盲從任何教條口號。以理性主義代替浪漫主義，以批評主義代替獨斷主義，這是吾人今後治學行事所亟宜採取的方術，而建設未來新政治新社會所必不可捨棄的途程。

第三、思想自由　孔子曾說，「知之爲知之，不知爲不知，是知也」。這是古今中外治學不易的公例，笛卡兒的懷疑，康德的批評，便是「知之爲知之，不知爲不知」的精神。必有是非判斷的獨立精神，而後才能曲盡物宜，探求眞理，不受外力的干涉，這是思想自由的眞諦，也是學術研究的準繩。理性與信仰之分別，便在理性能權衡是非，判別可否，所以能斟酌古今，窮探物理，不爲權力支配，不受傳統束縛，洞觀本然，獨立千載。而信仰則是以權力指示標準，以情感鼓舞行動，狂熱所之，往往入於一種精神上之幻境，積非以成是，集妄而爲眞，絕無自由研究之可言，而以統制思想爲能事。眞理由之以泯沒，學術由之而消沉。正如中共在大陸對於教育文化政策的設施，便是以盲目信仰，使人服從所謂馬列主義的領導，絕不容有理性判斷是非的自由，盲目服從其所指定之馬列主義模型，而求一切思維言動，能與之完全冥合能了。在這種情況之下，一切教育文化，皆循所謂黨的路線，而趨於教條主義的形式化。只許領袖有思想，其他的人則連閱讀古今名著的自由都沒有，更談不到自己獨特的心得了，這樣社會豈會不退化，文明豈會不倒轉呢？人類學術文化的進步，以思想自由爲原動力，因爲科學的方法，不外：一、懷疑方法；二、比較研究；三、知識之相對性。而這些條件必須在思想自由的環境才能存在。

西洋十七世紀理性主義派元祖笛卡兒，倡「懷疑」治學的方法，力排中世紀經院派亞里士多德式形式邏輯之說，而滙納其推理之方而爲四律，笛卡兒利用其懷疑（方法他自己名其術曰「適量的懷疑」而史家則改名之曰「方法的懷疑」），將一切傳統知識，重新作精密的檢討，建立理性主義，爲近代哲學的開山。（嚴格的說，笛卡兒是第一個應用現代的科學方法以求知識的人，所以他的形而上學，如心物二元論等等，極富於現代知識論的色彩。即如其證明上帝之存在，純依因果遞衍程序，而上推至最高原因以立說，以視中世紀經院派聖安森之以本體論觀點，證明上帝之存在，輒令人有一開明，一神秘，一理性，一獨斷之感）。到十八世紀康德出，滙理性經驗兩派的精華，取先天的形式，後天的材料構成知識，以立其批評哲學。眞能善用笛卡兒的懷疑方法，造成其思想體系。如是，而後思想始能自由發展，「山重水複疑無路，柳暗花明又一村」，懷疑啓發思想之功，正如這無窮境界。在這種境界裡，思想生命，是何等活潑生動！

其次，學術文化之進步，十九由比較研究而促其成功。因爲事理獨立則難窺其短長，比觀則可得其優劣。墨經形數質力之說，泯滅二千餘年，在中國早成絕學。乃自近百年海通以還，歐西科學流入於中土，學者得比較觀摩之效，取其理律，還治此二千年前的故典，遂於其中發現從前悠忽晻昧的科學寶藏，孫詒讓墨子閒詁，以此成一代名作。他如公孫龍白馬名實諸論，得邏輯共相概念之義，其說大明。此皆就客觀事實，比較研究，不立成見，無固無我，故能得事物之本眞，顯理境之實在。否則預立主觀的標準，强事實以就我，不從事比較的研究，則不但眞相不明，難期進步，甚至是非顚倒，眞理泯沒，而形成黑暗的時代了。

最後，一切知識，皆祇有相對而無絕對。最高的絕對，祇是形而上學本體論的一偉大假定，却難以普通邏輯程序爲之證明，所以現象界一切知識，祇在相對界迴旋運轉而羌無例外。有歐几里得幾何，就有非歐几里得幾何繼之而起；有牛頓之力學三大原則，就有二十世紀勃朗克，愛因斯坦等之新物理學、相對論，爲之補充修正。試問自希臘德摩克利圖，伊璧鳩魯，羅馬盧克來士諸家，至今二千年來，由玄學而達於科學，其間研究演變補充改革，何可勝言？數學物理諸命題，由先天的綜合判斷所構成（依康德說），推爲人世最正確精密的知識，而尚有遞衍改變，後勝於前，都是相對的，而不是絕對的。何況道德社會政法等科學其中所涵知識，本多爲後天的綜合判斷，其爲相對，當什百倍於數學物理。如果人執其一說，謂爲絕對眞理，强人盲目服從，不容異議，則這人若非狂易，即是欺人。馬克思的社會主義，不過爲許多社會主義學說中之一派，而共產集團，必欲强人盲目崇奉爲絕對眞理，上其尊號曰「科學的社會主義」，而不容許懷疑批判，自由研究。這是完全違反科學知識的原則，實在是最不科學的。

孟子說：「人之異於禽獸者幾希」，這幾希即是理性。人生而有理性，能辨是非，別可否，此出於所謂天賦觀念（依笛卡兒說），將其訓練發展，乃能使人聰明才知，擴其功用於無窮，而造成人類社會的進步。然而欲發展理性，必植基於懷疑方法，而致力於比較研究，自由探討，不受束縛，知知識價值悉是相對的，而不尙强制的權力，不爲盲目的信仰。這樣，此理性發展的結果，社會始能不斷革新，文明始能不斷進化。共產黨徒反其道而行之，只是愚民政策罷了。

上述仁愛精神、邏輯方法，思想自由，此三要義，爲今後改造知識份子，培養建國的精神幹部之最基本的方式。若能照這個途徑貫澈下去，中國文化才有進步的可能。

受寵若驚！

西薩摩亞（Samoa）的居民慣於赤脚不穿鞋，因爲他們覺得赤脚比較舒適。

聯合國託管委員會的蘇俄代表索達托夫（A. A. Soldatov）却極力曲解着說：「因爲被壓迫的西薩摩亞工人所得工資都被美帝資本家剝削去了，所以他們買不起鞋子」。

新西蘭駐西薩摩亞託管區的高級專員波爾斯（G. R. Powles）反駁索達托夫說：「我可以告訴你，西薩摩亞人不買鞋子因爲他們感覺穿鞋子反而不舒適」。

西薩摩亞人的赤脚也驚動了克里姆林宮，豈不受寵若驚？

民主中國的障碍在那裏？

許冠三

假如有人問我：共產政權擊垮後的中國應該民主嗎？我的答案是應該。那麼，中國能民主得了嗎？能的。有沒有困難呢？當然也是有的。這些困難是什麼呢？這正是本文所要討論的問題。

關於這個問題，過去並非沒有答案，我現在所以要舊題新做，是因爲我的看法和過去不同。我這倒不是好做翻案文章，而是希望因此更能進一步了解問題。我們必須能眞知道民主的障碍在那裏，我們也有資格去談推進中國民主化運動。傳統的說法是這樣的：中國沒有工業化；中國是個農業國家；中國人民知識水準低；是中國民主化運動的三大障碍。這個說法眞的一點道理沒有嗎？不是的。問題是這三大障碍並非眞是不可克服的障碍。換句話說，就是在這樣的條件下，如果我們全國上下都決心走向民主的話，依然沒有問題。這三個障碍並不能阻止我們的前進。

因爲篇幅的限制，我無意在此對於這點多加分析。我只能舉一些實際的例子來證明這些障碍之不成爲眞正障碍。

首先，我們要說的是工業化問題。何以許多人會認爲沒有工業化是大障碍呢？這顯然是因爲他們先相信了這句話：「沒有工業化沒有民主」。他們看到許多民主國家都是工業化了的：所以有了這樣一個推論。可是，他們却忘記了近代許多高度工業化國家，不是民主國家。非但不是民主國家，而且是反民主的極權國家。二次大戰的德、日，當今的蘇聯不是最好的證明嗎？由此看來，工業與民主並非不可分離的兩位一體。再從歷史上去看，英美這兩個國家，都是先有民主體制的確立，(英十七世紀，美十八世紀)而後才有大規模現代工業的誕生(十九世紀)。這兩國的史蹟告訴我們：民主是工業發達的原因；而非工業發達的結果。再往下看，近代工業高度發達的結果，反而威脅到民主制度的存在(大資本的獨佔與社會不安)了。有了這兩個認識。我們就不難獲得一個推論：工業化並非民主的必要條件。換句話說，沒有工業化自然也就不是障礙了。

農業國家是不容易民主的，這是事實，目前世界上多數的農業國家都是非民主的國家。那麼，農業國家就絕對不能民主化嗎？或者非到工業化後不能民主化嗎？不。事實證明也不是如此。這裏有兩個例子做我們的根據，農業社會一樣可以民主：第一、是西班牙北部巴斯格(Basque)諸省，早在十四世紀即有直接民主制度的出現。第二，瑞士東北山地有四個州(Appenzell, Uri, Unter Waldern, Glarus)早在中古時代即有「露天國會」制的建立。法律，賦稅，若干官員都是「露天國會」產生的，而且他們還是用的直接選擧制。另一個州 Zugschweiz 的直接民主制到一八四八年後，才改爲代議制。這是事實，誰也沒法否認。

說到國民知識水準太低一事，這依然無多大道理。這只是個技術上的問題，不是個原則上的問題。大學教授與碼頭工人在知識上雖有高低，但在要求「自己作主」一點上，却並無差異。請看，二次大戰前的德日兩個極權國家，他們的國民知識水準並不比英美低，但德日兩國照樣的不民主。這也可以證明，國民知識水準高低一事與民主間也並無必然關係。反之，中古時代的西班牙，和瑞士的鄉民還不是把民主制度運用得很好嗎？當時，這兩個國家農民的知識水準會比現在中國農民高嗎？在這裏，我還可以指出，在農村中的某些選擧制，顯然要比都市裡可靠。如果，我們要鄉村的老農去選總統，他不易選得好。若是選保，鄉，縣長恐怕還很有把握哩！仔細考究起來，農村生活的氣氛與農民的氣質，實在是比較接近民主的，可惜我們過去都忽略了這一點。

既然這些問題都不成問題，中國民主化運動是否就毫無障碍了呢？有的，障碍還多得很。不過，這些障碍是無形的多於有形；來自知識階層的多於一般民衆。

我們知道，社會的進化本是少數人——先知先覺——帶着多數人——後知後覺，不知不覺——一起走的工作。當一個新理念到來時，只有少數人能察覺到，能把握到，這些少數人便是新社會的創造者。但，新社會的創造並非他們幾人所能完成；他們必須把這個新理念廣播出去，等到大多數社會成員接受了，並能爲這個新理念的實現而奮鬪時，新社會的創造才算有了希望。在中國，能接受新理念的是誰呢？能傳播新理念的又是誰呢？當然是知識階層。民主這個新理念早就爲少數人接受了(清楚正確與否是另一事)，爲什麼還未能被大多數人接受，作爲效忠的對象呢？原因很單純，顯然是中國知識階層還未眞能接受這個新理念，並願爲這個新理念在中國的體現而奮鬪。就外表上看，絕大多數的知識份子是贊同民主的，然而，僅僅是贊同不够的，必須能爲它服務才有意義。王陽明氏說過：「知而不能行者不是眞知」。我認爲中國知識份子未眞能了解民主這個新理念是中國民主前途的最大障碍。這也就是說在中國知識份子一天未能爲民主效忠前，中國民主化的前途是未可樂觀的。中國知識份子何以還未能爲民主效忠呢？這個原因是多方面的，這裏要說的只是一方面，這一面的原因是內在的，根本的；自然也是最重要的。這個問題解決了，其他的問題總好解決；否則，縱或其他的問題解決，民主在中國的前途依然很渺茫。這是個什麼問題呢？我認爲這是個思想解放的問題。這是說中國士大夫能否從許多舊意識形態中將自己解放出來的問題。那許多舊的意識束縛中國知識份子已兩千年了，這是一個根深蒂固的東西。從外表上看，孔家店在五四時代早就被打倒了，所謂「封建思想」早在三十年前就被清算了，我們怎麼還沒從舊意識形態解放出來呢？這就說來話長了。孔家店被打倒是一回事，封建思想是否被清算了又是一回事。何況，孔家店並未眞的被打倒呢？所謂封建思想又披上新的外衣出現了呢？再說得露骨一點，當年高呼打倒孔家店的人，並沒有一個已完全從舊的意識形態中解脫出來，澈頭澈尾的摔掉了舊思想的包袱。這可由「五四人物」的後半身行徑找到證據。

歐洲近代史的發展告訴我們：沒有文藝復興是不會有近代民主體制產生的。文藝復興運動，就是歐洲知識階層自我解脫的運動。他們打破了中古經院學派給予他們的枷鎖，把自己從教皇的聖諭中解放出來，從宗教教條中解放出來，從神的聖靈中解放出來。他們肯定了我，肯定了理性，肯定了人格尊嚴；他們認爲作爲一個人，應該能爲自身的人格尊嚴而奮鬥：說自己認爲應該說或樂意說的話，做自己認爲應該做或樂意做的事。因此，他們亦反抗一切未通過理性而存在的權威：在宗教上要求信仰自由，在政治要求反抗與選擇政府的自由，基於這一認識，他們進一步肯定人格平等，每一個人的人格尊嚴都應該受到同樣的尊嚴與保護。歐洲人便是在這樣一個思想解放過程中建立起近代的民主體制。回過頭來，看看我們自己罷！五四時代的啓蒙運動，只是曇花一現。一部份人在舊權威的桎梏尚未掙脫前，馬上又替自己套上了一個新權威的鎖鍊。他們所以這樣衝動，這樣急切的接受一個新權威，主要的原因還是思想在作祟。另一部份走到中途，忽然膽怯起來了，不獨不敢再踏着解脫的大道前進，反而縮了回來，躲進舊書堆。他們所以這樣懦怯，這樣勇於逃避現實，也還是舊包袱沒扔乾淨。

五四以後，舊思想包袱不但沒有繼續被揚棄，而新的思想包袱反而滾滾到來。有些在五四時代已被清算了的舊意識，竟然又披上新裝備捲土重來。爲什麼呢？我的答案依然是舊包袱沒摔淸，五四新文化運動太膚淺，太不徹底。

這些個舊思想包袱是什麼呢？下面我要分別說明。

第一個思想包袱是中國知識份子多有名利慾而少事業心，有時把事業和名利權位混在一起，認爲名位權利就是事業。但，名利權位總是他們追求的人生最後目的。爲了達成這個目的，不惜犧牲正義，不擇手段的去鑽營。中國知識份子有這樣的人生觀至少是起於戰國時代，從那時起，士人出身的職業政客已有了相當龐大的勢力。各國君主幾乎都被他們玩弄於股掌之上。史記所載蘇秦與張儀間的默契關係雖未必完全可靠，但，這都說明了職業政客的本質。從那時起士大夫心目中便只有名利權位，而無是非善惡了。

漢武帝而下，在君主有計劃的培植與運用下，士大夫便只知有功名富貴，而不知有其他了。每當新舊王朝交替時，士大夫的反應雖不相同，其目的都是一樣。「靠攏」「起義」的是爲「分我一杯羹」，反抗的是爲「留取丹心照汗靑」。等而下之的，便去勾結「番邦」，一面倒向外人，以求一已的功名利祿。當漢奸的事雖被認爲不名譽，做的人却依舊很多。大小漢奸的名冊，如果一代代的列出來，大可出一本專書。基於這個認識，我們對於若干靠攏份子便不難有所解釋了。對於只知有個人名利權位而不知有正義是非的人，我們怎能期望他們過多呢？他們早就被個人的名利綁得死死的了，一輩子都難以跳出功名富貴的枷鎖。別用說我們希望他們爲民主奮鬪，就是希望他安安穩穩的做一個普通公民亦不能。這些由知識份子出身的職業政客，正是民主中國前途的最大障礙。

盲信權威是知識份子的第三個舊思想包袱。這裏所說的權威是廣義的，政治的，經濟的，學術文化等一切權威包括在內。因爲我們中國人一向是在多種權威鎮壓——神，君，親，師，四種是絕對權威——下生活的，是以我們對於既成的權威從不敢正視，通過自己的理性去衡量一下這些權威的存在是否合理。特別是知識份子反抗權威的意識格外薄弱，即是在天下大患時，也得先找到一個「眞命天子」，才敢反抗舊王朝。這大概是知識階層一向是居於輔治的地位，幫流氓皇帝做伙計成了習慣，所以從不想自己去做主人，去樹立一個新權威。就這個行爲本身說，原無多大可議之處。不過，它的影響是可怕的，那就是我們這裏要講的盲信權威，失去了自身的獨立人格。他們並非不知人格的可貴，不過，他們總覺得富貴功名更可貴。

盲信權威的知識份子表現怎樣呢？誰有權威就向誰低頭，就相信那個權威是合理的存在。至於這個權威是怎樣建立的，這個權威應不應該存在那是另一回事。除非這個權威不要他，他才會「逼上梁山」的去反抗。但在未有反抗行爲前，總還得找一個權威做依靠。我們細看中國歷史上的農民革命運動，都是些不三不四的人攪起的，眞正的知識份子只能幫閑。他們對於一個既成權威既不敢輕易否定，爲何對一個新權威又能無條件的肯定呢？這不是矛盾嗎？不，這不是矛盾，這是一個無人格者自卑心理表現的兩面。民主便是要在本質上否定一切權威的，這正和中國知識份子盲信權威的意識相衝突，在他們這個舊包袱未摔脫前，，當然是不能爲民主去奮鬪。

最後一個包袱是恐懼權威。這和上一節所說的盲信權威在動機上有別。盲信權威與懼怕權威同樣是向權威低頭，但前者是自動的誠服；後者都是被動的屈服。屈服者明知某項權威之不合理，然亦不敢反抗。今天，大陸上的靠攏份子多數是這一類人。他們明知共產政權要不得，他們不敢不屈服；他們明知馬列主義是胡說八道，他們不能不佯作信奉，並大肆宣揚。恐懼權威者的頭腦似乎比盲信權威的淸楚，不過，對於民主前途的不利則無不同。他們爲什麼不抉擇反抗而要投降呢？原因是後來可以給他功名富貴。

中國知識份子的思想包袱甚多，這裏不過舉其大要。這些個包袱一天不去，中國民主化是一天無望的。但，這些包袱去了，中國民主化運動並不一定就成功，這還得靠其他的條件來決定。怎樣才能摔掉這些包袱呢？這仍得從思想解脫上做工夫。時代的轉變，可能有助於中國知識份子思想大解脫。多數年老的思想已經僵化了，我們只有期之於新生的一代。

願望與怨望

雷 震

一

人們總是企求向上發展的。他們晝夜辛勤，孜孜不休者以此。且看他們由茹毛飲血，穴居野處的原始生活，逐漸進步發達，以至於今日穿洋服，吃白塔，住高樓大厦，躺在沙發椅上，聽着無線電放送樂歌的文明生活，乃是經過多年努力奮鬬而累積起來的成果。人們自從降生於這個大地以來，可說是天天在進化之中成長生息，沒有片刻是滯留在某一階段上的。

何以會促成人類這樣向上發展呢？其原因是些甚麼？簡單的說起來，就是因爲每個人都懷有各色各樣的願望。他們不僅具有保存個體和保存種族的願望，而且還有使這個個體生活內容充實豐富而趨於複雜化的願望：如修學益智之學問願望，信教悟禪之宗教願望等等，一般又統稱這種願望爲文化的願望。

那末，願望（Will, desire, want）之爲物，究竟是些甚麼東西呢？

願望者，乃是我們的不足之感和求其充足之望的二者合成的心理作用。就是人們有不足的意念而企圖滿足此意念的努力或欲求。自心理學釋之：願望是先行於動作的感情狀態，正如衝動是先行於衝動行爲的感情狀態一樣。換一句話講，願望者，乃是滿足人們衝動的目的觀念，和衝動自身，以及由衝動所生出的感情的合成物。

社會上的一切活動，都是由個人的活動而表現。個人的活動，又都是由其所有的願望而發生而進展，故可以說願望者，乃是整個社會活動的「原動力」（motive Power）。因有這個原動力存在，社會乃呈現各樣的活動而分向各方面以進展；藝術的發達，科學的進步，都是由於這個原動力之推動所致。至整個社會的發達和進步，只不過是由於各方面的發達和進步的滙合而形成耳。以願望爲社會活動的原動力說，自美國社會學者瓦特（Warde），羅斯（Ross），斯慕爾（Small）等在「社會力」（Social porces）的標題之下倡導以來，已成爲一般所公認的學說。

二

願望在經濟學上，通常則稱爲欲望。經濟學者每將欲望分爲二類：一爲物質的欲望，一爲非物質的欲望。前者屬於經濟活動的領域，爲對於有形物的欲求，如飲食欲，謀利欲等是。因爲人們謀生的一切經濟活動，無一不導源於他們的願望。後者屬於文化活動的範圍，爲對於無形物的欲求，如知識欲，道德欲和藝術欲等是。社會學者有將欲望由發生的順序來區別爲三大類：第一次的欲望，全是以保存個體生存爲中心，含有經濟的和防衛的。第二次的欲望，是以保存社會和種族爲目的的，如性慾的，羣居的欲望。第三次的欲望，是含有文化的，優勝的欲望，使社會有複雜的體制，使個人生活有豐富的內容。亦有以欲望的對象，或欲望滿足的程度來觀察而分類的。

經濟學上謂人類的欲望，常隨着文明而進步，太古時代人們所尋求的，僅爲生活上的必需品而已，以後逐漸進步而至於便利品，享受品乃至奢侈品。故謂人類愈文明，欲望愈增多。欲望愈增多，則可以滿足人們欲望的各種目的物，亦因之而愈多。有物品以滿足其欲望，則此欲望因滿足而消滅。於是新的欲望又生出來。有新欲望，則又有滿足此欲望的物品跟着產生出來。迨新欲望滿足之後，則第二種新欲望又發生。如此循環不已，欲望和物品，適成互爲因果的關係：就是欲望愈多，物品隨之而愈多；物品愈多，欲望更隨進步的新刺激而愈增多。是故人們的欲望，永無止境之一日，也就是人們的欲望，永無絕對滿足之一日。人類之賴以進步者固以此，社會之賴以發達者亦以此。故有人特以欲望之大小和多寡，來區別人類和動物，文明人和野蠻人所由歧異之起點，認爲欲望這個東西，乃是人類活動和社會進步的原動力。

三

依照上面所說：人們的願望總是希求向前進展的，同時也是永無止境的。可是環繞於人們四週的社會環境，則有種種障碍和許多限制存在。以無窮盡之欲望，臨有限制之社會，人們會自然的對其當前環境感到許多的不快，而「怨望」因以發生。這是很自然的道理。也是很普遍的現象，可說是人人都係如此，不足爲怪，誰也不能責備對方，如果能够易地而想一想的話。俗語說得有：「做一行，怨一行」，也是道破這個道理的另一方面。怨望既是由於願望不實現而發生，願望本是形形色色，故怨望亦是形形色色的。道德問題，宗教問題之所以發生者，就是眼看怨望的現象，充滿人間，而希冀緩和其程度，或多或少的彌補其缺陷，和減少其衝突罷了。惟在道德的和宗教的範圍之內，只能做到緩和或彌補的地步，實無法予以根本的解決。故有「民主方式」（democratic）的提出，不論在政治生活，經濟生活或社會生活，凡發生對立的現象，或衝突的場合，都要用民主的方式去求解決，就是以當時大多數的意見爲基礎，去解決當前的紛爭。

不論處於任何社會關係裡面，人性中常有兩種矛盾相反的成分，不斷的在微妙裡交織着。一面是「自負和侵略」，他面是「自卑和退讓」。前者是期望與衆獨異，並且準備抵抗他人，如果一旦遇着障碍發生，願意撩衣捲袖，消滅障碍，故很容易引起戰鬪心理。後者是温柔和順，願意與人相交，俾守望相助，疾病相扶持，而企求與人發生友愛關係的和平心理。這兩種傾向對立的混合，康德稱之爲「人類非社會的社會性」(Ungesellige Geselligkeit)。康德認爲有了這一種對抗，纔能克服人類另一方面易於墮落的性格，俾喚醒他的活力，使他能在爭取權力的時候，在衆人之中佔得相當的位置。「有了衆人，他就不能太太平平的生存着，但如果沒有了衆人，那根本連活都活不下去了」。要是沒有抵抗的心理，那就沒有爭取光榮的念頭，更沒有了永不能滿足的獲得，和佔有權力的願望。那麼，人類的天賦能力就要阻滯而不會發展了。這種相反而相成的狀態，乃是人性的二元性，社會生活中時時均會表現，這是我們無法抹殺的。

九

人們當其願望不能滿足的時候，常會發生許多怨望，不論是公開的或內心的，上文已約略說過。一般人表示怨望的正常途徑，不外乎用語言或行動來表達，使所懷的怨望，或隱或現的，得以公諸於社會。惟語言又可分爲「宣之於口」和「筆之於書」的兩種；前者或爲公開講演，或爲街談巷議，後者或著爲文章，或寄之於詩歌。而以行動表示其怨望者，則有罷工，怠工和遊行示威諸種；到了最激烈的階段，則有採取直接行動，如兵諫，革命等是。至於以自殺表示其怨望或抗議者，乃屬於變態的行動，不應在論列的範圍。不論採取那一種途徑，都是人們要表示其個人的怨望，而希望得到以下二種結果，有意的或無意的。一則可將胸中不滿的情緒吐露出來，使個人精神上可以獲得多少快感或滿足；二則可將個人的怨望公諸社會，使世人或政府知悉其怨望之由來和前因後果，而可寄與多少的同情或安慰。假使這個怨望，係由政府的施政不當所引起，並希望政府當局改絃更張，以變更其政策，或則補償其損失。人們歡喜批評政治者，其緣由在此，因政治關係他們的生活太密切，不必完全視爲另有作用，或是大逆不道的。

政治乃是管理衆人的事情，中山先生在三民主義中民權主義裡說得很明白。衆人對自已生活上所懷的願望，如果感到不能滿意時則發生怨望，這怨望應該讓管理員明白知曉，乃是當然的道理。管理員在其決定辦法的時候，究竟應該憑着甚麼標準才能管理得好，那確實是很值得研討的問題，但衆人的願望和怨望，管理員總應該了解其眞相，這又是毫無疑問的道理。也可說是衆人對管理員最起碼的要求，和管理員對衆人最低限度的義務。管理員當其管理的時候，如果能够小心翼翼的聽取衆人的申訴，和能平心靜氣的根據衆人申訴的理由，以爲制定管理辦法的參考，或爲今後制定辦法的張本，這樣不僅免去閉門造車之嫌，或可使其辦法得以通行無阻，而管理益爲得法。是故衆人對管理現狀有所不滿時，自應表示其個人的願望，在消極上可使個人的意見，能够傳達於管理員之耳，下情得以上達；在積極上可使管理員根據衆人的意見，作成今後管理的法則，以適應衆人的需要。所以衆人批評政治這件事，不僅是爲了衆人自已的利益和其應有的權利，同時也就是管理員們的莫大便利，自管理上言之，可謂有百利而無一害的。

人們乃是有思想，有理想，而歡喜說話的動物。他們懷有滿腹經綸，或抱着一肚皮的牢騷，若讓他們傾吐出來也就罷了，倘若禁止或限制其批評，他們可能變公開批評爲街談巷議。這樣久而久之，必至演成流言蜚語，到處傳播。甚至無中生有，謠言百出，其爲害國家，不難想像。過去事例甚多，不勝枚擧，今日大陸上的情形，更是一個很好的明證。凡自臺灣送出的傳單，刊物和書報，暗中傳播極速，都是不脛而走，閱者就是付出很高的代價亦所願意。共匪愈是禁止大陸人民收聽美國之音，或自由中國之聲，人民愈是冒着極大的危險，秘密裡收聽。

人們具有說話的本領，倘若干涉他們批評政事，他們又會走到揭發陰私，誨淫誨盜，和批評私人生活這一方面上去，這不獨於政治革新無所補益，反於社會發達和文化進步都有防碍了。謠言流語，馬路新聞，在中國社會之易於傳播和容易被人相信者，就是缺乏了公開批評的精神和習慣的緣故。而攻擊陰私，批評私人生活這一方面的話題所以特別發達者，乃是數千年專制政治所造成，非有長時間民主政治之訓練和修養，這種惡習一時尚不易革除淨盡的。尤其可慮者，人民若積怨太深，還會鋌而走險，革命和變亂之發生者，這也是很大的緣故。中國古時的教訓，謂「防民之口，甚於防川；川壅而潰，傷人必多，民亦如之」，眞是切要之言。

衆人根據自已的願望和怨望所發出的批評，儘管他自已認爲客觀而眞實可靠，自不免含有多少的主觀成分在內；儘管他們自信是爲大衆着想，仍不免各站在自已立場講話。其次，衆人彼此之間，利害既不相同，願望復不一致，故衆人的意見，仍是各色各樣，五花八門，所謂公說公有理，婆說婆有理。此外衆人的中間，難免沒有惟利是圖的分子，藉造謠以取利，圖混水以摸魚。管理員在這個時候，可能弄到頭昏眼花，而無所適從了。惟衆人的意見，在未成爲公共的意見以前，只不過一個人的私見，管理員不必照其實行，儘可置諸不理。個人的意見，縱令時機成熟，已演成爲公共意見，即所謂「輿論」(Public opinion)業經形成，然在未成爲具體的法律的時候，管理員亦毋須受其拘束，只不過作爲執行政務時的參考罷了。是故衆人儘有各種不同的意見發表，政府仍無碍於政務之推進，更不必懼其意見龐雜而莫衷一是了。至於恐怕因衆人之意見紛歧而有碍於社會秩序之安定，或有關於善良風俗之保存者，亦屬杞人憂天之擧，因為這些都有法律可以範圍之，限制之，使其在軌道之內活動的。

五

上面已經說過：「防民之口，甚於防川；川壅而潰，傷人必多，民亦如之」。那麼，治水的人或管理政策的人應該怎樣辦呢？他的答案是：「為川者決之使導，為民者宣之使言」，這樣才是治水和為政的經常辦法，不然則川壅而潰，傷人必多，民亦如之。因為「民之有口也，猶土之有山川也，財用於是乎出；猶其有原濕衍沃也，衣食於是乎生；口之宣言也，善敗於是乎興。行善而備敗，所以阜財用衣食者也」。近代民主政治的國家，却能抓住這個要點，對言論自由，出版自由，集會結社的自由，秘密通訊的自由，均有詳明規定，或揭之於宣言，或載之於憲典，務使人人均有發表其個人願望和怨望之機會，政府的管理辦法，僅不過決之宣之，使其能導能言耳。這是合於人性的辦法，行此辦法的國家和社會，都能欣欣向榮，進步發展。因為在這種國家裡面，人人都意識着自己是個主人，並以此自驕和自幸。他是這個社會的一分子，這個國家他是有一分的，和其他個人恰恰相等，不多也不少。他因享有權利，才負有義務，故這個國家的盛衰興亡，他是休戚相關，榮辱與共的。人人都能活潑而有趣的生存着，故各人的事業自然繁榮，社會日趨發展。可是在極權國家則不然，不問其政治形態是法西斯主義或共產主義，都是以控制人民講話為其管理政治的唯一要法，人民生存在這種社會裡面，不僅不敢言所欲言，且亦不敢不言其所不欲言；不僅不能為所應為，且亦不能不為其所不欲為，大家時存提心吊膽之念，刻感朝不保夕之危，他們已經不是一個獨立的個人，僅不過是統治者的一個工具而已。在這個國家裡，只有一個人的願望或極少數人的願望，能够表達出來，而强迫最大多數依照這些願望去實行，至於最大多數人的願望是絕對不許表達的，根本上談不到滿足了。這些國家儘管一時保持着存在，但遲早必要滅亡的。

眞理愈辯而愈明，人民發出批評，政府可有答辯，公開批評和公開答辯，眞理因辯證而愈明，事態由解釋而益曉，人民縱有多少不能了解之處，可藉解答而愈加清楚。政府不必懼人民之批評而膽怯，更不可厭人民之攻擊而發惱，政府的任務和工作，反可因人民之批評和政府之答辯，而愈可使天下大白了。故為政者應該歡迎人民批評政事，重視人民批評意見，而健全之輿論乃能形成。輿論是公開的，究竟情報不同，公開發表意見的人們畢竟是要負責任的。

總之，人民慮之於心，而宣之於口，成而行之，胡可壅也。若壅其口，其與能幾何！周厲王是禁謗三年後被流於彘，毛澤東大概亦不會維持很久了吧。

自由中國通訊

華府通訊・四月十二日

自毀汝萬里長城？

本刊特約通訊記者　許思澄

麥克阿瑟去職了，在美國如半空中掉下一個炸彈來。贊成的，反對的，鬧成一片。有一個城裡有一個小百姓昨天早晨走過報攤。一眼看見半頁大的刺目標題時。氣沖牛斗，將整個報攤的報都買了，撕成粉碎，丟在街上。又跑到第二個報攤，將所有的報都買了，撕成粉碎，丟在街上。這樣他跑了第三個報攤，第四個報攤，還沒有等他用完身上的錢，警察先生跑來了，說：『你不能將我們的大街弄成滿街字紙啊！』這位先生也以為然，於是沒有再買下去了。這象徵了美國人的激動。

在國會中已有人喊彈劾杜魯門了。但據記者推測，第一不容易通過，第二，就是通過，於整個反共抗俄的前途也並無益處，因此，只管人們如何同情麥帥或反對杜總統，冷靜點觀察，可以明白衝動的叫囂只是幫助敵人而已。

在美國如此。想像得到，在臺北一定有許許多多人為麥帥之去職沮喪，尤其那批只想美國人替我們反共抗俄而自已來坐享其成的人。其實，對於整個反共抗俄的前途，以及復興中華民族的長遠之計看來，麥帥之去職並無什麼大的害處，至少不必如某些人的動色相告，如喪考妣。

的確，麥帥是一位不可多得的軍事人才，也是一位不可多得的中國友人。但在一個現代化的民主制度下，任何個人都不是必不可少的，不論是麥帥或杜魯門。這是民主制度的優點。否則試想，如果我們將中華民國的前途建築在一個七十一歲（中國算法至少七十二了）的外國老將身上，這危險性太大了。七十一歲的高齡即使不冒戰場的鋒鏑，也隨時有壽終正寢的可能，更何況他屬於友邦，更屬於友邦當政者的反對派？所以將希望建築在麥帥身上而不建築在自己的覺悟與努力之上，格本就是大錯。麥帥之去，可以在這種幻覺未有大害之前使中國人醒悟，此其第一利也。

第二，美蘇的衝突如果僅只是個人的利害或野心，則早已不是這樣嚴重了。不錯，史大林，毛澤東使得這衝突更尖銳化，然而試想這兩個人都是行將就木的人了，如果這衝突只是個人間的事，那豈不可以坐候澄清了？然而今日三歲小孩都知道史，毛死了這世界大戰仍得打。因為這已是一個思想集團的衝突。既然如此，則一個美國將軍的去職和留任並不能改變時代的主流。換句話說，麥克阿瑟在職，世界大戰將因麥帥的積極而爆發。麥克阿瑟去職，世界大戰將因民主國家的示弱而鼓勵共產集團瘋狂的進攻，結果也仍是爆發。其爆發既然是一樣的，那又有什麼關係呢？有人想到也許麥帥在，可以較有利些。這也只是希望坐享其成的人的觀點。否則，就大的方面遠的方面看，麥帥之走即使不是利多，至少也得說害小。為什麼呢？

麥帥的主張是立即轟炸東北，並使用國軍登陸。這就是全面戰的先聲。但就美國動員人力物力的情況，說今年開始全面戰爭，並沒有到最有把握的時候。最好自然是等到後年，至少也要到明年，美國才能顧到世界全局。否則貿然發動，徒然捉襟見肘，顧此失彼。這時間上估計的不同是美國參謀總部與麥帥意見參差的地方，在這兩者之間說，記者無寧認為美國參謀總部的看法是更健全的。

再者，近年來，共產集團的宣傳集中了將美國渲染成為帝國主義；麥帥被塗成了一副軍閥面孔。如果一個全面戰爭由美國主動造成，則正中了共產集團下懷。到了那時，除了中、菲、韓等幾個吃過共黨虧的國家肚子裡明白眞是非外，其他的國家本來就怕打仗。更聽得進共匪們的宣傳了。『果然不錯，美國是有侵略野心！』於是一個個乘機籍口臨陣脫逃，將一切的責任都丟給了美國。本來是得道多助的美國，將糊裡糊塗的變成了失道寡助。豈不寃枉。這是就國際說。就美國本身自已說更有問題，美國人生活優裕，根本不愛打仗。只有在被逼作戰時才能拚命，所以上次大戰非有珍珠港事件不能激成同仇敵愾。未來的大戰，也非得要仁至義盡，用退讓政略引誘敵人瘋狂，使其發動，這反正不可避免的戰爭，然後誰是眞的侵略者才能昭然大白於天下。然後才能使全世界的愛好和平、正義的人死心塌地的反抗極權國家到底。因為未來的大戰不可能是小的，短的，所以如果沒有好的心理基礎則很容易半途而廢，全盤失敗。這點政略上的看法不同，是麥帥和國務院衝突之點。平心而論在這兩者之間，記者也無寧認為是國務院對的。

自然，麥帥有他的理由，例如他不願意看美國孩子的血在韓國無限期的流下去，而望早日用實力結束戰爭。例如他認為示弱只有招致更大的侵略。例如他願意早日解放在倒懸中的中國人民。凡此種種，站在中國人民的立場，我要向這位可敬(下轉第三五頁)

福州通訊・四月二日

今日福建

江風

共產黨初到福建的時候，幾乎是用全部的力量掃蕩有組織的武裝，使用各種各樣的辦法收集民間武器，接收基層的政權組織。除了這些以外，任何其他的事情他們都不去管，而且給大家一種決不過問的印象，表示它的「寬大政策」。這就是它一再宣稱的打擊面要小的手法，從而集中力量打擊一點。但當它的「剿匪」獲得幾分成功之後，武裝反對它的人們因爲在軍事上的失敗，不得不退避到偏僻的地方整頓，因而不能主動地對共產黨發動攻勢，這時候它的威脅顯然是減輕了，它對地方政權的接收也大致完成了，於是一反其以前維持現狀的「寬大政策」，開始對於共黨不崇拜的有號召力的人士的逮捕殺害，爲了達到共產黨血腥的統治，他們不惜使用最卑鄙的手段。先前宣稱得有聲有色的寬大政策，此刻是不合時宜了。關於這些我不想去敘述它，我現在預備報導的是另外的人們，那些在共產黨的宣傳物上面說的被解放了的人民，請看這些被共產黨解放了的人民底生活吧！

不毛之地也納糧

壓在農民身上最重的負擔就是公糧，這種公糧徵收之重是空前的。在共黨幹部心目中印象不好的農民有被派到佔全部收穫百分之七八十的捐稅！福建駐有不少軍隊，這樣，農民除了繳納難於負擔的公糧以外，還要爲軍隊繳送柴草。福建有些地方是山地，不產谷子，像惠安就是這樣，人民在貧瘠的土地上種植地瓜作爲主食。但「人民政府」不問這個，他們是按照上級的命令行事的，這樣不種植稻子的農民就只有去購買谷子繳納公糧了！農民在這樣的環境中生活當然是想反抗的；事實上已經有不少的人們開始反抗了。他們拋棄了可戀的家投身到人民武裝的行列裡，出沒無常的在向共產黨游擊，於是共產黨就像瘋狂一樣的採取鎮壓與屠殺的手段。他們對農民沒有絲毫信心，處處提防，無理的壓制，把農民踩在脚底下。

人死了不許哭

春天在福建是宜人的，農民都在田間忙碌，駐在晉江縣的「人民解放軍」也到鄉間來領略春光。突然一顆槍彈飛到了田間，射中了一個可憐的農民。當時血流如注，只是一會兒的功夫就死了。開槍的說是「誤傷」，但不准死者的家屬把這件事情傳出去，據解釋是怕「國特」根據這「造謠」。還派人到死者的家裡監視着他們遵守這個命令，就好像錯在死者身上似的。就一般的人情風俗說，死了人時家人一定要嚎哭的，何況是年青人死於非命？但解放軍不准他們家裡人哭，說一哭起來大家就都知道了這件事。鄉下人有一種迷信，死人必須經由大路抬到墳場，如果能够在祠堂門口過就有吉利，這些都與解放軍的保持秘密相背，不准！這眞是使人無法忍受的事情，然而他們是軍隊，有武力，赤手空拳的農民還敢怎樣？

現在，善良的農民簡直是欲哭無淚，生活在從所未有的痛苦深淵裡。每一個人內心裡都充滿了仇恨，在軍隊特務嚴重的壓迫之下，農民只有將自己底寃仇暫時忍在心頭。但只要社會一發生變動，共產黨的統治稍爲有動搖，立刻就會有無盡的農民揭竿而起，爲他們自身底解放而向共產黨鬪爭。

工人失了業，海上作寃魂！

福建是一個缺乏工廠的地區，所謂工人都是依附於商業的，像碼頭上的挑夫，拉車的，划小船在海港內接送客人的……。自從「解放」以後，商業就一落千丈，一直沒有抬過頭。就以廈門而論，與外面的來往就完全停止了，工人根本也沒有事幹了。「代表工人的共產黨在這種場合之下，對待工人的態度表現出了它底本來面目，它決沒有因爲工人底生活痛苦而有過幫助，即令是象徵的也沒有；反轉過來却向工人們剝削，即使是一個不固定的挑夫，也需要納稅，在他可憐的收入之中攫奪一部份去，使他們已經很悽慘了的生活更加難過。尤是令人憤懣的是他們乘工人之危，加以殘酷的利用！

駐在福建的部隊是用以攻打臺灣的，金門自然是第一個目標。共產黨軍隊都是北方人，海上生活他們完全是門外漢，在攻打金門的時候共黨要每保出五個人，替他們在衝鋒的海上去划船！誰願意冒這種險？但飢餓常逼人不擇食，失業的工人們只好選擇了這個可怕的途徑來賺錢養活家小。每人的代價是五十元美金！這比賣身給人家做奴隸還要悽慘，誰願意？但誰又能不去？雖然是得了錢，但是對於送死終不甘心，於是當攻擊的船划出港口，到了寬濶的海面的時候，這些擅長游泳的南國人民，都入水逃去，留下來一船一船的北方兵在海上隨風飄蕩，只好望洋興嘆。但這種經驗並沒有使它放棄黷武的瘋狂，相反地却更增加了對人民的殘忍。當再次打大坦島的時候，所有徵集來的划船的老百姓，都用鐵鏈將腿鎖在船上，在刺刀的威脅之下去作海上的寃魂！

於今糞也稅，惟有屁不捐。

「人民政府」的稅眞是廣濶無邊的

，只要你携帶的東西有三十斤，就抽百分之五的營業稅。雖然規定是三十斤起稅，但不到三十斤的也不能免。因爲商業不景氣，人民底購買力空前低落，交易必然稀少，但徵稅的人不問這個，徵收的錢不多就動腦筋。鄉下人從田間把收穫物挑回去；或者是拿些土產去送親戚朋友，被共產黨看見了，他們就來攔着你底路要抽稅。任何解釋都是徒費口舌，不納稅就休想離開，自然勝利永遠是屬於有權力的共產黨的，人民吃虧已經成了習慣！

可憐的工人們成天沒有事做，但共產黨底收稅人並不放鬆他們，只要你手裡拿着謀生的工具，不論你有沒有人僱用，你都必需向共產黨底稅官供奉，來購買你表示出賣勞力的權利！無論是挑夫，拉車的……都需要在他們那連吃粥也不夠的收入中拿出一部分來奉獻給「人民政府」。

挑大糞的也要繳納捐稅。這在過去本來是用以形容貪官的，而今共產黨竟把它變成了事實！這的確使人驚奇。在共產黨開始徵收「大便稅」的時候，有人在它底稅務局門口貼上，這樣一付對聯：

「於今糞也稅，惟有屁無捐。」

對於比較有錢一點的商人共黨除了捐稅盡量地剝削以外，現在又出現了一個巧妙的新法子。一個大一點的商店自然與以前的商會有關係，商會與政府當然也不會完全沒有來往，於是共黨份子就硬說人家開的是政治商店，可能與「國特」有關係，家裡藏有槍枝。自然人家沒有槍給他們，最後他們（共黨）會作「自然」的轉變，說既然無槍，錢當然有，那麼買幾枝槍獻給「政府」好了，這樣可以表明自己與國民黨沒有關係。之後，他們又派人送些槍到人家家裡去使人家還購奉獻。槍是從共產黨手裡賣出，又再獻到共產黨手裡，眞實的收入是賣了槍的價格而不是槍。當你付槍價的時候他要美鈔，金條也行，人民幣不要！

現在大家都明白了共產黨的政策三部曲，第一步是設法收集槍枝，拿去了人民底槍枝以後，反抗就自然沒有了；然後就是設法要錢，人民底錢被拿走以後，逃跑就不可能了；最後就是馴服的讓共產黨宰割！

僑滙源源入公門

華僑滙錢回家多由私人套滙，在海外的甲給乙若干外幣，雙方寫信回家，然後在家鄉由乙方以同樣數目的外幣給甲方，這種滙法是既穩安而又雙方都不吃虧。共產黨不准這樣，因爲這樣它掌握不到外滙，共黨命令禁止套滙，滙錢必須經由銀行。經由銀行裡的滙款按公平價格甚致於提高取錢，決不拖延，這樣看起來好像很好，大家一定不再套滙，都經由銀行滙款，其實這只是現象的一面吧了。

銀行和稅務局表面上是分開來的，但它們却同受共產黨的操縱，銀行裡的滙款即是稅局收稅的根據，雖然人們滙錢的時候佔銀行的一點小便宜，但稅務局却替它的主人（共黨）收回了更大的數目，「政府」的「法令」「所得稅」，你能不納嗎？

僑眷是沒有資格參加農會的，但由農會裡決定的捐款却有義務。農會被那些共產黨的死黨把持着，一切由他們決定，捐款自然是設法推在那些不夠格參加會議的人們身上。農會與銀行裡的關係與稅務局與銀行一樣，由共產黨在幕後配合得很妥當，華僑滙錢到家農會是清楚的，在攤派捐款的會議上僑眷自然就成了納稅的囊柱了，農會的委員們說的話在鐵幕中就是法律，何況還有根據？華僑的家屬只有任聽被剝削的道路一條了。

× × ×

本文限于篇幅，只能將今日福建的面目作一幅淡淡的素描而已。其實今日福建人民正在忍受的痛苦何止千萬，尤其是中共在韓戰失利之後，爲了鎮壓人民，鞏固政權，而施行空前殘酷的有計劃的屠殺，眞是慘絕人寰，天良喪盡，使天人爲之共憤。因此凄零苦厄的福建，於今更到處是恐怖的赤色血腥！關於中共最近在福建大屠殺的眞象，容我以後爲文再報導吧！

無法投遞

——綠衣人向史達林的抗議——

法國中部有一個小鎮名皮耳斐特（Pierrefitte），這個鎮是被共產黨所控制的。皮耳斐特鎮議會將鎮上的一條道路命名爲史達林大道。法國內政部長曾力加反對，無效。

該鎮有一個郵差，名多薩喀，他是政府所僱用的。他所表現的十足地代表了法國人的個性和獨立的精神。每逢他接到寄往「史達林大道」的信時，他便將信退還原地，並在信封上註明「無法投遞」。

皮耳斐特鎮議會十分憤怒，但憤怒也無補於事。無疑的法國政府當然是不公開地支持多薩喀。而且，法國的政治制度十分冗繁，政府可能延擱共產黨對此問題的任何抗議，即令政府要調查這些情形，也得花上幾年時光，於是，共產黨只有徒喚奈何了！

北平通訊・四月二日

毛澤東的好學生

燕然

人格教育，感化教育的書籍已被鎖入書庫。閱覽室裡擺滿了記載「解放軍英勇事蹟」以及農民翻身的連環畫、掛圖、小說、雜誌。小學生瞪着眼睛，溜着鼻涕，出神地望着一張新掛出來的畫：佩着尖銳刺刀的解放軍，左手揮着五星旗，右脚踏着一個兵士的背，那士兵緊皺眉峯，眼裡閃出灼灼凶光，張着血盆大口，痛苦萬狀的樣子，帽子歪了，帽徽上的青天白日只剩下了五隻角。

「好哇！多棒！」一個兒童團員一邊喝采，一邊用小肘東撞西碰，其他的孩子被擠到另一角去了；那裡是一張大桌子，上面擺滿了連環圖畫。隨手一翻，是一個被地主吊起來的農民，身上滿是橫橫豎豎的青痕，骨瘦如柴，地下躺着幾個餓殍……小學生又怕看又愛看，越怕看越想看——再隨手一翻，是地主被「翻身農民」鬪爭的圖畫：農民狠狠地舉着拳頭，張着大嘴，地主垂着頭，胸膛上印着一大塊血……

小學的圖書館，就是這樣一個槍彈，血淚，炯炯目光，拳頭……的展覽室，它是教科書的補充材料。——還不够！在體育課上，玩「打反動派」，「擁護領袖毛主席」；在音樂課上，唱「共產黨的恩情說不完哪」，「我們是毛澤東的好兒女」；勞作課上，做五星旗，塑解放軍；圖畫課上，畫毛主席肖像，畫制死反動派……。使每個純潔的孩子，都暴露出原始嗜殺的性格，都養成敬畏權勢的惡習。

教室裡再也聽不見老師溫柔的聲音：「回家要幫你們的母親做事，要聽父母的話……」，而是：「你們是人民的孩子，你們要向人民負責，如果你們的父母思想頑固，你們要隨時提醒他們改造……」「毛主席是最愛你們的，你們都是他的好學生……」。

在沒有習慣之前，小學生的父母都鬧得寢食不安，有的父母隨孩子愛說什麼就說什麼，愛怎樣做就怎樣做，父母「管教」兒女的權力算是放棄了，但也不甘心被兒女「管教」，因此，愛看什麼「反動」書籍還是看什麼「反動」書籍（高小學生勉强分得出什麼是「反動」東西）。不愛說「毛主席萬歲」就不說，興緻來了，跳舞還是跳舞，依舊放美國舞曲。於是，孩子在交給老師的日記上寫了：「我爸爸媽媽是反動派，他們跳舞還開美國音樂。」過了幾天，老師去拜訪該家長，婉言勸他們——親愛的讀者，你們猜勸他們什麼？——改放蘇聯音樂！以免使兒童醉心美帝文化，中了美帝的毒！

有些舊式女性的母親，忍無可忍，把以往所受共產黨的氣，保甲上親共人員的氣，以及公婆的氣統統加在「擁護毛主席的孩子」身上，狠狠地把他打一頓。無知的孩子只有跑到學校裡去，對着他最敬愛的老師——使他挨打的老師——哀哀切切地哭訴。「人民教師」當然鍾愛「人民兒女」，天天捧着仇恨滿篇的教本高喊的人，當然最懂得什麼叫仇恨，於是他馬上寫一封極嚴厲的信給孩子的母親，替「毛澤東的好學生」復仇。誰知滿腹委屈的母親看了信，反而把孩子更狠毒地打了一頓，但是母親的心，總是愛勝於恨的。打過之後，又非常後悔，加上受公婆譴責不該來打他們的孫子，獨自啜泣了好久，偷偷找了一條繩子，看準了一根粗樑，潦草地寫下：「老天太不公平！公婆的氣不算，日本的氣剛受過，又來了八路！好容易養活一個心愛的兒子，兒子又變了，不是我的了，我為誰活着？……」

有些知識較高，涵養較深的母親費盡苦心，企圖把正在「改造」中的孩子改造過來，孩子喊「擁護毛主席！」母親連忙問：「為什麼擁護他？」「因為他是我們的領袖」。「是的」母親回答，怕孩子盲目崇拜領袖，養成愛慕虛榮的性格，溫柔地說：「我們擁護為老百姓做事的人」。「誰是老百姓？是人民嗎？是擁護為人民服務的人嗎？」母親不好說老百姓不是「人民」，只好莊重地說：「是啊！記住！我們擁護為老百姓服務的人——誰為人民服務，我們就擁護誰」。她想用重複來加深孩子的印象。她的意思是說，如果毛澤東在為老百姓服務，我們沒有理由不擁護他，我們不是擁護毛澤東，而是擁護為老百姓服務的人。但是孩子能懂得什麼呢！他還沒等母親說完，就插口：「毛主席為人民服務，我們擁護毛主席！」

對於小孩子，一句背熟了的話就是一條不變的眞理。母親除非整天把孩子關在家裡，不然母親的話總不及老師和同學的話更能影響孩子。

孩子要出去開大會，母親早早起來，替他預備好乾糧，在家裡盼望一天，黃昏，孩子累得像個小敗兵似的回來了，滔滔不絕地講說會場上的一切，最後背一遍口號。母親忍氣吞聲地聽着，替他擦臉，洗脚。晚上，孩子在被裡抽手伸腿地亂叫：「你殺我？我是解放軍！看誰敢！石頭！刺刀！他們要鬪爭我！哎呀！媽！我胸上一大塊血！……」母親從夢中驚醒，連忙推醒他的孩子，一言不發，含着淚，輕輕拍他重新入睡……

如果小學生的母親是家庭婦女，事情還比較單純，如不幸為小學教師，不但是小學教師，而且是她孩子所上的小學裡的教師，就非事事留神，處處小心不可了。——在學校，對學生說自己所不相信，不贊同的話，回答學生所提出政治性的難題，應付同事的批評，假造自我批評……這些已够使她煩惱的了，而回家除了要閱改學生的本子，採買柴米油鹽，安慰辛苦煩燥的丈夫以外，還要——小心應付自己的非常委屈的孩子。筆者有個親戚就是這樣。有一天正當她握着紅鉛筆，皺着眉頭改卷子的時候，她的孩子跑進來了，喘着氣說：「我和王琦在街上看見一個小孩，畫了一個王八，上面寫上毛澤東，我去叫警察好吧？媽帶我去！」

「少管閒事！」她低着頭，依舊改她的卷子。

她的孩子在日記上寫了：「老師叫我們要做毛澤東的好學生，要幫助政府抓匪特，今天放學回家，我和同班的王琦在路上看見一個小孩子，在牆上畫了個大王八，上面寫上毛主席的名字，我本來要去叫警察的，我媽媽叫我不要多管閒事，我就沒有去了……」

並不是小孩子幼稚，以為頑童在牆上畫毛澤東王八就是匪特了，而是老師鄭重地教他們說，在街上亂塗字畫罵共產黨的，都是受了匪特的指使，要立刻報告公安人員，追究原委。幾天之後，齊老師（我這位親戚）突然被召到校長面前，校長翻出她孩子的日記給她看，她的臉色馬上變得蒼白。

「有沒有這回事？」

她遲疑了一刻，鎮靜地說：「有的！當時我正在改卷子，根本沒聽清孩子對我說什麼。我只含糊答應了他一句。」

「好吧！」校長冷冷地，慢慢地說：「你回去準備一下好了，明天下午全體教員要開一個大會，對你這件事進行檢討。」

就只「準備」這兩個字，已經够使人憤恨的了！似乎在說：「隨你現在揑造什麼話，回去編什麼詞兒！反正我們是已經準備好了。明天開刀！」

她默默地走回去，終日一言不發。

第二天的檢討會上，她和她的孩子以及王琦都被邀入席。首先主席報告事情經過概況，然後請各教員發言——「自由發言」。

「我以為齊同志身為教師，嚴重地忽視了下一代的教育，她不但不鼓勵，而且阻止學生去報告警方，她忽視了自己的責任，剝奪了學生為人民服務的機會……」身穿列寧服的一位教員首先說。

另一個教員接着發言：「一個良好的人民教師要具備許多條件」。用銳利的目光瞪一下齊老師：「而齊老師，已往在學校的表現就不够積極主動，就不够人民教師的水準。當然，我們誰都不能說自己已經做得很够了，但正因為如此，我們才要加緊學習，加緊改造自己，而齊老師卻沒有認識到這點，自高自大，自滿，自私……把教育當兒戲！」

「在這裡，我也要說幾句話。」一位平日和齊老師相處得很好的教員也表明態度了：「關於教師的責任，我們原有一些認識。現在經過偉大的中國共產黨的教育，又有了更清楚，更深刻的認識，擁護政府法令，協助無產階級的黨為人民服務，是每一個人民的基本責任，而教師還有他們更多更重大的教育使命。所以，齊老師以一個人民教師的身份，在反匪反特的高潮裡，就該付出全力，盡最大的努力。而事實上恰恰相反，她不但不站在為人民服務的立場上，親身協助政府反特，反而阻上她的孩子那樣做。由這點看來，齊老師還沒有完全放下她的包袱，我們希望她今後多多向人民學習，以及向她的孩子學習……」

也許是覺得上面的話還太溫和；有些敷衍了事的樣子吧，另一個教員殺氣冲天地站起來接口：「讓我們來分析一下齊老師的話：『不要多管閒事！』學生叫他的「母親和教師」帶他去喊公安人員捉拿匪特，這是閒事嗎？說這話的人，思想太成問題了！這簡直是我們教員的恥辱！不負責任！縱容匪特！堅持自己小資產階級的立場！漠視政府政策！不關心人民利益！我們不能讓這樣的人留在學校裡！請她坦白！」

齊老師始終一言不發，她呼吸急促，臉漲得通紅，她的孩子覺得媽媽被這麼多人欺侮，內心非常酸痛，小嘴扁了一扁，幾顆晶瑩熱淚源源滾下來：「哇——媽媽！我不了！哇—」

……………

晚上，回到家裡，他倒在母親懷裡，嗚嗚咽咽，哭得非常悲切。他的母親，以前不敢責備他，現在又不忍責備他。寫完悔過書，熱淚滿眶地抱着孩子。孩子一面哭，一面說：「老師叫我們有什麼事情都記上去，我就寫了，我沒說媽媽不好啊！老師幹嗎都罵你呢？我下次不寫事情了，不寫了！不寫了！媽我再也不寫了……」

母親抱着孩子痛哭，孩子更是哭得上氣不接下氣，這時孩子的心裡，沒有「毛主席英姿」，沒有解放軍的砲門，沒有血的鬪爭，只有母親的愛，自己的悔恨。人性的善的崇高的一面，佔據了他整個的心靈。他哭乏了，昏昏睡去，他不該夢到征服者的刺刀與被征服者的鮮血了。他應該看見母親的慈祥的笑容，父親自由自在地和隣居談天，和善的警察微笑着招架頑童的攻擊，老師們講述着起伏着金黃色波浪的稻田，暖暖的太陽，牧場上成群的牛羊，小羊跪在母羊身邊孜孜吸乳……

這時，他已經不是「人民」的兒女，不是毛澤東的好學生了。

文藝

篩（上）

——汰去粃滓者，菁華乃出（唐書）——

金溟若

一

南國的秋是可愛的，在冗長的夏季之後，從暑熱中一旦被解放出來，穿上單夾的西裝，走在柏油路上，連整個心身都輕鬆了似地。雖在這「四季皆是夏，一雨便成秋」的臺灣，但喫過月餅，到底是交了秋令，晴天的正午，雖也使你流汗，但究竟時令不同，不會像夏天那麼悶熱，而太陽稍下了西，也就涼快起來了。

白鵬飛從吉普車上以輕快的姿態跳了下來，向車上的兩位小姐深深地致了謝意，眼看着車子向新生南路，朝北轉了彎，他纔把視線收了回來。他的心是輕快的，雖然他不是對季節顯得那麼敏感的一個雅人，而今天的所以感到身和心的輕快，多半還是由於人事上的連鎖而來。屠主席對他並不生疏的態度，屠二小姐不拒絕他的邀請，答應到國際戲院里去看電影，還帶了一個女朋友同去，歸途上特意用吉普先送他回來：這受寵若驚的心情，是他今天所以感到輕快的因素。但秋高氣爽的這個季節，蔚藍的天和棉白的雲，也確曾增加這位白局長——過時的警察局長的心緒上的輕鬆，而他沒有自覺到罷了。要他自覺到這些，他是够不上，也許借他自己的一句話，他還够不上那麼無聊，憑空去注意那與他的官運和財氣無關的天時。

他原想請屠小姐把車子開到他的寓所，把那批無聊的傢伙嚇唬一下，讓他們知道自己同屠主席一家過往得這麼親密，只要他老人家肯拉你一把，將來再攪上了縣市的局長，也可以牽帶你們，尤其是彭桂丹，那個胖子，自以爲當過兩任縣長，便瞧我這個局長不起。可是，到底不好意思開口要屠二小姐把吉普車開到巷子里去，終於在巷口，大路邊上停下來了。

白局長望着屠小姐的吉普車轉彎着不見了，還在可惜着這個可向同住的人們示威的好機會，憑白地讓牠溜走了。他正在悵惘，一部三路的公共汽車，在他的脚邊停了下來。車上的司機像怪他那木然不知退避的傻相，隔着玻璃朝他狠狠地白了一眼。但這一個無聲的喝罵，絲毫沒有損及白局長的自尊心，今天他是那麼興奮，那麼輕鬆，像是沒有心情去接受這些。他仍暗地里抓住了優越感，向擠在公共汽車門口的乘客投以鄙夷的一瞥，轉身向巷里走了進去，用那輕快的步伐。

他用力拉開了玻璃推門。

房間里的高談濶論，被他這有勁兒的拉門聲給吓住了。談話聲戛然而停，隨着，紙門後面探出了一顆肥碩的光腦袋。當那對不相配的小眼睛，發見了坐在玄關(註一)上脫鞋子的白鵬飛的灰色西裝的背影，便很快的又縮了回去。

「哦，是白局長回來了！」這個光腦袋的主人，正是白鵬飛剛纔在路上想起來恨恨不已的彭縣長。他把這話向在座的人們報告了之後，把本來嵌在他那肥胖的臉上已嫌太小的眼，瞇得更細。而將頭向前一俯傾，下頦自然而然地向里縮，原已短縮的下巴，便併入了頸部，找不到痕跡了。

「白局長什麼地方來？」

白鵬飛一脚踏上了塌塌米(註二)，滕子英望着他那身畢挺的灰白色的西裝，笑着問道。這位高大架子，滿臉生鬍的人，你看了他那一身結實的肌肉和紫醬色的臉，顯得那麼粗魯而豪爽，初見的人，準會把他當作是一個軍人。其實，在大陸未淪陷之前，他是縣政府里的一個特務秘書。但滕秘書却承認自己是一個老粗，雖沒有進過軍隊，但他開得鎗，帶得隊伍，能替縣長分憂，入山剿匪。可是要他拿筆，那就重累了：「秘而不書」，這是他自己坦白承認的。這位心直口快的滕秘書，也是白鵬飛頂感頭痛的一個傢伙。對他，白局長永遠懷着不屑的心，但不敢得罪他，是怕他當面搶白，打擊他的自尊心。

白局長「哦」了一下，當作回答。他旋轉身來，脫下西裝的上身。就在他向壁上掛衣裳的時候，滕秘書向彭縣長伸了一下舌頭，擺上一個鬼臉。

「準是從屠主席公館里來。」彭縣長接腔說。

「我有信沒有，英傑。」白局長却不理會這些，他一本正經地，朝着里面房間叫。

「沒有，局長。」

濃眉，方臉，顋下有一對特別突出的顴骨的三十多歲的青年，答應着走了出來。只有這個青年——何英傑，他對白鵬飛仍稱「局長」是出於自然的，是爲了過去稱慣了拗不轉來。白鵬飛在T市做警察局長的時候，何英傑在那里做過刑警隊隊長和港務警察大隊的大隊長。所以他雖不欽敬這位老上司，却仍改不過口來，這樣稱呼着。可是彭桂丹或滕子英口中的「局長」，那就顯然不同斤兩了。但在白鵬飛聽起來，這兩個局長却似乎沒有什麼區別。在辯別這些細末的過節上，白鵬飛天眞的頭腦，似乎還嫌太簡單了些。

二

「哦，沒有信。」

白鵬飛自語着，便就窓下的塌塌米上坐了下來。他何嘗不知道自己不會有什麼來信，但他自進門之後，見這班無聊的同居們，虎視耽耽地盤踞在塌塌米上，對他的加入似乎沒有特別重視，使他從馬路上帶回來的優越感，顯得有些不很自然，而他又不願就此使自己的自尊心乾癟了，便借着問信，把自己這彆扭的情緒，給搪塞了過去。而且只有何英傑，這曾經是自己的部屬的青年，不會當面給他難堪，藉以維護着自己那僅有的尊嚴。

「你們剛纔說得很熱鬧，談些什麼呢？」讓自己的心安靜了下來之後，白鵬飛第一個打破了這暫時的沉默。

「我們正在討論着最近從香港方面湧過來的那批人，政府是來者不拒呢，還是不讓他們打那如意算盤。」滕子英接口答道。

「是呀，自從韓戰爆發，美國的第七艦隊增防臺灣以後，國際的局勢，有了很大的轉變。從前不敢到臺灣來的那批投機份子，現在都從港，澳方面紛紛要求來臺灣了。難道政府就容忍這些投機者，讓他們從中取巧嗎？我想，絕對不會。」彭桂丹伸出他那短短的手，堅持着自己的主張。他那說話的姿態，老帶着演說者的口吻，儼然像他從前做縣長時向僚屬訓話的神氣。而他的心中，對於共產黨要清算他，要鬭爭他，逼得他逃出鐵幕而來了臺灣，對這因禍得福，深自慶幸着；雖然目前還攬不到一官半職，但將來反攻的時候，以自己的人事關係，還逃得了一個接收大員嗎？同抗戰勝利時來自大後方的那些忠貞之士一樣，還不是「重慶人來皆不同，走路說話氣如虹」的嗎？這樣想了起來，他對於那些待在港，澳，現在遲遲而來的人，懷着妒忌，像多來了一個人，便會把他那忠於黨國的功勳，給分了去似地，恨得牙癢癢地。

「不，不，政府決不會拒絕他們。」特務秘書接口說。「現在收攬人心還來不及，那些眼巴巴跑了來的人，有什麼理由去拒絕他們呢？政府不會記着那些小地方，連大陸上的匪幹，肯悔過反正的，和那些投靠了的降將軍，能够反起義的，政府都寬容他們哩。」

滕子英是就事論事，也堅執着自己的見解。他們兩人對於這個問題，已經反復地爭辯了一個多鐘頭了，還是得不到一個結論。白鵬飛沒有回來之前，這里除了他們之外，窓下那張唯一的寫字檯前，還坐着一個也從匪區里逃了出來的小學教員林士鑫。那是一個剛跨過二十歲的年青小夥子，他們間的年齡相差太遠，興趣和思想當然也不會一致，所以整天很少開口，對於他們之間的爭辯，談論，只有聽的份兒，而絕對不答腔。——多半，他連聽都懶得去聽，何況去參加他們的談論？除了他，全屋里只剩着剛從後房里出來的那個刑警隊長了。但他，除掉與那些在法網的邊緣上掙扎着的人們周旋，和怎樣在碼頭的走私者身上搾取油水之外，任何事情都引不起他的興趣。尤其是國家大事，同他間隔着的距離是更遠了。而一方面，他認爲縣長和秘書的主張，至少比自己强，更使這位皮匠出身的隊長不敢開口。

沒有一個第三者爲他們仲裁，他們間的爭執，往往拖得很長，永遠沒有一致的時候。現在來了白鵬飛，在兩人都對自己的爭論開始厭倦的時候，很想從他的身上，獲得停止爭執的機會。兩人便不期然地把目光注在這位後來者的臉上，雖然兩人都很明白這位布店學徒起家的局長，不見得比他那刑警隊長有更好的高見。

「哦哦，是的，是的，來了很多人。」白局長見兩人的視線同時集中在自己身上，顯然是着了忙；老實說，他從來沒有在這件事上想過。

「來了也好，不來也無所謂。」當他自覺到上面的話，不是那兩人所希望的答語時，他慌忙補充着說。但越說越不對題，使他更窘了。

恰好這時，玻璃門響了。

彭縣長又就近把他那肥碩的腦袋伸出，再縮回來。

「誰？」滕子英問。

「龔明仁。」他答。

「好，老闆回來了。開飯，開飯！」滕子英嚷着，站了起來，他知道白局長不能給他們仲裁，便這樣一嚷，站了起來。

三

龔明仁，是這座房屋的主人。不，他是相當於主人身份的人而已。這位省政府××廳的科員，是一個典型的公務員，除了瘦與白之外，在他的身上再找不出第三個特點。拘謹，克苦，儉樸，寡言，他具備着標準公務員的一切條件和美德。抗戰勝利後，三十四年冬，他便隨着老上司同來臺灣，一直到今天，整整五個年頭了。當時的臺灣，屋多人稀，他雖是一個小小的科員，但也配得了這麼一座小房子。

原初，他本來想接太太來臺灣，因他那位從來沒有離開過自己出生之地一步的太太，死也不肯出門，他便一直獨自一人佔住着這有三四個房間的日本式住宅。曾有一個時期，這座房子成了他很大的累贅，爲了它，得專雇一個下女(註三)，以免白天上辦公時被竊賊光顧。一個時期，它也曾充當過失業者的收容所。現在，則成了難民，也可說義民的公共宿舍；再貼切的說，是P縣會舘了。

全屋里待着的這一群人，除了正視現實，滿足現實的主人之外，那一批義民而也是失業者的一群，都有着輝煌的歷史和美麗的遠景。雖然他們的抱負不同，希望各異，但有兩點絕對同樣的地方，就是他們都是P縣的小同鄉，而且都一樣的窮得不名一文。

在過去，彭桂丹做過兩任縣長，很積儲了一點錢，但P縣「解放」之後，他被鄉人檢舉出來，家產全部清算了，險些連性命都會被鬭爭掉，好容易化裝了，由上海而定海，輾轉來了臺灣。一路上，他喫盡了苦頭，受盡了奚落，但這些外來的刺戟，對於彭縣長這樣事業心——不，毋寧說官熱得當些——很重的人，是無所謂的。他想起自己前半世的事業，僅受過相當於中等程度的教育，經過一次短期的訓練，靠着自己特出的政治手腕，對上司的逢迎，聯絡，殷勤，找到一個自己認爲有出息的人物，跟着他一路向上爬。由部里一個科員開始，而專員，而縣市的科長，秘書，終至於一帆風順，獨當一面，做了四五年的縣長。他對自己的政治生命，有着很大的自信。而他所追隨多年的老上司，現在正在臺灣，已經是報紙上用第一號鉛字印刷的風雲人物了。單靠這點關係，再加上兵荒馬亂的這個時代，正是時世造英雄的時候，只要好好地運用自己那一套近乎天才的政治手腕，他不怕自己會沒有辦法。

但船一到基隆，擺在彭縣長面前的一個難題，倒不是日后的事業，而是眼前的食宿。他在基隆碼頭上翻親友通訊錄，使他記起了這位冷落的同鄉龔明仁。他想起在家鄉時聽他的太太說，明仁在臺灣配到了一座房子，要她到臺灣去住，她因掛牽着自己的母親，不肯出去。他那里也許有空房子，他想。於是，他便做了龔明仁那里的座上客了。那是今年陰曆二月的事，一住便是半年以上，而他所憧憬着的美麗的遠景，還仍是一個遠景，這使彭縣長頗爲憤憤不平。

他去找過老上司，也曾去找過所有過去與他有過聯繫，而現在仍站在政治舞臺上活躍的前輩或朋友。但從他們那里，還是得不到要領，一直讓他擱在這個P縣會館里，沒有給他一顯身手的機會。最初，他怨恨，他不平，怨恨老上司以至那些前輩和朋友。好像他們都變了，對自己生疏冷落了，匆匆地說話，顯得忙不過來的樣子。他認爲那是裝腔，那些高高在上的人們，那里會事事躬親，把自己捏得那麼忙碌呢？絕對不會，在大陸上他知道得很清楚。對政府，他懷着很大的不平，像自己這樣，千辛萬苦，冒着生命的危險，衝出了鐵幕，來歸政府的人才爲什麼這樣冷漠，置之不理呢？他認爲自己是一個人才，在這個國家危急的時候，把人才置於閑散，尤其是把自己也同白鵬飛和滕子英同等看待，擱在這個縣會館里，他認爲是對自己的一種侮辱。這怨恨和不平，使他忿懣。而這些忿懣，便發之於牢騷了。可是在這個小天地中，够得上做他發牢騷的對象的，他選來選去，只有滕子英一人。有的年紀太輕，有的地位太低，而如白鵬飛，雖然是一個警察局長，但那是一個懵懵的傢伙，對這樣人發議論，就等於對牛彈琴，他以爲。滕子英，他雖也瞧不起，認爲是一個老粗，但就地位，就年齡，除了他，也就選不出第二個人來，只得將就了。但滕子英對於彭縣長的抬舉和青睞，不僅沒有感到榮幸，反認爲是一大累贅。每當他那「懷才不遇」的牢騷一來，滕子英不便拂袖而去，可又忍不住那陣肉麻，使他沒法排遣。最初幾次，他只得耐着性聽下去，有時也給他一二句安慰。後來次數多了，他倒想出了一個兩全之策，只要彭縣長一提起「唉，像我們這種人……」，他便知道不好，牢騷來了，便趕快拿起手邊的一本雜誌或報紙來遮住了面孔，使彭縣長不好意思繼續下去。

可是最近，彭縣長的牢騷少了。並不是因爲滕子英的不願聽，是因爲半年下來，他知道了現在的臺灣，再不能去翻大陸上舊帳簿了。人盡其才，才盡其用，是政府現在的方針，再不能專靠着拉人事上的聯繫便成的了。當他知道了自己的老上司，那些前輩和朋友，並不是對自己裝腔，是實在忙不過來的時候，他驚訝而且懷疑，攪不清他們爲什麼顯得那麼緊張。可是這位個人主義的小人物，攪清了老上司不是對自己冷漠，現在即使不能如願以償，將來反改大陸時，總少不了有一份兒，也就釋然了。

四

看風使舵，彭桂丹雖僅是一個中學程度的縣長，但到底有着二十多年的政治經驗，比起那位布店學徒出身的警察局長，却高一籌。他知道照這情形看，單靠着跑腿和獻殷勤，是攪不到什麼好處的了，要使他們知道自己的才能才成。

要人家知道自己的才能，寫文章在報紙和雜誌上發表，是最有效果的初步工作，接着上他一個條陳，他想。可是寫文章，對於這位曾是一縣之主的彭桂丹却是一個難題過，去有什麼紀念節日，地方新聞雖有時請縣長寫一篇東西以光篇幅，但那時有秘書替自己代筆，只要簽上一個字或敲上一顆官印就算了事。而現在，請誰代筆呢？就是有這麼一個人，也不好意思開口。

經過好幾天的煩悶，給他想起了一個貼切的人物。那是從上海同他一路逃了出來的難友陳彧文，是一位中學里的國文教員。爲了是患難之交，這位忠實的讀書人，到了臺灣安住下來，便來拜訪過彭縣長，而留下了一個地址。彭桂丹因他僅僅的是一個中學教員，也就懶得去聯絡，不曾去回拜過。現在想了起來，他便趕緊去找一本舊的「新聞天地」。當時陳彧文要留下地址，彭桂丹心不在焉地，把手上拿着的雜誌遞給了他，就在牠的後頁上寫了下來。

還好，這本雜誌沒有讓別人拿走，他便按着那上面的住址，找到了。

「彧文兄，初到地朋友多，無謂的應酬太多了，便一直沒有時間來看你。」他很抱歉地說。

「不不，我也因爲窮忙，好久沒有來拜訪彭先生了。」這位三十前後的教書先生說。

「這學期有沒有在什麼地方擔任功課，老兄也要出去活動活動才成。」彭縣長很關切似地，問道。

「不，我看臺灣人浮於事，犯不上同別人去爭奪飯碗。好得只有一個人，替報紙副刊寫些文章，每月拿些稿費，勉强把日子打發過去，也就算了。」陳彧文直率地答道。

「那是最清高的事情。」彭縣長諂笑着說。「我們這些從匪區里逃了出來的，像老兄這樣會寫文章的，應該多寫些匪區里的情形，把共匪的罪惡給暴露出來才是。」

「我現在正寫一篇『滬杭匪訊』，差不多有兩萬多字，快完成了。」陳彧文說着，隨手把桌子上那一大堆的稿紙一指。

彭桂丹原想鼓動他去寫一篇這樣東西，抄些來換上自己的名字送報上發表，現在聽說有現成的東西，眞是求之不得。他便搶着說道：「可不可以讓我帶去細細地拜讀拜讀。」

「待我把全稿完成了，再送請彭先生指教罷。」

「不敢當。不必等完成了，好得已經不少，讓我先拿去拜讀，我眞是先睹爲快哩。哈哈哈……」彭縣長用一陣諂笑，掩住了自己的無恥，隨手把那一堆稿紙一卷，告辭出來了。

他堆上一臉的笑，回到寓所。晚上，他把那篇「滬杭匪訊」仔細地看了一次。陳彧文在那上面，對於上海和杭州兩地的共匪們的虐政，寫得相當詳盡，分爲軍事，政治，經濟，教育和社會幾個部門，而最後的社會，僅成了一半。彭縣長花了兩夜的時間，把那篇東西抄錄了下來，先把原稿送還了陳彧文。他原想就原文改竄幾個地方，但改來改去，總不及原文那麼流暢，結果只把沒有脫稿的社會部分割愛了，攔腰斬掉了，而在上面加上一段自己的履歷。僅僅的這樣一個轉折，已經費去了他三天三夜的時間。

他拿了那篇東西，跑到××晚報社的編輯部，鄭重其事地交給那里的社長石磊，也是P縣的一個小同鄉。

「請你想辦法能够在這兩天內登了出來，因爲這篇東西是有時間性的。」

臨走時，他不放心，還是向石社長這樣叮嚀着。他是怕陳彧文全文脫稿了之後，在他之前發表了，會影響到他這篇東西。

昨天的晚報上，他那篇署名彭桂丹的「鐵幕燃犀錄」——尤其是這個標題，是他最得意之作，刋登出來了。他向那位社長同鄉，一起要了三十份報紙，預備送給老上司和那些前輩和朋友。這是自己將來重登宦途，飛黃騰達的第一塊敲門磚，他想。

他從脇下放下那一大卷報紙，抽了一張出來，把自己那篇得意之作指示給同居的人們看，一方面朝着特務秘書說：

「我寫這篇文章，花了三天三夜的時間，就是四五天前我沒有出門，也來不及同你們聊天的那幾天寫成的。我想，總得替黨國盡點心。子英兄，你說是嗎？」他好像完全忘掉了這篇東西的來源，滿顯着得意之色地說。

「是的，是的……」滕子英對此像感不到多大的興趣，隨口答應了一聲。這使彭縣長頗爲不滿，心中暗暗地咒罵了一聲：「到底是個老粗！」

白局長捧着那篇東西像細細地嚼着，雖有好幾個地方搞不明白，但覺得寫得很不錯。我也能够來一篇這樣東西多好，讓我送給層主席他們看看：這樣一想，不知不覺顯出羨慕的樣子。

彭縣長太興奮了，昨天晚上一夜不得好睡。雖然失眠，但他在心中計算着這篇東西刋載完了之後，帶着它再去叩訪老上司的門，於自己的前途一定有很大的帮助。所以他的夢是甜蜜的，心是輕飄飄的。

一夜的失眠，讓他酣睡了整個上午。中飯後，他一面以輕快的期待，等候着晚報的出版，而半年來鬱積在心中的沉悶今天像一掃而光了，爲排遣這輕鬆的情緒，使他恢復了做縣長時的健談，便找滕子英來聊天。他們由國際談到國內，由韓戰的爆發談到美國第七艦隊的駐防臺灣海峽，結果才把話題轉到香港的來客，而成了他們之間爭執的焦點。直到龔明仁回家，他等着喫了晚飯到報社里去取今天的晚報，才把這個爭論結束了。

五

P縣會館里，除了何英傑帶着一位太太，其他都是光棍了。所以何太太是這屋里的唯一的女性，她是這里的主宰者，同時是義務下女，從早上的開水，以至三餐伙食，都由何太太掌司着。

何太太是一位賢妻良母型的女性，她以一人照管着這許多人的事情，並沒有顯示厭倦，有時還得愁米愁柴，雖不必由她去找錢補貼，但這一群偉大的窮光蛋，常常讓她等到下半天一二點鐘或入夜六七時纔有米下鍋。縱使這樣，她沒有半句怨語，拿一本舊雜誌或報紙，靜靜地看着等那去設法找錢的人回來。她的教育程度，在彭縣長和白局長之間，是在高小畢業的，所以能無問題的看報，也可以寫一張短簡的便條，不致於像她們的局長那麼十個字當中有兩三個別字。

她的這位隊長丈夫，三十四年臺灣光復時，便帶着她從海峽對岸橫渡過來。接收當時，人才不够，何英傑在福建的一個部隊里充當班長，到臺灣後却轉入警界，給他搞到了××縣警察局的刑警隊長。「二二八」事變後，他因向當地的老百姓敲詐，被告發而受了撤職查辦的處分。查辦的部分，雖不了而了，但接着一年多的失業，不僅把他在刑警隊隊長時的積蓄喫光了，把福建帶來的衣物也賣盡當光，正在瀕於絕境的時候，剛巧白鵬飛調任T市警察局長，他因朋友的介紹，當起那里的刑警隊長，後來轉爲港務警察大隊的大隊長。

但在那里，他待不上半年，因盜賣港務局的公物，案發後棄職而逃。來了臺北。正在通緝中的何隊長，沒人敢收留他。那時他的太太還留在T市，何英傑一個人徘徊在臺北市的馬路上，找不到一個宿處，眞個是茫茫乎如喪家之犬，又不敢投宿旅館，正在這爲難的時候，路上碰到了這個容易被人遺忘的朋友龔明仁。何英傑沒有把自己被通緝的事告訴這個安分守己的同鄉，僅說自己離開了T市的職務，剛到臺北還找不到住處。

於是龔明仁收留了他。那時，這座屋子正充當着失業者的收容所，有四五個找不到工作的P縣小同鄉，在這里過着焦急的日子。後來一個一個得了工作去了，而何太太則從T市也來了臺北。那時大陸還沒有淪入鐵幕，是這座屋子最清靜的時期，除了主人之外，僅剩了何英傑夫婦兩人。

初在這里住下的時候，何英傑很怕白局長知道，怕爲了前案來找他的麻煩。但他知道白局長是不屑到這里來的，就是來了臺北，他也很忙，去看警務處長，去看警務處里的秘書，科長和那些與他的官運有關的朋友，絕對不會來看這位××廳的科員，雖然是小同鄉，他卻沒有這個閑工夫。於是，也就心安了。

這其間，他聽到了白局長在任上結了婚，新娘是巴巴地坐飛機從大陸上送了來的，也是一位P縣出名的小姐。而且結婚的場面相當偉大，結婚的喜宴擺了四十多桌，由市長替他們證婚。過不了多久，他又聽到了白局長因結婚時舖張過甚，被人向警務處里告了一狀，又牽涉到別的案子，因而也同他一樣，弄得撤職査辦，很狼狽地離開T市。而最後的消息，是他離了臺灣，回大陸去了。

那是三十八年春，國共和談的空氣甚囂塵上，李副總統坐鎮金陵，而全國人心惶惶的時候。這嚴重的局勢，政治上的低氣壓，掩蓋了任何個人間的小問題，白局長以後的音訊，也就此不聞了。

接着是和談決裂，共匪南渡，在這急轉直下的情勢下，許多大陸上的來客，從上海，從閩粵，以至遼遠的各地，湧進了臺灣。而龔明仁這間清靜一時的房子，也頓時熱鬧了。由滕子英開頭，進進出出最多的時候，四間房子的塌塌米上，橫橫豎豎曾睡過十五六個人。有辦法的，頂了房子搬走了，有的分散於各縣市，各找門路去了，最後留下來的，就是現在待着的這幾個人。

最使何英傑奇怪的，是在這里他竟會又與老上司碰在一起。爲什麼他會單槍匹馬向回跑，太太那里去了呢？在局長任內，他很搞了一批錢，爲什麼一下臺，就會這樣潦倒呢？

他又記起局長公館的會客室里懸掛着的、滿是要人們題著着的，局長老太爺的那張照片。和與那張照片同排懸掛着的另一張照片，是他的老太爺站在黨國元老之間的，民國二、三年在廣州所拍的一張照片。他好幾次見白局長呷醉了酒，跪在那兩張照片前面痛哭流涕，而且把「不孝有三，無後爲大」高聲地，用家鄉話叫了出來。好得是叫的土話，人家不會聽得懂，否則才笑話哩，當時何英傑曾這樣想。

他知道白鵬飛以一個布店里的學徒，居然能够考進警官訓練班，結業之後，一步步給他掙到縣市的警察局長，所恃的就是這兩張有歷史性的照相。但現在，從大陸回來已經一年多了，爲什麼也同自己一樣，會弄得一籌莫展呢？他那兩張照片，比什麼都寶貴，比任何符咒都靈驗的東西，爲什麼會失掉了效用呢？

每見了這位老上司，蹩在心中的這一團疑雲，永遠使何英傑拂拭不開，而他又不敢向他請示。這些，同白鵬飛在任何公文上只能寫「如擬」兩字，而竟能安然做他的局長一樣，使何隊長覺得茫然。他希望白局長能再上臺，一年來同居的感情，他會不好意思拒絕帶了自己同去上任吧，他想。所以對於白鵬飛的再起，何英傑冀望之切，是不亞於白局長自己的。

六

今天龔老闆剛領到了薪水，他們的晚餐桌上，多了一碗肉絲抄蛋，是何太太的拿手好菜。難得看見葷腥的餐桌上，添上這一碗肉絲蛋，連其他幾味小菜也添了光，生色不少。他們蹲在塌塌米上，細細地咀嚼着這頓豐盛的晚餐。大家都默然，像沒有心思開口，而各人的心中，都在轉着不同的念頭。

林士鑫聞到蓬萊米的觸鼻的香勻，和牠那像示威一般發亮的光彩，每次都惹起了他的懷鄉病。自然而然，他的腦際會浮上大陸上的那幅「饑饉圖」，共匪們偉大的傑作。他在匪區里所待的時間較久，而且住在山城的鄉下，對於匪徒們的認識，比這里幾個也一樣逃出鐵幕的其他人們，更清楚，也更深刻。雖然他不像彭桂丹滕子英，够不上被清算或鬪爭的資格，即使有的話，還不會這樣很快輪到他。但青年人的眞純，和他的血統上的正義感，對於匪幹的憎與恨，比這里的任何人都熾烈，因此對於「共匪必敗」的信念，也比任何人堅定。

林士鑫是龔明仁的遠親，他是這里最後一個而且也是最年輕的一位客人。他以惴惴的心，加入了這個集團。來了不久，恭聆過幾次這些同鄉，前輩的高論，使他感到寂寞與孤立。他以不屑的心，但以恭順的態度，對付這班老傢伙。他想，假如從大陸上來這里的都像這批人，不要說反攻，連臺灣都會被喫掉。但過了一段相當時期，他知道了這班人的底蘊，和到臺灣後他們仍運用着在大陸上的那一套，向政治舞臺上進攻和碰壁。慢慢地他又認識了這個自由中國的最後基地的蛻變和進步、那新生的力，打擊着這批永遠不推前一步，不，毋寧說開着倒車的傢伙。這種種使他感到痛快，覺得安心，而且湧上新的希望。部隊中，政府里，到處彌漫着新的氣象，政府關閉了倖進的後門，把那些貪污與無能的人們，攔在門外。雖然像彭桂丹，像白鵬飛，像何英傑……以至許多類似的人物，拚命敲打那緊閉着的鐵扉，但沒人理會他們。人事的連鎖和緋煌的經歷，已經失去了過去的力量。可是，爲了那些好人，堅定，克苦，埋頭苦幹，向前邁進的人們，政府則敞開着大門。但彭桂丹他們，卻不肯繞到這條路上去。

（未完）

史達林「萬能」！

莫斯科的眞理報曾有這樣一個報導：

前天晚上，史達林街的史達林人民委員會突然發生大火。史達林人民委員會正位於史達林廣場之北，靠近莫斯科地下鐵路的史達林站，史達林救火隊聞訊後即趕往失火地點，旋即將火撲滅。

這個驚人的成就是由於史達林訓練的成功，而也只有在史達林工廠中所製造出的史達林救火龍頭才能完成這偉大的任務。但是若無天才史達林的英明領導，史達林工廠也不可能製造出如此進步的救火龍頭。

大江東去（下）

田　麟

家芹呆在那裡，他這時心裡不知道是惶惑，悲哀，還是盼切，期望——也許各樣都有，他自已也理不清了。他祇是靜靜地坐着，聽別人替他講那不會講完的故事。

這故事便由小文媽媽嘴裡這樣接下去——

「那男孩和女孩的家裡都不准他們互相往來，也不許他們通信。但是他們想出一些奇怪的法子，有時候一封信在一個垃圾桶底下，有時候在一個牆縫裡，有時候他們在一排樹的每一棵樹幹上刻幾個字，湊起來便是一封信。他們發明了許多不同的暗號，一個暗號代表一個特別的意思。這樣，他們的感情更深了。見面是不容易的，但是他們也會想出方法相見。

「男孩子家裡很早就替他訂了婚。這男孩是很懦弱——很不中用的，他從來不敢對他父親反抗，他父親那時是很有體面的紳士。後來，男孩高中畢了業，家裡便給他結婚。婚姻當然不滿意，他心裡想必痛苦得很。那女孩心裡更是痛苦，她恨男孩太沒有出息，從此就不再理他了……

「唉……」家芹嘆了一口氣。

「後來——就是男孩婚後不到半個月。一個有錢的軍閥從省城回來……」

「軍閥是甚麼？」小文問。

「不要挿嘴……軍閥就是有錢的大軍官——軍閥的第四個兒子看見了那女孩，想要她做太太，便托人到她家裡去說媒。媒說成了，三天之內就要結婚。這女孩心裡極不願意，便想去找那男孩商量，兩個人一同逃走。但是，男孩這時忽然一個人自已逃走了——從此不知道他的消息。

「女孩沒有辦法，祇得嫁給那個軍閥的兒子了。她也曾經想到死，但是她有一樁要緊的事要等着那男孩回來告訴他……這樣，一直等了十年……」

這時她已經說不下去，聲音哽住了。

「什麼？你說什麼？」家芹突然站起來，睜大了眼睛。

「小點聲音，不要讓人聽見，」她低聲向着家芹說。隨後又指指小文——

「這孩子……是你的！」

「呵！」家芹張大了嘴，一驚。他猛然將小文抱着狂吻起來。

「賀伯伯！賀伯伯！你做啥子嗎？」小文驚叫了。

「不要駭了孩子！」珍忙阻着他說。

家芹把小文放下。小文莫明其妙地睜圓了眼睛，望望媽媽，又望望家芹——

「你們……這是做啥子？」

他們兩人半天都說不出話，不知道怎樣回答小文才好。

駝背和大娃兒祇顧划船，好像沒有留意艙裡人的說話。祇有當小文驚叫的時候，駝背低頭向艙裡瞄了一眼，見是家芹在抱着小文要，也就不再注意了。

這時江風很大，又下起毛毛細雨來。家芹怕小文凍着，便將行李捲打開，取出一床毯子，替他裹在身上。小文還要繼續聽故事，媽媽便哄着他說：

「小文！這故事還長得很，一夜也講不完，等着明天再講給你聽罷！現在，好好睡一覺，醒來就到家了。」

小孩子畢竟也累了，不一會便在媽媽懷裡睡着。

「芸珍！你起頭爲什麼要裝做不認識我？」

「先不要問這個：我問你：你現在是幹什麼？」

「我？現在回家鄉來看看！」

「我知道。我是問你現在幹什麼職業？」他顯然是在支吾。

「職業……？我現在沒有職業。」

「不要騙我！你怕什麼？難道，你是國特嗎？」

「不，不！我那裡有那個資格……事實上，恰恰相反……」

「那麼你是個抓國特的？」

「也不是……不過，算是差不多！」他痛苦地說着。

「你就痛快告訴我吧！」既然不是國特，那有什麼害怕的？

「我是……小文剛才說的那種的人。」

「指導員？」

他點點頭。但忽然又趕忙接着申明——

「現在已經離開了。」

「好光榮的職業！」她的話也許不是故意的譏刺，但在家芹聽來却像是一顆鋼針，深深地扎進他最脆弱的地方。

「芸珍……」他乞求地。

「爲什麼離開呢？他們不要你了？」

「不！是我自己不幹。」

「爲什麼？」

「這話一時說不完……總之，我非常痛苦，我的良心覺得自己是在犯罪，我幹不下去！」他的聲音非常低。

「那他們能讓你走？」

「我是……偷跑的……」他畏縮地向四週望望。天色是昏黑的，外面甚麼也看不見，祇有這隻獨船在風雨黑暗的江心中飄搖。

「家芹！」她也有些驚恐地，「你有這大的膽子……」

「不要罵我，芸珍！我仍舊是膽怯無用，這次便是一個證明。不過，這些年來，我吃苦受罪多了，有些事情，變得不大在乎起來——或者說，麻木些罷了。」

這樣，他們繼續地談着。她才知道這十年他跑過許多地方，吃過許多苦頭。首先，當他從家裡跑出到了一個大城市時，錢用光了，走投無路，却被人家誣告是小偷，坐了幾個月的監。出來以後，又在一個小鎮上被抓去當壯丁，受盡了鞭笞之刑。算是他受過高中教育，便被部隊長官賞識，提升爲軍中文職小官，也曾上過砲火的前線。其後，一個軍官和他很要好，便資助他上了兩年大學。那個軍官在抗日戰爭中陣亡，他的經濟來源斷了，又東奔西走，糊口謀生。他賣過報，擺過小攤，當過報館校對，編輯，學過無線電收發，幹過銀行練習生，參加過劇團充職業演員，也當過半年誤人子弟的高中教員。那時候，抗戰大後方西北西南乃至印緬邊界的城市，他差不多全跑光了。抗戰勝利了，他帶着狂喜的心情打算回家來看看，却被一個朋友硬拉到上海去「刧收」。朋友發了財，而他却被蒙上「貪污」的罪名再度進了鐵窗。一年之後出來，他已變了一個人。他開始憤世嫉俗，他恨透了這舊的社會制度。於是他一氣跑到東北，進了所謂「革命大學」。共產黨勢力像狂潮樣地自北向南而來，他也參加了許多「革命」事業。最後，因爲他是四川人，在西南解放之後被派到重慶來當一個「指導員」。一直到他漸漸看到當初那狂熱的理想幻滅了，他意識到自己是在參加一個集體瘋狂的罪惡的行伍，便利用一個偶然機會逃出來。

這樣，他們繼續地談着，他才知道他離開家鄉以後，在一次日機的轟炸裡他的父親和他的「太太」被炸死了，他母親便搬到鄉下來住。他聽到這裡感到一陣難過。

「那麼，你呢？」家芹嘆了一口氣以後說，「這十年你是怎樣過的？」

這十年，她的生活過得極其平淡刻板。她結婚不久，肚子便大起來，她那「丈夫」爲了「事業」，必須到外面去「發展」，便把她留在家裡。他丈夫的「前途」頗爲得意，在外面又討了幾房太太，也就樂不思蜀，十年之中不曾回家過一次。她自己後來一直住在娘家，撫養孩子；這幾年生活困難，便回到鄉下做些生活，兩年以前她的父母相繼去世，家裡就祇剩下她和小文了。

「他現在呢？」家芹問。

「你說那個？」

「就是你的……」嫉妒心使他說不出那兩個字。

「我也不太清楚，祇知在混亂的那幾天，老的坐飛機跑了。小的後來表示極端靠攏，現在聽說也不很得意。」

「我家裡現在怎樣呢？我母親……」

「家芹！」她顯得有些爲難，有些悲苦地說，「你要耐着心，壓抑着感情聽我說……」

原來，因爲他家裡是「大地主」，解放之後，三番五次「支前」，把家裡的餘糧都支盡了。但事情仍不能了結，要的糧更重。他母親把所有田契都送去，捐給「人民政府」，幹部反說她刁詐，把她押起來關了幾天。等放出來後，母親便懸樑自盡了。他大哥早死。二哥原在城裡做生意，在一次金圓券風潮中倒了店。母親死後，二哥仍繳不出糧，也被抓去押起來，一直到現在，還沒有放出。他二嫂因爲沒有飯吃，便帶了兩個孩子到城裡洗衣服去了。

「家芹！現在你總該明白，我先頭爲什麼不敢認你的原因……我不知道怎樣告訴你這些……」她這時已忍禁不住，有些泣不成聲了。

多麼奇怪！家芹——這懦弱的人，這感情脆弱的人，這時，却沒有一滴眼淚，他的眼光有生以來第一次閃着烈火——憤怒的火！原始野性的火！生命沸騰的火！

「家芹！不要這樣！」她看見他的目光，感到害怕起來。

一陣冷風刮着細雨斜着打進艙來，家芹打了一個寒噤。他猛然心裡悸動了一下。

一道理智的光在他情緒的高潮中掠過，他感到忽然間一切自私的感情已完全消失；如同過飽和的溶液中投進了一粒砂塵，在瞬息間的千變萬化裡，他心中凝聚出一點奇珍異寶。兩年來的經驗已經使他非常熟悉，古老中國地底的基層，雖然是那樣深那樣厚，但是年月太久了，在這曠古未有的狂風暴雨的襲擊中，失去了抗拒的能力。不僅龐大的宮殿頹然倒下，變成了廢墟，下面的土地連帶腐朽也一起都在崩析中鬆動了。那麼當日暖風和的時節重新到來，埋到地底去的種子一齊都冒出新芽，難道這廢墟不會是最肥美的沃土？

至於他個人家庭，一直包括這十多年來的遭際，在廣大中國無窮的磨難中，實在祇能算做一件極平常的事。

「想不到我這次回來，」他已收回了可怕的目光，聲調中是一片馴和，「我已經沒有家了！」

「不，你還有一個家！」芸珍微帶羞意地說。

「是的！我還有一個家。而且，我還有一個兒子！」他便撫摸着酣睡在芸珍懷裡的小文。

船已經攏了田家沱了。划船的人鬆了一口氣。

但是，這時忽然雨下大起來，在這樣大雨滂沱中，一時沒有別的辦法，祇好將船扣穩，大家在艙裡守候着這陣大雨過去。大娃兒和駝背將船篷遮着，索性打開鋪蓋在前艙睡下了。家芹也把行李捲打開，取出唯一的一床被子，給了芸珍和小文共用，自己換下那條毯子來勉强圍在身上。

靜默中，大家都迷迷糊糊地睡着了。

……………

四

家芹睜開眼醒過來，不知道是什麼時候。雨聲已經完全停止；他揭開蓋着的船篷，看見天上閃動着幾顆星星。深夜寒氣很重，艙中掛着的玻璃油燈仍舊放射着黃黃的光。駝背發出呼呼的鼾聲，大娃兒嘴裡嘰哩咕嚕地不知說着什麼夢話。芸珍和小文也好像睡得很熟，他看見她肩頭的被角滑下去，便去替她牽好。輕輕的動作却把她弄醒了。

「什麼時候？」她揉着眼睛問。

「不知道。還早吧！」

遠遠地一聲鷄叫，接着便有一串爆竹聲。

「怎麼！糊里糊塗睡着，都快天亮了。你聽，這不是人家出行的爆竹？」她說。

漸漸，爆竹聲愈來愈多，愈來愈密。其餘的人連小文一起也都被這密集的爆竹聲吵醒了。

聽着這慣常表示歡樂的噼噼啪啪的聲音，家芹和芸珍心頭不知有多少說不出來的怪味道。眼前的他們，在經過了這麼漫長離奇的十年分別之後，如此巧妙的遇合，又如此荒誕地在風雨大江的小舟之中共渡了這樣一個除夕。這，這眞是令人啼笑皆非的事！但是，它代表着什麼樣的意義呢？

喜悅是這樣少，而悲愁却那樣多！他們的心情是多麼不平靜啊！

更奇怪的是今年這出行的爆竹聲響得特別熱鬧，雜亂地、淸徹地，連續不斷地響着。在這樣一個鄉鎭，即令是已被人們忘掉的年豐國慶的太平盛世也是從來沒有的事。

大娃兒剛好聽出這爆竹聲有點不妙，遠處便有一片吆喝的人聲潮湧而來；而爆竹聲中也漸漸夾進了槍聲。槍聲愈來愈密，代替了適才的爆竹；那人潮的吼聲也愈來愈大，像有千軍萬馬之勢。

不必講一句話，是怎麼回事大家都已從這現象中分辨得明白。他們雖然在心裡透出一分高興，一分痛快，但是這緊靠市鎭的江岸邊終究有幾分危險；於是又將船向下游划行，打算找一個地方暫時避一避。

當他們剛好把船停靠在下游二三里處一個亂石嵯峨的灣子上時，忽然從大石後面閃出兩三個人影，手裡都擎着槍枝，喝令他們下船來。大娃兒和駝背認得那爲首的便是當地的指導員，便仆地從後艙跳下水去，順着水流泅水逃了。

剩下的船上兩個大人和一個小孩不會泅水，又手無寸鐵，祇好服從地下船。

爲首的那人上船去檢視了一下，再下船來，便用手槍指着芸珍說——

「走！上船去！」

她機械地動了兩步。小文和家芹也跟着她走動時，那傢伙忽又大吼一聲——

「你們不許動！把手舉起來！」

這時，家芹已看透了他們的心：這三個敗逃下來的野獸要藉這條船逃命，但他們即在逃命時還沒有丟下獸性，還要順便擄個女人去行樂。

小文哇地一聲哭了，那傢伙便惡狠狠地一脚把小文踢倒，當時暈了過去。芸珍叫了一聲，撲向小文，那傢伙一手將她抱住，就往船上走。

家芹胸中憤怒的火燃燒得暴裂了，他藉着一股神來的氣力猛衝過去，把那傢伙衝倒，三個人在地上滾了兩滾，家芹便奪得了那枝手槍。然而，就在這時，他看到眼角一個明晃晃的刺刀閃了一下，緊接着左眼奇痛，他大叫一聲，便失去知覺了……。

× × × × ×

第二天早晨，當旭日的金光射在碧澄澄的江水上生出一片魚鱗樣的異彩時，在彼岸高處的一個山石嘴子邊站着三個人——兩個大人當中夾着一個小孩。他們沉默着，沉默着，靜靜地看着江水從西往東流去。半晌，其中一個人微喟地說話了——

「家芹！」是崔板主的聲音，他不再稱家芹是賀三少爺，「你也不要太難過了！唉！眞是……不過，你看，這一帶地方今天已經是我們的了！他揚起手，轉身畫了小半個圓圈。

家芹這時頭部和整個左半邊臉都包紮了紗布，祇餘一隻右眼死命地望着前面江水。

「謝謝你！我此刻並不難過……」他漫聲應着。

「那三個龜兒子還不是死了！天老爺報應！又不會划船，觸了礁，那還不見水龍王？我的船打壞了倒不管它，祇可惜汪……」崔板主在這裡頓了一下再說，「總算她還落個全屍，飄到岸邊……」

「咳！」家芹嘆了一口氣說；「崔隊長！你看這江水流得多快！它一直不停地往東流，從來也不回過頭來看看……本來麼！過去的已經過去了，不管它是甜蜜的，辛酸的，幸福的，痛苦的，輝煌美麗的，腐朽惡臭的，教人留戀的，教人憎厭的，統統都隨這江水滾滾流過去了，再也回不來。我們呢！眼面前還有要走的路，往後還有好多磨難險阻！」

「好！家芹！」崔隊長拍拍家芹的肩膀，「你的話我懂得，你是勇敢的！」

「不！崔隊長！勇敢的是這江水。你看，下面就是三峽，那些夾石險灘，那些壓迫和苦難，它還不是猛勇激越地奔闖過去，一直到平廣寬闊的大道，它照舊一刻也不停留。我嗎？算不了什麼，卑微得很！簡直還抵不上大江中的一粒沙土……」

「賀伯伯！媽媽在那裡？我要媽媽！」小文忽然嚷起來。

家芹將小文抱在懷裡，撫慰地說——

「不要吵！小文！媽媽不舒服，一個人跑到地下去睡覺了，乖乖的，聽話！莫吵醒了媽媽，媽媽會更愛你，好孩子！」

小文果然不再吵了。他們便折轉身慢慢走去。

家芹心裡默默地唸着說——

「芸珍！我依然是沒有家了；可是，你還給我留下一個好兒子！，」

而，江水還在他們後面浩蕩地向東流去……。

(完)

蘇俄如何赤化附庸國

—鐵幕紀實之一—

Bogdan Raditsa原著
竹章摘譯

本文作者雷特莎，爲一南斯拉夫著作家，曾任狄托對外新聞部部長，現任美國迭更生學院敎授，爲研究南斯拉夫及中歐問題專家，本文乃根據其在南國的實際經驗寫成，歷述蘇俄赤化附庸國的全部步驟，如與今天中共在大陸所實行者對照，可謂如出一轍，原文載一九五〇年九月美國政治社會研究會出版的專刊「莫斯科的歐洲附庸國」一書第二部第九章中。

——譯者附誌

一、鐵幕的漏洞

由於狄托與蘇聯的交惡，共產集團中兩個最有力量的政治局，在觀念上展開了劇烈的鬪爭，使世人對蘇聯附庸國的性質與任務，開始獲得較明確的觀念與認識。

在這一次鬪爭未爆發前，西方人士對蘇聯附庸國的獨立性與殖民地性，依然摸索不清，直至巴黎會議及其後的聯合國大會中，仍無法探悉此中的秘奧。共產黨宣傳家顚倒黑白的詭辯，曾令西方對鐵幕內事實的客觀性愈趨混淆。他們甚至相信各附庸國的成立，乃歷史發展的邏輯結果，且爲蘇聯在東歐及巴爾幹「民主革命」的必然產物。

狄托的脫離蘇聯，揭露了蘇聯的每一個附庸國，不僅在觀念上屈服於蘇聯的統治，成爲蘇維埃帝國主義雄圖下政治經濟的奴隸，且證明了由於國際利益的衝突，使爲蘇聯「解放」的地區，全部回復了一百年前野蠻的封建主義。巴爾幹及東南歐各國，數世紀來所企圖擺脫的封建原則，已再度隨紅軍的來臨而復活。在這些地區中，克里姆林安下了帝國主義經濟殖民地化的剝削制度及拜物主義的政治教條，使他們走上了反西方的路線，而毀滅了自土耳其人撤退後所建立的民族精神。

各附庸國內外共產黨徒，爲謀在觀念上，政治上，及經濟上歸併於蘇聯的努力，使這些被征服的民族，覺得土耳其的禁衛軍，業已再度借屍還魂。今天散佈在附庸國的共產黨徒，均出身於克里姆林的訓練機關，由莫斯科送回本國以達成克里姆林的目的。他們都具有土耳其禁衛軍中預言者對勝利的殘暴與信念。

多瑙河流域新興的「人民共和國」的人民，對蘇聯的侵略，均認爲乃對其個人人格及國家的嚴重威脅。所有市民階級，智識份子及廣大的農民，對於本國及上帝，仍具有深厚的敬愛。他們都深切感到，蘇聯帝國主義正企圖用一種新的宗教以羈絆他們，使他們在經濟上永遠爲蘇聯所奴役，在精神和內在生活上遭受了侵犯和創傷。

二、革命的典範

一九四八年六月廿八日，狄托正式宣佈脫離蘇聯集團，開鐵幕叛離的先聲。但早在一九四一年五月九日，狄托即接受共產情報局赤化南斯拉夫的藍皮書，並立即按步就班，逐一施行。蘇聯爲各附庸國所策劃的七項方案，南斯拉夫依舊執行無間。因此，南國至今仍不失爲蘇聯附庸國的典型，根據一九四八年南共中央委員會所透露，這七項計劃的內容有如下述：

一、我們對世界革命應採取新步驟的時機業已來臨，但所待克服的障碍仍極多，因此，必須採取一種堅毅性的戰略，並循下列的路線，小心策劃，勇敢邁進：

（一）共產主義的世界革命，應先以達成「眞正民主」的姿態出現。關於這一方面，所有共產主義運動中，政治軍事的領袖，均應對他們的活動予以掩飾，百分之三十的黨員，應以「民主鬪士」出現於群衆面前。

（二）蘇聯政府覺得，各國爲了促進革命運動，在若干方面，應作暫時的讓步。

（三）共產黨在未奪取政權以前，在準備發動革命的國家中，應與愛國及宗教人士保持良好的聯繫，對教會不能稍露歧視，在群衆面前，一切均應平等看待，各國的國家傳統應予以尊重，必要時經黨的中央委員會授權可准許宗教代表，爲實施革命而效力。從他們力量的大小，決定未來消滅他們的遲速。

（四）新聞印刷，在大衆中應保持公開路線，黨內機密文件的傳遞應一如舊貫，秘密通告仍應繼續存在，俾所有活動中革命者，能隨時獲得實際進展的消息。

（五）一旦黨攫取了權力，對外政策即由蘇聯外交代表決定。他將接受情報局一切必要的訓令，各外交代表應保持與蘇聯共黨中央及各新取得政權國家間的密切聯繫，報告及咨詢將由黨傳導，所有副本應逕寄情報局備查。

（六）當奪取政權以後，中央委員會應建立新政府。這一政府可以代表廣大的群衆，而以民主姿態出現。國家行政應透過各省、區、縣及地方委員會。內政的最高權力集中於共黨中央委員會。對外政策，則仍繼續由情報局執行委員會所控制。

（七新政權的敵對者，特別是那些在人民中具有資望及因參與革命活動而接觸黨內秘密的人，應盡先予以消滅。但必須在「民主」方式下進行，經由人民法庭予以審判。人民法庭的組織，應包括黨中公開指派者一人，及秘密同情者二人。重要的審判，應組織較大法庭，以表示民主的性質。

二、凡中央委員會最近才攫取權力的國家，並不能即行加盟，應待情報局執行委員會發出指示，始克實行。

三、直至正式併入蘇聯爲止，百分之五十的共產黨員，仍應保持地下工作，並盡量變成行政官員的聯繫者。

四、凡叛黨者，一經向其所屬黨的組織提出報告，即應予以清算，無須經過審判。過去的指令廢棄不用，今後凡各種叛黨人員，一律處以死刑。

五、各國在地理上遠離蘇聯的邊疆，在革命後仍不能立即封閉。但對於在民主政府下重歸故土的難民及流亡者，應設法予以防止。各國中央委員會委員，應謹記下列的教訓：過去由於人民的自由往束，各地不斷出現熱中民主政治以反抗共產主義的運動，故人民移動的可能性愈少，革命成就亦愈大。

六、「階級敵人」一詞，應包括下列各成份：參加國家主義運動份子，宗教人物，牧師僧侶，舊有警察隊員，官吏，外交及內政公務員，當其拒絕與革命力量站在同一戰線時，均屬階級敵人。各王朝的人物，以及所有在準備及實施革命過程中採取反對態度的個人，均應列入階級敵人之內。

七、當黨已奪取權力後，對下列來源的資財，應分別予以沒收：屬於已被清算階級敵人的財產，或由法庭判定沒收的財產，屬於敵對運動及組織的財產；被判沒收的教會財產；各王朝財產，及一般戰時暴發戶的財產，均在沒收之列。

三、爭取民衆支持

在上述的指令下，各附庸國的共產黨，開始致力於改變原有機構的工作。他們都能謹記着列甯「表面上不露痕迹，暗地裡進行改變」的訓誡，莫不小心行事。當舊日領袖被剝奪權力，而由馴服於克里姆林的新官僚集團掌握了國家大權時，這一政府即已進入了上述第三階段，正式列爲蘇聯的附庸國。

在這全部的革命過程中，共產黨徒最注重爭取民衆的工作。關於這一點，戰前的法西斯主義者和今天共產黨之間，實有相當的分野。前者漠視了民間對政府的態度，而後者則無時不在博取民間的支持。爲了造成這一目的，他們在全國各地，經常召集人民，組織種種會議。使他們有發表意見的機會，覺得自已已被重視。有時雖然明知對反對意見不會採納，但他們仍然徵詢反對者的意見。凡此種種，均無非使一般民衆，感覺這一政府乃起自民間，而非由於原有專制政權改組而成。他們實踐着列甯的名言：「任何政府都應該獲取一定數量人民的讚同，縱使是極少數的人民。」

共產黨所標榜政治及社會的變革，絕不會是眞正的革命，而係在大騷動，實現以蘇俄爲模型而塑造的獨裁主義。其謀取一國政權的第一步，是爭取在社會上被崇敬及不滿現實企求轉變的人物。當其當權以後，即利用這些不滿現實的人物，先剷除舊統治階級的代表，已存在的地方勢力，敎會及一切道德力量，與精神力量。但這些被利用的人物，一待政權鞏固，仍逃不了被消滅的命運。掌握國家社會的統治階級，最後仍爲共產黨員。

在政權仍未鞏固時期，共產黨必普遍利用各階層人民，包括個人及政治運動。其目的在使人民獲得民主的印象，並透過協議來毀滅舊社會，當協議完成後，反抗的人民便時常會失踪。

在爭取人民的過程中，共產黨標榜革命的第一階段，爲清算資產階級社會階段，他們自誇爲眞正的「民主革命前鋒」，能够完成資產階級政府所無法完成的使命。

每一國家均有若干社會的經濟或政治的未能解決的問題，或業已進行解決而未能完成的事件。共產黨徒即利用這些事件，作爲其爭取民心的資本，他們往往予其以臨時而迅速的解決，藉此以博取人民的信仰。

在某些國家中，土地改革可能成爲主要目標，共產黨徒以土地革命者姿態出現，先沒收地主土地分給農民，進一步透過集體農場將農民土地收歸公有，在另一些國家中，國權問題可能尚未解決，共產黨即給其人民發出支票，保證其政治及文化的獨立。使人民覺得共產黨對其國家獨立確有不可磨滅之功。但一旦共產黨的「集權主義」實施，這些業已「獨立」的「人民共和國」，即轉成這一中心力量的屬地。從憲法上言，各附庸國的關係雖各自分離，但實際上其權力反不如從前未獨立時來得充足。這些和蘇聯聯結的共和國，雖仍可應用其本來的語言文字，有自已的報紙學校和戲院，但正如其國內的各個人，業已喪失了原有的自由。

四、以黨治政

共產國家的行政，乃由少數的把持，他們雖不斷提及人民，但人民在他們的心目中僅是工具，他們永無實施多數政治的願望。根據共產黨徒的基本觀念，人類的關係永遠充滿着矛盾，必須不斷進行鬬爭。因爲人性本惡，必須不斷予以領導監督和懲罰。每個人均應受國家控制，國家不但應控制個人的身體而且應控制其心靈。人類皆不能盡同，應該劃分爲各種的階級成份。劃分的標準應根據各個人的工作，工資，糧食，及精神生活。個人應剝奪其經濟的獨立以消滅其獨立性。惟一容許存在的進取心，乃從事「斯坦哈諾夫」運動時爲從事大量生產而表現其體力。至於其它的創造性和進取心，在共產主義國家中，均被目爲最危險的因子。

共產國家的行政，乃一「三元化」的力量統治。即黨，人民陣線，和秘密警察，而由中央政治局總其成。政治局的權力，乃集中於少數人之手，通常爲十四人，由黨透過複雜的程序推選出來。爲了防止叛逆，黨內必須不斷進行清黨。

在各附庸國中，共產黨乃各項權力的總根源。如果說黨是一條章魚，則政府不過爲這章魚的觸鬚。黨爲了造成少數控制多數的目的，必須透過其它直接間接的機構，其中最有效的一是秘密警察，一是人民陣線。

所謂人民陣線，依照共產黨徒的術語：乃由「農工及忠誠的智識份子」所構成。在各村鎮各城市中，普遍成立人民代表會議。負責人物，必須是黨員。凡是人民代表會議的地方，同時亦必係共產黨的細胞組織。這一組織指導並監督同級政府，具有較人民會議更大的權力。地方會議的代表，並非由當地人民直接選舉，而係由共產黨的細胞組織所推選。被指名者由人民陣線向大會宣佈，再由大衆作口頭表決，以形成「民選」的幻覺。地方會議中與會人員的意見，往往就是共產黨細胞組織人員的意見。但後者絕不直接建議任何提案，他們只是秉承區，縣，中央委員會及國際情報局的命令而已。

由細胞組織透過地方委員會到中央委員會，再上溯便是權力的起點的政治局。這一政治局乃類似西藏政權的殿前會議，決定一切大計。在獨立的共產黨國家中，政治局乃最高的權力機關，在各附庸國家中，政治局則係與祖國聯繫的橋樑，接受並執行克里姆林的一切命令。

五、秘密警察

共產黨控制國家的第三項工具是秘密警察。他們滲入了各國國民公私生活中，以執行撲滅敵人，改造人民的任務。

在戰前的舊政府中，無論公開或秘密的警察，均被認爲乃一種必要的災害。戰前的獨裁者，所以受自由主義者，進步主義者及親共人物攻擊的原因，即因爲他們運用恐怖，密探，及刑訊等手段以對付其敵人。囚犯監理官及警察局往往被視爲毀滅人權的工具。大戰期間，共產黨爲爭取民衆，曾宣稱戰後他們的國家絕不需要憲兵及秘密警察一類的組織，假如爲了對付人民的敵人而仍需要警察時，則這些警察必由人民組成並交人民管督。現在，他們正運用「國家已屬於人民」這一虛僞的前提，作爲建立秘密警察的口實。

事實上，所有的共產國家，沒有一個不是警察國家。當一個國家的政府，用不自然的手段，强迫其人民放棄精神上，政治上及經濟上的獨立時，必然要假借其他的力量以實行控制。因此，警察便必須日日從事於人民全部活動的監視和調查。

在舊制度之下，警察的天職，不過爲執行普通的法律，但在共產黨的警察國家中，警察的任務主要的在於瞭解每一個人的經濟能力，對新政權的態度，生產技能，對新法律的服從性，日常政治的紀錄，乃至其內在的意志。

但上述種種，仍僅係警察的外表工作，此外尚有內在的工作，那便是透過複雜而精鍊的心理分析法，深入每一個人的家庭及私生活中，去研究各個人的心理動態。在警察國家中，個人居住自由的法令已不存在，由於私人住宅隨時均可能爲他人借住，每一家庭均可能和陌生的共產黨員同居，每一個人在生活上所殘留的個人主義性，至是亦已毀滅無遺。各個人的生活均須與他人緊密接觸，彼此互相監視，在這種條件之下，警察遂能深入各階層，以達成了解各個人思想與感覺的目的。

在每個人一天的工作行動全部過程中，秘密警察均無時無刻不予以監督。無論在家庭，學校、教堂、集體農場、零售店、政治集會乃至所謂政治教育中，均無法逃避警察們的耳目。黨員，中央委員，乃至政治局委員，不管其政治地位之高低，亦均無不受監視的特權。

由於共產黨乃以陰謀起家，因此，雖然大權在握，仍不能除去其陰謀的心理。他們始終覺得所有個人及團體，無時不在密謀顚覆他們，因此，他們對於人民的一舉一動，總用懷疑的眼光予以注意。共產黨徒因長年從事地下工作，對過去國家警察的弱點知之甚詳。有了這些實際的經驗，他們所組織的警察，多能成爲多元化的，不但能隨機應變，而且能伸展至各階層，以杜絕一切可能發生叛亂的眞空。

共產黨秘密警察運用的要訣，乃能發現人民叛亂心理於實際行動之前，只要他們稍有謀反的動機，立即便予以撲滅，故能防變於未然，其所以能夠達成這一目的，一方面是實施疲勞訊問，另一則係實行思想改造。

六、人民法庭

補助警察控制的不足者是共產黨的司法行政。當共產黨攫取政權以後，其第一個目標即在於摧毀原有的司法組織而代以其自己的一套。原來的法官及律師均被廢除，新的法官概由黨員充任。這並非因爲他們對司法有特別的準備與經驗，而係因爲他們乃黨員。他們稱審判爲人民的審判，稱法庭爲人民的法庭。

這一制度的最高及中心力量，是所謂人民的檢察官，實際上他們就是共產黨意志的執行者，所有敵人均由其定讞以決定其命運。他們代表着共產黨國家中的需要的永恒的威脅，和不斷的恐怖，他們乃爲着黨的目的來執行審判。代表被告辯護的律師，事先均必須獲得共產黨政府的允許。因此只有辯護的形式而無實際的力量。檢察官及法官執行審判時，黨均派遣聽衆參加旁聽。審判的結果早已預定，因爲被犧牲者既無上訴的權利，而法官又係根據黨的立場來定讞。因此，黨的意志變成了人民的意志，任何人均沒有辯護的機會。

人民審判實際上乃共產黨實施政治教育的第一課。每一次的審判均有明顯的政治任務。如政府發覺人民有傾向西方以求脫離共產主義時，審判的重心，必然集中在一切親西方份子上。又如事情的發生，乃由於教會與國家的關係，則被告者必然是一個牧師，由於共認罪來作爲教會謀抗國家的根據。一切的審判均成爲政治教育的題材，而與我們適當的理解的審判無關。在戰前的獨裁國家中，法院裡，具有獨立的精神，對于政府有關政治犯的處置可以提示異議，但在共產主義的國家，黨政業已成爲一體，這種現象已無存在的可能。

七、疲勞訊問

在審判中公開認罪，乃共產黨政治詐術的初步結果，此外，警察還有種種方法，迫使被控訴的人，不能不承認其莫須有的罪名。這些方法花樣繁多，不一定是威迫，拷問或應用麻藥，而係用一種詭辯式的說服與感化。主其事者多半是經驗豐富的特工人員，他們往往現身說法使被訊問的人，相信他確有背叛本國人民，大斯拉夫主義及共產黨世界革命理想等罪讞。如果被審問者始終不肯認服，你可能遭受殘酷的拷打。在這種屈打成招的情形下，結果你不能不俯首承認。

共產黨這種訊問，其內容千變萬化，凡經過拘訊說明的人，出來以後，往往失其本眞，他們不是失踪，便是以前進姿態參加新組織，而且往往會較原來信仰共產黨的人來得更狂烈，這是共產黨毀滅人性最陰險的一着。

八、思想改造

共產黨這種改選人民思想的企圖，在巴爾幹各國，曾令人發生一種印象，即共產黨徒正在恢復古代土耳其禁衛軍的制度。根據共產主義者的綱領，被改造後的人將成爲一個蘇維埃式「社會主義」的「新人」。不論是智識份子或普通民衆，一律應使之成爲新型的禁衛軍。

共產主義的理論家，認爲舊社會的人，由於布爾喬亞資本主義思想的浸蝕，大都已被腐化，故必須經過不斷的鬪爭由辯證法唯物論的歷史觀以矯治其錯誤，重新建立共產主義的世界觀，然後應有再生之希望。社會主義的「新人」，必須是一個勇敢堅定的苦行者，隨時準備爲黨而犧牲，他應該是人民的模範，能夠處處起帶頭作用。同時更沒有深厚的仇恨心理，在共產主義者的觀念中，除了性愛外，絕不容許有其他愛和仁慈的觀念。因此，小孩子們均被灌輸下列的觀念，即父母不會愛他們，上帝不可能存在，因爲上帝不會給他們以物質的恩物。在學校中，當小孩子們向上帝要求蜜糖時，絕不會得到，但要是向狄托或史達林要求，立刻便會到手。

孩子們在小時，均交由公共托兒所保養，長大後即編入少年先鋒隊，他們對人民，黨，領袖的三位一體均有盲目的崇拜。並能於必要時爲他們而捐軀。在他們的意識中，這三位一體決不會錯，唯有它才是宇宙間永存的眞實，命運的主宰。這些新型的禁衛軍，爲三位一體的勝利而犧牲的精神，較之以前土耳其人的禁衛軍，可以說有過而無不及。

舊式禁衛軍的父母，雖亦不能認識其子女，但今天作子女父母的人，更須進一步和他們作無聲的鬪爭。在家庭中，孩子們對父母均採取卑視和懷疑的態度，在學校，他們不斷被誘導向父母鬪爭，離開學校以後，便忙於參加修路造橋，建立工廠，開闢新市鎮等勞動服務。在這些過程中新禁衛軍的思想教育不斷蘊積，「經過了鐵路的建築，證明我們能夠創造我們自己」。這一句話，已成爲共產黨思想教育的一大規律。

九、英雄崇拜

共產黨徒並不承認他們的政策，在集所有大權於領袖之手。因爲如此便會變爲法西斯或納粹，予人們以極權統治的感覺。因此，他們不斷強調，他們的權力乃建立於人民身上。但事實恰與此背違，領袖正是共產黨權力的化身。在人民的觀念中，領袖不僅是一個英雄，一個善者，而且必須具有他們的標榜的「新人」的一切本質。在克里姆林與貝爾格拉特決裂的事變中，南共政治局所引爲憤憤不平者，就是蘇俄當局，不應公開批評狄托的人格。他們認爲領袖在權力極峯的地位，必須予以確保，否則整個組織，可能立瀕潰散。

根據上述的基本認識，這一批新的禁衛軍已被教導着，以一對現存英雄的崇拜，來代替不可能見的「上帝」。「領袖是我們的，我們是領袖的」。這些觀念深深打入一般青年的心坎中，不管是對狄托抑或史達林。

十、新聞統制

共產黨國家的新聞統制與通常獨裁國家所實施者不同。在普通獨裁國家中，不過在於使讀者無法獲得當權的政黨所不願讓人民知道的事實，但共產主義的國家，乃係運用最有效的方法，使人民根本上與外界完全隔絕，並進而捏造新聞，以灌輸他們的需要的觀念。

共產黨奪取政權以後，立即將所有的報紙雜誌廣播電臺等，一律予以接收，並清一色的用瞭解如何適合黨的路線的作家來包辦寫作。他們每天接受宣傳及新聞當局的指示，從事寫作及解釋事實。西方的新聞，只有在下列方式下被使用：直接的新聞，遥供黨的高級人物及政府官員參議，其送交報紙發表者，不是斷章取義，歪曲事實，便是全部重新捏造。

共產黨的電臺，對通常資產階級社會下犯罪，性愛等新聞的講述，認爲乃不道德的行爲。他們的目標，祇在於用黨的觀念來解釋日常生活及國際與經濟發展的大勢，並不斷指示西方的弱點，來表示其政府政策的正確性。特別強調西方各國的經濟危機，使本國人民覺得他們的生活已較其它國家幸福得多。

共產黨的報章，大部篇幅均用於刊載政府人物的演講及文告，因此內容枯燥呆板而無變化。其唯一准許發表的批評文字，乃關於政府官吏中官僚主義的作風，這是爲淸除黨員的腐化及提高他們警覺的一種方式，稍含有輿論的色彩。

十一、一切跟着蘇聯走

在上述種種步驟之下，各附庸國不斷地被迫追隨蘇聯祖國的榜樣。根據黨的宣傳和指示，蘇聯的人民，自由而獨立，他們時時刻刻爲着全體社會主義國家的和平繁榮而工作。在歌頌蘇聯的言辭中，各附庸國當應用兒女對母親的語氣來稱呼蘇聯——「母親的」「兄弟的」「姊妹的」——，只有她才能「爲弱小民族而忍受苦難」。因此附庸國應爲蘇聯的安全而努力，惟有蘇聯的存在和發展，始能促致世界革命的勝利。

但上述所擧，只是克里姆林與南斯拉夫未決裂以前的情勢。自從決裂以後，南國共產黨的理論家，對共產主義各國對其「祖國」的關係，已開始重新檢討。狄托，加特爾，披日特，及特基拉斯這一班改革派的首腦人物，修正馬克斯恩格斯列甯及史達林的觀念，謂爲各「社會主義國家間」的關係，應重新建立。他們强調下列的事業，即迄今爲止，各附庸國之間，仍毫無平等之可言。克里姆林對附庸國的態度，與資本主義殖民地國家對小國所採取者並無二致。他們並指出克里姆林眞正的利益，並非爲謀共產主義的發展，而係將蘇維埃及俄羅斯帝國主義加於其他國家。南國共產黨所獲得的結論是：蘇聯吸收了各附庸國的財富，阻撓他們進行工業化，並盡量壓低他們的生活水準，使各農業國永無工業化的機會，始終成爲蘇聯經濟利益的附庸。

十二、無窮盡的剝削

蘇聯對附庸國的剝削，容竟達於何種程度？據狄托本人及其對外貿易部部長波普維克所發表的事實，不難窺察其中大略。過去，蘇聯曾從羅馬尼亞括取十萬車卡的小麥，五千五百車卡的糖，一百五十車卡的油，以及火車頭二百六十八個，車箱五千卡，牽引機二千六百具，牲畜二十六萬頭。一九四四年南斯拉夫被解放地區的人民，每人每月僅准用糖一磅，而蘇聯卻將南軍在德國所獲得的四百車卡的糖全部取去。一九四五年，南國政府被迫以七丁那一里打的代價將二千車卡的酒全部賣給蘇聯，蘇聯原答應撥五萬車卡的小麥給南國，後來竟縮爲五千車卡，而且這些小麥乃德國積存於南國境內者。依照波普維克的報告：在西德市場價值四十五萬美元的發電機，向蘇聯購買卻須付二百萬美元，在西方僅值一萬三千美元的吸引筒，向蘇聯購買須四萬一千八百五十美元，在世界任何地區以二十五萬美元即可購得的起重機，向蘇聯購買須三十七萬七千美元。

依照匈牙利官方的統計，一九四七年匈牙利輸蘇的出口貨，其價格指數較輸往馬歇爾國家的指數要低百分之四十七。一九四六至一九四七年，波蘭輸往蘇聯的一千四百五十萬噸煤，每噸僅合美金一元，而一九四六年輸往其它國家的價格，每噸卻值美金十至十二元，一九四七年更增加至十五至十六元。蘇聯用賤價收買後，往往轉售與其它附庸國，以購取大量的硬幣，蘇聯自已便是這樣致富的。

上述的這些例證不過爲物質搜括的一斑，此外，正如特基拉斯在其「列甯及社會主義國家間的關係」一書所述，蘇俄的領袖，對附庸國的文化均採取蔑視態度，要求他們放棄本來的一切以仿傚蘇聯。史達林自已告訴特基拉斯，亞爾巴尼亞人及羅馬尼亞人，都應該改說俄語。

由於這些事實，使南國的共產黨人均相信蘇聯今天的所作所爲，正如帝俄時代沙皇對西伯利亞及豪特尼格羅的態度。因此他們認爲今天各社會主義國家間，根本無平等權利之可言，蘇聯雖以實行社會主義爲號召，但卻盡力採取資本主義的行徑。目前，這一種感覺在羅馬尼亞，保加利亞及匈牙利的勞工大衆中，均已逐漸萌芽，鐵幕動搖將不遠了。

（完）

(上接第十八頁)愛的中國友人和成功的戰士致敬，但局勢既不簡單，麥帥既因政見不同而與行政當局衝突，自然只有下臺。在民主制度下軍人必須服從文人的當政者，麥帥的好榜樣就可以給新中國以無限的啓示。至於政見的見仁見智只有留待歷史家評價了。

但麥帥之去，在軍事上可能造成未來數月的挫敗；在政治上可能鼓勵一些無恥的國際販子再一度的出賣臺灣，但這些都不能改變世界主流。我們只要沈住氣，過了半年，則新局當可淸朗，我們終必屹立於反共集團的前頭。

記者所眞正擔心的倒還是我們自已的洩氣。若果如此，才眞是『自毀汝萬里長城』了！

中華民國四十年四月十二日晨三時不寐。起，作此以寄國人。

給讀者的報告

本期社論以對日和約與集體安全爲題。對日和約的談判已趨成熟階段，美國務院於上月就草擬中的初步草約分致各有關盟國研討，杜魯門總統與艾其遜國務卿於每次美國遠東政策聲明中一再表示儘速促其實現，負責草擬和約的杜勒斯更於麥帥解職歸國之際，銜命再度訪問東京，與新任盟軍統帥李奇威及日本政府數作會商，據杜氏表示和約談判進展甚爲順利，並預料數月內可望簽訂。英國政府近曾建議邀請中共參加對日和約，並將臺灣交予中共，這項荒謬的主張，實爲汚辱中國人民的不友好行逕，卯且有損英國國格，令人爲之深覺遺憾，幸美政府已對此嚴正拒絕了。我國是抵抗日本侵略最早，受害最深的國家，其對和約問題痛切相關，遠甚其他國家，參加和約的地位自非任何國家所能否認；我們向主對日寬大政策，但是我們所應享的權益則理應取得合法的保障。我們所以這樣主張非動機于狹義的民族觀念，而是爲遠東和平與集體安全作百年之計。

麥帥解職使舉世震驚，此功蓋全球的五星元帥于上月十六日離開在他佔領下五年另八月的日本，回到闊別十四年的祖國。回國以後美國各地歡迎他的盛況幾乎達於瘋狂，民主共和兩黨間爲此事件並激起激烈的爭辯，國會且將對此進行調查，到現在爲止，此一事件仍在發展之中。從這些事實看來，麥帥的解職的確是近年來國際間最嚴重的事件之一，一方面由於這一事件所關係的美國政策，將可能影響世界的局勢，一方面是這一事件發展過程中所表現的崇高的民主風範，顯示出自由文化的偉大的道德潛力。就後者而言，對在學步民主的中國，應該是一課深有意義的教訓。最近國內輿論界之論麥帥解職一事者很多，但未有若殷海光先生此文之立意深遠，故爲置篇首並爲介紹與讀者諸君，殷先生於文末提示國人於爭取物質美援之餘，尤應多注意這種精神的美援，誠警語也。

美軍事援華顧問團於麥帥解職聲中派遣來臺，美國政府雖解釋該團任務在協助臺灣防務，非以反攻中國大陸。但無論如何，事實說明美國對臺灣的政策已經步趨積極，美國從不管臺灣政策，於韓戰爆發後一轉變而中立臺灣，現在總算從中立臺灣進而軍援臺灣了。我們相信這種軍援將會因於國際局勢的轉變而更見積極的。那麼我們最重要的還是要自我努力，爭取前面所說的精神援助才對，謹就此意於短評中論之。

程滄波先生是報界的先進，本期爲本刊特撰論中立主義一文，斥國際外交間意圖中立之國家，程先生暢論中立主義爲一種不能實踐的幻覺。在侵略與反侵略，極權與自由的矛盾衝突之間，是不可能有第三條路的。

本刊售價

一、	臺	幣	三元
二、	越	幣	八元
三、	菲	幣	五角
四、	港	幣	一元
五、	暹	幣	四銖
六、	美	金	二角
七、	叻	幣	四角
八、	印尼	幣	三盾

自由中國 半月刊 第四卷第九期（總第三十六號）

"Free China"

中華民國四十年五月一日

發行人　胡　適

主編　『自由中國』編輯委員會

出版者　自由中國社

社址：臺北市金山街一巷二號　電話：六八八五號

航空版

香港　香港時報社（高士打道六四號）

經售者

臺灣　中國書報發行所（臺北市館前街八五號）

美國　紐約民氣日報社　舊金山國民日報社

日本　東京南友堂　東京內山書局

馬尼剌　中菲文教出版社

印尼　巴達維亞星期日報　棉蘭繁華圖書公司

越南　西貢中原文化印刷公司　越南華僑文化事業公司

曼谷　曼谷攀多社十二號

新加坡　中興日報社

檳榔嶼、吉打邦　均有出售

印刷者　臺灣新生報新生印刷廠

廠址：臺北市西園路二段九號

電話：廠長室七一二五　業務課二〇九六

自由中國

FREE CHINA

第四卷第十期

要目

中華民國四十年五月十六日出版
社址：臺北市金山街一巷二號

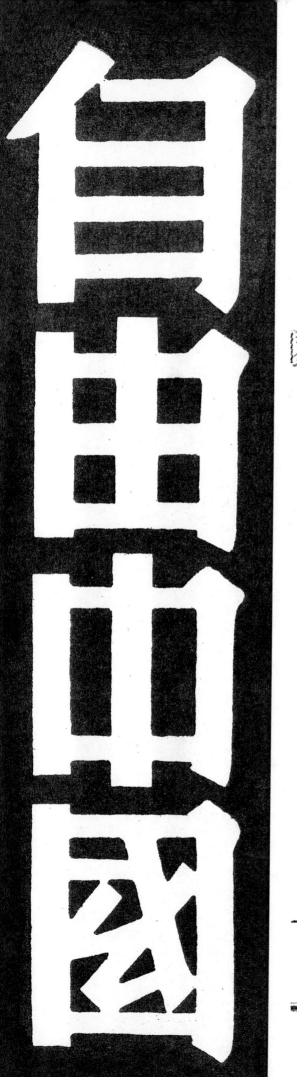

半月大事記

四月廿五日（星期三）

美國防部次長羅維特宣佈軍事援華顧問團工作人員可能加派五百人。

美國務卿艾其遜於記者招待會中稱：美對華軍事援助，僅限於維護內部安全或從事合法的自衛。

四月廿六日（星期四）

外交部發表關於遣派軍援顧問團事之中美兩國換文。

美代表奧斯汀宣稱，共黨如繼續在韓侵略，美將實行嚴厲制裁。

杜魯門總統宣稱，韓戰是否擴大完全由蘇俄決定。

美衆議院通過六十四億六千八百二十萬元緊急國防撥款案。

四月廿七日（星期五）

加拿大外長皮爾遜向國會稱，即使冒着擴大戰爭的危險，韓境聯軍或不得不轟炸中國東北境內之中共空軍基地。

菲國會領袖要求聯合國修改在韓從事消耗戰的政策。

會過臺訪問之美民主黨參議員麥紐遜在港招待記者稱，中國軍隊應被派赴韓作戰。

韓境聯軍撤離議政府。

英駐伊大使薛普德警告伊朗政府如沒收英伊石油公司資產，必將產生嚴重後果。

四月廿八日（星期六）

伊朗總理艾拉以難於應付石油危機辭職獲准，國會推薦反英領袖摩沙德組閣。

澳洲國會舉行總選。

四月廿九日（星期日）

總統府命令各機關自五月一日起實行夏令時間。

美代表奧斯汀呼籲聯合國會員國增軍赴韓，驅逐侵略者。

美第八軍團司令弗利特在記者招待會中稱，共軍自發動攻勢一週間，傷亡達七萬人。

伊朗下院通過立即接收英伊石油公司案。

美國務院發表對德白皮書，譴責蘇俄企圖控制德國。

四月卅日（星期一）

美總統杜魯門向衆院提出一九五二年國防預算，預算總額六百〇六億七千九百四十一萬元。

美國務卿艾其遜發表演說，說明韓戰目的在迫使敵人放棄侵略，同時避免與附庸國作戰。

伊朗國王任命主張石油國有之反英集團領袖摩沙德出任總理。

美聯社香港電：英亞細亞火油公司在華財產，經證實已爲中共所接收。

美國務院間接警告英政府，毋派兵登陸伊朗，免爲蘇俄藉口侵伊。

五月一日（星期二）

蔣總統發表五一勞動節告全國勞工同胞書。

美軍事援華顧問團長蔡斯少將自東京乘專機抵臺。

駐日盟國最高統帥李奇威中將發表聲明，放鬆對日管制。所有爲盟總禁止從事公衆活動之日戰時領袖即將恢復公權。

中央社倫敦合衆電：英政府宣佈封閉其駐厦門、重慶、漢口、昆明、南京、青島六地領事館。

英外相莫里遜向國會表示，伊朗收回油田要求，英國絕不承認。

美政府公佈秘密已久的魏德邁報告。

五月二日（星期三）

美軍援顧問團開始辦公。

高等法院判決苗栗縣長劉定國當選無效。

麥帥飛華府，列席參院作證。

美國會與政府公佈威克島杜麥會談記錄。

美代表奧斯汀公佈韓境美軍俘獲北韓作戰計劃，證明共黨之蓄意侵略。

美國務卿艾其遜表示美政府當局對魏德邁中將於一九四七年就韓國局勢所提之建議，均已付諸實施。

伊朗國王簽署石油國有法案，並下令接收英伊石油公司。

五月三日（星期四）

英外相接見伊朗大使，重申對伊朗政府之抗議。

美駐聯合國副代表葛羅斯向聯大集體措施委員會建議，主張各會員國均應禁運戰略物資與中共。

麥帥在參院作證，指出蘇俄海空力量薄弱，不敢在亞洲發動侵略。

五月四日（星期五）

麥帥第二日在參院作證，主予國軍適當支持反攻中國大陸，可以加速韓戰之勝利。

五月五日（星期六）

韓境共軍攻勢失利後撤，聯軍斥候部隊進入議政府。

麥帥結束其三日來在參院之作證。

五月六日（星期日）

韓境聯軍全線推進，東線越過卅八度。

五月七日（星期一）

韓國國會議長申翼熙抵臺訪問。

美國防部長馬歇爾列席參院作證，謂美政府之政策不使臺灣淪入共黨之手，並反對中共進入聯合國。

叙利亞向聯合國控訴以色列侵略。

韓境聯軍克復春川。

韓政府發表作戰政策聲明，重申統一全韓之決心。

美總統杜魯門發表演說，重申韓戰政策，反對麥帥意見。

五月八日（星期二）

美國防部長馬歇爾在參院作證，認局限韓戰之政策，可獲勝利，並能避免大戰。

美國務院聲明，拒絕蘇俄最近主張由美、英、蘇、中共四外長會議草擬對日和約之建議。

五月九日（星期三）

監察院檢討年會開幕。

安理會下令叙利亞與以列色應即停止邊界上之戰鬬。

社論

消除國際的現實主義

近來談國際局勢的人常將世界的現狀予以二分，即美蘇二大集團之對立。誠然，就大的形勢來說是如此。可是，如果我們細心觀察，那末便不難發現：民主世界內部隱然有兩條路線存在；而極權世界則否。這一差別，深遠地影響着人類的前途。因此我們必須特別留意。在極權世界裡，各個附庸國與蘇俄具有同一的世界觀和同一的政治制度。因此，這些國家不獨對內的政治經濟措施上與蘇俄『上國』一元化，而且在對外關係上也與蘇俄一元化。

與這一集團對立的民主集團則不然。這一集團雖以美國爲中心，但美國對待他們非若上國之對待下國；而只有道義的拘束力，以及政治和經濟的影響力。他們雖以反共制俄維護自由爲共同目標，但也僅此而已。除此以外，他們又各自有其自身的特殊目標。這樣一來，於是產生了不同的路線。大別起來，可以劃分作兩條：一條可以叫做理想派；另一條可以叫作現實派。前者以美國作代表；後者以英國作代表。

代表理想派的美國，在一開始建國時就帶有濃厚的理想色彩。來自歐洲的移民，根本就是舊大陸舊傳統的反對者。美國之建立是西歐文明的翻新。美國的一些開國人物。如華盛頓，哲斐遜之流以及其後的林肯，威爾遜，都是些不愛權力而重理想的人物。這種重理想的精神成了美國的傳統精神；因而，也反映到美國在對外行動上。美國扶助一個菲列賓，又讓他獨立。第一次世界大戰時，威廉第二起來殘殺歐洲人，美國人『路見不平，拔刀相助』，出兵出錢來援助協約國。第二次世界大戰發生，美國又出兵出錢，援助挨打的國家。戰後蘇俄肆行擴張侵略，美國復起而挺身堵止。杜魯門總統說：『和平寶貴，正義比和平更爲寶貴』。美國爲正義的理想而阻遏赤禍之決心，於茲可見。

但是，可惜得很，在民主集團裡，英國的行徑與美國的行徑恰好成個明顯的對照。英國不管是非，只問利害。遠事暫且不提，就在十九世紀中葉，雷塞布計劃開鑿蘇彝士運河，英國因爲這會影響到他底私利，起而反對，設法破壞。可是，等到運河告成，英國又一變過去反對的態度，設法收買到手。在遠東，他曾於一九〇二年與日本締結同盟。可是，這次日本戰敗，他又阻撓日本造船業之發展。第一次世界大戰以後，英國唯恐法國成爲大陸的主人，多方支援德國，以維持歐洲均勢。等到德國成爲歐陸的侵略勢力，他又實行綏靖政策，主持慕尼黑會議，在暴力所造成的既成事實之前低頭。第二次世界大戰期間，英國將我國唯一出路的滇緬路封鎖。凡此等等行徑，盡是爲一己私利打算的現實主義之行徑。

今後世界人類是否全部淪爲蘇俄共黨的奴隸，關鍵之一，在民主國家內部是否和諧無間與團結一致。史大林根本是一個老流氓頭子。他一双眼睛專門在尋找機會，看那裡有隙可乘沒有。如果民主國家內部和諧無間而且團結一致，這個老流氓頭子見無隙可乘，他是會知難而退的。今美國一本理想爲世界前途打算，英國則一心一意處處爲其現實的小利小害打算，二者的作風和步調這樣不協調，在共同對付極權勢力上是起着不良影響的。英國的這種作風，可能抵消美國的努力。僅依對遠東政策來說，二國就有着很大的距離。美國不承認中國紅色『政權』，英國已予承認，美國不要中國共黨『政權』進入聯合國，英國主張准他進入；美國不放棄臺灣，英國偏主張將臺灣送給共黨；在對日和約問題上，英國又主張邀共黨『政權』參加。諸如此類之事，幾年以來，英國一直與美國鬧彆扭。英國這些行徑，不僅代表他自己的心理，而且代表他底一些同路人的心理。英國隱然還是西歐的領導力量，他又能影響甚或策動印度等國。所以，他的彆彆扭扭，代表着這些國家的意向。因此，美國爲了爭取這些國家，又不能不拉攏並且敷衍英國。麥帥之去職，是最近的一個表徵。這是民主世界內部的一個隱憂。爲了世界人類免於全部淪爲蘇俄共黨的奴隸，這個隱憂是非消除不可的。而這個隱憂造因於國際的現實主義。所以，要消除這個隱憂，必須消除國際的現實主義。

英國爲了自己一點點利益而行現實主義。這會有所收穫嗎？紳士碰見流氓是沒有辦法的。英國人講現實，俄國人更講現實。

英國現在冀圖取小利而遠禍害，這一心理弱點，正好爲蘇俄及中國共黨附庸所乘。講現實主義的，從來都沒有好結果。戰前英國遷就德國，犧牲捷克，結果將希特勒養肥了，派空軍大炸英國，幾乎連國也滅亡了。他這次所碰見的敵手比希特勒刁惡萬倍。英國現在和中國共黨敷衍主張他加入聯合國，以爲可以和緩一下，結果共黨徵用了亞細亞火油公司。蘇俄溜走了一個鐵托，那會容許第二個鐵托出現？他要隔絕中國共黨與外界一切關係，那會讓他加入聯合國？無疑，蘇俄對於對日和約是持破壞反對的態度。如果讓中國共黨『政權』參加，當然只有使局勢更加惡化。英國本來的政策是注重西歐，而在遠東方面儘可能息事寧人的，這樣一做，豈不是事與願違？紳士與流氓講現實主義，結果只有『偷雞不成蝕把米』，那有便宜可佔？

過去一二百年，英國憑着他底現實主義獲得了巨大的利益。但是，自第二次世界大戰以來，那一套辦法不行了：老的現實主義敵不過新現實主義。『予智自雄』，是會有時而窮的。在鐵的教訓面前，英國應該有所醒覺了吧！趕快放棄那一套不合時宜的現實觀念，不要希望從別人手中討利益。應即與民主國家堅强團結起來，採取一致的步調，共同對付極權勢力。祇有從克服危難中創獲的利益，才是最實質的利益。

時事述評

杜麥論戰中的兩點

自本月三日起，麥帥在美參院外交軍事兩委員會聯席會議中，為調查與他被罷黜之有關問題，連續作證三天；接着，國防部長馬歇爾又出席該調查會對麥帥證詞作答；同時杜魯門總統也於本月七日在民防會議，針對麥帥言論（儘管未提及麥帥姓名）發表演說。這就是當前輿論界所稱道的「杜麥大論戰」。在這次論戰中，双方觀點的異同，已更明顯地呈現出來了。同時，我們仔細研究兩方面所講的話，可以發見有許多理智的考慮，但也有若干情感上的偏見；有許多率直坦白的陳述，但也有些轉灣抹角的遁詞。我們對於這些，並不想一一指陳。但下列兩點，直接關係我們中華民國，我們却不能不講話。

一、據美聯社八日電訊，馬歇爾部長本月七日的證詞，包括六個要點。其中第三點：「根據過去中國國軍在大陸上的情形，及調查臺灣的報告，聯合參謀部深信臺灣中國國軍將不能有效地在韓作戰」。馬氏這種說法，我們絕不能同意，兩年來臺灣的進步如何，分析起來，自然話長；如果只就軍隊的戰鬪意志和作戰訓練講，顯然有了很大的進步，決不能與過去在大陸上的情形相提並論。依據昨日的腐敗情形，斷定今日依然是如此腐敗，這是一種什麼思辨方法呢？至於「調查臺灣的報告」，我們不知馬氏何所指。據這次參院調查會的主席羅素說，「關於美國調查臺灣的報告，一向是矛盾不一的」。在這些矛盾不一的報告中，馬氏還什麼偏要相信那些不利於臺灣的報告呢？說到「聯合參謀部深信……」云云，若從麥帥和馬氏二人證詞中的有關部份看來，我們覺得馬氏所說的「聯合參謀部」，不見得眞是聯合參謀部而不是馬氏自己！

二、杜魯門總統在民防會議演說中，為韓戰政策辯護的一段說到：「有人所主張採取的措施（明明是指麥帥的主張），……倒很可能導致範圍更大，時間更長的戰爭。這樣的戰爭：將使中國人民在共黨統治者的背後團結起來」。我們看到這一段話，感到十分詫異。杜魯門總統何以到了今天還不懂得共黨統治下中國人民的處境和心情？今天中國大陸的人民，在飢和恐怖中掙扎，恨不得一下子把共黨政權推翻，但在暴力嚴密控制下，無法在內部有效地發動反抗力量，只有期望外力的到來，方可內部策應，所以他們之盼望國軍反攻，正如大旱之望雲霓那麼迫切。然而杜魯門總統卻懷着一種違反現實的想法，說出上面那段話來，可見他對於中國大陸的情形了解不夠，因而在遠東的反共戰略也就不免偏差。這種了解不夠，這種戰略偏差，我們希望由於這次論戰的結果而得以改正。（萍）

關於書刊審查

共產黨的謬論，和其設計巧妙的各種文字宣傳，對於思想未成熟的青年或成年人，確是一種毒素。嚴格的查禁是應該的。黃色書刊和荒誕的武俠小說，也可在查禁之列。

查禁書刊，原則上沒有多大問題，問題是在執行方面。而執行方面的問題最重要的又可分為兩個：

第一、審查的機構。

第二、審查人的智識。

目前就我們所知道的，臺灣省正式審查書刊的機構有省政府教育廳，新聞處，保安司令部。這些機關在審查書刊的工作上，並不是分工的，也談不上是怎樣合作，儘管在形式上也許有合作的辦法，但事實上是你也查，我也查，有時新聞處審查通過，以省府名義行文各有關機關以後，而其他機關還可再查一次。聽說，近來郵局內駐有審查進口書刊的人，起先是新聞處派的，最近換了新人，這個人工作倒是很認眞的，可是他對於他的身份，則諱莫如深，取書的人如問他是甚麼機關，他總是答覆：「你管這幹甚麼？」（妙哉！一個執行政府法令的人，竟可不表明其身份來執行職務！）因此有人發生疑問：是不是審查書刊的機關又新添了一個？或者是某一現存的機關新添了審查書刊的職務？這個問題。我們可暫不管它，我們在這裡要提出積極的主張：審查書刊的機關應該只有一個，而且應該是一個文職機關。軍事機關不要管，不能管，也不應管這一類非份的事！

審查書刊的人應該有個夠格的智識水準。否則，增加書刊業者的麻煩倒是小事，鬧出笑話來，與政府體面有關！記得一年前「中國文摘」某一期，因為登載了郭沫若歌頌史達林的那篇肉麻的詩，居然被查禁發行。那篇詩十足地暴露了郭沫若之無恥，而審查人竟為之掩藏起來！後來雖然解禁了，可是文化界中人，每引為笑談。前些時有位朋友發行一種小叢書名為自由文摘的，也居然受到某機關的警告，自由文摘所選的文章，都來自當前幾種水準較高的刊物，而其選擇的標準，無非是政治民主，經濟平等等等，就中且有現任國民黨改造委員會秘書長張其昀的一篇文章。這樣的書刊，竟被審查人認為有問題，寧非怪事！關於這一類的事，想與審查書刊的原則無關，只是表明審查人的智識水準不夠格而已。因此，我們為擁護政府審查書刊的政策，不得不籲請政府特別慎重審查者的人選。（葆）

現任與現役一字之差

——苗栗縣長選舉，劉定國當選無效——

——錯誤出自何處？責任究將誰屬？——

雷　震

一

臺灣省高等法院，於本年五月三日宣判此次苗栗縣長的選舉糾紛，判定劉定國當選爲無效。其所持理由和引用法規，有左列三點：

一　臺灣省各縣市長選舉罷免規程第六條第二款：有「現任軍人或警察，停止其被選舉權」之規定，其所謂「現任軍人」，自應解釋爲包括現任軍官或軍職兩種而言；凡免去現任軍職而未經退役，除役或停役者，仍爲現任之軍官。劉定國雖於參加競選之前四個月，經已請准免去高雄要塞軍官守備團勤務隊上校隊長之職，但未呈准退役，除役或停役者，仍爲現任上校官階之軍人，按照臺灣省各縣市縣市長選舉罷免規程第六條第二款之規定，應停止其被選舉權，故苗栗縣長的當選，應予宣告爲無效。

二　援諸中華民國憲法第一百四十條所定：「現役軍人不得兼任文官」，又陸軍官佐服役暫行條例施行細則第六條規定：「官佐在服役期間，不得兼任軍職以外之職務」，則現任軍人不得被選充縣市長，乃爲我國採取軍政劃分之基本國策。

三　臺灣省各縣市議會議員選舉罷免規程第十一條第一款規定：「現役軍人，不得參加縣市議會議員之競選」，又臺灣省妨害選舉取締辦法第三條第一款規定：「現役軍人，不得帮助競選人爲競選活動」，是現役軍人爲帮助他人作競選之活動，尙應取締，則現任軍官本人出爲競選縣市長，自屬更爲不可。

二

自上面所舉幾條條文的法意審繹之，足見我國年來之立法精神，確係採取軍民分治的方針，排除現役軍人擔任文職的不合理之現象，而憲法第一百四十條之規定，特排列在憲法第十三章「基本國策」這一章，尤足昭示這種精神之所在。故臺灣高院此次之判決，勇敢，迅速，明確，正符合我國的立法精神，且盡其維護憲法尊嚴的責任了。大陸上選舉辦得之糟，法院未能盡其責任，當亦爲失敗的原因之一。軍政劃分，現役軍人不得兼任文職，乃是民主憲政之常軌，實行軍民分治，政治才可走上軌道，不然則徒具憲政之名，而無民主之實，一紙空文究有何用？對於這個原則，憲法既有明文，陸軍官佐服役條例，且有明白規定，可是社會人士一向對之毫不注意，在大陸時代，政府對這條法意從未認眞執行，就是國防部方面，過去恐怕也沒有嚴格的執行過，對於違反這項規定之人，似未加以糾正或干涉過。自經高院此次判決之後，應該引起社會對此規定之注意，尤其行政當局應該加以從新認識了。回憶大陸時代，政府公佈了許多很好的法令，因執行機關之奉行不力，疏忽，怠惰，遷就和敷衍，甚至曲解，而使法令徒成具文者不知凡幾，在如此的情形下，法令公佈之後就算目的已達而即束之高閣了。大陸就是這樣的失敗下來，我們今日應該切記這個教訓。

在另一方面，過去大家不重視法院，社會不信任法院，尤其行政當局多數是如此的。他們認爲法院辦事遲緩，法官缺乏獨立判斷的精神，等而下之的，或舞文以弄法，或舞弊以徇私，尤其在戡亂期間，更認爲司法機關之不足恃，故讓軍法侵佔了普通司法的管轄。這些批評的當否，姑不具論，但是過去法院工作之不積極，和法官缺乏進取的精神，亦爲不容隱諱之事實。自經此次判決之後，當可提高國人對於法院之信仰，使大家對法院工作，一天一天的尊敬起來了。希望各級法院，今後本此精神，積極展開工作，維護法律尊嚴。民主國家，要靠法治，而法治之建立，端賴擔任審判和檢察工作人員之積極工作，和其不畏權勢而獨立判斷之精神。

三

劉定國係於本年二月十七日向苗栗縣選舉事務所登記爲縣長候選人，經該縣呈報選舉監督審查合格後，於同年三月十二日由苗栗縣選舉事務所公告爲苗栗縣縣長候選人，二次投票之結果，復經選舉監督於四月十四日公告當選爲苗栗縣縣長，且於五月一日正式接事爲縣長而發號施令矣。現在劉定國以違反縣市長選舉罷免規程之規定，被人告發，經臺省高院判決其當選爲無效。選舉監督已接受法院的判決而令其去職，並於五月六日公告從新辦理選舉。現在劉定國的當選是宣告無效了，而選舉監督依然還是選舉監督。這件事情的錯誤，究竟發生在那裡？誰人應該負責？選舉監督似未呈請處分，各級政府亦未表示意見，民意機關既未責難(包括監察院)，報章雜誌復少指摘，這件事在社會上好像沒有引起甚麼波瀾，可是街談巷議，則傳說紛紜。其實這件事在選舉史上確係一件大事，行政當局乃至社會人士應該重視其由來和發展的。我們如果認爲高院判決無誤，那麼，錯誤出在那裡？自應詳加檢討，以明究竟，省政府尤其選舉監督是應該這樣做的。政府決不能含糊了事，認爲劉定國是活該倒霉，就是從新再辦一次選舉，也不算甚麼一回大事。須知民主政治乃是責任政治，誰人做錯了事，誰人就應負責。這次錯誤的責任，究竟應該誰人來負，必須查個水落石出，才是一個有是非、分權責、明賞罰的政府。我的意見是：

「臺灣高院判決無誤。劉定國本人手續無誤。候選人的資格係經選舉監督審查合格後而公布，故選舉監督要負錯誤的責任。縣市長選舉罷免規程係由何機關起草者，這個起草機關要同負錯誤的責任。」

所有的錯誤，都發生在現任軍人之「任」字身上，劉定國以爲辭准現任軍職，即不是現任軍人，而只是現「役」軍人，不致違反縣市長選舉罷免規程第六條第二款之規定；選舉監督當審查劉定國呈報資格的時候，似乎也是採取同一的見解，而糊裡糊塗的予以合格的認定。如果將任字改爲「役」字，則許多的錯誤當可以免除。現役二字的意義解釋非常明顯，凡未經退役，除役或停役者，均爲現役，任何人不致對之有所誤會。而現任軍人四字，實爲費解，故高院判決書中亦承認現任軍人之意義，非無疑義，可見現任軍人之意義，並無明定界說，而可能發生不同之解釋了。該判決書認爲現任軍人，自應解爲包括現任軍官或軍職兩種而言，免去現任軍職者，仍爲現任軍官。因陸海空軍的官制，採取官職劃分制度，免職並不同時免官。故免職後之軍人，仍保有退職時之官階，且領受相當之俸給，故可視爲現任之軍官。若依此解釋，則現任軍人與現役軍人是同一意義了。總之，本規程這一條款的立法精神，確在排除現役軍人出來競選，而與其他地方自治法規之排除現役軍人參加競選，其用意是一致的。故說高院的判決是對的。

四

這個錯誤究竟導源於那裡？

我深切懷疑：縣市長選舉罷免規程，爲甚麼摒棄慣用語的現役軍人之術語而不用，另來採用現任軍人四字呢？因爲這四個字在法律上是不常習用的。

我花費了若干時間，詳細查閱了臺灣省政府去年頒行的五個地方自治法規，我發見每個法規，均列有同樣性質的條文，並發見除縣市長選舉罷免規程係用現任軍人外，其餘四種法規都是用的現役軍人，因此，我認爲縣市長選舉罷免規程第六條第二款所稱的現任軍人之「任」字，可能是「役」字之誤；我並且感到這個錯字，多半是出於原稿抄寫人的錯誤，而非出於起草人的本意。試看臺灣省各縣市議會議員選舉罷免規程第十一條第一款，臺灣省鄉鎮民代表選舉罷免規程第五條第一款，臺灣省鄉鎮區長選舉罷免規程第六條第一款，及臺灣省各縣市村里長選舉罷免規程第六條第一款，均同樣規定現役軍人或警察，不得參加競選，或停止其被選舉權。這四個法規均是用的「現役軍人」，爲甚麼縣市長選舉罷免規程，偏偏與衆不同，要用現任軍人的字樣呢？若非筆誤，眞是百思而不得其解！因爲這五個法規，都是屬於同樣性質的地方自治法規。而且同款之內，軍人下面的文字，均是「或警察」三個字接連着，連縣市長選舉罷免規程也不在例外。五個法規中，同條其他條款的文字，除縣市長選舉罷免規程不禁止在校肄業學生參加競選外，其餘均屬相同，即是辦理選舉事務的人員，亦不得參加競選。此五種法規性質相同，立法原意亦完全相同，就是不准現役軍人或警察參加競選，前者係表示軍民分治的精神，後者是避免操縱選舉之弊，立法用意甚善，冀使民意得以伸張。又縣市長選舉罷免規程和縣市議會議員選舉罷免規程，係於三十九年四月二十五日同時公佈，其他三種規程，則是三十九年七月十二日同時公佈。根據上述考證，我確信縣市長選舉罷免規程第六條第二款所稱之現任軍人，顯係現役軍人之筆誤，此外我再找不出採用現任軍人之任何根據了。

我這個論斷，乃是依憑常理常識而判斷，絕無穿鑿比擬，或牽強附會之處。這一錯字之來源，可能是原稿繕寫的錯誤，以後就以訛傳訛，而以訛字—現任軍人—爲正本了。假如要說現任軍人之任字不是抄錯，而是起草人存心要用現任二字，以與現役有別，則起草人此時想還健在，不知其獨對縣市長選舉罷免規程採用現任二字是何用意？並作何解釋？我到是要特別請教的。

有人或者要說：縣市長選舉罷免規程第六條第二款所指之現任軍人，僅係指軍人而現任有軍職而言，不包括已辭軍職而保有官階之現役軍人在內。即是說：凡已辭去軍職之現役軍人，仍可參加縣市長之競選。如果該項條款是這樣用意，則不僅顯有違反憲法第一百四十條「現役軍人不得兼任文官」之規定，而且所用辭語，太拙劣而欠明顯，不够表達法意，我想該規程之起草人是不會這樣糊塗的。像這樣立法用意的場合，也可找出一個很好的立法例可資說明。試閱國民政府三十六年三月三十一日公布之立法院立法委員選舉罷免法，其第十三條有云：「現任文職或軍職之官吏，於其管轄區或任所所在地之選舉區爲候選人者，應於選舉期前五個月辭職」。本條的立法用意，只不許現任軍職之官吏，於其管轄區或任所所在地之選舉區爲候選人，以免操縱選舉，但不排斥現役軍人之爲候選人，故一辭去現任軍職，即無問題，因

(下轉第31頁)

常識和政治

毛子水

平常人聽到「政治」這個名詞，可能發生兩種不同的感想。一是以政治爲弄手段的東西；一是以政治爲奧妙難懂的事情。實在，政治不是魔術，亦不是如相對論或波動力學那樣出乎常人理解以外的東西。政治的基礎，只應是常識。

我們如果把政治看作「致太平的道理」，那大概是穩安的。怎樣才叫做「太平」呢？照着我們民族古來相傳的說法講，「太平」就是「個個（或大多數）老百姓都能安居樂業」；照着近代西歐哲人的說法，「太平」就是「最大多數的人能够得着最大的幸福」。這兩種說法，意思是差不多的；如果「個個（或大多數）老百姓都能安居樂業」，那便是「最大多數的人能够得着最大的幸福」了。實在講起來，這樣一個政治的定義，是根據常識得來的；這個定義，亦可以說是關於政治最基本的常識。

雖然一個國家裏的國民都知道這樣一個定義，但如果這些國民都缺乏健全的常識，那這個國家裏面亦難免政治上的混亂。我且舉一兩件在我們大家耳目以內的事情做例子來說明。

社會裏面最危險的現象，是大多數的人不知道事情的程序。「若登高，必自卑；若行遠，必自邇。」不知道事情程序的人，可以說是最沒有常識的了。記着二十多年以前，我從歐洲囘國，滿懷着「從此可以安居樂業」的希望。但到了國內，便聽見社會上種種譏評政府的言論；最重要的，莫過於以政府爲不民主。我那時常常替政府辯護道：「現在軍政時期方結束，（實在何嘗結束！）訓政剛開始。十分的民主，當然要等到憲政時期。我們能够好好的做老百姓，民主總會降臨的，而且來得很快。不然的話，『宋人有閔其苗之不長而揠之者，非徒無益，而又害之。』」稍有理性的人，聽了這些話，都能够信受；沒有常識的人，則以爲我是專替政府說話的，而罵我爲「政府黨」。（在一個意義上，「政府黨」這個名義，是我當時所樂受的。）經過十八年的大亂，才有那樣一個略具規模的政府，縱有許多不是，我們也應當珍惜葆愛。這個觀點，完全是國家民族的前途所使然，歷史的知識所使然——常識的判斷所使然。）我現在這樣想：如果二十年前我們的同胞都是這樣的一個「政府黨」，則非特我當時所希望的「安居樂業」已得到，就是政府的民主程度，也已滿足一般人士的意思了。（抗日戰事或其他的意外事情當然不能計及。）後來在抗戰期中，乃有所謂「民主同盟」出現。我那時對於這個團體的批評是：「如果要在中國培養成一個眞正的民主政府，則最好的方法莫過於擁護而監督現有的國民政府，因爲照目前中國裏面的情勢講，國民政府是『最近於民主』的政府。如果以國民政府爲不民主而想推翻牠，那結果定必離開民主愈遠。」現在大陸上民主同盟的分子，恐怕都有點後悔罷！至於在自由中國裏面的，當然覺悟得早些。我希望凡熱心於民主政治而不了解事物當然程序的人士都以這種事情爲鑒。

現在自由中國裏面的許多報章雜誌，多在學理上辨明馬克思學說和共產主義的不對。這種事情，用心固然很好；但如果國民都有健全的常識，那麼，這種事情在現在亦可算是多餘的。在科學上，一種理論無論怎樣美麗，如果有一件確定的事實和這種理論相衝突，則一個具有常識的科學家定必捨理論而信事實；這是眞正的實驗精神，眞正的科學方法。如果一味的固執這種違反事實的理論，那便是盲行，便是自欺，便是大愚不靈。中國共產黨，在沒有得到政權以前，說了許多好聽的話；一個人在那個時候聽中共的欺騙，還有點情理可說。到了現在，中共毫無人性的虐政，已暴露無遺；這個時候還要對中共懷着希望，那眞是太沒有常識了。大陸上天天有的那些良善無辜的同胞被餓死被害死被殺死的事實，那一件不是共產黨沒有幹政治的資格的證據！這樣的下去，大陸上四萬萬多的人民還有些微「安居樂業」的可能麼！再者，俄國實行共產主義三十多年，到如今還需要把牠的人民和別個國家隔絕起來，不敢讓他們自由出境，也不敢讓他們自由和別國人來往。稍有常識的人，都知道這是一種塗民耳目的政策。一種主義行了三十多年，而政府仍非把老百姓的耳目蒙蔽上不可，這還值得引經據典的來和牠爭論是非麼！

從上面這些明顯的事情，我們可以知道常識對於政治的重要了。常識應該是凡有理性的人所同有的；何以在政治上有這樣多的缺乏常識的人呢？這當然有種種原因。一是蔽於感情：如個人境遇的不好，國家政治的腐敗，都可以使感情壓倒理性。一般青年的信仰共產主義，多半是因爲這個緣故。二是蔽於偏私：有許多人並不是不知道共產主義的不可行，但爲自身出路計，爲滿足政治慾望計，甚至於爲子女計，遂把政治上的是非心抛在腦後，而去依附中共。蔽於感情的，裏面還有許多是純潔的青年；蔽於偏私的，則差不多盡是投機取巧的官僚政客。純潔的青年，往往能够中途覺悟，終不失爲知過能改的善士；投機的政客，則就在中共那邊，怕亦得不到什麼好結果。

但國民的缺乏健全的政治常識，政府亦應負相當的責任。第一，國家沒有把正大光明的政治原則——如自由，公正，守法，人權等事——好好的教導國民，而只知道向他們灌注黨義；這在教育上固然不免失敗，在政治上亦算失敗。依我的觀察，在國家危急存亡的關頭，眞正能够見義勇爲的，受過自由教育的人要比「順受」黨義教育的人多。我這不是說國家不應有政黨，亦不是說政黨不應有黨義，這是說我們現在的黨義教育大有改革的必要。老實說，非特黨義教育要改革，凡自由國家的國民教育都要改革，方能適應現在的世界。這是我所希望於改造委員會的。

第二，國家政治不清明，有許多時候實在可以叫血氣方剛的青年軼出常軌。平心而論，自有國民政府以來，施政大節，可算不錯，尤其在外交方面；且二年以來，政府在臺灣所表現的，尤足以使民志興奮。不過有一件事是我們需要指出的。現在政府裏面，雖然沒有像過去少數貪官汚吏的那樣敗壞國紀，而且政府首腦勵精圖治的忠忱，是國人所共鑒的，但政府對於民意的調理，好像還沒有十分做好。這不是因爲政府首腦的不民主，乃是因爲奉行法令的官吏沒有相當的虛心和責任心。(例如在檢查進口書報和發給入境證等事上面的。無論是虛心或責任心，都牽涉到知識水準問題。)這種地方，政府可以於不知不覺中失去了許多人士的信仰，激成許多人士心理上的不正常。當然，眞正有政治修養的人，決不會因政府無心的過失而對政府懷着任何怨恨的；但有這種政治修養的人世間有幾個呢？幹政治的大難處，是在上下三等人都要照顧到；不然，便不算是好政治。這是我所希望於政治當局的。

蕭伯納與甘地

苓　譯

一九三一年，甘地曾去倫敦參加圓桌會議討論印度的憲法。蕭伯納便是在那個時候見過甘地。下面是蕭伯納關於他們這次會晤的一段敘述：

「甘地那時正住在甘星頓（Kensington）的一所大房子中。我與我的妻同到那裏，我們被引到一間房中，這間房中除了有三張安樂椅外一無所有。我看見甘地所坐的那張毛氈，但他却和我們一樣的坐在安樂椅中。我們照例地寒暄了一陣，然後我對他說道：「甘地，看這兒，你坐在地板上可是更舒服一些麼？」他回說當然，於是他便坐在地板上，而我們一直仍坐在我們的安樂椅中。」

這是一件趣聞。他們兩個人之中，不知是誰對誰不禮貌？不過，自己高坐在椅中而讓對方坐於膝下，這樣的事也只有酒脫無羈的蕭翁才能忍受。

「我們談了談今日的世界大勢，並談了許多有關飲食的問題，我們倆都是怪人。我們告辭時，甘地一定要送我們至門口，他問我們是否有汽車。我回說：『當然沒有，我們在倫敦從來沒有汽車，我們將僱一輛。』他說他要爲我們找一輛汽車。我不肯，但是無用；他是一個固執的人。他伴着我們走出屋，並走過街去到那停着一長排汽車的地方，那全是極堂皇漂亮的汽車，顯然是私人所有的。他選了一輛最堂皇的要我們坐進去。我們有些茫然，我對他說道：『甘地，你看，這輛車沒有車夫。』他回說沒關係，他可以爲我們找一個車夫；我們互道再見後便坐上去了，但我們却十分迷惑，不知還有什麼發生。立刻有一位非常漂亮的青年走來了，穿着一套最耀眼的制服。他坐到車夫的位置上並問我們要去什麼地方。我們正準備去一家電影院看一張新影片。

「這位青年將我們送到目的地，車子是十分舒適的。我們下車時曾向他道謝，後來當我們坐在電影院中時，我才想起應該給他一點小費。我用一張紙包了三先令——我記得是一個銀幣和一先令——，喚了一個僮僕將這錢送出去。這小孩馬上便回來了，他告訴我那車夫不要小費，並將那紙包塞入我手中，後來我才發現只剩下了一個銀幣。一先令已不翼而飛。

「次日，那位驅車送我們到電影院的漂亮青年來看我們，他是來問候我們的。原來當甘地在倫敦期間，在倫敦所有的印度人，不論是什麼人，都將他們的汽車給甘地自由使用，既然他不可能使用所有的汽車，那些汽車便只有排列在那裏等待！」

蕭翁覺得這件事十分有趣，無疑的，他認爲這就是東方人不近情理的一個例子；的確，在馬克斯主義者的觀點下，這樣的行爲是很難以了解的。——摘譯自大西洋月刊「我與蕭伯納最後的一次見面」——

落後地區的工業化問題

易巽

落後地區的工業化問題，現在不但對於落後地區國家感到切身重要，許多工業先進國家，也在紛紛的討論這個問題。戰時美國故羅斯福總統所提倡的四大自由中，有一項即希望戰後「所有的地方，所有的人」，都能獲得「免於匱乏的自由」。去年美國杜魯門總統復依這種理想，擬出一項開發落後地區的具體計劃，這就是轟動一時的所謂「第四點計劃」。至於英國，去年也曾計劃以香港及新嘉坡爲基地，向亞洲經濟落後地區作規模龐大的新的投資開發運動。

大體說來，促成工業先進國家注意開發落後地區問題的因素，有如下幾種：第一是希望通過投資的方式，替國內過剩的資本找到出路。其次是落後地區長久的貧困會發生對工業先進國家的敵視與激烈的民族革命。第三是工業先進國家已感到他們並不能阻止任何落後地區的現代化，所以毋寧採取比較開明的方式來適應此項發展。

不過，不管工業先進國家爲了什麼理由去幫助落後地區的經濟發展，但這不是僅僅有一個戰後善後救濟的辦法，就可以促成落後地區的工業化的。在根本上，必須改良落後地區人民的生產能力，換句話說，必須發展他們的工業生產。因此，落後地區的工業化便隨着帶來許多的問題；最使工業先進國家感到關切的問題，是那些地方經濟發展以後，對於他們有什麼影響？把資本、設備、技術和教育幫助了落後國家以後，結果會發生新的競爭呢？還是可以替自己找到新的市場呢？

工業先進國家唯一的希望，是落後地區一旦工業化後，那些地方人民的購買力可以提高，他們的國外市場反趨擴大。而且全世界各地經濟發展以後，由於投資膨脹以及國內培養投資的政策，可以促成平時的充分或全部就業與高度繁榮，結果使工業先進國家戰後經濟調整問題更易於解決。但是工業先進國家同時也抱着兩種憂慮，一種是落後地區工業化以後，即可自製向來依賴進口的商品，再加上生活水準低下地方工資的低廉，製造出來的商品成本必定低廉，使工資高生活水準高的國家無法與之競爭。另一種憂慮是落後地區的工業化方式，可能是不照資本主義的老路走，而採取蘇聯的形式，急遽的經濟發展和工業化以後，外國資本和商品反而不能在新開擴的市場上立足。

由於上述的憂慮，所以自十八世紀以來，工業先進國家都極不願見到別處工業的發展。重商主義者甚至主張禁止機器與技工出口，正如亞丹斯密所說的，希望人家的工業倒霉，而維持自己的工業地盤。不過，這樣的時代，終算過去，二次的世界大戰證明，一半地區繁榮，一半地區貧困，並不是工業先進國家的幸運。落後地區的工業化是不能阻撓的，而資本制生產的結果，商品與資本也不能不設法去開掘新的世界市場，因此，落後地區的工業化，便成了工業先進國家必須正視的現實。

撇開政治的因素不談，如果單就經濟的角度，看落後地區工業化對於世界經濟的影響，我們可以指出如下的幾項可能：

在政治條件良好的情況下，新地區的經濟發展，事實上意味該地區人民生產量和消費量的增加，國際貿易的數量與種類也必爲之增加。在表面上看，這是對工業先進國家不利的。至少，某種商品的市場將爲之縮小，而傳統的以製造品交換農產品或原料的不等價貿易也將爲之變更。但是，落後地區變化後出口貿易的增加，並不一定減少其工業品的進口。

加拿大的工業化經驗，正是證明了這一情形。因爲隨着工業化的進展，後進國家對於資本物（或生產財）的需要，及人民因購買力提高，對於外國物品增加的需要，都反而會使進口貨物的數量與種類增加。此外，世界各地經濟的普遍發展，還會使國防工業分工更趨於繁雜，也使一個國家無法或不經濟的去實行自給自足。所以在正常的情況中，新發展國家生產現代化後，一方面會減少某種進口貨物的需要及增加其製成品及半製成品的出口，但一面必定要輸入更多的生產財與消費財。

在正常的情形下，工業先進國家所受到的影響也是二方面的：一面是生產財及新製品的生產受到新需要的刺激趨向繁榮。一面是老製品（最主要的是紡織及食品工業）市場遭遇新競爭的威脅。以中國爲例，如果中國的工業化是照着由輕工業到重工業，或輕重工業並進的方式進行，在國際貿易上，又是走着所謂「最大的直接經濟利益」的道路，那末中國在工業化過程中，必須輸入大量的生產條件的物品（如近代機械、工業設備及技術），但是中國有大量低廉的勞動力及若干充足的自然資源，因此，反過來，將漸次增加輸出在生產條件上最具體的物品。以這個例子爲證，中國的工業化對於工業先進國家的利害關係，會不會發生嚴重的衝突，首先要看中國的工業化所導來的生產增加，是否與人民的消費增加成正比例。如果中國的工業化不遵照資本主義的原則，而採取了犧牲消費品工業，直接躍入國防重工業的程序，或不遵照國際貿易的直接經濟利益原則，不顧成本的高低，採用保護政策，直接躍入各種近代工業的生產的話，則中國的工業化便會打擊到工業先進國家。其次要看工業先進國家在遭遇到中國工業化在國際貿易上的反撥作用時，是否採取適應的調整方法，抑或採取阻撓的政策（例如停止或拒絕貸款與技術援助、高樹關稅壁壘阻止中國製成品或半製品的流入）。如果採取了阻撓政策，中國的工業化便終將與工業先進國家發生衝突的。

根據上面的分析，我們可以得到一些結論；

第一：落後地區的工業化，在理論上是與工業先進國家的利益不衝突的；由於落後地區生產及消費的增加，對於工業先進國家的資本與高度工業生產品的輸出都將有利。

第二：落後地區的工業化，必將在某幾種工業部門發生排斥外貨市場及擴張國外市場的趨勢。工業先進國家面臨這種情勢，必須採取適應辦法，改變生產結構，發展新技術，從事於「比較利益」的工業分工生產。

第三：但是，在世界政治經濟現況的限制下，落後地區的工業化，無論在落後國家或工業先進國家方面，都滲雜有許多政治的動機或目的，因此，純粹經濟原則，事實上無法作爲討論落後地區工業化問題的根據。不過，落後地區，終須工業化，這是一定的趨勢；所以，如何調整先進國家的生產體制，使與落後地區工業化的趨勢相配合，而免轉入「世界的逆流」，這是當前的一大問題，而急待才智之士，加以研究與解決的。

命該如此！

聯合國的原子能管制與裁軍特別委員會選擇第一個主席時，蘇俄的馬立克提議採取抽籤的方式選舉。全體都一致贊成。

蘇俄的曾占可是聯合國副秘書長，因賴伊未出席，便由他代表賴伊抽籤。誰知他一抽便抽中了美國的代表。當他宣佈抽籤的結果時，全體哄堂大笑，馬立克自己也不禁笑了。

根據決議，此特別委員會的主席是由各國輪流擔任的。在十二個會員國之中，蘇俄作主席時必須等到第十位。（苓）

鐵幕拾零

自由勞工國際同盟已在鐵幕後建立了廣大的情報網。布魯賽爾的自由勞工同盟曾接到一些鐵幕後的情報，頗富幽默意味：

有兩個共產黨官員在參加了一個共產黨會議之後在歸途中閒談。其中一人問另一人道：「同志，你對於我們人民民主前途的觀感究竟如何？」

「同志，和你的一樣。」

「那麼，我必須立即去向黨告發你。」

× × × ×

據說在德國蘇俄佔領區中的地下民主力量，正利用火箭散發共黨禁止的報紙和小冊子向人民宣傳。他們的火箭常在夜間從屋頂發出，那些宣傳品便像雨點似的向四方散落。當埃塞那哈(Eisenach)初次發覺這樣的宣傳方法時，救火隊曾出動搜查屋頂。

第二次的「火箭宣傳」是在德勒斯登(Dresden)。當地的人民警察在一個辦公處的屋頂上發現了兩個本地製的火箭發射器，上面註有兩句話：「你可以拿去，我們還有許多。」

× × × ×

西德的人不斷地接到由蘇俄佔領區寄來的信，其有的是留在蘇俄佔領區中的親友所寫，但他們常常還接到一些素不相識者的來信。這些信是勸他們支持東德的統一德國的提議。根據最近由蘇俄佔領區中勃蘭登堡省(Brandenburg province)所來的報告才知道是怎麼一回事。

原來共產黨命令東德所有的公務員都必須寫信給西德的親友們，慫恿他們支持統一德國的提議。假若他們沒有親友在西德，那麼便要他們寫給一個陌生者，並將此陌生者的姓名和住址都告訴他們。所有的信都必須裝在信封內交到共產黨總部去，信封上必須貼有郵票，但不許封口。

× × × ×

匈牙利的蘇維埃社最近舉行了一個青年論文比賽，題目是「爲和平而學習」。

但，獎勵那些和平歌頌者的獎品却是光耀奪目的來福槍。（苓譯）

民主與法治

陳恩成

現代的民主先進國家，或其他正由君主專制革命，或剛從殖民地獨立，而企求實行民主的國家，都崇尚法治。但是一般外表標榜民主，或如中共所謂「人民民主專政」，而實質上仍是極權政治，階級專政，或少數人獨裁的國家，也許形式上兼具有法治的迹象，實際上自不脫「人治」的窠臼。

「法治」的本義是「法律主治」(government of Law 或 government by Law)；它在政體上表現出來，而在目的上企求達到的是民主政治。這就是　中山先生所闡發的：人民擁有政權，政府擁有治權；但是治權必須建立在政權的基礎上面。如果人民沒有眞正的行使政權，那末政府的治權便不能表現眞正「民主」的本質——但在某一過渡期間，或在國家遇到緊急危難之際，人民可以依着法律程序授權于政府，而仍符合民主的原則。因此，民主和法治該是表裏一致，相濟相成的。眞正的民主是由人民行使政權，訂立國家大法；依照法律的規定，選舉立法和行政(或兼司法等部門)的首長。他們從而組織政府，依照法律以行使治權。政府和人民都有共同遵守的根本大法，也有個別遵守的單行法規，一切行動或禁制都要以法律爲依歸。這是民主和法治的要義。因爲要能實施法治，而後才能實現民主；同時也就是要以實行民主爲目的，而其前提要件是以實施法治爲手段。

那末，「人治」應該作怎樣解釋呢？它的本義在中國古代是「賢人政治」。這本義原是好的。以禮記大同篇爲例，賢人政治的實施是要「選賢與能，講信修睦」，以行天下爲公的大道；以「大學」爲例，賢人政治的實施是從每人個人的「格物、致知、誠意、正心、修身、齊家」以達「治國、平天下」的大道；所以由「選賢與能」，組設政治機構，而政府必須是實行「明德、親民」，由愼思，明辨，致力，篤行，導民以德，齊民以禮，以求止於至善。這一套的政治理想，在原則上也可說是很完美的；但祇在這太複雜，並且太「不完善的人類社會」中，實行起來却很難事先防止或事後制裁太多的流弊，和太多的失德破禮的犯罪人物。

我國古代的人治主義，並且在本質上先要假定萬民擁戴着一個具有賢德的人君，後來甚且演變爲「由天授命，具有聖德的天子」；然後他的權力「由上而下」，由君主選任賢能，授以權力，然後賢能才能推行美善的政治。漢代雖有由州郡選舉賢良方正，唐宋以後並推廣考試制度，以選拔民間的賢才，但在君主的專制權力日就强大而集中趨勢下，州郡或民間所選，或由科舉，或由保薦而表現的賢才是不是名實相符固尙成問題，而用與不用的大權還是操之於上；而君主的權力却不受法律的限制，所以法律還是隨君主或統治階層的喜怒好惡而爲變遷，一旦碰到主政的人昏庸或兇暴，整個政治機構和政治措施固將隨以紊亂，就是整個社會和國家也將隨以危亡。儒家主張「賢人政治」，一方面指明「徒法不能以自行」，所以必須重視賢人；又一方面指明「人存政擧，人亡政息」，爲賢人政治作辯護，同時也就暴露了人治的弱點。因爲人治主義既然具有「人亡政息」的危機，那末它的本體是靠不住的。

在現代的極權政治制度下，無論它是一人獨裁，少數人專政，一黨專政，或階級專政，其政治原理均是由這少數或只一小部份人民的專權，可能隨他們的意向，隨時變更法律或毀棄法律。縱使在外表上也實行選擧，在形式上也由「人民的代表們」訂立或修改法律，而政治權力的行使若仍不脫「由上而下」或「階級專政」的窠臼，不祇不能表達全民的公意，並且根本就違反平等，自由等項政治原則，而剝奪多數人民平等，自由等基本權利。無論這獨裁專政的少數人是否眞正賢能——如果並非賢能，結果必然引導整個國家民族於窮兵黷武，或經濟崩潰等等危險境地。

因此，所謂人治主義，它的理想固尙有可取之處，但在實施上流弊是不易防止而廓淸的。

然則「法治主義」是不是就完善無疵呢？是不是就可以囫圇吞棗的全盤採用呢？或則是不是就可以不辨其內蘊的精義，而徒作外型的剽襲，在實施上祇作畫虎刻鵠的妄行，而無補於民主政治的開展呢？這是今天一般學者和政治家所應深切注意的幾個問題。

民主政治應該建立在「法律主治」的基礎上，它的運用的原則是以法律支配政治。古代的專制政治和現代的極權政治，它們的本體同是建立在「人治主義」的基礎上。它的運用的原則是以政治支配法律；行政人員得以命令變更法律的解釋，引用或執行。他們經常不惜以政治上一時的便利，或假託「人民的利益」——儘管事實上或祇是一部份統治階層或一小部份人民的利益——而任意修改或廢棄法律，或歪曲法律的解釋，以遷就「現實」，或曲意維護「特權」。其結果往往使現存的法律同於具文，或爲不平等的應用；而不斷新訂的法律亦失去堅定的本質和合乎法律程序的實施，循至法紀蕩然，國家騷亂。極權國家所藉以保持其社會秩序者乃爲大量的秘密警察和其他專制暴力，濟之以虛僞的宣傳，而總其大成於對外的侵略；人民的平等，自由等基本權利，於是橫遭剝奪。希，墨諸魔，以至現在的史大林，降而至於毛朱等等，踵趾相接。他們行暴釀亂的基本觀念即在揚棄或曲解民主法治的眞諦，以「政權高於一切」排除「法律主治」的精神。

遠自希臘時代，法律之性質，特別在「法律權威之根據」一方面，久爲法理學中爭論最烈之點。但在政治學中，依龐德教務長（Dean Roscoe Pound）的觀察，「法律之目的」纔是學者爭論最劇的問題。　孫中山先生的學說，自然也不軼出這種觀察的範圍。因爲他起初是政治改革家，所以他的學說中之法理體系，就偏重在法律之目的和功用；而非在法律之性質和意義。但在力求明瞭法律目的之先，據卡多索法官 Justice Benjamin N. Cardozo）在「法制史」（The Growth of the Law）中的高論，我們應先知道法律的性質。我們假如希望能認識　中山先生遺著的整個法律體系之發展，更要先認清這一點；所以在研究當前的問題時，先探討法律之性質和意義。孟德斯鳩作「法意」（L' Esprit des lois）先講法律通論，也是這個意思。

捨去「儒所謂理，佛所謂法，法理初非二物」，（嚴復案語，見彼所譯孟德斯鳩的法意，第一頁）一類空泛之論，我們當在實際上觀察，以求組織政府的法理。雖則一般自然法學家的宏見，如孟德斯鳩在「法意」中開章明義說的，「法，自其最大之意義而言之，出於萬物自然之理」，（見嚴復譯本，下同），　這種見解在法律哲學的範疇中，自有牠的地位；但在比較切近實際的法理學中，却沒有鑽研之必要。我們現在不用討論「一切法與物之關係」，但當考察「法律和政治的關係」時。這一點，作者認爲是很重要的。

政治和法律有甚麼關係呢？牠們是不是一體的兩方面呢？抑是一體的上下部呢？或是糅雜不分的二元呢？抑是孿生並蒂的機構呢？再不然，是相爲表裏的合體，如「質力二者之交推」歟？抑是互爲狼狽，以成束縛民衆之工具歟？這許多問題皆不是輕易能解答的。各人的立場不同，見解自異。在西方，亞里士多德派的學者就會和柏拉圖派的學者爭論不休；此外，對於這類問題作劇烈爭辯者更不勝枚擧。在我國，古代學者雖然很少深究這類問題，只就孔孟和老莊和商韓來說，他們的意見便大相逕庭了。現在，把上述許多麻煩的問題中，歸納成一個來討論，這便是中山先生所謂「組織政府之法理」。（參看建國方略，商務本，七四至七七頁）。

組織政府好像是政治方面的工作，然而牠是離不開法律的。純粹「導之以德，齊之以禮」的政治，只能算是美妙的理想，在這個地球上尚沒有實現的機會。無論在原始時代做天字第一號組織政府的先知先覺，或在現代做革命的領袖，由策動革命事業以至進行組織政府的革命元動，在他們的「政治」工作上，先要有計劃以實現理想，有紀律以統率部屬，自始至終，都離不了法律。然則是先有政治而後有法律呢？抑是先有法律而後有政治呢？在一般學者或普通人看來，是先有政治而後有法律；在西方學者中，比方勃拉克斯東（William Blackstone）和奧斯丁（John Austin）就持這種見解，因爲他們認到法律是政府或賦有較高的政治權力的機關訂立的，是政府頒佈而執行的。在東方學者中，聰明博學如韓非子尙說：「法者，憲令著於官府，刑罰必於民心；賞存乎愼法，而罰加乎姦令者也」；所以照他看來，「法律」只是憲令，是着於官府的憲令，有刑罰必於民心做背景。推而論之，是要先有政府而後纔有法律，這是先有政治而後有法律的正解。

然而近代的學者，特別是自然法學者，自格羅秀士（Hugo Grotius）以後，不獨把「法律」一詞的涵義推廣，並把牠分析起來，從可見不特自然法（Law of Nature）或强制法（Psitive Laws）之存在，也是這樣。現在學孟德斯鳩的名論而引伸之，他說：「公理實先於法典」；歷史法學派的波洛克（Sir Frederick Pollock）主張法律先國家而存在或成立（法理學綱要，第二七頁）；此外，如愛力慈（Eugen Ehrlich）和舒丹木拉（Rudof Stamm Ler）等也堅執「法律不待國家而後存」的論調。我們可以說：「法理實深於法典，而爲法典之靈魂；法典寄寓於政制，而爲政制之倫脊；政制表現於政治，而爲政治之基礎」。法立而後政行，法毀則有政亂。明乎此，然後可識本文的涵義。

古今中外各國，凡是大政治家，實際上同時也是「法家」。堯舜禪讓，而禹湯世襲；周定封建，而秦立郡縣；下而至於唐重邊防。太宗乃議恢復封建；宋鑒唐失，太祖乃釋諸將兵權。凡此類統治人物皆以變法策動政治的新發展，固不獨商鞅和王安石等纔可說是變法的法家，至於興邦建國的領袖，必須嚴密體察國內外的實際情況，一方面固應能迎合民衆殷切望治的心理，又一方面又須能領導和組訓民衆，使之集中意志與力量，以從事政治上的革新以至奮鬥的行動，因此必須在政治方案中，儘先確立法理的基礎。中山先生認到推翻專制，實行民主，是革命之目的；而所由達到此目的之革命程序，預定了實行軍法，約法，和憲法的三期政治，這標明了法律是支配政治行動的最高原則。

再以現代政治學的眼光來檢討「組織政府的法理」，在大前提上至少要研討兩個基本問題：

1. 由「無政府」主義，放任的個人主義，中間經過法律主治的自由主義，而演變到極權主義，最少要檢討和解答下列四個基本問題：

(一)政府是一種「罪惡」的組織（或至低限度代表人性之「惡」的一面），所以照老，莊，與蒲魯東等派學者看來，如果眞能誘導人民「歸眞返樸」，最好是不要有政府。

(二)依照上項觀點，但却承認人民既不能「歸眞返樸」，國家和政府的組織也就是「必要的罪惡（A necessary evil)」，所以照霍布士（Thomas Hobbes）一派學者看來，依照「契約」的訂立，政府的權力應該是愈少愈好，因此應該實行放任政策（Laissez faire policy），而讓人民可以儘量得到「應有的」自由。

(三)在國際政潮的激盪中，戰亂時作，放任而軟弱的政府顯然不能領導組織散漫的民衆，以應付國家內外的變亂，因此政府必須擁有強大的權力，而此權力的擁有與其行使又必須依着節制與平衡的原則，循着法律規定的軌道，使勿侵犯人民的基本自由，這是洛克和孟德斯鳩一派學者主張的民主法治。

（四）由於第二項的放任政策和個人主義，產生了資本主義；由於第三項的民主法治，事實上保護着資本主義或其他「既得的特權或利益」，形成了種種社會的或經濟上的不平等，於是共產主義者謀以國家最高的權力，以激進的方式發展政治和經濟等方面的猛烈革命；因此，依着國家極權觀念，經常以政治支配，修改，或毀棄，而不斷的改訂法律。

2\. 上述第三項的民主法治學說，並非在原理上承認社會或經濟上的不平等，但在企圖消除這些不平等的現象或「既成事實」上，主張政府遵循法治的軌道，使用漸進的溫和的改革方法，以期達到政治，經濟，和社會等方面的平等與自由。共產主義者（包含左傾的社會主義者）却認爲溫和的改革方法不能推翻資本主義和其他社會的不平等，所以主張以激進的革命方法，澈底改造國家社會，爲着追求他們所謂「平等」，不惜犧牲人民的自由；爲着給予政府以最高的權力，不惜犧牲法律的尊嚴，而以政治權力支配法律的不斷變革；並由於推行其所謂「世界革命」，不斷的發動向外的政治侵略，同時亦即實行着種種的軍事侵略——由第五縱隊的滲透，各國境內共產黨徒的響應，不斷的企圖以暴力顛覆民主國家的政府。

由於上述的現況，用政治術語來描寫現代政治的實質，這就是「民主與極權的衝突」。

爲謀推翻民主政治，顛覆民主政府，共產黨徒們反覆宣稱「民主主義乃是落伍的政治制度，將隨資本主義的崩潰而受淘汰」。

爲着揭發共產極權的殘暴，嚴斥共產極權的向外侵略，民主人士指明共產黨徒們所走的方向是「退向古埃及國王的專制，退向中古黑暗時代的奴役，退向希墨諸魔的侵略路線」。

因此，民主與極權的衝突，在政治上是自由與奴役的衝突；在法理上是由憲法所組成的政府與專制獨裁的衝突；而在社會上是人民自由開明的意志之表達，與對政黨及「領袖」無條件盲目服從的制度之衝突（參看「自由中國」一卷一期，胡適之先生「民主與極權的衝突」）。

胡適之先生引述伊司曼（Max Eastman）列舉的共產極權的二十個特徵，而列寧却歸納這二十個特徵爲實行革命所絕對不可少的「獨裁」，並加以一個簡明的定義，這就是「一種直接使用武力，不受法律約束的權威」。

由此可見共產極權的政治是和民主法治相反的；政治成爲「不受法律約束的權威」，同時又是「一種直接使用的武力」，在政治學理上無疑的是退化到上述「政府先法律而存在」，並且具有最高的權力，而可以隨時修改或毀棄法律的錯誤觀念上。

本文的主旨是從法律哲學的觀點出發，檢討「法治」與「人治」的異同，和民主與極權的衝突。自由中國的政府與人民，現在既積極的反抗共產極權的侵略，而同時努力實施民主法治。朝野各方究竟應該遵循那一條道路，方能確實而迅速的達到上述的目的，在理論上自有時加檢討與警惕之處。

英國固已因工黨執政而趨向于社會主義的政府集權，美國也因爲內謀加速催進經濟的平等，外謀抵抗共產極權的侵略，政府的權力亦不得不隨以集中而擴大。有人認爲這或許是「民主世界的迷惘」。但實際上，政府權力的行使，隨着世局的演變而或不得不集中與擴大，如果尚能嚴循民主與法治的正軌，以法律支配用人行政的一切措施，而戒除官僚政治的作風，民主世界自不致陷入迷惘。

（上接第19頁）

空軍方面力量也相當可憐，駕駛人員在二千左右，飛機則不過五百架左右，且多係舊貨。

軍費方面，每年約在一億五千萬美金上下，占全預算額百分之四十弱。

西班牙政府爲了反共抗俄，建築了兩道防線，主要防線則在綿亙二百八十英里之比利牛斯山脈，西班牙是歐洲第二多山之國，山山爲堡，谷谷爲溝，整個西班牙國將是一場龐大戰場。西班牙一個鬪牛師說得好，西班牙是一個大鬪牛場，西班牙人都是鬪牛師，蘇聯則不過是一頭待宰的牛，究竟是不是這樣，反正西班牙人是反共的，爲了擊敗共產黨，他們是一切都肯拚的，上次作戰就是一個殷鑒，連婦人孺子都甘心作戰呢！

西班牙的機場全國共三十六座，其間以馬德里者爲最大，跑道長一萬尺，可供B三十六型空中堡壘起降之用，其他巴塞羅納與塞維亞機場則在五千呎以上，此外馬德里迤南，吉訶德先生的故鄉更是一個天然機場，長約百二十哩，寬則六十哩。

海軍基地，西班牙也擁有數處，其間以佛朗哥的故鄉斐羅爾爲最好，這是歐洲最良好的天然船塢之一，乾堤共千一百餘尺，最大運輸艦都可停泊。

就士氣言，西班牙軍人相信作戰抗俄定能把握勝利，西班牙的百姓也是這樣，他們常在說：西班牙是反蘇作戰的最後防線，西班牙是反蘇戰爭的勝利地點！

在西歐防衛戰內，西班牙是最重要的一座堡壘，她不特握有地中海的鎖鑰，並且也正是大西洋的門戶；向前他可以作爲進攻的根據地，向後他可以屏障北非南美。美國軍事家認爲西班牙是西歐作戰的勝利關鍵，雖然在參加北大西洋公約上法國還是抵死反對，但是美國陸海空軍的連續訪問，我們已看出美國有幫助西班牙的決心。西班牙政府雖然在希望美援，不過，他們却一再强調：即使我們單獨抗俄，我們也不會氣餒，勝利一定屬於我們！

論立法權配合行政權的運用

涂浩如

一

筆者前在本刊發表「與薩孟武先生論立法權的運用」一文，根據前文中的論述，立法院依法可爲「自動立法」的運用而提出種種的議案。唯進考此種種議案的實質，大多即爲行政權的內容。至於「被動的立法」，憲法第五十八條第二項所定行政院之提案權的內容，與第六十三條所定立法院議決權的內容，原本一致，其立法權之實質，與行政權的關係更爲密切，故立法院所議決的案件，大多即爲行政院須執行的事件，而行政院乃據此以向立法院負責。在內閣制的國家，因爲政府提案在議會有優先討論的權利，而且提案的政府機關首長，即爲參與議會討論的一員；這樣，不但在形式上立法權已與行政權密切的配合，在事實上，立法權與行政權亦達到水乳交融的程度，故議會因易於善用其立法權，而內閣亦易於負其責任。我國政府雖然有提案權，但是政府的提案在立法院並無法定優先討論的權利，而係與立法委員之提案同等並列，唯在處理議案之程序上，其由機關提出之議案，應先經有關委員會之審査，然後報告院會討論，而於必要時，亦得逕提院會討論；其由立法委員提出之議案，則應先提院會討論（參考立法院組織法第八條）。此種情形，可謂爲提案權之「双重平行性」。在總統制的國家，提案權專屬於議會，政府提案在法律上無地位，須通過政黨關係由議員提出之；此種提案權之「單一性」，乃促使議會負責的一種憑藉。故政府雖不向議會負責，其行政權之行使却必須謀與立法權配合，才能獲得合法的效力與保障，這便是分立所發生的制衡作用。而在我國，基於上述行政院與立法委員提案權的「双重平行性」，一方面固然使行政權須謀配合立法權，而在另一方面，又因爲行政院因須向立法院負責，但立法委員却不能兼任官吏，這樣，便使立法權的運用，不能像內閣制那樣與行政權配合無間，因此，立法權之須謀配合行政權，俾使立法合乎實際，政府之責任有所依歸，以免徒法不足以自行，政府之責任無所適從，無論在自動立法，或被動立法，均有行政權謀與立法權配合那樣同等的必要。

以上所論，乃從立法權的實質與行政權的關係以確立立法權配合行政權運用的基礎，以下當進論立法權如何配合行政權運用的內容。

二

在內閣制的國家，立法權之配合行政權，以質詢權的行使爲其要津。因爲政府提案既有優先討論之權，議會之立法乃從「被動立法」爲主，由是質詢權之行使尚矣。質詢權之行使，如所週知，有英，法兩種制度：(一)法制分爲(1)質問 (Interpelation) 及(2)詢問 (question) 兩種，質問後可成立「臨時議程動議」(An Order of the Day)，討論結果，可投信任票，所以法國之政潮叢生，與此種制度頗有關係。(二)英制則僅有「詢問」，唯於必要時，可提「延會動議」，亦殊不易成立，故英國議會事實上做到了以質詢權爲構通立法與行政的橋樑，其質詢權之運用亦可以說是成功的。我國立法院的質詢權行使，依憲法第五十七條第一款的規定：「行政院有向立法院提出施政方針及施政報告之責；立法委員在開會時，有向行政院院長及各部會首長質詢之權。」此點，一方面爲行政院據以配合立法權運用的基礎。而在立法院方面，質詢權之行使，並非以上述時間爲限，在立法院開會時，隨時均可提出（參考立法院議事規則第五十七條）；至於質詢權之內容，乃以說明其所質詢之主旨爲限，並不得作爲討論之議題，其答復，亦不得超出質詢範圍之外，但除爲保守國防外交秘密者外，不得拒絕答復。（參考立法院議事規則第六十條，六十一條及六十二條）可知我國亦係採取英制。唯我國因爲政府提案與委員提案具有「双重平行性」，在表面上，質詢權之行使似不若英國之能生重大的作用；但在實際的運用上，立法院可以自動立法之提案，與行政權有關者，諸如變更行政院重要政策案，行政院職掌範圍之各種法案，以及有關行政院應行向立法院提出之各種議案的「其他提案」（其詳請參看本刊筆者前文），此中關於變更政策案與各種法案，如行政權配合立法權的運用得當，則行政院的「主動提案」，固可以使立法院爲「被動立法」。因而立法院質詢權之行使，用以配合行政權，這增加其重要性。至於其他提案，根據筆者在本刊前文中所論，大多可出之以質詢案的方式。故無論爲被動立法或自動立法，質詢權之行使均爲立法權配合行政權運用的方式之一。抑且我國之立法院欲促使行政院對其負責，允宜多多行使內閣制的質詢權，而少行使總統制的自動立法權；在事實上，自動立法亦唯有善用於適當的時機，才能發揮積極的督導政府的作用（其無關行政權之自動立法，自又當別論），否則，消極的配合行政權的運用，也許可收到較大的實效。

三

立法院與行政院的接觸，除行政院院長與各部會首長於向立法院提出施政方針或施政報告時，應列席立法院外，立法院開會時，亦得隨時列席，陳述意見，而立法院各委員會並得隨時邀請政府人員到會備詢（參考憲法第七十一條及六十七條），凡此一方面亦爲行政權可用以配合立法權的道路，在另一方面，立法權又可據以爲配合行政權的橋樑，因爲，政府之提案，依法既須先經立法院有關委員會之審查，則立法院各委員會即可經常與政府各部門保持密切之聯繫，以立法權配合行政權運用之始基，於被動立法應如此；於自動立法尤有必要，蓋委員提案經大會討論成立後，交委員會審查時，由是而謀配合行政權的運用，方可以防「閉戶造車」之弊，亦可以免「徒法不足以自行」。

委員會之地位，在總統制之國家，其審查法案之結果，往往具有決定性，有時法案在委員會即遭打消，而不能提出於議會，故行政權之謀配合立法權，必出此途。我國雖非總統制國家，而立法院各委員會之地位，亦非如內閣制國家議會之委員會，較乏重要性。在立法權之行使上，法案之審查，須先交委員會，委員會之設置，在形式上，類多與行政各部門配合，此點與監察院設置各委員會相同，唯一者用於事後的消極監察，一者則在於事前的積極督促。論及此點，則立法院各委員會性能之加强，實有其必要。

因爲在內閣制之國家，其閣員即爲議會之一員，故質詢權之行使成爲家常便飯，而行政既與立法打成一片，委員會之作用，自較乏重要性。我國之質詢權雖係採內閣制的精神，但在立法與政府二者之相互關係上，難免有若干不便之處，因而委員會之地位，乃可運用以打破此種形式的限制，如其立法院能由委員會主動的謀與行政各部門取得密切的聯繫，以發揮積極監督政府的作用，斯可加强委員會的性能，使立法權與行政權善爲配合運用。

四

以上兩點，均可謂爲立法權配合行政權之程序的運用，最後，當一論立法權從實質方面如何謀與行政權配合，亦即「立法原則之運用」。根據本文前述，立法權之實質，大多即爲行政權之內容。因而立法權之運用，均宜遵循質詢權行使及委員會加强之兩種程序，以謀配合行政權，唯此兩者，似皆編於消極的配合；如進一步觀之，行憲後之立法院，地位與前大異，其間立法權運用之經驗，有可以助謀從積極方面與行政權配合者。行憲前之立法院僅爲一「國民政府的最高立法機關」（見「國府組織法」第二十九條），而國民政府的地位，依「訓政時期約法」第七十二條的精神，乃向國民黨中央執行委員會負責。故立法權之行使，在立法院之權限，僅爲所謂「完成立法程序」之一部份，而「國府委員會」雖然依法有決定「立法原則」之權（見「國府組織法」第十七條），但法案之提出於立法院，有：(1)中央政治會議交議者，(2)國民交議者，(3)立院外四院移送審議者，及(4)立委依法提出者等四種，（其各部會及省市政府關於其主管事項，得呈請各該院核定後，以各該院名義提案；國府直轄機關，關於其主管事項之提案，則並由國府核定後，交立院審議。）而一切提案，除政治會議自行提出者，自定原則外，其由各機關提出者，應由原提案機關擬定法案原則草案，送請政治會議決定；其由各移送提案機關提出者，各移送提案機關，應審定法案原則草案，送政治會議決定。立法院對政治會議所定之原則，不得變更，但得陳述意見於政治會議。又各種立法原則，政治會議得先交立院審議，再送政治會議爲最後之決定；至立院會議通過之法案，在國府未公布前，政治會議仍得以決議交立院依照修改，此可謂爲政治會議對立院自動立法的一種約束的權力。（以上參照國民黨四屆中執會六十七次常會修正通過之「立法程序綱領」）故國府之立法原則決定權，並非最後的，當時執掌最高立法權者，實爲中政會。今日立法院之地位，在法律上（事實上爲另一回事）其立法權，實已取中政會而代之。由是，立法院大可運用決定立法原則之權力，以使立法權與行政權的配合更易於一致，而與其提出一些不合今日立法院體制之提案，孰若運用立法原則，更輔以質詢權及委員會之運用，則無論自動立法，或被動立法其效力爲更實在也。

五

「自由中國」的宗旨

第一、我們要向全國國民宣傳自由與民主的眞實價值，並且要督促政府（各級的政府），切實改革政治經濟，努力建立自由民主的社會。

第二、我們要支持並督促政府用種種力量抵抗共產黨鐵幕之下剝奪一切自由的極權政治，不讓他擴張他的勢力範圍。

第三、我們要盡我們的努力，援助淪陷區域的同胞，幫助他們早日恢復自由。

第四、我們的最後目標是要使整個中華民國成爲自由的中國。

總之，立法權與行政權乃對同一國家政務各執其一端而又合力以成之，故各種政治制度之設計，均在謀二力之互制而同時又須保持其平衡；巧妙各有不同，目的終歸一致。我國憲法這一部機器，從某一種角度觀之，固未為盡善盡美，然如從另一種方式以駕馭之，則亦可以得其妙用，有如上述。唯本文之論旨，厥在從法理方面以立言，在事實上，謀為立法權之配合行政權，亦有兩端，須附及之：㈠政黨之運用。在一個政黨政治上了軌道的國家，黨之地位固無法律的特權，但黨之運用，却可以收法律的實效。此點在我國因初由訓政轉入憲政，政黨之運用，尚有待於改進。㈡立法院外之活動。立法院內之活動，一切均須經合法的程序，而一經決定，即發生法律上的效力，至於院外之活動，其結果固無法定約束力，但如能適應立法的程序，而使立法權行政權之配合，在院外先行舖下一條道路，亦未始非一值得採行的方法。以上兩者，如能行之有效，則立法權與行政權在事實上已經配合，本文之所論，不過一種配合的形式而已。

又，本文以上所論，不僅為立法權謀所以配合行政權之道，亦即行政權可用以配合立法權之路。簡言之，行政院可提覆議之法律案，預算案，條約案，與立法院所提變更重要政策案。有相關之處，唯於戒嚴案則除依臨時條款宣佈之戒嚴，立法院可依變更重要政策程序以決議移請變更或廢止之，行政院亦得主請覆議外，其非依臨時條款宣佈之戒嚴，如立法院依憲法第三十九條通常程序之規定以決議移請解嚴，則不屬於變更重要政策案，亦即行政院不得提請覆議，他如關於大赦案，宣戰案，媾和案等，立法院如有所提案及決議似均非屬於變更重要政策之內容，一經決定，即不得提請覆議（此點與前文認為可推廣適用者不同）。以上所論，似近於咬文嚼字，事實上固未必如此。然而本文所以為此種法理的解釋的更正者，其旨乃在促使立法權與行政權力謀互為配合，以免發生法制上的困難而已。

立法權之運用，雖以配合行政權為主，但並非以為限。此外，立法權運用之其他關係，可簡述於後：

⑴就立法之提案權言，四院中，除行政院外，僅考試院得就其所掌事項，有向立法院提案之權（憲法第八十七條），但是，考試院並不向立法院負責，唯於立院開會時，其院長得列席陳述有關法案之意見，而立法院亦不得向之質詢，則謀為立法權之配合考試權，自唯有借助於委員會以為構通之橋樑，而立法原則之運用，亦可以為憲政建制的正當途徑。

⑵就監察權言，立法與監察原為國會之共有權力，我國憲法分由兩個機關來行使，在權力之運用上，允宜分工合作，並力以發探制度的作用。關於監察立法之行使，雖其院長亦得列席立院陳述意見，而立法院僅有委員會以為構通之一途，二者自須互相善加運用。至於立院向行政當局提出有關行政風化之質詢，或於答復質詢或提出工作報告中，有涉及監察權者，則可分別移送監院辦理，此點有如監院行使其職權，如涉及刑事，應移送法院辦理（憲法九十七條），具有同一之意義，乃權力之分工與合作，而於立監兩權之配合運用，尤有必要。

⑶就司法權言，關於司法制度之建立，及立法權之行使涉及司法權之處理，與上段同。而「立法解釋」之運用，其最後之決定仍在於「司法解釋」，故有關憲法之法案，如其可能涉及由大法官解釋來確定者，似不若先經解釋之程序，以免損傷立法之威信。

⑷就其他建立憲政制度之立法權言，諸如有關國民大會總統府之立法，二者既無提案權，又不能列席院會，故立法權之運用，除借助於委員會外，唯有在院外謀為事實上的配合運用而已。

⑸就立法院行使其憲法修正權與變更領土之議案言，二者最後均須有待於國民大會來決定，此則捨於院外謀為事實上的配合運用外，別無他途。

最後，有須加說明者，本文的論述，亦與本刊前文同，均在乎「事實求是」，旨在從我國憲法制度之中，尋譯其立法權之有效的運用。比較觀之，前文的主旨，乃在說明立法院之地位，及其權力之性質與發動，本文的要點，則在說明立法權之行使如何發生實際的效力。一者較偏於靜的說明，一者較重在動的分析。二者合而觀之，然後可得立法權運用的全貌。

自由中國通訊

芬京通訊・四月九日

芬蘭在熊爪下的掙扎

白廬

歐洲地區在與蘇聯接壤而沒有被這貪多饜得的北極熊所吞食的國家，目下只有芬蘭一個了，它與蘇聯的共同邊界，一共一二四六公里，它的首都赫爾新基，與愛沙尼亞的首都塔林隔海相望，如果天氣清朗，彼此還可以看得清清楚楚，十幾年來，它可以說天天在與赤魔鬪爭，在魔掌下掙扎，在二次大戰期間，蘇聯大舉侵略芬蘭，芬人不顧一切堅强與蘇聯起而周旋，結果雖終歸失敗，但却已引起了世界人士的注意，待後德蘇戰起，芬蘭又乘機起兵，圖報一箭之仇，將蘇聯軍隊逐出國境之外，但芬蘭再度與蘇聯的作戰目的，不過是爲了收復並保有卞累利阿地峽，爲此在一九四一年十一月間，馬恩木元帥會拒絕了希特拉的邀請而不肯進軍攻打列寧格勒，歐戰結束，芬蘭於一九四七年與蘇聯締結和約，所受損失極重，北部地區，芬蘭失去了伯薩莫省，同時喪失了出北冰洋的一個重要海口，與目前雖未大規模開採而爲世界最富的鎳鑛區，南部地區芬蘭則割讓了卞累利阿省以及維堡(現名維普里)，這是芬蘭的第二座大城，同時也是通刺多牙湖的重要孔道，此外卞省更是芬蘭農產最富工業發達的省分，芬蘭人失去這些地方是絕對不肯甘心的。

根據一九四七年的條約，芬蘭是永久解除武裝不準再有軍隊重建，但是蘇聯在芬蘭的邊境上却駐守重兵，橫陳了十個裝備良好的步兵師，而芬蘭全國所有警察共總才不過幾千名，武器只是手鎗與少數的來福鎗而已，在赫爾新基的西面，距離不過十六公里的地方，地名是波爾加拉，緊靠着芬蘭灣海岸，二次大戰以後蘇聯得到五十年的租借權，目前是蘇聯在芬蘭內部的軍事基地，其間有一個坦克師駐守，共有史大林號重坦克一百輛輕型戰車燃烈火器更是多多無算，這一地區是一塊道地的鐵幕區，連蘇芬的共產黨員都不能越雷池一步，蘇聯正積極的在那裡建築一個重要軍港用來控制芬蘭灣，火車開到此區，大約有十五公里的路途，車幕必需完全落下，行人是不準下車或者向外觀望—須知這段路乃是由赫爾新基開達土耳庫，芬蘭的故都的一條全國最繁榮的孔道。

波爾加拉的蘇聯坦克師，不斷的在炫耀着他們的力量，不時的在作着實彈射擊，在赫爾新基的高樓上，不特可以聽見他們的槍聲砲響，並且在晴空萬里之下，還可以隱約看見他們的殺氣，如果是深夜，火光燈影也都可以掠入芬蘭人的眼簾，實在從波爾加拉不出四十分鐘，輕重坦克就可以軋到赫爾新基政府的辦公大樓，然而整個芬京，窮索枯腸才不過十三部古老的裝甲車，這眞好像是螳背以擋車轍。

但是面臨着這樣艱難的處境，芬蘭人怎樣呢？將近四百萬的芬蘭人是食不安箸，寢不安席嗎？是惶惶恐恐，莫知所以嗎？不，芬蘭人是黃色人種的子孫，他們不會臨難畏縮，他們不會在惡勢力下低頭，雖然他們也知道如果蘇聯要發動大戰，要衝出北極封鎖，他們的地區是蘇聯鐵蹄必經之路，雖然他們也知道他們不過是以一來擋五十，但是他們並不害怕，芬蘭人最自豪的字眼是：Sisu(悍氣)，在鐵幕遮起捷克的時候，一般人都很擔心聯合內閣的芬蘭也將要落入熊吻了，但是出乎意料，在捷克事件之後不多幾天，芬蘭總理，查理奧古斯多法海湖——社會民主黨員，却將共產黨員開除內閣，並粉粹了共產黨秘密警察的組織，此外更不使共產黨管理貿易運輸，同時並使工人完全退出莫斯科所把持世運工聯，蘇聯對此也只有忍隱不言而已。

法海湖的內閣滿期了，由芬蘭農民黨魁出而組閣，這是去年三月的事，這位農民黨魁是一位城市出身的律師，名字是屋落葛高恩，一年來他的措施使很多芬蘭人認爲他是一具行屍走肉，不中用的傢伙，其實葛氏並不是共產黨，同時他也不是共產黨的同路人，然而不幸得很，他却是一位尚在相信一面可以與蘇聯和好而另面仍然能够操縱本國共產黨的政客，在大戰之後，中東歐的政客們不少都曾作過這樣的夢想，然而曾幾何時，自殺的自殺了，下獄的下獄了，希望葛氏不再落此慘境！

葛氏自從掌握政權以後，便走着和解之路，在一個以頑强爲國家光榮的民族裡，他處理國事，總够得上輕快靈活，他是一位充滿着理智的人，他以爲如果一味在拂逆蘇聯，一旦有一天，那不是自己馬上就吃眼前虧嗎？在斯德哥爾莫的和平大會的呼籲紙上，他曾簽名贊同，他說！『和平，我爲什麼不願呢，斯德哥爾莫是爲和平而呼籲，是啊，我們在芬蘭也需要和平！』其實，他何嘗不知道這是不合理的說法呢？但試想芬蘭的這一撮土又如蘇聯何呢，他說：『您想，我們面臨着世界兩個最强國之一，我們可以窒息我們的强隣嗎？我們不肯還就不是就吃眼前虧嗎？』但是，赫爾新基的人民們却不滿意這樣的答詞，他們說：『我們要小心，不讓葛氏出賣了芬蘭，使它成爲捷克第二』。

原來葛高恩的出任內閣，是憲法的要求，芬蘭憲法規定黨員最多的黨是應當掌政的，在他掌政期間的基本主張是要與蘇聯發生正常關係，所謂正常關係，就不能不讓蘇聯得益，第一件就是他提出需讓芬共參加政府，他說：『芬蘭是需要各黨都參加政府的，並敦睦我們與東隣之間的邦交』。但是社會民主黨與保守黨抵死反對，葛氏志願迄今尚未能完成，他時常很聰明的在說着：『紅綠大聯合』，並極力避免尖刻的打擊共產黨，第二件就是他親赴莫斯科，得克里姆林宮優禮招待，而與蘇聯成立長期貿易運輸條約，反對黨到現在還在極力的攻擊這道商約，他們認爲這是犧牲了芬蘭貿易的自由，但是葛氏却認爲這是蘇芬友好的一大成功。

蘇芬商約與斯德哥爾莫的和平呼籲，葛高恩及其閣員的簽署，引起了美國與西方國家的極度震驚，但是葛氏之所以簽著，其中定有許多秘密，當簽約之前，蘇聯的一個神秘人物曾到赫爾新基走了一趟，其間一定是充滿了威脅與利誘，但是社會民主黨與保守黨的閣員一致不肯簽署，並且也一直在反對着，聲稱還要將向各界呼籲。爲了加强蘇芬關係，葛氏還出席了蘇聯指導的國際報業組織，對西方國家的領袖們報以嘲答，爲了討好蘇聯，葛氏又將亞蘭群島使蘇聯在二十九年之內作爲戰略使用，但行政權仍歸芬蘭，蘇聯本欲要求亞蘭群島獨立、使之永久脫離芬蘭，然後再進行管制，結果被葛高恩以斷然拒絕。

葛恩高內閣一步步走向蘇聯懷抱，有人擔心他是否要出賣芬蘭，但是連他的反對黨也不怕肯定的說：『不，葛高恩是芬蘭人！』

在政治方面的壓迫以外，經濟方面的壓迫也是極爲沉重，芬蘭戰敗後的賠款是二億二千五百萬美元，其間三分之一應以木材交付，其餘二分之一則以重工業成品償還，所交木材如爲建造房屋足可供一百二十萬家庭之用，（據和約規定賠款原數爲三萬萬元，一九四八由史大林減爲現在數字，但芬蘭所交蘇聯之木材與工業成品，則較國際市場所定價格低百分之四十，目下此項賠款尚餘二千二百五十萬，三月或五月之後即可全部償淸）此外芬蘭所受最大壓迫，即爲收容從卡累利拉地峽不甘作蘇聯公民的難民四十萬。

在如此的壓迫之下，芬蘭人更是堅强努力，在生產方面，顯然較戰前更爲進步，民生方面，也並不較戰前太壞，法海湖內閣時期國內經濟相當穩定，但是到了葛高恩的掌政期，因了通貨膨脹動搖了戰後經濟穩定的現況，工廠工人群起反抗，結果在去年秋天爆發了兩個月的罷工，去年春天，曾有一位美國記者寫過：『芬蘭人正在設法重建戰前生活標準，並且在某些點上還高於戰前，每小時工資的購買力以牛奶來論超過戰前百分之二十二，土豆爲百分之十八，牛油百分之十七，肉百分之四』但是目前已經改觀了，一切物價都上漲起來，囤積也極流行，一般物價均上漲百分之五十左右，不過在世界物價普遍上漲的今日，芬蘭以一個戰敗而又需大量賠款的國家，能維持到這種境地，已經是難能可貴了。

芬蘭在外交的活動上，也很受蘇聯的限制，一九四八年上曾經訂了一個蘇芬互助條約，其主要項目爲軍事同盟，如果有來自德國方面的攻擊，兩國將共同防守，由於這種協定，使芬蘭與西方國家隔絕，同時芬蘭也不能宣傳反共了，一九五〇年，蘇芬的貿易運輸協定，使芬蘭的經濟自由受到限制，芬蘭的對外貿易需四分之三的成品供給蘇聯，而蘇聯則全數供給芬蘭工業原料，直至一九五二年爲止。

芬蘭在蘇聯壓迫之下，自由失去了已經不少，雜誌上已經見不到反蘇的文章，但同時除去了轉載蘇聯反對西方國家的文章而外，我們却看不到一篇反對西方國家的文章，法海湖內閣時將共產黨的秘密警察政治予以徹底毀滅，集會結社都有自由，雖然報章雜誌不能公開反蘇，但是私下談話却是極端自由，總計反蘇的芬蘭人最少要佔全人口百分之八十以上。

芬蘭共產黨的力量也相當雄厚，但是社會民主黨以及保守黨力量也不弱於共產黨，在議會裡如果有共產議員的提議，只要對芬蘭不利，兩黨聯合反對。譬如在土改一事上，共產黨曾費了九牛二虎之力，結果仍歸失敗，目前芬蘭仍是資本主義，與小資產階級體制，波羅底海之濱的國家，保持這種現象的，只有芬蘭一國了，莫洛特夫的經濟計劃，只有在芬蘭遭了碰壁。

芬蘭雖然在遭受蘇聯多方面的壓迫中，但是到目前它還不是衛星國之一，雖然目前鐵幕已經一步一步的迫近了，然而芬蘭人還依然在抵死掙扎，芬蘭人到現在誰也不肯學習蘇聯言語，他們愛他們的國家，愛他們的文化，他們只有一個希望：願作芬蘭人。如果說愛國心可以保持一個國家的獨立，那末我們相信芬蘭是不會亡國的，幾百年來的歷史已經給我們證明了。

北極熊的慾壑本來是貪得無饜，無法塡滿，芬蘭在牠的魔爪下還不如一隻螳螂，牠爲什麼不吞蝕牠呢？是在等機會嗎？是在害怕芬蘭的堅强反對呢？我看兩者都是的！

芬蘭人呢？他們面臨着這隻强有力的黑熊，他們承認牠的力量，他們面對着失地，面對着壓軋，他們不叫喚，而只是鎮定的，冷靜的，堅强的支持，他們是樂觀的，認爲局勢是有法挽救的，如果您去詢問芬蘭人的感想，他們每個人都會告訴您：時局是嚴重的，不錯，掙扎嗎？當然！失望嗎？不會，失望不是芬蘭人的事。

西班牙是否要參加第三次大戰？

瑪德里通訊・四月十日

警雷

上兩次世界大戰，西班牙都未曾被捲入漩渦，這次已經迫及眉睫的大戰，是不是西班牙仍要像上兩次一樣置身事外再來一次壁上觀呢？這是一般人急須尋得解答的問題，記者在初蒞西班牙京都以後，曾以此點向久住此間的華僑詢問，他們的看法認爲西班牙是不會自動迎戰的，現在我經過了一年有半的接觸與觀察，覺得這問題是有一個確切的答案的。

上兩次大戰西班牙之所以置身事外是有他的理由的。西班牙與英國是幾世紀以來的仇敵，朝野上下，對英國有好感的人太少了，在他們的心目中英國人是唯利是圖，沒有一點正義感，如果有一位外國人走在街上，只要是英國人，西班牙人就會先天的投以白眼。西班牙人對法國人更沒有把他放在眼下。然而對德國人則是欽佩。第一次大戰，作戰國家是德英法等國，戰火沒有延長到西班牙的國土，參加英法陣營，他們認爲沒有一點理由，參加德奧陣營，他們認爲沒有藉口，何況當時西班牙又正值衰落時期，自知沒有多大力量，何肯貿然參戰呢？第二次大戰照理他是應當參加德國陣營的，但是佛朗哥以師出無名，新戰之後力量尚未恢復爲辭，不肯投入難以成功的德國戰場，何況更有羅斯福與邱吉爾的利誘呢？至論要西班牙參加英法陣營，佛朗哥認爲不屑且不必要；堅決反共的佛朗哥與西班牙人何肯爲蘇聯這隻惡虎作倀嗎？大戰期間佛朗哥曾發表談話說：世界大戰能帶給誰利益呢？那只有帶給蘇聯了！從這句話裡，我們足可以看出西班牙之所以不肯參加戰爭的心神了！

第三次大戰呢？這次的壁壘是十分嚴明的，一面是共產主義，一面是民主陣營，而西班牙則是既不民主又不共產的，他將何去何從呢？或者如果會有中立可能，西班牙也許不去參戰。但是佛朗哥與西班牙人是很清楚的：共產主義是世界性的主義，在它的擴張下，是絕沒有中立的可能的。在今年元旦的祝詞上，佛朗哥曾大聲疾呼：共產主義是世界的公敵，沒有人可以與他妥協。前年在毛記政府成立時，佛朗哥也有一篇答記者問，他說：我們反共，因爲我們澈底認識共產主義是什麼東西，我們反的是共產主義。狄托也是共產主義啊！放心，毛澤東是不會成狄托的，即使成了狄托，我們也一樣反對他！當去年十一月聯大開會在討論取消對西班牙封鎖案件時，佛朗哥當時正在北非，他向北非以及西班牙的民衆說：沒有人能奪取我們的國土！元旦的祝詞以及答美記者問中另有幾段慷慨激昂的講話，大意是：世界到了今天，已不是一個分體而是一個整體，存亡危安，有如唇齒，大家唯有一心一德，始能挽回厄運，拯救危亡。但反觀世界依然是自私作祟，西班牙面臨此境，絕對堅强站起，如有與國帮忙，一致抗共，固然求之不得，但如果不肯合作，西班牙要憑持天險人和，奮鬪到底，如果敵人不拼上幾百萬頭顱，那是絕對奪取不了西班牙的。西班牙將會參戰嗎？如果政府是代表人民，如果政府有權(當然有)參加作戰，我們相信看過這以上的談話，我們是誰也不會懷疑了。

西班牙政府抗共作戰，既有決心，且有自信，那末西班牙軍隊究竟有多大力量，是否在反共抗俄的聖戰，特別是在保衛西歐北非的戰爭能發生重要的影響，我們想也這是一件大家關懷的事件。

西班牙在西歐國家裡，就目前來說，仍然是擁有陸軍人數最多的一個國家，佛朗哥從一九三九年戰勝共產黨之役，十一年來，無時無日不在準備作戰，他深知欲和平先備戰的眞理；如果上次大戰期間，他不是擁有相當雄厚的武力，希特拉一定要强迫他參加作戰。十一年來，年年澈底徵兵，除傳教士而外，無人能够逃役，每年所徵數字大約在十五萬至二十萬之間，訓練期共二年，目下訓練嫺熟的後備軍，數目已達二百萬，一旦有事，不出三個星期，西班牙就可以徵齊武備齊全的二百萬反共軍人，至論常備軍，目下西班牙共擁有二十二師，不足五十萬人，連同各種警察，數目共在六十萬人以上，海軍人員約在二萬五千，空軍人員四萬。

陸軍人員的裝備，雖不若現代國家，精良優美，士兵所持者不過輕重機槍，毛瑟槍與手槍，所有砲火，多爲六〇砲，一〇五厘砲，其他重武器多係法意德過去腐老成品，輕坦克車、裝甲戰車爲數都不算多，但是士氣之好，在親自見過的人都認爲是歐洲之冠，記者曾問過一個士兵，如果蘇聯來了將要怎樣，他立刻神色莊重的答說：蘇聯兵來了，那將會只剩下頭髮。我們的武器雖不如人，但是我們有的是意志。如果我們一日三餐裡有上兩次猪肉，是了，猪肉是作戰的力量，兩次猪肉，一桿步槍，沒有人能會阻住我們！

西班牙的海軍力量，共計有船七十二艘，潛艇四艘，最大船隻爲加那利號，吃水一萬噸，一九二三年成品，十一年來西班牙所有造船廠常是日日趕工，加緊製造輕型艦艇！(下轉第13頁)

西湖鬼哭

杭州通訊・四月十五日

伯卿

西子湖是名聞全國的勝地，也是東南土產的集散地，土產中以茶的外銷爲最暢。華東的工商城市除了上海無錫常州等地外，便要數到杭州了，因此杭州也就難逃於中共搜括剝削的毒手。悲劇的演出首先從茶商界開始，罰款，交保，逮捕，槍殺的花樣，層層地上演了。善良的茶商，變作了湖上寃魂。下面是這人間悲劇的紀實，而這只是中共極權統治災害的一隅而已。

說起茶業界，當然先由杭州茶業公會理事長「茶葉頭子」章士英下手，無奈他不是一個茶業實際負責人，翻查公會登記簿，而章士英是以複茂茶行代表身份參加的，所以先從複茂茶行動手，雖然欠稅的茶行茶莊很多，但複茂茶行究竟欠工商業稅四百多萬；當去年十二月底，杭州「人民法院」第一張對付欠稅的拘票就寫上「佑堅觀路梅花牌複茂茶行經理章子愷」即時遭逮捕入獄，事隔一週，法院通知章士英，要他寫保狀，擔保稅款罰款，應如期繳清；這時大家都推測章子愷等候繳款，便可釋放了，那知「人民」的法律，並非如此簡單的。條文是由法官自由運用的。到了一月中旬，保狀遞進法院以後，章子愷竟以「抗稅判了三年零六個月的徒刑，並欠稅連同罰款十九倍，計共八千餘萬元「人民幣」令保人分兩期(十天爲一期)繳清。

這件事本輪不到理事長身上的，這樣一來章子愷吃官司，章士英出錢，「人民政府」的手段確實妙辣；章子愷章子英原爲同胞兄弟，他們創設這個茶行，已有十多年的歷史，章士英善寫能說，在茶界頗居聲譽，而章子愷是一個精於盤算的道地商人。杭州欠稅的人家很多，「人民法院」偏借他先行開刀，不啻是替乃兄受罪了。

現在章士英正向同業公會提出辭職，一面出售存貨，準備湊齊罰款，否則到期繳不出，同樣受「抗稅」罪名逮捕入獄的。事實告訴他，爲了稅的問題，同業家家需款，縱然有貨而無法脫手。無奈結果，只有照官價將貨抵售「中茶公司」。至理事長之職，章士英堅決辭去，但又有誰敢擔任呢？章到處對人說：複茂茶行全部破產，還未值八千萬，等到罰款繳清茶行關門，祗有回鄉生產，到那時不獨連理事長無份，連一個會員也沒有資格當了。

繼着章子愷逮捕之後的第四天，杭州翁啓泰茶行老闆翁與觀又以欠下工商業稅八百多萬的罪名，於上海被捕押解返杭州，當翁與觀被關進牢里，不到一週，也同樣的由「人民法院」通知家屬，趕快覓妥四家殷實店保；翁妻欣然就範，東奔西走，好容易找了四家較大的同業作保。把保狀遞進之後，翁妻星夜乘車趕到上海，向同業設法告貸，由於翁本人素在同業界(尤以外銷出口商)中頗有信譽，所以未到兩週的功夫，就湊足了一億多，並約定於三日內由銀行滙出，翁妻當天也即乘車返杭，正以爲將款贖罪，藥到病除，豈知當她猶在中途車上，翁與觀與章子愷同時宣判，翁亦以「抗稅」罪名被宣告槍決，且立即執行，待翁妻趕到，可憐她的丈夫已做了人民嚴刑下的寃魂了。

翁妻趕到之後，在痛哭流涕之餘，含涕派人爲丈夫收殮，誰知「人民法院」已宣佈露屍三天，不准家屬收屍，當晚有一位本家，偷偷前往刑場，用白布將屍體掩蓋一下，結果被「公安局」抓去坐了三天的牢。

當翁與觀被執行的那天，「人民法院」派人通知四家店保，限兩星期內將欠款連同罰款十九倍，計一億六千多萬繳清，而四家店保，相約向「人民法院」要求；謂人既被槍決罰款當然可以請免，「法官」便嚴厲的對保人說：「你們擔保的是錢，而我們槍決的是人，兩不相干，假如不遵限繳清稅款，也就犯了「抗稅」的罪，同樣要吃官司的」。弄得這四家保人面面相覷，啞口無言。看樣子翁啓泰是關門大吉，四家保人也得陪着受累了。

翁與觀是杭州翁家山的人氏，就是出產龍井名茶的區域，在該區有茶山三千餘畝，已經做了中共「土改」的祭禮，被沒收充公，現在又變爲杭州「人民茶場」的財產了。翁現年卅四歲，曾受中等教育，爲人和靄可親，站在茶農與茶商之間，會做生意，忠實精幹，素於滬杭茶界頗具聲望，熟悉他的人，都會這樣底欽讚他。在上海較大的出口商，皆是他的老顧主。當去年茶市外銷挺秀的時候，他不獨沒有替「中茶公司」服務。搶購茶青，反而替上海的私商竭力吸收。「中茶公司」無貨可收，結果無法向「北京政權」交代。因爲翁與觀竟敢與「中茶公司」「人民茶場」對立爲敵：未免太不識趣了，所以「人民政府」認爲翁在翁家山，有潛伏實力；是一個道地的「惡覇」。況而翁家山是杭州出產名茶之主要區域。這一個眼中釘，若不設法拔除，將來人民茶業的前途，就不能順利的。

這兩幕茶葉悲劇演出以後，滬杭工商界都爲之愕然，憤恨不平，然而置身在赤色恐怖下的人民，也只有暗爲翁之死一洒同情之淚而已。

極權統治者這種兇險的做法，是在「殺鷄嚇猴」給一般「頑固」的工商業以顏色，並藉此替「人民茶業」前途舖平一條康莊大道。至於人民的利益與生存的權利，他們是可以不負任何責任的。西子湖呀！你該爲這些冤魂而哭泣！

文藝

篩（下）

金溟若

林士鑫也有着他的理想和美麗的遠景，但與彭桂丹他們的顯然不同，那僅是一般青年所共有的，是那麼平凡的東西。他是一個煤礦工程師的兒子，父親於民國三十二年在江西被共匪俘虜了去，就此一去不回。據逃出的礦工透露的消息，共匪曾施用所有的手段，要他的父親投匪，但當一切威脅，利誘，在那位富於正義感的工程師面前收不到效用時，他被活埋了。那時，他還在小學里讀書，對於父親的死，是很糢糊的。他的母親是一個剛强而有男子氣慨的女子。丈夫死了之後，他把一切希望寄托在這個獨養子身上，希望他快快長大，能够替丈夫報仇。但失了爸爸的這個家庭，經濟的窘迫，只能讓這個孩子去讀完官費的師範教育，畢業後便在家鄉的P縣中心小學里教書，伴着唯一的母親，送過幾年寂寞，但充滿着愛情的生活。聽了母親敘述爸爸的故事，復仇的火常燃燒他那純眞的心靈，恨自已不能是一個軍人，去多殺幾個共產黨替父親報復。現在，共產黨竟搞到自己頭上來了。他見了敵人居然在自己眼前出現，而自己是那麼無能爲力，使這位善良的青年，感到苦悶和慚愧。幾個月下來，匪徒的卑怯，下作，和那些絕滅人性的做作，使他抛開了個人間的恩怨，更燃起對民族，對國家的復仇的火。

P縣「解放」後，許多同事被排擠了，被清算了，但他却沒有被踢出學校的大門。但他拒絕了這個好意，在他那偉大的母親的鼓勵下，在一天月黑風高之夜，從他那多山濱海的家鄉，搭上帆船，逃出了鐵幕，渡過了海峽，到了這唯一的自由的土地。

臨動身時，他對母親表示，到了臺灣，他不再拿粉筆了，得揹上槍桿。這是復仇的時機，他說。這個意思，他已獲得母親的默許。所以到了臺灣，他就向這條路上邁進着。兩個月了，還不能使他如願以償。這使他焦急，也使他煩悶。他不願像彭桂丹他們，坐喫，高談，好高騖遠，而仰求別人的豢養。在他未能進入新的生活之前，他每天早上替報館去送報，以之維持自己的伙食。所以在這座屋里，除了龔明仁，他是唯一有工作，有收入的一個人。

兩天前，他在路上偶然碰到了一個老同學，現在鳳山的新軍訓練所里工作，聽見他有志從軍，非常高興。那位同學是在政工隊里的；林士鑫知道他在師範里同學時，對於音樂和演劇已很有興趣，尤其是音樂，他毋寧是天才。但林士鑫不願意到軍隊里去幹這些文縐縐的事情，他希望拿槍把子，正式做一個戰鬪員。他希望自己將來能手刄幾個匪幹，替爸爸報仇，替鐵幕里不得出來的同胞，出口怨氣。他把這話對老同學說了，要他回到鳳山後爲自己設法，使自己有機會參與這偉大的陣線。而他已欣然答應了。

所以林士鑫這幾天的心情，也是輕快的，他在計算着那位老同學的好消息，憧憬着自己的新的生活，已經在向自己招手了。

坐在餐桌上，誰也沒有注意他，他是無足輕重的一個小夥子。而他，雖同平日一樣默默地，大口地把飯往嘴里送，但他的心在微笑着。也望着自己碗中那雪白的飯，雖免不了仍勾起他那鄉愁，但連鄉愁都甜甜的。

七

彭桂丹放下飯碗，連面都來不及洗，拿面巾揩了揩嘴巴，趕着到報館里去了。

接着，何英傑說替人家介紹了一座房子，交易成功了，可以撈幾個佣金，買主約他晚上七八點鐘去討回音，也急急忙忙穿上鞋子出去了。

白鵬飛慢慢地洗了臉，擦上些雪花膏。他沒有什麼地方可走，但白天里那愉快的心情，使他不能安心呆在家里。到馬路上去溜躂溜躂也好，他想。他原想邀滕子英一同出去散步，但被拒絕了。

「我還得等一個朋友。」滕子英說。

白鵬飛套上那身畢挺的灰色西裝，但又脫下，把牠摺疊起來放進皮箱里去。只剩下這套新西裝了，陪太太小姐們去看電影，也許屠主席給介紹去見什麼要人，得穿得像樣些，他想。於是，他另換上一套半新舊的法蘭絨西裝，上了街。

屋子里靜悄悄地，除了廚房里的何太太，只留着滕子英和林士鑫兩人。林士鑫在寫字臺前面，讀着杜格涅夫的一本小說。滕子英坐在塌塌米上，竪着兩膝，背依在「床之間」（註四）的圓柱上，讓下顎擱在膝蓋上沉思着。

一直到淪陷直前，他在P縣與土共周旋了十年以上，歷經四任的縣長，交互着做政府特務秘書和區長。而他所擔任的區，一定是共匪出沒最多的，接近匪窟的地方。靠着地利和人緣，別人不敢去的，土共最囂張的時期或最活躍的地方，他敢去。死在他手上的土共，以數字計算起來，是相當可觀的。就憑這一點，P縣沒有「解放」之前，土共的××遊擊縱隊，已經刻刻在戀戀於他的腦袋了。也憑了一點傻氣，沒有那一任縣長不信賴他，借重他。

他自己承認是一個老粗，但事實上他並不粗。只是他少讀書，也可以說是不喜歡讀書，不肯像彭桂丹他們冒充斯文罷了。剿起匪來，他既勇敢，也挺心細，往往給土共們當上。他沒有書獃子氣，也不會擺架子，在他上面的縣長同他過得好，同事間也蠻好，連聽差的都容易親近。下了鄉，除了共產黨，什麼人他都說得來，他都接近。就憑這一點人緣，他沒有讓自己的腦袋，給土共想了去。

而且他有他的哲學；走那一條路，一直闖過去！跟那一個人，也一直跟到底。P縣「解放」前夕，土共已經進了鄰縣，共產黨寬大的消息，很快的傳了過來，據說對士紳和黨部里的人員，都沒有去惹他們。P縣的駐軍已早一天撤退了，政府人員，除了本地人，也已走了。留下來的，那些本地人的公務員和黨部里的書記長，常務委員，商會會長……，原預備走的，都猶豫起來，不想離開了。竟有人主張組織「地方臨時治安委員會」，把這眞空期間捱過去，一面派人到鄰縣請土共先進縣城。正在這時，他本着他那一貫的哲學，悄悄地走了，丟下他那一大串孩子，交給他的太太。

後來家鄉來的消息，土共進城後安靜了三天，第四天以後，那一批迎接土共進城的，治安委員會的委員老爺們，一個個下了解放獄，有幾個關了幾個月，具了悔過書被送去學習，有的則不知所終。他的太太，一直沒有信息。但他有他的想法；自己逃得了，反攻時還有見面的希望，否則全毀了。於是，也就釋然了。

他現在想的，不是這些。這不是一人一家的事，那解決不了問題，他以爲。

他離開P縣輾轉到了香港，好容易盼到了入境證，才由香港來了臺灣。以時間論，他的參加這個集團，僅比林士鑫先一步，比他早到一兩個月罷了。見了臺灣的新生現象，同仇敵愾的民心和士氣，使他流出感激的淚，而認爲自己沒有走錯了路。但在這大時代里，對那行將來臨的風暴，怎樣安置自己呢？這是他目前煩惱着的一件事，刻刻縈繞在他的腦際，但得不到一個恰當的答案。他不贊成彭桂丹，翻着大陸上的老賬簿，想用那一套陳舊的手法來玷汚這新的生命；而他知道那是不會成功的。他更不滿意白鵬飛，冀望着倖進，出賣死了的父親，去攫得自已能力以上的位置。他知道在這個環境里，白冬生——白鵬飛的父親，已經無能爲力了。在這里，得看自己的力量，再加上克苦和耐勞，有多大能耐，做多大的事業。過去那一套官僚作風，在這個自由中國的基地上，是站不住脚的。至於何英傑，那個沒腦筋，而只知道找錢的傢伙，更不足道。倒是林士鑫，這個年青的小夥子要得，聽說要參軍去，還要加入戰鬪部隊。

想起林士鑫，他不覺抬頭去望他一眼。那個青年，把全神貫注在書本子上，像忘記了房間里還有第二個人。

「士鑫，我前天听你對那個鳳山來的軍人說，不是要參軍去嗎？」他躊躇了一下，問道。

「是的，除了這條路，沒有更適合的去處了，像我。」他從書本子上離開視線，抬頭答道。「而且，千辛萬苦到了這里，這樣才有意義。」

「那倒是的，會不會成功呢！」

「大概沒有多大問題的吧，因爲我的希望不大，補上一名普通的士兵都成。」

「那當然不會有問題。唉，倒底年青的人要得。」后面這句話，滕子英像不勝感慨似地，又像是對自己說的。

林士鑫看他沒有了下文，又把視線回到書本上去了。

八

滕子英又轉入了沉思，仍把下顎拄在膝蓋上，双手環抱着兩脚。但他常常抬頭去望燈下的青年，顯着羨慕的樣子。四十多歲的人，你能說他老嗎？像自己，他想。白鵬飛還不到四十，但他那依賴性和陳腐的作風，沒有比自己年輕。老幼不能就年齡來估計，要從那個人的心靈上下注釋：他記起在一本什麼書上，有過這樣一句話。不錯，蔣總統和麥克阿瑟元帥，你能說他們老嗎？不是永遠停駐在青年和壯年的階段，沒有跨前一步嗎？爲什麼要悲哀自己的年紀呢？他的心漸漸地開朗了，他把自己向后拉回了二十多年。得跟林士鑫他們一路幹，自己倒底是一個老粗，只有這件事才能勝任愉快，他想。

可是，鳳山會要我這靠五十歲的人嗎？他的心不覺黯然了。

這時，他偶爾抬頭，看見壁上貼着的中華民國全圖。在那一片黃色的大陸上的東南一角，在那濱海的山陵起伏的地方，是他的家鄉P縣。在那叢山之中，正潛伏着一股勁旅，樹立着反共抗俄的大纛，一群不願爲赤俄奴役的人們，以銅鐵般的意志，聚集在一起。他們的領導者，正是他昔日的同僚，曾任P縣自衞大隊大隊長的丁覺明，是一個軍校出身的三十多歲的青年軍人。P縣淪陷前兩天，就在他出走的那天早上，在東大街上他們兩人碰在一處。表面上城里那時還像很寧靜，但那是大風雨之前的靜寂，人心已經紛擾到頂點，誰也摸不着頭緒，在等待着行將來臨的惡運。

「你還不曾走嗎？」滕子英先看見了他，匆匆朝西走。

「你還不走？」兩人差不多同時開了口。「我嗎？我是死也死在P縣，決不離開一步，得同那些賤胚子厮拚一下。」他說着，悽然一笑。

「滕秘書，要走，得趕快走；否則我們一起幹」。停了停，他接着說。

「好，我們再詳細談。」

就這樣分了手。因爲時間急迫，不容許他們詳細談，滕子英在當天晚上便上了放洋的帆船。前天由香港來的一位同鄉，帶來了丁覺明的消息，說他於土共進城當天，見了土共的面，才離開縣城，帶了十多個老部下入了山。就以那十幾個人做基礎，一天天壯大，一天天長成，現在港澳，嘯聚了七八百之衆了。他們已成了共匪們的心腹大患，從P縣望北走，非有雄厚的兵力，他們不敢輕試。有一次，一千多隊伍，壓運着糧食往北運，半路上也被喫掉了。

「以小喫大，是丁隊長的拿手好戲。他現在是老百姓心目中的英雄，是共匪們恐懼着的勁敵。」那位同鄉，這樣結束他的談話。

哦，這是一個好處，老丁雖在P縣住了四年以上，而且在P縣成家立業，但究竟是個客地人，同老百姓交接，因言語隔閡，一定有許多不方便的地方，我得回去帮助他。他想，從港澳到神溪，這一條綿亘數百里的山脈，那山山重疊中的村落，沒有一處自己不熟識，沒有一處的老百姓同自己合不來，憑這一點人緣，也得打垮了那些匪徒。而且老丁又是自己的老搭擋，他想。

P縣的叢山峻嶺之間，只有那里是安置自己最貼合的地方，而政府不是正在號召着大陸來人打回大陸去嗎，也許能替老丁搞點軍火回去，比什麼禮物都好。

「哈哈哈哈……」他不覺粗獷地，高聲地笑了。這是剿匪的時候，把擒了來的匪首擺在面前的，勝利的豪笑，失掉了好久了的。

這笑聲，使那個正在專心看書的青年嚇了一跳。他愕然抬頭，注視着滕子英好一回兒。

「滕先生，你笑什麼？」等滕子英的笑聲住了，他問。

「哦哦，沒有什麼。」滕子英還是含着笑容。「士鑫，我想回去了。」他不着邊際地這樣說。

「回去？回到那里去？」青年怔住了。

「當然是回P縣去。」他很快地接口說。

「那是匪區呀。」

「是的，打回匪區去。」他停了停，突然叫道：「士鑫，你知道丁覺明嗎？」

「他不是從前我們P縣縣政府的大隊長嗎？」

「是的，他現在港澳打游擊，手下有七八百人，我想帮他去。」

「哦——」青年不覺放下了書，把牠覆在寫字檯上。他從椅子上站起來，走在滕子英的面前，在塌塌米上坐下了。

「你去，那多好。決定了沒有？」他急急地，追問着說。

「有什麼不決定的呢！」

「可不可以帶我也去，滕先生？」

「到P縣去同到鳳山去，在意義上是一樣的，這里需要你們年青人，我是因爲地理環境對我有利，所以到那里去。假如鳳山不要你去的話，我們一同走。」

「滕先生，我預祝你成功。」

「我也祝你成功。將來我們在家鄉見面，才够味兒哩。」滕子英停了停，他以無限感慨的口吻說。「抗戰時代是一個大熔爐，把我們熔煉成鋼鐵，而那些劣質都烊掉了，沒有了；反共抗俄是一隻大米篩，把那些秕滓都篩去了，剩下一顆一顆潔淨的顆粒，顆顆有用處，再找不到爛粒了。我們要掙扎住，不能讓自己變成秕滓呀。……」

玻璃門的開啓聲，打斷了滕子英的話。門口一陣笑語聲，是白鵬飛同何英傑回來了。

九

「年怕中秋，月怕半。」過了中秋，時間像特別走得快。如在大陸上，西風一緊，一夜之間會把「冬」帶了來，再一眨眼，也許飄下一片片雪花，同樣的在一夜之間，把大地粧成一片素白。這還是說的長江以南，過了江再望北去，冬的降臨就更早了。但在臺灣，「冬」予人的印象是糢糊的，秋天拉得很長，像永遠走不完似地。

而今年，隨着蘇俄的政治野心，西伯利亞的寒流，竟也數度襲擊着南太平洋，給臺灣帶來了微微的冬意，尤其在北上的夜快車衝進臺北站的那樣早晨，從温暖的車廂步出月臺，迎着兜頭而來的西北風，也會使你打上一陣寒慄，不覺把大衣的領子豎了起來。

林士鑫出了車站，一直向公共汽車的停車站走。火熱的心，使他忘掉了身上的寒意。他焦急着想把那温暖的好消息送給昔日的同居們，使他們也分得温暖。

到了一別三個月的P縣會舘，見了那兩扇破舊的玻璃推門，更使他親切地記起那張滿面生鬍的，紫醬色的臉。他在門前躊躇了一刹那，把玻璃門拉開了。

「誰？」是彭桂丹的聲音。

「是我，林士鑫。」他一面在脫鞋子，答道。

「唉，士鑫？不是在鳳山嗎。」是警察局長的聲音。

「是的，鳳山來，剛下了車。」他答應着，跨進了自己住過的那個房間。

彭桂丹還躲在被窩里，只露着一顆肥碩的腦袋和那對細得只有一條線的眼睛。白鵬飛坐在被窩里看報。見了他，兩個人都把視線集中在他身上。

「穿上軍裝，比過去神氣多了。」彭縣長說，嘴巴却捨不得露出來，仍掩在被頭下面。

「哦。」白局長把視線很快地再回到報紙上去。

「滕子英先生的消息，你們可曉得嗎？」林士鑫在往日他常坐的寫字檯前面的椅子上坐下來，耐不住這樣問。

「在報上看見了。」兩個人，差不多同時答道。

「滕先生離開臺灣大概一個多月之後，我在鳳山收到他托人由香港寄出的一封信。他說自已擔任着『反共抗俄自救國軍』的參謀長，從神溪到港澳這一帶山中，每天得跑幾十里路。自從匪徒們發動『參軍』運動之後，各地來歸的青年更多了，人數已超過兩千以上，所苦的是槍枝不够。但他說，這個困難，他已有辦法克服，陽曆年關，必定有好消息給我們知道。我想他所說的好消息。就是除夕佔領P縣的縣城那一回事吧。據報上所載，所獲槍枝，彈藥及糧食不計其數，還有帶不走的，都燒燬了。」

林士鑫以興奮的口吻，一口氣說完了，望着被窩里的兩個人。但他們都一聲不響，像感不到興趣似地。

「滕先生眞要得！」看他們不響，林士鑫又這樣緊上一句。

「有什麼稀罕，有那一股傻勁，誰都來得。」彭桂丹說着，掉向白鵬飛問：「老白，你那糖廠里的事情怎麼樣，可有些指望嗎？」「這次，他却把整個肥腫的臉，全露出來了。

「哦，屠主席給了介紹信，去見那里的廠長。聽說有一個總務科長的缺，我想假如是總務科長，倒可以去幹，多少總能撈回幾個，雖然是一個分廠。否則，單拿他兩三百塊錢一月的薪水，有什麼意思。」白局長滿不在乎地答道。但停了一停，他却轉向彭桂丹問道：「你那批交易有沒有苗頭？」

「難說得很。」彭縣長緊皺着兩眉。「我看他們都不大起勁，也許是膽子小，誰還把送上門來的錢財硬推出去呢，我想。可是，臺灣近來的情形，確同大陸時代不同，更不能拿抗戰時期的重慶來比。」

彭縣長說了後，把兩個小眼睛向天花板上直視着，一直盯住在一個地方，一動都沒有動。這表示他的腦際，仍不住地盤旋在那件什麼「交易」上。

「你還說呢，否則我們也不會在這個地方，被擱上一年以上的了。」白局長憤憤地叫道。

林士鑫滿肚子的高興，一腔火熱的心，給彭桂丹澆上了一頭冷水。初時，他呆住了，做聲不得。接着，他的兩耳又被塞進了這一段無恥的會話，簡直使他氣得發抖。

他霍地站了起來，一聲不響到「玄關」穿上鞋子，留下一聲「我去了」，便衝出了馬路。

他深悔自己把這新年的假期浪費了，憑空跑上臺北，還貼上一筆車錢。他覺得好氣，也好笑。

這時，他記起了滕子英那天晚上說的，抗戰時代是一個大熔爐，而反共抗俄的這個時代是一隻大米篩，篩去了粃滓。他不覺浮上了會心的微笑。

〔註一〕玄關，是日本房子的門口，從這里上去，便得脫鞋子了。

〔註二〕塌塌米，是日本房子里舖着的厚席子。日本人計算房間的大小，即以席子的張數爲標準。

〔註三〕下女，即女傭，是日本話，臺灣自光復以來，一直仍襲用着。

〔註四〕床之間，日本式房間擺花瓶，掛書畫的地方，是向壁內凹了進去的，一席大小的地方。

徵稿簡則

一、本刊歡迎：

(1) 凡能給人以早日恢復自由中國的希望和鼓勵人以反共勇氣的文章。

(2) 介紹鐵幕後各國和中國鐵幕區極權專制的殘酷事實的通訊和特寫。

(3) 介紹世界各國反共的言論、書籍與事實的文字。

(4) 研究打擊極權主義有效對策的文章。

(5) 提出擊敗共黨後，建立政治民主經濟平等的理想社會輪廓的文章。

(6) 其他反極權的論文、談話、小說、木刻、照片等。

二、翻譯稿件務請附原文並註明其出處。

三、投稿字數，每篇請勿超過四千字。

四、賜稿務望用稿紙繕寫清晰，並加標點。

五、凡附足郵票的稿件不刋載卽退回。

六、稿件發表後，每千字致稿酬新臺幣十五元至卅元。

七、來稿本刋有刪改權，若不願受此限制，請先說明。

八、惠稿經登載，版權卽爲本刋所有，非經同意不得轉載。

九、來稿請寄臺北金山街一巷二號本社編輯部。

美國外交之謎

原文載三月卅一日「星期六晚郵報」

Sumner Wells 原作
隱 輝 譯

本文爲Post許多年來，所刊載的最雄辯的文章之一。作者對美國外交政策的憤慨的批評，使所有關心國是的美國人士，都有一讀並加以研究的必要。雖然，在有的觀點上(如同德國再武裝問題)，編者是並不完全同意威爾斯先生的見解的。

威爾斯先生在國務院工作很久，有優越的成績表現。在羅斯福總統時代，他位至副國務卿，深得總統信賴。對於美國在生死存亡關頭，外交政策之得失，他所持之見解，證明他的分析和批評是具有崇高的權威的。

本文是威爾斯最近所著"Seven Decisions That Shapecl History"一書，最末一章之摘錄，此書已在本星期由 Harper & Brothers 出版。

Post 編者

在和蘇俄的外交折衝中，美國曾犯了那些錯誤？

這些錯誤應該由誰來負責？

在今天緊張的局面下，美國將何以自處？

曾在羅斯福總統時期，任國副務卿達六年之久的威爾斯先生，在這里解答了這些問題。

本刊編者

一九五〇年秋季，安東尼艾登(Anthony Eden)來華盛頓作短期訪問，我們在傾談之下，講起過去，以及目前所遭遇的許多困難問題，當時我曾經問他，根據最近五年來的史實，是否他也同樣感覺到，在波茨坦會議以後，蘇俄的政策，和一九四五年六月以前比起來，顯然已有根本上的改變。艾登說他很同意我的說法，同時他更告訴我一段關於他在珍珠港事件以後，第一次訪問莫斯科時的故事。

邱吉爾在一九四一年十二月末，會親赴華盛頓，開始了他和羅斯福總統之間的連綿不斷的戰時會議。其時艾登銜命前往莫斯科，企圖和史大林以直接談判的方式，尋求英蘇兩國政府成立充份諒解的基礎。有一次的會議於夜間在克里姆林宮中，史大林自己的房間舉行，那時德軍正在向莫斯科勝利推進，也可以說是蘇軍抵抗希特勒進攻的最艱苦的時期。在會議中，史大林忽然把話題轉移到希特勒身上，認爲希特勒本身已證明了他自己不平凡的天才，在短暫到難以相信的期間之內，他居然能在毀滅了的，分崩離析的德國人民之間，重建起一枝震驚世界的强大的武力。他在德國的一切成功，都恰好達到他自己的願望。「只可惜」，史大林最後說，「希特勒同時也具有一種致命的缺陷，他不知道在何處應該止步」！

史大林說到這裡，艾登不由得笑了起來。史大林却常異鄭重其事似的，他問艾登爲什麼發笑，但在艾登還沒有回答之前，他已經自己回答了這個問題，他說：「艾登先生，我知道你爲什麼發笑的，你在猜想我自己是不是知道應該在那兒停止呢？對不對？那我可以肯定的告訴你，我是永遠知道應該在那兒止步的！」

一直到一九四五年夏季，波茨坦會議時期爲止，史大林的一切舉措似乎都在事實上證明了他在四年以前，對艾登所說的那一段話是完全做到了。只有波蘭事件可以算是唯一的例外，顯示了蘇俄和西方國家之間的衝突有日趨擴大的徵兆。雖然，在表面上，克里姆林宮和英美政府之間，還沒有嚴重的爭端發生。双方隨即進行和解，成立接近於聯合國憲章的協議。同時，英美兩國權威發言人士也公開證明了在一九四五年仲夏以前，蘇俄確已忠實的履行了它對聯合國所負的軍事上的任務。更有許多證據說明了蘇俄確實具有誠懇的願望，和聯合國竭力合作以建立一個民主主義和共產主義同時並存的世界。

但不幸從此以從，(波茨坦會議以後，)克里姆林的政策，證明了史大林在過去，雖然曾經正確的指出了，希特勒所以失敗的主要原因，但却沒有把同樣的見解應用到他自己的身上。因此在目前西方國家所面對的問題是在沒有失之過晚之前，能不能使那些蘇俄人民的統治者，證明他們本身的確知道在何種情形之下，應該適可而止？

同時這問題更一連串的引起了許多其他有關的問題：比如蘇俄這一個政策上及戰略上整個的改變，其主要的原因，是不是爲了：第一，它本身內部的理由？例如在推行蘇維埃政策方面，紅軍力量的增强。第二，在史大林自己擴張其統治力量至無以復加的地步之後，他的外交使節們，還有沒有膽量敢把西方國家的實際情況，及對蘇俄的觀感，向史大林直率的報告？第三，史太林和他的幕僚人員，在波茨坦會議上第一次得到適當的機會，對西方國家的新領袖們，作通盤估計，並獲得結論，以爲全面的侵略與擴展，實屬簡而易擧，恰如他所久已期待者？或者，蘇聯政策的通盤改變，竟至完全和已往背道而馳，基本上還是發源於西方列强本身政策及戰略上的錯誤，尤其二次大戰以後的美國的政策。

自從布爾雪維克革命開始以後，蘇維埃的基本理論便是共產主義必須在全世界普遍成功。但在美，英，蘇締結同盟以後的幾年之中，特別是在史大林廢棄了共產國際的革命路線之後，這個俄國的獨裁者已決定放棄以武力推翻政府爲促進世界革命的唯一有效手段了，他們寧願靜待戰後世界經濟的總崩潰，那將使西方資本主義進入最後消滅的階段，這和用武力來進行革命，事實上是異途而同歸的。正如我前段所指出蘇聯國內情勢的發展，具有極大的可能性，促使政治局修改了它本身的政策。

但若我們本身的錯誤，也促成了蘇俄政策根本改變的話，那麼在過去五年之內，我們的措施之中，有那幾種會使蘇聯在決定政略之際，對我們採取了不正確的估計，和不同已往的決策呢？即在今天來追究這些原因，仍然不算是無益之擧。對于這一個問題的探討，我們甚至會幻想到假使羅斯福總統當時未死，他將會如何做法？這想法好像太荒誕一些了，但在事實需要的情形之下，這却是必須的，由於我追隨羅斯福總統工作，前後不下十年之久，對於他在國際關係方面的主要的企圖，以及基本的見解等，我相信我是了解的相當透徹的。

假如我們對於蘇聯政策的變更，至少也要負一部份責任時，那麼我們所做那第一個錯誤是什麼？其後更在什麼地方失之於自己的疏忽？及何種場合之下，失之於誤信他人。

一九四五年五月，聯軍解放了捷克斯拉夫的大部領土，美軍隨即自捷克斯拉夫撤退，在我們所犯的許多錯誤之中，這是最初的一個，也可以說是最嚴重的一個。總之則我們對於柏林和西方的通路未能確保，也造成了我們失敗的重大原因。聯軍佔領德國和奧大利亞的計劃誠然是在雅爾達協定中業已決定了的，但這一計劃所包涵的內容是十分籠統的，其作用僅止於使聯軍在德國投降，新政府產生以前，英美蘇三國佔領軍之地位，得以確定而已。至於德國未來行政系統，以及獨立德國政權的恢復等計劃的詳細節目，尚有待於政府最高當局的磋商決定。

這其間，有一個插曲，早已成爲公開秘密的，便是邱吉爾首相曾經屢次要求杜魯門總統，保留美國駐軍在捷克斯拉夫，並保持德國到西方的道路暢行無阻，直至他同杜魯門，史太林三人的會議擧行時爲止。但此項要求都被杜魯門堅決的拒絕了。杜魯門自以爲他對邱吉爾的要求，加以拒絕，即可說明他本身的一種希望，即是美國不願意採取任何一項行動，以引起莫斯科對美國行動目的之疑慮。但在另一方面蘇聯在德國和奧大利亞所作軍事上龐大的擴展陰謀，事實上早已達到使我們疑慮的程度了。在今天看來，毫無問題的，假使這些據點在當時沒有放棄，則在波茨坦會議中，英美代表將獲得更多的力量作爲談判的後盾，中歐和東歐的安全，也將得到更多的保障，並使那裡的人民重新獲得自由。今天事實的演變，更使邱吉爾首相相信，假使羅斯福其時未死，依然是美國的總統，則他對於邱吉爾的要求，必不會加以拒絕，並將在行動上和英國密切合作。

據我們所知，俄國在每次戰爭中獲到勝利之後，就會產生一些權力囂張的軍事領袖們，緊接着便踏上了帝國主義向外擴展之路。根據西方國家的看法，在當時，頗以爲在安全方面，獲有充份保證，因爲蘇聯在東歐並沒有配置重兵，在政治方面的協調建立以前，西方軍事上的實力，對於蘇聯，依然具有約束，和壓制的力量。

雖然，由於邱吉爾首相的要求遭受拒絕，在波茨坦會議尚未擧行之前，東西兩方的陣營，早已壁壘分明了。除去得里斯特(Trieste)和希臘之外，蘇俄的陸軍實際上業已控制了司坦丁至得里斯特線以東所有的地區。從此之後，雅爾達協定中所訂在東歐樹立「自由民主」政府的條文，便無異於宣佈了死刑，西方國家在這方面所能努力的，只限於空口呼籲，或抗議而已。

日本戰敗之後，美國遠征軍的輕率的復員，使得「唯有認識實力」的蘇俄，對於西方國家的顧忌更爲減少了。雖然在波茨坦會議席上，作爲世界上最大武力國家代表的美國總統，終於還能够和史大林談判關於和平條約的主要條件，並對於新德國政府的談判，採取堅强的立場。在德黑蘭及雅爾達會議時，史大林曾經特別表示了他對羅斯福總統遠大的眼光的贊同之意。根據羅斯福的意見，在一八七零年以前，多少世紀以來的德意志聯邦制度，應予恢復，各邦分別享有獨立自治之權，如它們的民衆所希望者，如此則可將近代德國中央集權制度，加以分散，統一的德意志，及普魯士在將來就不會再次出現。我敢斷言，這一項早已成立的協議，在波茨坦會議中，絕無，或很少加以討論的。我並且敢說，如果羅斯福總統不死，這樣一項重要的決定，必然會被置於大會議程的最前一項。

自然，杜魯門的參謀人員們，也許早已胸有成竹，有鑒於在我們獲得對德勝利以後，急於復員的西方國家，和仍在動員狀態下的蘇俄之間，成立使我們能够完全滿意的佔領德國的協議及和平條約，已是十分困難的了。同時，他們更以爲局勢的發展：可能的途經，愈趨明顯，如果不是軍國主義的泛德意志帝國的復興，便是德國精良的技術，工業的潛力，和共產主義統治下的無窮的人力，及豐富的資源的總結合，二者之間任何一種發展的成功，都將葬送了人類對全歐洲或全世界和平的希望。

如果這些杜魯門總統的幕僚人員們是熟悉，一九一七以後的歐洲歷史並了解共產主義革命以後的基本政策的話，他們定會了然，對於蘇俄，德國乃是歐洲問題的中心。共產黨領袖們一致的，並且狂熱的相信，蘇聯只須佔有德國，便可以征服整個的歐洲了。他們從來未曾放棄過達到這一個目標的任何有效的努力。

在歷史上，沒有任何會議比較波茨坦會議更富於悲劇性了，英美代表在此所表現的短視是少見的。他們離開了波茨坦，但沒有從蘇俄獲得滿意的保證，以保證它不把德國置於它的衞星國家之列。

波茨坦會議開始後幾天，由於英國大選的結果，邱吉爾及艾登便被艾德禮和貝文所掉換了。但艾德禮和貝文原來都是邱吉爾戰時內閣的一員，會對邱吉爾貢獻過許多有關專門事務的意見。在斷續邱吉爾的任務時，並無生疏之感。杜魯門總統則只有在軍事範圍之內，得到類此的方便，除了海軍上將李海之外，在他的親近的顧問人員之中，甚至連他的新國務卿貝爾納斯也算在內，沒有任何一個是對國際關係具有認識、了解、或經驗的。在他的國務院中，他身邊雖然也有三兩個相當幹練的人員，但都是專門技術人員，對於國外的事務，尤其是廣大的歐洲。以至於世界問題的了解，則屬有限得很！

在波茨坦會議之際，美國在政治和軍事方面的力量都已達到最高峯。但由於準備，和認識的缺乏，更由於出席代表們的毫無見解，遂使美國在波茨坦開始了它政治上和軍事上聲譽的衰落，這趨勢直到一九五一年的今年，還不能遏止。在波茨坦我們所遇到的是一個頑强的對手，在强權政治方面，具有許多的經驗和巧妙的手段。我們的每一個動作都居下風。結果在會議閉幕之後，由於東西兩方佔領當局不同的政治的措施，使得德奧兩國混亂的局面，更加紛擾不堪了。更壞的是，四强之間在目的和政策的統一方面，毫無成功的景象，也沒有任何預兆以顯示四强將在德國和平條約方面成立協議，以策進世界安全。在這次會議中，唯一可以算作建設性的成就，和歐洲有關的，就是決定會議閉幕以後，定期召開四强外長會議，以處理所遺留下的許多議而未決的問題。

數週以後，四强外長會議第一次在倫敦召開，美國在這會上所表現的，顯示它本身對這次會議毫無準備，連在波茨坦所決定的，支持重建歐洲的基本政策，也沒有預定的步驟。貝爾納斯國務卿，代表美國，他的目的無疑是最好的了，但他對爭論中的基本問題缺乏理解。

第一次四外長會議的結果，除了使蘇俄和西方國家之間，由波茨坦以來所存在的裂痕，更益增深，並使西方國家，對於美國作爲歐洲人民的領導者的信心，更爲減少而外，其他毫無成就。而蘇俄在一九四五年冬以迄一九四六年之間，所以能在歐洲獲得迅速的擴展，其主要原因之一，無疑的是由於徬徨苦悶中的歐洲人民，對于美國本身的信仰，日益低落，乃把未來命運的賭注，投向了蘇俄方面。而貝爾納斯領導的代表團，在莫斯科之行的成績，也可以說是政府政策錯誤的延伸。

在雅爾達，羅斯福、邱吉爾、史大林曾經簽署協定，承認「所有人民有權選擇他們自己所喜歡的政府形式。」並同意「被侵略國家被武力剝奪的政治權力和自治政府，必須予以恢復」。協定中並曾規定：「爲了輔助那些被解放的國家行使他們的治權，三國政府將合作扶助任何解放後的歐洲國家，：：組織足以代表所有民主份子的臨時政府，並保證儘速通過自由選擧的方式，以建立符合人民願望的政府，對於此項選擧之進行，應加以促進」。這一切保證，顯然是東歐人民眞正民主及個人自由權利之所系，羅斯福和邱吉爾業已使史大林同意了的，但貝爾納斯却把這些權利拋棄了。

也許對他本身所負使命的意義還未必瞭解，貝爾納斯竟同意，在蘇聯佔領的東歐國家中，只有由名義上對立的兩個派系的代表，共同組織政府，便算雅爾達協定中所提保證的實現。實則這些政府的權力，早已操在維辛斯基指定的共產黨人員之手。對于這樣產生的政府，顯然不能幻想其足以「廣泛的代表所有的民主份子」了。何況僅在名義上作對立的政黨也很快的被排除。在殘酷無情的共產主義的機械式的統治下，即連自由選擧的想法也屬於幻想，一黨當政，乃是共產主義統治的固定法則。在此情形之下，英美兩國在與蘇俄「合作」，以扶助東歐解放後的國家，「通過自由選擧的方式，以建立符合人民願望的政府」的理想，至此乃全告幻滅。

除了使東歐和中歐的人民，對於切盼美國帮助他們獲得眞正的解放的希望，爲之消逝，並預爲兩年以後，在捷克斯拉夫所發生，剷除民主主義最後的殘餘的悲劇，開闢了一條坦途之外，四外長會議別無其他結果。從此之後，再希望美國阻止甚或延遲鐵幕統治的樹立，已屬於不可能了。

就在這種不景氣的情況之下，同時我們也看到了兩個積極的運動發生。一個是美國人所主持的，另外的一個則以法國人爲中心。二者都有效的遏止了蘇俄在東歐和中歐的擴展，計劃着增進歐洲的救濟工作，並緩和了戰後的緊張的局面。

其中的第一個便是馬歇爾計劃。每一個在戰後幾年常常去到歐洲的人，都會看得出，我們在努力帮助其他自由民主的國家的工作上，所表現的卓越的成績。這些國家的生活水準顯著的提高了，復興計劃在迅速進展中。百千萬苦悶失望的人民的心靈上重復出現了一線曙光。

在一九五〇年夏我去到歐洲時，我得到機會和西歐政府人員，以至各黨的領袖們分別談話，這些人都是我許多年的朋友，對於美國通過馬歇爾計劃以重建自由民主世界的貢獻，沒有任何人加以否認的。許多人聲稱，如果沒有馬歇爾計劃的實行，也許就沒有機會阻止共產政府在法國和意大利的組成。

雖然，在朝鮮戰爭發生以前，所有西歐的人民，自挪威以迄希臘，正爲兩種極度的憂慮，而感到精神上的壓迫。一個是擔心世界大戰即將發生，他們自己的國家就可能成爲戰場。其次則是擔憂英語國家，是否仍將一如其在第一次大戰以後之所爲，允許德國重新武裝，在其他國家自衞力量形成以前造成了它對鄰國的威脅，不論其是否在蘇俄的贊助之下。

在這種極端重要的理由之下，乃有許曼計劃之產生，規定了西歐，包括德國在內，所有煤、鐵、和鋼的生產的國際管制，以形成一種有效的方法，使德國足以發動戰爭的可能性，在相當的實力包圍之下，不致發生。這可以說是唯一的計劃，足以消弭法國人對於德國武裝進攻的恐怖，也可以說是最有效的方法。以使德國重又列爲國際社會中，一個守法律，愛和平的國家。

許曼計劃一經公佈，美國就立刻加以贊許。雖然英國却表示反對，基於一些完全忽略事實的理由。英國廣大的工業利益也構成其反對理由之一，因爲許曼計劃足以限制其自由行動。這一計劃雖然在大陸國家中獲得進展，但除非得到英國的合作，便沒有眞正實現的可能。

至一九四九年冬，蘇俄的野心更益顯著，大西洋防守公約因而更具有事實上的需要。誰能幻想到短短的幾年之前，英語國家們還曾保證，永遠解除戰敗的德國的武裝的，現在則不顧法國人的反對，要急迫而且勉强的在西德裝備十五到二十個師？而此一行動之藉口，則是爲了大西洋公約的完成，因此德國的人力，至爲需要。

以上所述情況所造成的結果，在我看來，較諸最近發生的，美國對遠東關係的爭執，其意義更爲重要。

如果不是美蘇關係的轉呈尖銳化，更假設孕育中的許曼計劃業已實現，則對於歐洲情況富有敏感及充份理解的法國人，想到一九五一年冬，他們的安全，將會獲得保證，法德兩國之間較好的關係可能建立，因之，德國參加西歐防禦的任務，也可予以接納，這一切，應該是法國感到滿意的、不幸許曼計劃成爲紙上空談，許多法國遠見之士，認爲西歐各國倘若毫無自衞力量，則西德之重整武裝，並參加同盟，其使法國所受的威脅，即不在蘇俄之下。這使法國人在情感上所受的刺激是非常之大的，以致引起對英語國家的反對，並使法國共產黨群衆力量之增强，足以抵消英美武裝西德計劃之力量而有餘。

在另一方面，西德的人民，以及領袖們，不管保守主義者或社會主義者，都沒有任何跡象足以表示他們需要立即重加武裝的願望，除非認爲這是得自佔領軍方面的新的讓與。最後，如果我們希望緩和目前美蘇之間的緊張的局面，我們又何能忽視蘇俄政府，即使是愛好和平的政府，也一樣會感到重大的威脅，由於我們所重新武裝的國家，曾在一九一七年間使蘇蒙受恥辱，被迫接受立陶夫斯克（Brest Litovsk）和平條約，復於一九四一年，蹂躪過它本國的土地！又何可只囑望西德武裝所給我們的有限的軍事上的帮助，而輕估了此一行動中所包涵的更大的危機？

許多人堅信西德人民現在心情沮喪，且已倦於戰爭。記得在威瑪共和國（Weimar Republic）時期，英美人士對德國人民，也曾經有過同樣想法，且同樣受到過法國的反對一如目前。但在那時，英國不但對德國的再武裝予以默許，且更加以贊助。美國則以借貸的方式資助德國達數億之多。二次大戰之所以發生，我們在這一方面須要負起直接的責任。

有許多精幹的美國人，以至於那些英國的偉大人物如邱吉爾先生，所持見解和我相反，這一點我是完全了解的。在這些人中，有的人在一九二〇年前後，就曾主張武裝德國以防止共產主義的擴展的。羅斯福總統常說，爲了保持和平，必須解除德國武裝，直至德國人民在行動上表現他們心靈恢復時爲止。因之，我不能幻想他會同他的戰時盟友合作，以從事無控制的德國武裝之重整，假使他還生存的話。

和其他人們並無不同，那些身踞高位的人們，也各有其本人的弱點和缺陷，儘管他們具有廣博的智識，和偉大的天才。羅斯福總統也許是第一個可以算作能力充沛的人。在外交政策的業務方面，他從來不喜歡把他和外國使節或政治家在華盛頓的談話紀錄，作爲指示國務院工作的備忘錄。

但在他的特性中也有一件具有嚴重後果的，那便是他對美國外交服務（American Foreign Service）人員，和國務院永久官員們，所存的根深蒂固的成見。雖然他仍然願意在那些外交服務人員之中，選派富有能力及經驗的份子充任駐外使節，但在白宮外交會議上，羅斯福很少携帶那些國務院專家們用了畢生的精力，致力於某一個國家或地域的研究，所得的結果。他們的詳細的情報和權威的見解，也許正是羅斯福所欠缺的。

在開羅和蔣委員長及其夫人的會議上，在羅斯福的身邊就沒有一個熟悉遠東事務的專門顧問。在雅爾達也是一樣，假如在這兩次的會議上，有一個遠東事務的專家，例如在國務院充任遠東政治顧問達數年之久的豪恩貝克博士（Dr. Stanley Hornbeck），追隨左右，則在開羅和雅爾達協定中，有許多有關亞州的錯誤，便可避免了。

雖然，在這些協定中所決定的主要政策，尚需更多的時間來證明其價值。就目前的行政措施而言，業已和那些政策脫離，因爲美國和聯合國在遠東正面臨一十分緊急的狀態。

如果羅斯福至今猶在的話，他可能也像他的繼承者一樣，竭盡一切力量以調解中國國民政府和共產黨的爭端，一如他在二次大戰時所爲，阻止兩黨之間較對日作戰尤爲激烈的戰鬪。但我相信，鑒於一九四五——四六年秋季，莫斯科所策劃，使共產黨侵入波蘭及其他東歐國家的戰略，羅斯福決不會允許他在中國的代表，一如馬歇爾所爲，强迫蔣介石委員長，容納共產黨的代表在國民政府之中，致使蘇聯的滲透戰略，在遠東同樣獲得成功。

使我們十分驚奇的是，在一九四六年間，我們的政府曾經催促蓋斯帕力首相（Gasperi），將共產黨逐出意大利政府之外，蓋斯帕力採取了這一行動，對意大利政局的好轉，有決定性的因素，共產黨在意大利所進行的苦迭打（Coup d, etat）陰謀，在那年未能獲得成功，其主要原因即在於此。但在同年秋季，在中國，杜魯門特使馬歇爾，以通知送致蔣介石委員長，說是除非將國民政府加以擴大，任命共產黨員於其政府之中，一如對待其他自由份子者然，則所有美國顧問，即將撤離中國。

美國很多政治家曾對政府此項政策加以支持，他們認為貪污無能，殘暴不公的國民政府，已不可能使美國繼續予以支援，否則必將失去中國人民的友誼。綜觀日本投降以後，中國政治實際情況，也許這些評論並非不公，但若我們的政策，應以美國本身的利益為前提的話，那麼，國民政府的傾覆，我們的利益何在？對國民政府的支持，或放棄，我們應何取何捨？

在一九三九年以前，在華盛頓的高級官員中，讀過希特勒的「我的奮鬪」的，是非常少的，這會感到十分驚異，雖然在這本書中，所有希特勒的希望，信仰，及其企圖，都有着充份的暴露。現在我們更希望知道，自從一九四五年以來，在我們的遠東政策高級負責人員中，有多少人熟悉列寧的著作，或了解列寧和史大林，對於遠東政策的主要理論？在其中，曾經明白的顯露出，在共產主義許多基本政策中的一個，便是用共產主義的教條征服中國，印度，以及東南亞的十五億人民，使他們和蘇俄人民連繫在一起，以從事共產主義統治世界的鬪爭，以這種廣大無比的人力作基礎，便可使共產黨保證可以擊潰西方資本主義國家。毫無疑問的，一九四五至一九五〇年間，美國在遠東的政策，並不是阻止共產黨在這方面的成功，反而加速其向這一目標邁進。其結果則是使那些在傳統上對美國具有深厚的友誼的人民，在共產黨有效欺騙宣傳之下，成為狂熱憎惡美國的人民。

對於朝鮮，由一九四五至五〇年六月，美國政策的紀錄是無能而且游移不定。一九五〇年一月，美國國務院發表聲明說，大韓民國，雖然是由聯合國所建立，然而「不在我們的防衞線之內」。這無異於向北韓和它的中國及蘇聯的盟友們，發出約請侵略南韓的請帖。一九五〇年六月廿五日北韓向南韓的侵略，乃應約而至。根據羅斯福的決策，朝鮮應在聯合國託管之下完成統一，而杜魯門的措施，則在這一方面並未按照計劃進行。白宮和國務院授權本泰岡師（Pentagon's Division）分駐於兩個軍事地區，也使莫斯科的宣傳家們，得到更好的藉口，令朝鮮和中國的人民相信，美國正在南韓樹立傀儡政權，可做為美國帝國主義向亞洲大陸進展的證明。同時，倘若朝鮮被同盟國的任何國家所佔領，都將構成對共黨中國及蘇聯的威脅，和日本佔領朝鮮的情況，殊無二致。

不管聯合國在朝鮮所作軍事行動的結果如何，西方國家正面對一項嚴重的危機，在東亞高懸已久的鐵幕，即將下垂，而將一切西方國家的勢力逐出鐵幕之外，像在東歐的情形一樣。美國和其他西方民主國家，並沒有援助東亞國家，把他們民族主義的浪潮納入正軌，這浪潮卻在莫斯科的計劃之下趨向蘇聯，東亞無盡的人力和資源，行將成為蘇俄的獨佔利益。

和我們最近對歐洲及遠東的策略作一對比，我們在聯合國卻促進了集體安全的發展。杜魯門總統且曾宣佈，美國的外交政策，悉以聯合國為基礎。

在美國所能採取的策略中，沒有比一九五〇年秋在聯合國全體大會中所為更為有效的了。絕對多數的會員國，並不希望本身的擴展，或世界的統治權，而僅要求阻止侵略，維持世界和平，增進人類幸福。並無限制的擴大聯合國憲章的權力，以抵制蘇聯在安全理事會中的否決權，而加強集體安全的制度。

除去蘇俄及其附庸國以外，美國在所有會員國的熱烈支持之下，發現一新的策略，那便是由聯合國大會採用一項極端重要的決議：如果世界和平感受威脅，有破壞和平或侵略的行為發生，又假使安全理事會由於否決的限制而未能立即採取行動時，則在安全理事會七個會員中的任何一個，或聯合國六十個會員的半數以上決定之下，聯合國大會可於廿四小時之內召開。

另外兩個和上項原則同等重要的決議，一個是規定設立「和平委員會」，在任何一個國家的要求或同意之下，報告國際間緊急情勢的實際狀況。另一個是規定了每一個國家須建立一枝軍隊，加以訓練，整編，裝備，以備侵略發生時，可以立即參加集體的行動。

我們現在可以保證。假使安全理事會不能採取行動以防止侵略的話，聯合國大會便可以使用聯合國軍隊以採取行動了。這足以顯示聯合國憲章，事實上無異於美國憲法的翻譯，或修正。

朝鮮戰爭轉趨惡化以後，美國孤立派又獲得新的藉口，指稱解放朝鮮戰爭的重大損失都由美國來承受，而聯合國其他會員國所派遣的只不過象徵部隊而已。他們並認為在西歐各國本身擴大軍備以前，美國實無須再給予更多援助。甚至說美國對西歐人民的經濟援助，等於增加共產主義的擴展。事實上，在面對戰後空前嚴重的蘇俄進攻的可能之情形下，西歐各國正亟亟於軍備及消費的擴充，以資擔負大西洋公約所負予的任務，一方面卻要他們縮減在歐洲的軍事力量以派遣更多的軍隊至遠東，這在邏輯上是說不過去的。並且這樣做法，實際上還是需要美國在軍事上，及經濟上更多的援助。

這種不合理的輿論之所以發生，只不過是中共參加韓戰，聯軍撤回三八線以南之後，很多美國人民因而陷於歇斯地力亞狀態的例證之一而已。

美國人民正面臨一個可能為南北戰爭以來最大的危機，這正是須要運用冷靜，審慎的判斷的時期。這時正需要我們的盟友們具有充份的勇氣和堅定的決心，通過聯合國的集體安全體系，以對付當前的危機。過去三十年的歷史，很顯然的證明了孤立主義乃是美國安全及世界和平的致命傷，新的孤立主義的理論，無疑將使他們本身的未來的安全，也受到災難。

在這一方面，前總統胡佛便是個典型的例子。胡佛先生所用以敦促他的同胞的，不外使美國和集體安全的體系完全脫離，將我們自一九四五年來，所從事於扶助自由人民以抵抗蘇俄侵略的責任，予以摒棄並自全歐洲，——也許英國是例外——全亞州，甚至全非州撤退，以聽候蘇俄的佔領。假是我們依照他的話去做，美國便不可能在世界上找到友邦。就連拉丁美洲對我們將在緊急情況下與以協助的諸言，也將失去了信心。在此情形之下，美蘇戰爭大約就難以避免了。而且戰爭的形勢，對于美國，一定比目前的情況更要惡劣，因爲所有現在西方國家所有的廣大的人力，物力，以及一切戰略上的利益，都必然會落入蘇俄手中了。

也許有人提出這樣的問題：「據你所說，在外交方面，過去五年之所爲，以及現在所做，許多是錯誤的，有害的，那麽，現在我們應該如何去校正這些錯誤呢」？

雖然，這一問題不能空口予以保證，或者只有本身不在政府中工作的人，才可能給予廣泛的答覆。在我們設法補救以前，大量的水已經自水塘中流去了。

我相信，假使我們的國策，今後依然是完全糞基於聯合國的，那將成爲一種悲劇性的過失，如果我默認聯合國，允許北韓及中共，在蘇俄的協助和操縱之下，在朝鮮尋求其最後的成功。我們更將造成同樣的錯誤，如果我們允許中共進入聯合國的話，除非他們正式的承認了他們侵略的罪，行，賠償他們在侵略中所造成的損失，並同意朝鮮全體人民，在聯合國的保護及監督之下，自由決定他們的命運。在現存的情形之下，若允許一個對聯合國憲章的基本條款，正加以可憎的破壞的政府，參加聯合國爲永久會員，那眞是不可思議的！除此以外，倘若美國另採取其他立場的話，他必將致命的挫折了聯合國的權威，而造成其崩潰，有如一九三一至三八年中，國際聯盟瓦解的故事。

美國不應該即將臺灣交還中國，直到聯合國認爲在軍事及政治的理由上，有採此步驟之時爲止。美國也不能同意將臺灣讓與，除非是一個爲聯合國所承認的政府，對於聯合國在臺灣設立海空基地的要求，予以允許，一如羅斯福總統所曾企求者。

如果聯合國同美國所採取的，正是這種立場，而我們本身的利益，也正是和這種原則相符合的，則美將在遠東採取何種政策？在亞洲目前的情形，紛擾不定，因爲一個友誼的中國已淪爲蘇俄的附庸，變成一個橫暴的力量，因此美國需保持這些據點以結成一條防線，這些據點起於阿留申，經過日本，冲繩，臺灣，以至菲律賓；美國必須具有充份實力，在這條防守線上，侵略者在那裡進攻，就在那裡把它擊潰。

在此種情形之下，有一件事，在一九四五年八月看來是難以置信的，那便是對日本的部份的再武裝，必須施行。但以使日本足以擊退亞洲共產黨，對日本本土的進攻爲限，並須置之於美國的監督之下。假使蘇俄對於和日本的合理的和平條約項目，繼續加以反對的話，這條約大可由西方國家談判簽訂，但不容再事遲緩，這將使由於軍事佔領而造成的政治方面的不正常，經濟方面的不隱的情形，得以結束。

有許多美國人相信，在未來的西方國家和亞洲共產黨的鬪爭中，美國可能自日本取得支援，這樣想法，不但言之過早，而且認識不清。遠在二次大戰期間，日本人就提出了「亞洲人的亞洲」這個動人的口號了，對於多少世紀以來就成爲西方帝國主義爭奪對象的亞洲人，這種呼籲是完全合理的。一個主權獨立的日本，將自信重復成爲亞洲的領導者。只要西方國家能够改正那些不平的因素，剷除殖民地主義的最後殘餘的觀念，消滅基于種族，皮膚顏色而產生的不同待遇，並將那些在政治上和經濟上，鼓勵共產主義蔓延的條件加以補救，我們才可以全理的希望日本將領導策進東方國家之間的合作，而不致於像中共現在所爲，只是瘋狂的排斥西方的勢力。

對於歐洲的關係，我們只有兩條途徑，可資選擇：或者是對於歐洲國家所需要的經濟援助，繼續進行，對希腊和土耳其繼續作經濟及軍事的支援，使大西洋公約國家的軍事計劃加速進行；否則就只有將我們在政治上所獲得的所有的利益完全放棄，坐視蘇俄任意奪取歐洲及近東。

如果我們竟然採取了第二個途徑的話，則事情將十分明顯，我們和蘇俄談判的條件更脆弱了。任何和蘇俄成立協定的希望，將看我們是否能够接收蘇俄所提的條件而定，——而那些條件的內容將是些什嗎，現在也不是難以想像的。

如果我採取了第一個途徑，則我們所恃以與蘇俄談判的，依然是我們本身充份的實力，而不允許我們表現的軟弱無能。

關于我們和西半球各鄰國之間的外交關係，尤需加以審愼的思考。在一九四二年，我們面臨最嚴重的關頭，美洲各國曾經和我們團結在一起。但在戰爭結束之後，他們便很少再爲我們所關注了，他們在經濟上，財政上所遭遇的嚴重困難，希望在我們合作之下獲得解決的，我們却很少加以援手。在華盛頓的權威之士，看來很難了解我們所給予西半球鄰國的帮助，將會發展他們的天然資源，提高他們的生活程度，並促進他們的工業化，結果對我們的利益將不亞他們本身之所得。因爲那將增加他們的購買力，使我們在平時消費品的出口，也因之而增加。同時將消除了共產主義發展的社會原因，最後，這將使他們，在戰時能够供給我們更多的戰略物資，及其不同方式的實際援助。

以上所述政策的要點，顯然也就是用軍事和經濟的力量，以壓制蘇俄正在進行不遺餘力的，征服歐洲，亞洲，以及近東的野心。我們同時需要制定計劃，在國際關係緊張存在的期間之內，消極的達到自禦的目的。雖然，所謂消極的計劃，還是和那些積極的，建設性的政策有着不可分割的連鎖關係的，在許多積極的政策中，一個是杜魯門的第四點計劃，以技術和專家，幫助那些落後的人民。另外一個則是儘量使用所有一切的工具，以從事有系統，有技巧的廣泛宣傳，使全世界每一個國家的人民都能了解我們求取和平的目的；我們抑止侵略，建立世界秩序的虔誠；我們對個人自由及人類權利的尊重；和我們對經濟安全制度的促進。最後，我們將向全世界人民宣示，我們確有和蘇俄和平談判的願望，只要它的實際行動確和它愛好和平的宣傳相符合。

美國人民從來沒有像現在這樣需要一個堅定的態度，以決定它的外交政策的，而這樣一個外交政策尤需時間，容忍，和無限的犧牲來完成。他們也從沒有遭遇到過像現在這樣繼續不斷的緊張情況，需要接連幾年的從事軍事和經濟的動員以資應付的。而為了美國的安全的保證，這種需要是無從避免的。假使戰爭是可以避免的話，美國此項堅決的政策的實行，終將見到鐵幕的日漸消滅，結果將使東方和西方的人民，友誼的在聯合國中協力工作。

雖然，不論美國在外交政策如何計劃，要重要還是使別的國家認為我們的政策確是可靠的，我們所作的諾言會不會履行？我們今天所提供的合作，明天會不會在孤立政府之下又復取消？在這方面如果我們不能得到別人的信仰，則我們的力量，又豈能給予他人以任何有效的影響？假使我們能提供任何眞實的保證，以擔保我們的國家是足以信賴的，則美國在外交政策方面，必須保持眞正的兩黨政策，過去在此政策之下，在參議會中，范登堡(Arthur H.Vandenberg)即曾經為了美國的最高利益而工作，並獲得偉大的成就。

（上接第6頁）

為憲法第一百四十條之規定，只不准現役軍人兼任文官，並無不准現役軍人為民意機關之候選人。所以這個解釋是不對的，高等法院之判決則不採取。

再進一步言之：可以說「現任軍人」這個名詞是不通的。我們也從未見過法律上用過這個名詞。有之則自「臺灣省各縣市縣市長選舉規程」始。軍人是對文人而言，軍官是對文官而言。只有現任文官，從無現任文人，故只有現任軍官，而從無現任軍人。又現任是對着「曾任」而言，我們只聽到有曾任軍官和曾任文官之語，從未聞有曾任軍人或曾任文人之說。由此觀之，更足證明現任軍人乃是現役軍人之誤了。或者有人要說：現任軍人，除現役軍人外，尚須包括現任軍職之文人。若果如此，則其他四種地方自治法規，為甚麼不排斥這批人去競選呢？五個自治法規之中，縣市長選舉罷免規程和鄉鎮區長選舉罷免規程暨村里長選舉罷免規程的性質是一樣，尤其前面兩個法規，其性質更是相同。依照臺灣省各縣市實施地方自治綱要第二條所定，縣為法人，鄉鎮亦為法人，現任軍職之文人，若不准其競選縣市長，何以又准其競選鄉鎮長呢？據此，則同一性質之兩個規程，其立法精神顯然不一致了。故這個推斷是不對的。此又可證明現任軍人實為現役軍人之誤了。

其次，要說到責任誰屬的問題。

我以為這次錯誤的一切責任，都應該由選舉監督來負責的。

縣市長選舉罷免規程第四條所載：「縣市長選舉時，由選舉監督指派人員，就選舉縣市長之縣市，成立縣市長選舉事務所」。這是說明為要使選舉監督能够充分發揮指揮和監督起見，故將縣市長選舉事務所的工作人員，由選舉監督派充之，俾能秉承其意志而辦理選舉。又同法第八條：「選舉事務所於接到縣市長候選人登記書後，應即轉報選舉監督審查，經審查合格之縣市長候選人姓名，由各該縣市長選舉事務所公告之。」依照此條意義，則已公告之候選人如資格發生問題，選舉監督要負完全責任的。又同法第十八條：「選舉事務所於縣市長選出後，應即將選舉結果，報告選舉監督，由選舉監督公告當選人姓名，發給當選證書」。同法第三十六條：「關於本規程如有疑義，由選舉監督解釋之」。觀此則選舉監督之責任，何等重大。何況我國初次實行地方自治，關於選舉之各種法規，選舉監督應於事先詳細研究，充分檢討，中間有無錯誤，彼此有無衝突，如發覺有類此情事，應妥為解釋，或呈請上級機關解釋之。劉定國以為辭准現任軍職，即不違反法規，他自己不是法律專家，自屬情有可原。可是負責辦理選舉之選舉監督，則不能無法律常識，對於存有疑義之條文，尤須愼重審查，明白解釋，以免錯誤發生，貽害自治前途。所以說：劉定國沒有錯誤，而選舉監督則不能辭其咎矣。

不願做奴隸的人們

華苓譯

自從二十世紀初期，蘇維埃的人民爲了追求自由與生存的權利不斷地逃往西歐各大城市。他們多半是沒有錢在國外的，因此他們必須尋求新的職業以謀生存，而那些職業是他們完全未曾夢想到的。

在巴黎的蘇俄人多半變成汽車夫；婦女們變成裁縫，女帽商，店員或是侍應生，還有的婦女擔任勞苦的工作，譬如有一個曾在白軍(White Army)中當過志願兵的女孩子所擔任的工作便十分費力，但她也能勝任愉快。許多俄國貴族的女孩子起初作模特兒，後來便經營或是開設酒吧間。

但是，許多孩子們却很幸運，他們因爲曾在學校中讀過書而有選擇優裕工作的機會。在小國家中，如在巴爾幹國家和波羅的海國家，從蘇俄逃出的人尋找優裕工作的機會更多，甚至於多數的婦女完全不必工作。他們享受了充分的自由與安適，如同他們在舊俄時代中所過的生活一樣。

現在，根據難民法(Displaced persons Law)，有許多蘇俄難民到了美國，他們所處的環境與三十年前逃到巴黎的那些蘇俄人所處的一樣，他們必須適應新的工作，而在這方面，他們也表現了同樣的毅力與勇氣。

因爲婦女比男人尋找工作的機會較多，所以有許多婦女或擔任臨時工作或擔任永久工作而幫助她們的丈夫。其中有些婦女必須住宿在她們所工作的地方，因此每星期只能與她們的丈夫見一次面。她們對於所愛的人的深情使得她們有力去負起所不習慣的工作。

有一個蘇俄人便由於他妻子的內助而在整個的逃亡期間過着最舒適的生活。他的妻子在一家小旅館中當女僕維持他丈夫的生活，她每日早上六時便去旅館工作，但她十分快樂，因爲她願幫助她丈夫求得一種更好的新生活。

在蘇俄難民中也有藝術家、演員、音樂家和歌女等。藝術家可以作修飾瓷器的工作，但是演員，音樂家和歌女便只有擔任某種手工工作，至於他們的特長，只能供業餘消遣。他們常在某工廠中忙碌一天之後，還匆忙地去參加某些蘇俄團體所舉行的音樂會或演劇。

有一個在工廠中工作的女演員對藝術的熱情曾使人十分感動。她常在單調的工作期間不停地動着她的嘴唇，但沒有發出聲音，原來她正在默唸臺詞。當她默唸時，她的眼中閃着光輝。她常於工作完畢後，又忙去登臺表演。

還有一個蘇俄婦女，她曾在歐洲的一個音樂院中當過鋼琴教授。她現在波次頓的一個工廠中工作，每天從早上七時工作到下午三時，她在工作之餘，便去和一歌舞團爲難民表演。她的兒子的下落已多年不明。她是於一九四五年在共產黨佔領捷克斯拉夫以前，拖着一輛載着行囊的小馬車，從巴伐利亞(Bavaria)徒步到司徒嘉德(Stuttgart)的，她沿途將一切的身外之物都拋棄了，只剩下一位八十歲的老婦伴着她，這位老婦是她家中的「蘭妮」(Nanny)，現在成了她最親愛的人。

在舊俄時代，有許多農村的小姑娘到城市中的富人家去爲他們照顧小孩，每一個出生的小孩都由她照顧，她們也漸漸變成了這些富人家中親愛的不可少的一份子，在那裏一直渡過她們的餘年。甚至於在艱辛的時候，她們也是和那家人不分離的。這樣的人便被稱爲「蘭妮」。

還有些人是在戰時離開蘇維埃「樂園」的，這些人對於任何種生活情況和工作都能很快地適應。無論怎樣勞苦的工作他們都能勝任。他們住在什麼地方都可以，只要附近有一個教堂，因爲他們雖然在蘇俄受過三十年的反宗教宣傳，但他們仍然是虔誠地信奉宗教的。他們除了懷念留在鐵幕後的一些親愛的人之外，再沒有什麼使他們感到遺憾和悵然的。

在鐵幕內的人民縱然有比較安適的家，但他們也受不了秘密警察的干擾和威脅，甚至於有「安適」的感覺也被認爲是「布爾喬亞的思想」。做一個蘇維埃的公民永也不會感到快樂的，他們沒有自由生存的權利，而必須爲國家生活。

蘇俄在德國的聯絡官對於遣送蘇俄人民回國的工作便很感棘手。就作者本人所知，只有一個婦女自願回到她的「樂底拉」(Rodina)去。蘇維埃人在二次大戰中稱蘇維埃爲「樂底拉」，以喚起人民的愛國情緒而反抗納碎，「樂底拉」即「祖國」的意思)。但這位婦女却有一段動人的哀情。

她漂亮而嬌媚，曾在納粹德國作苦工。他的丈夫於戰前在蘇俄無辜被捕，被迫在蘇俄北部的集中營中做勞工。那裏的氣候十分惡劣，但這位鐘情的妻子仍不顧一切地跋涉萬里去尋找她的丈夫。她抵達了目的地後，便向一個人問道：「集中營在什麼地方？」那個人問答道：「那一個集中營？這裏有十四個」。她迷惑了，但她終究找到了她丈夫的所在地。所有被遣送回國的人都必須在集中營中，起碼做兩年的強迫勞工，以免他們與其他的人接觸，而向他們描述鐵幕以外的國家的生活情形。這是她所知道的，但她必須回到「樂底拉」去，因爲她只有回到「樂底拉」才能與她久別的丈夫重逢。

——譯自基督教科學箴言報——

書刊評介

美國八位偉人

光

一個富於活力的民族或國家，其精神力常是充沛的，意識常是活潑的，知識常是不斷進步的。美國新聞處所散發的書刊，內容多清新可喜，或者言之有物。這本小冊子便是其中之一。這本小冊子雖係一本畫刊，可是，它所表現的意義實在不小。我們如要了解一個國家，必須從根本處了解其立國底根本精神。這本畫刊，如果我們善於體會，將助使我們了解美國立國精神之所在。

這本畫刊所陳示的是被認爲『偉人』的八個人物。這八個人物，各別地代表着八種不同的典型。

第一位是美國開國人物華盛頓。他籍着自己底謀略，勇敢，和堅定，領導美國人民爭取了勝利，獲得了自由。一七八九年他當選做共和國第一任總統。總統就職的時候，場面簡樸到近乎寒酸。華盛頓作了八年總統以後，他不再競選，自行退休『立下大公無私爲國爲民的好榜樣』。美國獨立以後，如果他不顧當時的情勢，他是可以乘機攫取大權的。袁世凱之流常常如此。他沒有這樣做。因而奠定了美國民主政治底基礎。他是美國求自由的象徵人物。

美國有名的『獨立宣言』底主要起草者是哲斐遜（T. Jefferson）。這個宣言裡說：『我們認爲這些眞理是很明顯的，所有的人，生下來都是平等；上帝賦予他們以幾種不可剝奪的權利。這些權利包括生命，自由和尋求幸福。爲保障這些權利起見，人民設立了政府。而政府底公正權力，乃是被統治者所同意授與的。』哲斐遜是美國民主思想底奠基者。他相信個人權利之存在先於政府。他認爲自由是增進人類幸福的唯一要素。他底自由主義，是以他對於道德觀念的信仰作基礎的。基於這種理由，政府權力須加限制。後來傑克遜(Jackson)之流說『管得最少的政府便是最好的政府』。

一八〇〇年哲斐遜當選美國第三位總統。就職的那天，他步行穿過華盛頓市街，來到禮場。他沒有排場，沒有鋪張，更沒有擺總統架子。哲斐遜晚年致力於教育事業，創辦維基尼亞大學。他相信如果人民有教育，世界上就沒有暴政和壓迫。

一八〇九年哲斐遜退任。退任的時候，他說：『人類自由的遺體之唯一的保存者——我們對自己，對子孫，乃至對人類的責任，要求我們當此世界其他各部陷入紛亂狀態之際，用每一種高貴神聖的動機，維護我們這可愛國家的安寧。』哲斐遜在一百四十二年前說的話，於舉世遭受極權統制威脅的當前，正像今天說的一樣。而且美國正照着這遺言而前進。

惠特曼(Walt Whitman)是美國底『大衆詩人』。他從小生在紐約海邊一座田莊裡，欣賞自然的美麗。他在一家報舘當編輯時，所作的文章，常論到美國有廣大的土地，等候着別地方的移民前來開墾。他說『偉大的城市，是有最偉大的居民。縱然只有幾間破房子，也是世界上最偉大的城市。只要人民至上，總統，州長，市長都是公僕，就是偉大的城市。』在這詩人筆底，沒有『歌頌』任何一個『太陽』。他所歌頌的是平民。他以爲唯一的政府，是尊重個人的政府。他底詩歌質樸，氣象雄渾，描寫當時美國西部拓荒的精神。這正是美國開創時代元氣淋漓，克服自然，充滿理想的精神之表徵。

美國第十六位總統林肯是衆所周知的人物。但我們更應知道他底人格。美國黑奴問題一直是政治上和社會上的一個重大問題。哲斐遜曾擬廢除黑奴而未果。林肯在世的時候，南部幾州主張延長黑奴制度，並且擴展到新的地區。北部則反對。林肯在國會裡辯論，竭力主張廢奴。他說：『美國政府不能長此半奴隸而半自由。大家應該有一種信念，就是有了正義才有威力，應該本着良知良能，盡了自己的責任。』林肯當選總統以後，南部十一州脫離合衆國，內戰爆發。林肯頒發告示，解放南部黑奴。可是，必須打了勝仗，這道命令才行得通。林肯見兩軍血戰，心裡難過。北軍在葛的斯堡大獲勝利，林肯下令將戰場作紀念兩方陣亡將士的墓地，並且發表演說：『我們現在立下決心，不叫這些死了的白白地捐了性命。要這個國家，在上帝庇佑底下，重新產生自由。要這個民有民治民享的國家，不至於淪滅。』一八六五年林肯開始做第二任總統時，勝利已經在望。他呼籲和平，不要報仇。他說：『對任何人都不要存有惡意，對所有的人都要表示仁恕，堅決地守着上帝所啓示的正義，完竟工作，醫治創痍，竭力實現永久和平。』南軍投降之後，林肯下令對待南軍的條件務必寬大。

林肯之當選總統，是北部共和黨人支持的，而且政府軍勝利在握。照某些人底心理習慣，他應該偏袒北部共和黨和政府軍的。但他沒有這樣做。他對南北双方一視同仁，他對双方底死傷者同樣看待。這使人知道，他之所以動干戈，是出於萬不得已的——是爲了自由和正義；而不是爲了個人底權力和一方面底利益。這是何等恢宏的襟度！這是何等大公無私的精神！靠了這種襟度和精神，才沒有促致一個混亂的國家陷入滅亡，而是將一個瀕於分裂的國家重新掣合起來，並且走上富强康樂之路。

惟獨具有這種心胸的人才適合作一國底公僕。

卡瓦爾(G. W. Carver)是一位出身貧苦的農業科學家。他二十六歲的時候進一間大學，一面替別的學生洗衣服，維持生活。一八九一年卡瓦爾進農科大學，研究植物病態，後來大家公認他是很重要的土壤科學家。可是，他不僅是實驗室中的科學家，他還將他底學問教給莊稼人，使他們增加生產。他幫助了農民增加了財富，並發明了幾百種用花生製造的東西，可是他自己並未變成富翁。

卡瓦爾一生的奮鬪過程所表徵的是，在美國這個社會裡，無論你底地位多麼低微，無論你多麼貧苦，只要你肯眞正的努力，你自然會獲得可能的成就。你是靠你自己底努力和天才『援引』了你，『提拔』了你；而不是靠任何人，任何黨派來『援引』了你，『提拔』了你。這樣的社會，是有生機而且健全合理的社會。在這樣的社會裡，個人一點一滴的聰明才力都可能用於增加社會福利上。除了你自甘墮落以外，沒有任何人爲的制度會妨害你底正常發展。

在衰老了而無生機的社會裡則不然。這樣的社會是複雜、恐懼、猜忌、疑慮等衰老心理滙聚之所。因而妨害大家正常發展之障碍重重。在這樣的社會裡，『人事』爲最高亦即最後的決定因素。上至權力者，下至卑小公職人員，百分之八九十的精力和時間都用之於對付『人事』上。如果『人事』沒有『搞好』，您縱有通天才智，亦歸無用。這樣的社會，那會有正常的進步？

卡內基（A. Carnegie）是美國底工業鼻祖。十六歲的時候，卡內基充鐵路局的電報員。因他有才幹，慢慢發達起來。有一次，他在圖書館看見一塊牌上寫的字：『不能明理，是爲愚人；不願明理，是爲頑夫；不敢明理，是爲奴才。』他大受感動，隨後就進夜校，閱讀各種書籍。

卡內基底中心興趣是發展工業。美國南北戰爭時，他爲政府將鐵路組織起來。卡內基心目中的美國，是陸地上鋪滿了鋼軌，江河上架滿了鋼橋的地方。他開辦了好些航線和鐵路；並將礦業富源加以實用，使美國强盛。他自己也成爲世界上最富有的人之一。

可是，卡內基却沒有作守財奴。他常常想法子將自己底錢財用在人類福利上。在美國和別的國家，卡內基建立了三千多間免費圖書館；興辦了許多教授科學的學校；設立基金以供訓練良好的師資；在華盛頓蓋了汎美禮堂；又捐錢作海牙和平宮底基金以促進和平及國際合作。

卡內基雖係一工業家，他所徵象的却是一個新興國家之開創的精神。他成就了許許多多事業並且賺了許許多多金錢，可是他並不想佔有，而是把它分散用於爲人類謀福利的事情上。這正合乎中國古人所謂『爲而不有，成功而不居』的精神。可惜，中國古人底子孫們早已將這種美德忘記乾淨。這些人靠强力組成團體，朋分現成的利益，壟斷國家底資源，佔有主要的生產機構，控制全體人民底經濟命脈。這些行徑之心理的動因，完全出於『佔有衝動』。

創造衝動發達，其國必興。佔有衝動發達，其國必亂。

阿丹玆(Jane Addams)是一位女社會工作家。她小的時候被她有錢的父親送進女子大學念書。她在學校的時候就確信婦女能够幫助改善世界。有一天晚上，她在倫敦貧民窟看見窮人搶着買腐爛食物，從此以後她立志幫助窮人。她回到美國以後，住在芝加哥最貧窮而且又髒又擠的地區，和當地的居民打成一片。她又覺得良好的生活，不是一紙法令就能得到，而是應該由各個社會自己培養出來。她幾次到別國，與歐亞二洲底婦女討論社會問題。威爾遜總統也常向她請教。一九二七年各界歡宴她。席間懷特稱頌她對人類的貢獻。她於一九三五年逝世。

愛廸生是衆所周知的美國發明家。他自小的時候就喜歡研究發明。他常常白天晚上不停的試驗，連吃東西也妄記了，疲勞時就在榻上躺一會兒。他對於電力的研究特感興趣。由於他在電力應用上的不斷發明，美國電力事業特別發達。因之，提高了美國底生活水準，使人有較多的機會享受閑暇的光陰。

由這本畫刊，我們可以知道以下幾點：

這本畫刊是美國國務院國際新聞局印發的。雖然這是官方底宣傳品，可是其中沒有將杜魯門和艾其森這一流底『要人』捧上去。由此，我們可以知道，這種宣傳品不是印給杜魯門之流看的，而是給大家看的。由此我們也可以看出，只有在民主政府之下，辦事的人才可以用不到取悅於權勢層，而眞正放手做點人做的事，眞正爲一理想目標而做事。即使是宣傳也是如此。

我們更應注意的是：從這本畫刊裡我們不難看出美國所謂的『偉人』是怎樣的人。美國所謂的偉人，不是那些好作威福的『元首』，不是愛發號施令的脚色，也不是擁有多少武力的雄才，更不必是大官大吏。這樣的一些人在美國人看來，也許正是偉人底反面。這本畫刊所舉的八個偉人，其中有詩人，有民主政治思想家，有爲解放黑奴而奮鬪者，有農業科學家，有工業鼻祖，有爲社會工作的老太婆，有發明家。固然，在這八個人之中有三個人是當過總統的。可是，這三個人之被列爲偉人，並非因爲當過總統，而是因爲他們底行誼偉大，華盛頓爲美國之獨立而奮鬪。哲斐遜是美國民主理想底奠基者。林肯則藉解放黑奴而表現了博愛與平等的精神。這些人所努力的方面固然各不相同，可是，他們所貢獻的同是創造，而不是佔有。他們所趨向的目標只有一個：造福大家。具備這些條件的人，無論是否作過總統，都是偉人。所以，科學家、詩人、女子、和做過總統的人一樣，被列入偉人之林。

從美國人心目中所謂偉人之基本條件，我們可以看出美國立國之根本精神。從一個國家將那一種人看作偉人我們可以看出一個國家底興衰及其前途。

工礦公司松山油漆廠

玉山牌

各色調合漆、厚漆	防銹漆、船底漆、熟煉油
各色磁漆、噴漆	耐酸漆、烤漆、隔電漆
各種假漆、洋乾漆	透漆、黑漆、下地漆

品質標準　價格公道

交貨迅速　信譽卓著

廠址：松山興雅里四六號

電話：松山一〇二號

臺灣糖業公司

榮譽出品　酵母片劑

健素

老幼咸宜　營養第一

到處有售　價格低廉

CGRA

國際電報電話

國際電報：發往世界各國及航行外洋之船舶均可收拍

國際電話：通達美國、日本、菲列濱、及香港各地

國際傳眞：通達美國及菲列濱，凡照相、表格、圖案證件、各種、文件、及簽字式樣均可收拍

交通部臺北國際電臺

臺北中正西路一〇六號　電話 6202 6936

CHINESE GOVERNMENT RADIO ADMINISTRATION BUSINESS OFFICE: 106 CHUNG CHENG WESTERN ROAD, TAIPEH TEL. 6202 6939

給讀者的報告

苗栗縣長劉定國，接事不過兩天，即被高等法院宣判當選無效。這是一幕悲喜劇！縣長的任期如此之短，當然是史無前例的，我們還希望其是絕後的，即是希望主持選政的大吏，今後切勿將此類的悲喜劇再行上演、本期當先生「現役與現任一字之差」一文，從法律的立場維護法律之尊嚴，細心分析此一字之差因何而致，又從政治立場追究責任之誰屬，自足以喚起社會的注意，政府的警惕。聽說劉先生的選舉費用，確實花得不少，結果落得一場空歡喜。他的損失固然是無人予以補償的。如果損失很大的話，他自己也有點責任，就是說選舉費用不應該花得太多。其次參加競選時也應該先把選舉法規研究清楚才行。經這一次的判決以後，有意競選的人再不會上當了吧。但是選民在時間上的損失，則並不是他們自己的責任。假定選民有十五萬人，每人以三小時計算，則多選一次的損失便是四十五萬小時，每一小時即算只值二元（新臺幣），便是九十萬元，如此巨大的損失向誰補償呢？不知身居選舉監督的大吏，對此有動於中否。

政治只需用常識，民主政治尤其依賴常識，用不着高深的理論。本期毛先生「常識與政治」一文，即闡明此義。要看清現在的政府有沒有一步一步改良的可能，有沒有進步的事實，如其有之，則只要嚴加監督以促其有成，不應放言高論以冀其崩潰。自革命之價值提高，推翻打倒的聲浪充滿於社會，凡對政府有所不滿的人們，大都蓄積怨懟，惟恐其崩潰不速之概，這是甚麼風氣呢？

將士塌癱於疆場，元帥辯論於廟堂，這便是韓戰的高潮嗎？由麥克阿瑟及馬歇爾的證言觀之，則此次衝突根本由於二帥戰略之不同，已明如觀火了。至於蘇俄是否參戰，盟國（英法）態度如何，双方都離不了推測，並沒有確實的證明的。照我們一貫的看法，中共侵略的兇鋒業經殺出，除非徹底慘敗，絕無依聯合國條件談和的理由。美國民主黨當局經過六年來的交涉，至今對於共黨的認識尚差一間，這是甚麼理由呢？據我們看，依麥帥的建議，會不會擴大為全面戰爭？誠然是未可知之數，但是照馬帥的想法，待中共忍受不住人力物力的損失便可謀和，乃是完全不可能的。中國對日抗戰，大部領土被佔，尚可維持八年，何況今日戰場還在外國呢？且看新義州的秘密機場之建立，則其決心使用空軍參加前線的攻勢，已有相當的證明了。聯軍若遇大規模空戰，則必予以報復而轟炸東北。此說報章傳聞已有數月，各國政府當局亦未加否認，果然則聯合國空軍之越鴨綠江而大施轟炸，亦時間之遲早而已。現在是下大決心的時候了，我們希望這次美國參院的辯論得出一個明確的結論來。

廣告刊例

一、封底裏面全幅每期新臺幣一千元，半幅六百元，1/4幅三百五十元。

二、普通全幅每期新臺幣八百元，半幅五百元，1/4幅三百元。

三、登一期者，按期一次付清；連登三月而一次付款者，九折計算；登半年以上者，八折計算。

四、式樣及鋅版自備，如欲本社代辦，則照價計算。

本刊售價

一、	臺幣	三元
二、	越幣	八元
三、	菲幣	五角
四、	港幣	一元
五、	暹幣	四銖
六、	美金	二角
七、	叻幣	四角
八、	印尼幣	三盾

自由中國 半月刊 第四卷第十期（總第三十七號）

"Free China"

中華民國四十年五月十六日

發行人　胡　適

主編　「自由中國」編輯委員會

出版者　自由中國社

社址：臺北市金山街一巷二號　電話：六八八五號

航空版　香港　香港時報社（高士打道六四號）

經售者

臺灣　中國書報發行所（臺北市館前街八五號）

美國　紐約民氣日報社　舊金山國民日報社

日本　東京東南友堂　東京內山書局

馬尼剌　中菲文教出版社

印尼　巴達維亞星期日報　棉蘭繁華圖書公司

越南　西貢中原文化印刷公司　越南華僑文化事業公司

曼谷　曼谷攀多社十二號

新加坡　中興日報社

檳榔嶼、吉打邦均有出售

印刷者　臺灣新生報新生印刷廠

廠址：臺北市西門路二段九號　電話：廠長室七一二五　業務課二〇九六

本刊經中華郵政登記認為第一類新聞紙類　臺灣郵政管理局新聞紙類登記執照第二〇四號

自由中國

FREE CHINA

第四卷第十一期

要目

中華民國四十年六月一日出版
社址：臺北市金山街一巷二號

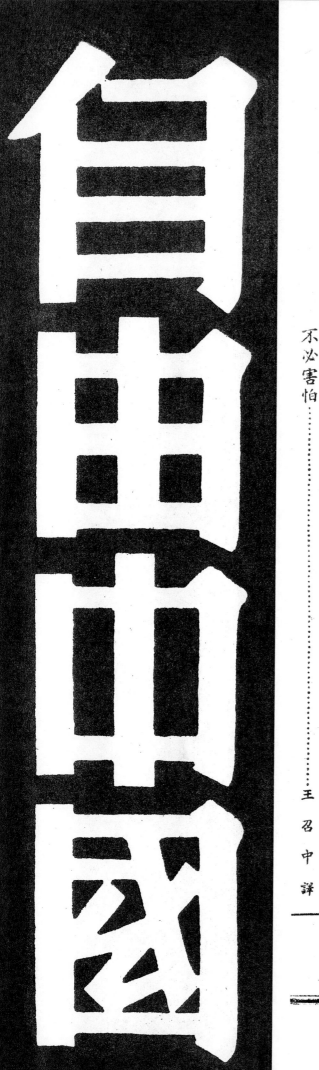

半月大事記

五月十日（星期四）

美參院一致通過對凡以作戰物資運往蘇俄或其附庸國之國家，美國將停止其一切經濟援助。

美國防部長馬歇爾第四日出席參院作證，說明美國政策，謂於必要時使用否決權拒絕中共進入聯合國，並保證永不使臺灣交予中共。

五月十一日（星期五）

美紐約州長杜威發表演說，主張對中共實行全面禁運，並爲美國世界性政策提出包括十一點的方案。

韓境東線聯軍攻克卅八線北五哩處之重要據點麟蹄。

美陸軍部公佈至四月卅日止，韓境共軍傷亡人數爲八十九萬三千六百六十二名。

北大西洋公約國代表會主席美代表史波福宣佈大西洋各盟國之軍事預算爲二百零七億鎊。

美參院一致通過李奇威晉級爲四星上將。

巴拿馬政變，總統艾利阿斯被捕，國會通過由阿洛斯米納繼任。

五月十二日（星期六）

合衆社倫敦電：英國與澳洲宣佈禁止飛機零件、引擎、汽油、蓄電池與化學物品輸往中共地區，並限制其對香港輸出。

合衆社倫敦電：英對中共之樹膠禁運，不久將擴及蘇俄及其他鐵幕國家。

美政府官員宣佈杜勒斯將訪英會商對日和約問題。

美聯社華盛頓電：美政府官員表示，英美間關於遠東政策之歧見，已因英外相發表無限期擱置臺灣問題的聲明而漸澄淸。

五月十三日（星期日）

合衆社新加坡電：美、英、法三强高級將領將在此舉行軍事會議，商討加强東南亞防務，防禦共黨之進攻。

五月十四日（星期一）

聯合國集體措施委員會以十一票對零票通過禁止戰略物資運往中共地區。

美國軍事援華顧問團長蔡斯少將首次招待記者，盛讚國軍士氣旺盛。

韓國會通過接受副總統李始榮之辭呈。

五月十五日（星期二）

立法院第十七次院會通過，拒絕受理苗栗縣民籲請准許已被法院撤銷當選之該縣民選縣長劉定國就任之請願案。

美第十三航空隊司令滕納少將，及美軍援菲律賓顧問團長霍浦斯少將，乘機抵臺訪問。

美參謀首長會議主席布萊德雷元帥首次出席參院作證。

伊朗總理莫沙德警告英政府，聲明如英伊石油公司拒絕交出，伊將採强硬步驟。

挪威總統吉哈蓀抵紐約訪問。

五月十六日（星期三）

蔣總統告美聯社記者稱，國軍如反攻大陸，可阻止中共在韓之侵略。

美參衆兩院一致通過要求聯合國禁止作戰物資運入共區。

韓境共軍攻陷麟蹄。

英政府照會伊朗，表示如伊朗願意進行談判，英將派遣由閣員率領之代表團至德黑蘭。並建議英伊双方各派代表組成新公司，由伊朗控制石油之分配。

美國務院表示贊成希臘與土耳其加入北大西洋公約。

韓國會選舉金性洙繼任副總統。

玻利維亞政變，組成軍政府，由巴里維安將軍任主席。

五月十七日（星期四）

美國務院發言人麥克德謨否認外傳美蘇間曾作韓境停戰之談判，宣佈蘇俄中共均無和意。

五月十八日（星期五）

聯合國大會以四十七票對零票八票棄權通過對中共韓共實施世界性的戰略物資禁運案。

主管遠東事務之美助理國務卿魯斯克發表演說重申中美兩國友誼。

美參衆兩院聯席會議，通過停止經援資共國家案，該案附加於政府撥款修正案中。

美民主黨參議員陶格拉斯發表演說，主張國軍反攻大陸。

五月十九日（星期六）

美政府照會蘇俄拒絕中共參加對日和約。

韓境西線共軍進佔議政府。

美國務院發表聲明，呼籲英伊雙方以談判方式解決石油糾紛。

五月廿日（星期日）

意外長史佛卓演說，籲請美英法三强廢除對義和約。

五月廿一日（星期一）

伊朗政府函覆英伊石油公司，拒絕其仲裁要求。

韓境西線聯軍克復汶山。

美國務院發佈聲明闡釋魯斯克演說，表示繼續援助國民政府。

五月廿二日（星期二）

美國務院宣佈美政府已命令西德廠商不得以重要物資運往蘇俄集團國家。

新加坡政府下令徹底禁運橡輸入中共。

伊朗外長發表聲明譴責美國干涉英伊石油糾紛。

五月廿三日（星期三）

美參謀首長會議主席布萊德雷在參院作證稱，蘇俄可能侵略伊朗。

伊朗京城四萬群衆集會示威恫嚇英美。

美國務卿艾其遜聲明美無意干涉伊朗權益。

社論

(一)寄語大陸同胞

自從我們大陸國土爲中共武力所佔據以後，留居大陸的同胞，備受中共虐政的摧殘。中共假借土改的名義，實行所謂清算，更頒佈所謂「鎮壓反革命條例」，以屠殺凡有知識有血氣有國家和民族觀念的同胞。綜合近來自大陸國土裏逃出的同胞的報告，我們知道中共這種屠殺政策，不是到了大陸國土裏面沒有一個人不願意做蘇俄奴隸的時候不止。自然，中共本身的目的，只是要全國沒有一個反對中共的人；但在蘇俄，則所謂「世界革命」的目的，就是要使全世界的人民沒有一個不絕對的服從蘇俄。所以中共的屠殺人民，一小半爲自己，一大半爲蘇俄；因爲我們知道大陸國土裏有知識的同胞，反對中共政權的雖然爲數極多，而反對蘇俄統制中國的則幾乎人人都是。因此，從蘇俄的觀點，非殺盡有知識有理性的中國人不可。近日中共勸迫大陸國土裏的大中學生參軍，便是蘇俄剷除中國知識分子的一條毒計。蓋大中學生，都已有了自由教育的基礎，決難再接受蘇俄式的愚民教育，所以蘇俄不得不使中共假手於戰爭以消滅他們。這等毒計，亦只有冥頑不靈的中共才肯奉行！

國民政府播遷來臺，勵精圖治；假以時日，定可脫大陸同胞於虐政。我們最値得向同胞述說的，就是現在國民政府的首領人物，可以說都是以救國救民爲心，決沒有爭權奪利的念頭的。這樣一個努力的政府，帶着這樣一個大公至正的目的，在適當時候，自然能夠驅逐蘇俄的奴隸—中共—於大陸國土以外：這是我們可以十分信任的。在中共被驅出大陸國土以後，我政府的能夠嚴格的實行民主政治，嚴格的遵守聯合國所通過的人權宣言，亦是我們可以十分信任的。現在我們的國民政府，鑒於已往的過失，知道不是這樣便不能滿足全體人民的願望，不是這樣定不能存在於將來的世界。「困於心，衡於慮，而後作。」我們民族前途的光明，是我們敢向大陸國土上的同胞擔保的。

我們現在所盼望於大陸上的同胞的，是各本良心，在各人能力以內，多多的保存國家的元氣，多多的保存人類的正義。

我們並不願意我們大陸上手無寸鐵的青年，憑一時血氣之勇，毫無計謀的向橫暴的共黨政權反抗；因爲這樣不過給共黨政權一個殘殺人民的話柄，是沒有一點用處的。但我們對於共黨中有知識有理性的青年幹部，則懷有一種正大光明的希望。這班青年所以做了共黨的幹部，或爲環境所迫，或爲甘言蜜語所誘。但是非善惡的心腸，必不因爲進了共黨而泯滅的；並且他們對於共黨的兇惡和詐僞，必比黨外人明瞭得多。這些青年，無論在政在軍，我們以爲定能於適當的時候，幡然覺悟，見機而作，決不甘心終身做史達林的奴隸的。我們知道共黨組織的緻密，共黨中人互相監視的嚴厲，而且共黨中有這樣的作風：寧冤殺千萬個無辜的良民，不放走一個稍有嫌疑的人——我們知道在共黨組織中要圖反正，實在是千難萬難的。但我們亦知道，一個人在正義心奮發的時候，浩氣可塞於天地之間，自然能置生死於度外。這亦是殘忍的共產黨所無可如何的。不過，我們還希望現在共黨幹部中的知識青年，千萬不要粗心大意。激於一時的義憤而作犧牲，雖然壯烈，究不如審愼周詳，歷險而得成功爲好。

當然，在現在共黨統治下，凡有知識有理性的人，無論是否共黨的幹部，除了昧却良心做共黨獨裁者心腹死黨以外，決難幸免。「與其坐而待亡，孰與伐之。」近來大陸上許多殺身成仁的志士，似乎都抱着這樣一個見解的。但我們總以爲空死是沒有用處的。一個青年應當貴重自己的生命。這句話的意思，決不是說一個青年須貪生怕死，乃是說一個青年須把生命用於最正當最値得的地方。凡是徇私利徇迷信而死的，固然是不懂得愛惜生命的人；徇一時的意氣而死的，亦沒有好好的利用生命。只有爲正義爲良心所驅使，而事勢所邇，又不能不拚命時，那才値得拚命。那樣的拚命，才可算是正當。我們愛正義；我們亦愛我們的青年。我們所以丁寧反覆，全是這個原因。

國軍的反攻大陸，似不是很遠的事情；反攻大陸後國民政府的重獲全國的政權，亦是意中事。因此，現留在大陸上的人士，或不免緦緦恐懼，以爲將來政府回返大陸後，彼等即使沒有罪名，亦必失去地位。我們以爲這是一種無謂的過慮。將來政府回返大陸時，對於普通的老百姓，固要抱歉萬分，即對於共黨政府中的人員，如果他們平日是公正的，亦必加以禮貌。甚至對於共黨的幹部，只要他們沒有做過傷天害理的事情，亦必量才錄用。將來回返大陸的國民政府，決不至如現在大陸上的共黨政府一樣，專以仇殺爲事，而要把人類變成禽獸的。據我們所知，現在自由中國裏的人，上自政府首領，下至普通的老百姓，雖人人有鋤奸逐寇的決心，亦人人懷着滿腔的仁慈。我政府領袖的寬宏大度，乃是中外有識者所同欽的。所以無論如何，將來政府收復大陸時，非特沒有濫殺無辜的事情，即對於共黨首要，除却一二十個元惡大憝以外，亦可許以自新。這是我們可以信任於現在的國民政府的。

社論

(二) 政府不可誘民入罪

在現行的金融管制法令下，有三大名目的金融罪：(一)買賣金鈔，(二)套滙，(三)地下錢莊。這三項罪行，一經破獲，都可能援用「妨害國家總動員懲罰暫行條例」，由有軍法審判權之機關審判。金融罪的嚴重性，在今日的臺灣似乎僅次於匪諜罪。「治亂世用重典」，這種主張可否適用於現代化的法治時代，本文不擬申論，即假定治亂世有用重典之必要，我們也得知道：「殺以止殺」，「刑期無刑」。政府以法令宣佈某種行爲是犯罪行爲，從而對於這種犯罪行爲加以懲處，爲的是警戒這種罪行之發生。如果在明示的嚴刑峻法之下，某種罪行已經有所警戒了，而政府中人反用種種串套欺詐，誘人入罪，再來逮捕懲罰，這樣的作法，無論其所持的理由是甚麼，究不是一個正正堂堂的政府所應該容許的。但是，今日的臺灣，在金融管制的法令下，居然就有這種誘人入罪的花樣要出！

誘人入罪的花樣，起先，我們所聽到的，只是在馬路上做出來的買賣金鈔的「罪行」。這種場合下被誘入罪的人，其罪不算大，被沒收的臺幣或美鈔，其數量也不可能很多，他們決不夠格被稱爲金融市場的投機者；同時我們對於這班誘人入罪的人，均視爲不肖的公職人員，利用其身份作惡而已，從未想到會有甚麼其他的背景或內幕。後來，傳聞的事件多起來了：某甲被誘，犯了套滙罪；某乙被誘，犯了地下錢莊罪；某丙因與某甲或某乙偶然在一塊碰頭而被累入獄了……於是我們也就漸漸感覺到這種事態的嚴重，也就漸漸意識到這種花樣或不免有複雜的背景或內幕，而不是幾個外勤人員的個人罪惡而已。果然！到了最近，一件有計劃而大規模的誘人入罪的金融案，已很具體地傳遍臺北了。案情是這樣：本年三月間有人在土地銀行開立一個戶頭，土地銀行給這個戶頭開發本票（本票通常都是見票即付的，但土地銀行開給這個戶頭的本票，都是期票），於是這個戶頭就利用這種本票作抵押，到處以高利率向人借款，等到借貸成交的時候，經保安司令部一併破獲。案件是五起，人犯達二十餘名，全部案款臺幣一百一十萬元，抵押品都是土地銀行的本票。這五件案子，經於五月一日由保安司令部軍事檢察官提起了公訴。

以上是這回事的表面經過和大略，如欲一究其內幕，我們覺得可從下面幾點下手：第一、在土地銀行開立戶頭的是甚麼人？就該行給這個戶頭開出的本票總額推算，則這個戶頭的存款額至少應該不得少於一百七十萬元；可是一個普通人怎麼會有一百多萬元的鉅款擺在銀行內？如果說該戶可以透支，透支的限額是多少？大量的透支即是信用放款，信用放款是須要擔保的；是誰擔保？是那個公司行號擔保？或者是甚麼物品擔保？而且在現行的金融管制辦法下，銀行信用放款已嚴格地被控制住，不是銀行本身所可隨意做的。第二，目前銀行存款利率，最高的月息不過四五分。但這五件借貸案中，最高的月息達到二角六分，最低的也有一角二分。我們試想想，把一百多萬元的鉅款存在銀行內每月不過生息四五分（姑假定其爲最高月息），同時以存款換得的銀行本票向別人抵押借款，而承擔高到好幾倍的月息，天下那有這樣的大傻瓜做出這樣的大戇事？第三，保安司令部軍事檢察官提出的起訴書，敍述到「犯罪事實」時，無一處提及借款人的姓名。借貸是兩方面的行爲，有貸者必有借者，在取締高利貸的法規下，借者或不必構成罪犯，不在起訴對象之列，但在敍述借貸行爲之發生和經過時，完全不提及借款人的姓名，似不免有故意掩避之嫌。

由於以上幾個疑竇，自然會引起大家對於內幕的推究；推究的結論，是政府誘人入罪，至少是政府中某機關辦事人員誘人入罪。他們爲甚麼要這樣幹？一個最「膚淺」的解答就是：依照金融案件提付獎金的辦法，告密人的獎金是全部案款的百分之三十，承辦單位的獎金是百分之三十五，如果一個案件的兩項獎金，可由一個機關得到，則是全部案款的百分之六十五，這樣的暴「利」而又不要本錢的生意，恐怕爲民間任何投機生意所不及吧！

或者說，提付獎金，是承辦這類案件的依法報酬，不是製造這類案件的動機，我們不可一味以壞意度人。主張製造這類案件的人是有相當理由的：他們以爲，擾亂金融的罪行，是很難破案的；要破案非自己打進圈內不可；要打進圈內去，就要僞裝，串套，和一切便利的手段；目的是對的，手段儘可不擇。這種說法，似乎言之成理，其實是不通的。第一，我們姑承認製造這類案件的動機不是爲的獎金，而是爲的懲處投機份子，也就是說我們姑承認目的是對的，但我們決不苟同「不擇手段」的作風。天下事常因不擇手段致引出更惡劣的後果來，比起不達目的還要壞。第二，我們姑承認打進圈內去是偵察和破獲某種案情的必要技術，但也得有個前提，即在客觀方面先有這個案情存在，偵緝的人只是僞裝參加其罪行，而不是以騙術誘人犯罪。以騙術誘人犯罪，其本身已構成犯罪行爲。

我們對於這件事，固不必爲被害人喊冤，被害人這一次雖屬被誘犯罪，

（下接第三十一頁）

時事述評

選舉中的政黨與人民

最近碰到幾位臺籍的朋友，談及臺南和臺中的選擧，他們都是感慨萬千的樣子。以下將他們所報告的事實及提出的意見拉雜寫出來，順帶發表一些我們的意見。

臺南和臺中兩市，國民黨所支持的候選人都失敗了，其所以失敗的原因確實很複雜，自難作徹底的檢討。有些人以爲如此的失敗實爲黨部威信攸關，我們却以爲這是誤解。如果國民黨支持的候選人無一不當選者，則與政府之委派何別？何必多此一擧，勞動許多民衆去投票呢？今日的極權國家雖然也有所謂選擧，而其候選人却是執政的黨指定的，其結果當然無一不當選。我們以爲非國民黨所支持者竟能當選，正足以表明我政府够民主，和極權國家逈然兩樣。就國民黨方面而論，失敗以後，尤應多方檢討其所以失敗的理由，調查民衆的眞意之所在，以作後此的行動的借鑑。聽說中南兩市有一部分選民所以投楊，葉的票，正因他倆不爲國民黨所支持之故。果若此，則高級的當局，尤其是當地辦理選擧的人員，應該加倍自省才是。

至宣傳方面双方都不着重政見，即是今後應爲民衆做甚麼事很少提到，或只輕輕提過就算了事。他們所着重的只是道人之短，說己之長。又此次選擧結果，據一般人說，臺南市，臺中市，屏東縣，臺中縣都是能力較高者反而落選。至選擧費用雖無確實的數字可查，但大家總覺得過於浪費，尤其是複選更使人民疑惑。如果以得票最多者爲當選，則一次可以選出，選擧費便可減少大半，而且選民也不必因此而多費時間，何必硬性規定得票數超過投票數之半才可當選呢？現聞當局已着手改正選擧規程，這一規定應否改變，切望詳加考慮。

人民程度太幼稚，這些毛病當然是難免的。從前聽說南美洲各國施行民主也有許多弊病。我們在大陸也看過鄉村各縣的選擧情形，拿來和臺灣的選擧相較，則選民之投票，臺灣實較內地更爲活躍。可見臺省人民對選擧有認識，有熱心，只要指導有方，則弊端儘可逐漸消滅而步入坦途。我們以爲「政者正也」，必先正己而後能正人，故辦理選擧事務的人員必須持公正的態度，切勿偏袒某一方，而後能擧監督之實。本來民主國家的選擧以有健全組織的政黨爲前提，這一次我們最重要的政黨——國民黨，正在改造之中，來施行地方行政長官的選擧，實未免不合時宜。而且縣市議員的選擧剛才過去，縣市長的選擧即接踵而來，也失之過早吧。（漸）

布萊德雷的天眞

據中央社華盛頓二十二日合衆電報導布萊德雷元帥在美國參院調查麥克阿瑟元帥被免職事件的委員會中作證時說：「他（按指布萊德雷元帥）表示指望在史達林死後，俄國能有一新而比較和平的政權。」云云。假定上述合衆社的報導沒有失實的話，那麼布氏的這種「輕言妙語」確實有些駭人聽聞。

不久以前美國名專欄作家奧索浦（Alsop）兄弟在紐約「前鋒論壇」報上發表的一篇短文中曾經說過一段幾乎令人不能置信的話。他說：希特勒的野心、願望和征服世界的計劃都明明寫在他著的「我的奮鬥」一書中，然而一九三九年以前，美國政府的高級人員中却很少有人讀過那本書；今天的蘇俄已經構成世界文明存續的嚴重威脅，然而美國政府的高級人員也同樣的很少有人把列寧和史達林的著作仔細地讀過一遍。乍一看去，奧索浦兄弟的這說法的確很難令人置信，然而設若上述合衆社的報導沒有錯誤的話，那麼奧索浦兄弟的批評就至少不能不令人半信半疑了。今天的美蘇衝突，更透徹一點說，今天反映在世界每一個角落的民主與極權的衝突，絕不是偶然的，絕不單是一二不肖之徒在那裡作祟造成的。它含有深長的歷史文化背境，它是人類行爲最後的一次大反動。在構成歷史發展動力的各種因素中，人物固然有其不可忽略的相當重量，然而它却不能扭轉乾坤，讓進行中的歷史朝着與原來根本不同的方向發展。布萊德雷元帥是美國民主制度生育成長起來的軍事領袖，他應該了解政治制度在政治動力中的重要。史達林毛澤東輩固然生性殘忍，然而他們的獸性所以能够發揮，所以能够發揮到淋漓盡緻的原因，那完全是一個精巧嚴密的獨裁制度使然。捷克遜的性格也許比列寧更粗暴殘忍，然而他做了美國的總統後，却不能不一心一意爲美國的民主效力，而不敢膽大妄爲。反之，你即使把一個聖人捧上了克里姆林宮的寶座，他仍然是要殺人如麻，絲毫沒有和平寬容可言的。

假定布萊德雷將軍果眞仔細讀過自一八四八共產黨宣言以來共產黨人主要著作的話，他應該知道共產黨「世界革命」——也就是企圖征服世界的狂妄行爲是絕對不會妥協的。除非你消滅它，否則就要被它消滅。今天史達林坐在他的獨裁寶座上要進行侵略，難道換了馬林可夫、莫洛托夫，或貝利亞之流就會與人和平相處了嗎？這是永遠不可能的。布萊德雷元帥，你的想法未免太天眞了！（白）

麥帥被黜後的共黨世界戰略

喬治教授原作
聶華苓譯

一　今日日本

每一個旅行日本的人都有這樣一個印象：一九四八年的日本和一九五一年的日本迥然不同。在這短短的幾年中，日本已完成了許多令人驚異的工作。

東京的面目已煥然一新。街道整潔，殘垣破瓦業已清除。他們新建了許多高樓大厦，有許多還在建造中。電車、公共汽車都已油漆一新，甚至於有許多新型的汽車在東京街頭出現。汽車和卡車的擁塞情形和紐約並無兩樣。日本的生產已突飛猛進，輸出的激增使英國、印度，甚至于美國的製造業者都感到不安和恐惶。

街道上的大百貨公司林立，買主的擁擠和物品的齊全與在支加哥和紐約的曼哈頓的情形一樣。

這些是日本給與每個旅行者的表面印象。實際上，日本內部却充滿了不安。

譬如在東京的神田車站附近，正距離閙熱的銀座不遠，你可以看到許多衣衫襤褸的人們住在高架鐵道的支架下，蒼白的面色顯示了他們的營養不良，有的正在病中呻吟。他們既沒有固定的工作，又沒有安定的家園，只是在饑餓線上掙扎。

商人，工業家，和地主們全集中在東京和各大都市。他們的生活十分豪華。所以很容易使閱歷較差的旅行者觀察錯誤，認為日本人民全都是豐衣足食。豈知絕大多數的人民都頻臨饑餓的邊緣。

工人住宅集中在郊區。日本的住宅問題，尤其是工人住宅問題十分嚴重，至今猶未能解決。日本的工人佔全人口的大多數，他們的工資與物價相比仍然很低。工業的民主化距離理想尚遠。資方與管理當局對待工人仍保持一種獨裁和封建的態度，和舊式資本主義者一樣的剝削工人。工會雖然已有大的進展，但是在各方面，仍受管理當局和政治力量的干涉，指揮和命令。這種情形尤以在京城以外的地方更甚。因此，工會對於工人及其家屬的基本權利不能予以充分保護。

日本的土改工作也還未達到理想地步。多數貧農仍被剝奪其所需最低限度的土地，因此而更激起了農民的不滿。

在知識份子中，對過去軍國主義的無敵日本之偶像崇拜已經幻滅。智識青年多嚮往民主，但對於其中多數青年而言，民主不過是新的機會主義。民主已成為每日的口頭禪，成為尋求職業的敲門磚。在日本的社會和文化各方面，在某些訴訟程序上，根本沒有絲毫的民主精神表現。

因此，許多對民主失望的知識份子轉而信奉馬克斯主義和共黨專政。他們認為這些才是新的世界理想。他們對赤色武力的景仰代替了過去對神聖的天皇和無敵的日本軍國主義之崇拜。

日本各階層，尤其是知識份子，中產階級和以前的軍人對於「軍事佔領日本」已感十分厭惡。

一九四七年和一九四八年，如果一個美國人在東京的街道上行走，日本人民會向他投以友愛的眼光。但今日的情形却完全不同了。那種無情的冷眼表露了他們蘊藏在內心的優越感，他們的眼中充滿了輕蔑和憤恨，無異乎告訴你說：「你們正陷入韓國的泥沼中，你們將必定需要我們。」或是說：「你們仍在這兒幹嗎？滾出日本去！」美國在日本的威望自從美軍和聯軍在韓國遭受挫敗後而一落千丈。以韓國人之拙劣竟能將聯軍驅至釜山周邊，以中共烏合之衆竟能將聯軍從鴨綠江邊趕至漢城。因此，在他們的眼中，美軍和聯軍雖在技術上佔優勢，但並不是無敵的力量。

一般的日本人有着兩種不同的情緒。他們一方面對共產主義默懷着恐佈：「蘇維埃共產黨和中國共產黨離得那樣近，而且韓共也有不可擋之勢。誰知道將發生什麼事呢？」但另一方面，他們有一種潛在的優越感：「如果我們在韓國，我們早就克服了一切困難而獲得了勝利。」

所有這些因素便造成了日本今日錯綜複雜的局勢，這種局勢是有利於精幹而有訓練的共產黨活動的。日共一直到現在就沒有停止過赤化日本的活動。

二　世界共產主義在日本積極活動

在一九五一年四月末日本的市選舉中，日共已遭受了嚴重的挫敗。一些人高呼這是非共黨勢力的最後勝利和共產主義的最後失敗。

然而，共黨的這個失敗或非共黨勢力的勝利其意義並不重大，沒有一個國家的共產黨是靠選舉而獲得政權的，如蘇聯，捷克和赤色中國便是。在世界任何地方，共產黨都是少數黨，但是都是極端活躍而有動力的。他們是藉狡猾而殘暴的策略、陰謀、武力和困惑的輿論而攫取政權的；他們尤其會利用非共產國家的庸懦、不團結、幼稚、恐懼等弱點而乘機行事。

日本共產黨實際上已轉入地下活動。當一個在蘇聯附近的共產黨轉入地

下活動的時候，那是一個堪慮的現象。暴風雨前夕的寧靜是不會永久的，

日本共黨的地下活動十分活躍而有組織。自日共轉入地下活動以後已將近一年，但日本的警察和美國的憲兵始終未偵察出高級日共領袖的隱藏所，也沒有發現每天發行三種共黨報紙的秘密共黨印刷廠究在何處。日共已變更他們的戰術。他們正忠誠地追隨着狄米托夫的滲透政策和木馬政策（Trojan Horse Policy）。

日共很少直接宣傳共產主義，他們正集中一切力量攻擊「佔領」，極力宣傳日本的完全獨立，自主，中立和不介入美蘇大戰。他們知道得很清楚這樣才能迎合日本輿論的潮流。這是日共活動的第一階段。次一階段就是等待世界大危機來臨時，擇一適當時機轉向他們共黨的根本目標，那時，他們便要建立共黨武力，裏應外合地協助蘇聯作決定性的攻擊。

日共在第一階段中將受到日本輿論的支持。現在日本人民雖一方面恐懼蘇俄的侵略，一方面又深切地想避免戰爭。他們認爲戰爭就是毀滅。因此，甚至於居領導地位的日本政界，工業界和軍界也不覺陷入了共產黨的圈套。他們有下面的一段推理：

「盡可能的速與美國以及同盟國簽訂和約。如此，我們可以再度獲得完全的主權和外交政策的自主，我們將可以自由運用我們的策略。但若要我們和美國訂定軍事同盟，參加美國對蘇聯或對赤色中國的全面戰爭，那是決不行的。我們將允許美國駐幾師兵來保護我們，一直到我們有力量足以抵抗從庫頁島或韓國而來的攻擊或滲透爲止。但我們決不捲入全面戰爭的漩渦。

「所以我們要盡可能地和美國以及大多數的西方列强簽訂和約。一旦我們有了主權和行動自由，我們可以在美蘇的大冷戰中藉與蘇聯訂定互不侵犯條約以保守長期的或暫時的中立，如第二次大戰中所爲者然。同時與赤色中國訂定正式或非正式的商約，從中國東北或大陸獲得原料而供給日本工業。然後再等待觀望。美蘇大戰是不可避免的。以美國之强決不會被蘇聯擊敗，但是蘇聯也不是輕易能被美國擊潰的，所以美蘇大戰的結果，不是双方的毀滅，便可能是双方精疲力盡而結束戰爭。那麼，日本便成爲唯一的强國，將再度在亞洲爲所欲爲。」

這些推理在表面上看來是很實際的，但事實上不過是一個荒誕的夢想而已。

他們完全不瞭解狡猾，殘暴，有動力的共黨世界戰術家們的實際主義。

世界共產主義者雖然大聲疾呼反對西方列强單獨與日本簽訂和約，但若日本重獲主權和行動的自由，這正是他們所希望的。日本重獲主權之後，他們將使日本與蘇聯訂立一個蘇日互不侵犯條約並由中共獲得工業原料。

所以，共產黨的戰術是使日本陷入中立和安全的錯覺中，使日本迷惑於未來經濟繁榮的美夢中。但，同時又從內部暗傷日本，並準備以實力滲透。到必要時，便從事裏應外合的武裝侵略。對於此武裝侵略，共產黨現正在隣近日本的庫頁島，千島群島以及西伯利亞，中國東北作充份的準備工作。

世界共產主義可利用的力量如下：

(1) 有數以萬計的日本軍官，士兵和戰俘，這些人曾在特設的蘇維埃集中營中受了數年的思想訓練。

(2) 有數十萬能操日語的北韓共黨青年，他們曾在北韓共黨政權下受了六年的共產主義思想的薰陶，並有充份的作戰經驗。

(3) 日本國內大約有五十萬韓人，其中大多數是共產黨。

(4) 此外還有日本共產黨，他們的數目雖然很小，但在組織和動力方面却十分堅强的。

前二者是共黨在日本的外部的力量，現在向北海道滲透。北海道將成爲日本共黨的集中基地，其理由有二：

（a） 北海道接近蘇聯。蘇聯佔領的島嶼距離北海道只有數英里之遙，所以共黨滲透到北海道實際上是難以控制的。

（b） 北海道的氣候嚴寒，土地貧瘠，所以當地的人民對於北海道沒有什麼可留戀的，只有貧苦的煤礦工人，少數的農民和漁民居留該地。因此，北海道在東京和本州的日本人眼中並不太重要，一向被他們視爲放逐的地區

「自由中國」的宗旨

第一、我們要向全國國民宣傳自由與民主的眞實價值，並且要督促政府（各級的政府），切實改革政治經濟，努力建立自由民主的社會。

第二、我們要支持並督促政府用種種力量抵抗共產黨鐵幕之下剝奪一切自由的極權政治，不讓他擴張他的勢力範圍。

第三、我們要盡我們的努力，援助淪陷區域的同胞，幫助他們早日恢復自由。

第四、我們的最後目標是要使整個中華民國成爲自由的中國。

，而該地的居民也被視爲劣等人民。共產黨十分瞭解這一點。他們很巧妙地利用北海道人的自卑感，對他們宣傳道：「你們現在被東京和本州的人輕視和剝削。你們如奴隸一般地爲他們工作。一旦我們共產黨掌握了政權，你們將是你們自己命運的主人，並且是我們統治日本的夥伴！」共產黨誘惑的呼聲現在北海道並不是沒有獲得反應和成效。

日本在共黨世界戰略上佔十分重要的地位。若日本一旦被赤化，世界共產主義將在遠東獲得最大的工業基地；足以供給整個亞洲共黨軍隊的裝備；可加速赤化整個亞洲；並可自由地南侵臺灣、菲律賓、印尼和澳洲，東攻阿拉斯加、加拿大和美國。

三　關於麥帥解職的幾種辯護

我們在此不討論麥克阿瑟關於亞洲政見的是非，也不討論美國在日本的佔領政策。我們在此所討論的是麥帥解職的本身問題，杜魯門公開宣佈麥帥解職的理由以及在亞洲和整個世界可能引起的反應。

每一個客觀的觀察家都會認爲麥帥的解職不過是黨派間在幕後所耍的小把戲，是由於個人的恩怨而非顧及美國和世界的利益。若是麥帥必須被解職，何不等到對日和約簽訂以後，或是等到其他適當的時機？

對於麥帥解職所作的一些解釋既不能令人心悅誠服，也不能稱爲公平。其解釋大約可歸成下列三點：

(1)　某些人主張文人權力高於軍人。我很懷疑這種論據是否能使他們自已心悅誠服。麥帥未曾反抗他的上司和總統。他僅公開地說明他不同的見解。某些人可以此批評麥帥，甚至於在正常的境況下譴責他。但在今日，我們必須考慮以下兩點：

（a）第一，現在是一個進步的民主政治的時期，已經由國內的民主擴展到國際的民主。國際政策不是某些人或是某些國家外交部的專利品，而必須顧及世界民衆的輿論，必須讓那些民衆做一種適當的判斷和決定。

（b）第二，世界還是繼續爲眞正的人的世界？還是變成共產黨統治的集中營？這是整個人類存亡攸關的問題。在這種關頭，每個人都有權說他要說的話。麥克阿瑟自然不能例外。他不僅有權而且有義務向他的美國人民和整個人類公開宣佈他所不同意的見解，這種見解若不加批評而經採納，勢將導致整個世界的某種災害。

(2)　在美國，法國，特別是在英國關於此問題的解釋是「不能拒斥同盟國。」但不幸，那些「同盟國」所維護的是舊式的反民主的殖民地主義和白人優越論。他們並未顧慮到在亞洲的同盟國，特別是沒顧慮到人口衆多的日本和中國而將他們的想法和看法置之不顧。西方國家尤其是英國早就想將麥帥排擠下臺。如果亞洲的國家，特別是中國和日本不和歐洲國家諮商而將歐洲的艾帥罷黜，他們一定要憤怒地反對這「不可容忍的無權的干涉」。

(3)　關於麥帥解職的第三種辯護是「麥克阿瑟是戰爭販子」。這是最不公正而也最可卑的。杜魯門總統爲了要否認他自已的「罪狀」而解釋說他們爭論的要點不是是否阻止和抵抗共產主義，而是如何阻止和抵抗共產主義。

有一派人的主張在表面上看來似乎很有道理．「西方現尙未有充份的準備與蘇作戰，麥帥所主張的中國國軍反攻大陸將促使蘇聯參戰，如中共參入韓戰一樣。」這個比喻是不切實際的。中共不是蘇聯，而是蘇聯的衛星國。蘇聯會唆使衛星國家如北韓、中共冒險作戰，但蘇聯自已絕不會輕舉妄動，因爲算盤一旦打錯，蘇聯和世界共產主義將遭受毁滅。

因此，關於中國國軍反攻大陸將招致蘇聯參戰的這種推斷是十分幼稚的，並且充分表露了這些人對於共產黨的心性缺乏認識和瞭解。世界共產主義的領袖們不是舊式的封建貴族，也不是布爾喬亞政客，他們並不像這些人一樣因損傷他們的尊嚴而易被激起憤怒。他們是精算而冷靜的革命者，他們是有計劃地挑撥別人，而不會被別人挑撥的。倘若他們準備侵略，即令不經挑釁也會自動進攻，如在韓國便是。倘若他們認爲時機還未成熟，他們可以忍受一切，除了口頭上予以反擊外，他們決不會輕舉妄動。

四　麥帥解職的眞正意義

麥帥解職的眞正意義何在？

麥帥的解職若是由於黨派的鬬爭而耍的把戲，那是可嘆而令人遺憾的事，但這還不嚴重。

麥帥的解職若是由於個人情感上的怨恨，那是更可嘆而令人遺憾的事，但這也並不太嚴重。

麥帥的解職若是爲了要取悅於英國人和其他的歐洲人，那是對亞洲人民的不公平，但這仍然不太嚴重。

如果麥帥的解職是爲了要姑息蘇聯和世界共產主義主義，希望因此而延長和平拖延戰爭，那是一種不負責任的幼稚，是以千百萬在鐵幕後的和將淪入鐵幕的人類的鮮血爲代價，而讓共產主義在亞洲有組織地擴張，使更多的人淹沒在共黨獨裁的洪流中。這才是十分嚴重和危險的。

如果麥帥解職的眞正意義是歐洲第一，亞洲第二，那麼，世界共產主義將因此而永遠處於主動的地位。那就表示民主國家的政策不是有系統的整個計劃，他們將不能主動地借重在鐵幕後的力量。美國雖然鄭重地申明阻止世界共產主義的決心，但若認爲歐洲重於亞洲，那無異爲世界共產主義舖好了征服世界的平坦大道。這才是十分嚴重和危險的。

西方的政策設計者這樣想：「我們不能使歐洲的軍隊捲人亞洲的戰爭中。」這顯然仍不能擺脫舊殖民地主義者的心性。他們不能把亞洲的同盟國當作眞正的同盟國，如在韓國，幾乎整個的戰爭那是由美國兵來打的。共產黨能够使韓國人和中國人變成精練的戰士，但西方國家却不能。

西方的政策設計人又想：「我們既不能使歐洲的軍隊捲入亞洲的戰爭中，那麼，讓我們在歐洲集中力量，以防止共黨侵略歐洲。倘若共產主義侵略我們，我們便將共產主義的中樞——蘇聯——擊潰。從歐洲將是擊潰蘇聯的捷徑。」

但是，世界共產主義的領袖們也是狡猾的。他們在目前決不會在歐洲輕動干戈。他們深深瞭解西方在一九五三年前不會從歐洲進攻蘇聯，同時，也完全瞭解由英國所領導的西方國家不願捲入亞洲戰爭中的恐懼心情。共產黨相信他們不會在亞洲對眞正的侵略者——中共和蘇聯從事大戰。所以，世界共產主義至少在一九五三年以前可以在亞洲爲所欲爲，或是直接地侵略，如在韓國，越南和馬來亞所爲者便是，或是發動游擊戰，利用恐佈手段，製造飢餓，罷工和政治擾亂，如在菲律賓，暹邏，緬甸，印度和伊朗所爲者便是。

由於共產黨在亞洲的侵略行動，共產黨可獲以下的利益：

(1) 將西方最精銳最大的軍力死釘在亞洲一小地區；如韓國、越南等。使西方尤其是美國無限期的流血犧牲。造成他們心理上的厭倦和經濟上的消耗。

(2) 世界共產主義將獲得新戰略地位，新的原料來源，新的人力，並摧毀西方的亞洲的戰略地位。

(3) 由於共產黨在亞洲的局部侵略，西方將消耗大量的款項從事軍備。這個龐大的軍事預算將使經過了二次大戰摧殘的西方人民過着更艱苦的生活。某些人認爲共產黨在韓國的侵略一無所獲，他們如他們開始侵略時一樣仍在三十八度線左右進退。但是對於世界共產主義來說，一個局部的戰爭（如在韓國的戰爭）並不是前進幾里或後退幾里的問題，而是共產主義的整個世界戰略和政策的一部份。

一九五一年四月共黨軍隊在韓國所處的位置和一九五〇年六月開始進攻時一樣，仍在三十八度線左右。但是一九五一年春季美國的經濟情況已非一九五〇年春季的情況可比了。美國物價管制局局長威爾遜曾宣稱不斷的通貨膨漲已使美國面臨最大的危機。並稱通貨膨漲已使美國的軍事預算款項在效用上自動削減百分之二十。因此，世界共產主義藉在韓國小規模的戰爭，已造成美國在經濟上的危機。

因此，到一九五三年西方備戰完成，在歐洲與共產主義展開最後決戰以前，西方和美國在力量上，心理上和經濟上將因一連串的在亞洲的消耗戰而受到惡劣的影響。並將在亞洲失掉許多戰略地區。這些戰略地區可能包括日本，甚至於印尼和伊朗。

當一九五三年西方在歐洲備戰完成時，可能有以下兩種情形：(一)世界共產主義可能已在亞洲根深蒂固，在非洲也許如此。那麼西歐特別是英法兩國在那種情況之下將不敢與蘇聯作戰，在那時，他們可能寧願與蘇締約苟安也不願冒着被佔領或原子毀滅的危險。(二)也許世界共產主義在那個時候不够强大，他們可能對西方作表面的讓步或戰略的退却，使歐洲中立。不給西方任何藉口的機會以發動對蘇聯或其衞星國家的攻擊。在這兩種情況之下，所有西方鉅大的軍備將變成廢物或死資本，將失其軍事效用，並將在經濟方面和心理方面，造成不良的影響。歐洲的民衆眼見那些以浩大的代價而換來的軍備變成無用，他們將感到厭惡和不滿。於是這些人便又成了共產主義的鈎上魚。

最後的一個問題就是日本對麥克阿瑟解職的眞正反應如何？麥帥解職對於日本的意義如何？

日本對麥帥解職的眞正反應要等到和約簽訂以後，日本獲得完全主權和行動自主的時候才能看出來。因爲到那個時候才能完全明白麥帥解職的眞正意義何在。

倘若在那個時候完全證明麥帥解職的眞正意義是如我們在上面所說的：歐洲第一，亞洲第二。那麼日本便將變爲韓國第二。既然西方將不會與在亞洲的侵略者——蘇聯——作戰，日本人勢將在日本局部地和侵略者作戰，那

公文旅行

一九四〇年意大利的一個新聞記者和他的太太在意大利買了一間房。他們覺得房產登記處所訂的交易稅似乎高得太不合理，於是，便向本省的稅務委員會申請減低稅額。

一九四五年，已經是五年以後了，稅務委員會才決定這申請不能照准，還得照原額收稅。等到這項決定到達房產登記處時，又是五年過去了。而事實上，稅務委員會與房產登記處在一條街上，僅隔咫尺之遙。

這項決定到達房產登記處幾個月以後才通知申請人，並稱他可以在三十天之內向中央稅務委員會申請。

在這十年之間，由於通貨膨脹，原來那一筆龐大的數目已貶值到只能買一餐飯吃。於是，這個新聞記者決定如數將稅繳上去，以免行政當局又得辛苦十年或是更多的時光。（苓譯）

麼，日本便將如韓國一樣遭到嚴重的破壞。倘若要避免原子彈對人類的毀滅，倘若要避免世界共產主義統治整個世界，只有一條路：就是不讓世界共產主義在中國大陸站穩。只要世界共產主義控制中國大陸，沒有一個力量能夠防止共產主義的擴張。他們可以從中國大陸首先瓦解然後征服日本、印度、伊朗、中東、非洲，以至全世界。倘若在中國大陸上的反共力量獲得有組織的大規模的支援，他們將足以摧毀在中國的共產主義，甚至於喚起在蘇聯的反共力量。如此，蘇聯共黨的世界獨裁將遭受最嚴重的打擊。

鐵幕醜劇

毛澤東犯了形式主義的錯誤

浩然

一位新近逃出大陸的朋友，告訴我一段鐵幕裡的故事，聞之令人啼笑皆非。

北平×大學有一位名叫蔣愛美的女生，響應「人民領袖」毛「主席」的號召，參加了「抗美援朝」的「參幹運動」。×大學在這次運動中是起帶頭作用的學校，大受毛主席的獎飾；毛主席為了表示他皇恩浩蕩，特於某日召見該校全體參幹學生，每人分別作五分鐘的個別談話。蔣愛美小姐當然也在皇恩沐浴之列，而且更幸運地還得到一個出於意外的殊榮。

當蔣小姐側身在毛主席指定的座位上坐下的時候，毛主席竟為她的芳名而怔住了：『蔣同志！你怎麼竟取了這樣一個反動的名字。這對你進步的思想與行動簡直是一個不可統一的矛盾。你，應該立即改名蔣抗美，才符合人民的要求！』毛主席顯然已頗有怒意，但他畢竟是「人民領袖」，所以說話時反而格外地和顏悅色。

於是毛主席的秘書立刻條諭×大學及主管參幹的軍事部門說：『蔣愛美同志應即改名為蔣抗美』。

蔣愛美（此刻應該是蔣抗美了）的心情是不會有人知道的，她感到無可如何的悲哀——一種獨立人格與自尊心的損傷。蔣小姐的前進在學校裡是衆所周知的，但照共產黨的說法，她畢竟是小資產階級出身，包袱還沒有丟盡。

第二天晚間，×大學廣場上舉行了一個盛況空前的慶功晚會，慶祝蔣小姐得到這樣榮譽的欽定的名字。該校校長在羣衆前演說，說：『這是蔣小姐本人的光榮，是×校全校的光榮，也是人民的光榮』！晚會的場面相當「熱烈」，因為該校當局規定全體學生必須參加。但大多數的觀衆都是為着看笑話而來的，帶着輕蔑與鄙視的心情來欣賞這幕嘔人的醜劇。很多人在竊竊私語。

『從這一事件上可以表現出毛主席的「英明」』，一位同學這樣「稱贊」：『只不過，蔣小姐的姓也應該改正才對。她不是仍保有這最反動的「蔣」姓嗎？』

另一位同學低聲說：『最好請毛主席下令全國人民都改姓毛氏，豈不舉國前進了嗎？』

這是一個極端的形式主義的實例，恕我借用共產黨的術語來說：『毛澤東同志在這裡犯了嚴重的形式主義的錯誤』。當然，共產黨徒絕不肯這樣承認，因為他們是永遠相信「領袖無失」的。

這是必然的結果，在極權與專制政權的統治下，只容許一個人——領袖——有絕對的權威，有犯任何錯誤的自由。其餘的人，不是叛逆便是奴隸。

上面這則故事雖只是一幕小小的醜劇，但很能發人深思，這裡面表現了「領袖」的無知，奴隸的無恥，以及諧語中隱藏着人民心裡的不滿與反抗。

國民經濟論與戰爭（上）

戴杜衡

一

今後的世界，國與國之間的經濟關係究竟應該建立在怎樣的一種基礎上？這問題看來複雜，好像包含許多方面，其實簡單，它的中心祇有一個。所謂國與國之間的經濟關係，主要就是國際間物資（原料與成品）交流的關係，質言之，即國際貿易關係。問題誠簡單，但其簡單性並不貶削其重要性：它不僅直接影響每一國家每一個人的經濟生活，並且間接影響整個世界的和平安全，一切世界新秩序的設計，都不能把它忽略。

一九四一年八月，美國羅斯福總統與英國邱吉爾首相在大西洋上舉行關於民主國家作戰目的的會談，十四日，聯合公布有名的『大西洋憲章』。這是重建戰後世界的藍圖，表面上，它曾爲絕大多數參戰國家所無保留的接受。憲章第四條說：『他們（羅邱二人自稱）將努力創導，使所有國家，不論大小，不論爲戰勝國抑戰敗國，都能以平等的條件進行貿易，並獲得爲其經濟繁榮所需要的世界資源』。文內雖未包含『自由貿易』或『廢除關稅壁壘』這些字樣，但類此的傾向是非常顯著的：它有一種打破經濟國界的意圖。我們知道，大西洋憲章是出於羅斯福的主動，羅斯福這種觀念，充分代表美國，並且可以在第一次大戰後威爾遜總統的『十四點』中找到根源，十四點原則之第三點，即爲『在贊同和平並願爲維持和平而協力的所有國家中，應儘可能廢除一切經濟障礙，並建立平等的貿易關係』，語意且更較大西洋憲章爲明白。我們於此可見，美國人抱持經濟世界主義的理想，已非一朝。

美國在第二次世界大戰中是領導國家，爲所有參戰國家所依仗，它提出的原則，大家基於某種考慮，形式上是接受了，但是否眞能誠懇支持這些原則所代表的精神呢？在我看來，值得懷疑。首先，我就不信邱吉爾會對大西洋憲章由衷的贊同。他雖然在那個文件上簽了字，而且是代表英國政府簽了字，但他是一個徹頭徹尾的現實政治家，他對一切理想的事物不會感覺多大興趣，極可能是爲一時權宜之計而敷衍着羅斯福的「獃想」。（大西洋憲章的許多其它原則，也都與邱吉爾的保守主義在本質上無法調和。）可惜邱吉爾在戰後的英國未能繼續秉政，因此我的看法也就未能充分證實。

一般人以爲英國的工黨政府在各方面都是比保守黨政府更爲『進步』的。如果『進步』這字樣是意味着更接近於未來世界的理想，則我要指出，至少對於國際經濟關係的問題，英國工黨之保守的程度，決不次於保守黨。他們直至今日都還是狹隘的經濟國家主義者。他們當國以後的政策首先就是要對英鎊集團與非英鎊集團造成貿易的差別待遇（trade discrimination），即是以種種措施，儘可能促進英聯國家之間的互相提携，以抵制非英聯國家（當然包含美國）。工黨的代表經濟學者柯爾（G.D.H.Cole）在其一九五〇年才出版的新著『社會主義經濟學』(Socialist Economics) 書中，即曾抨擊自由貿易，替德國李斯特(F.List)一派保護主義的國民經濟論鼓吹，認爲此種觀點『在今日比任何時候都更占勢力』。英國工黨，無論它的理論與實踐，都走着與大西洋憲章的原則相反的道路。

英國並不是單獨的例外。我們就算把共產集團不計，在民主國家的營陣，明示或暗示的，有意或無意的，直接或間接的，反對着（甚至可說是抵抗着）美國所標揭的理想者，隨時隨地都能發現。譬如說，戰後中美兩國締結的商約，完全以大西洋憲章的精神爲基礎，但中美商約就會在我們當時的所謂輿論界招來一片反對之聲，而我們政府，竟無一詞辯解。

經濟的世界主義抑經濟的國家主義？這是一個歧途。事勢卻逼迫我們必須在二者之間有所選擇。

二

我們試先從純經濟的觀點探討此一問題。

國際的經濟關係表現於貿易，貿易導源於分工。我們的探討要從分工着手。第一個問題是：高度的國際分工，即高度的生產專業化，是否對各方面均屬有利？世界各國，正如個人一樣，生產效率並不能平均發展。譬如，A國生產物品a效率較諸B國生產a爲高，而A國生產物品b，效率則較B國生產b爲低，在這樣的情形下，我想任何人都知道，A集中力量生產a，B集中力量生產b，而A以多餘的a與B所多餘的b進行交換，對AB雙方都是有利的。但實際情形卻並不一定這樣簡單：這裏可以有先進國與落後國之分，先進國可能在每一項物品的生產上效率均較落後國爲高。B國可能竟一無所長，它不但生產a效率較A國爲低，即連生產b c d等等，效率亦無不較A國爲低，則國際的分工，對B國是否亦如對A國一樣的有利呢？

這問題，本可用一種精密的邏輯推理求得正確答案，但對一般非邏輯的頭腦，卻是太複雜了，錯覺就從這裏產生，頗有些人認爲，在經濟力不平等的國家，分工僅對強的方面爲有利，弱的方面反將因此而蒙受損失。在他們看來，國際分工與自由貿易實爲強者的理論。當英國的經濟霸權凌駕世界之際，英國首先提倡自由貿易；現在，這霸權向美國移轉，就輪到美國來提倡自由貿易了，而英國則一天天的傾向保護政策。他們沒有瞭解：落後國在國民生活水準上所以顯得較諸先進國爲不利，主要原因即在於它自身的落後，即生產效率之低與成本之高，根本與分工或貿易不相關連；反之，分工或貿易，事實上卻正可以減輕落後國的落後程度。

B國生產a b c d效率件件不如A國，則分工是否對B國也同樣有利？對這問題，古典派經濟學大師李加圖（D.Ricardo）早就作了圓滿的解決。李加圖的學說誠未必一字一句都完全正確，但他的『協作定理』(law of Association)卻的確至今還沒有人能把它推翻。依此定理，如果B國生產abcd全不如A國，至少在abcd之中總有一項其效率低落的程度較好一點，也就是說，與A國較為接近一點，則B國就應選定此項生產為專業。在B國，這樣會較諸同時生產abcd為有利。

假設，在A國成本一單位能生產四單位的a或二單位的b，在B國同樣的成本一單位僅能生產一單位的a或一單位的b；再假設，B國供自身消費，需要有一〇單位a與一〇單位b。則，B國如ab二物都由自己生產，應花成本二〇單位。但，如B國以成本二〇單位集中生產b，則得b二〇單位，它自身消費一〇單位，以多餘的一〇單位b向A國交換a，就A國一b等於二a的交換率，可得a二〇單位，消費一〇單位，另外一〇單位a即成為B國的蓄積；或，B國以多餘的一〇單位b中之五單位向A國交換a，得a一〇單位，亦可滿足自身需要，而賸下的五單位b亦成為B國的蓄積。總之，B國雖於ab二物的生產上效率均不如A國，但經分工，它積蓄了一〇單位a或五單位b，這是無論如何不能抹煞的利益。

無論對先進國與落後國，分工都會使平均的效率提高，成本減低，進而使消費品價格降落，人民的生活狀況相應的改進。換言之，對落後國，分工也像對先進國一樣的促成經濟發展。但無論先進國與落後國，要獲得分工所給予的利益，必以國與國之間的交換不受到任何人為的（制度的）阻礙為前提，即是說，必以自由貿易為前提。

這原是明白顯著且又顛撲不破的道理。但事實上，為什麼落後國偏偏常要反對自由貿易而傾向於保護主義呢？暫且按下政治的原因不提，我敢說，這是因為落後國並不拿自己的現在與自己的過去相比較，而慣於拿自己與人家相比較，這樣就顯得不利了。如前例，B國為獲得一〇單位a與一〇單位b而生產一五單位b，以五單位b向A國交換一〇單位a，共須成本一五單位；而A國，僅以成本五單位即生產了二〇單位a，以一〇單位a向B國交換五單位b，再以成本二．五單位自行生產五單位b共花成本七．五單位，即與B國同樣的獲得了一〇單位a與一〇單位b的滿足。所得相同而成本則為一五與七．五即二與一之比，在B國看來，顯然的相形見絀，它就發生錯覺，以為是受到了A國的損害，也就是受到了自由貿易的損害。B國不想想：如果不進行這樣的交換，它所花的成本不是一五，而是二〇！

另一些人，以輸出入平衡的觀點，反對自由貿易。他們說，國際間的貿易關係，並非以物物交換的方式來進行，而是經過黃金的媒介，一國家輸出入的差額，必須用黃金來償付；各國間的生產効率既不平等，在自由競爭之下，落後國就永遠處於入超的地位，黃金不斷外流，資金趨於枯竭，產業也就永遠無從發展了。我要指出：這也是一種完全昧於經濟運行法則的非難。一個國家，祇要在貨幣政策上不犯嚴重錯誤，就決不會長期的大量的入超，它的入超會達到一個自然的限度而停止。

黃金，它本身亦為物品之一種，祇因為它擔任交換媒介的任務，才在性質上與其它物品有了若干區別。作為一種物品，它本身的價格，亦為市場的供求律所決定。當一國黃金的存量，因貿易入超而流出之時，在此國，黃金的價格高漲，而以黃金計算的其它一切物品的價格，即相對的低落。在金貴物賤的情形下，進口貿易漸因無利可圖而趨於萎縮，出口貿易得到新的鼓勵，轉而刺激生產。B國在生產效率上遜於A國，但可能因為B國的金價高於A國，以致在B國以黃金計算的生產成本反低於A國，則B國的產業即受到一種自然的『保護』，使一切人為的（制度的）保護成為多餘。此種自然的保護會使B國的不利貿易平衡轉為有利，B國正可乘此機會對若干效率較高的產業部門從事發展，而A國迎頭趕上。祇是，如B國政府採取錯誤的貨幣政策，硬把它國內的法定通貨與黃金維持一固定的比價，即是說，硬把金價壓低，即就等於對輸入貿易給予一種貼補，這種『反保護』的措施，會把自然的保護的機能破壞無遺。

過去，全世界的黃金向美國集中，這是事實。但，此種集中的趨勢已經達到頂點，無法繼續發展，也同樣為一不可否認的事實。現在，世界各國的黃金並未枯竭，而美國業已無法無限度的擴大其市場，祇好把物資以援助的方法無代價的向世界各國輸送了。經驗不但沒有否定我們在前面所演繹的經濟法則，反之，它是更證實了那個法則。

高度的國際分工。與自由貿易，足以普遍的提高生產效率，使所有國家的人民都能以最低廉的代價換取最大量的滿足，並因而提高生活水準，所以，從純經濟的觀點說，它是有百利而無一害，縱然利的分配未必平均，但有利究勝於無利或有害，我們能拿什麼理由來反對呢？並且歷史也說明，凡是強調國民經濟論的國家，從來沒有能夠藉保護政策或其它貿易政策而把國民生活水準提高的，我們又從那裏去找尋它存在的根據呢？果真沒有存在的根據，為什麼它在事實上偏偏又的確存在呢？

三

這是一個秘密：國民經濟論的存在根據，不在經濟，而是在其它方面；我們必須把這秘密揭穿，才能窺見與它相關的一切運用之本質與真相。國民經濟論者從來不重視經濟法則，也沒有提出過什麼堅實的經濟理論；他們無寧說是為着某種目的而要把經濟法則扭曲，所以即令有所謂理論，也不過是作為一種掩飾而已，他們真正的着眼點本不在此。

高度的國際分工從純經濟的觀點說是有利而無害，但從有些國家的觀點看，它卻有一個致命的害處：它使國家無法進行戰爭，至少無法進行現代化的戰爭。在細密的國際分工下，一到戰時，國與國之間正常的貿易關係斷絕，這樣又缺少，那樣又不够，連活命都成問題，仗是無法打的了。這豈非顯而易見之事？有些人因爲把戰爭看做國家的天職，他們就當然要反對經濟的世界主義，反對自由貿易，反對高度國際分工。

與經濟世界主義相對立的國民經濟的觀點，並非完全是一現代的產物。希臘在古代爲一商業國，但亞里士多德却認爲國家之目的在自足自給，這是因爲它不能想像一個不能自足自給的國家可以有自衛的力量。古代與中古，特別在東方，有許多政府甚至用法律來禁止一切的對外貿易，這是因爲它們即在平時亦把所有的外國都當做了敵國、漸漸的，由於生產力之發展而技術趨於複雜，若干程度的分工，已不可避免，閉關政策更無法保持，就起來一種重商主義（mercantilism）的潮流，國與國之間在貿易上鈎心鬬角，各就國家利益的立場把商業當作戰爭之一種型態。凡此一切都可算是近代國民經濟論的前身。

近代的國民經濟論，發源於德國。即連德文中Volkswirtschaft 這個字，都不容易用別國語言來傳譯得恰到好處；它的全部運用，也祇有在德國曾發揮到極度。絕不是碰巧，德國正是一個與戰爭結下不解緣的國家。十八世紀末葉以來，歐洲因自由貿易的風氣而人民生活水準普遍提高，德國本身也是受益者之一，但其經濟發展較諸英國，還是比較落後。德國人（無寧說德國政府或霍亨佐倫皇室）不能自安於這種雖緩慢而堅實的進步，他們要求飛躍，企圖一下子就能與英國並駕齊驅，或甚至趕在前面。這是國民經濟論的最初動機。

但國民經濟論經過發展，其內容與涵義已遠非那個最初動機所能籠罩。經濟制覇，對於一後進國，非輔以政治的力量無法達成，而政治的力量，又必依恃軍事的力量；反過來軍事的力量仍需以經濟力量爲基礎。於是，經濟,政治,軍事三者，乃互相糾結而不可分解。爲着軍事的目的，國民經濟要以國界內的自足自給,即所謂經濟的 Autarky，爲其最高理想；此在技術發展的今日顯然沒有可能。於是退而求其次，至少要在若干與戰爭有密切關係的產業與資源方面,力求自足自給。但,即連這樣的目的，像德國一類的國家都不容易辦到，它就深深感覺所謂『生存空間』(Lebensraum)之不够了。唯一的辦法是，把那些自己所痛感缺乏的物資之出產地占領下來。於此國民經濟就開始與侵略主義相聯繫、終至何者爲手段何者爲目的，都變得不可分辨。國民經濟勢必是一種備戰經濟：這是它的第一個特徵。

接着，出現了戰爭目的與民生目的之間的矛盾。國民經濟既志在加强國家的軍事力量，就不得不把國民生活水準之提高放到極不重要的地位。國民經濟論者，却並不一定直截了當的使用『戰爭』與『民生』這些字眼。他們把戰爭目的稱爲『國家利益』，把民生目的稱爲『私人利益』，而强調『私人利益』應爲『國家利益』而犧牲。正因爲他們並不把『國家利益』視爲全體國民利益之總和，所以他們對以私利動機爲出發點的經濟學深惡痛嫉。他們藉國家之名以說教。然而僅僅說教，究竟不能把植根於普遍人性的私利動機剷除，他們乃不得不利用政治權力對人民的經濟生活施予一種干涉與强迫。於此，國民經濟就進一步與極權主義相聯繫，終至成爲壓搾並奴役人民的工具。國民經濟勢必同時也是一種統制經濟：這是它的第二個特徵。

國民經濟雖以自足自給的經濟 Autarky 爲其最高理想，但這僅僅是理想而已，事實上是從來沒有做到的（而且也不可能做到）。它不能放棄國際貿易。祇是，它要用種種方法，使國際貿易進行得儘可能有利於它的目的。它絕不允許自由貿易。它的貿易，縱非國家統籌統辦，亦必在政府的嚴格管理與計劃之下進行。它的貿易政策，細密而複雜，且在整個國家政策中占着非常重要的地位，我們必須先瞭解整個國民經濟論的主要特徵，才能進而把握這些貿易政策之動機作用以及最後招來的後果。

（未完）

中共的苦果

黃紹祖

一　幻夢的破滅

一年之前，正當韓戰爆發的前夜，那時候，中共正在做着「穩步建設」，「爭取國家財政經濟狀況好轉」的美夢。基於這個心願而鈎劃出來的一幅具體藍圖，就是毛澤東去年六月在中共三中全會上所作的「六六報告」。

在這以前，財經問題的嚴重惡化，老早便是僞政權最感困擾而難以應付解決的問題，這是在中共的無數官方文件中，都曾無可奈何公開承認的。事實上，大陸的經濟基礎，在八年抗戰五年內亂之後，本已斲喪無遺，奄奄一息；而在中共極權集產經濟的繼續無情猛烈摧殘下，高債重稅，橫徵暴歛，更使大陸經濟的一線生機，全部滅絕。這種情形，發展到去年春夏之交，即已暴露出難以爲繼的危殆狀態：工商倒閉，農村糧荒，社會購買力瀕於消滅，資金再生產陷入停滯。總之，整個國民經濟的本源，已趨枯竭之境，成了中共僞政權當時最重大的困難和最致命的威脅。

毛澤東「六六報告」的提出，便是針對這一情勢而來的。爲了挽救財經崩潰的危機，爲了維持僞政權的苟延殘喘，從那個時候開始，他不能不略爲考慮改變他的「竭澤而漁」「殺鷄取蛋」的政策，以期可以稍稍復蘇剝削榨取的對象，培養長期掠奪的泉源，來供應他無窮無盡的需索和要求。所以，在這個報告中，曾規定了以調整工商業及大量節減「國家」經費的辦法，來謀取財政的穩定和經濟的發展，並給予了以三年至五年的時間，來造成財經情況基本好轉的好聽諾言。以當時的實際處境來說，中共的這一措施，自還不失爲一種救急的對策和美麗的希望。

可是，中共無情，現實比中共更加無情。霹靂一聲，韓戰爆發；再進一步，中共在它宗主蘇俄的驅使下，畢竟也介入了這個戰爭，成爲侵略的工具和先鋒隊。於是，事過境遷，形勢大變，一切都只好和它原來的期待背道而馳：「穩步建設」的幻夢破滅了；恢復國民經濟的計劃流產了；舊的財政問題沒有解決，新的財政問題更加嚴重了；舊的經濟危機沒有克服，新的經濟危機更加深刻了。中共今天顯然已經跌進了一個不能自拔的深淵裡。它撒下了罪惡的種子，現在已開始在嘗吃自己罪惡的苦果。

二　戰爭負擔和財經危機

中共參加侵韓戰爭八個月，軍隊傷亡損失已高達百萬，「四野」精銳消耗殆盡，「三野」主力也已虧損了很大一部份。但這還只是兵力上所遭受的重大打擊，在它的財政經濟上，由於這樣一個局面的戰爭消耗所帶來的不勝重壓的負擔，對於僞政權的影響，實在是更加深刻，更加具有危險的意義。

我們只要想一想，中共應付這樣一個國際規模性的戰爭，而且又是處在主動的侵略者的地位，需要不斷的投資下去和不斷的改善自己的作戰條件，以它的工業水準和經濟情況來論，如何能夠擔當得了，如何能夠避免自己財經狀況的更加混亂更加惡化。軍火消耗，給養裝備，交通運輸，即使蘇俄方面可能幫一部份忙，但由於蘇俄的自奉不足和向來吝嗇，忙也決幫不多，絕大部份還是要中共自行籌劃的。這只要看，中共去年度的預算案還公佈了一個百分比，今年的預算案則連這個百分比也不敢公開出來了，足見它的戰爭消耗所加諸財政負擔的重壓，一定高到一個不能見人的嚇人程度，才只好用一張白紙想來掩盡天下人的耳目。

根據去年的中共預算案，它的軍費支出表面上只佔總支出的百分之三八·八，但僞「財政部長」薄一波就曾聲明過其他有許多支出實際上便是變相的軍事費用，何況那時候的軍事目標還只限於國內戰爭而已。即使如此，去年中共的決算經過很客觀的折算，收入方面所榨取的要高達二十三億美元以上，這還只是按照它「依法有據」的收入說的，此外的借募，捐獻和直接掠奪等，都不包括在內，這已比國民政府歷年的最高額要增加到四倍以上了。現在又展開了侵韓戰爭，最保守的估計就算它的預算只再增加一倍吧，但人民如何負擔得了，因爲這已遠遠超過了國民所得的限度。去年的榨取，乃是將大陸各階層人民多年來的財富積蓄，一掃而光之後才勉強做到的，現在早已羅掘俱窮，石子裡擠不出油來，中共除了吃血不留骨頭和拚命增發鈔票以外，已別無善策；但這二項做法，無論如何是將益陷中共於絕境的。

試看大陸的金融和物價，正隨同這一惡劣情勢的發展，而更趨混亂。這首先反映在黑市金融的普遍復活，加強蠢動。在去年上半年，由於中共當局的雷厲風行，嚴格取締，各地黑市金融曾一度銷聲匿跡。及韓戰發生，就有醞釀滋發之勢，等到共軍攻藏入韓以後，乃全面的重趨活躍。試以上海爲例，到去年年底止，黃金美鈔黑市價格均已超過僞官方牌價一倍以上，今年初雖經共方力壓，但二月以後仍如野馬脫韁，一日數市，其他地區也都彷彿。所以物價也就跟着上漲，尤以紗布糧食起着帶頭作用，這使中共在去年五六月間苦心孤詣想維持的物價暫時穩定局面，又告破滅。而今後戰爭狀態繼續擴大，軍需供應浩繁，人心浮動得更厲害，人民拋幣囤貨的心理必無法遏止，投機現象將再度發展成爲市場的統治勢力。於是物價上漲與通貨膨脹的惡性循環，又會重現；這一方面加重成本，破壞生產，另一方面，因增加支出，造成僞政權財政上的無法平衡，逐漸導引出一個財經全面崩潰的結局來。

目前中共的財經措施，既已逐漸由備戰階段進入正式的作戰狀態，一切都已集中在支持戰爭的任務上，而把恢復國民經濟的要求和繁榮生產建設的期望，都只好暫時擱置起來。韓戰爆發一年以來，它早已下令東北地區各工廠搬遷到華北和西北各大城市去，華東華南地區的重要工業設備，僞「重工業部」亦早經指示隨時作北遷準備，一部份且已開始轉移，因此它剛剛整理起來的工業系統，和準備舖設的工業軌道，又告混亂破碎；這對於中共的工業化計劃自然是重重的一擊，而做不到工業化，中共也自知無法去澈底解決它的財經問題的，更不用說空懸着的轉向「社會主義建設」的幻想了。此外，在香港等地搶購戰略物資，包括樹膠，鋼鐵，藥品，原棉等項，這一年間已化費了它約計五億元的美金外滙，而在這方面的大量儲備消耗，使得民生日用品的供應更大受影響。所以它在各地區又通過了原料物資和民生日用品的集中管制辦法，實行統一收購，加緊控制市場。這一切，使得原來本已衰敝萬狀的工商業就更加的衰敝到一個極致，使得原來本已掙扎在飢餓線上的各階層人民，就更加的無以爲生了。

今天的大陸經濟慘況，就正如同一個人在喘息他最後的一口氣，中共雖則着急，但也是束手無策，挽救乏術。

三 「土改」惡果

「土改」在中共手裡，也是藉以起家的主要法寶之一，過去的確是幫過它大忙的。毛澤東在作「六六報告」的當時，爲了一心一意配合他整個「穩步建設」的好夢，也强調了必須「有步驟，有秩序」的去進行土改，避免以前過火的毛病。但韓戰一來，在戰爭的刺激和應付戰爭的需要下，又只好拿出本來面目來，恢復「放手發動」的一套蠻幹；於是「和平分田」必須反對，流血鬥爭必須貫澈，農村又被搞得一個稀爛紛亂。但中共到底也因此自食了「土改」的惡果；下面幾點，都是一年來的「土改」鬥爭對僞政權所形成的重大困擾和威脅。

第一，「土改」影響了農民的生產情緒，大大的削弱了農村生產力。這就因爲：一方面，僅僅分得二三畝小額土地的貧僱農，他的生產所得在中共的高額農業稅(即徵收公糧)下還不够納糧完稅，根本無法生活；另一方面，眼看到富農和中農仍不免隨時被鬥爭的殘酷事實，更感到似乎只有貧困才是保障，再也不願加緊生產自找麻煩了。這種傾向中共當局發現以後，雖也力圖解釋說服，但挽不回已經破了產的農民心理。目前大陸普遍存在着的嚴重糧荒危機，這正是最根本的一項成因。

第二，用中共自己報導中的話說，就是「土改」已經『造成了城鄉關係的混亂』。一般的情形有這樣幾種：㈠很多城市工商業者兼地主的，被本鄉的「農會」抓去鬥爭，迫使退租退押，清算的時候又加息滾利，結果往往弄得無力清償而後已，除了土地房產全部交出之外，還不能不把在城市裡經營的工商業也一起拍賣抵數，或者用存貨抵押，這就增加了城市工商業的破產和倒閉，增多了失業人口，加深了經濟困難。㈡有許多工人在本鄉也有土地出租，「農會」照樣捕去，鬥爭一番，因此又形成了「工會」和「農會」的對立衝突。㈢僞政權的各級軍政官員，很多也在本鄉本土有田出租的，「農會」派人來逮捕，就藉勢對抗，有的反將「農會」派來的人拘押，造成了中共城鄉幹部間的許多內部糾紛和摩擦。這一些情形對中共鞏固僞政權和穩定社會秩序的要求，顯然都有很不利的影響。

第三，中共發現許多知識份子和農村出身的幹部，都經不住「土改」的過份殘酷而動搖了：有的不願參加「土改」工作，有的希望或贊成「和平分田」，有的甚至掩護和隱藏地主，或自己抗拒逃跑，有的更因家屬或親戚被鬥而公開「反叛」。總之，在作爲中共最基本的農村幹部間，已因此產生了重大的分化和不安，加深着僞政權的內在矛盾性。中共機關報上已不斷以社論等方式提出了「堅決反對包庇地主的行爲」以作警告，認爲『農村社會正發生深刻的激烈的變化』，而『這個變化，也在不同的程度上影響到革命隊伍內部那些家在土地改革地區，出身於地主的工作幹部』，並主張對這些幹部必須加以「鬥爭」和「懲辦」，足見他內心惶恐的一般。

第四，在「土改」中更發展了中共幹部的貪污腐化傾向。中共報紙上曾陸續暴露共幹『藉口群衆意見，隨意大吃大喝』，『藉口工作需要，隨意開支，挪用群衆鬥爭果實』，『貪污，侵佔群衆鬥爭果實和公家財產』等等醜態。「土改」本身原是中共有計劃的掠奪，現在共幹們在這個掠奪過程中，就更加的墮落，更加的作惡了。這也正是人民對中共加深惡感仇視，更需堅決反抗的一個關鍵所在。

根據中共的規定，第一期的「土改」，到本年三月底告一段落。這是它掠奪農村財富的主要手段，第二期自然緊跟着還得更猛烈更殘酷的延續發展下去，從而這些惡果勢必也隨同更加蔓延生長。毛澤東在「六六報告」中曾宣稱「土改」是中共遭遇考驗最嚴重的一「關」，假使通不過，一切前功盡棄。照現在的情形看起來，「土改」已經爲中共帶來更多的困難和損害，失掉人心尤爲其致命傷；這一「關」中共既難以度過，進一步就眞要失掉它的一切了。

四 新的糧荒又來了

自前年中共僞政權成立以後，大陸上連年都發生了嚴重的災荒。據中共的官方報導，前年水、旱、蟲、雹等受災地區估耕地即達一億二千萬畝，災民在四千萬人以上；去年新災區又擴大了八千多萬畝，災民又增加了三千多萬人。由於僞政權旣無計可施，復坐視不救，因而死亡慘重，並且造成了普遍的糧荒，置大陸人民於天災人禍的双重苦難之下，流離失所，餓莩載道，悲慘地掙扎在生死存亡的邊墜。

現在，新的糧荒又在襲擊整個大陸了。廣東、湖南、安徽等省尤爲嚴重，不僅餓死人不算新聞，吃草根樹皮不算稀奇，就是人吃人和「易子而食」的情況，亦已屢見不鮮，這是中外各通訊社都已歷有報導，甚至各僞報也無法加以完全掩飾，而曾陸續透露和證實的了。但在宣傳上，中共曾强調去年糧產普遍豐收，原糧生產達二千四百餘億斤，較前年增產一成，好像不應該再有饑荒問題出現。不過事實畢竟是事實，今年新糧荒的形成，若從中共的種種措施上來探討，還是不難找出它的人爲原因來的：

第一，就是在上一節已經說過的，由於「土改」鬥爭，大大降低了農民的生產情緒，大家不起勁耕種，田裡的出產自然要減少了；中國本來就是米不够吃的，這樣一來就更加的不够吃了。

第二，中共去年的徵糧工作，越發的苛暴凶殘，夏徵以後，還有秋徵，另外更有追加的地方附加糧百分之十五；而正稅以外，在「抗美援朝運動」的藉口之下，各地又曾開徵「抗美援朝」谷，和進行其他種種捐獻徵募等方式的搜括，將農村僅餘的剩糧完全榨盡。

第三，中共爲了儲存軍糧，控制糧食，去秋至冬曾分別由各僞糧食公司和貿易公司，用半强迫手段大量低價收購，隨後轉運北上，所以民間糧食更形匱乏。

第四，中共所控制的糧食，除一部份輸出港澳換取戰略物資外，最近印度糧荒，中共還先後運去十幾萬噸糧食，一方面作政治攻勢，另一方面換取印度的苧麻和粗麻布等，來製造軍用制服，而置大陸人民的死活於不顧。並且由於這種種消耗，中共倉庫裡的存糧也已大大減少。

第五，繼續供應蘇俄的需要，這就使得老百姓越加的無飯可吃了。

從而，對於這一次新糧荒的來到，僞政權當局除了像過去幾次一樣空口喊喊「生產自救」「努力開荒」等口號以外，决不會作什麼有效的救濟。何況它還嫌大陸上的人太多，現在實施屠殺尚恐不及，能够再來餓死一大批，也眞合它的需要。不過人民的反抗，社會的動亂，以及反共游擊武裝的普遍發展，畢竟也以糧荒爲基礎，而更高漲更加强起來，給予中共以致命的威脅。

五　加緊城市剝削

由於侵略戰爭的負擔不斷加重，中共對於城市經濟的剝削掠奪，也不能不進一步，實施一套更凶惡更毒辣的辦法。

本年三月三十一日，僞「政務院」公佈了一項「關於進一步整理城市地方財政的決定」，接着，僞「人民日報」即發表社論予以鼓吹，再接着，僞方各大小報刊都紛紛撰論對它闡釋和響應。從這個思想動員和輿論製造的狀況，使我們看到，中共對於城市經濟，已經決定更澈底的開刀了。

這並不是說，中共過去厚此薄彼，對城市經濟有所客氣；事實上，在它一貫的高債重稅，橫徵暴斂之下，大陸的城市經濟也早已榨乾擠竭，奄奄一息。但中共意猶未足，這就正像它一直實施着無比恐怖的鎮壓屠殺，却還要認爲過去是「寬大無邊」一樣，只是說明了今後在程度上，較之以前還要厲害到一個極致而已。

在上述僞「政務院」所公佈的「關於進一步整理城市地方財政的決定」中，它的基本精神，乃是規定了『城市人民負擔能力較高，政府應採取「量出爲入」的財政原則』。這就是說，它認定城市人民還有充分被掠奪的可能，所以只要政府認爲有需要，就可以予取予求，隨心所欲，伸手向人民要錢。僞「人民日報」的社論，更强調了這是『獎勵地方積極開源，以便因地制宜』的做法。而「開源」的辦法何在呢？就是增加『城市地方稅和各項稅收的附加』。因此工商業稅、交易稅、屠宰稅、娛樂稅、房地產稅的附加都分別提高了百分之十五至百分之二十，使原來便已無法維持的工商業及難以生活的人民，更不勝其高壓重擔，喪失存在的可能。

這還只是情形的一方面，另一方面，從去年年底起，中共即已在各處實施「市場管理」政策，建立各種交易所，控制重要物資的交易，不僅限制各廠商經營的範圍，並且規定了交易的方式。今年一月以後，更開始進行建帳工作，來加强它的控制。目前則配合加緊剝削城市的要求，更規定各廠店爲了『實行計劃經濟打下基礎，並澈底了解私營企業的實際情況計，所有私營企業的財產，應一律以去年十二月卅一日的當地時價爲標準，從新估計，並進一步調整資本』。這個「重估財產，調整資本」的目的是什麼呢？就正有如農村實施「土改」前所必須做的「評產」和「擠黑」工作一樣，乃是進一步掠奪鬥爭的必要準備。這是沒有什麼稀奇的，依照中共的程序，旣已鬥光了農村，現在自然必須跟着來鬥城市了。

因此，「六六報告」中所開的『調整工商業。改善公私關係』的空頭支票，當然是兌現無期。過去認爲「殺鷄取蛋」不是辦法，現在却仍只有「飲鴆止渴」這一着，中共是只好硬着頭皮把這杯由苦果所擠出來的毒汁，不顧一切的喝下去。

六　「宣傳網」的破產

中共自食侵韓戰爭的惡果，這一事實，在它自已亦是看得非常之淸楚和確定的了；由於紙老虎逐漸的被拆穿，客觀形勢一天比一天不利，於是又不得不去乞靈求助於它的一套傳統的欺騙麻醉的宣傳法寶，想憑藉它顚倒是非，混淆是非的拿手本領，來繼續蒙蔽眩惑大陸的人民，維持已經動搖的僞政權於不墜。

今年元旦，中共中央公佈了一個「關於在全黨建立對人民群衆的宣傳網的決定」，規定各級黨部都應有系統的建立經常性的「宣傳網」，在每個支部設立宣傳員，在高級機構則設立報告員，長期的來負責它的欺騙麻醉工作，就是根據這一需要而產生的。五個月以來，共黨的若干地區已經建立起來了這種「宣傳網」制度；依照它的預定計劃，希望發展到每三十個人中，就有一個宣傳員。

但是這一回，中共的如意算盤打得雖好，實際執行的情形却很難令它自已滿意。近二月間，它發現了實施這個工作上的許多偏差，而正用指示，報紙社論，自我批評，檢查和總結經驗等方式，希望還能糾正它，强化它。歸納它自己所指出來的偏差，不一而足：或是『一般幹部對建立宣傳網工作沒有信心』，或是對這個工作『表示猶疑，强調困難』，或是『有些領導人認爲建立宣傳網是額外負擔』，或是『沒有貫澈中央的決定』。總之，這就形成了『各地認眞建立宣傳網制度的還很少』的這個事實。這一些傾向中，特別是幹部沒有信心和表示猶疑這一點，意義實在非常重大。這說明了：形勢比人强。今天的客觀實況，迫使中共的幹部們也不敢相信再是空口白話的欺騙麻醉所能奏效的了。騙人的技術不管如何高明，還是有時而窮的。事實勝於雄辯，他們深知，今天無論他們如何的賣力宣傳，也矇不住人民的雪亮眼睛了。自已既已沒有了信心，這個工作又如何做得好？

中共既已欺騙失效，麻醉無術，我們可以相信，這個「宣傳網」的破產，就正是它整個崩潰的前奏。

七　從發慌到發瘋

因此，從最近種種跡象上，可以看出，面對當前激烈變化和內面惡化的局面，中共已經開始發慌了；而這種心理上的恐慌，進一步便變成了它行動上的瘋狂。從發慌到發瘋，就是了解現階段中共整個動向的根本特徵之所在。

這實在也是無怪其然的。試看：民主國家的立場是一天比一天堅定，備戰是一天比一天積極了；在近百萬共軍的大量損失以後，二次的春季攻勢又都受到嚴重的阻折，使韓戰更加朝着中共不利的方向逆轉了；大陸普遍的民心怨憤，反共游擊隊的到處活躍，再加上無法克服的財經難關和社會混亂，這使中共自覺到它的僞政權之未易鞏固了；而臺灣的發奮圖强，人民對自由中國向心力之日益增高，國際對自由中國支持援助之日益加强，以及國軍反攻之有如箭在弦上，確然造成了中共的神昏志亂，難以定心。這許多因素，綜合起來，就無怪中共要恐慌不安，漸漸陷入一種心理變態和擧措失常的狀況。

目前中共自稱集中在做這樣三件大事：第一件就是「抗美援朝」運動，第二件是它一貫的「土改」鬬爭，第三件則是最近更以「大張旗鼓」的方式來展開的所謂「鎭壓反革命」工作；今天它也的確是以一種變態的瘋狂心情，對這三件惡事，正在鑼鼓喧天，大鬧特鬧。這之間，「鎭壓反革命」工作尤其表現得最爲瘋狂和殘酷，但也最最反映了它內心的怯弱和惶恐。據很保守的估計，去冬以來的半年間，在它恐怖屠殺下送命的至少已有三百萬人，但中共還意猶未足，自從本年二月下旬發佈了所謂「懲治反革命條例」之後，更通過了法律形式，變本加厲，在「鎭壓反革命」的藉口下，企圖消滅一切不甘奴服的善良人民。中共自然希望能因消滅了所有異已份子和不穩對象，而得保留它的萬惡統治和維持它的黑暗生命，但是「野火燒不盡，春風吹又生」，「民不畏死，奈何以死懼之」，屠殺得越凶，要殺的對象也就一天比一天越多，反抗的力量，也就一天比一天越强起來。中共心勞日拙，現在只好依靠恐怖屠殺來支撑它已呈動搖的僞政權，一切歷史經驗都能證明：它已接近其最後的日子了。

總之，侵韓戰爭的蠢動，不是基於中共自身的利益，而只是基於其主子蘇俄的利益，這原是盡人皆知的事實。中共在這個醜劇裡所扮演的，只是一個侵略的尾巴工具而已；但它却不得不竭其全力，奮不顧身的將所有的賭本投擲下去，爲其主子效勞，這正說明了它執行一邊倒政策的堅決和澈底，現在是已經堅決和澈底到即使自取敗亡亦在所不惜。

「六六報告」中毛澤東曾宣稱將以三年至五年的時間　來造成財經情況的基本好轉。現在看來，這三年至五年的過程，也許正够中共一步步從發慌、發瘋，而走向死亡，以證明我們『一年準備，二年反攻，三年淸勦，五年完成』的歷史眞理性。

民主政治與多數同意

羅鴻詔

一

現在的世界，理論上都是民主的政治了，不論實際上民意之不能伸張到若何的程度，但是那些統治者却要自稱爲民主，表面上也要玩些民主的形式了。比方毛澤東自己承認是獨裁，是專政，而在「專政」之上又必須加上「人民民主」；至於蘇俄更有一套憲法，政府的重要職員都要經過一種選舉的形式。多數評論家譏笑他們爲假民主。但是他們爲甚麼要假呢？爲甚麼不直接了當自己稱王稱帝，主張權力自我而出呢？那些實際上的獨裁者必須掛出民主的招牌，究竟是爲了甚麼理由呢？我們以爲他們在理論上找不出否認民主的根據，所以實際上雖然背叛了民主，而表面上却始終不敢卸下民主的招牌。從來政治權力的源泉曾經學者多方探討，本有神權、君權、民權三說。神權說，在西方則以爲某人之爲帝爲王都是出自上帝的意思；在中國則以奉天之命而爲天子，至今老百姓還有天天渴望「眞命天子」之出現，還是篤信神權的。但是現在的思想家都不相信這一說了。君權說，在中國則以道德最高尚的聖人應爲帝王，儒家和莊子都是一樣，其不同處只在聖人的內容；在西方古代則柏拉圖以智識最高明的哲學家應爲王者，近代則馬奇亞維里及霍布士均以最强有力者代之。歌頌史大林毛澤東的文人，每加以「聖神文武」的尊號，固然是君權說之流風未泯，可是這和共產主義百年來的指導理論畢竟是格格不相入的。他們開口是人民，閉口是人民，正因爲他們的指導理論要他們非這樣說不可。所以政治權力的源泉在乎人民全體，是今天世界上思想家所公認的，神權說與君權說都只好退位了。

政治權力的源泉既已在人民全體，則政治上一切設施，均應以此爲出發點，據此爲最後法庭，換句話說，應以全體的意志爲意志，全體的是非爲是非了。盧騷提出公意(General Wrill)爲民主的準繩，二百年來幾乎沒有碰到有力的駁論，但是甚麼是公意，却是很難確定的事體。政治家提出他自己的主張，思想家發表他自己的主義的時候，個個都自以爲獨一不二的眞理，即是公意之所在。但是甲論乙駁無有已時，究竟公意何從表達呢？

自命爲民主的政府，其當局所發的號令固無不自以爲是，即無不自認爲公意之所在。如果眞眞合乎公意，則其政令必能得人民之擁護而表現出成績來；如果違背了公意，則必然到處發生反抗而難於推行。擁護與反抗即是公意之表徵，但是全體人民無一不擁護或無一不反抗者，也是事實之所無，實際上只是那一方面居多數，那一方面居少數的問題罷了。故民主政治之表達公意必以多數同意爲依據，多數之所是即應以爲是，多數之所非即應以爲非。此多數決定的原則也是現今各國所公認的，即奉行共產主義的國家亦莫有例外。

二

政治權力的源泉在乎人民全體，而全體意志的表達在乎多數同意，這兩點是世界各國共同公認的前提，但是同意却有眞有假，我們不能不分析一下。本來一種政令，如能順利推行，都可以說業經獲得多數人民的同意。不然的話，人民必反抗它，破壞它，或逃避它，使到它無法推行。但是當政府聲威喧赫的時期，反抗與破壞要受到嚴厲的懲罰，甚或喪失生命，故不得不同意。這種同意由於威迫。從前的專制和今日的獨裁都是走這條路的。惟從前則漏洞太多，人們較易於逃避；今日則有嚴密的組織和巧妙的方法，滿布天羅地網，使人們雖欲逃避而無從逃避了。這種政治本與民主背道而馳。如果沒有代表民意的機關，則當局的決定事前已沒有徵求民衆的同意，即是民意絕無表達的機會，故根本不是同意，談不到眞正不眞正，更談不到民主。然若代表民意的機關業經設立，而暗中加以威迫，則雖屬間接，雖有些許同意的成分，依然不是眞正的同意。所以選舉時投票要保持秘密，議員在議會的發言要不受法律制裁，都是爲了要祛除間接的威迫，而使之表達眞正的意見的。如中共的人民公審，照他們說，都是據人民的公意而判罪。但是當場如有反對共幹的意思的，以後都要受到極其嚴酷的待遇，還有誰敢不凜遵「聖旨」呢？

其次，中國的帝王要博得士大夫的擁護，便以高官厚祿引誘之；近世各國的各級民意代表也往往和資本家相勾結，通過有利於資本家的法案，使資本家多獲利益，自己也間接獲利。此種同意由於利誘。利誘就是收買。被收買的都是見利而忘義的，最少都是後義而先利的。「笑罵由他笑罵，好官我自爲之」，只以利祿爲目標，不問時君值得擁護與否，並不能說是出自眞意。民意代表之勾結資本家實在也沒有兩樣。故這種同意當然不能說是眞正的，但也不能完全說是假的。你不要爵祿，不受收買，對方不會來處罰你，陷害你的，但是你畢竟要了、受了，其間確有自由選擇在。今專就民意代表而論，如果受了收買，他自己可說是同意了，惟在人民方面，則自己的利益被人出賣，自不是眞正的同意。但是爲甚麼選舉如此的人來當代表，却應由人民負責，即是間接地含有同意的成分，不能一概抹殺(罷免權便是補救此弊的辦法)。倘若人民選舉代表時已受收買，則更要多負責任，或竟可說是出於自願了。故利誘的同意必然含有多少同意的成分，其同意之多寡自視事實而定，然總不會等於零，與威迫的同意不能等量齊觀。這雖可說是民主，但正是民主政治的疾病。因爲收買時的損失終必取償於民衆，則其政治上的設施還有不生壞的結果嗎？舉例言之，賄選如果公行，勝負全憑鈔票，則多數國民既已自認爲無人格，那裡配作主人呢？

最後還有一種同意則由於欺矇。一方是矇蔽，他方是欺騙。矇蔽則使眞理與事實隱而不宣，不給民衆知道，做得最徹底的就是共產黨建立的鐵幕。鐵幕使內外隔絕，使外面的人不知內面情形，同時內面的人也不懂外面情形，然後他們的欺騙得以收到效果。至於欺騙的技術要不出於宣傳與教育之外。短期的宣傳有現代的許多工具（新聞、雜誌、廣播、電影等等），確能製造輿論，使民衆深信其爲眞理正義，而跟着他們走。長期的宣傳則賴教育，從前則有欽定監本，現代則有各級學校教科書，使人民童而習之，認之爲唯一的眞理正義，而以其他爲邪惡。這實在是古今中外統治者之不二法門。現在要問；這欺矇的同意是否眞正的？我們以爲在形式上可以說是眞正的。但矇蔽與欺騙應有分別的評判。矇蔽也有程度之分，政府當局也有種種理由不宜將事實眞相和盤托出的，故僅僅不宣布眞相不應當作邪惡。然如共黨國家的鐵幕，則是立意的矇蔽，實爲愚弄人民了，故因此而獲得的人民的同意，只能說是形式上的。欺騙則與當局的內心有關，他所宣傳的他自己是否眞眞相信呢？若不論其內心，而只論其結果，則因欺騙而能使民衆深信而不疑，即是民衆接受宣傳而予以同意，這同意確是眞的。就民衆而論，正是他們當時心中的眞意，故與威迫利誘逈不相同。但是反面還要考究一下，揭發其欺矇，暴露其眞相，這就叫做反宣傳，能爲當局所容嗎？抑或另出主張，分道揚鑣，說明双方所持的理由，而比較其長短，讓民衆自下判斷，當局也不會禁止嗎？如果這些宣傳都可以自由傳播，而多數民衆依然贊成當局的主張，那便是不折不扣的眞正同意了。倘若只許人民受到一種教訓，不許懷疑，不許批評，而且對於其他主張又復深閉固拒，以隔絕人民接觸的機會，則當局的主張，縱使合乎眞理正義，猶難逃欺矇之譏，其不合者更不待論。講到這裡，可知言論出版之自由與否實爲判定民意眞假的標準，蓋不經過自由討論則眞相不能大白，而人們所表達的意見只是一時的衝動而已。故民主政治不求眞正的多數同意則已，苟同意而必須眞正，則終必歸宿於自由討論之一途。

總結上面的分析覆述一遍，眞正同意的條件，消極方面則爲不出於威迫、利誘、欺矇，積極方面則爲自由的討論。據此以評判共黨國家之所作所爲，馬上便可看清其技倆了。他們天天藉口於人民的意思，人民的要求，然而他們却絕對不許自由，在蘇聯則印刷機器不許私有，其禁止出版之自由已做到登峯造極的地步，甚至運用種種巧妙方法使人們腦筋中所蘊藏的思想都不留有絲毫自由的餘地。故他們所謂同意非出於欺矇，即出於威迫，都不是眞正的，乃是僞裝的。由此可知他們的民主只是冒牌。

三

但是當局之施政何以必需人民的同意，又何以必需多數？依照共黨的理論，眞理只有一個——就是馬列主義，而民衆無知，不能認識眞理，故强迫無知者接受眞理乃是先知先覺者之應有的任務，雖道科學的專家不應該教育羣衆嗎？至於眞理之認識更不能依靠多數，比方高深的數學，能認識者始終只是少數，但只有提高多數無知者以追隨少數，豈能壓抑少數專家去遷就多數？這便是共產黨教育民衆的理論。本來數學，自然科學的眞理與行爲原則的眞理並不相同，前者無强人接受的必要，而後者則同一時代同居於一社會的人們必需共同遵守。當非歐幾何學初出時，數學界亦何嘗不議論騷然，但信者自信，不信者自不信，只有理論之爭，決不會鬧出甚麼亂子來。但是行爲原則則不然。你主張仇恨，我主張仁愛，你主張統制，我主張自由，不僅是理論之爭而已，最後必至相打相殺，以一決雌雄。故數學及自然科學的眞理無獨佔之必要，也從來沒有人想獨佔它；而行爲原則社會上一經認定其爲眞理，必帶有獨佔性，而强迫該社會的各分子之信從，政府所提倡的尤其如此。因此兩種眞理之不同，所以一方無須乎多數同意，而他方則爲必要。共產黨的理論將此兩種眞理混淆不分，因政治上的必要而引出有利於他們自己的結論來，若非愚昧無知，即是有意玩弄人民，二者必居一於此。

至於最高最後的眞理，是不是只有一個，這和上帝存在不存在一樣，在知識上是無從證明的，乃是信仰的問題。如果只有一個眞理，則這個眞理也只有上帝自己始能認識，像我們生命有限的人類是絕對不能知道的，這一層確有歷史的證明。馬克斯、恩格斯、列寧都是已經死了的人之一，當然不能與上帝相比並，難道史大林就眞眞會有萬歲嗎？即使照其黨徒的口號也只有萬歲而已，其不能有生無死，乃至無生無死，可斷言者。那麼馬、恩、列、史也只是人類之一，他所認定的眞理並不是唯一而絕對的眞理了。那裡有强迫他人接受的理由呢？你要當作一種理論去宣傳，固然有你的自由，然若要當作行爲的原則，則必經多數人的同意而後可。如果馬列主義是眞理，而現在屈居於少數，則只要繼續宣傳，必可博得多數之贊同，斷無橫加壓迫甚至作集體屠殺的必要。因爲實際的行動常挾有感情在內，並不僅僅是眞是假的問題，故多數不贊同者，即使是眞理，也要遭到頑强的反抗，必經過相當時期，待多數贊同後方可順利推行而無阻。共黨天天喊着爲民衆服務，走群衆路線，接受人民的要求等等口號，所謂「民衆」「群衆」「人民」豈不是指多數而言嗎？爲甚麼一談到馬列主義的眞理便目無群衆，且往往以此爲藉口而屠殺群衆呢？

四

共黨的理論之錯誤在乎眞理認識之獨佔，只有某某幾個人能够認識唯一而絕對的眞理，其餘恆河沙數的人們只有追隨，不宜立異，其根本的觀點是人類之不平等。反之，民主政治之理論的根據則在人類之平等觀。中國從來都是專制政體，每以聖神文武頌揚皇帝，但是論到如何做人，則始終沒有歧視的理論。「有教無類」出自論語；孟子則謂「舜人也，予亦人也，有爲者亦若是」；宋代諸儒立教亦無不以「聖人可學而至」爲主旨；明儒且有「滿街都是聖人」之說。至於老子的「玄同」，莊子的「齊物」，更不待論了。西方在文藝復興時期思想界有「人的發現」，於是個人解放乃成爲近世社會運動的目標。所謂「平民主義」即是說對個個人都應該平等看待。社會契約說由「自然法」演繹而來，以爲社會之成立曾經該社會各分子的同意。以此說明古代社會之成立自與事實不符，即在今日，我們爲中國社會之一分子，又何嘗經過我們的同意？但在政治上主張，一切政令之推行必須獲得多數人民的同意，則雖與契約說有淵源，而其意義却逈然兩樣。尋求其理論的依據則有兩種：功利主義與理想主義。邊沁的功利主義以「最大多數的最大幸福」爲評判行爲的規範，在政治上則「最大多數的利益」應爲實現目標。所謂最大多數也不過無可奈何的說法，最好還是將全國人民的利益都顧慮周詳。換句話說，個個人的利益都是平等的，不能有所軒輊，若事實上不能遍及於全體，則應犧牲少數而顧全多數的利益。據此原則以評判政治，則獨裁者如果精明强幹，其結果儘可使最大多數有利，故只看多數的利益不必經多數的同意。但是「一個只算做一個，不許多過一個」却另有意義。功利主義者以爲：人人各自有其利益，都有維護其利益的權利，而他的利益惟有他自己知道得最清楚，故要爲全民謀利益，必經每一個人的同意而後可，如果意見紛岐，則少數應服從多數。中國的俗語說得好：「智者千慮必有一失，愚者千慮必有一得」，又說：「三個臭皮匠賽過諸葛亮」。那些歌頌領袖的意見爲絕對正確，而申斥反對者爲完全錯誤的人們，也以這些俗語爲「封建意識」嗎？天天要求人民服從領導，絕對不許人民懷有別種意見，然則「民主」之謂何？

至於理想主義，則康德的公式可以代表，「你應該這樣行爲：無論自己的人格或他人的人格，始終把人當作目的，總不把他當作手段（工具）」。如果這是物件，我們可以當它做手段來達到其他目的，即使把它完全毀滅了也是應該的。如果這是目的，則只有實現它，完成它，絕對不應破壞它，毀滅它。個個人都是人格，他本身便是目的，故應受同樣的尊重。此人格主義實在是個體主義（individualism）之最高峯，平等之義至此已發揮盡致，毫無餘蘊了。在政治上則施行政策，改造社會，都要據此爲原理，應該將每一個人當作目的，以完成其人格爲目標，不能以之爲手段，而供利用或犧牲。個個人都是自己的目的，應該各自謀其實現，也只有他自己才能完成。政治只能供給條件以促其實現，助其完成而已。如果推行政令不經人人的同意，便是不尊重其人格，不以人爲目的了。縱使英明的當局施行政治，確能使多數人民獲得利益，但未曾獲得多數的同意，依然是不尊重其人格，不以人爲目的。故其結果雖好，而以人格主義衡之，依然是值不得頌揚的，何況好的結果只是例外，而壞的結果乃是通常呢？同意說至人格主義乃有確實的根據，而民主政治也必以人格主義爲原理，而後每一個人都要自出主意，自己作主，才是應該的。知識，能力，乃至道德修養等等，則各人的高下萬有不齊，故政治上有領導者與追隨者。但是人格是平等的，領導者雖極其高明，畢竟不能完成他人的人格；追隨者服從領導，必須出於心悅誠服，而後他自己的人格方可日即於完成。每一公民都有健全的人格，都能夠自作主人，這就是民主政治的最後目標。政府當局的任務在乎造成好的條件，使人人奮發去提高他自己的人格。那些用盡一切手段去破壞人民的人格，使最大多數的人民皆成爲無恥之徒者，當然是民主政治之眞正的罪人了。

抗俄的秘密新武器

南斯拉夫人說他們有一種秘密新武器抵抗俄國的侵略，他們會這樣告訴你：

「我們每年要從瑞士買進價值二百萬美金的便宜手錶，或許你們以爲這是爲我們的農民而買的。完全不是。我們買這些便宜手錶是準備等俄國侵略時便向他們投擲；他們一定會丟下他們的槍桿而去搶手錶。那麼我們就可以很容易地圍剿他們。」（芩譯）

鐵幕裏的「政治犯」

共黨的柏林時報說：「科學家已計算出每一隻麻雀每年要毀壞五磅至九磅的穀。雖然我們愛鳥，但這是必須設法防止的。因此「東德民主共和國」發佈了一個命令，即在每一百公畝（Hectare）的土地中必須打死兩隻到十隻麻雀。」

西柏林的柏林快報針對這項新聞對讀者說：「假若有一隻形狀狼狽的麻雀棲息在你的窗前，便讓它進來。他是一個政治犯。」（芩譯）

郵戰

東西柏林的郵政局曾有一場紅印之戰。由東柏林所發出的信上曾有用紅印蓋上的一句話：「維護經濟的重建正如同基石對於我們的房屋一樣必要。」

西柏林的郵政局以同樣形式的紅印在發出的信封上印着下面的一句話：「不錯，但並不是在共產黨的獨裁之下。」（芩譯）

自由中國通訊

紐約通訊・五月二十日

哀王孫

——遊歐觀感之一

本刊特約通訊記者 曾英奇

「長安城頭頭白烏，夜飛延秋門上呼；又向人家啄大屋，屋底達官走避胡。金鞭斷折九馬死，骨肉不得同馳驅。腰下寶玦青珊瑚，可憐王孫泣路隅！問之不敢道姓名，但道：「困苦乞爲奴。已經百日竄荊棘，身上無有完肌膚。」「高帝子孫盡隆準，龍種自與常人殊。……不敢長語臨交衢，且爲王孫立斯須。……」』——杜甫「哀王孫」

記者在美服務於紐約一家公司裡，今年三月初隨公司對外貿易部主任富萊轍先生赴歐洲考察，歷時九個禮拜零三天，足跡所至，除鐵幕國家、柏林、斯堪的納維亞及南斯拉夫等地區外，遍歷西歐南歐：英國、法國、西德、奧地利、意大利、瑞士、荷蘭、比利時、盧森堡、丹麥、葡萄牙、西班牙等十餘國家。兼着富萊轍先生也是一個喜歡談談天下事的人，因此我們每到一地，在正事辦完之後，就盡量設法和地方人士及當地美人保持接觸，爲的是從他們的口裡得到一些有關當地的參考材料，以與他方面所觀察到的相印證。在九個多禮拜的時光內，旅行過這樣大的地區，其中大部份時間又被我們自己的業務所佔去，此時若說對歐洲地區的情勢已經獲得了精到的瞭解，那自然難免有自欺欺人之嫌。然而走馬觀花，也自有一番景色。讀者若能以這種心情處之，那麼，下面的幾篇通訊文字就不無一讀的價值了。

可怕的沉悶

三月五日是記者生平第一次踏進歐土的記念日，這日子確是值得紀念的。原來離開紐約經過不過十個小時的飛行後，簡值換了另一個天地。我們同機的乘客百分之八九十都是懷着各種不同目的去歐洲的美國人，沿途大家有說有笑，婉若一個週末的晚會，沒有憂愁，沒有苦惱，對於這個紛擾的人類世界，婉若置身化外。可是，天啊！一到巴黎，上述人們那種樂天樂地的情緒就不自覺地被周圍那種密佈的沉悶空氣驅散了。在我沒有到法國之前，我想像中的法國人是那樣的多嘴多舌，是那樣的機警、敏感、好動，我想像中的巴黎是那樣的喧囂，熱鬧。也許他們以往是那樣的，而現在的法國人和今日的巴黎卻與往常大大的不同了。巴黎是我們這次歐洲之行的總聯絡處，轉來轉去，最後總是回到巴黎。先後在那裡停留了幾近三個禮拜，所以對那裡的印象也特別深刻；而我對這個曾被譽爲「不夜之城」的巴黎印象最深刻的地方，要算它那無比的沉悶。巴黎已經衰老了？不，巴黎並沒有衰老！而是法國人的心情太沉悶了。自然，他們也照舊地有各種政治性的集會，然而就記者所看到的而言，它們遠不如歷史上所描述的那樣慷慨激昂，那樣富有生氣；他們雖然也常常舉行各種悞樂性的晚會，或度週末，然而在這種場合裡你卻不能找到三個以上的面孔是顯得無憂無慮；若是深夜經過蒙巴納大街，你也可以隱約聽到蓬拆蓬拆的伴舞聲，然而據巴黎人說；此刻的舞業生意已經遠不如大戰以前了。

可怕的沉悶之神並不只光臨到巴黎或全法國，在今天歐洲的每一個角落裡都可以找到她的芳踪。若有區別僅不過程度上的問題能了。就記者這次所到過的歐洲各地而言，法國、西德、奧地利、盧森堡、荷蘭、比利時、丹麥等七個國家的人民在心情上大體可以列爲一類；西班牙、葡萄牙和意大利是一類，僅有瑞士算是一個例外。英國人單獨的可以列一類，一跨過多維爾海峽，就會覺得氣氛好一點。英國人仍然是那樣的沉靜寡言，別有一派風格。在倫敦馬路上走着，駱駝步子的紳士先生們，仍然是手裡拿着洋傘，眼睛望着遠遠的一個不可知的地方，似乎對遙遠的未來還懷着一個不大不小的希望。

前面說整個歐洲的氣氛都是沉悶的，只有瑞士算是例外。眞的，你無論從任何一個方向踏進了這個小小的中歐山國，都會立刻有一種新鮮的感覺。我們到日內瓦的時候正是四月中旬，山上的積雪已經早已乘日光而去了。據旅館的主人裘諾德先生告訴我：今年頭幾個月的遊客不減於以往，他估計假定在今後幾個月以內歐洲沒有意外的事件發生，則今年全瑞士旅館業的收入將造成自一九四五年大戰結束以來的最高紀錄。由於瑞士風景的秀麗和人工的整潔，一到那裡你會立刻感到她的每一片湖泊，或一條細流都特別淸澈。大戰以後瑞士雖然沒有接受一塊錢的「美援」，然而目前她却是全歐人民生活水準最高的國家。我曾經問過每一個接談的瑞士人：以瑞士資源的貧乏，爲甚麼會生活得這樣富足呢？「噢，我們已經有了一百七八十年持續的和平了。」這是他們一致的答覆。「假定第三次世界大戰發生，你們相信你們還能够避免戰爭的破壞嗎？」對於這個問題，現在瑞士人沒有普遍的信心了。「也許可以免得過去」，「不能避免又怎樣呢？」然而現在的瑞士人仍然是全歐洲最快樂最有生氣的。不過安樂的瑞士是被一個巨大的沉悶氣團包圍着的，不論你從那個方向，一踏出了這個美麗的山國，那種悶殺人的氣氛就又籠罩上來了。

疲倦、窮困、絕望

美國人總把我們亞洲看作「落後地區」，在他們心目中落後地區的特點是：貧窮、愚昧、疲倦和絕望。這看法對與不對是另一個問題，然而今天的歐洲人就我觀察所得，除了「愚昧」外所有上述美國人批評亞洲人的特點他們無不具備，甚而至於從某一個角度來看，把「愚昧」也得算在裡面。

今天歐洲人的疲倦並不僅僅表現在肉體上，而且也表現在精神上，問題的嚴重就在這裡。走遍了歐洲任何地區裡的工人很少有每日工作六小時及每禮拜工作五天的輕快事情存在。即使嚴格社會保險法規定下的英國工人也是如此。今天歐洲人確乎都在拼命地工作，爲的是多得到一點工資可以維持起碼的生活必需品的需要。凡是參加過大戰的美國人在退伍以後都可以得到一段很長的假期，過其精神的復蘇生活；然而歐洲人可沒有這樣幸福。在法國特別是在西德，我遇到過很多參加過大戰的人們，提到這一點他們都不勝慨歎。我從沒有遇到過一個參加過戰爭的歐洲人在戰爭結束後是得到過正式休息了的。其實在上次大戰中，每一個歐洲人至少在精神上都曾直接參戰的。然而大戰結束以後，乃不能不爲了生活的問題而繼續奔忙，於是他們的肉體得不到休息；更其嚴重的，是殺人如蔴的戰爭並沒有帶來和平，第二次大戰剛剛結束，第三大戰的陰影立刻又遮蓋上來，如夜之繼日，絲毫不爽。在往日的戰爭中，他們都扮演着舞臺上的主要角色，而未來的戰爭他們的國土只不過僅作人家的戰場而已。如此這般的情形發展下去，於是創造近代文明的歐洲人乃不能不在疲倦、恐懼和絕望中掙扎了。

我說歐洲人貧窮，只是相對的，相對於美國或加拿大來說，或相對於一次兩次大戰前的歐洲人自己來說。若把今天歐洲人的生活程度來和亞洲絕大多數的人比較，他們還是天之驕子。在巴黎、在法蘭克福、在漢堡、在羅馬，甚至於安特維普、在鹿特丹，你很少能看到當地人穿着畢挺的西裝在街上走路的，甚至於週末或禮拜天也是如此。在法國荷蘭和比利時吃牛奶還比較的方便，但是牛肉在這三個國家就十分寶貴。至於西德，奧地利和意大利更等而下之，牛奶並不是任何人家都可能吃到的。除了瑞士外，還是只有英國比較的好一點，但是到戰爭結束六年後的今天爲止，在英國多數的日用品仍實行配給，許多一排幾個鐘點長隊的主婦們，常常在等極了以後大罵工黨政府愚蠢、專制。其實阿特里們何嘗愚蠢，反正是竭澤而魚，就是這些東西，任何人來辦也未見得就更好。大戰結束以來，英國曾向美，加舉了約近三十億美金的貸款，在這以前有「聯總」數十億美金的救濟物資，而接着自一九四八到現在爲止又有將近兩百億美金贈與性的經濟援助。然而歐洲並沒有因此而復興起來，只不過沒有隨着戰爭的破壞而更趨於糜爛罷了。

若問歐洲人爲甚麼會弄到如此的窮困不堪呢？這個問題有很多不同的答案：現在在耶魯大學教書的維也納經濟學派的領袖房密色斯（Ludwig Von Mises）教授堅說：歐洲人所以變得窮困是太相信社會主義的關係。的確，歐洲人是相信社會主義的。除伊比利安半島外，所有記者這次到過的歐洲國家無不有強大的社會黨或已執政的社會黨存在。奧地利是東南歐社會黨的發祥地自不必說，西德兩大政黨的名稱都有「社會」的字樣存在：——爲具有悠久歷史的「德國社會民主黨」(Deutshe Demokrat-Sojialistishe Partei)，一爲現在執政的「基督教社會黨」(Cristliche Sojial Partei)。在法國有勃魯姆（Blum）領導的「社會黨」(PartiSocialist Fvanceis)及赫里歐（Herriot)領導的「急進社會黨」(Le Parti Socialist Rodical)在英國信仰社會主義的勞工黨已執政六年。在荷蘭和比利時社會黨和天主教民主黨若干年來就平分秋色。假定房密色斯經濟學的理論接近眞理，那麼他對歐洲所以窮困的批評也或者接近正確，不過絕大多數的歐洲人都不肯同意他的說法。我甚至於問過幾個國家的天主教黨人，連他們也一樣的不能同意。絕大多數的歐洲人都把他們的貧窮歸罪於戰爭，這理由至少在我看來要比房密色斯來的充分。不過。我對於歐洲的所以窮困，我還有一種看法，那便是這個地區太分裂的緣故。假定歐洲，或者僅是現在的自由歐洲，能够早在一個世代以前，或者六年以前統一起來，我想將近三億人口(包括鐵幕歐洲在內)的歐洲決不會弄到今天這步田地。

哀王孫

唐玄宗天寶十五年長安陷落，當時，玄宗倉卒逃走，以致弄到親王、妃主、王孫都沒有能够來得及跟隨逃出。後來這般人隱名埋姓，流落街頭，也窮困到萬分。當時適巧大詩人杜甫也淪落到長安，看到了這種情形，不勝感慨，回家後，遂作「哀王孫」一詩以誌其事。記者月前看到歐洲各地人民的情形，頗似杜甫詩中的王孫。祇可惜我不是詩人，否則我就要大寫哀「新」王孫的詩篇了。

歐洲人創造了近代文明，然而現在「近代文明」却要回過頭來奚落它，甚而至於要毀滅它。三百年前。俄國人還草昧未開，兩百年前美國人也還不成一個國家，然而經歐洲文化灌溉後，這一隻大熊，一條猛獅，現在要展開鋼爪利牙，這一塊曾經創造近代文明的故土上決鬪了。對於此刻的這種情勢歐洲人是無可奈何的；既無能力加以拒絕也不能走出圈外作壁上觀。怎麼辦呢？沒有辦法：「社會主義」、「第三勢力」、「緘默」……等等都解決不了問題，只有在巨獸的搏鬪中任其踐踏。當年的王孫，現在想乞爲奴也不可得了。

香港通訊・五月廿日

調景嶺上話義民

黃河清

調景嶺已有差不多一年的歷史。從去年六月二十五日，開始容納六九二一位忠貞義民；到現在，已擴充到二萬四千人了。在往昔，這些人那個沒有他(她)的高尚職業？那個沒有他(她)的可愛家園？於今，淪落在陌生的海島，受盡了人世的磨拆。他們悲慘的遭遇，非親歷其境的人難以想像其萬一！

調景嶺一瞥

調景嶺原是幾個偏僻荒蕪荊棘叢生的的山頭，位於九龍半島的東南角，依山傍海，風景優美。由於駐營辦公處的辛勤開闢，義民們的通力合作，已經把這塊荒地，建成一個安定繁榮的樂園。在嶺頭上遠遠的向下望去，正像一個房舍密集的大村落；那A字形的三角紙棚，那高大成行的木屋和葵棚，雜以自由形式的各色各樣材料搭成的房舍，正像一個兵團的露宿營地；再下行半華里，越過自治糾察隊的棚屋，走過幾個灣路，便是光明二村，從這裡看去，儼然一個攘往熙來的內地都市型的大城鎮！在靠海傍的大街上，有櫛比的商店，有連接的地攤，在半山上有巍然矗立的禮拜堂，在海灘旁，有丁字形的公共廁所。往右手南行，可到人口密集的岩石灣；往左手北行，走過忠貞克難二橋，可到營中行政和文化中心的大坪。在坪上的右前角，是駐營辦公處的木屋，一面英國國旗隨風飄展着，顯示出她在如何維護這一群貧而無告的義民。所有試驗分區自治辦公室，兒童學校、藍球場、醫務所、話劇隊、粵劇社、黃浦同學會閱書室、義務建設工程隊、壁報處、大厨房，都在這個大坪上，這是營中最重要的一個重心。回頭再南行，便到二區區公所管轄的地區，在這裡，有宣道會、信義會、安息日會、靈糧堂、時兆聖經函授學校和理髮處，可以說是一個和穆莊嚴的宗教區。再前行到第三區，有路德會和信義會義務學校；這一區和第四區同樣是位居營中最中心的地區，商業繁盛，人口稠密，一切公私團體的啓事通告都揭示在路旁，是兩個最繁盛的商業區。再前進便到無飯票義民集中地的第五區，在這裡，有天主堂，天主堂小學，流港學生聯誼會閱書室，和各色各樣的新式棚屋。這一區，地面遼濶，人口衆多，零星食攤和各種小店，所在多有，是一個新興的住宅區。

歷史的回憶

難民營的全名，是「香港政府社會局調景嶺營」。在短短的歲月中，似乎已可分做三個時期：第一個時期是他的前身，地點在摩星嶺，時間從三十八年十一月初旬到三十九年六月廿四日。從三十八年十一月初旬，東華三院開始收容蝟集附近的義民，起初僅一百多人，到年底便劇增至五千多人，由於人多難以容納，便在這個時候，從該院搬到摩星嶺。從那裡送往臺灣和海南島的前後有兩千多人，走了又來，來了又走，但五千人這個數字是始終維持着的：這時候的義民都賴東華三院解囊救濟，一直到三十九年六月。

三十九年六月一日，社會局從新辦理登記，至六月三日止，已有六九二一人：所謂有飯票難民，便是這樣來的。

摩星嶺原是一個軍事要塞，韓戰爆發後，其重要性益加顯著；同時山坡長狹，難以容納；因此，提前於六月廿五日由社會局督率遷移到調景嶺。從這一天起，營中行政便由社會局正式擔負，經費由「港九各界救濟調景嶺難民委員會」負責。

直到去年十月底為止，住在調景嶺的義民，大概總在一萬人左右；而且大部份是有飯票的，這是第二個時期。

十一月初旬，臺灣大陸災胞救濟總會派員到營宣慰，引起寄居營中和散居港九義民的注視，紛紛自動集中登記，不下六七千人。也就從這個時候起，大陸上「土改」正在進行，「抗美援朝」如日中天，屠殺政策日益擴張，不願供奴役的人民，從顛沛流離中，跋涉千山萬水逃出鐵幕，來到這個「義民之家」的調景嶺。從而無飯票的義民日益增加；到今天，有登記冊籍可稽的，已有一萬八千多人，而有飯票的義民僅僅只有五千人。這便是第三個時期，是無飯票義民最活躍的一個階段了。

有飯票的義民

在六九二一位有飯票義民中，除新疆綏遠及西藏地方外，那一省人都有，現在按照人數列明如下：(1)湖南—一二四五人；(2)廣東—一〇四五人；(3)湖北—八一四人；(4)山東—五九五人；(5)安徽—四九一人；(6)河南—四五四人；(7)江蘇—三八四人；(8)河北—三四五人；(9)江西—三〇八人；(10)廣西—二八五人；(11)東北九省—一六五人；(12)四川—一七二人；(13)浙江—一四八人；(14)福建—八八人；(15)雲南—六九人；(16)貴州—四六人；(17)陝西—四五人；(18)山西—三七人；(19)甘肅—一九人；熱河—一三人；(21)臺灣—一二人；(22)西康—三人；(23)青海—一人；(24)安南—一人；(25)爪哇—一人；以性別論：(1)男性佔五五九二人；(2)女性佔一三二九人。以年齡論(1)兒童從嬰孩起，計七九八人；內男性三三六人，女性四六二人。(2)成人計六一二三人；內中有六個年次人數最多：第一是三一歲，計五三四人；第二是二九歲，計四七五人；第三是二六歲，計三八一人；第四是三〇歲，計三五八人；第五是二七歲，計三二八人；第六是三二歲，計三二五人。最高年齡是七九歲，僅一人；最低年齡是一歲，計六七人。

有飯票義民的伙食，由營供給，據說每天的支出，是六千元。每天一頓白飯，一頓麵包，(目下麵包已停發)其定量分配如下：(1)米—一八安士；(2)肉和魚—二安士；(3)瓜菜—一八安士；(4)腐乳和鹹魚—二安士。每天上午八時至十一時，下午四時至五時，為發飯時間，十人一組，領發都很有秩序。在開始的時候，大家都能吃得很飽，現在似已感到不够吃了。

基督教信義會、宣道會、路德會，去冬曾由海外募到很多西服，贈送教友。嗣後臺灣大陸救濟總會，也滙到一筆鉅款，定製冬衣，每人得到一件灰布短棉襖，兩人合領一條棉毯，在南國的冬天，總算勉强渡過了。但這些都是對有飯票義民而言，後來的人，只有面對着這些先來的伙伴，羨慕不已！

無飯票義民的痛苦

這一萬八千位新到的義民，大部份住在營內，一部份擠在有飯票的棚舍中，一部份合夥或單獨搭蓋棚舍，材料不同，式樣不一，除勞力外，大概花十幾元，就可蓋成一所聊避風雨足容四五人的蝸居。有些專以營造棚舍的義民，三五個人合力建築，半個月可成一所。大概可住五人的棚舍，可以賣五六十元，正合港九上等酒店一個單房間一天的房金。

他們既無公家的飯票，關於吃的問題，必須個別自行解決，大概不出下列三途：(1)向出外做工的有飯票義民租飯票，每月的代價大概八九元。(2)自己起伙，每天大概要六七毛一個月計需二十元左右；但柴要自己檢，米是四毛半一斤的陳碎米，菜是一塊腐乳，或一碟醬瓣。(3)到飯攤上去吃，一毛錢一小碗的飯，五分錢一樣的小菜，假如吃四碗飯，兩件菜，便需五毛，一天兩頓，便需一元：這，在今日義民的經濟能力來說，是難以普遍辦到的了。

他們的籍貫、年齡，迄今還無法統計。照一般的估計，仍舊是湖南人佔第一位；約五千餘人，湖南人中又以耒陽人佔第一位，約八九百人。年齡還是三十歲左右的人佔多數。

究竟有多少義民

從不完全的調查中，各團體登記的數字，大概是：(1)黃浦同學會—一四〇〇人；(2)一般行政人員—七七三五人；(3)行伍軍人—三二四七人；(4)大陸學生—估計三〇〇人，(5)其他—二六〇〇人，合計二五二八二人。這是有飯票和無飯票義民的總數字。

有飯票的義民，原來是六九二一人，但到了今天，很多已去臺灣，少數或找到職業，或離開港九；據一般估計，最多只有五千人了。因此，眞正在港九的登記義民，應該從前面二五二八二人中，再除去一九二一人，所得的數字—二三三六一人，才是今日調景嶺義民的總數字。

最大的威脅—貧窮

他們最感威脅的，是貧窮：無飯票的要籌劃吃飯的錢，有飯票的要籌劃買牙膏肥皂寄信的錢。假如有飯票的，每人每月再發六元到十元的零用錢；無飯票的，每人每月能獲得二十元左右的救濟，那麼，貧窮問題便可迎双而解了！

目下，他們是怎樣來自己解決這個問題呢？根據筆者向各方調查所得，他們有五個最主要的辦法：(1)做苦工—大概有四五千人。包括礦工、挑石子、挑泥土、割青草、(牛吃)各工廠小工，和碼頭小工等。每天所入雖各不同，但結果都只够一飽。其中以在馬鞍山礦場挑礦石的佔多數，約有二千多人。(2)行乞—大概有三千多人，以婦孺老弱為多。在香港以普仁街東華醫院為中心，在九龍以九龍城為中心。但行乞是觸犯香港法律的行為，隨時有被遞解出境的危險。最近幾批押解出境的犯人中，據說便有二三百個調景嶺的乞兒在內。(3)糊火柴盒—大概有二千多。會糊的每天可糊六七百個，普通的人每天只糊三四百個。每千個工資原來是一元三角，除去經手人回扣一毛挆力四角，結果每千個只有工資八毛。以每天四百個論，可得三毛。有飯票的可以把零用問題解決，無飯票的只够解決一餐伙食，另外一餐伙食，還得另想辦法。(4)繡花—大概有一千多人。會繡的每天可繡兩三張，普通只能繡一張。每張的工資，原來是五角，經手人扣去回佣五分，每張只得四毛五分。做這種手藝的，固然男子也有，但究竟還是比較適宜於女子。(5)小販和拾垃圾—大概也有一千多人。小販的種類很多：如販賣報刋、挑吃食擔、賣菜、賣麵包、賣雪糕……等，都屬於這一類；拾垃圾、拾香烟頭、擦皮鞋也都屬於這一類。種類既不同，技巧又各異，每天的收入，自難估計。但他們都沒有牌照，隨時有被警察干涉甚至吃官司的可能。

他們的心已獻給了祖國

他們的遭遇，如此慘痛！他們的生活，如此艱苦！但他們的精神使人感動。他們有堅强的反共意識，忍苦負重。他們對十大營規，遵守不渝，一切白眼和猜忌，他們安心耐受！從苦悶中尋愉快，從折磨中求鍛鍊。他們只有一個信念：—反共工作，終必成功！自由祖國，終必復興！他們每個人已經把這一顆心，結成一個爲任何暴力不能摧毀的共同意志。翹首期望，準備從頭做起，負起歷史的使命，把大陸上的赤餘撲滅淨盡，把億萬同胞從火坑中救出來。他們所以要請求入臺，不是爲的享受，而是來參加這一個大時代中的反共抗俄行列，做一羣反攻大陸的前鋒！

他們一顆顆的心，已獻給了祖國，祖國又將什麼來安慰他(她)們呢？

文藝

拾起屠刀

朱西寧

下午，全部打野外去了；祇我一個人待在連部裡絞腦汁。

一陣陣違拗的，爭執的，漸而成爲苦撐的豬的嘶喊，想着連上喂養了半年多的肥豬如今該臨末日了。一種生命的結束所給予我的惋惜，以及一部份孩子氣的好奇心的勾引，我忍不住了，心想：得看看去！連忙將手底下的排哨計劃案暫告中止，丟下筆，匆匆的跑向伙房去。

完了，牠已經溘然長逝，一盆鮮血放在一傍，平靜靜的表示着一個生命的被剝奪是如此的容易。一陣生之悲哀的念頭湧上來，我啞然而傷感。

我倒奇怪，爲什麼我的心腸忽的軟了下來！活蹦亂跳的漢子，頂面一刺刀戳進胸脯子裡，嘶的一聲，像皮球走了氣，可從不曾手脖兒歎過一下。我想，還是因爲潛伏在人性中，當心平氣和的時候永不失敗的惻隱之心在作怪。而況半年多以來，也曾親自喂飼過好多次，也曾用瓦片刮着牠那肥厚稀鬆的肚皮，欣賞着那種最會享受的舒坦的臥姿……。像對一個去世的友人一樣，我在追憶着牠生前的那些平凡得不足道的瑣事，下意識的用以加强目前這惜別的感傷。

伙伕老涂已經當我沒有注意的時候早就割開了蹄面上的皮，用一根鐵通條從割口處戳進去，橫衝直撞的通起來。一種食肉的饞慾慢慢的冲淡了我的不愉快，蹲下去，摸起帶血的刺刀在那肥厚稀鬆的肚皮上擦拭着，興趣的欣賞着老涂像個吹鼓手似的抱着豬蹄子，鼓圓了腮梆，面紅耳赤的吹着氣。我說；「老涂，看你倒是個老手，不如換個姓算了。」他攥緊了豬蹄子緊防着走氣，擡起頭來，一臉的不解，笑道：「副連長，別開玩笑了，換個什麼姓？」我知道他不會明白我的意思，趕快的補充一下：「反轉是換湯不換藥，把你那個涂字換作個屠夫的屠字，音同字不同。」適巧傳令兵送通報來，一看是明兒晚上大除夕，全營官兵舉行會餐的事，便不以爲意隨即簽了個字。然而傳令兵却多管閑事而又意欲討好的告訴我，說老涂以前是個幹了二十多年的屠夫。那眞就難怪他這麼老練了，看他一棒棒輕重琢磨各得其所的撓着膨脹滾圓的豬肚皮，像拍着被子上的灰塵一樣的毫不經心。

小胖子同丁豁嘴已經從老百姓那兒借來了採萲桶，開水早就在大灶裡大肆咆哮的等得不耐煩了。

這才是老涂的天下，他當了指揮官，把三個伙伕支使得團團轉，他抽了個空，自認很得體的向我道：「副連長，人家都說咱們伙伕就落燒飯洗菜了，都瞧不起咱們，可是咱們這不就在殺朱拔毛了吆？」他現身說法的狠狠的拔去了兩綹豬鬃，像逞能的孩子，幼稚而天眞的向我眩耀着。我素知他們的自卑感很厲害，忙慰道：「沒的扯淡了，誰瞎了眼睛敢瞧不起你們？昨兒晚上閱兵臺的群英會，你們不是聽諸葛亮說了吆？兵馬未動，糧草先行，可話再說回來，光有糧食沒你們，那還不是白罷嗎？」他嗤嗤哈哈的吹着熱氣，一路刮着豬毛，一路斷斷續續的訴說着：「副連長，依着咱這個性子，幹嗎樂意來當兵？還不是想打他媽的八路軍出出咱這口氣！老是婆婆媽媽的幹這些燒鍋搗灶的事兒，咱可熬不住，管那陣子想起來，都一心的彆扭。可話得說回來，誰叫咱們不覺爲意的就老了來着？腦子又是死笨一頭泥，弄到今天，萬想不到的，幹個伙伕不如人也就够了，咱不知怎的又做了弟兄們的表姪來了，一向還蒙在鼓兒裡呢！」

我不懂他這個「表姪」的典出自何處。看他一臉的低能的懊喪，與平時嘻嘻哈哈的樣子竟判若兩人了。當兵的不僅是免費的旅行家，也是永遠天眞爛漫的老孩子，尤其是這般燒好了飯便沒事可做的炊事兵，就連老涂這個灰了鬢的老傢伙也不甘示弱，其頑皮的程度早該讓給他的兒輩孫輩了；整天價沒老沒少的厮鬧着滾在地上，你咬我的耳朵，我拉你的小便，我幾乎是永遠的看到那些年輕力壯的孩子們諒着他追不上，便老是惹了他一下，拔腿飛奔，他呢？提着菜刀，再不就是冒着煙的剔火棍，略盡人事的追上兩步，便知命的站了下來，用幼稚的戲耍做作作爲解嘲，伊伊呀呀的嬰兒似的歪着頭，話都說不清楚了：「你敢耐(來)？你耐，幹(看)我不逗(揍)你臺(才)怪呢！」這麼一來，所有的懦弱與受辱便煙消雲散了，大家呼天搶地的笑起來，他自己也跟着傻笑了，彷彿還帶點兒洋洋得意的神氣。

說起來。這兩天輪到年底，今兒該比往常更胡調一些才對，然而他却鬱鬱不樂的。我盤問再三，他才吐實，原來是由于一種自卑感促成了他的盲目而固執的狐疑心。知識程度更限制了他的理解力，以致造成了這樣的一個笑話：中飯前，兩個監廚的弟兄在火房裡搞鍋巴吃，不巧給連長撞見了，連長當然大大的光火一番，據推測可能是這麼說了兩句：「要知道，你們都是炊事兵的表率，你們領着頭兒亂來，還怪他們不偷鍋巴賣吆？」弟兄們既然是炊事兵的表叔，那末炊事兵是弟兄們的表姪，當然是毫無疑問了。他嘟嚕着嘴，狠狠的敲着豬蹄子上黑色的膠質外殼，一個個都敲掉了，似乎還未消去心頭之恨。這彷彿是一件極小的小事。然而它在這個老兵的心頭該是站着如何重要位置的一大片陰影！整天起早睡晚辛辛苦苦的爲大家燒飯做菜，末了竟不明不白的落了個表姪的身份，誠然，在缺乏智慧的腦子裡怎麼想得開？當然是一種令人極不快的積鬱，我頗爲費力的通俗的終于使他明白了而且相信了我的解說，他這才從一再回味中傻笑不止。

然而傻笑之後，這位老兵依然沉沉鬱鬱的，仍不似往常那般言談說笑。

想刮净豬頭上縱橫交錯的縐紋裡的細毛，決非平鈍的刀口可以辦得到的，我招呼小胖子到我的房間裡去取保險刀。我說：「老涂，當兵幾年了？」他擡起頭來翻着白眼，翻了半響，說道：「前年，前年年底，是冬至——喁，不，祭灶那天，咱離了家的。」我半開玩笑的道：「就是祭灶那天才丟下屠刀的？可你沒成佛，倒當起兵來了。」他歎了口氣，我倒直覺的感到些沒趣，搭訕的收斂了笑容。

他捲了捲袖子，又歎上一口氣：「副連長，您不知道，咱也是逼上梁山的。(一)」言下不勝感慨，我不禁做出一副悲天憫人的形容，側過臉去探問道：「那末，你是來當兵了，家裡的人呢？」他說：「別提了。」一刀揷進豬的胸脯，正像是肉搏戰，一刺刀戳進去，嘶的一長聲，氣是洩了，滾圓的肚皮慢慢的縮下去，他全神貫注于這一刀，從胸脯直到肛門，彷彿一個人坦開了胸膛，兩面密排的乳頭，該是武俠小說裡勇士短打的排扣。他這才抽出空兒，把話又接了下去！「當初，咱們也是個正式正道的人家。人家都說，屠夫沒後，想情也是，殺生害命的。可是老天看中了咱們姓涂的，一兒倆女，全鼻子全眼沒比別人家的孩子推扳到哪兒去，就是日子過得窮，可安份守己的收拾點骨頭罏兒煮了湯，也是天天見葷腥兒。」他掏出了五臟，看我彎着身子給豬修面太吃力，便三刀兩刀的把豬頭截下來放在案子上，又順手送了隻小凳子給我。

「古語說得好，天作孽，逃得過，自作孽，不可活。」他一開始就引經據典起來，我沒搭嗆兒，讓他說下去：「副連長，別看咱今天是個清醒明白人兩年前也幹過糊塗事的。是前年了，咱記得清清楚楚，九月初九，一大清早，咱們隔壁的蒸糕舖子剛把頭一籠的魚陽糕熱氣騰騰的端出來，還沒來得及揷上小旗子，唉，不對了，風聲陡然的吃了緊，街坊裡謠謠的傳說着，五更頭兒國軍就動手撤退了。可不是吆，說着說的，頓把飯的功夫，大包袱，小行李，拖男拖女，大車小輛，風平浪靜的小城市，眼看着就兵慌馬亂起來了，可怎麼好！咱有點沉不住氣了，院子裡活兒(二)剛放了血，家裡她還在灶下燒水呢，一聽這情形，跑出來，一把拉着咱，怎辦？怎辦！——慢說咱們跑不起，就是跑得起，可撂着活兒怎拔得起腿？不是小買賣，拾起挑子跟着大夥兒走去。百八十斤沉的，背着還是提着？話又得說在頭裡，副連長，咱們是個什麼人家？咱們夜無隔宿糧，買一斗吃一斗，跑什麼來着？跑出去也是餓死。要死也死在家裡，幹嗎做個外鄉鬼？想他八路軍也是一鼻兩眼睛的中國人，往年南軍打北軍，北軍打南軍，就是媽的日本鬼子來了，也沒擋着咱們做買賣，再說，咱們本本份份的過日子，沒跟誰結過仇，留過怨，更沒跟他八路軍有什麼過不去的地方，咱就是這個主意，不逃了。可家裡她不答應，咱們不走，成！可是孩子呢？咱們正六兒不能等八路軍來了拉去參軍，饒是你不心疼，孩子是做娘的屎一把尿一把好不容易扶養大了的。婦道人家，話不說上兩句就鼻子兩行淚兩行的。我說，得，就依着你，可是一個皮扣兒也沒有，往後一天冷一天，叫孩子到哪兒去藏身？不餓壞也準凍壞。家裡她疼兒子心切，也知道咱那幾天正彆着。屋子裡取出了私房，十來塊大頭，夾着兩塊鷹洋，湊合起來也算是說得過去。正六兒頭天晚上四蹄行去算賬，小半夜才回來，還躺在吊舖上睡着呢，他娘把他喊了起來，嘎，十八歲的人，正月初六生的，個頭兒就跟小胖子差不離，挺棒的，要不，怎麼咱一瞧着小胖子就想起咱們正六兒呢？」小胖子沾着桶裡的水往老涂身上灑過去，罵道：「媽的皮嘞，估老子的便宜！」老涂擠擠眼，用袖子拭去了臉上的水珠兒，不理會，依舊的講下去：「孩子收拾起包袱，大言不發，小言不語，去就是了。先到青島，舅舅做碼頭生意，年輕力壯的，管怎麼也好找碗飯吃。話都交待妥了，不想家裡她又變了卦，要大姐兒也跟她哥哥去，十六歲的姑娘家，八路沒人性，隔壁聶老板不是常唸報嗎，八路軍逼着五十歲的尼姑跟人睏覺，想情，多可怕！咱可不答應，報紙上說的都是瞎話，小米子賣到金圓劵千兒多塊了，報上還瞞着說八百呢，報紙上登的都是官價，靠不住。加着大姐兒戀着家，死活不肯走，她娘也拗不過，外面又風聲兒一刻緊一刻，算了，正六兒背上包袱，掛着淚，掉頭就去。唉！這一走，咱們的兒子可是替人家養活的了，十八年，白搭！從今以後就音訊全無，是存是亡不得而知。」

他不放心我是否專心聽他的，偷偷的斜瞅了我一眼，我催促着說：「接下去呀！」他不好意思的小器的一笑，搭訕着把菜刀在砂缸口兒上來去的磨了兩下，講下去：「孩子是走了，家裡她哭哭啼啼的一整天，咱也給弄的沒了心腸，坐擱案子跟前直發楞，街坊上冷冷清清的，擱棍子打不到人，半盖子私豬掛上了一天，分文未進，是啊！兵慌馬亂的，誰還那麼開心？」

我不懂，問道：「怎麼說，半盖子私豬」？

「是啊！老實說，咱老涂幹這個交易也二十來年了，賣私貨這還是頭一遭。其實呢，也沒辦法，屠宰稅局子裡跑得一乾二淨，祇聽說張局長還沒走，咱各商家正開着會，打算好好的迎八路軍進城，咱怎麼能去找他來蓋藍戳子？咱繳稅不是繳給他的，總之咱不是存心逃稅。這話不去談了，反轉半蓋子私豬一個子兒也沒賣出去。第二天，大清早，八路軍才進城。大街小巷貼告示安民，還打鑼叫喚着，誰家男男女女老老少少走了的，趕快帶信去叫他們回來，今後天下太平無事了，生意照舊，買賣照做，別聽反動派的宣傳，人民解放軍是爲着解救窮人才來的。副連長，說句天地良心話，起先，他們可眞是客客氣氣的，寸草也不動你老百姓一根。比咱們國軍還講情講理，不課你稅，不納你糧，不拉你差，好些老百姓都回來了，就說是市面遠不如往常，可人心是定下來了。誰知到了十月底，拐大包(三)一到，一切可就走了樣，現了原形。不多久，就開着要開這個會那個會了。有天晚上，咱記不清日子了，一個拐大包到了咱們家，大爺大娘的叫着咱們倆口兒，咱們給叫的好不彆扭。日子過的怎麼樣？吃的飽吆？穿的暖吆？想日子過的好一好兒吆？誰知道他葫蘆裡賣的甚麼藥？是好心還是歹意。說到最後，問起咱們認得張儉齋不？怎不認得！屠宰稅局長，又是商會副會長，禿腦袋，大肚子，五短的個子。好，認得就好，知道不？他怎麼起富的？都是打從你們窮人身上剝削去的，他那個大肚子裡裝的都是你們的血汗，這種人活着一天，你們窮人就一天別想翻身過好日子！咱們解放軍就是專爲着幫助你們翻身才打過來的。就這麼說，明兒鬬爭會，有話儘管說，別怕！有咱們替你撐腰了，把他家業分給你們，解放軍不要你一文半鈔。那一夜，咱給財迷住了心竅，翻身打滾兒睡不着了。思前想後，眼看是四十掛零兒的人了，一無房產，二無田地，幹這行買賣的，不養老不養小，咱們沒見過一個屠夫致富。再說，自從八路來了，老百姓無錢的吃不起豬肉，有錢的不敢吃，生意清淡也難做下去，不想想法兒，一聲兒兩腿一伸，啥也沒有，光着身子睡薄匣，咱上兩輩兒都是這麼個下場頭的，得了，咱的主意是打定了。可憐，那位張局長帶上臺去，面無人色，混身打哆嗦，咱是被財給迷住了，哪管他死活存亡！咱吼起來了，張某人，你三十四年秋天把屠宰稅加了六成上腰包，害得咱們那年冬天險些兒過不過去——都是頭天晚上那個拐大包敎給咱的。副連長，你說怎麼着？咱可是一呼百應，那麼些個手舉起來，都贊咱們的成，沒話說，三下五除二，光是償還咱姓涂的就是二千五百塊大洋！咱這一下可就給樂得不知東南西北了，擠在人窩兒裡打算着，紅花淤的良田先置他兩百畝，石礎房子蓋他個兩進，給正六兒帶媳婦，給大妞兒辦個大八件兒(四)，咱什麼也甭幹了，坐客廳，穿皮袍，抽水煙，享清福，當老爺子！」他愈說愈激動，彷彿他又擠進兩年前的人窩兒裡在做着美夢了。他掠起菜刀，一下下狠狠的劈着後脊骨，劈一下，吐一句，懊惱，切齒而遷怒的！「誰知，他媽的，是個騙局兒，張儉齋傾了家，蕩了產，咱沒見，一個子兒！」

「他們不是講明了要償還你二千五百塊大洋的吆？」

「別提了，糊鬼，他們說，這筆錢由人民政府替你暫時保存着，等你家兒子回來，交給他去經營，你上了這把年紀，要錢幹嗎？沒用處。」

我說：「難道這就算了不成？」

「算，怎麼樣？不算又怎麼樣？抱石頭打天去？咱轉過身來朝着家裡她可是一頓的好埋怨，當初是你死活逼着正六兒走的，如今，看看罷，百萬家私可是你一個人作踐散了的。可家裡她跟咱鬧起來了，橫財不發命窮人，你別昏了頭！當初大妞兒你不讓走，到今天，搞進了姊妹團去了，咱們窮雖窮，可是個清白人家，十七大八的姑娘家，招天街坊上丟頭露面的扭屁股，跟兵老爺手攙手拉拉扯扯的，你要兒子，咱可要閨女。副連長，你別想錯了，殺豬漢還會養出什麼好閨女？還不是又胖又笨的醜丫頭！不，一點也不！從小兒咱們就不准她做粗活兒，讓她上學去，唸書解字的做個女學生，咱們罰下誓，殺豬漢非要撫養個細皮嫩肉的閨女，將來也攀門好親事。老天可眞是不負苦心人，要是把咱們的大妞兒綾羅緞披穿金戴銀的給打扮起來，要不是個四郎探母裡的公主那才怪呢！」

「捧跟個天仙兒似的。」丁豁嘴翹起兩片上唇，不服氣的道；「誰見了？」

老涂一瞪眼，咬着牙：「好小子，連你家姑奶奶都沒見過？再多嘴饒舌的，看咱不給你那個下嘴唇也割成兩片兒那才見鬼呢！」丁豁嘴不肯甘休，還想反口，見我臉一沉，才閉上他那張倒丁字形的兎子嘴。

我說：「算了，咱們聊咱們的，別跟他一般見識。」他非常爲着他的放肆而抱歉似的忙向我陪了個笑臉，緊接下去：「閨女是個好閨女，可是碰着那種天下，爹婆哪兒作得了主兒？乾瞪眼瞧閑氣。說是算了，還有個八歲的二妞兒，大的咱不要了。可是，皮裡出肉裡長的，狗養狗疼，貓養貓疼，十個指頭連着心，咬哪個一口能不疼？」他抽了兩下鼻子，樣子很悲哀，大約是舊恨新仇催使着他又想念起他那位大公主了。我問道：「那末以後呢？」他站直了身子，槌槌後腰，半晌歎道：「以後嘛，過不多久，發財的竅門又來啦。四蹄行的邵二老板又挨鬬了。咱，甭說，又被找到了，還是那個嗞牙扭鬼的拐大包。得，咱這一回可得放明白，不能再那麼受人利用了。他拍着咱的肩膀，別想不開，我告訴你，邵二麻子沒現款，可房子田地日用器具倒是無法計算，拔一根寒毛給你，也够你舒舒服服度個晚景兒的。咱經不住他那張正有理反有理的小嘴兒一嘀咕，心眼裡可又擱擱擁擁的動起糊塗念頭來了。成，咱再幫你們一次忙，下不爲例。怎麼？幫解放軍的忙？他媽的你這個小子別昏頭昏腦的不分青紅皂白！是解放軍帮你的忙！好，咱不管究其竟是誰帮誰的忙，反轉是秤鎚打鑼，也就祇此一摀交易了。沒話說。到時候咱是到場了。邵二麻子算是鬪得連條褲子也沒給留下，臨死落得個光着來精着去。唉！咱怎麼想怎麼心傷，眞得抽自個兩耳光，這麼傷天害理的喪德，咱幹嗎昏了頭帮着八路軍去圖財害命？」

我說：「照你這麼說，這一場多少總該分兩個了？」他宴眉一提：「分兩個？我的天爺！沒把個小命兒搭上去，就算是十八代老祖宗的蔭德保祐咱的了。」我不懂：「難道又出了什麼岔兒？」

「可不是嗎？」他定一定神，又在砂缸口兒上來去的摋了兩下菜刀：「會是開過了，過不幾天，來了通知，到邵二麻子家分產去。成，別的不行，這得到場，咱下半輩子得靠着它過日子。副連長，你說怎麼着？又是個騙局。邵二麻子那種排場，等咱一到，啥也沒了。要有，也就落牆夾角裡幾張三條腿的破椅子。咱可發了毛，田呢？你要田幹嗎？你會種地？咱說，咱們不會種，你們會種？不會種地咱可能租給人。怎麼？你還想做地主？你他媽的老頑固！咱可捺不住火了。嗬，你們都是這麼解放的啊！你們都是拿咱們老百姓當甩子待的啊！咱的眼睛可沒長在褲襠裡，咱可看得淸，得，權當大爺又有個兒子，咱們四兩棉花推出門，不談了。眞的，尿浮子打人，氣死人，咱沒那口寃氣也不敢說出那種話來。吧猛，他們那群兎仔子能吃得了這麼下剮心拳吆？沒話講，坐班房就是了」。

豁嘴又不安份了，歪着頭端相着老凃：「別看不起咱們老凃，倒也坐過兩天禁閉！」

老凃並不惡意的掃了他一眼：「喝，要是有咱們這裡的禁閉室那麼舒服，咱倒想在裡面安個家不打算出來了；那個洋罪可不是人受的，咱往常買口豬回來，餓是二天早上就宰了牠，頭天晚上也還把個刷鍋水給撑撑肚子，他們待你可是連個豬狗也不如。在裡頭苦撑了五天，想是看咱沒油水可搾，又是上四十歲的人，也就把咱放了出來。困了五天，人可就祇剩一口氣兒了，千難萬難扶牆摸壁的到了家，唉——」他一聲長嘆，擺擺首：「家也不像個家了，家裡她病倒了兩天，黃湯白水一口沒下，大妞兒總共沒回家，二妞兒守着炕邊兒直是哭，老天這不是要咱老凃的命吆？請先生，要錢哪！打藥，要錢哪！咱哪來的一個子兒？好容易叩頭禮拜的求着隔壁蒸糕店的萬老板，他有個親戚是看病先生。先生是請來家了，號着脈直搖頭，咱可就冷了半截子，先生臨走囑咐了一聲，備備後事吧！走馬牙疳，藥石無效。黑了天，就不省人事了，滿嘴的牙肉都爛的一塌糊塗。半夜裡，斷了氣。還有什麼後事可備？放在往天，什麼萬字會、十字會，善堂、會舘，管怎麼捨口棺材還費什麼難吆？可是八路軍來了，這些行善做好事的都沒了，可眞是呼天天不應，喊地地不靈，大姐兒沒下落，孩子的姨娘來燒紙，也是乾嚷一通，生不出辦法。想起來家裡她跟咱吃了二十多年的苦，末了連個薄匣兒也沒睡到，落到個蘆蓆兒捲着埋到亂葬崗兒，咱怎麼想怎麼對不住老伴兒，可又有什麼辦法？死的死了，活着的還得撑下去。咱眞想一根繩子吊上樑頭去，乾脆腿兒一伸，什麼也不管了。可是二姐兒楞着眼睛瞧着咱，沒娘的孩子，可憐！咱不能死。可又怎麼謀生呢？殺豬這個行業是幹不下去了，做別的小買賣吧沒本錢，有本錢也沒生意做，家家夥計都是守着櫃檯喝西北風，咱可是從南北軍開火，到日本人打過來，也沒經過那種陰風凄凄的鬼門關的日子。這後來，日子眼看過不下去了，坐吃山空，連座山也沒了，說是討飯吧，遠點去，別在家隣邊兒丟這個臉。打主意把二姐兒交給她姨娘，二兒大小事兒也能伸個手了，也不會白吃她姨娘一碗飯。咱去青島找正六兒去，見了孩子把前前後後跟他交待個明白，咱就是立時閉了眼，黃泉之下也安了心。主意是打定了，把二姐兒送去，剛回家，頂面撞見大妞兒，眞個是叫人見了又氣又疼，好好的孩子整個兒就脫了形，爺倆兒少不得又哭了一場。怎麼說？到青島找你哥哥去，這兒待不下了。她一口答應了，也沒可收拾的，沿路乞討走着再說吧！想他八路軍也不能提着個討飯的走路。可咱一轉身，進來個野男人，也着腰皮帶，敞着懷，咱沒見過那種當兵的，比奉軍還沒人性，守着咱就拉拉扯扯的，咱是個火性子，受不了，指着大門，出去！咱們是個淸白人家，靑天大白日的，別找天雷霹頂！那傢伙一瞪眼，劈臉就是一皮帶，咱沒想到，挨了這一下，人倒淸醒明白了，光棍不吃眼前虧，犯不着逗，好吧，咱走，咱讓你作孽去。大妞兒勾着頭喊了聲爹，就被推搡進屋子裡去。你說祇要是個人，誰也受不了，甚麼都不說它，家裡她臨了的一口氣還沒散，咱不能這麼窩窩囊囊的裝膿包，大不了拚了這條命，你，八路軍也太沒人性了，你騙着咱去圖財害命的喪德，你把咱下了牢，你害得咱的老伴兒臨了連口棺材也沒睡到，你把咱心愛的閨女糟塌成這般地步，咱們是家破人亡了，咱……」他憤恨得發抖的結巴着：「咱：：咱得要你的命！菜板下摸出那把頭號的剮心刀。老沒用了，生了浮銹，擋一擋，還是快的。可是，咱壯起了膽子剛踏上門檻，就又軟當當的抽回來了，究竟不是殺豬，咱的狠心老是怯怯的打起勁兒，祇是乾搓脚埋怨自個。直到，直到最後，咱忍不住了，大妞兒裡面哭嚷着，一聲娘一聲爹的叫着咱，死的不去說他了，咱還得替孩子想想，咱這一口氣，咱什麼也不顧了，衝進去，一瞧那情景，咱只覺着兩隻眼睛直冒火．撲到床邊去，哪管他是頭是尾，心慌意亂的咬着牙，戳就是了，咱的手也挨抓痛了，人死了抓住人可是不肯放的，咱像是做了場惡夢，直到大姐兒喊聲爹，逃命吧！咱這才還醒過來。通紅的血從炕邊兒上吧嗒吧嗒的往下滴，這可不是豬血，咱不慌了爪兒，殺人償命，咱們不逃還等着上十八兩秤吆？一把拉着大姐兒，走！大姐兒一張臉全白了，連點兒血色也沒了，可憐的孩子，吓成這個樣！爹，她嚷着，血，你臉上，瞧，你手，快洗洗去吧，爹，洗淨了咱們一道兒逃命。唉，咱也是糊塗了，料得到嗎？咱丟了刀，急急忙忙的洗淨了手臉，回到屋子裡，咱可差一點兒暈過去，孩子躺在地上抽筋，喘着氣，還喚着：爹，逃快逃：：：以後就光是勤着小嘴，不聽聲了，咱也不知怎的。麻木了，一傍站着直發楞，哭也哭不出，叫也叫不出，人整個的沒知覺了。」他連連的抹着淚，連心腸最硬的我，也不禁爲之鼻酸。

「人死了也就是那麼容易。咱一看心疼的大妞兒也完了，本也該死了就算了。可咱還有指望，還有兒子閨女，走，逃得出是老天的恩典，讓正六兒來替他妹子報仇。逃不出，也是生死有定。」他歇了歇，傷心的往事使他訴說起來也太吃力了，良久才接着歎道：「說眞個的，家裡她完了，咱沒覺得怎麼太難過，祇是大妞兒這麼兒死了，眞叫咱要命的心疼。聰明伶俐的孩子，聽話，温馴，惹人疼，可有什麼法兒？給抱上她往天睡的那張炕上去，拉了條破絮給蓋好，大妞兒，爹對你不住，沒法兒埋葬你，給你留在土上頭了。咱把房門給上了鎖，當天是祭灶，跪到灶下去，磕了三個響頭，灶君老爺，您是一家之主，活着的走了，還有孤魂寃鬼在家裡，你得照應着。唬——！咱就是這麼傷心掉淚的離了家。」

我爲他傷心，我問道：「到青島那麼遠的路，想也吃了不少的苦？」

「還用說吆？副連長，挨冷受餓，臘月的天，到了膠東又趕上大雪沒膝，一陣子想起來，三個月不到，是誰那麼快，把咱們拆散得家破人亡到這般地步？」

「到青島總該找着你的正六兒了？」

「別提了，碼頭上整整喝了兩天的老北風，趙錢孫李都問遍了，連他舅舅這個人也打聽不出下落，咱盤算了幾次，不如一納頭倒進大海落得個乾淨！可一想，不行，在家裡不死，跑出來是幹嗎的？當眞是風雪千里跑到青島來尋短見的不成？不能死，兒子找不到，咱也得留着一口氣跟八路拚，當兵去！主意打定了，一點猶豫也沒有，拉着個採買的弟兄，管怎麼得帶咱去當兵。見了連長，就是以前的那位孫連長，是個老好人，咱一見了他，前前後後，怎麼長怎麼短的一訴說，成多少歲了？咱瞞着說三十五了，沒問題，補了個二等兵。可是以後的日子咱過不下了，咱是要打八路才來當兵的，咱幹嗎要立正稍息的操個不休？班長姓何，老是跟咱過不去，動不動就罵，越罵越糊塗，咱給罵的昏了頭，除了向後轉還辨得出個方向，左右手都分不淸了。可向後轉也挺別扭的，兩支腿兒一擰，就作不了主，老是要歪倒，得找個扶手方得勁兒。咱不懂，轉過來就是了，誰不會？幹嗎非要兩支腿兒併在一起搓麻繩？」

我不禁笑了，我說：「你過不下去，一定要找孫老連長去了？」

「不，是連長給咱叫了去的，涂學茂，孫連長挺客氣的叫着咱，你動作跟不上，年歲又大了，給你調火房去吧！補個上等炊事兵。咱聽了心中可一酸，怎麼着？咱當眞這麼沒能耐？連當個兵也不配？孫連長也知道咱的心事，接着便好言勸說，幹個上等炊事兵又不是低三下四的差事，不吃主副食，抵上個上士班長呢！就說是你要打八路，到了火線上，炊事兵也照樣的捧着槍桿兒拚，咱心裡想，別給咱寬心丸兒吃了，上了火線，憑什麼打八路的？就憑着立正稍息去吓唬八路的不成？咱兩腿兒一軟，跪了下去。連長一把給咱提溜起來：活老百姓！(五)有話儘管說就是了，幹嗎做出這個調調兒？連長的命令，咱別的沒話說，祇求教給咱去放槍，一聲上了火線，咱不能提着菜刀跟八路拚。孫連長是個爽快人，一口答允了，把咱交給了從前的那位張排附——他現在住院了，好人，咱也沒去瞧瞧他——先留擱連部，啥事不幹，出特別操(六)，先上射擊預習，再上靶場，沒兩個月，三〇步槍，二百公尺無依托，五環靶，咱打過兩回十八分，一回二十分，咱不是吹牛，副連長，您不信，有空帶咱上靶場去較量較量，要是打了個麪包(七)，咱就改名換姓不姓涂了。」

「絕對相信你老涂！」

他不好意思了，趕快把話題扯了過去！「咱這些傷心事兒，輕意不跟人家訴說的，談起來也白白的傷心掉淚。」

我說：「不，別這麼想法兒，這不是傷心，這是仇恨，男子漢大丈夫，有仇報仇，有怨報怨，沒有眼淚可掉的。你兩年前，說起來好像是丟下屠刀了，其實是拾起屠刀，不過丟下的是宰豬的刀，拾起的是殺朱毛的刀，這個時候，不是看破紅塵，丟下屠刀立地成佛的時候，讓那些親人被八路害了，祇會傷心流淚沒骨頭的人去出家成佛吧！，再說，你老涂也不過是千萬個同樣命運中的一個，像你這種遭遇的可太多了，就以我說，大哥被匪害了，爹媽同姐妹都還被禁閉在鐵幕裡，要報仇的人可太多了，咱們就是不爲國家不爲民族，可也得爲自已的親人報仇。老涂別瞧不起自已，咱們大家都是同行，都是在沾着汗水磨刀的時候，磨快了刀，去報仇，要想不傷心，只有磨刀報仇。打八路不一定非要抱着槍桿兒，各行各業都是一樣，何況你老涂還有這一手，當兵的前線開火，可餓着肚子也是打不起仗來的。老涂，我說的話你都懂吆？」

「懂！副連長。」他下死勁的一刀劈下去，彷彿敵人已經落在他的手下，他咬着牙，復仇的火，引起了他的强暴與蠻橫：「咱現在是淸醒明白人，管怎麼咱也得替大妞兒報仇，還得替張儉齋，邵二麻子報仇，副連長，您說是吆？您也得替老大哥報仇！」

我不禁沉鬱的點着首，我們相對着用同一心靈的巨掌緊緊的握着，我們向各自的深心重又作一次鋼鐵的宣誓！看！山的下面，一列列沾着混身是汗與泥沙的磨刀的隊伍收操回營了，他們震天撼地的，齊聲高歌着雄渾浩蕩的大曲：

反攻的號聲響亮！反攻的旗幟飄揚！反攻的火燄燃燒在亞細亞的原野上……

註：(一)迫不得已的意思，並非落草爲寇。
(二)活兒：生計，指猪。
(三)拐大包的：匪區老百姓對匪方的政治工作人員的俗稱。
(四)中宮之家的女兒嫁粧。
(五)軍中通稱非軍人爲老百姓，有輕蔑之意。
(六)即動作跟不上，個別教練。
(七)不中靶，零分。

不必害怕

H.C.Lodge原作
王召中譯

這是美國參議員勞奇（Senator Henry Cabot Lodge）在聯合國答覆維辛斯基的一篇演說，維辛斯基曾大聲疾呼兩小時，他責備美國永也不願放棄原子彈；控訴美國是戰爭販子，並又給美國另加了兩條罪狀：利用日軍在韓作戰；在奧地利重建法西斯主義。勞奇參議員的演說很短簡，但他擊中了維辛斯基的弱點。維辛斯基竟被他反駁得面紅耳赤。

——譯者——

這是我首次出任聯合國代表，首先我所要講的是我能與來自全世界的名人相聚一堂感到十分光榮。因爲這是我第一次出席聯合國，或許我的印象可代表普通公民的印象。我現在當然是以一個普通公民的身份而不是以一個專家的身份而發言的。

在過去的幾年中，我曾詳細讀過以前的會議報告，因此當我來此時，我預料將要聽到我的國家被控爲一群爲資本主義者所統治的，膚淺的，違法的戰爭販子。但是預料聽見這些話以及讀過報告是一回事，實際坐在這裏而聽到這些話被說出來便又完全不同了。

大體上我的時間全消磨在美國。我也遊歷過一些地方。戰時我曾去海外。但有二十五年的時光我曾積極從事於新聞事業與美國的政治。而我所能夠講的是今日以及過去數日我所聽見的一些話與我自己的經驗完全不相合。

讓我舉出一些在此聽見的令我十分吃驚的話。譬如，三四天前蘇聯代表維辛斯基先生說，他需要與美國和平相處並與美國相互了解。但是，只要你花一兩分鐘想想他加之於美國的侮辱以及他駁聲和訊問我們的動機的態度，你就會完全相信他的話不是一個眞正需要和平的人的話。一個眞正要與他人和平相處的人決不會侮辱他人。

然後他又說：「武力是美國外交政策的基礎」。（我想我引用他的話是十分正確的）然而，他知道得很清楚，美國在一九四五年戰爭結束時不但將其武裝部隊復員並且將其解體，（這是你們全知道的），因此而助長了蘇聯的史無前例的領土擴張。這個事實正與聯合國旗上的藍色一樣顯明。

他今天說我們利用日本軍隊在韓作戰，我確信這是沒任何根據的。我想他決不能證明這是正確的。

後來我聽見蘇聯代表與波蘭代表（衛爾布魯斯基先生）滿腔不快地同聲詛咒原子彈的恐佈（這當然是十分眞實的），但你們却沒有一個字提到刺刀穿腹的恐佈，和被槍彈礮彈擊斃以及被坦克車輾死的恐佈。我也沒有聽見你們提到當你們的船隻被潛艇擊中時人們葬身魚腹的恐佈。甚至于關於一個警察國中的集中營和奴役制度的恐佈，你們也隻字未提。

我還聽到些關於美國積極從事備戰的一些有趣的數字。在美國我們有一句諺語：「統計是最大的謊話，你可以用數字證明你所需要的任何事情。」美國的軍事撥款從它所佔聯邦預算的百分比來看似乎很龐大。但是，倘若你從它所佔每個普通公民維持生活的收入的百分比來看，你就會發覺它所佔的百分比遠較在蘇聯所佔的百分比爲小。

美國公民大約每人有百分之五的收入作爲軍事開支，而在蘇聯大約是百分之十四。這是憑我的記憶所知，但是，我想我能很正確地加以證明，我很樂於在以後予以證明。

關於那些統計現在暫且不談，因爲當人們考慮到軍事時，統計並不關緊要。有關係的不是金元或盧布，而是實際的軍事力量。而在此室中的每個人都知道，甚至於當自由國家的備戰力量超過了原來所計劃的而達到了最大限量時，他們永也沒有攻擊蘇聯的可能。這是每一個小孩都知道的。

我聽見蘇聯代表說柏林鐵路工人在一九四九年五月和六月的罷工是被美國所鼓動的。我知道鼓勵這次罷工的不是別人，就是那一萬六千罷工工人他們自己，他們對工資的不滿是合法的。他們是西柏林區的工人，但他們是以東德馬克而支付工資。這種貨幣在西柏林對於他們無用，他們要求以西柏林的馬克發工資。你們都知道，柏林鐵路是由蘇維埃區所管制的。蘇聯當局拒絕了這些工人的要求，於是，工人們便實行罷工。那些責備美國發動一個合法的工資糾紛的人是來自不准工人罷工的國家的，因此，他們的話並不足爲奇。事實上這次罷工終究根據美國的一個原則而解決，就是向工人保證以西德馬克發工資。關於我所謂的正確這就是一個解釋。

我又曾聽見蘇聯和波蘭的代表說美國是壟斷主義者，但事實上美國在經濟方面根本就是一個自由競爭的國家，在這樣的一個國家中，壟斷是違法的（這是你們全可證明的）。假若我要選擇一個字來形容我們美國的經濟，我寧可用「競爭的」這個字而不用「資本主義的」這個字。我不否認美國人像所有的人類一樣偶而也設法阻止競爭；但在這個國家中，當你試圖阻止競爭時，你便正做着某種違法的事，假若被捉住便將受懲罰。

我知道我們美國也不是完善的。我能告訴蘇聯和波蘭的代表關於美國的良好現象，並且也能告訴他們關於美國的不良現象；或許所告訴的比他們所知道的還多。但是，在這個國家中，我們總是努力改善我們的情況，而我知道我們已有進步。

我不過只引證了在此委員會中所

敍述的幾例個子。說這些話的人，似乎是正常的人，而正常的人顯然必定知道我剛才所提到的這些獨特的話是荒謬無稽的。因此，我若將這些言論僅當作是無誠意的憤世嫉俗者故意所造的謠言而棄置不理是很容易的，或許也是十分自然的。但我並未如此。

我很奇怪蘇聯、波蘭以及烏克蘭的發言人（烏克蘭的發言人是巴拉諾夫斯基先生）竟眞的相信那些片斷摘取的關於美國的奇特消息，並且還不斷地引用那些消息，幾天前我曾看見波蘭代表揮動一本美國雜誌，此雜誌中有一篇文章偶而適合他那時所發的議論。他的臉上帶有一種得意的神情。我想他那種得意的感覺是眞實的，因爲他不了解生活在一個有言論自由的國家中是怎樣的情形。假若那個雜誌出現在他的國家中，我猜想這個雜誌的言論是要得到他的政府的同意的。但是，在我們的國家中，雜誌僅僅代表編輯的意見，而多數的美國人充分利用不同意編輯意見的特權。事實上，編輯常常是與雜誌的所有人意見不合的，寫文章的人與編輯的意見不合，而讀者又與寫文章的人的意見不合。

我們是一個饒舌的民族。我們無時不在講話。也許我們爲我們自己的優點講得太多了。但是，若摘取某人在佛羅里達州的坦帕或是在衣阿華州所講的話便說那就代表美國的言論，這眞是妄誕。

我想你們從蘇聯、波蘭和烏克蘭來的一些代表眞的相信我們是壟斷主義者。你們之所以相信是因爲你們來自世界上最大的壟斷國，你們想像不到任何其他的情形。你們還有一個政治局，在此政治局中，權力是集中在十二個人手上的，因此，你們也不能相信在美國權力是眞正分散的。你們生活在一個被統治的社會裏，因而不能想像到一個不被某人所統治的社會的情形。我相信那些關於統治的荒謬無稽之談是由於這個簡單事實所引起的。你們一直在注意是誰在統治美國。但沒有一個人是統治美國的。

在過去的幾天中，你們使我奇怪你們是否眞的恐怖，或許你們害怕我們。或許你們害怕在你們自已國家中的平民。但我知道一個恐懼的人是十分危險的。我很抱款有恐怖存在，並且我希望而也相信恐怖將消失，並且這個時候將不會遠了。

前首相邱吉爾的回憶錄中曾敍述當莫洛托夫先生在戰時下榻於邱吉爾先生的官邸時，他的床旁邊一直都放着一支手槍。是的，在所有的國家中，在多數人的心裏，多少總有一些恐怖的感覺存在；但是在參加此聯合國的許多國家中（特別是重視自由的人民所組成的國家），恐佈並不是那些任要職者的主要動機。

顯然的，你們在此所倡導的政策假若一旦被世界採納，這些政策對於世界的影響將是十分惡劣的。而我也不能看出這些政策終究如何有助於你們自已國家的人民。你們國家的人民需要朋友；每一個人都需要朋友。他們和我們國家以及所有的國家的人民一樣，需要外界的朋友。自九月十八日我即來此，我曾與許多來自不同國家的熱心的、有理想的、眞摯的人們談過（其中有一些正在此），他們誠懇地希望能與蘇俄人民有一個可行的有效協議，但是、你們拒絕了他們；你們蔑視他們；你們使願意與你們合作的人們不能如此，你們的政策的確是難以捉摸的，或許其中有些戰術上的價值，但我實不能想像隔離全世界的朋友是聰明的。

或許你們是以一種純粹嘲弄的心情而在此作爲聯合國的一份子，以便你們由內部毀壞它，而促成你們自已的世界政府的實現。然而，我所得到的印象却是陰謀與幼稚。

我不能判斷這是否有助於你們自已的統治階級。無疑的，我相信這對於蘇聯、波蘭以及處於相似環境之中的其他國家的平民的長遠利益是有害的。

我確信存在於現世界中的情勢不會延長得太久了，因爲被你們所喚醒的自由世界的人們將在幾年之內以一種完全和平而有秩序的方法創造一個和平安寧的世界，在那個世界中，一切的爭端將藉協商以及在憲章中所陳述的其他和平的方法而解決，而不是藉威脅或是利用武力而解決。我想那個時候將要來臨。

我們希望將有一天，蘇聯對宗教的壓制將停止；出衆而有才能的蘇俄人民的創造力不再受約束；蘇俄的人民能與其他國家的人民自由相處；而其他歐洲國家的人民也不再生活在紅軍的恐佈中。

我的勸告是：不必害怕。

我們在此曾談到一些關於強國對小國的情形。我們美國在喜愛權力和追求權力這個意義方面而不是一個強國。我們是渺小的人們，我們的祖先是在那些國家裡遭受迫害而來的，所以他們能夠擺脫強權政治而過着他們自已的安靜生活。我們正變爲強盛的國家，但我們並不像過去一些其他的國家一樣濫用權力。不論獨裁者是否願意，我們一定要和其他愛好和平的國家一起利用權力在自由世界內外創造永久的和平，這種和平對於所有受痛苦的人類將是一個幸福。（譯自 Atlantic Monthly, March Issue）

（上接第四頁）

但他們當中總有少數人曾經擾亂過金融市場的；其餘的人也未免利令智昏，有點咎由自取之處。但我們不得不認爲嚴重的，就是「以信立民」的政治原則，到今天，政府中人還有未能嚴格遵守者，相反地，他們竟利用其權勢鬧出以詐使民的花樣來！這種事體的影響，其惡劣和深遠，遠非民間少數投機者擾亂金融所可比擬。現在，這件事已鬧得無可掩飾了，我們爲着愛護政府，爲着政府今後的威信，特在這裡呼籲政府有關當局勇於檢討，勇於認過，勇於把這件事的眞象明白公告出來，並給這次案件的設計者以嚴重的行政處分，這樣才可以表示這次誘人入罪的案件，只是某些不肖官吏做出的，而不是政府的策略。同時我們還要向中央的及省級的監察機關呼籲，請他們徹底調查這次事件的詳細內幕和責任，並督促政府適當處理。「自古皆有死，民無信不立」，爲政者，監政者，以及我們論政者，都應該時時刻刻牢記斯言。

給讀者的報告

首先要報告讀者，自本期起本刊篇幅減至三十二頁。這個變更有我們萬分不得已的苦衷，要請求讀者的同情與原諒。在臺灣與香港發行的定期刊物之中，本刊是篇幅較多的一個，而本刊的售價則與其他刊物相同，我們的初衷無非顧及讀者的利益，希望使讀者們能以較少的經濟負擔獲得更多的精神食糧。自從紙漲價印刷費用增加以後，若干期來，我們貫澈這樣的初衷，因而在經濟負擔上，日益沉重。我們總算已盡了最大的努力，在成本激增的情形下仍舊考慮到讀者各方面的利益。最近由於這種原因造成的赤字，迫使我們不得不採取減少篇幅的步驟。但同時我們在編輯方面配合這個措施，決定以後文章的選擇將更嚴格地實行「精兵主義」，不使讀者因爲篇幅減少而在讀物內容上有任何質與量的損失，相反我們將更經濟地利用，以求適合讀者的需要，提高讀者的興趣。因此，我們在這裡必須請求作者們的合作，希望儘量避免賜寄長稿，又無論專論、通訊、文藝、翻譯都以簡短充實爲尙。

本期社論兩篇，共一『寄語大陸同胞』，發抒我們對於大陸同胞的同情，我們認爲大陸同胞絕大多數是良善的，現在都被奴役，迫害於中共的暴政之下。政府過去犯有不少錯誤，以致共產黨有可乘之機。將來反攻大陸的時候，政府應該弔民伐罪的態度，以解人民於倒懸。因此，我們希望大陸同胞首先在心理上泯除未來的恐懼，並如何在黎明前夕的黑暗裡，善爲自處之道。社論的第二篇：『政府不可誘民入罪』。是針對最近發生的幾件金融案件而作的；從這個簡明有力的標題，讀者們就會知道這是一篇勇於建議的政論，我們作此社論時，便想到這篇文章或許會激起某些人士的不滿與憤怒，但我們又覺得進忠言是輿論界的神聖使命，因此我們又無所懼的言其欲言。假如我們的意見不是無的放矢，或有失允正的話，我們希望政府當局能有以忠言爲逆耳的雅量。爲達目的不擇手段是共產黨的手法，我們萬萬不能東施效顰，這篇社論裡我們堅持這樣的原則，希望政府當局在一切政治措施上能把握這個原則，這原則是民主不同於極權的重大分歧之一，我們不應該忽視。

『麥帥被黜後的共黨世界戰略』一文，是喬治教授新近訪日歸來後的作品，作者於此行中曾獲不少可貴的資料，至於喬治教授見解的透闢，是本刊讀者們所熟知的，無須再贅。戴杜衡先生『國民經濟論與戰爭』一文是一篇很有價值的論文，特爲讀者介紹，戴先生從經濟的與政治的觀點分析國民經濟論除爲達到戰爭的目的以外，實無存在的理由。他指出經濟的國際主義可以普遍增進人民的經濟利益(無論先進國或落後地區)；並有裨於世界和平的建立。

本刊售價

一、	臺幣	三元
二、	越幣	八元
三、	菲幣	五角
四、	港幣	一元
五、	暹幣	四銖
六、	美金	二角
七、	叻幣	四角
八、	印尼幣	三盾

自由中國 半月刊 第四卷第十一期 (總第三十八號)

"Free China"

中華民國四十年六月一日

發行人　胡適

主編　『自由中國』編輯委員會

出版者　自由中國社

社址：臺北市金山街一巷二號

電話：六八八五號

航空版

香港　香港時報社 (高士打道六四號)

經售者

臺灣　中國書報發行所 (臺北市館前街八五號)

美國　紐約民氣日報社　舊金山國民日報社

日本　東京南友堂　東京內山書局

馬尼剌　中菲文教出版社

印尼　椰嘉達星期日報　椰嘉達天聲日報　棉蘭繁華圖書公司

越南　西貢中原文化印刷公司　越南華僑文化事業公司

曼谷　曼谷攀多社十二號

新加坡　中興日報社

檳榔嶼、吉打邦均有出售

印刷者　臺灣新生報新生印刷廠

廠址：臺北市西園路二段九號

電話：廠長室七一二五　業務課二〇九六

本刊經中華郵政登記認爲第一類新聞紙類

臺灣郵政管理局新聞紙類登記執照第二〇四號

自由中國

FREE CHINA

第四卷 第十二期

要目

中華民國四十年六月十六日出版
社址：臺北市金山街一巷二號

半月大事記

五月廿四日（星期四）

美總統杜魯門咨文國會，提出總額八十五億美元的經軍援外方案。包括對亞洲國家經援三億七千五百萬，軍援五億五千五百萬。

伊朗政府向英伊石油公司提最後通牒，限期一周進行談判，否則即予接收國營。

韓境中線聯軍克復春川，並越過卅八線。

美國務院否認蘇俄建議和平解決韓戰之謠傳。

五月廿五日（星期五）

韓境聯軍全面發動攻勢，西線亦越過卅八線。

符立德將軍越卅八線視察聯軍。

美國防部宣佈至五月廿三日止，韓境共軍傷亡一百零二萬五千四百零四人。

伊總理摩沙德表示英伊石油糾紛可望友好解決，惟國有計劃不能受阻。

英政府宣佈遣派第十六傘兵旅開往鄰近伊朗之普魯斯島。

美參院通過六十五億元追加國防預算案。

美政府宣佈安尼吐威克島之原子試驗成功，並有裨於氫氣彈之研究。

五月廿六日（星期六）

立法院三讀通過三七五減租條例，將咨請總統公佈實施。

美陸軍參謀長柯林士於參院作證時表示，美國防部將頒發韓戰新計劃。

韓政府鄭重聲明，除非韓國的統一獲得保證，將與侵略者繼續作戰。

英向國際法院申訴，請求仲裁英伊石油糾紛。

伊總理摩沙德對記者表示，爲執行石油國有不惜戰鬬到底。

五月廿七日（星期日）

美答覆伊朗照會，盼英伊友好息爭。

韓境中線聯軍克復卅八線北之樺川與麟蹄。

英駐伊大使薛佛德訪伊總理摩沙德勸接受談判建議。

五月廿八日（星期一）

韓境東線南韓軍攻克卅八線北之襄陽。

韓境美第八軍團宣佈，自五月廿日至廿七日一週間共軍被俘五千餘人。

英伊公司答覆伊政府最後通牒，派謝敦參加會談，但無權討論國有程序。

柯納博士當選與國總統。

五月廿九日（星期二）

立法院通過財政收支劃分法。

蘇俄駐聯合國代表馬立克否認蘇俄曾作和平探試。

伊京德黑蘭五萬受共黨操縱之群衆示威遊行。

英外相莫理遜在下院表示同意伊石油國有，惟須經由談判途徑解決糾紛。

美新任遠東空軍司令魏蘭抵東京。

五月卅日（星期三）

行政院院會修正通過臺省放領公地辦法。

伊朗政府宣佈準備立即接收英伊公司，並限英五日內提出建議。

五月卅一日（星期四）

美英法三國要求蘇俄就七月廿三日在華府舉行四外長會議事發表意見。

六月一日（星期五）

美駐伊大使格拉第訪伊總理摩沙德，面致杜魯門總統函件，促與英舉行談判。

六月二日（星期六）

美國務卿艾其遜於參院作證稱，美國於必要時使用軍事力量，不使臺灣淪入中共之手。

符立德將軍發表談話，宣佈聯軍停止追擊共軍。

美參謀首長會議主席布萊德雷自華府飛抵巴黎，視察西歐防務。表示贊同西、希、土三國加入大西洋公約。

六月三日（星期日）

美國務卿艾其遜在參院稱，香港如淪入中共手中，對聯合國在遠東之利益，將有不利影響。

美總統特使杜勒斯飛抵倫敦，與英政府商談對日和約。

符立德將軍聲明，聯軍在韓作戰計劃絕不受政治影響。

泰國新任駐華大使館代辦宋才飛抵臺北。

六月四日（星期一）

美太平洋海軍總司令雷德福視察遠東海軍。

英獨立傘兵第十六旅程啓開赴塞浦路斯島。

六月五日（星期二）

美國務卿艾其遜在參院作證稱，美將於必要時使用否決權阻止中共進入聯合國。

西班牙駐美大使李克里肯發表演說，要求美西締結軍事同盟，防禦共黨之侵略。

蘇俄答覆美英法三國照會，非將大西洋公約及美國在歐基地問題列入議程，則拒絕參加在華府召開之四外長會議。

伊政府延緩接收油田，等待與英談判。

六月六日（星期三）

美空軍參謀首長范登伯飛抵巴黎，參加法英美四國空軍首長會議。

美國防部宣佈迄六月一日止，韓境美軍傷亡六萬八千人。

六月七日（星期四）

聯合國收到琉球革命協會與琉球人民聯盟提出之備忘錄，呼籲將琉球歸還中華民國。

六月八日（星期五）

美國防部長馬歇爾飛抵東京，偕李奇威赴韓視察聯軍，當夜轉返東京，聲明此行與對日和約及韓戰和謠無關。

美軍事援華顧問團長蔡斯少將發表談話，表示與我政府合作無間，其考察報告書將於日內呈報華府及蔣總統。

社論

（一）民主國家應提高警覺

杜威說：「當心史大林微笑」

最近美國政治家杜威在柯利爾斯雜誌發表一文，題爲『當心史達林微笑』。這一篇文章警告美國以及自由世界的人民，蘇俄的武裝攻擊並不怎樣可怕，最可怕的是史達林向自由世界微笑時，自由世界也報之以微笑。這樣，自由世界便可能被癱瘓而招致悲慘的後果。

文中分析世界的現勢，史達林的企圖，以及自由世界應該採取什麼對策。他在一開頭就說：『就美國的生存而言，有一項危機比蘇聯的公開攻擊還要大。這項較大的危機——也可說是最大的危機——將發生於史達林微笑之時。我很躭心他不久便可能微笑，我們也報以微笑。這原因很簡單，目前我們正在迅速重整武裝，如果外來有一次攻擊，我們以及整個自由世界必然會立即團結一致從事防備並發動反攻。可是全世界的人民都是愛好和平的，所有自由國家都崇尚和平的生活方式。自由人民如覺沒有危險，必然會放下武器，致爲侵略者所乘。這一事實便是蘇聯手中最強有力的武器。我希望能夠看見這一武器被毀，然後我們才能贏得和平。』他又說：『蘇聯的眞正政策是從來不變的。讓克里姆林宮決定調子是一種幾乎足以致命的錯誤。我們必須自己決定步調。』在快要結尾時他又說：『和平的最大危機是史大林發動其和平攻勢。目前蘇聯和平攻勢的唯一目標便是分化自由世界並使其解除武裝，以便蘇聯可予以征服。』

杜威之言，觀察透徹，鞭辟入裏。名言讜論，足以助使自由人民提高警覺。但是，我們在此應須更進一步追問：蘇俄爲什麼會有這種與衆不同的作風呢？爲什麼和平之論，一從蘇聯口裡出來，便是『最大的危機』呢？

如果要明瞭一個民族或國家的行爲，除了明瞭它底歷史和環境以外，還要了解它的基本思想方式。蘇俄現在流行的基本思想方式是衆所周知的唯物辨證法。蘇俄的一舉一動常常反映着它所採取的唯物辨證法的思想方式。這也就是說，蘇俄的唯物辨證法的思想方式常常表現在它的一舉一動之間。因此，如果我們要能了解甚至於預測蘇俄的舉動，必須了解作爲其舉動之思想發動力的這種基本思想方式。

唯物辨證法所着重的是事物之歷史行程之辨證的發展。所謂辨證的發展，是事物之動力的相互關聯，變化的普遍性以及極端性質：每一事物之獲得任何一種實在性，是在其自身形變的過程之中。事物之所以能有這樣的形變，是因爲它的內容係由互相反對的因子或力量所構成。這些因素或力量之內在的運動與每一事物又是內在地關聯着的。這樣，於是乎每一事物都可變成另一事物。

從唯物辨證法裡，我們可以體認出蘇俄與共黨底基本思想方式有幾大特點：一是曲線運動；二是矛盾的發展；三是通體相關。在歐基理德幾何學中『兩點之間最短的線段』爲一直線；在非歐幾何學中『兩點之間最短的線段』爲一曲線。蘇俄與共黨的思路與行逕頗有此種意味。因而，他們在策動國外陰謀或處理對外事件上，如果不能直接解決，多循曲線方式進行。於是，迂迴包圍，滲透鑽隙，等等方式便相衍而生。所謂矛盾的發展，即諸互相反對的事物向着統一的目標而發展。依據這一原則來運用，可收『相反相成』之效。蘇俄與共黨之高妙處，就在它常能採取許多人看來與其目的相反的手段以達到它的目的。本於唯物辨證法之通體相關原則，他們認爲一髮可動全身，部分發展之量變可引起質變，於是他們注重藉各種可能的手段引起敵方內部的變化。變化由量變而進到質變的階段時，便一舉而擊潰敵方。

蘇俄在政治上的運用就是本乎上述原則的。它並且將上述原則傳授給各個附庸。中國共產黨便是其中最得心傳的一個。抗日戰爭剛一結束，共黨明明發動內亂，它却提出『反對內戰』的口號以爲掩護。中國共產黨，正同各國共產黨一樣，明明是要實行一黨專政，它却提出民主口號來掩飾。總而言之，它說什麼的時候，就是正在做相反的事的時候。這就是所謂矛盾的運用。

依據同一道理，蘇俄倡導和平的時候，正是它準備發動戰爭的日子。可是，它看見自由國家強硬準備起來，於是馬上發動和平攻勢。當着和平的幻想在自由人民腦海中盪漾之時，正是鬬志可能鬆懈之日，蘇俄便馬上又橫暴起來。這種情形，正如流氓同人打架。他看見別人強硬起來，眞要同他動手，他馬上軟下來，陪個笑臉。可是，當着你眞的以爲他是軟下來而又疏於戒備的時候，他立刻又乘你冷不防，給你致命的一擊。杜威警告美國和自由人民，說要提防史達林的微笑，正是這個道理。

嚴格說來，僅僅本乎唯物辨證法還不足以實現上述的實際毒惡。上述的實際毒惡之得以實現，係因馬基威尼主義與之結合。現在在蘇俄與一切附庸國家，唯物辨證法成爲馬基威尼主義的靈魂，馬基威尼主義則成爲唯物辨證法的形體。二者相遇，如魚得水，如虎添翼，運用更爲詭譎陰毒。這二種思想之結合，集一切毒惡之大成。蘇俄與共黨採取了這種思想方式，那得不做出無窮壞事？遑論播散和平謊言？

蘇俄與共黨腦中一日裝着這樣的基本思想方式，世界便一日不會得到和平，人類便一日不會得到安全。明乎此，我們不獨不可被史達林的微笑所惑，而且不可被他們的一切手法所惑。自由人民必須時常警醒，堅定奮鬬，一直到這種危險觀念不復發生危害人類的作用爲止。

社論

再論經濟管制的措施（二）

本刊前一期（第四卷第十一期）社論（一）批評誘民入罪案的那篇文章，曾引起社會各方面强烈的反應。反應的意見雖不盡同，但我們相信，大家和我們一樣都是基於愛護政府，和擁護經濟管制的立場。今天，我們更激於良心，激於對時局的責任感，對於這些反應覺得有的應該答覆，有的應該申述，有的還需要一些解釋。因篇幅的關係，我們只能扼要地列舉幾點於下：

一、我們對於當前的經濟管制，政策上一向是贊同的。本刊每期上面所揭舉的宗旨和前此所發表過的社論，都可找出明證來。本刊宗旨第一條，「我們要督促政府切實改革政治經濟，努力建立自由民主的社會」，督促政府改革經濟云者，大前提卽是贊同政府在經濟方面有所施爲而不是主張自由放任。在本刊第二卷第七期「民主自由與經濟制度」那篇社論中，我們雖反對犧牲政治民主化去換取所謂經濟社會化，但我們的基本立場，仍然是主張政府適時適度地管制經濟。

二、經濟管制是件繁難而不易討好的工作。英國在第一次世界大戰時，經濟管制弄得一蹋糊塗，我國在抗戰勝利以後，雖竭全國上下的力量，結果也功敗垂成，這都是明證。所以政府要想把經濟管制這項工作做得好，不僅不應忽視民間的反響，尤應鼓勵輿論界不斷的批評和督促。反共抗俄的政府，其威信就建立在這種民主風度上，我們基於這個信念，同時又因爲我們贊同經濟管制政策，所以不得不對於經濟管制的實施特爲關切，而加以批評。

三、我們對於數年來臺灣的經濟管制和改革，是承認其有相當功效的。尤以三七五減租，確是個大氣魄的進步措施。此外如控制臺幣的發行量的辦法和金融市場管制等，在大體上，因主管機關的認眞和執行人員的辛勤努力，確已收到了相當的效果。否則臺灣的經濟情形，不會有今日這樣的穩定。

四、我們是輿論界的一份子。我們深知健全的輿論，對於任何一個具體問題的評判，決不能含糊、籠統、牽强、附會。尊重他人的人格，是民主政治的起碼條件，我們論事論政決不懷疑到關係人的人格。例如上期那篇社論，我們雖評述那一次爲打擊地下錢莊而採取的辦法，但我們並沒有推論到有關機關的工作人員之操守，更沒有意識到對於執行機關的工作人員有何侮辱之處。至於說到獎金的問題，那是政府法令的規定，我們是對於一個政策加以討論，而絕不是對于任何人的操守有所指摘。

五、在自由中國基地臺灣，經濟的穩定，與政治的進步及軍事的整理一樣重要，也可以說比政治軍事更加重要。敵人不僅是在海峽對岸窺探着臺灣的空隙，並且在臺灣城市和鄉村埋伏着組織，一有可乘之隙，便會乘機蠢動。經濟上的空隙，尤易招致共產國際間諜的破壞，所以一切穩定經濟的步驟，都需要人民與政府合作推行，更需要言論界的警覺和督促。

本月十一日保安司令部陳處長仙舟在記者招待會發表談話，對於經濟措施令執行的態度和方針，以及審理金鈔案的程序，有簡明的敍述。大家看了那篇談話以後，對政府經濟管制的用意統統可以明瞭了。

時事述評

琉球應如何處理

最近對日和約已達到成熟的階段，關於日本帝國的領土問題各方正在討論之中。琉球亦為其中之一，幾個月前日本方面發出收回琉球的呼聲，美國的和約草案發表以後，報章傳來的消息還有將琉球交還日本之說，同時琉球的中央政府又宣告成立，表示出獨立國的姿態。總之幾個月來關於琉球的消息撲朔迷離，莫衷一是，大約有三種可能：第一，由聯合國交由美國托管；第二，恢復二次大戰前的情形，即當作沖繩縣由日本統治；第三，建立一個獨立的國家，和菲律賓一樣。大家都以為三者之中必居其一了。

可是聯合國傳來的消息卻有特別令人興奮者。據中央社佛拉辛草地七日電：聯合國頃收到琉球革命者協會與琉球人民聯盟所提出的一項廿頁的備忘錄，名為琉球人民熱誠的呼籲。其中內容為：1.外傳對日和約草案中規定日本可保留琉球群島，琉球人民對此感覺震駭。2.琉球人民反對日本的統治。3.琉球人民希望琉球群島歸還非共產黨的中華民國。4.如果琉球群島可以歸還中國，他們希望由中美兩國處理其開發問題。最後，請願書中說，琉球人民寧願獨立而不願置於聯合國托管制度之下云云。

這兩個團體的意見是：反對日本統治，反對托管，照上面所說的三種可能性，只有獨立之一途了。不料他們竟不着重獨立，而着重於歸還中華民國，超出於三種可能性之外的提議。以今日中華民國地位之弱，還有舊日的領屬願意歸來，吾不知西方的强權外交家究作何想法，但如果知道文化史的人們，則其中的理由是很深厚的。查琉球自洪武十五年（一三七二）起隸屬於中國，歷五百餘年按期進貢，未嘗間斷。其實琉球人民大部是中國人，其文化也完全是中國的。日本自明治維新以後，以武力壓迫琉球，卒夷為沖繩縣，當時的琉球人民是堅決反對的，只因獨力不能抗拒，而積弱的清廷又無法救援了。故由文化史的觀點說，琉球之歸還中國是毫無疑義的。開羅會議時我們的法學家以為，站在法律的立場沒有索回琉球的理由，以致沒有提出，其實根據文化史豈不是最强的理由嗎？觀於此次琉球人民團體之呼籲，則我們政府實在太對不起他們了。日本之統治琉球完全由於武力的掠奪，故沖繩設縣以後名義上雖和日本本土為平等，而實際上則日人以征服者自居，其視琉球與殖民地無異。琉球人民對日人的反感實數十年如一日，此次的呼籲正足表示其心聲。我們希望聯合國要正視現實，作公平的處理，切勿因一時糊塗而鑄成大錯。（漸）

向伊朗摩沙德總理進一忠告

截至記者著稿時為止，成為近月來全世界人士注目焦點的英伊石油糾紛的情形發展如下：英國政府及英伊石油公司的代表六人已抵達德黑蘭，伊朗政府也已經派出了它的財政部次長哈希泌氏為首席代表，準備和英方代表團進行談判。在這同時，伊朗政府的接收人員為了表示他們的決心起見，並在英伊石油公司中央大樓的屋頂上升起了伊朗的國旗。我們但望談判能早日開始，並望這一干係世界安危的糾紛能從桌面上的談判中獲得一較佳的解決。這裡我們謹以東方輿論界一份子及伊朗人民諍友的身份，在談判開始之前向主持其事的伊朗摩沙德總理進一聽來或者頗為逆耳之言。

在近代史上第一個使中國屈辱，訂定不平等條約，割地賠款、設廠製造、投資經營的西方國家，正是日內伊朗與之談判的對手，此刻伊朗人民的心情我們是可以充份體會得到的。因此，摩沙德總理及全體伊朗人民諒不至於懷疑在英伊的任何糾紛中我們會站在英國一方面發言。我們之所以比較地同情伊朗，原因甚多，但其中一個主要的因素是由經驗決定的。在英伊石油糾紛一開始時，我們就為文對於伊朗的願望表示同情，但「經驗」也告訴我們：在目前這種險惡的世界情勢中，處處必須謹慎將事，否則，即將為國際野心家所利用，所把握。合理的願望永遠是可以用合理的方法獲致的。反之，若為目的不擇手段，其結果必致事與願違，永遠達不到目的。

從國際法的觀點來看，伊朗於此時將英伊石油公司收為國有的行動是有問題的；但英國政府因鑒於伊朗人民反英情緒的高漲，及伊朗國內問題的複雜，乃採取「外交的讓步」表示同意伊朗國有的原則，而希望遵循談判的途徑而使兩國間的糾紛獲得一合理的解決。現在英國的願望是：（一）伊朗政府尊重英伊公司內的英國權益。（二）國有後的石油繼續自由供應英方。若伊朗政府能够相當地滿足上述英國的願望，那麼，這一場危機四伏的英伊石油糾紛就可以宣告解決了。

這裡我們且請摩沙德先生鄭重考慮一下上述英方的願望：（一）伊朗此刻除了石油外，嚴格地說還是一個未經開發的國家。為了伊朗人民久遠的幸福打算，伊朗需要大大地開發，需要工業化。因此也就需要他國的技術，他國的投資。若此時伊朗不能尊重英國在伊朗石油公司的投資，其結果不但作為伊朗政府主要稅收的龐大石油公司將陷於停擺，且以後對伊朗的開發絕無人問津。（二）摩沙德先生是有名的國家主義者，當知一旦天下有變，伊朗決不會容於蘇俄。今後伊國的石油若不能充份的為英國所吸收，必轉而賣給蘇俄，那麼日後史達林將毫不留情地拿着氣油彈向摩沙德先生和所有反共抗俄的伊朗人民頭上轟擊。這是十分悲慘的事情。

因此我們謹以伊朗人民諍友的身份忠告摩沙德先生：千萬不要為目的不擇手段，而為伊朗人民造成悲慘的後果。（白）

寬容和民主

毛子水

民主政治的基本條件是寬容。這所謂寬容，意即忍耐；但並不是世俗所謂忍耐。世俗所謂忍耐，往往是「勉强而行之」的。出於勉强的忍耐，有時雖然可以稱做人類智慧的表現，但有時也有極不合理的地方。

我們所謂寬容，乃是根據人性而規定的一種做人的態度。這種態度，在消極方面，便是古人所謂「恕」；在積極方面，便是古人所謂「從善服義的公心」。在一個文明的社會裏，一個人的保持這種態度，與其說是一種道德，毋寧說是一種義務。因為在一個文明的社會裏，一個人如果沒有這種態度，就可以被看做一個不守風紀的人，甚至於被看做一個破壞社會秩序的人。我們舉「信教自由」一事來講。你自己固然可以隨意信什麼教，但別人所信的教，如果和你所信的不同，你非特不可以干涉他，並不得嗤笑他。這是在文明社會的人所應當有的態度。你如干涉人家信教，你就失去文明人的身份。當然，以信一宗教的人去看信別的宗教的人，有時非特要覺得那個人可笑，亦要覺得他可氣。但你如果因忍不住氣而去干涉他，那就大大的錯了。這個「忍住氣」，就是所謂寬容。這個寬容的哲學的基礎，就是：你看人家所信的宗教可笑，人家看你所信的宗教亦可笑。就「恕」字的立場，你不能笑人家信什麼教，亦不能干涉人家信什麼教。所以信教自由的大原則，是現代較進步的國家所公認的。

在宗教上需要寬容，在政治上亦需要寬容。所不同的，宗教上寬容的基礎是「恕」，政治上寬容的基礎是「從善服義的公心」。政治上若沒有寬容，比宗教上沒有寬容要壞得多。我們可以說，寬容對於民主政治，猶如血液對於身體。沒有血液，人身便不能活；沒有寬容，民主政治便不能存在。古語云：「有容德乃大。」若就民主政治的立場講，這句話實可算得格言。

政治的民主不民主，以幹政治的人有沒有寬容的態度而分。幹政治的人有寬容，則能採納異已的輿論，接受坦白的批評，且能舍已從人而和衷共濟。這是近代民主政治的精神所在；而民主政治的可貴亦在這裏。若幹政治的人率性而行，不能虛心以聽取人家的意見，則流弊所至，危險定必很大。世界上一切極權政治，都是這種心習釀成的。我們如果承認政治上民主邇向為人類進步的表現，則我們當然應該培養寬容的態度而防止偏狹的作風。茲就民主政治中政黨和輿論二端以申明寬容的必要。

先就政黨講。一個民主國家，不能沒有政黨；沒有政黨，則選舉便不可能，別的不方便更不必講了。但政黨至少必須有兩個，才能像民主國家的體統。（現代法西斯主義和共產主義的國家都不能容他黨的存在，所以都是極端「反民主」的國家。）民主國家裏面，黨和黨固然是對立的；但就眞正民主政治的立場而言，黨和黨的相與，亦須有極大的寬容精神。甲黨得握政權，萬不可擯棄乙黨的意見和政策於不顧。同時，乙黨亦當持寬容的態度以對甲黨，萬不可因自已失意而便說甲黨所做的都沒有對的地方。在我國過去幾十年政黨的歷史中，似乎都沒有做到這種理想的地步。我們極希望我們以民主為標幟的政治家，能鑒於前車的覆轍，竭力矯正已往的過失。尤其是在這個國家危急的時候，掌握政權的政黨，固須容納異已，以得法家拂士的效用，以收集思廣益的好處；而在野各黨，更應竭力擁護政府。嚴格的監督，善意的批評，如果出以誠懇的態度，政府必不至於不接受的。

次就輿論講。報章和雜誌，是傳播輿論的工具，亦是培植輿論的工具。輿論對於民主政治的重要，差不多沒有人不知道。即對於政府，輿論非特是治疾的砭針，亦是最有價值的「情報」。能夠把輿論看作「情報」的政府，那便是最民主的政府。所以除卻威脅國家安全的議論以外，一切報章和雜誌，都應享有言論的自由。就是和政府有意見的不同，政府甚可以用理由來駁斥。道理以愈辨而愈明。一個眞正擁護民主的人，只應以道理和別人爭勝。不然，便有陷於武斷的危險；這是民主的政治家所最忌的。當然，「良藥苦口，忠言逆耳。」報章雜誌的議論，無論也有不對的地方，便算能對，恐亦不是受批評者所喜歡聽的。因此，在這種地方，如果要保持政治家的風格，便不能不有寬容的態度。寬容不是容易做到的修養，所以一個好政治家亦不是容易得到的銜頭。過去我們的政府沒有能夠巧妙的把輿論看作「情報」，似是一缺點；但輿論自身亦有不健全的地方。許多報章雜誌，並不以國家利益為前提，僅只是一黨一派或甚至於私人的攻擊他人的工具：這樣的輿論，當然值不得人們的重視，當然算不得民主國家眞正的輿論。

總之，寬容是實行民主政治最重要的精神。我希望我們的政治家和我們的尋常老百姓，因為我這篇短論的提倡而共同培養寬容的態度，則我們的民主政治，或許不久便可達到差强人意的地步。

海軍在戰略上之地位與中國海軍之使命

蔣勻田

英國第一流地緣學家麥克金德(Halford, J. Mackinder)氏，在其名著民主的觀念與實在(Democratic Ldeals and Reality)一書裏，將傳統的世界五大洲，縮爲兩個世界島。一個名爲世界島，包括歐，亞，非三洲。一個名爲小世界島 Lesser Island，即指南北美洲而言。其外界據點澳洲，與亞洲相等，及大不列顚島與歐洲相對。麥氏以近代交通與運輸技術之進步，已將世界縮小爲上述兩島。而世界島之地位及人力與物力，乃世界力量之中心點。世界島之中歐，東歐及毗連之亞洲地帶，東跨西藏高原，北達西伯利亞平原，南抵波斯灣，麥氏謂爲世界島之心臟地帶 Heartland。

麥氏根據歷史之經驗，及地理之形勢，以全球性戰略家之眼光，說出了三句名言，至今仍支配了全世戰略家的思想。這三句話是這樣說的：

誰能統制東歐，即可控馭心臟地帶：(Who rules East Europe commands the Heartland)：誰能統制心臟地帶，即可控馭世界島：(Who rules Heartland commands the World island)：誰能統制世界島，即可控馭世界。(Who rules theWorld-Island commands the world)

這三句話眞實性的程度如何？是否須附益其他條件，才能實現，我現在不擬即下批評與論斷。假使我說這三句話並不眞確，則我不但不能抹煞過去的歷史，更不能變更現在的地緣條件，以推翻麥氏立論的基礎。假使我相信這三句話完全正確，面對壁上所懸的世界地圖，我將黯然神傷，潛然淚下，惟有準備最後的刼運，而鼓不起勇氣，以寫成這篇文章。

世界地圖懸在面前，明明指示我說中歐：東歐皆已入蘇聯的懷抱了！伊朗，伊拉克，即舊日的波斯，已受蘇聯席捲之威脅了！亞德里亞海之邊緣，已樹蘇聯之瞭望臺！可說北歐，中歐，東歐，東南歐，及近東，皆入蘇聯之囊括。兩年來中國大陸，完全陷落共黨之手，蘇俄已控制亞洲之全局及日本之北角。列寧之夢，由北京至加爾各答。(Calcutta)因邇來西藏代表團在平與共黨政權之協議，已全部掃除其旅程之障碍，假使英，美仍不以全力注意此點，讓尼赫魯第三者誇大狂一面作法，蘇俄勢力之傾入加爾各答，以余度之，爲時並不太遠。面對這幅地圖，玩味麥氏三句名言，一個交溶於東方博愛，和平，西方民主，自由兩種文化的心靈，還有什麼自慰之道呢？

「誰能統制東歐，即可控馭心臟地帶」。蘇聯確因統制東歐，東德，捷克，波蘭，匈牙利，羅馬尼亞，保加利亞，阿爾巴尼亞，及奧國之一部——而完全控馭心臟地帶。「誰能統制心臟地帶，即可控馭世界島。」蘇聯確已因統制心臟地帶，西向而威脅西歐，使英，美，法諸民主國家，惴惴焉自保不遑，而締結北大西洋公約以求連保。南向而威脅地中海沿岸之希臘與黑海沿岸之土耳其。是以逼使希，土要大加入北大西洋公約。余不願故作喪氣之語，假使無遠隔重洋之美國與加拿達加入協防，則蘇俄恐已造成控馭全歐之勢。幸西歐民主國家自覺尚早，又有美，加之奧援，使蘇不敢向西歐貿然嘗試，而窺測弱點之利鋒，乃轉而東向。吞沒了中國大陸以後，立即發動侵越之戰，與侵韓之戰。麥氏所謂世界島，大約三分之二，已受蘇聯之控馭。蘇聯能否憑藉現所控馭世界島的幅員，進而控制世界島的全部，這是現在東西兩方全力角逐的焦點。蘇聯能否完成其世界革命野心，當然看它能否統制世界島全部。假使在三五年內，它一方面在陸上求尺寸之累進，一方面在海洋內爲強大海軍力量之建造，待征服世界關鍵力量的海軍建成，一旦能統制世界島全部，則海上力量，可東出太平洋，西出大西洋，南出印度洋，以包圍英，美，加之海軍，而佐之以世界島上之人力物力，則天下大勢之判斷，誠不可以今日之形勢定之。

從上述形勢推論，麥氏之三句名言，可謂金科玉律，絲毫不爽。但第二次世界大戰過程中，希特勒曾統一歐洲，囊括蘇俄之歐洲領土，其東方軸心盟友日本，又佔據中國大陸之大部，並席捲南洋群島，雖云德，日之配合，不太密切緊湊，然其當時陸上優勢，固不亞於蘇俄今日之所有，而海上優勢固遜於英，美，實非今日蘇俄所能企及，然終相繼敗北，宣告無條件投降者，未始不可據以證明麥氏之言，並不正確。解釋這個矛盾，固爲本文之目的，亦爲吾人今後努力之方向。

鐵路的陸運與飛機的空運，縮短了地面的交通，而輪船的發達，海軍艦隊的強壯，造成一個司令臺指揮兩洋作戰的新形勢，使整個世界島成了袋形陣地，完全在強大艦隊包圍之中。併吞世界島全部或大部之後，海岸線處處暴露於敵艦炮火攻擊之下，若無強大艦隊，以與攻擊之敵艦迎戰，則必反攻爲守，攻守之勢一變，則失去主動，馴至防線太長，防不勝防，必感兵力不足分配，而形成捉襟見肘之勢。當德國在歐陸全勝之時，而其惟一主力艦俾斯麥號，被英國艦隊包圍而擊沉之，即伏希特勒失敗之根。並非以一個戰役，判定勝負。因此一戰役，即證明德國海軍準備之不足，雖挾優勢之陸軍，不克在遠洋與敵艦迎戰，終不能逃出敵艦之包圍。地球的形勢，是海洋包圍陸地，而非陸地包圍海洋，縱使空軍發達，也祗能變更海戰的戰術，而不能變更全球性的戰略，以反包圍海洋。

麥氏曾明白的說：「我們不僅為一安全世界，利於民主之觀念意義而戰，且為海陸霸權直接的對立，以求達勝利的實在而戰」。又曰：「假使德國勝利，彼將在一廣大陸上基地，建立其海上力量，或為歷史所未有」。又曰：「假使全部世界島或其大部，將來變為一個統一的海軍基地，不將使英，美之海軍之建造，瞠乎其後，海軍人力之對比，望塵莫及乎？」此書行世，在一九一九年，發動第一次世界大戰之廉威第二，當無法預先讀之。而發動第二次世界大戰之希特勒，當熟讀此書，竟不能忍耐時日，充分建立海軍力量。乃遽發動戰爭。雖在歐陸上所向無敵，然終無力強渡英倫海峽。讓邱吉爾與馬歇爾從容為諾曼地與巴爾幹登陸之爭。東自烏克蘭，西迄法國沿海，無一敵兵，而仍解脫不了被包圍之困境。舉這一段史實，說明了海上霸權與陸上霸權優劣之形勢，也可說解釋了前段假設的矛盾，而並不能否定麥氏三句名言的價值。照麥氏之意，統制了世界島，而能據之為統一的海軍基地，然後即可造成統制世界的形勝。美國現在所有之形勢，即為世界島具體而微之表現，所以麥氏謂之為小世界島（Lesser Island）。威廉不及讀麥氏之書而失敗，希特勒不善讀麥氏之書而失敗，今日之史達林，陰險毒辣，迂迴審慎，挾陸、空兩軍之優勢，而不敢輕於一試者，錦囊必有妙計，不可輕忽縱之。邱吉爾謂因美國握有原子彈優勢，以余度之，英，美之握有海上優勢，恐亦為主要原因之一。美國軍方及國務院，常謂時間有利於民主國家，若從俄國拚命擴充艇潛及艦隊着眼，時間又何嘗不有利於蘇俄呢？

近百餘年來，在東歐英國則始終封鎖俄國於達達尼爾海峽之內，同時在東亞又與日本聯盟，封鎖俄之海軍，使不得涉足中國海而入於太平洋。第一次歐戰後，波羅的海沿岸，又自俄國分劃為三個小國。俄國享有之北冰洋，則終年冰天雪地，絕不能建立海軍。英國之制服俄國，使不得同時為陸海兩軍之一等國，可謂甚得其計。

今日蘇俄所有之形勢，已不同於曩昔。波羅的海與黑海，幾等於蘇俄之私湖。當然可以操練海軍。而中國沿海，北自海參威，南至榆林港，皆為蘇俄潛艇活動自由區域，其可以資為建立海軍之基地，自不待言。假以時日，若謂蘇俄不能建立強大海軍，以與英，美海軍決一雌雄，乃係主觀危險之論。

美國已承英國百年來之地位，從海上佈置而加強封鎖蘇俄之防線。拉攏挪威之入盟，及冰島之設防，即為防止蘇俄之涉足北大西洋。強化對土耳其之軍事援助，即為加強達達尼爾海峽鎖鑰之先驟。復自阿留申，日本，琉球臺灣，菲律賓以迄馬來亞之海上設防，即為防止蘇俄東出太平洋之設備。資印度以食糧，助越南以武器，即為保護印度洋之陸上設備。所以麥帥堅持臺灣不能落於共匪之手，實據戰略上不可磨滅的道理而言。一九四九年十一月美國務院雖密令其駐外領館，指示臺灣即將陷於中共之手，臺灣並無戰略價值云云。但現在出席參議院作證的人如國防部長馬歇爾，參謀首長布拉德雷，皆高估臺灣的戰略價值。而艾奇遜國務卿亦不得不說：「不能聽任臺灣陷入敵對國家的手中，並使用海空力量，防止此等事件之發生，這乃是美國的政策」。假使美國這樣環繞世界島的海上設防能够成功，同時更不要予蘇俄以建立海軍的時間，這兩個條件能緊湊合併起來，蘇俄的陸上優勢，尚不足為慮。假使兩者不能合併，或防線上有漏洞，或時間上太拖延，則前途如何，恐怕麥氏的三句名言，將發生決定性作用。假使希特勒在發動大戰以前，充實海戰準備，多造幾艘俾斯麥號型的主力艦，則敦克爾之撤退，恐不可能。而渡海以攻擊英倫三島，亦屬易事。假使希特勒統制歐洲以後，赫斯飛英求和之計得售，希特勒僅對蘇俄一面作戰，或竟不發動對俄戰爭，乘機充實海戰之備，待其海上艦隊，足以打破歐陸被封鎖之局面，出印度洋與日本之海軍，桴鼓相應，即等於統制整個世界島，復有強大之海軍以守護其海口，以迎擊侵襲之敵艦，縱不能崇朝而達統制全世界之野心，則其足以與美國相抗衡，當可預定。

麥氏於第一次歐戰結束後一年，寫成其名著。計算民主國家所以幸勝之原因有三，而第一項即為英國海軍之早有準備而全入海。以余觀之，即第二次大戰之勝利，亦可歸因於英國海軍之早有準備，故麥氏鄭重告戒英國人曰

『自由中國』的宗旨

第一、我們要向全國國民宣傳自由與民主的眞實價值，並且要督促政府（各級的政府），切實改革政治經濟，努力建立自由民主的社會。

第二、我們要支持並督促政府用種種力量抵抗共產黨鐵幕之下剝奪一切自由的極權政治，不讓他擴張他的勢力範圍。

第三、我們要盡我們的努力，援助淪陷區域的同胞，幫助他們早日恢復自由。

第四、我們的最後目標是要使整個中華民國成為自由的中國。

：「我們即應恢復我們一切所有，不然，將變為世界地理的奴隸，而讓唯物的組織家以宰割」。麥氏之言，似為今日世界道之。序麥氏之書者、伊利奧特(Eliot)曾有幾句話，警告吾人曰：「每次繼起向民主攻擊者，即較接近其包舉之目的。路易十四較之菲力溥第二接近統制權，拿破崙又近於路易十四，荷漢曹倫室之威廉又近於拿翁，而希特勒則為其中最接近之一人」。根據伊氏歷史的統計，我可以說 我們不可以制服拿翁者制服威廉，不可以制服威廉者制服希特勒，我們更不可以制服希特勒者、制服今日之史達林。假使再等而下之、抄襲史達林之一切辦法，以對付史達林。恐充史魔之徒子法孫，且不够格、況能為其敵人嗎？希特勒未待備好海戰力量，而發動戰爭，終至變恨以死。史達林能否更比希氏接近世界統制權，則除政治，經濟上條件外，當視史氏如何準備海戰力量。民主國家、絕不應予以充分準備之時間，美國戰略家，政略家能注意及之，乃民主世界之幸福。史達林今日以人力論，以戰略據點論，已操陸戰之優勢，絕不能再讓他操海戰優勢。所以民主陣營，除陸，空外，應發展已有之優點、更為重視海上之準備。沒有強大的海軍，不但不能統制世界，也不能躋於第一流強國之林。同時沿岸的島嶼，凡可以為封鎖大陸防線之一環者，絕不可再有放棄，或令之陷落一個。須知一環之破，全局皆散。講到此點，則臺灣之不可陷入敵手：其理由自然顯現。然此猶就防禦而言。近代戰爭，祗有制敵之攻，絕鮮萬全之守。所以要堅守臺灣必須守住臺灣海峽。換句話說，必須有強大之艦隊，出擊於海峽。所以即就守住臺灣一個小局面言，海軍亦極重要。

本年五月中旬、我曾本此念頭，到海軍基地左營一遊。在那裏作四天的參觀。先看海，機兩校、供應部門及零件庫、繼之而登幾個艦艇參觀，最後乃檢閱海軍陸戰隊。且曾分別與其高級將領談話，我對正在左營生長中的海軍，有四個印象。

一、我國海軍、向來為福建一省所包辦 現在這個包辦的局面已打破，而變成全國海軍人才競賽的局面。有一天晚上、我正式請問桂總司令說：在你現在的高級將領中，你希望誰先任海軍上將？桂率真總司令曾慎重的告我說，他為國建立海軍的志願，其選拔部下的標準，及其心目中繼起的人物。這是人事秘密，我不能代為說出。然已絕不是以選拔同鄉為標的了。海校學生之招收，按省配額，力求偏於一域積弊之掃除。此確為建立國家海軍之要著。

二、過去中國海軍，因一省包辦之結果，又因南北分割局面，而形成南洋北洋之對立及派系之分裂，並非一個整全體。現在以局勢所逼，再加以人事之調整，已將零碎之局，溶為一個「軍」

三、過去中國海軍，無論官兵，皆甚鮮過海上生活，所以根本不能在海上作戰。現在迫於臺灣孤懸海上之局面。自艦長以下之官兵，多半皆在海上過生活，已初具近代海軍軍人生活之基型。同時桂總司令對其官兵生活，亦知注意，即水上生活登陸士兵之性的生活，亦代為安排。所以士兵之向心力大增，不能不說中國海軍有了新的進步。

四、供應部門，技術上固有改良，而其所附設之幾個小型工廠，員工多係軍眷，一方面可以多少解救一部分生活問題，一方面加強了全軍感情的連繫，使左營有變成海上大家庭的傾向。假使堤防適宜，不使將來流為一種墮性，在此艱苦局面下，這的確是值得歌泣的一種精神。絕非外間所傳，海軍專門走私的時代了。

至於我所參觀的幾艘軍艦，性能並不落伍，惟感零件缺乏，補充較為困難。

我們現在的海軍，方之美國海軍，當然小不堪言，窮不足道。但據我參觀後的印象，我們的官兵，已經訓成近代海軍生活的形態。在此精神生活條件上，應當可以接受友邦對於海軍的援助。同時友邦為保護臺灣，應加重我們海軍的使命，而予以充分的援助，使我們能有強壯的海軍，防守臺灣，不僅在臺灣的陸面上，而移防守的重心於海面上，始為有效防守的辦法。以一個世界島包括三洲之大，沒有海軍，尚不能防守，而終受困。臺灣較之海上諸小島，可稱大島，然與世界島相比，則渺乎其小，如何能專守陸面，而為持久之計呢？故即就臺灣一小局面言，海軍亦極重要。余不惜再三言之。

臺灣有七百萬人口。過島上生活已久。若用為陸軍力量，以反攻大陸，其勢較難。若用為海軍力量，出擊於海上，隨時又可返回基地，其勢較順。故就人力之實情言，友邦亦應援助我們擴充海軍，海軍之為兵，非富國不能養之。然海軍之為力，非有之不足以制服蘇俄集團。故就時代之需要言，友邦亦應先我之急，而充分援我建立海軍。

中國海岸線甚長、無海軍固無以為守，無海軍亦不能向之進攻。我們近日堅守臺灣，固須以海軍為主，我們將來反攻大陸，尤非海軍不能進取。登陸復國以後，更非有強大之海軍，無以為防。從世界戰略，講到堅守臺灣，與反攻大陸，無在不顯示海軍使命之艱鉅。以我們現在所有之海軍，當然不足擔負此艱鉅之使命。以我們現在囿於孤島之財力，亦無力建立足以擔負艱鉅使命之海軍。然訓練現有海軍之官兵，在精神條件上，足以當近代海軍將校而無愧，則我們海軍將領，應當有此勇氣與信心。現在左營生長中的海軍，確向這個目標進步，先有了新的生機，自然會引起友邦的同情，而得到足夠的援助。海軍的使命很艱，海軍的前途很大，有第一流的海軍，始能為第一流的國家，我們應向這個目標努力。

從經濟的分析批判階級鬥爭

（編著中「今通書」之第十三章，本章原名階級鬥爭。）

周德偉

一　市場的人群衝突論

反對戰爭並非否認戰爭現象的存在，反對階級衝突並非否認階級衝突的存在。我們只反對鼓吹戰爭及衝突的學說，暴露戰爭及衝突無益於人之長期目的。戰爭永具毀滅性，毀滅物資，毀滅文明，毀滅社會關係，並毀滅戰爭者之自己利益，與進化恰相背馳。

社會分化成團體職業階層後，可發生利益衝突。否認顯明之事實，理所不許。人之主觀見解，永有不同之可能。雖非必召爭端，但亦可能引起爭端。不同之利益見解，歸宿不一；可能發生平衡，各安於應守之限度，各止於召起爭端之邊緣。亦可能發生同化或調和，和永指相異的事物及觀念之協調，如酸鹹苦辣之可和爲美味，（採晏子同和之辨）如儒佛道之學說和爲唐宋以後之中國理學。不同之利益及見解，亦可演成衝突，但非必然。馬克思及其派以矛盾鬥爭解釋一切社會現象，抹殺平衡與和諧之事實，乃彼等學說之陋，遠不及中國儒家的相對觀念（致中和，萬物並育而不相害，道並行而不相悖）之含蓋廣遠。又一切衝突並非均源於經濟，上文已指出信仰之不同，召起宗教戰爭，（佛教尊重個性，並能有容故無與他教武裝衝突之事實），漢武唐太之勤遠略，成吉斯汗之橫越歐亞，決不是經濟的動機。即在今日巴基斯坦人宰牛爲食，婆羅門人則對牛膜頂禮拜，一牛之微，常引起流血械鬥，決不能從經濟上說明其原因。經濟命定論者應知所止。

從觀念見解利益之不同，歸宿到平衡中和及鬥爭，必需深遠廣泛的理論方能含蓋。中國儒家哲學，十八世紀以來發展的功效哲學及經濟學，對此已大有貢献，但仍有未盡。進一步必溯到禮，法，社會制度政治制度國家之起源及功用，方能完全理解無限複雜無限變異之歷史及社會現象。作者簿書鞅掌，暫時無暇及此，只能有待於將來之補充，本節暫限於階級鬥爭之分析。

階級鬥爭爲現社會之事實，階級鬥爭之有經濟的根據，作者亦無意否認，但作者認爲需經由正確的分析予以正確的理解。暫承認階級鬥爭起於各階級利益之不協調，進一步必追問此種不協調，在何等意義上並在何等機會上其起源爲經濟的。

一階級內之份子採取共同行動，常源於利益之一致。與另一利益團體，乃相衝突。但利益之一致，有主觀客觀之分，不可不辨。如某一人群相信某種共同行動，將增進其利益，此等信念可稱爲主觀的利益一致，同時如無其他紛擾因素，此種行動確促致預期之效果，則可稱爲客觀的利益一致。此一分辨，初視之似不重要，人們不難指出大多數的主觀的利益一致，有客觀的實在情況與之相當，但人之觀念不能無誤，一般的討論，因未把握此一分辨，致其價值頗受貶損。我們常聞次一論辨：不論勞動者從階級鬥爭中事實上有無所獲，但彼等相信有所獲，從而階級鬥爭存在。若干人士且不問其利益之能否實現，主張爲鬥爭而鬥爭。

爲廓清問題的本質起見，必需調査各階層各人群間客觀利益衝突的根據。行動之直接原因誠爲信念，追溯各種信念之源，確屬重要，但非本節之目的。我們對於一切錯誤之源，不論其是否具經濟的性質，均極感興趣，詳細的討論非篇幅所許，只得限於次一討論：即客觀的不協調，是否隨一定的社會制度而俱來。作者相信有此可能。在任何想像得到的境地下，社會生活並非毫無潛在的衝突。並非每人均能認識長期分工合作之利，並非無反社會的份子破壞社會秩序：阻止發生衝突之和的傾向有賴於制度上的約束及糾正方能發展，此即禮法及國家之所由起。如採十八世紀末期以來自然法學家及經濟學家之語調，謂在自由之社會中，有不可見之大力，促致和諧，此不可見之大力只在完善之法律及制度下方發揮作用，經濟的分析，亦支持此一論據。

但從經濟觀點分析鬥爭或衝突，可與馬克思派及若干社會學家的分析不同。他們在進行分析以前，先確立一嚴格的階級定義，再從其先定觀點推究衝突之指歸。余則認此一方法，不能獲致成就，前文已說明階級的利益既發生變化　階級的份子亦變動不居　階級並非獨立於社會生活內各種勢力之外先行並固定的存在。我們必需先考査促成衝突之原因及條件，再根據此種考査研究階級劃分的內容，方能予階級以正確的比重。換言之，階級本身乃待分析的觀念，非先定的不容遭受分析的極據，因此之故我們不相信一般採用的縱的階級劃分爲適宜的分析起點。誠然從此一劃分出發，不能謂全無意義，但如忽視別種人群組合，或不究階級之眞正內含，將過估階級之重要，過去的文献，多陷於此一錯誤。

正確的處理此一問題，應從分析市場入手。在交換社會內，市場反映一切經濟關係網之總和。市場現象，產品及生產元素的價格，爲採取行動之最密邇的動力。人們據此以調整生產及消費。誠然社會現象不可分，市場以外的事象，亦須注意，但如欲理解衝突的經濟根據，必首從市場着眼。

我們先考慮在其市場關係上，對特殊貨物及勞務利益一致的人群。此人群或爲買者或爲賣者。此地必需指出特殊物品及勞務者，因經濟利益必根據一定的損益計算，此損益計算離開具體的物品及勞務無從着手。如從此一角度出發，可立即辨明具有利益衝突的兩種情況：第一個別的獨立實體，以個人的地位遭逢獨占的人群；第二包含多數份子的人群，以人群的地位遭逢對立的他種人群。試分別考慮此等情形。

（一）個別的買者及賣者遭逢一獨占的情形，毋需詳論，供給或需求如控制於獨占者之手中，則個別買者或賣者須付出或能獲得之價格，不如在競爭市場上有利，此已爲一熟知之經濟理則。如農民生產者遭逢唯一買主或少數協調行動的買主，彼等必有利益受損之感，事實亦常證明其見解無誤。又如農民生產者自一獨占者購買農具或從一獨占店家借取資金，則此等生產者同處不利之地位，而生利益共同之感。此類情況可能極爲短暫，不能誇稱爲團體或階級衝突。但如生產元素的動性極小，此種情況可能持續或反覆發生，如是則利益衝突可能昭著，分化可能日遠。余已舉農民之情形，事實上工聯主義史上若干事例亦可如此解釋，勞動剝削之正確意義，只是指一群競爭的工人，遭逢一獨占的僱主，此等情況之持續及反復性，容易遭受誇張，但如發生而持久，在長時期內僱主方面無競爭之需求興起，削弱其獨占地位，則勢必召起嚴厲之衝突。

此類情形極爲簡單，此地所謂獨占乃指供給或需求之源各只被一人或少數行動協調之人所控制，至於市場上買賣之任何一方較其對方獲得較高之所得，不必然均爲獨占。假定南通爲棉紡織品之唯一供給地，此地之一切紡織工廠爲一家或行動協調之數家所控制，無疑此爲南通之紡織獨占。但如南通之紡織工廠，互處於競爭地位，縱令南通紡織品之售價，較他地爲高，使各紡織業者獲得較他地爲高之所得，此不能謂爲獨占，獨占一詞如用於此等情形，不過表示紡織品之稀少，促致高價現象的發生，如濫用專門術語，徒使觀念混淆，反掩蔽了必須把握之差別。

（二）現在進而討論衝突緊迫之第二情形：即群之利益與另一群之利益不協調的情形。

廣泛言之，群之全體利益希望能獲得最大可能之收益，暫置影響其行動之其他利害因素不論，此一目的可與社會內其他成員之利益衝突，如需求情況使銷售限於小量反能獲致更大之總價值，則群之全體利益要求限制其生產，但社會利益，則要求相反之擴大生產的政策。一世紀前運費之高昂，使外國穀物不能達到英國市場，英國農民群衆之利在少生產少收獲，此一情形召致與社會其他成員或人群發生嚴厲之利害衝突，吾人亦常聞古巴農民以團體行動曾燒毀其咖啡，美國農民毀其穀物。

如檢討各種市場狀況之精確性質，可推知此類衝突之各種程度，但此乃技術問題，在各種標準著作中已有討論，治經濟者應已嫻熟，此地只作廣泛的討論，明瞭終極指歸及其社會意義已够。

首需注意生產者均有將其多餘之產物變成一般購買力之傾向，以便於其一定之所得，獲得最大的總功効，如從此一角度觀察，上述之利益衝突只存於社會一般及某一特殊人群之抽象全體間，至於社會一般與某一群之成員個別間，並無利益衝突，群內之每一成員，在一定之限制下，銷售愈多則愈有利，不論其群之利益如何，個別農民必禱告上蒼：「主！雷電暴雨勿降於吾之穀物」。只有各個人依照抽象之團體利益行動時，則潛在之衝突方成爲實在之衝突。如謂破壞限制協定者之行爲，違反社會的利益，其眞義不過違反團體或群之利益而已，忠於「團體」或「群」之「社會」行爲，容易引起社會衝突。若干倫理學派獎掖人民忠於其職業忠於其產業之品性，此乃另一問題，從社會的觀點看，侵犯限制生產的協定者，其行爲正合乎社會的利益。

其次再注意另一情況，如分工程度並未使生產者專於此業，又生產者及其他人群並未享受持久的獨占地位，則衝突本身亦無持久性。

如觀察一動態之例，則眞相易明。假定有新發明促進小麥之生產，如生產者之間競爭存在，則個別生產者均有利用此發明之傾向。此將減低其生產成本，但如小麥之需求彈性甚低，供給增加，削低售價以清脫市場，其減低收入之程度，可能較減低成本之程度尤甚，從生產者之羣的觀點看來，全羣的利益至少在短時可與消費者的利益衝突，如此一人羣能經由國家之干涉，或經自動的協定，組織其行動，以限制競爭，則對於發明之利用，有限制的傾向。

但如此等事實未曾實現，又如小麥的生產者能自由轉業，並能移動其資源於別物之生產，則情況將如何。假定金融狀況有助於完全就業，則職業及資源之移轉，將使小麥業內可移動之生產元素，復能增高其所得，至於與他業平等之地步，可移動的生產者的地位，既不被削弱，且以消費者的身份，與社會其他份子共享發明之利。

但此只有在運動 Mobility 存在時方可能，此即謂新的生產者加入別的事業毫無障碍，換言之經濟體系內其他處所並無獨占或獨占羣存在。再者有關的資源能移動，並能在別處獲致就業，換言之即未專化於初投之事業。我們不否認此種情況並非永遠存在。青年勞動者容易轉業，老年則較困難，物質資源可能已經專化，移用於別業可能招致其所得永遠降低。生產元素既多少具固定性，則不論在長期或短期，其所有者之利益可能與別的人羣之利益衝突。從長期觀察，縱在此種情況下，社會之利仍在消除限制。限制一旦普遍實施，則社會各方面均蒙損失。但我們仍應認清動性不存在與動性存在時的情況，確有不同。如動性不存在，特殊人羣之利益衝突，確有可能。

上所云云，乃從市場機能，分析人羣之衝突。雖未深入精詳之技術問題，但其一般之指歸，已大致不遠。如供給與需求狀態使買者或賣者與獨占組織對立，或使買者及賣者採取團體行動，則利益衝突之客觀條件即行具備。至於衝突意識，是否因此發展，或其發展之程度，是否甚爲嚴重，足以引起階級鬪爭，則甚難定讞。此與不協調之程度有關，亦與宣傳及領導之能力有關。在一變動多端之社會內，且其一般制度有助於運動 Mobility 之社會內，此類小衝突可能不引起注意，或彼此相消。如有廣泛的制度，使轉業及資源之移動無法實行，且創造特權地位，則衝突將發展爲名符其實的階級鬪爭。在一社會內如生產者的組織或根據法令，或根據習慣，具有排他的特權，則此種衝突必永遠存在。歐洲中世紀的行會制度，及東方的身份社會，即係如此。如正確把握現在的社會現象，則第一次大戰後歐洲農業的復興，本質上乃根據此類的利益衝突而產生，從量上觀察，遠較同時的任何其他衝突爲重要，潮流之所趨，右翼人士主張工聯合作主義，左翼人士主張產業自治，其影響所及，均强烈的創造此類衝突，鬪爭理論及其實際建議，如應用於此類衝突，只加强鬪爭並消解社會關係，並非如馬克思之所云消滅一切階級。進一步分析社會階級的全部理論，均抽象的假定特殊的社會階級劃分的存在，根本忽視此類市場地位的衝突及變態，並忽視同一人既爲一物或一務之供給者(賣者)同時又爲他物他務之需求者(買者)每人之經濟關係網既極其複雜，故不能堅持其鬪爭地位，在一物之利益計算上可能須向別人鬪爭，在他物之利益計算上，又爲別人之鬪爭對象，利害相錯，潛在之衝突常彼此相消，鬪爭意識更難發展。馬克思所冐充經濟學說根本不細心分析經濟現象，輕重失衡，致不能正確把握歷史上及現代階級或人羣的劃分。

市場的人羣衝突論的特質，值得特別着重。即在市場關係上利益一致者爲一羣，或爲賣者或爲買者，市場機能使其利益一致，與對立之羣利益相反。對立之羣的內在關係，利益亦爲一致。此並非謂有關之商品必需精確同一。關係密切之諸商品可能爲利益一致之主題，但如各商品爲競爭的替代物，則某一級商品可能爲利益一致之主題，與同類他級商品對立，某一級小麥可與他一級小麥對立，但在一大類之商品可能有廣泛之利益一致，顯明的此乃一程度問題，無從作嚴格之分界，我們且需超出此類衝突，認清下一事實，即市場地位一致的情形愈削弱，則客觀利益的一致亦愈削弱，循此追溯，可能達到完全消失之點，社會關係實無限複雜，無限變異，學者必研究在實際現象上一切可能的發展，有時且須擴及一切想像得到的發展。研究市場的人羣衝突，使人深信只有自由主義的建議，方有助於社會關係的加强，社會進化的持續，生產水準的提高，及生活程度的改善。自由主義並非消極的放任，而爲創造公平競爭的機會，創造增加適應並消除衝突的動性制度，此點海克已着重言之。余經由不同之分析，亦達到同一結論，在一較完備之動性制度下，即性能上不能移動之資源，通過證券市場之作用，即有關證券價格之變動，相互衝突亦漸趨削弱，至於消失。

二　階級鬪爭論

馬克思的階級鬪爭論，預言一有產階級及無產階級的利益衝突，階級利益超越一切國家種族宗教其他利益之上，無產階級應該並且必然成功超越國家種族宗教……等界限的國際組織，以推翻有產階級的政權，最後實現無階級的社會。馬克思及其派並未敢將其理論與經濟事象尤其市場機能的分析配合，而只武斷的煽動鬪爭，不論其煽動在短期如何有效，在長期彼等自己之期望必宣告破滅。據社會結合法則，各人專力於自己最優越之事業，與其同人和平相需相成，方爲個人及社會全體之利，鬪爭只毁滅此一目的，馬克思及其派自稱其學說爲科學的、事實上經不起科學的檢查。

我們首從馬克思及其派所極着重的階級衝突的國際性出發。共產黨宣言號召全世界無產階級聯合起來。無產階級的聯合，有待於鼓吹勸勉宣傳，且宣傳將近百年之久，國際無產階級尙無堅强的結合，必其普羅特利亞乃具有客觀利益一致的純粹階級並與社會其餘人羣永爲生死之敵一命題確有缺陷。在第一、二次大戰中各國無產階級均執干戈以衞祖國。英國的普羅特利亞已經執政，但不能滙合爲同方向同步驟的蘇聯式的革命主流，今日如此，今後之希望更屬渺茫。

從經濟觀點從市場機能觀點，評斷馬克思無產階級利益一致的理論，則其缺陷顯然。各國的領域內各種勞動人群所供給的勞務，在市場上不能視爲同樣同質的東西來處理。彼等並非出售同品質的商品。各國既嚴格限制國際移民，世界各國的勞動者的利益常激烈衝突。我們容易證明一地勞動人群的利益，與他地有產人群的利益一致之處反較與他地勞動人群利益一致之處爲多。東歐及亞洲農民移至美國之被限制，固有利於美國勞動階級，同時亦利於可移出國家之地主。即一方面可保持美國一定級勞動的相對價格，他方面則保持移出國家之一定級的土地價格。進一步我們更可證明人類的長期利益並非從根互相衝突，遵循分工合作的原則如各人能獲得機會專力於其精熟之事業，必爲社會總生產之增加，亦爲各人分配額增加之源泉，此即主張建立動性制度反對限制的自由主義的中心命題。此等利益的獲致，決非經由鬪爭理論及其實際建議所能成就。反之組織國際普羅特納的各個份子利益一致從而須加深鬪爭的理論，亦不能從國際經濟分析的觀點證明。從國際經濟的觀點亦能證明自由主義的優越，不能證明限制及鬪爭理論的優越。余之所以着重此點，正因討論國際問題者，其忽視此點已成爲時髦。很奇怪的主張國際無產階級結合的人，鄙視自已所主張的國際分析方法適用於經濟的分析，此簡直是無從饒恕的矛盾。他們隨意指摘相反之學說爲流俗的，試問從人之行爲範疇出發並以行爲範疇融合經驗分析經驗的學說爲流俗的，不科學的，則誰爲科學的？難道形上的，感情用事的，蔑視理智的，不顧經驗的學說爲科學的？眞是未之曾聞！如其討論，根據眞實世界的情形，並尊重個別獨立自我的經濟計算爲流俗的，則誰是科學的？難道討論幻想的世界情形，並以狄克推多之觀點假無產階級之名凌駕一切個人之觀點，奴役大衆的學說爲科學的？亦是我們科學家所不能想像，所斷然反對。馬克思派睹國際無產階級之不能結合，常信口開河的：「自然，國家的劃分可能凌駕階級的劃分，如每一國家之內，經由無產階級獨裁，創造無產階級的社會，將機動的消滅國家的劃分。」這裏面包含多少問題？何以無產階級取得政權後，就可創造無階級的社會，何以無階級的社會就可機動的消滅國家的劃分，這些均需待長途的分析，不能囫圇的武斷的加以主張。在民主政制內，統治者與被治者已無嚴格的劃分，無政權的人群隨時可取得政權。在一無產階級獨裁的社會內，統治份子與被治份子的交流毫無保障，統治階級與被治階級嚴格區分，回復到民主政制以前的專制及封建情形。關於此等政治方面的研究，擬移至後文處理，現在將研究的重心限於經濟方面。

許多人士以為所得的不平均，源於資本主義的制度，如資本所得廢止之後，所得不均之情形，將被掃除。但據現有的情報，此一論斷顯無根據。依斯曼曾指出在蘇俄最高層與最低層的薪級距離約為五〇比一，與美國之情形相似，杜洛斯基在操縱的革命中估計蘇聯最上層的百分之十至十二的人口掌握國民總所得百分之五十，分配之不均，較美國嚴重，美國百分之十的上層人口，大致掌握國民所得百分之三十五，此等數字雖足暴露蘇俄分配狀態的眞相：但在社會現象，任何特殊事實，不足證明事實發展之必然聯繫，作者並不重視這些數字，而須從事實之性質上予以理論的分析。

人一踏進文明生活，必須藉工具方能生產，工具有賴於過去之蓄積，技術愈進展，文明愈演進，則工具之地位比例於單純勞動愈加重要。不論其蓄積為志願的或强迫的，均不能變更資本構成源泉活的根本性質。奪去人之生產工具，等於奪去人之生活權利。農奴之所以為奴由於無生產之土地及農具。當然生產工具愈龐大複雜，生產程序愈延長，個人佔有生產工具在技術上在社會關係上已不可能。但在自由的社會，通過證券的買賣及持有，任何人均有取得資本所得的機會。生產手段之可貴，由於能產生所得，能分享其所得，實質上即分享其所有權。此一制度及程序，非同小可，乃循着分工合作之途，並針對技術上佔有之不可能，從人心思維上的必然所發展的，決非任何發明家據其階級利益之杜撰。此一程序不僅適應了資本的技術狀態，使每人能參加所有，能分享所得；且獎進志願儲蓄，擴大資本的蓄積，提高生產技術，延長生產程序，換言之此即社會進化經濟發展的主要動力之一。在今日英美各國中，通過證券的買賣持有，純粹的普羅特利亞已不存在，其利益已與社會其他人群之利益交織不可分。組成馬克思式的無產階級，必要求現在的勞動人群放棄其所有。蘇俄式之無產階級，乃經政治力量硬性製造的，即經少數統治者假無產階級之名，剝奪大衆之所有，俘大衆為奴所創造的。生產必賴資本，資本必賴蓄積，此乃一必然之物理程序，蘇聯統治者及任何馬克思派無法變更此一事實。乃以强製方式蓄積資本，此與彼等所攻擊之原始掠奪蓄積，本質上恰為同一。全國百分之九十人民均成為無產階級，資本只為國家所有，國家只是百分之十至十二的統治者的御用品，甚至只是史太林個人的御用品。因此少數統治者掌握國民總所得百分之五十以上，針對此種絕對統治，史太林及其爪牙仍宣傳其無階級的國家。統治者及被治者的嚴格劃分，一方佔有一切資本，一方竟毫無所有，竟不是階級。在此種國家內不獨無出版言論信仰之自由等基本民權，且無經濟自由及生活自由。此等違反人性之政制，在長期一定瓦解，我們且拭目以看最近將來事實的發展。

又世界各地區之天賦資源不均，氣候不一，各地之文化技術水準不一，從而決定勞動之生產力不一致。各地之勞動者生息於其固有之地區內，語言文字不同，生活習慣不同，社會關係（不純是階級關係）不同，一切均使各國勞動者與他國勞動者利益不一致，要求各國勞動者組成國際無產階級，即要求各國勞動者，放棄其祖國，暫拋開此等複雜無比之因素不論，專就經濟方面觀察，要求生產力較高之地區之勞動者，放棄其生產上的優越，與他國之勞動者共其利益，組成統一陣線，簡直是夢囈。我們試想要求美國勞動者與印度或蘇聯的勞動者共其生產利益，組成國際無產階級，如何可能？縱令各國均完成無產階級專政，專就經濟利益一點立論，各國無產階級均將防護其經濟利益。國與國間之對抗，只有加强不會削弱。己所不欲，勿施於人或忠恕之道，乃根據人心邏輯之必然的個性，聖人不過說明此邏輯關係而已，非閉門造車之杜撰。此地謂各國勞動者均將防護其經濟利益，蓋一國或少數國家決非全面優越，而係各國均有其優越之點，各國防護其優越之點，乃演成無終止之對立。又謂國與國間之對抗，只有加强，不會削弱，蓋在階層複雜之國家內，人群利益之交流亦複雜，美國之廠主歡迎別國勞動者之移入，而美國之勞動者則反對之。移民限制法案之動力出自勞動人群，而非出自地主或廠主。普魯士地主歡迎美國禁止移民，而美國地主廠主則反對之。這些都是歷史上著名的事實。我們不難想像將來中國工業發展，中國廠主必願保留低廉勞動於國內，而不歡迎其移出，此與美國勞動人群不歡迎移入利益一致，而與美國廠主歡迎移入的利益恰相反對。如各國只有單純的無產階級，則必依據其地區之經濟利益而對抗，國家的區分，只會加强，不會消滅。至於促成國家成立之其他元素，仍行存在，亦只加强此一傾向。作者不是狹隘的國家主義者，並不主張無條件强化國家之尊嚴，但作者認為只有加强大社會分工合作的認識，人類的各種衝突方漸趨削弱。近世各國主權之容受國際的限制，各種國際合作之成立及發展，均是循着分工合作之路線發展的，或派生的。試想到若于事實：如穩定貨幣，穩定金融體系，已成為國際共同執行的機能，貿易上的双邊協定，已變為多邊協定，進口的歧視已為各國共同禁止，國民待遇條款已得各國承認。這些均證明人類網羅於大社會之內，其長期利益並非根本衝突。至於信仰言論之自由，人格創造之尊重，均是功效哲學及自由主義之產物，而非唯物論及鬬爭論之產物。

以上就國際關係的觀點，分析國際無產階級組織統一陣線有不可逾越的困難；至於凌越國家的劃分，尤爲斷斷然不可能之事。從國際的觀點分析問題，本爲馬克思所提倡，但一遇經濟學人運用此現實的方法批判其學說時，馬克思派又鄙棄此一方法。

爲擴大論辯以昭信實起見，暫置國際上國家劃分的複雜情形不論，考慮一孤立社會內無產者利益一致的問題。在現代大社會內，與外界杜絕關係的孤立國家，已不可能。但以勞動者移出國界之困難，李嘉圖的假定仍逼近現實。其他方面的國際關係，仍設想其存在。以免與實在情況脫節。縱令如此，馬克思及其派之主張，仍無堅强之基礎。本來設想一抽象勞動元素之存在，適用於一切勞力，爲亞丹斯密李嘉圖及古典學派之傳統。馬克思根據此抽象的勞動，再行演繹，構成其全盤價值論及階級鬬爭論。事實上此抽象的勞動，無補於實際之分析，實爲古典學派整個學說中弱點之所在。在現在社會中，勞動具有各種類型，其在生產程序及市場中關係各別，不能組成利益一致的純類。反之各種勞動人群的利益，常互相衝突。廣泛包括勞動人群並排他的純粹勞動階級的組織，極少可能，勉强爲之，組織內部必發生强烈的利益衝突，我們只須想到男女工 技術工人與非技術工人、農業工人與產業工人、及其他各業工人間的複雜關係，已足知其利益永非一致，利於某一類工人之方案，常損及他類工人，其所召起之衝突，常較對有產者之衝突尤甚。再放棄此種實際情況的分析 假想--疏遠的情形；在此情形內，一切勞動在效能上及傾向上均是純一的，抽象的勞動市場確實存在，縱令如此，從市場理論的意義上觀察，客觀利益衝突亦不如馬克思派所云云。我們不能設想此種勞動人群與僱主的普遍獨占對立，我們不否認在特殊產業部門內可能有僱主的獨占存在 上文已說明此種情形爲市場上人群衝突潛在之源，但普遍的僱主獨占，與特殊產業部門的獨占，顯有不同，普遍獨占的假定，無任何經驗的根據，只能視爲幻想的杜撰，在一變動多端及技術進展的社會內，各業的勞動需求常生變化，勞動者的轉業亦無限制，現在並非行會束縛及身份制度的社會，一純粹的勞動階級針對僱主的普遍獨占，顯無其事。

據上述馬克思派的客觀利益衝突論，必須另覓論辯，此亦值一試。上文已指出如生產者不能獲致其他就業機會，而拘限於特殊生產事業，則客觀利益衝突即行存在，在現代自由社會內，勞動者獲致機會以出售其技能，限於特定人群，即能擔負學習此項技能之教育經費並擔負事業風險之人群。此已爲教科書上之常識，無須舉例證明。據此推論，則缺乏此種便利者，豈非必需局限於報酬較低之工作，無由自拔。有產者與無產者之間所能獲致之機會既不均等，則客觀利益的衝突，豈非確實存在？但我們仍需續行分析，第一我們應知此等衝突本質上起於財產所得之不均，但所得不止一類，縱在無財產之社會，只要有所得不均之事實，教育訓練之費用又由其家庭負責時，則機會之不均仍行存在。如此，人必懸想到一切教育訓練均由國家負責之出路，但此不特牽涉教育問題，且牽涉政治及社會問題，其對社會之影響如何，尚難定讞 且此等辦法，自由國家亦可採用，英美各國已採用至於完備之境地，暫置此不論，現仍回到財產不均之分析。

衝突之程度，確與財產之分配狀態有關，任何社會如財產所有有不均之事實，則必有經濟機會不均之事實存在。但其嚴重程度 本質上依據於不均之程度，一切情形並非如宣傳者描述之可怖。如財產分配不均之情形不甚嚴重時，則就此等事件上兩階級之衝突，亦不嚴重，且通過義務教育之普及提高，此類機會不均之情形，正趨消失。故在宣稱私有財產社會內此類衝突不可避免以前，必需指明僵化財產所有的法律制度亦不可避免。現代自由國家不僅教育訓練，且與教育有關之一切設備 如圖書館、博物館、體育場、動植物園已爲國民共同享用之公產，雖各國進度不等，至少朝此方向發展，又遺產稅及所得稅已大大削弱財產所有之不均，此均與保持個性保持自由之原則相容洽。

其次我們需注意現在任何職業，並無獨佔的排外性；如加入一職業需納甚高之費用，超出其訓練費用遠甚，則創造獨佔，發生階級衝突，現在的法制 顯無其事；又如加入一定職業，限於一定之人種或身份，則亦形成獨占，而召衝突、或潛在的衝突，過去身份社會即爲最彰明之獨占社會，利益衝突永遠存在，但身份及行會社會正已爲自由主義所打破。如任何人只需保有定量的財產以擔負獲致特定機會之費用，且著積財產並無法律障碍時，則獨占無法形成，不能隨意濫用此等名辭，掩蔽事實之眞相。加入一職業與加入一排他性的身份階級，顯有不同。有相似之點，但異點更多。身份制度依據於排外之特權，法國大革命前之僧侶貴族工商業者及賤民各階級，身份均固定，印度亦有同樣之身份制度，其地位均有法律或習慣之束縛，不得變更，近世紀以前中國之倡優奴婢，不齒於士人之列，此方是嚴格的階級制度。自產業革命後，此種身份制度已經打破，任何人無不可就之業，任何人均能蓄積財產，或土地或證券，均無法律之限制，有產者並無特權排除勞動者升入有產者之列，統治者亦無特權排除勞動者及任何人士起而執政。以階級字樣適用於現代社會之各種人群，已不貼切。舊的身份制度無任何經濟機能，確爲社會發展之桎梏；反之根據財產之所得，既無排外性，且確爲生產上必備的經濟機能。財產乃一法律術語，在經濟上即爲資本，非生產必待資本，資本必待蓄積，蓄積必待報酬，非馬克思派乃至任何人所能推翻之命題，蓄積者與所有者及領受所得者同一，乃人性之必然：蓄積者與所有者分開，必待强制，本質上即是掠奪，握有生產手段之全盤國有 本質上即係俘大衆爲奴。握有生產手段之統治人士 可隨時置被治者於死，殘酷之程度超過歷史上一切絕對王權及神權，中國號稱四千年專制，其專制只是政治的，聖經賢傳及一切學說及政治設施，絕未許統治者侵犯人民之財產，亦無此類大規模之事實，且制民之產使仰足以事父母，俯足以畜妻子，樂歲終身飽，兇年免於死亡，正爲王道之鵠的。現代若干人士政治上主張民主及自由，經濟上主張將自由全盤讓與國家，而不意想其後果之之嚴重，其主要原因爲皮相的看到現社會一點一滴的缺陷，而沒有理解問題的本質，尤其未研究人性。總之，資本或財產產生所得，乃一經濟機能，不論財產之分配制度如何，即在私人無財產之社會內，生產之持續，必待此機能之實踐，此與硬性之身份制度無任何經濟機能者顯有不同。我們的結論：私有遠較國有爲優，若干事業之必需國有，乃從各個份子之自利上及分工合作的必要上所長成，且必需與個體論之根本原則相容恰，此點後文另行論列。我們的眼光必需深遠，不應因財產之不均而忽視私有財產之優點，私有財產（或資本）能按照不同之需求，組織生產，以滿足各色各樣之欲望，且如量滿足而無浪費。本來人之慾望及價值判斷，均是主觀的，不容代庖，國家佔有生產手段，組織生產，必使統治者之極少數以其自己之價值判斷代替大衆之價值判斷，以其自已之嗜好代替大衆之嗜好，以其自己之幻想代替大衆之眞實要求，縱一切從善意解釋，治理國家者必需爲無私無黨全知全能之超人，方能預知大衆之欲求，統治者無殊於被治者，既爲人，即具人之缺點及限制，我們不能設想超人的存在，且據經驗，統治者常爲狡黠或愚昧無能之凡人，彼如握有一切生產手段，不僅圖謀私利，且於一已之幻想强制全體人民走上悲慘之命運，共產主義及其類似的全體主義興起後，卅年來的嚴酷事實眞够慘痛。

財產的存在及所有，及其發生所得，既爲經濟機能，必待實踐，其實踐不僅利於所有者，且利於社會一般，財產的所有，又無法律限制；故現代的財產人群，並無獨占性及限制性，與過去的身份制度有本質之不同，其與無產者所引起之機會不均之衝突，並非固定不可調和之衝突，無產者既可隨時成爲有產者，有產者亦可破產成爲無產者。故如有衝突，衝突之人群時時變更其份子及力量。故只要有適宜的調和不均的方法在運用，此種衝突可隨時削弱，以至消失。但我們需記住任何削減不均的方案，不應損害資本的經濟機能，不應損害個性自由及創造的原則，此爲社會進化之基本動力，一落入共產主義或集體主義的臼窠，剝奪大衆之所有，其結果係俘大衆爲奴。我們不否認現代若干國家的法制，仍有不利於低所得之事實，但此正爲進步主義及自由主義所譴責，無論就納稅能力說及權利義務說，稅課之大部分已由富裕者負擔，就前說稅課應比例於納稅之能力，就後說稅課義務應比例於納稅人所享受之權利，富人享受法律之保護較多，故應多負擔國家之稅課，又本人不勞而獲之財產及所得（包括遺產）應予重稅，亦爲公認之原則，民主國家正循此等原則改進社會一般之福利並抑制所得之不均，自由主義並不排除糾正不均的方案，集體主義則必然的創造新的不均。

當然馬克思派所指摘者不止機會不均，而泛指私有財產制度所創造的一切不均，並認爲私有財產制廢止之後無產者命運必將改善。我們的論據恰恰相反，上文的論辯及事實已充分證明我們無誤，縱令收奪財產並分配其所得能立即提高普羅之財富，但大部份財產均在發揮生產機能，收奪程序中生產之紛擾如何補償，收奪後是否能將財產置於適宜之生產者手中，收奪後財產之經濟任務，誰來實踐，這些問題均足表示分割主義 divisionism 不能解決任何問題，馬克思及誠意的社會主義學者亦知此缺陷，而籠統的主張資本機能改爲公有方式履踐後情況將無限改善，不幸無昭人信服之論證，又落後國家均擁有大量之國際投資，收奪時，國際糾紛如何解決，實行收奪國家，是否均願抵抗國際干涉甚至國際戰爭，且勝利完成其任務；是否爲把握原則甘冒失敗之危險，是否屈服招致新的不平等。

總之馬克思派國際無產階級利益一致論，並無堅强根據，客觀利益衝突常起於市場對立之人群，與有產無產原不相干，此種衝突之消除，有賴於國內產業動性及國際動性制度之建立，馬克思及其派

對此全未注意，只比照封建社會之身份，杜撰一階級觀念，忽視經驗，凌空演繹，演繹所據之範疇既不正確，經驗又足否證之，我們應斷然舍棄並駁擊此一謬論。

鐵幕擋不住音波

波蘭的十二個鐵路工人由於偷聽美國之音與英國廣播公司（BBC）的廣播而逃出鐵幕，奔向自由。他們是坐在兩個火車頭中溜走的。

他們靠着一張假造的集體通行證，由波蘭經過德國以至比利時，共行了十七天之久。甚至於在東德的蘇俄衛兵也沒盤問他們。

他們說曾由美國之音與 BBC 的廣播中聽到關於西方世界中自由勞工組織的情形，他們對鐵幕外的自由世界的嚮往使他們毅然決然地採取了這個行動。

據這十二個鐵路工人稱，波蘭有二千五百名鐵路工人因反政府而被捕。他們說：

「你們可以想像在波蘭還有多少人參加反共的地下鬬爭。」（卒）

國民經濟論與戰爭（下）

戴杜衡

四

一般人都知道，國民經濟的第一項重要武器，便是保護關稅。但不要以爲保護關稅是以限制一切的輸入爲目的。它所以要限制一部分物品的輸入，其目的正是爲要在另一些物品方面作更大量的購買。它一方面限制輸入而另一方面獎勵輸入，所以保護關稅一定有差別的稅率。至於那一類物品輸入應該限制，那一類物品輸入應該獎勵，那就要由政府根據『國家利益』的標準來予以判定了。從上節，我們已懂得所謂國家利益實際的意指，就可以知道保護關稅，總是犧牲民間消費而便利着軍事建設的。

保護關稅所要限制的輸入品，通常有兩類。第一類是無論人民是否需要，但在政府看來是根本不需要的東西，它不要輸入，並且也不願人民自己生產。這些物品可能是煙草，可能是口紅，卻也可能是牛油。第二類物品是，政府並非認爲不需要，卻認爲應該由自己來生產，不能使本國長期做外國的市場。保護民族工業，是一個非常漂亮的號召。但應知需要保護的民族工業，一定是生產條件不利而效率低落，否則它就不會在國內市場上都無法與打上運費與合理關稅的外貨競爭。勉強維持條件不利而效率低落的工業，是一種生產上的浪費，寶貴的財力，物力，人力之浪費，這些財力物力人力是應該轉用到條件有利而效率較高的方面去；對消費者，則增加了本可減輕的負擔，使物價高漲，生活水準降落。至於受到保護的工業，是否會因保護而把技術改進，把效率提高呢？正相反，未經自由競爭之磨練的工業，將永遠脆弱，正如在溫房裏培養的花朵，無法禁受大自然的風吹雨打。這樣的工業一經保護，就需要保護到底。

國民經濟論者卻並不這樣想法。他們認爲成本效率，利潤等等，都是商人的打算，站在『國家利益』的立場，這一切都值得鄙視。爲國家，某些產業如屬必需，縱令賠上數倍的成本，也應該予以維持，予以保護的。

我不是說，國民經濟論者所認爲要保護的產業，一定是軍事工業。有時候，他們認爲某一些民生工業，也同樣需要保護。但，即對民生工業，他們的着眼點也仍然不在人民消費，而是在輸出。他們發展一部分民生工業，主要是準備拿這些工業留到國外去銷售，進行一種飢餓輸出，以換取對『國家利益』更爲必要的物資或器材。與保護關稅相配合，必須有一種輸出的努力，才能使軍事建設以更快的速率發展。人們在這裏會發生一個疑問：一國的工業品，既在國內市場都無法與外貨競爭，需要由保護關稅來維持，它還有什麼能力到國外去銷售呢？但國民經濟論者有他們的辦法。他們會把本國的工業品在成本以下的價格拿到國外去銷售。這樣豈不是要虧本呢？他們也有辦法。他們對輸出，不必定要由國家來貼補；他們僅須把那同一產品在國內市場的價格提高，就可把外銷的虧本彌補過去。這種傾銷政策（Dumping policy），就是國民經濟所常用的第二項重要武器。

保護政策與傾銷政策相配合，就達到有如下述的結果。假定某項產品外國的成本爲一而本國的成本爲二，則對外貨必須課以%一〇〇的關稅，才能使外貨無法在本國銷售而把本國產品維持二的價格。但不止此。爲要拿本國產量的一半到國外去傾銷，在國外，至少要把價格就成本減削%五〇，於是在國內，就不得不把價格就成本提高%五〇。所以同一項物品，在國外售價是一，在國內甚至不是二，而是三。誰都明白，一國的國民要用三塊錢去買人家一塊錢就能買到的東西，此國國民，是不會比人家更爲幸福的。

進一步我們還得說明：在國內銷售產品那種超乎成本%五〇的價格，必須是一種獨占性的價格（monopolistic price），它不僅不准許有國際的競爭，同時也不准許有國內的競爭。如果國內有一生產家可以不受政府管制，而以其產品專事內銷，它就可把價格照成本定爲二，而使三的價格無法維持。三的價格一經動搖，國家的保護政策與傾銷政策，就被破壞無遺。所以，政府如不把此項產業收歸國營，就必須設法使國內所有的生產家結成『加迭耳』，由政府保障其獨占權，維持其在國內市場的獨占價格。獨占，正是因爲政府限制自由經濟而造成，一般人還以爲它是自由競爭招來的後果，實爲冤枉之至。國民經濟體制下的產業，既沒有國際的競爭，又沒有國內的競爭，它就祗有維持政府的鞭策爲其唯一的進步動力了。

綜上所述，我們可知國民經濟除了爲軍事而犧牲民生之外，在純經濟的領域，還伴滯着三種重大的弊害！

一、浪費財力物力人力；

二、增加消費者的負擔；

三、因無競爭而停滯了技術的進步。

說到這裏爲止，我們還是假定着國民經濟的一切措施都能順利進行的。事實上是否能如此順利呢？當然不能。國內的阻力，政府可用高壓手段來克服，我們且不說。國外的阻力呢？如果有一國家隨時給予其隣國以武力的威脅，這些隣國縱非好戰，也必須作類似的準備，以爲抵制。李斯特一派的經濟學說所以不僅在德國流行，並且在其它國家發生影響，根本原因即在於此。爲對抗一國的國民經濟，其它國家，就多少要模做一些國民經濟的辦法。及至若干國家的國民經濟互相對立起來，就沒有一個國家能够隨心所欲的予取予求，高度自給自足的目的，更難達到。你所急圖輸出的，人家可用關稅壁壘來擋駕；你所痛感缺乏的，人家可用無形的禁運與封鎖來停止供給。包含物資與市場之爭奪的經濟戰愈演愈烈，使所有國家在經濟上蒙受損害，而受害最大者，又往往是那個推行國民經濟措施最爲徹底的國家。（因爲它先天的處於劣勢地位，否則它就無須如此作法。）這樣的情勢，帶來兩種後果：第一、在經濟戰上處於劣勢的國家，更感到自給自足之重要，計無所出，祇好使用最後武器，即於缺乏的關鍵物資尋覓代用品。德國人曾經誇耀他們的代用品工業之驚人成就，不僅牛油可用大豆製造，甚至石油也可從煤塊中提鍊。一切困難都能克服，他們對一切封鎖都無須恐懼了。其實這眞是最可憐的誇耀。代用品，照例總是最大的成本來換取最小的效用；普遍發展代用品工業，實爲資源人力之最可怕的浪費，終必把經濟元氣斷喪淨盡。德國航空工業等不到戰爭後期即一蹶不振，根本原因即在於此。第二、這種國家感覺重重困難，乃不得不考慮把戰爭提前，即連自審準備尙未充分也無可奈何，而戰神，照例是逢邀必至的。

種瓜得瓜，仗是打起來了。最後還有一個問題，國民經濟的體制對經濟的影響已不必說，對軍事是否眞有莫大的幫助呢？幫助是有一點。在初期，它會顯出力量。但這是一種無法持久的力量。他們所以必須提倡『閃電戰』，秘密即在於此。一旦閃電熄滅，前功盡棄，所有計劃都如寶瓶之落地的粉碎了。國民經濟，作爲國家的强身術，實爲一種祇鍛鍊兩個拳頭而聽任內臟潰爛的强身術，我敢說，在本質上，它是自殺性的。德國已演過了這幕悲劇，事事步武德國後塵的俄國，也正在重演這幕悲劇。

國民經濟以富國强兵爲職志，結果是既不能富國，又不能强兵。

五

我們論國民經濟之得失必以德國爲例，不僅是因爲國民經濟的理論與實踐均由德國首創，同時還因爲對一機體必就其充分發展形態觀察，才能窺見其全貌。事實上，由於一國的行動不得不引起另一些國家的對抗之故，在某一時期，國民經濟或其類似的作風，任何獨立國家的經濟政策都難免帶上一點，即美國亦非例外。（不過美國較諸任何其它國家，程度究竟是最淺的。）這類的措施行之既久，漸漸成爲一種傳統，大家都視同當然，它的不合理性一時就不容易發現。譬如保護關稅，似乎誰都感覺爲培養民族工業所必要。把關稅壁壘廢除何以反而對本國的經濟發展有利呢？這簡直成了不可想像之事。

就算經濟學原理已把自由貿易的好處充分證實，而你也由衷的折服，再也想不出什麼理由來反對，但要立即從保護政策改變爲自由政策，也仍然會遭逢種種阻碍，使你瞻顧不前。自由貿易，是要迫使你放棄那些生產條件不利效率低落的產業，轉而從事於另一些條件有利效率較高的產業。你國內的產業組織須要改變，一部分工業器材將歸於無用，一部分工作人員將被迫改行或甚至暫時失業 你考慮到眼前的種種不便，也祇好更爲廣大而永久的利益犧牲。過去的錯誤，是這樣的把人類的進步拖住了，以致如英國工黨，直到今日還在那裏贊揚並實行李斯特之流在十九世紀四十年代所提示的一套辦法！

但無論如何，時代究竟是改變了。首先、作爲國民經濟論之基礎的戰爭，無論在觀念上與實際上都已發生了根本的改變。在今日，世界上幾乎已沒有一個國家能自己構成一個獨立的戰鬬性，無論是爲着防禦抑爲着攻擊。獨立的國防，與戰時經濟的自足自給，同樣的成爲絕無可能。因爲絕無可能，也就成爲絕無必要。自足自給之必要既經消滅，國民經濟的一切理論都成了無所依託。高度的國際分工與自由貿易對每一單獨的國家都使戰爭成爲不可能，誠然。但是我們爲什麼不回過來想一想：使戰爭成爲不可能，不正就是我們所應該努力追求的崇高目的嗎？所有國家都無法單獨作戰，這豈不正是一個建立世界集體安全制度的上好機會嗎？我們就算把純經濟的利害關係按下不提，僅僅爲世界和平，自由貿易就已值得提倡，唯有這才是眞正有效的徹底消滅戰爭之道。

自由貿易既爲經濟進步與世界和平二者所同時需要，聰明的人類應該知所選擇了。縱令糾正過去的錯誤要忍受一時的損失，我們不妨把糾正的工作進行得緩慢一點，但目標仍須認清。基於國民經濟觀念的辦法一步步的放棄，就能使國內的產業組織一步步的改變，因而逐漸適應於新的原則與新的環境，一時的損失是不會十分嚴重的，華美的未來遠景儘足以把這損失補償而有餘。

最後我要提醒，一種極有害的心理障礙必須打破。不要像英國人那樣以爲大西洋憲章所標揭的原則是美國的自私。應該自求進步，但不要妒忌比你運氣更好的鄰人

蘇俄理髮師的「閒話太多」

莫斯科晚報稱蘇俄的理髮師爲顧客理髮時閒話太多，應予以禁止。理髮師理髮時只能談論如「民衆文化」等文化問題，不能涉及其他任何問題。喋喋不休的理髮師將受嚴厲的處罰（苓）。

自由中國通訊

紐約通訊・六月一日

西歐的防線
——遊歐觀感之二

本刊特約通訊記者 曾英奇

兩道防線 一個打算

一九四五年第二次世界大戰結束後，西歐人在心理上很快地就建起來了東西兩道防線。東線防蘇，西線防美。所以，又可以稱爲左線和右線。現在右線雖然已經次第地拆除了，然而這條防線的痕跡仍然殘存在西歐人疲倦的心理上，隱約可見。

西歐人的防俄理由很簡單，很明顯：俄國人要發動政治攻勢，想用「苦迭打」從內部來顚覆他們的民主政權，改變他們傳統的生活方式；俄國人會發動軍事侵略，佔領這些國家，並進而在他們土地上實行布爾雪維克的極權統治。於是西歐人乃不能不謹愼防之。然則西歐人爲甚麼要防美呢？這個問題就比較的複雜而微妙了。下面請先看看西歐人自已是如何的說法。四月二十日晚上我和富萊韓先生在倫敦到他的一位英國朋友家裡去度週末。當時應邀到他家去的還有兩位客人：一位是戰後曾在聯總工作甚久新自印度返國的美黛小姐(Miss Me-ad)，另一位是新聞從業員薩博生先生(Mr. Samson)。「週末」在西方國家一向是供人消閒的，可是那天在晚飯後的茶敍中，大家又無意中談起了天下大事。美黛小姐說：『富萊韓先生，你是商業家，所以你應該知道戰後我們英國人爲甚麼會對美國產生一種深刻的恐懼心理。大戰前我們在世界商業的活動中佔着甚麼地位？第一次大戰前又佔着甚麼地位？可是一個世代以來，我們很多的市場一點一點地都被你們侵佔去了。在戰後的第一次借款中，「帝國優先權」的屏障也被你們衝破了。自由貿易嗎？好了，若干年來我們英國的製片廠連一個第一流的演員都維持不住了。一有出色演員，馬上就被你們出高價雇走。在這種情形之下，讓我們如何競爭啊！』薩博生先生是自由黨人，然而他的論調竟與那位自來是工黨選民的美黛小姐有異曲同工之妙：「就着純粹理論上來說，我永遠是自由貿易的擁護者，然而這種響亮的理論此刻已經和英國的經濟情勢脫了節，科布頓(Cobden)的桂冠事實上已經完全屬於你們美國人的了。」在大戰期間英國是所有歐洲參戰的國家中唯一沒有發生嚴重通貨膨脹的國家，也是這些國家中在戰後第一個獲得了財政上的收支平衡而放棄了「馬紹爾計劃」援助的國家。然而英國人的論調尙且如此哀惋，那麼其他歐陸國家就更無論矣了。

走遍了西歐大陸，到處怨聲載道。說美國如何如何，形容的活龍活現。『我們的大音樂家那裡去了？大藝術家那裡去了？大明星，大導演那裡去了？大科學家，大哲學家又那裡去了？『還不是都讓美國人騙走了。再過若干年以後，恐怕每一個有頭腦的知識份子都要被美國人收買俱去。到了那時候，我們歐洲人的創造能力就要完全喪失了。』這種論調在西歐大陸，特別是在意大利，在西德，在維也納，幾乎到處可聞。這確是一個嚴重問題，也是一個不折不扣的普遍現象。半個世紀前，願意去做美國公民的歐洲人，幾乎都是冒險家、囚犯、流浪者、商人、製造家，很少有有地位的學者思想家。因爲後者多半把北美四十八州的地方看作一個動物園，以爲都是些犯幼稚病的人在那裡狂歌亂舞，絕無文化可言。然而近一個世代來的情形却大大的不同了。愈是第一流的人物，愈是願意到美國去，並且都糊裡糊塗地做了美國人。請看目前歐洲除了少數留戀鄉土的人文學者及離開了本土就無法延續其政治生命的政治家，如步日耶，湯因比及邱吉爾，史巴克之流的以外，還有多少有創造作用第一流人物能够安然停留在他們的本鄉本土呢？老實說，造成歐洲今天的這種現象絕不能完全怪美國人，乃至於根本不能怪美國人。我們甚至於可以說歐洲人才的流入美國和「自由貿易」是全然無關的。然而成見永遠是伴隨着感情產生的，這種說法又有多少歐洲人肯信呢？

在歐洲人的心目中：俄國是個活閻王，美國是個吸血鬼；活閻王窮兇極惡，會把他們打下十八層地獄，吸血鬼則和顏悅色，看來並不可怕，然而若防之不愼，就會使你骨瘦如柴了。因此，大戰以後歐洲人的兩道心理防線同時建立了起來，雖然左右兩線在性質及強度上容有不同，但他們的打算却只有一個：歐洲人要重新站立起來。

打鞦韆之謎

在美國常常聽到人們說：自大戰

結束以後，西歐人總是心神不定，慣做打鞦韆的把戲；從社會黨打到天主教黨，又從天主黨打回社會黨。打來打去，沒有一定的主張。這說法乍一看去，似乎頗爲中肯，在起初記者也有同感。但是經過了六個多禮拜的實際考察後，我發現所謂「歐洲人在打鞦韆」也者並不是那麼一回事了。

在上一次「哀王孫」的通訊中，記者曾談到西歐各國强大社會黨的情形。不過「社會黨」在西歐各國政黨中只是堅强的一翼，在這些國度中能够和社會黨相抗頡並能駕而上之者，還有天主教黨或變相的天主教黨。這類政黨構成了西歐政黨的另一翼。其中最强大的要算意大利加斯比利（Gasperi）首相所領導的「天主教民主黨」，該黨在意國擁有將近一千五百萬的選民，在國會的席次超過左翼各黨派聯合之總和。其次奧地利的「人民黨」，西德的「基督教社會黨」，比利時的「天主教黨」目前在各該國的國會中都是多數黨。在法國，戴高樂的「法蘭西人民大聯合」，皮杜爾的「人民共和運動」以及「獨立共和黨」和「自由共和黨」等都屬於這一類。他們的聯合總力量遠超過各社會黨的聯合。總之，在所有自由歐洲的地區中，除了意大利和法國的共產黨比較强勁外，完全是「社會黨」和「天主教」黨平分秋色的天下。要揭開西歐人打鞦韆之謎，也必得從這種黨派的分野上着手。

近代的社會主義運動本來創之於英國的羅伯特．奧文。不久這一運動渡過英倫海峽經過法國傳播到德國，比利時，瑞士等國，最後又滙流到法國而發爲高潮。因此西歐各國的有社會黨自有其淵源，絕非因了俄國的赤色恐怖而產生，不過自第二次大戰結束以後它們能够普遍的强大起來，却與俄國的虎視眈眈大有關係。同樣的道理，西歐各國的天主教黨雖然更其源遠流長，但是大戰以後它們之所以能始終保持强大，也是受了俄國嚴重威脅的影響。記者在本文一開始時曾報導說：大戰結束以後，西歐人在心理上很快地建立起來了防蘇防美的兩道防線。但是防美的一線實在是空洞而抽象的很，也無從防起。實行關稅壁壘罷，問題並不在自由貿易；而另一方面美國還不斷地慨送大批金錢和物資——救濟復興款項，馬紹爾計劃，軍援——來周濟這些破落戶。像這樣的對手，究應該如何防範呢？說穿了，西歐人的所以防美，實在並不過是由於嫉妒心理的發作而產生的一種無可奈何的情緒罷了。但是他們的防俄却是實在的，具體的，而「社會黨」和「天主教黨」所以能够普張兩翼到處强大地存在，就是西歐人徹底防俄的具體說明。

一個普遍現象：到處的西歐人都不把共產黨當作本國人。在所有記者這次接觸到西歐人中，一談到共產黨，他們總是：共產黨如何如何，法國人如何如何；共產黨如何，比利時人如何如何……。他們相信到處的共產黨都是一家，都是以莫斯科的利益爲利益，在本國他們個個是赤色的第五縱隊。所以他們瞭解：在國內防共，就是在國外抗俄，反之在國外抗俄，也就等於在國內防共。於是西歐人的兩件法寶——社會黨和天主教黨——拿出來了。他們知道共產黨是反對資本家的無神論者，所以在消極的一方面他們要和平地實行社會主義，請走資本家，讓共產黨無的放矢；在積極的一方面，他們緊緊地歸依着聖瑪利亞，自己有自己的主宰，讓以馬克斯爲眞主的新東正教歸爲異端。這就是西歐各國政黨兩隻鐵翼形成的原因。至若「打鞦韆」者，不過是民主政治更替執政的不得不然而已。

西歐的抵抗意志

西歐人抵抗俄國侵略的意志在起初是相當脆弱的，其原因可以從兩方面來說：第一是美國的對俄戰略與西歐國家的防禦措施脫了節。第二是西歐本身的防禦力量太薄弱。上述的兩種原因甚至相互影響，以致弄到一九四六年前後的西歐岌岌可危。幸虧不久「馬紹爾計劃」應運而生，接着美國及西歐本身又採取了若干積極的防衞措施，於是風雨飄搖中的西歐，這隻千瘡百孔的破船才算慢慢地渡過險灘，而尋找到了一個暫時寄泊的沙岸。

俄國在第二次大戰中所以能够坐大，實原於羅斯福當時堅持在西歐開闢第二戰場的笨拙戰略。因此，美國當政者最初既未預見，史達林會在其掠奪的戰果堆中建立起來一空前强大的帝國，所以也就未隨之採取適當的對抗措施。迨不久發現蘇俄帝國形成西歐存在的威脅後，美國戰略又爲幾個頭腦簡單的空軍將領所包辦。根據這般空軍將領的計劃，戰爭開始後，美國無需即派遣陸軍到歐洲作戰，西歐大陸上的戰鬪由歐洲人好自爲之，只望他們能做到一點牽延的工作也就够了。這時美國集中全力使用原子彈從空中攻擊俄國的心臟，迨這個巨獸的心臟被摧毀後，其四肢必陷於癱瘓狀態而無復有多大作爲。這時美國只要派遣一枝陸軍實行佔領就可以了。依據這一戰略原則，西歐大陸不在堅守之列。所以法國在「馬紹爾計劃」第一年撥款中，所開列有關建立軍需工業的項目，全被删除。這一戰略計劃實害人不淺，所幸後來美國最高決策當局懸崖勒馬，斷然將這種想入非非的戰略加以廢除，否則西歐各國的輿圖恐怕至少也有部份的變色了？

在上次「哀王孫」的通訊中，記者曾描述西歐社會不景氣的現象及各國人民的心理狀況，讀者很容易想像得到：那種情形之下的西歐是無法鼓起勇氣單獨抗拒蘇俄在西歐大陸上的侵略的。他們很容易得出一個結論：美國既不打算堅守西歐，而自身又無單獨抗拒俄國向西進攻的能力，這種仗打下去有甚麼意義呢？於是他們沒有興趣再整軍經武了。後來美國當局看到這種現象不妙，遂決定修改既定的戰略，爲西歐人打氣。而同時西歐國家中比較健康的英國爲了要把戰爭阻止到英倫海峽的那面，更率先鼓起勇氣以爲各國倡，於是在英語國家「裡應外合」之下，西歐人民的抗俄意志才逐漸的堅强了起來。

美國表示在西歐積極對抗蘇俄的

第一個信號是「柏林空運」。當時西歐各國的人民都不盡捏下一把汗來，但在杜魯門斷然下令實施空運的威嚴下，史達林的一股邪氣竟然被震住了。於是西歐人鬆過一口氣來。接着美國向西歐各國表示：決協助各國堅守西歐，並爲各國建立軍需工業，以作永久之計。這時在英國倡導下，英法荷比盧五國也開始談判「布魯舍爾公約」。西歐整軍一步緊似一步。迨艾奧遜倡導北大西洋公約時，實際上已經「萬事齊備，只少東風」了。我們是三月初到法國的，其時大西洋公約國家的最高統帥艾森豪威爾元帥已經在巴黎東南約五十里之遙的封腾布勒（Fontainebleau）建立起來了他的司令部。雖然此刻已經撥歸他麾下的軍隊尚不足三十師，然而西歐人抗拒俄國進侵的信心確是普遍的加强了。

西歐的陸上防線在那裡？

艾森豪威爾元帥曾經迭次向人表示：只要他有十師美國陸軍在手上，「敦克爾克」就不會重演。自美國國會通過曾派美軍四師赴歐後，艾帥麾下的美軍已增至七師，外加上各種特種部隊在內，已將近十師之數。此時艾帥已經不會下海了。然則假若一旦大戰爆發，他究竟要在何處迎擊俄軍，並將在何處能阻擋着俄軍的前進呢？這是一個無法獲得絕對正確答覆的問題，充其量祇能作一種合理的推斷罷了。

艾森豪威爾元帥最初的計劃是在一九五三年年底前建立西歐聯軍六十師。看過去幾個月來發展的情形，這個建軍計劃可能大大地改變。現在已經撥歸艾帥指揮的軍隊如下：美軍七師，英軍七師，法軍六師，荷軍一師，比軍一師，意軍三師，共二十五師。最近法政府向艾帥保證：在今年年底以前將再編組十師法軍交艾帥指揮，而另一方面意外長更要求英美法三國廢除對意和約，俾他們能大量地擴充軍隊。加拿大政府也準備向荷比兩國提供更多的軍事裝備，以爲兩國建軍之用。因此到今年年底，西歐的聯軍陣容將可能是：

美國七師　荷軍二師
英軍七師　比軍三師
法軍十六師　西德軍五師（十五個團）
意軍五師　挪丹軍二師

由於實際情勢的發展，西方國家最初武裝西德軍的計劃勢必改變，德軍必須自成一單位，有其自己的參謀部，且由團的單位擴充成師的單位。另一方面，現在美國政府正在推動延攬希土及西班牙參加北大西洋公約的運動，且成功的可能性甚大。若然，則一九五二年年底的聯軍陣容將可能是：

法軍二十師　美軍十師
意軍十五師　英軍十師
德軍十五師
西軍二十師　荷軍三師
土軍二十師　比軍四師
希軍十師　挪丹軍三師

總計上述聯軍總數爲一百三十師，其中除希土的聯軍三十師必須使用於近東及巴爾幹外，尚有一百個師可爲艾森豪威爾元帥在西歐調遣。假定大戰在一九五二年最後的兩個月內爆發，那麼，西歐的聯軍防線就不難尋找得出來了。據估計俄國將來可能以一百七十師的陸軍進攻西歐，在未來一年半的時光中，若聯軍的裝備能够大加改善，則兩方面的火力可能相等。因此，我們可以合理的預測：在戰爭一開始時，艾帥必令其部隊在努遮堡經漢諾威以迄漢堡一線迎擊俄軍，並望能沿易北河建立一强固防線。若易北河防線無法據守，則實行牽延戰略，逐步後退。待援軍在萊因河大量結集後，再滙合起來，共同據守萊因。據記者揣測，萊因河將爲艾森豪威爾元帥的最後防線。聯軍退到此線後，必不惜一切代價加以固守，以待空軍達成預期的戰果後，實行反攻。

東京通訊・六月二日

鳩山乎？吉田乎？

余蒼白

一、「音羽朝山」

日本政界中最近有一句流行語，叫做「音羽朝山」。

音羽就是東京小石川的音羽町。在音羽町的小丘上，有一座戰時被美機炸毀去年纔修起來的住宅。住宅的主人是鳩山一郎。這位鳩山先生最近頗受美國「遠東指導人」的青睞，於是日本政客們趨之若鶩，大獻慇懃。音羽新刹，香火爲之大盛。幽默者流指此爲「音羽朝山」，乞靈於一郎，而朝山者遂亦自認不諱。於是「音羽朝山」乃成爲日本政界中最近一句流行的時髦話。

說到鳩山一郎，他本來是日本戰前政界中一個幸運兒。他廿七歲就做東京市議員，三十歲做國會議員，從此由東京市議會議長，而由中政友會總裁幹事長，而田中內閣秘書長，而犬養內閣文部大臣，一帆風順，官運亨通，他在其義兄鈴木自政友會總裁下臺後，曾和中島知久平，前田米藏，島田俊雄等互爭雄長，以迄於政友會分裂。他在戰時雌伏待機，據說不與軍閥合作，是乎否乎，則仁者見仁，智者見智，自未便輕易論定也。這是戰事結束以前他的簡歷。戰事結束以後怎樣呢？他的政治生活有類於兎起鶻落，驚奇萬分。他利用敗降後的風雲機會，在舊政友會的廢墟上重組了一個自由黨，聲勢在其他諸黨之上。一九四六年五月初，他以黨魁的地位，正要袍笏登場，榮任首相的時候，忽然一個晴天霹靂，把他從已經到手的黨魁金殿和首相寶座上滾到「追放」的冷牢。這一從大喜劇轉到大悲劇的主導者當然是尊重盟國意見的當時的盟總，主要的理由，說他在世界之顏那本著作中，歌頌墨沙利尼和希特勒，是法西斯的同調者。這一交跌得他眞慘，直到如今。關於這一些，我想關心日本問題的國內人士還不至於健忘的。

鳩山一郎一直到現在還沒有被解除追放，這是誰都知道的事實。可是音羽的門庭呢？最近車水馬龍，晝夜不絕，儼然上奪王侯了。政界，財界，產業界，文化人，新聞記者，被追放者，舊軍人……這些裏面當然包含着黃頭髮的和黑頭髮的，據說登門求見的每天至少在五十人以上。這些人，不管是達官顯宦也好，企圖東山再起的也好，在引見以前，都要把自己的姓名，地址和來訪事由等等，登記在會客簿上，當然，黃頭髮的可以斟酌免除，不在此限。這幾年有所謂「大磯朝山」的美談，這是向吉田茂獻慇懃的別名(註一)。據說音羽香火鼎盛以後，大磯名刹反見遜色了。你如果不信，可以從廣川弘禪求見碰壁的例子得到解悟。廣川是現任農相，尤其重要的是現自由黨中僅次於吉田的第一紅人。他曾以鳩山幕中人河野一郎之引見想去見鳩山，結果吃了閉門羹。然而廣川還是自由黨中反鳩山派的巨頭呵(註二)。委曲求全，志不得伸。鳩山目前之自期與自負如此！

二、亨斯利的電報

鳩山一郎爲什麼這樣大交紅運呢？這要提一提美聯社華盛頓特派員亨斯利(Stuart Hensley)四月十三日從華盛頓發出的一個電訊了。

讀者們還記得杜魯門的特使杜勒斯(John Foster Dulles)二月六日和鳩山密會於東京帝國飯店的一幕嗎？杜勒斯和鳩山(注意：尚未被解除追放的鳩山！)一談談到二小時十七分鐘之久，過後杜勒斯語其同行人曰：「如果翻譯再能達意一點的話，我們恐怕會澈夜暢談的」。這一驚人密會的消息，已够群疑滿腹的資料了，乃正在政客們紛紛聚訟的時候，忽然從天外飛來了亨斯利從華盛頓發出的這樣一個電訊：

「十三日那一天，華府官方根據以下的理由，道破了和約簽訂以後首任首相是現在被追放的鳩山一郎可能性最大(most probably)。鳩山雖然因爲戰前傾向於法西斯而於停戰後受追放的處分，可是一直到今天，他還是自由黨的主導力。對於這個自由黨，美國從講和以後日美必須合作的觀點上看，是在期望着的。因之和約簽訂以後如果情勢沒有意外變化的話，那末鳩山是會和其他幾千的被追放者一樣，自然要被解除追放的。現首相吉田在自由黨內的勢力既然在鳩山之下，鳩山被解除追放以後還能繼續維持領導的地位，那是不難想像的。」

該電繼續說：

「不僅如此而已，杜魯門的特使杜勒斯上次訪問日本的時候，鳩山關於日本有制限的自衛措置和美國應在日本保有軍事基地等的見解比較吉田還更積極些。這一次杜勒斯的訪問日本，關於這些問題之須和鳩山再度商談，那是不難想像的。事實上，要想統率自由黨，去對抗社會黨和其他反對日本再軍備而想置日本於非武裝的中立狀態的人們的攻擊，强有力的人物(Strong man)是必要的。」

這一電訊的節略出現於東京各報後（自然，東京各報的轉載是不會那樣詳細的），政客們認爲滿腹的群疑得到了解答，於是菅羽道上乃成爲山陰道上了。

三、密會內幕

杜勒斯和鳩山二小時以上的密會究竟談些什麼呢？這是「密會」，局外人無法知道底細，恐怕連吉田茂也只在煩悶中推敲着。據說杜鳩二氏談話以後吉田的心境非常不好。吉田的愛女麻生和子於無意中流着淚對訪客某要人說：「爸爸鬱鬱地在花園裏踱來踱去，不知爸爸這時是怎樣一種心境呵！」麻生和子不僅是吉田的愛女，而且是他不具名義的重要政治顧問。吉田好決大事於私邸，而子和必在其旁，從事策劃，關於人事的決定尤其有影響力。這時候吉田的心境，也許就是和子的心境吧！

可是會談縱然秘密，究竟不能抹煞記者們的感覺的。據朝日新聞編輯部和其他情報機關所得的消息，會談的內容大概是這樣。

杜勒斯和鳩山會談是在和吉田三度會談以後才決定的。在會談以前，杜勒斯似乎並沒有把想和鳩山會談的意思透露出來過。這只要看吉田內閣的秘書長岡崎對於記者們的質問加以堅決的否認，就可以明白的。看這一情形，不能說杜勒斯對於吉田的「不乾脆」,「狡滑」,「討價還價」(“bargain—News Weeks雜誌的評語）等沒有驚訝和意外，因而决意和鳩山一談，以觀此待機東山的巨頭對於美日未來關係究竟作怎樣的看法。至於鳩山呢？早已希望和杜勒斯見面了，如果這一希望無從實現，至少希望能夠有一個機會，使杜勒斯了解他的心境和見解，這當然是事實。所以杜勒斯一到東京，他便送給他一份用打字機打好的長達二十頁的意見書，作爲政治的敲門磚。有人說：「杜勒斯和鳩山會談以前，對於所謂「鳩山構思」已經點頭稱是，實獲我心了。因之『秘會』的用意，主要地還是在看一看鳩山究竟是怎樣一位人物」。語出於推測，自不無深長意義在焉。

長達二十頁的鳩山意見書，據說是把高崎達之助（前滿洲重工業總裁），石橋湛三（前財政部長），石井光次郎（前商業部長）和野村吉三（前海軍大將）等意見加以整理，而一貫之以自己的見解作成的。這裡面，有關於和約及財政問題的（石橋主稿），有關於利用外資和漁業權問題的（高崎主稿），有關於產業經濟一般問題的（石井主稿），有關於重整海軍的（野村主稿）。內容之廣，幾乎涉及未來日本對外關係的全部。

會談的底細，局外人當然無法知道，他們也不會輕易告人的。朝日新聞的週刊朝日，關於重整軍備有這樣一段記載，很可以玩味。

「杜勒斯：對於社會黨反對重整軍備的尊見如何呢？

鳩　山：不是因爲怕把日本的軍隊用到譬喻朝鮮戰爭那樣的場面去吧。

杜勒斯：那麼尊見究竟如何呢？

鳩　山：我也反對用到他國戰亂去的那樣的重整軍備的，不過爲防衛自國尊嚴用的重整軍備，那是贊成的。在現實的前面，那有什麼辦法呢？

杜勒斯：你以爲在美軍指導下的現警察預備隊如何呢？（這實在是重整軍隊的初步—作者附註）

鳩　山：不行！爲什麼呢？軍隊最重要的是愛國心；日本軍隊的教官非日本人自己擔任不可！」

這不過是密談的一鱗半爪而已。據說他們的密談是「肺腑相見」的，杜勒斯大有「相見恨晚」之感。

四、鳩山乎？吉田乎？

題目是「鳩山乎？吉田乎？」而講到的全是關於鳩山，這無非想請讀者多認識一些這位「未來首相」的面貌。

問題的提出由於亨斯利的一電，而亨斯利則一再强調自由黨中現勢力的分野，吉田不如鳩山。這在亨斯利看，或者在美國的日本通看，也許是未來首相非鳩山莫屬的最有力的根據吧。那末這一根據究竟如何呢？似不盡然。

爲什麼呢？第一，鳩山當然是現自由黨的刱造人，而自由黨又是鳩山的老地盤即政友會的後身（經過許多離合變遷，當然不能說全是政友會的後身了），因之鳩山之在自由黨，好像必然是首强。可是自由黨之在今天，誠如古島一雄所指摘：「鳩山刱造戰後的自由黨，這也許沒有問題。可是你如果一定要那樣說，那末就像蘆田均那樣，不是也有份嗎？今天的自由黨又不是吉田養大起來的嗎？」古島是今天日本年齡最大資格最老的政治家，鳩山被追放後讓黨魁於吉田的時候，他是在場的監督人。他是吉田的最高顧問（無名義的），吉田有重大問題，據說必取決於此老，因之此老對於吉田自不無偏愛。可是那些話，不能說全是感情用事。第二，自由黨是現在日本的最大黨，議會的勢力，遠在其他各黨總和之上。現在自由黨的議員中，有一百二三十人全是「一年生」的新人，有許多連鳩山的面都還沒有見到過。第三，老資格中有許多人是吉田的擁護者，和鳩山水火之至。最近由於吉田獨排衆議而勉强入黨的犬養健—故政友會總犬養毅之子，又是和鳩山不能合作的人。他想做吉田的副總裁，最不喜歡鳩山回來。而鳩山呢？又是直言不諱地說：「和犬養同黨那是糟了」。這一些，都可能是鳩山再起的阻礙。第四，自由黨中反鳩山的一系，生怕鳩山再起，正在極力拖延他的追放解除，而在拖延的中間，正在重新布置分野，抑制和排除異已，弄得鳩山牢騷滿腹，而在目前又無法行其所是。這又是鳩山不許樂觀的地方。

那末鳩山沒有做未來黨魁乃至首相的可能了嗎？是又不然。

他有這「未來」的消極條件，也有這「未來」的積極條件。「未來」的消極條件潛伏於吉田的弱點中，「未來」的積極條件存在於鳩山本身和美國的口味。

吉田性格孤傲，貴族氣味太重，遇事獨斷，鮮納衆議。這一性格，在戰後「虛脫」的政治情緒中，也許是使一個黨變成强大的必要條件，但是過此以後，便會變成使黨人厭惡的東西，變爲桎梏黨發展的東西。變爲桎梏了，是有被棄的可能的。這就日本此後的情勢言，更是極有可能。第二、就這一性格之對於日本人民說，也正在滋長不良的影響。日本人民民主化的程度如何固不具論，可是這幾年來民主、民主，民主這一呼聲不斷的吹拂，確實吹得日本人民對於民主和自由大爲心癢，乃是事實。吉田的作風，口惠而實不至，陽是而陰則否，民衆厭膩了，希望換換口味。這種心境，現在還沒有痛快表現（在外力管制下），將來和約簽訂，可以自主了，還照舊止得住嗎？第三、就這一性格之對於美國關係說，很難保持協調無間。美國歡迎日本政治家聽話，乾脆，跟他走。這種要求現在無十分需要，因爲日本不敢不聽話，將來和約簽訂以後，對於吉田那樣的人，那能放心？

這些對照點也就成爲鳩山的强處。鳩山乾脆，爽直，陽氣而痛快，美國人固然歡喜，日本人也大有期待。鳩山寬大而包容，自派人固然歡喜，異派人（自由黨中的異派和其其像民主黨等）也不討厭。東山尚未起而異派人之往訪者已踵相接，就是好例。將來追放一解除，難保異派人被他大量吸走。何況最近快被解除追放的人，有很多是他的老班底呢？

末了最重要的一點，還是此後情勢的發展。美國對於日本所希望者，吉田知之，鳩山知之，全世界明眼人均知之。吉田乎，好自爲之！黃雀在後！

（註一）大磯在神奈川縣海濱，離東京約汽車行程二小時。在那里有吉田一個別莊。吉田每週都去度週末，事實上是他決定人事和政策的中心。

（註二）自由黨中有廣川弘禪派和大野睦畔派。廣川是吉田派，大野是鳩山派。

原書
原樣

原書
原様

文藝

憶

苓

綠島是一個熱情的姑娘，充滿着青春的韻律，她會逗引你的熱情，使你沉醉在她的笑靨和愛語中。看看椰影婆娑，月華明麗。聽聽海濤呼嘯，笑語呢喃。莫話滄桑辛醉，且愛戀這一塊土地吧！

但是啊！我怎能遣去故都之戀?!西山頭的玄月，昆明湖的漣漪，紫禁宮的壯麗，頤和園的春色，還有那北海之濱，古城之郊……這一切是如此雋永地繫住了我的心弦。故都的風光，引人神往！

我喜歡綠島，但我却更戀着故都。遙望雲山，不知故人是否無恙?!

心扉的幕幔漸漸升起，湧出了兩年前的一連串動人心靈的場面。

共軍已經開進了北平城。人們口頭的歡呼掩飾不了沉壓在心頭的苦悶。到處彌漫着不安與恐怖的氣氛。我與昭已計劃着逃亡。窗外的梅花迎着風雨搖曳，地上偶而撒有一兩朵殘梅。此時，我不禁對那落花動了哀憐，珍惜地將它拾起，因我不忍見它遭受統治者的踐踏。突然，我對這小室中的一切感到無比的依戀，我與昭結婚已經一年了，一年來，這小室便是我們的小天地。室中的每一件東西都與我有了深厚的情感。在那淺紫色的窗帘下，我們曾編織過多少綺麗的夢幻?!在那天藍色的燈籃下，我們曾為自己記下過多少令人可笑的囈語?!在那舒適的沙發上，我們曾咀嚼過多少書頁的芳香?!我痴立在室中，面對着這一個將要別離的至友，迷惘！悃悵！

但是，一聲歡叫冲破了這沉悶的空氣：「舅舅來了！」這是英姪的聲音。我幾乎不敢相信我的耳朵，果真是鑫如表兄來了麼？他是嫂嫂的弟弟，是昭在孩提時代的朋友。他們雖然是青梅竹馬的玩伴，但却有着摯厚的友誼。兩個人常常在一塊暢叙胸懷，共同作過多少野心的夢想。七七事變以後，昭便奔往重慶，而鑫如表兄却仍留在北平。此後便音訊杳然。昭時常向我傾訴他對故人的懷念。戰爭結束後，我們才知道鑫如表兄的情形：他已結了婚。他的太太是上海震旦大學的學生，活潑漂亮，並富有正義感。她曾因反對他父親參加偽組織而與她父親脫離父女關係，他們在北平結婚後，因為不堪日人的迫害，便逃往了「解放區」，後來便一直不知道他們的消息。昭時常對我提起他們，不知他們是否無恙？

我聽見了英姪的叫聲便一直奔往客廳，家人都聚集在那裏，大家所圍着的是一個身穿「解放軍」制服的軍人，高高的個子，從撲撲風塵中還可看出他昔日的英俊，說話的聲音很有力，但微帶嘶啞，一看上去就知他是一個豪邁的青年。我去時，他正在與每個人把手寒暄。昭對我介紹說：「這就是我常提起的鑫如表兄。」他彷彿若有所思的說道：「啊！你們結婚了！」他的眼中充滿了疲乏。

大家都坐下了。鑫如表兄說道：「今天能看見你們我真高興，最令我興奮的是想不到會在這裏見到昌昭，我以為你一定在南京。我剛從老家來此，我回去是看看母親，母親已老態龍鐘，見我時老淚縱橫。哈！這次回家真吃得痛快！我要母親將東西都賣了，吃吧！我現在是營級幹部，還有兩年便可升團級幹部，到那時，我的家就可由組織養活了。」

「鑫如！你蒼老多了！你的身體還好嗎？」嫂嫂對這個飽經風霜的弟弟起了無比的愛憐。

「嘿！個人的身體，甚至於個人的生命算得什麼?!為了我們神聖的革命，沒有「個人」存在，等到我們革命完成的時候才能談到這些，在這革命期間，我們只有犧牲一切！」他彷彿在郎誦着一段課文，沒有任何表情，我們都成了他的幹部，他正在宣傳。我暗自嘆息。

大家都不發一言，因為不明他的來意，唯恐說錯了話惹出禍頭來。每個人對他都存着一種戒備的心理。共產黨是不講感情的。

他又轉向昭說道：「我真高興看到你，我萬想不到你會在這裏。我常常想你。每逢我看見銀空中飛翔着的國民黨飛機時，我就會想：是昌昭嗎?!我以為你可能投考空軍。」

「沒有，我升學了。」這是昭簡單的回答，我看得出昭內心的矛盾與痛苦。濶別的老友，天涯重逢，應是暢敘離情各盡悲歡的時候。但是，在這披着人類外衣的猛獸包圍中，即令是生死之交的老友也不敢輕易信任。只有抑制着自己的情感，讓沉默代替了無盡的言詞。尤其痛苦的是坐在面前的這個助桀為虐的共產黨竟是自己昔日最親愛的友人，是恨?!還是愛?!

「哈！我今天真高興，讓我們唱個歌來慶祝這場聚會吧！」鑫如表兄有點激動。接着他便引吭高歌：

「誰願意做奴隸？誰願意作馬牛，人道的烽火已燃遍了整個歐洲。我們為了博愛平等自由，顧付任何的代價，甚至我們的頭顱……」他的歌聲有點戰抖，臉色因興奮而呈紅色，他彷彿是在藉此而呼出胸中的積鬱。他已抵擋不住內心感情的激流。除了他激動的歌聲外，沒有任何其他的聲音，大家都沉默着。

嫂嫂愛憐地瞧着他。「鑫如，別唱了，休息一下吧！靜婉呢？現在什麼地方？」嫂嫂想使他平靜下來，故意問到他的妻子。

他彷彿是一根拉得太緊的弦，突然碰着了一把利刄。他立刻停住了歌聲，眼睛漫無目標地直釘着前方。

「唉！」他長嘆了一口氣。頭低下了。

每個人都感到這沉寂的可怕。

「怎麼？鑫如！」嫂嫂十分詫異地問道。

他抬起了頭，彷彿剛從夢中驚醒，對着嫂嫂慘笑了一下，「姐！別太感情吧！讓我再來給你們唱幾首歌吧！」他從懷中掏出了一包煙葉，然後又從口袋中拿出了一張報紙，隨手撕下了一塊，將煙葉捲在裏面。這便是他們的煙捲。他一面抽着煙，一面昂首高歌：「……這是最後的鬪爭……用自己的武器，嘿呀喝……」

在室中旋盪的不是音樂的韻律，而是一匹受傷的獅子的狂吼。

英娃跑進來說是吃晚飯的時候了。當我踏過了客廳的門檻時，不由主的輕噓了一口氣。

鑫如表兄一踏進餐室便聳聳鼻尖說道：「嘿！好香的肉呀！有酒嗎？我今天要和昌昭喝個痛快！」

「得啦，別喝啦！」嫂嫂阻攔道。

「不行，我一定要喝！今天我來時在路上看見兩個『解放軍』檢査兩個國民黨軍，不知怎的，忽聽槍聲一響，那兩個國民黨軍就被打死倒下了。吃呀！喝呀！只這麼『吽！』的一下人就死了！」他一面說着，一面坐下拿起筷子就塞了一塊肉在嘴裏。

娃子們在旁哈哈大笑，好像頑童們在笑弄瘋漢。我瞪了他們一眼。我看出了他的不安全感與對死的恐怖。

他像一隻貪婪的餓狼。他彷彿是在用酒肉堵住他內心情感的激流。他眼中的疲乏已經消去，兩隻眼中射出一種異樣的光芒。我看見這隻在痛苦中掙扎的猛獸，是憐憫，也是恐怖。

嫂嫂和昭將它扶到了床上，他已經醉了。他拉着昭的手，求助似地望着他。兩顆英雄淚涔涔落下。昭安慰他道：

「鑫如！靜靜吧！」

但他却掩面而泣，口裏不斷地說道：「人是有感情的動物啊！人是有感情的動物啊！」

「唉！昔日英豪今何在?!」昭搖頭嘆息。他的眼睛也濕潤了！

等到鑫如表兄醒來時已是夜闌人靜，我與昭走近床邊去看他，他對我們微笑着說道：「還沒睡嗎？在這裏坐坐可以嗎？」這一次是一個眞正的笑。

我們坐下了，房中有琛哥，嫂嫂，昭和我，還有英娃。鑫如表兄從床上坐起，披上了那件油跡斑斑的外衣。他和藹地對英娃說道，「小英！過來！讓我看看你，你小時候我最喜歡你。」小英走過去了，他撫弄着小英的雙手，微笑地望着她。我現在才看見了眞正的趙鑫如！

「你穿這一點衣服不冷嗎？」他問小英。

「不冷。舅舅！你怕我冷，你把你的外衣給我吧！共產黨是『共產』的呀！」小英是最會乘機取鬧的，她看見舅舅對她十分和藹便開始頑皮起來了。這一句話引得大家都笑了。

「好反動的小丫頭！」他也笑了！然後轉過頭來對我和昭說道：「你們準備幹點什麼事呢？」

「看看再說，現在還不能一定。」昭支吾地答道。其實我們早已準備逃走。

「我看你們倆夫婦還是教教書吧！我可以介紹你們倆去北戴河教書。那裏的風景綺麗，我想你們會喜歡那海濱的。不要起走的念頭，往那裏走？層層封閉，到處是檢査站，你們能走得出去嗎？」他並不是有意恐嚇我們，我看出了他對統治者所懷的恐怖。

「啊！你可以介紹我們去嗎？我們很願意教書」。昭只有這樣回答以掩飾我們的本意。

「但是，我希望你們只教教數理，不要教文史，教文史說錯了話可不是好玩的啊！」他警惕我們。

我們只回之一笑。我衷心感激這位良善的友人對我們的關懷，雖然只這麼短短的幾句話，裏面却蘊藏了多少溫馨的友愛?!尤其是在這絕滅人性的共黨統治下，這種關懷該是何其珍貴?!我們之間的距離漸漸地近了！

接着他又轉向琛哥說道：「琛哥！老家傳說你藏有手槍，是嗎？」

「我怎麼會藏槍呢？我連槍彈怎麼發出的都不懂。」

「老家傳說你就靠這枝槍吃飯，要去報你。我知道你是不會做這事的，你是個好人。我這次來就是爲了這事，你若沒有槍就算了，假若有，可以拿給我去登記。登了記就沒關係了。」他十分誠懇地說道。

爐中的火熊熊的燒着，室中充滿了溫暖的空氣，每個人的臉都微帶紅潤。但更溫暖的都是在小室中交流着的感情。我現在才認識了鑫如表兄。

「鑫如！靜婉到底在什麼地方呢？」嫂嫂畢竟忍不住，還是問出了這句話。

他的臉又陰沉了。半響，他才迸出了一句話：

「在錦州戰役中犧牲了！」

「怎麼犧牲的呢?!」琛哥問道。

他正在抽煙。飄渺的煙霧遮蓋不了他痛苦的情緒。他彷彿沒聽見琛哥的話，只是凝視着縷縷輕煙出神。突然，他將煙用力向煙盤中一扔，斬金截鐵地說道：

「好吧！聽我講吧！」他好像在向敵人宣誓復仇的決心。「這些話在外面是不能公開的。是兩年以前的事了，我和靜婉被調往東北。我們的工作都幹得很好。我已是營級幹部，靜婉擔任文工工作，她作了許多歌，對於文工工作有許多供獻。我們對各自的工作都有着無比的熱情。誰知第四野戰軍中的一個政委愛上了靜婉。恕我不能說出他的名字，你們當知我的苦衷。從此，苦難便開始了。靜婉被調往佳木斯，我請求一同調去無效。這原是有意的安排。靜婉去後，雁杳魚沉，我得不到她隻字。我們完全被隔絕了。我想靜婉的痛苦更甚於我，一個弱女子怎經得起這殘酷的心靈的折磨？但靜婉是個剛毅的女性，我知道她一定會堅強的立着，不爲強勢所屈。我仍忍着別離的痛苦，將全付精神寄託在革命工作上。然而，我處處受到上方的責難與批評。靜婉去後的第四個月我因「無產階級的成份不够」而遭受到黨裏最殘酷的「整風」。我若能乾脆地死去到還是幸福，但痛苦的是旣不容我自由地生也不容我自由地死。我日以繼夜地受到疲勞式的拷問，不能眨一下眼。想問題，寫反省日記，像這樣非人的待遇我熬受了三個星期。當時我只有一個願望：讓我死去吧！「坦白」了三個星期之後，我被押送到撫順煤礦去做苦工，他們的藉口是我必須經過嚴格的考驗。在那裏，我除了整天挖煤外，還要做七八十人的飯。這完全是在磨滅人的生命力。我曾無數次地想到「反革命」「脫離組織」。但是由於黨的層層封閉和嚴密的控制，我怎能逃出?!在撫順做了一年半的苦工之後，我因無「政治問題」而被釋放了，那時正是唐山被解放的時候，我被釋放時，組織還大大地假仁假義地慰勞了我一番，給了我許多錢，發給我許多日用品，並說我可以免費住院療養。但這些豈能彌補我受了重創的身心?!」

外面的寒風凄厲。他停住了話，燃了一支煙，他彷彿需要一種力來支持他。

「我被釋放之後，組織告訴我靜婉在錦州戰役中犧牲了。我一切的希望都幻滅了，我失去了生的勇氣。鳥倦思歸，我回到了老家。天津解放後，我來到天津。由兩位同志那裏我才得知靜婉並不是陣亡，而是……」說到這裏，他嚥了一口唾沫，彷彿是嚥下無限的仇和恨。

「……而是自殺死的。靜婉去佳木斯後，那個追求她的政委便利用各種手婉威脅她誘惑她。在我「整風」期間，他竟強迫靜婉與他結婚。靜婉是個有骨氣的女子，她當然不會屈服。於是，在被迫結婚後的第二天，她就自殺了！」他靠倒床上，閉上了眼。不知是痛苦的回憶?!還是雋永的懷念?!可憐的人們啊！那失去的，到何處去追尋?!

他從床上又慢慢坐起，繼續說道：「我悲憤交集。我毫無顧忌地將這一切報告了組織。但我所得的回答是：軍事期間，不談個人問題。接着這個答覆而來的是發表我爲天津軍管會的政治指導員。那個政委是參加過兩萬五千里長征的，他可以享受一切特權，我豈能與他相爭？我只有忍着這人生最劇烈的悲痛。」我現在只希望能安靜地教教書，好好侍奉母親。我感到生之疲乏。

現在我才發現那兩顆在怒光中閃爍着的晶瑩的淚水。

大家都沉默着。風在呼嚎，它呼出了被壓迫者的怒與恨！此怒此恨何時已?!

第二天一早，鑫如表兄便走了。當我們握手道別時，他對我們說道：「望你們善自珍重！」一句意義多麼深長的警語！

在滿天風沙中，他又踏上了他的行程，不知是奔向新生？還是更趨滅亡？他的身影在我們的淚光中漸漸縮小了，我們默祝着友人無恙。

徵稿簡則

一、本刊歡迎：
(1) 凡能給人以早日恢復自由中國的希望，和鼓勵人以反共勇氣的文章。
(2) 介紹鐵幕後各國和中國鐵幕區極權專制的殘酷事實的通訊和特寫。
(3) 介紹世界各國反共的言論、書籍與事實的文字。
(4) 研究打擊極權主義有效對策的文章。
(5) 提出擊敗共黨後，建立政治民主、經濟平等的理想社會輪廓的文章。
(6) 其他反極權的論文、談話、小說、木刻、照片等。
二、翻譯稿件務請附原文並註明其出處。
三、投稿字數，每篇請勿超過四千字。
四、賜稿務望用稿紙繕寫清楚，並加標點。
五、凡附足郵票的稿件，不刊載即退回。
六、稿件發表後，每千字致稿酬新臺幣十五元至卅元。
七、來稿本刊有刪改權，若不願受此限制，請先說明。
八、惠稿經登載，版權爲本刊所有，非經同意不得轉載。
九、來稿請寄臺北市金山街一巷二號本社編輯部。

陳獨秀與陳烱明

李念嚴

一九一九年第三國際在莫斯科成立後，便積極策動成立各國共產黨，作爲第三國際支部。

次年(民國九年)第三國際派遣間諜馬麟到上海，和陳獨秀接洽，商討如何在中國發展共產黨。因此，陳獨秀、楊明齋等，便在上海創立『馬克思主義研究會』。

第三國際和陳獨秀以嶺南爲中國革命策源地，所以首先注意到廣東，一方面，莫斯科派遣間諜兩名，以經營商業爲名到廣州活動；另方面，譚平山，譚植棠和陳公博三人，在陳獨秀策動下在廣州成立共產黨。二譚和陳公博都是北大陳獨秀的學生，而譚植棠且爲譚平山的族侄。

民國六年，滿淸餘孽張勳，擁廢帝溥儀復辟，迫黎元洪解散國會。馮國璋、段祺瑞擧兵擊敗張勳，但並不恢復國會，而另行召集臨時參議院。國民黨籍議員因此憤而齊集廣州，實行護法，召開非常會議，擧孫中山先生爲大元帥，組織軍政府。

廣州軍政府內部亦不統一，如岑春煊、陸榮廷、唐繼堯等，不僅不與中山先生合作，且與北洋軍閥暗通聲氣。民國九年十月，岑、陸和皖系軍閥勾結，擅自取消軍政府，中山先生通電否認，陸被逐回桂。次年四月護法議員在廣州再開非常會議，擧中山先生爲非常大總統。未幾陸捲土重來，粵軍陳烱明由漳州起兵，以粵軍回粵爲名，陸再被逐。陳烱明以戰功遂掌握廣東大權，從而燃燒起他的政治野心，總想在中山先生以外自己獨樹一幟。陳烱明雖有充足的軍力，但文化宣傳尚付缺如，這是搞政治所決不可少的武器，因此，他一方面接辦政學系的中華日報，收買廣東群報，另一方面則把在上海的陳獨秀請到廣州，聘爲廣東省教育會委員長，並以陳公博爲宣講所所長。

陳獨秀初到廣東，各方面震於其辦新青年，又爲北大文化策源地文科學長大名，遂排日請他講演。陳獨秀既不能公開宣傳共產，亦不好批評時政，何況他不善講演，多講一次，使人多失望一次。再說，他根本不是學教育的，對於教育理論，毫無研究，而長篇大論的文章，亦非他所長。因此，他的聲譽遂越來越低落。同時，廣東一班頑固份子且群起而攻之，說獨秀主張公妻共產，並把『萬惡淫爲首，百行孝爲先』兩句格言，改爲『萬惡孝爲首，百行淫爲先』。廣州報紙每日著論抨擊，甚至把陳獨秀名字改爲『陳毒獸』。還有廣東士紳聯名公請罷免他的教育委員會委員長，要求官廳驅逐出境。不僅頑固份子攻擊他，即國民黨胡漢民、廖仲愷亦對他不滿，陳烱明亦不免對他失望，四面八方壓迫他，使得他不得不悄然離粵。

陳獨秀離粵不久，中山先生便把陳烱明的省長職務免掉。陳烱明退居惠州。他的部將葉擧任攻廣西的總指揮，這時却忽然放棄了廣西，把所有陳系隊伍都滯回了廣州。軍隊成爲私人的爪牙，不僅北洋軍閥，廣州革命政府亦未例外。陳烱明雖下野，但他曾統帥過的隊伍仍受他的指揮，劍拔弩張，因此成爲廣州政府一種莫大的隱憂。

不料正在這時，陳獨秀突然第二次到粵。他明着說這次到粵是爲視察共產黨務，(一九二一年共產黨在滬召集第一次代表大會，獨秀被擧爲總書記)，且開過幾次會，討論以後黨務的開展。其實，這只是一種掩護，他的眞正目的所在，是來會晤陳烱明有所圖謀。他找到陳烱明的秘書黃居素，並約上陳公博，陳公博又拉出陳秋霖。陳公博、陳秋霖過去都是爲陳烱明辦報的要角。他們一行四人，搭廣九火車先到石龍，由石龍轉輪往惠州。陳公博和陳秋霖在惠州城內遊逛，陳獨秀和黃居素則被烱明接了去。

那時陳烱明住在西湖角上一所祠堂，因此西湖一部成爲戒嚴區。陳烱明當日便留陳獨秀和黃居素吃午飯，直到夜晚方回旅館。一行又摒擋下船回石龍，轉車返廣州。在船上陳獨秀對陳公博說：『陳烱明不像下野樣子，室內掛滿了軍用地圖，棹上架滿了軍用電話，恐怕廣東不免有事。』陳公博聽了默然。陳獨秀在回滬前一日，特約陳公博談話。他說：『廣東恐怕不久必有變故，我們應知有所適從。論道理是應當聯孫，論力量是當聯陳。』最後問陳公博有什麼意見。陳公博不明陳獨秀的用意，到底是刺探，還是眞的問他主張。他答道：『我們暫時不說道理和力量，孫先生到底是中國一個人，陳烱明縱然了不起，也祗是廣東一個人，何去何從，先生當知所擇。』陳獨秀聽了默然一回，說『我們看罷。』(陳公博：寒風集)陳獨秀回滬未久，即民國十一年六月，陳烱明終於叛變，砲擊觀音山總統府，並通電請孫下野了。

可嘆國民黨對陳烱明、陳獨秀這種重大陰謀，事前事後竟毫無所知。當事變後，中山先生派出許多委員改組國民黨，陳獨秀竟亦列名委員之一。一般寫歷史者，更一致說陳烱明叛變是勾結北洋軍閥，對共產黨半個字不提。

陳烱明叛變若是成功，廣東必首先成立蘇維埃政權，恐怕中國老早變做成俄帝附庸，不必等二十七年後。列寧說：『必須運用……任何的計策、機智、非法的手段，規避眞情與隱蔽。』(共產主義中的左傾幼稚病)共產黨策動陳烱明叛變未成功，因此乃運用詭計向國民黨滲透，由參加國民黨，卒之像鴟梟一樣，待它勢力養成，便陰謀毀滅國民黨了。

書刊評介

怎樣擊敗俄國

海光

這本精釆的小書『怎樣擊敗俄國（How To Defeat Russia）』是出自福勒少將（Major-General J. F. C. Fuller）底手筆。這本書雖然分量極少，可是相當地表現了關于這個問題的學問和識見，所以值得一提。

在一開始的時候，福勒自問自答地說：『俄國是不可擊敗的嗎？非也！俄國能被擊敗嗎？能的！』他措詞直截了當，不失軍人本色。他說：『俄國既可在道德的戰場上被擊敗，又可在物質的戰場上被擊敗。如果俄國在道德的戰場上被擊敗，那末第三次世界大戰並非不可避免。即使戰事爆發了，戰爭的時間可以大為縮短。』這種看法的確高人一籌。許多只知反共而忘記提高自身道德品質的人應該記取斯言。

他說：『但是，要能在這二種戰場上擊敗俄國，除非西方國家明瞭，他們現在面臨的問題，第一被世界情勢所決定；第二，被俄國底目標與戰略所決定，由於俄國掌握主動。所以，我們首先要討論這些前題。』

照福勒看來，今日的世界情勢，在大體上，類似美國在一個世紀以前所面臨的情勢。他引述林肯在一八五八年說的一段話：『一個屋子分作兩半邊是站不穩的。我相信我們底政府是不能在一半奴役一半自由的對立情況之下永遠存在的。……這個政府要麼完全奴役別人，要麼完全變成自由的政府。或者反對奴隸制度的人禁止奴隸制度之擴張，使大家相信我們是在永遠廢除奴隸制度之路上努力；或者贊成奴隸制度者將奴隸制度擴張下去，一直到這種制度在所有的國家以內看起來似乎是一件合法的制度為止，二者必擇其一。』今日世界上自由與極權之對立形勢確是與美國當年主張蓄奴與主張廢奴的南北双方之對立情勢相當的。這是今日世界一切政治形勢底基本形勢。如果這一基本形勢一日沒有改變，那末第三次世界戰爭之衍發便一日不會停止。

從這一基本形勢，產生下述四項結果：第一，在實際上，所有的國家，無論是出於被動或出於自動，都是在交戰狀况之中，而且結果沒有所謂中立。第二，國家獨自作戰時代已進到國家集團作戰時代。沒有一個單獨的國家備有足够的資源從事世界戰爭。第三，各國底軍隊，只有配置於聯軍之內，才具有充分的作戰能力。第四，一切重要的防禦問題都成為國家集團底問題。

俄國底目標是什麼呢？在三十年前，俄國底目標即為列寧所訂定，如果不了解俄國底目標是什麼，那末也就不能了解西歐底防禦問題。列寧說俄國底目標是『獲得世界革命底勝利，創造世界蘇維埃共和國。』為達到這一目標，俄國要從海參威（Vladivostok）到萊因河，從芬蘭灣到藍色的多[illegible]，組成一個強大的工業與農業集團。而在戰略上，中歐則為列寧這一雄圖底引力中心點。因為，一旦中歐在俄國掌握之中，征服世界的門戶便為之洞開。

俄國需要多少時間來實現這一雄圖呢？對於這個問題的看法，福勒底意見是非常值得注意的。他說：『至於問俄國拿多久的時間來完成這個雄偉的計畫，這簡直是題外之談。因為俄國人是東方人。東方人想問題是不拿時間來計算的。他們只拿永恒來計算。在他們看來，一個計畫就是命運之決定。他們是可以永久從事的。』在西歐人看來，俄國人自然是東方人，這種看法可謂深入底裡。由於東正教會所培養的宗教情緒已滲入馬列教條之中，俄國共產黨人覺得征服世界是他們神聖的使命。神聖的使命之完成，當然不以年月計算。這種看法與羅素底看法不謀而合。羅素認為俄國對美國的鬪爭將是一個『永無止境』的鬪爭。無論究竟是否如此，這場戰爭不必是許多想趁混水摸魚的急色兒所幻想的那樣立即正式露面，更不必是許多西歐型的戰爭設計者所計算的戰爭在何年何月開始。俄國人底戰爭技術大部是向西方學習的，在武器方面尤然，可是在戰爭底基本觀念上則幽微詭異。因此，急色兒固然由於利慾薰心而不能體察戰機，機械的計算頭腦也不易了解戰爭之時間的因素。福勒之言，可謂對于這個問題露出一點微光。俄國在何時動手呢？列寧說過：『戰爭中之最佳的戰略是遲延下去，直至敵方精神解體。這時予敵人致命的猛擊才易湊效。』

福勒認為俄國不希望直接單獨純以武力征服世界。俄國之所以如此，照福勒看來，並非因為俄國怕原子彈。俄國幅員遼濶，她不是原子彈用武之地；而是因為單純使用武力不合共革命策略。她底革命策略是籍心理的心菌戰爭以改變人心。可是，如果征服西歐，這種策略就要失敗。為什麼呢？因為這樣一來，俄國士兵就進入一個『有毒的』地域，於是有被西歐文化所沾染的危險。在這一情形之下，俄國士兵們就會恍然大悟，昔日共產黨人底宣傳是假的：俄國並非世界最進步的國家，而是最落後的國家。他們是一瞞天大謊之下的犧牲品。

這種說法有根據嗎？有的。俄國底權力階層最怕兆民為西方文化所沾染。一八一四至一八一五年俄國部隊佔領巴黎。在這些俄國部隊之中，有年輕的貴族和軍官。這些人深爲所見所聞所影響。結果，形成一八二五年之十二月派之叛變。這是十九世紀俄國革命之始。照福勒看來，俄國之所以拿『冷戰』代替軍事征服，就是避免拆穿鐵幕而重蹈過去歷史的覆轍。這也是頗有見地的看法。極權的少數者在優越的外力或外來文化之前都是內心恐懼之至的。在無可奈何時他們不能不接受外援。可是，這時內心却又深恐人民沾染外面的進步觀念和作風而傾向那一面。雪人見了太陽是一定會消融的。因而，他們必須設法隔絕並排拒人民與外來的進步力量之接觸。這時，光明正大的『民族主義』便作了隔絕與排拒的符咒。採取這種手法的，並陷入這種『矛盾』痛苦的，不止在第二次世界大戰時接受美援的蘇俄一國底極權者而已。

既然俄國不願單純使用武力，那末她對於各敵對國家怎樣辦呢？她使用分割政策。她施展這一政策，第一，將敵人底戰鬪力量分割開來；第二，將衞星國環繞自己。這樣一來，她可以最經濟的力量，或最少的犧牲，換取最大的代價。俄國近來一再發動的所謂『和平運動』，無疑是這一政策在這一階段之又一運用。

前題——世界底情勢——既然如此，那末問題怎樣解決呢？

心理問題之解決　福勒認爲：『要解決這個問題之心理的方面，我們必須將心理完全改變過來。第一，我們必須認識所謂「冷戰」是實際的戰爭，不僅是癬疥之疾而已。這就是第三次世界戰爭。而且這個戰爭不僅是存在並且是在進行之中。這個戰爭是非常積極的，因而也需以同等積極的行動才能獲勝。依此，馬歇爾計畫，雖有價值，但因是消極的，所以不够；大西洋公約，比外交上的馬奇諾防線好不了多少。

福勒提出警告說，西方國家至今還未認識：第一，西方之經濟的和政治的重建，在蘇俄策動共產運動之下，是不可能實現的；第二，農業的東歐一天與工業的西歐分離，無論注入西歐好多金錢，歐洲底經濟不會復興；第三，東歐一天不與西歐重行聯合起來，世界不能得到和平的保障。而要消除這些苦難，必須有一建立於心理攻勢之上的積極政策。這一政策要求：第一，阻遏蘇俄在西方國家底一切活動；第二，西方國家必須有一大憲章來對抗共產黨宣言，這一憲章表明西方人底信仰和他們作戰之目的；第三，一旦這個憲章公布了，西方人便要熱心支持它；第四，組織中央情報機構，和宣傳機構，來根絕蘇俄底宣傳說教，並且激揚西方精神；第五，以一切可能的方法，掀動蘇俄及其佔領國家以內的反抗運動；第六，除此運動以外，組織秘密游擊隊，以便在戰事中破壞俄國底交通與後方。

軍事解決之方法　直到現在爲止，民主國家對付俄國的基本策略之骨幹似乎還未出乎裔琦・坎南底圍堵政策之範疇。照福勒看來，爲了對抗俄國底分離策略，西方國家首先必須放棄圍堵政策。因爲，如果圍堵政策長期繼續下去只有分散力量，耗損資源。西方國家應該改弦易轍。西方國家底新政策應該針對俄國底政策，即是：確保中歐底安全以維護這一世界引力之重心。

基於這一着眼點，福勒特別重視德國問題。他說：『如果西德是值得保有的，那末西德人民底友好態度便值得去爭取。可是，要爭取西德人民底友好態度，必須寬大爲懷，結束第二次世界大戰留下來的心理狀態，而且讓西德建立成一個主權國。』又說：『如果將西德歡迎到西歐集團裡來，而且贏得她底友善態度，那末我們便可確保這一世界引力重心之安全。這樣，便可癱瘓俄國底附庸，並擊破俄國底全部分離政策。因爲，在這種情形之下，我們就可將軍隊他調，而無虞歐洲重心受到攻擊。』

戰術問題　假定德國問題之困難解決了，而且西班牙加入西方聯盟，西方便可增加一百個師。在這一百個師之中，有四十個師在西德，並保有三十師戰略預備軍。這樣，是否足以阻遏一百五十師俄國及其附庸軍隊向西橫決呢？這是一個戰術問題。俄國底優勢在數量而不在機動力。大量群衆向西湧入，需要給養，西方國家能否斷絕其給養之供應？俄國底攻勢像洪水一樣，一定是在廣泛的戰線上展開，向西方底弱點滲入。西方國家怎樣對付這一股洪流？這都是西方國家在戰術上必須解決的重要問題。

照福勒看來，俄國底軍隊，像過去的東方軍隊一樣，是由兩種成分組合起來的：一種是精兵；另一種是武裝的群衆。前者是精練的戰爭工具；武裝群衆則是它底補助工具。如果敵人底抵抗微不足道，武裝群衆可擔任佔領工作。但是，兩種部隊都需要供應。結果，武裝群衆愈多，則供應精選部隊底問題愈複雜。如果沒有供應，俄國底精選部隊便歸無用。所以，西方底戰術不是怎樣以優越的兵力來擊敗俄國底精選部隊，而是以有彈性的抵抗來遲滯俄國精選部隊之衝進，以及怎樣在自己選擇之點來擊破俄國戰線並癱瘓其後方。歷史一再告訴吾人，抵抗與機動力之聯合運用，即盾與劍之聯合使用，是對於暴亂群衆之有力的答覆。

結論　今日歐洲底問題不是『歐洲能否存在』的問題，而是『歐洲人是否有存在意志』的問題。如果歐洲人有存在意志，那末他們應着眼於攻擊才行。

福勒所表現的這許多見地確乎可取，他這種積極的主動的態度尤其可取。不過，他在以上的立論之基本出發點還是『歐洲第一』。在亞洲的人則以爲就反共的總形勢看，亞洲比歐洲重要。從知識論的眼光看來，二者似乎都是『自我中心論斷（ego centricpredicament）』。

究竟那一種論斷是眞實的呢？這個問題，恐怕只有留待後世歷史家去評判。

第四卷　第十二期　內政部雜誌登記證壽內警臺誌字第四六號　臺灣省雜誌協會會員　四三四

給讀者的報告

本期是第四卷的最末一期，從下月起便開始第五卷了。

本期專論四篇。毛子水教授的「寬容和民主」，讀者可以見題會意。戴杜衡先生的「國民經濟論與戰爭」是繼續上期的連載，已爲介紹，俱無須再贅。此外，「海軍在戰略上的地位與中國海軍的使命」一文，是蔣勻田先生所作。蔣先生前些時曾南下巡視海軍，目擊若干軍事方面的改革與進步，於是引起寫作此文的動機。蔣勻田先生是民社黨重要負責人之一，出自他口中的贊揚，是更值得重視的。

周德偉先生是一位經濟學者，現任財政部關務署長。周先生對維也納學派大師萬．密色斯 Ludwig Von Mises的理論素有研究，當然在經濟理論上他也是力倡自由經濟的。周先生現正從事「今通書」之寫作，此書凡十餘萬言，尚未定稿，承將其中第十三章交本刊發表，在原書中本章標題「階級鬪爭」，經改以「從經濟的分析批判階級鬪爭」爲題。作者從理論上揭發共產主義階級鬪爭說之荒謬，並力闡自由經濟可以增進人類全體之利益。

本刊特約通訊記者曾英奇君本期又寄來遊歐觀感之二——「西歐的防綫」，是與前文「哀王孫」有連續性的作品。上期很多讀者來信贊賞英奇君的通信，這固然是由於曾君的文筆動人，但一方面還是由於他觀察的透闢。以一個深刻了解美國的中國人，從紐約漫遊歐陸，俯瞰古老的西歐文明，他的心情是空曠的，因此見事便更能入微了。本期西歐防綫一文尤爲精彩，曾君提供若干重要的數字，對西歐未來戰爭中的形勢加以蠡測，特別是對歐洲人心理的分析，尤有獨到見地。

東京通訊的作者余蒼白先生，旅居日本多年，對日本政局知之甚審，這篇通訊他以「鳩山乎？吉田乎？」爲題，分析日本政局。鳩山與吉田爲日本現在執政的自由黨領袖，吉田爲現任首相，鳩山則在放逐之列。可是日本自主以後的第一任首相很可能會落在鳩山頭上。蒼白先生從這兩人性格的分析，推測未來政局的可能趨勢，凡注意日本政治者不可不一讀也。

「陳獨秀與陳炯明」一文，是一篇有關史料的短文，作者說陳獨秀與陳炯明間曾有某種政治上的結合，如果當年陳炯明叛變成功，則蘇維埃政府將首先在廣州出現了。此說信否，似尚無足够資料，可爲判斷。於此刊出，以爲對此問題有興趣者作進一步之研究。

被譽爲本刊書評專家的海光先生，本期又有書評一篇，評介「怎樣擊敗俄國」一書。海光先生的評書，於評介之餘，常多所引申，頗多含意深遠之警句，讀者宜細爲咀嚼之，便更見其中滋味。

本刊售價

一、臺	幣	三元
二、越	幣	八元
三、菲	幣	五角
四、港	幣	一元
五、暹	幣	四銖
六、美	金	二角
七、叻	幣	四角
八、印尼	幣	三盾

自由中國 半月刊 第四卷第十二期

（總第三十九號）

"Free China"

中華民國四十年六月十六日

發行人　胡適

主編　「自由中國」編輯委員會

出版者　自由中國社

社址：臺北市金山街一巷二號

電話：六八八五號

航空版

香港　香港時報社（高士打道六四號）

經售者

臺灣　中國書報發行所（臺北市館前街八五號）

美國　紐約民氣日報社　舊金山國民日報社

日本　東京南友堂　東京內山書局

馬尼剌　中菲文教出版社

印尼　椰嘉達星期日報　椰嘉達天聲日報　棉蘭繁華圖書公司

越南　西貢中原文化印刷公司　越南華僑文化事業公司

曼谷　曼谷攀多社十二號

新加坡　中興日報社

檳榔嶼、吉打邦　均有出售

印刷者　臺灣新生報新生印刷廠

廠址：臺北市西園路二段九號

電話：廠長室七一二五　業務課二〇九六

本刊經中華郵政登記認爲第一類新聞紙類

臺灣郵政管理局新聞紙類登記執照第二〇四號

自由中國
第三集

第四卷第一期至第四卷第十二期
1951.01-1951.06

數位重製・印刷　秀威資訊科技股份有限公司
http://www.showwe.com.tw
114 台北市內湖區瑞光路 76 巷 65 號 1 樓
電話：+886-2-2796-3638
傳真：+886-2-2796-1377
劃 撥 帳 號　19563868　戶名：秀威資訊科技股份有限公司
讀者服務信箱：service@showwe.com.tw
網 路 訂 購　秀威網路書店：https://store.showwe.tw
網路訂購：order@showwe.com.tw

2013 年 9 月
全套精裝印製工本費：新台幣 50,000 元（不分售）

Printed in Taiwan